장 자크 루소(1712-1778) 모리스 켕탱 드 라투르. 1753. 루소 41세 때의 모습

루소 생가   스위스 제네바. 2층에 루소의 명판이 보인다.

〈랑베르시에 목사와 함께 있는 장 자크 루소〉 우편엽서(1912)   루소가 10세 되던 해에 아버지가 퇴역 대위와 싸움을 벌인 끝에 처벌을 피하기 위해 제네바를 떠났고, 루소는 외삼촌 집에 맡겨졌지만 외삼촌 형편이 좋지 않아 랑베르시에 목사 집으로 보내졌다. 이곳에서 자주 처벌을 받아 성격 형성에 중요한 영향을 미쳤다.

▲안시에 있는 기념물 '장 자크 루소의 샘' 바랑 부인과 처음 만난 곳이다.

◀〈바랑 부인과의 첫 만남〉 샤를 드 스퇴방. 1830. 루소는 1728년부터 제네바를 떠나 북부 이탈리아, 프랑스의 여러 지방을 돌며 다양한 사람들을 만났다. 안시(Annecy)에서 만난 바랑 부인 집에서 집사로 일하면서 공부할 기회를 얻었고, 그녀를 어머니라고 불렀는데, 나중에 그녀와 육체관계를 맺게 되면서 심한 죄책감에 빠진다.

▶프랑수아즈 루이즈 드 바랑 부인

▼바랑 부인의 샤르메트 별장 루소가 1732~42년까지 머물렀던 집(샹베르 남쪽 1.6 km 지점 시골 마을)

▲〈루소와 라르나주 부인〉
폴 가바르니의 석판화. 1866.
1737년 5월 화학 실험 중 폭발
사고로 실명 위기를 맞자 첫
번째 유언을 작성한 루소는, 7
월말 유산 문제를 해결하기
위해 제네바로 갔으며, 9월에
는 상상에서 비롯된 병을 치
료하기 위해 몽펠리에로 떠났
는데, 여행 도중 만난 라르나
주 부인과 육체관계를 맺는다.

◀〈뒤팽 부인〉 장 마르크 나
티에르. 1845.
"나는 혼란스러워요. 길을 잃
었습니다. 요컨대 나는 뒤팽
부인을 연모하게 되었습니다."
뒤팽 부인은 미모와 지성을
두루 갖춘 여인으로 파리에
서 유명한 문학 살롱을 열었
다. 루소는 카스텔 신부의 소
개로 뒤팽 부인을 만나, 1743
년 봄부터 뒤팽 부인 살롱에
드나들었다.

▶〈루이즈 데피네〉 장 에티엔 리오타르. 1759. 몽모랑시 숲속에 있는 에르미타주를 루소에게 제공했다. 1756년 몽모랑시의 에르미타주에서 은둔 생활을 시작한 루소는 이곳에서 몇 년 동안 그의 대표작들을 써 나갔다.

▼루소가 살았던 생피에르섬 신경과민에 시달린 루소는 알프스 고원의 호수 안에 있는 생피에르섬으로 떠났다. 그곳에는 단한 가구밖에 없었는데, 세무관리원은 자기 집을 기꺼이 루소에게 내주었다. 1765년 루소는 테레즈와 함께 생피에르섬에 도착했고, 보트를 타거나 산책을 즐기며 보냈다.

▲백과전서(앙시클로페디) 저자들

1747년 달랑베르, 디드로가 편집장으로 위촉되고, 집필과정에서 루소·볼테르 등 유럽 최고의 지식인 150여 명이 필진으로 참여했다. 특히 루소는 아무런 보수도 받지 않고 음악에 관한 400여 편의 글을, 볼테르는 40여 편이 넘는 글을 썼다. 백과전서는 1751년 제1권이 나오고 1772년 마지막 28권이 나왔다.

◀디드로(1713~1784) 루이미셸 반 루. 1767. 루브르박물관.

백과전서 초기부터 디드로와 교의를 맺고 집필에 참여했던 루소는 1756년 디드로가 《사생아》에서 루소를 공격한 일로 인해 급격하게 사이가 나빠지고 결국 백과전서와도 결별한다.

▲18세기 프랑스 철학자들의 만찬
볼테르(손 들고 있는 사람), 디드로, 아보 모리, 그리고 마르키 콩도르세가 보인다.

▶ 볼테르(1694~1778)
루소가 《에밀》을 발표한 뒤 볼테르는 소책자 《시민의 견해》(1764)에 '루소가 테레즈 르바쇠르와의 사이에서 낳은 아이 다섯을 모두 고아원에 보낸 사실'을 폭로했다. 루소는 심각하게 양심의 고통을 받으며 《참회록=고백록》을 쓰게 된다.

피에르 알렉상드르 뒤페루(1729~1794) 뇌샤텔 지방에 사는 부유한 루소의 친구. 1780년에서 1789년 사이에 루소의 작품 편집자 가운데 한 사람. 그가 죽을 때 가지고 있던 루소의 원고는 뇌샤텔 시의 도서관에 넘겨졌다.

▶에름농빌 성관
지라르댕 후작의
호의로 루소에게
는 마지막 정착지
가 되는 에름농빌
(파리 북동쪽) 성
내의 작은 집에서
그는 한 많은 도
피생활을 마치고
영면한다.

▼〈철학자의 오두
막〉 모테의 판
화. 1810. 루소가
1778년부터 죽을
때까지 머물렀던
에름농빌 성내의
작은 집

<AUX AMES SENSIBLES>

Vue du Tombeau de J. J. Rousseau dans l'Isle des Peupliers à Ermenonville

Assemblée Nationale pénétrée de ce que la Nation Française doit à la mémoire de J.J. ROUSSEAU, a par son Décret du 2e Août 1791, décrété à l'Hôtel de la Nature, les honneurs dues aux grands Hommes.

Ce Monument a été érigé en 1780 par Girardin, l'Ami des Hommes à Calans, et éxécuté par le Citoyen Le Sueur.

〈푀플리에르섬에 있는 장 자크 루소의 무덤〉 고드르푸아 판화. 1781. 지라르댕 백작은 루소를 자기 에름농빌 성채 내 연못에 있는 작은 인공섬에 묻어주고 포플러나무를 심었다. 16년 뒤인 1794년 팡테옹으로 이장했다.

▲팡테옹 프랑스의 국립묘지인 팡테옹에는 1789년 프랑스혁명 이후에 죽은 위인들만을 안장하는 것이 원칙이지만 장자크 루소, 볼테르 등 몇 명의 예외가 있다.

▶팡테옹 루소의 무덤
고국 스위스에서 철저하게 배척당한 루소는 조국에 대한 원망과 회한을 안고, 프랑스에서 생을 마쳤다.

l'Éducation de l'Homme commence à sa naissance.

《에밀》 권두화

《에밀》은 루소의 위대한 기획 가운데 하나이다. 이 책은 한 아이가 다른 아이와 떨어져서 자라나는 이야기를 담았다. 루소는 '자연의 흐름에 따라서' 아이들을 어떻게 키워야 하는지 조언한다.

ÉMILE,

OU

DE L'ÉDUCATION.

Par J. J. ROUSSEAU,
Citoyen de Genève.

Sanabilibus ægrotamus malis ; ipfaque nos in rectum
natura genitos, fi emendari velimus, juvat.
Sen : de irâ. L. II. c. 13.

TOME PREMIER.

A LA HAYE,
Chez JEAN NÉAULME, Libraire.

M. DCC. LXII.
Avec Privilége de Noffeign. les Etats de Hollande
& de Weftfrise.

《에밀》(1762) 초판 속표지

《에밀》(1762)　제1부 머릿그림

《에밀》은 '에밀'이라는 고아가 태어나 결혼하기까지의 과정을 통해서, 지식 중심의 교육을 배격하고 인간 본연의 자연성을 존중하는 교육소설. 이 그림은 제1부에서 아이를 지나치게 사랑하는 나머지 자연의 힘과 접하지 못하게 하는 어머니의 잘못을 지적하는 부분의 삽화이다.

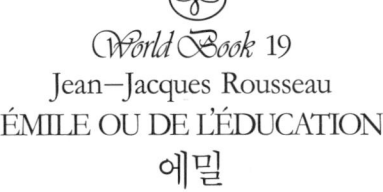

World Book 19
Jean-Jacques Rousseau
ÉMILE OU DE L'ÉDUCATION
에밀
J.J. 루소 지음/정병희 옮김

동서문화사

머리글

　순서와 계통 없이, 반성하고 관찰한 일들을 모은 이 책은 생각이 깊고 마음씨 좋은 한 어머니를 기쁘게 하기 위해 시작되었다. 처음에는 몇 페이지 기록 메모로 계획했었다. 그런데 주제에 끌려 나도 모르는 사이, 너무 지나치게 길어져 다루는 내용에 비해 보잘것없는 저작이 되고 말았다. 나는 이 글 출판에 대해 오랫동안 망설여 왔다. 그리고 이 일을 하면서 몇 안 되는 소책자만을 써 온 나로서는 한 권의 책다운 책 쓰기가 쉽지 않다는 것을 느끼게 되었다. 좀더 잘 쓰기 위한 노력 끝에 나는 이제 이 책을 그대로 출판해야겠다는 마음을 갖게 됐다. 사람들의 관심을 이 주제로 환기시키는 것이 필요하다고 생각했기 때문이다. 비록 내 생각이 잘못되었다 하더라도 다른 사람의 좋은 생각을 자아내게 하는 동기가 될 것이므로 나는 시간을 전적으로 헛되이 보내지는 않았다는 생각이 들기도 했기 때문이다.

　세상과 거리를 두고 있어 책을 발표해도 칭찬해 주는 사람도 없고 변명해 주는 사람도 없으며, 거기에 대해 사람들이 어떻게 생각하고, 뭐라고 하는지 그것조차 모르고 있는 나로서는 비록 잘못되었다 하더라도 큰 잘못을 검토도 하지 않고 받아들이지 않을까 하는 걱정을 할 필요는 없다.

　나는 좋은 교육의 필요성에 대해서 여러 말을 하지 않겠다. 일반적으로 이루어지고 있는 교육의 안 좋은 점을 자꾸 증명하지도 않겠다. 그런 일은 수많은 사람들이 나보다 앞서 해왔고, 누구나 알고 있는 그런 일로 아까운 지면을 낭비하고 싶지는 않다. 다만 주의해 둘 점은, 이미 먼 옛날부터 사람들은 입만 벌리면 기존 방법을 비난해 왔지만 아무도 더 좋은 방법을 제안하지는 못했다는 점이다. 우리 시대의 문학과 학문은 건설적이라기보다 오히려 파괴적이라 볼 수 있다. 사람들은 대가다운 말투로 비판하지만, 뭔가를 제안할 때는 그와는 다른 태도를 보인다. 자존심이 강한 철학자는 그것이 마음에 들지 않을 것이다. 공공의 유익을 목적으로 삼는 글들이 그렇게 많이 있음에도, 그 어떤 것보다 유익한 사람을 교육하는 기술에 대해서는 여전히 등한시하고 있다.

이 책에서 다루는 주제는 로크의 《어린이 교육에 대한 고찰》이 나온 뒤로 완전히 새로운 것이다. 그런데 나의 책이 나온 뒤에도 여전히 로크의 저서가 새로운 것으로 생각될까 몹시 걱정스럽다.

사람들은 아이들을 잘 모른다. 아이들에 대해 잘못된 관념을 가지고 있으므로 논의를 해나갈수록 미로에 빠져든다. 더없이 현명한 사람들까지도 어른들이 알아야 할 일에는 열중하면서도 아이들이 무엇을 배워야 하는가는 생각지 않는다. 그들은 아이가 어른이 되기 전의 문제에 대해서는 생각하지 않고, 아이가 어른이 된 뒤의 문제만을 생각한다.

나는 이런 점을 연구하는 데 특히 심혈을 기울였다. 나의 방법이 모두 공상적이고 잘못투성이라 하더라도 사람들은 반드시 내가 살펴본 데서 이익을 얻을 수 있으리라고 생각한다. 물론 무엇을 해야 하느냐에 대해서 나는 전혀 잘못 보고 있는지도 모른다.

그러나 다루어야 할 주제에 대해서 충분히 관찰했다고 본다. 아무튼 무엇보다도 먼저 여러분들의 학생을 좀더 잘 연구하여야 한다. 여러분들은 분명 학생들에 대해 잘 알지 못한다. 이러한 견지에서 읽는다면, 이 책은 여러분들에게 무용지물이 되지는 않으리라 생각한다.

이 책에서 체계적인 부분이라 할 만한 것은 자연의 발걸음에 지나지 않지만, 무엇보다도 이 점이 독자들을 당황하게 할 것이다. 또한 이 점을 들어 사람들은 틀림없이 나를 공격하겠지만 그것도 무리는 아닐 것이다. 사람들은 교육론을 읽고 있는 것이 아니라, 한 공상가의 교육에 대한 몽상을 읽고 있다고 생각할 것이다. 그러나 어쩔 수 없지 않은가. 나는 딴 사람의 생각을 쓰고 있는 것이 아니라 나 자신의 생각을 쓰고 있는 것이다. 나는 다른 사람과 동일한 견해를 갖고 있지는 않다. 그 때문에 이미 오래 전부터 나는 비난받고 있다. 그러나 다른 사람의 눈을 내가 지닐 수 있으며, 다른 사람의 생각을 내가 빌릴 수 있겠는가. 그것은 불가능하다. 자부심을 갖는다든가 이 세상 누구보다도 자기만이 현명하다는 생각은 나도 하지 않을 수 없다.

스스로의 생각을 바꿀 수는 없어도 그 생각에 의심을 품을 수는 있다. 그것만이 내가 할 수 있는 일이며, 현재 하고 있는 일이기도 하다. 가령 때로 내가 단정적인 말투를 쓴다 해도 그것은 독자들에게 강요하기 위해서가 아니다. 나 스스로가 생각한 것을 말하기 위해서이다. 내가 조금도 의심하지 않는 일을 어떻게 의문의 형태로 말할 수 있겠는가. 나는 머릿속에서 생각한 일을 그대로 솔직히 말하는 것이다.

자기 생각을 있는 그대로 말한다 해도 나는 그것이 그대로 권위를 지니리라고는 생각지 않는다. 그러기에 나는 언제나 이유를 덧붙여, 사람들이 그것을 잘 검토하여 나의 생각을 정확히 판단할 수 있도록 한다.

그러나 나는 스스로의 생각을 완강히 지켜나갈 생각은 없지만 역시 그 생각을 대중에게 표시할 의무는 있다고 생각한다. 내가 다른 사람과 견해를 달리 하는 그 원칙들은 시시한 것들이 아니기 때문이다. 그것은 옳은 일인지, 그른 일인지 꼭 알아야 할 일이며, 인류의 행, 불행의 갈림길이 되기 때문이다.

실행할 수 있는 일을 제안하라고 사람들은 계속 나에게 말한다. 그것은 모든 사람이 하고 있는 일을 하라고 제안하라, 또는 하여간 현재 어떤 나쁜 일과 양립하는 좋은 일을 뭔가 제안하라는 등의 말을 하는거나 마찬가지이다. 그러나 그런 계획은 어떤 문제에 있어서는 나의 계획보다도 훨씬 공상적이다. 그처럼 혼합된 계획으로는, 좋은 것은 손실되고 나쁜 것은 고쳐지지 않기 때문이다. 좋은 방법을 어중간하게 채용하기보다는 지금까지의 방법을 그대로 따르는 편이 좋다. 인간에겐 그만큼 모순이 적어진다. 인간은 동시에 반대 목표를 향해 나아갈 수는 없는 것이다. 아버지 어머니들이여, 실행할 수 있는 일은 당신네들이 실행했으면 하는 일이다. 내가 당신네들의 의지에까지 책임을 질 수야 없지 않은가.

어떤 계획을 세우더라도 두 가지 일을 생각해야 한다. 첫째는 그 계획이 절대적으로 좋다는 사실, 둘째로는 그 실행이 쉽게 이루어질 수 있느냐는 점이다.

첫째 경우에 있어서는 계획이 그 자체로서 승인될 수 있어야 하며, 실행할 수 있으려면 사물의 본성으로 보아 그것이 좋은 일이면 되는 것이다. 이를테면 이 경우에 제안되는 교육법이 인간에게 적합한 것이며, 인간의 마음에 꼭 들어맞는 것이면 되는 것이다.

두 번째의 고려는, 어떤 상태에 부여되는 여러 가지 관계에 의존하고 있다. 그것은 사물에 대해선 우연적인 관계이며 따라서 필연적인 것이 아니라, 무한히 변할 수 있는 것이다.

예컨대 어떤 교육법은 스위스에서는 실행되는데 프랑스에서는 실행될 수 없다. 또 어떤 것은 부르주아 가정에 적당하고, 어떤 것은 귀족 가정에만 알맞다. 실행이 어려우냐 쉬우냐 하는 문제는 여러 가지 상황에 의존해 있으므로, 방법을 각 나라와 각 신분에 적용해보지 않고서는 그 상황을 규정할 수 없다.

그런데 그런 특수한 적용 모두가 나의 주제로 보아 본질적인 것이 아니므로 나의 계획에는 없다. 그것을 원한다면 원하는 사람이 각 나라나 또는 신분을 염두에 두고 생각해 보면 될 것이다. 나로서는 인간이 태어나는 모든 곳에서 내가 제안하는 일을 인간에 대해 행할 수만 있다면 그것으로 족하다.

인간에 대해 내가 제안하는 일을 시도하여, 그들 자신에게나 다른 사람에게 최선의 결과를 얻게만 한다면 그것으로 족하다. 이 약속이 이행되지 않는다면 확실히 내가 잘못이다. 그러나 그것이 이행된다면 그 이상의 것을 나에게 요구하는 일도 잘못일 것이다. 나는 오직 그것만을 약속했으니까.

에밀

차례

제1부
신체를 속박않는 양육—에밀 유년기

만물을 창조하신 하느님의 손을 떠날 때 모든 것은 선했으나 사람의 손에 옮겨지게 되자 타락하고 말았다. 인간은 어떤 땅에서 잘 자라고 있는 산물을 강제로 다른 땅에 옮겨 심기도 하고 어떤 나무에다 다른 나무의 열매를 맺게도 한다. 풍토·환경·계절을 뒤섞어 놓기도 한다. 개·말·노예를 불구로 만들기도 한다. 모든 것을 뒤엎어 그 형태를 바꿔 놓는다. 인간은 추한 것, 괴상한 것을 좋아한다. 무엇 하나 자연이 만들어 놓은 상태 그대로 두지 않는다. 인간 그 자체까지도 그렇다. 인간도 승마 말처럼 조련시켜야 한다. 정원수처럼 자기가 원하는 모양으로 바꾸어 놓지 않으면 성이 차지 않는다.

그러나 그런 일이 없으면 모든 것은 더욱 나빠질 것이다. 우리 인간은 불완전한 상태를 좋아하지 않기 때문에 감히 그와 같이 한다. 세상에 태어나자마자 타인 속으로 내던져진 인간은 오늘날과 같은 상태에서는 누구보다도 비뚤어진 인간이 돼버릴 것이다. 편견·권위·필연·실례 등 우리를 누르고 있는 모든 사회 제도가 사람의 본성을 억제하여 무엇 하나 살릴 수 없게 만들 것이다. 본성은 어쩌다가 길 한가운데 나게 된 나무처럼 지나가는 사람들에 의해 밟히고 온갖 방향으로 꺾이고 굽어져서 마침내 말라죽고야 말 것이다.

이 세상에 갓 태어난 어린 나무를, 큰 한길로부터 멀리하고 사람들이 던지는 온갖 의견의 공격으로부터 막아 주는 슬기를 터득한 상냥하고도 선견지명이 있는 어머니여,[1] 나는 당신에게 호소한다. 어린 나무가 말라죽지 않도록 돌

***

[1] 최초의 교육이 가장 중요한 것이며, 최초의 교육은 두말할 것도 없이 여성이 할 일이다. 자연을 만든 자가 그것을 남성의 일로 할 생각이었다면 아이를 기르는 젖을 남성이 소유하게 했을 것이다. 그러므로 당신네들의 교육론에서도 항상 여성에 대해선 특별히 다루어야 할 것이다. 여성은 남성보다 아이들을 가까이서 돌봐 줄 수도 있고, 항상 남성보다 많은 영향을 아이들에게 미칠 뿐 아니라, 교육의 결과도 역시 여성과 더 관계가 깊다. 대다수의 미망인은 대체로 아이들을 돌봐 주게 되는데, 그럴 경우 아이들은 좋건 나쁘건 그녀가 취한 아

보고 물을 주시오. 그 나무가 맺는 열매는 언젠가 당신에게 큰 기쁨을 안겨 줄 것이오. 당신 아이들 영혼의 둘레에 빨리 울타리를 치시오. 울타리에 표지를 다는 일은 다른 사람도 할 수 있으나 실제로 그 울타리를 쳐 줄 사람은 당신밖에 없을 테니.[2]

식물은 재배함으로써 가꾸어지고 인간은 교육에 의하여 만들어진다. 한 인간이 큰 몸집과 억센 힘을 부여받고 태어났다 할지라도 그 몸과 힘을 사용하는 방법을 배우지 않으면 그것은 아무 쓸모가 없을 것이다. 오히려 그것은 해로운 것이 돼버린다. 다른 사람들이 그를 도우려고 하지 않기 때문이다.[3] 아무도 돌보지 않는 상태에 놓인 그 인간은 자기에게 무엇이 필요한가를 배우기 전에 필요한 것이 모자라서 죽어버릴 것이다. 사람은 아이들을 가엾게 여겨 온정을 베푼다. 인간이 처음에 아이가 아니었다면 인류는 오랜 옛날에 멸망했을 것임을 알지 못한다.

─────────

이들의 양육 결과를 뚜렷이 느끼게 되기 때문이다. 법률은 평화를 목적으로 하는 것이지 덕을 목적으로 하는 것은 아니므로, 또 언제나 재산에 관심을 보이고 사람에겐 거의 관심을 보이지 않으므로 어머니의 권위를 충분히 인정하고 있지 않다. 그럼에도 어머니의 지위는 아버지의 지위보다 확실하며, 그녀의 의무는 보다 더 힘이 든다. 어머니의 마음가짐은 가정을 바로잡는 게 더 중요하다. 일반적으로 말해 어머니는 자식에 대해 보다 많은 애착을 갖고 있다. 아들이 아버지에 대해 존경심이 결핍되는 것은 어느 정도 허용될 수 있으나 어떤 경우이건 어머니에 대해 그를 잉태하고, 그 젖을 먹여 키우고 오랜 세월 동안 자기 몸을 잊고 그만을 생각하고 있던 자에 대해 존경심이 결여될 만큼 본성을 잃는다면 그런 비참한 인간은 살 값어치가 없는 괴물로 당장에 숨통을 끊어 버려야 할 것이다. 어머니는 아이들을 응석받이로 만든다고 사람들은 말한다. 이런 점은 확실히 어머니가 잘못이지만, 아이들을 타락케 하는 당신네들만큼 잘못을 저지른다고는 볼 수 없다. 어머니는 아이들이 행복하기를, 지금 당장 행복해지기를 바라고 있다. 이 점에서 어머니는 올바르다. 그러므로 그 방법에 대해 잘못 생각하고 있다면 가르쳐 줘야 한다. 아버지의 야심, 탐욕, 압제, 거짓 선견지명, 방치, 잔혹한 무감각, 그런 것은 어머니의 맹목적인 애정에 비해 아이들에게는 백 배나 더 해로운 것이다. 어머니라는 이름에 내가 부여하고 있는 뜻을 설명할 필요가 있으나 그것은 바로 뒤에서 설명될 것이다(원주).

[2] 포르메이 씨는, 여기서 내가 우리 어머니에 대해 말하는 줄 알고 그것을 어떤 저작에서 발표했다는 것이다. 이것은 포르메이 씨나 나를 바보 취급한 말이다(원주). 포르메이는 독일의 프로테스탄트 목사. 《에밀》 때문에 처벌될 것을 두려워한 출판자 네오므의 요구에 따라 그것을 고쳐 써서 《그리스도 교도 에밀》을 만들었다. 1763년에 《안티 에밀》을 썼다.

[3] 겉보기는 어른 같고, 말이나 그것이 나타내는 관념을 갖지 않은 그는 도움을 필요로 해도 남에게 그것을 알릴 수 없으며, 그의 속에 있는 것은 하나도 남에게 그 필요성을 나타내지 않게 될 것이다(원주).

우리는 약자로 태어난다. 우리에게는 힘이 필요하다. 우리는 아무것도 가진 것이 없이 태어나므로 도움이 필요하며, 분별을 갖지 않고 태어나므로 판단력이 필요하다. 태어났을 때 우리가 갖지 못했던, 어른이 됐을 때 필요한 모든 것은 교육으로 얻어진다.

이 교육은 자연이나 인간이나 사물에 의하여 얻어진다. 우리의 능력과 내부적 발전은 자연의 교육을 통해 이루어진다. 이 발전을 어떻게 이용하느냐를 가르쳐 주는 것이 인간의 교육이다. 그리고 우리를 자극하는 사물에 관하여 스스로 경험함으로써 얻어지는 것이 사물의 교육이다. 그러니까 우리 모두가 세 종류의 스승에 의하여 교육을 받는다. 이들 스승의 가르침이 서로 모순을 일으킬 때 제자는 나쁜 교육을 받게 된다. 그 결과 전혀 조화를 이루지 못한 인간이 되고 만다. 이들의 가르침이 일치되어 같은 목적을 향할 때만이 제자는 목표대로의 교육을 받아 일관된 인생을 보낼 수가 있다. 이러한 사람만이 좋은 교육을 받았다고 할 수 있다.

그런데 이 세 종류의 교육 가운데에서 자연의 교육만은 우리 힘으로는 어떻게 할 수 없다. 사물의 교육은 어떤 점에 있어서만 우리 마음대로 할 수 있다. 인간의 교육만이 참으로 우리 손아귀에 들어 있으나 그것도 어떤 가정 위에 섰을 때 뿐이다. 아이들 주위에 있는 모든 사람들의 말씨나 행동을 어떻게 완전하게 지도할 수 있다고 기대하겠는가.

그 때문에 교육은 하나의 기술이라고 할 수는 있으되 그 성공은 전혀 가망이 없다고 해도 좋다. 그것을 위해 필요한 협력은, 누구의 마음대로도 되지 않기 때문이다. 신중히 생각하고 나서 해본 결과 겨우 할 수 있는 일은 어느 정도라도 목표를 향해 접근해야 한다. 목표에 도달하기 위해서는 행운이 곁들여져야 한다. 그 점에 관해서는 이미 밝힌 바가 있다. 완전한 교육을 하기 위해서는 세 가지 교육이 일치돼야 하기에 우리 힘으로 도저히 어떻게 할 수 없는 한 가지에다 다른 두 가지를 일치시켜야 한다. 그러나 이 자연이라는 말의 뜻이 너무나 막연한 느낌을 주기 때문에 그것을 밝힐 필요가 있다.

'자연은 습성에 지나지 않는다' 말하는 사람이 있다.*4 이것은 무엇을 뜻하

----

*4 포르메이 씨는, 아무도 정확하게 그런 말을 하지 않았다고 우리에게 보증한다. 그러나 나로서는 다음 시구에 매우 정확하게 그런 말이 나타나 있다고 생각되며, 거기에 대해 나는 대

는가? 강제성을 띠지 않고서는 얻을 수 없는 것임에도 자연을 압살할 수 없는 습성이 있지 않는가. 예를 들면 곧게 뻗어 올라가려는 경향을 방해받은 식물의 습성을 들 수 있다. 그 식물은 자유로워진 뒤에도 앞서 강제적으로 꺾인 방향 그대로 계속 뻗는다. 그러나 수액은 본래의 방향을 바꾸려 하지 않는다. 그 뒤에도 식물이 성장을 거듭하게 되면 방향은 또다시 곧게 된다. 인간의 경향도 마찬가지이다. 같은 상태가 계속되는 한 습성에서 생긴 경향에는 변함이 없다. 아무리 자기 자신에게 부자연스럽다 할지라도 습성을 계속 유지한다. 그러나 상황이 변하면 당장에 그것은 없어지고 또다시 자연적인 경향으로 돌아간다. 교육이란 분명히 하나의 습성임에 틀림없다. 그러나 교육받은 것을 잊기도 하며 잃기도 하는 사람이 있는가 하면 또한 그것을 계속 지니고 있는 사람도 있다. 이러한 차이점은 어디에서 나오는 것일까? 자연이라는 명칭을 자연스러운 일에서 벗어나지 않는 습성에 한해서 사용해야 한다고 하면 앞서와 같은 뜻 모를 이야기를 하지 않아도 된다.

우리는 감각적인 존재로 태어난다. 그리고 태어났을 때부터 늘 주위의 사물로부터 여러 가지 자극을 받는다. 자기의 감각을 이른바 의식하게 되면 감각을 주는 것을 구하기도 하고 피하기도 하게 된다. 처음에는 그것이 유쾌한 느낌인지를, 다음에는 그것이 우리에게 적당한지 부적당한지를, 맨 나중에는 이성적으로 판단하여 행복하다고 느끼거나 완전하다는 관념이 들 때에 내려지는 판단으로 그것을 구하기도 하고 피하기도 한다. 이 경향은 감각이 더욱 예민하여지거나 더욱 분별을 잘 하게 되면 그 범위가 넓어지고 고정된다. 그러나 그것은 우리 습성에 의해 방해받기도 하고 우리 억측에 의해 다소 변질되기도 한다. 나는 이런 변화가 일어나기 전의 경향을 '우리의 자연'이라고 부른다.

그래서 이 본래의 경향에다 모든 것을 결부시켜야 하는데, 우리의 세 가지

답하려고 했던 것이다.

나를 믿으라
자연이란 습성 이외의
아무것도 아니다.

포르메이 씨는 그와 같은 자를 거만한 인간으로 만들고 싶지 않다고 생각하고 얌전하게 자기 두뇌의 한도를 인간 오성의 한도로써 우리에게 제공하고 있는 것이다(원주).

교육이 단순히 다르기만 하다면 그것은 가능하다. 그러나 이들 교육이 대립되어 있을 경우, 인간을 그 사람 자신을 위해 기르는 것이 아니고 다른 인간을 위해 기르려고 한다면 어떻게 될까? 그런 경우 세 가지 교육의 일치는 바랄 수 없게 된다. 자연 또는 사회 제도와 싸워야 하며 인간을 만드느냐 시민을 만드느냐 하는 기로에 서게 된다. 동시에 이 둘을 만들 수는 없기 때문이다.

한 부분적인 사회는 그 범위가 좁고 굳게 단결되어 있을 경우 큰 사회에서 떨어져 나간다. 애국자는 외국인에 대하여 가혹하다. 애국자의 눈으로 볼 때 외국인은 단순히 인간에 불과하다.*5 이것은 매우 부당한 일이긴 하나 대단한 것은 아니다. 함께 사는 사람들에게 친절해야 한다는 것이 중요하다. 스파르타인은 외세에 대하여서는 야심가이며 인색하여 부정한 짓을 했다. 그러나 그들의 도시 안에서는 공평 무사, 일치 협력의 정신이 지배적이었다. 자신의 책에서는 원대한 의무를 역설하면서도 주위 사람들에 대한 의무는 게을리하는 세계주의자를 경계할지어다. 그러한 철학자는 타타르인은 사랑하면서 이웃 사람을 사랑하는 의무는 기피하려는 사람이다.

자연인은 자기 자신이 전부이다. 그는 단위가 되는 수(數)이며 절대적인 정수(整數)이므로 자기에 대하여 혹은 자기와 동등한 것에 대하여 관계를 가질 뿐이다. 사회인은 분모에 의하여 가치가 결정되는 분자에 불과하다. 그 가치는 사회라는 전체와의 관련성 여부에 따라 결정된다. 훌륭한 사회 제도란 인간을 더할 나위 없이 부자연스럽게 만들고, 그 절대적 존재를 빼앗고 상대적인 존재를 주어 자아를 공통의 통일체 안으로 옮겨 주는 것 같은 제도이다. 개개인은 자기를 한 개체로 생각하지 않고 오로지 그 통일체의 일부로 간주하여 무엇이든지 전체 위에서 생각한다.

로마 시민은 가이우스도 루키우스도 아니었다. 그들은 단지 한 사람의 로마인이었다. 또한 그들은 자신을 버리고 오로지 조국만 사랑했다. 레굴루스는 카르타고의 포로가 됐을 때 자기는 카르타고인이라고 말했기에, 이제 자기는 외국인이라며 로마 원로원석에 앉기를 거절했다. 그래서 한 카르타고인이 그에게 이를 명령해야 했다. 사람들이 그의 목숨을 구하려 하자 그는 노했다. 그는 자

---

*5 그러므로 공화국 간의 전쟁은 군주국 간의 전쟁보다 잔인하다. 그러나 왕들의 전쟁은 심하지 않다 하더라도, 무서운 것은 그들의 평화다. 그러므로 그들의 신하가 되기보다는 오히려 적이 되는 편이 낫다(원주).

아를 굽히지 않고 자랑스럽게 돌아가 처형당했다. 이러한 이야기는 우리가 오늘날 알고 있는 인간과는 좀 거리가 먼 이야기인 것 같다.

라케다이몬 사람인 파이다레이투스는 3백 인 의회의 일원으로 선출되기 위하여 나갔다. 그는 낙선됐다. 그는 스파르타에는 자기보다 나은 사람이 3백 명 있다고 매우 기뻐하며 돌아갔다. 나는 그가 진정으로 그런 말을 했으리라고 생각한다. 그렇게 믿어도 괜찮다는 증거가 있다. 즉, 이것이 시민인 것이다.

어떤 스파르타 여인이 다섯 명의 아들을 싸움터로 보냈다. 그리고 전투 상황의 보고가 오기를 기다리고 있었다. 노예가 돌아오자 여인은 떨며 전투 상황을 물었다. "아드님들은 모두 전사하셨습니다." "천한 노예야, 내가 그런 것을 묻더냐?" "아군은 승리했습니다." 어머니는 신전으로 달려가 신에게 감사의 기도를 올렸다. 이것이 시민이다. 사회 질서 속에서 자연 감정의 우월성을 계속 갖고자 원하는 사람은 무엇을 희망하고 살면 좋을지 모른다. 항상 모순된 감정 속에서 자기의 취향과 의무 사이를 방황하여 결코 인간도 시민도 될 수 없게 된다. 자기를 위해서도 타인을 위해서도 소용에 닿지 않는 인간이 되고 만다. 그것이 현대의 인간, 프랑스인, 영국인, 부르주아이다. 그런 자는 아무것도 될 수 없다.

그 무언가가 되기 위하여, 자기 자신이 되기 위하여, 그리고 언제나 한 개체이기 위하여 언행을 일치해야 한다. 취할 바 태도를 확실히 정하고 과감하게 밀고 나가야 한다. 어떤 한 사람이 인간이 되느냐, 시민이 되느냐, 혹은 인간이면서 시민이 되느냐 하는 점에서 훌륭하게 행동하는 하나의 멋이 있는 인간의 본보기를 누군가가 나에게 보여 주기를 고대한다.

필연적으로 대립할 수밖에 없는 두 개의 목적에서 상반된 두 개의 교육 형태가 탄생한다. 하나는 일반적인 공공 교육이고 또 하나는 개별적인 가정 교육이다. 공공 교육의 관념을 파악하기 원한다면 플라톤의 《국가론》을 읽는 것이 좋겠다. 이 책은 표제에서 풍기는 인상처럼 정치에 관한 책은 아니다. 이 책은 지금까지 쓰인 교육론 저서 중에서 가장 뛰어나다.

공상적인 국가에 관하여 이야기하고자 할 때 사람들은 플라톤의 국가제도를 들고 나온다. 그러나 리쿠르고스가 그 제도를 글로 남겨두었더라면 그것은 훨씬 더 공상적이 됐을 것이다. 플라톤은 사람들의 마음을 정화시켰을 뿐이지만 리쿠르고스는 사람들의 마음을 변화시켰으니 말이다.

공공 교육은 이미 존재하지도 않고 존재할 수도 없다. 조국이 없는 곳에 시민이 있을 수 없기 때문이다. '조국'과 '시민'이라는 두 낱말은 근대어에서 말살되어야 한다. 나는 그 이유를 잘 알고 있으나 그것을 말하고 싶지 않다. 그것은 나의 주제와는 관계가 없는 것이다.

나는 학원이라고 불리는 우스꽝스러운 시설을 공공 교육 기관이라고 보지는 않는다.*6 항간의 교육은 두 개의 상반된 목적을 동시에 추구하기 때문에 어느 한쪽의 목적에도 도달할 수가 없게 된다. 그것은 타인을 위한 생각을 하는 것처럼 보이게 하면서 늘 자기만을 위해 생각하는 이중 인간을 만들 뿐이다. 이와 같은 위장술은 모든 사람이 공통적으로 갖고 있는 것이어서 속일 수가 없다. 모든 것이 헛수고로 돌아간다.

이 모순점이 항상 우리가 마음속에 느끼고 있는 또 하나의 모순을 낳게 한다. 자연과 인간이 이끄는 상반된 길로 이끌려 가다가 그 두 개의 이질적인 충돌에 찢기면 우리는 어느 한쪽의 목표에도 도달하지 못하는 어중간한 길을 더듬게 된다. 이런 식으로 일생 동안 혹사당하여 기진맥진하게 되면 우리는 일관된 의사를 갖지도 못한 채 자신에게도, 타인에게도 아무 도움이 되지 못하는 인간으로서 인생을 마치게 된다.

이렇게 되면 오직 남는 것은 가정 교육 혹은 자연의 교육인데, 한결같이 자기를 위하여서만 교육을 받은 사람이 타인에게 무엇을 이바지할 수가 있을까? 만약 인간이 지향하는 이중의 목적이 하나로 묶일 수 있다면 인간의 모순을 제거함으로써 인간의 행복을 방해하는 커다란 장애물을 없었다는 결과가 된다. 그러한 인간을 알기 위해서는 결국 인간이 완성되기를 기다려야 할 것이다. 그 사람의 경향을 관찰하고 진보 상황을 관망하고 노정을 더듬어 볼 필요가 있다. 한 마디로 말하여 자연인을 알아야 한다. 이 책을 읽는 것은 그

---

*6 몇 개의 학교, 특히 파리 대학에는 내가 사랑하고 매우 존경하는 교수가 있으며, 그들은 만일 기성 방법에 따르도록 강요당하지 않는다면 청년을 충분히 잘 가르칠 수 있는 사람들이라고 나는 생각한다. 나는 그중 한 사람에게 그가 생각한 개혁안을 발표하도록 권하고 있다. 사람들은 마침내 폐해에는 대책이 없는 바도 아니라는 것을 알고 그것을 교정하려 들 것이다(원주). 초판본에서는 이 주의 처음 부분은 '제네바의 아카데미와 파리 대학에는……'이라고 되어 있다. 특히 루소는 '학원이라는 가소로운 시설'이라 쓴 것에 대해 상당히 신경을 썼고, 당시 학교 교육에 큰 세력을 갖고 있던 예수회의 보복을 두려워하고 있었다(《참회록》제11권).

러한 연구를 하는 데 얼마쯤 도움이 될 거라고 나는 믿는다.

그러면 이렇게 보기 드문 인간을 만들기 위하여 해야 할 일은 무엇인가. 틀림없이 많은 일이 있다. 우선 아무도 그를 방해하지 못하도록 대비해야 한다. 바람을 거슬러 올라가야 한다면 방향을 바꾸어 나가면 된다. 하지만 바다가 몹시 일렁이고 있는데 그곳에 머물러야 한다면 닻을 내려야 한다. 젊은 항해사여, 조심할지어다. 밧줄이 풀어지거나 닻이 흔들리지 않도록, 그리고 배가 모르는 사이에 기슭을 떠나는 일이 없도록 정신을 차리라.

사회 질서가 확립된 곳에서는 모든 지위가 확고하게 정해져 있다. 사람들은 모두 그 지위에 맞게 교육을 받아야 한다. 이렇게 교육을 받은 개인은 그 지위를 벗어나게 되면 아무 쓸모없는 인간이 되고 만다. 여기서 교육은 그 사람의 운명이 부모의 지위와 일치할 때만이 비로소 유익하다. 그렇지 않은 경우 그 교육은 학생에게 항상 불리한 것이 되고 만다. 교육을 받음으로 인하여 얻어진 편견만을 놓고 생각해 봐도 그것은 확실히 해로운 것이다. 아들은 반드시 아버지의 직업을 이어받아야 했던 이집트에서는 교육은 아무튼 확실한 목적을 갖고 있었다. 그러나 계급은 항상 그대로 있는데 우리 인간은 끊임없이 다른 계급으로 옮기기를 거듭하게 되니, 과연 아버지의 계급에 맞도록 교육받은 아들에게 그것이 유리한 것인지는 의문이다.

자연의 질서 아래서 인간은 모두 평등하며 모든 사람이 똑같이 지녀야 할 천직은 인간이어야 한다는 것이다. 그렇기 때문에 그 점을 위하여 충분히 교육을 받은 사람은 누구나 인간에게 관계된 일이라면 무엇이든 할 수 있을 것이다. 내가 가르치고 있는 학생이 장차 군인이 되건 승려가 되건 법률가가 되건 나에게는 상관이 없다. 부모의 신분에 맞는 일을 하기 이전에 인간으로서의 생활을 하도록 자연은 명령하고 있다. 살아가는 일, 그것이 내가 나의 학생에게 가르치고 싶은 직업이다. 내 손에서 떨어져 나갈 때 그는 아마 관리도 군인도 승려도 아닐 것이다. 그는 무엇보다도 우선 인간일 게다. 그는 필요에 의하여 다른 인간들과 마찬가지로 인간이 어쨌든 되어야 할 모든 것 중의 하나가 될 것이다. 운명의 신이 제아무리 그의 자리를 바꾸어 놓아도 그는 자기의 지위에 머물러 있을 것이다. '운명의 신이여, 나는 당신을 사로잡았다. 당신이 나에게 다가오지 못하도록 모든 통로를 막았다.'

우리가 정말로 연구해야 할 것은 인간 조건의 연구이다. 우리 중에서 인생의 좋은 일, 나쁜 일, 무엇이든 잘 견디어 나갈 수 있는 자야말로 가장 좋은 교육을 받은 자라고 나는 생각한다. 그러니까 진정한 교육이란 교훈을 주는 것이 아니라 훈련시키는 데 있다. 우리는 살기를 시작함과 동시에 배우기 시작한다. 우리의 교육은 우리와 함께 시작된다. 우리의 첫 교사는 유모다. 때문에 '교육'이라는 말은 고대에 있어서는 우리가 현재 쓰고 있는 뜻과는 다른 뜻으로 쓰였다. 그것은 '양육'을 뜻했다. '산파는 끄집어내고, 유모는 양육하고, 보모는 예절을 익히게 하고, 교사는 가르친다'라고 와로우*[7]는 말했다. 이와 같이 기르는 것, 예절을 익히게 하는 것, 가르치는 것 등에 그를 담당하는 양육자, 보모, 교사가 따로 있듯, 이들 삼자는 각각 다른 목적을 지니고 있었다. 그러나 이렇게 구분되어 있다는 것이 반드시 좋다고는 할 수 없다. 아이를 잘 교육시키려면 한 사람의 지도자 밑에 두어야 한다.

여기에서 우리는 일반적인 견지로 관찰해야 한다. 그리고 우리 학생 가운데에서 추상적인 인간, 인생의 모든 사건에 시달림을 받는 인간을 고찰해 봐야 한다. 인간이 만약 일정한 토지에만 매여 있다면, 1년 내내 똑같은 계절이 계속된다면, 모든 사람이 어떤 신분에 고정되어 바뀌는 일이 없다면, 지금까지의 교육법도 어떤 면에서는 괜찮다는 이야기가 된다. 그 신분에 맞도록 교육을 받은 아이는 그 신분에서 벗어나는 일이 없을 테니까 다른 신분으로 바뀌었을 때 일어나는 불편에 시달릴 필요가 없게 된다. 그러나 변하기 쉬운 인간사와 한 세대가 멀다 하고 뒤엎어지는 현대의 불안과 동요를 염두에 둔다면 결코 방 밖으로 나갈 필요가 없는 인간, 항상 하인에게 둘러싸인 인간으로 아이를 기른다는 것이 얼마나 무분별한 짓인가 하는 것에 생각이 미칠 것이다. 이러한 가엾은 인간은 한 발이라도 땅을 디디면, 한 계단이라도 층층대를 내려가면 벌써 파멸하고 만다. 이것은 고통을 이겨내게끔 하는 것이 아니고 고통을 느끼게 하는 일이다.

사람들은 아이를 보호할 생각만 한다. 그것만으로는 충분하지 못하다. 어른이 됐을 때 자신을 지키고, 운명의 타격을 이겨내고, 부귀도 빈곤도 개의치 않으며, 필요에 따라서는 아이슬란드의 빙하 속에서도, 몰타섬의 타는 듯이 뜨거운 바위 위에서도 살아갈 수 있는 능력을 가르쳐 줘야 한다. 당신들은 아이

*7 와로우는 기원전 1세기의 로마 박학자이나, 이 인용은 4세기의 문법학자 노니우스 마르케르스에 의한 것이라고 함.

가 죽지 않도록 보살펴 주지만 그것은 필요 없는 일이다. 그렇게 해도 아이는 언젠가는 죽게 마련이다. 가령 그 죽음이 당신들의 조심성의 결과가 아닐지라도 그러한 조심성이 잘한 짓은 아니다. 죽음을 막아 주는 일보다 살도록 하는 일이 더 필요하다. 산다는 것, 그것은 호흡한다는 것이 아니다. 활동한다는 것이다. 기관·감관·능력 등으로 우리에게 존재감을 느끼게 하는 신체의 모든 부분을 사용하는 일이다. 가장 오래 산 사람이란 가장 긴 세월을 산 사람이란 뜻이 아니고, 인생을 가장 잘 체험한 사람이란 뜻이다. 백 세가 넘도록 살다가 땅에 묻힌 사람이 나자마자 곧 죽은 거나 마찬가지일 때도 있다. 그런 인간은 젊었을 때 무덤으로 갔더라면 더 좋았을 것이다. 적어도 그때까지 살 수 있었다면 말이다.

우리가 지혜라고 칭하는 것은 모두가 비굴한 편견에 불과하다. 우리의 습관이란 모두가 굴종과 구속에 지나지 않는다. 사회인은 속박 상태로 태어나 살다가 죽어간다. 세상 밖에 나오면 배내옷*8이 입혀진다. 죽으면 관 속에 넣어진다. 사람의 형태를 하고 있는 동안은 사회제도에 매여 있다.

수많은 산파들이 태어난 아이의 머리를 주물러서 '더 나은 모양으로 해줘야 된다' 말한다지만 사람들은 그것을 금방 내버려 둔다. 우리 머리는 우리에게 존재를 부여해 준 자가 만들어 놓은 그대로의 상태로는 부적당한 것인지 외부는 산파가 고쳐 주고, 내부는 철학자가 고쳐 줘야 하게끔 돼 있다. 카리브인이 우리보다 훨씬 더 행복하다. 아기가 어머니 뱃속에서 나와 몸을 움직이고 손발을 뻗고 하는 자유를 얻자마자 사람들은 그 아기를 새로이 속박한다. 배내옷으로 싸고 머리를 고정시키고 다리를 뻗게 하고, 팔을 몸 옆에 꼭 붙여놓고 반듯이 눕게 한다. 여러 종류의 헝겊이나 끈으로 몸을 감아 주어 돌아누울 수도 없게 만든다. 숨도 쉴 수 없을 정도로 묶여져 있지 않으면 다행인 편이다. 몸이 옆으로 눕혀져 입에서 나오는 액체가 저절로 흘러내릴 수 있게 돼 있으면 다행이다. 아기는 침이 흘러내리게끔 머리를 돌릴 자유도 없을 테니까.

태어난 아기는 손발을 뻗거나 움직일 필요가 있다. 오랫동안 실뭉치처럼 꽁꽁 묶여 있던 마비상태에서 손발을 자유롭게 할 필요가 있다. 과연 아기는 손발을 뻗칠 수 있게끔 허용되긴 했으나 그것을 움직일 수는 없게 돼 있다. 머리

---

*8 적당한 말이 없으므로 이렇게 했지만 이것은 우리의 배내옷도 아니고 기저귀도 아니며, 손발을 움직이지 못하도록 아기를 싸놓는 옷인 것 같다.

도 모자로 죄어져 있다. 마치 아기가 살아 있는 것처럼 보일까 봐 걱정하고 있는 것 같다.

그래서 커지려는 의욕에 가득 찬 신체 내부의 힘은 하고자 하는 운동을 저지시키려는 커다란 장애에 부닥친다. 아기는 끊임없이 헛수고만 하게 되어 모든 힘이 빠져나가 결과적으로 발육이 늦어진다. 배내옷에 싸여 있을 때보다 오히려 어머니 뱃속에 있었을 때가 덜 좁다고 느껴지고 구속도 속박도 받지 않았다고 할 정도이다. 이래 가지고서야 무엇 때문에 태어났는지 나로선 알 수 없다.

아기의 손발을 움직이지 못하도록 묶어 놓으면 혈액이나 체액의 순환이 나빠져서 아기가 강하고 크게 자라는 것을 방해하게 되며 체질을 약하게 만든다. 이렇게 무모한 짓을 하지 않는 곳에서는 인간은 모두 크고 강하며 균형잡힌 몸집을 하고 있다. 아기를 배내옷으로 감싸는 나라엔 꼽추·절름발이·굽은 다리·발육부진·관절불능 등의 온갖 기형아들이 들끓고 있다. 사람들은 아기가 자유롭게 운동을 하면 몸이 나빠지는 줄 알고 낳자마자 그 몸을 묶어 버려 오히려 망치고 만다. 몸을 보호한다는 것이 오히려 기형을 만든다.

이러한 참혹한 구속이 기질이나 체질에 영향을 끼치지 않을 수 있을까? 아기들이 맨 처음 느끼는 감정은 고통이다. 아기는 하고자 하는, 모든 운동을 방해하는 장애물을 발견할 뿐이다. 쇠사슬에 묶인 죄인보다 더욱 비참한 그들은 헛된 노력을 하다가 화가 나서 부르짖는다. '그들이 지르는 맨 처음 소리가 울음소리이다' 라고 당신들은 말하는가? 과연 옳은 말이다. 당신들은 아기가 태어나자마자 괴롭힌다. 그 아기가 당신들에게서 맨 처음 받는 선물은 몸을 묶는 쇠줄이며, 맨 처음 받는 대접은 고문이다. 소리 지르는 것 이외에 아무 자유도 갖지 못한 그들이 어찌 그것을 사용하여 불평을 토하지 않을 수 있겠는가. 그들은 당신들이 주는 고통에 대하여 울부짖고 있는 것이다. 그들처럼 묶인다면 당신들은 그들보다 더욱 큰 소리로 부르짖지 않고서는 배기지 못할 것이다.

이러한 옳지 못한 습관은 어디서 생겨난 것일까. 자연을 거역하는 습관에서 온 것이다. 어머니들이 으뜸가는 의무인 자녀 양육을 기피하게 되자 아기는 돈으로 고용된 여자에게 맡겨지게 됐다. 그래서 아기에게 전혀 애정을 느끼지 않는 타인이 아기의 어머니가 된다. 유모는 오로지 힘든 일에서 벗어나려는 생각만 한다. 아기를 자유롭게 해두면 항상 들여다봐야 한다. 그와 반대로 꽁꽁 묶어 두면 울어도 상관없이 구석에 처박아 둘 수 있다. 유모의 태만이 밝혀지는 일만 없다면, 젖먹이 아기의 팔이나 다리가 부러지는 일만 없다면, 다 자란 뒤 일찍 죽거나 일생 동안 병약한 인간이 된다 해도 상관없는 일이다. 그 당시에 바로잡지 못하면 나중에 무슨 일이 생기건 유모에게는 책임이 없는 것이다.

귀찮은 아기에게서 벗어나 도심의 향락에 날이 새는 줄 모르는 상냥한 어머니들은 배내옷에 싸여진 아기가 그동안 시골에서 어떤 취급을 당하고 있는지 알고 있을까? 조금이라도 말썽을 부리면 아기는 넝마나 보따리처럼 기둥에 묶인다. 유모가 유유히 일을 끝마칠 때까지 아기는 기둥에 묶여 있다. 이런 상태에 놓인 아기의 안색은 한결같이 보랏빛이 되고 만다. 가슴이 꽁꽁 묶여 있기 때문에 혈액 순환이 잘 되지 않아 피가 머리로 올라간다. 그리고 아기가 대단히 조용해졌다고 모두들 생각하지만 실은 소리를 지를 기운조차도 없어진 것이다. 그러한 상태로 얼마나 오래 있을 수 있을지는 알 수 없다. 아마 무사하지 못할 것이다. 배내옷을 입힌 효용이 모두 이런 데서 나타나는 것이다.

배내옷으로 꽁꽁 묶어 놓지 않으면 아기는 좋지 못한 자세를 취하여 손발의 건전한 발육을 저해하는 운동을 하게 된다고 주장하는 자가 있다. 이것도 우리의 얕은 지혜에서 우러나온 하나의 논란에 불과하며 여하한 경험에 의해서도 확인된 바가 없다. 우리보다 더욱 분별이 있는 민족 중에는 아기의 손발을 완전히 자유롭게 할 수 있는 상태로 양육하고 있으나 그 많은 아기들 가운데 단 한 명도 상처를 입거나 불구가 된 아기는 없다. 아기는 위험에 처할수록 심한 운동을 할 수 없게 된다. 어쩌다가 심한 운동을 할 자세를 취했다가도 곧 고통을 느껴 그치게 된다.

우리는 개나 고양이 새끼에게 배내옷을 입히지는 않는다. 그렇게 해주지 않아도 개나 고양이에게 무슨 변고가 일어나진 않았다. 사람의 아기는 몸이 무겁다. 그건 사실이다. 그러나 그것과 정비례하여 그들은 약하다. 겨우 조금 움직일 수 있을 뿐이다. 자신의 몸을 상하게 할 만큼 많이 움직이지는 못한다. 거북이 새끼를 발딱 엎어 놓으면 몸을 뒤집을 수 없듯이 아기를 그런 식으로 하면 그대로 죽고 말 것이다.

여성은 아기에게 젖을 주려고 하지 않을뿐더러 아기를 배려고 하지도 않게 됐다. 당연한 결과이다. 아기를 돌보는 일이 귀찮아졌으니 한 걸음 더 나아가 낳지 않으면 그만이다. 여성들은 만들어 놓은 것을 망치면서도 그 일을 거듭

한다. 이런 식으로 인류를 늘리기 위하여 부여받은 매력을 인류에게 해를 입히는 일에 사용한다. 이런 습관은 인구를 감소시키는 다른 원인과 더불어 앞으로 올 유럽의 운명에 암영을 던지고 있다. 학문·예술·철학, 그리고 이 철학이 빚어내는 풍조는 마침내 유럽을 사람이 살지 않는 땅으로 만들고야 말 것이다. 유럽은 야수들이 사는 곳이 될 것이다. 그렇다고 해서 지금의 주민들과 그렇게 다른 주민들은 아닐 것이다.

나는 가끔 젊은 여성이 자기 아이는 자기가 기르고 싶다는 등의 말로 잔재주를 부리는 경우를 봤다. 그런 당치도 않은 소리는 그만두라는 말을 듣고 싶어서이다. 이런 부류의 여자는 교묘하게 남편이나 의사*9나 특히 자기의 모친이 간섭을 하도록 만든다. 아내가 자기 손으로 아기를 양육하겠다는 데 동의한 남편은 그야말로 화를 입게 된다. 그런 남편은 아내가 귀찮아져서 내쫓으려는 나쁜 사람이라고 비난을 받게 된다. 사려 깊은 남편은 가정의 평화를 위하여 부성애를 희생해야 한다. 다행스럽게도 시골에는 당신들의 부인들보다 순수한 여성이 있다. 이런 여성이 다행스럽게도 당신들을 위하여 여가를 제공해 준다면 그 이상 더 좋은 일은 없다.

여성의 의무를 의심할 여지는 없다. 그럼에도 불구하고 사람들은 여성이 의무를 소홀히 하는 데 동조하여 아기를 자기의 젖으로 기르건 타인의 젖으로 기르건 매한가지 아니냐고 논란을 주고받는다. 이 문제의 심판자는 의사인데, 여성이 원하는 대로 판단이 내려진다는 것을 나는 잘 알고 있다. 또 나로서도 병든 어머니의 피를 이어받고 태어난 아기가 그 위에 더 나쁜 어떤 병을 옮겨받을 우려가 있다면 그런 어머니의 젖을 빠느니, 오히려 유모의 건강한 젖을 빠는 편이 낫다는 생각이 든다.

하지만 문제를 육체적인 면에서만 생각해서 될까? 아기는 젖꼭지와 마찬가지로 어머니의 보살핌이 필요하지 않을까? 다른 아이의 어머니 또는 짐승이라 할지라도 그 아이의 어머니가 거부하는 젖을 대신 줄 수는 있다. 그러나 진정한 어머니의 보살핌을 대신할 그 무엇이 달리 있을까? 자기 아이를 제쳐놓

---

*9 여성과 의사와의 동맹은 나에게는 언제나 파리 특유의 가장 우스운 일이라고 생각되었다. 의사가 명성을 얻는 것은 여성의 덕이며, 여성이 하고 싶은 일을 할 수 있는 것은 의사의 덕인 것이다. 파리의 의사가 유명해지려면 어떤 종류의 재능이 필요한가를 미루어 보면 잘 알 수 있다(원주).

고 남의 아이를 기르는 여자는 좋지 못한 어머니이다. 그런 여자가 어떻게 좋은 유모가 될 수 있겠는가. 좋은 유모가 된다 할지라도 그것은 오랜 시일이 걸려야 한다. 그러기 위하여는 습관이 변하여 자연으로 돌아가야 한다. 그래서 아기는 유모가 진정한 모성애를 느끼게 될 때까지 아무렇게나 취급당하여 백 번도 더 죽을 고비를 넘겨야 할 것이다.

유모가 참다운 모성애를 느끼게 되면 또 다른 문제거리가 발생한다. 민감한 여성이라면 그 점에 생각이 미쳐 절대로 자기 아기를 타인에게 내맡기려 하지 않을 것이다. 그것은 어머니의 권리를 나누어 갖지 않으면 안될, 아니 양도해야 한다는 것, 아이가 다른 여자를 자기와 마찬가지로 또는 자기 이상으로 따르고 있는 것을 보는 것, 아이가 친어머니에게 주는 감정은 덤으로 주는 애정이며, 유모에게 느끼는 애정은 필연적으로 나온 것임을 알게 된다는 점이다. 어머니다운 보살핌을 받았으니 자식다운 애정이 우러나오는 것은 당연한 일이 아닐까.

이 문제점을 해결하기 위해 사람들은 유모를 완전히 하인 취급하여 아이에게 멸시의 관념을 일으키게 한다. 유모의 임무가 끝나면 아이를 집으로 데려오거나 유모를 해고시키거나 한다. 불쾌한 대우를 받게 되자 유모는 아이를 만나러 오기를 꺼리게 된다. 몇 년이 지나고 나면 아이는 유모와 만나는 일도 없게 되고 얼굴도 잊어버린다. 아이의 애정을 유모에게서 뺏는 참혹한 행위로 자기의 태만을 보상했다고 생각하는 어머니는 착각을 하고 있는 것이다. 유모의 은혜를 잊은 아들이 친어머니의 은혜는 알고 있을까. 그 젖으로 자기를 길러 준 자를 멸시하듯 자기에게 생명을 준 자도 언젠가는 멸시하게 될 것이다.

유익한 제목을 여러 번 반복해 봐도 소용이 없으며 오직 실망할 뿐이라는 사실만 없다면 나는 이 점을 이렇게까지도 강조하지는 않을 것이다. 이것은 사람들이 생각하고 있는 것보다 훨씬 더 많은 일과 관계가 있다. 모든 사람에게 그 첫째 의무를 다하게 하려면 우선 그 어머니가 자기 의무를 잘 완수하도록 만드는 게 좋겠다. 여러분은 여기에서 생기는 변화에 아마 깜짝 놀랄 것이다. 모든 것은 그 어머니의 첫 번째 타락 여부에 따라서 시작된다. 좋은 천성은 모든 사람의 마음속에서 사라진다. 집안에는 옛날과 같이 생기가 돌지 않는다. 가정에서 새로 일어나는 감동적인 장면도 남편의 마음을 사로잡지 못하며 타인의 존경심을 불러일으키지도 못하게 된다. 아이들과 함께 있지 않는 어머니는 존경을 받지도 못한다. 가정은 이미 안식처가 아니다. 매일같이 반복되는 습관 속에서도 핏줄이 주는 애정을 불러일으키지 못한다. 이미 부모도 형제도 아니다. 서로 잘 모르는 사람처럼 돼 버린다. 이런 사람들이 어떻게 서로 사랑할 수 있겠는가. 모두 자신의 일만 생각한다. 집안이 외로운 사막처럼 느껴지니 아무래도 밖으로 나가서 즐거운 일을 찾을 수밖에 도리가 없다.

그 반면에 어머니가 스스로 아이들을 잘 기르게 되면 집안의 분위기는 저절로 달라지고 자연적인 감정이 모든 식구들 마음에 솟아난다. 나라는 인구가 는다. 이 첫 번째 문제, 즉 어머니의 의무만이 모든 것을 다시 맺어지게 한다. 가정 생활의 매력은 악습에 대한 가장 좋은 해독제라는 점에 있다. 귀찮은 아이들의 장난도 유쾌하게 느껴진다. 어머니와 아버지는 더욱 더 다정하게 된다. 부부의 유대는 더욱 견고해진다. 가정에 생기가 돌고 번창해지면 가사를 돌보는 일이 아내의 가장 중요한 일이 되며 남편의 가장 즐거운 일이 된다. 단 한 가지의 결점이 고쳐짐으로써 마침내는 일반적인 개혁이 이루어지고, 자연은 드디어 모든 권리를 회복한다. 여성이 또다시 어머니로 돌아오면 따라서 남성도 또다시 아버지가 되고 남편이 되는 것이다.

쓸데없는 설교였을까. 아무리 세상의 온갖 쾌락에 지쳐 버렸다 해도 사람들은 결코 이러한 즐거움으로 되돌아오진 않을 것이다. 여성은 어머니가 되기를 그만두었다. 여성은 아마 앞으로도 어머니가 되지 않을 것이다. 되려고 하지도 않는다. 설령 되려고 애써도 좀처럼 잘 되지 않을 것이다. 반대하는 습관이 붙어버린 오늘날에 있어서, 여성은 자기 주위에 있는 모든 여성다운 일과 싸워야 할 것이다. 그런 여성들은 자기 스스로 해본 일도 없고, 따르려고 마음먹지도 않은 모범적인 일에 대항하고자 일치 단결한다.

그 반면에 드물기는 하나 훌륭한 천성을 지닌 젊은이가 있어서 유행의 권위와 동성의 비난에도 불구하고 자연이 명령하는 올바른 의무를 용감하게 수행한다. 그것을 실행하는 사람에게 주어진 행복에 마음이 이끌려 그와 같은 행동을 하는 사람이 크게 늘기를 희망한다. 더할 나위 없이 단순한 고찰의 결과와, 지금까지 관찰해 본 바에 의하면 절대로 예외가 없었다는 사실에 입각하여 나는 이 존경할 만한 어머니들에게 약속해도 좋다. 남편에게서 받는 끊임없고 변함없는 깊은 애착, 아이들에게서 뿜어져 나오는 어린애다운 애정, 세상 사람들로부터 받는 존경, 아무 사고도 없고 후환도 없는 안전한 출산, 넘치는 건강, 그리고 언젠가는 자신의 딸과 남의 집 딸의 모범이 되어 아낌없는 찬사를 받는다는 것 등을……

어머니가 없으면 아이도 없다. 어머니와 아이의 의무는 상호적인 것이어서 한쪽에서 의무를 소홀히 하면 다른 한쪽에서도 소홀히 하게 된다. 아이는 어머니를 사랑할 의무가 있다는 것을 깨닫기 이전에 어머니를 사랑해야 한다. 핏줄의 소리도 습관과 배려에 의하여 강조되지 않으면 사라져 버리며 애정은 싹트기 이전에 죽어 버린다. 이런 식으로 우리는 첫걸음부터 이미 자연에서 벗어나고 만다.

또한 그와는 정반대의 길에서 자연을 벗어나는 수도 있다. 그것은 어머니로서의 배려를 게을리하지는 않으나 지나치게 마음을 쓰는 여성의 경우, 이러한 여성은 아이를 소중히 여긴 나머지 약하게 하지 않으려고 한 것이 오히려 더 약하게 만든다. 그리고 아이를 자연의 법칙에서 벗어나게 하기 위하여 당면한 고통을 제거시켜 줌으로써 우선은 조그마한 고통에서 벗어나게 해줄 수는 있었으나 장차 닥쳐올 더 큰 사고와 위험을 이겨내지 못하게 한다. 또한 약한 유년 시대를 더욱더 연장시킴으로써 어른이 됐을 때보다 더 큰 고통을 오래 받는 참혹한 결과가 된다는 것을 생각하지 않는다. 테티스는 아들을 불사신으로 만들기 위하여 명부(冥府)의 강물에 담갔다는 전설이 있다. 이 전설은 아름답고 그 의미는 명료하다.

내가 지금 이야기하고 있는 참혹한 어머니들은 그와 반대의 짓을 하고 있다. 아이에게 나약한 습관을 길러 줌으로써 오히려 쉽게 고통을 느끼는 인간으로 만들려고 한다. 온갖 병이 덤벼들 틈을 주고 있다. 그들은 자라서 틀림없이 병에 시달리게 될 것이다.*10

자연을 관찰해 볼 필요가 있다. 그리고 자연이 제시하는 길을 가야 한다. 자연은 끊임없이 아이에게 시련을 준다. 온갖 시련으로 아이의 체질을 강하게 한다. 고통이 어떤 것인가를 일찍부터 아이에게 가르친다. 이가 나기 시작하면 열이 난다. 심한 복통이 경련을 일으킨다. 그칠 줄 모르는 기침이 목을 칵칵 막히게 한다. 벌레에게 쏘인다. 다혈증 때문에 혈액이 부패한다. 온갖 효모가

---

*10 육체적인 면의 육아법에 대해서는 그때 상당한 관심이 있어, 루소와 같은 정신으로 쓰인 책도 나와 있다. 《에밀》과 같은 무렵에 제네바 사람 발렉세르의 《어린이 체육에 대한 논고》가 나왔으나 루소는 발렉세르를 표절자라고 했다(《참회록》 제11권).

발효하여 악성 부스럼을 앓게 만든다. 유년 시대의 초기는 항상 질병과 위험에 시달리는 시기라고 해도 과언이 아니다. 태어난 아이의 절반이 여덟 살 이전에 죽는다. 시련이 끝나면 아이는 힘이 생긴다. 자기 생명을 유지할 수 있게 되어 생명의 뿌리는 더욱 튼튼해진다.

이것이 자연의 규칙이다. 왜 이것을 거역하려 하는가. 당신들은 자연을 교정하려다 자연의 업적을 파괴한다는 것을 모르는가. 자연의 배려를 방해한 결과를 모르겠는가. 자연이 내부에서 하는 일을 외부에서 하면 이중의 위험성이 있다고 당신들은 생각한다. 그런데 그것은 반대로 위험을 빗나가게 하여 약하게 만드는 것이다. 경험담에 의하면 지나친 보호를 받아가며 자란 아이가 그렇지 않은 아이보다 사망하는 확률이 훨씬 높다고 한다. 아이의 능력 한계를 넘어서지 않는 범위 내에서 힘을 쓰게 하는 편이 쓰지 않게 하는 편보다 위험성이 적다. 그래서 언젠가는 이겨내야 할 공격에 대하여 미리부터 익숙해지도록 하는 것이 좋다. 명부(冥府)의 강물에 담가야 한다. 신체에 습성이 생길 때까지는 아무 위험도 느끼지 않으며 모든 습성을 익힐 수가 있다. 그러나 일단 몸이 굳어 버리면 모든 변화는 위험한 것이 되고 만다. 아이들은 어른들이 견디기 어려워하는 변화에도 잘 적응한다. 아이들의 조직은 유연하기 때문에 아무 고통 없이 주름이 잡힌다. 어른들의 조직은 견고하기 때문에 강한 힘을 가하지 않고서는 이미 잡힌 주름을 변동시킬 수가 없다. 따라서 아이들은 생명과 건강에 별다른 위험성을 입지 않으며 건강한 체구로 성장할 수가 있다. 설령 얼마쯤 위험이 뒤따른다 해도 주저해서는 안 된다. 그 위험이란 항상 인간 생활에 뒤따르게 마련인 것이니까 가장 위험성이 적은 기간에 그것을 체험시키는 게 좋지 않을까.

아이들은 자라면서 가치를 배운다. 그 자체의 가치에다 지금까지 소모한 주의력의 가치가 더해진다. 생명의 손실과 죽음이라는 감정이 더해진다. 따라서 무엇보다도 미래를 염두에 두고 아이의 생명을 지켜줘야 한다.

아이가 청년기에 이르기 전에 청년기에 발생하는 병에 대항하도록 해줘야 한다. 생명이 쓸모가 있게 될 때까지 점점 그 가치가 높아진다면, 어릴 때 작은 고통을 맛보게 해준 것이 커서 더 큰 고통을 맛보게 한 결과가 되고 말 터이니 이보다 더 어리석은 일이 또 있을까. 이 점을 잘 가르쳐 주는 일이 교사의 임무일 게다.

사람의 운명이란 항상 고통을 수반하는 법이다. 자신을 지키려는 노력에도 항상 고통이 뒤따른다. 유년 시대에 육체적인 고통밖에 겪지 않은 사람은 행복한 사람이다. 육체적인 고통은 다른 고통에 비하여 훨씬 덜 잔인하고, 덜 고통스러워서 그것으로 인하여 생명을 스스로 끊는 일은 매우 드물다. 통풍이 고통스러워서 자살하는 사람은 없다. 절망으로 몰아넣는 것은 마음의 고통 이외엔 아무것도 없다고 할 수 있다. 우리는 아이의 상태를 불쌍히 여기지만 불쌍한 것은 오히려 우리 쪽이다. 우리의 가장 큰 고민의 원인은 우리 자신 안에 있다.

　태어날 때 아기는 소리를 지른다. 유아기 초기는 울음으로 지샌다. 아기를 달래기 위하여 어른들은 흔들기도 하고 어르기도 한다. 그런가 하면 아기의 울음을 그치게 하기 위하여 놀라게 하기도 하고 때리기도 한다. 우리는 아이들 마음에 드는 일을 하거나 아이들이 우리 마음에 들도록 하거나 한다. 아이들의 변덕에 따르거나 우리 변덕에 아이들을 따르게 한다. 중간의 길은 없다. 아이들은 명령을 받든지 명령을 하든지 한다. 그래서 아이들이 맨 처음에 갖는 관념은 지배와 복종의 관념이다. 말도 제대로 배우기 이전에 아이는 명령을 한다. 행동을 제대로 하기도 전에 복종한다. 그리고 때로는 자신의 잘못을 깨달을 능력도 없을 때, 아니 잘못을 저지를 능력도 없을 때 이미 벌을 받는다. 이런 식으로 어린 마음에 정념을 불어넣고, 사람들은 그것을 자연의 탓이라고 한다. 그리고 애써 아이를 나쁘게 만들어 놓고는 아이가 나쁘다고 한탄한다.

　이리하여 아이들은 여자들 틈에서 여인들의 변덕과 자신의 변덕의 희생물이 되어 가며 6, 7년을 보낸다. 여러 일, 즉 아이들이 이해할 수 없는 말이나 아무 소용도 없는 일을 배우고, 인위적인 정념에 의해 천성이 말살당한 뒤, 이미 인공적인 싹이 돋아난 상태로 교사의 손에 맡겨진다. 이 인공적인 싹을 완성시키는 역할을 맡은 교사는 아이에게 여러 일을 가르치지만 자신을 아는 일, 자기 자신에게서 이익을 끌어내는 일, 살아서 행복해지는 일만은 가르치지 않는다. 학문을 머릿속에 쑤셔 넣었는데도 상식은 없으며 육체도 정신도 똑같이 허약한, 다만 노예인 동시에 폭군이라 할 수 있는 이 아이가 사회에 내던져지면 무능하고 오만하며 모든 나쁜 버릇을 드러내어 사람들로 하여금 인간의 참혹함과 비참함을 한탄하게 만든다. 그러나 한탄하지 않아도 좋다. 그런 인간은 우리 변덕 때문에 생긴 희생물이다. 자연적인 인간은 그와 다르게 만들어진다.

따라서 인간 처음 그대로의 모습을 보존하기를 원한다면, 인간이 이 세상에 태어났을 때부터 보호해줘야 한다. 낳자마자 꼭 붙잡고 어른이 될 때까지 절대로 놓아줘서는 안 된다. 그렇지 않으면 도저히 성공하기 힘들다. 진정한 유모는 어머니이며, 진정한 교사는 아버지이다. 아버지와 어머니는 일의 순서와 교육 방법을 선택하는 데 완전히 일치해야 한다. 아이는 어머니의 손에서 아버지의 손으로 옮겨져야 한다. 세상에서 가장 유능한 교사의 손보다 분별 있는 평범한 아버지의 손에 의해서만 이 아이는 훌륭하게 자란다. 재능이 열성을 능가할 수도 있으나 열성이 재능을 능가하는 수가 훨씬 더 많다.

그러나 용무, 근무, 의무…… 아! 의무, 확실히 의무 중에서 가장 가벼운 의무가 아버지의 의무*11이다. 두 사람이 결합한 결과 태어난 아이를 양육할 것을 게을리하는 아내를 가진 남편이 아이의 교육을 게을리했다고 해서 놀랄 것은 없다. 가정의 정경을 그린 그림처럼 매력 있는 화면은 없다. 그러나 그곳에 한 점이나 한 획이 빠져 있어도 전체가 보기 흉해진다. 어머니가 건강하지 못하면 유모가 될 수 없듯이 아버지는 용무에 바빠서 교사가 될 수 없다는 이야기도 성립된다. 집을 떠나 기숙, 수도원, 학원으로 흩어진 아이들은 태어난 집에 대한 애정을 다른 곳으로 옮기게 된다. 아니 그 무엇에 대해서도 애정을 갖지 않는 습관을 지니고 생가로 돌아온다. 형제 자매들의 얼굴도 제대로 기억 못한다. 무슨 날이 되어 모두 모이면 서로 예의 바르게 남남처럼 인사를 나눈다. 부모의 사이가 벌어지면 가정의 단란이 자취를 감추고 그 대신 나쁜 습관을 불러들인다. 이러한 모든 연관성을 모를 만큼 머리가 나쁜 사람은 없다.

아이를 낳고 부양하는 아버지는 자기 의무의 3분의 1을 수행하고 있을 따름이다. 그는 인류에겐 인간다운 인간을, 사회에는 사회적 인간을, 국가에는 시민

---

*11 그처럼 빛나게 로마를 다스린 풍기(風紀) 감찰관 카토(大카토, 기원전 234~149)는 그의 아들을 요람에 있을 때부터 자기 자신이 키웠다. 특히 유모, 즉 어머니가 아이를 움직이거나 씻기거나 할 때는 모든 일을 제쳐놓고 지켜볼 정도로 신경을 썼던 일을 플루타르코스에서 읽을 때, 온 세계를 정복하여 스스로 다스리고, 그 지배자가 된 아우구스투스가 손자들에게 글을 쓰는 법, 헤엄치는 법, 학문의 기본을 직접 가르치고, 늘 그들을 자기 옆에 있게 했던 일을 스에토니우스에서 읽을 때, 그런 하찮은 일에 흥겨워하던 그 시대의 인색한 좋은 사람들에 대해 사람들은 웃음을 금치 못할 것이다. 확실히 그들은 우리 시대의 위대한 인물이 하고 있는 위대한 일에 종사하기엔 너무도 좁은 소견을 가진 사람들이었다(원주). 플루타르코스 영웅전, 마르크스 카토전(傳) 제41절, 스에토니우스 아우구스투스전, 제66장 참조.

을 줘야 할 의무가 있다. 이러한 3중의 책무를 수행할 만한 능력이 있으면서도 그것을 이행하지 않는 인간은 모두 죄인이며, 그 절반밖에 이행하지 않는 자는 더 큰 죄인이다. 아버지로서의 의무를 이행할 수 없는 자는 아버지가 될 권리가 없다. 빈곤, 일, 체면 때문에 자기 아이를 직접 양육하지 못했다고 변명해도 소용없다. 독자여, 내 말을 믿어 주기 바란다. 애정을 느끼면서도 신성한 의무를 게을리하는 자에게 나는 말한다. 그 사람은 자기의 과오를 뉘우치며, 오랫동안 쓰디쓴 눈물을 흘리며 결코 위안을 받지 못할 것이라고.

그런데 바빠서 도저히 자기 아이에게 관심을 가질 수 없는 부유한 사람, 부유한 가정의 아버지는 어떻게 하는가. 그는 다른 사람에게 돈을 주어 자기가 귀찮아서 하지 못하는 이 일을 시킨다. 비천한 인간! 그대는 돈만으로 아이에게 또 한 사람의 아버지를 줄 수 있다고 생각하는가. 착각하지 마라. 그대가 아이에게 준 것은 선생이라고 할 수도 없다. 그것은 하인이다. 그 하인은 언젠가 또 다른 하인을 만드는 결과가 된다.

좋은 교사에 관한 여러 논의가 있다. 내가 요구하는 첫째 자격, 이것은 또 다른 많은 자격을 불러일으키는데 그것은 돈으로 살 수 없는 인간이어야 한다는 점이다. 무척이나 고귀해서 돈을 위해 할 수 없는 직업이 있다. 돈 때문에 그 직업을 선택하는 사람은 반드시 자신의 자격 없음이 드러나게 된다. 군인과 교사가 그렇다. 그렇다면 도대체 누가 내 아이의 교육을 맡아 줄 것인가. 내가 앞서 말한 대로다. 그것은 당신 자신이어야 한다. "나는 할 수 없다." 당신은 못한다고…… 그렇다면 친구를 만들어야 한다. 그 밖에 길은 없다.

교사! 아! 얼마나 숭고한 사람이냐…… 사실 인간을 만들려면 자기가 아버지든지 아니면 인간 이상으로 훌륭한 자여야 한다. 이렇게 중대한 일을 당신들은 예사로 돈으로 사는 인간에게 맡겨 버린다.

생각할수록 더욱 새로운 난점에 부딪힌다. 교사는 학생에게 맞도록 교육을 받은 사람이라야 된다. 다시 말해서 하인은 주인에게 맞도록 잘 훈련을 받아야 하고, 아이에게 접근하는 모든 사람은 아이가 좋은 인상을 받도록 돼 있어야 한다. 교육에서부터 교육으로 한없이 거슬러 올라가 무엇인지 모를 때까지 가야 한다. 좋은 교육을 받지 못한 자가 어떻게 아이에게 좋은 교육을 베풀 수 있겠는가.

이와 같이 훌륭한 사람을 발견하기란 불가능한 일일까. 나는 알 수 없다. 타락한 이 시대에 인간의 영혼이 얼마나 더 높은 곳까지 덕을 쌓아 올릴 수 있을지 아무도 모른다. 그러나 설혹 훌륭한 적임자를 발견했더라도 그 인간이 하는 일을 보지 않고서는 그가 어떤 사람인지 알 길이 없다. 훌륭한 자격을 지닌 교사의 진가를 판단할 수 있는 아버지는 결코 교사를 채용하지 않을 것이다. 왜냐하면 그러한 교사를 찾느니 차라리 자신이 교사가 되는 게 훨씬 힘이 덜 들기 때문이다. 그러니까 친구를 만드느니 차라리 자신이 교사가 되라. 그러면 다른 곳으로 그와 같은 사람을 찾으러 갈 필요도 없고, 자연은 이미 그 일의 절반을 이룩한 셈이 된다.

내가 신분을 알고 있을 뿐인 어떤 사람이 나에게 자기 아들을 교육시켜 달라고 부탁해 왔다. 그것은 분명 나에게 커다란 영광이었다. 그러나 그는 내가 거절한 데 대하여 불만을 품지 말고 오히려 나의 신중한 태도를 반가워해야 할 것이다. 그 사람의 청을 들어 내가 잘못된 교육을 시켰다면 그 교육은 실패로 돌아갈 것이며, 성공했다면 더욱 나쁜 결과를 빚어냈을 것이다. 그 아들은 자기의 작위를 버리고 군주가 될 것을 거부했을 테니까.

나는 교사의 의무가 중대하다는 것을 깊이 느끼고 있으며, 자신의 무능력을 잘 알고 있기 때문에 결코 그러한 요청을 받아들일 생각은 없다. '우정을 위하여'라는 이유일지라도 새삼스럽게 받아들일 생각은 없다.

이 책을 읽고 나면 그런 청을 하려던 모든 사람은 그 생각을 버리게 될 것이다. 만약 한 명이라도 그런 생각을 하는 사람이 있다면 쓸데없는 수고는 그만두라고 일러주고 싶다. 옛날에 이런 직업에 종사하여 충분한 경험을 얻은 나는 자신이 그런 일에 적합한 사람이 아니라는 것을 잘 알고 있으며, 설사 나의 능력이 그 일을 감당해 낸다 해도 지금은 그런 일을 할 여건이 못된다. 나를 충분히 존경하지 않는 사람들, 내가 성실한 인간이라는 뚜렷한 증거가 있고, 결심한 바가 있다는 것을 믿어 주지 않는 사람들에게 나는 이 자리를 빌려 공공연하게 선언해야겠다고 생각한 것이다. 보다 더 유익한 일을 할 수 없는 내 상태에서 나는 더욱 쉬운 일을 해보고 싶다. 즉, 다른 많은 사람들이 그러했듯이 나도 실제의 일에 종사하지 않고 펜을 들기로 했다. 그리고 해야 할 일을 실행하는 대신 그것을 진술하기로 했다.

나는 저자들이 이런 일을 계획할 때 흔히 저지르는 잘못을 안다. 즉, 그들은 자기가 실행할 필요성이 없는 체계 속에 도사리고 앉아서, 실행할 수 없는 수

많은 그럴싸한 교훈을 거침없이 늘어놓는다. 간혹 그 속에서 실행할 수 있는 일일지라도 상세한 점과 실제적인 예를 들지 않으면, 그 응용 방법이 표시되어 있지 않는 한 탁상공론에 불과하다.

그래서 나는 가공의 한 학생을 대상으로, 내가 그를 교육하는 데 아주 적합한 연령, 건강, 지식, 모든 재능을 갖추고 있다 가정하고 그 학생이 태어난 때부터 제구실을 할 수 있는 성인이 되어 자기 자신 외의 지도자가 필요없게 될 때까지 지도하기로 한다. 이 방법은 자신의 역량을 의심하는 저자가 환상 속으로 헤매 들어가지 않도록 막아 주는 데 도움이 될 것이다. 보편적인 방법에서 멀어졌다고 느낄 때 학생에게 자신의 방법을 실험해 보면 되기 때문이다. 아이가 인간 본성의 자연스러운 흐름에 따라 성장하는지를 곧바로 알 수 있으며 독자들도 쉽게 알 수 있다. 이 점이 난관에 부닥쳤을 때마다 내가 실행하려고 애쓰는 점이다.

책이 불필요하게 두꺼워지지 않도록, 나는 누구에게나 진리라고 느껴지는 원칙만 진술하기로 했다. 그러나 증명해야 할 필요성이 있는 규칙에 대해서는 빠짐없이 나의 에밀이나 다른 실례를 들어 자세하게 설명하여, 내가 말하고 있는 편이 어떻게 실행되고 있나 하는 것을 나타냈다. 아무튼 나는 이런 계획을 세워 놓고 그대로 실행하기로 했다. 그것의 성공 여부는 독자의 판단에 맡긴다.

그래서 나는 처음 얼마 동안은 에밀에 관하여 거의 이야기하지 않았다. 교육에 대한 나의 기본 준칙들은 이미 제기된 것들과는 매우 상반되지만 자명한 것들이어서 분별 있는 사람이라면 누구나 그것들에 동의할 것이다. 내 교육이 진행됨에 따라 나의 학생은 당신들의 학생과는 다른 교육을 받으므로 여느 아이와 같지 않게 된다. 그를 위하여 특별한 방법이 필요하게 된다. 이렇게 되면 그는 지금까지보다 더욱 자주 무대에 나타날 것이다. 그가 뭐라고 하든, 나는 마지막 단계에 이를 무렵 내가 필요 없어질 때까지 잠시도 그에게서 눈을 떼지 않고 지켜볼 것이다.

여기서 나는 훌륭한 교사에 관해선 아무것도 이야기하지 않겠다. 내가 교사라 가정하고 나 자신이 그 자격을 모두 지니고 있다고 가정하겠다. 이 책을 읽고 있으면 내가 얼마나 많은 것을 자신에게 부여하고 있는가를 알 수 있다.

단 주의를 환기시키고 싶은 것은, 일반적인 의견과 달리 교사는 젊어야 한다는 것, 현명한 사람일 경우엔 될 수 있는 대로 젊어야 한다는 것이다. 가능하다면 교사 자신이 아이여서 학생과 함께 동무가 되어 뛰어놀며 신뢰를 받았으면 한다. 아이와 성숙한 인간 사이에는 공통적인 것이 없을뿐더러 나이 차가 많아지면 굳게 맺어지기도 힘들다. 아이는 때로 노인을 기분 좋게 해주기는 해도 결코 노인을 사랑하진 않는다. 사람들은 교사가 이미 한 번쯤 교육에 종사한 사람이기를 희망한다. 그것은 무리한 요구이다. 동일한 인간은 한 번밖에 교육에 종사할 수 없다. 두 번 하지 않으면 성공 못하는 사람이라면 무슨 권리로 첫 번째 교육을 맡겠는가.

경험이 풍부하면 더 잘 할 수는 있겠으나 다시 할 수는 없을 것이다. 한번 이 일을 힘들어 하고 나서 그것이 얼마나 힘든 일인가를 안 사람은 절대로 또다시 그런 일을 할 생각을 하지 않을 것이다. 또는 처음에 실패했다면 다음에 또 해볼 엄두를 내지 않을 것이다.

사실 한 소년을 4년간 따라다닌 것과 25년간 지도한 것과는 현격한 차이가 있다. 당신들은 이미 다 자라 있는 아들에게 교사를 붙여준다. 나는 태어나기 전에 교사를 붙여주고 싶다. 당신들의 교사는 5년마다 학생을 바꿀 수가 있다. 나의 교사는 한 학생밖에 맡지 못하게 한다. 당신들은 교사와 사범(師範)을 구별한다. 이것 또한 당치 않은 말이다. 당신들은 학생과 제자를 구분할 수 있는가. 아이에게 가르치는 학문은 하나밖에 없다. 그것은 인간의 의무를 가르치는 일이다. 이 학문은 단 하나로 되어 있다. 그리고 페르시아 인의 교육에 관하여 크세노폰이 어떤 말을 하더라도 이 학문을 나눌 수가 없다.

또한 학문의 선생은 교사가 아니고 오히려 사범이라고 부르고 싶다. 공부를 가르치는 것보다 바른길로 인도하는 것이 중요하기 때문이다. 학생에게 교훈을 주기보다 스스로 찾아내도록 해야 한다.

이렇게 조심성 있게 교사를 선택해야 한다면 교사도 학생을 선택할 권리가 있다. 모범적인 예를 제시해야 할 경우엔 더욱 그렇다. 이 선택은 아이의 재능이나 성격을 고려한 뒤에 행할 수 없다. 왜냐하면 일이 다 끝나고 난 뒤에야 알 수 있을뿐더러 나는 아이가 태어나기 이전에 미리 일을 맡기 때문이다. 내가 아이를 선택하는 것이 허용된다면 나는 특별한 아이가 아닌 보통 정도의 정신을 가진 아이를 맡을 것이다. 나는 그러한 아이를 나의 학생으로 가정한다. 보통 인간이라야 교육만이 보편성을 띤 범례가 되기 때문이다. 그렇지 않은 아이들은 어떻게 해서든 자라게 되어 있다.

출생지는 인간의 교육과 관계가 있다. 인간은 온화한 풍토에서만이 모든 가능성을 발휘할 수 있기 때문이다. 열대나 한대의 토지에서는 여러 가지 불리한 점이 많다. 그러나 인간은 나무처럼 어떤 땅에 심어지면 언제까지나 그곳에 머물러 있지 않는다. 그리고 한쪽 끝에서 출발하여 또 다른 쪽 끝으로 가는 자는 중간에서 출발하여 똑같은 목적지까지 가는 자에 비하여 두 배의 길을 가야 한다.

기후가 온화한 나라의 주민이 각각 열대와 한대의 나라로 간다고 하면 확실히 유리한 점이 많다. 그는 한쪽 극단에서 다른 쪽 극단으로 가는 자와 똑 같은 상태에 놓인다 해도 그가 지니고 있는 자연적인 체질에서 절반만큼밖에 멀어지지 않기 때문이다. 프랑스인은 기니에서도 라포니아에서도 생활할 수 있지만 니그로는 토루네아에서는 프랑스인처럼 생활할 수 없을 것이며 사모아인은 베닌에선 생활할 수 없을 것이다. 또한 뇌의 조직도 열대나 한대 지방에선 그리 완전하지 못한 것 같다. 니그로도 라폰인도 유럽인과 같은 감각을 갖진 못한다. 그래서 나는 나의 학생을 지구의 주민으로 선정했을 때, 온대 지방 사람이길 희망한다. 예를 든다면 다른 어떤 곳보다도 프랑스를 선택하기로 한다.

북국의 인간은 메마른 땅에서 많은 것을 소비하고 있다. 남국의 인간은 비옥한 땅에서 적은 것을 소비하고 있다. 결과적으로 현저한 차이가 생겨 한 쪽은 근면한 인간이 되고 또 다른 쪽은 관조적인 인간이 된다. 이러한 차이와 비슷한 형태가 한 사회의 같은 장소에서 가난한 사람과 부유한 사람 사이에 나타난다. 가난한 사람은 메마른 땅에서 살고 부유한 사람은 비옥한 땅에서 살고 있다.

가난한 사람에게는 교육이 필요 없다. 그 상태에서 받는 교육은 강제적이어서 다른 교육을 받을 수 없다. 반대로 부자 역시 그 상태에서 받는 교육은 그 사람을 위해서도 사회를 위해서도 대단히 옳지 않다. 그런데 자연의 교육은 한 인간을 모든 인간의 조건에 맞게 교육한다. 가난한 사람을 부자가 되도록 교육하는 것은 부자가 가난한 사람이 되도록 교육하는 것보다 비상식적인 일이다. 이 두 계급의 인구를 놓고 생각해 봤을 때 부자보다 가난한 사람이 더 많기 때문이다. 그래서 부자 속에서 학생을 선택하기로 한다. 우리가 어쨌든 한 인간을 만드는 일을 하고 있는 건 사실이다. 가난한 사람은 스스로의 힘으로 인간이 될 수 있는 것이다.

위와 같은 이유에서 에밀이 명문 출신의 자제라 한들 나는 곤란할 것이 하나도 없다. 어쨌든 한 사람의 희생자를 편견에서 구출하게 된다.

에밀은 고아이다. 부모가 있다 해도 마찬가지다. 부모의 의무를 인수한 나는 부모의 모든 권리도 인수한다. 에밀은 부모를 존경해야 하지만 나에게만 복종해야 한다. 그것이 나의 첫째 조건, 더 정확히 말하면 단 하나의 조건이다.

이 조건의 당연한 결과로서, 우리의 동의가 없다면 우리는 서로 떨어지지 않는다는 조건을 덧붙여야 한다. 이것은 중요한 조건이다. 또한 학생과 교사는 그 운명이 항상 일체로 돼 있을 만큼 서로 떨어질 수 없다는 생각을 잊지 말아 주기 바란다. 앞으로 헤어진다는 것을 알게 되면, 서로가 남남이 될 시기가 온다고 느끼게 되면 그들은 이미 타인이다. 두 사람이 각각 자기의 좁은 세계 속에 틀어박혀 함께 있지 않게 될 때의 일만 생각하여 서로 함께 있는 것을 싫어하게 된다. 제자는 선생을 단지 어린 시절의 상징이며 귀찮은 존재처럼 여긴다. 선생은 제자를 다만 빨리 어깨에서 내려놓고 싶은 무거운 짐으로 여긴다. 그들은 서로 귀찮은 존재를 내쫓을 때가 어서 오기를 기다린다. 그리고 두 사람 사이에 진정한 결합을 이룰 수 없기 때문에 한쪽은 감독을 게을리하게 되고 다른 한쪽은 말을 잘 듣지 않게 된다.

그 반면에 그들이 서로 함께 생활해야 한다고 생각하면 서로 사랑하게 되고 그만큼 친밀한 존재가 된다. 학생은, 어른이 됐을 때 친구가 될 수 있을 만한 사람을 어린 시절에 따랐다고 해서 부끄러워하지 않는다. 선생은 언젠가는 좋은 열매를 맺게 될 일에 관심을 갖고 따라서 학생에게 줄 수 있는 모든 좋은 것을 준다. 이것은 그의 노후를 보다 윤택하게 하는 자본이 되기도 한다.

순조로운 출산, 건장하고 건강한 아이라야 한다는 가정 밑에 이 계약은 미리부터 체결되어야 한다. 아버지에겐 신으로부터 가족을 받을 때 선택할 권리는 없다. 아이들은 모두 똑같은 자기의 아이이다. 어느 아이에게도 똑같이 애정과 배려를 베풀어야 한다. 장애가 있건 아니건, 허약하건 건강하건, 아이들은 모두 그들을 관리하는 신에게 그가 보고해야 할 위탁물이다. 결혼이란 부부 사이의 계약인 동시에 자연과의 계약으로도 맺어져야 한다.

그러나 자연으로부터 하명받지 않은 의무를 인수한 자는 그 의무를 완수할 수단을 미리부터 확보해야 한다. 그렇지 않으면 자기의 탓이 아닌 것에 대해 책임을 져야 하기 때문이다. 병약한 학생을 맡은 사람은 선생의 직무를 맡는 것이 아니라 간호사의 직무를 맡는 결과가 된다. 그런 사람은 생명의 가치를 더하는 데 사용해야 할 시간을 생명을 지키는 데 허비하게 된다. 오랫동안 보호해 주었는데도 학생이 죽어 버리면 그 어머니는 눈물을 흘리며 선생을 비난하게 될 것이다.

그 아이가 80세까지 산다 해도 나는 병약한 아이는 맡지 않겠다. 자기에게도 타인에게도 아무 쓸모가 없을 뿐 아니라 오로지 자기 몸을 지키는 일에만 전념하여 영혼을 교육하는 일에 방해만 하는 그런 학생은 딱 질색이다. 그런 학생에게 심혈을 기울여 봐야 헛수고일 뿐이다. 사회의 손실을 두 배로 늘릴 뿐, 한 사람만 잃으면 될 것을 두 사람으로 늘리는 결과가 된다. 나 대신 어떤 다른 사람이 그런 병자를 맡는다면 별문제이고 그 사람의 인정 많은 행위를 높이 살 수도 있다. 그러나 나의 재능은 그런데 소비할 수 없다. 줄곧 죽음에서 벗어나려는 생각만 하고 있는 인간에게 삶을 가르칠 재간은 나에겐 없다.

육체는 영혼에 복종하기 위하여 건강해야만 한다. 좋은 하인이란 튼튼해야 하는 법이다. 무질서함이 정욕을 자극한다는 것을 나는 잘 알고 있다. 그것은 또한 마침내 육체를 쇠약하게 만든다. 고행이나 단식도 정반대의 원인으로 가끔 같은 결과를 초래한다. 육체는 약하면 약할수록 명령한다. 강하면 강할수록 복종한다. 관능의 정욕은 모두가 약한 육체 속에 깃든다. 약한 육체는 정욕을 충분히 만족시켜 주지 못하기 때문에 더욱더 초조하게 만든다.

허약한 육체는 영혼을 약하게 만든다. 그래서 의학이 권위를 갖게 된다. 의학이란 인간에게 해를 끼치는 병보다 더 큰 해를 입히는 기술이다. 나는 의사가 어떤 병을 고쳐 주는지 알지 못한다. 그러나 의사가 대단히 위험한 병을 옮겨 준다는 것은 알고 있다. 겁·비겁·미신·죽음에 대한 공포 등이 그것이다. 의사는 육체를 낫게 하지만 마음을 죽인다. 그들이 시체를 움직였다고 해서 뭐 대단한 것이랴! 우리에게 필요한 것은 인간이다. 인간이 의사의 손에서 탄생하는 것을 본 일이 없다.

오늘날 의학은 크게 인정받고 있다. 당연한 일이다. 그것은 시간이 남아돌아가고 일거리가 없는 사람에게 위안거리가 되기 때문이다. 그런 인간은 어떻게 시간을 까먹어야 할지 모르기 때문에 자기의 몸을 지키는 데 시간을 보낸다.

만약 불행히도 죽지 않는 자로 태어났다면 그들은 모든 생물 중에서 가장 비참한 자가 될 것이다. 결코 잃을 염려가 없는 생명은 그들에겐 아무런 값어치가 없다. 이런 사람들에겐 의사가 필요하다. 의사는 그들에게 겁을 주고 위로해 준다. 그리고 그들이 느낄 수 있는 단 하나의 기쁨인, 아직 죽지 않는다는 기쁨을 매일 주고 있는 것이다.

나는 여기에 의학의 허점을 장황하게 늘어놓을 생각은 없다. 다만 의학을 정신적인 면에서 고찰하고 싶을 뿐이다. 그런데 나는 사람들이 의학의 효용에 관하여서도 진리의 탐구에 관하여서와 마찬가지로 궤변을 토하고 있다는 것을 인정하지 않을 수 없다. 사람들은 항상 병자는 치료하면 낫고 진리는 탐구하면 발견된다고 생각한다. 의사가 베푸는 치료의 이익과 의사가 죽이는 많은 병자의 죽음을, 발견된 어떤 진리의 효용과 그것에 뒤따르는 오류가 야기시키는 해독을 저울질해 봐야 할 터인데 사람들은 이 점을 알지 못한다. 지식을 선사하는 학문과 치유를 가져다 주는 의학이란 확실히 훌륭한 것이다.

그러나 사람을 속이는 학문과 사람을 죽이는 의학은 좋지 않다. 때문에 그것들을 분별할 수 있는 방법을 가르쳐 주기를 바란다. 이것이 문제의 핵심이다. 진리를 모른 채 살아갈 수 있다면 우리가 결코 허위에 속는 일이 없을 것이다. 자연을 거역하며 병을 고치지 않아도 된다고 생각한다면 우리는 결코 의사의 손에 걸려서 죽는 일은 없을 것이다. 이 두 가지에다 손을 대지 않는 편이 현명하다. 그렇게 하면 분명히 큰 이익이 있다. 그래서 나는 의학이 어떤 사람들에겐 유익하다는 사실에는 이의가 없으나, 그것이 인류에겐 유해하다고 말해 둔다.

항상 그래왔듯 사람들은 나에게, 잘못은 의사에게 있는 것이지 의학 그 자체에 있는 것이 아니라고 말할 것이다. 그렇다면 의사 없이 의술을 베풀어 주기 바란다. 의술과 의사가 함께 오는 한에 있어서는 의술의 힘에 희망을 거는 것보다 몇 배나 더 의사의 실수를 두려워해야*12 한다.

이런 잘못된 기술은 육체의 병보다도 정신의 병 때문에 있는 것인데, 그것

*12 루소의 의사에 대한 불신은 15년 뒤에 씌어진 《고독한 산책자의 몽상》에서도 볼 수 있으나 그 무렵 루소와 친했던 베르나르댕 생 피에르는 루소의 다음과 같은 말을 전하고 있다. '내 저작의 신판을 만든다면 의사에 대해 쓴 곳을 좀 부드럽게 손볼 작정이다. 의사라는 직업 만큼, 연구를 필요로 하는 것은 없다. 어느 나라에서나 의사는 그 누구보다 학자이다.'

은 육체를 위해서도 정신을 위해서도 별로 쓸모가 없다. 그것은 우리 병을 고치는 것 이상으로 병에 대한 공포심을 우리에게 준다. 죽음을 멀리 떨어뜨려 놓기는커녕 때가 오기도 전에 죽음을 예감하게 만든다. 수명을 연장시켜 주지 않고 생명을 갉아먹는다. 간혹 수명을 연장시켜 준다 해도 인류에게 해를 입힌다. 요양을 시킨다는 구실로 우리를 사회에서 멀리 떠나게 하며 공포심을 불러일으켜 의무를 게을리하게 하기 때문이다. 우리는 위험이 온다는 것을 알기 때문에 위험을 두려워한다. 자신이 불사신이라 믿고 있는 사람은 아무것도 두려워하지 않는다. 위험에 대비하여 아킬레우스를 무장시킴으로써 시인은 그의 용기를 무의미한 것으로 만들었다. 그와 똑같은 몸을 갖고 있었다면 아무나 아킬레우스가 될 수 있었을 것이다.

진정으로 용기 있는 사람을 찾고 싶다면 의사가 없는 곳, 병의 결과가 어떤 것인지 알려져 있지 않은 곳, 죽음을 전혀 생각하고 있지 않은 사람들 속에서 찾으면 될 것이다. 자연 그대로의 사람은 항상 고통을 참고 조용하게 죽어간다. 처방을 주는 의사, 교훈을 주는 철학자, 설교하는 승려, 이런 것들이 인간의 마음을 비굴하게 만들고 죽음을 체념할 수 없는 인간으로 만든다.

그러니까 그런 사람들을 전혀 필요로 하지 않는 학생을 나에게 맡겼으면 한다. 그렇지 않다면 거절하겠다. 나는 나의 일을 누가 방해하기를 원하지 않는다. 나 혼자서 학생을 교육하고 싶다. 그것이 안 된다면 그런 일은 하고 싶지 않다. 현자 로크는 그 생애의 어떤 기간 동안 의학 연구에 몰두했는데, 예방으로도, 또는 가벼운 병이 생겼을 때도 아이들에게는 절대로 약을 주지 말라고 권했다. 나는 그 이상의 말을 하고 싶다. 나 자신을 위해서 절대로 의사를 부르지 않는 나는 에밀을 위해서도 절대로 의사를 부르지 않겠다고 선언한다. 다만 그의 생명이 틀림없이 위험 상태에 빠져 있다고 생각할 때만은 예외이다. 그런 경우 의사도 그를 죽이는 일 이상으로 나쁜 짓을 하진 않을 테니까.

이와 같이 의사를 될 수 있는 대로 늦게 부른다는 일이 의사에게 더 유리한 구실을 준다는 것을 나는 잘 안다. 아이가 죽으면 의사를 너무 늦게 부른 탓이라고 할 것이다. 위험 상태를 벗어나게 되면 아이를 구한 건 의사라고 할 것이다. 그래도 좋다. 의사가 의기양양해도 좋다. 어쨌든 마지막 고비에 다다르지 않는 한 의사는 부르지 않기로 했으니까.

병을 고치는 법은 모른다 할지라도 병을 이겨내는 법을 아이에게 일러두고 싶다. 이 기술은 때때로 의학보다 더 좋은 결과를 안겨다 준다. 이것은 자연의 기술이다. 동물은 병이 나면 아무 소리 없이 참고 조용히 있다. 그런데 인간처럼 병약한 동물은 없다. 엄살·걱정·불안·무엇보다도 약은, 목숨을 앗아갈 정도의 병이 아닌데다가 시간이 지나면 병이 자연히 나았을 사람들을 얼마나 많이 죽게 만들었나. 동물은 우리보다 더욱 자연에 적응하며 생활하고 있기 때문에 우리만큼 병에 걸리지 않는다고 하는 사람이 있을 것이다. 과연 그렇다. 그렇게 사는 방식이야말로 내가 학생에게 가르치려고 하는 방식이다. 그렇게 되면 그는 동물과 똑같은 이익을 얻을 수 있다.

의학의 영역에서 단 하나 유익한 분야는 위생학인데, 이것은 학문이라기보다 오히려 미덕에 속한다. 절제와 노동, 이 두 가지야말로 인간에겐 진정한 의사이다. 노동은 식욕을 증진시키고 절제는 그것이 지나치지 않도록 막아 준다.

생명과 건강을 위하여 어떤 섭생법이 가장 유익한지 알기 위해서는 가장 건강하게 살고 있는 민족, 가장 튼튼하고 가장 장수하는 민족이 어떤 섭생법을 취하고 있나 하는 것을 살펴보면 된다. 일반적인 관찰에 입각하여 생각해 볼 때 약을 사용하는 일이 인간을 더욱 건강하게 하고 장수하게 하는 일이 아니라면, 따라서 의학이 유효한 것이 아니라면 그것은 시간과 인간과 사물을 망쳐 버리는 유해한 것이다. 생명을 지키기 위하여 시간을 소비한다면 그만큼 생명을 즐길 시간을 허비하므로 그런 시간은 줄여야 한다. 그런데 더 나아가서 그 시간을 자기 몸에 고통을 주기 위하여 사용한다면 그것은 없으니만 못하며 해가 될 뿐이다. 그리고 정확하게 계산한다면 우리에게 남아 있는 시간에서 그만큼 빼야 한다. 의사의 도움을 받지 않고 10년 산 사람은 의사에게 시달림을 받으며 30년 산 사람에 비하여 자기로서도 혹은 타인의 입장으로 봐도 더 살았다는 이야기가 된다. 양쪽 모두 경험해 본 일이 있는 나는 누구보다도 이런 결론을 내릴 권리가 있다고 생각한다.

건장하고 건강한 학생이라야만 한다는 이유, 또 이제부터 그런 아이로 만들어야겠다는 이유는 이제껏 말한 바와 같은 원칙에서 나온 것이다.

체질과 건강을 강화하기 위하여 손의 노동과 육체의 훈련을 해야 한다는 것을 길게 증명하진 않겠다. 그것에 대하여 아무도 이의를 내세우지 않을 테니까. 장수한 사람들의 예를 보면 거의 모두가 신체를 강하게 단련시키고 누구보다도 피로와 노동을 이겨낸 사람들이다.*[13] 이 유일한 목적을 위해 내가 어떤 일을 할 작정인지에 관하여 자잘하게 설명하진 않겠다. 나중에 알게 되겠지만 그것은 내가 실행하는 일에 필연적으로 포함되어 있기 때문에 그 방침만 알게 되면 달리 아무것도 설명할 필요가 없다.

생명과 함께 욕망이 생겨난다. 갓난아이에겐 유모가 필요하다. 어머니가 그 일을 맡는다면 잘된 일이다. 이 경우엔 여러 가지 주의할 점을 글로 써서 알려 줘야 한다. 이 경우 조금 어색한 점이 있다. 교사가 잠시 학생에게서 멀어져 있어야 하기 때문이다. 아이에 대한 관심과 소중한 아이를 맡길 사람에 대한 존경심에서 어머니는 교사의 의견에 틀림없이 귀를 기울일 것이다. 또한 어머니는 하고자 하는 일은 무엇이든지 잘 처리해 나갈 것이니 안심해도 좋다. 만약 어머니가 아닌 유모를 구해야 할 필요가 있을 때는 우선 좋은 유모를 구해야 한다.

부유한 사람들의 불행 중 하나는 사람들에게 잘 속는 일이다. 그들이 사람을 잘못 봤다고 해서 놀랄 것은 없다. 부유함이 사람을 부패시킨 것이다. 당연한 결과이긴 하지만 부자들은 자기들이 알고 있는 단 하나의 수단이 어떤 결점을 지니고 있는지를 누구보다도 먼저 깨닫게 된다. 부자들 자신이 직접 하는 일 이외엔 아무것도 잘돼 나가지 않는다. 게다가 그들 스스로 하는 일은 거의 없다. 유모를 구하는 일은 산부인과 의사에게 맡긴다. 그 결과는 어떻게 될 것인가. 가장 좋은 유모란 산부인과 의사에게 가장 많은 돈을 지불한 유모이다. 그래서 나는 에밀의 유모를 구하기 위하여 산부인과 의사에게 가진 않겠다. 내가 나서서 잘 알아봐야겠다. 이런 일에 대하여 나는 돌팔이 의사처럼 거침없이 말을 늘어놓지 않으련다. 나는 틀림없이 성의를 다하여 이 일을 해치울

─────────

*[13] 다음으로 영국 신문에서 인용한 한 가지 예를 들어보자. 나는 이것을 보고하지 않을 수 없다. 이것은 나의 주제와 관련해 대단히 많은 것을 생각하게 하기 때문이다. '1647년생인 패트릭 오닐이라는 사람은 1760년에 일곱 번째의 결혼식을 올렸다. 이 사람은 찰스 2세 치세 당시, 27년에 용기병대에 근무하기 시작하여 1740년 퇴직할 때까지 여러 부대에서 근무했다. 윌리엄 왕과 마르보로 공이 행한 모든 전투에 참가했다. 이 사람은 보통 맥주 외에는 절대로 술을 마신 적이 없다. 늘 식물성 음식을 취하고, 고기는 어쩌다 가족들에게 제공할 때 외에는 먹은 일이 없다. 근무로 방해되지 않는 한 그는 언제나 태양과 함께 일어나고 태양과 함께 자는 습관이 있었다. 그는 지금 113세지만 귀도 먹지 않고, 몸도 튼튼하여 지팡이 없이 걷는다. 고령임에도 불구하고 그는 한시도 가만히 있지 못한다. 그리고 일요일마다 아이들, 손자들, 증손자들과 함께 교회에 나가고 있다.'(원주)

것이며 나의 열의가 돌팔이 의사의 금전욕만을 위한 것처럼 나쁜 결과를 가져다 주진 않을 것이다.

유모를 선택하는 데 있어서 그리 깊은 비결이 필요한 것은 아니다. 선택의 기준은 널리 알려져 있다. 그러나 내가 확실하게 아는 바는 아니지만 젖의 질이 좋아야 하는 것과 마찬가지로 그 시기에 대해서도 좀더 주의를 기울여야 하지 않을까? 새 젖은 매우 담백하다. 그것은 새로 탄생한 아기의 장에 남아 있는 굳은 태변을 배설시키는 장치와도 같은 역할을 할 것이다. 모유는 차츰 영양가를 더해가게 되며 나날이 소화력이 왕성해지는 아기에게 보다 더 좋은 영양을 공급하게 된다. 모든 동물의 암컷이 지니고 있는 젖의 성분은 그 젖을 먹는 새끼의 성장과 함께 변한다는 것은 일리 있는 말이다.

그래서 갓난아기에게는 아이를 낳은 지 얼마 안 되는 유모가 적합하다는 결론이 내려진다. 이것은 어려운 일이다. 나도 그것을 알고 있다. 그러나 한번 일을 그르치게 되면 다음에 오는 일들이 잇달아 잘 되지 않는다. 일을 쉽게만 처리한다는 것은 매우 좋지 못한 일이며, 누구나가 할 수 있는 일이다.

유모는 육체뿐이 아니라 마음도 건강해야 한다. 정념의 부조화는 체액의 부조화와 마찬가지로 젖을 나쁘게 하는 수가 있다. 그리고 물질적인 면만 생각하면 사물의 반밖에 보지 못하는 결과가 된다. 젖은 좋은데 유모가 나쁠 수도 있다. 좋은 성격은 좋은 체질만큼 중요하다. 성격이 나쁜 여자를 유모로 맞이하면 유아의 성격도 나빠진다고까진 할 수 없으나 유아는 그것 때문에 고통을 받을 것이다. 유아는 유모로부터 젖뿐이 아니라 열의, 인내, 부드러운 마음씨와 청결한 보살핌을 받는 게 아닐까. 유모가 먹기만을 좋아하거나 헤프기만 하면 마침내 젖이 나빠질 것이다. 자기 몸을 지키지도, 불평을 하지도 못하는 불쌍한 아기를 깔끔하지 못하거나 흥분하기 쉬운 여자가 마음대로 하도록 내버려둘 것인가. 아무튼 나쁜 인간은 어떤 일이든 쓸모가 없다.

유모 선택을 신중히 해야 할 또 한 가지의 중대한 이유가 있다. 아이는 교사 이외에 또 다른 사범이 필요없듯이 유모 이외에 보모가 필요하지 않다. 그것이 고대인의 습관이었다. 고대인들은 우리처럼 말이 많지 않았으나 우리보다 훨씬 더 현명했다. 어느 한 아이를 기른 뒤 유모는 쭉 그 아이 곁에서 산다. 그래서 고대 연극을 보면 상대의 말을 들어 주는 여자는 대개 유모였다. 이 사람 손에서 저 사람 손으로 자주 옮겨지는 아이가 훌륭하게 자라기는 불가능한 일이다. 사람이 바뀔 때마다 아이는 마음속으로 비교해 본다. 이것은 자기를 양육하는 자에 대한 존경심과 권위를 없애는 결과가 된다. 아이가 자기보다 도리를 잘 모르는 어른이 있다는 것을 깨닫게 되면 나이 차이에서 생기는 권위는 깨끗이 없어지고 그 교육은 실패로 돌아간다. 부모가 없다면 유모와 교사 외엔 아무도 없는 편이 낫다. 한술 더 뜬다면 둘 중에 한 사람은 필요 없다. 그러나 두 사람이 나누어 맡아야 한다는 것은 불가피하다. 그래서 이런 불합리한 점을 제거하는 방법으로써 아이를 양육하는 두 남녀가 완전히 협력하여 아이 쪽에서 볼 때 두 사람이 해도 한 사람이 하는 것같이 느껴지도록 해야 한다.

유모는 지금까지보다 좀더 편한 생활을 해야 한다. 그렇다고 해서 지금까지의 생활 방법을 완전히 바꿔 버려선 안 된다. 갑자기 모든 것을 바꿔 버린다는 것은 아무리 나쁜 상태에서 좋은 상태로 옮기는 경우라 할지라도 건강에 해롭기 때문이다. 또 지금까지의 생활 방법으로도 유모는 건강했으며 몸도 좋았었는데 무엇 때문에 생활 방법을 바꿀 필요가 있겠는가.

농촌 여자들은 도시 여자들에 비하여 고기를 덜 먹고 채소를 많이 먹는다. 그런데 이런 식물성 식사가 본인에게나 아이에게나 해롭다기보다 오히려 유익한 게 아닌가 싶다. 농촌 여자가 도시 부잣집 아이의 유모가 되면 포타주(고기와 채소로 만든 수프)를 먹게 된다. 포타주와 고기 부용(고기나 뼈를 끓여 만든 즙)은 젖의 질을 좋게 하고 젖이 잘 나온다는 말이 있기 때문이다. 나는 이런 의견에 반대한다. 나는 그런 젖으로 키워진 아이가 다른 아이들보다 훨씬 더 많이 복통을 일으키거나 기생충을 갖기 쉽다는 사실을 경험한 바 있다. 왜냐하면 동물성 물질은 부패하면 벌레가 끓기 때문이다. 식물성 물질은 그런 일이 없다. 젖은 동물의 몸에서 만들어지긴 해도 식물성 물질이다.[14] 젖을 분석해 보면 알 수 있다. 젖은 쉽게 산화된다. 그리고 동물성 물질처럼 휘발성 알칼리의 흔적을 나타내지 않고 식물성 물질처럼 인체에 없어서는 안될 중성염을 공급한다.

초식동물의 젖은 육식동물의 젖보다 달고 건강에 좋다. 자신의 성분과 같은

---

[14] 부인은 빵, 채소, 유제품을 먹는다. 암캐나 암고양이도 그런 것을 먹는다. 암이리도 풀을 먹는다. 그 식물성 즙이 젖이 되는 것이다. 꼭 육식으로만 영양을 취해야 할 동물이 있다면 그것을 비교해 볼 필요가 있으나, 그런 동물이 있는지조차도 나는 의심스럽다(원주).

물질로 만들어지기 때문에 그 본래의 성질을 잃지 않으며 부패하는 일도 적다. 양적인 면에 있어서도 누구나 다 아는 바와 같이 전분은 고기보다 많은 혈액을 만들어 낸다. 따라서 다량의 젖을 공급하는 결과가 된다. 그다지 일찍 젖을 떼지 않은 아이나 식물성 식사만 먹여서 젖을 뗀 아이라 할지라도 유모가 식물성 식사만 했을 경우 기생충에 감염된다고 생각되진 않는다.

식물성 식사는 쉬 시어지는 젖을 만들지는 모르겠으나 그 시어진 젖이 건강에 나쁘지는 않을 것이다. 식물성 식사만을 섭취하는 민족은 모두 대단히 건강하다. 그리고 이른바 흡수제라는 것은 전혀 필요 없는 속임수라고 여긴다. 젖이 맞지 않는 체질의 아이가 있다. 그런 경우 흡수제를 먹여도 소용이 없다. 다른 아이들은 흡수제가 없어도 젖을 먹는다. 젖에 멍울이 졌다거나 젖이 굳어져서 걱정하는 사람이 있다. 그러나 어리석은 짓이다. 왜냐하면 젖은 어차피 위 속에서 굳어지기 때문이다. 젖은 굳어지기 때문에 훌륭한 영양식이며 사람이나 동물의 새끼를 기를 수 있는 것이다. 굳어지지 않으면 몸속을 통과할 뿐 영양을 공급해 주지 못한다.*15 젖에다 여러 가지를 섞거나 흡수제를 사용하면 좋지 않다. 젖을 먹는 아이도 치즈를 소화시킬 수 있다. 예외가 있을 수 없다. 위는 젖을 잘 굳힐 수 있게 되어 있다. 그 때문에 송아지의 위에서 응유효소가 만들어진다.

그래서 나는 유모에게 지금까지 먹어 오던 식사를 바꾸어, 더 많은 양과 더 좋은 질로 만들어 주어야 한다고 생각한다. 좋은 식사를 했는데도 건강하지 못하다면 그건 조리법이 나쁘기 때문이다. 당신들의 조리법을 고쳐야 한다. 버터, 소금, 유제품에 열을 가해선 안 된다. 소스나 튀김기름을 사용해서도 안 된다. 데친 채소는 뜨거울 때 식탁에 올려 놓고 간을 하면 된다. 고기가 들어 있지 않은 요리는 유모에게 변비증을 일으키기는커녕 질 좋은 젖이 더 많이 생성되게 만든다.*16 식물성 식품이 어린이에게 좋다고 인정받고 있는데, 동물성 식품이 유모에게 좋다고 하는 건 모순이다.

---

*15 우리의 영양이 되는 즙은 액체이지만 그것은 고체 식물이 되어야 한다. 부용만으로 살고 있는 노동하는 인간은 급속히 쇠약해질 것이다. 젖이라면 훨씬 몸이 잘 유지될 것이다. 젖은 응결하기 때문이다(원주).

*16 피타고라스식 양생법의 장점과 단점에 대해 좀더 상세히 조사해 보고 싶은 사람은 콧키 박사와 그 논적(論敵) 비안키 박사가 이 중요한 문제에 대해 쓴 논문을 참고하면 될 것이다(콧키, 비안키—두 사람 다 당시의 유명한 이탈리아의 의사)(원주).

특히 유아기의 공기는 그 아이의 체질에 영향을 끼친다. 공기는 온몸의 기공으로부터 섬세하고 부드러운 피부로 스며들어 신생아의 몸에 강한 영향을 끼쳐서 평생 지워지지 않는 흔적을 남긴다. 아이는 새어머니의 생활을 그대로 받아들여 시골집에서 살기를 바란다. 교사와도 같이 가야 한다. 이 교사는 돈을 받고 고용된 사람이 아니며 아이 아버지의 친구라는 것을, 독자들은 기억하고 있겠지. 그러나 그런 친구가 없다면, 혹은 있다 해도 시골로 내려가기가 어렵다면, 당신이 말하는 일이 무엇 하나 실행되지 않는다면 그땐 어떻게 할 것이냐, 라고 사람들은 나에게 말하겠지……그 점에 대하여는 이미 언급한 바가 있다. 당신들이 하고 있는 그대로 할 수밖에 없다. 그 말에 대하여 더는 조언할 것이 없다.

인간은 개미처럼 모여서 살 수는 없다. 그들이 경작해야 할 대지 위에 여기저기 흩어져서 살도록 되어 있다. 한곳에 모일수록 인간은 타락하게 되어 있다. 약한 몸도, 나쁜 마음도 지나치게 많은 사람들이 한곳에 모인 결과 생기는 것이다. 인간은 군집해서 살기에 가장 적합하지 못한 동물이다. 양떼처럼 밀치고 덮치고 한다면 인간은 당장에 멸망하고 말 것이다. 인간이 토해 내는 숨은 그 동료들에게 치명적인 해를 준다. 이 점은 비유적인 의미에서뿐만 아니라 본질적인 의미에서도 진실이다.

도시는 인류를 타락의 심연으로 끌어넣는다. 그곳에 살던 종족은 몇 세대 안 가서 멸망하거나 퇴폐하고 말 것이다. 그들을 새롭게 소생시켜 줄 필요가 있게 되는데, 이 역할을 맡아 주는 것은 항상 시골이다. 따라서 당신들의 아이도 시골로 보내서 스스로 새롭게 소생하도록 하는 게 좋다. 지나치게 많은 사람들이 모여 살기 때문에 더럽혀진 불건강한 공기로 인하여 잃어버린 생기를 넓은 정원에서 회복시켜 주기 바란다. 시골에 있던 임신부가 출산하기 위하여 도시로 돌아온다. 그러나 전혀 그 반대로 해야 한다. 특히 자기 스스로 아이를 기르려는 사람은 더욱 그렇다. 그 결과 그녀들이 생각했던 것보다 훨씬 더 좋은 결과가 나타난다는 것을 알게 된다. 그리고 인류에게 훨씬 더 자연스러운 안주지인 자연 속에서 자연의 의무를 수행하는 즐거움을 맛보게 함으로써 그것과 관계없는 즐거움에 대한 취미를 잊게 해준다.

아이가 태어나면 곧 따뜻한 물로 씻어 주는데, 이때 물에다 포도주를 탄다. 이것은 전혀 필요 없는 짓이다. 자연은 결코 발효한 물질을 남게 하지 않는다. 인공적인 액체가 자연에 의하여 만들어진 자의 생명에 필요한 것이라고 생각할 수는 없다. 같은 이유에서 물을 데워야 한다는 염려도 불필요한 일인 듯싶다.

사실 수많은 민족들이 신생아를 아무 거리낌 없이 강물이나 바닷물에서 씻긴다. 그러나 아이들은 태어나기 이전에 이미 유약한 부모 때문에 약해져 있으므로, 허약한 몸을 가지고 태어나게 된다. 그렇다고 그것을 고치기 위하여 처음부터 갖가지 시련을 겪게 해서는 안 된다. 조금씩 단계적으로 회복시켜야 한다. 처음엔 습관대로 하다가 차차 벗어나게 해줘야 한다. 아이의 몸을 가끔 물로 씻어 줄 필요가 있다. 불결해진 몸을 물로 씻지 않고 닦아내기만 하면 피부가 상한다. 아이가 점점 강해지면 차츰 물의 온도를 낮추어 가다가 나중엔 여름이나 겨울이나 찬물로 씻어 주어야 한다. 언 물도 괜찮다. 위험하지 않도록 물의 온도는 오랜 시일에 걸쳐 조금씩 눈에 띄지 않을 만큼 낮춰야 하며 정확을 기하기 위하여 온도계를 쓰면 더욱 좋다.

이 목욕 습관은 한번 시작하면 결코 중단하지 말고 평생 지속시킬 필요가 있다. 나는 청결이라든가 현재의 건강 상태 같은 면에서만 권하는 것이 아니다. 그것은 근육을 유연하게 만들고 어떠한 추위나 더위에도 아무런 노력이나 위험 없이 적응할 수 있게 하기 때문이다. 물은 공기에 비해 밀도가 높고, 우리 몸의 더 많은 곳에 닿아 더 강하게 우리를 자극하는 유체이다. 위와 같은 식으로 반복하여 갖가지 온도의 물에 익숙해지면, 공기의 온도에 대하여 아무것도 느끼지 않게 된다.

아이가 어머니 태내에서 나와 호흡하기 시작하면 태내보다 더 좋다고 느껴지는 물건으로 아이를 감싸서는 안 된다. 모자도 벨트도 배내옷도 필요 없다. 의복은 손발이 자유롭게 움직일 수 있도록 여유가 있는 것이라야 하며 아이의 운동을 방해할 만큼 무겁거나 공기의 영향을 느끼는 데 장애가 될 만큼 두꺼워도 안 된다.*17 커다란 요람*18에 넣어 놓고, 그 안에서 아무 위험도 느끼

---

*17 도시에서는 아이들을 집에 가두어 놓고 옷을 껴입히는 바람에 질식한다. 아이들을 감독하는 사람은 찬 공기는 그들에게 해로운 것이 아니라 그들을 튼튼하게 한다는 것과, 따뜻한 공기는 그들을 약하게 하고 열을 나게 하여 그들을 죽이게 된다는 것을 알아야만 한다(원주).

*18 다른 말이 없기에 관용어를 사용해서 '요람'이라고 해둔다. 어린아이는 흔들어 줄 필요가 전혀 없다. 그리고 이 습관은 아이들에게 해롭다고 나는 믿고 있다(원주).

지 않고 마음대로 움직일 수 있게 해줘야 한다. 힘이 붙으면 온 방을 기어다니게 해야 한다. 조그마한 손발을 자유롭게 폈다 오므렸다 하도록 내버려 둬야 한다. 아이는 하루하루가 다르게 튼튼해질 것이다. 그 아이와 배내옷으로 둘둘 싸인 또래의 다른 아이와 비교하면, 당신들은 놀랄 만한 성장에 경탄을 금치 못할 것이다.[19]

유모가 귀찮게 반대하는 것을 참아야 한다. 아이를 꽁꽁 묶어 놓아야 줄곧 지켜볼 필요가 없어 유모로서는 덜 힘들기 때문이다. 그리고 좀 여유 있는 넓은 옷을 입혀 놓으면 쉽게 더러워진다. 자주 갈아입혀야 한다. 또한 습관이란 어떤 나라에서는 각계 각층의 국민 입장에서 볼 때 절대로 반박할 수 없는 근거가 된다.

유모와 논쟁해서는 안 된다. 오로지 명령하고 감시하면 된다. 그러나 당신들이 시킨 일을 될 수 있는 대로 잘 할 수 있도록 봐줘야 한다. 유모를 거들어 함께 아이를 돌보지 못할 이유는 없지 않은가. 보통 방법으로 기른다면 육체에 대한 것밖에 염두에 둘 필요가 없으니까 아이가 살아 있기만 하고 쇠약해지지만 않는다면 아무 문제도 없다. 그러나 나의 경우, 교육은 생명이 시작함과 함께 시작되기 때문에 아이는 태어나자마자 이미 제자이다. 교사의 제자가 아니다. 자연의 제자이다. 교사는 다만 자연이라는 주임 교수 밑에서 연구하고, 이

---

[19] '고대 페루인은 아이들을 풍신한 배내옷에 싸서 팔을 자유롭게 해주었다. 배내옷을 벗길 때가 되면 그들은 땅을 파고 천으로 덮은 구멍에 아이들의 몸을 반쯤 넣어 그곳에서 자유롭게 움직이게 해줬다. 이렇게 해주면 아이들은 팔을 마음대로 쓸 수 있고, 마음대로 머리를 움직이기도 하고, 몸을 꼬부릴 수도 있으며, 구를 염려나 몸을 다칠 염려도 없다. 아이들이 조금이라도 걷게 되면, 조금 떨어진 곳에서 젖을 내 보인다. 그것은 걷게 하기 위한 미끼와 같은 것이다. 흑인 아이들은 때로는 젖이 있는 곳까지 가기 위해 더 힘든 상태에 놓이게 된다. 그들은 어머니의 한쪽 옆구리를 무릎과 발로 잡고, 어머니를 꽉 끌어안아, 어머니의 팔을 빌리지 않고 진행할 수 있도록 한다. 그들은 두 손으로 유방에 매달려, 아이들이 젖을 빨고 있는 동안에도 평상시처럼 일을 하고 있는 어머니가 이리저리 몸을 움직여도 비틀거리거나 쓰러지지 않는다. 이런 아이들은 2개월째부터 걷기 시작한다. 걷는다기보다 무릎과 두 손으로 기어다니기 시작한다. 이런 연습은 그 자세로 다리로 뛰는 거나 거의 거의 진배없는 빠르기로 뛰는 능력을 그들에게 제공한다.' ('박물지' 제4권 192페이지).
이런 예로 뷔퐁 씨는 다시 부조리하고 잔혹한 배내옷의 습관이 차차로 없어져 가는 영국의 예를 들 수 있을 것이다. 라 르베이르의 《샴 기행》, 루 보시의 《카나다 기행》 등도 참조해 주기 바란다. 실례를 들어 이 일을 확인할 필요가 있다면 나는 인용으로 20페이지 이상을 메울 수도 있을 것이다(원주).

교수가 하는 일이 방해받지 않도록 도와줄 뿐이다. 교사는 유아를 지켜보고 관찰하고 그 뒤를 따라다니고, 아이의 오성이 희미하게 나타나기 시작할 때를 주의 깊게 지켜본다. 초승달이 나올 때쯤 되면 회교도들이 달이 떠오르기를 지켜보듯이.

우리는 배우는 능력을 갖고 태어난다. 그러나 신생아 때엔 아무것도 모른다. 아무것도 인식하지 못한다. 불완전하고 미완성인 상태의 기관 속에 갇혀 있는 영혼은 자기가 존재한다는 인식조차도 갖지 못한다. 신생아의 운동이나 외침 소리는 순전히 기계적인 것이어서 인식과 의지가 없는 것이다.

아이들이 처음부터 완전히 성숙한 인간의 신장과 체력을 갖추었다고 가정해 보자. 마치 팔라스가 제우스의 머리에서 태어난 것처럼 어머니의 태내에서 이미 완전히 무장하고 나왔다고 하자. 이, 아이도 아니고 어른도 아닌 자는 완전히 무능력한 인간일 게다. 자동인형이나 꼼짝도 하지 않는 조각상과 마찬가지일 것이다. 그는 아무것도 보지 못하고 아무것도 듣지 못하며, 사람을 알아볼 수도 없고 봐야 할 것이 있는 곳으로 눈을 돌릴 수도 없다. 자기 이외의 대상을 무엇 하나 지각할 수 없을 뿐만 아니라 그것을 자기 자신에게 감지시키는 감각 기관에게 아무것도 전달하지 못할 것이다. 색깔이 눈에 들어오지 않고 귀에는 아무 소리도 들리지 않는다. 닿는 물체를 몸에 느낄 수도 없을뿐더러 자기가 육체를 지니고 있다는 것조차 모른다. 손의 촉감이 뇌 속에 갇혀 있다는 이야기가 된다. 모든 감각은 단 하나의 점으로 집중돼 있다는 이야기가 된다.

그는 오직 '감각의 중추'에 존재한다는 이야기가 된다. 단 하나의 관념, 즉 자기라는 관념을 가질 뿐이어서 모든 감각을 오로지 그것과 연결시킬 뿐이라는 이야기다. 이 관념, 아니 오히려 이 감정이 보통 아이에 비하여 그가 좀더 많이 갖고 있는 단 하나의 것인 셈이다.

잠시 동안에 만들어진 이 인간은 다리로 일어서지도 못할 것이다. 균형을 잡고 서 있을 수 있으려면 상당히 많은 시간이 걸려야 할 것이다. 아니 아마도 서 보려고 애써 보지도 않을 것이다. 그래서 강하고 튼튼한 그 큰 몸은 돌처럼 꼼짝도 않든지 강아지처럼 기어다니든지 할 것이다.

이 인간은 어떤 욕구를 느끼고 불쾌해지겠지만 그것이 무엇인지도 잘 모를 뿐 아니라 그것을 충족시킬 수단을 생각해 내지도 못할 것이다. 위장의 근육과 수족의 근육 사이에 직접적인 교류가 이루어져 있지 않으므로 주위에 음식물이 있다 해도 그것을 잡기 위하여 그쪽으로 가까이 가거나 손을 뻗치는 일도 하지 못할 것이다. 그 몸은 이미 성장했기 때문에 손발이 완전히 발달돼 버려서 아이들처럼 잠시도 가만 있지 못하고 몸을 움직이는 일도 없을 터이니 음식을 찾아 움직이기도 전에 굶어죽을지도 모른다. 우리 지식이 발달하는 순서와 과정을 잠시 고찰해 본다면, 스스로 경험을 얻거나 혹은 친구들과 어울려서 놀다가 무엇인가 배운다든가 하기 이전의 인간의 무지하고도 무능한 원시적 상태가 대체적으로 이런 것이 아닌가 싶다.

그래서 우리 각자가 보통 정도의 오성(悟性)으로 도달하기 위한 출발점을 깨닫거나 알거나 하게 된다. 그러나 또 다른 국면을 누가 알아차리겠는가. 사람은 그 천분·취미·욕구·재능·열의 등을 발휘할 수 있는 기회를 잡음으로써 많건 적건 진보한다. "이것이 인간이 도달할 수 있는 한계점이다. 이 이상 더 나아갈 수는 없다." 어떠한 철학자도 대담하게 이런 말을 할 수는 없을 것이다. 우리는 본질적인 면으로 볼 때 누구는 딱 이런 것이 된다 하고 단언하기는 어렵다. 어느 누구도 어떤 인간과 또 다른 인간 사이에 존재하는 거리를 측정하지 못했다. 가끔 우쭐해서 다음과 같이 중얼거려보지 않은 자가 있을까. '나는 지금까지 얼마나 많이 발전한 걸까. 얼마나 높은 데까지 갈 수 있을까. 동료들이 나보다 더 높은 곳까지 오르는 일이 있을 수 있을까.' 이런 생각을 하면서도 흥분하지 않을 정도로 저열한 자가 있을까.

다시 말하지만, 인간의 교육은 태어나면서부터 시작된다. 말을 배우기도 전에, 사람들이 하는 말을 알아듣기도 전에 인간은 이미 배우기 시작한다. 경험은 학습보다 먼저 온다. 유모의 얼굴을 알아볼 수 있을 때쯤 되면 아이는 이미 많은 것을 배운 뒤다. 태어났을 때부터 시작하여 그때까지 도달한 진보상을 더듬어 보면 아무리 변변치 못한 사람의 진보상이라 한들 놀라지 않을 수 없다.

인간의 학문을 두 부문으로 나누어 본다면, 다시 말해서 한쪽은 모든 인간에게 공통적인 것, 또 다른 한쪽은 학자만이 지닐 수 있는 특유한 것으로 나눈다면, 후자는 전자에 비하여 거의 말할 필요조차도 없을 정도로 미미한 것에 불과하다. 그리고 우리는 일반적인 지식은 거의 계산에 넣지 않는다. 그것은 자기도 모르는 사이에, 심지어는 분별력이 생기기도 전에 얻어지기 때문이다. 그리고 학식이라는 것은 그 차이에 의하여 인정받을 뿐 대수의 방정식에서처럼 공통적인 양은 없기 때문이다.

　동물들조차도 많은 것을 습득한다. 동물도 감관이 있고 그 사용법을 배워야 한다. 동물은 욕구를 느낀다. 그것을 충족시키는 방법을 배워야 한다. 먹는 법, 걷는 법, 나는 법을 배워야 한다. 네발짐승은 낳자마자 설 수 있으나 그렇다고 해서 그대로 걸을 수 있는 건 아니다. 겨우 걷기 시작할 때를 보면 아직 자신이 없는 시도를 하고 있다는 것을 알 수 있다. 새장에서 도망친 카나리아는 날지 못한다. 아직 날아 본 일이 없기 때문이다. 감관을 지닌 움직이는 존재들에겐 모든 것이 배움이다. 식물이 점진적인 운동을 행하는 것이라면 감각을 가져야 하고 지식을 획득해야 한다. 그렇게 하지 않으면 죽고 말 것이다.

　아이가 맨 처음 느끼는 감각은 순전히 감정적인 것이다. 아이는 쾌감, 불쾌감을 인식할 뿐이다. 걸을 수도 물건을 잡을 수도 없는 그들은 오랜 시간에 걸쳐 조금씩 그들 자신의 바깥에 있는 물체의 존재를 표상적 감각을 형성해 감으로써 익힌다. 그러나 그 물체들이 확대됐을 때까지의, 말하자면 그들의 눈으로부터 멀어져서 크기나 모양이 보일 때까지의 감각의 반복이 효과를 나타내게 되면 그 아이는 습관의 힘에 익숙하게 된다. 잘 관찰해 보면 아이들의 눈은 항상 빛이 비치는 방향으로 향해 있어서 빛이 옆으로부터 오면 점점 그쪽만 보게 된다. 때문에 얼굴을 빛이 비치는 방향으로 향해 주지 않으면 사팔뜨기가 되어 항상 물체를 비스듬히 보는 습관이 붙을 우려가 있다. 또 어둠에 익숙해지도록 해줘야 한다. 그렇지 않으면 어둠 속에선 늘 울거나 소리치게 된다. 지나칠 정도로 정확하게 정해진 식사와 취침시간은, 그 시간을 어길 경우 배고픔과 졸음을 참지 못하게 만든다. 마침내 욕구는 필요에 의해서 생기는 게 아니고 습관에 의해 생기게 돼 버린다. 말하자면 자연에서 우러나온 욕구 이외에 습관에 의하여 생긴 새로운 욕구가 나타나게 된다. 그런 일이 없도록 주의해야 한다.

　아이들에게 허용해도 좋은 단 하나의 습관은 어떤 습관에도 익숙해지지 않는 것이다. 한쪽 팔로만 안아 줘선 안 된다. 한쪽 손만 내밀도록 해선 안 된다. 한쪽 손만 쓰게 해선 안 된다. 똑같은 시각에 먹어야 하고 자고 행동하도록 해선 안 된다. 낮에도 밤에도 혼자 있지 못하는 습관을 붙여선 안 된다. 신체에 자연적인 습성을 지니게 함으로써 항상 자기 스스로 자신을 지배할 수 있도록, 일단 의지를 굳히고 나면 무엇이든 자기 의지대로 할 수 있도록 해주는 것이 다가올 자유의 시대에 힘을 사용할 능력을 길러 주는 것이다.

아이가 물건을 분간할 줄 알게 되면 사물을 가려서 보일 필요가 있다. 당연한 일이긴 하나 새로운 것은 무엇이든지 인간의 흥미를 끈다. 인간은 자기를 약자라고 느끼기 때문에 알지 못하는 것과 만나게 되면 무엇이든지 무서워한다. 아무 걱정 없이 미지의 것을 보는 습관은 그러한 공포심을 없애 준다. 거미줄 하나 볼 수 없는 청결한 집에서 자란 아이는 거미를 무서워하게 되어 어른이 되어서도 그 습관이 없어지지 않는다. 나는 남녀노소를 막론하고 거미를 무서워하는 농촌 사람을 본 일이 없다. 도대체 어째서 아이가 말하고 듣기 전부터 교육을 시작하지 않는 것일까. 무엇이 나타날까 하는 생각만 해도 아이는 무서워하거나 용감해진다. 나는 아이가 새로운 것, 보기 싫은 동물, 천한 동물, 괴상한 동물 등을 보는 데 익숙해지기를 바란다. 그러기 위해선 일찍부터 조금씩 길들여야 하며, 마침내 아이가 익숙해져서 다른 사람이 그것을 만지면 자기도 만져보게 된다. 어린 시절에 두꺼비나 뱀이나 가재를 봐도 놀라지 않으면 커서 어떠한 동물을 봐도 공포심을 느끼지 않는다. 아무리 무서운 것이라 할지라도 그것을 매일 보면 무섭지 않게 느껴지는 법이다.

아이들은 모두 가면을 무서워한다. 나는 우선 에밀에게 재미있는 모습의 가면을 보여 준다. 그러고 나서 누군가가 에밀 앞에서 그 가면을 써 보인다. 나는 웃는다. 모두들 따라 웃는다. 그렇게 되면 아이도 다른 사람들과 마찬가지로 웃는다. 다음부터 조금씩 그것보다 재미가 덜한 가면을 보여서 익숙해지게 한다. 나중엔 무서운 가면을 익히게 한다. 순차적으로 잘 해 나가면 아이는 무서운 가면을 봐도 겁내지 않고 처음처럼 웃을 것이다. 이렇게 되면 에밀이 가면을 두려워하지는 않을까 걱정할 일은 없다.

안드로마케와 헥토르 이별의 장면을 보면, 어린 아스티아낙스가 아버지의 투구 위에서 흔들리고 있는 깃털 장식에 놀라 아버지도 못 알아보고 울음을 터뜨리며 유모의 가슴에 매달리자 어머니는 눈물을 흘리면서도 미소를 띤다. 이런 아이의 공포심을 가라앉히려면 어떻게 해야 할까. 헥토르가 한 것처럼 투구를 벗고 아이를 쓰다듬어 줘야 한다. 하지만 그 순간이 전장으로 떠나기 전 이별하는 순간이 아니었다면 그것만으로 그쳐선 안 된다. 투구에 손을 얹어 깃털 장식을 만지며 아이에게도 만지게 해야 한다. 한술 더 떠서 유모가 투구를 들어올려 웃으며 자기 머리 위에 써 보이면 더욱 좋다. 여자의 손이 헥토르의 무기에 닿아도 좋다면 말이다.

에밀을 총소리에 익숙해지도록 하려면 먼저 권총에 탄약을 넣고 방아쇠를 당긴다. 탁하고 붙었다 꺼지는 번개 같은 불길이 그를 기쁘게 할 것이다. 더 많은 탄약을 넣고 똑같은 일을 반복한다. 처음엔 권총에 조금씩 탄약을 잰다. 다음엔 다량의 탄약을 잰다. 그러고 나서 총소리, 화약 터지는 소리, 대포 터지는 소리 등을 들려줘 더할 나위 없이 무서운 폭발음에도 익숙하게 만든다.

천둥이 청각을 상하게 하지만 않는다면 아이는 좀처럼 천둥을 무서워하지 않는다는 사실을 나는 알고 있다. 대개 천둥에 대한 공포심은 그것이 사람을 상하게 하고 죽이는 경우가 있다는 것을 배운 뒤에 생긴다. 이성이 각성되어 공포심을 느끼게 되는 경우엔 습관을 붙여서 안심시키는 게 좋겠다. 신중하게 조금씩 순차적으로 해나가면 어른이건 어린이건 모든 것에 대하여 대담하게 나갈 수가 있다.

인생이 시작되는 초기엔 기억력과 상상력이 아직 활발하게 작용하지 않으므로 아이는 현실적으로 감관을 자극하는 물체에 대해서만 주의를 기울인다. 감각은 지식의 밑천이 되는 재료이므로 적당한 순서로 그것을 아이에게 느끼도록 하면 장래 오성을 통하여 그것을 공급하도록 기억시키는 준비 단계가 된다. 아이들은 감각에 대해서만 주의를 기울이기 때문에 처음 단계에서는 그 감각과 그것을 불러일으키는 것과의 관계를 충분히 명확하게 표시해 주기만 하면 된다. 아이들은 모든 물체를 만져 보고 잡아 보려고 한다. 이러한 욕구를 억제시켜선 안 된다. 그것은 아이에게 절대적으로 필요한 학습법의 하나이기 때문이다. 이런 식으로 아이들은 물체의 열도·냉도·견고성·유연성·경중의 차를 알아내는 방법을 배우고 그것들의 크기·형태, 그리고 모든 감각적인 것의 성질을 판단하는 법을 배우게 된다. 즉, 보고 만지고 듣고 함으로써,[20] 특히 시각을 촉각과 비교하여 봄으로써 손으로 느끼는 감각의 정도를 눈으로 재어보는 일 등을 배우게 된다.

우리는 움직임을 통해 우리와 다른 무언가가 있다는 것을 배운다. 공간의

---

[20] 후각은 아이들의 모든 감각 가운데 가장 늦게 발달한다. 두 살에서 세 살까지는 아이들은 좋은 냄새나 싫은 냄새나 느끼는 것 같지 않다. 이 점에 있어서 아이들은 많은 동물에서 인정할 수 있는 무관심, 오히려 무감각을 나타내고 있다(원주).

관념을 얻는 것도 움직임을 통해서이다. 유아가 바로 옆에 있는 물건이건 백보 앞에 있는 물건이건 구별없이 손을 뻗어 그것을 잡으려고 애쓰는 것은 공간의 관념을 갖지 못하기 때문이다. 유아가 그런 짓을 하는 것은 지배욕 때문인 것처럼 보인다. 물건에게 오라고 명령하거나 사람에게 그것을 갖다 달라고 명령하는 것처럼 보인다. 그러나 전혀 그렇지 않다. 그것은 오직 그가 먼저 두뇌로 발견하고 다음에 눈으로 본 물체가 손 앞에 보이게 되면, 그것이 아이에겐 손이 닿을 수 있는 정도의 공간으로밖에 느껴지지 않기 때문이다.

그래서 가끔 아기를 움직이게 해야 한다. 한 장소에서 다른 장소로 이동시킴으로써 장소의 변화를 느끼게 하고 거리에 대한 지식을 얻게 한다. 거리라는 것을 알게 되면 그때엔 방법을 바꿔야 한다. 당신들이 마음 내키는 대로 아기를 움직이면 된다. 아기가 원하는 대로 움직여선 안 된다. 아기의 감각이 틀림없이 정확하게 되면 그 노력의 원인이 변하기 때문이다. 이 변화는 주의해야 할 점이기에 설명을 더하겠다.

욕구를 충족시키기 위하여 타인의 협조가 필요할 경우 그 욕구에서 우러나는 불쾌감을 여러 가지 형태로 표현하게 된다. 그래서 아기는 울기도 하고 외치기도 한다. 그것은 매우 당연한 일이다. 아기의 감각은 모두가 감정적인 것이어서 그것이 기분 좋은 감각일 때엔 조용히 즐긴다. 고통스러울 때는 아기의 언어로 알리고 도움을 청한다. 눈을 뜨고 있는 동안은 무관심한 상태로 있는 일이 거의 없다. 아기는 늘 자고 있든지 아니면 그 무엇인가에 의해 자극을 받고 있는 것이다.

우리 언어는 모두가 기술에 의해 만들어졌다. 모든 인간에게 공통적으로 자연과 통하는 언어가 있느냐 하는 데에 대하여 사람들은 오랫동안 연구해 왔다. 분명히 그것은 있다. 그것은 아기가 말을 배우기 이전에 쓰는 언어이다. 이 언어는 음절로 표현되지는 않으나 억양이 있고 음색이 있어서 알아들을 수 있다. 커서 우리가 언어를 사용하게 되면 우리는 그것을 버리고 마침내 그것을 잊게 된다. 아기를 연구해 보면 우리는 그에게서 또다시 그 언어를 배우게 된다. 이 언어를 배우는 데 있어서 유모는 우리의 선생이다. 유모는 젖먹이 아이가 하는 말을 모두 이해한다. 유모는 아이에게 대답하기도 하고 아이와 함께 대단히 오랫동안 대화하기도 한다. 그때 유모는 아기들이 알아듣기라도 하듯 낱말을 또박또박 발음하는데 그건 전혀 필요 없는 일이다. 아기가 알아들을 수 있는 것은 말의 뜻이 아니라 그 억양이다.

목소리로 표현하는 언어가 있다. 이 몸짓은 아기의 약한 손으로 표현되는 것이 아니라 아기의 얼굴에 나타난다. 아직 제대로 정돈되지도 못한 얼굴로 어떻게 그렇게도 풍부한 표정을 나타낼 수가 있는지 놀라지 않을 수 없다. 그 얼굴은 한 순간 한 순간 상상할 수 없을 정도의 빠른 속도로 변한다. 미소가, 욕망이, 공포가, 번개처럼 나타났다 사라진다. 그때마다 마치 전혀 다른 얼굴을 보는 듯하다. 아기의 근육은 확실히 우리보다 움직이기 쉽게 되어 있다. 그와 반대로 아기의 눈은 멍하니 떠 있으며 거의 아무 표정도 없다. 육체적인 욕구 외에 아무것도 갖지 않는 그들의 표현 방법은 당연히 그래야 할 것이다. 감각의 표현은 안면에서 볼 수 있고 감정의 표현은 눈길에서 볼 수 있다.

인간의 맨 처음 상태는 결핍과 취약의 상태이므로 그 첫 소리는 불만과 울음이다. 아기는 욕구를 느껴도 그것을 충족시킬 수가 없어서 소리를 질러 타인의 도움을 청한다. 배가 고프고 목이 마르면 운다. 너무 춥거나 너무 더워도 운다. 몸을 움직이고 싶은데 꼼짝 못하게 해놓으면 운다. 졸린데 움직여 주면 운다. 자기 마음에 들지 않는 상태에 놓여 있을수록 그 상태를 바꿔달라고 마구 졸라댄다. 아기는 단 하나의 언어밖에 갖지 못한다. 다시 말해서 오로지 한 종류의 불쾌감밖에 느끼지 못한다. 기관이 아직 미완성 상태에 있는 아기는 갖가지 인상을 구별할 수가 없다. 모든 좋지 않은 것은 그에게 고통이라는 감정을 일으키게 할 것이다.

이 울음소리에 사람들이 꼭 귀를 기울여 줘야만 할 필요가 있다고 생각지는 않으나 이것으로부터 그의 주위에 있는 인간 또는 사물과의 관계가 생기게 된다. 여기서부터 사회 질서를 형성하는 첫 긴 사슬이 생기게 된다.

아기가 울 때는 무엇인가 마음대로 되지 않아서 그러는 것이다. 어떤 욕구를 느끼고 있으나 그것을 채우지 못해서 그러는 것이다. 어른들은 그 욕구가 무엇인지 조사하고 알아내어 그것을 채워 준다. 무엇인지 몰라서 채워 주지 못하면 아기는 계속해서 울 것이며 어른들은 난처하게 된다. 그래서 아기의 울음을 그치게 하기 위하여 어르기도 하고, 잠재우기 위하여 흔들어 주며, 노래도 불러 준다. 그래도 그치지 않으면 안타까워져서 아기를 놀라게 하기도 한다. 거친 유모는 간혹 아기를 때리기도 한다. 인생을 새출발하는 마당에 이 무슨 기묘한 의례인가.

이런 말썽꾸러기 울보 아기가 그런 식으로 유모에게 매맞는 것을 본 적이 있는데 나는 결코 그 장면을 잊을 수가 없다. 아기는 울음을 딱 멈추었다. '이 아기는 겁을 먹었구나. 이놈은 장차 비굴한 인간이 될 놈이다. 무섭게 다루지 않으면 말을 듣지 않을 놈이다.' 그러나 내 생각은 잘못이었다. 가엾게도 그 아이는 너무 화가 나서 숨도 쉴 수 없을 정도로 목이 꽉 막혀 있었다. 보고 있자니 얼굴이 자주빛으로 변했다. 잠시 뒤에 무서운 소리를 질렀다. 그 나이 또래의 아기가 느낄 수 있는 최대한의 원한·노여움·절망 등의 갖가지 표현이 그 목소리에 담겨 있었다. 그렇게 울고 있는 동안 죽어 버리지나 않을까 나는 걱정했다. 가령, 옳고 그른 것을 판단하는 감정이 처음부터 인간의 마음속에 존재하지 않는다고 생각했을지라도 이 아기에 대해서만은 예외였다. 그리 심한 매질은 아니었지만 분명히 악의에 찬 것임에 틀림없었다면, 우연히 이 아기의 손등에 새빨간 숯덩이가 떨어졌다 해도 그 매질만큼 참기 어려운 것은 아니었을 거라고 나는 확신한다.

홍분·원한·분노의 감정을 쉽게 느끼는 아기들의 이런 특성을 잘 보살펴 줘야 할 필요가 있다. 벨하베는 아기들의 병은 대부분 경련성을 띠는데, 그 이유는 성인보다도 비교적 머리가 크고 신경계가 퍼져 있기 때문에 그 신경이 자극을 쉽게 받기 때문이라고 했다. 아기를 성가시게 하거나 홍분시키거나 안타깝게 만드는 하인은 될 수 있는 대로 멀리해야 한다. 그런 하인은 공기나 계절이 끼치는 해보다 백 배나 더 해롭고 끔찍한 영향을 끼친다. 아기들이 다만 사물에 대해서만 저항을 느끼고, 사람들의 의사에 대해선 절대로 저항을 느끼지 않는다면 반항적인 태도를 취하거나 노하지도 않을 것이며, 더욱 건강한 몸을 유지할 것이다. 속박당하는 일 없이 매우 자유롭게 자라는 아이가, 더 잘 키워 보려는 뜻이겠지만 그 의사가 무시당하며 자라는 아이보다 일반적으로 허약하지 않고 더 튼튼하다는 이유가 여기에 있다. 그러나 아이가 하자는 대로 하는 것과 아이에게 거역하지 않는다는 것 사이엔 커다란 차이가 있다는 점을 명심해야 한다.

아기의 첫 울음소리는 부탁한다는 것을 뜻한다. 그러나 조심하지 않으면 마침내 그것은 명령으로 변한다. 처음엔 도움을 받던 것이 나중엔 시중을 들게 하는 결과가 되기 쉽다. 그래서 처음엔 그들 자신의 나약함 때문에 다른 사람에게 의존한다는 감정이 생기지만 차츰 권력과 지배의 감정이 나타난다. 그러나 이러한 관념은 아기의 필요성에서라기보다 우리의 봉사에서 생기는 것이어서 그 직접적인 원인은 자연 속에 있는 것이 아닌 도덕적인 결과로 나타난다. 때문에 처음부터 몸짓을 하고 소리를 지르는 진의가 어디 있는가를 알아내야 할 필요성을 느끼게 된다.

아기가 아무 말 없이 힘을 주어 손을 뻗는 것은 물건을 만지려고 하기 때문이다. 그에겐 거리감이 없다. 그는 잘못 생각하고 있는 것이다. 그러나 울음소리를 지르며 손을 뻗을 땐 이미 거리를 잘못 재고 있는 것이 아니라 그것이 이리로 오도록, 혹은 그것을 이리로 가져오도록 명령하는 것이다. 첫 번째 경우엔 천천히 한 걸음씩 그 물건 쪽으로 아기를 데려가야 한다. 두 번째 경우엔 아기가 내는 소리를 못 알아듣는 체해야 한다. 더 크게 울수록 더 귀를 기울이지 말아야 한다. 아기는 사람들의 주인이 아니며, 물건은 그들이 말하는 것을 알아듣지 못하기 때문에 명령해선 안 된다는 습관을 일찍부터 들여야 한다. 그래서 아기가 쳐다보는 것 중에서 당신들이 줘도 좋다고 생각하는 것이 있다면 그것을 아기에게 갖다 줄 것이 아니라 아기를 그쪽으로 데려가야 한다. 이렇게 함으로써 아기는 그 나이에 맞는 나름의 결론을 얻게 된다. 그 결론을 아기에게 암시하는 데 있어서 이것 외에 다른 방법은 없다.

생 피에르 경은 어른을 커다란 아이라고 말했다. 반대로 아이는 작은 어른이라고 할 수 있을 것이다. 이것은 경구로서는 진리를 지니고 있지만 원리로서는 설명을 필요로 한다. 그러나 홉스(영국의 유물론 철학자)가 악인을 강한 아이라고 부른 것은 대단히 모순이 있다고 생각한다. 모든 악은 약한 데서 탄생한다. 아이가 나쁘게 되는 것은 그 아이가 약하기 때문이다. 강하게 만들면 선량해진다. 무엇이든 할 수 있는 자는 결코 나쁜 짓을 하지 않는다. 전능한 신이 지니고 있는 모든 속성 가운데 선하다는 속성은 그것 없이 신을 생각할 수 없는 속성이다. 두 개의 근원적인 것을 인정한 모든 민족은 반드시 악을 선보다 열세한 것으로 여겨 왔다. 그렇지 않다면 그들은 부조리한 가정을 한 셈이 된다. 나중에 나오는 《사부아 보좌신부의 신앙고백》을 참조하기 바란다.

이성(理性)만이 우리에게 선악을 가리는 법을 가르쳐 준다. 선을 좋아하게 하고 악을 미워하게 하는 양심은 이성으로부터 독립해 나온 것인데, 이성 없이 발달할 수는 없다. 이성의 시기가 올 때까지 우리는 선악을 가리지 못하고 좋은 일도 하고 나쁜 일도 한다. 때문에 우리들의 행동에는 도덕성이 없다. 오직 우리와 관계 있는 타인의 행동에 대하여 그것을 느끼는 일이 있을 뿐이다. 아기는 눈에 보이는 것은 무엇이든지 부수려고 한다. 손이 닿는 한의 것은 무엇이든지 꺾거나 깨거나 한다. 돌을 잡듯이 새를 움켜쥐고 자기가 무엇을 하고 있는지조차 모르는 채 그것을 죽여 버린다.

어째서 그런 짓을 할까. 먼저 철학은 출생 신분이 좋지 않아서 그렇다고 설명할 것이다. 인간의 오만·지배욕·자존심·사악함 등으로 그것을 설명하려 들 것이다. 또 이렇게 덧붙일 것이다. "자신이 무력하다는 것을 느끼고 있는 아이는 자칫하면 폭력을 행사하여 자신의 힘을 시험해 보게 된다." 그러나 원을 그리듯 인생의 길을 걸어서 또다시 유년 시절의 무력함으로 돌아온 쇠약한 노인을 보면 알 것이다. 노인은 조용히 얌전하게 앉아 있을 뿐만 아니라 주위의 모든 것까지도 조용히 해 주기를 바란다. 아무리 사소한 변화도 그의 마음을 산란하고 불안하게 만든다. 그는 모든 것이 조용하기를 바란다.

본래 원인이 다르지 않다면 어째서 똑같은 정념과 결합된 똑같은 무력 상태가 이 두 시기에 다른 결과를 나타낼 수 있겠는가. 그 원인의 차이는 두 개체의 육체적 상태에서만 찾을 수 있다. 활동의 근원은 모두 공통된 것이지만 한쪽은 발달하는 과정에 있고, 또 다른 한쪽은 소멸하는 과정에 있다. 한쪽은 삶으로 향하고 또 다른 한쪽은 죽음으로 향하고 있다. 쇠잔해가는 활동력은 노인의 경우 마음속을 향하여 집중하지만, 아이의 경우 활동력이 마음 밖으로 넘쳐흘러 퍼져간다. 말하자면 아이들은 주위에 있는 모든 것에 생명을 불어넣을 수 있을 정도로 생명력에 가득 차 있음을 스스로 느낀다. 무엇을 만들건 부수건 어느 쪽이라도 좋다. 다만 사물의 상태를 바꾸기만 하면 되며, 그것은 모두가 행동이다. 파괴하는 경향이 더 강하게 보인다고 해서 성질이 나쁘다고 단정해선 안 된다. 물건을 만드는 작업은 언제나 시간이 걸리지만 파괴하는 작업은 손쉬워서 아이들의 활발한 성질에 잘 맞기 때문이다.

자연의 창조자는 아이에게 그러한 활동의 원동력을 주는 동시에 지나치게 해로운 것이 되지 못하도록 주의하는 뜻에서 너무 힘에 겹지 않은 활동력을 주었다. 그러나 아이들이 자기 주위에 있는 사람들을 제 마음대로 움직일 수 있는 도구처럼 생각하게 되면, 이 도구를 멋대로 사용하여 자신의 무력을 보충한다. 결국 그 아이는 가르치기에 곤란하게 되고 폭군처럼 명령적이고 심술 궂고 어떻게도 할 수 없는 아이가 된다. 이러한 진화는 선천적으로 지배욕이 강해서 그런 것이 아니고, 이 진화가 아이에게 지배욕을 준 것이다. 남의 손을 빌려서 행동한다는 것이, 한 걸음 더 나아가 혀를 움직이기만 하면 세계를 움직일 수 있다는 것이 얼마나 유리한 일인가를 깨닫는 데는 그리 긴 시간이 걸리지 않는다.

인간은 성장할수록 힘을 더해 간다. 침착해지며 시끄럽게 굴지도 않는다. 반성하는 힘도 생긴다. 소위 영혼과 육신의 균형이 잡히는 상태에 놓이면 자연은 자기 보존에 필요한 운동만을 우리에게 요구한다. 그러나 명령하고 싶은 욕망은 그것을 일으키게 만든 필요성과 함께 사라지는 것은 아니다. 지배는 자존심을 일깨우고 그것에 대하여 아첨하게 만들며, 또한 이것이 습관화되면 자존심은 더 강해진다. 이렇게 하여 단순한 변덕에서 나오던 행동이 필요성을 낳게 되고 마침내 편견과 억측이 처음 뿌리를 내리게 된다.

일단 원칙을 깨닫게 되면 우리는 어디서부터 자연의 길에서 벗어나게 됐는지를 분명히 알 수가 있다.

이제부터 자연의 길에서 벗어나지 않는 방법을 알아보기로 하자.

제1의 준칙

힘이 남아돌기는커녕 아이들은 자연이 요구하는 것을 할 힘조차도 충분히 가지고 있지 않다. 그러므로 자연이 그들에게 부여한 모든 힘을 사용할 수 있도록 해야 한다. 그들은 그 힘을 남용할 줄 모른다.

제2의 준칙

육체적으로 필요한 일에 속하는 모든 것 중에서 지성적인 면과 힘을 길러 주는 면에서 아이의 성장을 돕는 데 빠진 것을 보충해 줘야 한다.

제3의 준칙

아이를 도와줄 때, 실제로 필요한 일만을 도와주고 변덕이나 이유에 닿지 않는 욕망에 대해선 아무것도 줘선 안 된다. 변덕은 사람이 그런 마음을 일으키게 하지 않는 한 자연에서부터 일어나지는 않으니까 그것 때문에 고통받는 일은 없다.

제4의 준칙

거짓행위를 할 수 없는 나이에 속한 아이의 말과 몸짓을 주의 깊게 연구하여 자연으로부터 나타나는 것과 억측에서 나타나는 것을 잘 구별해야 한다.

이 모든 규칙의 근본 정신은 아이에게 진정한 자유를 주고 지배력을 주지 않아야 하며 될 수 있는 한 모든 것을 자기 힘으로 하게 하여 타인에게서 무엇을 받으려는 마음을 없애는 데 있다. 이렇게 하면 일찍부터 욕망을 자기 힘의 한도 내에 머무르게 하는 데 익숙해져서 자기 힘으로 구할 수 없는 것에 대한 실망감을 느끼지 않아도 된다.

따라서 이 점은 아기의 몸이나 손발을 완전히 자유롭게 해줘야 할 새롭고도 매우 중요한 이유가 되기도 한다. 단, 아무리 자유롭게 해준다고는 하지만 높은 데서 떨어질 위험성을 없애 줘야 하고, 아이를 다치게 하는 것은 절대로 줘선 안 된다는 등의 주의를 기울여야 한다.

손발이 자유로운 아기는 분명 배내옷으로 둘둘 감겨있는 아기만큼 울지는 않는다. 육체적인 필요성밖에 모르는 아기는 괴로울 때만 운다. 이것은 매우 편리한 일로, 그 경우 아기가 도움을 청하고 있다는 것을 당장에 알 수 있다. 그때는 가능한 지체하지 말고 도와주어야 한다. 그러나 도와줄 수 없을 경우엔 아이를 달랜다고 하여 비위를 맞추어 주지 말고 가만히 있는 편이 낫다. 애지중지한다고 해서 복통이 멎진 않는다. 그리고 일단 자기 의사대로 사람을 부리는 데 맛을 들여놓으면 아기는 주인 노릇을 하게 되어, 모든 것이 허사로 돌아가고 만다.

움직이는 데 불편함이 없으면 별로 울지도 않는다. 아기 울음소리 때문에 고통받는 일이 적으면 울음을 멎게 하기 위하여 속을 썩이는 일도 적어진다. 위협을 당하거나 사람들이 자주 달래주지 않으면 아기는 겁쟁이도 고집쟁이도 안 되며 더 자연스러운 상태 속에 머무르게 된다. 아기가 탈장하는 경우는 울게 내버려 둬서 그런 것이 아니고 달래느라고 안절부절못하기 때문에 그런 것이다. 그렇다고 해서 아기를 내버려 두라는 것은 아니다. 반대로 아기에게 늘 주의를 기울여서 아기가 울어야만 원하는 것을 알게 되지 않도록 해야만 한다.

그러나 보살핌이 오해되는 것 또한 좋지 않다. 울기만 하면 이것도 저것도 다 된다고 깨달았을 때 어찌 울지 않겠는가. 조용히 하면 얼마나 모두가 고마워하는지를 알게 된 아기는 오히려 그리 간단하게 조용해지려 하지 않는다. 나중에는 그 침묵을 매우 비싼 값으로 팔려고 하기 때문에 어떻게도 할 수 없다. 이렇게 되면 아무리 울어도 효과가 없으므로 아기는 힘이 빠지고 피곤해져서 울음을 그친다.

몸이 묶여 있지도 않고 아픈 것도 아니며, 또 뭐 하나 부족한 것도 없는데 아기가 오랫동안 우는 것은 습관과 고집에서 오는 것이다. 그것은 자연의 탓이 아니고 유모의 탓이다. 시끄러운 것을 참지 못하는 유모는 아기를 더욱 울보로 만든다. 오늘 억지로 울음을 그치게 하면 내일 더 심하게 운다는 것을 모르기 때문이다.

그런 습관을 고치는 방법은 오직 하나, 전혀 관심을 주지 않는 것뿐이다. 헛된 수고를 하고 싶은 사람은 없다. 아기도 그 점에선 마찬가지이다.

아기는 끈질기고 고집이 세다. 그러나 당신들이 아기보다 완고하고 인내심이 강하면 아기는 싫증이 나서 두번 다시 그런 일을 하지 않는다. 이렇게 하면 다시는 아기를 울리지 않아도 되며 고통을 참을 수 없을 때를 빼놓고는 눈물을 흘리지 않는 아기가 된다.

아기가 변덕이나 고집을 부려서 우는 경우, 그것을 고치는 또 한 가지 확실한 방법은 우는 것조차도 잊어버릴 정도로 재미있는 일을 꾸며서 기분을 전환시키는 일이다. 많은 유모들이 이런 방법을 잘 알고 있는데, 이것을 잘만 하면 매우 효과적이다. 그러나 자기 마음을 돌리기 위해 하는 것인 줄 아기가 알지 못하도록, 사람들이 자기에게 관심을 쏟고 있다는 것을 아기가 알아차리지 못하도록 하면서 재미있게 해야 한다는 점을 명심해야 한다. 그런데 이 점에 있어서 모든 유모들은 기술이 부족하다.

모든 아기들은 너무 일찍 젖을 뗀다. 이가 돋아나게 되면 젖을 뗄 시기가 왔다는 것을 알 수 있는데 일반적으로 몹시 통증을 느낀다. 기계적인 본능에 의하여 이런 때 아기는 손에 쥐어지는 것은 무엇이든지 입으로 가져가 깨물려고 한다. 사람들은 어떤 딱딱한 것, 예를 들어 상아나 늑대 이빨 같은 것을 빠는 장난감으로 주어 이가 빨리 돋아나도록 도우려 한다. 이것은 좋지 못한 생각이다. 딱딱한 것을 잇몸에 대면 잇몸이 연해지기는커녕 더 딱딱해져서 이가 돋아날 때 더욱 심한 통증을 느끼게 한다. 무슨 일에 있어서도 본능을 본떠서 배우도록 하자. 우리는 강아지가 이가 돋아날 무렵 돌이나 쇳조각이나 뼈 같은 것을 입에 대는 것을 보지 못했다. 강아지는 나무나 가죽이나 헝겊같이 부드러운 것, 쉽게 깨물 수 있는 것, 잇자국이 나는 것을 입에 댄다.

오늘날에는 무슨 일이건 간단하게 할 수가 없다. 아기의 주위에 있는 것조차도 그렇다. 금방울, 은방울, 산호, 수정 세공품, 갖가지 종류의 값비싼 빠는 장난감 등 모두가 유해무익한 장식품뿐이다. 그런 것들은 하나도 필요 없다. 방울도 빠는 장난감도 필요 없다. 열매와 잎이 붙은 작은 나뭇가지, 속에 씨앗이 들어 있어서 달각달각 소리나는 양귀비 열매, 아기가 빨기도 하고 씹기도 할 수 있는 감초 뿌리, 이런 것들은 저 호화판 잡동사니만큼 아기를 즐겁게 할 수 있으며, 아기 때부터 호사스러운 것에 익숙해진다는 염려를 하지 않아도 된다.

브이(밀가루를 우유에 풀어 쑨 죽)가 건강에 그다지 유익한 식품이 아니라는 것은 이미 잘 알려진 사실이다. 우유에다 생 밀가루를 풀어서 끓이면 많은 멍울이 져서 우리 위장에 적합하지 못한 음식이 된다. 브이를 만들 땐 밀가루를 빵만큼 가열시키지 못한다. 또 발효되어 있지도 않다.

빵으로 만든 죽이나 미음이 더 적당한 음식인 것 같다. 반드시 브이라야만 한다면 미리 밀가루를 볶아 놓았으면 좋겠다. 우리 고향에서는 볶은 밀가루로 매우 맛좋고 몸에도 좋은 수프를 만든다. 고기 수프도 그리 영양가 높은 식품이라고 할 수는 없으므로 될 수 있는 한 쓰지 않는 게 좋다. 아기는 우선 무엇을 씹는 일에 익숙해져야 한다. 그것은 이를 쉽게 돋아나게 하는 좋은 방법이다. 이렇게 하다가 음식물을 삼키게 되면 음식에 섞인 타액이 소화를 돕는다.

그래서 나는 우선 아기에게 말린 과일이나 빵의 딱딱한 부분을 줘서 씹게 했으면 싶다. 딱딱하고 작은 막대 모양의 빵 또는 피에몬테 지방에서 그리스라고 부르는 막대 모양의 빵 같은 비스킷을 장난감 대신 주기로 하자. 그런 빵을 입 안에서 연하게 만들고 있는 동안 조금씩은 목으로 넘어가게 될 것이다. 그러는 동안에 이가 완전히 돋아나며 저절로 젖을 떼게 된다. 농가의 아이들은 보통 위가 무척 튼튼하므로, 젖을 떼게 하는 데는 이 방법이 가장 좋다.

아기들은 신생아 때부터 사람들이 말하는 것을 듣는다. 사람들은 아기가 상대방이 하는 말을 알아듣기도 전에, 또 들은 소리를 흉내낼 수 있기도 전에 말을 건다. 아직도 둔한 아기의 기관은 들리는 소리를 조금씩 흉내낼 수 있을 뿐이며, 그 소리도 처음엔 우리가 듣는 것만큼 확실하게 그들 귀에 들릴지 의심스럽다. 나는 노래나 매우 유쾌하고 변화 있는 가락으로 유모가 아기를 어르는 것을 반대하지 않는다. 그러나 유모의 가락밖에 모르는 아기에게 아무 소용도 없는 여러 가지 말을 걸어서 아기를 귀찮게 해선 안 된다. 처음엔 아기에게 부드럽고도 분명한 목소리로 가끔 들리게 하다가 차차로 자주 반복해야 하며, 그 음성이 나타내는 말의 대상물이 아기의 시야에 감각적으로 느껴질 수 있는 것이어야 한다. 우리가 의미도 모르는 말을 듣고도 쉽게 만족해하는 난처한 버릇이, 우리가 생각하는 것보다 훨씬 이른 시기부터 시작된다는 것을 명심해야 한다. 학생들이 교실에서 선생님의 쓸데없는 잡담을 의미도 모르며 듣는 예가 있다. 그것은 배내옷을 입고 있던 시절 유모의 재잘거림을 듣고 있는 것과 같은 것이다. 들리는 말을 무엇 하나 이해하지 못하며 자란다는 것은 매우 유익한 교육법이라고 여겨진다.

언어의 형성과 아이의 최초의 말이란 문제를 놓고 생각해 볼 때 대단히 많은 상념이 떠오른다. 그러나 어쨌든 아이들은 항상 똑같은 방법으로 말하는 법을 배우는 것이므로 이 자리에서 모든 철학적인 고찰은 하지 않는 게 좋을 것이다.

초기에 아이는 그 나이에 적합한 문법을 알고 있다. 그들 문법은 우리 문법에 비하여 훨씬 더 일반적인 규칙을 갖고 있다. 주의를 기울여 보면 아이들이 얼마나 정확하게 어떤 종류의 닮은꼴을 좇아가고 있는지를 알고 놀랄 것이다. 그것은 아주 좋지 않은 일이다, 라고 할는지 모르나 매우 규칙적인데, 그것이 우리 귀에 거슬리는 것은 듣기 어려워서가 아니면 일반적인 습관이 그것을 허용치 않기 때문이다. 나는 최근에 어떤 아이가 Mon père, irai-je-t-y?(아버지, 나 그곳에 갈까요)*21라고 말하다가 가엾게도 몹시 욕을 먹는 것을 보았다. 그런데 잘 아시다시피 그 아이는 문법학자보다도 훨씬 더 근사하게 닮은꼴을 좇고 있는 것이다. 그는 vas-y (그곳으로 가라)라는 말을 들었으니까 당연히 irai-je-t-y라고 해도 되지 않을까. 또 그 아이가 irai-je-y라든가 y irai-je라고 하지 않고서도 얼마나 재치있게 모음의 연속을 피했는지 주의해 보면 알 것이다. 어떻게 처리했으면 좋을지 모르는 y라는 한정부사를 이 문장에서 삭제하는 따

＊21 irai ((나는) 가겠지)라는 동사를 사용할 때는 y(그곳에)라는 부사는 쓰지 않도록 되어 있다. 그것을 몰랐던 아이는 모음의 연속을 피하기 위해 y irai~je라 말하지 않고, y를 마지막으로 가지고 와, 유추에 의해 그 앞에 t를 넣고 여기서도 모음의 연속을 피한 것이다.

위의 졸렬한 방법을 우리는 쓰고 있으면서 어째서 이 아이가 잘못이라고 나무라겠는가. 일반적인 습관에 어긋나는 그런 자질구레한 잘못을 일일이 고쳐 주려는 끈질긴 노력은 지나친 현학 취미이며 간섭이다.

그런 것은 시간이 흐르면 차차 아이 스스로 고쳐나가게 된다. 아이 앞에선 언제나 정확하게 이야기해야 한다. 당신들과 함께 있는 것이 무엇보다도 아이에게 언제나 즐거운 일이 돼야 한다. 그렇게 되면 아이는 당신들의 말을 본받아 저절로 올바르게 되며 당신들이 일부러 고쳐 주지 않아도 된다.

그러나 그것보다도 더 큰 잘못은, 또 그것에 못지않게 막기 어려운 잘못은 혹 아이에게 스스로 말을 할 수 있는 때가 오지 않는 것이 아닌가 하고 기어코 아이에게 말을 시키는 경우이다. 이러한 성급하고도 사려 없는 방법은 역효과를 나타낸다. 그러면 아이는 오히려 말을 좀처럼 못하게 되며 뒤죽박죽이 된 표현을 하기가 일쑤이다. 아이가 하는 말에 지나친 신경을 쓰게 되면 아이는 무슨 말을 분명히 할 필요가 없게 된다. 그래서 거의 입을 열지 않게 되며 일생 동안 발음상의 결함을 지닌 채 모호한 말씨로 표현하는 습관이 붙어 그들이 하는 말을 알아들을 수 없게 된다.

나는 오랫동안 농민들 사이에서 생활했는데, 남녀노소를 막론하고 목구멍으로 굴리듯 작게 발음하는 것을 들은 일이 없다. 어째서 그럴까. 농민들의 오관은 우리와 다르게 만들어져 있을까. 그렇지 않을 것이다. 다만 그들은 다른 방법으로 훈련을 받았기 때문이다. 내 방 창문 저쪽에 있는 넓은 땅에는 동네 아이들이 모여서 놀고 있다. 내가 있는 곳에서 상당히 떨어져 있는 데도 그들이 하는 소리를 분명히 들을 수 있다.

그것을 들으면서 나는 가끔 이 저서를 쓰기 위한 유익한 기록을 하고 있다. 내 귀는 매일같이 그들의 나이에 대하여 어떤 착각을 일으킨다. 내 귀에 열 살 난 아이의 소리가 들린다. 얼굴을 들어 보면 세 살이나 네 살 정도의 키와 표정을 하고 있다. 이런 경험을 한 것은 나뿐만이 아니다. 나를 찾아오는 도회지 사람들에게 물어보면 모두 나와 똑같은 착각을 한다고 한다.

이런 착각을 일으키는 원인은, 도회지 아이들은 다섯 살이나 여섯 살 될 때까지 방 안에서 돌봐 주는 여자에게 보살핌을 받으며 자라므로 자기 의사를 표현할 때 우물거리기만 해도 되기 때문이다. 입을 달싹하기만 하면 상대방은 열심히 들어 준다. 아이가 분명히 할 수 없는 말을 사람들은 복창시켜서 가르쳐 준다. 그리고 늘 그 아이의 주위를 둘러싸고 있는 똑같은 사람들은 아이가 하는 말을 언제나 주의 깊게 듣고 있다가 아이가 말을 채 다하기 전에 하려던 말의 뜻을 짐작으로 알아차린다.

시골에서는 사정이 전혀 다르다. 농부의 아내는 언제나 아이 곁에 있어 주지 못한다. 아이는 어머니가 알아들어야 할 필요가 있는 일을 똑똑하고도 큰 목소리로 말해야 한다. 들에 나가면 아버지, 어머니, 또는 다른 아이들과도 멀리 떨어져 있게 되는데, 자기가 하는 말이 멀리 있는 사람에게 들리도록 그 거리에 따라서 목소리의 크기를 조정하도록 훈련해야 한다. 이렇게 해야만 비로소 진정한 발음을 배울 수 있는 것이다. 조심성 있게 들어 주는 시중드는 여자의 귀 밑에서 몇 개의 모음을 더듬으며 중얼거려 봐야 발음은 배워지지 않는다. 그래서 농부의 아이에게 무엇을 물어보면 부끄러워서 대답을 못하는 수도 있지만 대답을 할 때는 똑똑하게 말한다. 그런데 도회지의 아이가 말할 때는 하녀가 통역을 맡아 줘야 한다. 통역 없이 입속에서 중얼거리는 말은 하나도 알아들을 수 없다.*22

커서 남자아이는 학교에서, 여자아이는 수도원에서 그런 결점을 고치게 될는지도 모른다. 실제로 그런 아이들은 남자아이든 여자아이든 항상 부모의 집에서 자란 아이에 비해 일반적으로 훨씬 더 명확한 말씨를 쓴다. 그러나 그들이 농민들처럼 명확한 발음을 배우지 못하는 것은 많은 것을 암기하고 배운 것을 큰 소리로 암송해야 하기 때문이다. 그들은 공부하면서 써갈기거나 되는 대로 아무렇게나 발음하는 습관을 몸에 붙인다. 암송하는 것은 더욱 나쁘다. 어구를 힘들여 생각하거나 음절을 길게 늘린다. 기억이 잘 돼 있지 않으면 말도 자주 막히게 된다.

이렇게 해서 나쁜 발음을 익히게 되면 끝내 그것을 버리지 못하게 된다. 나중에 알게 되겠지만 나의 에밀은 절대로 그런 결점을 갖지 않을 것이다. 만약

---

*22 여기에도 예외가 없는 것은 아니다. 그리고 처음에는 무엇을 말하고 있는지 전혀 알아들을 수 없게 아이들이 큰 소리로 지껄이기 시작하면 갑자기 시끄러워 어찌할 바를 모르는 수도 있다. 그러나 그런 세세한 일을 다루기 시작한다면 끝이 없을 것이다. 총명한 독자라면 지나침이나 결함이 다 같은 과오에서 생기는 것이며, 둘 다 나의 방법으로 교정될 수 있다는 것을 알게 될 것이다. 다음의 두 가지 격언은 떼어놓을 수 없는 것이라고 나는 생각하고 있다. '언제나 충분히', 그리고 '절대로 여유 있게'. 전자가 확립되면 후자는 필연적으로 되게 마련이다(원주).

그런 결점이 있다 해도, 적어도 위와 같은 이유에서 생긴 것은 아님을 알게 될 것이다.

민중이나 시골 사람들은 또 다른 극단으로 빠진다는 것을 나도 인정한다. 필요 이상으로 큰 소리로 말을 한다든지, 지나치게 정확한 발음을 하려다가 강하고 거친 발음이 된다든지, 억양이 너무 과격하다든지, 용어를 잘못 선택 한다든지……

그러나 이러한 극단은 또 다른 극단에 비하여 그렇게 나쁜 것은 아니라고 나는 생각한다. 이야기한다는 것의 첫째 법칙은 자기가 하고 있는 말을 상대 방에게 알리는 데 있으니까 사람들이 저지르는 가장 큰 잘못은 이야기하고 있 다는 것을 알아듣지 못하게 하는 데 있다. 말에 억양이 없는 것을 자랑한다는 것은 그것의 아름다움과 힘이 없다는 것을 자랑하는 것과 마찬가지다. 억양은 이야기의 생명이다. 그것은 이야기에다 감정과 진실미를 부여한다. 억양은 말보 다 속이는 일이 적다. 그래서 고상하게 자란 사람들은 억양을 매우 겁내고 있 는 것이 아닐까. 무엇이든지 똑같은 어조로 말하는 습관에서 사람들이 알아차 리지 못하게 야유하는 버릇이 생겨났을 게다. 억양을 붙이지 않게 되자 그 대 신 유행에 따라 여러 가지로 변하는 우스꽝스럽고도 멋을 부리는 발음이 사 용됐다. 그것은 특히 궁중의 젊은 사람들 사이에서 볼 수 있다. 일반적으로 프 랑스인과 대화하면 다른 나라 사람들이 불쾌감을 느낀다. 이야기에다 억양을 붙이는 대신 프랑스인은 가락을 붙이고 있다. 이것은 프랑스인에게 호의를 느 끼게 하는 요소가 되지 못한다.

아이들이 갖게 될지도 모르는 언어상의 모든 조그마한 결점을 염려할 필요 는 없다. 그것은 아주 간단하게 막을 수 있고 고칠 수도 있다. 그러나 아이들 의 말이 모호하거나, 알아들을 수 없거나, 주춤주춤한다고 해서 말할 때의 태 도를 늘 비평하고 말씨를 나무라게 되면 고칠 수 없는 결함을 초래하게 된다. 항상 여성의 거실에서 이야기하는 법을 배운 남자는 군대의 선두에 서서 자 신에 찬 명령을 내릴 수도 없을 테고, 폭동이 일어났을 때 굳센 의지로 민중에 맞설 용기도 나지 않을 것이다. 아이에게 우선 남자와 이야기하는 법을 가르쳐 야 한다. 그렇게 하면 여자와 이야기할 필요가 있을 때 거침없이 해낼 것이다.

완전한 전원풍의 시골에서 자라난 당신들의 아이는 아주 맑은 목소리를 갖 게 될 것이다. 도회지 아이들에게서 흔히 볼 수 있는 더듬거나 모호한 말씨를 익히지는 않을 것이다. 또 촌사람들의 말씨나 어조를 본받지도 않을 것이다. 설사 본받는다 하더라도 나면서부터 항상 아이와 같이 지낸 선생, 매일같이 아이 일에만 전념하는 선생이 올바른 말씨로 촌사람들의 말씨에서 받은 인상을 없애 주면 아이는 쉽게 그것을 잊을 수가 있다. 에밀은 내가 말할 수 있는 최대한의 순수한 프랑스어를 구사하게 될 것이다. 아니 에밀은 나보다도 더 똑똑하게 이야기하고 멋있게 발음할 수 있을 것이다.

말을 배우려는 아이는 이해할 수 있는 말만 들어야 하며, 발음할 수 있는 말만 해야 한다. 아이에게 똑같은 음절을 되풀이시켜서 그것을 똑똑하게 발음하도록 연습시켜야 한다. 아이가 뭔지 모를 말을 하기 시작할 때 그것을 알아내기 위하여 지나치게 애쓸 필요는 없다. 항상 사람들에게 인정을 받으려고 하는 것도 일종의 권력이다. 아이는 권력 따위를 부려서는 안 된다. 필요한 것을 주의 깊게 알아내어 채워 주면 그만이다. 필요하지 않은 것은 아이 스스로가 당신들에게 알리도록 해야 한다. 지나치게 일찍부터 아이에게 말을 시켜서는 더욱 안 된다. 말을 할 필요성을 느끼면 저절로 말할 수 있게 될 것이다.

다른 아이들보다 늦게 말을 배우는 아이가 다른 아이들처럼 똑똑히 말을 하지 못하는 건 사실이다. 그렇다고 해서 기관이 발달하지 않는 것은 아니다. 불충분한 기관을 갖고 태어났기 때문에 늦게 말을 시작하는 것이다. 그렇지 않다면 다른 아이들보다 늦게 말을 배울 리가 없다. 그 아이는 말을 할 기회가 적었던 것이 아닐까. 사람들이 말을 시키지 않은 것이 아닐까. 그렇지 않다. 사람들은 그의 진도가 느린 것을 알게 되면 불안한 나머지 일찍부터 말을 배우는 아이보다 더 기를 써서 말을 시키려 든다. 이렇게 성급하게 서두르는 방법은 아이가 말을 모호하게 하는 큰 원인이 된다. 그렇지만 않았던들 이 아이는 천천히 시간을 잡아서 좀더 완전한 말을 배웠을 것이다.

너무 일찍부터 말을 배운 아이는 똑똑하게 발음하는 것을 배울 틈도, 사람들이 시키는 말을 이해할 틈도 없다. 그와 반대로 아이를 혼자 내버려 두면 우선 가장 발음하기 쉬운 음절을 연습한다. 다음에 당신들이 알아차릴 수 있는 어떤 몸짓을 조금씩 담아가며 당신들의 말을 받아들이기 전에 그들의 말을 전한다. 이처럼 아이는 당신들이 하는 말의 의미를 이해한 뒤에야 비로소 그것을 받아들인다. 당신들이 쓰고 있는 말을 빨리 쓰라고 재촉받지 않는 한 아이는 우선 그 말에 담긴 뜻을 잘 관찰한다. 그것을 똑똑히 이해한 다음에라야 비로소 당신들의 말을 받아들인다.

때가 되지도 않았는데 아이에게 빨리 말을 시키려는 데서 생기는 가장 큰 폐해는, 아이에게 가르치는 최초의 말이나 아이가 하는 최초의 말이 아이에게 아무런 뜻을 갖게 하지 않는 데서 오는 것이 아니며, 우리가 뜻하는 것과는 다른 의미를 지니게 될 뿐만 아니라 우리가 그 점을 알아차리지 못하는 데서 오는 것이다. 이렇게 되면 아이는 가장 정확한 대답을 하는 것처럼 보이지만 사실은 우리를 이해하지 못하고 있으며 우리도 아이를 이해하지 못한 채 대화하고 있는 셈이 된다.

우리는 가끔 아이가 말하는 것을 듣다가 놀라는 일이 있는데, 일반적으로 이런 애매한 일이 있었기 때문이 아니라 우리가 어떤 말에 대하여 갖고 있는 관념과 똑같은 것을 아이가 갖고 있지 않기 때문이다. 아이가 받은 그 말의 진정한 인상에 대하여 우리가 주의를 기울이지 않았기 때문에 이러한 잘못이 일어난다고 여겨진다. 이러한 잘못은 아이가 그것을 고친 뒤에도 일생 동안 그들의 사고방식에 영향을 미친다. 나는 이 점에 대하여 여러 번 예를 들어 설명할 기회를 가질 것이다.

따라서 아이들의 어휘는 될 수 있는 대로 적게 하는 것이 좋겠다. 관념보다 많은 말을 알고 있다는 것, 생각할 수 있는 것보다 많은 말을 지껄일 수 있다는 것은 매우 불합리한 일이다. 도회지 사람들보다 농민들이 일반적으로 더 올바른 정신을 갖고 있다는 이유 중의 하나는 그들의 어휘가 한정돼 있기 때문이 아닌가 싶다. 그들은 그리 많은 관념을 갖고 있지 않으나 그들의 관념을 아주 잘 비교해 볼 수가 있다.

아이들의 초기 발달은 거의 모두가 동시에 이루어진다. 아이들은 말하는 것, 먹는 것, 걷는 것을 거의 같은 시기에 배운다. 정확히 말해서 이것은 인생의 초기에 해당하는 시기이다. 그때까지는 어머니 태내에 있던 때와 거의 다를 바가 없다. 감정도 없고 관념도 없다. 약간의 감각이 있을 뿐이다. 아이는 자기가 존재하고 있다는 것조차 느끼지 못한다. 아이는 살아 있다. 그러나 자기가 살아 있다는 것을 알지 못한다.

제2부
신체와 감각훈련—5세에서 12세

여기서부터 인생의 제2기로 들어간다. 그리고 원칙적인 뜻에서 유년 시대는 여기서 끝났다. (라틴어에서는) '유년(infans)'과 '소년(puer)'은 동의어가 아니며, 전자는 후자 속에 포함되어 '말할 줄 모르는 자'를 뜻한다. 그래서 발레르 막심은 저서 《기억할 만한 말과 사실들》에서 'puerum infantem(말할 줄 모르는 소년)'이라는 말을 사용했다. 그러나 나는 프랑스어의 습관에 따라 다른 명칭으로 불리게 될 시기까지는 같은 뜻인 어린이 시대(infans)를 쓰기로 한다.

말을 하게 되자 아이는 우는 일이 적어진다. 이것은 자연적인 진보이다. 하나의 언어가 다른 언어로 바뀐 것이다. 말을 사용하여 고통을 알릴 수 있는데 무엇 때문에 울음소리를 지르겠는가. 하긴 고통이 너무 심하여 말로 표현하기 어려운 때는 별문제이다. 이 시기가 되어서까지도 아이가 울기만 한다면 그것은 아이의 주위에 있는 사람들의 잘못이다. 에밀은 일단 '아프다'라는 말을 배우게 되면 웬만큼 격심한 고통을 느끼지 않는 한 울지 않을 것이다.

아이가 허약하고 섬세하여 천성이 울기를 잘하는 경우에도 울어 봐야 아무런 소용이 없고 이득도 없다는 것을 알게 함으로써 눈물의 근원을 끊을 수 있을 것이다. 나는 아이가 울고 있는 동안은 가까이 가지 않는다. 울음을 그치면 당장에 가 준다. 마침내 그가 나를 부르고 싶으면 울음을 그치든지 기껏해야 한 번만 소리를 지르든지 하게 될 것이다. 여러 가지 징조가 나타내는 효과가 눈에 띄게 될 때 아이는 그 징조가 뜻하는 의미를 판단한다. 아이에게는 그 이외의 다른 약속은 없다.

아무리 격심한 고통을 받았을 경우에도 아이 혼자 있고 들어 줄 사람이 없다는 것을 알게 되면 그 아이는 좀처럼 울지 않는다.

아이가 넘어지거나 머리를 부딪쳐서 혹을 만들고, 코피를 쏟고, 손을 베도, 나는 당황해서 아이 곁으로 뛰어가는 일 없이 적어도 잠시 동안은 침착하게 아이를 지켜본다. 재난은 이미 일어난 것이다. 아이는 필연적으로 올 고통을 참아야 한다. 내가 서두르고 당황하면 아이에게 더 겁을 주고 감수성을 자극하는 결과가 된다. 사실 상처를 입었을 때 고통을 주는 것은, 그 상처가 아니고 오히려 겁을 먹은 마음이다. 나는 어쨌든 이 고통만은 고쳐 주는 셈이 된다. 내가 그 상처를 어떻게 생각하느냐에 따라서 그 아이는 판단을 내릴 것이다. 내가 걱정하며 달려가서 달래거나 가엾게 생각하면 그는 자기가 무척 심하게 다쳤다고 생각할 것이다. 내가 냉정을 유지하면 아이도 마침내 냉정한 태도를 취하다가 통증이 멎으면 다 나았구나 생각할 것이다. 아이는 이 시기에 처음으로 용기를 갖는 것을 배우게 되고, 조그마한 고통을 무서워하지 않고 참은 결과 앞으로 닥쳐올 더 큰 고통을 이겨내는 방법을 배우게 된다.

나는 에밀이 다치지 않도록 주의를 기울이는 일 따위는 하지 않을 것이다. 오히려 그가 한 번도 상처를 입지 않아서 고통이 무엇인지 모르고 자란다면 이것은 매우 난처한 일이라고 생각한다. 괴로워하는 것이야말로 그가 어떤 무엇보다도 먼저 배워야 할 일이며 이것을 안다는 것이야말로 앞으로 가장 필요한 일이다. 아이의 눈이 작고 약한 것은 그런 중요한 교훈을 위험성 없이 배우게 하기 위해서가 아닐까. 아이들은 막대기에 부딪쳐도 팔을 삐는 일이 없고 높은 데서 떨어져도 다리가 부러지는 일이 없다. 칼날을 잡아도 그것을 힘껏 움켜쥐어서 깊은 상처를 입는 일이 없다. 아이를 자유롭게 내버려 뒀다고 해서 상처를 입고 죽거나 불구되거나, 크게 다친 일이 별로 없는 것 같다.

높은 곳에 혼자 내버려 두는 따위의 무모한 짓이나, 손이 닿을 곳에 위험한 도구를 방치하거나, 불이 타고 있는 근처에 혼자 내버려 두는 경우는 별 문제이다. 아이를 괴롭히지 않게 하기 위하여 그 주위에 가지각색의 도구를 모아 놓아 단단히 무장하는 것을 어떻게 받아들여야 할는지? 그런 아이가 크면 용기도 없고 경험도 없으며 끊임없는 고통을 받아 바늘에 찔려도 죽는 게 아닌가 생각하게 되고 한 방울의 피를 보아도 기절해 버린다.

교육에 있어서 현학적인 망상에 빠져 있는 우리는 아이가 자기 스스로 더 잘 배우는 법을 가르치려고 애를 쓸 뿐, 우리만이 그들을 가르칠 수 있다는 점을 잊고 있다. 아이에게 걷는 법을 가르치려고 애쓰는 것처럼 어리석은 일이 또 어디 있을까. 유모가 태만하여 커서도 걷지 못하는 아이를 본 일이 있는가. 그와 반대로 기묘한 걸음걸이를 가르친 탓으로 평생 동안 묘하게 걷는 사람이 얼마나 많은가.

에밀에겐 상처를 입지 않게 하기 위한 모자도, 보행을 돕는 도구도, 손을 이끄는 끈도 주지 않을 것이다. 다만 그가 한 발짝씩 앞으로 내디딜 수 있게 되면 포장된 길에서만은 부축해 주기로 한다. 그리고 그런 곳은 될 수 있는 대로 빨리 통과한다.[1] 방의 더럽혀진 공기 속에 가만히 있게 하지 않고 매일같이 들 한가운데로 데려가기로 한다. 그곳에서 뛰어놀게 해주자. 하루에 백 번 넘어져도 상관 없다. 그것은 매우 좋은 일이다. 그만큼 일어나는 것을 빨리 배우는 결과가 된다. 쾌적한 자유는 많은 상처를 고쳐 준다. 내 제자는 자주 다치겠지만 그래도 항상 쾌활할 것이다. 당신들의 제자는 그만큼은 다치지 않을지 모르겠으나 항상 의지를 꺾이고, 항상 속박당하고, 항상 슬픈 얼굴을 하고 있을 게다. 그런 제자가 더 나을까.

또 하나의 진보가 아이를 덜 울게 만든다. 힘이 붙는 것이다. 자기 혼자서 많은 일을 할 수 있게 되면 아이는 그때부터 타인의 원조를 구할 필요가 없게 된다. 힘과 함께 그것을 올바르게 사용하는 지식도 발달한다. 여기서부터 제2의 단계가, 정확히 말해서 개인의 생활이 시작된다. 이때부터 사람은 자기 자신을 의식하게 된다. 기억은 매 순간의 삶이 자신의 것임에 틀림없다는 감정을 갖게 한다. 그는 진정으로 한 인간이 되고 비로소 행복, 또는 불행을 느끼게 된다. 그래서 이제부터는 그를 정신적인 한 존재로 생각할 필요가 있다.

사람은 보통 인생의 기간을 될 수 있는 대로 길게 생각하려고 하며, 모든 시기에 있어서 그 기간의 한계점까지 살 수 있는 가능성이 있다고 생각하지만 각 개인의 인생의 길이만큼 부정확한 것은 없다. 그 긴 기간의 한계점까지 도달하는 사람은 매우 드물다. 인생의 가장 큰 위험은 초기에 온다. 태어난 지 얼마 되지 않을수록 위험은 크다. 태어난 아이들 중에 겨우 절반 정도가 청년기에 도달할 수 있다. 그러니 당신들의 제자도 성인이 되지 못할 수도 있다.

그런데 불확실한 미래를 위하여 현재를 희생시키는 잔혹한 교육을 어떻게 받아들이면 좋을까. 아이에게 갖은 속박을 가하여 아마도 먼 장래에 아이가 즐기지도 못할 의미 없는 행복이라는 것을 준비하기 위하여 우선은 아이를 비

---

[1] 어렸을 때 너무 오랫동안 끈에 의지하여 걸은 사람들의 걸음걸이만큼, 우습고 위태로운 것은 없다. 이것은 여러 가지 뜻에서 올바르기 때문에 흔해 빠진 일이 될 수 있는 한 가지 사실이다(원주).

참하게 만드는 그런 교육을…… 아무리 그런 교육이 목적과 도리에 부합되었다 할지라도 참기 어려운 속박을 받아 죄수처럼 끊임없이 고통스러운 공부에 시달리는, 그렇다고 그 노고가 언젠가 유익한 것이 된다는 보장도 없는 가엾은 아이를 보고 어찌 분개하지 않겠는가. 쾌활하게 보내야 할 시대는 눈물과 체벌과 위협과 속박 속에서 지나간다. 사람들은 아이들의 행복을 위한다면서 그들에게 고통을 준다. 사람들에게는 그들이 끌어들이는 죽음이, 이런 비참한 아이에게 덤벼들려는 죽음이 보이지 않는 것이다. 아버지나 교사의 부조리한 지식에 의해 희생물로 죽어간 아이가 얼마나 많은지 헤아릴 수 없다. 그들이 아이에게 준 고통에서 얻는 단 하나의 이익은 아이가 그들의 잔혹한 지혜에서 벗어나는 것이 행복하다고 생각하여 고통스러운 것밖에 모르고 살아온 인생을 아낌없이 버리고 죽는다는 것뿐이다.

인간이여, 인간적이 되라! 그것이 당신들의 첫 번째 의무이다. 모든 신분과 세대, 그리고 인간과 관련 있는 모든 것에 인간적이 되라. 인간애가 없는 곳에 당신들을 위한 무슨 지혜가 있겠는가. 아이를 사랑해야 한다. 아이의 장난을, 즐거움을, 그들의 귀여운 본능을, 호의를 갖고 지켜 봐라. 입가에는 항상 미소가 감돌고 언제나 평화로운 마음을 잃지 않는 그 시기를 때때로 그리워하지 않는 자가 있을까. 어째서 당신들은 저 천진한 아이들이 눈 깜짝할 사이에 지나가 버릴 짧은 시기를 즐기지 못하게 하고 그들이 낭비할 리 없는 귀중한 재산을 쓰지 못하게 하는가. 당신들에게는 또다시 돌아오지 않을 시대, 아이들에게도 두 번 다시 없을 시대, 곧 떠나 버릴 최초의 시대를 어째서 쓰고도 고통스러운 일로 가득 채우려 드는가. 아버지들이여, 죽음이 당신들의 아이들을 기다리고 있는 때를 당신들은 알고 있는가. 자연이 그들에게 준 짧은 기간을 앗아간 뒤에 애통해선 안 된다. 아이가 사는 즐거움을 느끼게 되면 될 수 있는 대로 인생을 즐기게 해줘야 한다. 언제 신에게 불리어 간다 해도 인생을 맛보지 못하고 죽는 일이 없도록 해야 한다.

의의를 내세우는 수많은 사람들의 소리가 들려온다. 저 헛된 지혜의 외침이 멀리서 들려온다. 우리를 끊임없이 우리 밖으로 내몰고, 항상 현재를 무(無)로 간주하며 나아갈수록 멀리 사라지는 미래를 쉴 새 없이 추구하여, 우리를 현재 있는 곳이 아닌 다른 곳으로 옮김으로써 결코 도달할 수 없는 곳으로 옮기는 저 헛된 지혜.

당신들은 나에게 대답할 것이다. "어린 시절은 인간의 나쁜 경향을 교정하는 시기이다. 이성의 시기에 고통을 적게 느낄 수 있도록, 고통에 둔감한 어린 시절에 고통을 많이 주어야 된다"라고. 하지만 그런 일이 모두 당신들 손으로 자유롭게 될 수 있다고 누가 보증하겠는가. 아이의 약한 정신을 괴롭히는 그 알량한 교육의 전부가 장차 유익한 것이 되지 않고 오히려 해로운 것이 되지 않는다고 누가 보증하겠는가. 당신들이 아이에게 마구 주는 슬픔 덕택에 이득을 본다는 보장을 누가 하겠는가. 현재의 고통이 장래에 도움이 된다는 보증도 없는데, 어째서 그런 일을 하는가. 또 당신들이 고쳐 준다는 나쁜 경향은 자연에서 생겼다기보다 오히려 당신들의 잘못된 염려 때문에 생긴 것이 아니라고 무엇으로 증명하겠는가. 화근이 되는 선견지명, 그것은 한 인간을 언젠가 행복하게 해줄 수 있다는 어림없는 희망 때문에, 실제로는 비참한 것으로 만들고 있는 것이다. 만약 이런 범속한 이론가가 방종과 자유를 혼동하고, 아이를 행복하게 해주는 일과 응석을 받아 주는 일을 혼동한다면 그것을 구별하는 방법을 가르쳐 주어야겠다.

하찮은 일을 뒤쫓아 다니지 않게 하기 위해서는 인간의 조건에 맞는 일을 잊게 해서는 안 된다. 인간은 만물의 질서 속에 그 지위를 차지하고 있다. 아이들은 인간 생활의 질서 속에 그 지위를 차지하고 있다. 그러므로 성인은 성인으로, 아이는 아이로 생각해야 한다. 각자에게 지위를 주어 그들을 그것에 자리잡게 하는 일, 인생의 각 시기에 따라 인간의 정념에 질서를 부여하는 일, 이것이 인간의 행복을 위해 우리가 할 수 있는 전부이다. 그 밖의 일은 외부에서 오는 원인에 의존돼 있으므로 우리 힘으로는 어떻게 할 수도 없다.

절대적인 행복과 불행을 우리는 모른다. 이 세상에서는 모든 것이 뒤섞인 상태에 있다. 순수한 감정이란 맛볼 수 없다. 사람은 똑같은 상태에 한순간밖에 머물러 있을 수 없다. 마음의 움직임은 육체가 변하는 것과 마찬가지로 끊임없는 흐름 속에 있다. 좋은 일, 나쁜 일들은 우리 모두에게 공통적으로 있는데, 다만 그 정도가 다를 뿐이다. 가장 행복한 사람이란 고통을 맛보는 일이 가장 적은 사람이다. 가장 불행한 사람이란 기쁨을 느끼는 일이 가장 적은 사람이다.

괴로움은 틀림없이 즐거움보다 많이 있다. 이것은 모든 사람에게 공통적으로 다르다. 따라서 이 세상에서 인간의 행복이란 소극적인 상태에 불과하다.

그것은 사람이 맛보는 괴로움의 최소량을 갖고 측정할 수밖에 없다.

고통의 감정에는 항상 그것으로부터 빠져나오려는 욕망이 뒤따른다. 기쁨의 관념에는 항상 그것을 즐기려는 욕망이 뒤따른다. 모든 욕망은 결핍을 전제로 한다. 그리고 결핍의 감정에는 반드시 괴로움이 뒤따른다. 그래서 우리의 욕망과 능력 사이에서 생기는 불균형 속에 우리의 불행이 깃들고 있다. 그 능력이 욕망과 대등한 상태에 있는 자는 완전히 행복하다고 할 수 있을 것이다.

그렇다면 인간의 지혜, 즉 진정한 행복의 길은 어디 있을까. 그것이 우리의 욕망을 줄이는 데 있다고 할 수는 없다. 욕망이 능력보다 작으면 능력의 일부분은 아무것도 할 일이 없어져서 우리는 우리의 존재를 완전한 상태에서 즐길 수 없다. 그리고 그것은 우리의 능력을 크게 하는 일도 아니다. 동시에 더 큰 비율로 욕망이 커지면 그것으로 인하여 우리는 불행하게 될 뿐이다. 오직 능력이 지탱할 수 없는 나머지 욕망을 없애고 힘과 의지를 완전히 같은 상태에 놓아야 한다는 것뿐이다. 이렇게 해야만 모든 힘은 활동 상태에 놓이고 마음은 안정을 얻어 사람은 비로소 조화 속에서 자신을 발견할 수 있다.

모든 것을 최선의 것으로 만든 자연은 처음에 인간을 이런 식으로 만들었던 것이다. 자연은 자기 보전에 직접적으로 필요한 욕망과 그것을 충족시키기에 충분한 능력만을 인간에게 주었다. 그 밖의 능력은 모두 인간의 마음속 깊은 곳에 간직해 두었다가 필요할 때만 그것을 발휘하도록 했다. 이런 본원적인 상태에서만 힘과 능력의 균형을 찾아볼 수 있고 인간은 불행해지지 않는다.

잠재적인 능력이 활동을 개시하면 모든 능력 속에서도 가장 활발한 상상력이 눈떠서 다른 것을 앞지르게 된다. 상상력이야말로 좋은 일이든 나쁜 일이든 일에 대한 능력의 한계점을 넓혀 주며, 욕망을 만족시킬 수 있다는 기대 때문에 욕망을 자극하고 크게 해주는 것이다. 그런데 처음에는 손에 닿을 듯 가까워 보였던 것이 도저히 따라갈 수 없는 속도로 도망가고 만다. 잡았다고 생각했는데 어느새 모양을 바꾸어 저 먼 곳에 나타난다. 이미 지나온 곳들은 눈에 차지 않아 우리는 그것에 대하여 아무런 값어치를 인정하지 않게 된다. 이제부터 찾아가려는 곳들은 끊임없이 많아지고 넓어진다. 이렇게 하다가 우리는 지친 나머지 목적지에 닿을 수 없게 된다. 또 즐거움을 맛보면 맛볼수록 행복은 우리에게서 멀리 떨어져 나간다.

그와 반대로 자연의 상태와 가까운 곳에 머무를수록 인간의 능력과 욕망의 차이는 줄어들어서, 그만큼 행복과 더 가까워진다. 인간은 자기에게 모든 것이 결여되어 있다고 느낄 때 가장 비참하다. 불행은 무엇을 갖지 못해서 오는 것이 아니라 그것을 느끼게 하는 욕망에 있는 것이다.

현실 세계에는 한계가 있다. 상상의 세계는 무한이다. 현실 세계를 크게 할 수는 없으니까 상상의 세계를 작게 하기로 하자. 우리를 진정으로 불행하게 하는 괴로움이라는 것은 모두가 이 두 세계의 크기 차이 때문에 생기는 것이다. 힘, 건강, 자기가 좋은 사람이라는 신념, 이것들을 빼고 나면 이 세상에서 좋다고 인식되어 있는 것 모두가 사람들의 억측에서 생겨난 것들이다. 육체의 고통과 양심의 고뇌를 제하고 나면 우리의 불행이란 모두가 상상에서 생겨난 것들이다. 이 원칙은 새삼스러운 것이 아니라고 누구나 말한다. 정말 그렇기는 하지만 그것을 실지로 적용시키는 일은 쉽지 않다. 그리고 지금 문제가 되는 것은 바로 그 실천이다.

인간이 약하다고 할 때 그것은 무엇을 뜻하는가. 약하다는 말은 하나의 관계, 즉 다시 말해서 그것이 적용되는 자가 맺는 어떤 관계를 말한다. 능력이 욕망을 넘어선다면, 곤충이나 벌레라 할지라도 강한 존재이다. 욕망이 능력을 넘어선다면, 코끼리나 사자라 할지라도, 또 정복자나 영웅, 제아무리 신이라 할지라도 약한 존재이다. 자기의 본성을 어긴 반역자의 천사는 자기의 본성에 따르며 평화롭게 사는 행복한 인간보다 약한 존재였다. 있는 그대로의 상태에 만족하고 있는 사람은 매우 강한 인간이다. 인간 이상의 것이 되려는 사람은 매우 약한 인간이 된다. 때문에 능력을 크게 한다고 해서 실력이 커진다고 생각해선 안 된다. 오만한 마음이 능력 이상으로 커지면 오히려 힘을 약하게 만드는 결과가 된다. 거미가 거미줄 한가운데 있듯이, 우리 힘이 미치는 세계의 넓이를 알고 그 한가운데에 머무르도록 하자. 그러면 우리는 항상 자신에게 만족하며, 자기가 약하다는 것을 한탄하지도 않을 것이다. 약함을 느끼지 못할 것이기 때문이다.

모든 동물들은 자기를 보존하는 데 가장 필요한 만큼의 능력을 갖고 있다. 인간만이 필요 이상의 능력을 갖고 있다. 이 필요 이상의 능력이 인간을 비참하게 만드는 도구가 되다니 매우 기묘한 일임에 틀림없다. 모든 나라에서 인간의 팔은 그 생활에 필요한 것보다 더 많은 것을 산출한다. 여분의 것은 갖지 않는다는 현명한 생각을 한다면 인간은 항상 필요한 것을 갖고 있다는 결과가 될 것이다. 절대로 여분의 것은 안 가질 테니 말이다.

파보리누스는 말했다.

"큰 욕망은 큰 재산에서 생긴다. 그러니 자신이 갖지 못한 것을 가질 수 있는 가장 좋은 방법은 갖고 있는 것을 버리는 것이다."

행복을 더 크게 하려고 항상 마음을 괴롭힘으로써 우리는 행복을 불행으로 바꿔 버린다. 오직 살기만을 원하는 사람은 누구나 행복하게 살 수 있을 것이다. 따라서 그 사람은 선량한 사람으로 살아갈 것이다. 악인이 되는 일이 그에게 무슨 이익을 주겠는가.

만약 우리가 죽지 않는 존재로 태어났다면 우리는 매우 비참한 존재가 됐을 것이다. 죽는 것은 과연 괴롭다. 그러나 이 세상에서 영원히 살지 않을 것이며 더 좋은 세계가 이 세상의 고통을 끝나게 해줄 것이라고 기대하는 일은 즐겁다. 지상에서 영원한 생명을 부여받았다 할지라도 누가[2] 그런 슬픈 선물을 받으려 하겠는가. 운명의 준엄성과 인간의 부정에 대하여 어떤 구원이, 어떤 희망이, 어떤 위안의 길이 우리에게 남겨지겠는가. 앞으로 다가올 일에 대하여 아무것도 생각하지 않는 무지한 인간은 전혀 인생의 가치를 모르며 인생을 버리는 일을 두려워하지 않는다. 총명한 인간은 더 큰 가치가 있는 것에 눈을 돌려 이 세상의 것을 버리고 그것을 손에 넣으려 한다. 설익은 지식과 헛된 지혜는 우리 시야를 죽음에까지 넓혀 주고 그것을 초월한 것은 보이지 않게 해서 죽음을 우리의 가장 큰 불행으로 간주하게 한다. 죽음이라는 필연성은 현명한 인간에게는 인생의 고통을 이겨내는 하나의 이유에 불과하다. 언젠가 죽으리라는 것이 확실하지 않다면 그것을 잃지 않으려고 노력하기란 무척 괴로운 일임에 틀림없을 것이다. 우리의 정신적 고통은 모두 억측에서 나온 것이다. 단 하나 죄악이라는 것은 달라서, 이것만은 우리 의지에 속한 문제가 된다. 육체의 고통을 극복하든지 또는 우리가 정복당하든지 한다. 때로는 죽음이 우리 병을 고치는 약이 된다. 그러나 우리가 괴로움을 이기지 못하면 더 괴로워해야 한다. 병을 이겨내는 고통보다도 병을 고치려고 애씀으로써 얻어지는 고통이 더 크다. 자연에 복종하며 살아라, 군세게 참아라, 그리고 의사들을 쫓아내야 한다. 당신은 죽음을 면할 수는 없을 것이다. 그러나 당신은 죽음을 단

---

[2] 여기서 내가 반성하는 사람에 대해 말하는 것이지, 모든 사람에 대해 말하는 것은 아니라는 것을 알 수 있을 것이다(원주).

한 번만 경험할 것이다. 그런데 의사들은 당신의 혼돈된 상상 속에서 매일같이 죽음을 불러일으키고, 그들의 돌팔이 기술은 당신의 생명을 연장시키지도 못하며, 그것을 즐기는 것을 방해한다. 이런 기술이 인간에게 얼마나 진실한 은혜를 주는가. 나는 되풀이해서 그렇게 묻고 싶다. 물론 그들이 고친 병자 중의 몇 사람은 그들 덕택에 죽음을 면했는지도 모른다. 그러나 수백만의 사람들은 그들이 손을 대지 않았으면 살았을 것이다. 분별 있는 사람들이여! 이런 데다 내기를 걸어선 안 된다. 속는 일이 너무 많다. 차라리 괴로워하는 편이 낫다. 죽든지 낫든지 할 테니까. 그러나 무엇보다도 마지막 순간까지 살아야 한다.

인간이 만들어 내는 것은 모두 졸렬하고 모순투성이이다. 우리는 생명이 그 가치를 잃어 가게 되자, 더욱 그것을 염려하게 되었다.

노인은 청년 이상으로 생명을 아낀다. 그들은 인생을 즐기려고 준비해 놓은 것을 잃기 싫은 것이다. 60세가 되어도 아직 충분히 살았다고 여겨지지 않는데 죽는다니 참 괴로운 일이다. 인간은 자기 보존에 강한 집착을 갖는다고 한다. 그건 사실이다. 그러나 우리가 느끼고 있는 이 집착은 대부분 인간이 만들어 낸 것이지만 사람들은 그것을 잘 모른다. 원래 인간은 자기의 몸을 지키는 방법이 있는 동안만 몸을 지키려고 애쓴다. 그런 방법이 없어지면 인간은 침착해지며 공연히 몸을 괴롭히는 일 따위는 하지 않고 죽어간다. 체념이라는 첫 번째 법칙은 자연으로부터 우리에게 주어진 것이다. 미개인은 동물처럼 죽음에 대하여 그다지 저항하지도 않고 거의 고통을 호소하는 일 없이 죽음을 받아들인다. 이 법칙이 지켜지지 않으면 이성에 의하여 다른 법칙이 만들어진다. 그러나 이성으로부터 이 법칙을 끌어낼 수 있는 사람은 드물다. 그리고 이러한 인위적인 체념은 자연으로부터 받은 것과 비교해 볼 때 결코 완전한 것이 되지 못한다.

끊임없이 우리를 우리 밖으로 끌어내어 우리가 도달할 수 없는 곳으로 데려가는 선견지명, 이것이야말로 모든 불행의 근원이다. 인간과 같이 덧없는 존재가 좀처럼 오지 않는 먼 미래에 항상 눈을 팔아 확실하게 존재하는 현재를 무시하다니, 이 무슨 망상인가. 이렇게 해서 노인은 항상 의심을 품고, 앞을 바라보고 물건을 아끼며 백 년 뒤를 위해 현재 필요한 것이 없어도 참으며 사는 편이 낫다고 생각한다. 이런 식으로 우리는 모든 것을 생각하고 모든 것에 매달린다. 때와 장소와 인간과 사물, 지금 있는 모든 것, 이제부터 있을 모든 것이 우리 한 사람 한 사람에게 필요하게 된다. 우리 개인은 우리 자신의 극히 일부분에 지나지 않는다. 말하자면 모든 사람들이 지구 전체에 퍼져서 그 넓은 표면 전체에 대하여 관심을 갖는 셈이 된다. 우리가 고통을 받는 일의 원인이 늘어나서 모든 면으로 퍼져 버려 어느 한 곳을 찔러서 상처를 입는다 해도 놀랄 것은 없다. 자기가 한 번도 보지도 못한 나라를 잃었다 해서 한탄하는 군주가 얼마나 많은지, 인도에서 일어난 별것 아닌 일로 파리에서 우는 소리를 하는 상인이 얼마나 많은지.[3]

인간을 그런 식으로 하여 그들 자신으로부터 멀리 떨어진 곳으로 데려가는 것이 자연일까. 모든 사람들이 타인을 통하여 자기의 운명을 알게 되거나 자기 스스로 알게 되고, 어떤 자는 무엇인지 전혀 모르면서 혹은 행복하게 혹은 비참하게 죽어가는 것이 모두 자연의 탓일까. 발랄하고 쾌활하고 튼튼하고 원기 왕성한 사람이 있다. 그런 모습을 보면 기쁘다. 그 눈동자는 만족감과 행복감에 가득 차 있다. 그는 행복의 자태, 바로 그것이다. 그곳에 우편물이 도착한다. 행복한 사람은 편지를 본다. 그에게 온 편지이다. 봉투를 뜯고 그것을 읽는다. 당장에 안색이 변한다. 새파래진다. 그는 기절하며 쓰러진다. 의식을 회복하자 눈물을 흘리며 울부짖는다. 깊은 한숨을 짓고 머리칼을 쥐어뜯는다. 큰 소리를 질러서 주위의 공기를 진동시킨다. 심한 경련을 일으킨 모양이다. 어리석은 사람아, 그 종잇조각이 당신에게 무슨 고통을 주었길래 그러는가. 손발이 부러지기라도 했단 말인가. 어떤 죄라도 저지르게 했단 말인가. 어쨌든 지금과 같은 상태로 당신을 몰아넣게 된 것은, 당신 자신의 그 무엇을 그 종잇조각이 바꿔 놓았기 때문일 게다.

편지가 어디론가 사라졌다면, 어느 인정 많은 사람이 그것을 불살라 버렸다면 그 사람의 운명은 행복할까, 불행할까. 그것은 묘한 문제가 됐으리라. 그의 불행은 이전부터 존재했다고 당신들은 말하겠지. 그러나 그는 그것을 느끼지 않았던 것이다. 그렇다면 어떤 상태에 있었는가. 그의 행복은 가상적인 것이었다. 그렇겠지. 건강, 쾌활한 기분, 쾌적한 생활, 만족감, 이런 것들은 이미 환상에 지나지 않는다. 우리는 우리가 있는 곳에 이미 존재하지 않고 우리가 없는

---

*3 '소유를 확대해 갈수록, 마침내 우리는 운명의 타격을 받게 된다. 우리 욕망의 장소는 포위되고, 가장 가까운 안락이라는 좁은 한계에 갇혀 있어야 한다.'(몽테뉴 《수상록》 제3권 제10장).

90 에밀

곳에만 존재한다. 그곳에 우리가 살아 있다면 그다지도 죽음을 두려워할 필요가 있을까.*4

아아, 인간이여. 당신의 존재를 당신의 내부에 가둬 두어라. 그렇게 하면 당신은 불행하지 않을 것이다. 자연이 만물을 묶는 사슬 속에서 당신에게 준 지위에 머물러라. 아무것도 당신을 그곳에서 빠져나가게 하지 않을 것이다. 필연이 주는 엄한 법칙에 반항해선 안 된다. 자연에 거역하여 하늘에서 내린 힘을 탕진해선 안 된다. 하늘은 그 힘을 당신의 존재를 확대하는 데 쓰라고 준 것이 아니고, 다만 하늘이 원하는 대로, 또 원하는 한도 내에서 당신의 존재를 유지시키라고 준 것이다. 당신의 자유, 당신의 능력은 자연이 당신에게 준 힘 안에서 발휘되는 것이지 그 이상으로 되는 것은 아니다. 그 외의 것은 모두 속박, 환상, 겉보기에 불과하다. 사람들을 지배한다는 것조차도 그것이 억측에서 기인됐다면 비굴한 일이다. 당신이 편견에 의하여 지배하는 사람들의 편견에 당신이 의존한다는 결과가 되기 때문이다. 당신이 좋을 대로 사람들을 인도하려면 사람들이 좋을 대로 당신을 이끌어야 한다. 사람들이 생각을 바꾸기만 해도 당신은 필연적으로 행동하는 방법을 바꿔야 한다. 당신에게 접근하는 사람들은, 당신이 지배하고 있다고 생각하는 사람들의 의견을 지배하는 법을 터득하고 있기만 하면 된다. 혹은 무조건 받아들일 수 있을 만큼 당신의 기분에 맞는 의견, 당신의 가족들의 의견, 또는 당신의 의견을 바꾸는 방법을 터득하면 된다. 대신, 신하, 승려, 병사, 하인, 광대, 그리고 아이들까지도 당신이 테미스토클레스와 같은 천재라 할지라도*5 군대에 둘러싸인 당신 자신을 어린이처럼 끌고 다닐 수가 있는 것이다. 아무리 애를 써도 당신의 현실의 권력은 당신의 현실 능력 이상으로 주어지지는 않는다. 타인의 눈으로 봐야 한다면, 타인

---

*4 '대부분의 사람은 자연의 짓궂음을 비난한다. 그들은 말한다. 우리는 매우 짧은 동안밖에 못 살게 태어났다고. 그러나 사실은 우리에게 주어진 시간은 짧지 않고 우리가 그것을 완전히 헛되게 사용하는 것이다. 사람은 다 생명을 심연(深淵) 속에 집어던지고 미래의 욕구와 현재의 혐오에 괴로워한다.'(세네카 《인생이 짧다는 데 대해》).

*5 테미스토클레스는 친구에게 이런 말을 했다. '그곳에 있는 작은 남자아이는 그리스의 지배자다. 왜냐하면 이 아이는 그의 어머니를 지배하고, 그의 어머니는 나를 지배하고, 나는 아테네인을 지배하고, 아테네인은 그리스인을 지배하고 있기 때문이다.' 군주로부터 차례차례 밟아 내려가, 사람이 모르는 곳에서 최초의 일격을 가하고 있는 자에 이르게 되면, 가장 강대한 제국에서 얼마나 인색한 지도자를 자주 발견하게 되는지 모른다(원주). (플루타르코스, 《왕들과 장군들에 대한 유명한 이야기》 40.)

의 의지로 구해야 한다. 국민은 모두 나의 신하이다, 라고 당신은 자랑스럽게 말한다. 좋겠지. 하지만 당신은 무엇인가. 당신의 대신들의 하인이다. 그리고 당신의 대신들은 그들 자신의 무엇이냐. 그들 부하의, 그들 정부의 하인이다. 그들의 하인의 하인이다. 모든 것을 갈취한 뒤에 돈을 뿌리는 것이 좋겠다. 포진을 치고, 형틀과 교수대를 세우는 게 좋겠다. 법률을 선포하고, 명령을 내리고, 스파이나 군인이나 사형집행인의 수를 늘리고, 감옥을 늘리고, 쇠사슬을 만들게 하면 어떨까. 보잘것없는 불쌍한 자들이여, 그런 것들이 무슨 소용이 있단 말인가. 그런 것들 때문에 당신들의 신하가 더 충실해지고 돈을 덜 도둑맞고, 덜 속고, 보다 절대적인 군주가 되는 것도 아니지 않은가. 나는 원한다, 라고 당신들은 끊임없이 부르짖겠지. 그런데 당신들은 항상 사람들이 원하는 것을 행하는 자에 지나지 않는다.

자기 의지대로 행할 수 있는 사람이란 무엇을 행하는 데 있어서 자신의 힘에다 타인의 힘을 보탤 필요가 없는 사람을 말한다. 그래서 모든 좋은 것 중에서 가장 좋은 것은 권력이 아니라 자유라는 결론이 나온다. 진정으로 자유로운 인간은 자기가 할 수 있는 것만을 원하고 자기 마음에 드는 일만 한다. 이것이 나의 근본적인 준칙이다. 다만 이것을 아이에게 적용시키는 일이 문제일 뿐, 교육의 규칙은 모두가 거기에서 나온 것이다.

사회는 인간을 더욱 무력한 존재로 만들었다. 사회는 자기 힘에 대한 인간의 권리를 앗아갈 뿐만 아니라, 무엇보다도 그 힘을 불충분한 것으로 만들어 버리기 때문이다. 인간의 욕망은 그 인간이 약할수록 더 커지며, 어른에 비해서 아이들이 약하다는 것도 여기에 기인한다. 어른이 강한 존재이고 아이가 약한 존재인 것은, 어른이 아이보다 절대적인 힘을 더 많이 갖고 있기 때문이 아니라, 어른은 자기 스스로의 힘으로 일처리를 할 수 있는데 아이는 그렇지 못하기 때문이다. 그래서 어른에게는 더 많은 의지가 있고 아이에게는 더 많은 변덕이 있는 것이다. 변덕이란 단어를 내가 풀이한다면, 절실하게 필요하지 않은 모든 욕망, 타인의 협조 없이는 채워지지 않는 욕망을 뜻한다고 해석하겠다.

이러한 취약 상태의 이유는 이미 진술했다. 자연은 부모의 애정으로 그들의 약한 점을 보충하도록 했다. 그러나 그 애정에는 과잉과 결함과 남용이 있을 수 있다. 사회에서 살고 있는 부모는 아이가 아직 그 시기에 도달하고 있지 않은데도 불구하고 그런 상태로 옮기려 든다. 부모는 아이가 필요로 하는 것보다 더 많은 욕망을 줌으로 해서 아이의 약함을 경감시키기는커녕 오히려 더 조장한다. 그들은 자연이 원하고 있지도 않은 것을 아이에게서 구하고, 아이가 자기의 의지를 행사하는 데 사용해야 할 조금밖에 없는 힘을 그들의 의지에 따르도록 하며, 아이의 약함과 그들의 애정이 빚어낸 어쩔 수 없는 상호적 의존 상태를 어느 쪽에서 보아도 예속 상태로밖에 여겨지지 않도록 바꾸어 놓음으로써 아이의 취약점을 더욱 조장하고 있다.

현명한 어른은 자기 자리에 머물러 있을 수 있다. 하지만 아이는 자기 자리를 모르기 때문에 그곳에 머물러 있을 수 없다. 아이는 자기 자리에서 빠져나갈 수많은 출구를 어른들 속에서 찾아낸다. 그래서 아이를 그 자리에 머무르게 하는 일이 아이를 감독하는 사람의 임무인데 이것은 쉬운 일이 아니다. 아이는 짐승이 되어도 안 될 것이고, 성장한 인간이 되어도 안 될 것이다. 어디까지나 아이라야 한다. 아이는 자기가 약하다는 것을 깨달아야 하지만, 그것을 괴로워해선 안 된다. 타인에게 의존해야 하지만 복종해선 안 된다. 요구할 수는 있지만 명령해선 안 된다. 아이가 다른 사람들의 감독을 받고 있는 것은, 그가 가지가지의 필요성을 지니고 있기 때문이다. 그리고 아이에게 유용한 것, 그의 몸을 보존하는 데 유익한 것 또는 해로운 것 등을 다른 사람들이 더 잘 알고 있기 때문이다. 아무에게도, 비단 아버지라 할지라도 백해무익한 것을 아이에게 명령할 권리는 없다.

인간의 편견과 교육이 우리의 타고난 성향을 변질시키지 않는 동안은 아이의 행복도, 어른의 행복도 그 자유를 행사하는 데 있다. 그러나 아이는 약하기 때문에 이 자유를 제한받는다. 자기 스스로가 자기 일을 할 수 있어서 그 원하는 바를 행하는 사람은 누구나 행복하다. 자연 속에서 살고 있는 어른인 경우가 그렇다. 그 욕망이 힘의 한도를 넘고 있는데도 불구하고 원하는 것을 행하는 자는 모두 행복하지 못하다. 그것이 역시 자연 속에 있는 아이인 경우에 한해서이다. 자연 속에서도 불완전한 자유밖에 누리지 못한다. 그것은 사회 속에서 어른이 행사하는 자유와 똑같은 것이다. 현대에 이르러서는 우리 모두가 타인 없이 살 수 없게 되었다. 이 점에 있어서는 우린 또다시 무력하고 비참한 인간이 돼 버렸다. 우리는 어른이 되도록 태어났다. 그런데 법률과 사회가 우리를 또다시 아이의 상태 속으로 던져 버렸다. 부자도 귀족도 왕족도 모두 아이다. 그들은 그들의 비참한 상태를 사람들이 열심히 위로해 주는 것을 기회로, 어리광스러운 허영심을 품게 되고 사람들이 여러 가지로 돌봐 준다 해서 아주 득의만면해지는데, 그들이 진정한 어른이라면 사람들이 그렇게까지 그들을 돌봐 주지는 않을 것이다.

이러한 고찰은 중요한 것이어서 사회 제도의 여러 가지 모순점을 해명하는 데 도움이 된다. 의존 상태에는 두 가지 종류가 있다. 하나는 사물에의 의존이다. 이것은 자연에 기인되어 있다. 또 하나는 인간에의 의존이다. 이것은 사회에 기인되어 있다. 사물에의 의존은 하등의 도덕성을 지니고 있지 않아서 자유를 방해하지 않고 악을 낳는 일은 없다.

인간에의 의존은 무질서한 것이어서*⁶ 모든 악을 탄생시켜 지배자와 노예가 서로 상대방을 타락하게 만든다. 사회 속에서 일어나는 이런 악에 대하여 저항하는 어떤 방법이 만약 있다고 한다면, 그것은 바로 인간 대신의 자리에 법을 놓고 일반 의지에다 현실적인 힘을 부여하여 그것을 개별 의지로 행하는 모든 행위 위에 놓는 일일 것이다. 모든 국민의 법률이 자연의 법칙과 같이 여하한 인간의 힘으로도 굴복시킬 수 없는 불굴의 힘을 가질 수 있다면 그런 경우엔 인간에의 의존이 사물에의 의존으로 바뀔 수 있을 것이다. 국가에서 자연 상태에 있는 모든 이익이 사회 상태의 이익과 연결된다는 결과가 된다. 인간이 악에서부터 빠져나오게끔 해주는 자유와, 인간이 미덕을 찾아 올라가게끔 해주는 도덕성을 연결시키는 결과가 된다.

아이를 오직 사물에의 의존 상태에 머무르도록 해야 한다. 그렇게 하면 교육의 진행 과정이 자연의 질서를 뒤따르는 결과가 된다. 아이의 분별없는 의지에 대해선 물리적 장해만을 주는 것이 좋다. 혹은 행동 그 자체에서 생기는 벌만을 주는 것이 좋다. 그렇게 하면 기회가 있을 때마다 그것을 상기할 것이다. 나쁜 일을 하려는 것을 막거나 하지 말고 그것을 방해하기만 하면 된다. 경험, 혹은 무력하다는 것, 이것만이 규칙을 대신해야 한다.

갖고 싶어한다고 무엇이든 주어선 안 된다. 필요한 때만 줘야 한다. 아이는 행동할 때 복종한다는 것이 어떤 것인지 알아선 안 된다. 아이를 위하여 무슨 일을 해줄 때 아이가 지배한다는 것이 어떤 것인지 알아선 안 된다. 아이는 자

---

*6 나의 《국가 기본법의 원리》(사회계약론) 안에 어떤 개별 의지라도 사회 조직에 질서를 제공할 수 없다는 것이 증명되고 있다(원주). (제2편 제3장 및 제4편 제1장 참조).

기의 행동에 있어서도, 당신의 행동에 있어서도 똑같이 자유를 느껴야 한다. 명령하기 위해서가 아니고 자유로워지기 위해서 필요한 만큼의 힘, 그것이 모자랄 때엔 보충해 줘야 한다. 당신들의 협조로 말하자면, 겸허한 태도로 받아들여서 그런 협조가 없어도 할 수 있는 때를, 자기 스스로 가질 수 있는 때를 갈망하도록 해야 한다.

자연은 신체를 강하게 하고 성장시키기 위하여 여러 가지 방법을 쓰는데, 그것에 역행하는 짓을 해선 절대로 안 된다. 아이가 밖으로 나가고 싶다는데 집에 있으라고 강요하거나, 가만히 있고 싶다는데 밖으로 내몰아서는 안 된다. 아이의 의지가 우리 과실로 인해서 손상되지 않는다면 아이는 무슨 일에건 당치 않은 것을 원하지 않는다. 아이는 마음대로 뛰고 달리고 큰 소리를 질러야 한다. 그들이 하는 모든 운동은 강해지려는 신체의 구조가 그것을 필요로 하기 때문에 그러는 것이다. 그러나 아이 스스로가 할 수 없는 일, 다른 사람들이 아이를 위해 해줘야 할 일을 원할 때는 경계해야 한다. 그런 경우엔 참으로 필요한 것인지, 자연이 필요로 하는 것인지, 새로 나타나기 시작한 변덕 때문에 일어난 욕망인지, 혹은 앞서 말한 바와 같이 넘치는 생명력에서 생기는 욕망인지를 조심스럽게 분별해야 한다.

아이가 이것저것 달라고 울 때 어떻게 하면 되느냐 하는 것은 이미 이야기했다. 다만 덧붙이고 싶은 것은, 아이가 말로 필요한 것을 요구할 수 있게 됐을 때 그것을 빨리 손에 넣기 위하여, 또는 거절을 당했는데도 끈질기게 울음 섞인 말투로 요구하게 되면, 아이의 부탁을 딱 잘라서 거절해야 한다는 일이다. 만약 필요의 절실성이 아이로 하여금 말을 시킨다면 그 필요성이 무엇인지 알아내야 한다. 그리고 당장에 원하는 것을 해줘야 한다. 그러나 울음에 못 이겨 무엇인가를 주게 되면 아이에게 또 다른 눈물을 흘리게 하는 결과가 되며, 당신들의 선의에 대하여 의심을 품게 되어 호의에서라기보다 귀찮아서 말을 들어 준다고 생각하게 된다. 당신들이 친절하지 않다고 느끼게 되면 아이는 마침내 성질이 나빠진다. 당신들이 약하다고 여겨지면 아이는 마침내 끈덕지게 군다. 거절하기 싫은 것은 항상 처음부터 줘야 한다. 덮어놓고 거절해선 안 된다. 그러나 일단 거절했으면 절대로 그것을 취소해선 안 된다.

특히 아이에게 지나치게 정중한 말을 쓰거나 가르치지 않도록 주의해야 한다. 그것은 마음만 먹으면 주위의 모든 사람들을 자기 의사대로 따르게 하고 원하는 것을 곧바로 가질 수 있는 마법의 주문으로 쓰일 가능성이 있다. 부잣집에서 가르치는 거드름 피우는 교육을 받은 아이는 반드시 정중한 말씨로 명령하게 되고 아무도 거절할 수 없는 말씨를 쓰게끔 훈련받는다. 부잣집 아이는 애원하는 어조나 말씨를 알지 못한다. 그들은 무엇을 명령할 때 쓰는 어조로, 또는 더욱 오만한 어조로 무엇을 부탁한다. 그렇게 해야 사람들이 틀림없이 들어 준다고 생각한다. 당장에 알 수 있는 일이지만 그들 입에서 나오는 '제발'이라는 말은 '어쨌든'이라는 의미이고, '부탁합니다'는 '명령합니다'라는 뜻이 된다. 굉장한 예절, 그것은 그들에게 말의 뜻을 바꾸는 뜻에 지나지 않으며, 명령적인 어조로밖에 이야기할 수 없다는 뜻에 불과하다. 나로서는 에밀이 오만하게 되느니 차라리 거칠게 되는 편이 낫다고 생각하기 때문에 '부탁합니다'라고 말하며 명령하는 것보다, '이렇게 하시오'라고 말하며 부탁하는 편이 훨씬 더 좋다고 생각한다. 내가 중요하게 여기는 점은 그들이 쓰는 말이 아니고, 그 말이 지닌 뜻이다.

지나치게 엄하게 하는 일도 있으나 지나치게 상냥하게 하는 수도 있다. 어느 쪽이건 피해야 한다. 아이가 괴로워하는데도 그냥 내버려 두면 건강과 생명을 위험에 처하게 하는 결과가 된다. 아이를 현실적으로 불행하게 만드는 결과가 된다. 지나친 조심 끝에 불쾌한 것은 무엇이든지 피하도록 하면 장차 커다란 불행을 초래하는 결과가 된다. 아이는 약해지고, 감수성이 강하게 된다. 언젠가는 돌아가야 할 인간의 상태 밖으로 내모는 결과가 된다. 자연에서 오는 어떤 불행을 면하게 하려다가 자연이 준 것이 아닌 불행을 만들어 준 셈이 된다. 당신들은 이렇게 말하겠지. 결코 안 올지도 모르는 먼 장래의 일을 위하여 아이의 행복을 희생시키고 있다고. 내가 비난한 아버지들과 똑같은 상태에 내가 빠져 있다고.

그럴 리 없다. 내가 학생에게 베푸는 자유가 학생을 괴롭히고 있는 조그마한 고통을 충분히 보상하기 때문이다. 나는 개구쟁이 아이들이 눈 위에서 놀고 있는 것을 바라본다. 피부는 자주빛이 되고 손은 꽁꽁 얼어서 움직여지지도 않는다. 불에 쬐려고 하기만 한다면 당장에 갈 수도 있는데, 그러려고도 않는다. 그것을 아이에게 강요한다면, 추위가 심하다는 것을 느끼는 쪽보다 백배나 더 심하게 속박을 느낄 것이다. 그러니 당신들은 도대체 무엇이 불만인가. 아이가 자진해서 참으려는 고통을 주고 있을 뿐인 내가 아이를 불행하게 만들고 있단 말인가. 아이를 자유롭게 내버려 둠으로써 현재 나는 아이를 행복하게 해주고 있다. 아이가 참고 견뎌야 할 고통에 대비하여 그를 강하게 함으로써 나는 장래의 행복을 준비하고 있는 것이다. 아이가 나의 학생이 될 것이냐, 당신의 학생이 될 것이냐 하는 선택을 할 때 조금이라도 주저하는 빛이 나타나리라고 당신들은 생각하는가.

인간의 본질에서 벗어난 곳에 진정한 행복이 있다고 생각할 수 있을까. 인류에게 붙어 다니는 모든 고통을 인간에게 면하게 하려는 것은 인간의 본질에서 벗어나는 일이 아닐까. 바로 그렇다고 나는 생각한다. 큰 행복을 알려면 작은 고통을 경험해야 한다. 그것이 인간의 본성이다. 몸의 상태가 지나치게 좋으면 정신적인 것이 부패한다. 고통을 맛보는 일이 없는 인간은 인간애에서 우러나는 감정도, 경쾌한 동정의 기쁨도 알지 못하겠지. 이러한 인간의 마음은 아무것에도 감동을 받지 못하며 대인관계도 어려워져서 동료들 사이에서 인간미없는 사람 취급을 당하겠지.

아이를 불행하게 만드는 가장 틀림없는 방법이 무엇인지 당신들은 알고 있는가. 그것은 언제든지 무엇이건 가질 수 있도록 해주는 일이다. 언제든지 소원을 이룰 수 있기 때문에 아이의 욕망이 끊임없이 커져서 조만간 당신들이 무력해졌을 때 거절하지 않을 수 없게 된다. 그런데 그런 거절에 익숙하지 못한 아이는 갖고 싶은 것이 손에 들어오지 않는 일보다 거절당한 일을 더 괴롭게 생각한다. 그는 우선 당신들이 갖고 있는 스틱을 달라고 한다. 다음엔 시계를 달라고 한다. 이번엔 날아가는 새를 달라고 한다. 반짝이는 별이 갖고 싶다고 한다. 보이는 것은 무엇이든지 달라고 한다. 신이 아닌 이상 어떻게 그런 아이를 만족시켜 줄 수가 있겠는가.

자기 힘으로 어떻게든 할 수 있는 것은 모두 자기 것이라고 생각하는 것은 인간이 지닌 자연의 경향이다. 이 뜻에서 볼 때 홉스의 원칙은 어느 정도 진실이다. 우리의 욕망과 함께 그것을 만족시키는 수단도 크면 클수록 모든 사람은 갖가지 것을 지배하는 자가 될 것이다. 그래서 원하기만 하면 무엇이든지 가질 수 있는 아이는 자기를 우주의 소유자라고 생각하게 된다. 그는 모든 인간을 자기의 노예라고 생각한다. 그리고 마침내, 상대방이 무엇인가를 거절하기에 이르면 명령만 내려도 무엇이든지 된다고 믿었던 그는 그 거절을 반역 행위로 간주한다. 도리를 깨달을 수 없는 연령에 있는 아이에게 타이르는 모든 이유는 아이가 생각할 때 구실에 지나지 않는다. 그는 모든 사람에게서 악의를 느낀다. 이것은 부정이다, 라는 생각이 그의 천성을 비뚤어지게 만든다. 그는 모든 사람에게 증오를 느끼며, 아무리 마음을 돌리려고 애써도 받아들이지 않고 모든 반대에 대하여 화를 낸다.

이런 식으로 노여움에 가득 차 있고 더할 나위 없는 격심한 정념에 시달리는 아이가 행복하다고 감히 생각할 수 있을까. 그런 아이가 행복하다니 당치도 않은 소리이다. 그것은 전제 군주이다. 그 누구보다도 비천한 노예이며 그 누구보다도 비참한 인간이다. 나는 그런 식으로 키워진 아이들을 본 일이 있는데, 그것은 어깨로 한 번 밀어서 집을 쓰러뜨리라고 한다든지, 교회의 탑 꼭대기에 있는 새 모양의 풍향계를 달라고 한다든지, 행진하고 있는 군대를 세워서 북소리를 더 듣게 해달라든지, 당장에 말을 들어 주지 않으면 외마디 소리를 지르며 누구의 말에도 귀를 기울이지 않는 상태였다. 모두가 열심히 비위를 맞추어 줘도 소용이 없어서 무엇이든지 즉석에서 가지려고 하니 욕망만 점점 더 커질 뿐, 불가능한 것을 내세우다가 결국은 어느 쪽을 보아도 반대와 장애와 고민거리를 발견하게 될 뿐이었다. 끊임없이 고함지르고, 화를 내고, 날뛰고, 울고, 불평을 늘어놓으며 나날을 보내고 있었다. 이런 아이들이 은총을 받은 인간이라고 할 수 있을까. 약함과 지배욕이 결탁하면 광기와 불행을 낳을 뿐이다. 애지중지 키워진 두 아이 중 하나는 책상을 두드리고, 또 하나는 바닷물을 채찍으로 치게 한다. 아무리 치고 두드리고 한들, 그들은 만족을 느끼며 살지 못한다.

그런 지배와 압제의 관념이 아이 때부터 그들을 불행하게 한다면, 그들이 커서 타인과의 교섭을 넓히고 빈번해졌을 때 도대체 어떻게 될까. 모든 사람이 자기 앞에서 머리를 굽히는 것을 늘 봐 온 그들이 세상에 나가게 되면 모든 사람에게 저항을 느낄 것이고, 자기가 마음대로 움직여 보려면 우주의 중량에 짓눌린 자신을 볼 때 그 얼마나 놀라겠는가.

그들의 건방진 태도, 치기 어린 허영심은 모욕과 경멸과 조소를 초래할 뿐이다. 그들은 물을 마시듯 욕을 먹게 된다. 괴로운 시련은 마침내 그들에게 자기들의 힘과 지위가 보잘것없다는 것을 가르쳐 주게 된다. 무엇 하나 할 수 없는 그들은 이젠 아무것도 못한다, 라고 생각하기에 이른다. 지금까지 모르고 지내온 여러 장애가 그들을 실망시키고, 많은 사람들의 경멸이 그들을 비굴하게 만든다. 그들은 비겁자, 저열한 자가 돼 버리고, 지금껏 부당하게 받들어올려진 만큼, 이번엔 필요 이하로 낮은 구덩이 속으로 내던져진다.

원래의 규칙으로 돌아가기로 하자. 자연은 아이들을 사람들로부터 사랑을 받고 도움을 받는 자로 만들었다. 그런데 자연은 그들을 복종해야 하고 겁을 먹어야 하는 자로 만들었던가. 자연은 그들에게 엄숙한 풍채와 사나운 눈길과 거칠고 사람을 위협하는 듯한 목소리를 주어 사람들이 두려워하는 자로 만들었던가. 사자의 포효가 동물들을 겁먹게 하고, 사자의 무서운 갈기를 보고 동물들이 부들부들 떤다는 것을 나도 안다. 그러나 세상에서 두 번 보기 어려울 만큼 웃기는 광경이 있다면, 그것은 장관을 선두로 한 예복 차림의 일단의 관리들이 배내옷에 감싸인 갓난아기 앞에 엎드려, 대답도 못하고 그저 침을 흘리며 크게 울고 있는 아기에게 과장된 말을 늘어놓고 있는 광경일 것이다.

아이들 그 자체를 생각해 볼 때 이 세상에서 아이들만큼 약하고, 비참하고, 아무라도 마음대로 할 수 있는 존재도 없을 것이다. 아이들만큼 동정과 간호와 보호를 필요로 하는 존재도 없을 것이다. 아이들이 연약하고, 사람의 마음을 움직이게 하는 모습을 하고 있는 것은, 그들에게 접근하는 모든 사람에게 그들의 연약한 점에 관심을 갖게 만들어 당장에 그들을 도와줘야겠다는 마음을 일으키게 하기 위해서가 아닐까.

그러니 으스대며 사납게 주위에 있는 모든 사람들에게 명령하고 사람들이 자기를 위해서 까딱도 안 하게 되면 꼼짝없이 파멸하고야 말, 이 건방진 주인 행세를 하는 아이를 보는 것 이상으로 화가 나고 자연의 질서에 위배되는 광경이 또 어디 있을까.

한편 유년 시대의 아이는 무력하기 때문에 여러 가지 형태로 속박을 받게 되는데, 그런 예속 상태 위에다 우리의 변덕까지 덧붙여서 아이가 남용할 수 없는 자유, 뺏어 봐야 아이에게나 우리에게나 아무런 소용이 없는 자유를 앗아 버리는 것이 대단히 잔혹한 일임을, 그것을 모르는 사람은 어디 있을까. 거만한 아이처럼 웃기는 것도 없지만 망설이는 아이처럼 가여운 것도 없다. 이성의 시기에 도달하면 그렇지 않아도 사회로부터 받는 속박이 시작되는데, 어째서 그 이전에 개인적인 속박을 가할 필요가 있단 말인가. 자연이 우리에게 주지 않는 속박을, 적어도 생애의 어떤 기간 동안만이라도 면하게 해주는 것이 좋지 않을까. 그리하여 자연이 주는 자유를 아이에게 만끽시켜 보게 함이 어떨는지. 그것은 노예 상태에 놓여 있는 사람이 몸에 지니게 될 여러 가지 부덕에서 아이를 잠시 동안이나마 멀리해 주는 셈이 된다. 엄한 교육자, 혹은 아이가 하자는 대로 하는 아버지라면 모두 그 어리석은 반론을 갖고 쳐들어 와 보라. 그리고 그들의 방법을 자랑하기 이전에 한 번쯤은 자연의 방법을 배워 보는 게 어떨는지.

실제적인 일로 돌아가자. 아이가 원하는 것을 줘서는 안 된다는 것, 절실히 필요하니까 줘야 한다는 것,*7 복종하는 형태가 아니고 다만 필연에 의해서 무엇인가 해야 한다는 것은 이미 이야기한 바 있다. 그래서 복종한다든가 명령한다는 말은 아이들의 어휘에서 제거된다고 할 수 있다. 의무라든가 의리라는 말은 더욱 그렇다. 반대로 힘·필연·무력·구속 등의 낱말은 아이들의 어휘에서 중요한 지위를 차지해야 한다. 이성의 시기가 올 때까지는 도덕적 존재나 사회 관계의 관념을 결코 갖지 못한다. 때문에 그런 관념을 표현하는 말을 사용하는 일을 될 수 있는 대로 삼가야 한다. 아이가 시초에 그런 말에다 그르친 관념을 연결시켜 버리게 되면 절대로 제지시킬 수가 없게 되고 끝내 옳은 것을 넣어 줄 수가 없게 된다. 아니, 머릿속에 박혀 버린 최초의 그릇된 관념은 그 안에서 실수와 부덕의 씨앗이 돼 버린다. 이 최초의 첫 걸음이야말로 특히 주의를 기울여야 할 일이다. 감각적인 사물에서만 자극을 받는 동안은 아이의 모든 관념이 감각에 머무르도록 해주는 게 좋겠다. 아이가 자기 둘레의 어느 한 쪽을 보아도 물리적인 세계만이 보이게끔 해주는 게 좋겠다. 그렇게 하지 않으면 아이는 당신들이 하는 말에 전혀 귀를 기울이지 않을 것이다. 아니면 당신들이 말하는 도덕적인 세계에 대하여 일생 동안 지울 수 없는 환상적인 관념을 구축할 것이라고 확신해도 좋다.

아이와 토론할 것, 이것은 로크의 중요한 준칙이다. 오늘날 이것은 매우 유행하고 있다. 그러나 그 결과는 그것을 신용할 값어치가 있다고 여겨지지 않는다. 그리고 내가 보건대 사람들과 여러 가지로 토론을 해온 아이만큼 어리

---

*7 고통이 하나의 필연이 되는 것처럼, 쾌락이 때로는 하나의 필요 조건이 된다는 것을 알아야만 한다. 그러므로 꼭 이루어져야 할 아이들의 욕망은 오로지 하나밖에 없다. 그것은 자기에게 복종시키려는 욕구다. 따라서 아이들이 구하는 모든 일에 있어, 특히 그것을 구하게 하는 동기에 주의하여야 한다. 아이들에게 현실의 즐거움을 줄 수 있는 것은 가능한 한 모두 줘야 할 것이다. 생각나는 대로, 또는 권력을 행사하려고 구하는 데 불과한 것은 반드시 거절함이 좋을 것이다(원주).

석은 자는 없는 것 같다. 인간이 갖고 있는 모든 능력 중에서 말하자면 모든 능력을 복합시킨 것에 불과한 이성은 가장 어려운 길을 뚫고 가장 늦게 발달하는 것이다. 그리고 사람은 그것을 사용하여 다른 능력을 발달시키려 든다. 뛰어난 교육의 걸작품이란 이성적인 인간을 만들어 낸 것을 말한다. 또 사람은 이성에 의하여 아이를 교육시키려고 한다. 그것은 끝에서부터 시작하는 일과 같은 것이다. 만들지 않으면 안 될 것을 도구로 사용하려는 것과 마찬가지이다. 아이들이 도리를 알아듣는다면 그들을 교육시킬 필요가 없다. 또 사람들은 아이가 아주 어릴 때부터 그들이 이해하지 못하는 말을 해줌으로써 무슨 일이건 말로 해치는 습관을 붙이게 하고, 사람들이 하는 말을 모두 검토시키고, 자기를 선생과 똑같이 똑똑한 인간이라 믿게 하고, 토론하기를 좋아하는 반항아가 되게끔 길들이고 있는 것이다. 그리고 합리적인 동기에서 아이에게 요구하는 것은 모두 선망의 정, 공포심, 또는 허영심에다 연결시켜야만 얻어진다.

사람들이 아이에게 주는, 혹은 주려고 하는 도덕 교육은 대체로 다음과 같은 공식으로 요약할 수가 있다.

선생 그런 것을 해선 안 돼.

아이 어째서 이런 짓은 해선 안 되니까?

선생 그것은 나쁜 짓이니까.

아이 나쁜 짓, 어떤 것이 나쁜 짓입니까?

선생 하면 안 된다고 되어 있는 것.

아이 하면 안 된다고 되어 있는 일을 하면 어떤 나쁜 일이 생깁니까?

선생 너는 말을 듣지 않았으니까 벌을 받는다.

아이 나는 아무도 모르게 합니다.

선생 누군가가 너를 지켜보고 있을 게다.

아이 나는 숨어서 할 겁니다.

선생 무슨 짓을 했는지 캐물을 거다.

아이 나는 거짓말을 하렵니다.

선생 거짓말을 하면 안 된다.

아이 어째서 거짓말을 해선 안 됩니까?

선생 그것은 나쁜 짓이니까……

이것은 피하기 어려운 순환이다. 이 밖으로 나가면 당신들이 하는 말을 아이는 전혀 모르게 될 것이다. 이것은 매우 유익한 교훈이 아니겠는가. 이 대화 대신 사람들은 어떤 것을 끌어낼 수 있을까. 그것을 꼭 알고 싶다. 로크, 바로 그 사람까지도 틀림없이 몹시 당황했을 것이다. 선과 악을 가리는 일, 인간의 의무가 무엇인지 그 이유를 깨우치는 일을 아이는 할 수 없다.

자연은 아이가 어른이 되기 전에 아이이기를 원하고 있다. 이 순서를 뒤바꾸려 하면 성숙하지도 못한, 맛도 없는, 그리고 곧 썩어 버릴 과실을 맺는 결과가 된다. 우리는 젊은 박사와 늙은 아이를 얻는 결과가 된다. 아이에겐 그들 특유의 보는 눈, 생각하는 법, 느끼는 법이 있다. 그것 대신 우리 식으로 해야 한다고 강요하는 일처럼 무분별한 것은 없다. 그리고 나는 열 살 된 아이에게 판단력이 있다면 신장도 150㎝ 정도면 좋겠다고 생각한다. 사실 그 정도 나이의 아이에게 이성이 무슨 소용 있겠는가. 이성은 힘에 대하여 제동장치가 되는 것인데, 아이에게는 그런 것이 필요 없다.

당신들은 아이에게 복종의 의무를 이해시키기 위해 갖은 설득에다 힘과 위협을 주며, 한심스럽게도 비위를 맞추고 약속까지 덧붙인다. 그래서 이익 때문이건 힘에 강요당해서이건, 아이는 도리를 깨달은 체한다. 당신들이 그것이 복종인지 반항인지 알게 됐을 때, 복종은 자기에게 이롭고 반항은 손해가 된다는 것을 아이는 잘 안다. 그런데 당신들은 아이가 싫어하는 일만 요구하니까, 타인의 의사에 따라 무슨 일을 하는 것은 항상 괴로운 일이니까, 아이는 제 마음대로 하고 싶을 땐 항상 숨어서 하게 되고 말을 안 듣는다는 것을 사람들이 모르기만 하면 된다고 생각하게 된다. 그러나 그것이 탄로가 나면 사태가 더 나빠지지 않도록 즉석에서 나쁜 짓 한 것을 인정한다. 의무의 이유를 그들 나이 정도로는 이해하지 못하기 때문에 그들이 진정으로 그것을 느끼게 할 수 있는 사람은 아무도 없다. 그러나 벌을 받는 게 아닌가 하는 걱정, 용서받을 수 있으리라는 희망, 귀찮게 문초받을 일, 무엇이라고 대답하면 좋을지 모르는 당황, 이 아이로 하여금 모든 것을 고백하게 만든다. 이렇게 되면 사람들은 아이를 설득했다고 생각하겠지만 다만 귀찮아졌거나 겁을 먹어서 그런 것뿐이다.

그 결과가 어떻게 되겠는가. 첫째 당신들은 아이가 이해하지도 못하는 의무를 강요함으로써 당신들이 행사한 압제의 결과로 유쾌하지 못한 기분을 맛보아야 하고, 아이가 당신들을 사랑하지 않게 만들어 버린다. 상을 받으려고, 또는 벌을 면하려고 얼버무리고 거짓말을 하는 일을 가르치는 결과가 된다. 또 진짜 동기를 거짓 동기로 감추고, 늘 당신들을 속여서 그들의 본디 성격을 알지 못하도록 하고, 기회가 있기만 하면 당신들이나 다른 사람들에게 실속 없는 말로 대답하는 방법을 당신들 자신이 가르치는 결과가 된다. 법률이라는 것은 양심에 입각해서 볼 때 의무적인 것인데, 어른에게 역시 구속을 가하는 것이라고 당신들은 말하겠지. 바로 그렇다. 그러나 그런 어른은 교육 때문에 그르쳐진 아이에 불과하지 않을까. 이것이야말로 방지해야만 할 일이다. 아이에게는 힘을, 어른에게는 도리를 행사해야 한다. 그것이 자연의 질서이다. 현자는 법률을 필요로 하지 않는다.

학생은 그 나이에 따라 대우하는 게 좋다. 먼저 그를 그 장소에다 단단히 고정시켜서 빠져나가지 못하도록 해야 한다. 그렇게 하면 아이가 지혜라는 것이 어떤 것인지 알기 전에 가장 중요한 지혜의 가르침을 실행하는 결과가 된다. 학생에게 절대로 무엇이건 명령해선 안 된다. 어떠한 일이건 절대로 안 된다. 당신들이 그들에 대하여 어떤 권위를 갖는다는 생각을 하고 있다고 알게 해선 안 된다. 학생에게는 오직 그가 약한 자이고 당신이 강한 자라는 것을 알게 하면 된다. 그가 처해 있는 상태와 당신들이 처해 있는 상태에 의하여 그들이 필연적으로 당신들에게 의존해 있다는 것을 알리면 된다. 그것을 알리고, 그것을 가르치고, 그것을 이해시키면 된다. 그의 머리 위에는 자연이 인간에게 가하는 심한 속박이, 필연적인 무거운 굴레가 걸려 있다는 것, 모든 유한한 존재는 그것에 대하여 머리를 숙여야 한다는 것을 미리부터 깨닫게 하는 것이 좋다. 그 필연성을 사물에서 찾아내도록 해야 한다. 절대로 인간의 변덕*8에서 찾게 해선 안 된다. 그를 멈추게 하는 제동장치는 힘이지 권위여서는 안 된다.

하면 안 되는 일을 금해서는 안 된다. 아무 설명도 하지 말고, 토론도 하지 말고, 그것을 방해하면 된다. 그에게 주어야 할 것은 애원하지 않아도, 탄원하지 않아도, 절대적으로 무조건으로 달라고 처음 말했을 때 줘야 한다. 거절할 때는 유감스럽다는 표정을 지어야 한다. 일단 거절했으면 절대로 취소해선 안

---

*8 아이들은 자기 의지에 반대하는 의지를 모두 변덕이라 생각하고, 그 이유를 알 수 없다는 것을 알고 있어야 한다. 아이들이란 무엇이나 자기 생각에 거역하는 일에는 전혀 이유를 인정하지 않는 것이다(원주).

된다. 아무리 졸라도 마음을 돌려선 안 된다. '안 된다'고 했으면 그 말은 철문이 되어야 한다. 그것에 대하여 아이는 다섯 번이나 여섯 번, 기진맥진해지면 그 이상 더 부수려고 하진 않을 것이다.

그런 식으로 하면, 원하는 것을 얻지 못해도 참을성있고 변덕이 없으며, 체념하는 침착한 아이가 될 수 있다. 인간의 본성은 사물에서 오는 필연에 대해서는 잘 참을 수 있는데 타인의 악의에 대해서는 참지 못한다. '이젠 없으니까'라는 말에 대하여, 그것이 거짓이라고 생각하지만 않는다면 아이가 반항하는 일이 없다. 그리고 이럴 때 중간의 길이란 없다. 아이에게 전혀 요구하지 말든지, 아니면 처음부터 완전히 눌러 버리든지 해야 된다. 가장 나쁜 교육은 아이를 자기 의지와 당신들의 의지 사이에서 동요하게 만들고 서로 이기려고 끊임없는 언쟁을 하는 것이다. 그런 것을 하려거든 차라리 아이가 항상 이기게 하는 편이 훨씬 더 낫다.

기묘하게도 아이를 교육하려고 마음먹고 나서부터, 사람들은 아이를 잘 이끌어 나간다며 경쟁심, 질투심, 선망의 정, 허영심, 탐욕, 비굴한 공포심 따위의 도구만을 사용하려고 생각해 왔다. 그런 정념은 하나같이 매우 위험한 것이어서 당장 발효하여 신체가 제대로 성장하기도 전에 미리부터 부패시켜 버린다. 아이의 머릿속에 부어 넣으려는 주제넘은 교훈은 하나같이 그들의 마음 깊은 곳에 악의 씨앗을 심어 놓는다. 분별없는 교육자는 무언가 굉장한 일을 하는 양으로, 선이란 무엇이냐 하는 것을 가르치려다 오히려 아이를 악인으로 만든다. 그러고 나서 그들은 우리에게 엄숙한 어조로 말한다. '인간이란 이런 것이다.' 그거야 그럴 테지. 당신들이 만들어 낸 인간은 그런 것이니까.

사람은 여러 가지 수단을 쓰는데, 단 하나만은 사용하지 않는다. 그런데 이것만이 성공으로 이끄는 것이다. 그것은 잘 규제된 자유이다. 가능한 일과 불가능한 일에 대한 법칙만으로 아이를 마음대로 이끌 수 없다면 아이를 교육해야겠다는 생각은 아예 하지 말아야 한다. 아이는 가능한 일과 불가능한 일의 범위를 전혀 모르고 있으니까, 아이를 중심으로 삼아 그것을 마음대로 펼쳤다 오므렸다 할 수가 있다. 우리는 아이를 속박하고, 밀어뜨리고, 잡아맨다. 오로지 필연적인 속박을 사용해서 아이가 그것에 대하여 불평할 수 없게 해야 한다. 사물의 힘만으로 아이를 유연하게, 유순하게 만들어서 아이에게서 작은 악의 뿌리도 싹을 트지 못하도록 해야 한다. 아무런 결과도 가져오지 못하는 한 절대로 정념은 자극을 받는 일이 없기 때문이다.

말로 하는 교훈은 여하한 종류의 것이라도 학생에게 주어선 안 된다. 학생은 경험에 의해서만 교훈을 받아야 한다. 어떤 벌도 주어서는 안 된다. 학생은 잘못을 저지른다는 것이 무언인지 모르니까. 절대로 사과시켜서는 안 된다. 학생은 당신들을 모욕하는 짓을 할 줄 모르니까. 그 행동에는 도덕성도 없기 때문에 학생은 벌을 받거나 욕을 먹어야 하는 등, 도덕적으로 나쁜 것은 하나도 할 줄 모르니까.

나는 겁을 먹은 독자들이 그런 아이를 우리 주위에 있는 아이와 비교하여 생각해 보리라는 것을 잘 안다. 그것은 독자가 잘못 생각하고 있는 것이다. 당신들이 주고 있는 끊임없는 구속은 활발한 학생의 마음을 초조하게 만든다. 당신들이 있는 곳에선 구속을 받고 있었기 때문에, 그곳에서 빠져나오면 학생은 더욱 떠들게 된다. 그것이 가능하게 되면 지금까지 당한 심한 속박의 대가를 보상받으려 한다. 도회지에서 온 두 학생은 마을 전체의 아이들보다도 더 심하게 마을을 휘저어 놓을 것이다. 훌륭한 집의 아이와 농부의 아이를 같은 방에 가둬보자. 농부의 아이가 아직 얌전히 앉아 있는 동안 훌륭한 집 아이는 이것저것 모두 뒤집어엎고 부수어버릴 것이다. 왜냐하면 잠깐 동안 얻은 방임 상태를 한쪽은 서둘러 남용하려고 하는데, 다른 한쪽의 아이는 항상 자기가 자유롭다는 것을 알고 있기 때문에 서둘러서 그 자유를 이용하려 하지 않는다. 그 밖의 이유를 생각할 수 없다. 하지만 농촌에서도 흔히 아이들이 응석을 부리거나 의지를 꺾이거나 해서, 내가 아이들을 다루고자 하는 상태에서 훨씬 먼 곳에 있는 것이다.

자연에서 오는 최초의 충격은 항상 올바르다는 것을, 의심할 여지 없는 준칙이라고 명시해 둔다. 인간의 마음에는 선천적으로 부정한 것이 존재하지 않는다. 그곳에서 발견되는 악은 모두 어떻게 해서 어떤 길을 통하여 스며들었는지 설명할 수가 있다.

인간에게 단 하나밖에 없는 자연적인 정념은 자기에 대한 사랑, 즉 넓은 의미에서의 자존심이다. 이 자존심은 그 자체에 있어서, 또는 우리에게 관계되는 한에 있어서 좋은 것, 유익한 것이다. 그리고 그것은 필연적으로 타인과 관계되는 것이 아니기 때문에 이 점에 있어서는 원칙적으로 이해관계가 없는 것이다. 그것을 적용할 때, 그리고 어떤 것과 관계를 이루게 됐을 때, 그것은 좋은 것이 되기도 하고, 나쁜 것이 되기도 한다. 자존심을 이끄는 것, 즉 이성이 발달되기까지 아이는 사람들이 보거나 듣는다고 해서, 한마디로 말해서 타인과의 관계를 생각하고 무엇을 하지 않도록 하는 게 중요하다. 오직 자연이 그에게 원하는 것을 해야 한다. 그렇게 하면 그가 하는 일은 모두 좋은 일이 되는 셈이다.

나는 그가 절대로 해를 끼치는 일은 하지 않고 자기 몸을 다치게 하는 일도 없을 것이라거나, 손이 닿는 곳에 값비싼 가구가 있어도 아마 부수지 않을 것이라고 말하지 않는다. 그는 많은 나쁜 짓을 할지 모르나 나쁜 짓을 했다는 결과가 되진 않을 것이다. 나쁜 행위라는 것은 해를 끼치려는 의도 밑에서 행해지는 것인데, 그는 절대로 그런 의도를 갖고 있지 않기 때문이다. 만약 단 한 번이라도 그런 의도를 갖는다면 만사는 그것으로 끝장이다. 그는 거의 구원받을 길이 없는 나쁜 놈이 될 것이다.

인색한 자의 눈으로 볼 때 나쁘다고 여겨지는 일도 이성의 눈으로 보면 그렇지 않은 경우가 있다. 아이에게 완전한 자유를 주어 떠들게 내버려 둘 경우에는, 큰 손해를 입을 우려가 있는 것은 모두 아이에게서 멀리하고 쉽게 부수어질 것, 귀중한 것은 모두 손이 닿지 않는 곳으로 치워야 한다. 아이 방에는 수수하고 튼튼한 가구를 놓아야 한다. 거울이나 도자기나 호화로운 물건은 놓지 않아야 한다. 나의 에밀을 보면, 나는 그를 시골에서 키우는데, 그의 방에는 농부의 방에서 볼 수 있는 것과 다른 것은 아무것도 없다. 불과 얼마 동안밖에 그곳에 머무르지 않을 것이므로 여러 가지로 방을 장식해 봐야 소용도 없다. 그런데 이것은 내가 잘못 생각한 것이다. 에밀은 자기 손으로 방을 꾸밀 것이다. 무엇으로 꾸밀지는 장차 알게 될 것이다.

만약 아무리 조심해도, 아이가 무엇인가 어지르고 물건을 부순다고 해도 당신들이 태만해서 그런 것이므로 그걸 아이 탓으로 돌려 벌을 주어선 안 된다. 욕을 해도 안 된다. 아이에게 힐책의 말을 한 마디도 들려 주어선 안 된다. 당신들의 마음을 언짢게 했다는 것조차도 아이가 느끼도록 해선 안 된다. 마치 가구가 저절로 부수어진 것처럼 꾸며야 한다. 어쨌든 당신들이 아무 말도 하지 않을 수 있게 되면, 그때에는 대단히 많은 것을 해냈다고 믿어도 좋다.

여기서 나는 전체 교육의 가장 중요하고 가장 유익한 규칙을 진술할 수 있을는지 모른다. 그것은 시간을 버는 것이 아니고 시간을 잃는 것이니까. 일반 독자들이여, 나의 역설을 용서하시오. 깊이 생각하면 이런 역설을 하지 않을 수 없다. 당신들이 뭐라고 말하든 나는 편견에 사로잡힌 인간이 되기보다 차라리 역설을 좋아하는 인간이 되기를 원하는 것이다. 인생에 있어서 가장 위험한 기간은 출생시부터 12세까지의 시기이다. 이 시기는 오류와 부덕이 싹트는 시기이며 또한 그것을 근절시킬 수단을 찾지 못하는 시기이다. 비록 수단을 발견했다손 치더라도 그때는 이미 악의 뿌리가 깊이 내려서 어떤 수를 쓰더라도 뽑아낼 수가 없다. 아이가 젖먹이 때부터 단숨에 이성의 시기로 도달할 수 있다면 사람들이 하고 있는 교육이 그들에게 어울리는 것이 될는지도 모른다. 그러나 자연의 발자취에 따른다는 견지에서 볼 때 그들에겐 전혀 반대의 교육이 필요한 것이다.

아이는 정신이 모든 능력을 가지게 될 때까지, 정신을 사용해서 아무것도 하지 말아야 할 것이다. 아이의 정신이 당신들이 제시하는 빛을 인정한다는 것은 불가능하기 때문이다. 그 영혼은 아직 맹목이어서 아무리 똑똑한 안목을 가진 자라 할지라도 아직 이성이 또렷하지 못하므로 희미하고 광막한 끝없는 들판을 더듬고 있을 뿐이다.

때문에 초기의 교육은 순전히 소극적으로 해야만 한다. 그것은 미덕이나 진리를 가르치는 게 아니고 마음을 부덕에서부터, 정신을 오류에서부터 지켜 주는 일이다. 당신들이 무엇 하나 하지 않고, 무엇 하나 시키지 않고 그대로 있을 수 있다면, 또 당신들이 학생에게 오른손과 왼손을 구별하는 일도 가르쳐 주지 않고 건장한 신체로 키우며 열두 살까지 인도할 수 있다면, 당신들의 수업의 첫걸음부터 그는 오성(悟性)의 눈이 열려서 이성의 빛을 볼 수 있게 될 것이다. 어떠한 편견도, 습성도 갖지 않은 그는 당신들의 수업의 효과를 방해할 만한 아무것도 갖고 있지 않을 것이다. 마침내 그는 당신들에게 인도되어 가장 현명한 사람이 될 것이다. 이렇게 해서, 처음에는 아무것도 하지 않음으로써 훌륭한 교육을 베푼 결과가 될 것이다. 일반적으로 행해지고 있는 일과는 전혀 반대의 일을 하는 것이 대체적으로 좋은 결과를 초래한다. 사람들은 아이가 아이이기보다는 박사이기를 원한다. 그래서 아버지나 교사는 욕하고, 교정하고, 잔소리하고, 비위를 맞추고, 위협하고, 약속하고, 가르치고, 도리를 역설하는 따위의 일을 아무리 일찍 시작해도 이르지 않다고 생각한다. 좀더 기술적으로 해야 한다. 합리적으로 해야 한다. 학생과의 논란을 삼가야 한다. 특히 학생이 싫어하는 일을 납득시키려고 도리를 설명해 주는 따위는 삼가는 게 좋겠다. 그런 유쾌하지 않은 일에 도리를 결부시키면 아직 도리를 이해하지도 못하는 정신이 싫증을 내어 미리부터 그것을 믿을 수 없는 것으로 여기게 된다. 육체와 기관과 감관과 힘을 훈련시켜야 한다. 그러나 영혼은 될 수 있는 대로 오랫동안 아무것도 시키지 않아야 한다. 여러 가지 생각을 평가하는 판단력이 생기기 이전에 여러 가지 생각하는 것을 경계해야 한다. 외부로부터 얻어지는 인상을 차단시켜 줘야 한다. 그리고 악의 탄생을 막으려고 서둘러 선을 기르려고 해선 안 된다. 이성이 빛을 던져 주지 않으면 결코 선은 선이 되지 않기 때문이다. 늦게 이루어지는 것은 모두가 이익이 된다고 생각하면 틀림없다. 아무것도 잃은 것 없이 목표를 향해 전진할 수 있다면 큰 이익을 보고 있는 셈이 된다. 아이로 있는 동안에 아이의 시기를 성숙시켜야 한다. 그리고 또, 아이에게 어떤 교훈을 줘야 할 필요가 있을 경우, 내일까지 연기해도 위험하지 않다면 오늘 교훈을 주는 것을 삼가야 한다.

이 방법이 유리하다는 것을 확인할 수 있는 또 하나의 고찰은 아이의 천분에 대한 고찰인데, 아이에게 어떤 도덕 교육이 적합할까 하는 것을 알려면 그 천성을 충분히 알아내야 할 필요가 있다. 정신에는 각기 고유한 형식이 있으므로 그 형식에 적용시켜서 인도해야 한다. 그리고 베푸는 교육을 성공시키려면 다른 형식이 아닌 그 고유의 형식에 의하여 학생을 인도해야 한다. 신중한 사람이라면 긴 시간을 통하여 자연을 통찰할 것이다. 최초의 말을 하기 전에 충분히 학생을 관찰해야 한다. 우선 학생의 성격이 싹을 틔우게 되면 그것이 완전히 자유롭게 뻗도록 해줘야 한다. 그것의 진면목을 똑똑히 보기 위해서는 어떠한 일도 강요해선 안 된다. 이 자유의 시기가 그를 위하여 헛되게 보낸 시기라고 할 수 있을까. 전혀 반대이다. 그것은 가장 잘 이용된 시기일 것이다. 이렇게 하는 일이야말로 당신들이 가장 귀중한 시기에 처했을 때 단 한순간이라도 허비하지 않는 방법을 배우는 일이 될 것이다. 그런데 무엇을 해야 하나 하는 것을 알기도 전에 먼저 행동으로 옮기게 되면 무계획적인 행동을 하는 결과가 된다. 자칫하면 어긋나게 되기 쉬워서 되돌아와야 된다. 그래서 아무것도 잃지 않으려다가 많은 것을 잃게 되는 구두쇠 같은 짓은 하지 말아야 한다. 처음 시기에 시간을 희생시켰다가 나중 시기에 더 많은 시간을 되찾는 것이 좋겠다. 현명한 의사는 슬쩍 진찰하고 나서 깊이 생각하지도 않고 처방을 내리는 따위의 짓을 하지 않는다. 병자의 체질부터 샅샅이 검사하기 전엔 아무것도 권하지 않는다. 치료를 늦게 시작하지만 결국 그는 병자를 회복시킨다. 그 반면에 덮어놓고 서두르는 의사는 병자를 죽이고 만다.

그런데 이런 식으로 아이를 마치 무감각한 존재처럼, 또는 자동인형처럼 기르려면 그를 어디에 놓아 둬야 할 것인가. 달나라에, 사람이 살지 않는 섬나라에 가둬 놓을까. 모든 인간으로부터 격리시켜 놓을까. 아이는 항상 이 세계에서 타인의 정념이 나타내는 실례를 많이 보게 될 테니 어떻게 할까.

그와 똑같은 또래 아이들을 절대로 봐선 안 될까. 부모와 이웃과, 유모나 보모와 하인이나, 또는 교사까지도 만나선 안 될까. 교사라 할지라도 결코 천사는 못 되니까.

이 이론(異論)은 강경한 것이다. 그러나 나는 자연의 교육이 결코 쉬운 일이라고 말하지는 않았다. 아! 인간이여, 당신들이 모든 좋은 것을 어렵게 해 버렸다고 해서 그것이 나의 책임일까. 나는 그런 곤란을 느끼고 있으며 그것을 인정한다. 아마도 그것은 극복하기 어려운 곤란일 것이다. 그렇긴 하지만 대항하려고 노력하면 어느 정도 대항할 수 있다는 것은 확실하다. 나는 사람들이 설정해야 할 목표를 제시한다. 나는 그곳에 도달하리라고 말하지는 않으나 그곳에 가장 가까이 다가간 자가 가장 성공한 자라고 말해 둔다.

감히 한 인간을 만들려는 계획을 세우는 마당에 있어서 그 사람 자신이 인간으로서 완성되어야 한다는 것을 잊어선 안 된다. 생각하고 있는 일의 실례를 자기 자신 안에서 발견해야만 한다. 아이가 아직 아무런 지식을 갖고 있지 않은 동안은 아이에게 접근하는 모든 자에게 아이가 봐도 좋은 것만을 보이도록 시킬 수가 있다. 당신들이 모든 사람으로부터 존경받도록 해야 한다. 우선 사람들이 당신을 사랑하고 당신의 마음에 들도록 해야겠다는 마음을 가져야 한다. 아이의 주위에 있는 모든 사람의 선생이 되지 못하면 아이의 선생도 될 수 없다. 그리고 그런 권위는 미덕에 대한 존경심에서 우러나온 것이 아니면 절대로 훌륭하다고 할 수 없다. 지갑의 바닥을 털어서 돈을 뿌리는 것이 문제가 아니다. 금전이 사람을 사랑하게 만든 예는 아직까지 본 일이 없다. 인정이 없어선 안 된다. 도와줄 수 있는 가난한 사람을 불쌍하게 여기기만 해선 안된다. 하지만 아무리 금고 문을 열어 놓아도 소용없다. 마음의 문을 열지 않으면 상대방의 마음의 문도 열리지 않는다. 당신들의 시간을, 마음씨를, 애정을,

당신들 자신을 주어야 한다. 아무리 해도 당신들의 돈은 당신들 자신이 아니라는 것을 사람들은 잘 알고 있기 때문이다. 어떠한 것을 주는 것보다도 더 효과가 있고 현실적으로 더 유익한 관심과 호의를 표현하는 방법도 있다. 베풀어 주는 것보다도 위로해 주는 것을 원하는 불행한 사람들과 병자들, 돈보다도 보호해 주기를 원하고 있는 학대받은 사람들이 그 얼마나 많은가. 싸움하는 사람들은 말려야 한다. 소송거리는 미연에 방지해야 한다.

아이에게는 그의 임무를 행하게 하고, 아버지에게는 관대한 마음을 갖게 해야 한다. 행복한 결혼을 권장하라. 사람의 마음을 손상시키는 따위의 일은 말려야 한다. 올바른 심판을 받지 못한 채 권력자로부터 고통을 당하고 있는 약한 자를 위하여 당신들 학생의 부모가 지니고 있는 신용을 아낌없이 사용하도록 권해야 한다. 자기는 불행한 자의 편이라는 것을 소리 높이 선언해야 한다. 올바르고, 인간적이고, 인정이 깊어야 한다. 물건을 베풀 뿐만 아니라 사람들에게 자비를 베풀어야 한다. 자애로운 행위는 돈보다도 더 많은 고통을 잊게 해준다. 타인을 사랑해야 한다. 그러면 타인도 당신들을 사랑할 것이다. 그들에게 도움이 되는 일을 해야 한다. 그렇게 하면 그들도 당신들에게 도움을 줄 것이다. 그들의 형제가 되어 주라. 그러면 그들은 당신들의 아이가 될 것.

이것도 역시 에밀을 미천한 하인들이 없는 시골에서 기르고 싶은 이유의 하나이다. 그런 하인들은 그들 주인의 다음 자리를 차지하려는 자이며, 쓸모없는 잡배들인 것이다. 속임수로 뒤덮여 있는 도회지의 더럽혀진 풍습에서 멀리 떨어져 있기로 하자. 그러면 농민의 악습이라는 것에도 그것이 아무 꾸밈없이 바탕이 그대로 드러나 있기 때문에, 그것을 모방하고픈 마음도 일어나지 않으며 이끌려 가기는커녕 싫증을 내려 할 것이다.

시골에서 교사는 아이에게 보여 주고 싶은 것을 매우 자유롭게 보일 수 있다. 교사의 평판이나 말이나 범례는 도회지에서는 가질 수 없는 권위를 지니게 된다. 모든 사람에게 유익한 인간으로 대우를 받게 되면, 사람들이 다투어서 그에게 호의를 표시하고, 그에게 존경받기를 원하면 교사는 사람들에게 바라는 바로 그런 사람이 되어서 제자 앞에 나타나게 된다. 비록 나쁜 습관을 고칠 수는 없겠지만 사람들 눈에 띄는 일을 삼가게 된다. 이런 일들이 우리 목적을 달성하기 위하여 필요한 것의 전부이다.

당신들은 자신의 과오를 남의 탓으로 돌려선 안 된다. 아이가 목격하는 나쁜 일이 당신들이 가르치는 나쁜 일만큼 아이를 타락시키지는 않는다. 항상 설교만 하고, 철학자 같은 말을 늘어놓고 학자인 척해야 아이에게 좋을 것이라고 생각한다면 오히려 하나의 관념이 또 다른 스무 개의 좋지 않은 관념을 넣어 준 결과밖에 안 된다. 당신들은 자신의 머릿속에 있는 것만 생각했지 아이들의 머릿속에 야기하는 결과를 모른다. 끊임없이 아이들을 괴롭히고 있는 당신들의 장황한 말 가운데 아이가 잘못 파악하고 있는 말이 하나도 없다고 당신들은 단언할 수 있을까. 아이는 자기 나름대로 당신들의 요령 없는 설명을 해석하고 있는 게 아닐까. 그러다가 자기 능력에 어울리는 체계를 세우는 재료를 발견하게 되면 기회 있는 대로 당신들에게 반대하지 않을까 하는 생각을 해본 일이 있는가.

여러 가지 일을 주워 익힌 호인 형의 아이가 하는 말을 보면 어떤지, 그 아이에게 말을 지껄이게 하고 질문을 시키고 제멋대로 허튼 소리를 하도록 놔 둬 보라. 당신들의 토론이 아이 머릿속에서 형성된 기묘한 형태를 발견하고 놀랄 것이다. 그는 모든 것을 혼동해 버렸고, 뒤집어엎었고, 당신들을 초초하게 만들고 가끔 뜻밖의 반대 이론을 내세워 당신들을 실망시킬 것이다. 당신들이 침묵하든지 아이를 침묵시키든지 해야 할 것이다. 그때 아이는 지껄이기를 매우 좋아하는 사람이 그렇게도 입을 다물고 있는 것을 보고 어떻게 생각할까. 그런 식으로 해서 아이가 승리를 얻게 되면, 더군다나 그것을 눈치채게 됐을 때 그 교육은 끝장이다. 그렇게 되면 만사가 끝나는 것이어서 아이는 마침내 배우려 하지 않고 당신들을 반박하려고만 할 것이다.

열성적인 교사들이여, 단순해져라. 신중해져라. 삼가하라. 상대방의 행동을 방해하려는 경우를 제외하고는 절대로 성급한 행동을 취해선 안 된다. 나는 항상 되풀이해서 말하고 싶은데, 나쁜 교육을 베푸는 일이 없도록 하기 위하여 좋은 교육은 될 수 있는 대로 늦게 하는 것이 좋겠다. 자연이 인간에게 최초의 낙원으로 준 이 지상에서 때묻지 않은 자에게 선과 악에 관한 지식을 주려다가 유혹자의 역할을 맡게 되지 않도록 조심해야 한다. 아이가 밖에서 일어나는 실례를 보고 영향을 받는 것을 막을 수 없다면, 그런 실례가 적합한 모습으로 아이의 정신에 머물 수 있도록 마음을 써라.

과격한 정념은 때마침 그것을 목격한 아이에게 지대한 영향을 끼친다. 그것은 너무나도 뚜렷이 외부로 나타나기 때문에 아이는 충격을 받아 주의를 기울일 수밖에 없다. 특히 분노는 흥분 상태에 놓일 경우 대단한 소동을 일으키므로 가까이 있던 사람은 그것을 알아차리게 된다. 훌륭한 연설, 어림없는 소리이다. 그런 것은 전혀 필요 없다. 한 마디도 말해선 안 된다. 아이를 데려와 보라. 그 광경을 보고 깜짝 놀라며, 반드시 물어볼 것이다. 대답은 간단히 해야 한다. 그것은 그의 감각에 호소하는 것에서 끝내낼 수가 있다. 새빨개진 얼굴, 번쩍번쩍 빛나는 눈, 상대방을 위협하는 몸짓을 볼 것이고 고함치는 소리를 듣게 될 것이다. 육체가 편안한 상태에 놓여 있지 않다는 것을 나타내는 가지가지의 징조, 아이에게는 아주 침착한 태도로 별로 이상할 것 없다는 어조로 다음과 같이 말하라. 이 가엾은 사람은 병에 걸려 있다. 열이 올라서 떨고 있다. 이렇게 하면 당신들은 아이에게 단 두세 마디의 말로 질병과 그 결과에 대한 관념을 주는 기회를 갖는 셈이 된다. 그것은 또한 자연적으로 생기는 일이며 필연적인 속박의 하나이기 때문에 아이 자신도 그것에 묶여 있다는 것을 느껴야만 한다.

그런 관념은 거짓이 아니므로 그것으로 인하여 격정에 사로잡히는 것을 병이라고 간주하고 그것에 대하여 일종의 혐오감을 느끼게 되는지도 모른다. 그리고 이런 관념은 적당하게 주어지기만 한다면 도덕에 관한 지루한 설교에 못지 않을 정도로 유익한 결과가 되지 않는다고 누가 말할 수 있겠는가. 그리고 그런 관념이 장래에 어떤 결과를 낳을 것인지 두고 보라. 그런 식으로 하면 당신들은 부득이한 경우에 반항적인 아이를 병에 걸린 것으로 취급해도 무방하게 될 것이다. 그를 방 안에 가둬 놓고 필요하다면 침대에 눕혀 안정시키면 아이가 자기에게도 싹트기 시작한 나쁜 경향을 보고 겁먹게 될 것이며, 그것을 끔찍한 것, 무서운 것으로 여기게 될 테고, 당신의 엄한 태도가 자기를 괴롭히기 위해서가 아니라 교정하기 위해 어쩔 수 없이 취해진 거라고 인식시킬 수가 있게 된다. 가령 당신들 자신이 어떤 일에 대하여 흥분한 나머지 당신들이 하는 일에 절대적으로 필요한, 냉정하고도 온유한 태도를 잃게 됐을 경우에도 그런 과오를 아이에게 감추려고 해선 안 된다. 솔직하게 부드러운 비난을 섞어 가며 아이에게 이렇게 말하라. 너는 나를 병자로 만들었다고.

특히 아이에게 주어진 단순한 관념이 낳게 하는 여러 가지의 유치한 사고방식을 절대로 그 앞에서 지적하거나 그가 알아차릴 수 있는 어조로 이야기해선 안 된다. 한 번의 부질없는 웃음이 6개월 동안의 일을 허사로 만들고 일생 동안 지울 수 없는 상처를 남길지도 모른다. 아이의 선생이 되기 위하여서는 자기 자신의 지배자가 되어야 한다는 말을 아무리 반복하여도 충분하다고 할 수 없다. 두 아낙네가 한참 싸움의 열도를 띠고 있을 때, 어린 에밀이 더욱 화가 나 있는 여인에게 다가가서 동정하여 마지않는다는 어조로 이렇게 말한다. "아주머니, 당신은 병에 걸리셨군요. 정말 안됐습니다."

이런 장면을 나는 생각해 본다. 이런 뜻밖의 말은 그 장소에 있던 사람들에게, 특히 두 당사자들에게 어떤 효과를 일으킬 것이다. 나는 웃지도 않고 욕도 하지 않고 칭찬도 하지 않고, 에밀이 그 말의 효과를 알아차리기 전에, 혹은 그것에 관하여 생각하기 전에 무리를 해서라도 그를 그 장소에서 떠나게 하고, 재빨리 다른 일에 그의 마음이 흩어지도록 하여 가능한 한 그 일을 잊게 해야 한다. 나는 모든 것을 세세한 부분에까지 언급하지 않고 다만 일반적인 준칙만을 피력하며 어려운 일이 있을 경우에만 실례를 들 계획이다. 사회의 내부에서 열두 살이 될 때까지 인간 대 인간의 관계에 대하여, 또 인간 행동의 도덕성에 대하여 아무런 관념을 주지 않고 아이를 키우기는 어렵다고 생각한다. 다만 그것이 필요한 경우 가능하다면 아이에게 늦게 주도록 하는 것이 좋겠다. 그것이 불가피하게 됐을 때라도 당장에 필요한 일에 한하여 줘야 하며, 아이가 자기를 모든 것의 주인이라고 생각하지 않도록, 나쁜 일이라는 것도 모르고 함부로 타인에게 해를 끼치는 일이 없도록 해야 한다. 그 중에는 얌전하고 침착한 아이에게는 언제까지 알리지 않아도 위험하지 않으나, 어릴 때부터 광포한 성질을 나타낸 과격한 아이는 미리부터 어른으로 만들어 줘야 할 필요가 있다. 그렇지 않으면 그들을 붙들어 매 놓아야만 한다.

우리의 첫 번째 의무는 우리에 대한 의무이다. 우리의 원시적인 감정은 우리 자신에게로 집중된다. 우리의 자연적인 움직임은 모두가 우선 자기 보존과 쾌적한 자기 생활로 연결된다. 그래서 처음에 일어나는 정의감은, 우리가 해야 할 정의로부터 우러나는 것이 아니고 우리를 위하여 행해져야 할 정의감으로부터 일어난다. 그래서 아이에게 우선 그들의 의무에 대해서만 이야기하고, 그들의 권리에 관하여서는 이야기하지 않으며, 필요한 일이란 정반대의 일, 아이가 이해할 수 없는 일, 그리고 그들이 관심을 가질 수 없는 일이라는 것을 맨 먼저 이야기한다는 것도 일반적으로 행해지는 교육의 모순점의 하나이다.

그래서 나는 앞에서 가정한 아이 가운데 한 명을 지도해 나간다면 이렇게 생각할 것이다.

'아이는 사람이 아닌 사물*9을 공격한다. 그리고 경험을 통해 나이에서나 힘에서 자기를 능가하는 사람은 누구든지 존경해야 한다는 것을 배운다. 그러나 사물은 자기 스스로 몸을 지키지 않는다. 그래서 아이에게 최초로 줘야 할 관념은 자유의 관념보다도 오히려 소유의 관념인데, 소유의 관념을 얻기 위해선 아이 자신이 무엇인가를 소유하고 있어야만 한다.'

의류나 가구나 장난감을 예로 든다는 것은 아무런 의미가 없다. 그런 것들을 아이는 마음대로 할 수 있으나 어째서, 어떻게 해서 그것들을 입수했는지 아이는 모르고 있기 때문이다. 사람들이 줬기 때문에 갖고 있다고 말한들 아이들은 별로 납득하지 못한다. 아이에게 주기 위해선 먼저 갖고 있어야 하기 때문이다. 이를테면 아이가 장난감을 소유하기 이전에 소유한다는 점에는, 이때 꼭 설명해야 될 소유의 원리가 있는 것이다. 그리고 준다는 일은 하나의 약속인데, 아이로서는 아직 약속이 무엇인지 알지 못한다.*10 독자들이여, 항상 조심해 줄 것을 부탁드린다. 여기서 들고 있는 예를 보아도 그렇고, 수많은 다른 예를 보아도 그렇지만 사람들은 아이의 능력으로는 도저히 판단할 수 없는 뜻 없는 말들을 그들의 머릿속에 집어넣어 주고는 충분한 교육을 했다고 믿고 있는 것이다.

여기서 소유라고 하는 것의 기원으로 거슬러 올라가야 할 문제가 생긴다. 이것으로부터 최초의 관념이 생길 것이기 때문이다. 아이는 시골에 살고 있어서 들일에 대하여 얼마쯤 지식을 갖고 있을 것이다. 그러기 위해서는 보는 눈과 여가가 있으면 되지만, 아이에게는 그 어느 쪽도 다 있다. 창조하고, 모방하

---

*9 아이들이 누구에게 손을 대는 것을, 저보다 어리건 같은 또래이건 마찬가지지만, 절대로 잠자코 보고 있으면 안 된다. 아이들이 진지한 태도로 누군가를 때렸다면, 상대가 가령 그의 하인이거나 사형집행인이라도 반드시 더 많이 때려 주어, 아이들이 다시는 그런 마음을 먹지 않도록 해줘야 한다. 아이를 돌봐 주는 생각 없는 여자들이 아이들의 반항심을 돋우어, 욕하고 남을 때리게 하는데, 자기도 매를 맞고도 아프지 않다고 웃어 대는 것을 볼 때가 있다. 화가 치민 아이들의 의도에서는 그 공격은 모두 살인 행위라는 일, 그리고 어렸을 때 사람을 치려는 자는 어른이 되어 사람을 죽이려 든다는 것을 그녀들은 생각하지 않은 것이다〔원주〕.

*10 이런 관계로 대부분의 아이들은 준 것을 되찾으려다 사람들이 돌려주지 않으면 울어 버린다. 준다는 것이 무엇인가를 아이들이 잘 안다면 그런 일은 일어나지 않을 것이다. 단 그렇게 되면 아이들은 무엇을 하는 데 보다 신중해진다〔원주〕.

고, 생산하고, 힘과 활동을 표시한다는 것은 모든 연령층의 사람들이 원하는 것이며, 특히 아이들이 더욱 그러하다. 밭을 갈아 씨를 뿌리면 채소가 돋아나 성장한다는 것을 두 번 보지 않아도 알게 되어 아이들은 밭일을 하고 싶어한다.

이미 정한 바 있는 원칙 그대로 나는 아이가 원하는 일에 반대하지 않는다. 그뿐만 아니라 그것을 권장한다. 나는 아이와 똑같은 취미를 갖고 함께 일한다. 그것도 그를 기쁘게 해주기 위해서가 아니고 나 자신의 즐거움을 위해서다. 여하튼 아이는 그렇게 믿는다. 나는 그의 소작인이 된다. 그에게 힘이 생길 때까지 대신 내가 밭을 갈아 준다. 그는 거기에 누에콩을 심고 그 토지를 소유한다. 이 점유는 분명히 누니에스 발바가 남해의 해안에 국기를 세우고 스페인 왕의 이름으로 남아메리카를 점유했을 때보다도 더욱 신성하고도 존경할 만한 것이다.

나는 매일같이 누에콩에 물을 주러 간다. 누에콩이 자라는 것을 보고 기뻐 어쩔 줄을 모른다. 나는 '이것은 너에게 소속된 것'이라고 말하여 그에게 더 큰 기쁨을 해준다. 그리고 그가 그곳에 시간과 노동과 노고를, 요컨대 그 자신을 쏟아부었다는 것을 알게 한다. 또 그 토지에는 그에게 소속된 무엇인가가 있으며, 상대방이 누구이건 그는 그것을 단호하게 요구할 수 있으며, 마치 그가 싫다고 하는데도 잡아끄는 타인의 손에서 자기 팔을 빼낼 수 있는 것과 마찬가지로 요구할 수 있다고 설명한다.

어느 날 아침 그는 물뿌리개를 들고 급히 달려온다. 아! 참으로 이 무슨 광경인고! 이 무슨 비참한 광경인고! 누에콩은 모두 뽑혀 있고, 밭은 엉망진창이다. 어디인지 분간할 수조차 없다. 아! 나의 일거리, 내가 만든 것, 고대하고 있던 나의 정성과 땀의 결정은 어디로 갔나. 어린 마음은 격분한다. 부정에 대한 최초의 감정이 그곳에다 슬픔과 원한을 불어넣는다. 눈물이 줄줄 흐른다. 비탄에 빠진 아이는 울음과 투정으로 대기를 진동시킨다. 나는 그의 괴로움과 노여움에 대하여 동정하게 된다. 여러 가지로 조사해 보고, 물어보고, 추궁해 본다. 그런 짓을 한 범인이 정원사라는 것을 겨우 알아낸다. 그래서 정원사를 데려오게 한다.

그런데 우리가 전혀 잘못 생각했다는 것을 알게 된다. 어째서 우리가 화가 나 있나 하는 것을 알게 된 정원사는 우리보다도 더 큰 소리로 불평을 늘어놓기 시작한다.

"뭐라고요? 당신들이야말로 이런 짓을 해서 내가 애써 가꾸어 놓은 것을 깨끗이 망쳐 놨어요. 나는 여기에다 말타의 멜론을 심었습니다. 나는 구하기 힘든 그 씨를 뿌려서 열매가 열리면 당신들에게 그 맛난 것을 드리려고 했어요. 그런데 당신들이 쓸데없는 누에콩이나 심어서 돋아난 싹을 망쳐 버렸으니 멜론을 먹을 수 없게 됐습니다. 당신들은 나에게 대단한 손해를 입혔을 뿐만 아니라 당신들도 맛있는 멜론을 맛보지 못하게 됐습니다."

장 자크 : 미안합니다. 로벨 씨, 용서해 주세요. 당신은 그곳에다 당신의 노동과 노고를 기울였는데, 우리가 그것을 모두 망쳐 놓았다는 것을 충분히 인정합니다. 우리는 당신에게 말타의 멜론씨를 갖다 드리겠어요. 그리고 이제부터 누군가가 우리보다 먼저 밭에 손을 댔는지 알아보고 나서 밭을 갈도록 하겠습니다.

로벨 : 네, 좋습니다요, 선생님. 그렇다면 당신들은 가만히 계시기만 하면 됩니다. 갈지 않은 밭이란 이젠 거의 없으니까요. 나는 아버지의 손때가 묻은 토지를 경작하고 있습니다. 다른 사람들도 다 그렇게 하고 있기 때문에 당신들이 보고 계신 토지 중에 이미 빈 데는 없습니다.

에밀 : 로벨 씨, 그럼 가끔 멜론씨를 망가뜨리는 사람이 있습니까?

로벨 : 미안합니다, 도련님. 당신들같이 바보짓을 하는 사람이 그리 흔하게 있진 않으니까요. 아무도 남의 땅에다 손을 대진 않아요. 모두가 남의 노동에 대하여 존경심을 가집니다. 자기의 노동에 대해서도 보장을 받으려고요.

에밀 : 나에겐 밭이 없습니다.

로벨 : 그건 나와 상관없는 일입니다. 만약에 당신이 밭을 망가뜨리는 일을 또 저지르시면 이젠 밭을 거닐지 못하게 하겠어요. 왜지 아시지요? 나는 쓸데없는 고생은 하고 싶지 않으니까요.

장 자크 : 로벨 씨, 양해 좀 해주시지 않으시겠어요? 나의 어린 친구와 나에게 밭 한 귀퉁이를 조금만 내주셔서 경작하게 해주시고, 다 되면 절반을 로벨 씨에게 드린다는 조건으로요.

로벨 : 그렇다면 조건 없이 드리지요. 그러나 잊지 마세요. 만약 내 멜론을 망가뜨리면 당신들의 누에콩도 막 뒤집어엎어 놓을 테니까요.

아이에게 기초적인 관념을 납득시키는 이런 방법으로, 우리는 소유에 대한 관념이 노동을 통해 어떻게 최초 점유자의 권리와 연결되는지를 보여준다. 이것은 명확하고 단순하며, 모든 아이들의 능력으로 이해할 수 있는 일이다. 이지점에서 소유권과 교환이라는 것에 도달하려면 그저 한 발짝만 나아가면 되지만, 그 설명은 여기에서 그쳐야 하겠다.

내가 지금까지 두 페이지에 걸쳐 쓴 설명을 실천에 옮기려면, 아마 1년은 걸릴 것이라는 짐작이 갈 것이다. 도덕적인 관념을 더듬게 하려면 될 수 있는 대로 천천히 진행시켜야 하며, 한 발짝마다 확실하게 발을 디디게 해야 하기 때문이다. 젊은 교사들이여, 나는 부탁드린다. 이번 범례를 잘 받아들여서 모든 일에 있어서 당신들의 교훈을 말로만 하지 말고 행동으로 제시해야 한다는 것을 잊지 말기 바란다. 아이는 자기가 말했거나 사람들에게 들은 말은 잘 잊어버리지만, 자기가 했거나 사람들이 자기를 위해서 한 일은 거의 잊어버리지 않는다.

이런 교훈은 앞서 말한 대로 학생의 성질이 얌전한지 떠들썩한지에 따라, 그것이 더 빨리 필요한지 어떤지가 결정되므로, 이 점을 미루어 시행하기 바란다. 그 방법은 한 번만 봐도 명확하지만 어려운 대목에 가서 실수하지 않도록 하기 위하여 또 하나의 예를 들기로 한다.

당신들의 까다로운 아이가 손에 잡히는 건 무엇이든지 닥치는 대로 망가뜨린다고 해서 화를 내선 안 된다. 아이가 망가뜨릴 가능성이 있는 물건들은 아이의 손이 닿지 않는 곳에 놓는다. 아이가 자기가 사용하고 있는 가구를 부수어 버린다고 해서 금방 다른 것을 줘선 안 된다. 그것이 없어짐으로 해서 생긴 불편함을 아이가 느끼게끔 해야 한다. 아이가 방의 창유리를 깨뜨려 버렸다 하자. 낮이건 밤이건 바람이 방 안으로 불어닥치게 내버려 둔다. 아이가 감기에 걸리지나 않나 걱정할 필요는 없다. 어리석은 자가 되느니보다 감기에 걸리는 편이 나으니까. 아이가 저질러 놓은 곤란한 상태에 대하여 나무라면 안 된다. 오히려 누구보다도 아이 자신이 그 곤란한 상태를 느끼도록 해야 한다.

그 다음에 여전히 아무 말도 하지 않으며 창유리를 갈아 끼운다. 그것을 아이가 또 부순다. 그때는 방법을 바꿔야 한다. 무뚝뚝한 말투로, 그러나 화는 내지 말고 이렇게 말한다. "이 창유리는 내것이다. 내가 애써서 갈아 끼웠다. 나는 이것을 깨뜨리지 않았으면 좋겠다." 그리고 아이를 창이 없는 어두운 곳에 가둔다. 이 예기치 않았던 사태에 놀란 아이는 고함지르고 날뛴다. 그러나 아무도 귀를 기울여 주지 않는다. 얼마 뒤에 아이는 지쳐서 태도가 달라진다. 아이는 호소하기도 하고 신음하기도 한다. 하인이 오면, 이 개구쟁이는 이곳에서 나가게 해달라고 부탁한다. 내보내 주지 않으려는 무슨 구실을 늘어놓지 말고, 하인은 다음과 같이 대답해야 한다.

"나도 유리가 깨지는 것을 원하지 않으니까요." 이렇게 대답하고 나서 가버린다. 결국 아이는, 몇 시간 동안 그런 상태에 놓이게 된다. 절대로 잊지 못할 그런 경험을 한 뒤에는, 선생님께 용서를 구하며 앞으로 다시는 창유리를 깨뜨리지 않겠으니 내놓아 달라고, 누군가에게 전해줄 것을 부탁한다. 그것은 바로 당신이 원하던 일이다. 아이는 당신이 오도록 해달라고 부탁할 것이다. 당신은 아이가 있는 곳으로 간다. 아이가 위와 같은 말을 하면, 당신은 즉석에서 그것을 받아들이며 이렇게 말하는 것이 좋다.

"그것 참 잘됐어. 우리는 서로 이득을 보겠지. 어째서 너는 진작 그런 좋은 생각을 하지 않았을까." 그러고 나서 서약이나 약속을 다짐하려 들지 말고, 다만 반갑게 아이를 포옹하고 나서 방으로 데려간다. 그 화해는 엄숙한 맹세를 건 것과 마찬가지로 신성불가침한 것이 되어야 한다. 이렇게 함으로써 성실하게 지켜지는 약속이 어떤 것이며, 그 효과 또한 어떤 것인지 아이는 생각하게 된다. 이미 천성이 그르쳐 있는 아이가 아닌데, 이런 식으로 해서도 다스릴 수 없는 아이, 또다시 유리를 깨려 드는 아이가 이 세상에 한 사람이라도 있다면 나는 확실히 그릇된 생각을 하고 있는 것이다. 그런 일의 경위를 잘 고찰해 봐야 한다. 개구쟁이 아이는 누에콩을 심기 위하여 흙을 뒤엎으며, 장차 자기를 가둬 두게 될 감옥을 파고 있다는 생각을 할 만한 지식은 없는 것이다.*11

---

*11 거기다 약속을 지켜야 한다는 의무감이 아이들 마음속에, 그 효용의 무게로 굳게 굳혀지지 않더라도, 마침내 나타나는 내면적인 감정이 양심의 규칙으로써, 그것이 적용되는 지식을 얻게 되면 곧 발달해 오는 생득적인 원리로써, 그것을 아이들에게 명하게 된다. 그 최초의 표시는, 인간의 손으로 표시되는 것이 아니라, 모든 정의의 창조자에 의해 우리 마음에 새겨진 것이다. 약속의 본원적인 규칙과 그것이 명하고 있는 의무를 제거하면 인간 사회에 있는 모든 것은, 환상적이고 헛된 것이 된다. 자기 이익을 위해 약속을 지키는 자는, 아무것도 약속하지 않은 경우보다, 더 거기 묶여 있는 것은 아니다. 또는 공놀이를 하는 사람이 그 핸디캡을 더 유리한 조건으로 이용할 시기를 기다리기 위해 그것을 이용할 일을 지연시키고 있는 것처럼, 그 규칙을 깰 수 있는 가능성으로써 묶여 있을 뿐이다. 이 원리는 더없이 중요한 것으로 깊이 연구할 값어치가 있다. 여기서 인간은 자기 자신과 모순되기 때문이다(원주).

이렇게 우리는 도덕적인 세계로 들어간다. 그러나 여기서부터 부도덕으로 향하는 문이 열린다. 약속이나 의무와 함께 사기와 거짓이 탄생한다.

금지된 일을 하면, 사실을 숨기려 든다. 이해관계 때문에 무슨 약속을 하면 더 큰 이해관계가 그 약속을 깨뜨리게 만든다. 그렇게 되면 약속을 깨뜨렸을 때 벌을 받지 않을 궁리만 하게 된다. 으레 빠져 나갈 길이 생기게 마련이다. 숨어서 무슨 짓을 하거나 거짓말을 한다. 부도덕을 막지 못한 우리는 이번엔 그것을 범하지 않을 수 없는 입장에 놓인다. 이렇게 해서 인생의 불행은 그 과실과 함께 시작된다.

아이에게는 절대로 벌을 벌이라 하고 줘선 안 된다는 것, 그것은 항상 그들이 저지른 나쁜 행동의 자연적인 결과로서 주어져야 한다는 것, 이런 일들을 이해시키기 위하여 나는 이미 많은 것을 진술했다. 때문에 아이가 거짓말을 했을 때 지나치게 나무라거나 벌을 줘선 안 된다. 그렇게 하지 말고, 거짓말을 함으로써 일어나는 모든 좋지 않은 결과를, 예를 들어서 아무리 참말을 이야기해도 믿어 주지 않는다든지, 나쁜 짓을 하지 않았는데도 변명을 들어 주지 않고 비난만 한다든지 하는 것들을 그의 머리 위에 퍼부어 주면 된다. 하여튼 아이가 거짓말을 한다는 것이 어떤 것인지 설명하기로 한다.

거짓말에는 두 종류가 있다. 지난 일의 사실에 대한 거짓말과 이제부터 있을 수 있는 당위의 거짓말이다. 자기가 한 일을 부인하거나 하지 않은 일을 했다고 버틸 경우, 즉 일반적으로 말해서 의식적으로 진실과 반대되는 것을 말할 경우에는 사실상의 거짓을 말하고 있는 것이다. 지킬 의사가 없는 약속을 했을 경우, 일반적으로 생각하는 일과 반대되는 의향을 나타낼 경우에는 당위의 거짓을 말하는 것이다. 이 두 가지의 거짓말은 가끔 동일한 거짓말에 혼합되어 있는 수가 있다.*12 그러나 여기서는 그것들을 다른 것으로 생각하기로 한다.

다른 사람들의 도움을 얻어야 할 필요를 느끼는 자, 그리고 항상 그들의 호의를 받고 있는 자는 그들을 속이는 일에 전혀 관심을 갖지 않는다. 반대로 그들이 사물을 있는 그대로 봐 주느냐 아니냐에 더 큰 관심을 기울인다. 그들이 잘못 이해함으로써 이해관계가 크게 달라지므로, 자기에게 미치는 손해를

---

*12 나쁜 일을 고발당한 죄인이 자기는 성실한 인간이라고 변명하는 경우와 같다. 이 경우 그는 사실에 있어서나 마땅히 해야 할 일에 있어서나 거짓말을 하게 된다(원주).

두려워하고 있기 때문이다. 따라서 사실에 대한 거짓말이 아이에게 자연적으로 생기는 것은 명백히 아니다. 그러나 복종해야 한다는 규칙이 거짓말을 해야 할 필요성을 낳는다. 복종은 괴로운 일이므로 될 수 있는 대로 사람들이 알지 못하는 사이에 그것을 면해 보려고 하기 때문이다. 또 눈앞에 닥친 벌과 꾸지람을 면해 보려는 절박한 이해 관념이, 진실을 말함으로써 먼 앞날에 생길 이해 관념보다도 더 강하게 작용하기 때문이다. 자연적이고 자유로운 교육을 받는 아이, 즉 당신들의 아이가 어째서 거짓말을 할 필요가 있을까? 당신들은 아이를 나무라지 않고 아무런 벌도 주지 않고 아무것도 요구하지 않을 텐데. 아이는 왜 자기 또래의 아이에게 말할 때처럼 당신에게도 자기가 한 모든 일을 사실대로 이야기하지 않을까? 사실을 말해도 아이는 친구나 당신에게서 어떤 위험도 받을 염려가 없을 텐데 말이다.

당위의 거짓말은 특히 더 부자연스러운 것이다. 무엇을 한다, 안 한다, 하는 약속은 계약 행위이며, 자연의 상태에서 일탈하는 일이고, 자유를 침범하는 일이기 때문이다. 다시 말해서 아이들의 약속이란 모두 그 자체가 무의미한 것이다. 그의 한정된 시야는 현재를 넘어선 먼 곳까지 미치는 일이 없으며, 약속을 했다 해서 그것이 무엇인지도 모르기 때문이다. 약속을 할 경우에도 아이는 거의 거짓말을 하지 못한다. 현재의 일에만 급급한 아이에게는 당장에 그 결과가 나타나지 않는 방법은 무엇이건 상관이 없는 것이다. 아이가 앞으로의 일에 대해 약속을 할 때, 아무 약속도 하지 않는 것과 같다. 그리고 아직 잠자고 있는 그들의 상상력은 그들의 존재를, 두 개의 다른 시기에 걸쳐서 펴 나갈 수 없기 때문이다.

내일 창문에서 뛰어내리겠다고 약속하면 매를 맞지 않거나 과자 한 봉지를 얻을 수 있다면, 아이는 당장 약속을 할 것이다. 그러기 때문에 법률은 아이들의 약속 따위를 일체 인정하지 않는 것이다. 그리고 가장 엄격한 아버지나 교사가 아이에게 약속을 지킬 것을 요구한다 해도, 그것은 아이가 약속하지 않았어도 당연히 해야 할 일에 한한다.

아이는 약속할 때 자기가 무엇을 하고 있는지 모르기 때문에 약속했다고 해서 거짓말을 한다고 할 수 없다. 약속을 어겼을 때는 그렇게 되지 않는다. 그것은 소급적인 거짓말이라고 할 수 있다. 아이는 그 약속을 한 것을 잘 기억하고 있기 때문이다. 그러나 그는 약속을 지킨다는 일이 얼마나 중대한 일인지를 모르고 있는 것이다. 미래의 일을 내다보지 못하는 아이는 사물의 결과를 예견할 수가 없다. 그래서 약속을 지키지 않았을 때도 그 아이는 그 연령에 부합되는 이성에 어긋나는 일을 한 것은 아니다.

그 결과 아이의 거짓말은 모두가 교사의 것이라는 이야기가 돼 버린다. 그리고 아이에게 진실을 말하라고 가르치는 것은 거짓을 말하라고 가르치는 것에 지나지 않는다. 열심히 아이를 감독하고 지도하고 가르치려고 하면서 사람들은 그것을 성공시키는 데 필요한 좋은 수단 방법을 결코 찾지 못한다. 사람들은 아이의 정신에 새로운 영향력을 주려고 근거 없는 규칙과 이유 없는 교훈을 늘어놓으며, 아이가 교훈을 잘 받아들임으로써 거짓말을 더 잘 하는 편이 무지한 상태에서 거짓말을 하지 않는 것보다 낫다고 생각한다.

우리는 어떤가 하면, 학생에겐 교훈만을 주어 학생이 학자가 되기보다 선량하게 되기를 원하며 그들에게 진실을 요구하는 일 따위는 하지 않는다. 그것을 숨기려 들까 봐 겁내고 있는 것이다. 지키고 싶어하지 않는 약속을 하게 하지도 않는다. 내가 없는 동안에 어떤 손해가 일어났고 누가 했는지 알 수 없을 경우, 나는 에밀을 나무라거나 '네가 했느냐' 하는 말은 하지 않는다.*13 그런 짓을 하게 되면 사실을 부정하는 법을 가르치는 결과밖에 안 되니까. 만약 그의 성질이 매우 다루기 곤란해서 아무래도 무슨 약속을 해야만 할 경우라면, 나는 될 수 있는 대로 기술적인 방법을 취하여 항상 그쪽에서 약속을 먼저 청하도록 하고, 절대로 내가 먼저 제의하는 일이 없도록 한다. 그가 약속을 했을 경우, 그 약속을 지키면 항상 뚜렷한 이익이 돌아오도록 해주고, 약속을 어기면 항상 곤란한 일이 생기게 되며 그것은 당연한 결과로서, 결코 교사의 분풀이로 그렇게 된 것이 아니라는 것을 인식시킨다. 그러나 나는 그런 잔혹한 방법에 호소할 필요가 없을 뿐만 아니라, 에밀 자신이 훨씬 뒤에야 비로소 거짓말을 한다는 것이 어떤 것인지 알게 된다는 것과, 현재로선 그것이 무슨 소용이 있는지도 모르기 때문에 그것을 알게 되면 매우 놀라리라고 확신

---

*13 이런 질문만큼 생각이 모자라는 질문은 없다. 특히 아이들이 죄를 범하고 있을 경우에 그러하다. 그런 경우 당신네들은 그가 한 일을 알고 있다고 그가 생각했다면, 그는 당신네들이 함정을 파놓았다는 것을 알 것이고, 이런 견해는 당신네들에 대해 반항심을 느끼게 할 것이다. 만일 그렇게 생각하지 않는다면 그는 왜 자기 과오를 고해야 한다고 생각한단 말인가. 이리하여 거짓말을 하는 최초의 유혹이 당신네들의 생각 없는 질문의 결과로 생겨나게 된다(원주).

할 뿐이다. 그가 쾌적한 생활을 할 수 있도록 타인의 의지나 판단을 멀리해 주면 그만큼 더 거짓말을 하는 데 대한 관심이 없어지리라고 믿는다.

무엇인가를 성급하게 가르치지 않으면 성급하게 무엇을 요구하지도 않을 것이고, 천천히 침착하게 적당한 시기를 기다릴 것이다. 그 시기가 되면 아이는 상처받지 않은 채 자연히 성장할 것이다. 그런데 무능한 교사가 어떻게 해야 좋을지 몰라 심사숙고하지도 않고 이것저것 분별없이 약속을 하면, 그런 모든 약속을 강요당하여 싫증을 낸 아이는, 그것을 가볍게 여기고 잊어버린다. 나중엔 아무렇게 돼도 좋다는 생각이 들어 그것을 모두 형식적인 것으로 취급하고, 장난기로 약속을 하고 깨기도 한다. 때문에 약속에 대한 충실성을 강조하기 위해선 많은 것을 요구하지 말아야 한다.

거짓말에 대하여 이상과 같이 세세한 부분에 이르기까지 진술했는데, 이것은 여러모로 보아 다른 모든 의무에도 적용시킬 수가 있다. 그런 의무를 사람들은 아이에게도 강요하지만, 그것은 아이에게 의무를 싫어하게끔 만들 뿐만 아니라 실행 불가능한 일로 만들어 버리기도 한다. 사람들은 아이에게 미덕을 가르치는 것 같이 보이지만 모든 부도덕을 좋아하게끔 해주고 있다. 나쁜 짓을 금하면서 나쁜 짓을 가르치고 있는 것이다. 신앙심 깊은 아이로 만들려고 아이를 교회로 데려가서 기도를 올리게 함으로써, 하느님에게 기도하지 않아도 될 행복한 시기를 갈망하게 만든다. 사람들은 아이에게 물건을 베풀도록 시키는데, 그것은 마치 그런 일은 아이들이나 하는 것이라는 생각을 심어주는 것과 마찬가지다. 사실 물건을 베푸는 것은 아이가 하는 일이 아니다. 그것은 교사가 할 일이다. 학생에게 다소라도 애착심이 있다면 교사는 그런 명예로운 행위를 아이에게 시켜선 안 된다. 학생의 나이가 아직 그런 일을 할 자격이 없다는 것을 깨닫게 해야 한다. 베푼다는 것은 자기가 베푸는 물건의 가치와 자기의 베풂을 받는 자의 필요성을 잘 분간할 줄 아는 자가 할 일이다. 아이는 그런 일에 대해선 아무것도 모르기 때문에 물건을 베푼다 해도 결코 좋은 일을 했다고 생각지 않는다. 그는 자비심도 없이, 선행을 했다는 데 대한 의의도 느끼지 못할 것이다.

그러나 아이는 자기와 당신의 일을 생각해 보고는, 베푼다는 것이 아이나 하는 일이지 어른은 하지 않아도 된다고 느끼게 될 것이며, 점차 자신이 물건을 준다는 것을 매우 부끄럽게 여기게 될 것이다. 아이에게 있어서 그가 베풀고자 하는 물건들이란 모두 아이 자신이 그 값어치를 모르는, 단지 주머니에 갖고 있는 한푼의 돈이라는 그 정도의 의미에 지나지 않는다. 아이는 한 개의 과자보다도 오히려 금화 100루이를 낼 것이다. 그렇게 귀중한 것, 말하자면 장난감, 과자, 간식으로 받은 것 등을 남에게 주라고 해보라. 그가 진정으로 호기로운 사람인지 아닌지 당장에 알게 될 것이다.

사람들은 그런 일에 있어서 또 하나의 방법을 쓴다. 그 방법이란 준 것을 곧 아이에게 되돌려 줌으로써, 당장에 돌아올 것이 뻔한 물건은 무엇이든지 줘도 좋다는 습관을 들이게 하는 일이다. 나는 아이에게서 다음과 같은 두 종류의 호기 있는 모습을 발견하기도 했다. 그들에게는 아무런 소용이 없는 물건을 주는 것, 그렇지 않으면 틀림없이 되돌려 받는다고 알았을 때 준다는 그러한 것이다.

로크는 말했다. 가장 호기 있는 사람은 반드시 가장 은총을 많이 받은 사람이라는 것을 경험을 통하여 아이에게 납득시키도록 하라고. 그것은 겉보기는 호기 있게 보이지만 사실은 인색한 아이로 만드는 것이다. 로크는 덧붙여서 말하기를, 아이는 이렇게 해서 호기 있는 행위를 하는 습관이 붙을 것이라 했다. 분명히 그렇다. 그러나 그것은 고리대금업자 같은 호기심이며, 달걀 한 개를 사람에게 주고 소 한 마리를 가지려는 자의 속셈과 마찬가지다. 그래서 참으로 주어야 할 단계에 이르면 그런 습관이 없어지고 만다. 되돌려 받지 못하면 마침내 주는 것을 그치게 된다. 손의 습관보다도 오히려 마음의 습관에 신경을 써야 한다. 사람들이 아이에게 가르치는 그 외의 미덕도 모두 이것과 비등한 것들이다. 그리고 사람들은 이러한 견실한 미덕을 설교하면서 아이의 젊은 나날을 침울한 일로 갉아먹고 있는 것이다. 참으로 훌륭한 교육이로다.

교사들이여, 겉으로 꾸미는 일은 삼가시오. 덕이 있고 선량한 인간이 되시오. 당신들의 모범적인 행동이 학생들의 기억에 새겨져서 이윽고 그들의 심정으로 스며들도록 하시오. 나는 학생에게 서둘러 자선 행위를 시키지 않으며, 그가 보고 있는 곳에서 내가 그것을 행한다. 그리고 그의 나이에 어울리지 않는 명예로운 행위로 인정시키고 아직 그런 흉내를 낼 엄두도 갖지 못하게 한다. 인간의 의무가 곧 아이의 의무라는 생각을 갖게 해선 안 된다. 내가 가난한 사람을 돕는 것을 보고 아이가 그 이유를 묻는다면, 그에게 대답해 줘도 좋은 시기에 이르러*14 나는 그에게 이렇게 말했을 것이다. "그것은 가난한 사람들이 부자가 존재한다는 것을 인정했을 때 부자도 그 재산이나 노동으로 생활하는 수단을 갖지 못한 모든 사람들을 부양한다고 약속했기 때문이다." "그럼, 선생님도 그런 약속을 하셨어요?" 라고 그는 또 물을 것이다. "물론이지. 내가 내 손에 들어오는 재산을 가지려면 그 소유에 따른 조건을 갖추어야 한다."

이런 이야기를 납득하고 난 뒤에도, 아이에게 그것을 어떻게 이해시켜야 하는지는 이미 나온 것인데, 에밀은 별문제이지만 다른 아이들은 내 흉내를 내어 부자처럼 굴어 보려고 할지도 모른다. 그런 경우 적어도 거드름을 피우기 위한 행위는 되지 않도록 해야 한다. 나는 오히려 그가 나 몰래 나의 권리를 빼앗아 숨어서 물건을 줬으면 싶다. 그것은 그 또래의 연령의 아이에게 어울리는 속임수의 하나이므로 이것만은 나도 용서할 생각이다.

이렇게 모방함으로써 얻어지는 미덕은 모두가 원숭이의 미덕이라는 것, 좋은 일이라고 여기고 행동한 것이 아니라 남이 하니까 자기도 한다는 식의 선행은 도덕적으로 좋은 행위가 될 수 없다는 것을 나는 잘 알고 있다. 그러나 심정이 아직 아무것도 느끼지 못하는 시기에 있어선 좋은 행위를 흉내 내게 하여 그것이 습관화되면, 마침내 분별과 선에 대한 사랑을 갖고 그것을 행하는 때가 오게끔 된다. 인간은 모방자이다. 동물까지도 그렇다. 모방하기를 좋아하는 경향은 충분히 근거가 있는 자연의 경향이다. 그러나 그것이 사회에 있어서는 부도덕으로 변해 버린다. 원숭이는 자기가 두려워하고 있는 인간의 흉내는 내지만 멸시하고 있는 동물의 흉내는 내지 않는다. 원숭이는 자기보다 뛰어난 생물이 하는 일을 좋은 것이라고 생각한다. 그런데 인간 사회에서, 모든 종류의 어릿광대들은 아름다운 것을 흉내 내어 그 품위를 떨어뜨리고 그것을 웃음거리로 만들려고 한다. 미천한 감정을 가진 그들은 자기보다 값어치 있는 것을 자기와 똑같은 것으로 떨어뜨린다. 그들이 찬미하는 어떤 것을 흉내 내려고 할 경우에도, 그 대상의 선택에 있어서 모방자의 잘못된 취미가 나타난다. 즉, 다시 말해서 그들은 보다 우수한 자, 보다 영리한 자가 되려는 것보다 도리어 타인을 위압하고 자기의 재능을 칭송받으려 한다. 우리 사이에 행해지는 모

---

*14 나는 그의 의문을 그가 구하고 있을 때가 아니라, 내 기분이 그렇게 들었을 때 해결해 준다는 것을 알아줘야 한다. 그렇지 않으면 내가 그의 의지에 따르는 게 되며, 학생에 대해 교사가 빠지는 가장 위험한 예속 상태에 몸을 두게 될 것이다(원주).

방의 근본은 항상 자기 밖으로 나가려는 욕망에 기인돼 있다. 만약에 나의 계획이 성공한다면 에밀은 결코 그런 욕망을 갖지 않을 것이다. 그래서 우리는 그런 욕망이 빚어낼 가능성이 있는 것, 즉 겉보기에 좋은 것을 필요로 하지 않는 자가 되어야 한다.

당신들 교육의 모든 규칙을 깊이 생각해 봐야 한다. 그렇게 하면 그것들이 모두 거꾸로 되어 있다는 것, 특히 미덕이라든지 좋은 습관들이 모두 거꾸로 되어 있다는 것을 알게 될 것이다. 아이에게 가장 어울리는 유일한 도덕상의 교훈, 그리고 모든 연령층의 사람에게도 가장 중요한 교훈은 아무에게도 절대로 해를 끼쳐선 안 된다는 일이다. 좋은 일을 해라, 하는 교훈까지도 앞서 말한 교훈에 따른 것이 아니면 위험하고 잘못되었으며 모순된 일이 돼 버린다. 선행을 안해본 사람이 어디 있을까. 모든 사람들이 좋은 일을 하고 있다. 악인이라 할지라도 마찬가지다. 악인은 백 명의 불쌍한 사람의 희생을 제물로 하여 한 사람을 행복하게 한다. 이런 일로부터 우리의 재난은 탄생한다. 가장 숭고한 미덕은 소극적인 것이다. 그것은 또한 가장 어려운 일이다. 그것은 보기에 좋은 것이 아니며 인간의 마음에다 아주 상쾌한 즐거움을 주는 것, 타인을 만족시킨다는 저 기분 좋은 즐거움까지도 넘어선 것이기 때문이다. 절대로 사람들에게 해를 끼치지 않는 사람, 아! 그런 사람이 단 한 사람이라도 있다면, 그 사람은 다른 사람들에게 필연적으로 얼마나 커다란 선을 행하는 결과가 될까. 그런 사람이 되기 위하여 얼마만큼의 용감한 영혼과 얼마만큼의 힘센 성격을 지녀야 할 것인가. 그렇게 되는 것이 얼마나 위대한 일이며, 얼마나 힘든 일인가를 알려거든 이 준칙에 대하여 토론하지 말고 그것을 실천하고자 노력해야 한다.*15

---

*15 절대로 남에게 해를 가하지 않을 것이라는 교훈은, 가능한 한 인간 사회에 묶이지 않게 한다는 교훈도 포함하고 있다. 왜냐하면 사회 상태에 있어서 어떤 자의 이익은 필연적으로 다른 자의 해가 되기 때문이다. 이 관계는 사물의 본질에 있는 것으로 그 무엇과도 바꿀 수 없다. 이 원리에 입각하여 사회에 있는 인간과 고독한 인간은 어느 쪽이 좋은가 검토해 봄이 좋을 것이다. 어떤 유명한 저자(디드로)는 혼자 있는 것은 악인뿐이라고 말하고 있다. 나는 혼자 있는 것은 선인뿐이라고 말할 테다. 이 명제는 앞서의 명제보다 그다지 경구적(警句的)은 아니나 더 올바른 계통도 서 있다. 악인이 혼자 있다면 무슨 나쁜 짓을 하겠는가. 사회에 있기 때문에 악인은 남에게 해를 가하려고 술책을 부리는 것이다. 선인에 대해 이 논법을 역용하려는 사람이 있다면, 이 주를 단 본문에 의해 나는 대답할 것이다(원주). 루소는 《참회록》 제9권 1757년의 줄거리에서 친구인 자기가 고독하게 생활하고 있는 것을

이상이 미약하나마, 때로 아이에게 꼭 교훈을 주어야만 할 때 사람들이 가졌으면 하는 몇 가지 조심할 사항에 관한 내 생각들이다. 그런 교훈을 주지 않으면 아이 자신에게도, 다른 사람에게도 해를 끼칠 우려가 없다고 할 수 없고, 특히 나쁜 습관을 몸에 지니게 되어 나중엔 어떻게도 교정할 수 없는 결과가 될지도 모른다. 그러나 올바른 교육을 받은 아이인 경우에는 좀처럼 일어나지 않을 것이니 안심해도 좋다. 그런 아이가 말을 잘 안 듣고, 성질 나쁘고, 거짓말 잘하고, 욕심 많은 아이가 된다는 것은 그들을 그런 식으로 만드는 악의 씨를 마음속에 심어 주지 않는 한 있을 수 없는 일이기 때문이다. 그래서 이 점에 대하여 내가 언급한 것은 일반적인 규칙이라기보다 오히려 예외가 되는 일이다. 그런데 이런 예외는 아이가 그 환경 밖으로 나가는 기회가 많아지고 어른이 하는 나쁜 짓을 배우는 기회가 많아질수록 더하다. 항간에서 자라는 아이는 그렇지 않은 아이에 비하여 아무래도 더 일찍부터 교훈을 줘야 할 필요가 있다. 그래서 항간에서 떨어진 곳에서 교육하는 것은, 가령 그것이 충분히 성숙할 수 있는 기간을 아이에게 준다는 이점을 가진 것만으로도 보다 좋은 것이라고 할 수 있다.

풍부한 천성을 지니고, 보통보다 뛰어난 아이에 대해서는 그것과 또다른 반대 종류의 예외가 있다. 아이의 상태에서 벗어나지 못하는 인간이 있는 것과 마찬가지로, 말하자면 어린이 시대를 거치지 않고 거의 나면서부터 어른이 된 인간도 있다. 다만 곤란한 것은, 이 뒤에 말하는 예외는 매우 드물어서 분간하기가 매우 어렵지만, 어머니들은 모두 자기 아이가 틀림없이 천재일 것이라고 생각한다는 점이다. 그뿐만 아니라 어머니들은 보통 수준을 나타내는 것들, 즉 활발한 것, 기지가 있는 것, 멍해 있는 것, 놀랄 만큼 단순한 것 등 모두 어린이 시대에 있을 수 있는 특징, 요컨대 아이는 아이에 지나지 않는다는 것을 가장 잘 나타내고 있는 것까지도 무슨 특별한 징후처럼 생각한다. 많은 말을 시키곤 무엇이든지 지껄이게 내버려 둔 아이, 무슨 일에도 구속을 받지 않고, 예의 같은 것에도 구애받는 일 없는 아이가 어쩌다가 무슨 뜻밖의 굉장한 말을 했다고 해서 뭐 그리 놀랄 것이 있겠는가. 그런 말을 전혀 하지 않았다면 더 놀랐어야 했을 것이다. 그것은, 점성학자가 말한 수많은 허튼 소리 가운데서 하

알면서 디드로가 《사생아》의 서문에 이상과 같은 말을 삽입한 것을 몹시 비난하고 있다.

나라도 진실을 예언하지 못했다면 놀라운 일이다, 라고 하는 말이나 마찬가지다. 앙리 4세는, 그들은 너무 거짓말을 하기 때문에 마지막에는 진실을 고하게 된다고 말했다. 혹 재치 있는 말을 하고 싶거든 덮어놓고 바보 같은 소리를 늘어 놓으면 된다. 칭찬해 주고 싶어도 그런 일밖에 달리 재주를 갖고 있지 않은 현대풍의 사람들을 난처하게 만들어 주지 않기만 하면 되니까.

아이의 두뇌에도 훌륭한 생각이 번쩍일 때가 있다. 다시 말해서 아이 입에서도 더할 나위 없이 재치 있는 말이 튀어 나오는 수가 있다. 그것은 대단히 값비싼 다이아몬드가 어쩌다가 아이 손에 입수되는 수도 있다는 이야기와 흡사하다. 그러한 생각이나 다이아몬드를 아이들의 것이라고 할 수는 없다. 이들 연령으로선 어떠한 종류의 것이건 진정으로 소유한다는 것은 있을 수 없다. 아이가 하는 말은 아이에게 우리에게서와 마찬가지의 뜻을 갖지 못한다. 아이는 그것에다 같은 관념을 맺어 두지 못한다. 아이가 그런 관념을 어쩌다가 갖는 일이 있다 해도 아이의 머릿속에서는 아무런 연관성을 이루지 못한다. 어떠한 일에 대해서도 아이가 생각하는 일은 고정된 것, 확실한 것이 없다. 당신들이 말하는 그 천재아를 잘 관찰해 보시오. 간혹 가다 발랄한 두뇌의 움직임, 날카로운 재기의 번뜩임을 볼 수 있을 것이다. 그러나 대개의 경우 같은 아이인데도 그의 정신은 어떤 때는 이완돼 있고, 명석하지 못하며, 마치 짙은 안개로 뒤덮여 있는 것 같이 느껴질 때가 있다. 또 아이가 당신들보다 앞서서 걸어갈 때도 있지만, 어떤 때는 가만히 멈춰서 있기도 한다. 이 아이는 천재다, 라고 말하고 싶을 때가 있는가 하면, 곧 이어서 이 아이는 멍청이다, 라고 말하고 싶어진다. 어느 편이건 당신들은 오해하고 있는 것이다. 요컨대 그것은 아이인 것이다. 어느새 창공 높이 올라갔다고 여겼는데 곧 바위 끝의 둥지로 되돌아오는 어린 독수리와 마찬가지다.

그 때문에 겉모습에 속지 말고 그 나이에 맞도록 아이를 대해야 한다. 그리고 힘겹게 훈련시키려다 도리어 소모시키게 됨을 두려워해야 한다. 젊은 두뇌가 가열되면 끓기 시작한다는 것을 알아차리고 그것을 자유스럽게 발효시켜야 한다. 결코 자극해선 안 된다. 모든 것이 꺼져 버릴 우려가 있다. 그리고 애초의 증기가 증발해 버리면 뒤의 것을 보존하고 압축하여, 모든 것이 연차적으로 생명을 불어넣는 열과 참된 힘으로 되게끔 해야 한다. 그렇게 하지 않으면 당신들은 시간과 염려를 헛되게 만드는 결과를 초래하게 된다. 그리고 그렇게 사라져 버리기 쉬운 증기에 취해 버리면 결국 남는 것은 김빠진 찌꺼기뿐이다.

멍청한 아이가 성장하면 속물이 된다. 이것보다도 일반적이고 확실한 일이 달리 또 있는지 나는 모른다. 아이에게서 강한 영혼을 예고하는 듯한 그 거짓 어리석음과, 진정한 어리석음을 구별하기처럼 어려운 일은 없다. 두 개의 극단이 매우 흡사한 징후를 갖고 있다는 것은 얼핏 보아 기묘하게 느껴지긴 하나 그것은 당연한 일이다. 인간이 아직 진정한 관념을 갖지 못하는 나이에 있어선 천분이 풍부한 아이와 그렇지 못한 아이 사이에 나타나는 차이는, 후자는 잘못된 관념만을 받아들이고, 전자는 잘못된 관념밖에 보지 못하기 때문에 그 밖의 관념도 받아들이지 않는다는 데 있기 때문이다. 그래서 한쪽은 아무것도 하지 못한다는 것으로, 또 다른 쪽은 아무것도 받아들이지 않는다는 것으로 인하여 양쪽 모두 바보처럼 보이는 것이다. 둘을 구별할 수 있는 징후를 발견하는 길은 오로지 우연뿐인데, 우연은 전자에게 그 능력에 알맞는 관념을 제공하지만 후자는 언제까지나, 어디에 있어도 같은 상태에 머무르게 한다.

소(小) 카토는 어릴 때 집에서 바보 취급을 당했다. 말이 없고 고집 센 아이, 이것이 그에 대한 사람들의 판단의 전부였다. 처음으로 숙부가 그의 인물을 알아본 것은 술라의 집 대기실에서였다. 만약에 소 카토가 그 대기실에 들어가지 않았다면, 아마도 그는 이성의 시기에 이를 때까지 바보로 통했을 것이다. 만약에 카이사르가 존재하지 않았다면, 그 불길한 천재를 간파하고 미리부터 그 계획의 전부를 예견했던 이 소 카토를 사람들은 언제까지나 환상가 취급을 했을 것이다. 너무나도 성급하게 아이에 대하여 단판을 내리는 사람은 대단히 큰 오해를 하게 될 것이다. 이런 사람은 가끔 아이들보다도 더 아이가 된다. 나는 영광스럽게도 나에게 우정을 갖고 있던 어떤 사람이, 꽤 나이가 들었는데도 가정에서나 친구들 사이에서 무능한 인간으로 여겨지는 것을 보았다.*16 그의 뛰어난 두뇌는 사람에게 알려지지 않은 채 성숙하고 있었던 것이다. 돌연히 그 사람은 철학자로서 두각을 나타냈는데, 후세는 이 사람에게 그 시대의 가장 뛰어난 이론가, 가장 심오한 형이상학자의 한 사람으로 명예롭고 높은 지위를 주리라고 믿는다.

---

*16 이것은 철학자 콩디야크를 말함.

아이의 상태를 존중해야 한다. 그리고 좋은 일이건 나쁜 일이건 조급하게 판단을 내려선 안 된다. 예외적인 것에 대하여서는 그것이 스스로 나타나고 증명하고 확인될 때까지 기다리다가 특별한 방법을 채용해야 한다. 오랫동안 자연이 하는 대로 내버려 두는 게 좋다. 미리부터 자연 대신 무엇을 해보려 생각해선 안 된다. 그런 일을 하면 자연의 사업을 방해하는 결과가 된다. 우리는 시간의 중요성을 알기 때문에 그것을 허비하고 싶지 않다고 당신들은 말하겠지. 시간을 잘못 사용하는 것은 아무것도 하지 않고 있는 것보다 더 시간을 허비하게 된다는 것, 그리고 서툰 교육을 받은 아이는 전혀 교육을 받지 않은 아이보다 훨씬 더 지혜로부터 멀어진다는 것을 당신들은 모르는가. 아이가 아무것도 하지 않고 어린 시절을 헛되이 보내는 것을 당신들은 걱정한다. 천만의 말씀, 행복하게 지내고 있는 것이 아무 의미도 없는 것일까. 하루 종일 즐겁게 뛰어노는 것이 아무 의미도 없는 일일까. 일생 동안에 이렇게도 충실하게 보내는 시기가 또 있을 수 있을까. 대단히 엄격한 사람이라고 여겨지는 플라톤은 《국가론》에서 아이를 한결같이 축제와 놀이, 노래와 위안거리를 갖고 키우고 있다. 아이에게 스스로 즐기는 법을 충분히 가르쳤을 때 플라톤은 모든 것을 성취했다고 할 것이다. 또 세네카는 고대 로마의 젊은이들에 대하여 말하기를, 그들은 항상 서 있었고, 그들은 앉아서 공부해야 할 것은 아무것도 배우지 않았다고 했는데, 그것 때문에 그들은 쓸모없는 인간이 됐을까. 그러나 그들이 소위 무위한 생활을 한다는 것을 그리 겁낼 필요는 없다. 인생 전체를 유익하게 이용하기 위하여 절대로 자지 않는 사람이 있다면 당신들은 무엇이라고 하겠는가. 당신들은 이렇게 말하겠지. 이 사나이는 비상식적인 사나이다. 시간을 즐길 줄 모른다. 자기 스스로 시간을 버리고 있다. 잠들지 않으려다 죽음을 초래하고 있다고. 그래서 우리 경우도 마찬가지로 어린이 시절이란 이성이 잠자는 시기라고 생각하면 된다.

얼핏 보았을 때 쉽게 터득한다는 것은 아이에게 있어서 파멸의 원인이 된다. 그런 식으로 쉽게 배울 수 있다는 것이야말로 아이가 아무것도 배우고 있지 않다는 증거인데, 사람들은 그것을 모른다. 매끄럽게 닦인 그들의 두뇌는 마치 거울처럼 앞에 있는 물체를 비친다. 그러나 뒤에는 아무것도 남지 않고, 내부로 들어가지 않는다. 아이가 처음 말을 배우게 되면 그 관념은 반사될 뿐이다. 아이가 하는 말을 듣고 있는 사람은 그 뜻을 알지만 아이에게만은 그것이 이해되지 않는다.

기억과 추론은 본질적으로 다른 두 개의 기능이기는 하나 그것들은 서로 수반되지 않으면 제대로 발달되지 못한다. 이성의 시기 이전에 아이는 관념이 아닌 영상만을 받는다. 그리고 영상과 관념 사이에는, 한쪽은 감각적인 대상 그 자체를 비추는 것인데, 다른 한쪽은 여러 가지 관련성을 갖고 규정된 대상의 개념이라는 차이가 있다. 영상은 그것을 포착하는 정신에 단독으로 존재할 수 있지만, 관념은 모두 다른 관념의 존재를 예상한다. 생각해 냈을 때는 단순히 보고 있는 것이지만 이해하고 있을 때는 비교하고 있는 것이다. 우리 감각은 순수하게 수동적이지만 우리의 지각, 혹은 관념은 모두가 판단을 수반하는 어떤 능동적인 근거에서 탄생된다. 이것은 나중에 증명하기로 한다.

그래서 나는 아이에게는 판단력이 없으니까 진정한 기억은 없다고 말해 둔다. 아이는 소리나 형태나 감각을 포착하지만 관념을 포착하는 일은 매우 드물며, 그것과의 관련성을 포착하는 일은 더욱 드물다. 아이가 기하학의 몇몇 기초를 배우고 이해한다는 사실을 내세우면서, 사람들은 내 생각의 틀린 점을 충분히 증명했다고 믿고 있다. 그러나 그것은 전혀 반대로 나의 생각이 옳다는 것을 증명하고 있다. 즉, 아이에게는 제 자신이 감히 추론을 가하지도 못할 뿐 아니라 타인의 추론을 이해할 수도 없다는 것을 사람들은 증명하고 있는 것이다. 그 어린 기하학자들이 어떻게 이해하고 있는지 살펴보자. 그들은 다만 도형의 정확한 인상과 증명의 용어를 외고 있을 뿐이라는 것을 당장에 알 수 있다. 조금이라도 새로운 곤란이 생기면 도무지 이해하지 못하고 만다. 도형을 거꾸로 해보이면 도무지 이해하지 못한다. 그들이 알고 있는 것은 모두가 감각적인 것에 한정되어 있으며 오성으로 도달하는 것은 아무것도 없다. 그들의 기억 그 자체도 다른 능력 이상으로 완전한 것이라 할 수 없다. 대체적으로 무슨 일이건 어린이 시절에 말로만 배운 것은 커서 다시 한번 배워야 한다.

그렇다고 해서 아이는 어떠한 종류의 추론도 할 수 없다고 나는 생각하지 않는다.*17 반대로 그들이 알고 있는 일, 또 그들의 눈에 보이는 현재의 이해관

---

*17 집필 중 몇 차례나 생각한 일이지만 긴 저작에서 같은 말에 항상 같은 뜻을 갖게 한다는 것은 불가능하다. 아무리 풍부한 국어라도, 우리 관념이 가질 수 있는 변화와 같은 용어·말투·문장을 공급할 수는 없다. 모든 용어에 정의를 내리고, 정의가 내려진 것 대신으로 계속 정의를 사용하는 것은 훌륭한 방법이나 실행할 수는 없다. 어떻게 하면 순환을 피할

계와 관련이 있는 일이라면 항상 추론을 잘하고 있다는 것도 나는 알고 있다. 다만 사람들이 잘못 생각하고 있는 것은, 그들의 지식에 관해서 사람들은 그들이 갖고 있지도 않는 지식을 갖고 있다고 생각하고 이해할 수도 없는 일에 대하여 추론을 시키고 있다는 점이다. 또 사람들은 아이가 아무런 관심도 갖고 있지 않은 일에다 주의를 끌게 하려고 하는데, 이것 역시 잘못이다. 예를 들어 그들의 장래에 닥쳐올 이해관계, 어른이 됐을 때의 행복, 사람들로부터 받는 존경 같은 것이다. 앞날에 대하여 생각하는 능력을 일체 갖지 않는 아이에게 그런 말을 해본들 무슨 뜻이 있겠는가. 이런 가엾은 아이들에게 강요하는 공부는 모두가 그들의 정신과는 전혀 인연이 없는 것들뿐이다. 그들이 그것에 대하여 어느 정도의 관심을 가질 수 있는지 깊이 생각해 주기 바란다.

제자에게 주는 지식을 과장해서 늘어놓는 교사는, 그것과는 또다른 말을 해서 돈을 받는다. 그들 자신이 하고 있는 방법을 보면 나와 똑같은 생각을 갖고 있는 게 분명하다. 요컨대 그들은 제자에게 무엇을 가르치고 있는가. 말, 다음에 또 말, 항상 말뿐이다. 그들은 제자에게 여러 가지 학문을 위하여 정말 쓸모가 있는 것을 선택하지 않는 데만 신경을 쓰고 있는 것이다. 쓸모가 있는 것은 사물에 대한 학문일 텐데 그들은 그것을 도저히 성공시킬 것 같지 않기 때문이다. 그들이 선택하는 것은 그 용어만 알면 알고 있는 것처럼 보이는 학문, 예를 들어서 문장학·지리학·연대학·어학 같은 것인데, 이런 것들은 모두가 인간에게는 특히 아이들에게는 전혀 필요 없는 공부이며 이 가운데 단 하나라도 일생 동안에 쓸모 있는 것이 있다면 이상한 노릇일 뿐이다.

어학 공부도 교육상 쓸모없는 일의 하나라고 말하면 독자들은 놀랄 것이다. 그러나 여기서 이야기하고 있는 것은 어린아이의 공부에 한해서라는 것을 상기해 주기 바란다. 사람들이 뭐라 하든, 열두 살 내지 열다섯 살 될 때까지는

수 있을까. 정의를 내리기 위해 말을 사용치 않는다면 정의는 훌륭한 것이 될지도 모른다. 그럼에도 불구하고, 우리 국어가 아무리 빈한하더라도 명석하게 할 수 있다고 나는 믿고 있다. 그것은 같은 말에 언제나 같은 뜻을 갖게 함으로써가 아니라 낱말 하나하나를 사용할 때마다, 거기 주어지는 뜻이 그에 따르는 관념에 의해 충분히 한정되도록 하여, 그 말을 발견할 수 있는 문장·구절 하나하나로 말하자면, 그 말에 정의를 내리게 하는 것이다. 나는 어떤 때는 아이들에게는 추론할 수 없다고 하고, 또 어떤 때는 아이들에게 상당히 미묘한 추론을 행하게 한다. 그 때문에 나는 관념상 모순되었다고는 생각지 않으나, 종종 표현에 있어 모순점을 인정한다(원주).

천재라면 모를까, 어떠한 아이이건 2개 국어를 완전히 배운 아이가 있다고 믿어지지 않는다.

언어의 공부가 말을 배우는 것, 즉 그것을 표현하는 문자나 음을 배우는 데 지나지 않는다면, 나는 그것을 인정하겠다. 그러나 언어는 기호를 바꿈으로 인해서 동시에 그것이 표현하는 관념마저도 바뀐다. 두뇌는 언어에 따라 형성되고, 사상은 관용의 어법에 따라 색조를 갖게 된다. 이성만이 공통적이며, 정신은 각 언어에 따라 특수한 형태를 갖는다. 그 상이점은 각양각색의 국민성의 원인 또는 결과로 판단할 수 있다. 그리고 이러한 가능성을 확인하고 있는 것처럼 느껴지는 것은 세계의 모든 국민에 있어서 국어는 풍습과 함께 변천하고, 유지되거나 퇴폐하고 있기 때문이다.

습관이 그 여러 가지 형태 중의 하나를 아이에게 준다. 그리고 아이는 이 유일한 형태를 이성의 시기에 도달할 때까지 갖는다. 두 개의 형태를 갖기 위해서는 관념을 비교할 수 있어야 하는데, 관념을 가질 능력이 거의 없는 아이가 어떻게 그것을 비교할 수 있겠는가. 아이는 한 가지 한 가지에 대하여 무수히 다른 표시를 가질 수 있으나 하나하나의 관념은 단 하나의 형태밖에 가질 수 없다. 그래서 아이는 단 하나의 언어를 배울 수 있을 뿐이다. 그래도 아이들은 여러 언어를 배우고 있지 않느냐고 사람들은 나에게 말하겠지. 나는 그런 사실을 부인한다. 나는 5, 6개 언어를 말할 수 있다고 자랑하는 소위 신동들을 만난 일이 있다. 나는 그들이 차례차례로 독일어, 라틴어, 프랑스어, 이탈리아어로 말하는 것을 들었다. 아마 그들은 다섯 종류나 여섯 종류의 사전을 사용했겠지만, 항상 독일어로 말하고 있는 데 지나지 않았다. 아이에게 당신들이 원하는 만큼의 많은 동의어를 가르쳐 보라. 단어는 바뀌겠지만 언어는 바뀌지 않을 것이다. 아이는 단 하나의 언어밖에는 모르는 것이다.

이런 점에서 아이의 무능력을 감추기 위해 사람들은 아이에게 흔히 사어(死語)를 가르친다. 이런 언어는 이미 오래 전부터 일상적으로 사용되지 않았기 때문에 사람들은 책에 씌어 있는 것을 흉내 내는 것으로 만족하고 만다. 그리고 이런 정도를 가지고 그 나라 언어를 할 수 있다고 자랑하는 것이다. 교사가 알고 있는 그리스어, 라틴어가 그런 정도라면, 하물며 아이들은 어떤지 짐작할 수 있다. 무슨 소리인지 전혀 뜻도 모르고 초보적인 것을 겨우 암기했는데, 그들은 또 프랑스어로 된 문장을 라틴어로 옮기는 법을 배워야 한다. 한 걸음 더 나가게 되면 키케로의 문장을 산문으로, 베르길리우스의 발췌문을 시구로 만드는 법을 배우게 된다. 그리고 그들은 자기가 라틴어를 말할 수 있다고 생각하는 것이다. 누가 감히 여기에 대하여 이론을 내세우겠는가.

어떠한 공부든지 간에 표현되는 사물에 대한 관념이 없으면 표현되는 기호에도 아무런 뜻이 없게 된다. 그런데 사람들은 항상 아이에게 그런 기호만을 가르치고, 그것이 표현하는 사물은 결코 이해시키지 못한다. 사람들은 아이에게 대지의 경관에 대하여 가르치려고 하지만 그것은 단순히 지도 보는 방법을 가르치는 데 지나지 않는다. 사람들이 도시나 나라, 강 이름을 가르칠 때 아이는 종이 위에 나타나 있는 그것들이 다른 어떤 곳에 존재하고 있다는 것은 이해하지 못한다. '세계란 무엇이냐, 그것은 한 개의 보드지로 된 공이다.' 첫머리에 이런 말이 적혀 있는 지리책을 어디선가 본 일이 있다. 아이들의 지리학이란 바로 이런 것이다. 2년 동안 천체와 우주에 관하여 배운 열 살 난 아이가 배운 규칙을 더듬으며 혼자서 파리에서 생 드니까지 갈 수 있을까. 아버지 집의 정원 도면을 보며 그 정원의 휘어진 길을 헤매지 않고 걸어갈 수 있는 아이는 하나도 없으리라고 나는 생각한다. 베이징(北京), 에스파냐, 멕시코, 그리고 지상의 모든 나라가 어디에 있는지 손바닥을 뒤집듯이 잘 알고 있는 박사란 모두 그런 것이 아니겠는가.

아이에게는 눈만 사용하는 공부를 시키는 것이 적당하다는 소리를 들은 일이 있다. 눈으로만 할 수 있는 공부가 있다면 그런 소리를 할 수 있겠지. 그러나 나는 그런 공부를 모른다.

또 사람들은 아이에게 역사 공부를 시키는 데 있어서 이상한 오류를 범한다. 역사란 사실을 모은 것에 불과하니까 아이는 그것을 충분히 이해할 수 있다고 사람들은 생각한다. 그런데 사실이라는 말은 무엇을 뜻하는가. 역사적인 사실을 결정짓는 여러 가지 관련은 매우 쉽게 잡을 수 있기 때문에, 그 관념을 아이의 정신 속에다 쉽게 형성시킬 수 있다고 사람들은 생각하고 있는 것일까. 사건을 정확하게 안다는 일이 그 원인을 아는 일, 결과를 아는 일과 관련이 없다고 생각하고 있는 것일까. 또 역사적인 것은 윤리적인 것과 그다지 관련이 없으며, 그것들을 따로따로 알 수 있다고 생각하고 있는 것일까. 인간의 행동을 단순히 외부적이고 물리적인 움직임으로만 본다면 역사에서 무엇을 배울 수 있겠는가. 전혀 아무것도 배우지 못할 것이다. 그리고 이 학문은 전혀 흥미

없는 것이 돼 버려서 아무런 교훈도 즐거움도 주지 않는다. 그 행동을 윤리와 관련해 평가할 생각이라면 그것을 당신들의 학생에게 가르쳐 보라. 역사가 아이의 연령에 어울리는 것인지 아닌지 알 수 없게 될 것이다.

독자들이여, 늘 잊지 말아 주기 바란다. 당신들에게 이야기하고 있는 사람은 학자도 철학자도 아니고, 당파에 매여 있지도 않고 체계도 서 있지 않은 하나의 소박한 인간, 진실한 친구라는 것을. 사람들과 그다지 사귀지도 않고, 사람들과 사귀었을 때도 일을 곰곰이 생각할 시간을 충분히 갖고 있는 고독한 인간이라는 것을. 나의 이론은 여러 가지 원칙보다도 많은 사실에 근거를 두고 있다. 그래서 나는 가끔 그런 이론을 빼낼 수 있게 해주는 관찰을 통하여 어떤 실제적인 예를 들어서 이야기하는 것이 당신들의 판단을 받을 수 있는 가장 좋은 방법이라고 생각한다.

나는 어떤 착한 어머니가 아이의 교육에 대해 큰 관심을 갖고 있는 시골집에서 며칠을 지낸 일이 있다. 어느 날 아침, 나는 그 집의 가장 큰아들이 수업을 받는 자리에 있게 됐는데, 그 아이에게 이미 고대사를 충분히 가르친 가정교사는 알렉산드로스 대왕 이야기를 하면서 의사 필리포스에 관하여 널리 알려진 일화를 끄집어냈다.*¹⁸ 이 이야기는 그림으로도 나온 것이 있는데 분명히 그만한 값어치가 있는 일화이다. 훌륭한 그 교사는 알렉산드로스의 용감한 행위에 대하여 약간의 의견을 말했다. 그 의견은 나의 마음에 들지 않았으나 학생이 교사에 대하여 불신감을 가질까 봐 나는 반박하지 않았다. 식사 때, 사람들은 프랑스인의 풍습대로 사람 좋은 그 아이에게 여러 가지로 말을 시켰다. 그 나이에 어울리는 싱싱한 정신과 틀림없이 모두에게서 칭찬을 받으리라는 기대가 아이로 하여금 실없는 소리를 함부로 지껄이게 만들었는데, 그래도 그중에는 괜찮은 말도 있었기 때문에 다른 것은 잊게 되었다. 맨 나중에 의사 필리포스의 이야기가 나왔다. 아이는 그것을 매우 명쾌하게, 그리고 대단히 재치 있게 이야기했다. 사람들은 어머니가 원하고 또 아들이 기대하고 있던 칭송

─────────────

*18 이 유명한 일화는 플루타르코스와 퀸티우스크르티우스(1세기 로마의 역사가)의 알렉산드로스전에 있다. 몽테뉴 《수상록》 제1권에는 다음과 같이 기록되어 있다. '알렉산드로스는 가장 친한 의사 필리포스가 다리우스에게 매수되어 자기를 독살하려던 일을 파르메니온의 편지로 알고 그 편지를 필리포스에게 주어 읽게 함과 동시에 그가 권한 음료수를 마셔 버렸다.'

의 말을 언제나처럼 던져 주고 나서, 아이가 한 이야기에 대하여 토론을 시작했다. 대부분의 사람들이 알렉산드로스의 무모한 행위를 비난했다. 어떤 자는 교사의 의견에 동조하여 알렉산드로스의 용감한 행위와 용기를 칭찬했다. 그래서 나는 그 자리에 있던 모든 사람들이 알렉산드로스의 행위의 참으로 아름다운 점을 모르고 있다는 것을 알았다. 나는 사람들에게 말했다. "알렉산드로스의 행위에 조금이라도 용기 있는 데가 있다고, 아주 조금이라도 장한 데가 있다고 여겨질지도 모르나, 나는 그런 행위는 다만 무모한 것에 지나지 않는다고 생각합니다." 그러자 사람들은 모두 다 같이 내 말이 옳다며 맞장구쳤다. 나는 흥분하여 그 말에 대답하려고 했다. 그때 내 옆에서 계속 입을 다물고 있던 한 여성이 나의 귀에다 대고 속삭였다. "장 자크, 그만둬요. 이 여인들은 당신이 하는 말을 이해하지 못할 테니까요." 그 여인의 얼굴을 쳐다보고 나서 나는 멈칫하여 입을 다물었다.

이 나이 어린 박사께서 자기가 멋들어지게 한 이야기를 전혀 이해하지 못하고 있다는 것을 두세 마디의 말끝에서 알아차린 나는, 식후에 아이의 손을 잡고 함께 정원을 거닐었다. 그리고 누구의 눈치도 볼 필요가 없었으므로 아이에게 여러 가지를 물어 보았더니, 많은 사람들에게 칭송을 받고 있는 알렉산드로스의 용기에 대하여 누구보다도 그가 가장 감동을 받고 있다는 것을 알았다. 그러나 그가 알렉산드로스의 어떤 용기에 감동을 받았는지 알고 나서 나는 놀랐다. 주저하지 않고, 조금도 얼굴을 찌푸리지 않고 쓴 약을 단숨에 마셨으니까 용기가 있다는 것뿐이었다. 약 2주일 전에 쓴 약을 죽을 힘을 다하여 간신히 먹은 일이 있었던 이 가엾은 아이는 그때의 그 쓴맛을 잊을 수가 없었던 것이다.

죽음이라든지 독살이라든지 하는 일도 아이에게는 다만 불유쾌한 감각 정도로밖에는 여겨지지 않으며, 센나 이외에 다른 독약이 또 있다고 생각되지는 않았던 것이다. 여하튼 영웅의 장한 행동이 어린 마음에 커다란 인상을 남겨 놓았다. 이 다음에 약을 먹어야 할 경우에는 자기도 알렉산드로스가 한 것처럼 해야겠다고 굳게 마음먹은 점을 알아줘야 한다. 그의 이해력의 한계를 넘어서 설명을 하지 않기로 한 나는 그의 갸륵한 마음가짐을 격려해 주었다. 그리고 아이에게 역사를 가르친다고 생각하는 아버지들과 교사들의 훌륭한 지혜에 대하여 미소를 지으며 집으로 돌아갔다.

국왕·제국·전쟁·정복·혁명·법률 등의 낱말을 아이의 입을 통하여 말하게 하기는 쉽다. 그러나 이런 낱말에다가 뚜렷한 관념을 연결시키는 것이 문제가 됐을 때, 정원사 로벨과의 일과 이러한 모든 설명 사이에는 커다란 거리가 생기게 될 것이다.

"장 자크, 그만두세요." 하던 여인의 말에 불만을 품은 몇몇 독자들은 결국 알렉산드로스의 행위에서 도대체 어떤 점을 아름답게 생각하느냐고 물을 것이다. 나는 그러리라고 짐작한다. 가엾은 독자여, 그것을 설명해야만 할 정도라면 그것을 이해할 리도 없지 않은가. 그것은 즉, 알렉산드로스가 덕이라는 것을 믿고 있었다는 점이다. 자기의 목을 걸고, 생명을 걸고 그것을 신뢰했던 것이다. 그의 위대한 영혼은 그것을 신뢰할 수 있게끔 만들어져 있었던 것이다. 그 약을 마셨다는 것은 그 얼마나 아름다운 신앙 고백을 나타낸 것이냐. 그렇다. 지금까지 이만큼 숭고한 신앙 고백을 한 인간은 없다. 어딘가에 현대의 알렉산드로스가 있다면 똑같은 행위를 해서 자기가 알렉산드로스라는 것을 증명해 주기 바란다.

말뿐인 학문이 없다면 아이에게 어울리는 공부도 없다는 이야기가 된다. 아이들이 진정한 관념을 갖지 못한다고 하면 그들에겐 진정한 기억도 있을 수 없다. 감각적인 것만을 기억할 수 있는 기억을 나는 기억이라고 하지 않기 때문이다. 아이에게 아무것도 느끼게 하지 못하는 기호의 도표를 그들 머리에 쑤셔 넣는다고 해서 무슨 소용이 있겠는가. 사물을 배울 때 그들은 기호로 배우는 게 아닐까. 어째서 두 번 배우게 하여 고생시키는가. 그리고 사람들은 아이에게 아무런 뜻이 없는 말을 가르쳐서 그것이 마치 학문인 양 인식시킴으로써 헤아릴 수 없으리만큼 해로운 편견을 그들의 머릿속에 심어 주려고 한다. 아이가 말뿐으로 만족하게 되면, 또 자기에게 그것이 이로운지 해로운지도 모른 채 타인의 말을 믿고 사물에 관하여 배우게 되면 당장에 아이는 판단력을 잃게 된다. 그 아이는 오랫동안 어리석은 자들 눈에 광채를 던져 주겠지만 나중에 비로소 그러한 손실에 대한 보상을 받으려 하게 될 것이다.[19]

---

*19 대다수의 학자는 아이들과 마찬가지로 그렇게 된다. 광대한 박학은 많은 관념에서 생기기보다 오히려 많은 영상에서 생기는 것이다. 날짜·고유명사·장소 등 각각의, 또는 관념이 결여된 대상은 다만 기호를 암기함으로써 기억되고, 사람은 그런 것들을, 동시에 그것을 읽은 페이지의 표면과 이면 또는 그것을 처음 본 도형을 보지 않고 생각해 내는 일은 거의

그렇다. 자연은 모든 종류의 인상을 받아들일 만한 유연성을 아이의 두뇌에 부여하고 있다. 하지만 그것은 우울한 소년 시절을 괴롭히고 있는 국왕들의 이름과 연대, 문장학, 천체, 지리학에 관한 어휘들, 그의 나이에 아무런 의미도 없으며 그의 인생에 아무런 쓸모도 없는 말들을 기억시키기 위하여 주어진 것이 아니다. 그것은 그가 이해할 수 있고 그에게 유리한 모든 관념, 즉 그의 행복과 연결되고 마침내 그의 의무를 명백히 해주는 모든 관념이 지워지지 않는 글자로써 일찍부터 두뇌에 새겨져서, 일생 동안 그가 그의 존재와 능력에 어울리도록 행동하는 데 힘이 되게끔 하기 위하여 주어진 것이다.

서적을 갖고 공부하지 않았다고 해서 아이가 지니고 있는 기억력이 아무 쓸모도 없어지는 것은 아니다. 보이는 것은 물론, 듣는 것도 모두 아이를 자극하고 그것을 기억시킨다. 그는 사람들의 행위와 말을 마음속에 간직한다. 그리고 그를 에워싸고 있는 모든 것은 서적이 되며, 그것으로 인하여 아이는 무의식적으로 끊임없이 기억하는 내용을 풍부하게 하고 마침내는 판단력이 그것을 유효하게 사용할 수 있게 해준다. 그 대상을 잘 선택해서 아이가 알 만한 것은 항상 보여 주고, 알면 안 될 것은 감춰 주는 일이야말로 아이의 근본적인 능력을 길러 주는 참된 기술이다. 이런 일들을 해줌으로써 어렸을 때는 교육하는 데 도움이 되고, 다른 모든 시기에는 행동하는 데 도움이 되는 지식의 보고를 만들어 주게 된다. 이 방법은 솔직히 말해서 되바라진 천재를 만들지 않을 것이고, 양육자나 교사에게 화려한 명성을 던져 주지도 않을 것이다. 그러나 이 방법은 분별 있는 건전한 인간, 육체도 오성(悟性)도 건전한 인간, 어릴 때는 자주 칭찬을 받지 못하나 성인이 되면 존경받을 수 있는 인간을 만들어 낸다.

에밀은 아무것도, 우화 같은 것을 암기하는 따위도 하지 않을 것이다. 라 퐁텐의 우화가 제아무리 소박하고 매력적이라 해도 그것조차도 암송하는 일은 없을 것이다. 역사 이야기는 역사가 아닌 것 이상으로, 우화 이야기는 우화가 아니기 때문이다. 어째서 사람들은, 우화는 아이들의 윤리학이라고 말할 정도

여간해서 없다. 이 수 세기 동안 찬양받아 온 학문은 거의 그런 것이었다. 우리 세기의 학문은 그것과는 별개의 것이다. 사람은 이미 연구하지 않고 관찰하지 않는다. 사람은 꿈을 꾸고 있다. 그리고 언젠가 꿈자리가 나쁜 날 밤에 꾼 꿈을 철학이라 하고, 엄숙하게 우리에게 제시하고 있다. 나도 꿈을 꾸고 있는 것이라고 사람들은 말할 것이다. 그 말이 맞다. 그러나 이것은 다른 사람이 하려 들지 않는 일이지만 나는 꿈을 꿈으로 나타내고, 잠이 깬 사람에게 뭔가 유익한 것이 있는지 없는지를 독자에게 탐구케 하고 있다(원주).

로 맹목적이 될 수 있을까. 우화가 아이를 즐겁게 해주면서 잘못된 것을 가르치고 있다는 것, 거짓말에 속아서 진실을 보지 못하도록 하고 있다는 것, 그리고 아이에게 교훈을 즐거운 것으로 여기도록 하는 일은 아이가 그 교훈에서 이익을 얻는 것을 방해하고 있다는 점을 사람들은 생각하고 있지 않다. 우화는 어른을 가르칠 수 있어야 하지만, 아이에게는 살아 있는 진실을 이야기해야 한다. 진실에다 뚜껑을 덮어씌우면 아이는 애써서 그것을 벗기려 하지 않는다.

아이들은 대개 라 퐁텐의 우화를 배우게 되지만 그것을 이해할 수 있는 아이는 한 사람도 없다. 만약 이해가 됐다면 더 나쁜 결과가 된다. 그 도덕은 여러 가지가 섞여 있어서 아이의 나이에는 전혀 어울리지 않으며, 그것이 아이를 미덕보다도 부도덕으로 인도하는 결과가 되기 때문이다. 이것 역시 늘 하는 역설이라고 당신들은 말하겠지. 그렇다면 그것이 옳은지 그른지 검토해 보기로 하자.

우화를 가르쳐도 아이는 그것을 이해하지 못한다고 나는 말한다. 아무리 그것을 단순한 것으로 하려고 애써도, 사람들이 그것에서 끄집어내려는 교훈은 아이가 포착할 수 없는 관념을 그것에다 부어넣게 되므로, 시의 표현법 그 자체가 우화를 아이로 하여금 보다 더 외기 쉬운 것으로 만들고 있는 동시에 더 이해하기 곤란한 것으로 만들고 있다. 따라서 알기 쉬운 것을 희생시켜 가며 즐거운 것으로 만들고 있는 것이다. 라 퐁텐의 우화에서는 아이가 무슨 소리인지도 모를, 또 필요하지도 않은 많은 우화가 필요한 것과 섞여 있기 때문에, 사람들이 별로 심사숙고하지 않고 그런 것까지도 아이에게 가르치게 되는데, 그런 것은 삼가서 작자가, 특히 아이들 취향으로 만들었다고 여겨지는 것만 고르기로 한다. 라 퐁텐의 우화에서 어린이다운 순박성이 뛰어나게 빛나는 것은 내가 보기에 대여섯 가지밖에 없다. 이 가운데에서 책 첫머리에 있는 우화[20]를 예로 들기로 한다. 여기에 나타나 있는 교훈은 다른 어떤 것보다도 모든 연령층의 사람에게 어울리는 것이며 아이들도 이것을 가장 잘 알고 좋아한다. 그래서 작자도 특별히 책 첫머리에 놓고 있는 것이다. 이것이 정말로 아이들에게 이해되고 그들을 즐겁게 해주고 가르친다면, 이것이야말로 그의 틀림없는 걸작품이다. 이제부터 이 우화의 시구를 좇아서 약간의 검토를 시도하고

---

[20] 포르메이 씨가 아주 올바르게 지적하였듯이 이것은 두 번째 우화이지, 첫 번째의 우화는 아니다(원주).

자 한다.

까마귀와 여우

까마귀 선생, 앉아 있던 나뭇가지에

'선생', 이 말은 그 자체가 무엇을 뜻하는가. 고유명사 앞에 있을 땐 어떤 뜻이 되는가.

까마귀란 무엇인가.

'앉아 있던 나뭇가지에'란 무엇인가? 우리는 '앉아 있던 나뭇가지에'라고 하지 않는다. '나뭇 가지에 앉아 있었다'라고는 한다. 그래서 시에서 쓰는 도치법에 관하여 이야기해야 한다. 산문이란 어떤 것인가. 시란 어떤 것인가를 이야기해야 한다.

치즈를 한 입 물고.

어떤 치즈였나. 스위스의 치즈인가, 브리의 것인가, 그렇지 않으면 네덜란드 것인가. 아이가 아직 까마귀를 본 일이 없으면 그 이야기를 한들 무슨 소용이 있겠는가. 이미 본 일이 있다면 까마귀가 입에다 치즈를 물고 있는 따위를 어떻게 생각할까. 항상 자연 그대로의 모습을 그려보기로 하자.

여우 선생 냄새에 이끌리어

또 선생, 그러나 이것은 여우에게 어울리는 호칭이다. 여우는 그 방면에 있어선 뛰어난 역량을 가진 훌륭한 선생이니까. 여우라는 것이 어떤 것인지 설명하고 그의 진짜 성질과 우화에서 나타나는 성격을 구별해야 한다. '이끌리어', 이 말은 평상시 별로 쓰지 않는다. 그 뜻을 설명해야 한다. 오늘날 이 말은 시에서만 쓰인다는 것을 이야기해야 한다. 아이는 어째서 시에서는 산문에서와 같은 말을 쓰지 않느냐고 물을 것이다. 당신들은 무엇이라고 대답하겠는가.

나무에 앉아 있던 까마귀가 물고 있던 '치즈의 냄새에 이끌리어' 숲속의 동굴에 있는 여우까지 알게 됐다니, 그 치즈는 틀림없이 굉장한 냄새를 풍겼을 것이다. 이런 일은 올바른 비판 정신, 즉 옳다고 여겨지는 일만 납득하는 정신 인데, 타인의 이야기의 진실성과 허위성을 구별할 수 있는 비판 정신을 당신들 의 학생에게 넣어 줄 수가 있을까.

까마귀를 향하여 이런 말을 한다.

'이런 말'에서 여우는 말을 할 수 있나. 현명한 교사여, 조심해 주기 바란다. 대답을 하기 전에 잘 생각해 봐야 한다. 당신의 대답은 당신이 생각하고 있는 이상으로 중요한 의미를 지니게 된다.

여보세요, 안녕하세요, 까마귀 님

'님', 이런 호칭을 아이들은 그것이 경어라는 것을 미처 알기도 전에 놀림감 으로 쓰인다는 것을 알게 된다. 무슈 드 꼴보(까마귀 님)라고 말하는 사람은 이 드(귀족 이름의 표시)를 설명하기 전에 다른 것에 관하여 더 많이 설명해야 할 것이다.

당신은 어쩌면 그렇게도 아름다울까.
어쩌면 그렇게도 아름답게 보일까.

필요 없는 말, 쓸데없는 되풀이, 똑같은 일이 다른 말로 되풀이되는 것을 보 고 아이는 깔끔하지 못한 화법을 배우게 된다.
이 반복은 작자의 기교의 하나이다. 여러 가지 말로 칭찬하려 드는 여우는 일부러 이런 말을 하고 있는 것이다, 라고 당신들은 설명하겠지만, 그것이 나에 게는 지당한 설명이 될 수 있으나 나의 학생에게는 지당하다고 할 수 없다.

당신의 날개의 아름다움에
대답한다면

'대답한다', 이 말은 어떤 뜻인가. 목소리와 날개라는 전혀 다른 성질을 가진 것을 비교해 보도록 아이에게 시켜 보시오. 얼마만큼 이해될 수 있는지 알게 될 것이다.

> 당신은 이 숲의 귀한 손님이신
> 불사조지요.

'불사조', 피닉스란 무엇인가? 여기에서 우리는 갑자기 허망한 고대 세계로 내던져진다. 신화의 세계로, 라고 말해도 과언이 아니다.

'이 숲의 귀한 손님', 쓸데없는 비유적인 말, 아부하는 자는 고상한 말을 써서 더 위엄 있고, 더 부드럽게 들리도록 한다. 이런 섬세한 배려를 아이가 이해할 수 있을까. 고상한 문체, 또는 비속한 문체라는 것조차도 아이는 알고 있지 못할 것이다.

여기서 물론 속담으로 되어 있는 이 까마귀라는 표현도, 이미 강한 감정을 경험한 일이 없는 사람에게는 잘 이해되지 못할 것이다.

> 자기의 아름다운 목소리를 들려 주려고

이 시구와 이 우화 전체를 이해하려면 아이는 까마귀의 아름다운 목소리가 어떤 것인지 알아야만 한다는 것을 잊어선 안 된다.

> 쩍하고 입을 벌리더니, 툭하고 먹이를 떨어뜨렸다.

이 구절은 멋이 있다. 어조가 그대로 영상을 비쳐 준다. 나에게는 까마귀가 크고 보기 흉한 주둥이를 벌리는 광경이 보인다.

나뭇가지 사이로 치즈가 떨어지는 소리가 들린다. 그러나 이런 종류의 아름다움은 아이에게 전혀 이해되지 않는다.

> 여우는 그것을 갖고 이렇게 말했다.
> 사람 좋은 원님

여기에서 벌써 사람이 좋다는 것은 바보라는 뜻으로 돼 버린다.

분명히 이것은 아이를 가르치는 데 시간을 허비하고 있는 것이 되지는 않을 것이다.

잘 기억해 둬야 해요. 알랑거리는 자는 모두가

일반적인 교훈, 여기서는 더 어떻게도 생각할 수 없게 된다.

알랑거림에 귀를 기울이는 놈이 내는 돈으로 살아간답니다.

열 살 난 아이가 이 구절의 뜻을 이해하는 일은 절대로 없다.

이 교훈은 분명히 치즈 한 개 정도의 값어치는 있지요.

이것은 잘 이해할 수 있고 매우 적절한 것이다. 그런데 교훈과 치즈의 값어치를 비교할 수 있는 아이, 또 교훈보다도 치즈 쪽이 더 좋다고 생각하지 않는 아이는 좀처럼 없을 것이다. 그래서 이런 말은 비웃는 말에 지나지 않는다는 것을 아이에게 이해시켜야 한다. 아이에게는 무척 미묘한 일일 것이다.

까마귀는 볼 낯 없고 창피해서

또 동의어의 반복인데, 이 경우에는 어쩔 수 없다.

다시는 이런 일에 걸려들지 않으리라고 맹세했으나 이미 때는 늦어서

'맹세', 맹세란 어떤 것인가. 그것을 아이에게 설명하는 어리석은 교사가 어디 있을까.

자잘한 일을 누누이 설명했는데, 이 우화가 내포하고 있는 모든 관념을 분석하고 더 나아가 그 하나하나를 조립하고 있는 단순하고도 기본적인 관념으로 환원시키기 위해서는 아직도 충분하다고 할 수 없다. 그러나 아이에게 이

해시키기 위하여 그런 분석이 필요하다고 생각하는 사람이 있을까. 우리들은 그 누구도 자기를 아이의 상태에다 놓고 생각할 수 있을 정도로 우수한 철학자가 될 수는 없다. 그러나 이제부터 도덕적인 고찰로 들어가자.

세상에는 수지맞는 일을 얻어내기 위하여 아첨을 하거나 거짓말을 하는 사람이 있다는 것을, 열 살 난 아이에게 가르칠 필요가 있는지 어떤지를 나는 묻고 싶다. 어린 사내아이를 놀려 대고 어리석은 허영심을 뒤에서 비웃는 그런 실없는 인간도 있다는 것을 가르치는 게 고작일 것이다. 그러나저러나 치즈가 모든 것을 망쳐 버렸다. 자기 입에 물고 있는 치즈를 떨어뜨리지 말라고 가르치지 않고 오히려 타인의 입에 있는 치즈를 떨어뜨리도록 아이에게 가르치게 된다. 이것이 나의 제2의 역설인데, 먼젓번 역설에 비하여 그 중요성에 있어서 뒤질 바가 없다.

아이가 우화를 배우고 있는 것을 주의 깊게 관찰해 보라. 그것을 실생활에 부합시켜서 생각할 수 있을 경우, 아이는 항상 작자의 의향과는 반대되는 생각을 하고 있으며, 작가가 고쳐 주려고 하고 갖지 않도록 해주려는 결점에 대하여 반성하지는 않고, 아이는 타인의 결점에서 자기의 이익을 끌어내려는 좋지 못한 일에 신경을 쓰고 있는 것을 발견하게 된다.

앞서 인용한 우화에서 아이는 까마귀를 비웃고 여우를 좋아한다. 다음의 우화에서 당신들은 매미의 예를 들어서 느끼게 하려고 하지만, 아이들은 그렇게 하지 않고 개미를 본받으려 한다. 사람들은 남에게 머리 숙이기를 싫어한다. 아이들은 항상 빛나는 역할만 맡으려고 한다. 그것은 자존심에서 오는 매우 자연스러운 선택이다. 그런데 이것은 아이에게 얼마나 무서운 교훈인가. 모든 괴물 중에서 가장 끔찍한 괴물은 인색하고 인정머리 없는 아이, 남이 자기에게 무엇을 원하고 있는가를 알면서 그것을 거절하는 아이이다. 개미는 더 심한 짓을 한다. 개미는 거절하는 것뿐만 아니라 상대방을 비웃는 것까지 아이에게 가르친 것이다.

사자가 등장인물 중의 하나로 나오는 모든 우화에서는 대개 가장 빛나는 역할을 맡고 있어서 아이는 반드시 자기도 사자가 된다. 그리고 어떤 분해하는 일에 참여하게 되면 사자를 본받아 무슨 수단을 쓰던지 모든 것을 차지하려고 한다. 그러나 파리 떼가 사자를 쓰러지게 하는 경우에는 사정이 달라진다. 이번엔 아이는 사자가 아니라 파리 떼가 된다. 아이는 어느덧 정정당당하게 대항할 수 없는 상대를 만났을 경우 바늘로 찔러 죽이는 것을 배우게 된다.

깡마른 이리와 살찐 개의 우화에서 아이들은 작가가 주려고 하는 절제의 교훈이 아닌, 제멋대로 하는 생활 태도를 배운다. 항상 얌전히 굴어야 한다고 타이름을 받은 어린 여자아이가 이 우화를 읽고 몹시 서러워서 우는 것을 본 적이 있는데, 나는 결코 그것을 잊을 수가 없다. 왜 울었는지 좀처럼 아무도 몰랐었는데, 나중에 겨우 그것을 알게 됐다. 가엾게도 그 아이는 항상 속박을 당하고 있었기 때문에 더 참을 수가 없게 됐던 것이다. 그 아이는 자기의 목이 마치 짐승처럼 목줄에 매여 있는 듯 괴로워했으며, 자기가 이리처럼 될 수 없는 것을 슬퍼한 것이다.

지금까지 인용한 것 중에서 첫 번째 우화가 주는 교훈은 아이에게 더할 나위 없이 천한 아부심을 일깨워 주고, 다음의 우화는 인정머리 없는 것을 가르치고, 세 번째는 부정을 가르치고, 네 번째 것은 빈정댐을, 다섯 번째 것은 자유로운 독립 정신을 가르친다. 이 마지막 교훈은 나의 학생에게는 필요 없는 것인데, 그렇다고 해서 당신들의 학생에게도 적당하다고 할 수는 없다. 서로 모순을 일으키는 교훈을 주게 되면 당신들의 심심한 배려도 좋은 결과를 기대할 수 없게 된다. 그렇다 해도 내가 우화에 대하여 이의를 내세울 논거가 되는 도덕은, 한편으로는 우화를 찬양하는 이유도 제공하고 있다. 이 사회에서는 말뿐인 도덕과 실천상의 도덕이 필요하다. 그러나 이 두 가지의 도덕은 서로 닮지 않았다. 말뿐인 도덕은 교리 문답에서 찾을 수 있으나 그곳에 버려 두게 된다. 실천상의 도덕은 라 퐁텐의 우화집에서 아이의 것을, 그의 콩트집에서 어머니의 것을 찾을 수 있다.*21 한 사람의 작자로 모든 것을 충당할 수가 있다.

라 퐁텐 씨여, 타협합시다. 나는 기꺼이 당신 작품을 읽고, 당신을 사랑하고, 당신의 우화에서 교훈을 얻겠다고 약속하겠습니다. 나는 그 우화들의 목적에 대하여 오해를 하지 않기 때문입니다. 그러나 나의 학생은 그것을 4분의 1도 이해할 수 없을 것입니다. 때문에 그런 것을 배워도 좋다는 것을, 이해할 수 있는 일을 오해하는 경우가 없다는 것을, 또 속은 자를 보고 자기의 결점을 고치려고 하지 않고 속인 자를 본받는 일이 있는데, 결코 그런 인간이 되지 않는다는 것을 당신이 증명해 줄 때까지, 나는 당신의 우화를 하나도 읽지 못하게 할

---

*21 라 퐁텐은 우화집 외에 염소담(艷笑談)을 모은 《콩트와 누베르》가 있다.

작정이니 제발 용서해 주시기 바랍니다.

이런 식으로 아이의 과업을 막음으로써 나는 아이에게 가장 큰 불행을 안겨다 주는 도구, 즉 책을 빼앗어 버린다. 독서는 어린이에게 재해를 끼치는 역할을 하는데, 공교롭게도 사람들이 아이에게 줄 수 있는 유일한 일거리이기도 하다. 열두 살의 에밀은 책이라는 것을 거의 모를 것이다. 그러나 그가 적어도 글은 읽을 수 있어야 할 게 아니냐고 사람들은 말하겠지. 그것에는 나도 동감이다. 읽는 일이 쓸모 있게 될 때가 되면 읽을 줄 알아야 한다. 그러나 그때까지는 읽는 일이 그를 지리하게 만들 뿐이다.

복종하고 있는 아이에게 무엇인가를 요구해서 안 된다면, 그들은 즐거운 일이건 유익한 일이건, 현실적인 이익을 느끼고 있는 일이 아니면 아무것도 배우지 못한다는 이야기가 된다. 다른 어떤 동기가 그들에게 무엇인가를 배울 수 있게 해주겠는가. 부재중인 사람에게 말을 걸거나 부재중인 사람의 말을 듣는 기술, 먼 데 있는 사람에게 중개자 없이 우리의 감정과 의사와 욕구를 전달하는 기술, 그런 기술의 효용은 모든 연령층에게 가르칠 수가 있다. 이런 유익하고도 즐거운 기술이 무슨 이상한 이유로 아이를 괴롭히는 것으로 돼 버렸을까. 아이에게 강제적으로 그것을 배우게 하기 때문이다. 아이가 아무것도 이해하지 못하는 일에 그것을 쓰게 하기 때문이다. 아이들이란 자기를 괴롭히는 도구를 완전하게 만드는 데는 큰 호기심을 갖지 않는 법이다. 그러나 그 도구가 아이를 즐겁게 해주는 데 도움이 될 수 있는 것으로 만들어 주면 당신들이 아무리 말려도 열중하게 될 것이다.

읽는 것을 배우기 위한 가장 좋은 방법을 생각해 내야 한다. 이것은 매우 중요한 문제이다. 그래서 뷰로(문자를 모아서 단어를 만들 수 있게 된 상자)와 카드가 고안된 것이다. 어린이방은 인쇄 공장처럼 돼버린다. 로크는 아이들이 주사위로 문자를 배우면 어떨까라고 말했다. 과연 좋은 생각일 것이다. 하지만 그런 일보다 더 확실한 방법, 사람들이 언제까지나 알아차리지 못하는 방법, 즉 배우고 싶다는 기분이 바로 그것이다. 아이에게 그런 기분을 갖도록 애써 보라. 뷰로와 주사위는 내버려 두어라. 무슨 일이건 아이에게 좋은 효과가 나타날 것이다.

절박한 이해관계, 이것이 가장 큰 동기인 동시에 확실하게 숙달시킬 수가 있는 유일한 동기이다. 에밀은 가끔 아버지·어머니·친척·친구들로부터 점심이나 야유회나, 뱃놀이나 축제 구경을 가자는 초대장을 받는다. 그런 편지는 간단명료하여서 잘 알아볼 수 있지만 누군가가 에밀을 위하여 그것을 읽어줘야 한다. 그런데 그 누군가가 때마침 없었다든지 그 자리에 있었다 해도 에밀이 그전날 마음에 들지 않게 굴어서 앙갚음으로 모른 체했다고 하자. 그러면 좋은 기회는 사라지고 시간은 가버린다. 겨우 편지를 읽었을 땐 이미 늦었다. 아! 편지를 읽을 수 있다면! 또 다른 편지를 받게 된다. 이런 간단한 편지, 거기에 씌어 있는 것은 무척 재미있는 일인 것 같다. 아이는 어떻게 해서든지 읽어 보려고 애쓴다. 누군가가 도와줄 때도 있고 거절당할 때도 있다. 애쓴 결과 편지 내용을 겨우 절반쯤 알 수 있었다. 내일 크림을 먹으러 간다는데 어디로 누구와 함께 가는지 모르겠다. 나머지 부분을 읽으려고 무진 애를 써본다. 나는 에밀이 뷰로가 필요하다고 생각지 않는다. 다음엔 쓰는 법에 대하여 이야기해야 할까, 아니다. 교육론 속에서 그런 쓸데없는 일을 갖고 놀아나다니, 부끄러운 일이다.

나는 다만 다음 한 마디를 덧붙여 말하고 싶다. 이것은 중요한 준칙의 하나이다. 그것은 일반적으로 보아 급하게 획득하려고 하지 않는 것은 매우 확실하게 그리고 신속하게 획득할 수 있다는 것이다. 에밀은 열 살이 될 때까지는 완전히 읽기·쓰기를 할 수 있다고 나는 확신한다. 그것은 그가 열다섯 살 때까지 읽기·쓰기를 모른다 해도 대수로운 것이 아니라고 생각하기 때문이다. 읽어야 할 필요가 있는 모든 것을 희생시켜가며 읽기를 익히느니보다 에밀이 전혀 읽는 법을 모르고 있는 편이 낫다고 나는 생각한다. 읽는 것을 철저하게 싫어한다면, 읽을 수 있게 된들 무슨 소용이 있겠는가. 그가 아직 좋아하지 않는 학문을 장차 끔찍한 것이라고 생각하지 않도록, 또 그가 아무것도 모르고 지내던 시기가 지나고 나서 예전에 한번 느꼈던 그런 혐오감이 되살아나 그로 하여금 학문을 싫어하는 마음을 갖지 않도록 각별히 조심해야 한다. 내가 소극적인 방법을 강조하면 할수록 반감이 더욱더 높아지는 것 같이 느껴진다.

당신의 학생은 당신으로부터는 아무것도 배우지 않는다 해도 다른 사람으로부터는 배울 것이다. 진리를 갖고 오류에 대항하지 않으면 학생은 거짓을 배우는 결과가 될 것이다. 당신은 편견을 주기를 싫어하겠지만 학생은 주위에 있는 모든 것으로부터 그것을 배우게 될 것이다. 편견은 그의 모든 감각기관을 통하여 스며들어 온다. 그것은 그의 이성이 형성되기 전에 벌써 그의 이성을 망쳐 버린다. 또는 그의 정신이 오랫동안 아무것도 하지 않고 있었기 때문에 둔화되어 물질에 흡수당하고 말 것이다. 어린 시절부터 생각하는 습관을 붙여 놓지 않으면 일생 동안 생각하는 능력을 잃게 된다.

이런 일은 문제없이 대답할 수 있다고 느껴진다. 그러나 어째서 대답만 하고 있는가. 나의 방법이 그대로 이론에 대한 답변이 될 수 있다면 그것은 좋은 방법이다. 만약에 답변하는 것이 못된다면 그것은 아무런 값어치가 없는 방법이다. 나는 계속하겠다.

내가 이끌어 나가는 도면대로, 일반적으로 인정받는 규칙과는 정반대의 규칙에 따르면, 즉 당신들의 학생의 마음을 먼 곳으로 향하게 하지 말고 그를 다른 장소, 다른 풍토, 다른 시대, 대지의 끝, 하늘 저 멀리를 헤매게 하지 않고 항상 자기 자신 속에 머무르게 하고 직접 자기 몸에 닿는 것에다 마음을 돌리도록 노력한다면 당신들은 결국 그가 그의 지각·기억, 더 나아가 추론하는 능력까지도 갖추게 되는 것을 발견할 것이다. 그것이 자연의 질서이다. 감각하는 존재가 행동하는 존재로 되어감에 따라 그는 그의 힘에 대응하는 판단력을 얻는다. 그리고 자기 보존에 필요한 힘을 넘는 힘이 생겼을 때 비로소 나머지 힘을 다른 용도에 쓰기 위하여 필요한 사색 능력이 그의 내부에서 발달한다. 그래서 당신들의 학생의 지성을 양성하려거든 그 지성을 지배하는 힘을 양성해야 한다. 끊임없이 그의 몸을 단련시켜야 한다. 그의 몸을 가장 건전하게 하여 현명하고 이성적인 인간으로 만들어야 한다. 노동시키고, 행동하게 하고, 뛰게 하고, 소리지르게 하여, 항상 운동 상태에 놓이도록 해야 한다. 힘에 있어서는 어른이 되게 해야 한다. 그렇게 하면 마침내 이성에 있어서도 어른이 될 것이다.

그런데 이 방법을 취하는 데 있어서도 항상 지휘만 해선 안 된다. 가거라, 오거라, 가만 있거라, 이걸 해라, 그것은 해선 안 된다는 등, 그렇게 되면 결국 아이는 우둔한 바보가 되고 만다. 당신의 두뇌가 항상 그의 손발을 움직이게 하면 그의 두뇌는 할 일이 없어진다. 그러나 우리의 약속을 떠올려 보자. 당신이 현학자라면 나의 책은 읽을 필요가 없게 된다.

몸을 쓴다는 것이 정신 활동에 해를 끼친다는 생각은 참으로 한심한 생각이다. 이 두 개의 활동은 서로 수반될 수가 없다. 한쪽이 다른 한쪽을 인도해 갈 수 없다고 생각하고 있는가.

몸을 항상 움직이고 있으면서 영혼을 위한 일에는 전혀 신경을 쓰지 않는 두 부류의 인간이 있다. 바로 농민과 미개인이다. 농민은 우둔하고 거칠고 무뚝뚝하다. 미개인은 우수한 감각을 가진 자로 인정받고 있는 동시에 예민한 정신을 가진 자로 인정받고 있다. 일반적으로 보아서 농민만큼 우둔한 자는 없고, 미개인만큼 활발한 자는 없다. 이 차이점은 어디에서 생겨났을까. 그것은 농민은 항상 명령을 받아왔다는 것, 아버지가 하는 일을 보아 왔다는 것, 자기가 젊어서부터 해 오던 일이기 때문에 항상 습성에 의해서만 행동을 해왔고 거의 자동적인, 그 생활에 있어서 늘 같은 일에 종사함으로써 생긴 습성과 복종이 이성 대신 그 자리를 차지하기 때문이다.

미개인은 사정이 좀 다르다. 아무 곳에도 머물러 살지 않으며, 명령받은 일거리가 있는 것도 아니고, 아무에게도 복종할 필요가 없고 자기 자신의 의사밖에는 다른 규율도 없는 그는 생활하는 데 있어서 행동 하나하나에 추리력을 활용하지 않을 수 없다. 움직임 하나에도 발걸음 하나에도 그 결과를 미리부터 생각하지 않을 수 없다. 그래서 몸을 움직일수록 그의 정신은 더욱더 선명해진다. 그의 힘과 이성은 서로 함께 발달하고 서로 도우며 자라난다.

박식한 교사여, 우리 학생이 미개인을 닮았는지 농민을 닮았는지 생각해 보자. 항상 무엇인가를 가르치려는 권위에 무조건 복종하는 당신의 학생은 시키지 않으면 아무것도 하지 않는다. 배가 고파도 감히 먹지 못하며 유쾌한 일이 있어도 웃지 못한다. 슬퍼도 눈물을 흘릴 수 없고, 한쪽 손 대신 다른 쪽 손을 내밀 수 없으며, 명령받지 않으면 발도 움직일 수 없다. 그러다가는 당신의 명령에 따라서만 숨쉴 수밖에 없을 것이다. 당신이 그를 대신하여 만사에 신경을 써주는데, 그가 무슨 생각을 할 수 있겠는가? 앞일은 당신이 생각해 줄 것이라고 안심하고 있는 그는 앞일에 대하여 생각할 필요가 없지 않은가. 그의 몸을 지키거나 그의 신변의 자잘한 일을 당신이 맡고 있는 것을 아는 그는 자신은 그런 일에서 해방되어 있다고 느낀다.

그의 판단력은 당신의 판단력에 의존해 있다. 당신이 금지시키지 않는 일은 무엇이든지 아무 생각 없이 한다 해도 아무런 위험성이 없다는 것을 잘 알고 있기 때문이다. 비가 올까 봐 걱정하는 것을 배울 필요가 없다. 자기 대신 당신이 하늘을 관찰한다는 것을 그는 잘 알고 있다. 자신이 산책할 시간을 정하는 데 머리를 쓸 필요가 있을까. 점심때가 지날 때까지 당신이 그를 산책하게 내버려두지는 않을 것이다. 당신이 먹지 말라고 하지 않는 한 그는 먹을 것이다. 당신이 그만두라고 하면 먹지 않을 것이다. 그는 자기의 위장에게 의견을 물어보지 않고 당신의 의견을 묻는다.

아무것도 시키지 않음으로써 그의 몸을 유약하게 한들 그의 오성까지 유약해지는 것은 아니지 않은가. 전혀 그와는 반대로 그가 갖고 있는 약간의 이성을 대단히 무익한 일에 소모시키면, 그의 마음이 이성을 믿지 않게 돼버린다. 이성의 중요성을 모르는 그는 마침내 그것이 전혀 쓸모없다고 생각하게 된다. 추론을 잘못했기 때문에 생기는 가장 최악의 것이란 기껏해야 책망을 받는 정도의 일이다. 그런데 그는 늘 책망을 받고 있는 처지여서 그런 것쯤 아무것도 아니며, 겁을 먹을 일이 못된다.

어느 날 당신은 그에게서 재기의 번득임을 본다. 내가 앞서 말한 바와 같은 어조를 갖고 있는 것이다. 그런데 자기가 무엇인가를 해야만 하거나, 어떤 곤란한 일을 당하여 스스로 태도를 결정해야 할 처지에 이르면, 그는 매우 거친 농부의 아들보다도 백 배나 더 우둔한 인간이 돼버리는 것이다.

내 학생, 다시 말하면 자기 일은 자기가 처리하도록 일찍부터 훈련받은 자연의 학생은 항상 타인의 도움을 청하는 그러한 습관은 없으며, 남에게 자기가 박학하다는 것을 자랑하는 버릇은 더욱 없다. 그는 직접 자기에게 관계가 있는 모든 일에 대하여 판단하고 예견하고 추론한다. 지껄이지 않고 행동한다. 항간에서 일어나는 일에 대해선 모르지만 자기에게 어울리는 일을 하는 것은 충분히 알고 있다. 항상 움직여 돌아가고 있으니까 틀림없이 많은 것을 관찰하고 많은 결과를 알게 될 것이다. 일찍부터 풍부한 경험을 얻는다. 인간으로부터가 아니고 자연으로부터 교훈을 얻는다. 가르치려는 자는 아무데도 없기 때문에 더욱 자기 스스로 배우게 된다. 이런 식으로 육체와 정신이 동시에 단련된다. 항상 자기의 생각으로 행동하고 타인의 생각으로 행동하는 일이 없기 때문에 그는 늘 두 개의 움직임을 한 개로 연결시킨다. 강하고 건강할수록 분별 있고 바른 인간이 된다. 그것은 양립하지 못한다고 여겨지는 것, 그러나 모든 위인들이 거의 갖고 있는 것, 즉 육체의 힘과 영혼의 힘, 현자의 이성과 투기자의 활력을 장차 지니기 위한 방법인 것이다.

젊은 교육자여, 나는 하나의 어려운 기술을 당신에게 가르쳐 드리리다. 그것은 훈계하지 않고 지도하는 것, 그리고 아무것도 하지 않고 모든 것을 성취시키는 일이다. 하긴 이런 기술은 당신 나이에 맞지 않는다. 그건 당신의 눈부신 재능을 당장 발휘하는 데 적합하지 않으며, 아버지들에게 높은 평가를 받을 수도 없기 때문이다. 하지만 이것이야말로 성공으로 이끄는 유일한 기술인 것이다. 당신은 우선 아이를 개구쟁이로 만들지 않고서는 총명한 인간을 만들어 내지 못할 것이다. 그것이 스파르타인의 교육법이었다. 아이를 책에 묶어놓는 대신 저녁 식사를 도둑질하는 것부터 가르쳤다. 그렇다고 해서 스파르타인들은 어른이 되어서도 예절을 모르는 거친 인간이 되었던가. 항상 승리자가 되기 위하여 태어난 그들은 모든 전쟁에서 적을 격퇴했으며, 수다스러운 아테네인은 스파르타인의 공격뿐 아니라 그 말재주도 두려워했던 것이다. 지나치게 주의 깊은 교사는 자기가 명령하고 지휘하는 줄 알지만 사실은 지휘를 받는 것이다. 학생은 당신이 원하는 것을 이용하여 자기가 좋아하는 것을 손에 넣으려 한다. 그리고 그는 한 시간만 꼼짝하지 않으면 일주일 동안의 자유를 얻을 수 있다는 것을 잘 안다. 끊임없이 그와 계약을 체결해야 한다. 당신은 나름대로 계약을 제의하지만 그는 그 나름대로 생각하고 실행하기 때문에 늘 그의 변덕에 놀아나는 결과가 되기 쉽다. 실행하건 안 하건 틀림없이 제 것이 될 수 있는 것을, 아이에게 이익이 되도록 교환 조건으로 계약을 체결했을 경우 특히 그렇다. 아이들은 일반적으로 교사가 아이의 마음을 꿰뚫어 보는 것보다도 훨씬 더 교사의 생각을 꿰뚫어 보는 것이다. 그도 그럴 것이 아이는 자기의 몸을 지키기 위한 수단과 자기 자신이 강구해야 할 처지에 놓였을 때 발휘하는 최대한의 명민함, 그리고 자연이 부여해 준 자유를 압제자의 속박으로부터 벗어나는 데 쓰지만, 교사는 학생의 마음을 알아보는 데 대하여 그다지 큰 관심도 없으며 때로는 아이의 태만이나 허영심을 그대로 내버려두는 것이 편하다고 생각하기 때문이다.

당신의 학생에 대하여 반대의 길을 취해 보라. 학생이 항상 자기가 주인이라고 여기게 하면서 사실은 당신이 주인이 되도록 해본다. 겉보기는 어디까지나 자유로워 보이는 노예 상태처럼 완전한 노예 상태는 없다. 이렇게 하면 의지 그 자체까지도 포로로 할 수 있다. 아무것도 모르고 아무것도 못하고, 아무것도 분간하지 못하는 가엾은 아이는 당신의 뜻대로 움직일 수밖에 없을 것이다. 그에 관해서는 그 신변에 있는 것은 모두 자유롭게 할 수 있지 않은가. 당신이 원하는 대로 그의 마음을 움직일 수 있는 게 아니겠는가. 일도, 놀이도,

즐거움도, 괴로움도 모두 당신 손에 쥐어져 있는데 그는 그것을 알지 못하는 것이다. 물론 그는 자기가 원하는 일밖에 하지 않을 것이다. 그러나 당신이 시키고자 하는 일밖에 원하지 않을 것이다. 당신이 미리 생각하고 있던 것 외에는 한 발짝도 내딛지 않을 것이다. 그가 무슨 말을 하려는지 당신이 모르는 일은 없을 것이다.

이렇게 해야만 비로소 그는 그 나이가 필요로 하는 육체의 훈련에 열중해도 정신을 둔하게 하는 결과가 되지 않을 것이다. 귀찮은 속박을 면해 보려고 잔꾀를 부리지 않고 주위에 있는 모든 것으로부터 현실의 쾌적한 생활을 위하여 가장 유리한 것을 끄집어내려고 한결같이 애쓸 것이다. 그때 비로소 당신은 그가 자기 손이 미치는 곳에 있는 모든 것을 섭취하고자, 그리고 타인의 의견에 힘입지 않고 진정으로 사물을 즐기려고 그가 발휘하는 미묘한 발명의 재능을 보고 놀랄 것이다.

이렇게 그의 뜻대로 하도록 놔둔다고 해서 변덕스러운 마음을 조장하는 결과는 되지 않을 것이다. 자기에게 적당한 일밖에 하지 않는 동안에 그는 해야 할 일만을 하게 될 것이다. 그리고 그의 몸이 끊임없이 움직이고 있는 동안에도 뚜렷하게 보이는 현재의 이해관계에 해당하는 일에 한해서 그의 이성은 다만 이론적인 공부에 그치지 않고 훨씬 더 잘, 또 훨씬 더 그에게 어울리게 성장하고 있다는 것을 알 수 있을 것이다. 이렇게 해서 그는 당신이 그의 의사를 방해하기 위한 감시를 하는 일도 없으므로 당신을 경계하려고 하지도 않을 것이고, 당신에게 숨길 필요도 없으므로 당신을 속이거나 거짓말을 하지도 않을 것이다. 아무 걱정 없이, 있는 그대로의 자기를 보일 것이다. 당신은 마음대로 그를 연구할 수 있으며, 그는 교훈을 받고 있다고 꿈에도 생각하지 않으며, 당신이 그의 주위에 미리 준비해 놓은 교훈을 받게 될 것이다.

그는 또 호기심이 가득찬 샘 때문에 당신이 하고 있는 일을 감시하는 따위의 짓을 하지 않을 것이고, 당신의 과실을 보고 남몰래 좋아하는 따위의 짓도 하지 않을 것이다. 우리가 예방하는 이런 불리한 점은 실제로 아주 큰 문제이다. 아이들이 무엇보다도 주의를 기울이고 있는 일 중의 하나가 이전에도 말한 바와 같이 그들을 지도하고 있는 자의 약점을 찾아내는 일이다. 이런 경향이 사악한 마음으로 유도하는 것이지, 그것이 사악한 마음에서 생기는 것은 아니다. 그것은 귀찮다고 여겨지는 권위에서 벗어나려는 욕망에서 생기는 것이다.

자기에게 씌워진 굴레의 무게를 느끼고 있는 아이는 그것을 벗어 버리려고 한다. 그래서 그들이 교사에게서 결점을 발견하면 그것을 구실로 자기의 행동을 합리화시키려 한다. 따라서 사람들의 결점을 주의 깊게 찾으려 하고 그것을 찾게 되면 기뻐하는 습관이 붙게 된다. 여기서도 또한 에밀의 마음을 부덕의 근원의 하나로부터 차단시키는 일을 이룩한 셈이 된다. 나의 결점을 찾는 일에 아무런 관심이 없는 그는 그것을 찾으려 하지 않을 것이고, 다른 사람의 결점을 찾는 일에 마음이 쏠리지도 않을 것이다.

모든 이런 일을 실행하기란 무척 어려운 일인 것 같다. 사람들은 이런 일에 주의를 기울이지 않기 때문이다. 그러나 골똘하게 생각해 볼 때 이것이 어려운 일이 되어서는 안 될 것이다. 당신은 자기 스스로 선택한 일을 하기 위하여 필요한 지식을 의당 갖고 있으리라고 생각한다. 당신은 사람의 마음이 지향하는 자연적인 발걸음을 잘 알고 있으며, 인간의 일반적인 것과 개인적인 것을 연구할 수 있고 당신이 학생에게, 그 나이 또래의 아이들이 흥미를 갖는 모든 것을 보여줬을 때, 그들의 의사가 어떻게 움직이는지도 미리부터 짐작할 수 있다고 여겨진다. 그러나 도구를 갖고 있으며 그것을 사용하는 방법을 충분히 알고 있다면 일을 보다 더 완전히 할 수 있지 않겠는가.

아이의 변덕이라는 것을 내걸고 당신은 이론을 세운다. 그러나 그것은 잘못이다. 아이의 변덕이란 절대로 자연에서 오는 것이 아니고 나쁜 교육 때문인 것이다. 그것은 아이가 복종하기도 하고 명령하기도 하기 때문인데, 이 어느 쪽도 나쁘다는 것을 나는 수없이 되풀이해서 말했다. 그래서 당신의 학생은 당신이 그에게 일으키게 한 변덕만을 보일 것이다. 당신이 당신의 과실 때문에 괴로워하는 것은 당연한 귀추이다. 어떻게 하면 그것을 고칠 수 있을까 하고 당신은 말하겠지. 그것 역시 좀더 좋은 기술과 강한 인내심이 있어야 되는 것이다.

무엇이든지 자기가 생각한 대로 할 수 있을 뿐만 아니라 누구든지 자기 마음대로 시킬 수 있는, 그러니까 항상 변덕만 부리고 있던 아이를 2, 3주일 동안 맡아 본 일이 있다.*22 그 아이는 내가 자기 마음대로 움직여 주는지 알아

---

*22 '……뒤팽 부인은 일주일이나 열흘 동안 아들을 돌봐 달라며 보내왔다. 가정 교사를 바꾸게 되어 그동안 아들이 혼자 있게 된 것이다. 나는 그 일주일 동안을 견디기 힘든 괴로움 속에 보냈다. ……불쌍한 슈농소는 그때부터 머리가 나빴다. 그 때문에 그는 그렇게 가문을 더럽히고 부르봉섬에서 죽게 된 것이다……'《참회록》제7권).

보기 위하여 첫날부터 오밤중에 일어났다. 그러고는 내가 깊이 잠들어 있는데 침대에서 뛰어내려와 평상복으로 갈아입고 나를 깨웠다. 나는 일어나서 불을 켰다. 그는 더 바라는 것이 없었다. 15분 정도 지나니까 그는 졸음이 왔고, 자기가 해본 시험의 결과에 대하여 만족을 느끼며 다시 침대로 들어갔다. 이틀 뒤에 그는 다시 똑같은 짓을 해서 똑같은 결과를 보게 됐다. 나는 절대로 초조한 빛을 보이지 않았다. 다시 침대로 들어가려고 나를 포옹했을 때 나는 매우 조용한 어조로 이렇게 말했다. "너는 참 착한 아이다. 이런 짓을 하는 것도 괜찮긴 하지만 이젠 그만두는 게 어떨까?" 이 말이 그의 호기심을 끓어오르게 했다. 다음 날 밤, 내가 어떤 식으로 그의 의사를 거역하는가를 보기 위하여 그는 또다시 같은 시각에 일어나서 나를 깨우지 않고는 배기지 못했다. 나는 왜 그러느냐고 물었다. 그는 잠을 이룰 수 없다고 말했다. "안됐군"이라고 대답할 뿐 나는 꼼짝도 하지 않았다. 그는 불을 켜달라고 말했다. "무엇 하러?" 나는 움직이지 않았다. 이런 무뚝뚝한 말투에 그는 당황했다. 그는 손으로 더듬어서 부싯깃을 찾아 불을 붙이는 시늉을 했으나 손가락이 부딪치는 소리를 듣고 나는 웃지 않을 수 없었다. 그러다가 도저히 안 된다는 것을 알고 그는 나의 침대로 부싯돌을 갖고 왔다. 나는 그런 것은 필요 없다고 말하며 돌아누워 버렸다.

그러자 그는 바보처럼 방 안을 뛰어다니며 소리지르기도 하고 노래하기도 하고, 책상이나 의자에다 될 수 있는 대로 아프지 않게 부딪치기도 하여 나를 불안하게 만들려고 애썼다. 그런 짓을 해도 아무 효과가 없었다. 나에게서 엄한 권고를 받거나 노여움을 사리라고 생각했던 그는 이런 냉랭한 태도를 전혀 예기하지 못했던 것이다.

그러나 끈질기게 버텨서 나의 인내심을 정복해 보겠다고 결심한 그는 언제까지나 소동을 멈추지 않았으므로 마침내 그 목적을 달성하게 되어 결국 나도 흥분하게 됐다. 그러나 때에 맞지 않는 흥분으로 인하여 일을 그르치게 해서는 안 되겠다고 느낀 나는 다음과 같은 방법을 쓰기로 했다. 나는 아무 소리 없이 일어나서 부싯깃 있는 곳으로 갔으나 그것은 보이지 않았다. 그에게 물어보자 그는 나에게 그것을 주었다. 그는 나를 정복했다는 즐거움에 빛나고 있었다. 나는 부싯돌을 쳐서 불을 켜고 나자 이 어린 호인의 손을 잡고 조용히 자그마한 옆방으로 갔다. 그 방의 덧문은 굳게 닫혀 있었고 그곳에는 부숴

지기 쉬운 물건이란 아무것도 없었다. 나는 불을 켜지도 않고 그를 그곳에 남겨 놓고 나왔다. 아무 말 없이 자물쇠를 잠그고 내 방으로 돌아와 누웠다. 다시 한번 큰 소동이 벌어진 건 두말할 것도 없다. 나도 그것은 각오하고 있던 바이다. 나는 그것에 응하지 않았다. 어느덧 시끄러운 소리는 멈췄다. 나는 귀를 세운다. 아마도 침착해진 것이리라. 나는 안심하게 된다. 다음 날 아침 날이 밝은 다음 그 방에 가보았더니, 어린 반항아는 긴 의자 위에서 깊이 잠들어 있었다. 무척 지쳐 있었기 때문에 깊이 자야 할 필요가 있었던 것이다.

사건은 그것으로 끝나지 않았다. 어머니는 아이가 그날 밤의 3분의 2를 침실 밖에서 지냈다는 것을 알게 됐다. 당장에 모든 것이 허사가 되고 말았다. 호들갑스러운 그 집안의 태도는 마치 아이가 죽기라도 한 것만 같았다. 아이는 보복할 좋은 구실을 찾았다 싶어서 병에 걸린 체했다. 그런 짓을 해도 아무 이득이 없다는 것을 몰랐던 것이다. 의사가 왔다. 어머니에게는 매우 안된 일이지만 그 의사는 익살꾸러기였다. 어머니가 걱정하는 것을 재미있게 생각하고 더욱 걱정될 만한 이야기를 했다. 그러나 의사는 나의 귓전에다 대고 이렇게 속삭였다.

"내게 맡겨 두십시오. 약속하지요. 얼마 안 가서 이 아이는 꾀병 앓는 변덕을 부리지 않게 될 겁니다." 실제로 식이요법과 안정을 시키고 약을 먹이게 했다. 가엾게도 어머니가 그런 식으로 주위에 있는 모든 사람들로부터 속고 있는 것을 보고 나는 탄식했다. 나만이 그 어머니를 속이지 않았는데, 바로 그 때문에 나를 그녀는 미워했던 것이다.

그 어머니는 나에게 매우 심한 비난을 해댔다. 아들은 몸이 약하다는 것, 이 집안의 유일한 상속인이라는 것, 무슨 희생을 해서라도 소중히 해줘야 한다는 것, 그리고 아이에게 거역하는 짓은 해주지 말았으면 좋겠다는 것을 늘어놓았다. 거역해선 안 된다는 점에 대하여서는 나도 동감이다. 그러나 거역한다는 것을 무엇이건 아이가 하자는 대로 하지 않는다는 뜻으로 해석하고 있었다. 나는 어머니에게도 아이에게와 마찬가지 태도를 취해야 한다는 것을 알았다.

나는 자못 냉정한 태도로 말했다. "부인, 나는 상속인을 어떤 식으로 길러야 할지 모릅니다. 그뿐만 아니라, 그런 것을 알려고 하지도 않습니다. 그런 일은 부인 자신이나 생각해 보도록 하십시오." 그래도 아직 당분간은 내가 필요한 존재였다. 아버지가 모든 것을 원만하게 해줬다. 어머니는 가정 교사에게 빨리 돌아오라는 편지를 띄웠다. 아이는 나를 잠 못 자게 한다든지 꾀병을 앓는 척 한다 해도 아무 소득이 없다는 것을 알고, 그 다음부터는 잘 자고 앓는 체하지도 않았다.

이 작은 폭군이 그러한 변덕으로 가엾은 가정 교사에게 얼마나 많은 속박을 가했는지 상상할 수 없을 정도였다. 교육은 어머니의 감시 밑에서 시행 됐으며, 어머니는 상속인인 아들의 요구는 반드시 들어주도록 명했다는 것을 참지 못했던 것이다. 아이가 어떤 시각에 외출하려고 해도 그것을 들어줘야 될 뿐 아니라 따라가야만 했던 것이다. 더욱이 아이는 항상 가정 교사가 다른 할 일이 많을 때만 골라서 그렇게 하려고 했던 것이다.

그는 나에게도 똑같은 일을 강요하려고 했다. 밤에는 나를 내버려둘 수밖에 없는 데 대한 보복으로 낮에 그렇게 하려고 했다. 나는 무엇이든지 기꺼이 하기로 했다. 그랬더니 아이는 내가 자기 마음대로 하지 않으면 안 되는 것을 보고 눈을 빛내며 좋아했다. 그래서 그 뒤 변덕을 고쳐줘야만 하게 됐을 때 나는 다른 방법을 취하기로 했다.

우선 먼저 그에게 허점이 있도록 해야 했는데 그것은 그리 어려운 일이 아니었다. 아이들이란 당장에 눈앞에 보이는 일밖에 생각하지 않는다는 것을 알고 나는 내가 앞일을 잘 내다본다는 이점을 그에게 써 먹었다. 나는 그의 취미에 대단히 맞는다고 여겨지는 집 속에서의 놀이를 시키기로 했다. 그가 그 놀이에 매우 열중해 있을 무렵을 골라서 한바탕 산책하고 오자고 제의했다. 그는 전혀 받아들이지 않았다. 나는 주장했다. 그는 내가 하는 소리에 귀를 기울이려 하지 않았다. 나는 물러서지 않을 수 없었다. 그래서 그는 내가 항복한 꼴을 보고 그것을 귀중한 승리라고 생각했다.

다음 날은 내 차례였다. 그는 지루함을 느끼고 있었다. 내가 지루하게 만들어 줬던 것이다. 반대로 나는 무척 바쁜 체했다. 그가 산책을 결심하도록 하는 것은 그리 어렵지 않았다. 예측했던 대로 그는 내가 하는 일을 중지시키고 당장에 산책하자고 제의했다. 나는 거절했다. 그는 고집했다. "안 된다"라고 나는 말했다. "너는 네 마음대로 해서 나에게 내 마음대로 하라는 것을 가르쳐 주었다. 나는 외출하고 싶지 않다." 그러자 그는 혼자서 외출하겠다고 힘주어 말했다. "마음대로." 이렇게 말하고 나서 나는 또다시 일을 하기 시작했다.

그는 옷을 갈아입는다. 내가 그를 제 마음대로 내버려 두며 함께 옷을 갈아 입으려 하지 않는 것을 보고 그는 약간 불안을 느낀다. 외출 준비가 다 되자 나에게로 와서 인사를 한다. 나도 인사한다.

그는 지금부터 가려고 하는 길에 대하여 이야기하여 내가 걱정하도록 만들려고 한다. 그 이야기를 듣고 있으면 세계의 끝까지라도 가려나 싶을 정도이다. 나는 아무런 감동을 담지 않은 어조로 잘 다녀오라고 한다. 그는 점점 더 난처해진다. 그러나 아무렇지도 않다는 태도로 나가면서 하인에게 따라오라고 말한다. 미리부터 나하고 짠 하인은 시간이 없으며 내가 시키는 일을 해야 하므로 그를 따를 수 없다고 대답한다. 이렇게 되면 그는 어리둥절해진다. 다른 모든 사람들에게 자기가 중요한 존재라고 믿고 있는 그를, 하늘도 땅도 자기를 지키는 일에 관심을 갖고 있다고 생각하는 그를 혼자서 외출하도록 내버려 두다니 이 무슨 변고인가. 그러나저러나 그는 자기가 약하다는 것을 느끼기 시작한다. 자기를 알지도 못하는 사람들 속으로 혼자 가도록 내버려 둔다는 것을 알게 된다. 이제부터 당할 여러 가지 위험한 일들이 보이는 것 같다. 고집만이 아직 그를 지탱해 주고 있다. 그는 대단히 허둥지둥하며 천천히 계단을 내려간다. 드디어 한길에 이른다. 무슨 나쁜 일이라도 생기면 그것은 나의 책임이 되리라는 기대에 약간은 마음에 위안을 느끼며.

그것은 내가 기대하던 일이다. 만사가 미리 준비되어 있었다. 그리고 그것은 공개된 연극과 같은 것이어서 나는 미리부터 아버지의 동의를 얻고 있었던 것이다. 대여섯 발짝도 가지 않은 동안에 그는 좌우로부터 자기에 대하여 쑥덕거리는 소리를 듣는다. "어머나, 예쁜 도련님이지. 저렇게 혼자서 어디를 가는 걸까. 길을 잃으면 어떡하지. 우리 집으로 가자고 할까." "아주머니, 그런 짓은 하지 않는 게 좋아요. 모르시겠어요? 저애는 아직 어리긴 하지만 망나니라서 부모 집에서 쫓겨난 거예요. 망나니를 맡아선 안됩니다. 아무 데나 저 좋을 대로 가게 내버려 두세요." "그렇담 별수 없군요. 하느님이 인도해 주시기를. 무슨 좋지 않은 일이 일어나지 않았으면 좋겠는데."

그가 그곳에서 조금 더 가자, 자기와 거의 비슷한 나이 또래의 개구쟁이들과 만나게 된다. 그들은 놀리기도 하고 업신여기기도 한다. 앞으로 가면 갈수록 귀찮은 일에 부딪치게 된다. 혼자서 보호자도 없는 그가 모든 사람들의 놀림감이 되었다는 것을 알게 됐고, 견장도, 금빛으로 번쩍이는 옷도, 그를 사람들로부터 존경을 받게 해주지 않는다는 것을 알고 크게 놀란다.

그러는 동안에도 아이가 모르는 나의 친구 한 사람이 나의 부탁을 받고 그 아이가 눈치채지 않도록 뒤따라가고 있었다. 그는 적당한 시기를 봐서 아이의 어깨를 쿡 찌른다. 이 역할은 《푸르소냐》의 스브리가니의 역할과 비슷한 것이어서 재치 있는 사람이라야 하는데 이 사람이 그 역할을 완전히 해냈던 것이다. 아이를 몹시 놀라게 해서 겁쟁이로 만들거나 지나친 근심을 시키거나 하는 일 없이, 자기 스스로가 자기의 행동을 충분히 느끼도록 한 것이다. 그는 30분 뒤에, 얌전해졌으며 부끄러워서 얼굴도 못 들 것 같은 모습을 한 아이를 내게로 데려왔다.

　아이가 그 원정에서 참담한 실패를 거두고 돌아온 바로 그때 아버지는 외출하기 위하여 집을 나오다가 계단 있는 데서 아이와 마주친다. 어디를 갔었으며 어째서 나와 함께 가지 않았는지를 말해야 한다.*23 가엾은 아이는 구멍이라도 있으면 들어가고 싶었다. 긴 잔소리를 늘어놓아 즐기려 하지 않고 아버지는 내가 기대했던 것 이상으로 무뚝뚝한 어조로 다음과 같이 말했다. "혼자서 외출하고 싶거든 마음대로 해라. 하지만 나는 돼먹지 않은 자를 집에 두고 싶진 않다. 그런 짓을 하려거든 집에 돌아오지 않을 각오를 하고 해라."

　나는 그를 욕하거나 비웃거나 하진 않았으나 다소 엄격한 태도로 맞이했다. 그리고 이런 모든 일이 연극이 아니었던가 하는 의심을 그가 품지 않도록 하기 위하여 그날은 산책하러 데리고 가지 않았다. 다음 날, 어제는 그가 혼자 가는 것을 보고 놀려대던 사람들 앞을 나와 함께 의기양양하게 걸어가는 그를 보고 나는 매우 만족했다. 그 뒤 그가 혼자서 외출한다고 고집을 부려서 나를 괴롭히는 일이 없어졌다는 것을 능히 짐작할 수 있을 것이다.

　그 밖의 일에도 이런 방법을 써서 그 아이와 함께 지내던 얼마 동안을 아무것도 명령하지 않고, 아무것도 금지시키지 않고, 설교하지 않고, 권고하지 않고, 필요 없는 교훈을 늘어놓아 지루하게 하지 않고도 그 아이를 내 생각대로 시키는 데 성공했다. 그러니까 내가 무엇인가를 이야기하고 있는 동안은 그 아이는 만족해하고 있었다. 그러나 내가 아무 말도 하지 않으면 그 아이는 걱정했다. 무엇인가 좋지 못한 일이 있다는 것을 그는 이해하고 있었기 때문이다. 그리고 교훈은 항상 사물 그 자체에 의하여 주어졌다. 다시 본제로 들어가기

─────────

*23 이런 경우에 아이들에게 진실을 구해서는 안 된다는 법은 없다. 아이들은 그것을 숨길 수 없다는 것을 잘 알고 있으면서도 거짓말을 하고 곧 그것을 인정하게 된다(원주).

로 하자.

앞에서도 말한 바와 같이 자연이 지도하는 대로 따라가는 끊임없는 훈련은 몸을 튼튼히 하는 대신 정신을 둔하게 하는 일이 없을 뿐만 아니라, 그와는 반대로 어린 시절에 가질 수 있는 단 한 가지의 이성, 그리고 모든 연령층의 사람에게도 가장 필요한 것을 키워 준다. 그런 훈련은 우리 힘을 사용하는 방법과, 우리 몸과 주위에 있는 것의 관계를 가르쳐 준다. 또 우리 손이 미치는 곳에 있으며 우리 기관에 어울리는 자연의 도구를 사용하는 방법을 충분히 잘 가르쳐 준다. 언제까지나 방 안에만 있으며, 어머니의 보호 밑에서 자라나, 중량이나 저항 같은 것도 모르는 아이가 커다란 나무를 잡아 뽑기도 하고 바위를 들어 올리려고 덤벼드는 것 같은 아이의 어리석음보다 더한 어리석음이 있을까. 처음으로 제네바 시외에 나온 나는 달리는 말의 뒤를 쫓으려 하기도 했고, 4킬로 바깥에 있는 살레브산을 향하여 돌을 던지기도 했던 것이다. 마을의 모든 아이들의 놀림감이었고 그들에게는 내가 정말로 백치처럼 보였던 것이다. 사람은 열여덟 살이 되면 철학(자연학)에서 지레라는 것이 무엇인지를 배우게 되는데, 열두 살 난 농부의 아들이라면 누구나 아카데미에서 가장 뛰어난 기계학자보다도 지레를 더 잘 다룬다. 학생들이 학교 교정에서 서로 주고받으며 배우는 일은 교실에서 배우는 모든 것보다도 백 배나 더 그들에게 쓸모 있는 것이다.

처음으로 방으로 들어오는 고양이를 보라! 고양이는 이리저리 왔다 갔다 하며, 둘러보고, 냄새를 맡고, 잠시도 가만있지 않는다. 모든 것을 조사하고 모든 것을 알고 난 뒤가 아니면 아무에게도 마음을 주지 않는다. 걷기 시작한 아이, 다시 말해서 세계의 공간 속으로 뛰어든 아이도 그것과 똑같은 일을 한다. 아이나 고양이나 다 같이 시각을 갖고 있는 반면, 다른 점이라면 아이는 관찰하기 위하여 자연에게서 부여받은 손을 사용하는데, 고양이는 자연에게서 부여받은 미묘한 후각을 사용한다는 점이다. 이 경향이 충분히 발전하느냐 안 하느냐에 따라서 아이는 재간이 있기도 하고 없기도 하게 되고 우둔하게도 경쾌하게도 되며, 바보이거나 빈틈없는 아이가 되기도 한다.

따라서 인간이 행하는 최초의 자연적 움직임은 주위에 있는 모든 것과 자기를 비교해 보는 일, 그가 인정하고 있는 한 가지 한 가지에 대하여 자기와 관계가 있어 보이는 모든 감각적인 성질을 확인해 보는 일이다. 그러므로 인간이 최초로 연구하는 일이란 자기 보존에 관련된 일종의 실험물리학인 것이다. 그런데 인간은 이 세상에서의 자기의 지위를 알기도 전에 그것을 연구하는 일로부터 격리당하고 이론적인 연구를 하게끔 된다. 섬세하고도 유연한 기관이 작동을 가하려는 물체에 대하여 적응할 수 있을 때, 아직도 순수한 상태에 놓여 있는 감각이 환상의 세계에서 벗어나고 있을 때, 바로 이때야말로 그 고유의 기능을 발휘할 수 있도록 그것들을 훈련시켜야 한다. 이때야말로 사물이 우리와 맺고 있는 감각적인 관계를 배워야 한다. 인간의 오성으로 들어오는 모든 것은 감각을 통하여 들어오기 때문에 인간의 첫 이성은 감각적인 이성이다. 그것이 바로 지적인 이성의 기초가 되는 것이다. 우리의 첫 철학 선생은 우리의 발, 우리의 손, 우리의 눈이다. 그런 것들 대신에 책을 갖고 오는 것은 우리에게 추론을 가르치는 결과가 되지는 않는다. 그것은 타인의 이성을 사용하는 방법을 가르쳐 줄 뿐이다. 많은 것을 믿게 해주기는 하지만 언제까지나 무엇 하나 알게 해주지 않는다.

어떤 기술을 활용하기 위해선 우선 그것에 해당하는 도구를 입수해야 할 것이고 그러한 도구는 아무리 사용해도 견뎌낼 만큼 완강하게 만들어져야만 한다. 따라서 생각하는 법을 배우기 위해선 지성의 도구인 손과 발, 감각기관을 단련시켜야 한다. 그리고 그러한 도구를 가능한 한 완전하게 이용하기 위해선 그것들을 제공하는 육체가 튼튼하고 건강해야 한다. 이와 같이 인간의 진정한 이성은 육체와 관계없이 형성될 수 없으며, 따라서 육체의 우수한 구조야말로 정신의 활동을 용이하게 하고 또한 확실하게 한다.

어린 시절의 길고도 한가한 시간을 무엇에다 써야 하느냐 하는 것을 제시하면서 이제부터 세세한 부분을 설명하고자 하는데, 아마도 그것은 약간 우스꽝스럽게 보일지도 모르겠다. 사람들은 이렇게 말하겠지. "이상한 수업이다. 당신은 당신 자신이 해치우려는 일에만 몰두하여 아무도 배울 필요가 없는 일을 가르치려고 한다. 언제나 혼자서도 배울 수 있는 일을, 아무 고생도 노고도 필요 없는 일을 가르치기 위하여 무엇 때문에 시간을 낭비하는가. 당신이 당신 아이에게 가르치려는 일들은, 열두 살 난 아이라면 이미 교사들에게 배워 모두 알고 있는 것이다."

아니, 당신들은 오해하고 있는 것이다. 나는 나의 학생에게 매우 시간이 걸리고 매우 힘이 드는 기술을, 틀림없이 당신들의 학생은 터득하지 못한 기술을 가르치려는 것이다. 그것은 무지한 인간이 되는 기술이다. 자기가 알고 있는 일 외에는 알고 있다고 생각하지 않는 사람의 지식은 결국 매우 사소한 것에 지나지 않는다. 당신들은 학문을 가르친다. 당연한 일이다. 그러나 나는 학문을 얻는 데 필요한 도구에 관하여 생각하고 있는 것이다. 하루는 베니스 사람들이 성 마르코 성당의 보물을 스페인 대사 앞에 자랑스럽게 늘어놓았다. 그런데 이 대사는 책상 밑을 들여다보며 이렇게 한마디 했다. "뿌리가 없군요." 나는 교사가 제자의 학식에 대하여 자랑을 늘어놓을 때마다 그것과 똑같은 말을 하고 싶어진다.

고대인의 생활법에 대하여 생각해 본 사람들은 모두 고대인이 근대인보다 강한 육체와 영혼을 지니고 있었던 것은 체육 교육을 강화한 덕택이라고 한다. 몽테뉴가 이 의견을 크게 지지했던 것을 볼 때 그가 그 영향을 강하게 받았다는 사실을 알 수 있다. 그는 항상 여러 가지 형식으로 그것에 관하여 되풀이했다. 어린이 교육에 관하여 그는 다음과 같이 진술했다. "영혼을 강하게 하려면, 근육을 강하게 해야 한다. 노동에 익숙해지도록 함으로써 고통에 익숙해지도록 해주어야 한다. 탈구, 복통, 기타 모든 병고를 이겨내기 위해선 괴로운 훈련을 철저하게 시켜야 할 필요가 있다." 현명한 로크, 선량한 롤랑, 박학한 플로리, 현학자 클루저 등, 다른 일에는 대개 의견을 달리 하는 사람들도 아이들의 신체를 철저하게 훈련시켜야 한다는 단 한 가지 점에서만은 모두가 의견이 일치된다. 그것은 그들의 가르침 중에서 가장 올바른 가르침이다. 그것은 늘 등한시되고 있는 가르침인 것이다. 그것이 중요하다는 점에 대하여 이미 충분히 이야기했고, 또 그것에 관하여서는 로크의 서적에서 가장 우수한 이유와 도리에 맞는 규칙을 찾을 수 있으므로 그것을 참조하는 것으로 만족해야겠다. 다만 로크가 주의를 환기시키는 것에다 두세 가지만 덧붙일 것을 허용해 주기 바란다.

성장 과정에 있는 신체의 수족은 의복 속에서 매우 편안한 상태에 있지 않으면 안 된다. 그 운동이나 성장을 방해하는 것이 있어선 안 된다. 무엇이건 너무 맞거나 찰싹 달라붙은 것은 좋지 않다. 프랑스풍의 의복은 어른에게도 답답하고 불건강한 것이지만 아이들에겐 특히 해롭다. 순환이 잘 되지 않아서 체액이 한자리에 머물러 괴게 되며, 아무것도 하지 않고 집안에서만 살다 보니 더욱 그 증세를 조장시키는 결과가 되어 체액은 부패되고 괴혈병을 일으키게 된다. 이 병은 현대에 이르러 나날이 일반적인 것으로 돼가고 있으나 고대인들은 거의 알지 못하던 병이었다. 그들의 의복 입는 법과 생활 방식이 그것을 예방하고 있었던 것이다. 경기병 차림의 복장은 그러한 불합리한 점을 없애주기는커녕 오히려 더 크게 만들어, 아이들 몸의 어느 부분인가를 끈으로 묶지 않는 대신 몸 전체를 죄고 있는 것이다. 그런 것보다도 더 좋다고 할 수 있는 것은 될 수 있는 대로 오랫동안 어린이옷을 입히는 것, 그리고 여유 있는 풍성한 옷을 입혀야 하며, 아이의 몸집이 좋다는 것을 자랑하려 드는 것은 좋지 못하다. 그런 짓은 아이의 신체를 보기 흉하게 만들 뿐이다. 아이들의 신체와 정신의 결함은 모두가 같은 원인으로부터 발생한다고 해도 과언이 아니다. 사람들은 아이를, 아직 그 시기가 오지도 않았는데 어른으로 만들려고 한다.

색깔에는 밝은 색과 어두운 색이 있다. 밝은 색은 어두운 색보다 어린이 취향에 맞는다. 또 그쪽이 아이에게 잘 어울린다. 그래서 이 점에 관하여 그러한 자연의 일치를 고려하지 않으면 그 이유를 잘 모르게 된다. 그러나 아이가 그쪽이 더 화려하다는 이유로 어떤 감을 골랐다면 그의 마음은 이미 사치에 이끌려 사람들의 모든 변덕스러운 의견에 따라가고 있는 것이 된다. 그리고 그런 취향은 절대로 자연적으로 아이 마음속에 일어나는 것이 아니다. 의복을 선택하는 것과 그것을 선택하는 동기가 얼마나 큰 영향을 교육에 끼치고 있는지는 말할 수 없다.

어리석은 어머니가 아이에게 상으로 몸을 장식하는 물품을 준다고 약속하는 것을 보기도 하고, 분별없는 교사가 벌로써 더욱 조잡하고 장식이 없는 옷을 입히겠다고 아이를 위협하는 일까지도 볼 수 있다. 그것은 마치 공부를 더 잘하지 않으면, 좀더 옷을 소중하게 다루지 않으면 저 농사꾼의 아이처럼 옷을 입히겠다 이렇게 말하고 있는 것 같다.

인간은 의복만으로 값을 칠 수가 있고 당신의 값어치는 당신의 의복에 있다는 것을 알아야 한다. 이런 현명한 교훈이 젊은이를 위한 것이 되어 그들이 몸을 장식하는 것만을 높이 평가하게 되고 겉보기만으로 가치를 판단하게 됐다고 해서 그리 놀랄 것이 어디 있겠는가.

이런 식으로 잘못된 인식이 박힌 아이의 머리를 다시 뜯어고쳐야 한다면, 나는 가장 훌륭한 옷이란 가장 답답한 옷을 말한다고 설명하고는 아이가 항상 여러 가지 방법으로 구속당하고 압박을 받고 꼼짝을 못 하도록 해주겠다.

호화로운 옷을 입은 아이에게서 자유와 기쁨을 뺏어 버리겠다. 좀더 산뜻한 옷을 입은 다른 아이들과 함께 끼어서 놀고 싶어도 모두들 당장에 놀이를 그치고 저쪽으로 가버릴 것이다. 나는 또한 그가 지긋지긋하게 느낄 때까지 그 훌륭한 옷을 입힐 것이다. 자기가 금색으로 빛나는 옷의 노예라고 여기도록 만들고, 그것은 그의 생활의 방해자이며 그런 옷을 입느니 차라리 더할 나위 없이 음침한 감옥 속에 있는 것이 덜 무섭겠다는 생각을 품게 하겠다. 아이들은 그들을 우리의 편견에 뒤따르게 하지 않는 한 무엇보다도 마음 편하고 자유로운 것을 가장 원하고 있다. 가장 간단하고 입기 편한 옷, 그의 몸을 가장 죄지 않는 옷, 이런 것이 아이에게 가장 고마운 옷이다.

인체에는 훈련하기에 적합한 습성이 있고, 오히려 꼼짝하지 않고 가만히 있는 것을 좋아하는 습성도 있다. 후자는 체액을 조용하게 일정한 모양으로 순환시켜서 공기의 변화로부터 신체를 보호해 준다. 전자는 신체를 끊임없이 운동 상태에서 휴식 상태로, 더위에서 추위로 옮겨 공기의 변화에 대하여 익숙하게 만들어 준다. 따라서 집 안에서만 가만히 있는 사람은 항상 옷을 많이 입어야 하고 4계절을 통하여 늘 비슷한 온도를, 하루 중의 모든 시간을 거의 같은 온도로 유지하며 살아야 된다. 그와 반대로 이러저리 왔다 갔다 하여 바람과 태양과 비에 시달리고, 왕성하게 활동하여 대부분의 시간을 밖에서 보내는 사람은 항상 경쾌한 복장을 입어야 하고, 공기의 어떠한 변화와 온도에도 익숙해져서 병에 걸리는 일이 드물게 된다. 나는 이 가운데 어느 쪽 사람에게도 계절 따라 옷을 바꿔 입지 말도록 권하고 싶다. 그리고 이것은 나의 에밀이 항상 실행하고 있는 일이기도 하다. 이 경우, 집 안에서만 사는 사람의 경우처럼 여름이 되어도 겨울옷을 입어야 하게끔 하는 것이 아니고, 늘 일하고 있는 사람의 경우처럼 겨울이 되어도 여름옷을 입어야 한다. 이런 일은 기사 뉴턴이 일생 동안 계속해서 지닌 습관이다. 그래서 그는 80세까지 살았던 것이다.

어느 계절에도 모자는 전혀 쓰지 않거나 거의 쓰지 않는 게 좋다. 고대 이집트인은 절대로 모자를 쓰지 않았다. 페르시아인은 커다란 관을 쓰고 또 그 위에다 커다란 터번을 감고 있었는데, 샤르댕*24의 말에 의하면 그런 습관은 그 나라의 공기 때문에 필요하다는 것이다. 나는 다른 책에서, 헤로도토스가 전

---

*24 장 샤르댕(1643~1713)은 여러 나라를 여행했으며, 페르시아와 인도에 체재. 《페르시아와 동인도에서의 기사(騎士) 샤르댕의 일기》를 출판하였다.

쟁터에서 페르시아인과 이집트인의 두개골의 차이에 대하여 인정한 것을 주의 깊게 읽은 일이 있다. 그래서 두개골이라는 것은 될 수 있는 대로 단단하고 치밀하고 무르지 않아야 하며, 구멍을 적게 하여 피를 상하지 않도록 해야 할 뿐만 아니라 감기나 염증이나 기타 모든 공기의 영향에 대해서도 충분한 보호가 필요하므로 아이는 여름이건 겨울이건 낮이건 밤이건, 항상 모자를 쓰지 않도록 해야 한다. 깨끗하게 하기 위하여 또 모발을 단정하게 하기 위하여 밤에 모자를 씌워야겠다면 엷은 천으로 된 비치는 테 없는 모자, 바스크인이 모발을 싸기 위하여 쓰는 망 같은 것을 사용하는 게 좋겠다. 대부분의 어머니들은 내 설명보다도 샤르댕의 관찰에 더 마음이 이끌리어 도처에 페르시아의 공기가 흐르고 있다고 생각할 게다. 그 점은 이해가 간다. 하지만 내가 유럽인 학생을 선택한 것은 그를 아시아인으로 만들기 위해서가 아니다.

사람들은 일반적으로 아이들에게 옷을 지나치게 입히는 경향이 있다. 특히 어릴 때는 더하다. 그러나 더위보다도 추위로써 아이를 단련시켜야 한다. 일찍부터 엄한 추위에 시달리도록 하면 절대로 아이를 병에 걸리지 않게 만든다. 그런데 아이의 피부 조직은 아직 매우 부드럽고 연하며 지나치도록 자유롭게 공기를 흡수하므로, 아주 심한 더위는 아이를 몹시 피로하게 만드는 결과가 된다. 그래서 8월은 다른 어떤 달보다도 아이들의 사망률이 가장 많은 달로 인정받고 있다. 그리고 또 북쪽 민족과 남쪽 민족을 비교해 볼 때 격심한 더위를 이겨내는 것보다 격심한 추위를 이겨내는 편이 확실히 사람을 더 튼튼하게 만든다고 여겨진다. 그러나 아이가 차차로 커서 피부가 강해지면 조금씩 태양 광선에도 이겨낼 수 있도록 훈련시켜야 한다. 조금씩 조금씩 진행시키면 끝내는 위험한 일 없이 열대 지방의 더위도 견뎌낼 수 있게 된다.

로크는 우리에게 대단히 도리에 맞는 힘찬 가르침을 주고 있으나 그렇게도 정확한 이론가답지 않게 뜻밖의 모순에 빠져 있다. 나는 아이가 여름에 냉수욕하는 것을 권장했으나 찬물은 먹지 않아야 한다고 생각한다. 또 습기 있는 곳에서 뒹굴며 자는 것도 안 된다고 생각한다.*25 그런데 그는 아이의 신발이

---

*25 농민의 아이들은 보송보송한 땅바닥을 골라 앉기도 하고 눕기도 한다는 말을 하고 있는 것 같다. 그리고 땅바닥이 습하기 때문에 누가 병에 걸렸다는 말을 들은 적이 없다는 말을 하고 있는 것 같다. 이 점에 대해 의사들이 하는 말을 들으면, 미개인은 관절염으로 수족을 전혀 쓸 수 없다고 생각하려 할 것이다(원주).

항상 물에 잠겨 있어도 좋다고 했으니까 더운 때에도 역시 신발을 물에 담가도 좋다는 이야기가 된다. 그리고 로크가 손보다 발에 대하여, 얼굴보다 전신에 대하여 생각하는 것처럼, 발보다 몸에 대하여서도 생각할 수 있지 않을까. 나는 그에게 이렇게 말하고 싶다. "당신은 인간의 전신이 얼굴처럼 되기를 원하지만 나는 인간의 전신이 발처럼 되기를 원하고 있다. 어째서 그것을 비난하고 있는가."

아이가 더울 때 물 마시는 것을 못하게 하기 위하여 로크는 물 마시기 전에 우선 빵 한 조각을 먹는 습관을 붙이도록 명했다. 아이가 목이 말라 죽겠다는데 먹을 것을 줘야 할 필요가 있다니 매우 기묘한 일이다. 나는 도리어 아이가 배고파할 때 마실 것을 주고 싶다. 우리의 기본적인 욕망이 그렇게도 불규칙적인 것이어서 죽을 고비를 당하지 않고서는 그것을 만족시킬 수 없는 것이라고 한다면 인류는 자기를 보존하기 위한 수단을 배우기 전에 백 번도 더 멸망했을 것이다.

에밀이 목이 말라 물을 마시고 싶어하면 언제든지 마실 것을 주고 싶다. 나는 순수한 다른 조건을 가하지 않고 물을 주고 싶다. 설사 땀투성이가 된다 해도, 한겨울이라 할지라도 물을 데우게 하지는 않을 것이다. 내가 강조하고 싶은 단 한 가지 주의할 점은 물의 질을 알아야 한다는 점이다. 냇물이라면 냇가에서 길어온 그대로 주어도 좋다. 샘물이라면 마시게 하기 전에 조금만 공기에 쐬도록 해야 한다. 더운 계절에 냇물은 따뜻하나 샘물은 그렇지 않다. 공기를 쐬지 않았기 때문이다. 그것이 대기의 온도와 같아질 때까지 기다려야 한다. 겨울에는 반대로 샘물은 이 점에 있어서 냇물보다 위험도가 낮다. 그러나 겨울에, 특히 옥외에서 땀을 흘린다는 것은 그리 정상적인 일이 아니며 흔한 일도 아니다. 찬 공기가 피부에 닿아서 땀을 들어가게 하며, 땀이 나올 만한 기공이 충분히 열리지 못하도록 방해하기 때문이다. 그렇다고 나는 에밀을 겨울에 난롯가에서 운동시킬 생각은 없다. 옥외에서, 들 한가운데서, 얼음 속에서 운동시키고 싶다. 눈사람을 만들거나 눈싸움을 해서 몸을 뜨겁게 만들어 주고, 목이 마르면 물을 마시도록 해주겠다. 마신 뒤에도 운동을 계속시킬 것이다. 무슨 사고가 날 염려도 하지 않을 것이다. 무슨 다른 운동을 해서 땀을 흘려 목이 마르게 되면 그때에도 물을 마시게 하겠다. 다만 그를 먼 곳으로 천천히 데려가서 물을 구하도록 해줘야 한다. 그때는 추울 때일 테니까 그가 그곳에 도착했을 무렵에는 물을 마셔도 위험하지 않을 정도로 몸이 식어 있을 것이다. 특히 당신이 그런 조심성을 부리고 있는 것을 그가 알아차리지 못하도록 해야 한다. 그가 항상 자기의 건강에 대하여 염려하느니보다 오히려 병에 걸리는 편이 낫다고 나는 생각한다.

아이에게는 긴 수면이 필요하다. 심한 운동을 하기 때문이다. 한쪽은 다른 한쪽을 조정하는 역할을 하기 때문이다. 그래서 그들에게는 양쪽 모두 필요하다는 것을 알 수 있다. 휴식 시간은 밤이다. 그것은 자연이 알려주고 있다. 태양이 지평선 너머에 있을 때 잠은 더욱 편안하고 기분 좋은 것이며, 태양열로 뜨거워진 공기는 우리의 감각기관을 그다지 깊은 안정 상태로 보존해 주지 않는다는 것은 언제나 변함없는 사실이다. 그래서 건강을 위하여 가장 좋은 습관은 확실히 태양과 함께 일어나면 태양과 함께 자는 일이다. 그래서 우리가 사는 기후에서는 인간이나 모든 동물들이 모두 한결같이 겨울에는 여름보다 오래 잘 필요가 생기게 된다. 그러나 사회 생활이란 그다지 단순하지도 자연적인 것도 아니고, 가지가지의 운명이나 사건을 면할 수도 없다. 때문에 그런 한결같은 생활에 인간을 맞추어 놓아 그렇게 하지 않으면 큰일나게끔 해서는 안 된다. 분명히 규칙은 지켜져야 한다. 그러나 무엇보다도 중요한 규칙은 필요에 따라서는 위험성을 수반하는 일 없이 어떠한 규칙도 깨뜨릴 수 있어야 한다는 규칙이다. 제시간에 깨우지 않고 안락한 잠자리에서 마냥 자게 놔둔다면 당신의 학생은 유약한 인간이 될 것이다. 우선 그를 구속하지 말고 자연의 법칙에 맡겨 두도록 하자. 그러나 인간 생활에 있어서는 그를 그 법칙을 넘어선 곳에 있게 해야 할 필요가 생기게 된다. 늦게 자고 일찍 일어나거나, 갑작스럽게 잠을 깨거나, 며칠 밤을 뜬눈으로 지내도 병에 걸리지 않아야 한다. 아주 일찍부터 그런 식으로 꾸준히 조금씩 해나가면, 성인이 된 뒤 그의 건강을 해칠 정도의 일도 견딜 수 있는 체질로 단련된다.

처음에는 잠자기 불편한 곳에서 자도록 훈련해야 한다. 이 방법은 잠자기에 불편한 자리라는 것을 없애 주는 방법이다. 일반적으로 보아 괴로운 생활이란 한번 그것이 습관화되면, 상쾌한 감각이 증가되게 마련이다. 유약한 생활은 불쾌한 감각을 무한정 만들어낸다. 지나친 보호를 받으며 자란 사람은 깃털 이부자리에서 자지 않으면 잘 수 없게 된다. 판자 위에서 자는 습관이 붙은 사람은 어떠한 곳에서도 잘 수 있다. 눕기만 하면 잘 수 있는 자에게는 딱딱한 잠자리란 있을 수 없다.

깃털이나 면모로 만들어진 푹신한 침상은 육체를 녹이고 해체시킨다. 지나치도록 따뜻하게 감싼 허리는 뜨거워진다. 그런 데서 간혹 가다 결석이라든가 기타의 병이 생긴다. 그리고 필연적으로, 그런 모든 병의 근원이 되는 약한 체질이 형성되는 것이다.

가장 좋은 침상이란 더할 나위 없이 기분 좋은 수면을 제공해 주는 침상을 말한다. 그런 침상을 에밀과 나는 낮 동안에 마련하기로 한다. 우리의 침상을 장만하는 데 있어서 페르시아인 노예를 데려오게 할 필요는 없다. 대지를 일구면서 우리는 이부자리를 깔고 있는 것이다.

아이들이란 건강하기만 하면 거의 마음먹은 대로 잠자게도 하고 눈뜨게도 할 수 있다는 것을 나는 경험에 의하여 알고 있다. 아이가 누워서 재잘거려 하녀를 난처하게 만들 때, 하녀는 '자요'라고 말한다. 그것은 아이가 앓고 있는데 '건강해라'라고 말하는 것과 같다. 잠을 재우기 위한 틀림없는 방법은 아이를 난처하게 만드는 것이다. 아이가 가만히 있지 않으면 안 될 때까지 이야기해 주는 것이다. 그렇게 하면 그는 마침내 잠들어 버릴 것이다. 아무튼 설교도 무엇인가에 소용이 될 때도 있다. 교훈을 내리는 것도 흔들어 주는 것만큼의 효능이 있을 때가 있다. 그러나 그런 수면제를 밤에 사용하는 것은 좋지만 낮에는 삼가 주기 바란다.

나는 가끔 에밀을 깨워 일으킬 것이다. 너무 오래 자는 습관이 붙을까 봐 그러는 게 아니고 아무 때라도 갑자기 일어나야 할 경우에 일어날 수 있도록 해주기 위해서이다. 다시 말해서 내가 한 마디도 말하지 않아도 그가 자기 스스로 눈을 뜨고 일어날 수 있게 하지 못한다면 나는 나의 직무에 대한 재능이 과히 없다는 이야기가 되는 것이다.

그가 잠을 충분히 자지 않으면 나는 그에게 내일은 불쾌한 아침을 맞이하게 될 것이라고 알린다. 그 자신도 잘 수 있는 시간이 충분히 있다는 것은 그만큼 자기에게 유리하다는 것을 알게 될 것이다. 너무 지나치게 자면 나는 그가 눈을 떴을 때 그가 좋아할 만한 재미있는 일을 보여 준다. 일정한 시각에 눈을 뜨게 하고 싶으면 나는 이렇게 말해 준다. 내일 아침 6시에 낚시를 갈 것이다. 이러이러한 곳에 산책가게 되어 있다. 너도 함께 가겠는가. 그는 승낙한다. 나에게 깨워 달라고 부탁한다. 나는 필요에 따라서 약속해 주기도 하고 꾸짖기도 한다. 너무 늦게 눈을 뜨게 되면 나는 떠나고 없다. 자기 스스로 빨리 눈을 뜨지 않으면 난처하게 될 것이다.

또 이런 일은 좀처럼 없는 일이긴 하지만, 언제까지나 게으른 잠에 빠지는 버릇이 있는 쓸모없는 아이라면 그런 버릇을 그냥 내버려둬서는 안 된다. 방치해 두면 완전히 게으른 습성이 붙어 버리고 말 것이다. 그런 아이에게는 무엇인가 자극을 주는 일을 해서 눈을 뜨게 해야 한다. 강제로 일으키는 따위는 물론 해선 안 된다. 무엇인가 욕망을 일으키게 해서 그의 기분을 돋우어 일어나도록 해야 한다. 그 욕망이라는 것도 자연의 질서에 맞는 것으로부터 골라 잡게 되면 동시에 두 개의 목적을 향하여 우리를 인도하는 결과가 된다.

약간 지혜를 쓰기만 하면 허영심과 질투심을 일으키는 일 없이 아이가 취미나 정열을 가질 수 있다. 아이의 발랄한 마음과 모방 정신, 그것만으로도 충분한 것이다. 특히 아이들 특유의 쾌활함, 이것은 확실한 실마리가 되는 것인데, 교사는 결코 그것을 생각해 내지 못한다. 이것은 단순한 놀이에 지나지 않는다고 충분히 인식하고 있는 모든 놀이에 있어서 아이들은 다른 경우라면 눈물을 줄줄 흘리지 않고서는 견디기 어려운 일도 불평 없이, 아니 웃으며 견뎌내는 것이다. 오랜 배고픔·타박상·화상, 다른 어떤 피로도 이 어린 야만인의 즐거움이 되는 것이다. 고통에도 그 괴로움을 잊게 하는 조미료가 있다는 것을 알 수 있다. 그러나 모든 선생이 그런 맛있는 음식을 만들 줄 아는 것이 아니며, 모든 학생들이 얼굴을 찌푸리지 않고 그것을 맛볼 수 있는 것도 아니다. 여기서 나는 또 자칫하다가는 예외적인 일에 헤매게 되겠다.

그런데 참을 수 없는 일은 괴로움이나 인간에게 흔히 있을 수 있는 불행이나 뜻하지 않은 재난, 생명의 위험, 더욱이 죽음, 그런 일에 대하여 인간이 굴복하는 일이다. 그런 모든 관념에 대하여 인간이 익숙해지도록 훈련하면 괴로움과 그것을 이겨 내려 할 때 일어나는 초조감을 느끼게 하는 저 귀찮은 감수성이라는 것을 없애는 결과가 된다. 인간에게 달려드는 여러 가지 고뇌에 대하여 익숙해지도록 해주면 분명히 몽테뉴가 말했듯이 비정상적인 사건에도 자극을 받지 않게 된다.

또 그의 영혼을 그 무엇으로부터도 상처입지 않는 강건한 영혼으로 만들어 줄 수가 있다. 그의 육체는 갑옷이 되어 그가 알몸으로 받을지도 모를 공격의 화살을 모두 막아 준다. 죽을 때가 다가와도 그것은 아직 죽은 것이 아니기 때문에 거의 죽음이라고 느끼지 않게 된다. 그는 말하자면 죽는 일은 없을 것이다. 살든지 죽든지 둘 중의 하나다. 다만 그것뿐이다. 그런 사람에 대해서만이, 몽테뉴도 모로코의 어떤 왕에 대하여 말했듯이*26 그 누구도 죽음에 있어서 그처럼 훌륭하게 산 사람은 없을 것이다, 라고 말할 수 있을 것이다. 언제나 변함없는 확고한 마음, 그것은 다른 미덕과 마찬가지로 어린 시절에 배워 익혀야 한다. 그러나 어린이에게 미덕이라는 명칭을 가르침으로 해서 미덕을 가르칠 수 있는 것은 아니다. 그것이 무엇인지 모르고 있다 해도 실제로 그것을 아이에게 맛보게 해야 한다.

그런데 죽음과 연관시켜서 생각할 때, 천연두의 위험성에 대하여 우리의 학생을 어떻게 하면 좋을까. 어릴 때 종두를 놓아 주는 게 좋을까. 그렇지 않으면 자연의 종두를 맞게끔 내버려 둘 것인지.*27 첫 번째 방법은 우리 습관과 일치하고 있는 방법인데, 그것은 인간의 생명이 그나마 덜 귀중한 것으로 생각될 때 위험한 일을 행함으로써, 그 생명이 더욱 귀중한 것으로 여겨질 때 닥칠 위험에 대비하는 것이다. 그러나 잘 접종되었더라도 위험이 있을 수 있다.

그러나 두 번째 방법이 우리의 일반적인 원칙에 적합하다. 즉, 자연이란 자기 혼자서 하는 것을 좋아하기 때문에 인간이 손을 쓰면 즉시 그치고 마는데, 이런 일이 없도록 완전히 자연에게 맡겨 버리는 방법이다. 자연 그대로의 인간은 항상 준비가 돼 있다. 그 때문에 선생의 손으로 종두를 놓게끔 해주자. 그는 우리보다 훨씬 더 잘 그 시기를 선택할 것이다.

그렇다고 내가 종두를 비난하고 있다는 결론을 내리지 않아 줬으면 좋겠다. 나의 학생에게 종두를 놓아 주지 않겠다는 이유가 당신들의 학생에게는 전혀 통용되지 않기 때문이다. 당신들의 교육은 학생이 천연두에 걸릴 시기에 그것을 면하지 못하도록 기르고 있는 것이다. 우연에 맡겨서 천연두에 걸리도록 내버려두면 아마도 그 학생은 죽고 말 것이다. 종두의 필요성이 증가되자 여러 나라에서 더욱더 반대하고 있다는 것을 나는 잘 알고 있는데 그 이유는 간단하다. 때문에 나의 에밀을 위하여 이 문제를 자세하게 논하고 싶진 않다. 그는

---

*26 몽테뉴 《수상록》 제2권 제21장의 끝부분. 모로코의 왕 모레륙크는 중병에 걸렸을 때 포르투갈군의 공격을 받고 최후까지 군대를 지휘했다.

*27 18세기 초에는 천연두에 걸린 자는 열 명에 한 사람꼴로 죽었다고 한다. 예방으로 인두 접종이 행하여졌으나, 제너의 완전한 종두법이 발표되는 것은 세기말 1798년이다.

때와 장소와 사정에 따라 종두를 맞거나 안 맞거나 할 것이다. 그것은 그에게 있어서 아무래도 좋은 것이다. 종두를 맞는다면 병을 미리 안다는 이익이 있을 것이다. 그것은 어쨌든 좋은 일이다. 그러나 자연히 천연두를 예방하게 되면 우리는 그를 의사의 손으로부터 지켜줬다는 결과가 된다. 그것은 더욱 좋은 일이다.

배타적인 교육은 그것을 받은 자를 민중으로부터 떼어 놓는 일만 생각하고 있으며 항상 가장 보편적인 것, 그렇기 때문에 가장 유익한 것은 제쳐 놓고 가장 비용이 많이 드는 교육을 베풀려고 한다. 그래서 빈틈없는 교육을 받는 젊은이들은 모두 승마를 배우게 된다. 그것은 많은 비용이 든다. 그런데 그런 젊은이 치고 수영을 배우는 자는 거의 없다고 해도 과언이 아니다. 수영은 전혀 비용이 들지 않으며, 막벌이꾼이라 해도 다른 어느 누구와 마찬가지로 배울 수 있기 때문이다. 굳이 승마장에서 배우지 않아도, 여행자는 서투르지만 낙마하지 않고 그럭저럭 타고 간다. 그런데 물속에서는 헤엄치지 못하면 익사한다. 수영하는 법을 배우지 않고서는 헤엄칠 수가 없는 것이다. 말하자면 말을 타지 않는다고 해서 생명이 위험해지는 법은 없으나, 수영을 못한다면 사람이 가끔 닥치게 되는 익사의 위험을 면할 수 있다는 보장은 아무데도 없는 것이다. 에밀은 대지 위에 있을 때와 마찬가지로 물속에도 있을 수 있을 것이다. 될 수만 있다면 다른 원소 속에서도 살 수 있게 해주고 싶다. 가령 공중을 날 수 있는 방법을 배울 수만 있다면 나는 에밀을 독수리처럼 날게 하겠다. 만약에 불 속에서 몸을 단련받을 수만 있다면 영원(蠑蚖)으로 만들고 싶다.[*28]

아이가 수영을 배우다가 빠지게 되면 어떡하나 하고 사람들은 걱정한다. 수영을 배우다가 빠지거나 배우지 않았기 때문에 빠지거나 그것은 결국 당신들의 과실이다. 우리를 앞뒤 생각 없이 행동하게 하는 것은 허영심뿐이다. 아무도 보지 않는 곳에서 능력에 부치는 일을 하는 자는 없다. 그러나 에밀은 온 세계 사람들이 모두 보고 있다 해도 그런 짓은 하지 않을 것이다. 연습하는 데 있어서 위험하지 않는 일이란 없을 테니까. 그는 자기 집 정원에 있는 용수통 속에서 헬레스폰트 해협을 횡단하는 법을 배울 것이다. 그러나 위험에 대하여 익숙해질 필요가 있다. 위험한 일을 당했을 때 당황하는 일이 없도록 해주어

[*28] 영원(蠑蚖), 옛날 민간에서 불에 견디는 것으로 믿어 왔다.

야 하기 때문이다. 이것은 지금 내가 이야기한 학습의 기본적인 부분이다. 그런데 항상 위험을 그와 함께하고 있는 나는 그의 체력에 따라 위험의 도수를 조절할 것이고, 나 자신이 몸의 안전을 위해 취하는 주의를 참조해서 그의 몸의 안전을 기하도록 해주기 때문에 어떤 잘못을 저지를 염려는 거의 없을 것이다.

아이는 어른보다 작다. 아이는 어른의 체력도 이성도 갖고 있지 않다. 그러나 어른과 같이, 혹은 거의 비슷하게 보고 듣는다. 아이는 그렇게까지 섬세하지는 않으나 어른과 비슷하게, 뚜렷한 미각을 갖고 있으며, 동등한 육감을 느끼지는 못할지언정 어른과 비슷하게 냄새를 가릴 수 있다. 우리 안에서 최초로 형성되는 완성된 능력은 감각기관이다. 그래서 그것을 맨 처음에 길러 줘야 한다. 그런데 사람들은 그것만을 잊고 있다. 혹은 가장 소홀히 하고 있다.

감각기관을 훈련한다는 것은 다만 그것을 사용한다는 것이 아니다. 그것을 통하여 올바르게 판단하는 법을 배우는 것이며, 말하자면 느끼는 법을 배우는 것이다. 우리는 배운 것밖에 만질 수도 볼 수도 들을 수도 없기 때문이다.

판단력에 대하여 아무 영향을 끼치는 일 없이 몸을 튼튼히 하는 데 필요한, 순전히 자연적이고도 기계적인 운동이 있다. 헤엄치는 것, 뛰어오르는 것, 달리는 것, 팽이를 돌리는 것, 돌을 던지는 것, 이런 것들도 모두 대단히 좋은 일들이다. 그러나 우리는 팔과 다리만을 갖고 있는 것은 아니다. 눈이나 귀도 있지 않은가. 더욱이 이들 기관은 팔이나 다리를 사용할 때 필요 없는 것은 아니다. 때문에 힘만을 훈련시켜서는 안 된다. 힘을 지도하는 모든 감각기관을 훈련시켜야 한다. 각개의 감관을 될 수 있는 대로 잘 이용해야 한다. 그리고 하나의 감각이 느끼는 인상을 다른 기관도 알도록 해야 한다. 크기를 재기도 하고, 숫자를 세기도 하고, 무게를 다루기도 하고, 비교해 보기도 해야 한다. 어느 정도의 저항을 나타내는지 추정한 뒤가 아니면 힘을 사용하지 말도록 해야 한다. 결과를 추정하는 일이 항상 수단 방법을 쓰는 일보다 앞서게 해야 한다. 그런 식으로 자기가 행하는 모든 운동의 결과를 예견하고, 경험에 의하여 잘못을 수정하는 습관을 아이에게 붙지 않게 하면, 행동하면 할수록 더욱더 정확하게 된다는 것은 명백한 일이다.

어떤 커다란 물체를 움직이게 하는 일이 문제가 됐다고 하자. 지나치게 긴 지레를 쓰게 되면 필요 이상의 운동량을 소모시킨 결과가 된다. 지나치게 짧은 지레를 쓰게 되면 힘이 모자라는 결과가 된다. 경험은 아이에게 정확하게 필요한 막대를 고를 수 있도록 가르칠 것이다. 따라서 이런 지혜는 아이의 연령을 넘어선 일은 아니다. 어떤 무거운 짐을 나르는 일이 문제가 됐다고 하자. 들 수 있을 정도의 무게의 것을 가지려 할 때 들어올릴 수 있을지 어떨지를 실제로 해보고 싶지 않을 땐 아이는 눈으로 보고 그 무게를 추정해야 할 것이다. 아이가 이미 똑같은 물질의 크기 차이를 비교할 수 있다면 이번에는 똑같은 크기의 물건 중에서 물질이 다른 것을 고르도록 해보는 게 좋다. 그는 아무래도 그 물질들의 비중을 생각하지 않을 수 없게 된다. 빈틈없는 교육을 받은 어떤 젊은이가 상수리나무 조각들이 잔뜩 들어 있는 통이, 무게가 같은 통에다 물을 가득 부었을 때보다 가볍다는 사실을 실제로 시험해 보기 전에는 믿으려 하지 않는 것을 나는 보았다.

우리는 모든 감각기관을 동등하게 사용할 수 있는 것은 아니다. 예를 들어 촉각은 깨어 있는 동안은 절대로 그 작용을 그치지 않는다. 그것은 우리 신체의 표면 전체에 퍼져 있어서 몸을 해칠 우려가 있는 모든 일들을 우리에게 경고해 주는 불침번 같은 역할을 한다. 그것은 또 쉴 새 없이 그것을 사용함으로 해서 싫건 좋건 우리가 가장 먼저 경험을 획득하는 것이며, 또한 특별히 훈련할 필요도 그다지 없다. 그리고 눈이 보이지 않는 사람은 우리보다도 더 확실하고도 예민한 촉각을 갖고 있는 것을 우리는 볼 수 있다. 그들은 시각에 의하여 인도되는 일이 없기 때문에, 시각이 우리에게 주는 판단을 촉각으로만 느껴야 하기 때문이다. 그렇다면, 우리도 그들처럼 암흑 속을 걷기도 하고, 눈에 보이지 않는 물체를 분간하기도 하고, 우리를 둘러싸고 있는 여러 가지 물건을 판별하기도 하여, 한 마디로 말해서 밤에 불빛 없는 곳에서 눈이 보이지 않는 그들이 하듯이 어째서 우리도 모든 것을 할 수 있게 훈련받지 못하는 것일까. 태양이 떠 있는 동안 우리는 시각 장애인보다 유리하다. 어둠 속에서는 반대로 시각 장애인이 우리의 안내자가 된다. 우리는 인생의 절반을 장님으로 사는 것이다. 시각 장애인은 언제나 걸을 수 있으나 우리는 오밤중이 되면 한 발짝도 뗄 수가 없다는 차이가 있다. 불빛이 있지 않느냐고 사람들은 말하겠지. 항상 도구를 끄집어내야 한다는 것은 곤란한 일이다. 필요할 때 어디서나 도구가 당신들을 기다리고 있다고 누가 보증해 주겠는가. 나로서는 에밀이 손가락 끝에 눈을 갖고 있는 편이 그것을 촛불 상점에서 사오는 것보다 낫다고 생각한다.

밤에 어떤 건물 속에 갇혀 있다 치고, 그곳에서 손뼉을 쳐 보자. 그 장소의 방향에 따라 그것이 넓은 곳인지 좁은 곳인지, 한가운데 있는지 구석에 있는지 알 수 있을 것이다. 벽에서부터 반 발짝 정도 떨어진 곳에서 공기는 과히 탁하지 않을 것이고 저항이 적기 때문에 다른 곳과 다른 감각을 얼굴에 느끼도록 해줄 것이다. 한 곳에 머물러 서서 차례차례로 모든 방향으로 몸을 돌려 보라. 어느 쪽인가에 문이 열려 있으면 가벼운 공기의 흐름이 그것을 가리켜 줄 것이다. 배를 타고 있을 때는 바람이 어떤 상태로 얼굴에 닿는가에 따라 어느 방향으로 진행하고 있는가 하는 것뿐 아니라 물살이 빠른지 느린지도 알 수 있다. 이런 일들은 그 밖의 비슷한 여러 가지 일들과 마찬가지로 밤이 아니면 잘 관찰할 수 없다. 낮에는 아무리 주의하려고 해도 우리는 시각의 도움을 받거나 주의가 흐트러지거나 해서 그런 것을 간과하게 된다. 그리고 이 경우에 있어서 손도 막대도 사용하고 있지 않았던 것이다. 시각에 의해서 얻어지는 지식 속에서 얼마나 많은 것들이 촉각에 의하여, 더구나 전혀 아무것과도 닿는 일 없이 얻어지는지.

밤놀이를 많이 시킬 것. 이 충고는 겉보기보다 훨씬 중요하다. 밤은 당연한 일이긴 하지만 사람에게 겁을 준다. 때로는 동물들에게도 겁을 준다.*29 이성, 지식, 정신, 용기 등도 밤의 두려움에서 사람들을 해방시키지 못한다. 이론가, 자유사상가, 철학자 또는 낮에는 용감한 군인이 밤에 여자처럼 나뭇잎 소리를 듣고 무서워하는 것을 나는 본 일이 있다. 그런 공포심은 유모에게서 들은 옛날이야기 때문에 일어나는 것으로 여겨지고 있다. 그것은 잘못된 것이다. 그 원인은 자연에 있다. 그 원인이란 무엇일까. 귀머거리를 의심이 많은 존재로 만들고 민중에게 미신을 가르치는 것과 같은 원인, 즉 우리 주위에 있는 것, 우리 주위에서 일어나고 있는 일에 대한 무지*30가 바로 그것이다.

---

*29 이 공포는 일식 때 뚜렷이 나타난다(원주).

*30 내가 그 책을 자주 인용하고 있는 철학자, 그리고 그 넓은 견해가 또한 자주 나를 가르쳐
   주는 철학자에 의해 충분히 설명되고 있는 또 하나의 원인은 다음과 같다.
   '특수한 상황 때문에 거리의 관념을 정확하게 가질 수 없을 때는, 그리고 대상을 각도나
   우리 눈에 비치는 영상으로만 판단하게 될 때는 그 대상의 크기에 대해 아무래도 우리는
   잘못 알게 된다. 누구나 경험한 일이 있듯이, 밤에 여행을 하면 가까이 있는 덤불을 멀리
   있는 큰 나무로 생각하거나, 먼 곳에 있는 큰 나무를 바로 옆에 있는 덤불로 생각하기도
   한다. 마찬가지로 대상의 형태를 인정할 수 없고, 그로 인해 거리 관념을 일체 가질 수 없

먼 곳에서 사물을 알아보고 그 인상을 미리부터 짐작하는 데 익숙해진 사람이, 자기 주위에 있는 것이 아무것도 보이지 않을 때 그것에 대하여 가지각색의 존재와 갖가지의 운동을 가상하고 나서, 그것들이 자기에게 해를 끼칠 것이며 그것들로부터 자기 자신을 보호하기란 불가능한 일이다 등의 생각을

으면 사람은 역시 아무래도 잘못 알게 된다. 우리 눈앞에서 조금 떨어진 곳을 재빨리 지나가는 파리도, 이런 경우 눈에서 멀리 떨어진 새처럼 보일 것이다. 넓은 들판 한복판에 꼼짝 않는 양 같은 모습을 한 말도 말이라는 것을 알기 전에는 큰 양으로 보일 것이다. 그러나 말이라는 것을 알면 금새 말만 한 크기로 보여져, 우리는 처음의 판단을 정정하게 된다.

밤에 낯선 곳에서 어둡기 때문에 거리를 판정할 수 없고 사물의 형태를 분간할 수 없을 때 사람들은 언제나 그곳에 나타나는 대상에 대해 잘못 판단할 위험이 있다. 밤의 어둠이 거의 모든 사람에게 느끼게 하는 공포와 그 내심의 두려움은 그곳에서 생긴다. 많은 사람들이 보았다는 유령이나 거대하고 무서운 모습은 거기에 근거가 있다. 사람은 보통 그들에게 그런 모습은 그들의 상상 속에 있었던 것이라고 대답한다. 그렇지만 그것은 현실적으로 그들 눈에 비쳤을지도 모르며, 그들이 보았다는 것을 실제로 보았다고 할 수도 있을 것이다. 왜냐하면 대상이 눈에 대해 형성하는 각도로만 대상을 판단할 때는 아무래도 그 미지의 대상은, 가까워짐에 따라 확대되며, 보이는 것이 무엇인지도 모르고 어느 정도의 거리에 보이는가도 판정할 수 없는 관찰자에게 갑자기 나타난다면, 그리고 그가 20보 내지 30보 떨어진 곳에 있을 때 몇 길의 높이로 보인다면 수척밖에 떨어지지 않은 곳에 와도 반드시 그것은 수천 척 높이로 보일 것이다. 이것은 사실상 그를 놀라게 하여 간신히 대상을 만지게 하든가, 그것을 분별할 때까지는 틀림없이 그를 위협하게 될 것이다. 즉, 그것이 무엇인가를 안 순간에 거대하게 보면 그 대상은 갑자기 작아지고, 이미 현실적인 크기로밖에 보이지 않는 것이다.

그러나 도망치거나 가까이 다가갈 수 없게 되면, 확실히 사람은 그 대상에 대해 눈에 형성된 영상에서 오는 관념 이외의 것을 지닐 수 없게 되며 사람은 현실적으로 거대한, 즉 그 크기와 형태로 무서운 모습을 보았다고 말하게 된다. 유령에 대한 편견에는, 그러므로 그런 현상은 철학자가 믿고 있듯이 상상에 의한 것만은 아니다.' 《박물지》 제6권 22페이지).

나는 본문에서, 왜 그것은 항상 일부분이 상상에 따르게 되는가를 증명하려고 했다. 그리고 이 인용으로 설명되고 있는 원인에 대해 말하자면, 밤에 걷는 습관은 형태의 유사와 거리의 차이가 어둠 속에서 우리 눈에 대해 대상이 취하는 외관을 구별하는 법을 가르쳐 주리라는 것을 알 수 있다. 우리가 대상의 윤곽을 인정할 수 있을 정도로 밖이 훤할 때도, 멀리 떨어진 곳에는 중간에 공기가 여분으로 있기 때문에 대상이 보다 먼 곳에 있으면 그 윤곽은 언제나 그다지 뚜렷이 보이지 않게 된다. 그러므로 습관에 의해 충분히 우리는, 여기서 뷔퐁 씨가 설명하는 잘못에 빠져드는 일이 없도록 할 수 있다.

따라서 어떤 설명을 하더라도, 나의 방법은 언제나 유효하며, 그것은 경험이 완전히 확인한 일이기도 하다(원주).

하지 않을 수 있겠는가. 내가 있는 장소는 안전한 곳이라고 알고 있은들 무슨 소용이 있겠는가. 그 장소를 현실 속에서 보고 있었을 때와 똑같다고는 절대로 여겨지지 않기 때문이다. 그래서 낮에는 볼 수 없었던 공포의 표적이 항상 잠재하게 된다. 하긴 외부에 있는 물체가 우리 신체에 작용하기 시작할 때는 대개 어떤 소리에 의해서 그것을 알 수 있게 된다는 것을 나도 잘 알고 있다. 그래서 나는 늘 귀를 세우고 있지 않은가. 원인 모를 소리가 조금이라도 나면 당장에 자기를 지키려고 하는 관심이, 나에게 모든 것을 제쳐놓고라도 몸을 경계해야 한다고 일러 주는 것처럼 느껴진다. 따라서 나에게 겁을 줄 만한 모든 상상이 밀어닥치게 된다.

전혀 아무것도 들리지 않았다고 해도 나는 침착해질 수가 없다. 소리를 내지 않고서도 엄습해 오는 수가 있기 때문이다. 나는 이전에 보았던 사물의 모습을 지금 있는 그대로 생각하지 않을 수 없다. 보이지 않는 것을 보지 않고는 못 배긴다. 그래서 여지없이 상상력을 활용하게 되고 그것을 누를 길이 없어서, 자신을 안심시키려 하면 더욱 불안해질 뿐이다. 무슨 소리가 들리면 도둑이 들었나 싶어진다. 아무 소리도 들리지 않으면 유령이 보인다. 몸을 지키려는 기분이 불러일으키는 경계심은 걱정거리를 더 많이 만들어 줄 뿐이다. 나를 안심시켜 주는 것은 모두 이성 안에 있을 뿐인데, 이성보다도 강한 본능은 이성과는 전혀 다른 것을 들려준다. 이런 경우에는 어떻게 해도 할 수 없는 법이니까 아무것도 겁낼 필요가 없다고 생각한들 그것이 무슨 소용이 있겠는가.

병의 원인을 알면 그것을 고치는 방법도 분명해진다. 모든 일에 있어서 습관은 상상을 죽인다. 새것이 아니고서는 또다시 상상력을 불러일으킬 수 없다. 매일 볼 수 있는 것에 대해서 상상력은 작동하지 않으며 기억력이 작동하게 된다. 이것은 '정념은 습관에서 나오는 것이 아니다'라고 하는 공공연한 이론의 근거이다. 정념은 상상력의 불길에 의하여 비로소 타오르는 것이다. 그러니까 어둠에 대한 공포심을 없애 주려고 하는 사람과 토론해서는 안 되며, 그 사람을 가끔 어두운 곳으로 데려가는 게 좋다. 그렇게 하면 철학의 모든 논증도 이런 습관에 대해선 이길 수 없다는 것이 확실해진다. 지붕 고치는 사람은 지붕 위에 올라가서 현기증을 일으키지 않을 것이고, 어둠에 익숙해진 자는 어둠을 두려워하지 않는 법이다.

그래서 우리의 밤놀이에서는 첫 번째 이점 외에 또 다른 이점 하나를 얻게 된다. 이러한 놀이를 성공시키기 위해서 될 수 있는 대로 명랑하게 진행시킬 것을 강조한다. 어둠만큼 침울한 것은 없다. 때문에 어린이를 감옥에 가둬 넣는 일은 해선 안 된다. 어두운 곳으로 들어갈 때 웃으며 들어갈 수 있게 해줘야 한다. 그곳에서 나오기 전에 다시 한번 웃을 수 있게 해줘야 한다. 그곳에 있는 동안은 버리고 온 즐거움, 얼마 뒤에 다시 찾을 수 있는 즐거움을 생각하게 하고 어둠 속에 있는 그에게 닥쳐올지도 모를 괴기한 상상에서 그가 빠져나오도록 해줘야 한다.

어떤 시기가 지나면 사람들은 앞으로 전진하면서도 뒤를 본다. 그런 시기가 인생에는 있다. 나는 그런 시기가 지난 것 같다. 나는 말하자면 다른 길을 걷기 시작하고 있는 것이다. 내 안에서 느껴지는 완숙된 시기의 공허한 마음은 어린 시절의 그리운 나날을 다시 그려 준다. 나는 나이를 먹어 가며 다시 어린 이로 돌아간다. 또한 나는 서른 살 때 한 일보다도 열 살 때 한 일을 더 회상한다. 독자들이여, 때로는 나 자신의 일을 예로 들도록 허락해 주기 바란다. 이 책을 좋은 것으로 만들기 위해서는 나 역시 즐기면서 써야 하기 때문이다.

나는 시골에 있는 랑베르시에라는 목사의 집에 맡겨져 있었다. 친구로서는 나보다 부자인 사촌이 있었다. 그는 이미 한 집안의 상속자로 정해져 있었다. 한편 나는 아버지에게서 멀리 떨어져 있는 가엾은 고아에 지나지 않았다. 나보다 연상인 사촌 베르나르는 몹시 겁쟁이였다. 특히 밤에는 더했다. 내가 번번이 그의 공포심을 놀려 주었기 때문에 랑베르시에 씨는 나의 지나친 자랑에 질려서 내 용기를 시험해 보려 마음먹었다. 어떤 가을날 밤, 매우 어두운 밤이었는데 랑베르시에 씨는 나에게 교회의 열쇠를 주면서 설교단 위에다 놓고 온 성경을 갖고 오라고 말했다.

그는 나의 명예심을 불러일으킬 만한 말을 한두 마디 덧붙여서 내가 도저히 그것을 거절할 수 없게 만들었다. 나는 등불 없이 나섰다. 등불이 있었다면 더욱 사정은 나빠졌을 것이다. 묘지를 지나가야 했다. 나는 유쾌한 기분으로 그곳을 지나갔다. 밖에 있다고 생각하는 동안은 나는 절대로 밤에 대하여 공포심을 갖는 일이 없었던 것이다.

문을 열었을 때 천장에서 무슨 소리인지 울려오는 것 같았으며, 그것은 사람 소리처럼 여겨져서 로마인 풍의 용감한 마음이 흔들리기 시작했다. 문을 열고 나는 안으로 들어가려고 했다. 그러나 대여섯 발짝도 못 가서 나는 그 자리에 멈춰서고 말았다. 그 넓은 곳을 가득차게 감도는 칠흑 같은 어둠을 보고 나는 머리털이 거꾸로 서는 것 같은 공포심에 사로잡혔다. 나는 뒤로 물러서서 밖으로 나왔다. 덜덜 떨면서 도망쳤다. 안뜰에는 슈르단이란 강아지가 있었는데 나에게 다가와서 비벼대는 바람에 나는 안심할 수 있었다. 자신의 공포심을 부끄럽게 생각하고 나는 또다시 뒤로 돌아왔다. 단, 슈르단을 데려가려 했으나 따라오지 않았다. 나는 급하게 입구를 넘어서 교회 안으로 들어왔다. 다시 한번 그곳으로 들어왔다고 생각하니 또다시 공포심이 나를 사로잡았다. 그것도 아주 대단한 공포심이었기 때문에 머리가 돌 지경이었다. 설교단은 오른쪽에 있었는데 그것을 잘 알고 있으면서도 나도 모르게 왼쪽에서 오랫동안 찾아 헤맸다. 의자 틈에서 더듬더듬하다가 그만 내가 어디 있는지조차 모르게 되고 말았다. 그 다음부터는 설교단도 입구도 알 수 없게 되어 무어라 말할 수 없을 정도의 혼란 상태로 빠져들어 갔다. 간신히 입구를 찾아내어 교회에서 빠져나갈 수가 있었다. 또다시 먼젓번과 마찬가지로 그 자리를 떠나면서 낮이 아니면 절대로 두번 다시 혼자서 오지 않겠다고 결심했다.

나는 집까지 돌아왔다. 안으로 들어가려 할 때 랑베르시에 씨의 커다란 웃음소리가 들려왔다. 나를 비웃고 있구나 하고 지레짐작한 나는 그곳에 들어가기가 부끄러워져서 문을 선뜻 열지 못했다. 그때 누이 랑베르시에 양이 나의 일이 걱정이 되어 하녀에게 칸델라를 갖고 오도록 이르는 소리가 들려왔고, 랑베르시에 씨는 나의 용감한 사촌형에게 호위를 부탁하며 찾아나설 채비를 하고 있었다. 그렇게 되면 원정의 명예는 모두 사촌형에게 주어지게 되고 만다. 당장에 공포심은 사라져 버렸고 도망쳐온 것이 들키게 되지나 않을까 하는 두려움만 남게 됐다. 교회 쪽으로 날듯이 달려갔다. 손으로 더듬거리지도 않고 어김없이 설교단 있는 데로 갔다. 그곳에 올라가서 성경을 집어 들었다. 밑으로 뛰어내렸다. 세 번 뛰었다고 생각하니 교회 밖에 있었는데 나는 그 문을 닫는 것도 잊어버렸다. 숨을 헐떡거리며 방안으로 들어갔다. 성경을 책상 위로 던졌다. 얼굴은 새파랗게 질려 있었으나 나에게 뻗쳐 오려던 구원의 손길을 빌리지 않고 해치울 수 있었다는 기쁨 때문에 가슴이 마구 뛰었다.

이 이야기를 본받아서, 이런 종류의 훈련을 할 때 필요한 명랑한 기분을 불러일으키는 실제적인 예가 되는지 사람들은 물어볼지도 모른다. 그렇지는 않다. 다만 나는 밤의 어둠에 질린 사람을 안심시키려면 옆방에 모여 있는 사람들이 편안하게 앉아서 웃기도 하고 이야기하기도 하는 것을 듣게 하는 것이 가장 효력이 있다는 것을 증명하기 위해서 이런 이야기를 끄집어낸 것이다. 그런 식으로 해서 혼자서 학생을 상대로 하여 즐기기보다 밤에 유쾌한 아이들을 많이 모아 놓고 하면 어떨까 생각한다. 처음에는 한 사람씩 보내지 말고, 몇 명씩 떼를 지어 보내도록 한다. 겁낼 필요가 없다는 것을 미리 똑똑히 알게 될 때까지 아무도 혼자서는 절대로 보내지 않는다고 타이르는 식으로 하면 된다.

이런 놀이를 준비할 때 조금만 머리를 써서 재미있게 한다면 이것만큼 재미있고 유익한 것은 없을 것이다. 커다란 방에서 책상이나 걸상, 소파나 칸막이 등으로 미로를 만들어 보자. 그 미로를 어디서부터 들어가야 할지 모를 곳에다 여덟이나 열 개 정도의 상자를 늘어놓는데, 그것들과 거의 비슷하게 생긴 상자를 하나 섞어 놓고 그 안에 과자를 잔뜩 넣어 둔다. 뚜렷하고도 간단한 말로 그 보물상자가 있는 정확한 장소를 알려 준다. 아이들보다는 주의 깊고 명청하지 않은 사람이라면 충분히 알아차릴 수 있을 정도로 가르쳐 준다.[31] 그 다음에 어린 경쟁자들에게 제비를 뽑게 하고 한 사람씩 보물상자를 찾으러 가게 한다. 아이의 능력으로는 그 보물상자를 찾기가 어려울 정도로 해 놓는다.

어린 헤라클레스가 상자를 들고 자랑스럽게 원정에서 돌아오는 장면을 상상해 보라. 상자는 책상 위에 놓인다. 긴장된 분위기 속에서 그것이 열린다. 기대하고 있던 과자가 아니고 이끼나 솜 위에 가지런히 놓인 딱정벌레·달팽이·숯·도토리·칡뿌리, 혹은 그것과 비슷한 다른 어떤 물건들이 발견됐을 때의 아이들의 웃음소리·고함소리가 들려오는 듯하다. 또 어떤 때는 새로 벽을 하얗게 칠한 방에서 무슨 장난감 같은 것이나 다른 작은 도구를 벽에다 걸어 놓고, 벽에다 손을 대지 말고 그것들을 가져오도록 한다. 그것을 갖고 돌아온 자가 조금이라도 조건에 어긋나는 일을 저지르면, 가령 모자 끝이나 신발 끝이나 옷자락이나 소매 끝이 하얗게 되어 있으면 그 아이의 부주의성을 나타내는 결과가 되는 것이다.

이런 종류의 놀이를 하는 취지에 대하여 설명하는 것은 이것으로 충분하다

---

[31] 아이들에게 주의력을 훈련시키려면, 아이들이 그것을 충분히 이해하는 데 확실하고 절박한 관심을 가질 수 있는 일 외에는 결코 말하지 않도록 하여야 한다. 특히 긴 이야기를 하지 말 것이며 절대로 쓸데없는 말을 하지 말 것이다. 그러나 또 당신네들의 이야기에 불명한 점과 애매한 점을 남겨 둬서는 안 된다(원주).

고 생각한다. 이 이상 더 당신들에게 이것저것 말할 필요가 있다면 이 책을 읽지 않는 것이 좋겠다.

이런 식으로 자란 사람은 다른 사람들에 비해 밤에 대단히 유리할 것이다. 어둠 속에서도 힘차게 내디딜 수 있는 발, 주위에 있는 모든 물체를 쉽게 만질 수 있도록 훈련된 손은 아무리 칠흑 같은 어둠 속에서도 문제없이 그를 인도해 나갈 것이다. 어린 시절에 놀던 밤놀이의 회상으로 가득찬 상상력은 좀처럼 그의 마음에 두려움을 주지 않을 것이다. 웃어 젖히는 소리가 들렸다고 생각했을 때, 그것은 요정의 웃음소리가 아닌 옛 친구의 웃음소리로 들릴 것이다. 무엇이 모여 있는 장면을 상상했을 때, 그것은 마녀들의 집회가 아니라 가정 교사의 방이라고 생각할 것이다. 밤에는 유쾌한 관념만을 불러일으켜서, 절대로 무섭다고 느끼지 않을 것이다. 밤을 두려워하지 않고 밤을 좋아하게 될 것이다. 군사적인 원정을 하게 됐을 때 그는 혼자서든, 부대와 함께든 언제라도 갈 수 있을 것이다.*32 레소스의 머리털을 잘라와야 한다면 걱정하지 말고 그에게 부탁하라. 다른 방식으로 키워진 사람들 속에서 당신들은 오디세우스를 쉽게 발견하지 못할 것이다.*33

나는 사람들이 아이에게 불의의 공격을 가함으로써 밤을 무서워하지 않도록 하려는 것을 본 일이 있다. 이 방법은 아주 좋지 않은 방법이다. 그것은 사람들이 원하고 있는 것과는 전혀 반대의 결과를 가져오게 되어 아이를 더욱 겁쟁이로 만들 뿐이다. 어느 정도의 것인지 어떤 종류의 것인지도 알 수 없는 절박한 위험에 대해서는, 또 이미 종종 경험한 일이 있다 해도 불의의 습격을 받는다는 공포심에 대해서는 이성도 습관도 사람을 안심시키지는 못한다. 그건 그렇고 어떻게 하면 당신의 학생을 그런 사고로부터 틀림없이 면하게 해줄 수 있을까. 그런 일로부터 그를 보호해 줄 수 있는 가장 좋은 방법은 다음과 같은 것이라고 생각한다.

나는 에밀에게 이렇게 말하겠다. 너는 그럴 경우에 적당하게 자기를 지킬 수

---

*32 구약 『사무엘 상』 제26장, 사울 왕에게 추구당하고 있던 다윗이 왕의 진옥(陣屋)으로 몰래 들어가 창과 주전자를 훔쳐냈다는 고사.

*33 호메로스 《일리아드》 제10권, 레소스는 트라키아의 왕. 트로이아의 장군 레소스의 모발이 크산토스 강물을 빨아들이면 트로이아는 멸망하지 않는다고 되어 있다. 오디세우스는 밤 중에 레소스를 습격하여 죽였다.

가 있다. 공격해 오는 자는 너에게 해를 가하려고 그러는지 놀라게 해주려고 그러는지 판단할 여지를 주지 않는다. 뿐만 아니라 그쪽은 유리한 태세에 놓여 있으니까 네가 도망친다고 해서 결코 안전한 방법을 취했다고 할 수는 없다. 그렇기 때문에 인간이건 짐승이건 간에 밤에 너에게 덤벼드는 자가 있으면 대담하게 잡아 눌러줘야 한다. 힘껏 그것을 잡아 눌러줘야 한다. 버둥대면 때려줘야 한다. 틈을 줘선 안 된다. 그리고 그것이 뭐라 하건, 어떻게 하건 그것이 무엇인지 분명히 알게 될 때까지 절대로 놓아줘선 안 된다. 모든 사정이 명백하게 되면 아마도 그것이 대수롭지 않은 것이었음을 알게 될 것이다. 익살꾸러기에게 이렇게 해주면 자연히 다음부터 그런 짓을 하지 않을 것이다.

촉각은 모든 감관 중에서 우리가 가장 빈번히 사용하는 것이지만, 그 판단은 이미 말한 대로, 다른 어떤 감각보다도 불완전하고 조잡하다. 우리는 그것을 사용할 때 시각도 같이 사용하는데, 눈은 손보다도 빨리 대상을 포착하고 정신은 대부분의 경우 손을 기다리지 않고 판단을 내리기 때문이다. 그 대신 촉각에 의한 판단은 가장 확실하다. 그것은 가장 한정된 판단이기 때문이다. 우리 손이 미치는 곳 이상으로는 미치지 못하는 그 판단은 다른 감각이 방심하던 일을 정정해 준다. 다른 감각은 겨우 인식할 수 있을 정도로 먼곳에 있는 대상까지도 포착하지만 촉각은 그렇지 못한 대신 모든 것을 완전하게 인정할 수 있기 때문이다. 또한 우리는 마음만 먹으면 근육의 힘과 신경의 작용을 병합시켜서 동시에 느낄 수 있는 감각을 통하여 온도·크기·형태 등을 판단하고 거기에다 무게와 견고도까지도 판단할 수 있다. 그래서 촉각은 모든 감각 중에서 외부의 물체가 우리 몸에 주는 인상을 가장 잘 알려 주는 것으로서 가장 자주 쓰이며, 우리가 스스로를 보호하는 데 필요한 지식을 가장 직접적으로 주는 것으로 되어 있다.

촉각을 사용하는 일이 시각을 돕는 결과가 되듯이 그것은 청각을 어느 정도까지 보충하지 않는다고 할 수 없다. 소리는 음향을 발하는 물체에다 촉각으로 느낄 수 있는 진동을 야기시켜 주기 때문이다. 첼로 위에 손을 얹으면 눈이나 귀의 힘을 빌리지 않고도 동체 진동의 양상에 따라서 그것이 내는 소리가 둔한 소리인지 날카로운 소리인지, 제1 현에서 나오는 소리인지 저음의 현에서 나오는 것인지를 구별할 수가 있다. 그 차이를 식별할 수 있도록 감관을 훈련하면 그런 것에 대하여 차차로 민감해져서 마침내는 어떤 곡 전체를 틀림없이 손가락으로 들을 수 있게 된다. 그렇게 되면 분명히 귀머거리와도 음악으로 이야기할 수 있게 될 것이다. 가락과 박자는 음절과 목소리와 마찬가지로 규칙적으로 조립할 수 있으니까, 또한 말의 요소로도 될 수 있는 것이다.

촉각을 약하고도 둔하게 만드는 방법이 있다. 그와 반대로 그것을 날카롭게 하고 섬세하게 하는 방법도 있다. 전자는 딱딱한 물체를 강하게 운동시켜서 그 물체에다 끊임없이 접촉시킴으로써 피부를 거칠고 딱딱하게 만들어 자연적인 느낌을 없애주는 것이다. 후자는 가볍게 자주 접촉시킴으로 해서 그 느낌에 변화를 주어, 자꾸 되풀이되는 인상에 대하여 주의를 기울이고 있는 정신이 그것으로부터 일어나는 모든 변화를 판단하는 능력을 획득하게끔 만드는 것이다. 이러한 차이는 악기의 사용에서 뚜렷이 나타난다. 첼로·콘트라베이스·바이올린의 딱딱하고 긁는 듯한 감촉은 손가락을 날씬하게 만들고 손가락 끝을 딱딱하게 만든다. 클라브생의 부드러운 감촉은 역시 손가락을 날씬하게 만들지만 동시에 더욱 민감하게 만든다. 그래서 이 점에서는 클라브생이 더 우수하다.

피부는 공기의 영향에 강해야 하고 그 변화를 이겨내야 할 필요가 있다. 다른 모든 것을 지켜주는 것이 피부이니까. 손이 너무 같은 일에만 매여 있게 되면 굳어져 버리고 마는데 이것은 바람직한 일이 못 된다. 또 손의 피부가 거의 뼈처럼 돼버려, 손에 닿는 물체가 무엇인지를 알려 주고 어둠 속에서도 종류에 따라 여러 가지 형태로 우리에게 전율을 일으키게 하는 저 기분 좋은 감각을 잃게 된다는 것도 바람직한 일이 못 된다.

어째서 우리의 학생은 항상 발밑에다 소가죽을 붙이고 다니게끔 강요당하고 있을까. 필요에 따라서는 그 자신의 발바닥 가죽이 직접 땅을 밟는다고 해서 무엇이 해롭겠는가. 이 부분의 피부가 연하면 절대로 쓸모가 없을 뿐만 아니라 때때로 매우 해로운 일이 생기기도 한다. 적이 마을에 쳐들어와서 한겨울 오밤중에 눈을 뜨게 된 제네바 사람들은 신발보다 먼저 총을 잡았다. 만약 그들 중 누구 한 사람도 맨발로 걸을 수 있는 사람이 없었다면 그때 제네바가 점령당하지 않고 견뎌낼 수 있었을지 알 수 없는 일이다.*34

뜻하지 않은 사건에 대비하기 위하여 인간을 항상 무장시켜 놓기로 하자.

---

*34 1602년 사부아 공 샤를 에마뉴엘 1세는 제네바시를 공격하려다 실패했다.

어떠한 계절에도 에밀이 매일 아침 맨발로 방 안을, 계단을, 뜰 안을 달린다 해도 꾸짖기는커녕 나도 그처럼 할 작정이다. 단 유리 조각들이 그 일대에 뿌려져 있어선 안 된다. 손을 사용해서 하는 일이나 놀이에 대해서는 언젠가 나중에 이야기하기로 하자. 그 외에 신체의 발육을 돕는 여러 가지 행동을 해야 한다는 것. 그는 여러 가지 자세를 취하여 안정되고도 단단하게 몸을 유지하는 법을 배워야 한다. 멀리, 높이 뛰어오르기도 하고 나무에 오르기도 하고, 담을 뛰어넘기도 해야 한다. 항상 균형을 이루고 있어야 한다. 모든 운동 동작은 역학이 균형의 법칙을 그에게 설명해 주기 훨씬 이전부터 그 법칙에 따라 행해져야 한다. 다리를 지상에다 어떤 식으로 놓아야만 서 있을 때 쾌적한 상태를 유지할 수 있는지, 또는 불쾌한 상태에 놓이는지를 알아야 한다. 침착한 몸가짐은 항상 우아하게 보일 것이며, 더할 나위 없이 꼿꼿한 자세 또한 매우 우아하게 보일 것이다. 내가 댄스 선생이라면 마르셀퐁*35의 우스꽝스러운 동작들은 전혀 시키지 않을 것이다. 그것은 그의 나라에서나 인기 있는 것이다. 나의 학생에게 언제까지나 그런 참새 같은 춤을 추게 하지는 않을 것이며, 대신 그를 바위산 밑으로 데려갈 것이다. 그곳에서 나는 그에게 가파르고 울퉁불퉁하여 걷기 힘든 오솔길을 몸도 가볍게 걸어가려면 바위 꼭대기에서 꼭대기로 뛰어 옮겨야 하고, 올라갔다 내려가려면 어떤 자세를 취해야 하느냐, 몸과 머리를 어떤 자세로 해야 하느냐, 어떤 동작을 해야 하느냐, 어떤 때는 발을, 어떤 때는 손을 어떻게 놓아야 하느냐 등의 일을 그에게 가르쳐 줄 것이다. 나는 그를 오페라 극장의 무용수가 아니고 오히려 다람쥐의 좋은 적수로 만들고 싶다.

촉각이 그 작용을 인간의 주위에 집중시키는 것과 맞먹을 정도로 시각은 그 작용을 인간의 외부로 넓힌다. 그래서 시각은 사람을 속이기 쉬운 것이 돼 버린다. 인간은 한눈에 지평선의 절반을 바라볼 수 있다. 동시에 느낄 수 있

---

*35 파리의 유명한 댄스 교사. 상대방을 잘 알고, 교묘한 재주를 부리고, 도리에 어긋난 일을 하여 그 기술을 대단한 것으로 키우고 있었다. 사람들은 그것을 우습게 생각하는 체했으나, 실은 그에 대해 더없이 큰 존경심을 갖고 있었다. 그에 못지않게 쓸데없는 다른 기술로, 오늘날도 역시 어떤 배우는 같은 방법으로 중요한 인물로 취급되고, 미치광이로 취급받아 여전히 큰 성공을 거두고 있는 것을 볼 수 있다. 이런 일은 프랑스에선 언제나 확실한 방법이다. 더 단순하고, 그런 사기꾼 같지 않은 진짜 재능으로는 프랑스에선 행운을 잡을 수 없다. 얌전하다는 것은 프랑스에선 바보들의 미덕으로 보여지고 있다(원주).

는 무수한 감각, 그것이 불러일으키는 무수한 판단 속에서 어떻게 그중 하나라도 잘못 판단하지 않을 수 있겠는가. 그래서 시각은 모든 감각 중에서 가장 잘못을 저지르기 쉽다. 그것은 가장 먼 곳까지 퍼져 있고 다른 모든 감각보다 훨씬 앞선 곳을 질러서 가고 있으며, 그 작용은 너무나 신속하고 범위가 넓어서 다른 감각이 이것을 수정해 줄 수 없기 때문이다. 다시 말하면 공간을 인식하고 그 여러 가지 부분을 비교할 수 있게 되기 위해서는 원근에 의한 착각 그 자체가 우리에게는 필요한 것이다. 우리는 잘못된 인상을 받는 일 없이 무엇 하나 볼 수 없을 것이다. 단계적인 크기와 빛이 없으면 우리는 거리를 추정할 수가 없을 것이다. 더 정확히 말하면, 우리에게 거리라는 것이 없을 것이다. 똑같은 크기의 나무 중 우리에게서 백 보 떨어진 곳에 있는 것과 십 보 떨어진 곳에 있는 것이 같은 크기로 똑같이 뚜렷이 보인다면 두 개를 나란히 놓은 결과가 돼버린다. 우리가 물체의 모든 치수를 실제의 척도로 본다면 우리에게는 어떤 공간도 보이지 않고 모든 것이 우리 눈 위에 나타난다는 이야기가 된다.

시각은 물체의 크기와 그 거리를 판단할 때 동일의 척도, 즉 그 물체들이 우리 눈에 비치는 각도밖에 느끼지 못한다. 그리고 이 각도는 합성된 원인의 단순한 하나의 결과이기 때문에 그것이 우리에게 야기시키는 판단은 개개의 원인을 불확정한 것으로 하거나 그렇지 않으면 필연적으로 틀린 것으로 만들어 버린다. 어떤 물체가 다른 물체보다 작게 보이게 하는 각도는 그 최초의 물체가 실제로 더 작아서 그런지 그렇지 않으면 더 먼 곳에 있기 때문에 그런지를 그냥 보기만 해서는 그것을 도저히 판정할 수 없게 해준다.

그래서 여기서는 촉각의 경우와는 반대되는 방법이 필요하게 된다. 감각을 단순화하지 말고 이중으로 하여, 항상 다른 감각을 통하여 그것을 검사하고, 시각의 기관을 촉각의 기관에 종속시켜서, 말하자면 성급한 시각을 둔중한 촉각의 제한된 발걸음에 맞추어서 억제시킬 필요가 있게 된다. 이런 방법을 취하지 않으면, 우리의 눈짐작은 매우 부정확한 것이 돼버린다. 한번 봐서는 높이·길이·깊이·거리를 절대로 정확하게 판단할 수 없다. 그리고 그것은 감각 기관의 잘못이라기보다 오히려 그것을 측정하는 방법이 잘못되어 있기 때문이다. 그 증거로서 기사나 측량사나 건축가·목수·화가 등은 일반적으로 우리보다 훨씬 더 정확한 눈짐작으로 물체를 측정하고, 공간에 있는 물체의 크기를 더 정확하게 평가한다. 그들의 직업이 그 점에 있어서 우리가 갖지 못한 경험을 그들에게 주고 있다. 그들은 눈짐작으로 보는 각도의 애매성을 경험에 의한 정확한 측정으로 제거시키는 것이다.

강제성을 띠지 않고 신체를 움직이게 하는 일이라면 무엇이든지 항상 쉽게 아이에게 시킬 수가 있다. 거리를 잰다든지 인식시킨다든지, 추정시키는 데 아이의 흥미를 이끌기 위해서 수많은 방법이 있다. 저곳에 무척 키가 높은 벚나무가 있다. 버찌를 따려면 어떻게 해야 할까. 창고에 있는 사다리로 하면 될까. 무척 넓은 냇물이 있다. 어떻게 하면 건너갈 수 있을까. 안뜰에 있는 판자가 양쪽 기슭을 이어줄 수 있을까. 우리 방의 창문에서 성 안에 있는 못에 줄을 늘어뜨리고 낚시질을 하고 싶다. 실의 길이를 몇 자로 할까. 두 개의 나무 사이에다 그네를 매고 싶다. 4미터 정도의 밧줄이면 충분할까. 다른 집으로 이사가게 되면 우리가 쓸 방이 2.3제곱미터는 될 거라는데 그쯤이면 적당할까. 이 방보다 클까. 무척 배가 고프다. 저쪽에 두 마을이 보인다. 어느 마을에 가면 더 빨리 점심밥을 먹을 수 있을까 등이다.

군인이 되게끔 정해져 있었던 어느 아이에게 달리기 연습을 시키게 되었다. 그 아이는 무척 게을러서 스스로 운동을 하려는 생각은 하지 않았다. 어째서 그런지는 모르지만 그와 같은 신분의 인간은 아무것도 하지 않아도 되고 아무것도 몰라도 된다. 그리고 그들이 갖고 있는 귀족의 칭호는 팔이나 다리나 또 다른 모든 종류의 일 중에서 우수하다는 것을 대신하는 것이라고 믿고 있었다. 그런 서방님을 육상 선수 아킬레우스로 만들려면 케이론의 재능을 갖고 시켜도 충분하지는 못했을 것이다. 그리고 나는 절대로 아무것도 명령하지 않기로 했으니까 곤란은 더욱 컸다. 격려한다든지 무슨 약속을 한다든지, 위협을 준다든지 경쟁심을 일으키게 한다든지, 멋있는 일을 해보려는 욕망을 자극한다든지 하는 일은 일체 해선 안 될 일이라고 생각했던 것이다. 그에게 아무 말도 하지 않고 뛰고 싶다는 욕망을 일으키게 하려면 어떻게 해야 할까. 나 자신이 뛰어 본들 소용이 없을 테고, 오히려 이상한 결과가 되고 말 것이다. 그리고 또 이 경우에서는 그런 연습을 통하여 그에게 어떤 교훈이 될 만한 일을 끄집어내야 했고 신체의 움직임과 판단력의 작용이 항상 병행하게끔할 필요도 있었던 것이다. 내가 어떤 식으로 했는지를 이제부터 설명하기로 한다. 나는 이런 실제적인 예를 들어 설명하는 것을 좋아한다.

오후 그와 함께 산책*³⁶할 때 나는 가끔 주머니에다 그가 매우 좋아하는 과자를 두 개 넣고 간다. 우리는 산책하면서 그것을 하나씩 먹고는 매우 만족해하면서 돌아오곤 했다. 어느 날 그는 내가 과자를 세 개 갖고 있다는 것을 알았다. 그가 여섯 개 먹었다고 해서 배탈이 날 염려는 없었던 것이다. 그는 재빨리 자기 것을 먹고 난 뒤에 세 개째를 달라고 했다. 나는 안 된다고 말했다. "내가 먹어도 될 것이고, 또 반씩 나누어 먹어도 좋겠지. 하지만 나는 저기 있는 작은 두 남자아이들을 달리게 해서 이긴 아이에게 주겠다." 이렇게 말하고 나서 나는 두 아이를 불렀다. 과자를 보이면서 나의 조건을 끄집어냈다. 그들로서는 흥미 있는 일이었다. 과자를 커다란 돌 위에 놓고, 그곳을 도착 지점으로 정했다. 경주할 길을 정했다. 우리는 그곳에 가서 앉았다. 신호를 올렸더니 사내아이들이 달리기 시작했다. 이긴 아이는 과자를 집어서 구경하는 사람들과 진 아이 앞에서 와작와작 씹어 먹었다.

이 놀이는 과자를 먹는 것보다도 더 즐거웠다. 그러나 이것은 처음엔 성공하지 못했다. 그리고 별다른 효과가 없었다. 나는 실망하거나 서두르지 않았다. 어린이를 교육할 때는 시간을 벌기 위하여 시간을 낭비해야 한다는 것을 알아야 한다. 우리는 여전히 산책하러 나갔다. 가끔 과자를 세 개 혹은 네 개 갖고 가서, 일등한 아이에게 하나나 둘을 주기도 했다. 상품이 대단한 것은 아니었으나 그것을 쟁취하려는 아이들도 대단한 야심가는 아니었다. 상을 받은 아이는 칭찬을 받았다. 모든 것이 화려하게 진행되었다. 큰 변화를 일으키기 위하여, 그리고 흥미를 돋우게 하기 위하여 나는 더 먼 경주 거리를 설정하고 더 많은 경쟁자를 끌어들이게 했다. 그들이 그 경주를 시작하면 당장에 통행인들이 모두 발을 멈추고 그것을 구경했다. 박수와 갈채와 격려의 소리가 그들을 자극했다. 한 아이가 이제 막 결승점으로 들어가려 할 때, 혹은 다른 아이를 앞지르려 할 때 가끔 나의 어린 호인이 뛰어오르기도 하고, 일어서기도 하고, 소리지르기도 하는 것을 나는 보았다. 그것은 그에게는 올림픽 경기와 맞먹는

---

*36 이 다음에 곧 알 수 있듯이, 시골길의 산책이다. 도시의 번잡한 놀이터는 남녀 어린이 누구에게나 해롭다. 어린이는 거기서 겉치장에 신경을 쓰고 남들이 쳐다봐 주기를 바라게 된다. 룩셈부르크, 취리히, 특히 팔레 루아얄에서 파리의 상류 젊은 남녀는 그 건방지고 자부심이 강한 태도를 배우게 되어 그런 우스꽝스러운 인간이 되고, 유럽 전체에서 욕을 먹고, 미움을 사게 된다는 것이다(원주).

것이었다.

그러는 동안에도 경주자들은 가끔 교활한 짓을 하는 일도 있었다. 서로 상대편을 잡아당기거나 넘어뜨리기도 하고, 다른 아이가 가는 길에다 돌을 던지기도 했다. 그것 때문에 나는 그들 하나하나를, 도착 지점까지의 거리는 같지만 서로 다른 코스에 떼어 놓고 달리게 한 일도 있었다. 이런 배려를 해야만 했던 이유를 언젠가 알게 될 것이다. 나는 이 중대한 일을 자세하게 다뤄야 할 필요가 있는 것이다.

자기가 대단히 먹고 싶은 과자를 항상 눈앞에서 다른 아이들이 먹어 치우는 것을 본 나의 어린 기사님께서는 마침내 빨리 달리는 일도 언젠가는 필요할 때가 있다는 생각을 하게 됐고, 자기에게도 두 다리가 있다는 것을 알자 사람들이 없는 곳에서 연습하기에 이르렀다. 나는 아무것도 못본 체했다. 그러나 나의 전술이 성공을 거두었다는 것을 알았다. 나는 그보다도 먼저 그의 기분을 알아차리고 있었다. 드디어 그는 자신이 붙게 되자, 나에게 나머지 과자를 먹고 싶은 체하며 달라고 졸라댔다.

나는 거절했다. 그는 끈질기게 졸랐다. 그리고 원망스러운 표정을 지으면서 이렇게 말했다. "그럼 그 과자를 돌 위에 놓아 주세요. 장소를 정하고 달려 보겠어요." "그럼 좋아, 하지만 기사가 달릴 수 있을까. 배가 고플 텐데, 먹을 것이 손에 들어오기 힘들 텐데." 나는 웃으며 놀려댔다. 놀림을 받은 그는 열심히 뛰었다. 나는 경주 거리를 짧게 정해 주었고 가장 빠른 자를 앞지를 수 있게 해 주었기 때문에 그는 더 쉽게 상을 탈 수 있었다. 이렇게 해서 한 발짝을 내디디게 된 그를 끄집어내기란 무척 쉬웠다. 마침내 그는 이 연습에 대하여 커다란 흥미를 느끼게 됐고, 나중에는 특별히 봐주지 않아도, 경주 거리가 아무리 멀어도 거의 항상 정확하게 다른 개구쟁이들을 이길 수 있었다.

이런 이익을 얻게 되자, 그것이 내가 기대하고 있지 않았던 다른 또 하나의 이익을 얻게 했다. 어쩌다가 한번 일등을 하면 항상 자기가 탄 과자를 다른 아이들처럼 혼자서 먹어 치웠다. 그러나 늘 이기게 되자 그는 마음이 넓어져서, 상으로 받은 과자를 다른 아이들에게 나누어 주는 일이 자주 있게 됐다. 그것은 나에게 하나의 도덕적인 관찰을 제공해주는 기회가 됐으며 나로 하여금 관대한 마음의 원천이 어디 있는지를 가르쳐 주었다.

나는 아이들에게 각각 다른 출발점을 정해주면서, 내 제자 몰래 거리를 조작했다. 똑같은 지점에 들어와야 하는데, 다른 아이들보다 더 먼 길을 받은 아이는 불리할 수밖에 없었다. 그런데 내 제자에게 먼저 선택권을 주어도 그는 가까운 길을 선택하지 않고, 항상 가장 아름다운 길을 택했다. 그래서 나는 그가 어느 길을 택하는지를 쉽게 알 수 있었으므로 과자가 틀림없이 그의 손에 들어가게 할 수도 있었고 들어가지 못하게 할 수도 있었다. 또 이런 배려는 단 한 가지 목적에 이용되는 것만은 아니었다. 그러나 나의 의도는 거리의 차이를 그가 알아차리도록 하는 데 있었기 때문에 그것을 뚜렷이 알 수 있도록 해놓았다. 그런데 그는 조용히 있을 때는 게으름뱅이였으나 놀이에 있어서는 재빨랐으며 나를 의심하는 일은 거의 없었기 때문에 속임수를 쓰고 있다는 것을 알리기에 무척 애를 먹었다. 그는 무척 엉성한 아이이긴 했으나 나는 겨우 그것을 알아차리게 하는 데 성공했다. 그는 나를 비난했다. 나는 이렇게 말했다. "왜 불평하지? 내가 하는 일이니 조건은 내 마음대로 정할 수 있어. 난 경주 거리가 모두 똑같다고 한 적이 없다. 그것은 네가 선택한 거야. 가장 짧은 거리를 선택하면 되잖아. 아무도 그것에 대하여 말할 사람은 없어. 내가 너를 특별히 봐 준다고 생각지는 않을 거야. 너는 투덜거리고 있지만 네가 그것을 이용할 줄 알기만 하면 너의 이익이 된다는 것을 모르겠니?" 그는 그것을 이해했다. 그리고 더 잘 조사해 보고 길을 선택하게 됐다. 처음에는 몇 보나 되는지 세어 보려고 했다. 그러나 아이의 걸음으로 세어 보자니 시간이 걸리고 틀리기 쉽다. 그리고 나는 또 하루 동안에 여러 번 달리기를 시키기로 마음먹었다. 그래서 놀이는 일종의 정열이 되어 달리는 데 써야 할 시간을 거리를 재는 데 허비한다는 것을 억울하게 여기게 됐다. 활발한 아이들은 그런 일에 시간을 소비하는 것을 좋아하지 않는다. 그래서 좀 더 잘 관찰해서 시각에 의하여 거리를 측정하는 연습을 하게 됐다. 그러다 보니 나는 거의 힘들이지 않고 그 취미를 조장시키고 육성시킬 수 있게 된 셈이다. 드디어 몇 달 동안의 연습 끝에 잘못을 정정해 줄 수 있게 됐고, 그의 시각은 먼 곳에 있는 물체 위에다 과자를 놓아두면 측량 기사의 눈대중과 거의 비슷하게 측정할 수 있게 됐다.

시각은 모든 감각 중에서 정신의 판단과 가장 밀접한 관계가 있는 것이기 때문에 보는 것을 배우기 위해서는 오랜 시간이 걸린다. 시각이 물체의 형태와 거리 사이의 정확한 관계 파악에 익숙해지도록 하려면 오랜 시간 촉각과 시각을 비교해 보아야 한다. 촉각이나 점진적인 운동 없이는 제아무리 날카로운 눈이라 해도 우리에게 공간의 관념을 넣어 줄 수가 없다. 조개의 입장에서 볼 때 우주는 전체가 하나의 점으로밖에 여겨지지 않을 것이다. 인간의 영혼이 그 조개 속에 깃들어 있다 해도 우주는 그 이상의 아무것도 아닐 것이다. 걷거나 만지거나 세어보거나 재어 보지 않고서는 크기를 평가하는 방법을 배우지 못한다. 그러나 항상 재어 보기만 하면 감각은 모든 것을 도구에게만 맡겨 버리게 되어 절대로 정확성을 얻지는 못하게 될 것이다. 아이가 한 발은 건너뛰면서 측정에서 추정으로 옮기는 것 또한 좋지 않다. 처음에는 단번에 비교할 수 없는 것을 부분적으로 비교해 나가도록 하여 정확한 부분을 추정에 의하여 알아낸 부분으로 대치하도록 할 것, 그리고 항상 손으로 재어 보지 말고 눈으로 재어 보는 습관을 들이게 할 필요가 있다. 그러나 나는 처음 얼마 동안은 아이가 해볼 것을 현실의 척도에 의하여 검증시키고 아이 자신이 그 잘못을 정정하도록, 또 감각 중에서 어떤 잘못된 인상이 남아 있다면 좀더 정확한 판단에 의하여 그것을 고쳐 나가도록 가르치고 싶다. 우리는 여러 곳에서 거의 동일한 자연의 척도를 발견할 수 있다. 사람의 걸음나비, 팔의 길이, 키 등이 그것이다. 아이가 집 높이를 측정할 때 교사는 그 척도가 될 수 있다. 종각의 높이를 측정하려고 할 때 집을 척도로 해서 재어 보면 된다. 거리를 알려거든 걷는 데 소요되는 시간을 측정하면 된다. 그리고 무엇보다도 명심해야 할 것은 무슨 일이건 절대로 대신해 줘서는 안 되며, 아이 자신이 해야 한다는 것이다.

공간과 물체의 크기를 정확하게 판단하는 법을 배우려면 아무래도 물체의 형태를 알아야 하고 또 그것들을 모사하는 방법을 배워야 한다. 결국 이 모사라는 것은 완전한 원근법에 의한 것에 지나지 않는다. 그리고 원근법을 얼마간 알고 있지 않고서는 공간을 그저 눈짐작으로 추정할 수는 없다. 아이들이란 위대한 모방자여서 모든 것을 데생하려고 한다. 나는 나의 학생에게 이 기술을 가르치려고 하는데, 그것은 기술 그 자체 때문이 아니고 눈을 정확하게 하고 손을 날씬하게 하기 위해서이다. 그러나 일반적으로 말해서 그가 이것저것 여러 가지 일에 능숙하게 된다는 것은 그리 중요한 일이 아니다. 다만 그런 연습 덕택에 명민한 감관과 좋은 습관을 몸에 붙이게 되는 것으로 족한 것이다. 그래서 나는 그에게 데생 교사를 붙여 줄 생각은 없다. 데생 교사는 모사한 것을 모사시킬 뿐이고 데생을 데생시킬 뿐이리라. 나는 그에게 자연 이외에는 교사를 붙여 주지 않을 것이고, 물체 이외에는 모델을 보여 주지 않을 작정이다. 물체를 그린 종잇조각을 놓아 주는 게 아니고 눈앞에다 물체 그 자체를 놓아 주어 집을 보고 집을 그리고, 나무를 보고 나무를 그리고, 인간을 보고 인간을 그리도록 한다. 물체와 그 외관을 정확하게 관찰하는 데 익숙해지도록 하여 흔하고도 진부한 모사를 정말 모사라고 여기지 않도록 하고 싶다. 여러 차례 거듭되는 관찰에 의하여 사물을 정확하게 포착하고 두뇌에 뚜렷하게 새긴 뒤에 그리도록 해야 하며 절대로 물체가 없는 곳에서 기억에 의하여 무엇인가를 그리게 해서는 안 된다. 그런 짓을 하게 되면 진짜 모습 대신 기괴한 것이 그려지고 균형에 대한 지식과 자연의 아름다움을 감상하는 취미를 잃게 될 우려가 있다.

그런 방법으로 하게 되면 아이는 언제까지나 갈겨쓰기를 하게 되고 무엇인지도 모를 것만 그리고 있게 된다. 데생 화가처럼 우아한 윤곽과 경쾌한 선을 그리기는 매우 힘들게 될 것이다. 회화적인 효과를 식별하는 힘이나 데생에 대한 훌륭한 취미는 모르긴 해도 절대로 갖지 못하고 말 것이다. 그런 것은 나도 잘 알고 있다. 그러나 그 대신 더 정확한 눈과 단단한 손, 그리고 동물·식물·자연의 물체 가운데서 찾아볼 수 있는 크기나 형의 정확한 비율에 대한 지식, 또 원근의 효과에 대하여 더 민감한 경험을 몸에 지니게 될 것은 틀림없는 사실이다. 이것이야말로 바로 내가 그에게 바라던 일이다. 아이가 물건을 모사하는 것보다도 오히려 그것을 잘 분간할 수 있게 해주고 싶은 것이 나의 의도이다. 나는 그가 식물처럼 보이는 아칸더스의 그림을 나에게 보여 주기를 원하고 있는 것이지 계수나무의 잎 같은 것을 그다지 잘 그려 주지 않아도 좋다.

또 이런 연습을 하는 데 있어서도 다른 모든 것을 연습할 때와 마찬가지로 학생을 혼자서 하게끔 내버려 두고 싶지 않다. 항상 그와 함께 즐거움을 나누는 가운데서 그것을 보다 즐거운 것으로 해주고 싶다. 나는 나 이외의 경쟁자를 그에게 대주고 싶지 않으며, 나는 매우 열성적이고 또한 아무런 위험성이 없는 경쟁자가 될 것이다. 그것은 우리 사이에 질투심을 일으킬 필요 없이 더욱 흥미를 돋우는 결과가 될 것이다. 나는 그를 본받아서 연필을 들기로 한다. 처음에는 그가 하듯이 서투르게 그것을 쓰도록 한다. 가끔 내가 아페레스와 같이 훌륭한 화가라 해도 대단히 서툰 그림쟁이가 돼야 한다. 하인들이 처음으로 벽에다 낙서할 때처럼 한 남자를 그릴 것이다. 좌우의 팔을 각각 한 개의 선으로 그리고, 좌우의 다리를 각각 한 개의 막대로 그릴 것이고, 팔보다도 굵은 손가락을 그려 놓을 것이다. 꽤 오랜 세월이 흐르고 난 뒤에야 우리 가운데 어느 쪽인가가 그 불균형에 대하여 깨닫게 될 것이다. 다리에는 두께가 있을 것이고, 그 두께는 각 부분마다 다르다는 것, 팔은 몸 전체의 길이에 따라 그 비율이 달라진다는 것 등을 알게 될 것이다. 이러한 진행 과정에 있어서 나는 되도록이면 그와 함께 전진하든지 혹은 아주 조금만 앞서 가든지 하기 때문에 그는 곧 나를 따라올 수 있게 되거나 때로는 나를 조금 앞서갈 수도 있게 될 것이다. 우리는 그림물감이나 붓을 쓰게 될 것이다. 대상이 되는 물건의 색깔이나 관상의 모든 것을 똑같이 모사하려고 할 것이다. 색을 칠하고 색으로 그리고, 범벅을 만들 것이다. 그러나 마구 칠해 놓은 모든 그림에서 우리는 항상 자연을 탐색할 수 있을 것이다. 이 자연이라는 선생이 있는 곳이 아니면 우리는 절대로 아무것도 그리지 않을 것이다.

우리는 방을 장식할 것이 없어서 난처했었는데 여기서 그것을 찾은 셈이다. 나는 우리의 데생을 틀에 끼워 넣는다. 예쁜 유리로 씌워서 사람 손이 닿지 않도록 잘 걸어 놓아 늘 그런 상태로 보관함으로써 자기가 그린 것을 소홀히 하지 않는다는 습관을 길러 준다. 스무 번이고 서른 번이고 되풀이해서 그린 데생 하나하나를 보면 그린 사람의 진보 상태를 알 수 있게끔 순서대로 방 안에다 걸어 놓는다. 집의 형태를 거의 이루지 못한 단순한 사각형의 그림으로부터 집을 정면으로 본 것, 옆으로 본 것, 그것이 이루는 균형과 음영이 대단히 정확한 진실성을 지니고 그려진 시기의 것도 있다. 이런 식으로 해서 그림을 배열해 놓으면 우리에게는 흥미 있는 그림이 될 것이고, 다른 사람들에게는 신기한 그림을 보여 주는 결과가 되어 우리의 경쟁심을 더욱 자극하게 된다. 나는 그 데생들 가운데서 초기의 것, 가장 잘 되어 있지 않은 것은 제일 훌륭한 금틀에다 끼워서 그것을 돋보이도록 해주었고, 모사가 가장 정확하고 데생이 아주 잘된 것은 매우 간단하게 생긴 검은 틀에 끼워서 걸어 놓기로 했다. 그것은 그림 그 자체가 훌륭하기 때문에 그 이상의 장식은 필요가 없으며, 그림에 집중돼야 할 관심이 틀에 집중되게 되면 곤란하기 때문이다. 그래서 간단한 틀에 끼워질수록 영광스럽다는 얘기가 된다. 한쪽이 상대편의 데생을 경멸하고 싶을 때는 그것을 금틀에다 끼우게 한다. 아마도 언젠가는 그 금틀이 우리 사이에 옛날 이야깃거리가 될 것이다. 그리고 우리는 얼마나 많은 사람들이 몸단장을 함으로써 자기의 진가를 나타내려고 하는가를 보고 감탄할 것이다.

기하학이 아이들의 능력에 부치는 일이라는 것을 나는 진술했다. 그러나 그 것은 우리가 나쁜 것이다. 아이들의 방법은 우리와는 다르다는 것, 그리고 우리에게는 추론의 방법으로 여겨지는 것도 아이들에게는 단순히 사물을 보는 기술이 되어야 한다는 것을 우리는 모르고 있는 것이다. 그들에게 우리의 방법을 가르치려 하지 말고 우리가 그들의 방법을 가져오는 것이 더 잘될 것이다. 우리가 기하를 배우는 것은 추리력을 활용하기 위해서이기도 하고 상상력을 활용하기 위해서이기도 하기 때문이다. 명제가 제공되면 그것을 증명하는 방법을 생각해 내야 한다. 즉 그 명제가 이미 알려져 있는 어떤 명제의 귀결로 얻어질 수 있는가를 찾아내고 이 명제에서 끌어낼 수 있는 모든 귀결에서 바야흐로 문젯거리로 되어 있는 귀결을 선택해야 한다.

이런 방법으로 하게 되면 아무리 정확한 이론가라 할지라도 발명에 대한 재능이 없는 한 충분히 해낼 수 없을 것이다. 그러면 어떻게 될 것인가. 우리는 증명하는 법을 배우기 전에 그것을 말로 설명을 듣는 셈이 된다. 교사는 추론하는 방법을 가르쳐 주지 않고 우리 대신에 추론하고 우리의 기억력만을 훈련시킨다.

정확하게 도형을 그려서 그것들을 맞추어 보고, 하나의 도형을 다른 도형 위에 놓아 보며 그것들의 비율을 조사해 보라. 관찰을 거듭함으로 해서 초등 기하학의 전부를 알아낼 수 있게 될 것이다. 정의도 예문도 단지 겹쳐 보는 것 이외에 다른 어떤 증명의 형식도 문제 삼을 필요는 없다. 나로서는 에밀에게 기하를 가르쳐 줄 생각은 없다. 그가 나에게 가르쳐 주는 셈이 될 것이다. 내가 비율을 구하고 있으면 그가 그것을 가르쳐 줄 것이다. 그가 비율을 찾아내도록, 나는 그것을 구하는 척만 할 것이기 때문이다. 가령 하나의 원을 그리는데 컴퍼스를 사용하지 않고, 하나의 축을 중심으로 돌아가는 실 끝에 매단 바늘로 그것을 그린다. 그렇게 해놓고 나서 양쪽의 반경을 비교해 보려고 하면 에밀은 나를 비웃으며 팽팽해진 상태에 있는 한 줄의 실이 똑같지 않은 거리를 통과하는 일이란 있을 수 없다는 것을 가르쳐 준다.

60도의 각도를 재려면 나는 그 각도의 정점에서 한 개의 호가 아니고 한 개의 원 전체를 그린다. 아이에게는 내가 거기에 대하여 조금이라도 알고 있는 것처럼 해서는 안 되기 때문이다. 각의 두 변에 끼워진 호는 원둘레의 6분의 1

이 된다는 것을 발견한다. 그 뒤에 나는 똑같은 꼭지점에서 또 하나의 더 큰 원을 그리고 그 호 또한 원둘레의 6분의 1이라는 것을 알아낸다. 나는 제3의 동심원을 그리고 그것에서 또 같은 것을 발견하게 된다. 그리고 또 새로운 원을 그려 놓고 그것을 계속해 나가면 나중에는 에밀이 나의 어리석음에 지쳐서 같은 각 속에 있는 호는 크건 작건 간에 항상 그 원둘레의 6분의 1이라는 것을 가르쳐 준다는 식이다. 이렇게 하다가 어느덧 우리는 각도기를 사용할 줄 알게 된다.

연속된 몇 개의 각이 이 직각과 같다는 것을 증명하려면 하나의 원을 그린다. 나는 전혀 반대로 우선 원을 통하여 에밀에게 인정시킨다. 그리고 그에게 이렇게 말한다. 원과 직선을 제하고 생각했을 때 각의 크기는 변할 것인가 등등.

사람들은 도형을 정확하게 그리려고 하지 않으면서, 그것을 정확한 것으로 치고 열심히 증명하려고 한다. 그러나 우리에게는 그와 반대로 증명이라는 것이 결코 문제가 되지 않을 것이다. 우리에게 가장 중요한 일은 선을 똑바로 정확하고 균등하게 긋는 일이다. 완전한 정방형을 그리는 일, 아주 동그란 원을 그리는 일일 것이다. 도형이 정확한지 아닌지를 알아보기 위하여 그 모든 감각적인 성질을 검토할 것이다. 그리고 그것은 매일같이 새로운 성질을 발견할 기회를 줄 것이다. 직경을 기점으로 하여 접어서 두 개의 반원을 만들고 대각선에서 접어서 정방형을 절반으로 나누기로 해본다. 우리는 두 개의 도형을 비교해 보고 어느 쪽 도형의 테두리가 더 정확한지, 그러니까 더 잘되었는지를 조사해 본다. 그런 식으로 똑같이 접는 방법을 써서 마름모꼴·사다리꼴 등에서도 될 수 있을까 하는 것을 토론해 보도록 한다. 때로는 실제로 시험해 보기 전에 결과를 예측해 보자. 여러 가지 일의 이유를 발견하기에 힘써 보자 등등.

나의 학생에게는 기하학이란 자와 컴퍼스를 잘 사용하기 위한 기술에 지나지 않는다. 아이들이 기하학과 데생을 혼동하는 일이 있어서는 안 된다. 데생에서는 그런 기구들은 쓰지 않는 법이다. 자와 컴퍼스는 쇠를 잠가 놓고 간혹 잠시 동안만 사용하게끔 한다. 덮어놓고 그것을 이용해서 그리는 일이 없도록 하기 위해서이다. 그러나 우리는 가끔 도형을 갖고 산책하러 가서 우리가 한 일, 하려고 하는 일에 대하여 이야기를 주고 받을 수도 있을 것이다.

토리노에서 어떤 청년을 만난 일이 있다. 그는 어린 시절 매일같이 여러 가지 기하학적인 형태로 만들어진, 둘레가 같은 몇 개의 와플 중에서 어느 것인가를 골라 먹으면서 윤곽과 표면과의 비율을 익혔다고 한다. 그 먹보 아이는 어느 것을 고르면 가장 많이 먹을 수 있는지를 발견하려다가 아르키메데스의 기술을 완전히 익히고 말았을 것이다.

아이들은 배드민턴을 칠 때 눈과 팔쪽 정확하게 하는 연습을 한다. 팽이를 돌릴 때는 힘을 사용함으로써 그것을 강하게 하고 있긴 하나 아무것도 배우고 있진 않다. 나는 가끔 사람들에게 어째서 아이들에게도 어른들이 하는 것 같은 손재간을 필요로 하는 놀이를 시키지 않느냐고 묻는다. 가령 테니스·당구·활쏘기·풋볼·악기를 다루는 일 같은 것. 사람들은 대답하기를 그런 놀이들 중에는 아이들의 힘에 부쳐서 안 되는 것도 있고 또 어떤 것은 아이들의 손발이나 기관이 충분히 발육되지 않기 때문에 그렇다고 한다.

나는 그런 이유는 성립이 안 된다고 생각한다. 아이는 어른만큼의 크기는 못되지만 어른과 같은 옷을 입을 수 있다. 나는 아이들에게도 우리와 마찬가지로 석 자 높이의 당구대에서 당구를 치게 하려는 것은 아니다. 우리의 테니스 코트에서 테니스를 치게 하려는 것도 아니고 아이들의 작은 손에다 보통 라켓을 쥐어 주려는 것은 더욱 아니다. 유리창을 깨뜨릴 염려가 없는 방안에서 경기를 시켜 처음에는 말랑말랑한 공을 사용하며, 라켓은 맨 먼저 나무로 만든 것을 쓰게 하다가 다음에는 양피, 맨 나중에 익숙해지면 장선(腸線)을 두른 걸 쓰게 한다. 당신들은 오히려 배드민턴을 시키려 할 것이다. 이건 과히 피곤하게 만들지 않을 것이고 위험하지도 않기 때문이라고 말하겠지. 당신들은 이 두 가지 이유를 들고 있으나 그것은 잘못된 생각이다. 배드민턴은 여성의 놀잇감이다. 그런데 날아오는 공을 보고 도망치지 않는 여성은 한 사람도 없다. 여성의 흰 피부는 맞아서 딱딱해지는 일이 있어서는 안 될 것이고 그 얼굴도 상처를 입어서는 안 될 것이다. 그러나 우리는 강해야만 하게끔 태어났다. 고통스러운 일 없이 강하게 되리라고 생각하는 것일까. 또 한 번이라도 공격당하는 일 없이 어떻게 자기 자신을 지킬 수 있을 것인가. 실수를 해도 아무런 위험이 없는 경기에서는 항상 산만한 태도밖에 취하지 않을 것이다. 배드민턴 공이 떨어진다고 해서 아무도 해를 입진 않는다. 그러나 머리를 지켜야 할 때처럼 팔을 많이 움직이는 일도 없다. 눈을 지켜야 할 때처럼 눈을 정확하게 쓰는 일도 없다. 방 한쪽 끝에서 다른 한쪽 끝으로 뛰어다니기도 하고, 공중에 있는 공의 나는 방향을 판단하고 강하고도 확실한 손길로 받아넘기기도 하는 이런 경기는 어른에게 적합한 것이라기보다 오히려 어른을 만들어 내는 데 도움이 된다.

어린이의 근육은 너무 약하다고 사람들은 말한다. 그다지 탄력이 있는 것은 아니나 그 때문에 더 유연하다. 어린이의 팔은 약하다. 그러나 어쨌든 그것은 팔이다. 자기 능력에 맞는 일을 하는 데 있어서 다른 비슷한 도구로 할 수 있는 일이라면 모두 팔로 할 수 있는 것이다. 어린이의 팔은 전혀 재간이 없다. 그러하기 때문에 나는 어린이에게 재간을 길러 주고 싶은 것이다. 어린이와 마찬가지 정도로 전혀 훈련을 받지 않은 어른이 어린이보다 더 재간이 붙는 것은 아니다. 기관을 사용하지 않으면 우리는 그 사용 방법을 알 수 없다. 우리 자신을 이용하는 방법을 가르쳐 주는 것은 오랜 동안의 경험 이외에는 아무것도 없다. 그리고 그런 경험이야말로 진정한 공부이므로 아무리 일찍 시작해도 이르다고 할 수 없는 것이다.

사람이 하는 일은 무엇이든지 누구나 할 수 있는 것이다. 그런데 날씬한 체격을 가진 재간 있는 어린이가 어른이 하는 것과 똑같은 정도의 민첩함을 손과 발에 구비하는 일은 너무나도 흔히 볼 수 있는 일이다. 거의 모든 도시에서 어린이가 균형을 잡거나 손 위를 걷거나 줄 위에서 뛰기도 하고 춤추기도 하는 것을 볼 수 있다. 얼마나 오랜 세월 동안 이탈리아 어린이들이 발레로 구경꾼들을 끌어들였던가. 독일이나 이탈리아에서 저 유명한 니콜리니의 팬터마임의 이야기를 들어 보지 않은 사람이 있을까. 숙달된 무용수들과 비교해 볼 때, 그 아이들에게서 충분하지 못한 움직임, 우아하지 못한 자세, 정확하지 못한 귀, 경쾌하지 못한 춤을 한 번이라도 찾아낸 사람은 결코 없을 것이다. 처음에는 굵고 짧으며 움직임이 둔한 손가락을 가진 포동포동한 손으로 제대로 무엇 하나 잡지 못해도, 대부분의 어린이들은 다른 훈련받지 않은 어린이들이 아직 연필도 펜도 잘 잡지 못할 때 이미 글을 쓰고 데생을 할 수 있지 않는가. 열 살밖에 안 됐는데도 굉장히 멋지게 클라브생을 연주한 영국 여자아이의 일을 파리 사람들은 아직 기억하고 있다.*37 나는 어느 관리의 집에서 그 집 아

---

*37 그 후 7세의 남자아이가 더 놀라운 일을 하고 있다(원주). 모차르트는 1763년 7세 때에 프랑스의 궁전에서 클라브생으로 자작 소나타를 연주했다. 루소는 1764년 또는 1765년에 이 주를 썼을 때 그것을 신문인가 어디서 보고 알고 있었던 것 같다.

들인 여덟 살 난 귀여운 도련님이 접시 사이에 놓인 인형처럼 디저트의 식탁에 앉아 그 아이와 거의 비슷한 크기의 바이올린을 켜서 음악가들까지도 놀라게 한 일을 본 적이 있다.

이러한 모든 실제의 예와 그 밖의 수많은 예는 우리가 하고 있는 일을 어린이들은 할 수 없다는 생각에 근거가 없다는 것, 그리고 어떤 종류의 일에서는 성공한 예가 없다 할지라도 그것은 그런 일을 어린이에게 조금도 연습시키지 않았기 때문이라는 것을 증명하고 있다고 생각한다.

사람들은 여기에서 내가 정신적인 일과 관련시켜 어린이에게 주어지는 교육의 잘못을 주제넘게 비난하면서, 육체적인 일에 관련시켜 또한 잘못을 저지르고 있다고 말할 것이다. 그러나 이것은 전혀 다른 것이다. 그러한 진보의 일면은 겉보기에 지나지 않으나 다른 일면은 엄연한 현실인 것이다. 내가 증명한 대로 어린이들은 재능이 있는 것 같이 보이지만 사실은 갖고 있지 않다. 그들이 하는 것처럼 보이는 것은 모두가 실제로 하고 있는 것이다. 그리고 또 항상 염두에 두어야 할 일은 그러한 것들이 모두 유희에 지나지 않는다는 것, 또는 유희여야만 한다는 것, 자연이 어린이에게 주는 쉽고도 자연스러운 방향이라는 것, 어린이의 놀이를 보다 더 즐거운 것으로 하기 위하여 거기에 변화를 주는 기술이지 조금이라도 그것을 강요하여 괴로운 일이 되게 해서는 안 된다는 것이다. 결국에 가서 어린이가 어떤 짓을 하며 놀건 우리는 그것을 그들에게 주는 교육의 재료로 할 수 있지 않을까. 그리고 내가 그것을 할 수 없는 경우라 할지라도 어린이가 즐거움을 방해받는 일 없이 시간이 지나가면 되는 것이니까 어쨌든 그들의 진보는 현재로서는 문제가 되지 않는다. 그런데 꼭 그들에게 이것저것 가르쳐야만 한다면 암만해도 강제적으로 시킨다든지, 언짢게 만들거나 싫어하는 일도 시키지 않고서는 절대로 성공할 수 없다.

늘 연속적으로 사용하고 또 가장 중요한 용도를 지닌 두 개의 감각에 대하여 이야기한 일이 있는데, 이것은 다른 감각을 훈련시키는 방법의 범례로 삼을 수가 있다. 시각과 촉각은 정지하고 있는 물체이건 운동하고 있는 물체이건 똑같이 사용될 수 있다. 그러나 청각을 자극할 수 있는 것은 공기의 진동뿐이기 때문에 움직이는 물체만이 울리거나 혹은 소리를 낼 수 있다. 그래서 만약 모든 것이 정지하고 있다면 우리는 절대로 아무것도 듣지 못할 것이다. 그래서 밤에는 우리 마음이 내킬 때만 움직이기 때문에 움직이는 물체만을 두려워하게 되어, 귀를 민감하게 하여 우리를 자극하는 감각에 의하여 그 물체가 큰 것인지 작은 것인지, 가까운 곳에 있는지 먼 곳에 있는지, 그 진동이 강한 것인지 약한 것인지를 판단할 수 있게 해야 한다. 진동하는 공기는 그것을 반사하는 반향을 일으켜 메아리를 전하고 감각을 되풀이하여, 울리는 물체 또는 소리를 내는 물체가 실제로 있는 장소와는 다른 장소에 있는 것처럼 들리게 한다. 들판이나 골짜기에서 귀를 땅에다 대보면서 있을 때보다도 훨씬 먼 곳에서 사람의 목소리나 말발굽 소리가 들린다.

우리는 시각을 촉각과 비교해 보았는데, 또한 시각을 청각과 비교하여 동시에 같은 물체에서 발생하는 두 개의 인상 가운데 어느 쪽이 더 빨리 그 기관에 도달하는가를 알아보는 것은 유익한 일이다. 대포에서 뿜어 나오는 불을 본 순간 곧바로 피하면 대포의 타격을 받지 않을 수 있다. 그러나 소리를 듣고 나서 피하면 그때는 이미 늦어 대포알에 맞게 된다. 얼마 정도 떨어진 곳에서 천둥이 쳤는지는 번갯불이 비치고 나서 천둥소리가 얼마 있다가 났는지 그 시간의 길이에 따라 알 수 있다. 어린이들이 이런 경험에 의하여 모든 것을 알게 되는 것이 좋다. 경험할 수 있는 일이라면 모두 경험 시키듯이 그 밖의 일은 귀납적 추리에 의하여 발견시키는 것이 좋다. 그러나 당신이 그런 말을 해 주어야만 한다면 오히려 어린이는 모르고 있는 편이 훨씬 더 낫다고 생각한다.

우리는 청각에 비길 만한 하나의 기관을 가지고 있다. 즉 발성기관이다. 그러나 시각에 비길 만한 기관을 갖고 있지는 않다. 소리는 들을 수 있으나 색은 들을 수 없다. 그래서 능동적인 기관과 수동적인 기관을 서로 훈련시킴으로써 청각을 예민하게 만드는 또 하나의 방법이 있는 셈이 된다.

사람은 세 종류의 목소리를 낸다. 그것은 이야기하는 목소리, 즉 음절이 있는 목소리이고 또 하나는 노래하는 목소리, 즉 선율이 있는 목소리이다. 나머지 하나는 감동적인 목소리, 즉 강조하는 목소리인데 이 마지막 목소리는 정념을 나타내는 목소리여서 이것은 또한 노래나 이야기에 활기를 준다. 어린이는 어른과 마찬가지로 이 세 종류의 목소리를 내는데 어른들처럼 그것을 섞어서 쓰지는 않는다. 어린이는 우리와 마찬가지로 웃고 울고 슬퍼하고 소리치고 으르렁거리지만 그 억양을 다른 두 개의 목소리에 섞지는 않는다. 완벽한 음악이란 이 세 가지 목소리를 가장 잘 결합시킨 것이다. 어린이에게는 그런 음악적인 능력이 없어서 그들이 하는 노래는 전혀 영혼이 깃들어 있지 않다.

또 이야기하는 목소리에 있어서도 그 말에는 억양이 없다. 그들은 소리쳐도 억양을 넣지 않는다. 그리고 그들의 이야기에 거의 억양이 없듯이 목소리에도 거의 힘센 느낌이 없다. 우리의 학생은 보다 더 단순한, 더욱더 단순한 어조로 이야기할 것이다. 그의 정념은 아직 눈을 뜨지 않았으므로 이러한 언어를 그들의 언어에 섞지 않기 때문이다. 그래서 비극이나 희극에 나오는 인물의 대사를 외게 하는 일, 이를테면 낭송 같은 것을 공부시켜서는 안 된다. 그는 충분한 감각을 지니고 있기 때문에 자기가 이해할 수 없는 일에 힘을 낸다든지 한 번도 경험해 본 일이 없는 감정을 표현한다든지 할 수는 없을 것이다.

부드럽고 명확하게 이야기할 것, 음절을 똑똑히 할 것, 정확하면서도 거드름 피우지 말고 발음할 것, 문법적인 억양과 정음법을 알고 그대로 소리낼 것, 항상 남이 잘 알아들을 수 있게 소리를 낼 것, 그러나 절대로 필요 이상의 소리는 내지 말 것 등등을 그에게 가르쳐야 한다. 필요 이상의 소리를 내는 것은 학교에서 교육을 받은 어린이에게서 흔히 볼 수 있는 결점이다. 모든 일에 있어서 필요 이상의 일은 하지 않는 것이 좋다.

마찬가지로 노래할 때도 목소리를 올바르게, 고르게, 부드럽게 잘 울리도록 해야 한다. 그의 귀는 박자와 음계에는 민감하나 그 이상의 일은 하지 못한다. 모의적인 음악, 연극적인 음악은 그의 나이에 맞지 않는다. 가사를 붙이는 것까지도 삼가는 게 좋을 정도이다. 꼭 노래하고 싶다면 그 나이 또래의 아이들이 흥미를 느낄 수 있는 단순한 것, 그의 관념과 같이 단순한 노래를 특별히 만들어 주기로 하자.

글자를 가르치는 것을 서두르지 않는 내가 음악을 가르치는 것도 서두르지 않는다는 점을 짐작할 것이다. 어린이의 정신 능력에 부치는 일에 마음을 조금이라도 쓰지 않도록 해주어야 한다. 그리고 약속된 부호에 정신을 집중시키는 일을 서두르지 말아야 한다. 확실히 여기에는 난점이 있다. 이야기하기 위하여 글을 알아야 하듯이 노래하기 위해서는 음표에 대한 지식이 필요하다. 그렇다 하더라도 이야기할 때는 우리는 자기의 관념을 말할 수 있는데, 노래할 때는 타인의 관념 외에는 거의 표현하지 못한다는 차이가 있다. 그런데 타인의 관념을 표현하려면 그것을 읽을 수 있어야 한다.

그러나 우선 첫째로 그것을 읽지 못해도 들을 수 있으며, 노래라는 것은 눈보다도 귀에 더 충실하게 전할 수 있는 것이다. 그리고 음악을 잘 알기 위해서는 그것을 표현하는 것뿐으로는 모자란다. 음악을 만들어야만 한다. 그리고 표현하는 것은 만드는 것과 함께 배워야 한다. 그렇게 하지 않으면 결코 음악을 충분하게 알 수는 없는 것이다. 당신들의 어린 음악가에게 우선 대단히 규칙적이고 곡조가 좋은 악절을 만드는 연습을 시키는 게 좋다. 그 다음에 아주 단순한 전조로 이들 악절을 연결시키고 또한 이 모든 연결을 정확한 구두법을 사용하여 표현하도록 연습시켜야 한다. 그것은 종지와 휴지를 잘 선택하는 데서 이루어진다. 특히 기묘한 노래는 좋지 않다. 비장한 것, 표현이 풍부한 것도 나쁘다. 언제나 부를 수 있는 단순한 멜로디, 항상 가락이 기본적인 화음에서 나오는 멜로디, 그리고 항상 저음을 똑똑하게 나타내어 어린이들이 쉽게 그것을 알아들을 수 있고 반주할 수 있는 멜로디를 연습시켜야 한다. 왜냐하면 목소리와 귀를 완전하게 하려면 늘 클라브생 반주에 맞추어 노래를 불러야 하기 때문이다.

소리를 잘 나타내려면 발음을 뚜렷이 해야 한다. 여기에서부터 어떤 종류의 부호를 연결시켜 음계를 소리내어 부르는 습관이 나오게 된 것이다. 음정을 구별하기 위해서는 이들 음정과 그 정해진 여러 가지 관계에다 명칭을 붙일 필요가 있다. 여기에서 음정의 명칭과 알파벳 문자에 의한 명칭이 생기게 됐으며 이 명칭으로 건반의 건과 음계의 소리를 나타낸다. C와 A는 늘 변하지 않는 일정한 키로 표현되는 음을 나타낸다. '도'와 '라'는 그렇지 않다. '도'는 항상 장조의 으뜸음과 단조의 셋째 음이다. '라'는 항상 단조의 으뜸음이거나 장조의 여섯째 음이다. 이리하여 문자는 음악 조직 속의 변하지 않는 균형의 관계를 나타내고, 철자는 다른 가락이 모였을 때 서로 비등한 균형을 이루게 하는 관계를 나타낸다. 문자는 건반의 키를 가리키며, 철자는 음계의 음정을 가리킨다. 프랑스 음악가들은 이 구별을 기묘하게 혼란시켜 버렸다. 그들은 철자의 의미와 문자의 의미를 혼동시켜 버렸다. 그리고 키의 기호를 쓸데없이 이중화하여 가락의 화음을 표시하는 기호를 남겨두지 않았다. 그래서 그들에게는 '도'와 C는 항상 같다는 의미가 된다. 그런 법은 없고 또 있을 수도 없다. 그렇게 되면 C는 아무 소용이 없어진다. 그래서 그들의 음계 창법은 매우 어려운 것이 되고 또한 아무런 쓸모가 없어지며 정신적으로 명확한 관념을 줄 수 없게 되는 것이다. 이 방법을 따르게 되면 가령 '도'와 '미'라는 두 개의 철자는 똑같이 증(增)이나 장·단·감 3도를 동시에 뜻한다는 결과가 된다. 세계에서 음악에 대하여 가장 훌륭한 책을 쓴 나라가 이 무슨 이상한 운명의 장난으로 음악을 더할 나위 없이 어려운 방법으로 배워야 하는 나라가 됐는지 알 수 없다.

우리의 학생에게는 좀더 간단명료한 방법을 가르치기로 하자. 그에게는 두 개의 음밖에 없다는 것과 늘 같은 철자로 표현해야 한다고 가르친다. 노래를 부르건 악기를 연주하건 그는 기초가 되는 열두 개의 가락에 제각기 음조를 정할 수 있고, D·C·G 등으로 조를 바꾼다 해도 마지막 음은 늘 음조에 따라 '도'나 '라'가 되도록 한다. 이렇게 하면 학생은 늘 당신들을 이해할 것이다. 올바르게 노래하거나 연주하기 위한 음조의 기본적인 관련은 항상 뚜렷하게 그의 머리에 떠오르게 된다. 그의 연주는 더욱 명확할 것이고, 진보 또한 빠를 것이다. 프랑스 사람들이 자연의 음계 창법이라고 부르는 것처럼 기묘한 것은 없다. 그것은 사물에 맞는 관념을 멀리하고 인연이 없는 관념을 대신 놓은 것인데, 이것은 사람들에게 갈피를 못 잡게 할 뿐이다. 음조가 전조되었을 때 전조된 음계대로 부르는 것처럼 자연스러운 일도 없다. 음악에 대한 이야기를 지나치게 한 것 같다. 어쨌든 당신이 좋을 대로 음악을 가르치면 되는 것이다. 다만 반드시 그것이 즐거운 일이 되도록 해야 한다.

우리는 이렇게 해서 우리 몸과 관련돼 있는 외부 물체의 상태, 그 무게·모양·색·견고성·크기·거리·온도·정지·운동 등을 충분히 알게 되었다. 우리가 다가가도 괜찮은 것, 멀리해야 좋은 것 등을 그 저항으로부터 이겨내기 위해서는, 또는 그것들로부터 해를 입지 않기 위해서 대항하려면 어떻게 해야 하나 하는 것을 우리는 배웠다. 그러나 그것만으로는 충분하지 않다. 우리 자신의 육체를 끊임없이 소모하고 있다. 그래서 그것은 끊임없이 새로운 것을 보급받아야 할 필요가 있다. 비록 우리가 다른 물질을 우리 자신의 육체로 변하게 하는 능력을 가지고 있어도, 그것을 선택하는 일은 아무렇게나 해서는 안 된다. 모든 것이 사람의 식량이 될 수는 없다. 그리고 식량이 될 수 있는 것 중에서도 인간의 신체 조직, 그 사람이 살고 있는 풍토, 개인의 체질, 또 그 사람의 신분에 따라 어쩔 수 없이 갖게 되는 생활 조건 등에 입각하여 생각할 때 적당한 것과 그다지 적당하지 않은 것이 있다.

우리에게 적당한 음식을 고르는 데 있어서 반드시 경험을 통해서 알아야 하고 골라야 한다면 우리는 굶어 죽든지 또는 독으로 죽든지 했을 것이다. 그러나 창조자의 은혜는 우리 인간에게 감각적인 쾌락을 자기 보존의 수단으로 주어서, 우리 입에 쾌감을 주는 것이 우리 위장에도 적합함을 가르쳐 주었다. 본디 사람에게는 자신의 식욕 이상으로 더 정확한 의사는 없다. 그리고 사람을 원시 상태에 놓고 생각해 보면 그때 그가 가장 맛이 있다고 생각한 음식이 가장 건강에 좋다는 것을 의심할 여지가 없다.

그것뿐이 아니다. 만물을 창조한 자는 우리에게 느껴야 할 필요성을 충족시켜 줄 뿐만 아니라 우리 자신이 만들어 낼 필요성까지도 채워 준다. 그리고 필요하다는 것 이외에 항상 욕망이라는 것을 주어서 우리의 기호가 생활 방식에 따라 변화하고 변질하게끔 해주었다. 우리는 자연의 상태에서 멀어짐에 따라 점점 더 자연적인 취향을 잃어가고 있다. 또는 오히려 습관이 제2의 자연이 되어 제1의 자연과 깨끗이 바뀌어 버리기 때문에 우리는 누구나가 그 제1의 자연을 잊고 마는 것이다.

그래서 가장 자연적인 취향이란 가장 단순한 취향이어야 한다는 결론이 나온다. 그것은 가장 쉽게 변하는 취향이기 때문이다. 그런데 우리 변덕 때문에 날카롭게 되고 자극을 받으면 그것은 벌써 변화하지 않은 형태를 취하게 된다. 아직 어느 나라에도 소속돼 있지 않은 사람은 어떤 나라의 습관에도 문제없이 익숙해질 수 있다. 그러나 이미 어느 나라에 속한 사람은 결코 다른 나라에 속할 수 없게 된다.

이러한 사실은 모든 의미에 있어서 진실이라고 여겨진다. 우리의 맨 처음 음식은 젖이다. 우리는 아주 서서히 강한 미각에 익숙해진다. 처음 얼마 동안은 그런 것들을 좋아하지 않는다. 과일·채소·풀, 그리고 맨 나중에 어떤 종류의 고기를 맛도 들이지 않고 소금기도 없이 불에 쬐어 만든 것이 태고의 인간들의 성찬이었다.*38 미개인이 처음 술을 마시게 되면 얼굴을 찌푸리고 뱉어 버린다. 오늘날 우리 사이에서도 스무 살이 될 때까지 발효 음료를 맛본 일이 없는 사람은 나이를 먹어서도 그것을 먹으려 하지 않는다. 그래서 젊었을 때 술을 입에 대지 않으면 우리는 모두 틀림없이 술을 싫어하는 사람이 되고 말 것이다. 결국 우리 미각은 단순할수록 더 보편적인 것이 된다.

일반적으로 보아 사람들이 가장 좋아할 수 없는 음식은 여러 가지 방법으

---

*38 파우사니아스의 《아르카디아지(誌)》 참조, 또 곧 뒤에 전재하는 플루타르코스의 문장을 참조(원주). 파우사니아스는 2세기 후반의 사람. 상세한 그리스 안내기를 썼다.

로 손을 대지 않은 음식이라는 결론이 나온다. 물이나 빵을 싫어하는 사람이 어디 있을까. 그것이 자연의 법칙이다. 그래서 또한 우리의 법칙이 되기도 한다. 어린이에게는 될 수 있는 대로 맨 처음 취향을 계속 갖게 하는 것이 좋다. 음식은 보편적이고도 단순한 것으로 하여 산뜻한 맛에 익숙해지도록 하되, 좋고 싫고를 가리지 않도록 해야 한다.

그렇게 사는 방법이 건강에 좋은지 나쁜지를 내가 여기서 검토하려는 것은 아니다. 또 그런 식으로 생각해 보려는 것도 아니다. 그런 생활 방식이 좋다고 생각하려면 그것이 가장 자연과 일치하고 있고 가장 쉽게 다른 어떠한 생활 방식에도 적응할 수 있다는 것을 알기만 하면 충분한 것이다. 어른이 됐을 때 입에 대는 음식을 아이 때 익숙해지도록 해주어야 한다고 말하는 사람은 잘못된 생각을 갖고 있는 것이다. 어린이의 생활이 어른의 것과 전혀 다른데 어떻게 음식이 같을 수 있겠는가. 노동·걱정·고생에 지칠 대로 지친 어른은 새로운 생기를 두뇌에 불어넣어 주는 맛있는 음식이 필요하다. 즐겁게 놀고 난 어린이나 몸이 성장하고 있는 어린이에게는 유산균을 많이 만들어 내는 풍부한 음식이 필요한 것이다. 어른은 이미 그 신분과 일과 주거가 정해져 있다. 그러나 운명이 어린이에게 가져다주는 것을 그 누가 확실하게 알 수 있겠는가. 모든 일에 있어 어린이에게 엄격하게 정해진 형식을 따르게 하다가 필요에 따라 그것을 변경함으로써 괴로움을 맛보게 하지는 않으려다.

다른 나라에 갔을 때 프랑스 요리사가 곁에 없다고 해서 굶어 죽는 일이 있어서는 안 된다. 덧붙여 말해서 이것은 우스운 칭찬이 아닌가. 나 같으면 반대로 먹을 줄 모르는 것은 프랑스 사람뿐이라고 말할 것이다. 프랑스 사람이 먹을 수 있는 요리를 만들려면 그야말로 특별한 기술이 필요하니까.

우리의 온갖 감각 속에서 미각은 일반적으로 말해서 우리에게 가장 강한 자극을 준다. 그래서 우리는 그저 우리를 둘러싸고 있는 물질보다도 우리 신체의 일부가 되는 물질을 충분히 잘 판단하는 일에 더 큰 관심을 갖는다. 수많은 사물이 촉각·청각·시각에 별 흥미를 끌지 못하지만 미각의 관심을 끌지 않는 것은 아무것도 없다.

또한 이 감각의 작용은 전적으로 육체적이고 물질적인 것이다. 적어도 이 감각은 다른 감각들보다 상상력이 관계되는 일이 가장 적다. 그런데 다른 모든 감각기관의 인상에 모방과 상상이 가끔 정신적인 것과 혼합한다. 따라서 일반적으로 말해서 마음이 착하고 쾌락을 즐기는 사람들, 정열적이고 감수성이 예민한 사람들은 다른 감각에 의해 쉽게 감동을 받게 되지만 그런 사람들도 미각에 대해서만은 매우 냉담하다. 이러한 사실은 미각을 다른 감각보다 뒤떨어진 것으로 여기고, 우리가 그것을 즐기는 경향을 더 천하게 여기는 듯한데, 바로 그 점을 이용하여 우리는 반대로 어린이를 지도하는 데 있어서 가장 좋은 방법으로 그들을 먹는 것에 의해 마음대로 할 수 있다고 결론지을 수 있다.

먹보라는 동기는 특히 허영심이라는 동기보다도 더욱 다루기가 좋다고 할 수 있다. 먹보는 자연의 욕망에 이끌리어 직접 감각에 연결되어 있지만, 허영심은 짐작이 만들어 낸 것으로 인간의 변덕심과 모든 종류의 잘못에 의해 좌우당하기 때문이다. 먹보는 아이들 마음의 정열이다. 이 정열은 다른 어떤 정열에 대해서도 저항하지 못한다. 조금이라도 저항하는 것이 나타나면 그것은 사라져 버린다. 어쨌든 나의 말을 믿어 주기 바란다. 먹을 것을 생각하는 일을 어린이는 너무나도 빨리 그만두고 말 것이다. 그리고 마음이 그득해지면 먹는 일 따위는 거의 생각하지 않게 될 것이다. 성장하면 갖가지 격심한 감정이 먹는 일을 잊게 하고 허영심만이 마음을 산란하게 만들 것이다. 이 허영심이라는 정념은 혼자서 다른 정념을 이용하고 마침내는 그 모든 것을 삼켜 버리고 말 것이다. 먹는 일만을 중요시하여 잠에서 깨어나자마자 오늘은 무엇을 먹을까 하고 생각하는 사람, 그리고 폴리비우스가 어떤 전쟁사를 기록하고 있는 것 이상의 정확성을 가지고 식사에 관해 기록하는 사람을 나는 가끔 살펴본 일이 있다. 나는 소위 어른이라는 그러한 사람들 모두가 씩씩함도 견실함도 없는 40세의 어린이에 지나지 않는다는 것, '먹기 위해 태어난' 인간에 지나지 않는다는 것을 알았다. 먹보는 뛰어난 자질을 갖지 못한 사람들의 결점이다. 먹보인 사람의 정신은 그 입 속에 있을 뿐이다. 그는 먹기 위해 만들어진 데 불과하다. 어리석고 아무것도 할 수 없는 그는 식탁에 앉아 있을 때만이 자기 위치를 차지하는 것이다. 그는 요리에 관한 것밖에 모른다. 그런 일은 아낌없이 그에게 맡기는 것이 좋겠다. 우리를 위해서도 그를 위해서도 다른 어떤 일보다도 그런 일이 그에게 어울리는 것이다.

어딘가 장래성이 있는 어린이가 먹보라고 해서 그것이 만성이 되지 않을까 하고 염려하는 것은 쓸데없는 일이다. 어린이일 때에는 먹는 것만 생각하다가 청년이 되면 그런 것은 아예 생각하지 않는다. 아무것이라도 상관없다고 여기게 되고 다른 일을 많이 생각하게 된다. 그렇다고 해서 나는 그런 천한 동기를 무턱대고 이용하거나 맛있는 것을 미끼로 하여 훌륭한 행위에 대한 명예를 주려는 것은 아니다. 다만 어린 시절에는 모든 것이 놀이와 하찮은 즐거움에 지나지 않고 또 마땅히 그래야만 하는데, 어째서 순수한 육체적인 훈련에 대하여 물질적이고 감각적인 보상을 주어서는 안 된다는 것인가. 마요르카섬의 어린이들이 나무 위에 있는 바구니를 보고 돌로 쳐서 떨어뜨려 안에 있는 것을 먹었다면 그것을 손에 넣기 위해 소모한 체력을 맛있는 식사로 보충한 일은 참으로 정당한 일이 아닐까.*39 스파르타의 어린이들은 채찍으로 백 번 맞을 위험을 무릅쓰고 교묘하게 부엌으로 몰래 들어간다. 그리고 살아 있는 새끼 여우를 훔쳐 옷으로 감싸 가지고 나올 때 긁히고 할퀴어서 피투성이가 된다. 하지만 들켜서 창피당하지 않기 위해 이 어린이는 단 한 마디의 소리도 지르지 않는다. 그렇다면 그 어린이가 그것을 자기 것으로 만든 뒤에 먹는 것은 정당한 일이 아닐까. 맛있는 음식을 상으로 주어서는 안 된다. 그러나 때로는 그것을 손에 넣기 위해 지불한 노력의 결과가 되어서는 어째서 안 되겠는가. 에밀은 내가 돌 위에 놓은 과자를 자기가 잘 달렸기 때문에 받는 보상이라고 생각하지는 않는다. 그러나 그 과자를 손에 넣기 위해서는 다른 아이들보다 빨리 달려야 된다는 것을 알고 있다.

이것이 단순한 요리에 대해서 앞서 내가 주장한 격률과 모순을 일으키는 것은 아니다. 어린이의 식욕을 돋운다고 해서 그들의 관능을 자극하는 것은 아니고 다만 그것을 채워주는 데 불과한 것이니까. 그리고 이것은 어린이의 미각이 세련되어 있지 않다면 그저 흔한 것으로도 할 수 있다. 성장의 필요성에 자극되어 끊임없이 일어나는 식욕은 그들에게는 다른 어떤 것보다도 확실한 조미료가 된다. 과일·유제품, 여느 빵보다 약간 미묘한 맛이 나는 오븐으로 구운 과자 같은 것을 무엇이든지 조금씩 줄 것, 이렇게만 하면 어린이의 군대를 세상 끝까지 이끌고 간다 해도 강한 미각에 대한 기호를 갖게 하는 일이 없을 것이고, 입이 고급으로 되는 일도 없을 것이다.

고기를 좋아하는 것이 인간의 자연적인 경향이 아니라는 증거의 하나는, 어린이들이 고기 요리에 관심이 없다는 것과 그들은 모두가 식물성 음식, 유제

---

*39 이미 수 세기 전부터 마요르카인은 이런 습관을 상실하고 있다. 이것은 그들이 투석기(投石器)의 명수로 유명했던 시대의 일이다(원주).

품, 과자, 과일 같은 것을 좋아한다는 사실이다. 이러한 본래의 식성을 손상시키지 말 것, 그리고 어린이를 육식 동물로 만들지 말 것이 가장 중요하다. 그것이 그들의 건강을 위해서가 아닐지라도 그들의 성격을 위해서는 좋기 때문이다. 아무리 그렇지 않다는 경험이 있다 해도 일반적으로 고기를 많이 먹은 사람이 그렇지 않은 사람보다 잔혹하고 흉포한 것은 사실이니까. 이 사실은 모든 장소 모든 시대를 통해서 관찰할 수 있는 일이다. 잉글랜드 사람이 야만적이라는 사실은 잘 알려져 있다.*40 게이블인은 반대로 가장 온화한 인간이다.*41 모든 미개인은 잔혹한데, 그들의 풍습이 그렇게 만든 것은 아니다. 그 잔혹성은 음식 탓이다. 그들은 사냥 나가듯이 전쟁터로 나간다. 그리고 인간을 마치 곰을 다루듯이 다룬다. 잉글랜드에서도 도살자는 외과 의사처럼 재판의 증인이 되지는 못한다.*42 지독한 악당은 피를 빨아 먹음으로써 사람 죽이기를 아무렇지 않게 생각한다. 호메로스는 고기를 먹는 키클롭스족을 무서운 인간으로 묘사했다. 하지만 연꽃 열매를 먹고 사는 로토파고스족은 매우 사랑스러운 민족으로서, 일단 그들과 사귀기 시작하면 사람들은 곧 자기들의 나라까지도 잊고 그들과 함께 살고 싶어진다고 말하고 있다. 플루타르코스는 다음과 같이 쓰고 있다.

피타고라스는 어째서 짐승의 고기를 먹는 것을 삼가고 있었을까? 하고 자네는 묻는다. 그러나 나는 반문하겠다. 죽은 고기를 입으로 가져가고 숨이 끊긴 짐승의 뼈를 이로 깨물며, 사체를 자기 앞에 가져오도록 하여, 조금 전까지 울부짖기도 하고 걷기도 하고 보기도 하던 짐승의 몸을 뱃속으로 집어넣는 일을 최초로 한 사람은, 얼마나 용기가 있는 사람이었을까. 감각을 가진 생물의 심

---

*40 영국인이 그 인정 많은 마음과 그들이 Good natured people이라 부르고 있는 국민의 선량한 천성을 몹시 자랑하고 있는 일을 나는 알고 있다. 그러나 그들이 아무리 그런 말을 해본들 헛일이며, 아무도 그들이 하고 있는 말을 되풀이하지 않는다(원주).

*41 게이블인보다 더 엄하게 모든 육식을 금하고 있는 바니아인은 게이블인과 거의 같을 정도로 온화하다. 그러나 그 도덕은 게이블인만큼 순수하지 않으며, 신앙도 합리적이지 않으므로 그들은 그다지 훌륭한 인간이라고는 할 수 없다(원주). 게이블인은 페르시아, 힌두스탄, 코카서스 지방에 살고 있던 조로아스터교도. 바니아인은 인도인으로 바라문교도.

*42 본서의 한 영역자는 여기서 나의 잘못을 지적했으며, 우리 두 사람 다 그것을 고쳤다. 도살자와 외과 의사는 증인으로 인정받고 있다. 그러나 도살자는 형사 재판의 배심원으로 인정받지 못하나 외과 의사는 인정받고 있다(원주).

장에 칼을 꽂는 따위의 일을 어떻게 그의 손으로 할 수 있었을까. 그의 눈은
어떻게 살해하는 장면을 보고 견디어 냈을까. 저항도 하지 않는 가련한 동물
의 피를 짜고 가죽을 벗기고 사지를 자르는 것을 어떻게 보고 있을 수 있었을
까. 어떻게 살점이 꿈틀거리는 광경을 견디어 냈을까. 어떻게 그 냄새가 구역질
을 일으키게 하지도 않았을까. 상처에서 흐르는 오물을 만지거나 시커멓게 굳
어 버린 피를 훔쳐야만 했을 때 어떻게 혐오감도 느끼지 않고, 얼굴을 돌리지
도 않고, 공포에 사로잡히는 일도 없었을까.

> 껍질은 벗기어 땅 위에 쌓였고
> 고기는 꼬챙이에 꿰어 불에 달아
> 지글지글 소리를 내고 있었다.
> 사람들은 몸을 떨지 않고서는
> 그것을 먹을 수가 없었다.
> 그리고 뱃속에서 신음소리가 나는 것을 들었다.

그 사람이 자연을 극복하고 처음으로 그런 무서운 식사를 했을 때, 처음으
로 살아 있는 짐승에 대하여 식욕을 느꼈을 때, 또 풀을 뜯는 동물로 자기 몸
을 양육하려고 했을 때, 그리고 그의 손을 핥고 있는 양을 죽이고 고기를 썰
어서 요리하는 방법을 말해야 했을 때 그 사람은 아까와 같은 일을 상상하고
느껴야만 했던 것이다. 우리가 놀라는 것은 그런 무서운 음식을 먹기 시작한
사람들에 대해서이지, 그것을 그만두게 된 사람들에 대해서가 아니다. 또한 그
런 일을 처음으로 한 사람들은 그들의 야만적인 행위를 무슨 이유에서건 변명
할 수도 있었겠지만, 우리의 야만적인 행위는 변명의 여지가 없는 것이어서 이
러한 결점은 우리를 그들보다 백 배나 더 야만적인 인간으로 만들고 있는 것
이다.

'하느님의 깊은 은총을 받고 있는 인간들이여!'라고 그들 태고적 사람들이
우리에게 말할 것임에 틀림이 없는 시대를 생각해 보기 바란다. 당신들은 지
금 얼마나 행복하고 우리는 얼마나 비참했는가를 보아 주기 바란다. 금방 만
들어진 대지와 증기에 가득 차 있는 넓은 하늘은 아직 계절의 명령에 다소곳
하지는 않았다. 강줄기가 일정하게 흐르지 않아 도처에 강 둔덕을 만들고 있

었다. 못, 호수, 깊은 늪 등 세계 표면의 4분의 3이 물에 잠겨 있었다. 나머지 4분의 1은 불모의 수풀로 뒤덮여 있었다. 대지는 유익한 산물이라곤 하나도 산출하지 않았다. 우리에겐 땅을 갈 만한 도구도 하나 없었다. 그것을 쓸 줄도 몰랐다. 그리고 씨를 뿌리지 않는 자에게 수확의 계절이 찾아올 리 만무했다. 그래서 우리는 끊임없이 굶주림을 느껴야만 했다. 겨울이면 이끼나 나무껍질이 우리의 주식이었다. 보리나 히스의 파란 뿌리 몇 개가 우리의 성찬이었다. 그래서 사람들은 너도밤나무의 열매, 호두 또는 도토리를 찾아내면 대지를 '어머니'라고 부르고 '유모'라고 부르며, 뭔가 서툰 노래에 맞추어 떡갈나무나 너도밤나무 둘레를 기쁨에 넘쳐 춤추며 돌아다녔다. 그것이 그들의 유일한 놀이였다. 그 밖의 모든 인간 생활은 괴로움과 노고와 가난뿐이었다.

마침내 대지가 모든 것을 빼앗겨 벌거숭이가 되어 아무것도 우리에게 주지 않게 되자, 우리는 자신의 몸을 지탱하기 위해 자연을 욕보이는 일을 하지 않을 수 없게 되었다. 우리의 비참한 생활의 동료와 함께 멸망하는 것보다는 오히려 그들을 먹기로 한 것이다. 그러나 잔혹한 인간들이여, 당신들은 무엇에 강요당하여 피를 흘리고 있는가. 보아라. 얼마나 풍부한 재산이 당신들을 에워싸고 있는가. 대지는 당신들을 위해 얼마나 많은 산물을 낳고 있는가. 밭이나 포도원이 얼마나 많은 자원을 당신들에게 주고 있는가. 얼마나 많은 동물들이 당신들을 부양할 젖을 공급하고 있고 당신들의 의복이 되는 털을 공급하고 있는가. 당신들은 동물들에게 무엇을 더 바라는가. 그리고 남아 돌아가는 재산을 가지고 흘러넘칠 듯이 많은 먹을 것을 가지며 무엇이 노여워서 그런 살해 행위를 저지르는가. 어째서 당신들은 우리의 어머니(대지)가 당신들을 먹여 살리지 못한다고 비난하면서 거짓말을 하는가. 왜 신성한 율법을 만들어 낸 케레스를 배반하고 또 인간을 위로해 주는 친절한 바쿠스를 배반하여 죄를 저지르는가. 당신들은 마치 그들의 아낌없는 선물이 인류를 유지하는 데 충분하지 않다고 생각하는 것 같다. 어떻게 그들의 맛이 있는 산물과 뼈를 같은 식탁에 나란히 놓고, 젖과 함께 그것을 제공해 주는 짐승의 피를 빨아 먹는 짓을 할 수 있겠는가. 당신들이 맹수라고 부르는 표범이나 사자는 부득이 그들의 본능에 따라 살기 위한 수단으로 다른 동물을 죽인다. 그러나 맹수보다도 백 배나 더 흉포한 당신들은 필요도 없는데 본능과 싸우며 잔인한 쾌락에 젖어 있다. 당신들이 먹고 있는 동물은 다른 동물을 먹지는 않는다. 당신들은 육식동물을 먹지 않고 그 흉내를 내고 있는 것이다. 아무에게도 해를 끼치지 않고 당신들을 따르고 당신들에게 도움을 주는 죄없는 짐승들에게만, 당신들은 식욕을 느끼는 것이다. 그리고 그런 짐승의 봉사에 대한 보답으로 그들을 먹는 것이다.

오오, 자연을 배반하는 살해자여. 자연이 자네와 같은 존재, 즉 살과 뼈가 있으며 감수성이 예민한 자네의 친구들을 먹도록 자네를 만들었다고 이 이상 더 주장하려거든, 그런 무서운 식사에 대해 자연이 자네에게 불러일으키는 혐오감을 누르고 직접 동물들을 죽여 보라. 칼이나 식칼을 쓰지 말고 자네 자신의 손으로 말이다. 사자나 곰처럼 자네의 손톱으로 동물들을 할퀴는 것이 좋겠다. 손톱을 피부에 곤두세우고 산 채로 그 어린 양을 먹어 버리는 것이 어떨까. 아직 열기가 가시지 않은 그 살을 걸신들린 듯이 먹고 그 피와 함께 그 넋도 마셔 버리는 것이 어떨까. 자네는 떨고 있군. 자네의 이 사이에서 산 고기가 꿈틀꿈틀 움직이고 있는 것을 느낄 용기가 없다. 가엾은 인간이여, 자네는 우선 동물을 죽이고 이어서 그것을 먹음으로써 이를테면 그 동물을 두 번 죽이는 셈이 되는 것이다. 그뿐만 아니다. 죽은 고기는 여전히 자네에게 혐오감을 불러일으킨다. 자네의 마음은 그것을 견디지 못한다. 불의 힘으로 그 모양을 바꾸거나 삶거나 굽거나, 또 향료로 맛을 내어 그것을 위장시킬 필요가 있는 것이다. 자네에게는 백정과 요리사와 고기를 구워 주는 사람 등, 자네의 눈이 살해의 무서운 장면을 보지 않도록 감추어 주고 자네를 위해 죽은 육체를 요리해 주는 인간이 필요한 것이다. 왜냐하면 자네의 미각이 그러한 위장에 속아서 구역질을 하지도 않고, 보기만 해도 도저히 참을 수 없을 사체를 기꺼이 맛보기 위해서이다.

이 문장은 나의 주제와는 관계가 없는 것이지만 이것을 옮겨 쓰고 싶은 기분을 나는 거역할 수가 없었다. 그렇다고 해서 나에게 불평을 늘어놓을 독자는 거의 없을 것으로 나는 믿는다.

그러므로 아이들에게 어떤 식사를 주건 보통의 단순한 요리에 익숙해지도록 만들기만 하면, 그 뒤는 원하는 대로 먹게 하고 뛰어다니게 하고 놀게 하는 것이 좋다. 그렇게 하면 아이들은 절대로 과식하는 일도 없을 것이고, 소화 불량을 일으킬 일도 없다고 생각해도 무방하다. 그러나 오랜 시간 배를 곯게 한다거나 아이들이 당신의 눈을 속이는 방법을 찾아내면, 그들은 갖은 것을 다 해서 보상을 받게끔 만들어 배가 불러서 터지도록 먹으려고 할 것이다. 우리의 식욕에 제한이 없어지는 것은 자연의 규칙에서 벗어나는 규칙을 주려고 하기 때문이다. 끊임없이 제한하거나 명령하거나, 덧붙이거나 줄이거나, 무엇을 하거나 우리는 손에 저울을 가지고 있다. 그러나 이 저울은 우리의 변덕을 기준으로 한 것이지 위장을 기준으로 한 것은 아니다. 여기에 대한 실제적인 예를 나는 보았는데, 농촌에서는 빵을 담아 두는 상자나 과일을 넣어 두는 헛간이 항상 개방되어 있지만, 어린이도 어른도 소화 불량이 무엇인지 알지 못하고 있다.

그건 그렇다 치고, 나의 방법으로 하면 있을 수 없는 일이지만 어린이가 과식하는 경향이 있을 때, 그가 좋아하는 놀이를 시킴으로써 그것을 쉽게 고쳐 줄 수 있으며 어린이가 저도 모르는 사이에 허기져 기진맥진하게 할 수조차도 있을 것이다. 어째서 모든 교사들은 참으로 확실하고도 쉬운 방법을 모르고 있는 것일까. 헤로도토스가 말하기를, 리디아 사람은 심한 기아에 몰려도 공복을 잊고, 며칠 동안 먹는 일에 대하여 아무것도 생각하지 않고 지낼 수 있는 경기나 다른 놀이를 생각해 냈다고 한다.*43 당신들의 박식한 교사들은 아마 백 번도 더 그 문장을 읽었겠지만 그것이 어린이에게 적용되리라고는 미처 알아차리지 못했던 것이다. 그들 중 어떤 사람은 '아이들이란 먹는 일을 그만두고 기꺼이 공부하러 가는 일은 없다'고 말할지도 모르겠다. 선생이여, 당신의 말이 옳다. 나는 그런 즐거움은 염두에 두지 않았다.

미각에 대한 후각은 촉각에 대한 시각과 마찬가지의 관계를 가지고 있다. 후각은 여러 가지 물질이 어떤 방식으로 그것을 자극하는가를 미각보다 먼저 알고 미각에게 알려 준다. 그리고 미리 받는 인상에 따라 어떤 것은 구하게 하기도 하고 어떤 것은 피하게 하기도 한다. 미개인은 우리와 전혀 다른 방식으로 판단한다는 말을 나는 들은 적이 있다. 충분히 믿을 만한 이야기라고 생각

---

*43 고대의 역사가에게선 풍부한 견해를 볼 수 있으며, 가령 잘못된 사실에 관한 일이라도 그 것을 유효하게 사용할 수 있다. 그러나 우리는 역사에서 어떤 이익도 찾아낼 줄 모른다. 문헌학적인 비판이 모든 것을 흡수해 버린다. 어떤 사실에서 유익한 교훈을 찾아낼 수 있다면, 그 진실 여부를 안다는 것은 대단히 중대하다고 생각하는 모양이다. 총명한 인간은 역사를, 그 교훈이 인간의 마음에 꼭 맞는 우화를 통합한 것이라고 생각해야 할 것이다(원주).

한다. 향기 그 자체는 약한 감각이다. 그것은 감각기관보다도 상상력을 자극하고 그것이 주는 것보다 오히려 기대를 함으로써 영향을 받는다. 그렇다면 그 생활 방식에 따라 다른 사람의 미각과는 대단히 판이하게 되어 있는 사람의 미각은 맛에 대하여 전혀 반대의 판단을 내리게 되어 있을 것이다. 타타르 사람은 죽은 말고기에서 뿜는 악취를 맡을 때, 우리나라의 사냥꾼들이 썩어 가는 자고새의 냄새를 맡을 때 느끼는 것과 같은 쾌감을 느낄 것이다.

예를 들어 화단의 꽃향기를 맡는 것 같은 단순한 감각은, 항상 걸어야 하기 때문에 산책 같은 것은 하고 싶지 않은 사람이나 또 일을 많이 하지 않기 때문에 가만히 앉아 있는 쾌감을 느끼지 못하는 사람은 알지 못할 것이다. 항상 굶주려 있는 사람은 먹는 것과는 인연이 없는 향수 냄새 같은 것을 그다지 기분 좋게 느낄 수는 없다.

후각은 상상력의 감각이다. 신경이 더욱 강한 인상을 받고, 그것이 뇌에 많은 자극을 주게 된다. 그 때문에 잠시 동안은 기분이 생생해지고 마침내는 피곤해진다. 잘 알려져 있듯이 후각은 연애에 있어서도 효과를 갖는다. 화장의 달콤한 향기는 사람들이 생각하고 있는 것만큼 쓸모없는 함정은 아니다. 그리고 나로서는 애인이 가슴에 꽂고 있는 꽃향기에 가슴을 두근거리지도 않는, 감수성이 무딘 현명한 사람을 축복해야 할는지 가엾게 생각해야 할는지 잘 모르겠다.

따라서 후각은 처음에는 그다지 강하게 작용할 리가 없다. 아직 정념의 자극을 거의 받은 일이 없는 상상력이 감동을 받지 못했을 것이고 충분한 경험이 없으므로, 어떤 감관이 우리에게 약속하는 것을 다른 감관에 의해 예감할 수 없기 때문이다. 이러한 결과는 관찰에 의해서도 완전히 알아볼 수 있다. 그리고 대다수의 어린이들은 이 감각이 아직 무디어 틀림없이 거의 몽롱한 상태에 있다. 그것은 어린이의 감관이 어른처럼 민감하지 않기 때문이 아니다. 오히려 어른보다 예민할지도 모르나, 어린이는 거기에다 어떠한 관념도 결부시키지 않으므로 여기에 수반되는 즐거움이나 괴로움의 감정에 쉽사리 동하지 않으며, 따라서 우리처럼 위안을 받거나 상처를 받는 일도 없기 때문이다. 이 설명에 의해서, 또 양성(兩性)의 비교해부학의 도움을 받지 않고도 어째서 여성은 일반적으로 남성보다도 향기에 강한 자극을 받는지 그 이유를 쉽사리 찾을 수 있으리라고 나는 믿는다.

캐나다의 미개인은 어렸을 적부터 대단히 예민한 후각을 지니고 있어, 개가 있어도 사냥할 때 이용하지 않고, 자기 자신이 개의 역할을 다 한다고 한다. 사실 개가 사냥감을 찾아내듯이 점심밥을 찾아내도록 어린이를 교육한다면, 틀림없이 그들의 후각을 그 정도로 발달시킬 수 있다고 나는 생각한다. 그러나 나는 결국 이 감각으로부터 어린이를 위해 그다지 유효한 사용법을 짜낼 것 같지 않다. 단 이 감각과 미각과의 관계를 가르치는 것은 별문제이다. 자연은 우리에게 아무래도 그 관계를 알아야만 하도록 배려하고 있는 것이다. 자연은 미각의 작용이 후각의 작용과 거의 떨어질 수 없게 만들고 있다. 이 두 기관을 인접시켜 직접 양자를 연결하는 통로를 입 안에 만들어 놓았기 때문에, 우리는 맛을 볼 때 반드시 냄새를 맡게 되어 있다. 우리는 다만 이 자연의 관계를 변화시켜 어린이를 속이려고, 예를 들어 쓴 약을 상쾌한 향료로 감싸는 따위의 일은 하지 않아야 한다. 그럴 경우 이 두 감각의 불일치는 너무나 큰 것이어서 어린이를 속일 수는 없다. 작용이 민첩한 쪽의 감관이 다른 작용을 흡수하여 어린이가 그다지 싫어하지 않고 약을 먹게 되는 것은 아니다. 그 혐오감은 동시에 그를 자극하는 어느 쪽 감각에도 퍼진다. 약한 쪽의 감각을 느낄 때도 상상력이 강한 쪽의 감각을 불러일으키게 된다. 대단히 달콤한 향기도 나쁜 냄새에 지나지 않게 된다. 이러하여 우리는 부질없는 배려를 함으로써 불쾌한 감각의 양을 크게 하고 상쾌한 감각을 줄이고 있는 것이다.

이어서 제6감이라는 것을 숙달시키는 일에 관하여 이야기하겠다. 그것은 공통 감각이라고 부른다. 모든 사람에게 공통적인 것이기 때문이라기보다, 다른 감각을 충분히 적절하게 사용함으로써 생겨나고, 제6감은 모든 현상이 종합된 사물의 성질을 우리에게 가르쳐 주기 때문이다. 그래서 이것은 특별한 기관을 갖지 않는다. 그것은 두뇌 속에 있을 뿐이어서, 순수한 내면적인 그 감각을 지각 또는 관념이라고 부른다. 우리 지식의 넓이를 측정할 수 있는 것은 그러한 관념의 수에 의해서이다. 정신의 정확성을 만들어 내는 것은 그러한 관념의 명확성, 명료성에 의해서이다. 인간의 이성이라고 불리는 것은 그러한 관념을 비교하는 기술을 말하는 것이다. 따라서 감각적 이성, 혹은 어린이의 이성이라고 내가 부르고 있던 것은 몇 개의 감각을 종합하여 단순한 관념을 만들어 낸 것을 말한다. 그리고 지적인 이성, 혹은 인간의 이성이라고 내가 부르고 있던 것은 몇 개의 단순한 관념을 종합함으로써 복합적인 관념을 형성한 것을 말한다.

여기서 나의 방법이 자연의 방법이고, 그것을 적용하는 데 있어 내가 틀리지 않았다면 우리는 감각의 나라를 지나 어린이 이성의 경계선까지 우리 학생을 데리고 온 셈이 된다. 그 경계선을 넘어 우리가 내디디려는 첫걸음은 어른으로서의 첫걸음이라야 한다. 그러나 이 새로운 길로 들어가기에 앞서 우리가 지나온 길을 잠시 돌아보자. 인생의 각각의 시기, 각각의 상태에는 그것과 결맞는 완성이 있고, 그 고유한 성숙이 있다. 우리는 가끔 완성된 인간에 대하여 이야기하는 것을 듣게 된다. 그럼 완성된 어린이에 대해 생각해 보기로 하자. 이 구경거리는 우리에게 보다 더 새로운 것일 테고, 아마 재미없는 것도 아닐 것이다.

유한한 존재자의 존재는 참으로 가련하고 한정되어 있는 것이어서, 있는 그대로만 본다면 우리는 절대로 마음이 움직여지지 않을 것이다. 현실의 대상을 장식하는 것은 환영이다. 그래서 우리 눈에 띄는 것에 상상이 매력을 불어넣어 주지 않으면, 여기에서 느끼는 줄거움은 다만 헛되이 기관에만 한정될 뿐, 마음은 항상 냉정하게 도사리고 있다. 가을의 온갖 보화로 장식된 대지는 풍부한 자원을 펼쳐, 눈은 감탄하여 마지않으며 그것을 바라보지만 그 감탄은 마음을 감동시키지는 못한다. 그것은 감정보다도 반성에서 탄생한다. 거의 헐벗은 봄 들판에는 아직 아무것도 뒤덮여 있지 않다. 수풀은 나무 그늘을 던져 주지 않고 새파란 새싹이 겨우 돋아나 있을 뿐이다. 그래도 사람들의 마음은 그것을 보고 감동한다. 그리고 자연이 소생하는 것을 바라보며 사람들은 자기도 새로이 소생하는 것을 느낀다. 즐거움의 그림자가 우리를 에워싸고 있다. 저 쾌락의 벗, 온갖 감미로운 감정과 더불어 있고자 늘 기다리고 있는 저 기분 좋은 눈물이 벌써 우리의 눈가를 적시고 있다. 그러나 포도를 거두어들이는 계절의 광경이 아무리 생생하고 활기에 차 있고 즐겁게 보여도 사람들은 항상 서글픈 눈으로 그것을 바라본다.

어째서 이런 차이가 있을까. 그것은 상상이, 봄의 광경에다 봄에 이어서 찾아오는 계절의 경치를 연결시켜 주기 때문이다. 상상은 눈이 바라보는 저 부드러운 싹에다 꽃과 열매와 나무 그늘을, 때로는 그 나무 그늘이 감싸 줄 비밀스러운 정경을 첨가해서 보여 주는 것이다. 상상은 뒤를 이어 오게 되어 있는 시기를 한데 모아 가지고 앞으로 그렇게 될 것을 보여 주는 것이 아니라, 그렇게 되기를 원하는 것을 보여 준다. 그것을 선택하는 것은 상상의 자유이니까. 그러나 가을에는 거기에 있는 것밖에 볼 수가 없다. 봄이 되었을 때를 상상하려 해도 겨울이 앞길을 가로막고 있으며, 얼어붙은 상상은 눈과 서리 때문에 숨이 끊어지고 만다.

성숙기의 완성보다도 더욱 호감이 가는 아름다운 어린 시절을 바라봄으로써 발견되는 매력의 원천은 바로 이것과 같다. 어떤 사람의 자태를 바라보며 우리가 진정한 즐거움을 느낄 때는 언제인가. 그것은 그 사람의 행동의 기억이 그 사람의 과거를 돌아볼 때, 즉 우리의 눈에 그 사람이 다시 젊어졌을 때이다. 그 사람이 현재 어떤 사람인가를 생각해야만 한다면, 혹은 늙어서 어떤 사람이 될 것인가를 상상해야만 한다면, 쇠퇴해 가는 자연이라는 관심이 우리의 즐거움을 앗아가고 만다. 한 인간이 황새걸음으로 무덤을 향해 걸어가는 것을 바라볼 때는 아무런 즐거움도 일지 않으며 죽음의 그림자가 모든 것을 추하게 만들 뿐이다.

그러나 건강하고 늠름하며, 그 나이로는 충분히 완성된 열 살이나 열두 살 난 어린이의 모습을 마음에 그려볼 때, 현재를 생각해도 미래를 생각해도 즐겁게 느껴지지 않는 관념은 하나도 떠오르지 않는다. 용솟음치듯 생생하고 활기 있고 마음이 좀먹어 들어갈 걱정도 없고, 먼 앞날에 괴로움이 있을 리도 없고, 현재 상태에 완전히 몸을 내맡기고, 밖으로 뻗어 나가려는 넘치는 생명력을 즐기고 있는 그런 어린이의 모습을 나는 본다. 그에게서 나는 나날이 성장하여 순간마다 새로운 표시를 나타내는 감각·정신·힘을 사용할 다른 시기에 있어서의 그의 모습을 예견한다. 어린이로서의 그를 바라볼 때 그는 나를 즐겁게 한다. 어른이 되었을 때의 그를 상상하면 그는 더욱 나를 즐겁게 해준다. 그의 뜨거운 피가 나의 피를 따뜻하게 해주는 듯싶다. 그의 생명에 의해 나는 살아 있는 것 같다. 그의 활발한 모습이 나를 다시 젊게 만들어 준다.

시계가 달라진다. 이 얼마나 큰 변화인가. 당장에 그의 눈은 흐려지고 쾌활한 표정이 사라지고 만다. 즐거움이여, 안녕. 천진한 놀이여, 안녕. 무섭고 화난 듯한 한 남자가 그의 손을 잡고 엄숙한 어조로 '자아, 그만' 하고 말하며 어린이를 데리고 간다.

그가 들어가는 방에 책이 보인다. 책! 그 나이에 어울리지 않는 참으로 슬픈 장식품이다. 가엾은 어린이는 끌려갔다. 자기 주위에 있는 모든 것에 대하여 아쉬운 눈길을 던지며 말없이 사라져 갔다. 눈에는 눈물이 가득 괴어 있어도 흘릴 수 없고, 가슴은 비탄으로 짓눌려 있어도 한숨을 쉬지도 못한 채…….

"오오, 너는 그런 것을 하나도 두려워할 필요는 없다. 너의 생활은 언제나 속박과 괴로움을 받아서는 안 된다. 너는 아무런 불안도 없이 아침을 맞이하고 조금도 지루한 기분 없이 밤을 맞이하며, 오로지 즐거움만으로 시간을 헤아려야 한다. 나의 행복한 어린이, 나의 사랑스러운 제자여. 자아, 이리 와서 저 불행한 아이가 가버렸기 때문에 슬픔에 잠겨 있는 우리를 너의 존재로서 위로해다오. 자아, 이리 와 다오……."

그는 온다. 그가 다가오는 것을 보자. 나는 즐거움이 솟아오름을 느낀다. 그도 그 기쁨을 함께하고 있음을 안다. 그의 친구, 그의 한때가 있는 곳으로, 그의 놀이 친구가 있는 곳으로 그는 찾아온 것이다. 나의 얼굴을 보면 그는 곧 즐거운 놀이가 시작되리라는 것을 잘 알고 있는 것이다. 우리는 항상 상대방을 서로 속박하지 않고 늘 사이좋게 지내고 있다. 그리고 우리는 다른 어느 누구와 함께 있을 때보다도 더욱 즐겁게 함께 살고 있다.

그의 모습, 태도, 자연스런 행동은 자신과 만족감을 표시하고 있다. 그의 얼굴은 건강으로 빛나고 있다. 확고한 걸음걸이는 힘찬 느낌을 준다. 창백하진 않아도 아직 섬세한 안색에는 유약한 모습을 전혀 찾아볼 수 없다. 대기와 태양은 이미 그에게 사나이의 존경할 만한 증표를 주고 있다. 아직 토실토실한 근육은 형성되어 가고 있는 용모의, 뚜렷한 선을 조금씩 나타내기 시작하고 있다. 아직 감정의 불길을 일으키고 있지 않은 두 눈은 태어날 때부터 지니고 온[*44] 맑고 명랑함을 그대로 간직하고 있으며, 끝없는 슬픔 때문에 우울하게 되는 일도 없고, 눈물이 하염없이 흘러 뺨을 적시는 일도 없다. 민첩하고도 확고한 그의 동작에는 그 나이다운 활발함과 아무에게도 구애받지 않는 다부짐이 있고, 많은 훈련을 통한 경험이 있다. 그는 탁 트이고, 자유롭고, 그러면서도 오만하거나 건방지지도 않은 태도를 보이고 있다. 노상 책을 들여다보도록 강요당한 일이 없는 얼굴은 아래만 내려다보지 않는다. 그에게 '얼굴을 들어요'라고 할 필요는 없다. 수치스러움이나 두려움을 느껴 얼굴을 가려야 할 일이 전혀 없었던

---

*44 Natia. 나는 이 말을 이탈리아어 본뜻으로 사용하고 있다. 프랑스어에선 그 동의어를 발견할 수 없기 때문이다. 잘못되었다 하더라도 대수로운 일은 아니다. 내가 하는 말을 알면 되는 것이다(원주).

것이다.

　모두가 앉아 있는 한복판에 그를 앉혀 보자. 여러분이 아이를 시험해 보라. 마음 놓고 뭔가 질문해 보라. 이 아이는 사람을 귀찮게 하거나 말을 많이 하거나 실례되는 말을 묻거나 하지는 않는다. 당신들을 붙잡고 자기만을 상대해 달라고 하지는 않을 것이다. 그러므로 당신들이 이 아이를 떨쳐내기 위해 애쓸 필요는 없다.

　그러나 또한 듣기 좋은 말이 이 아이의 입에서 나오리라고 기대해서는 안 된다. 꾸밈새가 없고 교묘하지 않고 허영심이 없는 순하고 단순한 진실만을 기대하라. 이 아이는 자기가 저지른 나쁜 짓, 혹은 자기가 생각한 나쁜 일을 좋은 일과 마찬가지로 완전히 자유롭게 당신들에게 이야기할 것이다. 자기가 한 이야기가 당신들에게 주는 인상을 그 아이는 조금도 개의치 않을 것이다. 이 아이는 그 초기 교육에서부터 받은 완전히 소박한 어조로 말을 할 것이다.

　사람들은 아이들의 장래를 좋은 방향으로만 생각하려는 경향이 있으며, 어쩌다가 그들 입에서 튀어나오는 어떤 행운과 관련이 있는 말에 희망을 걸었다가 거의 어김없이 번복당하여 실패하고 마는 사실에 늘 원망스러운 마음을 품는다. 나의 어린이는 좀처럼 그런 희망을 품게 하지 않는 대신 결코 그런 불만을 느끼게 하지도 않을 것이다. 그는 쓸데없는 말은 한 마디도 하지 않을 뿐더러 아무도 귀를 기울이지도 않을 말을 해서 머리를 텅 비게 하지도 않을 것이기 때문이다. 그의 관념은 한정되어 있지만 뚜렷하다. 그는 아무것도 암기하고 있지 않지만 경험에 의해 많은 사실을 알고 있다. 다른 아이들에 비해 책을 그다지 잘 읽는 편이 못 되지만 자연이라는 책은 더 잘 읽을 줄 안다. 그의 재기는 혓바닥 위에는 없어도 머릿속에는 있다. 그는 좋은 기억력보다 판단력을 가지고 있다. 한 나라 말밖에 하지 못하지만 자기가 하는 말을 이해하고 있다. 그리고 다른 아이들이 하듯이 말을 잘하지는 못하지만 그 대신 다른 아이들보다 뭔가 더 잘할 수 있다.

　그는 관례·습관·습성이 어떤 것인지 잘 모른다. 그가 어제 한 일은 오늘 하는 일에 아무런 영향도 끼치지 않는다.*45 그는 절대로 공식에 따르지 않는다.

---

*45 습관의 매력은, 인간의 천성적인 나태에서 생긴다. 그리고 그 나태는 습관에 몸을 맡김으로써 더 심해진다. 이미 한 일은 더 쉽게 할 수 있다. 길이 열리면 그것을 따라가기가 더 편하다. 그러므로 습관의 힘은 노인이나 게으름뱅이에게는 매우 강하고, 청년이나 활동적인

권위에도 실례에도 굴하지 않는다. 그리고 자기에게 어울리는 행동과 이야기만 한다. 때문에 강제로 가르친 이야기나 부자연스러운 태도를 그에게서 기대해서는 안 된다. 항상 그의 관념에 충실한 표현과 그의 성향에서 우러나오는 행동만을 기대하는 것이 좋다.

당신들은 그에게서 그의 현재 상태와 관련된 도덕적 관념을 얼마쯤 발견할 것이다. 어른과 관련된 상태에 관해서는 어떠한 관념도 발견하지 못할 것이다. 어린이는 아직 사회의 능동적인 일원(一員)이 아닌데, 그것이 그에게 무슨 소용이 있겠는가. 자유에 대하여, 소유권에 대하여, 또한 약속에 대해서도 그에게 들려주는 것이 좋다. 그것까지는 그도 이해할 수가 있다. 어째서 자기의 것은 자기의 것인가, 어째서 자기의 것이 아닌 것은 자기의 것이 아닌가 하는 것은 알고 있지만 그 위로 올라가면 그는 아무것도 모르게 된다. 의무라든가 복종에 대하여 이야기해 주어도 당신들이 무슨 말을 하는지 그는 이해하지 못한다. 뭔가 시켜도 그는 말을 듣지 않을 것이다. 그러나 이렇게 말하는 것이 좋다. "네가 나에게 이러한 일을 해주면 나도 다른 기회에 같은 일을 해 주겠다." 그는 당장에 당신들이 원하는 일을 할 것이다. 그는 오로지 자기의 영역을 넓혀 감히 침범하기 어렵다는 것을 알고 있는 권리를 당신들로부터 획득하기를 원하기 때문이다. 또한 어떤 지위를 차지하고, 사람들과 한패가 되고, 다소라도 쓸모 있는 인간이라고 인정받기를 그는 바랄 것이다. 그러나 이 마지막 동기를 갖게 되었을 때 그는 이미 자연에서 벗어나 있는 것이다. 그리고 당신들은 허영심에 대하여 미리부터 모든 문호를 닫았다고 할 수는 없게 되는 것이다.

그는 뭔가 도움을 받아야 할 필요가 있으면 아무라도 상관없이 그 자리에 있는 사람에게 용건을 부탁할 것이다. 심지어 임금님에게도 자기의 하인에게 말하듯이 부탁할 것이다. 모든 인간은 그의 눈으로 볼 때 지금으로서는 평등하다. 그가 뭔가 부탁하는 모습을 보면 아무도 그에게 의무가 없다는 것을 그가 잘 알고 있음을 알 수 있다. 자기가 원하는 것은 하나의 은혜로써 주어진다는 사실을 그는 알고 있다. 그의 말은 간결하다. 그의 목소리·눈길·태도는

사람에게는 몹시 약함을 알 수 있다. 이런 방법은 약한 인간에게만 좋은 일이며, 특히 그들을 날이 갈수록 더 약하게 만든다. 아이들에게 유익한 단 한 가지 습관은 괴로운 생각 없이 사물의 필연성에 따르는 일이고, 어른들에게 유익한 단 한 가지 습관은 괴로운 생각 없이 이성을 따르는 일이다. 그 밖의 습관은 모두 악습이다(원주).

사람들이 승낙했을 경우이건 거절했을 경우이건 모두 마찬가지로 예사롭다는 것을 표시하고 있다. 그것은 노예가 설설 기듯 하는 미천한 복종도 아니고 지배자의 명령적인 어조도 아니다. 자기와 마찬가지의 인간에 대한 겸허한 신뢰를 가지고, 자유롭긴 해도 감수성이 강하며 연약한 존재가 고귀하고도 사람의 마음을 움직이게 하는 부드러움으로, 자유롭고 강하고 친절한 존재에게 도움을 청하는 것이다. 당신들이 그가 원하는 것을 주었다 해도 그는 고맙다는 인사도 하지 않을 것이다. 그러나 자기에게 하나의 빚이 생겼다고 느낄 것이다. 거절했다 해도 그는 불평을 하지 않을 것이다. 되풀이해서 부탁하지는 않을 것이다. 그런 것이 소용없음을 알기 때문이다. 그는 자신의 부탁을 거절한 사람에게 불만을 가지지 않으며, 들어주지 못할 사정이 있을 거라고 받아들인다. 내가 이미 말했듯이, 뚜렷이 알고 있는 필연적인 사실에 대해서 사람들은 거의 반항하지 않는 법이다.

그를 혼자 자유롭게 해주는 것이 좋다. 말없이 그의 행동을 지켜보도록 하자. 그가 하는 일, 그리고 어떻게 하는가를 주의 깊게 보아야 한다. 자기가 자유라는 것을 표시할 필요가 없기 때문에 그는 결코 떠들썩하게 굴지는 않을 것이다. 단지 자기의 힘을 과시하기 위해서 뭔가를 하지는 않을 것이다. 자기가 항상 자기의 주인이라는 사실을 그는 알고 있지 않은가. 그는 재빠르고 생기 발랄하다. 그의 동작은 그 나이에 어울리는 활발함을 완전히 나타내고 있다. 그러나 목적 없는 움직임은 하나도 볼 수 없다. 무슨 일을 하건 그는 결코 자기의 힘에 겨운 일을 계획하지 않는다. 자기의 힘을 잘 시험해 보고 어떻다는 것을 알고 있기 때문이다.

그는 자기의 계획에 적합한 수단을 선택한다. 그리고 성공률이 확실하지 않으면 좀처럼 그는 행동하지 않을 것이다. 그의 눈은 주의 깊고 정확하다. 그는 보이는 모든 것에 관하여 타인에게 어리석은 질문 따위는 하지 않을 것이다. 그런 짓은 하지 않을뿐더러, 자기 스스로 모든 것을 알아보고 남에게 질문하기에 앞서, 자기가 알고자 하는 일을 애써 찾아낼 것이다. 뜻하지 않은 곤란이 닥쳐와도 다른 사람들처럼 당황하지 않을 것이다. 위험한 일을 만나도 역시 그다지 두려워하지 않을 것이다. 그의 상상력은 아직 활동을 시작하지 않은 상태에 머물러 있으며, 나는 그것을 자극하는 일은 아무것도 하지 않기 때문에 그는 거기에 있는 것만을 보고 위험을 액면 그대로 받아들여 냉정한 태도를 잃지 않는다. 필연은 그에게 너무나도 자주 덮쳐오기 때문에 그는 아직 거기에 반항하려 하지 않는다. 태어나면서부터 필연의 멍에를 메고 있으므로 완전히 익숙해져 있다. 그는 언제라도 모든 일에 대한 준비가 되어 있다. 일을 하건 놀건, 어느 쪽이건 그에게는 마찬가지이다. 그의 놀이는 그의 일이다. 그는 여기에 아무런 차이를 느끼지 않는다. 그는 그가 하는 모든 일에서 사람들을 미소짓게 하는 열성을 보이고, 사람들을 기쁘게 하는 자유를 발휘하고, 동시에 그의 재능과 지식의 정도를 제시한다. 한 귀여운 어린이가 싱그러운 쾌활한 눈, 만족한 듯한 명랑한 모습, 개방적인 밝은 얼굴로 장난을 치면서도 더할 나위 없는 진지한 태도를 하고, 하찮은 놀이에도 더할 나위 없이 열중하기도 하는 그 나이의 어린이다운 광경, 매력 있는 광경을 보여 주는 것이다.

이번에는 그를 다른 아이와 비교하여 파악해 보고 싶은가? 그를 다른 어린이들과 어울리게 하여 그들이 하는 대로 내버려 두어보자. 어느 아이가 그 나이에 어울리는 완성도에 가장 가까운지 곧 알 수 있을 것이다. 도회지 아이들 가운데서 그보다 재주 있는 아이는 하나도 없다. 게다가 그는 어느 누구보다도 강하다. 농촌 아이들과는 체력에 있어서 그들과 맞먹으며, 재간에 있어서도 그들보다 뛰어나다. 어린이의 능력으로 할 수 있는 모든 일에 있어서 그는 도시의 아이들이나 농촌 아이들 중 어느 쪽보다도 잘 판단하고, 추리하고, 앞의 일을 꿰뚫어볼 수 있다. 행동하는 일, 달리고, 뛰어오르고, 물건을 움직이고, 커다란 물체를 옮기고, 거리를 추정하고, 놀이를 생각해 내고, 상을 받는 그런 일에 관해서는 자연이 그의 명령에 굴복하고 있다고 말하고 싶을 정도이다. 그만큼 모든 것을 쉽게 자기 의사대로 따르게 할 수 있다. 그는 자기 또래 아이들을 이끌고 지도할 수 있다. 재능과 경험이 권리와 권위를 대신하고 있다. 당신들이 좋아하는 의상과 칭호를 그에게 주고 싶으면 주어도 좋다. 그런 것은 아무래도 상관없다. 그는 곳곳에서 선두에 설 것이고, 곳곳에서 다른 아이들의 우두머리가 될 것이다. 그들은 언제나 그가 자기들보다 우월하다는 것을 인정할 것이다. 명령하려 하지 않고도 그는 지배자가 될 것이다. 복종한다고 생각하지 않고 그들은 복종하고 있는 셈이 된다.

그는 어린이로서의 성숙기에 도달해 있다. 그는 어린이로서의 생활을 영위해 왔다. 그는 그것을 완성하기 위해 자기의 행복을 희생한 것은 아니다. 그렇지는 않고 두 가지가 서로 협력했던 것이다. 그 연령에 알맞는 이성을 완전히 획득하면서 그의 소질이 허용하는 범위 내에서 그는 행복했고, 자유로웠다. 가령, 숙명의 손길이 우리 희망의 꽃을 거두어들인다 해도 우리는 그의 삶과 죽음을 함께 슬퍼할 필요는 없다. 우리가 그에게 주었던 고통을 생각하고 더욱 슬퍼할 필요는 없다. 우리는 이렇게 중얼거릴 것이다. "적어도 그는 그의 어린 시절을 즐긴 것이다. 우리는 자연이 그에게 베풀었던 것을 아무것도 잃게 하지는 않았다."

이 초기 교육의 커다란 불편한 점은 그것이 총명한 사람들만이 이해한다는 점, 그리고 이와 같이 애써 키워 놓은 어린이도 평범한 사람의 눈에는 장난꾸러기로밖에 보이지 않는 점이다. 교사는 제자의 이해보다 자기의 이해를 생각한다. 그는 시간을 헛되이 보내지 않았다는 것, 그리고 받은 돈은 정당하게 벌어들인다는 사실을 증명하려고 노력한다. 그는 어디서나 늘어놓을 수 있는 지식을, 언제나 사람들에게 자랑할 수 있는 지식을 제자에게 준다. 제자에게 가르치는 것이 쓸모가 있는 것인지 아닌지는 아무래도 좋고, 다만 그것이 사람의 눈에 띄기만 하면 좋은 것이다. 그는 덮어놓고 분별없이 많은 쓸데없는 지식을 제자의 기억에 가득 채워 넣는다. 어린이를 시험해야 할 단계가 되면 그런 것들을 어린이로 하여금 펼쳐놓도록 한다. 어린이가 그것을 늘어놓으면 사람들은 만족한다. 그러고 나서 어린이는 짐을 챙기고 저쪽으로 간다. 나의 학생은 그런 소지품이 없다. 그에게 펴보일 짐은 없는 것이다. 자기 자신 이외에는 사람들에게 펴보일 것은 아무것도 없다. 그런데 어린이란, 어른도 마찬가지지만 얼핏 보아서는 알 수 없다. 어린이의 성격을 나타내는 특징을 첫눈에 포착할 수 있는 관찰자가 어디 있겠는가. 분명히 있긴 하다. 그러나 그 수는 적다. 그리고 10만 명의 아버지 가운데 그 수 안에 들 사람은 한 사람도 없을 것이다.

너무 많은 것을 질문당하면 진절머리가 나서 싫어지고 만다. 어린이는 더욱 그렇다. 몇 분이 지나면 그의 주의력은 지쳐서, 끈질긴 질문자가 묻는 것을 이미 들으려 하지 않고 아무렇게나 대답해 버리고 만다. 이런 식으로 어린이를 시험하는 것은 무익한 일이며 현학자(衒學者)들이나 하는 것이다. 때로, 뜻하지 않게 말한 한 마디가 장황하게 늘어놓은 것보다 어린이의 분별과 재기를 나타내는 수가 있다. 그렇지만 그 한 마디가 강제로 배운 것이라든가 우연히 들어맞은 것이 아닌가를 잘 알아보아야 한다. 어린이의 판단력을 평가하려면 평가

하는 사람 자신이 풍부한 판단력을 가지고 있어야 한다.

고(故) 하이드 경에게서 들은 이야기인데, 그의 한 친구는 3년 동안 집을 비우고 있다가 이탈리아에서 돌아와 아홉 살인가 열 살 되는 아들이 얼마나 성장했는지 알아보려고 했다. 그는 어느 날 저녁 가정 교사와 아들과 함께 들판으로 산책을 나갔다. 그곳에는 아이들이 연을 날리며 놀고 있었다. 아버지는 걸어가며 아들에게 물었다. "저기 그림자가 비치고 있는 연은 어느 쪽에 있지?" 아들은 곧바로, 하늘을 쳐다보지도 않고 대답했다. "한길 위에요." 하이드 경은 그에 덧붙여 이렇게 말했다. "실제로 한길은 태양과 우리 사이에 있었답니다." 그는 자기 아들을 포옹해 준 다음 더 이상의 시험을 중지한 채 아무 말 없이 걸어갔다. 다음 날 그는 그 가정 교사에게 보수 이외에 종신연금의 증서를 보냈다.

이 아버지는 얼마나 대단한 사람인가! 그리고 그의 아들은 이 얼마나 훌륭하며 장래성이 있는가.*46 질문은 참으로 그 나이에 어울리는 질문이었다. 대답은 참으로 간결했다. 그러나 그것이 어느 정도로 아이의 명확한 판단력을 예상할 수 있는가를 생각해야 한다. 그리고 바로 이런 식이었기 때문에 저 아리스토텔레스의 제자는 어느 마부도 길들이지 못했던 준마를 길들였던 것이 아닌가!

---

*46 여기 나온 아이는 벨 아일 원수의 아들 지조르 백작인데, 1762년 9월 26일부의 루소 편지에 의해 알려져 있다. 지조르 백작은 1732년생. 17세에 연대를 지휘했으며, 1758년 크레펠트 싸움에서 부상하여 죽음.

제3부
지능발달 기능교육—12세에서 15세까지

청년기에 이르기까지의 인생은 무력한 시기이지만 이 최초의 시기 동안에 힘의 발달이 욕망의 발달을 앞질러서 상대적으로 강하게 되는 시기가 있다. 그러나 아직 성장 중이므로 절대적으로는 약하다. 그의 욕망은 아직 발달하지 않았기 때문에 현실적인 힘은 그가 느끼는 욕망을 채워 주고도 남음이 있다. 인간으로서는 지극히 약한 존재이지만 어린이로서는 지극히 강한 존재가 된다.

인간의 허약함은 어디서 생겨나는가. 그 힘과 욕망 사이에서 발견되는 불평등에서 생겨나는 것이다. 우리를 약하게 만드는 것은 우리의 정념이다. 그것을 만족시키려면 자연이 우리에게 부여한 것 이상의 힘이 필요하기 때문이다. 그러므로 욕망을 줄이면 된다. 그렇게 하면 힘이 늘어난 것과 마찬가지다. 바라는 것보다 더 많은 것을 할 수 있는 자는 여분의 힘을 가진 셈이다. 그런 사람은 분명히 매우 강한 존재이다. 이것이 어린이 시대의 제3의 상태이며, 나는 지금부터 여기에 대하여 이야기하겠다. 나는 이어서 이 시기도 어린이 시대라고 부르기로 하겠는데 그 이유는 이 시기를 표현할 적당한 말이 없기 때문이다. 즉 이 시기는 청년기에 가까워지고 있지만 아직 사춘기에 이르고 있는 것은 아니다.

열두 살 내지 열세 살이 되면 어린이의 힘은 그 욕망에 비해 훨씬 급속하게 뻗어나간다. 가장 격심하고 무서운 욕망은 아직 그의 내면에서 느낄 수 없다. 그 기관도 아직 미완성 상태이므로 마치 거기에서 빠져나가기 위해 의지에 의해 강요당하기를 기다리는 것 같이 보인다. 가혹하고 격렬한 대기와 계절에도 거의 무감각한 그는 태연한 표정으로 그것을 이겨내고, 높아지는 체온은 옷을 대신해 준다. 식욕은 조미료를 필요로 하지 않는다. 몸을 양육하는 것은 모두가 그에게는 맛이 있는 음식이다. 졸음이 오면 대지에 몸을 눕히고 잠을 잔다.

어디에 가든 그는 자기가 필요로 하는 모든 것이 주변에 있다는 것을 안다. 그는 상상에서 생기는 욕망에 시달리는 일은 없다. 사람들의 의견은 그에게 아무 영향도 주지 않는다. 그의 욕망은 그의 손보다 더 앞으로 미치는 일이 없다. 자기 일은 자기 스스로 할 수 있을 뿐만 아니라 자기에게 필요한 힘보다 더욱 많은 힘을 갖는다. 이 시기는 그가 그런 상태에 놓이는 인생의 유일한 시기이다.

나는 반론이 있으리라고 예측한다. 사람들은 어린이들이 내가 말하는 것보다 더 많은 욕망을 갖는다고는 말하지 않겠지만, 내가 말한 만큼 힘을 갖고 있다는 것은 부정할 것이다. 그들은 내가 나의 제자에 대한 이야기를 하는 것이지, 집 안에서만 왔다 갔다 하며 상자 안에 만든 모형 정원을 가꾸고 마분지의 집을 짓는, 살아 있는 인형에 대하여 이야기하는 것이 아님을 모르는 것이다. 성인의 힘은 성인이 되지 않고서는 나타나지 않는 그런 혈관 속에서 만들어지고, 온몸으로 퍼지는 생명의 정기만이 근육에다 통일성, 활동성, 가락, 탄력성을 주는 것이어서 여기에서 진정한 힘이 솟아난다고 사람들은 말한다. 그건 허황된 주장일 뿐이다. 나는 경험에 호소한다. 나는 당신들의 영토에서 씩씩한 남자아이들이 그들의 아버지와 똑같이 밭을 갈고 파헤치고 가래질을 하고, 포도주를 통에 채우고 수레를 끄는 것을 본다. 사람들이 그들의 음성을 듣지 않고서는 그들을 절대 어린이로 볼 수 없다. 우리가 살고 있는 도회지에서도 대장장이, 날붙이 만드는 사람, 제철공 등의 젊은 직공들은 직공장과 거의 비슷할 정도로 강건하고, 적당한 시기에 훈련을 받으면 기능면에서도 거의 뒤지지 않게 된다. 차이가 있다 해도—차이가 있다는 것은 나도 인정하지만—그 차이는 되풀이해서 말하지만 어른들의 격심한 욕망과 어린이의 한정된 욕망과의 차이에 비하면 훨씬 적다. 그리고 이것은 육체적인 힘에 한한 것이 아니라 그것을 보충하고 인도하는 정신의 힘과 그 범위에 관해서도 해당되는 것이다.

개인이 원하는 것 이상의 것을 할 수 있는 이 시기는 그 사람이 절대적으로 가장 큰 힘을 갖는 시기는 아니지만, 이미 말한 바와 같이 상대적으로는 가장 큰 힘을 갖는 시기이다. 이것은 그의 생애에서 가장 귀중한 시기, 단 한 번밖에 찾아오지 않는 시기이다. 지극히 짧은 시기, 이제부터 보겠지만 보다 더 유효하게 쓰여야 할 필요가 있는 만큼 더욱 짧게 느껴지는 시기이다.

그렇다면 현재는 남아 돌아가지만, 다른 시기가 오면 모자라게 되는 그 능력과 체력을 그는 대체 어떤 일에 쓸 것인가. 그는 그것을 필요할 때 쓸모 있게 쓰도록 노력할 것이다. 이를테면 현재 있는 것 중에서 여분의 것을 미래에 충당시키는 것이다. 강건한 어린이가 약한 어른을 위해 저축하는 셈이다. 그러나 그는 도난의 우려가 있는 금고나 떨어져 있는 헛간에 물건을 넣어 두지는 않을 것이다. 자기가 입수한 것을 진정한 자기 것으로 만들기 위해 자기의 품에, 머릿속에, 자기 자신 안에 그것을 간직해 둘 것이다. 따라서 여기에 일·공부·연구의 시기가 오게 되는데, 이 시기를 나는 내멋대로 고르지 않는다는 것, 자연 스스로가 그것을 제시하고 있다는 데 주목해 주기 바란다.

인간의 지성에는 한계가 있다. 그리고 한 인간은 모든 것을 다 알 수 없을 뿐만 아니라 다른 인간이 알고 있는 조그마한 것도 완전하게 알아낼 수 없는 것이다. 잘못된 명제에 대립하는 하나하나의 명제는 모두 옳기 때문에 진리의 수는 오류의 수와 마찬가지로 무한하다. 때문에 배우는 시기를 적당히 골라야 하는 것처럼 배울 것도 골라야 한다. 우리의 능력으로 배울 수 있는 지식 중에서 어떤 것은 잘못된 것이거나 쓸모없는 것이다. 또 어떤 지식은 그것을 지니고 있는 자의 자부심을 길러 주는 것이다. 우리의 행복을 위해 진정으로 쓸모 있는 소수의 지식만이 현명한 사람의, 따라서 또한 현명한 사람으로 완성시키고 싶은 어린이의 연구 대상이 되기에 알맞다. 존재하는 것이 아니라 유익한 것만을 알 필요가 있다.

또한 이해하려면 이 얼마 안 되는 지식들 가운데서도 이미 완성된 오성(悟性)을 필요로 하는 진리는 제쳐 놓아야 한다. 어린이로서는 획득할 수 없는 인간 관계에 관한 지식을 전제로 하는 것, 그 자체로서는 진리이지만 경험이 없는 정신에게는 다른 문제에 관한 잘못된 사고방식을 갖게 하는 것 따위는 제쳐 놓아야 한다.

여기서 우리는 존재하는 사물에 비하면 참으로 조그만 원 안에 갇히게 된다. 그러나 이 작은 원도 어린이의 정신적 척도로 생각해 보면 얼마나 장대한 영역을 형성하고 있는가. 인간 오성의 어둠이여, 이 얼마나 무모한 자의 손이 당신의 베일을 감히 만져보려고 했는가. 우리의 헛된 학문 덕분에 그 불행한 소년의 주위에 그 얼마나 깊은 심연(深淵)이 패이는 것을 나는 보는가. 아아, 그런 위험한 오솔길을 지나 그를 인도하려는 자, 그리고 그의 눈앞에 드리워진 자연의 신성한 장막을 펴보려는 자여, 두려움에 떨지어다. 우선 그의 머리와 자네의 머리를 충분히 확인해 둘 필요가 있다. 어느 쪽이건 아마도 두 사람 모두 머리가 돌아 버릴 우려가 있다는 것을 각오해야 할 것이다. 겉보기에 아름다운 거짓말을, 사람을 취하게 만드는 헛된 오만심을 두려워할지어다. 무지는 결코 악을 낳지 않는다는 사실, 오류만이 해롭다는 사실을. 그리고 사람은 뭔가 모르기 때문이 아니고 알고 있다고 생각하기 때문에 잘못을 저지른다는 사실, 이런 것들을 잊어버리지 말고 항상 염두에 두어야 한다.

당신들에게는 기하학에 있어서의 진보가 그의 지성의 발달 정도를 표시하는 것의 확실한 척도가 되는지도 모르겠다. 그러나 유익한 것과 그렇지 않은 것을 그가 분간할 수 있게 되었을 때 이론적인 연구를 그에게 시키려면 많은 재량과 배려를 할 필요가 있게 된다. 예를 들어 직선 두 개의 비례 중항(比例中項)을 구하려면 우선 주어진 직사각형과 같은 면적의 정사각형을 찾아낼 필요가 있다. 두 개의 비례 중항을 구하려면 우선 흥미를 끄는 입방체와 같은 부피의 다른 입방체를 만드는 문제를 내야 할 것이다. 이렇게 하면 되는 것이다. 어떤 식으로 우리가 단계를 따라 선과 악을 구별하는 도덕적 관념으로 다가가는지를 보기 바란다. 지금까지 우리는 필연의 법칙 이외에는 법칙이라는 것을 몰랐지만 이제부터는 유익한 것에 주의를 기울이게 된다. 이윽고 우리는 우리에게 적합한 것, 쓸모 있는 것에 도달하게 된다.

동일한 본능이 인간의 온갖 능력을 자극한다. 뻗어 나가려는 신체의 활동에 이어 지식을 구하려는 정신의 활동이 나타난다. 처음에 어린이는 몸을 움직이고 있을 뿐이지만 이어서 그들에게는 호기심이 솟아난다. 그리고 이 호기심은 올바르게 인도되면 우리가 도달하고 있는 시기의 원동력이 된다. 그렇다곤 해도 자연에서 생기는 경향과 억견(臆見)에서 생기는 경향을 구별하기로 하자. 박식하다는 말을 듣고 싶은 욕망만으로 이루어진 지식욕도 있고, 신변 가까이에 있건 없건 흥미를 느끼는 모든 것에 대한 인간의 자연적인 호기심에서 생기는 지식욕도 있다. 쾌적한 생활에 대한 선천적인 욕망과 이 욕망을 충분히 채우지 못하는 것이 끊임없이 인간에게 쾌적한 생활에 도움이 되는 새로운 수단을 찾게 한다. 이것이 호기심의 근원이 된다. 이 근원은 인간의 마음에 자연히 주어진 것이지만 그것은 우리의 정념과 지식의 정도에 응해서만이 발달한다. 한 철학자가 무인도에 유배되어 여러 기계와 책을 가지고 그곳에서 홀로 여생을 보내도록 정해진 경우를 생각해보자. 그 철학자는 세계의 체계, 인력의 법칙, 미분법 등에 관하여 이젠 거의 관심을 갖지 않을 것이다. 아마 일생 동안 한 권의 책도 펼쳐 보지 않을 것이다. 그러나 그는 그 섬이 아무리 크다 해도 그 구석구석까지 찾아다니기를 결코 그만두지는 않을 것이다. 그래서 우리의 첫 번째 연구에서 또한 그 취향이 인간에게 자연스럽지 않은 지식은 버리기로 하자. 그리고 본능이 우리로 하여금 구하도록 하는 지식만으로 한정시키자. 인류가 놓인 섬, 그것은 대지이다. 우리 눈에 가장 잘 보이는 것, 그것은 태양이다. 우리는 우리 자신 밖으로 눈을 돌리자마자 맨 먼저 대지와 태양을 바라보게 된다. 때문에 거의 모든 미개 민족의 철학은 한결같이 대지를 상상에 의해 구분하는 것과 태양의 신성함에 관해 논하고 있다.

이 무슨 동떨어진 이야기를 하고 있냐고 사람들은 말하겠지. 조금 전까지 우리는 우리 몸에 닿아있는 일만을 문제삼아 왔다. 여기서 갑자기 지구를 돌아 우주 끝으로 뛰어오르게 된다! 이 도약은 우리 힘의 증대와 정신적 경향의 결과인 것이다. 무력함과 불충분한 상태에서는 자기를 보존하려는 배려가 우리를 우리의 내부로 집중시킨다. 힘이 있고 가능성이 있는 상태에서는 자기의 존재를 확대하고자 하는 욕망이 우리를 밖으로 끌고 나가, 될 수 있는 대로 먼 곳으로 날아가게 한다. 그렇다곤 하지만 지적인 세계의 일에 대해서는 아직 모르므로 우리의 사고는 시야 저쪽까지는 미치지 못하며, 오성은 그것이 측정하는 공간과 함께 퍼져 나갈 뿐이다.

우리의 감각을 관념으로 전환시켜 보자. 그러나 감각적인 대상에서 단번에 지적인 대상으로 뛰어 옮기지는 않겠다. 감각적인 것을 통과하여야만 비로소 우리는 지적인 것에 도달하게 되는 것이다. 정신의 첫 작용에 있어서는 감각이 언제나 정신의 안내자가 되도록 해야 한다. 세계 이외에는 어떤 책도, 사실 이외에는 어떤 수업도 주어서는 안 된다. 책을 읽는 아이는 생각하지 않는다. 읽을 뿐이다. 그는 지식을 얻는 것이 아니라 말을 배우는 것이다.

당신들 제자의 주의를 자연 현상에 돌리도록 하는 것이 좋다. 마침내 그들은 호기심을 갖게 될 것이다. 그러나 호기심을 길러 주기 위해서는 결코 서둘러서 그것을 채워 주어서는 안 된다. 그의 능력에 맞는 여러 가지 문제를 주어 그것을 자기 스스로 풀도록 해야 한다. 무슨 일이건 당신이 가르쳤기 때문이 아니고 자기 스스로 이해했기 때문에 알고 있다고 생각해야 한다. 그는 학문을 배우는 것이 아니라 그것을 만들어 내야만 한다. 그의 머릿속에 이성 대신 권위가 자리를 잡게 되면 그는 이미 이성을 작용시키지 못하게 될 것이다. 이미 다른 사람들의 억견에 우롱당할 뿐이리라.

당신은 그 아이에게 지리를 가르치기 위해 지구의(地球儀)·천구의(天球儀)·지도를 가지고 온다. 참으로 많은 도구들이다. 그런 대용품들만 잔뜩 보여주는 이유가 무엇인가? 당신이 무엇에 관해서 이야기하는지 그가 알도록, 왜 그에게 대상 그 자체를 보여주지 않는가?

맑게 갠 날 저녁 눈을 가로막는 것 하나 없는 지평선에 태양이 지는 모습을 자세히 바라볼 수 있는 곳으로 산책 나가서 태양이 지는 지점을 잘 보아 둔다. 다음 날 아침 신선한 공기를 마시기 위해 태양이 떠오르기 전에 또 같은 곳으로 가 본다. 태양은 예고의 불화살을 내뿜으며 이미 그 출현을 알리고 있다. 아침놀이 퍼져 동쪽은 새빨갛게 불타고 있다. 그 광채를 바라보며 사람들은 아직 태양이 떠오르기 전부터 기대에 부풀어 가슴을 두근거리며 이제나저제나 하고 기다린다. 드디어 태양이 모습을 나타낸다. 눈부신 하나의 덩어리가 찬란한 빛을 발하며 순식간에 모든 공간을 채운다. 어둠의 장막은 사라진다. 인간은 자기의 안식처를 돌아보고 온 누리가 온통 아름다워졌음을 발견한다. 새파란 초원은 밤 사이에 새로운 생기를 얻는다. 태양은 떠올라 초원을 비추며, 금빛으로 물든 첫 광선은 빛깔을 반사하여 이슬로 뒤덮인 반짝거리는 정경을 보여준다. 새들의 합창대가 모여들어 일제히 생명의 아버지에게 인사를 보낸다. 이때 입을 다물고 있는 새는 한 마리도 없다. 새들의 지저귐은 아직 약하고, 하루의 다른 어느 때보다도 느리고 부드럽게 들려 편안한 잠에서 방금 깨어난 듯한 나른함을 느끼게 한다. 이러한 모든 것이 모여서 상쾌한 감각을 가져다주고 마음속 깊이 스며드는 것처럼 여겨진다. 어느 누구도 마음이 사로잡혀 넋을 잃지 않을 수 없는 황홀의 30분간이며 그러한 장엄하고도 아름답고도 감미로운 광경에 한 사람도 무관심할 수가 없다.*¹

자기가 맛보고 있는 감동에 가슴이 뿌듯해진 교사는 그 감동을 제자에게 전하고 싶어진다. 그는 자기가 감동을 받은 감각에 주의를 돌리게 함으로써 어

---

*1 이 부분은 루소의 가장 아름다운 페이지로 꼽히고 있다. 제4편 《사부아 보좌신부의 신앙고백》에 앞서는 한 구절과, 《참회록》 제4권의 〈투운으로 가는 소풍〉의 유명한 한 구절에도 이른 아침의 아름다운 경치를 묘사한 문장이 있다.

린이의 마음을 움직일 수 있다고 생각한다. 참으로 어리석은 일이다. 자연 광경의 생명은 사람 마음속에 있다. 그 광경을 보기 위해서는 그것을 느껴야만 한다. 어린이는 여러 가지 대상을 인지하지만 그것들을 연결시키는 관계를 깨닫지는 못한다. 그들 합주의 감미로운 하모니를 알아듣지는 못한다. 어린이가 아직 얻지 못한 경험 없이는, 그가 아직 맛본 일이 없는 감정 없이는 그러한 감각의 모든 것에서 동시에 생기는 복합적인 인상을 느끼지 못한다.

풀도 없는 평야를 오랜 시간 걸어 본 일도 없는데, 타는 듯한 모래에 발바닥을 데어 본 일도 없는데, 햇빛이 내리쬐는 바위산에서 숨막힐 듯한 반사열로 허덕인 일도 없는데 어떻게 아름다운 아침의 상쾌한 공기를 맛볼 수 있겠는가. 향기로운 꽃, 넋을 잃게 하는 푸른 들판, 축축한 공기를 감돌게 하는 이슬, 부드러운 잔디 위를 걷는 기분의 상쾌함이 어떻게 감각을 매혹할 수 있겠는가. 연애와 쾌락의 음색을 아직 모르는데 어떻게 새들의 노랫소리가 걷잡을 수 없는 감동을 불러일으키겠는가. 아름다운 하루를 채워줄 사람들의 모습을 상상이 그려 주지도 못하는데 그 하루가 밝아오는 광경을 무슨 감동을 품고 바라볼 수 있겠는가. 그리고 또한 어떤 자의 손에 의해 자연이 아름답게 장식되었는지도 모르는데 어떻게 그 아름다운 광경에 감동할 수가 있겠는가.

어린이가 이해할 수 없는 이야기를 어린이에게 해서는 안 된다. 묘사·웅변·비유·시는 필요 없다. 지금으로서는 감정이나 취미는 문제가 되지 않는다. 명쾌하게, 단순하게, 그리고 냉정하게 계속해 나가야 한다. 다른 어조로 이야기해야 할 때가 아마도 너무나 빨리 찾아올 것이다.

우리 격률의 정신에 의해 자라났고, 자기 자신 안에서 온갖 도구를 끌어 내고, 자기가 할 수 없는 일이라고 깨달은 뒤가 아니고는 결코 타인의 도움을 빌리지 않는 그는 자기가 알 수 없는 일에는 언제나 아무 말 없이 오랜 시간에 걸쳐 그것을 조사해 본다. 그는 생각이 깊고 함부로 사람에게 질문하지 않는다. 따라서 적당한 때만 사물을 그에게 보이도록 해야 한다. 그리고 그의 호기심이 충분히 그 사물에 쏠려 있다는 것을 알았을 때 뭔가 간단한 질문을 함으로써 그 문제를 해결하는 길을 제시해 주어야 한다.

지금의 경우는 떠오르는 태양을 그와 함께 천천히 바라보며, 그 방향에 있는 산과 그 부근에 있는 다른 것들에게 주의를 돌리도록 하고, 그것에 관해 무엇이건 하고 싶은 말을 시킨 뒤 꿈이라도 꾸듯이 잠시 침묵을 지키고 있다가 이렇게 말을 던져야 한다. "어제 저녁 태양이 저기에서 지고 오늘 아침 저기에서 떠올랐다는 사실을 나는 생각하고 있다. 어째서 그런 일이 일어날까?" 그 이상의 말을 해서는 안 된다. 그가 무슨 질문을 해도 대답해서는 안 된다. 다른 이야기를 하는 것이 좋다. 그가 하고 싶은 대로 내버려 두는 것이 좋다. 그렇게 하면 그는 반드시 그것을 생각할 것이다.

어린이의 주의력을 깊게 하려면, 그리고 뭔가 감동적인 진리를 뚜렷이 알게 하려면, 그가 그것을 발견하기까지의 며칠 동안 그것이 그를 불안하게 만들도록 할 필요가 있다. 그래도 충분히 이해하지 못하면 그것을 좀더 뚜렷이 알게 하는 방법이 있다. 그 방법이란 문제를 뒤엎는 일이다. 태양이 지고 나서 어떤 식으로 다시 뜨는가를 그는 알지 못할지언정 적어도 떠올랐다가 어떤 식으로 지게 되어 있는가는 알고 있다. 그것은 보고 있으면 알 수 있는 일이다. 그래서 처음의 문제를 뒤의 문제에 의해 설명하면 된다. 당신들의 학생이 완전한 백치가 아니라면 유사점이 너무나 뚜렷하기 때문에 그것을 모를 리가 없다. 이것이 우주에 관한 첫 수업이다.

우리는 항상 천천히 감각적인 관념을 따라 나아가는데, 하나의 관념에 오랫동안 익숙해진 다음에 다른 관념으로 옮아간다. 그리고 절대로 학생에게 강제로 주의를 기울이게 하지 않는다. 그러므로 이 첫 수업에서 태양의 궤도에서 대지의 형태에 관한 지식에 이르기까지는 오랜 시간이 걸린다. 그러나 겉으로 보기에 천체의 모든 운동은 동일한 원리에 기인하고 있으며, 첫 관찰은 다른 모든 관찰을 이끄는 실마리가 되므로 지구의 공전에서 일식·월식의 계산에 이르려면 낮과 밤을 충분히 이해하는 경우보다 더 긴 시간이 필요할지도 모르지만, 그다지 큰 노력이 필요한 것은 아니다.

태양은 세계의 주위를 돌고 있으므로 원을 그리고 있다. 그리고 모든 원에는 중심이 있을 것이다. 우리는 이미 그 사실을 알고 있다. 이 중심은 지구 한가운데 있으니 볼 수가 없다. 그러나 그것에 대응하는 두 개의 점을 평면상에 표시할 수 있다. 세 개의 점을 통과하여 양쪽 끝이 하늘까지 연장하는 하나의 주축이 지구와 태양의 하루 운동 궤도가 된다. 뾰족한 끝에서 돌고 있는 둥근 팽이는 그 축을 중심으로 돌고 있는 하늘을 표시한다. 팽이의 뾰족한 두 끝은 두 개의 극(極)이다. 어린이는 그 하나를 알고 크게 만족하게 된다. 나는 그것이 작은 곰좌의 꼬리에 있다는 것을 가르쳐 준다. 이것은 밤의 즐거움이 된다.

조금씩 별과 친숙해지고 나아가서는 행성(行星)을 알게 되며, 성좌를 관찰하고 싶은 흥미가 처음 솟아나게 된다.

우리는 성 요한의 날(6월 24일)에 해돋이를 본다. 우리는 크리스마스나 아니면 다른 갠 겨울날 또 해돋이를 보러 간다. 당신들도 알다시피 우리는 잠꾸러기가 아니며 추위를 무릅쓰는 것도 우리에게는 놀이가 되는 것이다. 나는 이 두 번째 관찰도 첫 번째와 같은 장소에서 한다. 그리고 주의를 불러일으키기 위해 어떤 좋은 방법을 써서 우리들 중 누군가가 이런 소리를 외치게 한다. "아니, 이상한 일도 다 있지. 해는 같은 장소에서 떠오르지 않는군. 이쪽이 우리가 전에 본 곳인데, 지금은 저쪽에서 떠오른다…… 결국 여름에 태양이 떠오르는 방향과 겨울에 태양이 떠오르는 방향이 다르다는 이야기가 된다……" 젊은 교사여, 이렇게 하는 것이 당신이 택해야 할 길이다. 이러한 예증만으로 당신은 충분히 세계와 태양을 직접 사용하여 지극히 명쾌하게 천체 운동에 관하여 가르칠 수 있을 것이다.

일반적으로 말해서 실물을 제시하기가 불가능한 경우를 빼놓고는 실물 대신 기호를 쓰는 일은 해서는 안 된다. 그 기호가 어린이의 주의력을 흡수하여 그것이 나타내고 있는 사물을 잊게 하기 때문이다.

혼천의(渾天儀)[*2]라는 기계는 조립이 잘 되어 있지도 않고 균형도 잘 잡혀 있는 것 같지 않다. 그 바퀴 모양이 교차되어 있는 것과, 그 괴상한 형태는 마치 마법의 글자와 같은 인상을 주어 어린이를 겁먹게 만든다. 지구는 너무나 작고, 천공권(天空圈)은 너무나 크고 너무나 많이 있다. 어떤 것, 예를 들어 계절선 같은 것은 전혀 필요가 없는 것이다. 각각의 권은 지구보다도 폭이 넓다. 마분지의 두께는 거기에 입체감을 주어 그것이 실제로 존재하는 고리 모양의 것으로 생각하게 만든다. 그래서 이러한 권이 상상하여 만든 것이라고 어린이에게 말하면 어린이는 자기 눈앞에 있는 것이 무엇인지 알지 못하게 되어 모든 것을 이해할 수 없게 된다.

우리는 우리 자신을 결코 어린이의 상태에 놓고 생각하지 못한다. 그들의 생각 속으로 파고들어 가지 못하고 우리의 생각을 그들에게 줌으로써 항상 우리 자신의 이론을 좇게 하며, 많은 진리의 연쇄에 의해 부조리와 오류를 어린

---

*2 혼천의라는 것은 금속·목재·판지 등으로 된 고리를 조립한 것으로 천공과 별의 운행을 나타내며, 한복판에 지구를 표시하는 작은 구형이 있다.

이의 머릿속에 쌓아 올리고 있는 데 지나지 않는다.

학문을 연구하기 위해 분석과 종합의 어느 쪽을 취해야 하느냐에 관하여 사람들은 논쟁하고 있다. 반드시 어느 쪽을 선택해야 할 필요가 있는 것은 아니다. 때로는 같은 연구 과정에서도 분해하거나 합성시킬 수도 있고, 어린이가 분석하고 있다고만 생각하고 있을 때 교수적인 방법으로 어린이를 인도해 나갈 수도 있다. 따라서 동시에 두 가지 방법을 사용한다면 그것은 서로 증명하는 데 도움이 된다. 상반되는 두 개의 지점에서 동시에 출발하여 같은 길을 걷고 있다는 사실을 알아차리지 못한 어린이는 같은 결과에 도달했을 때 깜짝 놀라겠지만 그 놀라움은 매우 유쾌하게 느껴질 뿐이리라. 예를 들어 그러한 두 개의 출발점에서 지리학을 취급해 보고 싶다. 그리고 지구의 공전 연구에 있어서, 자기가 살고 있는 토지로부터 비로소 지구의 부분 측정을 연결시키기로 하자. 어린이가 천구(天球)를 연구하고 있을 때, 그리하여 하늘에다 몸을 담고 있을 때, 그를 대지의 구분으로 데려오도록 하자. 그리고 우선 맨 먼저 자기가 살고 있는 장소를 가르쳐 주는 것이 좋다.

지리학에서 첫 두 지점은 그가 살고 있는 도시와 아버지의 별장으로 정한다. 이어서 그 사이에 있는 토지, 그리고 부근에 있는 강, 마지막으로 태양의 존재와 방향 결정의 순서로 되는데, 이것은 다른 학과와의 합류점이 된다. 이런 모든 것에 관한 그림은 그 자신이 그리도록 한다. 그것은 매우 간단한 그림으로, 처음에는 단 두 개의 그림으로 시작하지만 조금씩 다른 것과의 거리와 위치를 알거나 추정해 나감에 따라 더 늘려 나간다. 우리는 그에게 눈으로 측정하는 방법을 가르침으로써 미리부터 얼마나 큰 이익을 그에게 가져다 주었는지 당신들은 이미 알고 있다.

그럼에도 불구하고 확실히 그에게 조금은 지도해 주어야 할 필요가 있을 것이다. 그러나 아주 조금, 그가 눈치채지 못할 정도로 말이다. 그가 잘못하는 일이 있어도 그대로 두자. 고쳐주지 말고 아무 말 없이 그가 스스로 잘못을 깨닫고 정정할 때까지 기다리는 것이다. 아니면 가능한 한 적당한 기회에 무슨 방법으로든지 잘못을 알아차리도록 하는 것이다. 절대로 잘못을 저지르지 않는다면 그다지 잘 배웠다고 할 수는 없을 것이다. 그리고 또한 문제는 토지의 지형을 정확하게 아는 데 있는 것이 아니라 그것을 아는 방법을 알아내는 데 있는 것이다. 지도가 머릿속에 들어가 있느냐의 여부는 문제가 아니고, 지도가 나타내고 있는 것을 충분히 잘 이해하고 있으면, 그리고 지도를 만드는 데 필요한 기술에 관하여 명확한 관념을 가지고 있으면 되는 것이다. 당신들 제자의 학식과 나의 제자의 무지 사이에는 이미 이런 차이가 있다는 것을 알아주기 바란다. 당신들의 제자는 지도를 알 뿐이지만 나의 제자는 지도를 만들 수가 있다. 여기서 방 안은 또 하나의 새로운 것으로 장식하게 된다.

나의 교육 정신은 어린이에게 많은 것을 가르치는 데 있지 않고 정확하고도 명료한 관념 이외에는 아무것도 머릿속에 넣어 주지 않는다는 데 있다는 것을 명심하기 바란다. 비록 그가 아무것도 모른다 해도 나는 개의치 않는다. 다만 그가 옳지 못한 것을 외지 않으면 그만이다. 그리고 내가 그에게 진리를 주입시키는 것은 다만 진리 대신 익힐지도 모를 오류로부터 그를 지켜 주기 위해서이다. 이성이나 판단력은 천천히 걸어오지만 편견은 떼를 지어 달려온다. 그러한 편견으로부터 그를 지켜 주어야 할 필요가 있는 것이다. 그런데 학문 그 자체를 목적으로 한다면 당신들은 한도 없고 끝도 없다. 암초투성이 바다로 들어가는 셈이 되고 거기에서 빠져나올 수 없게 된다. 지식에 대한 애착에 사로잡혀 그 매력에 이끌리어 이것저것 마구 쫓아다니기를 그칠 줄 모르는 사람을 보면, 나는 바닷가에서 조가비를 줍는 아이를 보는 듯하다. 그는 그것을 호주머니에 가득 채웠다가 이어서 또 다른 조가비에 마음이 쏠려 먼저 주운 조가비는 버리고 또 줍는다. 마지막에는 너무 많아서 쩔쩔매다가 어쩔 수 없이 모두 버리고 빈손으로 집에 돌아가게 된다.

어린 시절에는 활용할 수 있는 시간이 많았다. 우리는 그 시간을 잘못 사용할까 봐 두려운 나머지 그것을 열심히 써버리는 것만 생각했다. 지금은 전혀 반대로, 언젠가는 쓸모 있게 될 일을 하기 위한 충분한 시간이 주어져 있지 않다. 얼마 뒤에 정념(情念)이 찾아오리라는 것, 그리고 정념이 일단 문을 두드리면 당신들의 제자는 이미 다른 일에 주의를 기울이지 않는다는 사실을 염두에 두어야 한다. 평화로운 지성의 시기는 대단히 짧아 곧 지나가 버리며 이 시기에는 다른 여러 가지 해야 할 일이 많으므로 어린이를 유식하게 만들기만 하면 그것으로 충분하다고 생각하는 것은 어리석다. 어린이에게 학문을 가르치는 것이 문제가 아니고 학문을 사랑하는 취미를 주어 이 취미가 더욱 발전했을 때 학문을 배우기 위한 방법을 가르치는 것이 문제인 것이다. 이것이야말로 분명히 모든 교육의 근본 원칙이다.

한 가지 일에 오랫동안 주의를 기울이도록 조금씩 길들여 주어야 할 시기가 왔다. 그러나 절대로 강요해서는 안 되고 항상 즐거움과 욕구가 그런 주의력을 낳게 해야 한다. 그것이 그에게 고통스러워 결국 못 참게 되지 않도록 충분히 조심해야 한다. 그러므로 끊임없이 지켜보아야 한다. 그리고 어떻게 되건 그가 싫증내기 전에 그만두어야 한다. 뭔가 배운다는 것은 그다지 중요하지 않으며 마지못해 뭔가 해야 하는 일이 결코 없어야 한다는 것이 더욱 중요하기 때문이다.

그가 질문을 해오면 호기심을 충분히 채워 주는 것이 아니라 그것을 길러 주는 데 필요한 정도로 대답해 주면 된다. 특히 뭔가 알고 싶어서 질문하는 것이 아니라 닥치는 대로 하찮은 질문을 하여 당신을 난처하게 만들려는 것을 알았을 경우에는 곧 대답하기를 그만두어야 한다. 그럴 때 그는 이미 사물에 관심을 갖고 있지 않고 단지 자기의 질문에 대답을 시키려는 데 지나지 않다는 것이 분명하다. 그가 하는 말보다 오히려 그가 그런 말을 하게 된 동기에 주의를 기울여야 한다. 이러한 주의는 지금까지는 그다지 필요하지 않았지만, 어린이가 토론을 할 수 있게 되면 지극히 중요성을 띠게 된다.

그것에 의해 모든 학문이 공통 원리와 연결되어서 일반적인 진리의 사슬이 전개되는 것이다. 이 사슬이 철학자들의 방법이다. 여기서 문제가 되는 것은 이 사슬이 아니다. 그것과는 전혀 다른 사슬이 있고, 이것에 의해 각각 개별적인 것이 다른 것을 불러들여 항상 거기에 이어지는 것을 보여준다. 끊임없이 호기심을 유발함으로써 모든 대상에 요구되는 주의력을 더욱 커지게 하는 이 순서는 대부분의 사람들이 따르고 있는 것으로, 특히 어린이에게 필요하다. 우리는 지도를 만들기 위해 방향을 정할 때 자오선을 그어야만 했다. 아침과 저녁, 같은 그림자 사이의 두 교점은 열세 살 천문학자에게 훌륭한 자오선을 준다. 그러나 이 자오선은 없어진다. 그것을 그으려면 시간이 걸린다. 그것은 항상 같은 장소에서 일을 하도록 만든다. 갖가지 배려, 갖가지 구속이 마침내 그를 참을 수 없게 만든 것이다. 우리는 그것을 알고 있었다. 그래서 미리 그 대책을 강구하게 된다.

여기서 나는 또 자질구레한 일을 장황하게 이야기하게 된다. 독자들이여, 나에게는 당신들의 투덜거리는 소리가 들린다. 그러나 상관없다. 당신들이 초조해한다고 해서 나는 이 제3편의 가장 유익한 부분을 할애하는 일은 하고 싶지 않다. 각오를 단단히 하고 나의 장황한 이야기를 들어주기 바란다. 나도 당신들의 불만을 각오하고 이야기하려는 것이니까.

오래 전부터 나의 제자와 나는 호박(琥珀)·유리·납 등 갖가지 물체는 마찰하면 지푸라기를 끌어당긴다는 사실, 그리고 다른 물체는 그것을 끌어당기지 않는다는 사실을 알고 있었다. 우연히 우리는 더욱 기묘한 힘을 가진 물체를 발견했다. 그것은 마찰하지 않아도 조금 떨어진 곳에서 줄밥이나 그 밖의 쇳조각을 끌어당긴다. 그러한 성질이 얼마나 오랫동안 우리의 흥미를 끌었는지 모른다. 하긴 우리는 그 이상의 것은 아무것도 모른다. 마침내 우리는 그러한 성질이 철 자체에도 전달되고 철이 어떤 방향으로 자석 성질을 지니게 된다는 것도 알게 된다. 어느 날 우리는 시장에 갔다.*3 어떤 마술사가 대야에 담긴 물 위에 떠 있는 납으로 만든 오리를 한 조각의 빵으로 끌어당기고 있다. 깜짝 놀라기는 했지만 우리는 이것을 마술이라고 하지는 않는다. 마술사가 어떤 것인지 우리는 모르기 때문이다. 원인을 알 수 없는, 결과에 대해 끊임없이 놀라움을 느끼고 있지만 우리는 결코 무슨 일이건 빨리 판단하려 하지 않으며 무지의 상태에서 빠져나올 기회를 찾을 때까지 그 상태에 차분히 머물러 있다.

집으로 돌아와서 자꾸만 시장의 오리에 대한 이야기를 하는 동안에 우리는 그것과 같은 것을 만들어야겠다는 생각이 들게 된다. 우리는 충분히 자성을 띠는 튼튼한 바늘을 가지고 와서 백랍(白蠟)으로 감싸 될 수 있는 대로 오리 모양에 가깝게 만든 다음, 바늘이 오리의 몸을 꿰뚫어 바늘 끝이 부리가 되도록 한다. 그 오리를 물에 띄우고 열쇠 고리를 부리에 가까이 대면 시장의 오리가 빵조각을 따라가듯이 우리의 오리도 열쇠를 따라온다. 그것을 보고 얼마나 우리가 기뻐했는지 쉽게 알 수 있을 것이다. 오리가 정지했을 때 어느 방향을 향하고 멈추었는지에 관하여는 나중에 관찰하기로 하자. 지금으로서는 대상에 완전히 넋이 빼앗겨 좀더 자세한 것을 알고 싶은 생각이 나지 않는다.

바로 그날 저녁 때 우리는 장치를 한 빵을 호주머니에 살짝 집어넣고 또다

---

*3 이 사소한 이야기에 대한 포르메 씨의 예리한 비판을 읽고 나는 웃음을 금할 수 없었다. 포르메 씨는 이렇게 말하고 있다. "아이들에게서 경쟁심을 자극받아 엄숙한 말투로 교사에게 설교하고 있는 마술사는 에밀들의 세계의 인간이다." 명민한 포르메 씨는 이 사소한 정경이 작위이며, 마술사는 그 해야 할 역할을 배우고 있었다는 것을 생각해 볼 수 없었다. 사실 그런 말을 나는 하지 않았기 때문이다. 그러나 그 대신 나는 모든 것을 말해 줘야 할 사람을 위해 쓰는 것은 아니라고 몇 차례나 선언하고 있는지 모른다(원주).

시 시장에 갔다. 그리고 마술사가 그 마술을 해보이자 그때까지 겨우 참고 있던 나의 어린 박사는 곧 마술사에게 그 마술은 별로 어려운 것이 아니며, 나도 그런 것쯤 할 수 있다고 말한다. 그럼 해보라고 그도 말한다. 나의 어린 박사는 호주머니에서 쉬부스러기가 들어 있는 빵을 끄집어낸다. 테이블로 다가가며 그는 가슴을 두근거린다. 약간 떨리는 손으로 빵을 내민다. 오리는 다가와서 빵에 달라붙는다. 어린이는 기뻐서 소리를 지르며 춤춘다. 구경꾼들의 박수갈채에 머리가 멍해지며 흥분과 부끄러움으로 얼굴을 붉힌다. 마술사는 당황했지만 그래도 다가와 그를 포옹하고 칭찬해주었다. 그리고 내일도 꼭 와달라고 부탁하며, 내일은 좀더 많은 사람을 모아놓고 당신의 훌륭한 재간을 보여주고 놀라도록 해야겠다고 말한다. 나의 어린 자연과학자는 의기양양해서 무슨 말을 하려고 한다. 그러나 나는 곧 그의 입을 다물게 하고 사람들의 칭찬을 뒤로 하며 그를 데리고 그 자리를 떠난다.

아이는 다음 날이 되어도 안절부절못하며 시계 바늘만 쳐다본다. 그는 만나는 사람마다 모두 권유한다. 될 수만 있다면 온 인류를 자기의 영광의 자리에 초대하고 싶은 것이다. 간신히 시간이 오기를 기다리고 있다. 아직 시간의 여유가 있는데도 일찍 출발한다. 바로 그 자리로 달려간다. 가건물은 이미 사람들로 가득차 있다. 안으로 들어가며 어린 마음은 기쁨으로 뛴다. 우선 다른 마술이 벌어지고 있다. 마술사는 어제보다 더 뛰어난 기술을 부려 놀랍게 해치운다. 어린이의 눈에는 그런 것이 하나도 보이지 않는다. 그는 몸을 움직거리고 땀을 흘리며 겨우 숨을 쉬고 있다. 초조하며 떨리는 손으로 호주머니 안의 빵조각을 만지작거리며 시간을 보낸다. 마침내 그의 차례가 온다. 진행자는 매우 떠들썩한 말투로 그를 구경꾼들에게 소개한다. 그는 조금 앞으로 나아가 빵조각을 끄집어낸다…… 인생의 덧없는 변천이여! 오리는 어제 그렇게도 잘 따르더니 오늘은 말을 듣지 않는다. 오리는 부리를 내밀지 않고 엉덩이를 돌려 도망친다. 먼젓번에는 그렇게도 잘 따라오던 것이 이번에는 전혀 인정머리 없는 태도로 빵과 그것을 내미는 사람의 손을 피해 달아난다. 몇 번이나 헛된 시도를 하고, 그때마다 놀림을 받은 뒤에 어린이는 "속았다! 이것은 처음 오리와 바꿔치기한 것이다." 불평을 하며 마술사에게 할 수 있으면 처음처럼 잡아당겨보라고 말한다.

마술사는 그 말에는 대답하지 않고 빵을 끄집어내어 오리 앞에 갖다 댄다.

당장에 오리는 빵에 달라붙어 그것을 거둬들이려는 손을 따라온다. 어린이는 그 빵을 움켜잡는다. 그러나 먼젓번보다 잘 되기는커녕 오리는 그를 무시하고 양동이 가장자리를 빙빙 돌고 있지 않은가. 마침내 그는 완전히 두 손 들고, 관객들의 야유에 어쩔 줄 모르며 그 자리에서 물러선다.

여기서 마술사는 어린이가 가지고 온 빵을 집어 들고 자기의 빵으로 했을 때와 마찬가지로 멋있게 해치운다. 그는 여러 사람들이 보는 앞에서 빵 속에서 쇳조각을 끄집어낸다. 이것이 또한 우리를 창피스러운 웃음거리로 만든다. 이어서 알맹이를 빼낸 그 빵으로 그는 먼젓번과 마찬가지로 오리를 끌어당긴다. 또 하나의 빵을 여러 사람이 보고 있는 가운데 제삼자에게 자르게 하고 그것으로 같은 짓을 해보인다. 장갑으로도 손가락 끝으로도 해보인다. 마지막으로 그는 양동이 곁을 떠나 가건물 한 가운데로 가서 이런 사람들 특유의 과장된 어조로, 오리는 나의 손에 따라오는 것과 마찬가지로 나의 목소리에도 따라온다고 선언한다. 그러고는 오리에게 말을 거니, 오리는 그대로 따라한다. 오른쪽으로 가라면 오른쪽으로 가고, 돌아오라면 돌아오고, 구부러지라면 구부러진다. 잇달아 명령해도 항상 그대로 움직인다. 높아지는 박수는 우리에게 더욱 참을 수 없는 모욕을 느끼게 했다. 우리는 사람들 몰래 그곳을 도망쳐 나온다. 그리고 나중에 모두에게 그 결과를 이야기해 줄 작정이었는데, 그러지 않고 방 안에 틀어박힌다.

다음 날 아침, 누군가가 방문을 두드린다. 내가 문을 열었더니 거기에는 그 마술사가 서 있다. 그는 겸손한 태도로 우리가 한 일에 대하여 불평을 늘어 놓는다. "내가 무엇을 잘못했다고 당신들이 나의 재간에 대한 신용을 잃게 하고 나의 생활 수단을 빼앗으려고 합니까. 납으로 만든 오리를 끌어당기는 재간 따위에, 한 착실한 인간으로부터 빵을 빼앗으면서까지 그 명예를 손에 넣어야 할 필요가 있는 그 어떤 굉장한 것이 있을까요? 사실은 말입니다. 나리님, 저에게 뭔가 다른 재능이 있어서 그것으로 생활을 할 수 있다면 전들 그런 재간을 부리려고 하진 않을 것입니다. 그런 치사한 재간을 닦으며 평생을 보내는 사람은, 잠깐 해보는 당신들보다 그런 일에 있어서 더 잘 알고 있다는 사실을 당신들도 인정하시겠지요. 제가 처음부터 특별한 재간을 부리지 않는 것은 뭣을 안다고 해서 덮어놓고 서둘러서 다 보여서는 안 되기 때문입니다. 저는 항상 가장 뛰어난 재주를 필요할 때에 대비해서 간직하고 있기 때문에, 그것 말고도 아직도 주제넘은 일을 하는 도련님들을 꼼짝 못하게 할 것을 얼마든지 가지고 있답니다. 하지만 나리님, 당신들을 그렇게도 난처하게 만든 비밀을 기꺼이 가르쳐 드릴 터이니 그것으로 다음부터는 저를 방해하는 일이 없도록 해 주십사고 부탁 드리려 왔습니다."

이렇게 말하며 그는 그 도구를 보여 주었는데, 그것은 한 개의 강력한 자석에 지나지 않았으며, 한 어린이가 탁자 밑에 숨어서 사람들 몰래 움직이고 있었다는 사실에 우리는 깜짝 놀라고 말았다.

사나이는 도구를 집어넣었다. 그래서 우리는 인사를 하고 용서를 빈 다음 뭔가 그에게 선물을 하려고 했다. 그는 거절했다. "아닙니다, 나리님, 저는 당신들의 선물을 기꺼이 받을 수가 없습니다. 당신들의 마음에 들지 않으시겠지만 저는 당신들에게 은혜를 입히고 싶습니다. 그것만이 제가 할 수 있는 보복입니다. 이런 신분에 처해 있는 자라 할지라도 관대한 마음이 있다는 것을 잊지 말아 주십시오. 저는 저의 기술에 대하여는 돈을 받지만 제가 가르친 데 대하여는 돈을 받지 않습니다."

나갈 때 그는 특히 나에게 분명한 훈계의 말을 남겼다. "저는 이 도련님을 기꺼이 용서해 드릴 수가 있습니다. 아무것도 모르기 때문에 좋지 못한 일을 했으니까요. 그러나 나리님, 당신은 이 어린이의 잘못을 아시면서 어째서 그렇게 시켰습니까. 당신은 함께 살고 계시니까 어른으로서 어린이가 하는 일에 주의를 기울여 충고해 주어야지요. 당신의 경험이 권위가 되어 이 어린이를 인도해 나가야 합니다. 이 어린이가 크면, 어렸을 때 행한 부정한 행위에 자책감을 느끼고 그것을 주의시켜 주지 않은 당신을 원망할 것입니다."*4

그는 돌아간다. 뒤에 남은 우리는 두 사람 모두 완전히 부끄러움을 느낀다. 나는 나의 태만했던 처사에 가책을 받는다. 나는 어린이에게 다음부터는 자신을 위해 그런 과오를 범하기 전에 주의시키겠다고 약속한다. 우리의 관계가 변하여, 놀이 친구의 호의가 교사의 엄격함으로 바뀌어야 할 시기가 온 것이다.

*4 이 힐책 속에서 교사가 그 목적을 달성하기 위해 한마디 한마디 입으로 전달하는 말을 받아들일 수 없을 만큼 머리가 나쁜 독자가 있다고 나는 생각해야 했다. 이런 말을 마술사에게 지껄이게 해도 우습지 않다고 생각할 정도로 내가 머리가 나쁜 놈이라고 사람들은 생각해야 했단 말인가. 나는 사람들에게 그 신분에 맞는 정신으로 말하게 할 재능이 그다지 없다는 것을 증명했다고 생각한다. 이어서 다음 단락의 끝을 봐주기 바란다. 포르메 씨를 제외하고는 어떤 사람에게나 모든 것을 털어놓고 있는 셈이 아닌가(원주).

이러한 변화는 단계적으로 이루어져야 한다. 모든 것은 미리 꿰뚫어 보아야만 한다. 그것도 아주 멀리서부터 꿰뚫어 보아야 하는 것이다.

다음 날 우리는 또다시 시장으로 가서 우리가 그 비밀을 알고 있는 마술을 다시 한번 구경하기로 한다. 우리는 깊은 존경심을 품으며 그 마술사 소크라테스에게로 다가간다. 그의 얼굴을 쳐다볼 용기조차 없을 지경이다. 그는 여러 가지 친절을 베풀어 주며 특별석으로 안내하므로 우리는 더욱 황송할 뿐이다. 그는 여전히 그 마술을 해보인다. 그러나 아주 여유 있게 오리의 재간을 득의 양양하게 즐기며, 자랑스럽게 가끔 우리 쪽을 바라본다. 우리는 모든 것을 알고 있지만 비밀을 누설하는 따위의 짓은 하지 않는다. 만일 나의 제자가 조금이라도 입을 뻥긋하는 기색이 있다면 야단을 쳐 주었을 것이다.

이 실제적인 예는 겉보기보다 훨씬 더 중요한 일이다. 한 가지 일에 얼마나 많은 교훈이 담겨 있는가. 허영심에서 일어난 최초의 충동이 얼마나 많은 괴로운 결과를 가져왔는가. 젊은 교사여, 충분한 주의를 기울여 이 최초의 충동을 감시해야 한다. 당신이 이 일로 인해서 이와 같은 창피와 실패*⁵를 가져올 수가 있었다면 오랜 세월을 두고 다시 그런 일은 일어나지 않는다고 믿어도 좋다. "참으로 귀찮은 사전 준비로군." 이렇게 당신은 말하겠지. 바로 그렇다. 그러나 모든 것은 우리를 위해 자오선을 대신할 나침반을 만들기 위해서이다.

자석이 다른 물체를 통과하고 작용한다는 사실을 배운 우리는 무엇이건 우리가 본 것과 같은 장치를 하려고 한다. 원형의 탁자, 이 탁자에 맞춘 깊이가 얕고 물이 조금만 들어도 가득차는 대야, 전보다 좀더 공을 들여 만든 오리, 이런 것들이다. 대야의 주위를 가끔 주의 깊게 보았더니 멈추어 있을 때의 오리가 항상 거의 같은 방향을 취한다는 사실을 우리는 알았다. 이러한 실험을 계속하여 그 방향을 조사해 보면 남에서 북으로 향한다는 사실을 알 수 있다. 그 이상은 알 필요가 없다. 우리의 나침반은 발견된 것이다. 혹은 발견된 거나 마찬가지다. 이리하여 우리는 물리학의 영역으로 들어간 것이다.

지구상에는 갖가지 풍토가 있다. 그리고 그 풍토에서의 온도도 갖가지다. 극

---

*5 이 욕됨과 실패는, 그러니까 내가 준 것이지 마술사가 준 것은 아니다. 포르메 씨는 내가 살아 있는 동안에 나의 책을 가로채어, 나의 이름을 지우고 그의 이름을 기입해서 인쇄하려고 했기 때문에, 그는 그것을 쓰는 수고까지는 못하더라도 그것을 읽을 정도의 수고는 해야 했을 것이다(원주).

(極)에 가까울수록 계절의 변화는 현저해진다. 모든 물체는 찬 곳에서 수축하고 뜨거운 곳에서는 팽창한다. 이 작용은 액체에서 더욱 측정하기 쉽고 특히 알코올성 액체에서는 뚜렷하게 알 수 있다. 온도계는 그 점을 이용하여 만들어진 것이다. 바람은 사람의 얼굴을 때린다. 그렇기 때문에 공기는 일종의 유체(流體)이다. 사람은 그것을 볼 수 있는 방법을 갖지 못하나 느낄 수는 있다. 컵을 거꾸로 하여 물속에 집어넣어도 공기가 빠져나갈 틈새를 남겨 놓지 않으면 물이 컵에 채워지지 않는다. 때문에 공기에는 저항이 있다. 또한 컵을 물속으로 눌러 넣으면 물은 공기가 있는 공간으로 들어가지만 완전히 그 공간을 채울 수가 없다. 때문에 공기는 어느 정도 압축할 수가 있다. 풍선에다 압축한 공기를 채워 넣으면 다른 어떤 물질을 채웠을 때보다 잘 튄다. 때문에 공기는 탄성체이다. 욕조에 누워 팔을 물 밖으로 수평으로 들어올리고 있으면 팔은 몹시 무거움을 느낀다. 때문에 공기는 무게가 있는 물질이다. 공기와 다른 물체를 평형 상태에 놓음으로써 이 무게를 달 수 있다. 청우계·사이펀·공기총·공기펌프는 그 점을 이용하여 만들어져 있다. 정력학(靜力學) 및 수력학(水力學)의 법칙은 모두 전적으로 이와 같은 대체적인 실험에 의해 발견된다. 모든 이런 종류에 관한 무슨 일을 할 때 실험실로 들어가는 것을 나는 원하지 않는다. 나는 그런 곳에 있는 기구나 기계 설비를 모두 싫어한다. 학문적인 공기는 학문을 죽인다. 그런 종류의 기계는 한결같이 어린이를 겁먹게 만든다. 아니면 그것들의 형태는 어린이가 그것들의 작용에 대하여 쏟아야 할 주의력을 반쯤 빼앗거나 모두 빼앗거나 해 버리는 것이다.

나는 우리의 기계를 모두 우리의 손으로 만들고 싶다. 그리고 나는 실험을 해보기 전에 먼저 기계를 만들고 싶지는 않다. 그와는 반대로 거의 우연히 실험을 시작해 본 다음에 그것을 검증하는 기계를 조금씩 만들어 보고 싶다. 우리의 기계는 그다지 정밀하거나 완전하지 않아도 된다. 그것이 어떤 것이어야 하느냐와, 또 거기에서 생기는 작용에 관하여 우리가 더욱 명확한 관념을 가지고 있으면 된다고 생각한다. 정력학의 첫 수업을 위해서 나는 저울을 찾지 않고, 의자 등에 한 자루의 막대기를 옆으로 놓아 평형 상태에 있는 막대기의 두 부분의 길이를 잰다. 양쪽 끝에다 같은, 혹은 같지 않은 무게를 가한다. 그리고 필요한 만큼 막대기를 잡아당기거나 밀거나 하여 끝내는 균형이 중량과 막대기 길이와의 상관적인 비율에서 생긴다는 것을 발견한다. 여기서 나의 어린 물리학자는 저울 같은 것은 본 일도 없는데도 벌써 그것을 바로잡을 수가 있다.

이와 같이 자기 스스로 배움으로써, 다른 사람의 가르침을 받아 알게 되는 것보다 더욱 틀림없이 보다 명확한 관념을 가질 수가 있다. 그리고 이성을 비굴하게 하며 권위에 복종하게끔 하지 않아도 될 뿐더러 여러 관련을 발견하여 관념을 결부시키기도 하고 도구를 만들어내는 일에도 재간이 늘어난다. 그러나 그러한 모든 것을 주어지는 대로 받아들이면 우리의 정신은 게으른 버릇이 붙게 된다. 항상 하인의 손을 빌려서 옷을 입고 신발을 신고, 용무를 마치고 마차로 운반되어 가는 사람의 몸은 마침내 힘이 없어지고 손발을 쓸 수 없게 되는 것과 마찬가지다. 부알로는 힘들여 시를 쓰는 방법을 라신에게 가르쳐 주었다고 자랑했다. 학문 연구를 간략하게 하는 훌륭한 방법은 여러 가지가 있겠지만, 노력하여 배우는 방법을 누군가가 가르쳐 주는 것이 우리에게는 절대로 필요하지 않을까.

시간이 걸리고 애를 먹는 그러한 연구법의 가장 뚜렷한 장점은 이론적인 연구를 하고 있는 동안에도 항상 몸을 활동 상태에 놓아 손발에 탄력이 생기며, 늘 손을 노동과 인간에게 유익한 방향으로 쓸 수 있도록 만들어내는 것이다. 실험할 때 우리를 인도하고 감관의 정확성을 대신하는 것으로서 만들어진 많은 도구들은 감각의 훈련을 소홀히 하게 만든다. 각도기는 각의 크기를 추정할 필요가 없게 해준다. 정확하게 거리를 잴 수 있던 눈은 눈 대신 거리를 재어 주는 측쇄(測鎖)에게 일을 맡기게 된다. 천칭(天秤)은 손으로 무게를 재어 판단할 필요가 없게 해준다. 우리의 도구가 교묘해질수록 우리의 기관은 조잡하게 되고 무디어진다. 주위에 덮어놓고 기계를 끌어들이는 동안에 우리는 자기 자신 안에서 기계를 잃게 된다.

그런데 그런 기계를 만들어 내기 위해 기계 대신의 역할을 하던 기능을 사용하고, 기계 없이도 일을 처리하기 위해 필요했던 머리를 기계를 만드는 데 쓰게 되면 우리는 아무것도 잃지 않고 이익을 얻을 것이며, 자연히 기술이 늘어 전보다 손재주가 더욱 좋아질 것이다. 어린이를 항상 책을 들여다보게 하지 않고 공작실에서 공부시키면 어린이의 손은 정신을 위해 움직인다. 어린이는 철학자가 되고 있으면서 자기는 노동자에 지나지 않는다고 생각한다. 그리고 그러한 훈련에는 또 다른 효용이 있다. 그것에 관하여는 곧 뒤에 설명하겠지만 거기에서 사람들은 어떤 식으로 철학 유회로부터 진정한 직능(職能)으로 높여지는지 볼 것이다.

어린이에게는 비록 청년기에 가까워지고 있다 해도 순수한 이론적인 지식은 적합하지 않다는 것은 이미 설명했다. 그러나 이론은, 물리학으로 깊이 파고 들게 하지 않아도 어린이의 여러 가지 경험이 어떤 연역에 의해서이건 서로 연결되어 그 연쇄의 도움이 머릿속에 정연하게 배열되어 있다가 필요에 따라 그것을 생각해 낼 수 있도록 하는 것이 좋다. 고립된 사실과 이론을 오랫동안 기억에만 머물러 있게 하면, 그 기억을 불러일으키는 계기가 결여되어 있을 경우 매우 곤란해지기 때문이다. 자연 법칙의 탐구에 있어서는 항상 가장 흔하고 가장 뚜렷한 현상부터 시작하는 것이 좋다. 그리고 그런 현상은 이론이 아닌 사실로 포착하는 습관을 학생에게 붙여 주어야 한다. 나는 돌을 한 개 집어든다. 그것을 공중에 놓으려는 시늉을 한다. 나는 손을 편다. 돌은 떨어진다. 내가 하는 짓을 주의해 보고 있던 에밀을 바라보며 나는 묻는다. "이 돌은 어째서 떨어졌지요?"

이 질문에 대답하지 못하는 어린이가 어디 있을까. 아무 데도 없다. 에밀조차도 내가 애서 그 대답을 못하도록 해놓지 않았더라면 대답했을 것이다. 모두가 돌은 무겁기 때문에 떨어졌다고 말하겠지. '그럼, 무거운 것이란 무엇인가?' '그것은 떨어지는 것이다.' '그렇다면 돌은 떨어지니까 떨어지는가?' 여기서 나의 어린 철학자는 말없이 생각에 잠긴다. 이것이 이론 물리학의 첫 수업이다. 그리고 이것은 그런 종류의 일로써 그에게 유익하건 아니건 간에 양식(良識)을 길러 주는 수업이 될 것이다.

어린이의 지성이 발달해 감에 따라 다른 중요한 문제를 고려하는 점에서 어린이가 배울 것을 좀더 선택해 주어야 한다. 자기라는 것을 충분히 알게 되고 자기에게 좋은 생활이 무엇인가를 알게 되면 상당히 넓은 범위의 관련을 받아들이게 되어, 자기에게 적합한 것과 적합하지 않은 것을 판단할 수 있게 되므로, 어린이는 이미 일과 놀이의 차이를 느껴 놀이는 일의 휴식이라고밖에 생각하지 않게 된다. 여기서 어린이가 현실에 쓸모 있는 일을 공부하게 됨으로써 단순한 놀이에 쏠렸던 것보다 더욱 지속적인 열의가 그것을 향해 기울게 된다. 끊임없이 새로이 생겨나는 필연의 율법은 가장 불쾌한 악에서 벗어나기 위해서는 불유쾌한 일도 해야 한다는 사실을 일찍부터 인간에게 가르쳐 준다.

이것이 선견지명의 효용이며, 이 선견지명을 잘 이용하느냐 잘못 이용하느냐에 따라서 인간의 모든 지혜와 모든 불행이 생겨난다.

사람은 모두가 행복해지고 싶어한다. 그러나 행복해지려면 행복이라는 것이 무엇인지 우선 알아야 할 것이다. 자연인의 행복은 그 생활과 마찬가지로 단순하다. 그것은 괴로워하지 않는 데 있다. 그것은 건강, 자유, 최소한의 필요로 성립된다. 윤리적인 인간의 행복은 다르다. 그러나 여기서 문제가 되는 것은 그런 행복이 아니다. 어린이, 특히 허영심이 아직 불러일으켜지지 않은 어린이, 아직 편견이라는 독소에 의해 부패되지 않은 어린이의 흥미를 끌 수 있는 것은 순수하게 육체에 속하는 것뿐이라는 사실을 나는 몇 번이고 되풀이해서 말하지 않을 수 없다.

어린이가 필요를 느끼기 전에 그것을 예견한다면 그들의 지성은 이미 매우 진보된 것이며 시간의 값어치를 알기 시작한 것이다. 그렇게 되면 유익한 일에 시간을 사용하도록 해야 한다. 그러나 그것은 그 나이로서 느낄 수 있는 유익성, 어린이의 지식으로서도 충분히 알 수 있을 정도의 유익성을 지니는 것이라야 한다. 도덕적 질서에 속하는 일, 사회적 효용에 속하는 일은 모두 그렇게 일찍부터 제시해서는 안 된다. 어린이는 그런 것을 이해하지 못하기 때문이다. 막연히 유익하다고 해서, 그리고 커서 이득이 된다고 말하며 여러 가지 일을 시키려는 것은 어리석은 일이다. 어린이는 그것이 무엇을 위해 유익한지도 모른다. 또 그 이득이 어떤 것인지도 모르며 전혀 흥미를 느끼지 않는다.

어른이 시켰다고 해서 아이가 무턱대고 하지는 못하게 하라. 어린이에게는 자기가 좋다고 생각하는 일 이외에는 좋을 것이 없다. 항상 어린이의 지식보다 앞지르는 일을 시키려는 당신들은 선견지명을 갖고 있다고 생각하겠지만 사실은 그것이 결여되어 있다. 어린이에게 결코 쓸 기회도 없을 하찮은 도구를 주기 위해 당신들은 그들을 항상 사람들 마음대로 움직여지고 다른 사람의 손에 의해 움직이는 기계와 같은 것이 되도록 길들이고 있다. 당신들은 어린이가 어릴 때는 순종하기를 바란다. 그것은 커서 남을 잘 믿고 속기 쉬운 인간이 되게끔 하는 결과가 된다. 당신들은 끊임없이 어린이를 향해 말한다. "내가 너에게 원하는 것은 모두가 네게 이익이 되는 것들이란다. 다만 너는 아직 그것을 모를 뿐이다. 나로서는 내가 원하는 일을 네가 하건 하지 않건 무슨 상관이 있겠냐마는 네가 공부하는 것은 다만 네 자신을 위해서란다." 이런 멋진 말,

어린이를 복종시키려고 지금 당신이 타이르는 이런 말은 장차 환상가·연금술사·돌팔이 의사·사기꾼·온갖 종류의 미치광이가 상대방을 함정에 빠뜨리기 위해 자기의 미친 짓을 믿게끔 하는 데 있어서 그 말이 순조롭게 받아들여지도록 도움을 주는 결과가 될 뿐이다.

어른은 어린이가 그 유익성을 이해하지 못하는 많은 사실을 알고 있어야만 한다. 그렇다고 어른이 알고 있어야 할 모든 일을 어린이가 배울 필요가 있을까. 또 배울 수가 있을까. 어린이에게는 그 시기에 유익한 모든 일을 가르치는 것이 좋다. 그것만으로 그의 하루의 시간이 충분히 이용되고 있다는 사실을 알 것이다. "어째서 오늘 그에게 어울리는 공부를 시키지 않고 그가 도달할지 어떨지도 전혀 알 수 없는 시기를 위한 공부를 시키는가." 그러나 당신들은 말하겠지. "실천할 때가 왔을 때 알고 있어야만 할 일을 배운다는 것은 적기(適期)를 노린 일이라고 할 수 있을까." 나는 잘 모르겠다. 다만 내가 알 수 있는 것은 더 일찍 배울 수는 없다는 사실이다. 우리의 진짜 교사는 경험과 감정이어서 결코 인간은 타인에게 한 일을 그가 처해 있는 관련 이외의 곳에서 충분히 느낄 수는 없기 때문이다. 어린이는 자기가 인간이 되기 위해 태어났다는 것을 알고 있으며, 인간의 상태에 관하여 그가 가질 수 있는 모든 관념은 그의 지식을 넓히는 기회가 된다. 그러나 인간의 상태에 관한 그의 능력을 넘은 관념에 대해서는 완전히 무지라야만 한다. 내가 여기에 쓰고 있는 것은 모두가 이 교육 원칙을 끊임없이 증명하는 데 지나지 않는다.

우리의 제자에게 '유익하다'는 말의 관념을 줄 수 있게 되면 우리는 그를 지도하는 마당에 있어서 또 하나의 커다란 실마리를 갖는 셈이 된다. 이 말은 그에게는 그 나이에 맞는 의미만을 가질 뿐이고, 또 그는 그것과 현재의 좋은 생활과의 관련을 뚜렷이 알기 때문에 그에게 강한 인상을 주게 된다. 당신들의 어린이는 이 말에서 아무런 인상도 받지 않는다. 당신들은 이것에 관하여 그들 능력에 맞는 관념을 주려고 애쓰지 않았고, 또 다른 인간이 그들에게 유익한 일을 대신 해주기 때문에 그들은 자기 자신이 그런 것을 생각할 필요가 전혀 없으며 유익하다는 것이 무엇인지도 모르기 때문이다.

"그것은 무엇에 쓸모가 있을까." 이제부터 이 말은 신성하다. 우리 생활의 모든 행동에 있어서 그와 내가 어느 쪽이 옳으냐를 결정짓는 말이 된다. 이것이 그의 모든 질문에 대해 반드시 내가 되묻는 질문이 된다. 그리고 이것은 어린이들이 흔히 내뱉는 쓸데없는 질문을 그치게 하는 수단이 된다. 그런 질문을 함으로써 어린이들은 주위에 있는 모든 사람들을 끊임없이 무익하게 지치도록 만들고 있는데, 그것은 여기에서 뭔가의 이익을 끌어내기 위해서라기보다도 오히려 사람들에 대해 일종의 권력을 휘두르기 위해서이다. 가장 중요한 교훈으로써 유익한 것 이외에는 아무것도 알려고 하지 않게끔 배운 자는 소크라테스와 같이 질문한다. 그 질문의 이유를 자기 스스로 납득한 뒤가 아니고서는 그는 절대로 질문하지 않는다. 상대방은 질문에 대답하기 전에 그 이유를 물으리라는 것을 그는 알기 때문이다.

제자에게 영향을 미치는 면에 있어서 당신들 손에 내가 얼마나 강력한 수단을 부여하고 있는지 보아 주기 바란다. 무슨 일에 관해서든지 이유를 모르는 학생은 당신들이 원하기만 하면 거의 언제나 침묵을 지켜야 한다. 그리고 당신들은 반대로 학생에게 제안하는 모든 일의 유익성을 증명하는 동시에 당신들의 지식과 경험이 완전히 유리한 입장을 주고 있지 않은가. 왜냐하면 오해하지 말기 바라지만 예의 질문을 그에게 한다는 것은 그에게도 같은 질문을 시키는 결과가 되기 때문이다. 그러니 당신들은 그 뒤 다른 제안을 하건 그도 당신들을 본받아 반드시 "그것은 무엇에 쓸모가 있습니까?" 말하리라고 예상해야 한다.

아마도 여기에 교사로서 더할 나위 없이 피하기 어려운 함정이 있다. 만일 어린이에게 질문을 받고 나서, 단지 그 자리를 피하기 위해 그로서는 아직 이해할 수 없는 이유를 단 하나라도 붙인다면 그는 당신들이 당신들의 관념에 의해 토론하는 것이지 그의 관념에 의해 토론하지 않는 것을 알 것이며, 당신들이 말하는 것이 당신들 나이의 사람에게는 적합할지 모르나 그의 나이 또래에게는 그렇지 않다고 생각할 것이다. 그는 이미 당신들을 신용하지 않게 되어 모든 것이 허사로 돌아간다. 그런데 학생에게 대답하지 못한 채 굳이 자기의 잘못을 인정하려는 교사가 어디 있겠는가? 비록 자기에게 잘못이 있다 해도 모두 그것을 인정하려 하지 않는다. 그러나 나는 설혹 나에게 잘못이 없다 해도 나의 이유를 학생이 이해하지 못하면 내가 나쁘다고 인정하고 싶다. 이렇게 하면 나의 방법은 늘 그의 정신에 뚜렷이 반영되어 절대로 의혹을 품는 일이 없을 것이며, 나는 자신의 잘못을 일단 인정함으로써 자기 잘못을 숨기려는 사람들보다 더 큰 신용을 틀림없이 얻을 것이다.

첫째로 학생이 배워야 할 일을 당신이 지시해 줄 필요는 없다는 사실을 잘 생각해 보기 바란다. 학생 쪽에서 그것을 요구하고 탐구하고 발견해야만 한다. 당신들은 그것을 그의 손이 자라는 데 놓아두고, 그가 요구하도록 교묘하게 만들어서 그것을 충족시켜 줄 수단을 제공해 주면 된다. 따라서 당신들은 너무 자주 질문을 던져서는 안 되고 무슨 질문을 해야 하는가를 충분히 생각해야 한다는 이야기다. 또 당신들이 그에게 질문을 던지는 경우보다 그가 당신들에게 질문하는 경우가 훨씬 많으므로 당신들은 덮어놓고 공격당할 기회가 적을 테고 오히려 그에게 이렇게 말한다. "넌 무엇 때문에 그 질문을 하는 거지?"

또한 그가 이것저것 배운다는 것은 그다지 중요한 일이 아니고, 배운 것, 그리고 배운 것의 효용을 충분히 이해하면 그만이기 때문에 당신들이 하는 말에 관하여 그에게 유익한 설명을 줄 수 없게 되면 전혀 설명을 해주지 말아야 한다. 주저하지 말고 이렇게 말해야 한다. "나는 너에게 적당한 대답을 할 수가 없다. 내가 틀렸다. 그 이야기는 그만두자." 당신들이 가르친 것이 실제로 부적당한 것이라면 그것을 버려야 아무런 해가 없다. 그렇지 않다면 조금만 주의해 줌으로써 언젠가는 그 유익성을 그에게 알게 해줄 기회가 올 것이다.

나는 말로 설명하기를 좋아하지 않는다. 어린 사람들은 그런 것에 그다지 주의를 기울이지 않을뿐더러 거의 기억하지도 않는다. 실물! 실물! 우리는 말에 지나치게 힘을 주고 있다는 사실을 아무리 되풀이해도 충분하다는 생각이 들지 않는다. 우리의 말이 많은 교육에 의해 우리는 단지 말이 많은 사람들을 만들고 있는 데 지나지 않는다.

내가 학생과 함께 태양의 운동과 방향을 알아내는 방법을 연구하고 있을 때 갑자기 그가 나를 가로막으며 "이런 것은 모두 무엇에 쓸모가 있습니까?" 물었다고 하자. 나는 그에게 어떤 멋진 이야기를 해줄 것인가. 그 질문에 대답함으로써 얼마나 많은 사실을 그에게 가르쳐 줄 기회를 잡게 될 것인가. 그 자리에 우리의 대화를 듣고 있는 사람들이 있다면 더욱 그렇다.[6] 나는 그에게

---

[6] 자주 느꼈던 일이지만, 사람은 아이들에게 박학한 지식을 말할 때, 아이들에게 들려주려고 보다는 오히려 그 자리에 있는 어른들에게 들려 주려고 한다. 여기서 말하고 있는 일에 대해서는 나는 자신을 갖고 있다. 나는 나 자신에 대해 그런 일을 관찰하고 있기 때문이다(원주).

말할 것이다. 여행이 유익하다는 것, 상업이 유리하다는 것에 관하여, 각각의 풍토의 특유한 산물에 관하여, 갖가지 민족의 풍습, 달력의 이용법, 농경에 필요한 계절 순환의 계산법, 항해술, 바다에서 방향을 잃어도 정확하게 항로를 찾는 방법, 정치학·박물학·천문학, 나아가서는 도덕과 국제법도 나의 설명에 포함되어, 나의 학생에게 모든 학문에 관한 위대한 관념을 줌으로써, 그런 것을 배우고 싶다는 커다란 희망을 품게 할 것이다. 모든 이야기가 끝났을 때 나는 틀림없이 현학자처럼 보이겠지만 여기에 대하여 학생은 조그마한 관념조차도 이해하지 못했을 것이다. 그는 여전히 방향을 알아야 하는 일이 무엇에 쓸모가 있느냐고 꼭 묻고 싶었겠지만 내가 화를 낼까 두려워 용감하게 물어보지 못한다. 그는 오히려 본의 아니게, 들은 이야기를 이해하는 체하는 편이 낫다고 생각한다. 훌륭한 교육은 이런 식으로 이루어지고 있다.

그러나 우리 에밀은 좀더 시골풍으로 자라났으며, 그에게는 우리가 매우 애를 써서 둔한 이해력을 가지도록 했으므로 그런 말은 일체 들으려고 하지도 않을 것이다. 한 마디라도 이해할 수 없는 말을 들으면 곧 달아나 온 방 안을 장난치고 돌아다니며 나 혼자 장황하게 지껄이도록 할 것이다. 좀더 거친 방법을 찾아야겠다. 내 공부 방법은 그에게 아무런 효과가 없으니.

우리는 숲의 위치를 몽모랑시의 북쪽에서 관측하고 있었다. 그때 그는 "그것이 무엇에 쓸모가 있습니까"라는 귀찮은 질문으로 나를 방해했다. 그래서 나는 그에게 대답해 주었다. "과연 그것은 천천히 생각해 볼 필요가 있구나. 그리고 이런 공부가 아무 소용 없다는 것을 알게 되면 두 번 다시 하지 말자. 우리는 유익한 오락은 빼놓지 않고 하니까." 그날은 다른 공부를 하기로 하고 지리는 문제삼지 않았다.

다음 날 아침 나는 그에게 아침밥을 먹기 전에 한 바퀴 돌고 오자고 말한다. 그도 바라던 바이다. 어린이는 항상 뛰어다닐 준비가 되어 있으며 이 아이는 다리 힘이 세다. 우리는 숲속으로 들어간다. 들판을 돌아다닌다. 우리는 길을 잃는다. 어디 있는지 알 수 없다. 그리고 돌아가야겠는데 길을 찾을 수가 없다. 시간은 자꾸만 간다. 더워진다. 배도 고프다. 우리는 걸음을 빨리하여 여기저기 헤맸지만 숲·돌산·초원이 있을 뿐 우리가 있는 지점에 대한 아무런 단서도 잡을 수가 없다. 더위와 굶주림에 지친 우리는 걸을수록 더욱 길을 알 수 없을 뿐이다. 마침내 우리는 주저앉아서 쉬며 생각해 보기로 한다. 다른 아이들과 같은 방식으로 키웠다고 가정한다면 에밀은 생각을 할 여유조차도 없을 것이다. 그는 울고 있다. 우리는 몽모랑시의 입구에 있다는 사실, 다만 한 무리의 잡목림이 우리와 몽모랑시 사이를 가로막고 있다는 사실을 그는 모른다. 그러나 그에게는 그 잡목림이 큰 숲인 것이다. 그만한 키의 인간은 숲속에선 완전히 묻히고 만다.

잠시 말없이 앉아 있다가 나는 걱정스러운 표정으로 그에게 말한다. "에밀, 어떻게 하면 여기서 빠져나갈 수 있을까?"

에밀은 땀투성이로 눈물을 흘리며, "저는 도무지 모르겠어요. 지치고 배가 고파요. 목도 마르고요. 이젠 참을 수 없어요."

"나는 뭐 괜찮은 줄 아니. 울어서 아침밥이 나온다면 나도 울겠다. 울어도 소용이 없어. 우리가 어디 있는지 알아내야만 한다. 시계를 좀 보자. 지금 몇 시지?"

"꼭 정오입니다. 그래서 배가 고프군요."

"정말 정오군. 나도 배가 고파."

"아아, 선생님, 무척 시장하시지요?"

"점심밥이 여기까지 우리를 찾아 주지 않을 테고 ······야단났군. 지금은 정오인데 어제 우리는 바로 이 시간에 몽모랑시에서 숲의 위치를 관측했었지? 이 숲에서도 그것과 마찬가지로 몽모랑시의 위치를 관측할 수 있다면······."

"그렇군요. 하지만 어제는 거기서 숲이 보였지만 여기서는 마을이 보이지 않아요."

"그러니 야단났지. 마을이 보이지 않아도 그 위치를 알 수 있으면 좋으련만······."

"정말이에요!"

"우리는 어제 이렇게 말했지, 숲은······."

"몽모랑시의 북쪽에 있다고요."

"그렇다면 몽모랑시는······."

"숲의 남쪽에 있는 셈이 되지요."

"정오에 북쪽을 알아내는 방법을 우리는 알고 있었던가?"

"네, 그림자의 방향으로 알 수 있습니다."

"그럼 남쪽은?"

"어떻게 하면 될까요?"

"남쪽은 북쪽의 반대지."

"참 그렇군요. 그림자와 반대 방향을 보면 되겠어요. 아아, 이쪽이 남쪽이에요. 남쪽이에요. 틀림없이 몽모랑시는 이쪽에 있습니다. 이쪽으로 가보지요."

"그게 좋겠군. 이 나무 사이의 오솔길로 가보자꾸나."

에밀은 손뼉을 치고 환성을 질렀다. "앗, 몽모랑시가 보입니다. 저것 보세요. 곧 바로 앞쪽에 온통 보입니다. 자아, 아침 식사를 하러 가요. 빨리 달려가요. 천문학이란 이럴 때 쓸모가 있군요."

설령 이 마지막 말을 입 밖에 내지 않았다 해도 그는 나중에 그렇게 생각했을 것임에 틀림없다는 사실에 주의해야 한다. 그것은 어찌됐건 상관없고 다만 내 입으로 그런 말을 하지 않으면 되는 것이다. 그런데 그는 아마도 이날의 교훈을 일생 동안 잊지 않을 것이다. 그러나 이러한 모든 일을 방 안에서 가정하여 설명하고 생각하게 했다면 다음 날에는 이미 잊어버리고 말 것이다. 가능한 한 행동에 의해 설명해 주어야 한다. 그리고 실행할 수 없는 일 이외에는 입에 올리지 말아야 한다.

모든 종류의 공부를 일일이 예를 들어 설명해야 한다고 생각할 정도로 내가 독자를 멸시한다고 여러분은 생각하지 않을 것이다. 그러나 어떠한 것이 문제가 되더라도 교사는 충분히 주의를 기울여 학생의 능력에 맞는 증명을 해 주어야 한다고 나는 몇 번이라도 말하고 싶다. 다시 한번 말해 두지만 곤란한 것은 이해하지 못하는 데 있는 것이 아니라 이해했다고 생각하는 데 있기 때문이다.

지금 생각이 났지만, 나는 어떤 어린이에게 화학에 대한 흥미를 일게 하기 위해 몇몇 금속이 가라앉는 상태를 보인 뒤 잉크가 어떻게 만들어지는가를 설명하고 있었다. 잉크의 검은 색소는 유산염에서 분리하여 알칼리액에 가라앉은 철의 잔알갱이에 지나지 않는다고 나는 말했다. 내가 박식하게 설명을 하자 어린 배반자는 내가 가르쳐 주었던 질문을 하여 나의 말을 가로막았다. 나는 완전히 당황하고 말았다.

잠시 생각한 뒤 나는 결심했다. 저택 지하 창고에 있는 포도주를 가져오도록 하고, 싼 포도주를 술집에 가서 사오도록 했다. 나는 작은 병에 일정한 양의 알칼리 용액을 넣었다. 그리고 두 종류의 포도주를 담은 그 두 개의 컵을 앞에 놓고*7 이런 이야기를 했다.

"여러 가지 물건에다 다른 것을 섞어서 그것을 실제보다 좋게 보이도록 하는 일이 성행하고 있다. 그렇게 섞인 물건은 사람들의 눈과 혀를 속인다. 그러나 그것은 해로운 것이며 그렇게 섞어 놓은 물건은 겉보기는 좋아도 그전보다 더 나쁜 물건으로 만들어지고 있다.

특히 음료, 그 중에서도 포도주를 섞어서 파는 일이 흔하다. 이런 속임수는 분간하기 어렵고 가짜를 만들어내는 사람에게 더 많은 이익을 가져다주기 때문이다.

떫은 포도주, 혹은 신 포도주에는 일산화연을 섞어서 속인다. 일산화연은 납에서 만들어 낸 것이다. 납은 산과 섞이면 매우 맛좋은 염을 만들어 포도주의 떫은 맛을 없애 주지만 그것을 마시면 해롭다. 그래서 의심스러운 포도주를 마시는 경우 그것에 일산화연이 들어 있는지의 여부를 조사해 볼 필요가 있다. 여기서 그것을 식별하기 위해 다음과 같은 방법을 쓴다.

브랜디가 만들어지는 것을 보아도 알 수 있듯이, 포도주액에는 가연성 알코올이 함유되어 있는데, 그것은 또한 초나 주석이 만들어질 때 보듯이 산도 함유되어 있다.

산은 금속 물질과 관계가 있으며 금속이 산과 결합하여 용해되면 합성염이 된다. 예를 들어 녹슨 철은 공기 속에 함유된 산에 의해 용해된 것에 지나지 않으며 녹청은 초에 의해 용해된 동에 지나지 않는다.

그러나 이 산은 금속 물질보다도 알칼리 물질과 더 관계가 있기 때문에 지금 말한 합성염과 알칼리 물질이 반응하면 산은 금속에서 분리되어 알칼리와 결합한다.

따라서 금속 물질은 그것을 용해하고 있던 산에서 이탈하고 침전하여 액체를 불투명하게 만든다.

그러므로 이들 두 종류의 포도주 가운데 한쪽에 일산화연이 함유되어 있다면 산이 일산화연을 녹이고 있는 것이다. 여기에다 알칼리액을 부으면 산을 분리시키는 알칼리와 결합시키는 결과가 된다. 연은 용해 상태에서 해방되어 본디의 모습으로 나타나며 액을 탁하게 만들고 마침내 컵 밑바닥에 침전하게

---

*7 아이들에게 뭔가 설명하기 전에, 도구를 다소나마 꺼내 놓으면 아이들의 흥미를 끄는 데 큰
  도움이 된다(원주).

된다.

포도주 안에 연과 그 밖의 금속도 존재하지 않는다면,[8] 알칼리는 별 이상 없이 산과 결합하여[9] 완전한 용해 상태에 있을 뿐 어떤 침전물도 찾아볼 수 없다."

이렇게 말하며 나는 그 알칼리액을 두 컵에다 잇달아 부어넣었다. 집에 있던 포도주는 투명한 그대로 변함이 없었지만 또 하나의 포도주는 당장에 탁해졌고 한 시간 뒤에는 컵 밑바닥에 연이 침전된 것을 뚜렷이 볼 수 있었다.

"보는 바와 같이 이쪽은 자연 그대로의 순수한 포도주로 이것을 마셔도 상관없지만 이쪽은 섞인 것이 있어서 해롭다. 이것은 무슨 소용이 있느냐고 네가 물은 지식에 의해 알 수 있는 일이다. 즉, 잉크가 어떻게 만들어지는지 잘 알고 있는 사람이라면 섞인 포도주를 분간할 수 있는 것이다."

나는 이런 실제적인 예를 제시하며 크게 만족하고 있었다. 그런데 아이가 전혀 감탄하지 않고 있다는 사실을 알았다. 잠시 후에야 나는 비로소 어리석은 짓을 했다는 사실을 깨달았다. 열두 살의 어린이로서는 나의 설명을 이해하기가 불가능하다는 점은 제쳐놓고라도 이 실험이 유익하다는 점을 아이는 납득하지 못했던 것이다. 그는 두 종류의 포도주를 맛보고는 '그저 굉장히 맛이 있다'고 생각했을 뿐, 내가 충분히 설명했다고 생각했던 섞인 물질이라는 말에 대하여 다른 관념을 연결시키지 못했기 때문이다. 게다가 속임수니 독이니 하는 단어에 이르러서는 그에게 아무런 의미도 없는 말이 되었다. 그런 일에 관하여서라면 의사 필리포스의 이야기를 한 어린이와 마찬가지였다. 그것은 어떤 어린이건 마찬가지다.

이러한 관련을 알 수 없는 인과 관계, 그것에 대하여 아무런 관념도 갖지 않는 좋은 일, 나쁜 일, 결코 느껴본 일이 없는 필요성, 그런 것들은 우리에게 아

---

[8] 파리의 술집에서 소매하는 포도주는 전부 불순물이 섞여 있는 것은 아니지만, 납이 포함되지 않은 것은 여간해서 없다. 왜냐하면 술집의 판매대는 금속으로 덮여 있어, 저울에서 흘러 내리는 포도주는 이 금속 위를 통하여 그곳에 저장시킴으로써, 반드시 얼마쯤은 그것을 용해시키기 때문이다. 이렇게 명백하고 위험한 악습을 경찰이 허용하고 있다는 것은 이상한 일이다. 그러나 사실상 부유한 사람은 이런 포도주를 마시는 일이 거의 없으므로 그 때문에 해를 입을 우려가 없기 때문일 것이다(원주).

[9] 식물성 산은 대단히 약하다. 그것이 광물성 산으로 그다지 확산되어 있지 않으면 결합에 있어 반드시 끓어오른다(원주).

무런 의미도 없다. 그런 것을 가지고 우리의 흥미를 끌어 뭔가 그것과 관계 있는 일을 시키려 해도 불가능하다. 사람들은 열다섯 살에 현자(賢者)의 행복을, 서른 살에 천국의 영광을 보는 것과 같은 눈으로 본다. 그 어느 쪽도 충분히 이해하지 못하고 있으면서 그것을 얻으려고 노력하는 따위는 대개 하지 않는다. 또한 설혹 이해했다 하더라도 그것을 원하지 않으면, 그것이 자기에게 어울린다고 느끼지 않으면 역시 대단한 결과는 얻기 힘들 것이다. 가르친다는 것이 유익하다는 사실을 어린이에게 설명하기는 쉽다. 그러나 설명을 아무리 해도 납득시킬 수 없다면 아무 소용도 없다. 냉정한 이성이 우리에게 뭔가를 인정하거나 비난하도록 만들어도 그것은 아무런 소용이 없다. 우리를 행동하게끔 몰아대는 것은 정열뿐인데, 아직 느껴본 일도 없는 이해에 대하여 어떻게 정열을 가질 수 있겠는가.

어린이로서는 볼 수 없는 것을 제시해서는 절대로 안 된다. 인간성이라는 것이 그에게 거의 인연이 없는 동안은 그를 인간의 상태로 높여 줄 수는 없으므로 인간을 어린이의 상태로 끌어내려야 한다. 다른 시기가 도달했을 때 그에게 유익할 일을 생각하면서도, 지금은 당장 유익한 일에 관해서만 이야기하는 것이 좋겠다. 그리고 또 절대로 다른 어린이와 비교하지 말 것, 조금이라도 논리적으로 사물을 생각하면 경주할 때라도 경쟁자에 대한 생각을 하지 못하도록 해야 한다. 질투심과 허영심에 의해서만 공부한다면 공부하지 않는 편이 훨씬 나을 것이다. 나는 다만 그가 이룩한 진보에 대하여 해마다 주의를 기울이도록 하겠다. 그것을 다음 해에 이룩하는 진보와 비교해 보도록 하겠다. 나는 이렇게 말해 주겠다. "너는 여러 가지 점에서 성장했다. 저것이 네가 뛰어넘은 도랑, 네가 짊어졌던 짐이며, 이것이 네가 돌을 던질 수 있었던 거리, 단숨에 달려간 길이…… 지금은 네가 얼마나 할 수 있나 알아 보자." 이렇게 말하며 나는 아무에게도 질투심을 느끼지 않게 그를 자극한다. 그는 자기를 앞지르려고 할 것이다. 그는 그래야만 한다. 그가 자기 자신의 경쟁자가 되었다고 해서 무슨 지장이 있는 것은 아니다.

나는 책이 싫다. 책은 알지도 못하는 일에 관하여 이야기하는 것을 가르칠 뿐이다. 헤르메스는 학문의 기본적인 것을 돌기둥에 새겨 놓음으로써 그가 발견한 사실들이 큰 홍수에 없어지지 않도록 지켰다고 한다. 만약 그가 그런 것을 인간의 두뇌에 똑똑히 새겨 넣었다면, 그것은 전통에 의해 보존되어질 수 있었을 것이다. 좋은 두뇌는 인간의 지식이 가장 확실하게 새겨지는 건조물이다.

많은 서적에 흩어져 있는 많은 가르침을 긁어모아 가지고 흥미있게 읽을 수 있도록, 그리고 어린이에게도 자극을 줄 수 있는 흔한 한 가지 대상에다 그것들을 종합시키는 방법은 없을까. 인간의 온갖 자연적인 필요성이 어린이의 마음에도 이해할 수 있도록 제시되고, 그 필요성을 채워 주는 방법이 역시 마찬가지로 쉽게 잇달아 전개되는 상황을 만들어 낼 수만 있다면, 그런 상황의 생생하고도 소박한 묘사에 의해서 비로소 어린이의 상상력 훈련을 시작해야 한다.

열렬한 철학자여, 나에게는 벌써 당신의 상상력이 불타오르는 것이 보인다. 지나친 속단은 삼가 주기 바란다. 그러한 상황은 이미 발견되어 있다. 그것은 당신에게는 관계없는 일이지만 당신 스스로가 그려 보이는 것보다 훨씬 잘 그려져 있다. 어쨌든 더 높은 진실성과 단순성을 가지고 그려져 있다. 우리에게 아무래도 서적이 필요하다면 내 생각으로는 자연 교육의 개설을 제공하는 한 권의 책이라고 본다. 이 책은 나의 에밀이 읽는 최초의 책이 될 것이다. 이 책만이 오랜 기간 동안 그의 책장에 꽂혀 있을 것이다. 그것은 또한 언제까지나 특별한 지위를 차지할 것이다. 그것은 자연과학에 관한 우리의 이야기가 모두 그 주석에 지나지 않는 그런 교과서가 될 것이다. 그것은 우리가 성장해 나가는 동안 우리의 판단력의 정도를 알아보는 기준이 될 것이다. 그리고 우리의 취미가 손상되지 않는 한 그 책을 읽을 때 우리는 항상 즐거울 것이다. 대체 그 굉장한 책이란 무엇인가. 아리스토텔레스인가, 플리니우스인가, 뷔퐁인가. 아니다. 그것은 로빈슨 크루소이다.

로빈슨 크루소는 그의 섬 안에서 혼자 누구의 도움도 받지 않고 아무런 기술의 도구도 없이 살아 나갔으며, 자기 몸을 지켰고 나아가서는 쾌적한 생활까지도 영위할 수가 있었다. 이 책은 모든 연령층에게 흥미를 불러일으키는 것이고, 여러 가지 방법으로 어린이에게 즐거움을 줄 수 있다. 이리하여 우리는 무인도를 실현시키게 되었고, 그것은 첫째로 나에게는 비교의 대상이 되었다. 이러한 상태는 분명히 사회적인 인간의 상태는 아니다. 아마도 에밀의 상태가 될 수 있는 것도 아닐 것이다. 그러나 그러한 상태에 의해서만이 다른 모든 상태를 평가해야 할 것이다. 편견을 이겨내고 사물의 진정한 관련에 입각하여 판단을 정리하는 가장 확실한 방법은 고립한 인간의 위치에 자기를 놓고 생각해 보는 일, 그리고 무슨 일에 있어서건 그런 인간이 자기의 이해를 생각하고 자기 스스로가 판단을 내리도록 판단하는 일이다.

이 이야기는 모든 잡동사니를 치워 버리면, 그 섬 부근에서 로빈슨이 조난 당한 것으로부터 시작하여 그를 섬에서 구출하러 온 배의 도착으로 끝을 맺고 있지만, 이것은 지금 문제삼고 있는 시기 동안 에밀을 항상 즐겁게 해주는 동시에 가르치기도 할 것이다. 나는 그가 그것에 열중하여 끊임없이 그의 섬이나 염소나 농장을 생각하며, 똑같은 경우에 처했을 때 알고 있어야 할 모든 일을 책으로가 아니라 사물에 입각하여 자세히 배우기를 바란다. 또 자기가 로빈슨이 된 기분으로 털가죽을 몸에 걸치고 커다란 모자를 쓰고 큰 칼을 차고 파라솔만은 필요 없겠지만 삽화에서 보는 그대로 온갖 기묘한 소지품을 가진 자기의 모습을 발견하게끔 해야 할 것이다. 이러이러한 물건이 없어졌을 때 어떻게 하면 좋을까 걱정하기도 하고, 주인공의 행동을 검토해 보고 잊어버린 것은 없는가, 좀더 잘 해볼 수는 없을까 살펴보고, 그의 실수에 신중한 주의를 기울여 그것을 교훈삼아 똑같은 경우에 자기는 그런 과실을 범하지 않도록 해주기 바란다. 그도 어딘가에 가서 그와 같은 건설 사업에 종사해야겠다고 생각할 것임에 틀림없기 때문이다. 이것이야말로 이 행복한 시기의 공중 누각이다. 이 시기에는 필요한 것과 자유만 있으면 다른 행복이란 생각조차 할 수 없다.

이런 미친 짓은 다만 그것을 잘 이용하기 위해 만들어내는 방법을 알고 있는 유능한 사람에게는 얼마나 효과적인 수단이 되겠는가. 어린이는 섬에서 필요한 물건을 빨리 장만하려고 교사가 가르치는 이상의 열성을 가지고 배우게 된다. 쓸모 있는 일이라면 무엇이건 알려고 할 것이며 그 이외의 일은 알려고 하지도 않을 것이다. 당신들은 그를 지도할 필요가 없게 될 것이다. 다만 고삐만 단단히 쥐고 있으면 그만이라는 이야기가 된다. 그리고 그가 그런 일에서만 행복을 찾고 있을 때 빨리 그를 그 섬에 정착시키도록 하자. 그가 아직은 섬에서 살고 싶어하지만 더는 혼자 살고 싶어하지 않을 날이 가까워 오고 있다.

또 지금은 거의 생각조차 못하지만 프라이데이(《로빈슨 크루소》에서 무인 도에 상륙한 식인종의 포로)만으로는 언제까지나 배겨 낼 수 없을 날이 가까워 오고 있는 것이다.

자연적인 기술은 한 인간으로 충분히 할 수 있지만 그것을 하고 있는 동안에 많은 사람의 협력을 필요로 하는 공업적인 기술이 얻어지는 것이다. 전자는 고독한 인간이건 미개인이건 할 수 있지만, 후자는 사회에 있어서만 생기는 것이어서 사회가 필요하게 된다. 육체적인 필요만을 알고 있는 한에 있어서 사람은 모두 자기가 자기의 일을 충족시킬 수 있다. 여분의 것이 도입되면 노동의 분할과 배분이 반드시 필요하게 된다. 즉, 혼자 일하는 인간은 한 인간의 생활 자료만을 얻을 수 있지만 백 명의 인간이 협력하여 일하면 2백 명의 생활에 필요한 것을 얻을 수 있다. 따라서 일부의 인간이 일하기를 그만두면 일하는 사람들이 협력하여 아무것도 하지 않는 인간의 한가한 생활의 벌충을 해야 한다.

당신들이 무엇보다도 유의해야 할 점은 학생의 이해력의 한계를 넘는 사회 관계에 관한 관념을 모두 그의 정신으로부터 멀리해야 하는 일이다. 그러나 지식의 유대에 의해 인간 상호간의 의존 상태를 제시해야 할 경우에는 도적적인 면에서 그것을 제시하지 말고, 우선 인간끼리 서로 필요로 하고 있는 공장과 기계적인 기술에다 온갖 주의를 집중시키도록 한다. 공장에서 공장으로 데리고 다니며, 견학만이 아니라 어떤 일이건 직접 해 보도록 한다. 그리고 공장에서 행하는 모든 일, 혹은 어쨌든 거기에서 본 모든 일의 이유를 완전히 알고 난 뒤가 아니고서는 그곳을 절대로 나와서는 안 된다. 그러기 위해서는 당신들 자신이 일을 하여 도처에서 모범을 보여주어야 한다. 그를 장인으로 만들기 위해 도처에서 제자 노릇을 해야 한다. 한 시간의 노동은 그 일에 대해 하루 종일 설명을 듣고 외우는 것보다 더 많은 사실을 그에게 가르쳐준다.

갖가지 기술에는 그것들의 현실적인 유익성에 역비례하여 일반적인 평가가 주어지고 있다. 이 평가는 다름아닌 그것들의 무익성에 정비례하여 정해지는데 이것은 정당한 일이다. 가장 유익한 기술은 가장 벌이가 적은 것이다. 노동자의 수는 인간의 필요에 비례하고 있으며, 모든 사람에게 필요한 노동은 반드시 가난한 사람이 지불할 수 있는 가치밖에 갖지 못하기 때문이다. 그런데 직공이 아닌 예술가라 불리고, 한가한 사람과 부자만을 위하여 일을 하는 저 중요한 인물들은 자신들이 만들어내는 실없는 것들에 제멋대로의 가치를 부여한다. 그런 하찮은 작품의 값어치는 사람들의 의견에 의해서만 정해지므로 가격 자체가 그 값어치의 일부를 이루게 되어 그것이 비싸면 비쌀수록 높이 평가된다. 부자가 그런 것을 존중하는 것은 그 효용 때문이 아니고 가난한 사람은 엄두를 내지 못하기 때문이다. '민중이 부러워하는 것이 아니면 나는 갖고 싶지 않다'는 식이다.

이와 같은 어리석은 편견을 갖게 하고 당신들 자신이 그것을 조장시킨다면, 예를 들어 귀금속 상회에 들어갈 때에 열쇠 파는 집으로 들어갈 때보다 더 경의를 표한다면 당신들의 제자는 어떻게 되겠는가? 어디를 가건 제멋대로 붙여 놓은 가격이 현실적인 효용에 입각한 가격과 모순되는 것을 본다면, 그리고 그 값이 비쌀수록 값어치가 없다면 기술의 진정한 값어치와 올바른 가치에 관하여 학생은 어떤 판단을 내리겠는가. 그런 관념이 일단 그의 머리에 들어앉았다면 그를 교육하겠다는 생각은 버리는 게 좋다. 당신들이 무슨 일을 하든지 그들은 세상 사람들과 똑같은 교육을 받은 결과가 될 것이다. 당신들은 14년간의 노고를 헛되이 한 결과가 될 것이다.

에밀은 자기의 섬의 시절을 생각하며 그것과는 다른 견해를 가질 것이다. 로빈슨은 조연자의 모든 하찮은 장신구보다 날붙이들을 훨씬 더 중요하게 생각할 것이다. 그는 날붙이를 만드는 사람을 지극히 존경해야 할 사람으로 여기고 조연자는 하찮은 사기꾼으로 볼 것이다.

"나의 아들은 세상에 나아가 살아가도록 태어났다. 그는 현자들과 함께 사는 것이 아니라 미치광이와 함께 살게 되어 있다. 때문에 그들의 미친 짓을 알 필요가 있다. 그들은 그런 것에 의해 인도되기를 원하고 있으니까. 사물에 대한 현실적인 지식은 훌륭한 것인지도 모른다. 그러나 인간과 그것을 판단하는 지식은 더욱 훌륭하다. 인간 사회에서 인간에게 가장 중요한 도구는 인간이며, 가장 현명한 인간이란 이 도구를 가장 적절하게 쓰는 사람이기 때문이다. 어린이가 찾아낼 완성된 질서, 자신을 다스려야 하는 질서와 전혀 반대의 공상적인 질서에 관한 관념을 어린이에게 주어서 무슨 소용이 있겠는가. 어린이에게는 우선 현자가 되는 길을 가르쳐야 한다. 그 뒤에 다른 사람이 어떤 점에서 어리석은지 판단하는 방법을 가르쳐야 한다."

이런 가장 그럴듯한 격률에 입각한 아버지들의 그릇된 생각은 어린이를 편견의 노예로 만들며, 그들은 어린이를 편견으로 양육하고, 그들 자신은 그 정념의 도구로 삼으려는 칠칠치 못한 무리들의 노리개가 되는 것이다. 인간을 알려면 그보다 먼저 얼마나 많은 사실을 알아야 하는가! 인간의 연구는 현자의 마지막 연구가 되어야 하는데 당신들은 그것을 어린이의 첫 연구로 삼으려 한다. 어린이에게 우리의 생각을 가르치기 이전에 우선 그것을 평가하는 방법을 가르쳐야 한다. 미친 짓을 옳다고 인정하는 것이 그것을 알게 하는 것일까. 현명하게 되려면 현명하지 않은 일을 분간할 줄 알아야 한다. 사람들의 판단을 판단하는 일도, 그들의 잘못을 분간하는 일도 못하면서 어떻게 당신들의 어린이가 사람들을 알 수 있겠는가. 사람들의 생각이 진실인지 허위인지의 여부도 모른다면 그들의 생각을 아는 것은 좋지 못한 일이다. 따라서 우선 사물 자체가 무엇인지 어린이에게 가르쳐야겠다. 그 다음에 그것이 우리의 눈에 어떻게 비치는지를 가르치는 것이다. 그럼으로써 어린이는 의견을 진실과 비교해 볼 수 있고, 속된 일로부터 초월한 곳에 몸을 담을 수 있을 것이다. 편견을 끌어 들인다고 해서 그것을 알게 되지는 않을 것이고 민중과 동화하여서는 그들을 인도해 나갈 수 없다. 그런데 세론(世論)을 평가하는 방법을 가르치기 이전에 먼저 세론을 가르쳐 버리면, 그것은 어린이의 편견이 되어 버리므로 그것을 타파할 수 없다고 확신한다. 결국 젊은이를 분별 있는 사람으로 만들려면 우리의 판단을 강요하지 말고 그의 판단력을 충분히 단련시켜야 한다.

아시다시피 지금까지 나는 제자에게 인간에 관하여 이야기하지 않았다. 이야기한들 그에게는 충분히 양식(良識)이 있으므로 내가 하는 말을 듣지 않았을 것이다. 친구들과의 관계는 아직 그에게 뚜렷이 느껴지지 않으므로 그는 스스로의 힘으로 다른 사람을 판단할 수가 없다. 그는 자기 이외에는 인간적인 존재를 알지 못하고 자기 자신을 아는 일조차도 아직 도저히 하지 못한다. 그러나 자기에 관하여 얼마간의 생각조차도 하지 못한다 해도 적어도 그가 생각하고 있는 것은 옳다. 그는 다른 사람이 어떤 상태에 있는지 알지 못하나 자기의 상태는 알고 거기에 안주한다. 그로서는 알 수 없는 사회적인 율법에 의해서가 아니고 우리는 그를 필연의 쇠사슬로 묶고 있는 것이다. 그는 현재로서는 거의 물리적인 존재에 지나지 않는다. 그러므로 계속 그런 존재로서 대하기로 하자.

자기의 이익·안전·유지·쾌적한 생활, 이런 것들과의 뚜렷한 관련에 의해서만 그는 자연의 온갖 물체와 인간의 온갖 노동을 평가하여야 한다. 따라서 그의 눈에는 철이 금보다, 유리가 다이아몬드보다 훨씬 값진 것으로 보여야만 한다. 마찬가지로 그는 랑프뢰르나 르 블랑 같은 사람 또는 유럽의 모든 보석 세공사보다도 제화공이나 석공을 훨씬 더 존경할 것이다. 과자를 만드는 사람은 특히 그의 눈에 매우 중요한 인물로 보일 것이며, 과학 아카데미의 모든 회원들보다 롱바르 거리의 아담한 과자점을 훨씬 더 중요시할 것이다. 금은 세공사·조각가·도료공·자수공 등은 그의 생각으로는 전혀 쓸데없는 놀이에 골몰하는 게으름뱅이에 지나지 않는 것이다. 시계공도 그다지 높이 평가하지 않는다. 이 행복한 어린이는 시간을 즐기긴 하지만 거기에 매여 있지는 않다. 시간을 이용하지만 그 값어치를 알지 못한다. 시간의 흐름을 항상 부드럽게 하는 정념의 무풍 상태는 필요에 따라 시간을 재는 기계를 무용지물로 만들어 버린다.*[10] 그에게 시계를 주거나 눈물을 흘리게 했을 때 나는 사람들을 위해 쓸모가 있도록, 그리고 내가 하는 말을 이해하도록 하기 위해 세상 사람들과 같은 에밀을 생각하고 있었던 것이다. 다른 어린이들과 전혀 다른 어린이인 진짜 에밀은 아무런 예가 되지 않기 때문이다.

역시 마찬가지로 자연적이고도 더욱 올바른 하나의 질서가 있으며, 그것에 의해 우리는 모든 기술을 그것과 연결짓고 있는 필연 관계 밑에서 고찰하고, 가장 독립적인 것을 제일 위에 놓고 가장 많이 다른 것에 의존하는 것을 맨 밑에 놓는다. 이 질서는 사회의 일반적인 질서에 대해 중요한 고찰을 제공하고 있는데, 앞에서 설명한 바와 같으며 사람들의 평가도 마찬가지로 전도하여 생각하고 있다. 여기서 원료의 사용은 아무런 명예도 수반되지 않고 거의 벌이도 되지 않는 직업에 있어서 행하여지고 있으며, 사용하는 사람의 손이 바뀜에 따라 수고비도 비싸지고 일도 고되게 된다. 그러한 원료를 인간에게 쓸모 있게 한 최초의 노동보다도 거기에다 최종적인 형태를 주는 정밀한 기술 쪽이 더욱 고도의 기능을 필요로 하고 있으며, 더 많은 보수를 받을 값어치가 있다는 것이 옳은지 어떤지는 검토하지 않기로 한다. 나는 모든 일에 대하여 그 효용이 가장 일반적이고 가장 필요한 기술이야말로 틀림없이 가장 존경을 받아야 하며, 그리고 다른 기술을 그다지 필요로 하지 않는 기술은 보다 자유롭고 보다 독립 상태에 가까운 것이므로 가장 종속적인 것에 비해 더욱 더 존경을 받아야 한다고 말해 준다. 이것이 기술과 산업을 평가하는 진정한 기준이다. 그 밖의 것은 모두가 엉터리여서 사람들의 의견에 의존하고 있다.

---

*10 우리 정념이 시간의 흐름을 규제하려 들면, 우리에게 때는 그 기준을 상실해 버린다. 현자의 시계는 기분이 고르고 마음이 안정되어 있다. 현자는 언제나 그 시간에 있다. 그리고 언제나 시간을 알고 있다(원주).

모든 기술 중에서 제일 위에 놓이는 것, 가장 존경을 받을 만한 것은 농업이다. 나는 대장장이를 제2위로, 목수를 제3위로 하고 싶다. 일반의 편견에 의해 잘못된 가르침을 받지 않은 어린이라면 틀림없이 이런 식으로 생각할 것이다. 에밀은 이런 일에 관하여 그의 로빈슨으로부터 참으로 많은 중요한 고찰을 끄집어내지 않겠는가. 기술은 세분화됨으로써만, 각각 그 도구를 무한히 늘려나감으로써만 완전한 것이 된다는 사실을 보고 그는 어떻게 생각할까. 그는 이렇게 중얼거릴 것이다. 저런 사람들은 모두 영리한 바보들이다. 마치 자기의 손이나 손가락이 뭔가에 쓸모 있게 되는 것을 두려워하고 있듯이 많은 도구를 만들어 내어 손이나 손가락을 쓰지 않도록 하고 있다. 단 하나의 기술을 사용하기 위해 수많은 다른 기술에 묶여 있다. 한 사람 한 사람의 노동자에게 하나의 도시가 필요하다.

나와 내 동료는 우리의 솜씨 연마에 재능을 쏟는다. 우리가 만드는 도구는 어디라도 가지고 갈 수 있다. 파리에서 그 재능을 자랑하는 사람들은 모두 우리의 섬에서는 아무것도 할 수 없을 것이며, 거기서는 우리의 제자가 되어야 할 것이다.

독자여, 여기서 우리 제자의 신체적 훈련과 손재간만을 보아서는 안 된다. 그런 어린이다운 호기심에 대하여 우리가 어떻게 지도해야 하느냐도 생각해 주기 바란다. 감각과 창작력이 풍부한 정신, 선견지명에 대하여 생각해 주기 바란다. 그를 위해 우리가 어떤 두뇌를 만들어 내려고 하는지도 생각해 주기 바란다. 그가 보는 모든 것, 그가 행하는 모든 일에서 그는 모두 알려고 할 것이고 모든 이유를 알려고 할 것이다. 도구에서 도구로, 그는 항상 최초의 도구로 거슬러 올라가려고 할 것이다. 가정(假定)에 지나지 않는 것은 아무것도 인정하지 않으려 할 것이다. 자기에게 없는 예비 지식을 필요로 하는 것은 배우지 않으려 할 것이다. 용수철 만드는 과정을 보고 강철이 어떻게 하여 광산에서 채취되는지 알려고 할 것이다. 자기가 일을 하며 쓰는 도구 하나하나를 보고 반드시 이렇게 생각할 것이다. 만약 이 도구가 없다면 이 도구를 만들기 위해 혹은 이런 도구를 쓰지 않고도 할 수 있으려면 어떻게 해야 할까.

그러나 교사가 열심히 가르치는 마당에 있어서 피하기 어려운 과오는, 항상 자기와 똑같은 흥미를 어린이도 느낀다고 생각하는 일이다. 당신들은 일이 재미있어 열중하는데 어린이는 싫증이 나도 말을 못하는 경우가 없도록 해야 한다. 어린이는 그 일에 몰두해야 한다. 그러나 당신들은 어린이에게 몰두해야 한다. 항상 어린이가 하는 일을 관찰하고, 그 모습을 살피면서도 그런 눈치를 보여서는 안 된다. 그가 생각하는 일은 무엇이든지 미리 알고, 생각해서는 안 될 일은 멀리하고 또한 그로 하여금 자기가 그 일에 쓸모가 있다고 느끼게 해야 한다. 뿐만 아니라 자기가 하는 일이 어떻게 쓸모 있는지도 충분히 이해함으로써 기꺼이 그 일을 하도록 만들어 주어야 한다.

기술 교류는 기능의 교환에 의해, 상업 교류는 사물의 교환에 의해, 은행 교류는 수표와 화폐의 교환에 의해 성립된다. 이런 관념에는 서로 관련성이 있지만 그 기본을 이루는 관념은 이미 얻고 있다. 우리는 이런 일의 기초를 이미 유년 시절에 정원사 로베르의 도움을 받아 그에게 주었던 것이다. 지금 우리에게 남겨진 문제는 그런 관념을 일반화하여 가장 많은 실제적인 예로서 그것들을 확장시키고, 그 자체에서 생각할 수 있는 거래의 기구를 각국 특유의 산물에 관한 자세한 자연 지리, 항해 기술과 과학 지식, 또는 장소의 차이, 육지와 바다와 강 등의 위치에서 생기는 운송상의 차이 등에 의해 분명해지는 거래의 기구를 이해시키는 일이다.

교환이 없으면 사회는 존재할 수 없고, 공통의 척도가 없으면 교환은 존재할 수 없으며, 평등이 없으면 공통의 척도는 존재할 수 없다. 때문에 모든 사회에는 첫째가는 법칙으로서, 혹은 인간에 있어서 또는 사물에 있어서 계약을 맺는 평등이 있다.

사람들 사이의 계약에 의한 평등은 자연의 평등과는 전혀 다른 것이어서 그것은 실정법을, 즉 정부와 법률을 필요로 하게 만든다. 어린이의 정치에 관한 지식은 명확하고도 한정된 것이라야 한다. 어린이는 정부 일반에 대해 소유권에 관련된 최소한만 알면 된다.

사물간의 계약에 의한 평등은 화폐를 발명시켰다. 즉 화폐란 온갖 종류의 사물의 가치에 대한 비교의 표시에 지나지 않는다. 그리고 이런 뜻에서 화폐는 사회의 진정한 굴레이다. 그러나 어떤 것이건 화폐로 될 수 있다. 옛날에는 가축이 그러했다. 조개류는 지금도 몇몇 민족 간에 화폐로 쓰이고 있다. 스파르타에서는 철이 화폐였다. 스웨덴에서는 가죽이 그러했다. 우리나라에서는 금과 은이 화폐이다.

금속은 쉽게 운반할 수 있으므로 일반적으로 모든 교환을 매개하는 것으로서 채택되었다. 그리고 그러한 금속은 화폐로 바뀌어 교환할 때마다 크기나 무게를 다는 노고를 덜게 했다. 즉 화폐의 각인(刻印)이란, 그런 각인이 붙은 화폐는 이러이러한 무게를 갖는다는 것을 표시하는 데 불과하다. 그리고 군주만이 화폐를 주조하는 권리를 갖는다. 그 보증이 한 국민들 사이에 권위를 가질 것을 요구할 권리는 군주에게만 있기 때문이다.

이 발명의 효용에 대하여 다음과 같이 설명하면 아무리 어리석은 자라도 이해할 수 있다. 서로가 성질이 다른 것, 예를 들어 직물과 밀은 직접 비교하기 힘든 것들이다. 그런데 공동의 척도, 즉 화폐를 찍어내면 제조업자와 경작자는 그들이 교환하고 싶은 것들의 가치를 그 공동의 척도로 쉽게 비교해 볼 수 있다. 어느 양의 직물이 어느 액수의 돈과 같고 어느 양의 밀도 또한 같은 액수의 돈과 같다면, 상인은 그의 직물 대신 밀을 받으면 공정한 교환을 한 셈이 된다. 이와 같이 다른 종류의 재물들이 화폐에 의해 평가되고 비교되는 것이다.

그 이상 나아가서는 안 된다. 그리고 이러한 제도의 도덕적 결과에 관한 설명을 더 깊이 해서는 안 된다. 가능한 일의 오용(誤用)에 대한 설명을 하기 전에 효용에 대하여 충분히 진술해야 할 필요가 있다. 어떻게 하여 표지(標識)가 실물을 잊게 할 수 있고, 어떻게 하여 화폐로부터 사람들의 의견의 모든 환영이 생겨났는지, 어떻게 하여 돈이 풍족한 나라는 모든 점에서 가난하게 되는가 하는 사실을 어린이에게 설명한다면, 당신들은 그 어린이를 철학자뿐만 아니라 현자로 취급하고 있는 셈이 될 것이고, 철학자조차도 그다지 잘 모르는 사실을 어린이에게 이해시키려는 셈이 된다.

이리하여 학생의 호기심을 참으로 많은 흥미있는 일에 돌릴 수 있지 않은가. 그러기 위해서는 학생의 손이 미치는 곳에 있는 현실적·물질적인 관련 밖으로 나갈 필요는 조금도 없으며, 학생이 이해하지 못하는 관념을 단 한 가지라도 그의 정신에 불러일으키는 일도 없을 것이다. 교사의 기술은 아무런 관련도 없는 자질구레한 일에 관하여 관념을 쌓아 올리는 따위는 절대로 시키지말고 시민 사회의 좋은 질서, 나쁜 질서를 충분히 판단하기 위해 장차 학생이 알고 있어야 할 중대한 관계에 끊임없이 그를 접근시키는 일이다. 학생의 흥미를 끌 만한 이야기를, 그에게 주어진 두뇌의 회전 방식에 맞출 수 있어야 한다. 다른 학생에게는 살짝 스칠 정도의 주의력도 불러일으키지 못할 문제가 에밀에게는 6개월 동안이나 괴로운 것이 될 것이다.

우리는 어느 큰 부잣집의 점심 식사에 초대되어 간다. 우리는 연회 준비를 하기 위해 많은 하인들이 많은 접시를 나르고 많은 손님들을 우아하고 섬세하게 접대하는 것을 본다. 이러한 쾌락과 잔치를 위한 온갖 분위기는 사람의 마음을 취하게 하고 이런 일에 익숙하지 못한 자를 멍하게 만드는 그 무엇이 있다. 나는 이러한 모든 것에서 아직 나이 어린 나의 제자에게 줄 효과를 예감한다. 식사가 길게 진행될 때, 요리가 잇달아 들어올 때, 나는 그의 귀에다 입을 대고 이렇게 말한다. "너는 이 식탁 위에 놓인 모든 음식이 여기까지 오는 데 얼마나 많은 사람들의 손을 거쳐서 왔는지 아느냐?"

이런 간단한 말로써 나는 그의 머릿속에 얼마나 많은 관념을 불러일으켰던가! 취해 있던 정신은 당장에 깨끗이 깨어난다. 그는 명상하고, 반성하고, 계산하고, 불안해한다. 철학자들이 술기운에, 아마도 옆에 있는 여자 때문에 명랑해지고 시시한 소리를 지껄이며 마치 어린이처럼 되어 있을 때, 그는 혼자 구석에서 철학을 하는 것이다. 그는 나에게 질문한다. 나는 대답하기를 거절하며 언젠가 다음에 해주겠다고 말한다. 그는 초조해하며 먹는 일도 마시는 일도 잊고 한시라도 빨리 식탁에서 물러나 나하고 차분히 이야기하고 싶어한다. 그의 호기심을 불러일으키는 굉장한 대상, 그를 교육하는 데 있어서 굉장한 교과서, 그 무엇으로도 손상되지 않는 건전한 판단력을 가지고 사치라는 것에 대하여 그는 어떻게 생각할 것인가. 온 세계의 모든 지역이 징발당했다는 것, 아마도 1천만의 사람들이 장시간 동안 일했다는 것, 아마도 몇천이라는 사람들이 목숨을 잃었다는 것, 게다가 그러한 모든 것이 밤이 되면 변소에 버려질 것을 낮에 호화스러운 그릇에 담기어 그의 앞에 놓여지기 위해 이루어진 일이라는 것을 알았을 때 그는 어떻게 생각했을까.

모든 것을 그런 관념에 입각하여 그가 마음속에 혼자 짓고 있는 결론을 주의 깊게 살펴보기 바란다. 내가 생각하는 것만큼 당신들이 그를 잘 살펴보지 않는다면 그는 다른 방향으로 고찰을 돌려, 자기의 점심 식사를 준비하기 위해 그렇게도 많은 사람들이 애를 쓰고 협력하는 것을 보고 자기는 이 세상에서 중요한 인물이라고 생각할는지도 모른다. 그런 사고방식을 가지리라고 예감하는 경우에도 그가 그렇게 생각하기 이전에 당신들은 쉽게 그치게 할 수 있거나 혹은 어쨌든 곧 그런 인상을 지워버릴 수가 있다. 아직 사물을 물질적인 향수에 의해 받아들이는 것밖에 모르는 그는 그것이 자기에게 적당한지 부적당한지를 감각적인 관련에 의해서만 판단할 수 있다. 운동함으로써 준비되고, 공복에 의해, 자유에 의해, 기쁨에 의해 맛이 더해지는 간소한 시골풍 점심 식사와 그런 어마어마하고 격식바른 연회를 비교해 보면, 대규모 연회도 무슨 실질적인 이익을 가져다주는 것이 아니며 그의 위장은 농가의 식탁에서 일어날 때도 부잣집 연회석에서 일어날 때와 채워져 있어서 진정으로 자기의 것이라고 부를 수 있는 것을 한 쪽이 다른 쪽보다 조금이라도 더 갖고 있지 않다는 사실을 충분히 깨닫게 할 수 있을 것이다.

이럴 경우 교사는 그에게 어떤 말을 해줄 수 있는지 상상해 보자. "그 두 종류의 식사에 대하여 스스로 잘 생각해 보라. 어느 쪽 식사에 한층 더 즐거움을, 기쁨을, 식욕을, 유쾌한 기분을 느꼈는지, 진정으로 웃으며 즐겼는지, 어느 쪽 식탁에서 끝내 지루함을 느꼈는지, 잇달아 새로운 요리를 가져올 필요가 없었는지, 그건 그렇다 치고 그 차이를 생각해 보라. 네가 매우 아깝게 여기는 검은 빵도 저 농부가 거둬들인 밀로 만든 것이다. 검은 빛으로 만들어지진 않았지만 갈증을 풀어주고 몸에 이로운 그의 포도주는 그의 포도밭에서 만들어진 것이다. 냅킨은 그의 삼으로 만들어진 것, 겨울에 그의 아내·딸·하녀들이 물레질한 실로 짠 것이란다. 그의 가족들의 손 외에 어떤 사람의 손도 그의 식사 준비를 돕지 않았다. 그에게는 근처의 방앗간과 시장이 이 세계의 한계다. 그 또다른 식탁에서 너는 멀리 떨어진 나라에서 많은 사람의 손에 의해 가져온 더 많은 모든 것에 대하여 현실적으로 무엇을 즐겼느냐. 그러한 음식은 모두 너로 하여금 가장 맛있는 식사를 하게끔 해주지 않았다면 그 많은 것들이 너에게 무슨 이득을 주었겠느냐. 거기에는 너를 위한 어떤 것이 있었느냐. 가령 네가 그 저택의 주인이라 할지라도 그런 것들은 역시 모두 너에게 아무런 관계도 없었을 거다. 다른 사람들에게 네 즐거움을 자랑하려고 신경을 쓰는 이상 즐거움은 사라지고 말 테니까. 너는 애를 쓰게 될 것이고 다른 사람은 즐기게 될 테니까."

이런 이야기는 참으로 옳은 말이다. 그러나 그것은 에밀에게 아무런 가치도 없다. 그것은 그의 능력을 넘어선 일이고 게다가 그는 다른 사람에게 반성을 강요당하는 일은 없기 때문이다. 그러나 그에게는 좀더 단순하게 이야기하는 것이 좋겠다. 그런 두 가지 경험을 하고 난 뒤의 어느 날 아침 그에게 이렇게 말해야 한다. "우리는 오늘 어디로 점심을 먹으러 갈까. 식탁의 절반을 메운 그 많은 은접시, 그리고 후식이 거울 위에 담겨 나오는 저 조화로 장식된 꽃밭이 있는 곳, 크게 부풀린 스커트를 입은 부인들, 당신을 꼭두각시처럼 취급하고 알지도 못하는 일을 지껄이게 하려는 부인들이 있는 곳으로 갈까? 아니면 여기서 4km 떨어진 저 마을의, 그렇게도 우리를 기꺼이 맞아 주고 그렇게도 맛있는 크림을 대접해 주는 그 친절한 사람들 집으로 갈까?" 어느 쪽을 에밀이 택할 것인가는 의문의 여지가 없다. 그는 말이 많은 어린이가 아니고 허영심도 없기 때문이다. 그는 구속을 참지 못하고 미묘한 맛이 나는 성찬도 그를 조금도 즐겁게 해주지 못하기 때문이다. 반대로 그는 항상 시골을 뛰어다니고 싶어하고 맛있는 과일, 맛있는 채소, 맛있는 크림, 그리고 선량한 사람들을 매우 좋아한다.*11 걷고 있는 동안에 자연히 이런 생각이 떠오른다.

'내가 보기에는 저 어마어마한 식사를 위해 일하고 있는 많은 사람들은 전혀 쓸데없는 수고를 하고 있다. 아니면 그 사람들은 우리의 즐거움 같은 것은 거의 생각하고 있지 않는 것이다.'

내가 제시하는 예는 아마도 어떤 사람에게는 당연하게 들리겠지만 그 밖의 많은 사람들에게는 그렇지 않을 것이다. 그러나 그 정신을 살리기만 한다면 예를 바꾸어도 무방하다. 그 선택은 각각의 어린이가 가지고 있는 고유한 소질에 대한 연구와 관련이 있으며, 이 연구는 그들에게 자기 자신을 나타낼 수 있는 기회를 줌으로써 가능하게 된다. 아무리 풍부한 자질을 타고난 어린이라 할지라도, 지금 여기서 우리가 고찰해야 할 3년이나 4년 동안에, 장차 스스로 공부하도록 하기 위해 충분한 모든 기술과 모든 자연 과학에 관한 관념을 넣어 줄 수 있다고 생각하지는 못할 것이다. 그러나 이런 식으로 알 필요가 있는

---

*11 나의 학생이 갖고 있다고 생각되는 전원을 즐기는 마음은 그의 교육에서 오는 자연적인 결과다. 거기다 또 여성의 마음에 들 만한 자부심이 강한 멋진 점이 하나도 없는 그는 다른 아이들처럼 여성들에게 환대받을 일도 없다. 따라서 그는 여자와 함께 있는 것을 좋아하지도 않으며 아직 그 매력을 느낄 줄도 모르므로 여자와의 교제에서 잘못되는 수도 없다. 여성의 손에 키스를 하거나, 여성에게 겉치레의 말을 하거나 또 남성을 제쳐놓고 여성에게 당연히 표시해야 할 경의를 나타내는 일조차 나는 그에게 가르치려 하지 않았다. 그 이유를 알 수 없는 일은 하나도 그에게 요구하지 않는다는 것을 나는 침범할 수 없는 규칙으로서 지키기로 했다. 그런데 아이들에게 있어 여성을 남성과 별도로 취급하는 일에는 아무런 올바른 이유가 없다(원주).

모든 일을 그의 눈앞에 전개시킴으로써 우리는 그의 취미와 능력을 넓혀 주고 그의 타고난 재능이 지향하는 일을 향해 첫걸음을 내딛게 하고, 그리고 자연을 돕기 위해 열어 주어야 할 길을 우리에게 제시해 주는 상태에 어린이를 놓게 된다.

이렇게 한정되어 있긴 해도 정확한 지식의 열쇠가 가져다주는 또 하나의 이익은 지식을 그 유대에 의해, 그 관련에 의해 어린이에게 제시해 주고, 모든 것을 그 올바른 위치에 놓고 어린이에게 평가시키고 많은 사람들이 자기가 주의를 기울이고 있는 재능을 중요시하며 자기가 저버린 일을 가볍게 보는 편견을 막는 일이다. 전체적인 질서를 잘 관찰하고 있는 사람은 각각의 부분이 놓일 위치를 알고 있다. 한 부분을 충분히 관찰하여 그것을 밑뿌리로부터 알고 있는 사람은 학문이 깊은 사람이 될 수 있을는지도 모른다. 그러나 전자는 분별 있는 사람이 된다. 그리고 당신들도 잘 기억하고 있듯이 우리가 획득하려는 것은 학문이 아니고 오히려 판단력이다.

어쨌든 나의 방법은 내가 든 예와는 별개의 것이다. 그것은 여러 시기에 인간의 능력을 재는 일, 그리고 그 능력에 적합한 일을 선택하는 데 기초를 두고 있다. 달리 더 잘할 수 있는 방법을 쉽게 찾아낼 수 있겠지만 그러나 그것이 인류에게, 연령에게, 성(性)에게 그다지 적절한 것이 아니라면 같은 성공을 거두기는 어렵다고 생각한다.

이 제2의 시기가 시작되는 마당에 우리는 욕망 이상으로 풍부한 힘을 이용하여 우리들 밖으로 나가게 되었다. 우리는 넓은 하늘로 날아올라 갔다. 대지를 측정했다. 자연의 법칙을 배웠다. 한 마디로 말해서 우리는 온 섬 안을 걸어다닌 것이다. 이제야 우리는 또다시 자기집으로 돌아왔다.

저도 모르는 사이에 또다시 우리의 집으로 다가온 것이다. 집으로 들어가려 할 때 우리를 위협하고 집을 습격하려는 적이 아직 그곳을 점령하지 않았다면 참으로 다행이다.*12

우리를 에워싼 모든 것을 관찰한 뒤 우리는 무엇을 더 해야 할 것인가. 우리가 취할 수 있는 모든 것을 우리에게 쓸모 있도록 바꾸는 일, 그리고 우리의 호기심을 이용하여 쾌적한 생활에 도움을 주는 일이다. 지금까지 우리는 온

---

*12 이것은 라 퐁텐의 《우화》(제7권 16)에 있는 작은 토끼가 아침에 산책길에서 돌아오니 족제비가 거처를 차지하고 있더라는 이야기를 암시하고 있다.

갖 종류의 도구를 입수했지만 어느 것이 우리에게 필요한지 몰랐다. 혹 우리의 도구가 우리에게는 쓸모없지만 다른 사람들에게 쓸모가 있는지도 모르겠다. 그리고 아마 우리도 역시 다른 사람들의 도구가 필요할 것이다. 그래서 우리는 모두 그런 교환에 의해 이득을 보게 될 것이다. 그러나 교환을 하기 위해서 우리는 서로 필요한 것이 무엇인지 알아야 한다. 각자는 남이 가지고 있는 것으로 자기에게 쓸모가 있는 것을, 그리고 그 대신 남에게 제공할 수 있는 것이 무엇인지 알아야 한다. 열 사람이 있는데 각각 열 종류의 필요를 요한다고 하자. 각자는 자기가 필요로 하는 것을 갖기 위해 열 종류의 일을 해야 한다. 그러나 자질과 재능의 차이를 생각하면 어느 사람은 그 일 중 어떤 것은 그다지 잘할 수 없을 것이고 또 어느 사람은 다른 일을 잘할 수 없을 것이다. 각자가 서로 다른 일에 적합한데 모두 같은 일을 하면 충분히 좋은 것을 얻을 수 없다. 이 열 사람으로 하나의 사회를 만들어 보자. 그리고 각자가 자기를 위해, 그리고 다른 아홉 사람을 위해 자기에게 가장 적합한 종류의 일을 하기로 하자. 각자는 다른 사람들의 재능에서 이익을 얻음으로써 자기 혼자 모든 재능을 갖고 있는 거나 마찬가지가 된다. 각자는 자기의 재능을 끊임없이 연마함으로써 그것을 완전한 것으로 만들 수 있다. 결국 열 사람 모두 완전히 필요한 것을 손에 넣을 수 있으며 나아가서는 남는 것을 남에게 줄 수 있게 된다. 이것이 우리 사회 제도의 모든 표면적인 원칙이다. 지금 그 결과를 검토하는 것이 우리의 주제는 아니다. 그것은 내가 다른 책에서 이미 검토했다.

이 원칙에 입각하면 자기를 고립된 존재로 간주하고 전혀 그 무엇에 의해서도 구속받지 않으며 자기만으로 족한 생활을 하려는 사람은 비참한 자가 될 뿐이다. 살아나가는 일조차도 불가능하게 된다. 토지는 모든 사람의 소유로 되어 있고 그는 자기 몸밖에 없으니 어디서 필요한 것을 입수하겠는가. 자연 상태로부터 벗어남으로써 우리는 동료에게도 자연 상태로부터 벗어날 것을 강요하고 있는 편이다. 아무도 다른 사람들의 의사를 무시하고 자연 상태에 머물러 있을 수는 없다. 게다가 살아 나가는 일조차 불가능한데, 거기에 머물러 있으려는 것은 실제로 거기에서 나오는 결과가 된다. 자연의 첫째 법칙은 자기 보존에 힘쓰는 데 있기 때문이다.

이리하여 조금씩 어린이의 정신에 사회 관계에 관한 관념이 형성된다. 어린이가 실제로 사회의 능동적인 일원이 되기 이전에 이미 그 관념이 형성된다.

에밀은 자기가 쓸 도구를 손에 넣으려면 자기에게 다른 사람이 쓸 도구가 있어야 하며, 그것으로 자기에게 필요한 다른 사람의 물건을 교환에 의해 손에 넣을 수 있다는 사실을 안다. 나는 그런 교환의 필요성을 쉽사리 그가 느끼도록 하여 그것을 이용할 수 있게 해준다.

"각하, 저는 살아 나가야만 합니다." 어떤 불우한 풍자 작가는 그의 천한 직업을 나무라는 장관을 향해 이렇게 말했다. "나는 그것을 인정할 수 없다." 그 고관은 작가에게 냉담하게 대답했다. 이런 대답은 장관의 대답으로서는 옳지만, 누구이건 그런 말을 한다는 것은 잔혹한 일이며 잘못된 일이기도 하다. 모든 사람은 살아 나가야만 한다. 이 주장에다 사람은 그 인간애의 다소에 따라 많건 적건 절실한 의미를 부여하는데, 자기 자신에게 그것을 주장하는 사람으로서는 어쩔 수 없는 일이라고 나는 생각한다. 자연이 우리에게 느끼도록 하는 혐오감 가운데 가장 강한 것이 죽음에 대한 혐오감이다. 따라서 살기 위해서 달리 어떻게 할 방도가 없는 사람은 자연에 의해 무슨 일이건 허용된다. 덕이 있는 사람이 생명을 가볍게 여기고 자기의 의무를 다하기 위해 생명을 희생시키는 것을 배우게 되는 여러 가지 원칙은 앞의 경우와 같은 원시적인 소박성과는 훨씬 동떨어진 것이다. 아무런 노력을 하지 않아도 선량할 수 있는 민족, 그리고 덕을 지니고 있지 않아도 올바른 사람이 될 수 있는 민족은 행복하다. 만일 이 세상 어딘가에 나쁜 짓을 하지 않고서는 아무도 살아갈 수 없는 비참한 나라, 시민들이 필요에 의해 악인이 되어야만 하는 나라가 있다면, 나쁜 일을 하는 사람보다도 나쁜 일을 하게끔 만든 사람을 교수형에 처해야 한다.

에밀이 생명이 무엇인지 알게 되면 그것을 보존하는 일을 가르치는 것이 나의 첫째 의무임을 명심해야 된다. 지금까지 나는 신분·지위·재산 등의 차별을 인정하지 않았지만 이제부터도 지금까지 이상으로 인정하는 일은 거의 없을 것이다. 인간은 어떤 신분의 사람이건 모두 마찬가지이기 때문이다.

부자가 가난한 사람보다 더 큰 위장을 가지고 있을 리 만무하고, 더 잘 소화시킬 리도 만무하다. 주인은 노예보다 길고 강한 팔을 가지고 있을 리도 없다. 고귀한 사람이 서민층보다 키가 큰 것도 아니다. 그리고 결국에 가서 자연의 필요는 모든 사람에게 똑같으므로 그것을 채우는 수단은 모든 사람에게 똑같아야 할 것이다. 인간 교육은 인간에게 어울리게 해야 한다. 인간이 아닌 것에 어울리게 해서는 안 된다. 당신들은 어느 특정한 신분에 어울리는 인간만을 만들려고 노력함으로써 그 사람이 다른 신분에 처했을 때 전혀 쓸모없는 인간으로 만든다는 것, 그러다가 운명의 여신의 마음이 변하면 그 사람은 불행한 인간으로 될 수밖에 없는 일에 노력하고 있다는 사실을 모르는가. 높은 귀족이 거지가 되어 비참한 상태에 처해 있으면서도 그 태생에서 우러나온 편견을 계속 가지고 있는 것만큼 우스꽝스러운 일이 있을까. 가난해진 부자가 가난한 사람에게 주어지는 멸시를 생각하고 더할 나위 없는 비참한 인간이 되었다고 스스로 느끼는 것만큼 초라한 일이 있을까. 생활 수단으로써 한편으로는 공공연하게 악인이라는 직업이 있을 뿐이고, 다른 한편으로는 "나는 살아 나가야 한다"라는 멋진 말을 입에 담으며 비굴한 일을 하는 하인의 일이 있을 뿐이다.

당신들은 현재 사회 질서를 신뢰하여, 그것이 기피할 수 없는 혁명의 위협을 받고 있다는 사실을 생각하지 않는다. 그리고 당신들의 어린이가 직면할지도 모를 혁명을 예견하거나 방지하는 일이 불가능하다는 사실을 생각하지도 않는다. 고귀한 사람이 미천한 사람이 되고 부자가 가난한 사람이 되고 군주가 신하가 된다. 그러한 운명의 타격은 드물게 일어나는데 당신들은 그런 일을 모면할 수 있으리라고 생각하는가. 우리는 위기와 혁명 시대에 다가가고 있다.[13] 그때 당신들은 어떻게 되고 누가 당신들을 책임지겠는가. 인간이 만든 모든 것은 인간이 파괴할 수 있다. 자연이 적은 표지 이외에는 지울 수 없는 표지는 없다. 그리고 자연은 왕족도 부자도 귀족도 만들지 않는다. 따라서 상당히 높은 신분의 사람으로서 교육받은 영주가 낮은 신분으로 떨어지면 어떻게 하는가. 화려한 생활을 하지 않으면 살아 나가지 못한다던 부자가 가난해지면 어떻게 하는가. 자기 몸을 쓸 줄 모르고 자기의 존재를 자기 이외의 사람에게 맡기고 있는 호탕한 바보가 모든 것을 잃었을 때, 어떻게 하겠는가. 그런 경우에 처했을 때 자기로부터 떨어져 나가는 신분을 자진해서 버릴 수 있고, 운명의 타

---

[13] 유럽 대국의 군주제가 앞으로도 오랫동안 존속하는 일은 불가능하다고 나는 생각하고 있다. 모든 군주국은 번영했으나 번영하는 나라는 모두 몰락해 간다. 나의 견해에 대해서는 이 격언보다 더 특수한 이유가 있으나, 그것을 지금 말하는 것은 적당치 않으며, 그것은 누가 보나 지나칠 정도로 확실한 일에 불과하다(원주). 이 혁명의 예언에 비할 수 있는 것으로 볼테르의 다음 말이 잘 알려져 있다. "내가 보고 있는 일은 모두 혁명의 씨를 뿌리고 있다. 혁명은 반드시 일어날 것이다. 그러나 나는 그 증인이 될 기쁨을 맛볼 수 없을 것이다."

격에도 불구하고 인간으로서 꿋꿋이 생존할 수 있는 사람은 행복하다. 싸움에 패하고 광란 끝에 왕좌의 잔해 위에 묻히려는 왕자를 칭찬하고 싶거든 칭찬하는 것도 무방하겠지. 나는 그런 왕자를 경멸한다. 내가 보건대 그런 사람은 왕관 덕분에 존재했을 뿐, 왕이 아닐 때는 아무것도 아니다. 그런데 왕관을 잃고도 그런 것을 필요로 하지 않고 살아 나갈 수 있는 사람은 왕자보다도 높은 지위에 있는 셈이 된다. 국왕의 지위는 비겁자이건 악인이건 바보이건 아무라도 차지할 수 있지만, 그는 거기에서 인간의 지위로, 겨우 몇몇 사람만이 차지할 수 있는 지위로 오르는 것이다. 그때 그는 운명을 이기고 용감하게 대항한다. 그의 것은 모두 그 혼자의 힘으로 얻은 것이다. 그리고 그는 자기 이외에 보일 것이 아무것도 없게 되었을 때라 할지라도 무의미한 존재는 아니다. 그는 그 무엇이나 그렇다. 나는 지배자가 아니었더라면 어떻게 되었을지도 모를 비참한 타르퀴니우스나, 사람들이 그 비참한 상태를 비웃고 놀려 대어 궁궐에서 궁궐로 헤매며 가는 곳마다 도움을 청하여 멸시당했고, 이미 자기 힘으로 할 수 없는 직업 이외에는 아무것도 할 줄 몰랐던 저 세 왕국의 소유자의 후계자보다, 고린도에서 학교 교사가 된 사라쿠사의 왕이나 로마에서 서기가 된 마케도니아의 왕이 백 배나 더 좋다.*14

인간이며 또한 시민인 사람은 누구든 자기 자신 이외에는 어떤 재산도 사회에 기증할 수 없다. 다른 재산은 그가 어떻게 생각하건 모두 사회의 것이다. 그래서 어떤 사람이 부자라면 그 사람은 그 재력을 이용하지 않거나 민중도 그것을 이용하고 있는 셈이 된다. 첫째 경우 그 사람은 자기가 쓰지 않고 있는 것을 다른 사람에게서 훔쳐낸 것이며, 둘째 경우 그 사람은 아무것도 다른 사람에게 주지 않고 있는 것이다. 따라서 그 사람이 그 재산만 가지고 지불하는 한 그의 사회적 부채는 고스란히 그대로 남아 있는 셈이 된다. 그러나 나의 아버지는 그 재산을 얻었을 때 사회에 공헌했던 것이다. 그럴는지도 모른다. 당신의 아버지는 그 부채를 갚은 것이다. 그러나 당신의 부채를 갚은 것은 아니다. 당신은 재산 없는 집에 태어났을 경우보다 더 많은 부채를 다른 사람

---

*14 여기서 나온 말은 기원전 4세기 시칠리아의 디오니소스 2세, 기원전 2세기 로마군에게 패한 마케도니아 왕 페르세우스의 아들, 기원후 6세기 말 왕좌를 쫓겨난 로마 최후의 왕 타르퀴니우스. 세 가지 왕위 계승자란 1688년 혁명에서 폐위한 영국왕 제임스 2세의 손자 찰스 에드워드(1720~1788)를 말함.

들에게 지고 있다. 당신은 풍부한 신분으로 태어났기 때문이다. 어떤 사람이 사회를 위해 한 일이 다른 사람의 사회에 대한 부채를 갚아 주게 된다는 것은 정당한 일이 아니다. 사람은 모두 자기가 가지고 있는 것 일체를 빌리고 있으므로 자기를 위해서만이 갚을 수 있고 아무리 아버지라 할지라도 동료들에게 쓸모없는 인간으로 있을 수 있는 권리를 아들에게 양도할 수는 없는 것이다. 그런데 당신의 생각에 의하면 아버지는 아들에게 그 재산을, 즉 노동의 증거와 대가를 양도함으로써 바로 그런 일을 자행하는 것이다. 자기가 벌어들인 것이 아닌 것을 아무 일도 하지 않고 먹고 있는 자는 그것을 훔친 것이다. 따라서 아무 일도 하지 않으면서 국가에서 연금을 받고 있는 자는 내 눈에는 지나가는 사람을 희생시키며 생활하는 산적과 거의 다를 바가 없다. 사회 밖에 고립되어 있는 인간은 아무에게서도 무엇 하나 빌린 것이 없으므로 제마음대로 생활할 권리가 있다. 그러나 사회에서 인간은 필연적으로 다른 사람의 희생에 의해 생활하기 때문에 그는 그 생활비를 노동으로써 갚아야 한다. 여기에 예외는 없다. 따라서 일을 한다는 것은 사회적 인간의 필수 불가결의 의무이다. 부자이건 가난한 사람이건, 강자이건 약자이건 놀며 살아가는 시민은 모두 악인이다.

그런데 인간에게 생활 물자를 제공할 수 있는 모든 일 중에서 가장 자연의 상태에 가까운 것이 손을 쓰는 노동이다. 모든 신분 중에서 운명과 인간으로부터 가장 독립되어 있는 것이 기술자의 신분이다. 기술자는 오직 자기의 노동에 의존할 뿐이다. 기술자는 자유이다. 농부가 노예인 것과는 전혀 반대로 자유이다. 즉, 농부는 그 경작지에 매여 있으며 수확은 다른 사람의 손에 의해 처분된다. 적이나 왕족이나 강한 이웃이나 소송에 의해 농민에게서 그 밭을 빼앗는 수도 있다. 그 밭으로 인해 사람은 온갖 방법으로 농부를 괴롭힐 수도 있다. 그러나 기술자는 어디에서도 사람이 박해를 가하려고 하면 당장에 짐을 꾸릴 수가 있다. 그는 일손을 거두고 그곳을 떠난다. 그렇다고는 해도 농업은 인간의 가장 기본적인 직업이다. 그것은 인간이 영위할 수 있는 직업 가운데 가장 훌륭하고 가장 유익하고 따라서 가장 고귀한 직업이다. 나는 에밀에게 농업을 배우라고 하지는 않는다. 그는 그것을 알고 있다. 전원 일은 모두 그에게 친숙한 것이 되어 있다. 그는 처음에 농업을 했었고 끊임없이 그 일로 돌아간다. 때문에 나는 그에게 이렇게 말한다. "네 조상의 땅을 경작하는 것이다." 그러나 그 땅을 잃는다면, 혹은 땅을 갖지 못한다면 어떻게 할 것인가. 뭔가 다른 직업을 배우기로 하자.

"내 아들에게 직업을! 내 아들을 기술자로 만들라고요? 선생님, 그 말은 진정이십니까." "부인, 저는 당신보다 훨씬 진정으로 생각하고 있습니다. 당신은 아드님이 귀족이나, 후작이나, 대공(大公) 같은 것 이외는 되지 못하도록 하고 계십니다. 그리고 아마도 언젠가는 아무것도 되지 않는 것보다 훨씬 더 시시한 것으로 만들려고 하십니다. 그러나 저는 절대로 잃을 염려가 없는 지위를, 어느 시대이건 그가 존경받을 수 있는 지위를 주려고 생각합니다. 저는 그를 인간의 상태로 끌어올리려고 생각합니다. 그리고 당신이 뭐라고 하시든 당신에게서 받는 모든 자격보다도 이 인간이라는 자격에서 그와 어깨를 견줄 만한 사람이 그리 많지 않게 저는 만들 것입니다."

문자에 얽매이지 말고 정신을 살려라. 어떤 직업을 익히기 위해 그것을 배우는 것보다 오히려 직업이라는 것을 멸시하는 편견을 극복하는 일이 문제이다. 당신들은 결코 살기 위해 일해야만 하는 상태에 이르지는 않을 것이다. 참으로 곤란한, 당신들로서는 곤란한 일이다. 그래도 상관없다. 필요에 따라 일하지 않아도 좋다. 명예를 위해 일하는 것이다. 당신들 신분보다 높은 곳으로 오르기 위해 기술자의 신분으로 떨어지는 것이 좋겠다. 운명과 사물을 복종시키기 위해 우선 그런 것으로부터 독립해야 한다. 의견에 의해 지배하기 위해 우선 의견을 지배하는 것이다.

내가 당신들에게 구하는 것은 어떤 형태의 재능이 아님을 잊지 말아 주기 바란다. 그것은 하나의 직업이다. 진정한 직업인 것이다. 순수한 기계적인 기술인 것이다. 두뇌보다도 손을 움직여서 큰 재산을 이룩해 주는 일은 없어도 그런 것 없이도 견디어 낼 수 있는 기술이다. 빵의 부족을 결코 두려워할 필요가 없는 집안이라 해도 아버지가 먼 앞날을 생각하여 어린이 교육에 마음을 쓸 뿐만 아니라 무슨 일이 닥쳐도 어린이가 생활할 수 있도록 쓸모 있는 지식을 주려고 애쓰는 것을 나는 알고 있다. 그런 선견지명을 가진 아버지들은 대단히 많은 일을 하고 있다고 생각하지만 아무것도 하지 않고 있는 것이다. 그들이 어린이를 위해서 남겨 주려고 생각하는 구원의 길이, 어린이에게 극복시키려 하는 우연 바로 그 자체에 의존하기 때문이다. 즉, 아무리 훌륭한 재능을 가지고 있다 해도 그것을 쓸 수 있는 좋은 환경에 처하지 않으면 그런 것을 하나도 갖지 않는 경우와 마찬가지로 가난 때문에 죽고 말 것이다.

운동이나 책모(策謀)라는 것이 문제가 되면, 풍부한 상태를 유지하기 위해 그것을 사용하는 경우와 마찬가지로, 가난한 생활 속에서 전과 같은 상태로 오르기 위해 필요한 것을 얻기 위해서도 그것을 사용해야 한다. 당신들이 그 성공 여부가 예술가의 명성에 의해 결정되는 예술을 닦고 있다면, 이끌어 주는 사람이 없으면 얻을 수 없는 직무에 맞는 사람이 된다면, 세상에 싫증이 나고 세상에서 성공을 거두기 위해 꼭 필요한 수단을 멸시하게 된 바로 그때 그런 것이 대체 무슨 소용이 있겠는가. 당신들은 정치학과 왕후(王候)의 이해에 관하여 연구했다. 그것은 참으로 좋은 일이다. 그러나 장관이나 궁궐의 여성이나 사무국장과 친교가 없다면, 그의 마음에 들도록 하는 요령을 터득하고 있지 않다면, 모든 사람이 안성맞춤인 악인으로 당신을 인정해 주지 않는다면, 그런 지식을 당신들은 어디다 써먹겠는가. 당신들은 건축가나 화가가 된다. 좋다. 그러나 당신의 재능을 인정받아야만 한다. 당신들은 느닷없이 살롱에 작품을 진열하려는가. 천만의 말씀이다. 그럴 수는 없을 것이다. 아카데미에 자리를 차지해야만 된다. 그렇게 되었다 해도 벽 한쪽 구석의 눈에 잘 띄지 않는 어느 장소를 얻기 위해서는 후원자가 있어야만 한다. 자나 그림붓은 버리는 게 좋겠다. 거리의 마차를 세내어 문전에서 문전으로 찾아다녀야 한다. 그렇게 함으로써만 명성은 얻어진다. 그런데 당신들도 아시겠지만, 그런 명사의 집 문간에는 반드시 파수병과 문지기가 있는데 그들에게는 손짓이 아니면 말이 통하지 않는다. 그들의 귀는 손에 있기 때문이다. 당신들은 배운 것을 가르치려고 하는가. 지리학이나 수학, 또는 어학, 음악, 데생 교사가 되려는가. 그 때문에라도 학생을 찾아야만 한다. 따라서 추천해 줄 사람을 찾아야만 한다. 학자이기보다 사기꾼이 될 필요가 있다. 그리고 당신들 직업 이외에 달리 직업을 모른다면 언제까지라도 무식자로 있어야만 한다고 각오하는 것이 좋다.

보시다시피 그런 화려한 생활의 길은 참으로 모든 것이 견실하지 못하고, 그것을 이용하기 위해서는 다른 여러 가지 길이 당신들에게 필요하게 된다. 게다가 그런 비굴한 상태에 빠졌다면 당신들은 어떻게 되겠는가. 실패는 당신들을 가르치지 못하고 천하게 만들 뿐이다. 지금까지의 어느 때보다도 세론의 놀림감이 되어 있는 당신들이 어떻게 편견을 이겨내고 운명을 지배할 수 있겠는가. 살아가기 위해서 필요한 비열한 일이나 나쁜 습관을 어떻게 멸시할 수 있겠는가. 당신들은 재산에 의존할 뿐이었는데 지금은 부자에게 의존하고 있다. 당신들은 더 지독한 노예 상태를 만들었고 거기에다 빈곤이라는 무거운 짐을 더했을 뿐이다. 지금 당신들은 자유를 잃고 가난하다. 그것은 인간이 빠져들어가는 최악의 상태이다.

그러나 몸을 양육하기 위해서가 아니고 정신을 양육하기 위해서 만들어진 그런 고상한 지식을 생활을 유지하기 위한 수단으로 쓰지 말고, 필요할 때 당신들 손으로 할 수 있는 일을 하여 구원을 청한다면 모든 곤란은 사라지고, 온갖 책동은 필요 없게 된다. 그렇게 하기로 하면 생활의 길은 항상 열린다. 성실한 마음, 명예를 존중하는 마음은 이미 생활의 장애가 되지 않는다. 이미 높은 사람 앞에서 비굴한 태도를 보이거나 거짓말을 하거나 할 필요가 없다. 악인들 앞에서 상냥한 태도를 취하거나 천한 몸짓을 할 필요가 없다. 모든 사람의 비위를 비굴하게 맞추어 줄 필요도 없다. 돈을 빌려야 할 일도 훔칠 일도 없다. 아무것도 갖지 못할 경우 빌리는 일이나 훔치는 일이나 거의 같다고 할 수 있다. 다른 사람의 의견을 전혀 개의치 않게 될 것이다. 아무에게도 아첨할 필요가 없을 테고, 바보에게 아양을 떨거나 문지기에게 애원하거나, 창부에게 돈을 주거나, 더욱 나쁜 일이지만 그런 여자를 찬양하는 일도 없을 것이다. 하찮은 자가 나라의 정사를 휘어잡고 있다 해서 당신들에게는 아무런 상관도 없다. 그런 것이 당신들이 검소한 생활을 하고 진지한 인간으로 살아가고 빵을 벌어들이는 일을 방해하지는 않을 것이다. 당신들은 아무 데라도 좋다. 배운 기술을 써주는 가게로 들어가는 것이다. "주인님 저는 일을 하고 싶습니다." "기술자여, 여기서 일하도록 하오." 점심때가 될 때까지 당신들은 점심값을 벌 수 있을 것이다. 부지런히 일하고 낭비하지 않으면 일주일도 채 못되어 다음 일주일을 살아갈 수 있는 것만큼 벌 수 있을 것이다. 당신들은 자유롭게, 건강하게, 정직하게, 근면하게, 올바르게 살아가게 될 것이다. 이런 식으로 시간을 버는 것은 시간을 헛되어 보내는 일이 아니다.

나는 에밀에게 어떤 기술을 꼭 배우게 하고 싶다. 적어도 품위 있는 직업이어야 한다고 당신은 말하려 하는가. 품위가 있다는 것은 어떤 뜻인가. 민중에게 쓸모가 있는 직업이라면 무엇이건 품위가 있는 것이 아닐까. 로크의 귀공자처럼 그가 자수공·금박사·칠장이가 되는 것을 나는 원하지 않는다. 음악가·

배우·글쓰는 사람*15이 되기를 원하지도 않는다. 그런 직업이나 그것과 비슷한 직업을 제외하고 그가 좋아하는 직업을 고르도록 하겠다. 나는 무슨 일에 있어서도 그를 구속하지는 않겠다. 그가 제화공이 되는 편이 시인이 되는 것보다 낫다고 나는 생각한다. 도로 포장을 하는 편이 도자기에 꽃을 그려 넣는 것보다 낫다고 생각한다. 당신들은 말하겠지. "그러나 경관·스파이·사형 집행인도 유익한 사람들이지." 그런 사람들이 유익하지 않게 되는 것은 정부에 달려 있다. 그러나 그런 이야기는 하지 말기로 하자. 나는 틀렸다. 유익한 직업을 고르는 것만으로는 모자란다. 덧붙여 말하면 그 일에 종사하는 사람이 싫어해야 할 소질이나 인간성과 양립하지 못하는 소질을 가질 필요가 없는 일이어야 한다. 따라서 아까 한 말을 되풀이하지만, 품위가 있는 직업을 고르도록 하자. 그렇긴 해도 유익함이 없는 일에는 품위도 없다는 것을 항상 잊지 말아 주기 바란다.

그의 저서에 위대한 계획과 익살맞은 견해로 가득차 있는 이 세기의 어느 유명한 저자*16는 그가 소속된 교단의 모든 승려들과 마찬가지로 정식으로 아내를 거느리지 않겠다는 맹세를 했다. 그러나 간통에 대하여 다른 사람들보다 조심성 있는 태도를 취하고 있던 그 사람은 아름다운 하녀를 두어 그 지나친 서약으로 인해 인류에게 미치는 손해를 될 수 있는 대로 보상하려고 결심했다는 것이다. 그는 다른 종류의 시민을 나라에 주는 것이 시민의 의무라고 생각하고 나라에 지불하는 조세로써 기술자 계급의 인간을 늘려 나갔다. 어린이가 성장하면 그는 어느 아이에게도 각각의 취미에 맞는 직업을 익히게 했다. 다만 하찮은 직업, 무익한 직업, 성쇠가 심한 직업은 제외했다. 예를 들어 가발사 같은 직업은 결코 필요한 것이 아니며 자연이 우리에게 머리털을 주는 일을 그치지 않는 한 언젠가는 필요 없는 직업이 될 것이기에 그런 직업은 제외했다.

이것이 에밀의 직업을 선택하는 데 있어서 우리가 지켜야 할 방침이다. 그러나 그런 선택은 우리가 할 일이 아니라 오히려 에밀이 할 일이다. 그의 머릿속

---

*15 당신은 바로 그런 자가 아닌가라고 사람은 말할 것이다. 불행하게도 나는 그런 자이다. 나는 그것을 인정한다. 그러나 나의 잘못은, 나는 충분히 그것을 변상한다고 보고 있으나, 타인에게 같은 과오를 범하는 이유가 되지는 않는다. 나는 자기 과오를 변명하기 위해서가 아니라, 독자에게 그 흉내를 내지 못하게 하기 위해 쓰고 있는 것이다(원주).
*16 생 피에르 신부를 말함(원주).

에 스며들어가 있는 격률은 쓸데없는 일에 대한 당연한 경멸감을 그에게 계속 갖게 할 것이므로, 그는 결코 자기의 시간을 아무런 가치도 없는 일에 소모하려고 하지는 않을 것이며, 또 현실적인 효용이라는 것 이외에는 사물의 가치를 인정하지 않는다. 그에게는 섬에 있는 로빈슨에게 쓸모가 있을 만한 직업이 필요한 것이다.

어린이 앞에 차례차례로 자연과 기술의 생산물을 펼쳐보여 그의 호기심을 자극하고 호기심이 그를 인도해 나가는 자취를 따라감으로써 우리는 어린이의 취미·기호·경향을 연구하게 되는데, 그에게 뭔가 뚜렷한 자질이 있다면 그 첫 불꽃의 번득임을 볼 수 있다. 그러나 일반적인 과오, 당신들이 조심해야만 할 과오는, 우연한 기회가 가져다 준 결과를 재능이 풍부한 탓이라고 생각하는 일이다. 인간과 원숭이에게 공통적인 모방 정신, 남이 하는 것을 보고는 그것이 아무런 쓸모가 없는데도 불구하고 무엇이건 하려는 생각을 기계적으로 일으키게 하는 정신을 여러 가지 기술에 대한 뚜렷한 취향이라고 생각하는 일이다. 이 세상에는 자기가 하고 있는 기술에 대한 선천적인 재능이 없는데도 불구하고, 그것도 어릴 때부터 그런 일을 해야만 하는 기술자, 그리고 특히 예술가들이 많다. 사람들은 뭔가 달리 사정이 좋아서 그런 일을 시키든가 혹은 어린이가 일찍부터 전혀 다른 기술을 볼 기회가 있어 역시 그런 일에 대하여 가질 수 있었을지도 모를 표면적인 열의에 속고 있는 것이다. 어떤 자는 북소리를 듣고 자기는 장군이라고 믿으며 어떤 자는 집 짓는 것을 보고 건축가가 될 것을 생각한다. 사람들은 모두 자기가 보는 직업이 남에게 존경을 받는다고 생각할 때 거기에 마음이 쏠린다.

주인이 그림을 그리고 데생을 하는 것을 보고 자기도 화가가 되겠다고 마음먹은 하인을 나는 알고 있다. 그런 결심을 하자 그는 연필을 들었는데, 그 뒤 줄곧 그것을 버리지 않았다. 연필을 버리자 이번에는 그림붓을 들었는데, 아마 이것은 일생 동안 버리지 않을 것이다. 누구의 가르침을 받는 일도 없이 규칙을 배우지도 않고 그는 닥치는 대로 데생을 하기 시작했다. 만 3년 동안 그는 그 서툰 데생에 정성을 다했다. 근무 이외에는 무슨 일이 있어도 그것을 그치지 않았고, 그다지 뛰어난 소질이 있는 것도 아니어서 대단한 진보는 보이지 못했지만 결코 포기하지 않았다. 그가 지독히 더운 여름 6개월 동안 확고한 집념을 가지고, 그곳을 지나치기만 해도 숨이 막힐 듯한 남향의 좁은 대기실에서 하루 종일 못박힌 것처럼 의자에 앉아서, 하나의 지구의를 앞에 놓고 끊임없이 그리고 또 그려서 끝내는 자기 일에 만족을 느낄 수 있을 정도로 잘 표현해내는 그의 모습을 나는 본 일이 있다. 마침내 주인의 도움을 받게 되었고 예술가의 지도를 받아, 그는 작업복을 벗어 버리고 그림으로 생계를 유지할 수 있는 데까지 도달했다.

어느 정도까지의 노력은 재능을 대신하는 수가 있다. 그러나 그는 그 정도까지는 도달했지만 그 이상으로 나아가기는 절대로 힘들 것이다. 이 진지한 사나이의 끈기와 남에게 지지 않으려는 마음은 칭찬을 받을 만하다. 그는 어쨌든 그 노력과 충실한 행위에 의해 사람들의 존경을 받겠지만, 문짝 위의 장식 같은 것을 그리는 데 지나지 않을 것이다. 그의 열성에 속아 그것을 진정한 재능이라고 잘못 알지 않고 배길 사람이 있었을까. 기꺼이 어떤 일을 하는 것과 그 일에 적합하다는 것과는 큰 차이가 있다. 자기의 소질이 아니고 오히려 그 욕구를 나타내고 있는 어린이가 있다. 그리고 사람들은 소질을 연구할 줄 모르고 항상 그 욕구에 의해 어린이를 판단하고 있는데 그런 어린이의 진정한 천분과 취미를 알아내려면 사람들이 생각하는 것 이상으로 세심한 관찰이 필요하다. 나는 누군가 분별 있는 사람이 어린이를 관찰하는 기술에 관하여 논고를 제공해 주었으면 싶다. 이 기술은 대단히 중요한 일이기 때문이다. 아버지들과 교사들은 아직 그 기본적인 것조차도 모르고 있다.

그러나 우리는 여기서 직업의 선택에 필요 이상의 중요성을 부여하고 있는 것 같다. 손으로 하는 일만이 문제이므로 그 선택은 에밀에게는 아무것도 아니다. 게다가 그의 수업은 우리가 지금까지 베풀어온 훈련에 의해 이미 반 이상 진전을 보고 있는 것이다. 당신들이 무슨 일을 시키든 그는 이미 무엇이나 할 수 있는 준비가 되어 있다. 그는 이미 가래와 괭이를 쓸 줄 안다. 녹로(轆轤)·망치·대패·줄을 쓸 줄 안다. 온갖 직업의 도구에 이미 낯이 익어 있다. 다만 그 도구들을 재빨리 쉽게 쓸 수 있도록 누군가에게서 배우고, 같은 도구를 쓰고 있는 우수한 기술자와 비슷할 정도로 민첩하게 일을 할 수 있게 되는 것만이 문제인 것이다. 그리고 그에게는 이 점에 있어서 모든 다른 것을 능가하는 장점이 있다. 그는 경쾌한 몸, 날씬한 손발을 가지고 있으므로 온갖 자세를 쉽게 취할 수 있고 노력하지 않아도 온갖 종류의 운동을 오래 계속할 수 있는 것이다. 또한 그는 정확하고도 잘 훈련된 기관을 가지고 있다. 기술과 관계가 있는 기계학은 모두 그가 알고 있는 바이다. 우두머리로서 일을 하려면 익숙해질 필요가 있을 뿐인데, 익숙해지려면 시간이 걸려야 한다. 지금부터 선택해야겠는데 그가 어느 직업에다 충분한 시간을 써서 익숙해지도록 해야 할까. 바로 문제가 되는 것은 그것뿐이다.

　남자에게는 그 성에 어울리는 직업을, 그리고 젊은이에게는 그 나이에 어울리는 직업을 주어야 한다. 집 안에 틀어박혀 앉아서 하는 직업, 몸을 유약하게 하는 직업은 모두 젊은 남자들이 좋아하는 일이 아니고 그들에게 적합하지도 않다. 젊은 남자가 자진해서 재단사가 되겠다고 생각하는 일은 결코 없다. 남성이 할 일이 아닌 그런 여성적인 일을 남성에게 시키려면 기교가 필요하다.*17 바늘과 칼을 같은 손으로 다룰 수는 없다. 만약 내가 주권자라면 나는 재단하고 바느질하는 일은 여성들에게, 그리고 여성들과 같은 일을 하지 않을 수 없는 절름발이 남자들에게만 허용하고 싶다. 가령 내시 같은 사람이 필요하다고 해도 그런 사람을 특별히 만드는 동양 사람들은 참으로 어리석다고 생각한다. 자연이 만든 것만으로, 태어나면서부터 용기를 갖지 못한 저 많은 무기력한 남자들만으로 어째서 만족하지 못하는가. 그런 자들은 필요하다면 달리 얼마든지 있을 것이다. 무기력한 남자, 허약한 남자, 겁쟁이 남자는 모두 자연에 의해 가만히 움직이지 않고 생활하게끔 정해져 있다. 그런 남자는 뭔가 여성에게 어울리는 직업을 갖겠다면 그것으로 족하다. 그리고 만일 아무래도 진짜 내시가 필요하다면 남자에게 어울리는 직업을 선택함으로써 남자의 명예를 더럽히고 있는 남자를 그런 상태에 빠뜨리면 된다. 그들의 선택은 자연의 과오를 나타내고 있다. 이 과오를 어떤 식으로든 교정하는 것이 좋겠다. 어떻게 하든 좋은 일을 하는 결과가 될 것이다.

　나는 학생이 건강하지 못한 직업에 종사하는 것을 말리겠지만 힘든 일을 하는 것은 말리지 않는다. 위험이 따르는 직업도 관계없다. 그런 직업은 동시에 체력과 용기를 길러 준다. 그것은 남성에게만 어울린다. 여성들은 그런 일을 하려고 하지 않는다. 그런데 어째서 남성은 여성의 영역을 침범하는 데 대하여 부끄러움을 느끼지 않는가.

---

*17 고대에는 재봉사라는 직업은 없었다. 남자들의 옷은 집에서 여자들이 지었다(원주).

싸움을 일삼는 여성은 드물다.
격투하는 남성만큼 빵을 먹는 여성은 거의 없다.
게다가 당신들은 양털을 뽑아 일이 끝나면
그것을 바구니에 담아 가지고 온다.

이탈리아의 상점에서는 여성을 찾아볼 수 없다. 그래서 프랑스나 영국의 거리에 익숙해 있는 사람에게는 그 나라 거리의 풍경만큼 음침한 것은 없다고 생각한다. 유행 상품을 취급하는 상점의 주인이 부인에게 리본·꽃장식·머리에 쓰는 망·장신구를 파는 것을 보고 나는 대장간에서 불을 피우고 편자를 박기 위해 만들어진 커다란 손에 쥐어진 섬세한 장식품이 몹시 우스꽝스럽게 느껴졌다. 나는 생각했다. 이 나라에서 여성은 앙갚음으로 숫돌이나 무기를 파는 상점을 경영하면 좋겠다고. 남성도 여성도 자기에게 어울리는 무기를 만들거나 팔면 된다. 무기를 알려면 그것을 사용할 필요가 있다.

젊은이여, 당신이 하는 일에 남자 손의 각인(刻印)을 찍을지어다. 억센 팔로 도끼나 톱을 쓰는 방법을 배울지어다. 대들보를 네모지게 깎고, 지붕 꼭대기에 오르고, 마룻대를 걸어 기둥이나 이음들보로 그것을 고정시키는 일을 배울지어다. 그리고 큰 소리로 누이동생을 불러 일을 도와달라고 할지어다. 그녀가 레이스 짜기를 해보라고 한 보복으로.

나는 상냥한 같은 시대 사람들에게 심한 말을 하고 있다. 그것은 나도 알고 있다. 그러나 나는 가끔 논리의 힘에 이끌리는 수가 있다. 누구이건 여럿이 보고 있는 앞에서 손도끼를 들고 가죽 앞치마를 두르고 일하기를 부끄러워한다면, 나는 벌써 그에게서 어엿한 사람이 웃음거리가 되었을 때 좋은 일을 하면서도 곧 얼굴을 붉히며 여론의 노예가 되는 것과 같은 모습을 볼 뿐이다. 그렇긴 해도 어린이의 판단에 나쁜 영향을 주는 일이 아니라면 무엇이든지 아버지의 편견에 맡기자. 유익한 직업은 모두 존경한다고 해서 그러한 것을 모조리 주어서는 안 된다. 어떤 직업이건 자기보다 낮은 곳에 있는 것으로 여기지만 않으면 그만이다. 선택할 수는 있지만 결정적인 이유가 없는 경우, 같은 계열의 직업과 비교하여 쾌적도·취미·편의를 생각하게 되지 않겠는가.

금속을 다루는 직업은 유익하다. 모든 일 가운데 가장 유익한 일이라고 할 수 있다. 그러나 어떤 특별한 이유가 없는 한, 나는 당신들의 자제를 제철공·열쇠공·대장장이 등으로는 만들고 싶지 않다. 그가 키클롭스 같은 모습으로 대장간에 있는 것을 나는 보고 싶지 않다. 마찬가지로 나는 그를 석공으로 만들고 싶지도 않다. 제화공으로는 더욱 만들고 싶지 않다. 무슨 직업이건 그것을 할 사람이 있어야 한다. 그러나 고를 수 있는 사람이라면 청결이라는 점을 생각할 필요가 있다. 이것은 억견에 의해서가 아니다. 이 점에 관하여는 감각이 우리의 생각을 결정해 준다. 그리고 또한 일하는 자가 기능을 필요로 하지 않고 거의 자동적으로 항상 같은 작업에 손을 사용해야 하는 어리석은 직업도 나는 좋아하지 않는다. 직조공·양말 제조공·돌을 쪼는 사람 등이 그러한데, 분별이 있는 인간이 이런 일에 종사하여 무엇 하겠는가. 그것은 기계를 움직이는 또 다른 기계에 지나지 않는다.

모든 것을 잘 생각해 볼 때 내가 가장 호감이 가는 직업으로 나의 학생의 취미와 맞는다고 여겨지는 것은 목수라는 직업이다. 그것은 청결하고 유익하며 집 안에서 일을 할 수 있다. 그것은 몸을 충분히 움직이고 기술자의 손재간과 연구를 요하며, 용도에 따라 결정되는 작품의 형태에는 우아함과 취미도 깃들어 있어야 한다.

만일 어쩌다가 당신 제자의 천분이 결정적으로 이론적인 학문에 어울린다면 그럴 경우에는 그의 취향과 일치하는 직업을 준다 해서 나는 비난하지 않는다. 예를 들어 수학 기계·안경·망원경 등을 제작하는 일을 배우면 된다.

에밀이 직업을 배울 때 나도 함께 배우기로 한다. 우리가 함께 배우는 일이 아니면 결코 그는 충분히 배우지 못하리라고 나는 굳게 믿기 때문이다. 그래서 우리는 둘 다 도제(徒弟)가 되는 셈인데, 우리는 나리님이나 도련님으로 대우받을 생각은 추호도 없다. 장난이 아니고 진짜 도제가 되기를 원하는 것이다. 어째서 진정으로 제자가 되어서는 안 되는가. 표트르 황제는 공사장에서 목수가 되었고 자기 군대에서는 북치는 사람이 되었다. 태생으로 보나 공적으로 보나 이 군주에게 당신들과 비슷한 가치가 없다고 생각하겠는가. 아시다시피 나는 지금 에밀에게 이야기하는 것이 아니다. 어떤 사람인지는 모르겠지만 당신들에게 하고 있는 것이다.

불행히도 우리는 항상 작업장에서 시간을 보낼 수는 없다. 우리는 기술자 수업을 하는 것이 아니라 인간 수업을 하는 것이다. 그리고 인간 수업은 기술자 수업보다도 훨씬 힘이 들고 훨씬 오랜 시기에 걸쳐 있다. 그럼 어떻게 하면 좋겠는가. 댄스 교사를 채용하듯이 하루에 한 시간씩 짤막하게 배울 선생을 채용할까. 아니, 그렇게 되면 우리는 도제가 아니라 제자님이 되어 버린다. 그리고 우리의 야심은 목공을 배우기보다 목수의 신분으로 우리를 높이는 데 있다. 그래서 우리 생각으로는 적어도 일주일에 한 번 내지 두 번 선생에게 가서 만 하루를 지내기로 하되, 선생과 같은 시각에 일어나 그보다 일찍 일을 시작하고 그와 같이 식사하고 그가 시키는 일을 하며, 저녁 식사는 그의 가족과 함께 하는 영광을 얻은 뒤, 마음이 내키면 집으로 돌아와 우리의 딱딱한 잠자리에서 잔다는 식으로 하고 싶다. 이런 식으로 하면 동시에 몇 개의 직업을 배울 수 있고 또 기술 훈련을 받으며 다른 수업도 저버리지 않을 수 있다.

좋은 일을 해가며 단순해지도록 애써 보지 않겠는가. 허영심을 없애려다가 새로운 허영심을 낳게 해서는 안 된다. 편견을 극복했다고 해서 의기양양해진다면 편견에 굴복한 셈이 된다. 오스만 집안의 오랜 관례에 의하면 터키 황제는 자기 손으로 일을 하게끔 되어 있다는데, 누구나 알고 있듯이 황제의 손으로 만들어진 것은 걸작이 되지 않을 수 없다. 그래서 그는 그런 걸작들을 엄숙하게 정부의 고관들에게 나누어 준다. 그리고 만든 사람의 신분에 걸맞은 작품값이 지불된다. 이런 일에 있어서 내가 좋지 않게 생각하는 것은 약자를 괴롭힌다는 점에 대해서가 아니다. 그것은 반대로 좋은 일이니까. 국민으로부터 빼앗은 것을 자기에게 나누어 주도록 고관들에게 강요함으로써 이 군주는 그만큼 국민으로부터 직접 갈취할 필요가 없게 되는 것이다. 그것은 전제 군주의 횡포를 하나라도 더는 결과가 되며 이런 일이 없으면 이 무서운 정부는 존속할 수 없는 것이다.

그 관례의 정말 나쁜 점은 그런 일이 그 가련한 인간에게 주는 자기의 값어치에 대한 관념이다. 미다스 왕처럼 그는 자기의 손이 닿는 것마다 황금으로 변하는 것을 보게 되는데 그 때문에 어떤 귀가 돋아나는지 알지 못하고 있다. 우리 에밀의 귀가 짧은 채로 있게 하기 위해 그의 손을 그런 풍요한 재능으로부터 지켜 주도록 해야겠다. 그가 만드는 것에 대한 값어치를 작자에게서가 아닌 작품에서 끌어내도록 하자. 그가 만든 것을 대가가 만든 것과 비교해 보고 절대로 판단하지 못하도록 하자. 잘 된 것을 보고 "이것은 잘 되어 있다" 말해야 한다. 그러나 여기에 덧붙여 "이것은 누가 만들었는가?" 말해서는 안 된다. 만족하고 자랑스럽게 그가 나서서 "제가 그것을 만들었답니다" 말하면 냉정하게 이렇게 덧붙여야 한다. "네가 만들었건 다른 사람이 만들었건 그것은 아무래도 좋다. 어쨌든 이 작품은 잘 되어 있다."

좋은 어머니여, 사람들이 당신에게 하는 거짓말에 특히 조심하시오. 당신 아들이 여러 가지 일을 알고 있으면 그가 알고 있는 모든 일에 대하여 의심을 품으시오. 만일 불행히도 파리에서 교육을 받고 있다면, 그리고 부유하다면 그는 이미 틀렸다. 파리에 유능한 예술가가 있는 한 당신의 아들은 그의 재능을 모두 갖는 결과가 된다. 그러나 그들로부터 멀어지면 그때는 이미 재능을 갖지 않게 된다.

파리에서 부자는 무엇이든지 알고 있다. 가난한 사람만이 무지하다. 이 수도에는 예술 애호가가, 특히 예술을 애호하는 여성이 많이 있으며 그런 사람들은 기욤 씨가 그 색깔을 만들어 냈듯이 그의 작품을 만들어 낸다. 나는 이 점에서 남성 가운데 세 사람의 존경할 만한 예외를 알고 있으며 예외는 그 밖에도 더 있을지 모른다. 그러나 여성 가운데 나는 한 사람의 예외도 모르며 예외가 있는지 어떤지도 의심스럽다. 일반적으로 말해서 사람들은 예술 분야에서도 법조계와 마찬가지 방법으로 명성을 얻는다. 사람들은 법학 박사가 되고 법관이 되는 것과 같은 방법으로 예술가가 되고 예술가의 판정자가 된다. 그래서 어떤 직업을 배우는 것이 훌륭한 일이라고 일단 결정이 내려지면 당신들의 어린이는 마침내 배우지 않고도 알고 있다는 결과가 된다. 그들은 취리히의 참사의원처럼 스승으로 통하게 될 것이다. 에밀에게는 그런 화려한 일은 전혀 필요 없다. 겉치레는 필요 없다. 항상 현실적인 것이기를 바란다. 그는 알고 있다고 인정받지 않아도 좋다. 다만 말없이 배울 뿐이다. 항상 걸작을 만들되 결코 거장은 되지 말아야 한다. 그 자격에 의해 기술자라는 것을 표시하지 말고 그 일에 의해 표시하기 바란다.

지금까지 내가 한 말을 알아들었다면 신체의 단련과 손노동의 습관과 함께 내가 저도 모르는 사이에 학생에게 반성과 명상에 대한 취향을 주고 사람들의 판단에 대한 무관심과 정념의 무풍 상태에서 생기게 되는 마음의 나태를 메운다는 사실을 이해할 것이다. 그는 농부처럼 일하고 철학자처럼 생각해야 한다. 그리고 미개인처럼 게으름뱅이가 되어서는 안 된다. 교육의 큰 비결은 신체의 훈련과 정신의 훈련이 항상 서로 피로를 풀어주는 역할을 하게끔 하는 일이다.

그러나 가장 성숙한 정신을 필요로 하는 지식을 일찍부터 주는 일은 삼가야겠다. 에밀은 그다지 오랫동안 기술자 생활을 하지 않아도 처음에 모르고 있던 신분의 차이라는 것을 자연히 느끼게 될 것이다. 내가 그에게 주고 있는, 그리고 그도 이해할 수 있는 격률에 입각하여 이번에는 그 편에서 나를 알아보려고 할 것이다. 나에게서만 모든 것을 받고 있는 그는 자기가 가난한 사람들과 가까운 상태에 있다는 것을 알고 있다. 그는 어째서 내가 그런 상태에서 멀리 떨어진 곳에 있는지 알려고 할 것이다.

그는 아마도 엄격한 질문을 나에게 퍼부을 것이다. "선생님은 부자입니다. 선생님은 저에게 그렇게 말했고, 저도 그것은 알고 있습니다. 부자 또한 사회에 대하여 노동할 의무를 지고 있습니다. 부자도 인간이니까요. 그런데 선생님은 대체 사회를 위해 무엇을 하고 있습니까?" 이 말에 대하여 훌륭하신 교사는 무어라고 대답하는가. 나는 모르겠다. 그는 어리석게도 어린이에게 "나는 너를 돌보느라 애쓰고 있다" 말할는지도 모르겠다. 나는 작업장 덕분에 그 곤경에서 빠져나올 수 있을 것이다. "그것은 참 좋은 질문이다, 에밀. 나는 네가 스스로 그것에 대하여 납득할 만한 대답을 할 수 있게 되었을 때, 내 나름대로 대답할 것을 약속하지. 그때까지 나는 내게 남은 것을 너와 가난한 사람들에게 주기로 하겠다. 그리고 일주일마다 책상이나 걸상을 한 개씩 만들어 전혀 쓸모가 없는 인간이 되지 않도록 힘써 보겠다."

이리하여 우리는 우리 자신에게로 돌아왔다. 우리의 어린이는 자기라는 개인을 인정하고 이미 어린이에서 벗어나려고 한다. 지금 그는 이제껏 느끼고 있던 것보다 훨씬 절실하게 자신을 사물과 연결시키는 필연을 느낀다. 우선 그의 신체와 감각을 훈련시킨 뒤 우리는 그의 정신과 판단력을 훈련했다. 그리고 그의 손발을 사용하는 일과 그의 능력을 사용하는 일을 연결시켰다. 그를 행동하고 사고하는 존재로 만들었다. 인간으로서 완성시키려면 사람을 사랑하는 감수성이 강한 존재로 만들 것, 즉 감정에 의해 이성을 완성하는 일만이 남아 있다. 그러나 그런 새로운 상태에 들어가기 전에 우리가 빠져나가려는 상태에 눈을 돌려 될 수 있는 대로 정확하게 우리가 어떤 곳까지 도달했는가를 알아보기로 한다.

우리의 학생은 처음에 감각만을 가지고 있을 뿐이었는데, 지금은 관념을 가지고 있다. 그는 느낄 뿐이었는데, 지금은 판단한다. 연달아 일어나거나 동시에 일어나는 몇 개의 감각을 비교하고 내리는 판단에서 일종의 혼성 감각 또는 복합감각이 생기는데, 나는 이것을 관념이라고 부른다.

어떤 식으로 관념이 형성되느냐는 인간의 정신에 어떤 성격이 주어지느냐에 있다. 현실과 관련해서만 관념을 형성하는 정신은 견실한 정신이다. 표면적인 관련에 만족하는 정신은 천박한 정신이다. 온갖 관련을 있는 그대로 보는 정신은 올바른 정신이다. 그런 것들을 잘못 보는 정신은 옳지 못한 정신이다. 현실성과 외관도 갖추지 못한 가공의 관련을 만들어 내는 자는 미치광이이다. 비교하지 않는 자는 어리석은 자이다. 관념을 비교하고 관련을 찾아내는 능력은 사람들의 재능을 결정하는 것이 된다 등등.

단순한 관념이란 비교되는 감각에 지나지 않는다. 단순한 감각에도 내가 관념이라고 부르는 복합감각과 마찬가지로 판단은 있다. 감각의 판단은 순수하게 수동적이며 그것은 사람이 느끼고 있는 것을 느낀다는 것을 확인한다. 지각, 혹은 감각에 있어서 판단은 능동적이다. 거기에 다가가고, 비교하고, 감관에 의해 결정되지 않는 관련을 결정한다. 이것이 이 둘 차이의 전부인데, 이 차이는 크다. 자연은 결코 우리를 속이는 일이 없다. 우리를 속이는 것은 항상 우리 자신인 것이다.*18

여덟 살 난 어린이에게 얼음 치즈를 먹게 하는 것을 보고 있노라면, 그것이 어떤 것인지도 모르고 어린이는 숟가락을 입에 대었다가 차가운데 깜짝 놀라 '앗, 뜨거워!' 소리친다. 그는 매우 날카로운 감각을 느낀 것이다. 그는 불의 뜨거움보다 날카로운 감각을 모르므로 그것을 느꼈다고 생각한 것이다. 그러나 그는 틀렸다. 그는 차가운 데 충격을 받은 것이지 화상을 입은 것은 아니다. 그리고 이 두 개의 감각은 같지 않다. 양쪽 모두 경험한 일이 있는 사람은 그것을 혼동하지 않기 때문이다. 따라서 감각이 어린이를 속인 것이 아니고 그 판

---

*18 루소의 자필 원고에 의하면 이상 두 단계의 문장은 다음과 같이 되어 있다. '감각이 우리를 속이는 일은 불가능하다고 나는 말한다. 우리가 느끼고 있는 일을 느끼고 있다는 것은 언제나 진실이기 때문이다. 이 점, 에피쿠로스학파는 올바르다. 감각이 우리를 잘못으로 빠뜨리는 것은 다만 그 감각이 생기게 되는 원인에 대해, 또는 그 감각의 상호 관계에 대해, 혹은 그것이 우리를 지각케 하는 대상에 대해 우리가 내리는 판단을 통해서이다. 여기서 에피쿠로스학파는 잘못하고 있다. 그들은 우리가 감각에 대해 내리는 판단은 절대로 잘못되는 일이 없다고 주장하고 있기 때문이다. 우리는 감각을 느끼는 것이지, 판단을 느끼는 것은 아니다.'

단이 잘못되었던 것이다.

이것과 같은 일은 거울이나 광학 기계를 처음 보았을 때, 아주 추운 겨울 혹은 아주 더운 여름 깊은 지하실에 들어갔을 때, 뜨거운 손 또는 차가운 손을 뜨뜻한 물에 집어넣었을 때, 교차된 두 개의 손가락 사이에 한 알의 조그마한 구슬을 끼웠을 때에도 일어난다. 그 사람이 알아차린 것, 느낀 것만을 말한다면 그 판단은 순수하게 수동적이어서 잘못 말하는 법은 있을 수 없다. 그러나 그것을 느낌으로 판단하는 경우 그 사람은 능동적이 되고, 비교하고 알아차리지 못한 관련을 귀납에 의해 설정하게 된다. 그럴 때 그는 틀릴 수 있다. 잘못을 고치고 막기 위해서는 경험이 필요하다.

밤에 당신들의 학생에게 달과 그 사이를 지나가는 구름에 주의를 기울이도록 해보자. 그는 달이 반대 방향으로 움직인다고 생각하고 구름은 꼼짝하지 않는다고 생각할 것이다. 그는 성급한 귀납에 의해 그렇게 생각한다. 일반적으로 작은 것이 큰 것보다 움직이는 일이 많다고 보며, 그 거리를 생각해 볼 수 없는 그는 달보다 구름이 크게 보이기 때문이다. 물 위에 떠가는 배 안에서 조금 떨어진 강 언덕을 바라볼 때, 그는 반대로 생각하여 육지가 달리고 있는 것으로 여긴다. 자기가 움직이고 있다는 것을 느끼지 못하는 그는 배, 바다, 강, 그리고 지평선에 있는 모든 것을 움직이지 않는 전체로 보고, 달리고 있는 것 같은 언덕을 그 일부로만 느끼기 때문이다.

반이 물속에 잠긴 막대기를 처음 보았을 때 어린이는 이 막대기가 꺾여 있다고 생각한다. 그 감각은 옳다. 우리가 이 현상의 이유를 모른다 해도 역시 감각은 옳다. 그래서 무엇을 보느냐고 물으면 어린이는 꺾여 있는 막대기라고 대답할 것이며 그의 말은 옳다. 그가 꺾여 있는 막대기라는 감각을 갖고 있는 것은 정말 틀림없는 일이니까. 그러나 판단을 잘못하여 그가 막대기는 꺾이어 보인다고 말할 뿐만 아니라 나아가 자기가 보고 있는 것은 정말 꺾여진 막대기라고 고집을 부린다면 그는 잘못 말하고 있다. 어째서 그럴까. 그럴 경우 그는 능동적으로 조사해 보고 판단하지 않고 귀납에 의해 판단하여 느끼지도 않은 일을 주장하기 때문이다. 즉, 하나의 감각에 의해 받는 판단이 다른 감각에 의해 틀림없이 확인된다고 고집을 부리기 때문이다.

우리의 잘못은 모두가 우리의 판단에서 태어나기 때문에 아무것도 판단할 필요가 없다면 우리는 아무것도 배울 필요가 없으며 그렇게 되면 우리는 잘못을 저지르는 일이 없을 것이다. 앎으로써 행복하게 되는 것 이상으로 아무 것도 모르고 있음으로써 행복하게 될 것이다. 무지한 자는 언제까지도 모르는 일을 학자들은 여러 가지로 알고 있다는 사실을 누가 부정하랴. 그렇다고 학자들이 보다 더 진실에 다가간다고 할 수 있을까. 전혀 반대이다. 그들은 전진하면서 진실에서 멀어져 가는 것이다. 왜냐하면 판단에서 태어나는 허영심은 지식보다 더욱더 커가므로 그들이 배우는 하나하나의 진실은 백 가지의 그릇된 판단을 수반하지 않고는 늘 얻을 수 없기 때문이다. 유럽의 학자 단체가 거짓을 가르치는 공개적인 학교에 지나지 않는다는 사실은 더할 나위 없이 명백하다. 그리고 과학 아카데미에서는 휴런족 전체에서 볼 수 있는 것보다 더 많은 잘못을 볼 수 있을 것이라는 사실은 틀림이 없다.

인간은 알면 알수록 잘못을 저지르게 되므로 잘못을 피하는 단 하나의 방법은 아무것도 모르는 일이다. 판단을 내리지 않으면 당신들은 결코 잘못을 저지르지는 않을 것이다. 그것이 자연이 가르치는 일이고 이성이 가르치는 일이기도 하다. 사물이 우리에 대하여 가지고 있는, 극히 소수의 매우 뚜렷한 직접적인 관련 밖으로 나가면, 우리에게는 거기의 모든 것에 대하여 본디부터 가지고 있던 무관심이 있을 뿐이다. 미개인은 아무리 굉장한 기계가 있다 해도 그 움직임을 보거나 전기의 모든 불가사의를 보기 위해서 다가가지 않을 것이다. "나하고 무슨 상관이 있어." 이것이 무지한 자가 늘 하는 말인데, 현자에게도 가장 어울리는 말이다.

그러나 불행히도 이 말이 우리에게는 통용되지 않는다. 우리가 모든 것을 사물에 의존하게 되면서부터 모든 것은 우리에게 관계가 있는 것이 되었다. 그리고 우리의 호기심은 필연적으로 우리의 필요와 더불어 커가고 있다. 그러기 때문에 우리는 철학자에게 대단히 큰 호기심을 인정하고 미개인에게는 인정하지 않는 것이다. 미개인은 아무도 필요로 하지 않는다. 철학자에게는 모든 사람이, 무엇보다도 칭찬해 주는 사람이 필요한 것이다.

나는 자연에서 일탈해 있다고 사람들은 말할 것이다. 나는 전혀 그렇게 생각하지 않는다. 자연은 도구를, 그리고 규칙을 의견에 의해서가 아니라 필요에 의해서 선택한다. 그런데 필요는 인간의 상황에 따라 변한다. 자연 상태 속에 살고 있는 자연인과 사회 상태 속에 살고 있는 자연인 사이에는 커다란 차이가 있다. 에밀은 사람이 살고 있지 않는 곳으로 쫓겨가는 미개인이 아니라 도시에서 살게끔 만들어진 미개인이다. 그는 도시에서 필요한 것을 발견하고 도시의 주민에게서 이익을 끌어내고 그들과 똑같지는 않다 해도 그들과 함께 살아야만 한다.

그가 의존하게 될 많은 관련 속에서 아무래도 그는 판단해야만 할 것이므로 어쨌든 잘 판단할 수 있는 방법을 그에게 충분히 가르치기로 하자. 잘 판단할 수 있는 방법을 배우는 가장 좋은 길은 우리 경험을 될 수 있는 대로 단순화할 것, 또한 잘못을 저지르는 일 없이 끝마칠 수 있게 해야 한다. 그래서 오랫동안 한 감각이 느끼게 하는 것을 다른 감각에 의해 서로 검증한 뒤, 나아가서는 각 감각이 느끼는 것을 다른 감각의 도움을 받지 않고 그 감각에 의해 검증하는 방법을 배워야 한다. 그렇게 함으로써 각 감각기관은 우리에게 하나의 관념을 주게 되고 이 관념은 항상 진실과 일치하는 것이 될 것이다. 이런 종류의 일을 나는 인생의 이 제3시기에 획득시키려고 힘써 왔다.

이런 방법을 익히기 위해서는 몇몇 교사만이 가질 수 있는 인내심과 신중한 마음가짐이 필요하며 그렇지 않고서는 결코 제자들은 판단하는 방법을 배울 수 없을 것이다. 예를 들어 제자가 막대기가 꺾이어 보이는 데 속았을 때, 당신은 그의 틀린 생각을 가르쳐 주기 위해 곧 물속에서 막대기를 끄집어낸다. 당신들은 아마도 그의 틀린 생각을 고쳐 주게 될 것이다. 그러나 당신들은 그에게 무엇을 가르쳐 주게 되었을까. 그것은 언젠가 그가 스스로 배울 수 있는 일이다. 그러나 참으로 가르쳐 주어야 할 일은 그런 일이 아니다. 어떤 진실을 가르쳐 주는 것보다 항상 진실을 찾아내려면 어떻게 해야 하는가를 가르치는 일이 문제이다. 좀더 잘 가르치려면 그렇게 빨리 잘못을 고쳐 주어서는 안 된다.

그럼 에밀과 나의 예를 들어 보기로 하자.

우선 앞에서 가정한 두 문제 가운데 두 번째 문제에 대하여 보통으로 교육을 받은 어린이라면 긍정으로 대답할 것이다. 그 어린이는 말하겠지. "이 막대기는 분명히 꺾여 있다." 에밀도 같은 대답을 할는지 매우 의심스럽다. 학자가 될 필요도, 그렇게 보이게 할 필요도 느끼고 있지 않은 그는 결코 즉시 판단하지 않을 것이다. 그는 일이 명백하지 않은 한 판단을 내리지 않는다. 그리고 이 경우 일이 명백하다고는 도저히 그로서는 생각할 수 없다. 단순히 원근이라는 것이 문제가 되는 경우에도 겉보기만 하는 우리의 판단이 얼마나 착각을 일으키기 쉬운가를 그는 잘 알고 있는 것이다.

게다가 아주 어린애 같은 나의 질문에 항상 처음에는 알아차리지 못하는 뭔가의 목적이 있다는 사실을 경험으로써 알고 있기 때문에 거기에 대하여 선뜻 대답하는 습관은 몸에 배어 있지 않다. 반대로 그는 경계하고 주의를 기울이고 대답하기 전에 찬찬히 조사해 본다. 자기 대답에 대하여 스스로 만족하지 않으면 결코 나에게 대답하지 않는다.

게다가 그는 좀처럼 만족하지 않는 것이다. 또한 우리는 사물에 대하여 진실을 알고 있다고 자랑하지 않고 다만 잘못 판단하지 않는 것을 자랑하고 있다. 전혀 이유가 발견되지 않는 것보다 옳지 않은 이유에 만족하는 것을 우리는 더 부끄럽게 느낄 것이다. 나로서는 모르겠다. 이것이 우리 두 사람에게 꼭 맞는 말이어서 우리는 이 말을 가끔 쓰고 있으므로 그런 말을 하는 것이 우리로서는 조금도 괴롭지 않다. 그러나 저도 모르게 그가 어설픈 대답을 했다 해도, 혹은 우리에게 편리한 '나로서는 모르겠다'로 그것을 모면했다 해도 여기에 대한 우리의 말은 같다. "그럼 조사해 보기로 하자."

물속에 반쯤 잠겨 있는 그 막대기는 수직으로 고정되어 있다. 그것이 꺾여 보이는 것처럼 사실이 그런지 어떤지를 알려면 그것을 물속에서 잡아 올리기 전에, 또는 거기에 손대 보기 전에 얼마나 많은 일을 해야 할는지……

1. 우선 우리는 그 막대기의 주위를 한 바퀴 돌아보았더니 우리가 돌아가는 데 따라 꺾이는 모양이 다르다는 것을 알았다. 따라서 그 모양이 바뀌는 것은 우리의 눈에 달려 있다는 사실을 알게 되었는데, 시선이 물체를 움직이는 일은 없다.

2. 우리는 물 밖에 있는 막대기의 끝부분에서 똑바로 바라보았다. 그러자 막대기는 꺾이어 있지 않고 우리의 눈 가까이에 있는 끝부분은 정확하게 다른 쪽 끝을 감추어 보이지 않게 하고 있다.[19] 우리의 눈이 막대기를 곧게 만든 것일까.

3. 우리는 수면을 휘저어 보았다. 우리 눈에 막대기가 몇 개로 꺾이어 보였고, 지그재그로 움직여 물의 파동에 따라 흔들려 보였다. 우리가 물에 가하는 운동만으로 그렇게 막대기를 꺾기도 하고 연하게도 하고 녹이기도 할 수 있

---

*19 그 뒤 나는 더 정확한 실험으로 반대되는 일을 발견했다. 굴절은 원으로 되어 일어나고, 물 속에 있는 막대기의 끝은 밖에 있는 다른 한쪽보다 굵게 보인다. 그러나 이것은 추론의 올바름을 하나도 바꿀 수 없으며, 결국 그로 인해 올바름을 상실하는 일도 없다(원주).

을까.

4. 물을 쏟으면 물이 줄어들어 감에 따라 막대기가 조금씩 곧바로 되는 것을 볼 수 있다. 사실을 밝혀내고 굴절 현상을 발견하는 데는 이것으로 충분하지 않을까. 따라서 시각이 우리를 속인다는 생각은 옳지 않다. 우리가 시각 탓으로 여기고 있는 잘못을 고치려면 시각 이외는 필요 없으니까.

어린이의 머리가 나빠서 이런 실험 결과를 인정하지 못한다고 하자. 그럴 경우 촉각을 사용하여 시각을 보아야 한다. 막대기를 물속에서 끄집어내지 말고 그대로 둔 채 어린이에게 한쪽 끝에서 한쪽 끝까지 손으로 만져보도록 한다. 그는 각도를 느끼지 않을 것이다. 그러니 막대기는 꺾이어 있는 것이 아니다.

거기에는 판단뿐이 아니라 어엿한 추론이 있다고 당신은 말하겠지. 바로 그렇다. 그러나 정신이 관념에 도달하면 판단은 모두 추론으로 된다는 것을 당신들은 모르는 것일까. 모든 감각의 의식은 하나의 명제이고 판단이다. 때문에 어떤 감각을 다른 감각과 비교하게 되면 추론하는 결과가 된다. 판단술과 추론술은 정확하게 같은 것이다.

에밀은 결코 광학을 알고 있지 않을 것이다. 알고 있다면 나는 이 막대기를 둘러싸고 그에게 그것을 가르쳐 주고 싶다. 그는 곤충을 해부해 보지는 않았을 것이다. 태양의 흑점을 세보는 일도 하지 않았을 것이다. 현미경과 망원경이 어떤 것인지도 모를 것이다. 당신들의 박식한 학생은 그가 무식한 것을 비웃을 것이다. 그것도 무리는 아니겠지. 그런 도구를 쓰기 전에 나는 그에게 그것을 만들어 보게 하려는데, 당신들도 잘 알다시피 그런 일이 그렇게 빨리 되지는 않는다.

이것이 이 책에서 나의 모든 방법을 일관하는 정신이다. 어린이가 작은 구슬 하나를 교차시킨 두 손가락 사이에 끼우고 구슬이 두 개 있다고 생각했다면 하나밖에 없다는 사실을 납득한 뒤가 아니고는 나는 그것을 보게 하지 않았을 것이다.

나의 학생이 지니고 있는 정신이 지금까지 이룩해 온 진보와 그 진보를 계속해 온 길을 뚜렷이 제시하려면 이러한 설명만으로 충분하다고 나는 생각하고 있다. 그러나 당신들은 아마도 내가 그의 앞에 전개시킨 많은 사실에 두려움을 느낄 것이다. 내가 그의 정신을 수많은 지식으로 짓눌러 버리지나 않을까 당신들은 걱정하고 있다. 전혀 반대이다. 나는 그런 것들을 그에게 알게 한다기보다 오히려 알지 못하도록 가르치고 있다. 평탄하긴 해도 길고 멀고 천천히 걸어가야 할 학문에의 길을 그에게 제시하고 있는 것이다. 나는 그에게 첫 발걸음을 내디디게 하여 입구를 볼 수 있게 해주지만 멀리 가는 것은 결코 허용하지 않는다.

스스로 배워야 하는 그는 다른 사람의 이성이 아니고, 자기의 이성을 사용하게 된다. 의견에 의지하지 않게 하려면 권위에 의지해서는 안 된다. 그리고 우리의 대부분의 잘못은 우리에게서 생긴다기보다 오히려 다른 사람에게서 생기는 일이 많은 것이다. 그러한 끊임없는 훈련에서 노동과 피로에 의해 신체에 주어지는 굳건함과 그와 똑같은 강한 정신력이 생겨난다. 또 하나의 이익은 자기의 능력에 응하여서만 진보하는 일이다. 정신도 육체와 마찬가지로 가꿀 수 있는 것만 가진다. 오성(悟性)이 사물을 자기 것으로 한 다음 기억에 새긴다면 나중에 거기에서 끄집어내는 것은 자기의 것이다. 그러나 오성이 모르는 사이에 기억에 가득 채웠다면 거기에서 자기의 것은 하나도 끄집어낼 수 없는 결과가 되고 만다.

에밀은 얼마 안 되는 지식밖에 갖고 있지 못하다. 그러나 그가 갖고 있는 지식은 진정으로 그의 것이다. 그는 무슨 일이건 어설피 알고 있는 것은 없다. 그가 알고 있는, 그리고 충분히 알고 있는 약간의 사실 중에서 무엇보다도 중요한 것은, 자기는 지금 알고 있지 못하지만 언젠가는 알게 될 많은 사실이 있다는 것, 다른 사람은 알고 있지만 자기는 일생 동안 알지 못할 더 많은 사실이 있다는 것, 또한 어떤 사람이건 결코 알지 못한 일이 그 밖에도 수없이 많다는 사실이다. 그는 그 지식에 있어서가 아니라 그것을 획득하는 능력에 있어서 보편적인 정신을 가지고 있다. 그것은 개방적인 총명한 정신, 모든 일에 준비가 되어 있어 몽테뉴가 말했듯이 학식이 있다고는 할 수 없으나 적어도 학식을 받아들일 수 있는 정신이다. 그가 하는 모든 일에 관하여 '무엇에 쓸모가 있는가'를, 그리고 그가 믿고 있는 모든 일에 관하여 '어째서'를 그가 찾아낼 수만 있다면 나는 그것으로 충분하다. 다시 한번 말해서 나의 목적은 그에게 학문을 주는 일이 아니라 필요에 따라 그것을 얻는 법을 가르치고, 학문의 가치를 정확하게 평가시키고, 무엇보다도 진실을 사랑하게 하는 일이다.[20] 이런 방

---

[20] 이 부분이 원고에는 조금 다르다. 특히 '필요에 따라 그것을 얻는 법을 가르치고……' 앞에 '그것을 알리고'라는 구절이 들어가 있다.

법으로 하면 사람은 그다지 진보하지는 못하지만 한 발짝도 헛되이 디디는 일이 없고 되돌아가야 할 일도 없다.

에밀은 순전히 물체적인 자연에 관한 지식만 가지고 있다. 그는 '역사'라는 명사조차 모르며 형이상학이나 윤리학이 어떤 것인지도 모른다. 사물에 대한 인간의 기본적 관계는 알고 있지만 인간 대 인간의 윤리적 관계에 대하여는 아무것도 모른다. 관념을 일반화할 수는 거의 없고 추상화할 수도 없다. 어떤 종류의 물체에 공통적인 성질을 알고 있지만 그 성질 자체에 관하여 생각하는 일은 없다. 그는 기하학에서 도형의 도움을 빌려 추상적인 공간을 알고 있다. 대수학 기호의 도움을 빌려 추상적인 양을 알고 있다. 그러한 도형이나 기호는 그러한 추상의 기둥이며 그의 감관은 그런 것들에게 모든 것을 맡기고 있다. 그는 사물을 그 본성에 의해 알려고 하지 않고 다만 그의 관심을 끄는 관계에 의해 알려고 한다. 그의 외부에 있는 어떤 것은 그에 대한 관련에 의해서만 평가한다. 그러나 그 평가는 정확하고 확실하다. 거기에는 변덕이나 관례 같은 것은 전혀 개입되지 않는다. 그는 자기에게 더욱 유익한 것을 더욱 중요시한다. 그리고 이러한 평가 방법을 절대로 고수하는 그는 사람들의 의견에 전혀 의지하지 않는다.

에밀은 열심히 일하고, 절제를 지키고, 인내심이 풍부하고, 씩씩하고, 용기로 충만되어 있다. 절대로 불타오르지 않는 그의 상상력은 위험을 확대시켜 보이도록 하지 않는다. 그는 괴로운 일은 거의 개의치 않고 태연히 참아 나간다. 운명에 거역하는 일을 배우지 않았기 때문이다. 죽음이라는 것에 대하여는 그것이 어떤 것인지 아직 잘 모른다. 그러나 반항하지 않고 필연의 율법을 받아들이는 데 익숙해 있으므로 죽어야만 한다고 할 때 신음 소리를 지르거나 몸부림치는 일 없이 죽어갈 것이다. 그것이 모든 사람이 두려워하는 이 순간에 있어서 자연이 허락하는 전부이다. 자유로이 살고 인간적인 일에 지나치게 집착하지 않는 것이 죽음을 배우는 가장 좋은 방법이다.

한 마디로 말하여 에밀은 그 자신에게 관계있는 덕은 모두 갖추고 있다. 사회적인 덕도 갖추기 위해서는, 그러한 덕을 필요로 하는 관계를 아는 일만이 남아 있다. 그의 정신이 앞으로 받아들이려 하는 지식만이 그에게는 결여되어 있다.

그는 남의 일을 생각하지 않고 자기를 생각한다. 그리고 남이 자기 일을 생각해 주지 않아도 좋다고 생각한다. 그는 아무에게도 아무것도 원하고 있지 않으며, 아무에게도 아무것도 빌리지 않는다고 믿고 있다. 그는 인간 사회에서 고독하며 자기만을 의지한다. 그는 또 어느 누구보다도 자기를 의지할 권리가 있다. 그는 그 나이의 사람에게 있을 수 있는 모든 것이기 때문이다. 그는 잘못을 저지르지 않는다. 저지른다 해도 그것은 우리로서 피하기 어려운 일들뿐이다. 그는 나쁜 습관이 없다. 가지고 있다 해도 그것은 어떤 인간이건 피할 수 없는 것뿐이다. 그는 건강한 신체와, 경쾌한 손발을 가지고 있으며 편견 없는 올바른 정신, 자유롭고 정념에 시달리지 않는 마음을 가지고 있다. 온갖 정념 속에서 가장 기본적이고 가장 자연적인 정념인 자존심조차도 그의 마음에는 아직 희미하게 느껴질 뿐이다. 그 누구의 휴식도 방해하는 일 없이 그는 자연이 허락하는 내에서 만족하고 행복하며 자유롭게 살아온 것이다. 이런 식으로 살아온 열다섯 살 난 어린이가 그때까지의 세월을 헛되이 보냈다고 생각할 수 있겠는가.

제4부

도덕심과 종교의식 교육–15세에서 20세까지

우리는 인생이 얼마나 빠르게 지나가는지 모른다. 인생의 처음 4분의 1은 인생의 효용을 모르는 사이에 지나가 버린다. 마지막 4분의 1은 또 인생의 즐거움을 느끼지 못한 채 지나가 버린다. 처음에 우리는 어떻게 살아야 할 것인가를 모른다. 이윽고 우리는 살아갈 수 없게 된다. 또한 아무짝에도 쓸모없는 처음과 마지막에 끼인 기간에도, 우리에게 남겨진 삶의 4분의 3은 수면·노동·고통·구속 등 온갖 종류의 괴로움 때문에 소비된다. 인생은 짧다. 불과 얼마 안 되는 기간밖에 못 살기 때문이 아니라, 그 얼마 안 되는 기간에도 우리는 거의 인생을 즐기지 못하기 때문이다. 죽음의 순간이 탄생의 순간으로부터 아무리 멀리 떨어져 있어도 소용없는 일이다. 그동안에 어느 시기가 충실하지 못하다면 인생은 역시 너무도 짧은 것이다.

우리는 말하자면 이 세상에 두 번 태어난다. 한 번은 존재하기 위해, 두 번째는 살기 위해서이다. 처음에는 인간으로 태어나고, 다음에는 남성이나 여성으로 태어난다. 여자를 미완성된 남자로 생각하는 사람들은 분명히 잘못된 일이다. 그러나 외관적인 유사점을 생각하면 그것은 올바른 일이다. 사춘기에 이르기까지는 남자아이나 여자아이나 보기에 전혀 다른 데가 없다. 얼굴 모습도 같고 생김새·안색·목소리, 모든 것이 같다. 여자아이와 남자아이는 모두 어린이이다. 이렇게도 흡사한 동물은 같은 이름으로 불러도 무방하다. 그 뒤에도 성의 발달을 저해받는 남성은 일생 동안 그러한 유사점을 계속 지니게 된다. 그들은 언제까지나 큰 아이이지만 여성은 그러한 유사점을 상실하는 일이 없으므로 여러모로 보아 결코 아이들과 동떨어진 존재로 보이지는 않는다.

그러나 남성은 일반적으로 언제까지나 아이들 상태로 머물러 있게 되어 있지는 않다. 자연에 의해 정해진 시기에 그곳에서 빠져나간다. 그리고 이 위태로운 시대는 상당히 짧다고는 하나 두고두고 장래에 영향을 미친다.

폭풍우에 앞서 바다가 미리 노하듯이 위험한 변화는 나타나기 시작한 정념의 군소리에 의해 예고된다. 둔한 소리를 내며 발효하고 있는 것이 위험의 접근을 경고한다. 기분의 변화, 여러 차례의 흥분, 끊임없는 정신의 동요가 아이들을 거의 어쩔 수 없게 만든다. 전에는 순순히 따르던 사람의 목소리도 아이들에게는 들리지 않게 된다. 그것은 열병에 걸린 사자와 같은 것이다. 아이들은 지도자를 인정치 않고 지도받기를 원치 않는다.

기분의 변화를 나타내는 정신적 표시와 함께 얼굴 모습에도 뚜렷한 변화가 나타난다. 용모가 단정해지고, 어떤 특징을 띠게 된다. 볼 아래쪽에 나기 시작하는 성기고 부드러운 털은 점점 짙어지고 촘촘해진다. 목소리도 변한다. 변한다기보다는 목소리를 상실해 버린다. 그는 아이도 아니고 어른도 아닌, 어느 쪽 목소리도 낼 수 없게 된다. 눈은, 즉 이 영혼의 기관은 지금까지는 말도 없이 무표정했던 것이 어떤 말과 표정을 지니게 된다. 불타오르기 시작한 정열이 눈에 생기를 띠게 하고 싱싱해진 그 눈초리에는 아직도 해맑은 순진함이 느껴지나, 거기에는 이제 옛날처럼 멍한 자취는 찾아볼 수 없다. 눈이 입 이상으로 말을 할 수 있다는 것을 그는 이미 알고 있는 것이다. 그는 눈을 내리깔거나 얼굴을 붉힐 줄도 알게 된다. 무엇을 느끼고 있는지 아직 모르면서도 쉽사리 느끼는 상태가 된다. 이유도 없이 기분이 들뜬다. 이러한 일이 전반적으로 조금씩 나타나기 때문에 당신들에게는 그래도 충분한 여유가 있는 경우도 있다.

그러나 아이들이 걷잡을 수 없이 과격해져 흥분이 열광으로 변하고 순간적으로 초조해지거나 감동하고, 까닭도 없이 눈물을 흘리고, 그에게 위험한 대상이 가까이 올 때, 가슴이 두근거리거나 눈을 반짝이고, 여자 손에 손이 닿는 순간 몸을 부르르 떨면, 여자 옆에 있으면 이성을 잃게 되거나 겁을 먹게 되면, 그때는 오디세우스여, 오오, 현명한 오디세우스여, 조심해야만 한다. 여자가 그렇게 조심스레 봉해 놓았던 주머니가 열려 버린 것이다. 이미 바람은 불기 시작했다. 잠시라도 키를 놓아서는 안 된다. 그렇게 하지 않으면 모든 것을 그르치고 만다.

이것이 내가 말하는 제2의 탄생이다. 여기서 인간은 정말로 인생에 눈뜨며, 인간적인 모든 것과 인연을 맺게 된다. 지금까지 지녔던 우리 마음가짐은 아이들의 장난에 불과했다. 여기서 비로소 진정으로 중요한 뜻을 갖게 된다. 보통 교육이 끝나게 되는 이 시기야말로 바로 우리의 교육이 시작되어야 할 시기인 것이다. 그러므로 이 새로운 국면을 충분히 설명하기 위해 그와 관련된 사태를 아득히 거슬러 올라가 생각해 보기로 하자.

정념은 우리의 자기 보존을 위한 주요한 수단이다. 그러므로 그를 없애려 하는 것은 무익하고 가소로운 노력이다. 그러한 일은 자연을 제어하는 일이며, 신이 만든 것을 개조하는 일이다. 신이 스스로 인간에게 부여한 정념을 없애라고 명령한다면, 신은 원하면서도 원하지 않는 것이 된다. 신은 스스로 모순된 일을 말하는 셈이 된다. 절대로 신은 이치에 맞지 않는 그런 명령을 내리지는 않았다. 그런 일은 인간의 마음속에 전혀 나타나 있지 않다. 그리고 신은 인간이 행하길 원하는 일을 다른 인간의 입을 통해 말하지 않는다. 스스로 인간에게 그 말을 하고 인간의 마음속 깊이 그를 심어 주는 것이다.

그런데 정념이 생겨나는 것을 방해하려는 사람이 있다면 그 역시 정념을 없애려는 사람과 다름없는 어리석은 사람이라고 나는 생각한다. 그러므로 지금까지의 나의 계획을 그런 점에 있었다고 생각하는 사람들은 분명히 나를 몹시 오해하는 것이다.

그러나 정념을 갖는 것이 인간의 자연이라고 해서 우리가 자신 속에서 느끼고, 다른 사람들 속에서 보고 있는 정념을 모두 자연의 것이라고 결론짓는 것을 올바른 추론이라 할 수 있겠는가. 분명히 정념의 원천은 자연의 것이다. 그러나 다른 곳에서 오는 무수한 흐름이 그를 크게 하고 있다. 그것은 계속 물의 양이 불어나는 큰 강이며, 원천에서 흐른 물은 불과 몇 방울밖에 찾아볼 수 없다. 자연스럽게 생겨나는 우리의 정념은 극히 제한되어 있다. 그것이 바로 우리의 자유로운 수단이 되며 우리를 보존하게 된다. 우리를 억누르고 몸을 멸망케 하는 정념은 모두 다른 곳에서 찾아온다. 자연은 그러한 정념을 우리에게 주지는 않는다. 우리는 자연을 희생하여 그것을 받아들이는 것이다.

우리 정념의 원천, 다른 모든 정념의 시초가 되며 근원이 되는 것, 즉 인간이 태어남과 동시에 태어나고, 살아 있는 동안은 절대로 없어지지 않는 단 하나의 정념. 그것은 자기에 대한 사랑이다. 그것은 사람이 태어나면서부터 지니는 원시적인 정념이며, 다른 모든 정념에 앞서는 것으로 어떤 의미로 보면 다른 모든 정념은 그 형태를 바꾼 것에 불과하다. 이런 의미로 본다면 모든 정념은 자연의 것이라 해도 무방할 것이다. 그러나 그러한 형태를 바꾼 정념의 대부분은 외부적인 원인을 갖는 것으로, 그 원인이 없으면 절대로 생겨나지 않는다. 그리고 그러한 형태를 바꾼 정념은 우리에게 유익한 것이 못되며 오히려 해로운 것이다. 그것은 처음 목표를 바꿔 그 근원에 있는 것과 반대되는 일을 시킨다. 거기서 인간은 자연 밖으로 나가게 되며 자기와 모순되게 되는 것이다.

자기 자신에 대한 사랑은 언제나 좋은 것이며 언제나 올바른 질서에 필적한다. 사람은 누구나 자기를 보존하여야 하므로 무엇보다도 주의하여야 할 가장 중요한 일은 두말할 나위 없이 자기 보존이란 일에 계속 배려하는 일이다. 하지만 무엇보다도 그 일에 관심을 가질 수 없다면 계속 어떻게 배려를 할 수 있겠는가.

그러므로 우리는 자기를 보존하기 위해 자기를 사랑해야만 한다. 무엇보다도 더욱 자기를 사랑해야 한다. 그리고 이런 감정의 직접적인 결과로, 우리는 우리의 몸을 지켜주는 자를 사랑한다. 아이들은 모두 유모에게 집착을 갖는다. 로물루스는 젖을 먹여 준 이리에게 집착을 가졌을 것이다. 이러한 집착은 처음에는 순수하게 기계적인 것이다. 어느 개인의 생활을 기분 좋게 도와주는 자는 그 사람의 마음을 이끈다. 해로운 것은 혐오감을 느끼게 한다. 이런 일은 맹목적인 본능에 불과하다. 이 본능을 감정으로 바꾸는 것, 집착을 사랑으로, 혐오를 증오로 바꾸는 것, 그것은 우리에게 해를 주거나, 우리에게 도움을 주려고 하는 명백한 의도다. 다른 곳에서 주어지는 충동에만 따를 정도로 무감각한 존재에 대해서는 사람은 아무런 정열도 느끼지 않는다. 그런데 그 내면의 경향과 그 의지에서 좋은 일과 나쁜 일이 기대되는 사람들, 우리를 위해서 또는 우리를 거역해서 자유로이 행동하는 법을 알고 있는 사람들은 그들이 우리에게 나타내는 감정과 똑같은 감정을 우리에게 갖게 한다. 사람이란 자기에게 도움이 되는 것은 요구하나 자기에게 도움이 되고자 하는 것은 사랑한다. 자기에게 해가 되는 것은 피하나 자기에게 해가 되고자 하는 것은 미워한다.

아이들의 맨 처음 감정은 자기 자신을 사랑하는 일이다. 그리고 제2의 감정은 이 처음 감정에서 생겨나는 것이며. 그에게 접근하는 사람들을 사랑하는 일이다. 무력 상태에 있는 아이들은 도움을 받고, 시중을 들어 줌으로써만 사람들을 알게 되기 때문이다. 처음에 유모와 시중드는 여자에 대한 아이들의 집착은 습관적인 것에 불과하다. 그녀들을 요구하는 것은 그녀들이 필요하기 때문이며, 그녀들이 곁에 있으면 편리하기 때문이다. 그것은 호의를 갖는 것이 아니라 오히려 분별할 줄 아는 것이다. 그녀들이 자기에게 도움이 될 뿐 아니라 도움이 되고자 한다는 것을 이해하기까지는 오랜 시간이 걸린다. 그리고 그녀들을 좋아하게 된다.

거기서 아이들은 태어날 때부터 사람에게 호의를 느끼는 경향을 갖는다. 그에게 접근하는 모든 사람이 그를 도와주고자 한다는 것을 알기 때문이며 그것을 깨닫게 됨으로써 자기와 같은 인간에 대해 호감을 갖는 습관을 몸에 지니기 때문이다. 그러나 아이들이 그 관계, 필요, 능동적이거나 수동적인 의존상태를 확대함에 따라 타인과의 인연을 맺는다는 감정이 싹트게 되며, 의무라든가 좋고 싫다는 감정이 생기게 된다. 거기서 아이들은 명령적이 되며 질투를 느끼게 되고 사람을 속이거나 보복을 하게 된다. 명령받고 있는 일이 무슨 이익이 되는지를 모르는 아이들은 복종을 강요당하면, 그것을 변덕스러워서 그런다고 여기거나 일부러 자기를 괴롭히려는 의도로 생각하고 그에 대해 반항한다. 남이 그가 하라는 대로 하고 있거나 뭔가 그에게 저항하는 것이 있으면 곧 그것을 자기에 대한 반항이라고 보고 일부러 저항한다고 생각한다. 말을 안 듣는다고 그는 의자나 책상을 두드린다. 자기에 대한 사랑은 자기의 일만을 문제시하므로 자기의 진정한 필요성이 충족만 되면 만족한다. 그러나 자존심은 자기를 다른 자와 비교해 봄으로써 절대로 만족하는 일도 없고 만족할 리도 없다.

이 감정은 자기를 어느 누구보다도 사랑하고 다른 사람도 또 그를 자신보다도 더 사랑해 주기를 요구하는 것인데 이것은 불가능한 일이다. 이리하여 온화한 애정에 찬 정념은 자기에 대한 사랑으로부터 우러나며, 증오에 찬 초조하기 쉬운 정념은 자존심에서 생기는 것이다.[1] 그러므로 인간을 본질적으로 선량하게 하는 것은 욕망을 많이 갖지 않는 일이며, 자기를 너무 타인에게 비교해 보지 않는 일이다. 인간을 본질적으로 사악하게 하는 것은 많은 욕망을 갖는 일이며 함부로 남의 의견에 신경을 쓰는 일이다. 이 원칙을 따르면 어린이와 어른의 모든 정념을 어떻게 하면 좋은 방향으로 이끌며, 어떻게 하면 나쁜 방향으로 이끌 수 있는가를 쉽게 알 수 있다. 확실히 인간은 늘 혼자서 살 수는 없으므로 언제나 선량할 수만은 없다. 이 어려움 자체가 인간관계가 넓어짐에 따라 필연적으로 커지는 것이다. 그리고 특히 이 점에 있어 사회의 모든 위험은

---

*1 '자신에 대한 사랑'과 '자존심'의 똑같은 구별은 보브나르그에서도 찾아볼 수 있다.

새로운 필요에서 생기는 타락을 인간의 마음에 생겨나지 않도록 하기 위한 기술과 배려를 보다 더 우리에게 불가결한 것으로 만들게 하는 것이다.

인간에게 적합한 연구는 자기에 대한 여러 가지 관련을 아는 일이다. 육체적인 존재로서의 자기만을 인정하는 동안은 사물과의 관계에서 자기를 연구해야 한다. 이것은 아이들 시절에나 할 일이다. 도덕적인 존재로서의 자기를 느끼게 되면 인간과의 관계에서 자기를 연구해야 한다. 이것은 지금 우리가 도달하고 있는 지점에서 시작하여 일생을 통해서 해야 할 일이다.

반려를 필요로 하게 되면 인간은 이미 고립된 존재가 아니다. 그의 마음은 이제 고독하지 않다. 인간에 대한 그의 모든 관계와 그의 영혼에 대한 모든 애착은 그와 함께 생겨난다. 그의 첫 정념은 이윽고 다른 정념을 발효시킨다.

본능에 입각한 기호는 확실히 결정되어 있지는 않다. 한쪽의 성(性)이 다른 한쪽의 성에 이끌린다. 이것이 자연의 감정이다. 하지만 선택·선호·개인적인 애착은 지식·편견·습관에서 이루어진다. 우리가 사랑을 하려면 때와 지식이 필요한 것이다. 사람은 판단을 한 다음 비로소 사랑을 한다. 비교해 본 다음 비로소 더 나은 쪽을 선택하게 된다. 그 판단은 모르는 사이에 이루어지나, 하여간 그것은 현실적으로 이루어지는 것이다. 진정한 연애는 남이 뭐라건 늘 사람들로부터 경의를 받을 것이다. 연애의 흥분은 우리의 마음을 어지럽히거나 연애는 그것을 느끼고 있는 자의 마음에서 싫은 감정을 상실시키지 못한다 하더라도, 아니 오히려 그런 감정을 일으키는 일이 있을지라도 연애는 항상 뛰어난 성질이 있음을 표시하는 것으로 그것 없이는 사람은 연애를 느낄 수는 없는 것이다. 이성을 반대한 것으로 생각되는 선택은 사실상 이성에서 생겨나는 것이다. 사랑의 신은 장님이라고 한다. 이 신은 우리보다도 날카로운 눈을 지니고 있기 때문이다. 그리고 우리에게 인정되지 않은 관련을 꿰뚫어 보기 때문이다. 뛰어난 점과 아름다움에 대해 아무런 관념도 갖지 않은 자에겐 어떤 여성이라도 좋다는 셈이 되며, 처음 만난 여성이 반드시 가장 좋아하는 여성이 되기 마련이다. 그것은 자연의 경향을 규제하는 것이며, 그 브레이크가 되는 것이다. 사랑을 느낌으로 해서 사랑하는 대상을 제외한 이성은 아무런 뜻도 없는 존재가 되는 것이다.

특별한 애착을 가지면 상대방도 특별한 애착을 가져 주기를 원한다. 연애는 상호적인 것이 돼야 한다. 사랑을 받기 위해서는 사랑하는 인간이 되어야만

한다. 어느 누구보다도 사랑하는 자가 되어야 한다. 적어도 사랑의 대상자에게
는 그렇게 보여야만 한다. 거기서 비로소 자기와 같은 인간에게 주목하게 된
다. 거기서 비로소 자기를 그들과 비교해 본다. 거기서 경쟁심과 질투심이 생긴
다. 어떤 감정이 꽉 차 있는 사람은 자기 마음을 털어놓으려고 한다. 애인을 필
요로 하는 기분에서 이윽고 친구를 필요로 하는 기분이 생긴다. 사랑받는 일
이 얼마나 기쁜 일인가를 알고 있는 자는 모든 사람으로부터 사랑받고 싶어하
겠지만, 누구나가 다 특별히 사랑받기를 원하게 된다면 그 소원을 이루지 못
하는 자가 반드시 많아질 것이다. 연애와 우정과 함께 불화·적대·증오가 생기
게 된다. 이렇게 많은 갖가지 정념이 소용돌이치는 가운데 억견(臆見)이 요지
부동의 왕좌를 이룩해 어리석은 인간들은 그 권위에 묶이어 그들 자신의 생
활을 오로지 타인의 판단 위에 구축하고 있는 광경을 나는 보고 있다.

　이런 관념을 확장하여 생각해 보면 우리가 자연이라고 생각하는 우리 자존
심의 형태가 어디서 오는지 알 수 있을 것이며, 어째서 자기에 대한 사랑이 절
대적인 감정으로서가 아니고, 위대한 사람의 마음속에선 거만해지고 비천한
사람의 마음속에서는 허영이 되며 모든 사람의 마음속에서 끊임없이 가까이
있는 사람을 희생시켜 가면서 자라고 있는지 알 수 있을 것이다. 이런 종류의
정념은 아이들 마음속에 씨앗이 뿌려 있지 않으므로 저절로 싹트는 일은 없
다. 우리만이 그것을 아이들 마음속에 초래하게 되므로 우리가 잘못된 일을
하지 않으면 그것은 절대로 아이들 마음속에 뿌리를 박는 일은 없다. 그러나
청년의 마음에 대해서는 그렇게만 말할 수는 없다. 우리가 무슨 일이나 할 수
있다 하더라도 우리 의지와는 상관없이 그것은 생겨난다. 그러므로 앞으로는
방법을 바꾸어야 한다.

　지금 여기서 문제로 삼고 있는 전환기에 대한 몇 가지 중요한 고찰부터 시
작하기로 하자. 아동기에서 사춘기로 넘어서는 시기는 자연에 의해 그다지 뚜
렷하게 정해져 있는 것은 아니고, 개인에겐 체질에 의해, 국민에겐 풍토에 의
해 달라진다. 이 점에 있어 더운 나라와 추운 나라 사이에 인정되는 차이는 누
구나 다 알고 있는 일이며 다혈질인 체질은 그렇지 않은 체질보다 빨리 완성된
다는 일도 다 아는 사실이다. 그러나 원인이 잘못 생각되는 일도 있으며 도덕
적인 탓으로 돌려야 할 일이 육체적인 탓으로 인정되는 일도 자주 있다. 이것
은 현대 철학에서 가장 빈번하게 볼 수 있는 오류의 하나이다.

자연의 가르침은 늦게서야 시작되고 서서히 진행된다. 인간의 가르침은 언제나 대개 앞서 이루어진다. 자연의 경우는 관능이 상상을 일깨워 준다. 인간의 경우는 상상이 관능을 일깨워 준다. 상상은 관능을 일찌감치 움직이게 하는데 이것은 우선 개인을, 마침내는 인간 전체를 약하고 무기력하게 만들고 만다. 풍토의 영향이라기보다 가장 일반적이고 가장 확실하게 인정되는 사실은, 교양 있고 개화된 국민 사이에선 무지하고 야만스러운 국민 사이에서보다도 사춘기와 성의 능력이 반드시 더 빨리 나타난다는 점이다.*2

아이들은 아이들 특유의 총명한 머리로써 예절 뒤에 숨겨진 모든 악습을 간파하고 만다. 어른들이 아이들에게 가르치는 세련된 말, 품위 있게 굴라는 교훈, 그들 눈앞에 둘러치려는 신비의 장막, 이런 것은 모두 호기심을 자극하는 데 불과하다. 이런 점으로 보아 어른들이 행하고 있는 일을 보면 아이들에게 숨기고자 하는 일들을 결국 그들 자신이 아이들에게 가르치고 있는 것이다. 더구나 아이들이 배운 모든 가르침 가운데 가장 잘 이용하는 것이 바로 그것이다.

경험에 비추어 생각해 보면 알 것이다. 그러한 무심한 방법이 얼마나 자연의 일을 재촉하는 셈이 되며, 체질을 손상케 하는 일인가를 알게 될 것이다. 이야말로 도회지에 사는 인간을 퇴화시키는 주요한 원인의 하나인 것이다. 청년은 일찌감치 생기를 잃어 작고 약하며 충분히 발육하지 못한 채로 자라지도 못하

---

*2 뷔퐁 씨는 이렇게 말하고 있다. "도회지에서 안락한 생활을 하는 사람들의 아이들은 언제나 풍부하고 영양 있는 음식물을 섭취하므로 더 빨리 그러한 상태에 도달한다. 시골의 가난한 민중의 아이들은 너무나도 영양이 없는 빈약한 음식을 섭취하기 때문에 발육이 뒤떨어진다. 그들에게는 2년이나 3년의 세월이 더 필요하다."《박물지》12절판 제4권 238면). 나는 이 사실은 인정하나 설명은 인정하지 않는다. 이를테면 발레주(이탈리아와 프랑스에 접하는 스위스의 주)와 플리우리(이탈리아 북동부 오스트리아에 가까운 지방)와 같은 이탈리아의 몇몇 산악 지방에서도 남녀 모두 사춘기에는 도시의 중심지에서 보다 뒤떨어져 시작되기 때문이다. 그리고 도시에서도 겉치장을 하기 위해 음식물을 극도로 검약하는 일을 종종 볼 수 있으며, 대부분의 사람은 속담에서도 말하는 바와 같이 비로드 옷을 입고 쌀겨를 먹는 것이다. 저 산지에서 어른과 같은 정도로 늠름하게 큰 남자아이가 아직도 변성하지 않은 어린 목소리를 내거나 턱에 수염도 나지 않은 것을 보고, 또 어떤 여자아이가 몸은 완전히 다 자랐는데도 성을 나타내는 주기적인 표징을 전혀 경험하지 않음을 알고 사람들은 몹시 놀란다. 이런 것은 오로지 그 순박한 풍속으로 인해 상상이 더욱 오랫동안 평정한 상태에 있어 좀더 늦어지기 때문에 혈기가 왕성해져서 체질이 그만큼 조숙해 있지 않은 데서 생기는 것이라고 나는 생각한다(원주).

고 늙어 버린다. 봄에 열매를 맺은 포도나무가 가을이 되기도 전에 시들어 죽는 것과 마찬가지이다.

비천하고 단순한 국민 사이에서 살아본 일이 없으면 그러한 나라에선 행복한 무지가 얼마나 오랫동안 아이들의 순진성을 지속시킬 수 있는가를 모른다. 그런 나라의 남녀가 청춘의 아름다움이 한창일 때 마음속에 불안도 느끼지 않고 어린 시절의 천진한 놀이를 그대로 계속하여 그들의 친밀한 모습 그 자체가 순진무구한 즐거움을 나타내고 있는 것을 보는 것은 감동적이기도 하고, 흐뭇하기도 한 광경이다.

그런 사랑스러운 젊은이들이 마침내 결혼하게 되면 남편과 아내가 서로 순결한 육체를 상대방에게 바치고 그로 인해 더욱 사랑스러운 존재가 된다. 건강하고 기운찬 여러 아이가, 어떤 일이 있어도 변치 않는 결합의 보증이 되며 젊은 시대의 지혜의 열매가 된다.

인간이 성을 의식하게 되는 시기는 자연의 작용과 같은 정도로 교육의 결과에 따라 달라진다면, 아이들의 양육 방법에 따라 그 시기를 빨리하거나 늦출 수도 있다. 그리고 그것에 따라 몸이 튼튼해지거나 약해진다면, 그 속력을 늦추도록 노력할수록 청년은 건강과 힘을 더 획득하는 셈이다. 지금 나는 단순히 육체적인 결과에 대해서만 말하고 있지만 결과는 거기서만 그치지 않으리라는 것은 곧 알 수 있을 것이다.

이런 고찰에서 나는 곧잘 논의되고 있는 문제에 대한 해답을 끌어낸다. 그것은 아이들의 호기심의 대상이 되고 있는 일에 대해 일찌감치 그들에게 설명해 주는 편이 좋으냐, 아니면 고상한 거짓말로 그들을 속이는 편이 좋으냐 하는 문제이다. 그러한 일은 둘 다 해서는 안 될 일이라고 나는 생각한다. 첫째로 그러한 호기심은 아이들에게 기회를 주지 않으면 생기지 않는 법이다. 그러므로 그런 호기심을 갖지 않도록 하여야 한다. 다음으로 대답해 줄 필요가 없는 문제는 그에 대해 질문하는 자를 속일 필요가 없다. 거짓말을 해 가며 답변해 주기보다 잠자코 있게 하는 편이 낫다. 아무래도 좋을 것 같은 일에 대해서는 언제나 입을 다물게 해 두면 그렇게 명령해도 상대방은 별로 이상하다고 생각지는 않을 것이다. 그러나 답변하려고 결심했을 경우에는 가능한 한 솔직하고 분명한 대답을 할 것이며, 난처한 얼굴을 보이거나 미소를 띠거나 하는 일이 없어야 할 것이다. 아이들의 호기심은 자극하기보다 만족하게 해 주는 편이 훨씬 더 위험성이 적다.

　답변은 언제나 진실성 있게 간단하고 분명히 해줘야 한다. 절대로 주저하고 있는 듯한 모습을 보여서는 안 된다. 물론 진실을 말해 줘야 함은 두말할 나위도 없다. 어른들에게 거짓말을 하는 것은 위험하다는 것을 아이들에게 가르치려면 어른으로서 아이들에게 거짓말을 하는 것은 더 위험한 일이라는 것을 느껴야 할 것이다. 선생이 학생에게 한 말이 한 마디라도 거짓말이란 것을 알게 되면 교육의 효과는 완전히 상실되고 만다.

　어떤 종류에 대해서는 전혀 모르고 있는 것이 아이들에겐 가장 좋은 일인지도 모른다. 그러나 언제까지나 숨겨 둘 수 없는 일은 일찌감치 가르쳐 주는 것이 좋다. 절대로 호기심이 이는 일이 없도록 해주거나, 아니면 위험이 따르기 전에 호기심을 채워 주거나 해야 한다. 학생에 대한 당신네들의 태도는 이 점에 있어서는 학생의 개인적인 경우, 그를 둘러싸는 사회, 언젠가는 그가 처하게 되리라 예상되는 상황 등에 크게 의존하고 있다. 여기서는 무엇이나 우연에 맡기지 않는다는 일이 중요한 것이다. 그리고 16세가 될 때까지 성(性)의 차이라는 점에 대해 아무것도 알리지 않고 놔둘 자신이 없으면 10세가 될 때까지 그것을 가르쳐 주도록 하여야 한다.

　사물을 그 본래 이름으로 부르기를 피하고자 아이들에게 지나치게 세련된 말을 쓰거나, 아이들은 금방 알아차리는 일이지만 돌려서 번거로운 말을 하는 것을 나는 좋아하지 않는다. 그런 일에 대해서는 품행이 바른 사람들은 언제나 아주 솔직한 태도를 보여 주고 있다. 그런데 부도덕에 의해 더럽혀진 상상력은 귀를 민감하게 하고 계속 표현에 세심한 배려를 하게 한다. 품위 없는 말씨를 쓰더라도 그것은 그리 대수로운 일이 아니다. 난잡한 관념이야말로 멀리해야 한다.

　수치심은 인간에게 자연스러운 것이지만, 아이들은 그것을 자연스럽게 지니는 것은 아니다. 수치심은 악을 앎으로 해서 비로소 생겨나는 것이다. 아이들은 악을 모르고 알 까닭도 없는데, 그 지식의 결과인 감정을 어떻게 지닐 수 있겠는가. 부끄러움을 알라든가 품행을 바르게 하라든가 하는, 아이들에게 가르치는 것은 세상에는 부끄러운 일, 난잡한 일이 이루어지고 있음을 가르치는 셈이 된다. 그런 일을 알고자 하는 욕망을 남몰래 느끼게 하는 결과가 되는 것이다. 언젠가 아이들은 그 소망을 품게 되며 상상력에 접하는 최초의 불꽃은 확실히 일찌감치 관능을 불타오르게 한다. 얼굴을 붉히는 자는 죄를 범하고 있는 것이다. 정말로 순진한 자는 조금도 부끄럽게 생각지 않을 것이다.

아이들은 어른들과 똑같은 욕망을 갖지 않는다. 그러나 어른과 마찬가지로 감각에 불쾌를 느끼게 하는 불결한 일을 하지 않을 수는 없다. 이 필요성만으로도 아이들은 역시 예절을 배우게 된다. 자연 방침을 따름이 좋을 것이다. 자연은 남모르게 느끼는 쾌락의 기관과 불쾌한 필요의 기관을 같은 곳에 둠으로써 어떤 때는 어떤 관념에 의해 또 어른에게는 뉘우침에 의해, 아이들에게는 청결함에 의해 다른 시기에도 같은 마음가짐을 갖게 한다.

아이들에게 순진한 마음을 계속 유지시키는 좋은 방법은 하나밖에 없다고 생각된다. 그것은 아이들 주위에 있는 모든 사람이 순진한 것을 존중하고 사랑하는 일이다. 그런 일이 없다면 아이들에 대해 아무리 신중한 태도를 취하려 해도 언젠가는 본성이 드러나게 된다. 하찮은 미소, 눈짓, 조심성 없는 몸짓이 아이들에게는 말하지 않으려고 하는 일을 모두 이야기하게 돼 버린다. 그러한 일을 알려면 어른들이 그것을 숨기려고 한다는 것을 아는 것만으로도 아이들에겐 충분한 것이다. 품위 있는 사람들이 서로 쓰는 섬세한 말솜씨와 말, 그리고 아이들이 지니면 안 될 지식을 예상하는 말솜씨와 말은, 아이들이 있는 곳에서는 전적으로 어울리지 않는 것이다. 그러나 아이들의 단순함을 진심으로 존중한다면 아이들에게 말을 걸 때는 그들에게 알맞은 단순한 말을 쉽게 발견할 수 있을 것이다. 천진스러운 자에게 적당한 말, 그들을 기쁘게 해주는 소박한 말씨라는 것이 있다. 그것이 아이들을 위험한 호기심에서 멀리하는 올바른 말씨이다. 무슨 일에 대해서나 솔직히 말하면 그애들에게 하지 않은 말이 있지나 않나 하는 의심을 품게 하지 않을 것이다. 저속한 말에는 그에 알맞은 불쾌한 관념을 결부시키면 상상의 불은 곧 꺼버릴 수 있다. 그러한 말을 입 밖에 내거나 그러한 관념을 갖거나 하는 일을 막지는 못할망정 모르는 사이에 아이들은 그러한 말과 관념을 갖는 일에 혐오감을 느끼게 된다. 이런 소박한 자유는 그것을 자신의 마음에서 끌어내어 언제나 말해도 좋은 일을 말하며, 늘 느낀 그대로를 솔직히 말하는 사람들에게 얼마나 많은 당혹감을 피하게 하는지 모른다.

"아기는 어떻게 생기죠?" 아주 자연스럽게 아이들이 품게 되는 성가신 의문이지만 거기에 대한 불성실한 해답이나 사려 깊은 해답이 일생을 통해 그 아이의 품행과 건강을 결정하는 일이 있다. 자식을 속이는 일 없이 그것을 풀어나가기 위해 어머니가 할 수 있는 가장 간단한 방법은 그를 잠자코 있도록 하게 하는 일이다. 아무래도 좋을 것 같은 질문에 대해서는 일찍부터 그렇게 습관을 붙여 놓았다면, 갑자기 그런 투로 대답해서 뭔가 비밀이 있는 것이 아닌가 하는 의심을 품게 하는 일이 없다면, 그것도 그럴듯한 일이다. 그러나 어머니는 그것만으로 끝내 버리는 일은 여간해서 없다. "그것은 결혼한 사람의 비밀이다." 어머니는 이런 말을 해 줄 것이다. "어린 남자아이들은 그런 걸 알려고 들면 안 돼요." 이 말은 어머니를 궁지에서 구해내는 데는 참으로 그럴 듯한 말이다. 그러나 그 어린 남자아이는, 그런 경멸하는 말투에 볼이 부어서 결혼한 사람의 비밀을 알기까지는 잠시도 침착해질 수 없다는 것과 머지않아 그 비밀을 알게 되리라는 것을 어머니는 알고 있어야 한다.

같은 질문에 그와는 전혀 다른 대답을 하는 것을 들은 일이 있다. 그 말을 전할 수 있도록 허용해 주기 바란다. 그것은 말투나 태도가 얌전한 부인이 말한 것이므로, 더욱 감명이 깊었던 것이다. 그러나 그 사람은 필요시에는 자식의 행복을 위해 또 미덕을 위해 사람들의 비난이나 익살꾼의 이야깃거리가 되지나 않을까 하는 쓸데없는 근심을 무시할 수 있는 사람이었다. 아직 어렸을 때 그 아이는 오줌과 함께 작은 결석을 배출하여 그로 인해 요도를 상하게 한 일이 있었다. 그러나 그 통증은 이미 잊고 있었다. 아이는 갑자기 물었다. "어머니, 아기는 어떻게 생기죠?" 어머니는 주저하지 않고 대답했다. "여자는 오줌을 누는 것처럼 아기를 낳는단다. 그런데 굉장히 아프기 때문에 죽는 일도 있단다." 어리석은 자는 웃어도 좋다. 생각 없는 자들은 눈살을 찌푸려도 좋다. 그러나 현명한 사람은 이보다 더 목적에 합당하고 분별있는 해답이 또 어디 있겠나 생각해 봄직한 일이다.

우선 아이들이 알고 있는 자연의 필요라는 관념이 신비로운 일이라는 관념을 멀리한다. 그와 함께 고통과 죽음의 관념이 슬픔의 베일을 던져 상상력을 약하게 하고 호기심을 억제한다. 모든 것이 출산의 결과에 마음을 집중케 하고 그 원인을 생각지 못하도록 한다. 인간의 본질적인 약함, 혐오를 느끼는 것, 고뇌의 모습, 그 대답에 혐오를 느끼면서도 다시 아이들이 설명을 요구했더라도 그것은 이러한 일에 대한 설명을 이끄는 셈이다. 이런 식으로 이야기를 이끌어가면, 들뜬 욕망이 솟아나올 여지가 어디에 있겠는가. 더구나 당신네들도 알고 있듯이 진실은 일그러진 것은 아니며, 학생을 가르치는 대신 속일 필요도 없었던 것이다.

당신네들의 자녀는 책을 읽는다. 읽지 않으면 지닐 수 없는 지식을 독서에 의해 얻는다. 공부하고 있을 때는 조용한 공부방에 틀어박혀 상상력을 불태우며 격렬해진다. 사람들 속에 나가면 까닭도 모르는 기묘한 이야기를 듣고 뜻하지 않은 본보기를 보게 된다. 아이들은 자기가 남자라는 것을 충분히 잘 알고 있으므로 자기 눈앞에서 남자들이 여러 가지 일을 하고 있는 것을 보면 금방 어떻게 하면 자기도 잘할 수 있을까 하는 생각을 한다. 남의 판단을 규칙으로 삼으면 아무래도 남의 행동을 모범으로 삼아야 할 것이다. 아이들을 돌보는 하녀들, 물론 아이들 마음에 들게 하기 위해 애쓰는 하녀들은 아이들의 품행을 잘 이끌어야겠다는 생각은 않고 무턱대고 비위만 맞춘다. 아무리 파렴치한 여자라도 15세의 소년에게는 할 수 없는 그런 말을 얼간이 하녀는 네 살짜리 어린아이를 상대로 지껄여댄다. 하녀는 자기가 한 말을 곧 잊어버리지만, 아이는 들은 말을 잊지 않는다. 난잡한 이야기는 품행이 나빠지는 근원이 된다. 나쁜 하인은 아이를 방탕아로 만든다. 그리고 아이의 비밀이 하인의 비밀을 지켜 주는 셈이 된다.

그 나이에 알맞게 양육되고 있는 아이는 고독하다. 습관에서 생기는 애착 이외에는 애착을 갖지 않는다. 그는 자기 시계를 소중히 여기듯이 여동생을 귀여워한다. 개를 귀여워하듯이 친구들을 사랑한다. 자기의 성(性)을 전혀 의식하지 않으며 인간 대열에 낀 한 사람이라는 것도 의식하고 있지 않다. 남자나 여자나 그에게는 상관없는 존재다. 그들이 하고 있는 일이나 말하는 것도 자기하고 결부시켜 생각하는 일이 전혀 없다. 그것을 보지도 않고 듣지도 않으며 또는 거기에 전혀 관심을 갖지 않는다. 그들의 이야기나 그들의 실례도 역시 그의 흥미를 끌지 못한다. 그런 일은 모두가 그와는 관계없는 일인 것이다. 그것은 그 방법으로 인해 야기되는 인위적인 잘못은 아니다. 자연에 입각한 무지인 것이다. 이와 같은 자연은 때가 되면 학생에게 설명해 주게 되는 것이다. 그때 비로소 자연은 베풀어지는 가르침을 아무런 위험도 없이 학생이 이용할 수 있게 해 준다. 이것이 원칙이다. 세부의 규칙은 나의 주제는 아니다. 게다가 다른 일로 내가 제안하고 있는 방법은 이 문제에서도 보고 배울 모범이 된다.

나타나기 시작한 정념에 질서와 규칙을 부여하려면 그것이 발달해 가는 기간을 연장시켜 나타나는 대로 정리해 나갈 수 있는 여유를 주면 될 것이다. 이렇게 하면, 질서를 부여하는 것은 인간이 아니라 자연 그 자체가 되는 것이다. 당신네들이 생각할 일은 자연에게 자기 일을 정리시키는 일뿐이다. 당신네들의 학생이 혼자 있다면 당신네들은 아무 일도 하지 않아도 된다. 그런데 그의 주위에 있는 모든 사람이 그의 상상을 불타오르게 한다. 분류와 같은 편견이 그를 떠내려가게 한다. 그것을 막기 위해서는 반대 방향으로 그를 끌어당기고 있어야 한다. 감정이 상상을 꽁꽁 묶어, 이성(理性)이 사람들의 의견을 잠재시키도록 해야 한다. 모든 정념의 원천은 감수성이며, 상상력이 그 흐름의 방향을 결정한다. 자기에게 관련된 일을 느끼고 있는 모든 존재는 그 관련이 변한 경우에는, 그리고 자기 본성에 더욱 알맞은 관련을 발견했을 경우에는, 또는 발견했다고 믿었을 경우에는 그 영향을 받지 않을 수 없을 것이다. 모든 유한한 존재—가령 천사에게도 정념이 있다면*³—의 정념을 부도덕으로 바꾸어 주는 것은 상상에서 오는 잘못이다. 자기 본성에 어떤 관련이 가장 적당한가를 알려면 모든 존재의 본성을 알아야만 한다.

그러므로 정념을 지님에 있어, 인간의 모든 지혜를 요약하면 다음과 같다.

① 인간으로서 일반적인 면에서나 개인적인 면에서나 인간의 올바른 관련을 이해할 것.

② 그 관련에 따르는 모든 마음의 움직임에 질서를 부여할 것.

그러나 인간은 자유로이 온갖 관련에 따라 그 마음의 움직임에 질서를 부여할 수 있겠는가. 그의 상상력을 자유로이 온갖 것에 집중시킬 수 있다면, 또는 상상력에 온갖 습관을 자유로이 부여할 수 있다면, 확실히 그렇게 할 수도 있다. 특히 여기서 문제로 삼는 것은 어떤 인간이 자기 자신에 대해 할 수 있는 일이 아니라, 오히려 우리가 학생을 둘 환경의 선택으로 그에게 할 수 있는 일인 것이다. 자연의 질서 안에 머물게 하기 위한 적당한 방법을 말하는 것은 어떻게 하면 학생이 그곳에서 빠져나갈 수 있나를 충분히 나타내는 셈이 된다.

그의 감수성이 자기 일에만 한정되어 있는 동안에는 그의 행동에는 도덕적인 것은 아무것도 없다. 감수성이 자기 밖으로 퍼져 나가게 되면 비로소 그는

---

*3 루소는 원고에서 s'il y en a(천사라는 것이 있다면)이라고 한 것을 나중에 s'ils en ont(천사에게도 정념이 있다면)으로 정정한 모양이다. 다만 루소가 죽은 뒤 친구들에 의해 1782년 출판된 제네바판에서는 원고대로 되어 있다. 루소는 천사의 존재에 상당히 저항을 느꼈던 것 같다.

우선 선악의 감정을, 이어서 그 관념을 갖게 되며, 그로 인해 정말 인간이 되며, 인류를 구성하는 일원이 된다. 그러므로 우리는 우선 이 최초의 점을 관찰해야 할 것이다.

이것은 어려운 일이다. 그러한 관찰을 하려면 우리 눈앞에 있는 실례를 버리고, 연달아 이루어지는 발전이 자연의 질서에 따르는 실례를 찾아야만 한다.

앞지른 지식이 주어지고 그것을 실행에 옮길 능력을 오로지 기다리고 있는 세상 물정을 잘 아는 세련된 아이, 문화적인 아이는 그 능력이 생겨날 시기에 대해 잘못 생각하는 일은 결코 없다. 그러한 아이들은 기다리고만 있기는커녕 그 시기를 빨리 오게 하고 욕망을 느끼기 훨씬 전부터 일찍 피가 끓어 욕망의 대상이 어떤 것이라야 한다는 것을 알고 있다. 자연이 그를 자극하는 것이 아니라 그가 자연을 재촉하는 것이다. 그는 사실상 어른이 되기 훨씬 전부터 기분은 이미 어른이 되어 있는 것이다.

자연의 올바른 발걸음은 좀더 단계적으로 서서히 이루어진다. 조금씩 피가 뜨거워지고 정신이 형성되며, 체질이 완성되어 간다. 작업을 지휘하는 현명한 기술자라면 모든 기계를 정성껏 완성한 다음 그것을 사용케 한다. 오랫동안 들뜬 기분이 최초의 욕망에 앞서며 오랜 무지가 욕망의 대상에 대해 잘못 생각하게 한다. 뭔가 까닭도 모르는 채로 욕망을 느끼고 있다. 피가 발효하여 끓어오른다. 여분의 생명은 밖으로 퍼져 나가려고 한다. 눈이 생기를 띠어 다른 존재를 바로 보게 되며 우리 주위에 있는 사람들에게 흥미를 갖기 시작하고, 인간은 혼자서 살 수 없게 만들어졌다는 것을 느끼기 시작한다. 이리하여 인간적인 애정에 대해 마음이 열리고 애착을 가질 수 있게 된다.

조심스럽게 자란 청년이 느낄 수 있는 첫 감정은 사랑이 아니라 우정이다. 나타나기 시작한 상상력의 첫 행위는 청년에게 자기와 같은 인간의 존재를 가르쳐 주는 일로, 인류에 대한 감정이 이성에 대한 감정보다 빨리 눈뜨게 된다. 그러므로 무지의 상태를 연장시키는 데는 또 한 가지의 이익이 있는 셈이 된다. 그것은 나타나기 시작한 감수성을 이용하여 젊은 청년의 마음에 인간애의 첫 씨를 뿌리는 일이다. 이것은 일생을 통해 이 시기야말로 이러한 마음가짐이 정말로 결실을 거둘 수 있는 유일한 시기인 만큼 더욱 귀중한 것이다.

일찍부터 타락하여 여자와 방탕하게 놀아난 청년은 몰인정하고 잔인하다는 사실을 나는 수없이 보아왔다. 격렬한 기질이 그들을 인내심이 없고 복수심이 강한 횡포한 인간으로 만든다. 그들의 상상력은 다만 한 가지 일에만 사로잡혀 다른 일은 일체 생각하려 들지 않는다. 그들은 동정할 줄도 모르고 연민할 줄도 모른다. 하찮은 쾌락을 위해서 그들은 아버지와 어머니는 물론 온 우주까지도 희생시키려 한다.

그와는 반대로 혜택 받은 단순함 속에서 자란 청년은 자연의 기본적인 충동에 의해 부드러운 애정에 찬 정념을 갖게 된다. 동정심이 있는 마음은 자기와 마찬가지인 인간의 괴로움에 동요된다. 친구와 재회했을 때 그는 기쁨에 몸을 떨게 되고, 그의 팔은 포근한 포옹을 하게 되며, 그의 눈은 감동의 눈물을 흘리게 된다. 그는 남에게 불쾌감을 사는 부끄러움과 남의 마음을 상하게 하는 유감의 마음을 잘 느낀다. 타오르는 뜨거운 피가 그를 흥분하게 하고 노하게 하는 일이 있다 해도 잠시 뒤에는 그 일을 깊이 후회하는 모습에서 그 마음의 선량함을 확실히 엿볼 수 있다.

자기가 입힌 상처를 보고 그는 눈물을 흘리고 신음 소리를 낸다. 그가 흘린 피를 가능하면 자기 피로 보충해 주고 싶다고 생각한다. 자기 과오를 뉘우치고 격렬한 흥분도 가라앉으면 노한 마음도 완전히 가라앉고 만다. 자기가 욕을 본 경우에도, 아무리 심한 분노를 느끼고 있어도, 일단 용서를 바라면 단 한마디로 노여움을 푼다. 자기의 잘못을 용서받을 때와 마찬가지로 그는 진심으로 남의 잘못을 용서해 준다. 청년기는 복수심을 태우는 시기도 아니고 증오를 느끼는 시기도 아니다. 동정·인자·관대의 시기이다. 그렇다, 이런 일을 주장해도 경험에 의해 위배될 우려는 없을 것이다. 선천적으로 나쁜 아이가 아니라면, 20세가 되기까지 순수성을 잃지 않은 아이는, 그때면 가장 관대하고 선량하며 누구보다도 남을 사랑하고 남에게 사랑받는 인간이 되었을 것이다. 지금까지 당신들은 이런 말을 전혀 듣지 못했을 것이다. 그것도 그럴 것이라 생각된다. 당신네들의 철학자는 학원의 퇴폐한 공기 속에서 교육되었으므로 그런 일을 알려고 하는 데 관심을 갖지 않는 것이다.

인간을 사회적으로 만드는 것은 그의 약함이다. 우리 마음에 인간애를 느끼게 하는 것은 우리에게 공통된 비참함 때문이다. 인간이 아니라면 우리는 인간애를 느낄 필요가 전혀 없는 것이다. 애착은 모두 부족함이 있는 증거이다. 우리 각자가 다른 인간을 전혀 필요치 않는다면 다른 인간과 함께 어울리려는 생각은 아무도 하지 않을 것이다. 이리하여 우리의 약함 그 자체에서 우리의 덧없는 행복이 태어나는 것이다. 정말로 행복한 존재는 고독한 존재다. 신만이 절대적인 행복을 즐기고 있다. 도대체 우리 가운데 누가 그런 행복에 대한 관념을 갖고 있겠는가. 누군가 불완전한 존재자가 자기 혼자만이 만족할 수 있다면 우리가 생각할 수 있는 어떤 일을 그는 즐기고 있는 셈이 되는가. 그는 혼자서 비참한 자가 될 것이다. 아무것도 필요한 것이 없는 자가 무엇을 사랑할 수 있다고는 생각되지 않는다.

그러므로 우리가 우리와 똑같은 인간에 대해 애착을 갖는 것은 그들의 기쁨의 공감에서가 아니라 오히려 괴로움을 공감하는 일에 의해서이다. 거기서 우리는 우리의 본성과 보다 더 잘 일치되는 것을, 그리고 우리에 대한 그들의 애착의 보증이 되는 것을 보기 때문이다. 우리에게 공통된 필요는 이해관계로 우리를 결부시키나, 우리에게 공통된 비참함은 애정으로 우리를 결부시킨다. 행복한 사람의 모습은 다른 자에게 애정보다도 선망의 마음을 느끼게 한다. 그러한 사람이 자기만의 행복을 손에 넣은 것은 당치도 않은 권리를 가로채었기 때문이라고 우리는 비난해 주고 싶다. 그리고 자존심은 그 사람이 우리를 전혀 필요로 하지 않는다는 것을 우리에게 느끼게 하여 더 괴로워하는 결과가 된다. 그런데 눈앞에서 괴로워하고 있는 불행한 사람을 불쌍하다고 생각지 않는 사람이 있겠는가. 그런 마음만 먹으면 되는 경우, 그 사람을 불행한 처지에서 구해내야겠다는 생각을 않는 자가 있겠는가. 상상은 우리를 행복한 사람의 입장에서보다는 오히려 비참한 사람의 입장에서 생각하게 한다. 이 두 가지 상태 중 하나는 또 하나의 상태보다도 우리에게 더 친근감을 느끼게 한다는 것을 알 수 있다. 동정은 통쾌한 것이다. 괴로워하고 있는 자의 지위에 자기를 놓고, 더구나 그 사람처럼 자기는 괴로워하지 않는다는 기쁨을 느끼게 하기 때문이다. 선망의 마음은 쓰디쓰다. 행복한 사람을 보는 것을 부럽게 생각하고 있는 자를 그 사람의 지위에 둘 수는 없다. 자기는 그런 지위에 놓여 있지 않다는, 한스러운 기분을 들게 하기 때문이다. 한쪽은 그가 괴로워하고 있는 괴로움을 우리가 모면할 수 있도록 해주고 있는 것처럼 보이고, 또 한쪽은 그가 즐기고 있는 기쁨을 우리에게서 빼앗아 가는 것처럼 느껴진다.

그러므로 청년의 마음에 나타나기 시작한 감수성의 첫 움직임에 자극을 주어 그것을 키워 나가려면, 그의 성격을 자비와 친절 쪽으로 이끌어 나가려면, 사람들의 행복의 거짓 모습을 보여주고 거만한 마음, 허영심, 선망의 마음을 싹트게 하는 일을 해서는 안 된다. 처음부터 궁중의 화려함, 궁전의 호화로운 생활, 갖가지 모임의 매력을 그의 눈앞에 펼쳐 보여서는 안 된다. 인간을 알기 전에 세상을 보여 주는 일은 그를 교육시키는 일이 아니라 타락시키는 일이 된다. 그것은 그를 가르치는 것이 아니라 속이는 일이 된다.

인간은 태어날 때부터 국왕, 귀족, 왕족, 재산가는 아닌 것이다. 모두 알몸의 가난한 인간으로 태어나는 것이다. 모두 인생의 비참함·슬픔·불행·결핍, 여러 종류의 괴로움을 타고나는 것이다. 게다가 다 죽을 운명을 갖고 태어나는 것이다. 이것이 진실로 인간에게 주어진 일이다. 어떤 인간이나 피할 수 없는 일이다. 그러므로 우선 인간의 본성에 속하는 것으로 무엇보다도 그것과 끊을 수 없는 일과 무엇보다도 인간성을 잘 나타내는 일을 연구하여야 할 것이다.

16세가 되면 청년은 괴로워한다는 것이 무엇인가를 알고 있다. 자기가 괴로 워해 본 적이 있기 때문이다. 그러나 자기와는 별개의 존재도 괴로워하고 있다 는 사실은 아직 거의 모르고 있다. 괴로워하고 있는 것을 보아도 그것을 느끼 지 않으면 알 수 없는 것이며, 내가 이미 말했듯이 아이들에겐 다른 사람이 느 끼고 있는 것은 생각할 수 없으므로 불행이라고 하면 자기의 불행밖에 모르 는 것이다. 그러나 감각의 범위가 넓어져 상상의 불이 붙으면 그는 자기와 똑 같은 인간에게서 자기를 느끼고, 그들의 슬픔에 마음이 움직여 그들의 괴로움 에 고통을 느끼게 된다. 그러므로 괴로워하는 인류의 가련한 광명이 지금까지 맛보지 못한 감동을 처음으로 그의 마음속에 불러일으키게 된다.

당신들의 학생에게서 그러한 시기를 확인하지 못한다 하더라도 그것은 아무 의 책임도 아닐 것이다. 당신네들은 그들에게 일찍부터 감정을 마음대로 다루 는 일을 가르치고 있다. 일찍부터 감정의 말을 익히게 하고 있다. 그러므로 그 들은 언제나 같은 투로 말하며, 당신들의 가르침을 당신들 자신에 대해 적용 하여, 언제 거짓말을 하지 않고 말하고 있음을 느끼게 되는지 분별할 수 있는 수단을 전혀 당신들에게 주지 않는 것이다. 그러나 나의 에밀을 보라. 내가 그 를 이끌어 왔던 시기에는 그는 느낀 일도 없었으며 거짓말을 한 일도 없다. 그 는 사랑한다는 것이 무엇인지 알기 전에 누군가에게 "나는 당신을 정말로 사 랑합니다" 말한 일은 없다. 아버지 방이나 어머니 방, 또는 병으로 누워 있는 교사의 방에 들어갈 때는 이렇게 하라 하고 그에게 타이른 적은 없다. 느끼지 도 않은 슬픔을 꾸미는 기교를 가르치지는 않았다. 누가 죽어도 거짓 눈물을 흘린 일은 없다. 죽는다는 것이 어떤 것인지 모르기 때문이다. 심정이 무관심하면 태도도 역시 무관심하다. 다른 아이들과 다른 점은, 흥미를 느끼고 있는 체하지 않는 일, 다른 아이들처럼 거짓말쟁이가 아니라는 일, 그것뿐이다.

에밀은 감각을 갖는 존재라는 데 대해 그다지 생각해 본 일이 없기 때문에, 괴로워하거나 죽거나 하는 일에 대해서는 아주 뒤늦게서야 알게 된다. 비탄하는 목소리가 이윽고 그의 마음을 뒤흔들기 시작한다. 피가 흐르는 것을 보면 눈을 돌리게 된다. 숨이 끊어지려는 동물의 경련은 지금까지 느낀 일이 없는 그 마음의 움직임이 어떻게 일어나는가를 알기 전부터 뭐라 말할 수 없는 고민을 느끼게 한다. 느낌이 둔하고 야만적이라면 그는 그런 것을 느끼지 못할 것이다. 좀더 많은 지식을 지녔다면 그는 그 원인을 알게 될 것이다. 그는 이제 많은 관념을 비교해 보고 있기 때문에 아무것도 느끼지 않을 수는 없지만, 느끼고 있는 것을 이해할 만큼 충분히 많은 관념을 아직 비교하지는 않은 것이다.

이리하여 동정심이 생기는 것이다. 이것은 자연의 질서에 의하면 최초로 사람의 마음을 움직이는 상대적인 감정이다. 동정심을 느끼기 쉬운 사람이 되려면, 아이들은 자기가 괴로워한 일을 괴로워하고, 자기가 느낀 괴로움을 느끼고, 자기도 느낄지 모른다는 생각으로 그 관념을 지니고 있는, 다른 괴로움을 느끼고 있는 자기와 다른 존재가 있음을 알아야만 한다. 사실상 우리를 우리 밖으로 옮겨 괴로워하고 있는 생물(生物)과 동화시키는 일이 없다면, 이를테면 우리 존재를 버리고 그 자체의 존재가 된다는 일이 없다면, 어떻게 우리가 불쌍함에 마음이 동요되겠는가. 그 자체가 괴로워하고 있다고 판단함으로써만 우리는 괴로워한다. 우리의 일을 생각해서가 아니라 그 자체의 일을 생각하고 우리는 괴로워하는 것이다. 그러므로 상상이 움직이지 않으면, 자기 밖으로 자기를 옮길 수 없다면 누구나 느끼기 쉬운 인간이 될 순 없다.

나타나기 시작한 이 감수성에 자극을 주어 그것을 유지하기 위해서는, 그것을 지도해 나간다기보다 그 자연의 경향을 따라가기 위해서는 우리는 도대체 무엇을 해야만 하는가. 청년의 마음에 넘치는 힘이 작용할 수 있는 대상, 마음을 활짝 펴서 다른 존재 위에 펼치고, 가는 곳마다 자기 밖에서 자기를 인정케 하는 대상을 그에게 나타내 주는 일이 아닌가. 마음을 죄고 내부로 집중케 하여 인간의 자아를 긴장시키는 대상을 조심스레 멀리하는 일이 아닌가. 즉 바꿔 말하면, 친절한 마음·인간애·동정심·자비심 등, 저절로 사람들을 기쁘게 해주며, 부드럽게 사람을 끌어당기는 모든 정념을 자극하여 선망의 마음·증오심 등, 남들이 싫어하는 잔혹한 정념, 말하자면 감수성을 무의미하게 할 뿐 아니라 부정적이고, 느끼고 있는 자의 마음을 괴롭히는 모든 정념을 불러일으키지 않도록 하는 것이 아닌가.

위와 같은 고찰은 모두가 정확, 명쾌하여 곧 이해할 수 있는 두 가지, 아니 세 가지 준칙으로 요약할 수 있다고 생각한다.

제1의 준칙

인간의 마음은 자기보다도 행복한 사람의 지위에 자기를 놓고 생각할 수는 없다. 자기보다도 불쌍한 사람의 지위에 자기를 놓고 생각할 수 있을 뿐이다.

이 준칙에 예외가 있다 하더라도 그것은 현실적인 일이기보다 표면적인 경우일 때가 많다. 그러므로 사람은 애착을 느끼고 있는 부자나 귀족의 지위에 자기를 놓고 생각할 수는 없다. 진심으로 애착을 느끼고 있을 때라도 그 편한 생활의 일부분을 동감함에 불과하다. 때로 사람은 불행한 처지에 있는 그들을 사랑한다. 그러나 윤택한 상태에 있는 한 그들의 진정한 친구가 될 수 있는 사람은 표면적인 일에 속지 않고, 아무리 그들이 번영하고 있다 하더라도 그들을 부러워하는 일이 없고 오히려 가엾이 여기고 있는 사람일 뿐이다.

어떤 종류의 상태인 행복, 이를테면 전원의 목가적인 생활의 행복에는 대부분 마음이 동요된다. 그 행복하고 선량한 사람들을 바라보는 매력은 선망의 마음에 의해 해를 입는 일은 없다. 사람은 그들에 대해서는 진심으로 흥미를 느낀다. 그것은 왜 그럴까. 그 평화롭고 순박한 사람들의 신분이 되어 똑같은 행복을 즐기려 한다면 언제나 자유로이 그렇게 할 수 있다는 것을 알고 있기 때문이다. 그것은 생각만 해도 유쾌하게 느껴질 만한 최저의 생활이다. 그러한 생활은 즐길 생각만 있다면 즐길 수 있는 것이다. 언제나 자기에게 남겨진 생활 수단을 보는 것은, 자기 재산을 보는 것은, 막상 그것을 사용할 생각이 없을 때라도 언제나 즐거운 일이다.

그러므로 청년에게 인간애를 느끼게 하려면 다른 사람들의 윤택한 신분을 감탄하게 하지 말고 그것을 비참한 측면에서 제시해 주어야 한다. 그것을 두렵게 여기게 해야 한다. 그렇게 하면 어김없이 그는 남이 걸어온 길과는 다른 행복으로의 길을 개척해 나갈 것이다.

제2의 준칙
사람은 다만 자기도 모면할 수 없다고 생각하는 타인의 불행만을 가엾이 여긴다.

'불행을 알기 때문에 불행한 분을 돕고자 하는 것입니다.'

이 시구처럼 아름답고, 뜻깊고 감동되는 진실한 말을 나는 알지 못한다.
왜 왕들은 신하에 대해 무자비한가. 결코 보통 사람이 될 생각은 없기 때문이다. 왜 부자는 가난한 사람에 대해 그렇게 가혹한가. 가난한 사람이 될 걱정은 없기 때문이다. 왜 귀족은 민중을 그렇게 경멸하는가. 결코 평민이 될 일은 없기 때문이다. 왜 터키인은 일반적으로 우리보다 다정하고 기분 좋게 남을 대접하는가. 그들은 완전히 자의적인 통치하에 있기 때문에 개인의 지위나 재산은 언제나 일시적인 것이며 변하기 쉬운 것이므로, 천한 신분이나 가난을 자기와는 관계없는 상태라고 생각하지 않기 때문이다.*4 누구든 내일이라도, 오늘 도와주고 있는 자와 같은 신세가 될지도 모르기 때문이다. 이런 생각은 동양의 이야기 속에 계속 되풀이되어 나오고 있지만 그것은 독자에게 말할 수 없는 감동을 불러일으킨다. 그것은 우리의 메마른 교훈의 어느 면에서도 볼 수 없는 것이다.
그러므로 불행한 사람의 괴로움과 가난한 사람의 노고를 영광된 높은 자리에서 내려다보고 있다는 식의 사고방식을 당신네 학생들에게 예사롭게 넣어 주어서는 안 된다. 그리고 그가 그런 사람들을 자기와는 인연이 먼 존재라고 생각한다면 그들에게 동정심을 갖도록 가르칠 수 없다. 그 불행한 사람들의 운명은 그의 운명이 될지도 모른다는 점, 그들의 모든 불행은 그의 발치에 가로놓여 있다는 점, 뜻하지 않게 피할 수 없는 무수한 사건들이 눈 깜짝할 사이에 그를 그곳으로 빠뜨릴지도 모른다는 점, 그러한 점을 충분히 이해시켜야

━━━━━━━━
*4 이런 일은 지금은 다소 달라진 것 같다. 신분은 더 고정되었고, 인간도 좀 더 냉혹해졌다(원주).

할 것이다.

가문, 건강, 부귀도 믿을 것이 못된다고 가르쳐야 한다. 운명의 온갖 변동을 제시해 줘야 한다. 그보다 더 높은 상태에서 그 불행한 사람들보다 더 낮은 상태로 떨어져 버린 사람들에 관한 많은 예를 끊임없이 찾아 보여줘야 한다. 그것이 그들 자신의 잘못에 의한 것이건 아니건 간에 지금은 그것이 문제가 아니다. 잘못이란 대체 무엇인가 하는 일조차 그는 모르고 있을 것이다. 그의 지식의 질서를 혼란케 하는 일을 해서는 안 된다. 그의 능력에 맞는 지식의 빛으로만 그를 비쳐줘야 한다. 한 시간 뒤에 자기는 살아 있을까 죽어 있을까, 이 밤이 되기 전에 신장염으로 이를 딱딱거리며 고통에 떨지 않을까, 한 달 뒤에 부자가 될까, 가난해질까, 어쩌면 1년 뒤에는 채찍에 맞아가며 알제리의 배에서 노를 젓는 벌을 받지 않을까. 이런 일에는 아무리 사려 깊은 인간이라도 대답할 수 없다는 것을 깨닫기 위해서는 그다지 박식한 사람이 될 필요는 없는 것이다. 특히 그러한 일을 교리문답처럼, 냉담한 투로 들려 줘서는 안 된다. 인간에게 닥치는 재난을 눈으로 보고 직접 느끼게 하는 것이다. 모든 인간이 계속 둘러싸여 있는 위험으로 그의 상상을 뒤흔들어 겁을 먹게 해야 한다. 그의 주위에 있는 그러한 모든 심연을 들여다보게 하라. 그것에 대한 당신들의 이야기에 귀기울이게 하여, 그곳에 빠질까 걱정되어 당신들의 가슴에 매달리도록 하는 것이다. 우리가 그를 소심한 겁쟁이로 만든다고 당신들은 말할지도 모른다. 그것은 나중에 보기로 하자. 하여간 현재로는 우선 그를 인간적으로 이끌어 주기로 하자. 이것이 우리에게 무엇보다도 중요한 일이다.

제3의 준칙

타인의 불행에 대해 느끼는 동정은 그 불행의 크고 작음이 아니라, 그 불행에 괴로워하고 있는 사람이 느끼고 있다고 생각되는 감정에 좌우된다.

우리가 불행한 사람을 동정하는 것은 그 사람이 동정할 만한 상태에 있다고 생각되는 한도 안에서이다. 그것을 연속적으로 우리에게 느끼게 하는 것은 기억력이다. 그것을 미래로 연장시켜 우리를 정말로 불쌍한 인간으로 만드는 것은 상상력이다. 공통된 감수성이 우리를 인간과 동물에 똑같이 동화시킬 수 있다 하더라도, 인간의 괴로움에 대해서보다 동물의 괴로움에 대해서 더 냉담한 원인의 하나는 그 점에 있다고 나는 생각한다. 짐마차를 끄는 말이 마구간에 있는 것을 보고 동정심을 느끼는 사람은 거의 없다. 그 말은 꼴을 씹으며 아까 맞았던 일이며 앞으로 고생할 일을 생각하고 있다고 늘 생각되지 않는 것이다. 저 양은 머지않아 죽게 된다는 것을 알고 있어도 양이 풀을 뜯고 있는 것을 보고 역시 사람들은 불쌍하다고는 생각지 않는다. 양은 자기 운명을 내다보지 못할 것이라고 생각되기 때문이다. 이 생각을 밀고 나가면 사람들은 인간의 운명에 대해서도 냉담해진다. 그리고 부자는 가난한 사람을 괴롭히면서도 그들은 우둔하니까 아무것도 느끼지 못하는 것이라 생각하고 스스로 위로하고 있다.

일반적으로 말해, 사람 각자가 자기 같은 인간의 행복을 얼마나 중히 보고 있는가는 그들이 그런 인간에 대해 표하고 있는 것처럼 보이는 존경의 정도에 따라 알 수 있다고 나는 생각한다. 경멸하고 있는 인간의 행복을 가볍게 생각하는 것은 당연한 일이다. 그러므로 정치가가 그렇게 경멸하는 투로 민중에 대해 말한다 하더라도, 많은 철학자가 인간을 그토록 악한 존재로 생각한다 하더라도, 이제 놀랄 일이 못 될 것이다.

인류를 구성하는 것은 민중이다. 민중이 아닌 자는 아주 소수이므로 고려할 필요는 없다. 인간은 어떤 신분에 있던 간에 같은 인간인 것이다. 그렇다면 가장 사람 수가 많은 신분이야말로 가장 존경할 만한 것이다. 사려 깊은 사람 앞에서는 사회적인 차별은 모두 없어져 버린다. 그는 보잘 것 없는 사람에게서나 윤택한 사람에게서나 같은 정념, 같은 감정이 있음을 본다. 사용하는 언어의 차이, 표면상의 좋고 나쁨으로 그들을 구별할 뿐이다. 만일 뭔가 본질적인 차이가 그들을 구별한다면 속임수가 많은 쪽이 불리하게 된다. 민중은 있는 그대로 자기를 나타내고 친밀한 정이 없다. 그런데 사교계 사람들은 아무래도 자기를 숨기지 않으면 안 된다. 있는 그대로의 자기를 나타낸다면 어김없이 혐오감을 불러일으키게 될 것이다.

또한 현대의 현자들은 말한다. "모든 상태에는 같은 분량의 행복과 노고가 배합되어 있다." 이것은 앞뒤가 맞지 않는 해로운 격언이다. 어떤 상태에 있든 똑같이 행복하다면 누구를 보고 마음을 아파할 필요가 있겠는가. 사람은 모두 생긴 그대로 있어야 할 것이다. 노예는 학대받고 약한 사람은 괴로워하고 가난한 사람은 죽어 버리면 된다. 상태를 바꿔 봐야 그들은 아무런 득도 없는 것이다. 현대의 현자는 부자들의 노고를 들춰내어 그 무익한 쾌락의 덧없음을 제시해 보인다. 얼마나 속 들여다보이는 궤변인가! 부자의 괴로움은 그 신분에서 생기는 것이 아니고 그것을 악용하는 부자 자신으로부터 생기는 것이다. 가난한 사람에 비해 불행하다 하더라도 부자를 가엾이 여길 것은 없다. 불행은 모두 자기가 만들어 낸 것이며, 자기 의지 하나로 행복해지기 때문이다.

그러나 가난한 사람의 괴로움은 그 처지에서 그를 억누르고 있는 가혹한 운명에서 생기는 것이다. 피로·소모·공복에서 오는 육체적인 느낌을 없애 주는 습관은 없다. 뛰어난 정신과 지혜도 그가 놓인 상태에서 생기는 괴로움을 피하게 하는 데는 아무런 도움도 되지 못한다. 에픽테토스가 주인이 자기 다리를 꺾으려고 한다는 사실을 미리 알았다 한들 무슨 소용이 있었겠는가. 그것을 알고 있었다 해도 주인은 역시 그의 다리를 꺾었을 게 아닌가. 에픽테토스는 그 사실을 미리 안 것이 더욱 괴로울 뿐이다. 우리는 민중을 우둔하다고 생각하지만 반대로 분별있는 사람들이라 한들 현재 처한 상태와 뭐가 달라질 것인가. 현재 하는 일과 다른 어떤 일을 할 수 있겠는가. 이 계급의 사람들을 연구해 봄이 좋을 것이다. 말씨는 다르지만, 그들은 당신들과 같은 정도의 기지와 그 이상의 양식을 지니고 있음을 알 수 있을 것이다.

그러므로 당신들이 속해 있는 인류에게 존경을 표함이 좋을 것이다. 인류는 본질적으로 민중의 집합에서 성립된다는 일, 국왕이나 철학자가 모두 거기서 제외되어도 거의 아무런 변화도 없다는 일, 사정이 보다 더 나빠지는 것도 아니라는 일을 생각해야 할 것이다. 한마디로 말해 당신들의 학생에게 모든 인간을 사랑하는 일과 인간을 깔보는 자들까지도 사랑하도록 가르쳐야 할 것이다. 자기를 어떤 계급에 두는 일 없이 어떤 계급에서나 자기를 발견할 수 있도록 함이 좋을 것이다. 그를 앞에다 앉혀 놓고 감동어린 태도로, 연민의 정을 표하며, 인류에 대해 말함이 좋을 것이다. 그러나 결코 경멸을 표하며 말해서는 안 된다. 인간이여, 인간을 모욕해서는 안 된다.

이런 길을 통해, 그 밖에도 같은, 이미 개척되어 있는 길과 전혀 반대인 길을 통해 젊은 청년의 마음속으로 파고들어, 거기에 자연의 최초의 움직임을 자극하여 그와 똑같은 인간 위해 마음을 열게 하고 펼치게 함이 좋을 것이다. 게다가 그런 마음의 움직임에는 될 수 있는 한 개인적인 이해 관계를 관련시키지 않도록 하라고 말해 둔다. 특히 허영심·경쟁심·명예심 등 우리를 다른 인간과 비교케 하는 감정을 야기시켜서는 안 된다. 그러한 비교는 우리 자신의 평가에 지나지 않는다 하더라도 우리와 우열을 다투는 사람들에 대한 반감을 반드시 수반하게 마련이기 때문이다. 그렇게 되면 맹목적이 되거나 초조해지거나 하여 심술쟁이나 바보가 되고 만다. 이런 일은 다 피하기로 하자. 그런 위험한 정념은 하여간 언젠가는 생길 것이 아니냐고 사람들은 나에게 말한다. 나는 그것을 부정하지 않는다. 모든 것에는 그 시기가 있다. 다만 나는 그런 정념이 생기는 것을 도와주는 일은 하지 말아야 한다는 것이다.

이것은 반드시 취해야 하는 방법의 정신이다. 여기서 예를 들거나, 세밀하게 말해 봐도 헛수고일 것이다. 거의 무한정이라 할 수 있는 성격의 다름이 여기서 인정되게 되므로, 내가 드는 몇 가지 예는 아마 10만 명 중 한 사람에게나 해당될까 하기 때문이다. 이 시기에 있어서야말로 유능한 교사는 심정을 형성하는 일을 함에 있어 사람의 마음속을 깊이 연구하는 기술을 터득한 관찰자와 철학자로서의 참다운 역할을 수행하게 된다. 청년이 아직 자기를 속이는 일을 생각지 않는 동안은, 그런 일을 아직 배우지 않는 동안은, 그에게 보여 주는 것 하나하나에서 그가 어떤 인상을 받는가를 그 태도·시선·몸짓에 의해 알 수 있다. 그의 얼굴에서 그의 마음의 모든 움직임을 알아차릴 수 있는 것이다. 그런 점을 잘 주의해 봄으로써 그의 마음의 움직임을 꿰뚫어볼 수 있고, 또 그를 이끌어갈 수 있게 되는 것이다.

널리 인정되는 바로는, 핏방울·상처·울음소리·신음 소리·무서운 수술 도구 등 고뇌의 대상을 감각에 느끼게 하는 것은 모두가 보다 일찍부터 보다 일반적으로 모든 사람의 마음을 사로잡는다. 파괴의 관념은 더 복잡하므로 똑같이 느껴지지는 않는다. 죽음의 모습은 훨씬 나중에야 마음을 건드리게 되는데, 그보다 더 마음을 강하게 움직이는 것도 없다. 누구든 자기가 죽어 본 경험을 가진 자는 없기 때문이다. 빈사 상태인 사람의 고통을 느끼려면 시체를 보지 않고서는 안 된다. 그러나 일단 죽음의 모습이 뚜렷이 우리 정신에 새겨지면 우리에게 더 이상 무서운 광경은 없어진다. 그것은 죽음의 모습이 그때 감각을 통해 주는 완전한 파괴라는 관념 때문이며, 또 누구도 피할 수 없다는 것을 잘 알고 있는 그 상황에 대해 더 강렬하게 느끼기 때문이다.

이러한 갖가지 인상에는 변화와 단계가 있어, 이것은 각자의 개별적인 성격과 과거의 습관에 의존하고 있다. 그러나 그것은 보편적인 것으로 그것을 겪지 않는 사람은 없다. 그 밖에 보다 늦게야 느껴지는 그다지 일반적이 아닌 인상이 있는데, 이것은 섬세한 마음을 지닌 사람이 보다 잘 느낀다. 그것은 정신적인 고통, 내면적인 괴로움, 고민·걱정·슬픔 등으로부터 받는 인상이다. 울음소리를 듣고 눈물을 보지 않으면 마음이 움직이지 않는 사람도 있다. 이런 사람들은 고민에 찬 오랫동안의 가슴에서 새어나오는 은근한 신음 소리로 탄식해본 적이 결코 없다. 실망한 모습, 여위어 핏기 없는 얼굴, 더 이상 울 수도 없는 얼빠진 눈, 그런 사람을 보고 울었다는 사람은 절대로 없다. 이런 사람들에게는 마음의 괴로움 따위는 아무런 뜻도 없다. 그것을 알고 있어도 그들의 마음은 아무것도 느끼지 않는다. 이런 사람들에게는 누그릴 수 없는 엄격함, 완고한 마음, 잔혹한 마음 이외의 것을 기대해서는 안 된다. 그들은 청렴한 올바른 사람이 될지는 모르나 절대로 관대하고 동정심 있는 사람이 될 수는 없다. 그들은 올바른 사람이 될지도 모른다고 나는 말했다. 그러나 그것은 인간은 동정심 없이도 올바른 사람이 될 수 있다는 가정 아래 하는 말이다.

그러나 이런 규칙에 의해 조급히 젊은 사람들을 판단해서는 안 된다. 당연히 그렇게 되어야 할 교육을 받고 아직 느껴 본 일이 없는 정신적 고통에 대해 아무런 관념도 갖지 않은 청년의 경우는 더욱 그러하다. 다시 한번 말하자면, 이런 청년은 자기가 알고 있는 괴로움 이외에는 동정심을 가질 수 없는 것이다. 그리고 그 표면적인 무관심은 다만 무지한 탓이므로, 인생에는 자기가 모르는 무수한 괴로움이 있다는 것을 알게 되면 무관심은 삽시간에 감동으로 변해 버리는 것이다. 나의 에밀에 대해 말하자면 그는 어린 시절에는 단순함과 양식을 지니고 있었지만, 청년 시절이 되면 부드러운 마음과 풍부한 감수성을 갖게 되리라고 나는 확신한다. 올바른 감정은 정확한 관념에 근거하는 일이 많기 때문이다.

그러나 왜 그곳에 그를 내세우는가. 나의 최초의 결심을, 내가 학생에게 약속한 언제나 변하지 않는 행복을 내가 잊고 있다는 것을 나무라는 독자는 한두 사람이 아닐 것이다. 불행한 사람들, 죽어가는 사람, 고통과 비참한 광경, 인생에 눈뜬 청년의 마음에 무슨 행복이며, 무슨 기쁨인가! 음침한 교사는 즐거운 교육을 할 작정이라고 말하면서 괴롭히기 위해 눈을 번득이고 있지 않은가. 독자들은 이런 말을 할 것이다. 그러나 나는 상관 없다. 나는 그를 행복하게 해 준다고 약속했다. 행복한 것처럼 보이게 해 준다고 약속한 것은 아니다. 당신들은 언제나 겉모습에 속아 그것을 현실과 잘못 알고 있는데 그것이 내 탓이란 말인가.

초기 교육을 마치고 전혀 반대인 두 문을 통해 세상 안으로 들어가는 두 청년을 생각해 보자. 한쪽은 단걸음에 올림포스의 정상에 올라 더없이 찬란한 사교계에서 날개를 펴고 있다. 그를 대궐로, 고위 고관 저택으로, 부잣집으로, 아름다운 여성들이 있는 곳으로 데리고 간다. 가는 곳마다 그는 환영을 받는다고 하자. 그런 환대가 그의 이성(理性)에 미치는 효과는 문제시하지 않는다. 이성이 잘 견디어 내리라고 가정하자. 즐거움은 곳곳에서 날아온다. 매일 새로운 일이 그를 즐겁게 해 준다. 그는 마음이 쏠리는 흥미를 느끼고 온갖 일에 몸을 맡기고 있다. 당신들은 그가 눈을 크게 뜨고 가슴을 설레며, 호기심에 들떠 있는 것을 본다. 그의 최초의 탄성이 당신들의 귀에 들린다. 그가 만족하고 있다고 당신들은 생각한다. 그러나 그의 마음의 상태를 봄이 좋을 것이다. 당신들은 그가 즐기고 있다고 믿고 있으나 나는 그가 괴로워하고 있다고 생각한다.

눈을 뜨고 우선 그가 인정하는 것은 무엇인가. 그가 모르고 있던 무수한 거짓 행복, 그 대부분은 한순간만 그의 손에 머무르게 되므로 그것을 빼앗긴 한스러움을 느끼게 하기 위해 그의 앞에 나타났다고밖에 생각할 수 없는 행복이다. 그가 대궐 안을 거닐고 있을 때 그의 들뜬 호기심에서, 왜 자기 아버지 집은 이렇지 못할까 하고 생각하리라는 것을 알 수 있다. 그가 묻는 것은 전부가 그가 그 집 주인과 자기를 비교해 보고 있다는 것을 내포하고 있다. 그리고 그런 식으로 비교해 봄으로써 그의 마음을 괴롭히고 있는 모든 것이 그의 허영심을 자극시켜 반항을 느끼게 한다. 자기보다 좋은 옷을 입고 있는 청년을 만나면 인색한 자기 부모들에게 마음속으로 불평을 하고 있는 모습을 볼 수 있다. 다른 자보다 요란스럽게 차렸을 경우에도 그 다른 자의 가문이나 재능에 의해 자신이 별 볼일 없는 인간이 되어버리며, 그의 번쩍이는 옷도 검소한 옷 앞에 고개를 숙여야 함을 알고 괴로운 생각을 한다. 사람들이 모인 데서 자기 혼자만 찬란하게 보였다 하더라도, 또 사람들이 잘 볼 수 있도록 발돋움하여 키를 높여 보았자, 어느 누가 아니꼬운 젊은 놈의 허세를 꺾어 줘야겠다고 마음속으로 생각지 않겠는가. 마침내 약속이나 한 듯이 모든 사람이 결속하게 된다. 성실한 사람을 어리둥절케 하는 눈초리와 신랄한 사람의 비웃는 말이 아무래도 그를 향하게 되며, 그를 경멸하고 있는 사람은 단 한 사람이라 할지라도, 그 사람의 경멸은 다른 사람들의 갈채를 삽시간에 쓰디쓴 것으로 만들 것이다.

그에게 모든 것을 다 주자. 사람의 마음에 들 만한 것을, 뛰어난 점을, 아낌없이 그에게 주자. 자태가 아름답고 재기에 넘친 사랑스러운 인간이라고 하자. 그는 여성에게 환영을 받을 것이다. 그러나 아직 여성을 사랑할 줄 모르는 그를 환영함으로써 여성들은 그를 애인이 아니라 오히려 미치광이로 만들어 버릴 것이다. 그에겐 숱한 행운이 찾아들 것이다. 그러나 그것을 이용하기 위한 감격도 정념도 지니지 않았을 것이다. 언제나 앞지름을 당하고 있는 욕망은 결코 행운의 기회를 잡지 못하므로 그는 쾌락에 젖어 있으면서 견딜 수 없는, 나쁜 형편만을 느낄 뿐이다. 남성의 행복을 위해 존재하는 이성(異性)도, 아직 그것을 알기도 전에 이미 그에게 혐오감을 느끼게 하고 싫증을 갖게 한다. 그래도 여전히 여성을 만난다면 그것은 이미 허영심 때문이라고 할 수밖에 없다. 정말 좋아서 애착을 느끼고 있을 때도 자기 혼자만이 젊고 훌륭하고 사랑스러운 인간은 아닐 테니까. 또한 자기 애인에게서 언제나 정숙함을 발견할 수도 없을 것이다.

그러한 생활에 반드시 따르게 마련인 모든 종류의 싫증, 배신, 모략, 후회에 대해서는 아무 말도 않겠다. 사교계에는 그런 일이 지겨울 정도로 많다는 것은 누구나 다 알고 있는 사실이다. 최초의 환상에 결합된 견디기 힘든 생각에 대해서만 말해 둔다.

지금까지 가족과 친구들 사이에서 그들의 모든 염려와 시선을 받는 유일한 대상이었던 그가 갑자기 그로서는 거의 생각할 수도 없었던 상황에 놓였을 때, 이를테면 다른 세계의 바다에 빠진 것 같은 느낌을 가졌을 때, 오랫동안 자기 세계의 중심이었던 그로서는 얼마나 큰 수모이겠는가. 자기 주위에 있던 사람들 사이에서 의식되고 있던, 그리고 크게 자라온, 모르는 사람들 사이에서 얼마만한 모욕과 비굴한 생각을 참아낸 뒤에야 그는 그의 가족과 친구들 사이에서 느꼈던 자신의 중요성에 대한 편견을 잊을 것인가. 어렸을 때는 모두가 그가 하는 말을 들어 주었다. 모두가 서둘러 그의 주위에 모여 주었다. 청년이 된 그는 여러 사람에게 양보해야 한다. 그렇게 하지 않고 조금이라도 자기를 잊고 전과 같은 태도를 계속 지닌다면 얼마나 가혹한 교훈이 그를 반성하게 할 것인가.

원하는 것을 곧 손에 넣었던 습관은 그에게 숱한 것을 원하게 하면서도 하나도 손에 넣을 수 없는 것을 연달아 느끼게 한다. 마음에 든 것은 무엇이나 그의 마음을 유혹한다. 다른 사람이 갖고 있는 것은 무엇이나 갖고 싶다고 생각한다. 그는 온갖 것을 탐내고 모든 사람을 부러워하며 어딜 가나 남을 지배하고 싶어한다. 허영심이 그의 마음을 좀먹고, 한도 없는 심한 욕망이 젊은 마음을 불사른다. 그 욕망과 함께 질투와 증오가 생긴다. 모든 탐욕스러운 정념이 동시에 날개를 편다. 그는 소란한 사교계를 날아다닌다. 매일밤처럼 안절부절 못하는 모습을 보이고 자기에게나 타인에게나 불만을 느끼고 돌아간다. 갖가지 헛된 계획을, 그리고 여러 가지 들뜬 기분을 괴로워하며 잠을 이룬다. 그리고 그의 거만한 마음은 꿈속에서까지 두서도 없는 행복을 그리고 있다. 그것을 구하고자 마음을 초조히 굴면서도, 일생을 통해도 손에 넣을 수 없는, 터무니없는 행복을 꿈꾸고 있다. 그것이 당신들의 학생이다. 다음에는 나의 학생을 보기로 하자.

나의 학생에게 충격을 주는 첫 광경이 어떤 우울한 것일지라도 자신을 돌아봄으로써 느끼는 감정은 기쁨이다. 얼마나 많은 불행을 보아 왔던가! 하지만 그 불행의 표적이 되지 않았기에 그는 전에 생각했던 것보다 훨씬 자기가 행복하다는 것을 느낀다. 그는 자기와 같은 인간의 괴로움을 나눈다. 그러나 괴로움을 나누는 일은 자기 의지로 하는 것이므로 유쾌한 일이다. 그는 사람들의 불행에 대해 동정과 아울러 그러한 불행을 면한 자신의 행복을 느낀다. 우리를 우리 밖으로까지 넓혀 유쾌한 생활을 하고도 더욱 남는 우리의 활동력을 다른 곳에도 쏟는 그런 힘의 상태에 있는 자기를 그는 느낀다. 타인의 불행을 동정하려면 분명히 그 불행을 알고 있어야 하지만, 그것을 현재 자기가 느끼고 있어서는 안 된다. 괴로움을 겪어 본 일이 있는 사람은, 또는 괴로움을 겪는 일을 두려워하고 있는 사람은 괴로워하고 있는 사람을 동정한다. 그러나 현재 괴로워하고 있는 사람은 자기를 동정할 뿐이다. 그런데 사람은 다 인생의 괴로움을 느껴야 하므로, 누구나 현재 자기가 필요로 하지 않는 감수성만을 다른 사람에게 보내는 것이라면 동정이란 것은 아주 유쾌한 감정이어야만 할 것이다. 그것은 우리가 혜택을 받은 상태에 있음을 나타내고 있기 때문이다. 그리고 반대로 냉혹한 인간은 늘 불행하다는 셈이 된다. 그의 마음의 상태는 타인의 괴로움에 주어질 어떤 감수성도 전혀 지니지 않는 상태가 되기 때문이다.

　우리는 표면적인 일로 행복을 판단하는 일이 너무도 많다. 행복은 흔히 평범하지 않은 곳에 있다고 생각한다. 따라서 행복이 있을 수 없는 곳에서 그것을 구하고 있다. 명랑한 기분은 행복의 극히 애매한 표시에 불과하다. 명랑한 사람은 남을 속이고 자기도 얼렁뚱땅해 버리려는 불행한 사람에 불과한 경우가 많다. 사람이 모인 곳에서 미소를 띠어 쾌활하고 명랑한 체해 보이는 사람은 거의 전부가 자기 집에서는 찌푸린 얼굴로 고함을 쳐서, 하인들은 주인이 세상에 뿌리고 있는 애교 때문에 괴로움을 당하게 되는 셈이다. 진정한 만족감은 명랑한 것도 아니며 장난삼아 떠들어 대는 것도 아니다. 그 기분좋은 감정을 소중히 여겨 그것을 잘 생각하고 음미하며 충분히 즐기면서도, 그것이 모두 증발해버리지는 않을까 두려워한다. 정말 행복한 인간이란 너무 지껄이지도 않고 거의 웃지도 않는다. 그는 행복을, 말하자면 자기 마음 둘레에 집중시킨다. 소란한 즐거움, 펄쩍 뛸 것 같은 기쁨은 혐오와 권태를 감싸주고 있다. 한편 멜랑콜리(melancholy)는 쾌락의 친구다. 감동과 눈물이 더없이 유쾌한 즐거움을 수반한다. 그리고 큰 기쁨도 고함소리가 아니라 오히려 눈물을 가져오는 것이다.

　처음에는 여러 가지 변화있는 즐거움이 행복에 도움이 되는 것처럼 보이며, 전혀 변화 없는 생활은 지루한 것처럼 보인다 하더라도, 더 자세히 보면 반대로 가장 온화한 마음의 습관은 욕망과 혐오감에 사로잡히는 일이 적은, 절도 있는 즐거움에 있음을 알 수 있다. 침착성이 없는 욕망은 호기심과 변하기 쉬운 기쁨을 자아낸다. 소란한 즐거움의 허황됨은 권태감을 자아낸다. 보다 유쾌한 상태를 알지 못하면 사람은 결코 그 상태에 지루함을 느끼지 않는다. 미개인은 세상에서 가장 호기심이 적고 가장 지루함을 모르는 인간이다. 그들은 무슨 일에나 무관심하다. 그들은 사물을 즐기고 있는 것이 아니라 자기를 즐기고 있는 것이다. 그들은 아무것도 하지 않으며, 인생을 보내고 있지만 결코 지루한 줄 모른다. 사교계 사람은 완전히 가면을 쓰고 살고 있다. 거의 항상 자기 자신일 때가 없고 늘 자기와 다른 모습으로 살고 있어, 부득이 자기로 돌아가게 되었을 때는 지루한 느낌이 든다. 그에게 자신이 누구인가 하는 문제는 아무 의미가 없으며, 오로지 자신이 어떻게 보이는가 하는 것만이 문제이다.

　아까 말했던 그런 청년의 얼굴을 보면, 나는 침착한 사람에게 불쾌감을 주어 딱 질색이며 어딘가 모르게 건방지고 다정한 티를 내는 가장된 모습을 느끼지 않을 수 없다. 그런데 우리 학생의 얼굴에는 만족감, 정말로 명랑한 마음을 나타내고, 존경·신뢰감을 불러일으키는 표정, 그에게 접근하는 사람들에게 우정을 느끼게 하기 위해 오로지 상대방의 우정의 발로를 기다리고 있는 것처럼 보이는 사람을 끌어당기는 유순한 표정을 보게 된다. 용모라는 것은 자연에 의해 이미 표시되어 있는 선을 다만 확대한 것에 불과하다고 사람은 생각하고 있다. 나는 그런 확대라는 일 이외에 인간의 얼굴의 선은 어떤 종류의 마음의 움직임에 있어 빈번한 습관적인 인상에 의해 모르는 사이에 이루어져 일정한 특징을 갖게 되었다고 생각하고 싶다. 그러한 마음의 움직임은 얼굴에 나타난다. 이 이상 확실한 것은 없다. 그리고 그것이 습관이 되면 거기에 영속적인 인상을 남기게 된다. 이렇기 때문에 용모는 성격을 나타내는 것이라고 나는 생각한다. 그리고 때로는 용모로 성격을 판단할 수 있는 것이며, 거기에는 우리가 지니지 않은 지식을 예상하는 신비적인 설명을 구하는 것 같은 일을 할 필요는 없다고 나는 생각하고 있다.

아이들은 기쁨과 괴로움이라는 뚜렷이 알 수 있는 두 가지 감정밖에 갖고 있지 않다. 아이들은 웃거나 울거나 할 뿐이다. 중간적인 감정은 아이들에게는 아무런 뜻도 없다. 아이들은 계속 그 두 감정의 한쪽에서 다른 한쪽으로 옮겨 간다. 이 끊임없는 교대는 그 감정이 아이들의 얼굴에 변함이 없는 인상을 주는 일을 방해하고 그 얼굴이 특징을 띠는 일을 방해한다. 그러나 보다 느끼기 잘하고 보다 강하게 또는 보다 계속적으로 마음이 동요하게 되는 나이가 되면 보다 더 깊은 인상이 이제는 쉽게 지울 수 없는 흔적을 남기게 된다. 그리고 습관적인 마음의 상태에서 선의 배열이 완성되고 그것은 시간과 함께 씻을 수 없는 것이 된다. 그래도 시기에 따라 사람의 용모가 변하는 것은 이상한 일이 아니다. 나는 그런 예를 여러 차례 본 일이 있다. 그리고 내가 언제나 알 수 있었던 것은, 내가 충분히 잘 관찰하여 변화의 흔적을 더듬을 수 있었던 사람들은 습관적인 정념도 동시에 변했었다는 일이다. 충분히 확인된 이 사실만으로도 결정적이라고 생각되며, 이것은 교육론에서 거론되어도 손색이 없다고 생각한다. 교육에서 외부의 표적에 의해 마음의 움직임을 판단하는 일을 배우는 것은 중요한 일이다.

나의 청년은 세상의 관례를 흉내 내는 법과 느끼지도 않은 감정을 느낀 체하는 일을 배우지 않았기 때문에 그만큼 남에게 호감을 사는지 어떤지는 나로선 알 수 없다. 그러나 여기서 그런 것은 문제가 안 된다. 다만 그가 보다 더 사람을 사랑하는 인간이 된다는 것만은 알고 있다. 그리고 자기만을 사랑하는 사람이 교묘하게 자기 감정을 숨기더라도, 타인에 대한 애착으로부터 새로운 행복감을 끌어내는 사람만큼 사람들의 마음에 들리라고는 나는 도저히 생각할 수 없다. 특히 이 행복감이 어떤 것인가에 대해서는, 이 점에 대하여 이성적인 독자를 이끌어갈 만한 일과 내가 모순된 일을 말하고 있는 것이 아니라는 것을 증명하는 데 족할 만한 일은 충분히 말했다고 생각한다.

그럼 다시 내 방법으로 돌아가 나는 이렇게 말한다. 위험한 나이가 되거든, 청년에게 그들의 기분을 누를 만한 것을 보여 줌이 좋을 것이다. 그들을 자극할 것 같은 것을 보여서는 안 된다. 관능을 불사를 것 같은 일은 하지 말고, 그 움직임을 약화시키는 것으로 나타나기 시작한 그들의 상상력을 속이는 것이 더 좋을 것이다. 그들을 대도시로부터 멀리 함이 좋을 것이다. 거기서는 여성들의 화려한 차림과 조심성없는 태도가 자연의 가르침을 촉진하거나 앞지르거나 할 것이다. 거기서는 모든 것이 청년의 눈에 선택될 수 있게 된 뒤가 아니면 알아서는 안 될 쾌락을 펼쳐 보인다. 그들을 처음 거처로 도로 데리고 감이 좋을 것이다. 전원의 순박한 생활이 그들 나이의 정념을 그렇게 빨리 발달케 하지 않는 곳으로 데리고 감이 좋을 것이다. 또는 예술에 대한 취미가 그들을 그냥 도회지에 잡아둔다면, 다름아닌 그 취미로써 그들이 위험한 나태에 빠지지 못하도록 방해함이 좋을 것이다. 그들의 친구를, 일을, 즐거움을 조심해서 골라주는 것이다. 감동적이면서도 조심성 있는 그림만을 보여줌이 좋을 것이다. 그들의 마음을 움직여도 당황함이 없이, 감수성을 지녀도 관능을 자극하지 않을 것 같은 그림만을 보여 줌이 좋을 것이다. 또 어떤 일에나 지나치게 빠지지 않도록 주의해야 하며, 절제되지 않은 정열은 피하려는 해보다도 더 많은 해를 미치고 만다는 일도 생각해야 한다. 당신들의 학생을 간호사나 자선회의 수도사로 만들 필요는 없다.

불쌍한 것, 괴로운 것으로 계속 눈을 슬프게 하고 병자로부터 병자로, 병원으로부터 병원으로, 그레브 광장으로부터 형무소로 그를 데리고 돌아다니는 일은 문제가 되지 않는다. 인간의 비참한 광경에 의해 그의 마음을 움직여야 하지만, 냉혹하게 해서는 안 된다. 오랫동안 똑같은 광경을 보고 있으면 사람은 그 인상에 무감각해진다. 습관은 어떤 일에나 사람을 익숙하게 한다. 너무 빈번하게 보고 있으면 사람은 생각이 떠오르지도 않게 되지만, 우리에게 타인의 불행을 느끼게 하는 것은 상상에 불과하다. 그러므로 사람이 죽거나 괴로워하는 일을 자주 보게 되면 중이나 의사는 무자비한 인간이 되고 만다. 그러므로 당신들의 학생에게 인간의 운명과 자기와 똑같은 동료들의 비참함을 알려주는 것이 좋다. 그러나 너무 자주 그런 일을 눈앞에 보여주지 말아야 한다. 단 하나의 것이라도 적당한 것을 골라 적당한 기회에 보여 준다면 한 달 안에 그를 감동케 하고, 반성케 한다. 그가 보는 것이 아니라, 오히려 본 것에 대해 자기가 생각해 보는 일이 그 일에 대한 그의 판단을 결정하게 되는 것이다. 그리고 어떤 것에서 그가 받는 영속적인 인상은 그 자체로부터 생기기보다, 오히려 그것을 그에게 생각나게 하는 관점에서 생기는 것이다. 그러므로 실례나 가르침이나 이미지를 적당히 줌으로 해서, 당신네들은 오랫동안 관능의 자극을 둔하게 하고 자연 그 자체의 방침에 따라 전진하면서 자연을 속이는 것이 된다.

그가 지식을 습득해 감에 따라 그에 관련된 관념을 잘 택함이 좋을 것이다. 우리의 욕망이 타오름에 따라 그것을 진정시켜 줄 만한 화면을 택함이 좋을 것이다. 그 품행으로나 용감함으로나 남보다 뛰어났던 어느 늙은 군인이 자신의 젊은 시절 이야기를 내게 해주었다. 양식있고 신심이 두터웠던 그의 아버지는, 그가 정욕을 참지 못해 여성을 만나는 데만 열중해 있는 것을 보고, 그 일을 억제하기 위해 모든 수단을 썼다. 그러나 마침내 무슨 수를 써도 소용이 없음을 알게 되자 아버지는 아들을 매독환자가 수용되어 있는 병원으로 데리고 갈 생각을 했다. 그리고 미리 아무 말도 없이, 그 비참한 자들이 무서운 치료를 받으며 그런 상태에 처하게 되어서 난잡한 생활의 대가를 치르고 있는 방으로 들어가게 했다. 모든 감각에 동시에 혐오를 느끼게 하는 추한 광경을 보고, 청년은 자기도 병에 걸릴 것 같은 기분이 들었다. 그때 아버지는 격한 말투로 아들에게 말했다. "이 비참한 도락가야, 너를 이끌고 가는 비열한 경향을 그대로 따라가 봐라. 언젠가는 너도 이 방에 들어오게 될 것이고 여기서 너는 퍽이나 행복하겠다. 네가 여기서 더러운 고통에 시달리다 죽은 일을 이 아비는 하느님께 감사해야겠지."

청년은 놀랐다. 이곳의 이 강렬한 광경과 함께, 이 몇 마디의 말은 그 뒤 결코 사라지지 않는 인상을 청년에게 주었다. 그 신분 때문에 청년 시절을 병영에서 보내게 된 그는 동료들의 방자한 생활을 모방하기보다는, 그들의 모든 비웃는 말을 달게 받기로 했다.

그는 나에게 이렇게 말했다. "나는 남자였습니다. 나는 약한 인간이었습니다. 그러나 이 나이가 되기까지 창부를 보면 공포를 느끼게 되었답니다." 교사여, 몇 마디 안 되는 말이지만 알아둠이 좋을 것이다. 그러나 장소·때·인물을 고르는 일을 배워야 할 것이다. 그리고 당신의 교훈을 모두 실례로 부여하는 것이다. 그렇게 하면 효과는 확실하다고 생각해도 될 것이다.

아이들 때 하는 일은 대수로운 일이 아니다. 그곳에 스며드는 악에 대해 대책이 없는 것도 아니다. 그리고 그곳에서 생겨나는 선은 뒤늦게라도 생기는 것이다. 그러나 사람이 진정으로 삶을 살기 시작하는 처음 시기에는 그렇지 못하다. 이 시기는 그동안에 해야 할 일을 하기에 충분할 만큼 오래 계속되는 일은 절대로 없으며, 더구나 이 시기는 중요하므로 끊임없는 주의를 필요로 한다. 그러기 때문에 나는 이 시기를 오래 연장시키는 기술에 대해 강조하는 것이다. 뛰어난 재배법 중 가장 유익한 가르침의 하나는, 무슨 일이나 될 수 있는 한 늦추는 것이다. 천천히 확실하게 전진케 함이 좋을 것이다. 청년이 어른이 되기 위해 하여야 할 일이 아무것도 남지 않게 되기까지 어른이 되지 못하게 하는 것이다.

육체가 성장하는 동안에 혈액을 맑게 하고, 근육에 힘을 주게 되어 있는 정기가 이루어져 정제되어 간다. 당신네들이 그것과 다른 것을 취하게 한다면, 그리고 어떤 개체를 완성시키게 되어 있는 편이 다른 것을 만들게 된다면 두 가지가 다 무력한 상태에 그치게 되고, 자연의 일은 완성되지 못하는 셈이 된다. 정신의 움직임도 마침내 그런 변질을 느끼게끔 된다. 그리고 영혼은 육체와 마찬가지로 나약하여 무기력하고 쇠약한 기능밖에 이행하지 못한다. 굵고 튼튼한 손발은 용기나 재능도 만들어 내지 못하며, 또 영혼과 육체를 연결하는 기관이 잘 이루어져 있지 않으면 영혼의 힘은 육체의 힘에 수반되지 않는 경우도 있다. 그러나 그 기관이 아무리 잘 이루어졌다 하더라도 그 근본이 되는 것이 무기력하고 부족된 혈액, 신체의 모든 부분에 힘과 탄력을 주는 실체가 결여된 혈액에 불과하므로 그 기관은 역시 약한 작용밖에 못하게 된다.

일반적으로 이른 시절부터 타락에 빠진 생활을 했던 자들에게서보다 타락으로부터 보호되었던 사람들에게서 더 활기찬 정신이 발견된다. 이것은 마치 좋은 풍습을 가진 국민이 보통 그렇지 않은 국민보다도 양식과 용기에서 뛰어난 이유의 하나이다. 후자는 다만 그들이 재기, 명민, 섬세라고 부르는 뭔지 잘 모르는 하찮은 수다쟁이의 재능에서만 뛰어나다. 그러나 훌륭한 행위, 미덕, 정말 유익한 일에 의해 인간을 뛰어난 것으로 만들고 그에게 존경을 하게 하는 지혜와 이성에 입각한 위대하고 고귀한 일은 거의 전자에서만 볼 수 있다.

교사들은 이 시기의 격렬함이 청년을 어쩔 수 없게 하는 일을 한탄하고 있다. 그것은 나도 알 수 있다. 그러나 그것은 교사의 죄가 아니겠는가. 일단 그 격렬한 불을 관능에 퍼붓게 되면 그것을 다른 곳으로 끌어갈 수는 없다는 것을 그들은 모르는 것일까. 현학자의 냉담하고 지리한 설교가, 학생이 이미 알고 있는 쾌락의 모습을 그의 마음에서 지워 버릴 수 있을까. 그를 괴롭히고 있는 욕망을 마음 속에서 쫓아낼 수 있을까. 그 사용법을 알게 된 뜨거운 피를 식혀 버릴 수 있을까. 그 관념을 갖고 있는 단 하나의 행복을 방해하려는 데에 대해, 그는 초조해지는 일이 없을까. 그리고 사람이 명하여도 이해시킬 수 없는 엄격한 규칙에서 그는 무엇을 보게 될까. 자기를 괴롭히려고 하는 한 인간의 변덕과 증오를 볼 뿐이 아니겠는가. 그가 반항한다 하더라도, 자기 쪽에서 그 인간을 미워하게 된다 하더라도 그것을 이상하다고 할 수 있을까.

부드러운 태도를 취함으로써 그렇게 당해낼 수 없는 존재가 되지 않도록 할 수는 있으며 표면적으로는 권위를 계속 유지할 수 있다는 것도 잘 안다. 그러나 억제하여야 할 나쁜 일을 조장하지 않으면 학생에 대해 유지할 수 없는 권위가 무슨 소용이 되는지 나로서는 잘 알 수 없다. 그것은 날뛰는 말을 진정시키기 위해 마부가 말을 낭떠러지로 몰아 넣는 것과 마찬가지이다.

청년의 정열은 교육에 방해가 되는 것이 아니라, 그것으로 인해서만 교육은 이루어지고 완성되는 것이다. 청년이 당신들보다 힘에 있어 뒤지지 않는 존재가 되었을 때 그야말로 그의 마음을 잡는 실마리를 당신들에게 던져 주는 것이다. 그의 최초의 애정은 그로 인해 당신들이 그의 마음의 모든 움직임을 이끄는 고삐가 된다. 그는 자유로웠는데 이제는 복종하게 되는 것이다. 아무것도 사랑하지 않는 동안은 그는 자기 자신과 자신의 필요에 묶여 있을 뿐이었다. 사랑하게 되면 곧 그는 그 애착에 묶이게 되는 것이다. 이리하여 그를 그의 동류자에게 연결짓는 최초의 인연이 되는 것이다. 나타나기 시작한 그의 감수성을 그곳으로 이끌어가면 그는 갑자기 모든 인간을 포용할 것이라고 생각해서는 안 된다. 인류라는 말이 그에게 뭔가를 뜻하게 될 것이라고 생각해서도 안 된다. 그럴 리는 없다.

감수성은 처음에는 그의 친구에게만 향하게 될 것이며, 그에게는 친구란 모르는 사람이 아니라 자기와 관계 있는 사람들, 습관에 의해 친해졌거나 필요하게 된 사람들, 자기가 겪었던 괴로움을 당하고 있는 일과 자기가 맛보았던 기쁨을 느낄 줄 알고 있는 사람들, 한 마디로 말해 본성의 동일성이 다른 데 있어서보다도 더욱 뚜렷이 나타나 서로 사랑하려는 기분을 다른 것보다도 더 강하게 느끼게 하는 사람들을 가리킨다. 천성을 여러 가지 모양으로 키워 간 뒤에야, 그리고 자기 자신의 감정과 타인 속에 관찰되는 감정에 대해 많은 반성을 한 뒤에야 비로소 그는 그의 개인적인 관념을 인류라는 추상적인 관념에 일반화하게 되며, 그를 그 동류에 동화시킬 수 있는 애정을 개인적인 애정에 결부시킬 수 있게 되는 것이다.

애정을 가질 수 있게 됨으로써 그는 타인의 애정을 느낄 수 있으며[5] 따라서 그 애정의 표시에 관심을 갖게 된다. 당신네들은 그가 어떤 새로운 영향력을 획득하게 되는지 알 수 있는가? 당신네들은 그가 모르는 사이에 그의 마음 주위에 얼마나 튼튼한 사슬을 둘러쳤는지 알고 있는가? 눈을 크게 뜨고 자기를 바라보며 당신네들이 그를 위해 한 일을 알았을 때, 그가 자기를 같은 또래의 다른 청년에 비교해 보고 당신네들을 다른 가정교사와 비교해 볼 수 있게 되었을 때 얼마나 많은 것을 느끼겠는가. '그가 알 때'라고 나는 말했지만, 당신네들 쪽에서 뭔가 그에게 말하지 않도록 할 일이다. 당신네들이 말하면 그는 이미 알려고 들지 않을 것이다. 당신네들이 그에게 해준 대신에 복종을 요구한다면 그는 당신네들이 속인 것이라고 생각할 것이다. 당신네들은 무상으로 친절한 일을 하고 있는 것처럼 보이고, 그에게 빚을 주어 그가 동의한 일이 없는 계약으로 그를 묶어 놓으려 했다고 생각할 것이다. 당신네들이 그에게 요구하고 있는 것은 그 자신을 위한 일이라고 덧붙여 본들 허사일 것이다. 하여간 당

---

*5 애착은 보상이 없이도 가질 수 있지만 우정은 결코 그렇지 않다. 우정은 하나의 교환과 같다. 그러나 그것은 모든 교환 계약 중에서도 가장 신성한 것이다. '벗'이라는 말에는 이 말 외에 관련어가 없다. 자기 벗의 벗이 아닌 인간은 사기꾼이라는 것이 확실하다. 사람은 우정에 보답하거나 보답하는 체하는 것으로만 우정을 얻을 수가 있으니까(원주).

신네들은 요구하는 것이며, 그가 승인하지 않았는데 해 준 일을 핑계삼아 요구하는 것이다. 가난한 남자가 상대방이 준다는 돈을 받고 그 때문에 꼭 군대에 들어가야 했다면 그것은 올바른 일이 아니라고 당신네들은 외칠 것이다. 학생이 동의하지 않았는데 편의를 봐줬다고 해서 그 대가를 바라는 당신네들은 더욱 바르지 못한 일을 하는 것이 아닌가.

고리(高利)를 요구하며 베푸는 선행이 덜하면 덜할수록 은혜를 모르는 행위도 좀더 적어질 것이다. 사람은 자기에게 좋은 일을 해주는 자를 사랑한다. 이것은 실로 자연스러운 감정이다. 망은(忘恩)은 인간의 마음에는 존재하지 않는다. 그러나 거기에는 이해 관계가 있다. 그러므로 이해 관계를 생각해서 은혜를 베푸는 자보다도 은혜를 입고 그것을 잊는 자 쪽이 적다. 당신이 선물을 나에게 팔려고 한다면 나는 값을 깎으려고 할 것이다. 그러나 거저 주는 것처럼 하다가 나중에 비싼 값으로 팔아 넘기려 한다면 당신은 사기를 치는 것이다. 무상이기 때문에 선물에는 헤아릴 수 없는 값어치가 있는 것이다. 사람의 마음은 자신의 규칙만을 인정한다. 사람의 마음은 붙들어 매려고 하면 떨어져 나가고, 자유로이 놓아두면 오히려 붙들 수 있다.

어부가 미끼를 던지면, 물고기는 경계도 하지 않고 그 주위를 헤엄친다. 그러나 미끼 뒤에 숨겨진 낚시에 걸린 물고기는 줄이 당겨지는 것을 느끼면 그제야 도망치려고 한다. 어부는 과연 은혜를 베풀고 있는 것일까. 물고기는 은혜를 모르는 것일까. 은인은 자신이 베푼 것을 혹시 잊을 수 있을지 모른다. 하지만 은혜를 입은 사람이 은인을 잊는 일이 있을 수 있을까. 반대로 그 사람은 언제나 기꺼이 은인에 대해 말하고 은인의 일을 생각할 때마다 감동한다. 가끔 그가 생각지 않은 봉사를 함으로써 자기가 받은 도움을 잊지 않고 있다는 증거를 보이는 기회를 얻으면, 얼마나 큰 만족을 느끼며 감사하는 마음을 나타낼 것인가. 얼마나 유쾌한 기쁨으로써 자기는 누구인가를 알릴 것인가. 얼마나 큰 감격으로써 그 사람에게 말할 것인가. "간신히 내 차례가 되었습니다"라고. 이것이야말로 진짜 자연의 목소리다. 진정한 은혜는 결코 배은망덕을 초래하지는 않았다.

그러므로 감사하는 마음은 자연의 감정이라고 한다면, 그리고 당신들의 과오로 그 효과를 없애지 않는다면, 당신들의 보살핌의 가치를 알게 된 당신들의 학생은, 당신들 쪽에서 대가를 요구하는 일을 하지 않았다면 확실히 그 보살핌을 고맙게 여기게 될 것이다. 그리고 당신들이 해주는 염려는 학생의 마음에 어떤 일이 있어도 상실되지 않는 큰 권위를 부여하게 됨은 어김없는 사실이라고 생각해도 될 것이다.

그러나 그러한 유리한 태세가 확립되기 전에 학생을 향해 당신들의 공적을 자랑하여 그것을 헛되이 하지 않도록 조심해야 한다. 그를 위해 당신들이 한 일을 자랑한다면, 그에게 견딜 수 없는 생각을 갖게 할 것이다. 그것을 잊어버리면 그에게 상기하게 할 수 있게 된다. 그를 어른으로 취급할 수 있는 시기가 올 때까지는 당신들에게 대한 그의 의무라 할 수 있는 일은 절대로 문제시해서는 안 된다. 다만 자기 자신에 대한 그의 의무를 문제시하여야 할 것이다. 그를 순종하게 하려면 완전한 자유를 줘야 한다. 당신들은 몸을 숨기고 그에게 시킴이 좋을 것이다. 그의 이해 관계라는 일 이외는 결코 입밖에 내지 않고 감사라는 고귀한 감정에 그의 영혼을 높임이 좋을 것이다. 상대방이 하고 있는 일은 그의 행복을 위한 일이라는 것을 그가 이해할 수 있게 되기까지는 그를 향해 그런 말을 하기를 나는 원치 않았다. 그런 말을 하면 그는 그곳에 당신들의 의존 상태를 발견할 뿐 당신들은 그의 하인에 불과하다고 생각했을 것이다. 그러나 이제는 사랑한다는 것이 어떤 일인가를 알기 시작한 그는, 한 사람의 인간을 사랑하는 자에게 연결짓는 일도 얼마나 기분좋은 인연인가를 알고 있다. 그리고 계속 그의 일을 생각하고 있는 당신들의 열의 속에도 이미 노예의 애착이 아니라 친구의 애정을 느끼고 있다. 그런데 인간의 마음에는 확실히 알고 있는 우정의 목소리 이상으로 힘있는 것은 아무것도 없다. 우정이 우리에게 하는 말은 모두 우리 이익을 위한 것임을 알고 있기 때문이다. 친구도 잘못된 말을 하는 경우는 있다. 그러나 친구는 절대로 우리에게 잘못된 일을 시키려 들지는 않는다고 믿어도 무방할 것이다. 때로는 친구의 충고를 받아 들이지 않는 일은 있더라도 그것을 무시하는 일은 절대로 해서는 안 된다.

우리는 가까스로 도덕적인 질서 안으로 들어간다. 우리는 인간의 제2 단계를 경과한 것이다. 여기서 그런 일을 말해야 한다면, 마음의 최초의 움직임에서 양심의 최초의 목소리가 들려 오는 일과 사랑과 증오의 감정에서 선악의 최초의 관념이 생기는 일에 대한 증명을 나는 시도해 보고 싶다. '정의'와 '선'은 단순히 추상적인 말, 오성으로 이루어지는 단순한 윤리적인 것이 아니라 이성으로 인해 비쳐진 영혼이 참으로 느껴진다는 일, 그것은 우리의 원시적인 감정의 올바른 진보의 한 단계에 불과하다는 일, 양심과 상관없이 이성만으로는 어떤 자연의 규칙도 확립되지 않는 일, 그리고 자연의 권리도 인간의 마음의 자연의 요구에 입각한 것이 아니면 모두 환영(幻影)에 불과하다*⁶는 일, 그런 일들을 나는 증명하고 싶다. 그러나 여기서는 형이상학과 윤리학의 개론을 쓸 필요도 없는 것이며 어떤 종류의 강의도 할 것이 못된다고 생각한다. 우리의 형성 과정에 관련지어, 우리의 감정과 지식의 질서와 진보를 나타내면 그것으로 되는 것이다. 내가 여기서 지적하지 않은 것은 아마 다른 사람이 증명해 줄 것이다.

나의 에밀은 지금까지는 자기 일밖에 생각하지 않았으나, 그와 똑같은 인간에 대해 주목하게 되면 곧 자기를 그들과 비교해 보게 된다. 그리고 이 비교가 그의 내부에 불러일으키는 최초의 감정은 제1위를 차지하고 싶다는 일이다. 이것은 자기에 대한 사랑이 자존심으로 바뀌는 지점, 그리고 그에 관계되는 모든 정념이 나타나는 지점이다. 그러나 그러한 정념 속에서 그의 성격에 지배적인 역할을 하는 것이 인간적인 부드러운 정념인가, 아니면 잔혹하고 좋지 않은 정념인가, 호의와 동정어린 정념인가, 아니면 남을 부러워하고 남의 것을 탐내는 정념인가, 그것을 결정하려면 사람들 속에서 자기는 어떤 지위에 있다고 그는 느끼는가, 또 그가 획득하고 싶다고 생각하는 지위에 도달하기 위해 어떤

---

*6 남이 내게 해주기를 바라는 일은 남에게도 해주라는 교훈도 양심과 감정 외에는 진정한 근거를 갖지 않는다. 내가 남인 것처럼 행동하는 정확한 이유는 어디에 있는가. 특히 자신이 똑같은 경우에 이르는 일은 결코 없다는 것을 도덕적으로 확실히 알고 있을 때에는 그러한 이유는 어디에 있는가. 게다가 이 주관적인 원리를 완전히 충실히 지킴으로써 남도 나에게 그것을 지키도록 할 수 있다고 누가 책임 있게 말할 수 있는가. 악인은 옳은 사람의 정직과 자기 자신의 부정에서 이익을 끌어낸다. 그는 자신을 제외하고 세상의 모든 사람이 옳은 사람이면 매우 좋은 일이라고 생각한다. 이러한 결정은 사람들이 뭐라고 하건 좋은 인간에게는 그다지 유리한 일이 아니다. 그러나 넘치는 영혼의 힘이 나를 나와 같은 인간으로 동화시키고 이른바 나를 그 사람 속에 느끼게 하는 경우에는 그 사람이 괴로워하기를 바라지 않는 것을 자신이 괴로워하지 않기 위함이다. 나는 나에 대한 사랑을 위해 그 사람에게 관심을 갖는 것이다. 그러니까 앞의 교훈의 근거는 어떤 곳에 자신이 존재한다고 느끼더라도 나에게 쾌적한 생활을 원하게 하는 자연 그 자체에 있는 것이다. 그래서 나는 자연의 규칙이 주는 교훈이 단지 이성에 기인되고 있다는 것은 옳지 않다고 결론짓는다. 이에는 좀더 견고하고 확실한 기초가 있다. 자신에 대한 사랑에서 파생하는 사람들에 대한 사랑은 인간 정의의 원리이다. 논리학 전체의 요약은 복음서 속의 규율의 요약에 의해 주어져 있다(원주).

종류의 장해를 극복해야 한다고 생각하는가, 그것을 알 필요가 있다.

그 지위의 획득을 노리는 그를 이끌어가기 위해 인간에게 공통된 우유성(偶有性)으로 사람들의 모습을 나타내 보인 뒤에, 이번에는 서로 다른 점으로 사람들의 모습을 나타내 보여줘야 한다. 여기서 자연적인 또 사회적인 불평등의 정도가 표시되어 사회 질서 전체의 일람표가 제시된다.

인간을 통해 사회를, 사회를 통해 인간을 연구해야 한다. 정치학과 윤리학을 따로 취급하려는 사람들은 둘 다 이해하지 못하는 셈이 된다. 우선 원시적인 관계에 주목하여 어째서 인간은 그 영향을 받아야 하는가, 그리고 거기서 어떠한 정념이 생기는가를 본다. 반대로 정념이 발달함으로써 그 관계가 복잡해지고 긴밀해짐을 알 수 있다. 인간을 자유 독립하게 하는 것은 완력이 아니고 오히려 절도를 분별할 줄 아는 마음이다. 아무것도 원하지 않는 사람은 누구나 사람들에게 거의 매여 있지 않다. 그러나 우리의 무익한 욕망을 육체적인 필요와 계속 혼동하면서, 육체적인 필요를 인간사회의 기초로 하는 사람들은 언제나 결과를 원인이라 생각하고, 그들의 온갖 추론에서 잘못을 저지르고 있는 것이다.

자연의 상태에는 현실적인 사실에 입각한 파기할 수 없는 평등이 있다. 자연의 상태에 있어서는 인간끼리의 단순한 차이가 한쪽을 다른 쪽으로 예속시킬 만큼 클 수는 없는 것이다. 사회 상태에는 가공(架空)의 헛된 권리의 평등이 있다. 이 평등을 유지하기 위한 수단 그 자체가 그것을 부수고 있는 것이다. 그리고 약자를 억누르기 위해 강자에게 부여된 국가 권력은 자연이 둘 사이에 둔 일종의 균형을 깨는 것이다.*7 이 최초의 모순으로부터 사회질서 속에 인정되는 표면적인 일과 현실적인 일 사이의 모든 모순이 생기는 것이다. 언제나 대중은 소수자를 위해 희생되며, 공공 이익은 개인의 이익을 위해 희생될 것이다. 언제나 정의니 종속이니 하는 그럴 듯한 말이 폭력의 수단, 부정의 무기로 쓰일 것이다. 그러므로 다른 계급에게 유익하다고 스스로 주장하는 선택된 계급은 사실 다른 계급의 희생으로 유익한 데 불과하다. 정의와 이성의 이름으로 그 선택된 계급에 바쳐지는 존경에 대해서도 그 점에 유의하여 생각해 보

---

*7 모든 국가의 법률에서 볼 수 있는 보편적인 정신은 언제나 약자에 대항하여 강자를 돕고, 갖지 못한 것에 대항하여 갖는 것을 돕는 일이다. 이 불합리는 피하기 어려운 일이며, 여기에는 예외가 없다(원주).

아야 한다. 다음은 그러한 계급이 손에 넣고 있는 지위가 그 지위를 차지하고 있는 사람들의 행복에 보다 더 도움이 되나 안 되나를 보고 우리 각자가 자기 상태에 대해 어떻게 생각해야 하는가를 아는 일이다. 이런 것이 바야흐로 우리의 중요한 연구 제목이 된다. 그러나 충분히 정성껏 연구하려면 인간의 마음을 아는 일부터 시작하여야만 한다.

인간을 가면을 쓴 채로 청년에게 제시해 주는 일이 문제라면 그대로 보여 줄 필요는 없다. 그들은 언제나 필요 이상으로 보고 있는 셈이 된다. 그러나 가면은 인간이 아니며 표면에만 마음을 빼앗겨서도 안 되므로 인간을 묘사해 보이려거든 있는 그대로의 인간을 묘사해 보여야 할 것이다. 그것은 청년을 인간을 싫어하는 자로 만들기 위해서가 아니라 사람들을 불쌍히 여기고 그들과 같은 자가 되고 싶지 않다는 생각을 하게 하기 위해서이다. 나는 이것을 인간이 인류에 대한 계통이라고 생각한다.

그러기 위해서 여기서는 지금까지 우리가 더듬어 온 길하고는 반대의 길을 취해 자기의 경험에 의해서가 아니라 오히려 타인의 경험에 의해 청년을 교육할 필요가 있다. 사람들이 그를 비웃는다면 그는 사람들을 미워할 것이다. 그러나 자기는 사람들로부터 떨어진 곳에서 그들이 서로 속이고 있는 것을 본다면 그것을 불쌍하다고 느낄 것이다. 피타고라스는 이런 말을 했다. "세상의 모양은 올림픽 경기의 풍경과 비슷하다. 어떤 자는 그곳에 가게를 차리고 돈벌 궁리만 하고 있다. 다른 자는 몸을 버티고 명예를 구하고 있다. 또 어떤 자는 경기를 보는 것만으로도 만족하고 있으나 이 마지막 사람들은 가장 하찮은 일을 하고 있는 사람들은 아니다."

청년이 함께 살고 있는 자에 대해 호감을 가질 수 있게 그 친구를 선택해 주기를 바란다. 또 세상이라는 것을 충분히 잘 알 수 있도록 배우게 하고 거기서 이루어지고 있는 모든 일에 혐오를 느끼게 하고 싶다. 인간은 태어나면서부터 선량하다는 것을 알리고 그것을 느끼게 하여 자기 자신이 이웃 사람을 판단하게 하고 싶다. 그러나 사회가 어떻게 인간을 타락시키고 나쁘게 하는가를 보게 하고, 사람들의 편견 속에 그들의 모든 부도덕의 원천을 보게 하여 각 개인에게는 존경을 표하게 하나 군중을 경멸케 하고, 인간은 거의 같은 가면을 쓰고 있다는 점, 그러나 또 개중에는 얼굴을 가리고 있는 가면보다 훨씬 아름다운 얼굴이 있다는 것을 알리고 싶다.

이 방법에는 솔직히 말해 불편한 점도 있어 실행하기가 쉽지 않다. 그가 너무 일찍부터 관찰자가 되어 타인의 행동을 너무 세밀하게 보도록 하면 당신네들은 그를 남의 욕을 하거나 빈정대거나 하는 인간으로 만들게 되며, 조급히 단정적인 판단을 내리는 인간이 되게 하는 것이다. 그는 무슨 일에 있어서나 불길한 해석을 구하고 어떤 좋은 일까지도 좋은 눈으로 보지 않고 꺼려 하며 기쁨을 느끼게 되는 것이다. 하여간 그는 부도덕을 보는 일에 익숙해져, 악인을 보는 일에 공포를 느끼지 않고 익숙해진다. 사람들이 동정심 없이 불쌍한 사람들을 태연히 보게 되는 거나 마찬가지이다. 마침내는 일반적인 부정은 그에게 교훈을 주지 못하고 오히려 변명의 구실을 주게 된다. 인간이 이런 식이라면 자기도 구태여 다른 것이 되려고 할 필요는 없다고 그는 중얼댈 것이다.

만일 당신들이 근본적으로 그에게 가르치려고 인간의 본성과 함께 우리의 경향을 악으로 향하게 하는 외부적인 원인의 적용을 알리려고 한다면, 그런 식으로 감각적인 것에서 단번에 지적인 것으로 그를 이행케 함으로써 당신들은 아직 그가 이해할 수 없는 형이상학을 사용하는 것이다. 지금까지 조심성 있게 피해 온 좋지 않은 형편과 교훈다운 교훈을 주어 학생 자신의 경험과 이성의 발걸음 대신에 선생의 경험과 권위를 그의 마음에 둔다는 좋지 않은 상황에 재차 당신들은 빠져 있는 것이다.

이러한 두 가지 장해를 동시에 제거하기 위해 그리고 그의 마음을 상하게 하는 일은 하지 않고 인간의 마음을 이해시키기 위해 나는 먼곳에 있는 인간을 보여주고 싶다. 다른 시대나 또는 다른 장소에 있는 인간을 보여주고 싶다. 그리고 그는 무대를 볼 수는 있어도 그곳에 등장하는 일은 결코 할 수 없게 해준다. 여기서 역사를 가르치는 시기가 온 셈이다. 역사를 통해 그는 사람의 마음을 읽고 철학공부는 하지 않아도 되는 것이다. 역사를 통해 그는 사람의 마음을 보는 것이다. 단순한 관객으로서 아무런 이해나 정념도 느끼지 않고 친구나 검사로서가 아니라, 재판관으로서 보는 것이다.

사람들을 알기 위해서는 그들의 행동을 보아야 한다. 사교계에선 사람들의 말은 들을 수 있다. 그들은 좋은 입담으로써 행동을 감춘다. 그런데 역사 속에서는 행동이 뚜렷해져 사람들은 사실에 입각하여 판단된다. 그들의 말 그 자체도 그들을 평가하는 데 도움이 된다. 그들이 말하는 것과 하고 있는 행동을 비교해 보고, 그들은 사실상 어떤 자인가 하는 일과 또 어떤 자인 체하려 하는가를 동시에 알 수 있기 때문이다. 자기를 감추려 할수록 점점 그들을 잘 알 수 있는 것이다.

난처하게도 이 연구에는 여러 가지 위험과 불편한 점이 있다. 자기와 같은 인간을 공평하게 판단할 수 있는 지점에 몸을 두기도 어렵다. 역사의 큰 결점 가운데 하나는, 인간을 좋은 면에서보다도 훨씬 나쁜 면에서 묘사하는 일이다. 역사는 혁명과 대소동이 없으면 흥미가 없으므로, 온화한 정치가 이루어져 아무 일도 없는 상태 속에 인구가 늘고 나라가 번창해 있는 동안은 역사는 아무 말도 하지 않는다. 그 국민이 자기 나라만으론 만족할 수 없어 이웃 나라 사건에 말참견을 하든가, 아니면 자기 나라 사건에 이웃 나라가 말참견을 해 왔거나 했을 때 거기에 빛나는 지위를 부여한다. 우리의 역사는 모두 끝나 버려야 할 데서 시작되고 있는 것이다. 서로 멸망케 하고 있는 국민에 대해서는 우리는 대단히 정확한 역사를 지니고 있다.

우리에게 결여된 것은 번창해 가는 국민의 역사다. 그러한 국민은 현명하므로 충분히 행복하고 그에 대해서 역사는 아무 할 말도 없는 것이다. 그리고 사실상 현대에도 나라를 잘 이끌어가는 정부는 화제에 오르는 일이 가장 적다는 것을 우리는 알고 있다. 우리는 그러기에 나쁜 일밖에 모르는 것이다. 좋은 일에 한 시기를 계획했다는 일은 거의 없다. 유명해지는 것은 악인뿐이다. 선량한 인간은 잊었거나 웃음거리가 되어 있다. 그러므로 역사는 철학과 마찬가지로 계속 인류를 중상하고 있는 것이다.

다시 역사에 실린 사실은, 그 사실이 일어난 그대로 정확하게 묘사된 것이라고는 말할 수 없다. 그런 사실은 역사가의 머릿속에서 모습을 바꾸어 그의 이해 관계에 의해 형태를 다시 이루고 그의 편견에 의해 착색되고 있다. 어떤 사건을 경과한 대로 보여 주기 위해 누가 독자를 그 무대가 된 장소로 정확히 데리고 갈 수 있겠는가. 무지 또는 당파성이 일체의 일을 개조한다. 어떤 역사적인 사실을 변경하는 일을 하지 않아도 그와 관계있는 상황을 과장해서 전하거나 짤막하게 말하거나 함으로써 그 사실에 얼마나 다른 양상이 부여될 것인가. 같은 것이라도 다른 관점에서 보면 거의 같은 것으로는 보이지 않으나, 보는 자의 눈 이외에는 아무것도 변하지 않은 것이다. 있었던 사실과는 전혀 다르게 어떤 사실을 제시하면서 그 이야기를 나에게 들려 준들 충분히 진실을 존경한 셈이 되겠는가. 나무가 하나 더 있었다든가 없었다든가, 바위가 오른쪽에 있었다든가 왼쪽에 있었다든가, 회오리바람이 먼지를 일으켰다든가 하는 그런 일이 전투의 결과를 결정지었으나 아무도 그런 일을 모르고 있던 경우가 얼마나 있었겠는가. 그럼에도 불구하고 역사가는 자기가 모든 것을 보았던 것처럼 확신을 갖고 패전 또는 승리의 원인을 말하고 있지 않은가. 그런데 이유를 모른다면, 사실 그 자체에 무슨 뜻이 있겠는가. 그리고 진짜 원인을 모르는 사건에서 무슨 교훈을 끌어낼 수 있겠는가. 역사가는 어떤 원인을 지적한다. 그러나 그것은 그가 만든 것이다. 그리고 비판이라는 것도 사람들은 시끄러운 것을 말하고 있지만 그것은 추측의 방법에 불과하다. 몇 가지 거짓말 중에서 가장 진실과 비슷한 거짓말을 택하는 방법에 불과하다.

당신네들은 '클레오파트라'라든가, '카산드라'라든가 또는 그런 종류 외의 책을 읽은 일이 없는지. 작자는 잘 알려진 한 가지 사건을 골라서 그것을 자기 구상에 맞추면서, 창작한 세부 묘사나 존재한 일도 없는 인물이나 상상으로 만들어 낸 인물 묘사로 장식하고 꾸민 일을 중복시켜 재미있는 책을 만들어 내고 있다. 이런 소설과 당신들의 소위 역사 사이에 나는 조금도 다른 곳을 인정할 수 없다. 다만 소설가는 보다 더 많이 자기 상상에 몸을 맡기고 있으나 역사가는 타인의 상상에 더 많이 묶이어 있을 뿐이다. 좀더 덧붙여 말하자면 소설가는 좋든 나쁘든 어떤 도덕적인 목적을 설정하고 있으나 역사가는 그런 일에 거의 관심을 갖고 있지 않다.

사람들은 나를 보고 이렇게 말할지도 모른다. "역사의 충실함은 풍속이나 성격의 진실성보다도 흥미를 끄는 일이 적다. 인간의 마음이 충분히 잘 묘사되었다면, 사건이 충실히 다루어졌다는 따위는 중요한 일이 아니다." 여기에 사람들은 덧붙여 말할 것이다. "2천 년 전에 일어난 일이 우리에게 어떻단 말인가." 인물의 모습이 자연 그대로 충분히 잘 표현되었다면 과연 그럴 듯하다. 그러나 대부분의 인물이 역사가의 상상 속에 그 원형을 지니고 있는 데 불과하다면, 그것은 피하려던 좋지 않은 형편에 재차 빠져들어 교사가 권위에서 취하고자 생각했던 것을 작가의 권위에 주는 셈이 되지 않는가. 나의 학생이 언제나 상상화만을 보게 된다면, 나는 그 그림을 다른 사람의 손을 빌리지 않고 자기 손으로 그리게 하고 싶다. 그것은 하여간 훨씬 그에게 잘 이해될 것이다.

청년에게 가장 나쁜 역사가는 판단을 내리고 있는 역사가다. 사실을! 사실을! 그리하여 학생 자신이 판단케 하는 것이다. 그렇게 함으로써 그는 사람들을 아는 법을 배우는 것이다. 저자의 판단이 계속 학생을 이끌어 간다면, 학생은 타인의 눈으로 보고 있는 거나 다름없다. 그러므로 그 눈이 발견되지 않을 때는 아무것도 보이지 않게 된다.

근대의 역사는 제외하기로 한다. 거기에는 이미 특징이 없어졌고 근대 인간은 다 비슷비슷하다. 그뿐 아니라 근대 역사가는 광채를 발하는 일에 전념하여 선명한 색채의 초상을 그릴 생각만 하였고, 더구나 그 초상들은 누차 아무것도 표현하고 있지 않기 때문이다.[8] 일반적으로 말해 고대 작가는 초상을 그리는 일이 적으며, 그 판단에 재주를 나타내 주기보다도 풍부한 양식을 나타내고 있다. 그래도 고대작가에 대해서도 신중한 선택을 해야 한다. 처음에는 가장 정확한 작가가 아니라 가장 단순한 작가를 택해야 할 것이다. 나는 청년의 손에 폴리비오스나 가이우스를 넘겨 주고 싶지 않다.

타키투스는 노인이 읽는 책이다. 젊은 사람은 그것을 이해할 만한 힘이 없다. 인간의 마음 깊숙한 곳을 살피기 전에 그 기본적인 양상을 인간의 행동에서 보는 법을 배워야 한다. 일반적인 격언을 읽기 전에 개개의 사실을 잘 읽도록 하여야 한다. 격언으로 이루어진 철학은 경험을 쌓은 자에게만 적당하다. 젊은 사람은 무엇이나 다 일반화해서는 안 된다. 그들에게 가르칠 일은 모두 특수한 규칙으로 가르쳐야 한다.

내 생각으로는 투키디데스가 역사가의 참된 모범이다. 그는 판단하지 않고 사실을 전달하고 있다. 그러나 그에 대해 우리에게 판단시키기 위해 필요한 사정을 하나도 빠뜨리지 않았다. 그가 말하는 모든 것을 독자의 눈앞에 갖다 놓는다. 사건과 독자 사이로 파고드는 일은 하지 않고 자기는 모습을 감추고 있다. 사람들은 읽고 있는 것 같은 기분이 들지 않고 보고 있는 것 같은 기분이 든다. 다만 난처한 일은 그 전쟁 이야기만 하기 때문에 그 이야기에는 더없이 비교육적인 일, 즉 전쟁 외에는 거의 아무것도 발견되지 않는다.《1만 인의 퇴각》과 케사르의《갈리아 전기(戰記)》에는 거의 같은 빛나는 지혜와 결점을 볼 수 있다. 헤로도투스는 초상을 그리지 않고, 격언을 말하지 않고, 더구나 유창

---

[8] 다빌라(이탈리아의 역사가 1576~1631) 귀차르디니(이탈리아의 역사가 1483~1540) 스트라다(이탈리아의 역사가 1572~1649) 솔리스(스페인의 역사가 1610~1686) 마키아벨리(1469~1527) 등. 그리고 때로는 드 투(프랑스의 역사가 1553~1617)도 그러하다. 베르토(프랑스의 역사가1655~1735)는 초상을 만들지 않고 그릴 줄을 알고 있던 유일한 사람이다(원주).

하고 소박하며, 큰 흥미를 일게 하여 사람들을 대단히 기쁘게 할 수 있는 세밀한 서술을 하였으므로 어김없이 누구보다도 뛰어난 역사가가 될 사람이지만, 그 서술은 자주 아이들처럼 단순해져서 청년의 취미를 키우기보다도 오히려 손상하게 된다. 헤로도투스를 읽으려면 미리 날카로운 판단력을 지니고 있어야 한다. 티투스 리비우스에 대해서는 아무 말도 않겠다. 언젠가는 그에 대해 말할 기회가 올 것이다. 다만 그는 정치가이고 수사학자이므로, 지금 이 나이 때 가르치기에는 어울리지 않는 사람이다.

일반적인 역사는 결함투성이다. 그것은 이름·장소·날짜에 의해 기억되는 두드러진 사실만을 기록하고 있는데, 이 사실들이 서서히 전개되어 가는 원인은 같은 방법으로 나타낼 수는 없으므로 늘 불명료한 채로 있기 때문이다. 어떤 싸움에 이긴 일, 또는 패한 일에서 사람들은 자주 혁명의 이유를 보고 있으나, 이 혁명은 그 싸움에 앞서 이미 피할 수 없게 된 일도 있다. 전쟁은 도덕적인 원인에 의해 이미 결정되고 있는 사상을 밝은 곳으로 내놓는 일뿐인 경우가 많은데, 그런 원인을 역사가들은 여간해서 꿰뚫어보질 못한다.

철학적인 정신은 금세기의 몇 작가에 대한 고찰을 이 방면으로 향하게 했다. 그러나 그들이 한 일로 더 많은 진실이 밝혀졌는지는 확실치 않다. 체계화에 대한 전념이 그들 모두를 사로잡고 있으므로 누구나 사물을 있는 그대로 보려 하지 않고 다 자기 체계에 일치시켜서 보려고 한다.

이런 모든 고찰에 덧붙여 역사는 인간보다 훨씬 많은 행동을 나타내고 있음을 생각해 봄이 좋을 것이다. 역사는 인간을 어떤 선택된 시기에, 화려한 복장을 하고 있을 때 사로잡고 있는 것이다. 그것은 사람들에게 보이기 위해 몸차림을 단정히 한 공인(公人)을 보여 줄 뿐이다. 그 사람의 뒤를 따라 집안이나 서재 안이나 가족들 사이나 친구들 사이로 들어가는 일은 하지 않는다. 뭔가를 대표하고 있는 자로서 그 사람을 묘사하는 데 불과하다. 역사가 묘사하고 있는 것은, 그 사람 자신이 아니라 오히려 그 사람이 입고 있는 옷인 것이다.

인간의 마음에 대한 연구를 시작함에 있어 나는 오히려 개인 전기를 읽었으면 한다. 거기서는 인간은 아무리 모습을 감추려고 해도 허사이며 역사가는 아무데나 따라가는 것이다. 역사가는 그 인간에게 숨쉴 틈도 주지 않는다. 보고 있는 자의 날카로운 눈을 피하기 위한 한편 구석도 주지 않는다. 그리고 그 인간이 몸을 잘 감추었다고 생각하고 있을 때야말로 역사가는 보다 더 그를 잘 알리는 셈이 되는 것이다. 몽테뉴는 말했다. "전기를 쓰는 사람들은 사건보다도 의도에 많은 흥미를 갖고 있으며, 외부에서 일어나는 일보다 내부에서 생기는 일에 더 흥미를 갖고 있으므로 이런 사람들이 더 내 기호에 맞는다. 그러므로 모든 종류로 보아 플루타르코스는 나에게 꼭 맞는 사람이다."

확실히 집합된 사람들, 즉 국민의 정신은 개개인의 성격과는 대단히 다르며 인간의 마음을 집단에서 검토하지 않는 것은 매우 불완전하게 그것을 알게 되기 때문이다. 그러나 사람들에 대해 판단을 내리려면 우선 사람을 연구해야 한다는 일, 그리고 각자의 경향을 완전히 아는 자는 국민 전체 속에 결부된 그 작용을 모두 예상할 수 있다는 일도 역시 확실한 일이다.

여기서도 또 고대인을 의지해야 한다. 그 이유는 이미 말했으나, 다시 일상적이고 흔한, 그러나 진실하고 특징적인 세부 묘사는 모두 근대 문체(文體)로부터 멀어졌으므로, 근대 저자에 의해 인간은 개인 생활에 있어서도 세계의 무대에 섰을 때나 마찬가지로 화려한 의상이 입혀졌기 때문이다. 예절은 책에서도 행동에 있어서와 같은 엄격함을 요구하여 공중(公衆)의 면전에서 행하는 일을 허용하고 있는 일 이외에는 말을 못하게 하며, 우리는 인간을 언제나 대표자로밖에 나타낼 수 없으므로 연극에서도 마찬가지이지만 책에서도 인간을 알 수는 없다. 아무리 많은 역사가가 국왕들의 전기를 쓰더라도 우리는 이제 수에토니우스 같은 역사가를 가질 수는 없을 것이다.*9

플루타르코스는 우리가 감히 개입하려 들지 않는 그러한 세밀한 점에서 뛰어나다. 그는 위대한 사람들을 사소한 사실을 들어 묘사하는데 더없는 매력을 갖고 있다. 그리고 일화를 골라내는 일에 뛰어나며 간단한 한 마디로 약간의 미소나 몸짓으로 자주 주인공의 특징을 충분히 잘 나타내고 있다. 한니발은 겁먹은 군대를 농담 하나로 안심시키고, 이탈리아를 그에게 인도하게 될 싸움을 향해 웃으면서 진군케 한다. 막대기를 탄 아게실라오스는 페르시아 대왕을 타파한 사람을 사랑해야 할 인간으로 삼고 있다. 빈촌을 지나가면서 친구들과 말하는 카이사르는 폼페이우스와 어깨를 겨룰 수 있는 자가 되고 싶을 뿐이라

---

*9 현대의 역사가 속에서 단 한 사람(뒤클로 1704~1772 모럴리스트·아카데미 프랑세즈 회원·루소의 친구)은 대체적인 일로는 투키디데스를 모방하고 있으나 자잘한 점에서는 일부러 수에토니우스를 모방하고, 때로는 코민(프랑스의 역사가 1447~1511)를 베끼고 있다. 더욱이 그의 저서의 가치를 높이고 있는 이 일 때문에 그는 우리에게서 비판을 받게 되었다(원주).

고 말하여 자신의 교활함을 무심결에 드러낸다. 알렉산드로스는 약을 마셔 버리고 단 한마디도 말하지 않는다. 그것은 그의 생애에서 가장 아름다운 순간이다. 아리스티데스는 도기 조각 위에 자기 이름을 표시하여 그의 호칭이 정당함을 증명했다. 필로포이멘은 망토를 벗어 던지고 잠을 재워 준 집 부엌에서 장작을 팬다. 이러한 일이야말로 인간을 묘사하는 진짜 기술이다. 사람의 모습은 중대한 사실로 보이지 않으며, 성격은 위대한 행동으로 나타나지 않는다. 천성이 명백해지는 것은 하찮은 일로 인해서이다. 국가적인 일은 너무도 알려져 있거나 일부러 그런 것처럼 느껴지나, 근대적인 격조가 우리 저자에게 상세히 말하도록 허용하고 있는 것은 이런 일에 한정되어 있다고 보아도 무방할 것이다.

의심할 여지도 없이 튀렌 장군은 전세기에서 가장 위대한 인물 중 한 사람이었다. 이 장군에 대한 호감을 갖게 하는 세밀한 일을 여러 가지 말하여, 그 전기를 일부러 흥미 있는 것으로 만든 사람이 있었다. 그러나 보다 더 잘 알리고 호감이 가게 하는 점을 얼마나 빼어 버렸는지 모른다. 나는 꼭 한 가지만 예를 들겠는데, 이것은 확실한 계통을 통해 들은 이야기이며 플루타르코스라면 그것을 빠뜨리거나 하지는 않았겠지만, 랑세는 가령 알고 있었다 한들 쓸 생각은 없었을 것이다.

몹시 더운 여름날이었다. 튀렌 자작은 짧은 흰 웃옷을 입고 테 없는 모자를 쓰고 대합실 창문 앞에 있었다. 그곳에 하인 한 사람이 들어왔는데 그런 옷차림이었기 때문에 자기와 친한 요리사인 줄 알았다. 그는 뒤로 살살 다가갔다. 그리고 곱지도 않은 손으로 상대방의 궁둥이를 힘껏 때렸다. 맞은 남자는 휙 돌아보았다. 하인은 주인의 얼굴을 보자 벌벌 떨었다. 완전히 정신을 잃고 무릎을 꿇는다. "각하, 나는 조르주인 줄 알고……" 튀렌은 궁둥이를 쓰다듬며 외쳤다. "조르주라도 그렇게 세게 때리면 쓰나."

비참한 자들이여, 아마 이런 말을 너희는 도저히 할 수 없을 것이다. 언제까지나 자연의 마음을 갖지 않고 정을 느끼지도 않는 인간으로 있음이 좋을 것이다. 너희의 강철 같은 마음을 천한 예절로 단련시켜 단단히 함이 좋을 것이다. 위엄을 유지하려고 경멸받을 인간이 됨이 좋을 것이다. 그러나 너는, 오오, 선량한 젊은이여, 이 일화를 읽고, 그것이 가르치고 있는 순간적인 움직임까지 볼 수 있는 부드러운 마음의 전부를 알고 감동하고 있는 너는, 이 위대한 인물도 자기 태생이나 가문이 문제가 되면, 갑자기 인색한 인간이 된 일도 읽어 봄이 좋을 것이다.

어딜 가나 자기 조카에게 한발 양보하는, 일부러인 듯한 일을 하여 그 아이가 주권을 갖는 집주인임을 사람들에게 잘 알리려 했던 일도 바로 같은 튀렌이었음을 생각해야 할 것이다. 이런 대조적인 일을 비교해 보고 자연을 사랑하고 성급한 짐작을 경멸해야 할 것이다. 그리고 인간을 알아야 할 것이다.

이런 식으로 지도되는 독서가 청년의 아주 신선한 정신에 미치는 효과를 이해할 수 있는 사람은 대단히 적다. 우리는 어릴 때부터 책에 짓눌려 생각도 않고 읽는 일에 익숙해져 있으므로 읽고 있는 일도 마음과는 접촉되지 않는다. 역사와 전기에서 흔히 볼 수 있는 정념과 편견을 이미 우리 자신 안에 지니고 있으므로 인물이 하고 있는 일은 다 우리에게 당연한 일로 보이니 더욱더 그러하다. 우리는 자연 밖으로 나가 버렸고 우리 자신에 의해 타인을 판단하고 있는 것이다.

그러나 나의 준칙에 따라 교육받은 청년을 생각해 보자. 나의 에밀을 생각해 보자. 18년간의 변함 없는 마음가짐은 건전한 판단력과 건강한 마음을 그에게 계속 유지케 하는 일만을 목적으로 해 온 것이다. 막이 열리고 비로소 세상이라는 연극을 보았을 때의 에밀이라기보다, 오히려 무대 뒤에 자리를 차지하고 배우들이 의상을 입었다 벗었다 하는 것을 바라보고, 관객의 눈을 속이는 조잡한 마술도구인 밧줄과 도르레 등 여러 가지를 보고 있는 에밀을 생각해 보자. 최초의 놀라움에 이어 곧 자기와 같은 인간을 부끄럽게 생각하는 마음과 그들에 대한 경멸하는 마음이 솟아날 것이다. 그런 식으로 온 인류가 자기 자신에게 속고, 그런 아이들 장난 같은 일을 하여 자기를 천대하고 있는 것을 보고 그는 분개할 것이다. 자기 동포가 하찮은 일 때문에 서로 잡고 싸우는 것을 보고, 인간이라는 데 만족할 수 없었기 때문에 맹수로 변한 것을 보고 그는 슬퍼질 것이다.

확실히 학생에게 소질이 있어서 선생이 다소나마 신중함과 선택으로써 독서를 시키면, 즉 독서에서 나오는 고찰을 향한 길을 조금이라도 열어 주게 되면, 이런 공부는 학생에게 실천 철학의 강의가 된다. 그것은 우리 학교에서 청년의 머리를 혼란케 하는 온갖 하찮은 사변적인 연구보다도 확실히 뛰어나고 계통이 선 강의가 될 것이다.

피로스의 꿈 같은 계획을 들은 뒤에 키네아스는 피로스에게 물었다. "세계를 정복함으로써 어떤 현실적인 행복을 손에 넣을 수 있는가? 그렇게 괴로운 생각을 하지 않아도 지금 여기서 곧 그 행복을 즐길 수는 없는가?" 우리는 거기서 다만 마음에 드는 말을 발견할 뿐 곧 그것을 잊어버리고 만다. 그러나 에밀은 거기서 대단히 현명한 고찰을 발견할 것이다. 그것은 그가 처음으로 발견한 것이 될지도 모르나 그 뒤 그의 머리에서 사라지는 일은 없을 것이다. 그의 머리에는 그 인상을 방해하는 반대의 편견은 하나도 찾아볼 수 없기 때문이다. 이어서 그 무분별한 남자의 전기를 읽고, 그의 위대한 계획의 전부가 결국 한 여인의 손으로 말살되는 결과를 초래한 일을 알았을 때 그러한 위대한 장군의 온갖 공적에서, 그러한 대정치가의 모든 정략에서 에밀은 무엇을 인정하게 되겠는가. 불명예스러운 죽음에 의해 그의 생애와 계획을 끝마치게 된 치명적인 기와를 구하기 위해 그렇게 먼 곳까지 갔다는 것이 아닌가.

정복자가 모두 그렇게 죽은 것은 아니다. 찬탈자는 다 계획에 실패한 것은 아니다. 일반적인 의견에 해를 입은 사람들의 눈에는 몇 사람쯤은 행복했던 것처럼 보일 것이다. 그러나 표면적인 일에 발을 멈추지 않고 인간의 행복을 그 마음의 상태에 의해서만 판단하는 사람은 그들이 성공했을 경우에도 비참했음을 알 것이다. 그들의 마음을 괴롭히는 욕망과 근심이 행운의 혜택을 입을수록 널리 퍼져 커져감을 알 것이다. 숨을 헐떡이고 전진하나, 결코 목적지에 도달치 못함을 알 수 있을 것이다. 경험이 없는 여행자가 처음으로 알프스 산 속으로 들어가며 산 하나를 넘을 때마다, 이것으로 알프스를 넘은 것이라 생각하고 정상에 섰을 때 자기 눈앞에 더 높은 산을 발견하고 실망하게 되듯, 그들이 마치 그런 여행자처럼 보일 것이다.

아우구스투스는 로마의 시민을 복종케 하여 경쟁자를 멸망케 한 다음 40년에 걸쳐 지금까지 존재한 최대의 제국을 지배했다. 그러나 그 거대한 권력 전체를 갖고서도 머리를 벽에 부딪고 넓은 궁전에서 고함을 치며, 전멸한 군단을 돌려 달라고 바루스에게 말하지 않았던가. 모든 적을 정복했더라도 그 헛된 승리가 무슨 도움이 되었겠는가. 온갖 종류의 괴로움이 계속 그의 주위에 생기지 않았던가. 가장 친한 친구들이 그의 생명에 해를 가하지 않았던가. 친근한 자의 모든 부끄러운 행위나 죽음에 울어야 하지 않았던가. 이 불행한 남자는 세계를 다스리려고 했다. 그러나 자기 집을 다스리는 일도 하지 못했다.

집을 돌보지 않았기 때문에 어떻게 되었던가. 그는 조카와 양아들, 사위가 한창 젊은 나이에 죽어가는 것을 보았다. 손자는 비참한 생명을 몇 시간 더 이어가기 위해 침대 속에 넣은 털을 먹어야만 했다. 딸과 손녀는 몸가짐을 난잡하게 가져 그의 얼굴에 흙칠을 했으며, 한 사람은 외딴 섬에서 가난과 굶주림 때문에 죽었고, 또 한 사람은 감옥에서 형리 손에 죽었다. 최후로 그 자신은 불행한 일가의 마지막 생존자로 남게 되었고, 자기 아내 덕분에 괴물같은 인간을 후계자로 남길 수밖에 없었다. 그 영광과 행운에 의해 그렇게 유명했던 세계 지배자의 운명은 이런 것이었다. 그의 영광을 칭찬하고 있는 사람들 중에, 그와 같은 희생을 치르고서도 그러한 영광을 얻고 싶다고 바라마지 않는 사람이 단 한 사람이라도 있다고 생각되는가.

나는 야심을 예로 들었다. 그러나 자기를 알고, 죽은 자의 희생으로 현명하게 되기 위해 역사를 연구하려는 자에 대해서는 인간의 온갖 정념의 희롱은 똑같은 교훈을 준다. 안토니우스의 생애가 아우구스투스의 생애보다도 젊은 이에게 더 친근한 교훈이 될 시기가 다가오고 있다. 에밀은 새로운 공부를 하는 동안 그의 눈을 놀라게 하는 기괴한 것 속에서 자기 모습을 인정하는 일은 없을 것이다. 그는 정념이 생기기 전에 그 환상을 미리 멀리 할 수 있을 것이다. 그리고 모든 시대에서 정념이 인간을 장님으로 만든 것을 보고, 가령 자기가 정념에 빠졌을 때 그것이 어떻게 자기를 장님으로 만드는가를 미리 알게 될 것이다.*10 그러한 교훈은 그에게는 적당치 않다. 그것은 나도 알고 있다. 아마 필요한 경우에는 그것은 이미 필요치 않은 것이 되며 불충분한 것이 될 것이다. 그러나 내가 이 공부에서 얻었으면 했던 것은 그런 교훈이 아니었다는 것을 상기해 주기 바란다. 이 공부를 시작함에 있어 나는 그와는 다른 목적을 세우고 있었던 것이다. 그 목적을 충분히 이룰 수 없다면 그것은 확실히 교사의 잘못일 것이다.

자존심이 발달하면 곧 상대적인 '자아'가 계속 작용하여, 청년은 타인을 관찰하고 있을 때는 반드시 자기 일을 생각하고 자기를 타인과 비교해 본다는 사실을 알아야 한다. 그러므로 자기와 같은 인간을 조사한 뒤에 그들 사이에

---

*10 우리 마음속에서 정념을 격하게 하는 것은 언제나 편견이다. 현실에 있는 것만을 보는 사람, 알고 있는 것만을 평가하는 사람은 무엇엔가 열중하는 일은 거의 없다. 우리의 그릇된 판단은 모든 욕망의 격렬함을 만들어낸다(원주). 자필 원고에 있는 주.

서 자기는 어떤 지위에 몸을 두면 되는가를 아는 일이 문제가 된다.

청년에게 역사를 읽게 하는 방법을 보고 있으면, 그들이 보고 있는 모든 인물로, 이를테면 바꿔 버리는 일을 하고 있다는 것을 알게 된다. 어떤 때는 키케로로 어떤 때는 트라야누스로, 또는 알렉산드로스로 하려 하고 있다. 자신의 일을 생각하면 낙담하게 된다. 자기 이외의 것에는 익숙치 못한 한스러움을 여러 사람에게 느끼게 하려는 것이다. 이런 방법에도 몇 가지 장점이 있음을 나는 부인하지 않는다. 그러나 나의 에밀이 그런 비교를 하여 자기와는 별개의 사람이 되고 싶다는 생각을 단 한 번이라도 했다면, 그 별개의 사람이 소크라테스이든 카토이든 내 일은 모두 실패한 것이다. 자기와는 인연이 없는 자가 되려고 생각하는 자는 마침내는 완전히 자기를 잊어버리고 만다.

인간을 가장 잘 알고 있는 사람은 철학자가 아니다. 철학자는 철학의 편견을 통해 인간을 보고 있는 데 불과하다. 그렇게 많은 편견을 갖고 있는 자들을 나는 그 밖에 본 일이 없다고 해도 좋을 정도이다. 미개인은 철학자가 판단하는 것보다 더 건전하게 우리를 판단하고 있다. 철학자는 자신의 부도덕을 느끼고 우리의 부도덕에 대해 화를 내고 있다. 그리고 이런 말을 중얼대고 있다. "우리는 다 악인이다." 미개인은 우리를 보고도 마음이 동요됨이 없이 이렇게 말한다. "당신네들은 미치광이다." 미개인이 하는 말은 옳다. 누구나 나쁘다는 것을 알고 나쁜 일을 하는 자는 없는 것이다. 나의 학생은 그러한 미개인이다. 다만 에밀은 더 잘 생각하고 관념을 더 잘 비교하고, 우리의 잘못을 더 가까이서 보고 있기 때문에 자기를 더 잘 경계하고 자기가 알고 있는 일에 대해서만 판단을 내린다는 차이가 있다.

타인의 정념에 대해 우리를 초조하게 하는 것은 우리의 정념이다. 우리가 악인을 미워하도록 하는 것은 우리의 이해 관계이다. 그들이 우리에게 아무런 해도 미치지 않는다면 우리는 그들에 대해 미움보다도 오히려 가엾음을 느낄 것이다. 악인들이 우리에게 미치는 해는 그들이 자기 자신에게 해를 끼치고 있는 일을 우리에게 잊게 만든다. 그들 자신의 마음이 그들의 부도덕을 얼마나 무겁게 벌하는지를 알 수 있다면 우리는 좀더 쉽게 그들을 용서할 것이다. 우리는 해를 느끼고 있으나 벌은 보지 않는다. 유리한 점은 눈에 잘 보이나 괴로움은 내면적인 것이다. 자기 부도덕의 결과를 즐기려는 자는 성공하지 못한 경우보다 괴로워한다. 대상은 바꾸어도 불안은 여전한 것이다. 그들이 아무리 운명의 혜택을 뽐내고 자기 마음을 감추려 해도 그것은 헛수고이다. 그들의 행동은 그들이 뭐라 하든 그 마음을 명백히 하고 있다. 그러나 그것을 보기 위해서는 똑같은 마음을 갖고 있어서는 안 된다.

우리가 타인과 똑같이 느끼고 있는 정념은 우리를 당황케 한다. 우리의 이익을 뺏는 정념은 반항을 느끼게 한다. 그리고 거기서 우리 마음에 생기는 모순에 의해 우리는 자기가 흉내 내고 싶다고 생각하는 일을 타인을 향해 비난한다. 자기가 같은 상태에 놓여 있었다면 저질렀을지도 모를 나쁜 일을 타인으로부터 당하고 괴로워해야 할 때는 반발과 착각을 피할 수는 없다.

그렇다면 사람들을 충분히 잘 관찰하려면 어떤 일이 필요하게 될까. 사람들을 알려는 큰 관심, 사람들을 판단함에 있어 가능한 한 공평할 것, 인간의 모든 정념을 이해할 수 있을 정도로 느끼기 잘 하고, 정념에 사로잡히지 않을 정도로 평온한 마음이어야 한다. 인생에 있어 이 연구에 형편이 좋은 시기가 있다면 그것은 에밀을 위해 내가 택한 시기이다. 더 빨랐으면 그런 연구는 그에게는 인연이 없는 것이었을 게고, 더 늦었다면 그가 그러한 공부와 인연이 없는 자가 되었을 것이다. 그가 그 희롱을 보고 있는 억견은 아직 그에 대해 세력을 갖고 있지 않다. 그가 그 결과를 느끼고 있는 정념은 그의 마음을 혼란케 하지는 않는다. 그는 인간으로서 동포에 대해 관심을 갖고 있다. 그는 공평한 사람으로서 자기 동료를 판단하는 것이다. 그런데 만일 그가 충분히 사람들을 잘 판단한다면 그는 확실히 그들 중 누구하고도 바꾸고 싶다고는 생각지 않을 것이다. 그들이 자기에게 주고 있는 모든 괴로움의 목적은 그가 갖고 있지 않은 편견에 기초를 두고 있기 때문에 그에게는 허공에 뜬 빈 목적으로 보이기 때문이다. 그에게는 그가 바라고 있는 일은 모두 자기 손이 닿는 곳에 있는 것이다. 스스로 자기 일을 할 수 있고, 편견에 사로잡혀 있지 않은 그는 누구에게 의존하지 않는다. 그에게는 팔이 있다. 건강이 있다.[11] 그는 절제를 지키고 약간의 욕망을 느끼는 것만으로 그것을 채우는 수단을 지니고 있다.

더없이 완전한 자유 속에서 자란 그가 생각하는 더없이 큰 불행은 예속이라는 것이다. 비참한 국왕들, 그들에게 복종하고 있는 모든 자의 노예인 국왕들을 그는 불쌍하다고 생각한다. 헛된 명성에 묶여 있는 가짜 현자를 불쌍하

---

*11 건강과 훌륭한 몸은 그의 교육으로 얻어진 이익의 하나이다. 혹은 오히려 그의 교육이 계속 지니게 한 자연의 덕택의 하나라고 굳이 말할 수 있다고 나는 믿는다(원주).

다고 생각한다. 호화로운 생활의 순교자가 된 어리석은 부자를 불쌍하게 생각한다. 즐거움을 자랑하며 일생 동안 지루한 생활을 보내고 있는 화려한 방탕자를 불쌍히 여긴다. 그는 자기에게 해를 입히는 적까지 불쌍히 여길 것이다. 사악함 속에서 적의 불행을 보게 될 테니까 말이다. 그는 이렇게 중얼댈 것이다. "나에게 해를 끼칠 필요를 느낌으로써 이 자는 자기 운명을 나의 운명에 의존해 버린 것이다."

한 발짝만 더 가면 우리는 목적지에 닿는다. 자존심은 유효하나 위험한 도구이다. 그것은 자주 그것을 갖고 오는 자의 손을 상하게 하고, 나쁜 일을 초래하지 않지만 좋은 일을 하는 경우는 여간해서 없다. 에밀은 인류 속에 있는 자기 지위를 생각하면서 자기가 혜택받은 상태에 놓여 있는 것을 알고는, 당신네들의 이성의 일을 자기 이성의 명예로 하고, 행운의 결과를 자기의 공적으로 하고 싶어질 것이다. 그는 중얼댈 것이다. "나는 현명하고 다른 사람은 다 바보야." 그는 사람들을 불쌍히 여기면서 경멸할 것이다. 자기를 축복하면서 더 높이 평가할 것이다.

그리고 자기가 사람들보다 행복하다는 것을 느끼고 자기는 으레 행복하기 마련인 사람이라고 생각할 것이다. 이러한 일이야말로 무엇보다도 두려워해야 할 잘못이다. 그것은 무엇보다도 고치기 힘든 잘못이므로, 만일 그런 상태가 언제까지나 계속된다면 우리의 온갖 염려에도 불구하고 그는 거의 얻는 것이라고는 없었던 셈이 된다. 거기서 어느 한쪽을 취해야 한다면 거만에서 생기는 착각보다도 편견에서 생기는 착각 쪽이 더 낫다고 하지 않을지, 나로서는 잘 알 수 없다.

위대한 사람들은 자기가 뛰어난 자라는 데 대해 잘못 생각해서는 안 된다. 그들은 그것을 보고 느끼면서도 겸손한 태도를 취한다. 많은 것을 갖고 있을수록 그들은 더욱 자기에게 부족한 것을 잘 알고 있다. 그들은 우리에 대한 우위를 자랑하기보다는 오히려 자기의 비참함을 느끼고 겸손한 태도를 취한다. 그리고 남이 갖지 않은 재산을 가졌으면서도 그들은 충분한 양식이 있으므로 자기가 만든 것도 아닌 수예물을 자랑하거나 하지는 않는다. 군자는 자기 미덕을 자랑할 수 있다. 그 미덕은 그의 것이기 때문이다. 그러나 재인(才人)은 무엇을 자랑으로 하겠는가. 라신은 프라동이 되지 않기 위해 어떻게 했던가. 부알로는 코탱이 되지 않기 위해 어떻게 했던가.

여기서는 그것도 전혀 관계없는 일이다. 언제나 보통 상태가 계속되고 있는 것으로 하자. 나는 나의 학생이 뛰어난 천재를 지니고 있는 자이거나 둔한 오성을 지닌 자라고 가정하지 않았다. 보통 정신을 가진 자 속에서 학생을 골라 인간에 대해 교육이 무엇을 할 수 있는가를 증명하려고 한 것이다. 여간해서 없는 경우는 모든 것이 규칙에 들어맞질 않는다. 그러므로 내가 염려한 결과 에밀이 다른 사람들이 취하는 방법보다도 자기가 살고, 보고, 느끼고 하는 방법을 택한다면, 에밀은 올바른 것이다. 그러나 그 때문에 자기는 다른 사람들보다도 뛰어난 본질을 가진 자이며 워낙 훌륭하게 타고났다고 생각한다면 에밀은 잘못된 것이다. 그는 잘못 생각하고 있는 것이다. 그 갈피를 못잡는 마음을 일깨워 줘야 한다. 그렇지 않으면 완전히 시기를 놓쳐 잘못을 고치지 못하게 될 우려가 있다.

미친것만 아니라면, 허영심을 제외하고 어리석음은 고칠 수 있다. 허영심은 경험에 의해 고칠 수 있을 뿐이다. 적어도 싹이 트기 시작했을 때라면 그것이 크게 자라지 못하도록 방지할 수는 있다. 그러므로 청년기에 그도 다른 사람과 같은 사람이며 같은 약점에 묶여 있음을 증명하려고 헛된 논의 속으로 빠져드는 일을 해서는 안 된다. 그 사실을 그에게 느끼게 하는 것이다. 그렇게 하지 않으면 그는 결코 그것을 알 수 없을 것이다. 이것도 또 나의 본래의 규칙으로 봐선 예외적인 경우이다. 그것은 나의 학생이 우리보다도 현명하지 않다는 것을 그에게 증명하게 되는 모든 사건을 자진해서 그에게 만나게 해주려는 것이다. 요술쟁이 이야기가 여러 가지로 되풀이되는 셈이며, 나는 그에 대해 아첨하는 자를 완전히 유리한 상태로 이끌어 주게 되는 것이다. 생각 없는 자들이 뭔가 어리석은 일에 그를 끌어들인다면 나는 그가 위험을 당하게 내버려둔다. 사기꾼이 도박장에서 그를 노렸다면 그를 그 패들에게 넘겨 주고 그들의 노리갯감으로 하게 한다.*12 그들이 그에게 아첨하며 호주머니를 쥐어 뜯게

---

*12 물론 우리의 제자는 그러한 함정에 걸리는 일은 거의 없을 것이다. 그의 주위에는 숱한 재미있는 일이 있고 그는 지금까지 심심한 적은 없었으며 금전이 무슨 필요가 있는지도 전혀 알지 못하니까. 사람들이 그에 의해 아이들을 인도하는 두 가지 동기는 이해와 허영심인데, 이 두 가지 동기는 머지않아 그들을 붙잡으려는 창부와 사기꾼에게 필요하다. 어린아이의 탐욕이 보수나 포상에 의해 자극되는 것을 보면, 그들이 열 살 때 학교에서 어떤 일로 공공연히 칭찬받는 것을 보면 그들이 스무 살이 되었을 때 어떻게 돈지갑을 노름방에 놓고 오는지, 어떻게 건강을 매음굴에 두고 오는가를 당신들은 보고 있는 셈이다.

하고 소지품을 빼앗아 가도록 한다. 그리고 그를 알몸이 되게 한 다음 비웃어 댈 때, 나는 그가 있는 앞에서 그들이 준 고마운 교훈에 사례를 하기로 한다. 내가 주의하여 지켜 줄 단 하나의 함정은 창부가 파 놓은 함정일 것이다. 내가 그에게 신경써야 할 유일한 것은, 그에게 닥칠 모든 위험과 모욕을 나도 함께 받거나 견디는 일 뿐이다. 어떤 일이라도 나는 잠자코 불평도 하지 않고 비난도 하지 않고 거기에 대해 절대로 일언반구 없이 견디기로 한다. 이러한 신중한 태도를 충분히 간직하면서 그의 눈앞에서 그를 위해 내가 괴로워한 모든 일이, 그 자신이 괴로워한 일 이상으로 강한 인상을 그의 마음에 심어 주게 된다는 것은 어김없는 사실일 것이다.

어리석은 현자의 역할을 하여 학생을 깎아 내리고 그들을 언제까지나 어린애 취급하여 그들에게 무엇을 시키거나 자기를 항상 그들보다 위대한 자로 보이려고 하는 교사들의 잘못된 위엄을 나는 여기서 지적하겠다. 그런 식으로 청년의 용기를 좌절시키지 말고, 그들의 영혼을 높이기 위해 모든 것을 아낌없이 사용하여야 할 것이다. 그들을 당신들과 동등하게 취급하여 실제로 그들이 그렇게 되도록 해야 한다. 그리고 만일 그들이 아직 당신과 같이 높은 곳에 도달할 수 없다면 당신은 부끄러워하거나, 사양하지 말고, 그들이 있는 곳까지 내려가야 한다. 당신들의 명예는 이미 당신들 안에 없고 당신들의 학생 안에 있다는 것을 생각해야 한다. 그들과 잘못을 함께 하여 그것을 고치도록 해야 한다. 그의 부끄러움이 되는 일을 도맡아 그것을 씻어줘야 한다. 도망가는 부하들을 되불러들일 수 없었으므로 자신이 병사들 앞에 서서, "병사들은 도망가는 것이 아니다. 대장 뒤를 따르는 것이다." 외친 그 용감한 로마인의 흉내를 내야 할 것이다. 이 로마인은 그 때문에 명예가 손상되었을까. 천만의 말씀이다.

그리하여 자기 명예를 희생함으로써 더 큰 명예를 얻은 것이다. 의무의 힘, 덕(德)의 아름다움은 저절로 우리의 동감을 유발하고 양식에 반한 우리의 편

학교에서 성적이 가장 좋은 어린이는 누구보다도 내기를 좋아하는 인간, 누구보다도 심한 방탕자가 된다고 해도 과언이 아니다. 그런데 어렸을 적에 채택되지 않았던 방법은 청년이 되어도 악용되지는 않는다. 그러나 이 점에서 나의 변함없는 방침은 언제나 사태를 최악으로 생각하는 데 있다는 것을 상기해 주기 바란다. 나는 우선 악을 방지하려고 한다. 그런 다음 최악의 상태를 예상하여 그 대책을 말한다(원주).

견을 번복시킨다. 에밀에 대한 나의 임무를 이행하고 있는데 따귀를 맞았다면 그 따귀에 대한 보복을 하지 않고 나는 어딜 가나 그것을 자랑한다. 그리고 내가 그런다고 해서 나를 보다 더 존경해주지 않을 만큼 비속한 인간이 세상에 한 사람이라도 있을지 나로선 의문이다.*13

학생은 선생을 자기와 같은 정도의 한정된 지식밖에 갖지 않았으며 자기와 똑같이 유혹당하기 쉬운 인간으로 생각하지는 않는다. 그러한 생각은, 아무것도 볼 줄 모르고 아무것도 비교하지 못하며, 세상 모든 것이 자기 능력 안에 있다 생각하고, 자신의 요구를 들어줄 수 있는 자에게만 신뢰를 두는 아이들에게는 그럴 듯한 생각이다. 그러다 에밀 또래의 청년, 그리고 그와 같은 정도로 분별있는 청년은 이제 그런 식으로 속을 만큼 어리석지도 않으며, 만일 속는다면 좋은 현상은 아니다. 그가 그 교사에 대해 지녀야 할 신뢰는 그것과는 다른 것이다. 그것은 이성의 권위, 뛰어난 지혜, 청년이 알 수 있는 장점, 그리고 자기에 대한 그 효용을 알 수 있는 장점, 그런 것에 입각해야 한다. 오랜 경험에 따라 그는 자기를 이끌어 주는 사람으로부터 사랑받고 있음을 잘 알고 있다. 자기를 이끌어 주는 그 사람은 현명한 사람으로, 그의 행복을 빌어 행복을 그의 손에 쥐어 주는 자로 알고 있다. 그런 일을 그는 알고 있다. 그는 자기 자신의 이익을 위해 그 사람의 의견에 귀를 기울이는 편이 옳다는 것을 알고 있을 것이다.

그런데 제자와 똑같이 속아넘어가게 된다면 선생은 제자의 존경을 요구하거나 제자에게 교훈을 주는 권리를 잃게 된다. 학생은 선생이 고의로 그를 함정에 끌어들이거나 단순한 그에게 덫을 장치했다는 생각을 더욱 해서는 안 되는 일이다. 그러므로 이 두 가지 나쁜 형편을 동시에 피하기 위해서는 어떻게 해야 되는가. 가장 좋은 일, 그리고 가장 자연스러운 일은 학생과 똑같이 단순하고 정직하게 하는 일이다. 그가 빠져들 위험을 주의해 줄 것이며, 그것을 확실히 알 수 있도록 가르쳐 줄 일이다. 그러나 과장해서는 안 된다. 흥분해서도 안 된다. 현학적인 말을 늘어놓아서도 안 된다. 특히 당신들의 충고를 명령으로 전달해서는 안 된다. 충고가 명령이 될 수밖에 없거나 명령적인 말투가 꼭 필요하게 될 때까지는 그렇게 해서는 안 된다. 명령을 해도 그냥 버티고 있

---

*13 나는 잘못 생각하고 있었다. 나는 그러한 사람을 한 사람 발견했다. 그는 포르메 씨이다(원주).

을 경우, 이런 일은 흔히 있는 일이지만, 그런 때는 아무 말도 하지 말아야 한다. 그의 자유에 맡겨야 할 것이다. 그의 뒤를 따라가 그의 흉내를 내야 할 것이다. 특히 명랑하게 굴며 그렇게 하여야 한다. 가능하다면 그와 똑같이 자기를 잊고 즐기는 편이 좋을 것이다. 결과가 너무 중대해지면 언제나 그것을 방지할 준비를 갖추고 있어야 한다. 그렇게 하면 당신네들의 선견지명과 호의 있는 태도를 늘 보고 있는 청년은 한편으로는 깊은 놀라움을 느낌과 동시에 한편으로는 깊은 감동을 느끼게 되는 것이다. 그의 잘못은 모두가 필요에 따라 그를 당길 수 있는 고삐를 당신들 손에 쥐어 주는 셈이 된다. 그런데 이 경우 교사의 가장 중요한 기술이 되는 것은 어떤 때 청년이 이쪽이 하는 말을 듣는가, 그리고 어떤 때 끈질기게 버티는가를 미리 알 수 있도록 기회를 만들어 권고를 조절하고 그를 완전히 경험의 가르침으로 포섭해서 너무 큰 위험을 당하는 일이 없도록 해야 하는 것이다.

잘못으로 빠져들기 전에 그에게 경고함이 좋을 것이다. 그러나 잘못을 범해 버리면 그것을 나무라서는 안 된다. 그것은 그의 자존심을 선동하여 반항시킬 뿐이다. 반항심을 일으키게 하는 교훈은 아무 이익이 되지 않는다. "그만큼 말해 뒀는데." 이 말 이상으로 무능한 말은 없을 것이다. 말했던 것을 생각하게 하는 가장 좋은 방법은 그것을 잊어버린 것처럼 하는 일이다. 반대로 당신네들의 말을 믿지 않았던 일을 부끄럽게 생각하는 것을 보거든 조용히 친절한 말로 그 부끄러움을 해소시켜 주어야 한다. 당신들이 그를 위해 자기를 잊고 철저하게 그를 나무라는 일 없이 위로하는 것을 보면 아마 그는 당신들을 따르게 될 것이다. 그런데 비관하고 있는 그를 더 비난하거나 하면, 그는 당신들에게 증오를 느끼고 앞으로는 더 당신들이 하는 말에 귀를 기울이지 않게 되며, 당신들의 충고를 그렇게 중요하게 여기지 않는다는 것을 당신들에게 표현하게 될 것이다. 당신들의 위로의 말은 그가 그것을 교훈이라고 알아차리지 못하는 만큼 그에게 더 유익한 교훈이 되는 수도 있다. 예컨대 너 이외에도 그런 잘못을 하는 사람이 있다고 그에게 말해 두면 당신들은 그에게 생각지 않은 일을 알려 주는 셈이 된다. 당신들은 단지 그를 가엾게 생각하는 것처럼 하면서 그를 교정하게 된다. 다른 사람보다 뛰어나다고 생각하고 있는 자에게는, 남을 예로 들어 자기를 위로하는 것은 참으로 괴로운 일이 되는 것이다. 그것은 그가 원할 수 있는 최상의 일은 남이 자기보다도 뛰어난 자가 아니라는 점에 있다고 이해하는 일이다.

잘못의 시기는 우화(寓話)의 시기다. 다른 가면을 쓰고 잘못을 범한 자를 비판한다면 그의 마음에 상처를 주지 않고 가르칠 수 있다. 거기서 그는 우화가 거짓말이 아니라는 것을 자기에게 적용되는 진실에 의해 이해한다. 칭찬에 속은 일이 없는 아이들로서는 내가 앞서 검토한 우화는 전혀 알 수 없으나 아첨하는 자에게 속은 얼빠진 자에겐 까마귀는 어리석은 자에 불과하다는 것을 잘 알게 된다. 이리하여 그는 한 가지 사실에서 한 가지 준칙을 끄집어 내게 된다. 그리고 곧 잊어버렸는지도 모를 경험은 우화 덕분에 그의 판단력에 부각된다.

타인의 경험이나 자기 경험에 의해 획득할 수 없는 도덕적인 지식은 없다. 그것이 위험한 경험일 경우에는 자기가 그러한 경험을 하지 않고 역사에서 그 교훈을 끌어낼 수 있다. 시련이 대수롭지 않을 때에는 청년은 그것을 받는 편이 낫다. 그리하여 우화 덕분에 그에게 알려진 특수한 경우가 일반적인 격률로 통합된다.

그러나 나는 그러한 격률은 상세히 말해야 한다고는 생각지 않는다. 확실히 표현할 필요도 없다고 본다. 대부분의 우화 끝 부분에서 가르쳐주는 교훈만큼 공허하고 오해가 되는 것은 없다. 그것은 마치 그 교훈이 우화 그 자체 속에서 독자가 잘 알 수 있도록 실려 있지 않거나, 또는 실려서는 안 된다고 생각하고 있는 것 같다. 도대체 왜 그런 교훈을 뒷부분에 첨부하여, 독자가 스스로 그것을 발견하는 즐거움을 빼앗는 일을 한단 말인가. 사람을 가르치는 재능은 제자가 기꺼이 가르침을 받도록 하는 데 있다. 그런데 기꺼이 배우기 위해서는, 그의 정신은 전적으로 수동적인 상태로 당신네들이 하는 말을 듣고 당신네들이 하고 있는 말을 이해하는 데 전혀 아무 일도 하지 않아도 된다는 식이 되어서는 안 된다. 교사의 자존심은 언제나 제자의 자존심에 어느 정도 여지를 남겨 두어야 한다.

나는 알 수 있다, 나는 깊이 생각해 본다, 나는 적극적으로 배우고 있다고 제자가 자기에게 말하게끔 되어야 한다. 이탈리아 희극의 판탈로네를 지루하게 만드는 것은, 누구나 알 정도로 널리 알려진 평범한 일을 관객에게 누차 설명하는 일이다. 교사는 판탈로네가 되어서는 안 된다. 더군다나 작자가 되어서는 안 된다. 언제나 자기가 하는 말을 알려야 하지만 모든 것을 다 말해 버려서는 안 된다. 이것저것 모든 것을 말하는 사람은 별로 중요하지 않은 말을 한다. 결국 아무도 귀담아 듣지 않게 된다. 배를 부르게 해 보이는 개구리 이야기에서 라퐁텐이 첨부하고 있는 네 줄의 시구는 무슨 뜻인가. 이 우화를 이해하지 못했을까 봐 걱정하고 있는 것인가. 이 위대한 작자는 그가 쓴 글 아래에 그 이름을 적을 필요가 있었단 말인가. 그로 인해 교훈을 일반화하기는커녕 그는 그것을 특수한 것으로 만들고 있다. 즉, 이름을 든 예(例)에만 한정시키고 독자가 다른 것에 그것을 적용하는 일을 방해하고 있는 것이다. 나는 이 비할 데 없는 작자의 우화를 청년의 손에 넘겨 주기 전에, 확실히 그리고 재미있게 말해 온 것을 일부러 설명한 그 끝맺음 말을 다 지우고 싶다. 설명해 주지 않으면 우화의 뜻을 모르는 당신들의 학생은 설명해 줘도 역시 모를 것이다.

또한 이 우화에 가장 교육적인 순서와, 청년의 감정과 지식의 발걸음에 가장 적당한 순서를 줄 필요가 있다고 생각한다. 그 책의 번호 순서대로 정확하게 따라가서, 필요라든가 기회라든가 하는 일을 고려하지 않는다고 해서 줄거리가 통하지 않는다고 생각할 수 있겠는가. 최초로 까마귀가 나온다. 그리고 매미*14, 개구리, 두 마리의 노새 등. 나는 특히 이 두 마리의 노새를 생각한다. 장래는 돈을 취급하는 일에 종사하도록 교육되었고, 마침내 하게 될 일에 대해 성가신 말을 듣던 아이를 만났던 일이 생각났기 때문이다. 그는 이 우화를 읽고 외고 말하며, 백 번이고 천 번이고 되풀이 말했으나 자기가 갖기로 된 직업에 대해 조금도 반감을 갖지는 않았다. 나는 지금까지 배우고 있는 우화를 견실하게 응용하는 아이를 본 일이 없을뿐더러 견실하게 응용시키려고 애쓰는 사람도 만난 일이 없다. 우화 공부의 구실은 도덕 교육이라고 하지만, 어머니와 아이의 본래 목적은 다만 아이들이 우화를 외고 있는 동안 그 자리에 있는 모든 사람의 주의를 아이들에게 집중시키게 하는 점에 있다. 그러므로 아이가 완전히 자라서 우화를 암송하는 데 그치지 않고 그것에서 이익을 끌어내는 일이 문제가 되었을 때는 아이들은 우화를 씻은 듯이 잊어버린다. 다시 한번 말하면, 우화에서 교훈을 참작하는 일은 어른만이 할 일이다. 그러므로 바야흐로 에밀도 그것을 시작할 때다.

나도 또 모든 것을 말하고 싶지는 않으므로 올바른 길에서 빗나가는 길을

---

*14 여기서 또 포르메 씨의 정정(訂正)을 받아야만 한다. 먼저 매미가 나오고 그 다음 까마귀 등등이다(원주).

멀리서 제시해 보이고 그런 길을 피하도록 가르친다. 내가 제시한 길을 따라가면 당신들의 학생은 인간과 자기 자신에 대한 인식을 가능한 한 싼값으로 사들이게 된다. 당신들은 혜택받은 사람들의 운명을 원망하는 일 없이 운명의 희롱을 바라보며, 자기는 남보다 현명한 사람이라는 생각을 하지 않고 스스로를 만족하고 있을 수 있는 곳에 그를 자리잡게 한다고 나는 믿고 있다. 당신들은 또 그를 관객으로 삼기 위해 배우로 만드는 일을 시작했다. 그것을 이행하여야만 한다. 관객석에서는 나타나는 것처럼 물건을 볼 수 있으나, 무대에선 있는 그대로 보이게 되는 것이다. 전체를 바라다보기 위해서는 바라다볼 수 있는 곳에 몸을 두어야 한다. 세부를 보기 위해서는 가까이 가서 보아야 한다. 그런데 어떤 자격으로 청년은 세상 사건에 개입하는가. 그 어두운 신비에 참가하는 어떤 권리를 그는 가지고 있는가. 쾌락의 음모가 그 관심사를 제한한다. 그는 아직 자신만을 마음대로 할 수 있을 뿐이다. 그것은 그가 전혀 자유롭지 않다는 것과 마찬가지다. 인간은 가장 값싼 물품이다. 그리고 우리에게는 여러 모로 중요한 소유권이 있으나 인권은 언제나 모든 권리 가운데 가장 다루기 힘든 것이다.

　가장 왕성한 활동기에 청년이 단순한 사색적인 공부에 매여 있는 것을 보면, 그리고 그 뒤에 전혀 경험이 없는데 갑자기 세상과 일 속으로 투입되고 있는 것을 보면, 사람들은 자연과 마찬가지로 이성에도 위배되는 일을 하고 있는 것처럼 생각된다. 그리고 자기를 이끌어 갈 수 있는 사람이 아주 적다 하더라도 나는 이제 놀라지 않는다. 어떤 기묘한 정신 탓으로 사람들은 우리에게 많은 무익한 일을 가르치고, 행동의 기술은 전혀 생각지 않는다. 사람들은 우리를 사회적인 인간으로 만든다고 말한다. 그런데 그들은 마치 우리가 각자의 독방에서 홀로 생각에 잠기거나 아니면 아무 관계도 없는 사람들과 헛된 주제에 관하여 토론이나 하며 일생을 보내야 한다는 식으로 우리를 가르치고 있다. 당신들은 아이들에게 몸을 구부리며 인사하는 법과 전혀 중요하지 않은 틀에 박힌 말을 가르치면서, 마치 살아가는 방법을 가르치는 것처럼 여긴다.

　나 또한 나의 에밀에게 사는 법을 가르쳤다. 나는 자기 자신과 함께 사는 방법을 그에게 가르쳤다. 그리고 나아가 빵을 얻는 방법을 가르친 것이다. 그러나 그것만으로는 부족하다. 세상에서 살려면 사람들과 접촉하는 일을 알아야 한다. 그들의 마음을 잡는 도구를 알아야 한다. 시민사회에 있어 개별적인 이해작용과 반작용을 계산해야 한다. 그리고 사건을 올바르게 예측하여 계획이 어긋나는 일이 없도록 하여야 한다. 또는 하여간 성공하기 위해 언제나 최선의 방법을 취하도록 해야 한다. 법률은 미성년자에게 사업을 하거나 자기 재산을 처분하는 따위의 일을 허용하지 않는다. 그러나 정해진 연령까지는 조금도 경험을 획득하는 일을 할 수 없다면 그러한 배려가 그들에게 무슨 도움이 되겠는가. 기다리고 있어 봐야 무엇 하나 득이 되는 것도 아니며, 25세가 되어도 15세 때나 다름없는 철없는 청년일 것이다. 무지하기 때문에 눈에 보이지 않으며, 또는 정념에 속아 청년이 자기에게 해로운 일을 하는 것은 물론 말려야 한다. 그러나 선행을 베푸는 일은 연령에 상관없이 누구나 할 수 있고, 현명한 사람의 지도 하에 의지할 상대를 필요로 하는 불행한 사람들을 지켜줄 수 있다.

유모들, 어머니들은 아이들에게 주는 마음가짐을 통해 아이들에게 애착을 갖는다. 사회적인 덕의 실천은 사람의 마음속에 인류애를 가져온다. 사람은 좋은 일을 함으로써 좋은 사람이 된다. 이 이상 확실한 방법을 나는 모른다. 당신들의 학생에게 그가 할 수 있는 온갖 행동을 하도록 내버려 둠이 좋을 것이다. 가난한 사람들의 이해 관계는 언제나 그의 이해관계가 되도록 하는 것이다. 지갑으로만 돕는 것이 아니라, 그의 마음가짐으로 가난한 사람들을 돕게 하는 것이다. 그들을 위한 일을 하고 그들을 지키고 자기 몸과 시간을 그들에게 바치게 하는 것이다. 그를 가난한 사람들의 대리인이 되게 하는 것이다. 그는 일생 동안 이보다 더 고귀한 직무를 이행하는 일은 없을 것이다. 지금까지 남의 이목을 끌지 못했던 학대받는 숱한 사람들이 올바른 심판을 받게 되는 것이다. 그는 덕의 실천이 주는 확고한 용기로써 그런 사람들을 위해 올바른 심판을 요구하는 것이다. 귀족이나 재산가 집의 문을 열게 하며, 필요하면 왕좌 밑에 가서 불행한 사람들의 목소리를 들려주는 것이다. 그런 불행한 사람들은 가난하고 모든 길이 막혀 있기 때문에, 심한 꼴을 당하면서도 벌을 받지 않을까 하는 걱정 때문에 호소하고 나설 용기조차도 없는 것이다.

그렇다고 우리는 에밀을 편력의 기사, 부정을 응징하는 자, 정의의 용사로 만들 것인가. 그는 건방지게도 국정에 말참견을 하고, 귀족이나 고관이나 국왕이 있는 곳에 나타나 현자인 체하며, 법의 옹호자로서 임하여 재판소의 판사나 변호사가 있는 곳에 찾아가 청원하게 되는 것일까. 그런 일은 나로선 전혀 알 수 없다. 희롱하는 명칭, 우스꽝스러운 명칭은 사물의 본질을 조금도 변화시키지 않는다. 그는 유익한 일, 좋은 일이라고 알고 있는 일을 무엇이나 할 것이다. 그 이상의 일은 아무것도 하지 않을 것이다. 그리고 그는 자기 나이에 맞지 않는 일은 모두가 자기에겐 유익한 일도 아니며 좋은 일도 아니라는 것을 알고 있다. 그 빛나는 로마인들은 그러했다. 그들은 공직에 임하는 것을 허락받기 전 젊은 시절에, 죄악을 추구하고 죄없는 사람들을 지키는 일에 종사하였다. 그러나 그것은 다만 정의를 섬기고 좋은 풍속을 지킴으로써 자기를 교육하는 일을 염원했기 때문이다.

에밀은 사람들 사이에서 볼 수 있는 소동이나 싸움뿐 아니라 동물들 사이에서 일어나는 그런 일도 좋아하지 않는다.*15 두 마리의 개를 싸움을 붙이는 그런 일은 결코 한 일이 없다. 개에게 고양이 뒤를 쫓게 하는 일도 결코 하지 않았다. 이런 평화 정신은 자존심이나 자부심을 자극하는 일 없이 타인을 지배하는 일이나, 타인의 불행에서 기쁨을 찾게 하는 그런 일은 시키지 않았

---

*15 그렇지만 누군가가 그에게 싸움을 걸어온다면 어찌하면 좋은가. 그는 싸움 따위를 하지는 않을 것이다. 자신이 싸움을 할 만큼 다투기를 좋아하지는 않을 것이라고 나는 대답한다. 사람은 계속해서 이렇게 말할지도 모른다. 그러나 결국 난폭한 인간이나 주정뱅이 혹은 장난삼아 상대를 살해하려고 무례한 짓을 하는 불량배의 손찌검이나 생트집을 누가 완전히 피할 수가 있겠느냐고. 그것은 별문제다. 시민의 명예나 생명이 난폭한 인간이나 주정뱅이 혹은 터무니없는 불량배의 마음대로 되어서는 안 된다. 그러나 그러한 사고로부터는 기왓장이 떨어졌을 때와 마찬가지로 몸을 보호할 수 없다. 손찌검이나 생트집을 받거나 그 때문에 괴로워하거나 하는 경우는 어떤 지혜도 방지할 수 없는, 그리고 어떤 법정도 곤욕을 당한 자를 위해 보복을 해 줄 수 없는 사회적인 결과가 생기게 된다. 그러므로 법률의 힘이 불충분한 것은 그 경우, 그에게 자유를 주는 것이 된다. 그래서 그 사람은 욕보인 자와 자신을 재판하는 단 한 사람의 사법관, 재판관이 되는 자연 규율의 단 한 사람의 해석자, 집행자가 된다. 그는 옳고 그름을 판단해야 하며 그만이 판단을 할 수가 있다. 그리고 그러한 경우에 보복을 한 것을 벌하는 상식 없는 정부는 지상에 없다. 나는 그가 결투를 해야 한다고는 하지 않는다. 그것은 어리석은 일이다. 그는 판단을 내려야 하며 그만이 판단을 내리는 자가 된다고 말하고 있는 것이다. 만약 내가 주권자라면 결투를 금하는 수많은 소용도 없는 명령 따위는 내리지 않더라도 내가 지배하는 나라에서는 손찌검을 하거나 생트집을 잡는 자를 매우 간단한 방법으로 배제할 수 있으므로 거기에는 재판소가 개입할 것도 없다. 그러한 경우에 아무튼 에밀은 보복을 해야 한다는 것, 그리고 명예 있는 사람들의 안전을 위해 모범을 제시해야만 하는 것을 알고 있다. 아무리 똑똑하고 착실한 사람이라도 누군가가 그를 모욕하는 것을 방해할 수는 없지만 사람은 그를 모욕한 것을 상대가 오랫동안 자랑하는 것을 방해할 수는 있다(원주).

던 교육의 결과다. 남이 괴로워하는 것을 보면 자기도 괴로워한다. 그것은 자연의 감정이다. 청년을 냉혹하게 하고 감각을 지니는 생물이 괴로워하는 것을 보고 기뻐하게 하는 것은, 일종의 허영심이 그로 하여금 자기는 영리하니까 또는 훌륭하니까 그러한 괴로움에서 모면하고 있는 것이라고 생각케 하기 때문이다. 이런 생각을 멀리하는 자는 그 결과로 생기는 부도덕에 빠져드는 일은 없을 것이다. 에밀은 그러기 때문에 평화를 애호하고 있다. 행복의 모습이 그를 기쁘게 한다.

그리고 행복을 가져오는 일에 공헌할 수 있을 때는 그것은 행복을 함께 맛보는 또 하나의 수단이 된다. 나는 그가 불행한 사람들을 볼 때, 구제해 줄 수 있는 데도 불구하고 그저 그들의 고통에 대해 헛되고 매정한 동정심만을 가지는 데 그치리라고는 생각지 않는다. 그의 적극적인 자선심은, 더 냉혹한 마음을 갖고 있었다면, 얻을 수 없었거나 훨씬 뒤늦게서야 얻을 수 있었을 지식을 일찍부터 그에게 주는 셈이 된다. 친구들 사이가 나쁜 것을 보면 그는 화해를 시키려고 한다. 슬퍼하는 사람들을 보면 그들이 괴로워하는 이유를 묻는다. 두 사람이 미워하는 것을 보면 그들의 증오의 원인을 알려고 한다. 억압당하고 있는 자가 권력자나 재산가에게 박해를 받고 한탄하고 있는 것을 보면 그 박해가 어떤 형태로 이루어지고 있는가를 조사한다. 그리고 모든 비참한 사람들에 대해 관심을 보이고 있는 그에게는 그러한 사람들의 불행을 없애는 수단은 결코 무관심하게 있는 것만이 아니다. 그러므로 이러한 소질에서 그의 연령에 맞도록 이익을 끌어내기 위해서 우리는 무엇을 해야 하는가. 그의 마음가짐과 지식에 규칙을 부여하는 일, 그리고 그것을 키워가기 위해 그의 열의를 이용하는 일이다.

나는 되풀이 말한다. "젊은 사람들에 대한 교훈은 모두가 말보다도 오히려 행동으로 나타내라." 경험으로 배울 수 있는 것은 책에서 배워서는 안 된다. 아무 할 말도 없는데 말하는 연습을 시키는 것, 누구에게 무엇을 납득시키는 일에 흥미가 없는데 학교 걸상 위에서 정념의 언어의 강력함과 설득하는 기술의 모든 힘을 느끼게 하려는 것은 얼마나 어리석은 것인가. 변론술(辯論術)의 모든 가르침도 자기의 이익이 되는 그 사용법을 모르는 자에게는 단순한 수다로밖에 여겨지지 않는다. 병사들에게 알프스를 넘을 결심을 시키기 위해 한니발이 어떻게 했나를 아는 일이 학교 학생에게 무슨 관계가 있는가. 그러한 장

대한 연설을 꺼내는 대신 "학생감독에게 휴가를 얻어내려면 어떻게 하여야 할 것인가" 말했다면 분명히 학생은 당신들의 규칙에 더 주의깊게 귀를 기울이게 될 것이다.

　모든 정념이 이미 발달한 청년에게 변론술을 가르칠 생각이 있으면 나는 언제나 그 정념을 기쁘게 할 만한 것을 그에게 제시하고, 그의 소원을 이루게 할 수 있는 일을 다른 사람들에게 시키면 어떤 말을 하여야 하나를 그와 함께 검토할 것이다. 그러나 나의 에밀은 변론술에 있어 그렇게 좋은 형편에 놓여 있지 않다. 거의 육체적인 필요에만 묶여 있는 그는 타인이 그를 필요로 하는 만큼 타인을 필요로 하는 일은 없다. 그는 자기 자신을 위해 타인에게 뭔가를 요구할 필요는 없으므로 그가 타인의 승낙을 받아야겠다고 생각하는 일도 그의 마음을 크게 움직일 정도로 절실히 느끼지는 않는다. 그러므로 그는 일반적으로 단순하고 거의 비유를 쓰지 않는 언어를 사용하게 된다. 대부분의 말을 본래의 뜻으로 사용하고 오로지 상대방이 알아듣도록 말한다. 격언 같은 말은 거의 하지 않는다. 관념을 일반화하는 일을 배우지 않았기 때문이다. 그는 거의 이미지를 갖지 않는다. 격정에 사로잡히는 일은 여간해서 없기 때문이다.

　그렇다고 해서 그는 전혀 사물에 마음이 움직이지 않는 냉정한 인간이라는 것은 아니다. 연령·습관·취미, 어느 것을 봐도 그렇게 될 수는 없다. 청춘기의 불이 타고 있는 혈액 속에 축적되고 증발된 생명의 기운은 젊은 마음에 열을 넣어 주어, 그것이 눈동자 속에 빛나고 말로 느껴지고 행동으로 나타나고 있다. 그의 말은 억양을, 그리고 때로는 심한 어조를 띠게 된다. 그를 움직이는 고귀한 감정이 그 언어에 힘과 기품을 주고 있다. 인류에 대한 부드러운 애정으로 일관된 그는 말을 할 때 그의 영혼의 움직임을 전달한다. 그의 고결한 솔직함에는 다른 사람들의 기교적인 웅변보다도 더 매혹적인 그 무엇이 있다. 더 정확히 말하면, 그만이 진정한 웅변가이다. 그는 느끼고 있는 일을 그대로 표현만 한다면 듣고 있는 사람들에게 그것을 전달할 수 있기 때문이다.

　생각할수록 잘 알 수 있는 일이지만, 그런 식으로 자선심을 행동으로 옮기고 우리의 성공과 실패에서 그 원인에 대한 고찰을 끄집어 낸다면, 청년의 정신에 키워 갈 수 없는 유익한 지식은 거의 없으며, 학교에서 얻을 수 있는 온갖 진짜 지식 외에 그는 더 중요한 학문을 몸에 지니게 된다. 그것은 얻은 지식을 생활에 도움이 되도록 응용하는 일이다. 자기와 같은 인간에게 큰 관심을 보이는 그가 일찍부터 인간의 행동·취미·즐거움을 조사하여 평가하는 일을, 그리고 인간의 행복에 도움이 될 수 있는 것, 해가 되는 것에 보다 더 올바른 가치를 주는 일을 배우게 되지 않는다는 법은 없다. 자기 일 외에는 절대로 손을 대지 않는 자는 너무 자기에게만 열을 올리고 있으므로 사물을 건전하게 판단할 수 없다. 무엇이나 자기 본위로 생각하고 선악의 관념을 자기 이해관계만으로 결정하고 있는 그들은, 가소로운 숱한 편견으로 그 정신을 채우고 사소한 일이라도 자기 이익을 손상케 하는 일이 있으면 금방 온 우주가 허물어진 것처럼 느끼는 것이다.

자존심을 다른 존재 위에 펼쳐보자. 우리는 그것을 미덕으로 바꾸게 된다. 그런데 마음속에 그 미덕의 뿌리가 없는 사람은 없다. 우리가 마음쓰는 대상이 직접 우리 자신에 관계되는 일이 적으면 적을수록 개인적 이해 관계에 입각하는 착각을 두려워할 필요는 적어진다. 이 이해 관계를 일반화하면 할수록 그것은 보다 더 공정하게 된다. 그리고 인류에 대한 사랑이란 우리에게 있어서는 정의에 대한 사랑이나 같은 것이다. 그러므로 에밀이 진실을 사랑하기를 원한다면, 진실을 알기를 원한다면, 뭔가를 할 땐 항상 그를 그 자신으로부터 멀리 떨어져 있는 곳에 머물러 있도록 하자. 그의 마음가짐을 타인의 행복을 위해 바치게 되면 될수록 그것은 더욱 현명한 일이 될 것이다. 그리고 그는 착한 일, 나쁜 일에 대해 잘못 생각하는 일이 적어질 것이다. 그러나 편파적이고 바르지 못한 선입견에 입각한 맹목적인 기호를 그에게 허용하는 일은 결코 하지 않을 것이다. 그래 무엇 때문에 그가 어떤 자에게 해를 입히고 다른 자를 위해 힘 쓰는 일을 하겠는가? 누구의 손에 가장 큰 행복의 배당이 가겠는가는 그에게는 무관심한 일인 것이다. 모든 사람의 최대 행복에 협력하게만 된다면 그만인 것이다. 사생활의 관심을 별도로 한다면 그것이 현자의 첫째 관심사이다. 사람은 모두가 인류의 일원이지 다른 개인의 일부는 아니기 때문이다.

동정이 변하여 약점이 되지 않게 하기 위해 그것을 일반화하고 온 인류 위에 전개해야 한다. 그렇게 하면 정의와 일치하는 한도 안에서만은 사람은 동정을 갖게 된다. 온갖 덕(德) 안에서 정의는 사람들의 공동된 행복에 가장 도움이 되는 것이기 때문이다. 도리로 봐도, 우리에 대한 사랑으로 봐도, 우리의 이웃보다도 인류에 대해서는 더 큰 동정을 가져야만 한다. 그리고 악인에 대한 동정은 인간에 대해 대단히 잔혹한 일이 된다.

게다가 잊어서는 안 될 일은, 이리하여 나의 학생을 그 자신의 밖으로 내던지기 위한 모든 방법은 늘 직접 그에게 결부되어 있는 일이기도 하다는 것이다. 거기에서 내면적인 기쁨이 솟아날 뿐 아니라 타인을 위해 그를 인정 많은 인간으로 만들면서까지 나는 그 자신의 교육을 위해 힘을 다하고 있기 때문이다.

나는 우선 수단을 제시했다. 그럼 이번에는 그 효과를 보기로 하자. 상당히 많은 견해가 차차로 그의 머릿속에 정리되어 감을 나는 보게 되리라. 그의 경향이 커감에 따라 가능한 것에 대한 좁은 한계에 위대한 영혼의 소망을 집중시키는 경험, 다른 자보다 높은 곳에 있는 인간에게 다른 자를 그의 수준으로 끌어 올릴 수는 없으므로 그들 수준으로 내려가라고 가르친 경험에 의해 얻은 숭고한 감정이 그의 마음속에서 인색한 정념의 싹을 움트지 못하게 하리라. 얼마나 명확한 판단력과 얼마나 적확한 이성이 그의 속에 조성되어 나가는가를 나는 보게 되리라. 정의의 참다운 원리, 미(美)의 참다운 전형, 존재자의 온갖 도덕적인 관련, 질서의 모든 관념이 그의 오성에 부각되어 간다. 그는 제각기의 장소와 그것을 거기서 떼어 놓는 원인을 보게 된다. 선(善)이 될 수 있는 것과 그것을 방해하는 것을 본 것이다. 인간의 정념을 느낀 일은 없어도 그는 그 착각과 그 희롱을 알고 있다.

상황의 힘에 이끌리어 나는 앞으로 나아간다. 그러나 독자의 판단에 나의 생각을 강요할 생각은 없다. 훨씬 전부터 독자는 내가 환상의 나라에 있음을 보고 있다. 그리고 나는 독자가 언제까지나 편견의 나라에 있음을 보고 있다. 일반적인 의견을 멀리하면서도 나는 계속 그것을 염두에 둔다. 그것을 검토하고 그에 대해 깊이 생각한다. 거기에 따르기 위해서도 아니고, 그것을 피하기 위해서도 아니다. 추론의 저울에 그 무게를 달아보기 위해서이다. 그로 인해 일반적인 의견을 멀리해야 될 때마다 경험에 의해 가르침을 받고 있는 나로서는, 독자가 나에게서 배우려 하지 않는다는 것을 이미 뚜렷이 알고 있다. 독자는 자기가 보는 것만 있을 수 있는 일이라 생각하면서, 내가 생각하는 청년을 환상적인 상상에서 태어난 존재라고 여기리라는 것을 나는 안다. 이 청년은 독자가 비교해 보는 청년들하고는 다르기 때문이다. 그는 아무래도 다른 청년과는 다른 것이다. 다른 청년들과는 완전히 다른 방식으로 자랐고 정반대의 감정을 지니게 되었으며 완전히 다른 일을 배운 그가 내가 기대하는 자가 아니라 다른 청년들과 같은 자였다면 훨씬 더 놀라운 일이겠지만, 독자는 그것을 생각하려 들지도 않는다. 그는 인간이 만든 인간은 아니다. 자연이 만든 인간인 것이다. 독자의 눈에는 확실히 그가 낯선 존재임에 틀림없다.

이 저작을 시작함에 있어 나는 아무도 나와 같이 관찰할 수 없으리라는 것은 하나도 가정하지 않았다. 왜냐하면 거기서 우리가 다 똑같이 출발하는 것이며, 즉 인간의 탄생이라는 것이 있기 때문이다. 그러나 우리는, 내가 자연을 키워 나가기 위해, 당신들이 그것을 퇴폐시키기 위해 앞으로 나갈수록 우리는 점점 서로 멀어져 간다. 여섯 살 때의 나의 학생은 당신들 학생과 거의 다름이 없었다. 아직 세월이 많이 흐르지 않았으므로 당신들은 학생을 빗나가게 하지는 않았다. 그러나 이제는 둘 사이에 비슷한 점은 하나도 없다. 그리고 내가 온갖 정성을 다 기울인 끝에 나의 학생이 성년의 나이 또래가 되었다면 그는 전혀 다른 모습으로 나타날 것이다. 서로가 획득한 양은 비슷하겠지만 획득된 것은 비슷하지 않다. 당신들은 당신들 학생이 바늘 끝 정도밖에 갖고 있지 않은 숭고한 감정을 내 학생에게서 발견하고 깜짝 놀랄 것이다. 그러나 한편, 그들은 이미 모두가 철학자가 되고 신학자가 됐는데, 에밀은 아직 철학이란 무엇인지도 모르며 신에 대해 말하는 것을 들은 일도 없다는 것을 생각해 주기 바란다.

그런데 누군가가 내가 있는 곳에 찾아와서, "당신이 생각하는 것은 하나도 존재하지 않는다. 청년은 그렇게 되어 있지 않다. 그들은 이러이러한 정념을 갖고 있다. 그들은 이런저런 일을 하고 있다"고 말했다고 하자. 그것은 마치 우리 뜰에서는 작은 배나무밖에 볼 수 없으므로 배나무가 큰 나무라는 것을 부정하는 것과 같은 것이다.

그런 식으로 조급히 비판하는 심판자들에게 잘 생각해 주도록 부탁한다. 그러므로 그들이 말하고 있는 것은 그들과 똑같이 나도 잘 알고 있는 것이다. 아마 나는 더 오랫동안 그 일을 생각해 보았을 것이다. 게다가 그들을 속이는 일에 아무런 관심도 갖지 않은 나로서는 적어도 어떤 점에서 내가 잘못 되었는가 좀더 자세히 조사해 달라고 그들에게 요구할 권리가 있는 것이다. 인간의 구조를 충분히 조사해 주기 바라는 바다. 각기 상황에 있어 심정의 최초의 발달을 더듬어 어느 개인이 교육의 힘에 의해 다른 자와 어떻게 달라지는가를 보아 주기 바란다. 그리고 나서 나의 교육법을, 내가 그곳에 주는 효과와 비교해 주기 바란다. 그리고 어떤 점에서 나의 추론이 잘못되어 있는가 말해 주기 바란다. 나로서는 아무것도 대답할 것이 없을 것이다.

내가 다른 자보다 더 단정적으로 말할 수 있는 것은, 나는 지식을 체계화하는 일에 집착하는 대신 가능한 한 이론에 따르지 않고 관찰에만 의지한다는 것이다. 나는 나 자신이 그런 말을 할 자격이 있다고 믿는다. 나는 생각한 것이 아니라 본 일에 입각하여 말하고 있는 것이다. 하기야 나는 경험을 도시의 성벽 속에나 다만 한 계급의 사람들 속에 가두어 놓지는 않았다. 인생 속에서 갖가지 계급이나 국민을 관찰하면서 볼 수 있는 것은 다 비교해 본 뒤에, 나는 어떤 국민에게서 볼 수 있고 다른 국민에게서는 볼 수 없는 것, 어떤 신분에서 볼 수 있고 다른 신분에서는 볼 수 없는 것은 인위적인 것이기에 버리고, 시대나 계급이나 국민을 막론하고 모든 사람에게 공통된 것만을 두말할 여지 없이 인간에 속하는 것으로 보아온 것이다.

그러기에 이 방법에 따라 특별한 형태를 받아들이지 않은 한 청년, 타인의 권위나 의견에 가능한 한 속박되지 않는 한 청년을 어렸을 때부터 살펴본다면 이 청년은 나의 학생과 당신들의 학생 중 어느 쪽과 흡사하겠는가. 내가 잘못인가 아닌가를 알기 위해 해답을 해줘야 할 문제는 거기에 있다고 본다.

인간은 쉽게 생각하지 않지만, 일단 생각을 시작하면 멈추지 않는다. 생각한 자는 언제까지나 생각할 것이다. 그리고 일단 반성하는 일을 배운 오성은 이제는 정지상태에 머물러 있을 수는 없다. 그러므로 사람들은 이렇게 생각할지도 모른다. '나는 오성을 지나치게 평가하고 있다. 또는 너무도 유치한 것으로 평가하고 있다. 인간의 정신은 원래 그렇게 빨리 발달하는 것은 아니다. 그런데 나는 인간의 정신이 가지고 있지도 않은 능력을 거기에 주고 난 뒤, 이미 넘어섰어야 할 좁은 관념의 범위에 너무 오랫동안 그것을 가두어 놓은 것이다.'

그러나 우선 생각해 주기 바란다. 자연의 인간을 만들고 싶다고 해도 그 인간을 미개인으로 만들어 숲 깊은 곳으로 쫓으려는 것은 아니다. 사회의 소용돌이에 휘말려 들어가도 정념에 의해서나 사람들의 의견에 의해서 끌려 다니는 일이 없다면 그것으로 되는 것이다. 자기 눈으로 보고, 자기 마음으로 느끼면 된다. 자기 이성의 권위 외에는 어떤 권위에도 지배당하지 않으면 되는 것이다. 그런 상태에 있으면 그의 눈에 뜨이는 무수한 것, 그가 계속 느끼고 있는 감정, 그의 현실의 필요를 채우기 위한 갖가지 수단이, 다른 상태에서 늘 절대로 지니게 되지 않는 많은 관념 또는 그렇게 빨리 얻을 수 없는 많은 관념을 그에게 주게 됨은 뻔한 일이다. 정신의 자연의 발걸음은 빨라진다. 그러나 그 방향이 반대가 되는 일은 없다. 숲 속에 있으면 언제까지나 어리석은 채로 있어야 할 인간도 도회지에서 한낱 관찰자가 되면, 이성적인 분별 있는 인간이 될 것이다. 미치광이 같은 짓을 보면서도 거기에 가담하지 않는 일만큼 그 인간을 현명하게 만들기에 적당한 일은 없다. 또한 그런 짓에 가담한 사람도 그 일에 속지 않고 미치광이짓을 하고 있는 자들의 뒤숭숭한 마음을 지니지 않는다면, 여전히 배움이 있는 것이다.

우리의 능력은 감각적인 사물의 한계에 갇혀 있어서, 철학의 추상적인 개념과 순수하고 지적인 관념에 거의 아무런 관련도 갖지 않는다는 것도 생각해 주기 바란다. 그곳에 도달하려면 우리가 굳게 묶여 있는 육체에서 해방되든가, 사물에서 사물로 단계적으로 서서히 전진을 계속하든가, 아니면 거인의 걸음걸이로써 재빨리 단걸음에 공간을 뛰어넘어야 하는데, 이것은 아이들은 할 수 없는 일이며 어른이라도 특별히 만들어진 사다리가 필요한 것이다. 최초의 추상적인 관념은 그 사다리의 첫단이다. 그러나 어떻게 하면 그 사다리를 만들 재주가 생길지 나는 도저히 알 수 없다.

일체의 것을 포용하고 세계에 운동을 부여해서 존재하는 것에 대한 체계 전체를 형성하는 이해하기 힘든 존재자는 우리 눈으로 볼 수도 없고 우리 손으로 만질 수도 없다. 그것은 우리 감각으로는 전혀 느낄 수 없다. 작품은 눈에 보이나 작자는 숨어 있다. 하여간 그것의 존재를 안다는 것은 쉽지 않지만, 우리가 거기까지 가서 그 자는 어떠한 자인가, 어디에 있는가라는 것을 생각해 볼 때 우리의 정신은 혼란하여 길을 헤매게 되고, 이제는 어떻게 생각해야 될지 모르게 된다.

로크는 정신의 연구에서 시작하여 다음은 물체 연구로 옮기기를 원하고 있다. 그것은 미신·편견·오류로 이끄는 방법이다. 그것은 도리에 맞는 방법도 아니며, 자연의 올바른 질서에 맞는 방법도 아니다. 그것은 보는 일을 배우는 데 눈을 가리는 일이다. 정신에 대해 바른 관념을 얻기 위해서, 또 정신의 존재에 대해 회의하기 위해서도 오랫동안 물체를 연구해야 한다. 이와 반대되는 순서는 유물론을 만들어 내는 일이 될 뿐이다.

우리 감각은 우리 지식의 첫 도구이므로, 물체적·감각적인 존재만이 그 관념을 우리가 직접 갖는 존재다. 철학을 해본 일이 없는 자에게는 '정신'이란 말은 아무런 뜻도 갖지 못한다. 민중과 아이들에게는 정신이란 어떤 종류의 상태에 불과하다. 그들은 외치고 말하고 때리고 떠들고 하는 정신(정령을 뜻함)을 생각하고 있는 것이 아닌가. 그런데 팔과 혀를 갖고 있는 정신은 사람의 몸과 아주 흡사함을 당신들은 인정해 줄 것이다. 이런 이유로 세계의 모든 민족은 육체를 가진 신들을 만들어 낸 것이며, 유대인도 그 예외는 아니다. 우리 자신도 '성령', '삼위일체', '인격'이라는 말을 사용하고, 대부분 거짓없는 신인동형론자(神人同形論者)이다. 정말 우리는 신은 곳곳에 있다고 배워 왔다. 우리는 또, 공기는 곳곳에 있고 적어도 대기권 내에서는 그러하다고 생각하고 있다. 더구나 정신이란 말 그 자체도 처음에는 '숨' 또는 '바람'을 뜻했을 것이다. 사람들이 그 뜻도 이해하지 못하는 말을 하는 데 익숙해지면, 그 뒤로는 그들이 하고 싶은 말을 쉽게 할 수 있는 것이다.

다른 물체에 대한 우리 행동의 의식은, 그 물체가 우리에게 작용할 때도 우리가 거기에 작용할 때나 마찬가지 방법으로 작용하는 것이라고 처음부터 우리에게 생각하게 했을 것이다. 거기서 인간은 뭔가의 작용이 느껴지는 모든 존재를 살아 있는 것이라고 생각하게끔 되었다. 그런 존재보다 자기는 강하지 못하다고 느끼고 그런 존재에 대한 힘의 한도를 몰랐던 인간은 그 힘을 끝도 없는 것으로 생각하고, 그런 존재를 육체를 가진 것으로 생각함과 동시에 신들로서 우러러 받들었다. 원시 시대를 통해 모든 일에 위협을 받고 있던 인간은 자연 속에 죽은 것을 아무것도 인정하지 않았다. 그들에게는 물질의 관념도 정신의 관념보다 빨리 이루어진 것은 아니다. 물질관념 그 자체도 또 하나의 추상인 것이다. 그러므로 그들은 우주를 감각적인 신들로 그득하게 했다. 별·바람·산·강·수목·도시, 그리고 집도 모든 영혼을 갖고, 신을 갖고, 생명을 갖고 있었다.

라반이 갖고 있던 소상(小像) 테라핌, 인디언의 마니토 신, 아프리카 흑인들의 저주물 등 모든 자연과 인간이 만들어 낸 것이 인간 최초의 신들이었다. 다신교가 그들 최초의 종교이고, 우상 숭배가 최초의 예배 의식이었다. 그들이 유일한 신을 인정할 수 있게 된 것은 차차로 관념을 일반화하여 최초의 원인으로 거슬러 올라갈 수 있게 되고, 존재하는 것에 대한 체계 전체를 유일한 관념으로 통합하여 결국 가장 큰 추상인 실체라는 말에 있는 뜻을 줄 수 있게 된 뒤부터이다. 그러므로 신을 믿고 있는 아이들은 다 필연적으로 우상 숭배자이든가 아니면 신인동형론자(神人同形論者)인 것이다. 그리고 일단 상상으로 신을 보게 되면 오성이 신을 생각하는 일은 아주 드물게 된다. 이것이 바로 로크의 순서가 이끌어가는 오류다.

어떻게 한 것인지는 모르겠으나 실체라는 추상 관념에 도달하여 유일한 실체를 인정한다면, 서로 배척하는 양립할 수 없는 성질을 그곳에 가정해야 함을 알게 된다. 이를테면 사유와 확대가 그것이다. 그 한쪽은 본질적으로 분할할 수 있는 것이고, 또 한쪽은 분할 가능성을 완전히 배제한다. 그런데 또 사유는 감정이라 해도 좋으나 한 가지 본원적인 성질로 그것이 속해 있는 실체와 분리시킬 수 없다는 일, 확대에 대해서도 그 실체와의 관련에서 같은 말을 할 수 있다는 것을 알게 된다. 그러기에 이 성질의 하나를 잃는 존재는 그 성질이 속해 있는 실체를 잃는 일, 따라서 죽음은 실체의 분리에 불과하다는 일, 또 이 두 성질이 결부되어 있는 존재는 이 두 성질이 속해 있는 두 실체로 되어 있다는 일, 이런 결론을 내릴 수 있다.

이번에는 두 실체의 관념과 신성의 관념 사이, 즉 우리 몸에 대한 우리 영혼의 작용이라는 이해하기 힘든 관념과 모든 존재에 대한 신의 작용이라는 관념 사이에는 아직도 얼마나 큰 거리가 있는가를 생각해 주기 바란다. 창조·절멸·편재·영원·전능 등의 관념, 신의 속성의 관념, 아주 애매모호하므로 극히 소수인밖에 모르는 모든 이런 관념, 그러나 민중에게는 전혀 이해되지 않기 때문에 아무 불명한 점이 없는 이런 관념이, 아직 감관의 기본적인 작용에 잡혀 있어 몸에 접촉되는 것만 생각하는 젊은 사람의 정신에 어째서, 그 온갖 힘에서 즉, 그 모든 애매함에서 생각이 나겠는가. 우리 주위 도처에 무한한 심연이 입을 벌리고 있다고 말해도 허사다. 아이들은 그 말에 겁을 먹을 줄을 모른다. 그의 약한 시력은 그 깊이를 잴 수 없다.

아이들에게는 모든 것이 무한한 것이다. 아이들은 어디에나 한계를 둘 줄 모른다. 대단히 긴 것을 재고 있기 때문이 아니다. 짧은 오성을 지니고 있기 때문이다. 그들은 잘 알고 있는 크기의 범위 밖에 있는 것보다, 오히려 그 범위 안에 있는 것에 무한을 느끼고 있다는 것을 나는 알아차린 일이 있다. 그들은 눈을 통해서가 아니라 오히려 발로 공간을 한없는 것이라고 생각할 것이다. 공간은 그들에게는 볼 수 있는 곳보다 더 멀리 퍼져 있는 것이 아니라, 갈 수 있는 곳보다 더 멀리 퍼져 있는 것이 된다. 그들에게 신의 힘이라는 것을 말했다면 그들은 신을 자기 아버지만큼 힘이 센 자라고 생각할 것이다. 모든 점에 있어 그들에게는 그들의 지식이 가능한 일의 척도가 되므로, 사람들이 말한 것을 늘 알고 있는 것보다 작은 것이라고 생각한다. 그것이 무지와 정신의 약함에 따르게 되는 당연한 판단이다. 아이아스는 아킬레우스와 승부를 겨루는 일은 두려워했지만 제우스에겐 싸움을 건다. 아킬레우스는 알고 있으나 제우스는 모르기 때문이다. 인간 중에서 자기가 가장 재산가라고 생각하고 있는 스위스의 어느 농민은 사람들이 그에게 국왕이란 어떤 것인가를 설명하려 하면 이렇게 물었다고 한다. "그런 것이 뭐 대단한 것이라고. 그래 그 국왕은 목장에 백 마리의 암소도 있단 말인가?"

내 학생의 유년 시대를 통해 내가 그에게 종교에 대해 아무 말도 하지 않은 것을 알고 얼마나 많은 독자가 놀라움을 느끼겠는가. 그것을 나는 예상한다. 15세가 되어도 그는 자기가 영혼을 갖고 있는지 없는지를 몰랐으나, 18세가 되어도 아직 그것을 배울 시기는 아니다. 필요하지도 않은데 일찍부터 배우면 언제까지나 그것을 모르고 있다는 위험에 빠지기 때문이다.

참으로 난처하고 어리석은 그림을 그려 보일 필요가 있다면, 나는 아이들에게 교리 문답을 가르치고 있는 현학자를 그려 보여 주기로 한다. 아이들을 바보로 만들고 싶다면 나는 그 아이에게 교리문답에서 하는 말을 설명해 주겠다. 사람들은 나에게 반대하며 말할 것이다. "그리스도 교리의 대부분은 신비하므로 인간의 정신에 그것을 이해시킬 수 있다고 기대하는 것은, 아이들이 어른이기를 기대하는 것이 아니라 인간이 인간이 아니기를 기대하는 것이다." 그에 대해 나는 우선 이렇게 말한다. "인간으로서 생각할 수 없을뿐더러 믿을 수 없는 신비가 있다. 그리고 그런 일을 아이들에게 가르쳐도 일찍부터 거짓말하는 법을 배우게 될 뿐이지, 그 외에 어떤 득이 되는지 나로선 알 수 없다." 나는 또 이렇게 말한다. "신비를 인정하려면 적어도 그것은 이해하기 힘들다는 것을 이해해야 한다. 그러나 아이들은 그것을 이해조차도 못한다. 모든 것이 신비에 싸여 있는 나이에서는 정확한 뜻으로의 신비라는 것은 존재하지 않는다."

"구원받기 위해서는 신을 믿어야 한다." 이 앞뒤가 맞지 않는 교리는 피비린내 나는 불관용 아래에서 말로 만족하는 습관을 붙임으로써, 인간의 이성에 치명적인 타격을 주는 모든 헛된 가르침의 원인이 되어 있다. 물론 영원한 구제를 받는 자가 되기 위해서는 한순간이라도 헛되게 보내서는 안 된다. 그러나 서너 마디의 문구를 되풀이함으로써 그것을 손에 넣을 수 있다면 우리가 꼭 아이들처럼 조잘대는 새가 되어 천국을 떠들썩하게 하는 것을 무엇이 방해하는지 나는 모르겠다.

믿는 의무는 그 가능성을 전제로 한다. 신을 믿지 않는 철학자는 잘못이다. 키워온 이성을 잘못 지니고 있기 때문이며 부정하고 있는 진리를 이해할 능력이 그에게는 있기 때문이다. 그러나 그리스도교를 인정하는 아이들은 도대체 무엇을 믿는 것인가. 그가 이해하고 있는 일이다. 그러나 그는 말하고 있는 일을 거의 이해하고 있지 않으므로, 가령 당신네들이 반대의 말을 그에게 하려 들어도 역시 기꺼이 그것을 받아들이게 된다. 아이들과 많은 어른들의 신앙은 지리로 정해질 일이다. 메카가 아니라 로마에 태어났다고 좋은 보답을 받게 되는 것인가. 어떤 자는 마호메트가 신의 예언자라는 말을 듣고 마호메트를 신의 예언자라고 말한다. 또 어떤 자는 마호메트가 사기꾼이란 말을 듣고 마호메트를 사기꾼이라고 한다.*16 이 두 사람은 서로 상대되는 나라에 있었다면 각기 상대가 주장한 것을 자기가 주장했을 것이다. 그렇게 같은 소질을 가진 두 사람을 따로따로, 한쪽은 천국으로 또 한쪽은 지옥으로 보낼 수 있겠는가. 자기는 신을 믿고 있다고 아이들이 말할 때, 그가 믿고 있는 것은 신이 아니다. 그 아이들은 신이라 불리는 무엇인가가 있다고 그들에게 말한 베드로나 야곱을 믿는 것이다. 즉, 그는 에우리피데스식으로 신을 믿고 있는 것이다.

'오오, 제우스님!' 하고 아뢰는 것은 당신에
대해서는 나는 이름밖에 모르기 때문입니다.*17

우리 프로테스탄트는 철들기 전에 죽은 아이들은 결코 영원한 행복을 빼앗

---

*16 이본(異本)—어떤 자는 사람으로부터 마호메트를 공경해야만 한다는 말을 듣고 자신은 마호메트를 공경하고 있다고 말하고, 또 어떤 자는 성모를 공경해야 한다는 말을 듣고 자신은 성모를 공경한다고 한다(가르니에판에서 단지 이본이라고 되어 있는 것은 무엇에 의한 것인지 알 수 없다).

*17 플루타르코스 《연애에 대하여》 아미요 역. 비극 《멜라니페》는 맨 처음에 이렇게 해서 시작되어 있었다. 그러나 아테네의 민중이 떠들었기 때문에 에우리피데스는 이 첫머리를 바꾸어야만 했다(원주). (《멜라니페》는 에우리피데스의 잃어 버린 작품 《철학자 멜라니페》를 말한다. 18세기까지는 보통 멜라니페라고 했다.)

기지 않는다고 생각한다. 가톨릭 교도는 세례를 받은 모든 아이들은 신의 이 야기를 들은 일이 없더라도 그렇다고 믿고 있다. 그러므로 신을 믿지 않아도 구원받을 수 있는 경우가 있는 셈이며, 이러한 경우는, 혹은 아이들 시대에 또 는 미치광이인 경우에, 즉 인간의 정신이 신을 인정하는 데 필요한 작용을 할 수 없을 때 생긴다. 여기서 당신들과 나 사이에서 볼 수 있는 차이는 다만, 당 신들은 아이들이 7세만 되면 그런 능력을 갖고 있다고 주장하나, 나는 15세가 되어도 그런 능력을 인정하지 않는다는 점에 있다. 내 생각이 잘못되었든 아니 든 여기서 문제는 신앙이 아니라 단순한 박물학적인 사실에 관한 것이다.

같은 원칙에 의해 명백한 일은, 신을 믿지 않고 노년을 맞이한 사람의 그 맹 목적인 상태가 의지에서 오는 것이 아니라면 그로 인해 저세상에 가서 신 앞 에 나설 권리를 빼앗기지 않을까 하는 것인데, 그런 상태는 반드시 의지에서만 나오는 것이 아니라고 나는 말한다. 당신들은 분별을 못하는 사람들의 병 때 문에 정신적인 능력을 빼앗기기는 했으나 인간으로서의 성질과 창조자의 혜 택을 받는 권리를 잃지 않은 사람들에 대해서는 그것을 인정한다. 어릴 때부 터 모든 사회에서 격리되어 완전히 야성적인 생활을 보내고 있었기 때문에 사 람들과 접하지 않으면 얻을 수 없는 지식을 갖지 않은 사람들에 대해서는 도 대체 왜 그런 것을 인정치 않는가.*18 물론 그런 야성적인 사람은 그 고찰을 신 의 인식에까지 높일 수는 없다는 것은 명백한 사실이다. 인간은 자신의 의지 에 따른 잘못이 아니라면 벌 받지 않는다는 일, 어쩔 수 없는 무지는 그 사람 의 죄로 돌릴 수 없다고 이성은 우리에게 말한다. 그러기에 영원한 정의에서 볼 때 필요한 지식을 갖고 있다면 꼭 믿게 될 사람은 누구나 믿는 자라고 생각 되며, 진리에 대해 마음을 닫고 있는 사람들 외에는 벌 받을 불신앙자는 없다 는 것이 된다.

진리를 이해할 수 있는 상태에 놓여 있지 않은 자에게 진리를 고하는 일은 삼가자. 그것은 진리 대신에 오류를 부여하려는 일이다. 신에게 맞지 않는 비속 하고 환상적인 관념, 모독적인 관념보다는 신에 대해 아무 관념도 갖지 않는 편이 더 낫다. 신을 욕보이기보다는 신을 인정하지 않는 편이 죄가 가볍다. 플 루타르코스는 이렇게 말하고 있다. "내가 올바르지 못한 인간이며 타인을 질

---

*18 인간 정신의 자연 상태에 대해서는, 또한 그 진보가 늦은 데 대해서는 《인간 불평등 기원 론》 제1부를 참조하기 바란다(원주).

투한다거나, 게다가 심한 폭군이어서 사람들에게 가지고 있는 힘 이상의 것을 요구하는 인간이라는 따위의 말을 듣기보다는, 차라리 플루타르코스 같은 사람은 이 세상에 없다고 인식되는 편이 더 나을 것이다."

신의 기괴한 모습을 아이들의 정신 속에 부각시키는 큰 폐해는, 그것이 일생 동안 아이들 뇌리에 남아 있어 어른이 되어도 어린애다운 신 외에는 신이란 것을 생각하지 않는다는 일이다. 내가 스위스에서 만난 선량하고 경건한 한 어머니는 이 격률을 굳게 믿고 자기의 어린 자식에게 종교에 대한 것을 가르치려 하지 않았다. 그 조잡한 가르침에 만족하여 이성의 시기가 되어도 더 훌륭한 가르침을 가볍게 할 일을 두려워했기 때문이다. 그 아이는 신에 대해 말하는 것을 듣고 있을 때는 언제나 침착한 마음으로 공손한 태도를 취하고 있었다. 그리고 그는 그런 말을 하고 싶어도 잠자코 있으라는 제지를 받으면 입을 열지 않았다. 그것은 그에게는 너무도 숭고한, 그리고 위대한 일이었기 때문이다. 이런 제지는 그의 호기심을 자극하여, 그의 자존심은 사람들이 그렇게 주의하여 그에게 감추려 드는 신비를 알 시기를 고대하고 있었다. 신의 이야기를 들을 기회가 적을수록, 신에 대해 말하도록 허용되는 일이 적을수록 점점 그는 신에 대해 생각하게 되었다. 그 아이는 곳곳에서 신을 보게 되었다. 그러므로 이런 식으로 무턱대고 신비를 가장하는 데 대해 걱정이 되는 것은 소년의 상상력을 너무 자극함으로 인해 그의 머리를 해롭게 하고, 마침내는 그를 신자로 삼지 않고 광신자로 삼는 것이 아닌가 하는 일이다.

그러나 나의 에밀에 대해서는 그런 걱정은 하지 않기로 하자. 에밀은 언제나 어떤 일에나 그의 이해력을 넘어선 일에는 관심 갖기를 거부하고, 그가 알 수 없는 일은 더없이 깊은 무관심으로써 듣고 있는 것이다. 그것은 내가 알 바 아니라는 습관처럼 된 일이 그에게는 많이 있으므로, 그러한 일이 하나쯤 더 있더라도 그는 전혀 당황하지 않는다. 그리고 그러한 큰 문제에 대해 불안을 느낀다 해도 그것은 그런 문제를 남을 통해 들어서가 아니라, 그의 지식의 자연스러운 진보가 그 방면으로 그의 탐구를 향하게 했을 때이다.

교양 있는 인간의 정신이 어떤 길을 통해 그런 신비로 접근해 가는가를 우리는 본다. 그리고 나도 인간의 정신은 사회 내부에서도 훨씬 나이를 먹지 않으면 저절로 그곳에 도달하지 못한다는 일을 인정한다. 그러나 그 사회에선 정념의 걸음을 빠르게 하는 피할 수 없는 원인이 있으므로, 그 정념을 규제시키는 지식의 걸음도 똑같이 빠르게 하지 않으면 그야말로 자연의 질서에서 벗어나게 되며 균형이 잡히지 않게 된다. 너무도 빠른 발달의 속도를 늦출 수가 없을 경우에는 거기에 대응할 것을 같은 빠르기로 이끌어 순서가 바뀌지 않도록 하여야 하며, 아울러 진행할 것이 흩어지지 않도록 주의하여야 하고, 인간이 그의 생애에서 어느 시기에라도 그 능력의 하나는 이 정도이고 그 밖의 능력은 저 정도라는 식이 되지 않도록 하여야 한다.

여기서 나는 얼마나 큰 곤란이 생겨나는가를 보게 되는 것이다. 그 곤란은 사물에 있다기보다, 굳이 그것을 해결하지 않으려는 사람들의 겁에 있는 것이므로 더욱더 크게 느껴진다. 적어도 그것을 제시하는 일부터 시작하자. 아이들은 아버지의 종교 속에서 자라게 된다. 그런데 어떤 종교는, 그 종교만이 올바르고 다른 종교는 모두가 정도를 벗어난 부조리한 일에 불과하다는 것을 아이들에게 늘 충분히 증명해 주고 있다. 이 점에 대해서 논증이 미치는 힘은, 그런 일을 사람들이 논증하는 나라에 완전히 의존하고 있다. 터키인은 콘스탄티노플에서 그리스도교를 대단히 우스꽝스러운 것이라고 생각하고 있으나, 파리에 가서 마호메트 교가 어떤 식으로 인정되고 있는가를 알면 되는 것이다.

억견이 승리를 차지하는 것은 무엇보다도 종교 문제에 있어서이다. 그러나 모든 일에서 억견의 멍에를 벗어던지려는 우리는, 권위를 일체 인정하지 않으려는 우리는, 어느 나라에 가든 에밀이 스스로 이해할 수 없는 일은 그에게 가르치려 하지 않는 우리는 어떤 종교 속에서 그를 키우겠는가. 자연의 인간을 어떤 종파에 가입시키면 좋은가. 답은 아주 간단할 것 같다. 우리는 그를 어느 종파에도 가입시키지 않을 것이다. 그런 일은 하지 않고 이성을 가장 잘 사용함으로써, 자신을 이끌어가게 되는 종파를 고를 수 있는 선택을 그에게 주자.

거짓의 재가 덮여 있는
불 위를 나는 간다.

그러나 상관 없다. 나에게는 열의와 성실한 마음이 지금까지 사려 대신의 노릇을 해 왔다. 이런 보증인이 필요할 때는 나를 버리지는 않을 것이라고 나는 기대하고 있다. 독자여, 내가 진리의 친구로 적합치 않은 주의를 하는 것이 아닌가 하는 걱정은 하지 말았으면 한다. 나는 결코 나의 좌우명을 잊지는 않는다. 그러나 자기 판단에 의심을 갖는 일은 나에게 충분히 허용되고 있다. 여기서 나는 내가 생각하는 일을 나의 생각으로서 당신들에게 말하는 대신, 나보다 나은 어떤 사람이 생각했던 일을 말하기로 한다. 나는 다음에 기재하는 사실의 진실성을 보증한다. 그것은 이제부터 옮겨 쓸 원고를 쓴 사람에게 실제로 일어났던 일인 것이다. 지금 문제로 삼고 있는 일을 위해 거기서 유익한 고찰을 끌어낼 수 있을지 여부는 당신들이 생각할 일이다. 나는 타인의 생각 또는 나 자신의 생각을 규칙으로써 당신들에게 제시하는 것은 아니다. 그것을 당신들이 검토해 주기를 바라는 것이다.

30년 전의 일이다. 이탈리아의 어느 거리에서 고향을 떠난 한 청년이 말할 수 없는 곤경에 처해 있었다. 그는 칼빈 교도로 태어났으나 어리석은 짓을 했기 때문에 망명자 신세가 되었으며, 생활 수단마저 없어서 빵을 벌기 위해 종교를 바꾸었다. 이 거리에는 개종자를 위한 구제원이 있어 그는 그곳에 들어갔다. 그곳에선 논의로써 그를 교육했고, 사람들은 그에게 아직 가져 본 일이 없는 의문을 갖게 하고 아직 몰랐던 나쁜 일을 가르쳤다. 그는 듣지도 못했던 교리를 들었다. 게다가 본 일도 없는 풍습을 보았다. 그것을 보고 자칫하다가는 그 희생물이 될 뻔했다. 그는 도망치려다가 붙잡혔다. 그래서 불평을 했다. 불평을 늘어놓았기 때문에 벌을 받았다. 압제자가 하는 대로 당했고, 죄를 범하지 않으려고 했기 때문에 죄인 취급을 당하고 말았다. 난생 처음 폭력과 부정을 당했을 때 경험이 없는 젊은이의 마음에 얼마나 화가 났을지, 그것을 알고 있는 사람은 그의 마음을 짐작할 수 있을 것이다. 그의 눈에는 억울한 눈물이 흘렀고 가슴은 분노로 터질 것 같았다. 그는 신에게 구원을 간청하며 모든 사람에게 사정을 호소했으나 아무도 들어 주지 않았다. 그의 주위에는 그를 욕보이는 못된 인간의 말을 듣는 비열한 하인과, 거역하는 그를 조소하고 자기네처럼 하라고 부추기는 같은 죄악의 공범자가 있을 뿐이었다. 한 사람의 성실한 성직자가 없었다면 그는 아마 사람 구실을 못하게 되었을지도 모른다. 그 성직자는 무슨 볼일로 그 구제원에 왔던 것인데, 청년은 몰래 그에게 의논할 방법을 강구했다. 그 성직자는 가난하여 세상 사람들의 도움을 필요로 하는 사람이었으나, 박해를 받고 있던 자는 그 이상으로 그 사람의 도움이 필요했다. 위험한 적을 만드는 두려움이 있었음에도 불구하고 그 성직자는 주저하지 않고 청년의 탈출을 도와 주었다.

악에서 벗어나 다시 곤궁에 빠진 청년은 운명과 싸웠으나 어쩔 수 없었다. 한때는 운명을 이겨냈다고 생각한 적도 있었다. 일단 행운의 그림자가 찾아오니 괴로웠던 일이나 자기를 보호해 주었던 사람의 일도 잊어버렸다. 그는 곧 그 은혜를 모르는 행위에 대해 벌을 받았다. 희망은 모두 사라졌다. 젊음도 아무런 도움이 못 되고, 헛된 일만 생각하고 있었기 때문에 모든 것이 허사가 되어 버렸다. 평탄한 길을 개척해 갈 만한 재능이나 수완도 없고, 중용을 지킬 수도 없었고, 나쁜 자가 될 수도 없었던 그는 여러 가지 일을 원했기 때문에 하나도 성공하지 못했다. 또다시 전과 같은 괴로운 상태에 빠져들어 빵도 없고 잘 곳도 없어 굶주리게 되자 그때야 그는 은인에 대한 일을 생각했다.

그는 또 그곳에 갔다. 그 사람을 만났고, 그 사람은 반가이 맞아주었다. 그의 모습을 보자 성직자는 자기가 베푼 선행이 생각났다. 그런 생각은 언제나 사람의 마음을 기쁘게 하는 것이었다. 또 지혜의 가르침과 경험이 풍부한 미덕이 뛰어난 천성을 강하게 했다. 그는 청년에게 숙소를 찾아주어 그곳에서 지내게 했다. 그리고 두 사람이 쓰기에는 조금 모자란 자기의 생필품을 청년에게 나누어 주었다. 그는 그 이상의 일을 하여 끈질기게 청년을 가르치고 위로하고, 역경을 견디는 어려운 기술을 배우게 했다. 편견에 사로잡혀 있는 사람들이여, 당신들은 이런 일을 이탈리아의 성직자에게서 기대할 수 있겠는가.

이 성실한 성직자는 사부아 태생의 가난한 부사제로, 젊었을 때의 잘못 때문에 사교의 마음에 들지 못하여 고향에서 얻을 수 없게 된 생활의 길을 구하여 타향으로 온 것이었다. 이 사람은 재능과 교양이 없었던 것도 아니며, 그 모습에는 사람을 끄는 힘이 있었으므로 후원자를 만나 어느 대신의 집에 들어가 그 아들을 교육하게 되었다. 그는 구속된 생활보다도 오히려 가난한 생활을 좋아했고, 높은 사람 앞에서는 어떻게 행동해야 좋을지 알 수 없었다. 그는 그 대신 집에 오래 머물지는 않았지만, 그곳을 떠남으로 인해 평판을 떨어뜨리지는 않았다. 그리고 그는 현명하게 살고 모든 사람으로부터 사랑을 받았으므로, 언젠가는 사교의 용서를 받아 어느 산중에 있는 작은 교구를 맡게 되어 거기서 여생을 보낼 수 있을까 하는 기대를 걸고 있었다. 그것이 이 사람의 야심의 전부였다.

이러한 그 성직자는 젊은 도망자에게 많은 관심을 갖고 조심스럽게 청년을 관찰하게 되었다. 불우한 경우로 인해 청년의 마음은 이미 상처를 입었으며, 모욕과 경멸을 당한 그는 용기를 잃었다는 것, 그의 자랑스러운 기분은 쓰디쓴 원한으로 변하여, 사람들의 부정과 냉혹 속에 오로지 인간 본성의 악을 나타내고 미덕은 환영에 불과하다고 여기고 있음을 알게 되었다. 종교는 이해 관계를 감추는 가면에 불과하고, 그 신성한 의식은 위선을 감추는 것에 불과하다고 청년은 보고 있었다. 미묘하고 헛된 논의 속에 천국과 지옥이 말재간의 포상이 된 것을 보고 있었다. 신에 대한 숭고하고 원시적인 관념은 사람들의 기괴한 상상에 의해 일그러지고 있음을 알고 있었다. 그리고 신을 믿기 위해서는 신이 내린 판단력을 버려야 한다는 것을 알고 사람들의 가소로운 몽상과 그 대상에 같은 모멸감을 느꼈다. 존재하는 것에 대해 아무것도 모르면서 사물의 기원에 대해 아무 생각도 하려 들지 않고, 그는 어리석은 무지 상태에 몸을 담그고 그런 일에 대해 그보다 더 잘 안다고 생각하고 있는 모든 사람들을 마음속으로부터 경멸하고 있었다.

종교라는 것을 일체 잊어버리게 되면 마침내 인간은 그의 의무를 잊어버리게 된다. 그러한 무관심의 상태가 신앙을 갖지 않은 청년의 마음속에서 벌써 반 이상을 차지해 나가고 있었다. 그렇기는 하나 그는 소질이 나쁜 젊은이는 아니었다. 다만 무신앙과 가난함이 조금씩 천성을 잃게 하여 급속히 파멸의 길을 더듬게 하고, 전적으로 거지의 습관과 무신론자의 도덕을 키우고 있었다.

거의 피할 수 없는 악이었지만 그것은 아직 완전히 어쩔 수 없는 것이 된 것은 아니었다. 청년은 여러 가지 일을 알고 있었으며, 교육을 소홀히 받은 것도 아니었다. 그는 솟아나는 피가 마음을 뜨겁게 하면서도 광기어린 관능에 묶이는 일은 하지 않는, 그런 혜택 받은 시기에 있었다. 그의 마음은 아직도 정말 부드러웠다. 천성적인 부끄러움과 소심한 성격이 구속을 대신하는 것이 되어, 당신들이 여러 가지로 고생하여 학생을 그곳에 잡아 두는, 그러한 시기가 그에게도 오랫동안 계속되고 있었다. 심한 타락이나, 아무 매력도 없는 나쁜 습관의 좋지 않은 보기를 보여 주어도 그의 상상력은 타오르기는커녕 오히려 약해졌던 것이다. 오랫동안 혐오의 정이 미덕을 대신하여 그의 순결을 지키고 있었다. 그것은 좀더 부드러운 유혹을 받지 않는다면 자기 자신을 지킬 수 있는 상태에 불과한 것이었다.

성직자는 그에게서 위험과 구제의 길을 보았다. 여러 가지 곤란도 그를 실망케 하지는 않았다. 그는 기꺼이 자기 일을 했다. 그것을 완전히 이행하여 나쁜 환경에서 구출해 낸 희생자를 미덕의 길로 데리고 가려고 결심했다. 그 계획을 실행함에 있어, 그는 신중한 태도를 취했다. 아름다운 동기가 그의 용기를 북돋았고 그의 열의에 맞는 방법을 가르쳐 주었다. 결과가 어떻든 간에 자기는 절대로 시간을 낭비한 것이 아니라고 그는 확신하고 있었다. 오로지 좋은 일을 하고 싶다고 생각하고 있을 때는 사람은 반드시 성공하는 법이다.

그는 우선 그 개종자의 신뢰를 얻기 위해 은혜를 비싸게 팔아 넘기는 일 따위는 하지 않았고, 성가시게 굴지도 않았으며, 설교하는 일도 없었고, 언제나 청년의 능력 정도에 자기를 두고 청년과 똑같은 자가 되기 위해 자기를 하찮은 인물처럼 보이게 했다.

이처럼 진실된 사람이 부랑자의 친구가 되어 그의 미덕을 방자한 생활과 타협케 하여, 끝내는 그것을 정복하는 정경은 사람을 감동케 한다. 그 청년이 성직자가 있는 곳에 찾아와 여러 가지 어수룩한 말을 털어놓고 마음속을 펼쳐 보이면, 성직자는 그가 하는 말에 귀를 기울이고 마음대로 지껄이게 내버려 두었다. 나쁜 일을 허용하지는 않았지만 무슨 일에나 관심을 보였다. 함부로 꾸짖어서 말을 못하게 하거나, 청년의 마음을 억압하는 일은 결코 하지 않았다. 자기에게 귀를 기울여 준다는 생각에 따르는 기쁨은 모든 것을 말할 때 느끼는 기쁨을 더 크게 해주는 것이리라. 이리하여 청년은 의식적으로 무엇을 고백할 작정이 아니면서도 모든 것을 고백해 버렸다.

청년의 생각과 성격을 충분히 연구한 뒤, 성직자는 청년이 나이에 비해선 무지하지 않으나 알고 있어야 할 일을 모두 잊어버렸다는 것과, 운명 때문에 어쩔 수 없이 하게 된 몰염치한 생활이 선악에 대한 올바른 생각을 모두 상실케 했다는 것을 확실히 알게 되었다. 이것은 지성의 저하가 어느 정도에 달하면 영혼이 생명을 빼앗긴다는 이야기이다. 그리고 내면의 소리는 먹을 것만 생각하는 자에게는 도저히 들리지 않는다는 것을 말해 준다.

이 불행한 청년의 정신적인 파멸을 구해 주기 위해 성직자는 우선 그에게 자존심과 자기 자신에 대한 존경심을 일깨워 주려고 했다. 자기 재능을 유익하게 사용하면 좀더 행복한 미래가 펼쳐진다는 것을 가르쳐 주었다. 타인의 아름다운 행위에 대한 이야기를 해줌으로써 청년의 마음에 자존심 있는 열의를 살아나게 했다. 그런 아름다운 행위를 한 사람들을 찬미하고 자기도 같은 일을 하고 싶다는 소망을 갖게 했다. 무위한 방랑생활을 무의식중에 그만두게 하기 위해 여러 가지 책을 골라 그 발췌를 만들게 했다. 그리고 그 발췌가 필요한 것인 양 해보이고, 감사라는 고귀한 감정을 청년의 마음속에 심어 주었다. 그는 그 책으로써 청년을 간접적으로 교육했다. 자기는 좋은 일은 아무것도 할 수 없는 소용없는 인간이라는 생각을 갖지 않게 하기 위해, 그리고 자기 눈에 경멸당할 자로 보이게 하지 않기 위해 자기 자신에 대한 평가를 회복시켰다.

한 가지 고지식한 이야기를 하면, 이 자비로운 사람이 제자의 교육에 대한 일을 생각하는 눈치를 보이지 않고, 제자의 마음을 모르는 사이에 낮은 곳에서 끌어올리기 위해 사용한 기교를 판단해야 할 것이다. 성직자는 정직함을 널리 인정받고 있었으며, 사람을 잘 분별할 줄 알았으므로, 많은 사람들은 거리의 부유한 사제의 손을 통해서보다도 그의 손을 통해서 자신들의 온정이 베풀어지는 것을 좋아했다.

어느 날 가난한 사람들에게 나누어 주라고 누군가가 그에게 약간의 돈을 주었을 때, 청년은 자기도 가난하다고 하며 그 돈을 요구하는 비열한 행위를 취했다. 성직자는 말했다. "우리는 형제다. 자네는 나의 살붙이다. 그리고 나는 내가 쓰기 위해 이 돈을 건드릴 수는 없다"고 하며, 그는 원하는 만큼의 돈을 자기 지갑에서 꺼내어 청년에게 주었다. 완전히 타락하지 않은 젊은이의 마음에서 이런 교훈이 잊혀질 리는 없을 것이다.

나는 3인칭으로 말하는 것이 싫어졌다. 그리고 이런 일은 쓸데없는 신경 소모다. 그리운 한 고향 사람이여, 당신들은 이 불행한 도망자란 바로 나 자신이라는 것을 확실히 알고 있을 것이다. 나는 젊은 시절 내 무절제한 생활을 감히 고백할 수 있을 만큼 그것과 상당히 먼 곳에 떨어져 있다고 믿는다. 게다가 나를 그런 생활에서 구출해 준 사람의 손은, 내가 다소 부끄러운 생각을 해도 그 은혜에 대해 적어도 어느 정도의 명예를 바칠 만한 값어치가 충분히 있는 것이다.

내가 무엇보다도 감동한 것은 내가 존경하는 스승의 사생활에서 거짓없는 미덕, 약함이 따르지 않은 인간애, 언제나 직선적이고 단순한 말, 그리고 늘 그 말에 일치한 행동을 볼 수 있는 일이었다. 자기가 도움을 주고 있는 사람들은 어제 저녁의 기도에 참석했나, 자주 고해를 하고 있나, 정해진 날에 단식을 하고 있나, 육식을 금하고 있나 등의 문제에 그가 신경을 쓰거나 그 밖에도 그와 같은 조건을 사람들에게 과하거나 하는 일을 나는 본 일이 없었다. 그런 조건을 받아들이지 않으면, 가령 빈곤 때문에 죽어 버리게 된다 해도 우리는 신심 깊은 사람들에게서 아무런 도움도 기대할 수는 없는 일이었다.

그의 충고에 힘입어 나도 새로운 개종자의 표면적인 열의를 그의 앞에서 자랑해 보이지 않았으며, 그렇다고 또 그 정도로 신경을 써서 자기 생각을 감추려 하지는 않았지만, 그래도 그는 더 이상 눈살을 찌푸리지는 않았다. 때로 나는 이런 식으로 생각할 수도 있었을 것이다. '새로 시작한 신앙에 대한 나의 무관심을 이 사람이 못 본 체하는 것은 태어나면서부터도 신앙에 대해 내가 원래 무관심하다는 것을 알고 있기 때문이다. 나의 경멸은 당파심에 의한 것이 아니라는 것을 이 사람은 알고 있는 것이다.' 그러나 가끔 그가 로마 교회의 교리와 반대되는 일을 승인하거나 로마 교회의 온갖 의식에 대해 대수롭게 여기지 않는 듯한 말을 하는 것을 들었을 때 나는 어떻게 생각하면 좋았을까. 그리 대수롭게 여기지 않는 그런 의식에 이 사람이 그다지 충실하지 않다는 것을 알고 있었다면 나는 그를 가면을 쓴 프로테스탄트로 생각했을는지도 모른다. 그러나 아무도 보고 있지 않은 데서도, 대중 앞에서나 마찬가지로 올바르게 그가 성직자로서의 임무를 이행하고 있음을 알았으므로 그런 모순된 태도를 어떻게 생각해야 좋을지 나는 알 도리가 없었다. 그의 불행을 초래하게 된 잘못, 그 잘못에 그는 그다지 구애되지 않았으나, 그 잘못을 별도로 친다면 그의 생활은 모범적이었다. 행동에는 비난할 만한 점이 하나도 없었다. 말하는 것은 올바르고 성실했다. 더없이 친밀한 상태에서 그와 함께 살고 있던 나는 날이 갈수록 그를 더 존경하게 되었고 여러 모로 친절한 행위는 완전히 나의 마음을 사로잡았으므로, 나는 호기심에 타오르는 불안한 기분으로 어떤 원칙 위에 이런 기묘한 생활을 이룩하고 있는지, 그것을 가르쳐 줄 시기를 기다리고 있었다.

그 시기는 그리 빨리 찾아오지는 않다. 제자에게 자기 마음을 털어놓기 전에, 그는 제자 마음에 뿌린 이성과 선의 씨앗을 싹이 트게 하려고 노력했다. 나의 마음속에서 지우기 어려웠던 것은 무엇보다도 사람을 싫어하는 거만한 마음이었다. 이 세상에 있는 부유한 자와 행복한 자에 대한 그 어떤 원한이었다. 그들은 나의 희생으로 부유하고 행복한 것처럼 생각되어, 그들의 행복이란 나의 행복을 가로챈 것으로 느껴졌다. 청년기의 어리석은 허영심이 비굴한 생각에 반항을 느끼게 하듯 그러한 기질은 나의 강한 경향을 더 강화시킬 뿐이었다. 그리고 나의 지도자가 일깨워 주려던 자존심은 나를 거만으로 이끌어 사람들을 더욱 비열하게 보도록 만들었으며, 그들에 대한 증오심에 한 술 더 떠서 경멸감을 느끼게 할 뿐이었다.

그는 나의 그런 거만함을 직접 비난하지 않고 그것이 냉혹한 마음으로 변하지 않도록 했다. 그리고 자기 자신에 대한 존경의 마음을 잃게 하는 일 없이 자기 이웃에 대해서도 그렇게 모멸적인 태도를 취하지 못하게 했다. 헛된 과시를 계속 나의 눈에서 멀리하고 그것이 감추고 있는 현실의 불행을 제시하면서, 나와 같이 방황하는 인간을 불쌍히 여기고 그들의 불행에 마음이 동요되어 그들을 시기하기보다는 오히려 동정의 눈으로 보는 법을 가르쳐 주었다. 자신의 약함을 깊이 느낌으로써 인간의 일반적인 약함에 대한 동정에 동요되고 있던 나는 곳곳에서 자기 자신의 부도덕과 타인의 부도덕으로 인해 희생되고 있는 사람들을 보고 있었다. 그는 이렇게 말하고 있었다. "내가 하는 말을 믿게. 우리의 환상은 우리의 불행을 덮어 주는 것이 아니라 그것을 크게 하고 아무런 가치도 없는 것에 가치를 부여하여, 환상을 갖지 않으면 우리로서는 느낄 수 없는 갖가지 거짓의 결핍을 느끼게 하네. 마음의 평화는 마음을 어지럽히는 일을 일체 돌아보지 않음으로써 얻게 되지. 누구보다도 생명을 소중히 하고 있는 사람은 누구보다도 생명을 즐길 수 없는 사람이며, 무턱대고 행복을 원하고 있는 사람은 반드시 더없이 비참한 사람이 되는 것이네."

"아아, 얼마나 어두운 세계입니까?" 나는 화가 난 듯이 외쳤다. "모든 것을 거부해야 한다면 도대체 무엇 때문에 우리가 태어났을까요? 그리고 행복이란 것마저 생각하지 말라면, 도대체 누가 행복해질까요." "내가 행복하지." 어떤 때 성직자는 그렇게 대답했는데, 그 말투에 나는 감동되었다. "당신이 행복하다! 이렇게 혜택받지 못하고, 이렇게 가난한 당신, 나라에서 쫓겨나고 박해당하고 있는 당신이 행복하다니! 그래 당신은 행복해지기 위해 어떤 일을 하셨나요?" "나의 아들이여, 나는 기꺼이 자네에게 그것을 말할 참이네."

그렇게 말하며 그는 나의 고백을 들었으니까, 그의 고백도 할 작정이라는 것을 알려줬다. 그는 나를 포옹하면서 이렇게 말했다. "나는 자네의 가슴에 내 마음에 느낀 바를 모조리 털어 놓겠네. 있는 그대로의 나라고 할 수는 없을지 모르나 적어도 내가 보고 있는 나의 모습을 보여 주겠네. 나의 완전한 신앙 고백을 듣는다면, 내 마음의 상태를 확실히 알게 되고 왜 내가 나는 행복하다고 생각하는지 자네도 알게 될 것이며, 만일 자네가 나와 같은 생각을 한다면 행복을 위해 어떻게 해야 하는지 알게 될 것이네. 그러나 그런 고백은 짧은 시간에 할 수는 없네. 인간의 운명과 인생의 참다운 가치에 대해 내가 생각하는 일을 다 털어 놓으려면 시간이 필요하네. 그러므로 차근차근 그런 말을 할 수 있는 적당한 때와 장소를 정하기로 하지."

나는 꼭 이야기를 듣고 싶다는 희망을 표명했다. 그 기회는 가능한 한 빨리, 내일 아침에라도 다가왔으면 했다. 그것은 여름철의 일이었다. 우리는 새벽녘에 자리에서 일어났다. 그는 나를 데리고 거리를 벗어나 높은 언덕 위로 올라갔다. 아래쪽에는 폭포의 흐름이 비옥한 토지를 적시며 가로지르고 있는 것이 보였다. 저쪽으로는 거대한 알프스의 산줄기가 우뚝 솟아 있었다. 아침 햇살이 이미 평야에 비쳤다. 들판에는 수목과 언덕, 그리고 집들이 길다란 그림자를 이루고, 빛의 갖가지 변화가 눈에 띄게 더없이 아름다운 광경을 더욱 돋보이게 하고 있었다. 마치 자연은 우리 눈앞에 그 웅장하고 화려한 경치를 전개하여 우리 이야기의 텍스트를 제공하는 것 같았다. 거기서 한동안 잠자코 그런 풍경을 바라보다가 안온한 마음의 소유자는 이렇게 나에게 말했다.

사부아 보좌신부의 신앙 고백

나의 아들이여, 박학한 이야기나 심원한 논의를 나에게서 기대해서는 안 된다. 나는 위대한 철학자도 아니며 그런 자가 되고 싶은 생각도 없다. 그러나 때로는 나도 양식을 갖고 있을 때도 있고, 게다가 나는 언제나 진리를 사랑하고 있다. 나는 자네와 논의할 생각은 없으며, 자네를 설복하려는 것도 아니다. 나는 다만 단순한 마음 그대로 생각하고 있는 것을 자네에게 말하려는 것이다. 자네는 내 말을 듣고 있는 동안 자네 마음의 소리에 귀를 기울이고 있으면 되는 것이다. 그것만을 나는 자네에게 부탁하는 바다. 가령 내가 잘못되었다 하더라도 그것은 선의에 의한 잘못인 것이다. 그러므로 나의 잘못은 죄가 되지는 않는다. 자네가 마찬가지로 잘못된다 하더라도 그것도 별로 나쁜 것은 아닌 것이다. 나의 생각이 올바르면 이성은 우리에게 공통된 것이니까, 우리는 같은 관심을 갖고 거기 귀를 기울여야 한다. 자네가 나하고 같은 생각을 갖지 말라는 법은 없을 것이다.

나는 가난한 농민의 자식으로 태어났다. 신분으로 따지자면 농사를 지어야 할 것이다. 그러나 부모는 나에게 성직을 갖게 하여 빵을 벌게 하는 일이 훨씬 낫다고 생각했던지, 이리저리 궁리한 끝에 나에게 학문을 배우게 했다. 물론 학문이라 해도 부모나 나나 뭔가 좋은 일, 진실된 일, 유익한 일을 연구한다고 는 생각지 않았다. 다만 성직에 임명되기 위해 알아 둬야 할 일을 공부하게 된 것이다. 나는 배우라는 것을 배우고, 말하라고 하는 것을 말했으며, 요구하는 대로 결심하고 성직자가 되었다. 그러나 얼마 뒤 나는 인간을 떠나게 되는 의무를 자신에게 과함으로써 실행할 수 있는 이상의 것을 약속해 버렸음을 알게 되었다.

양심이란 여러 가지 편견이 만들어 내는 것에 불과하다는 말을 우리는 듣고 있다. 그러면서도 나는 경험에 의해 그것이 인간의 모든 규칙을 거역하고 단호히 자연의 질서를 따르고 있다는 것을 알고 있다. 우리에게 이것저것 금지해 봐도 헛일이다. 자연의 올바른 질서가 우리에게 허용하는 것은, 자연이 우리에게 명하는 것은 더 말할 것도 없지만 무슨 수를 써서라도 그것을 책망하는 후회스런 마음은 언제나 약하게 느껴질 따름이다. 아, 선량한 젊은이여, 자연은 아직 자네의 관능에 아무 말도 하지 않는다. 자연의 목소리가 무심한 노래로 들리는 행복한 상태로 오래 머물러 있어야 한다. 자연을 앞지르는 일을 하는 것은 자연에 거역하는 이상으로 자연을 손상시키게 된다는 것을 잊어서는 안 된다. 굴복해도 죄가 되지 않을 때를 알기 위해서는 우선 저항하는 일을 배워야 한다.

나는 청년시기부터 결혼을 자연의 가장 기본적인 것이며 가장 신성한 법도로 보고 경의를 표해 왔다. 그 법도를 따르는 권리를 잃은 나는 그것을 손상시키는 일은 하지 말아야겠다고 결심했다. 나의 계급과 그 수업이 어떻게 되든 간에 나는 항상 변하지 않는 단순한 생활을 하며 타고난 지혜의 빛을 정신에 온전히 간직해 왔기 때문이다. 세상의 관습도 그 빛을 흐리게 하는 일은 하지 않았고, 게다가 나의 가난한 신분은 부도덕의 궤변을 속삭여 대는 유혹에서 나를 멀리하고 있었다.

다름 아닌 이 결심이 나를 파멸케 했다. 타인의 결혼 생활에 대한 존경하는 마음이 나의 잘못을 백일하에 드러나게 하였다.*[19] 추문의 보상을 해야만 했다. 붙잡히고, 직무를 정지당하고, 추방당한 나는 근신치 못한 행위의 희생이 아니라 오히려 신중한 마음씨의 희생이 된 것이다. 그리고 나는 그때 면직과 아울러 일어난 비난의 소리에서 벌을 피하려면, 잘못을 거듭하게 되는 경우가 자주 있다는 것을 생각할 수밖에 없었다.

이런 경험이 생각하는 사람의 마음을 먼 곳까지 끌고 간 예는 드물다. 슬픈 사실에 의해 올바른 일, 성실한 일, 게다가 인간의 모든 의무에 대해 품고 있던 관념이 전복되는 것을 본 나는 그때까지 받아들이고 있던 견해를 매일 하나씩 잃어가고 있었다. 나에게 남겨진 것은 그것만으로 통합된 하나의 체계를 이루어 그 자신의 힘으로 유지되지는 못하며, 나는 스스로의 정신 속에서 원칙의 명료함이 조금씩 바로 잡혀감을 느꼈다. 그리고 결국 어떻게 생각해야 될지 모르게 된 나는 그때 지금 자네가 놓여 있는 상태와 같은 상태에 빠져 버린 것이다. 다만 다른 점은 나의 불신앙은 성숙한 시기에 뒤늦게 열린 과일로써 보다 많은 괴로움에 의해 만들어졌고, 그것을 타파하는 일은 더욱 어려웠다는 것이다.

나는 데카르트가 진리 탐구를 위해 필요로 하고 있는 불확실과 의혹의 상태에 있었다. 그러나 그러한 상태에서 그렇게 오랫동안 머무를 수는 없었다. 그것은 불안하고 괴로운 상태이다. 악에 대해 흥미를 갖든가 영혼이 게으름을 피우지 않고서 우리는 그런 곳에 더 이상 머물 수 없다. 나의 정신은 거기서 즐기고 있을 정도로 타락하지 않았다. 게다가 자기 운명보다도 자기 자신에 만족하는 일만큼 반성하는 습관을 보다 더 잘 유지할 수 있는 것은 없다.

그런 점에서 나는 키도 없고 나침반도 없이, 인간의 억견이라는 바다 위를 떠돌며 자기 갈 길도 모르고, 어디서 와서 어디로 가는지도 모르는 미숙한

---

*19 루소는 안시를 떠난 가티에 씨의 소식을 전하고 다음과 같이 쓰고 있다. '이 사람은 어떤 처녀에게 아이를 낳게 했던 것이다…… 사제란 보통 기혼 부인에게밖에는 아이를 낳게 해선 안 되게 되어 있다'《참회록》제3권). 즉 가티에 씨는 세상의 법도에 따르지 않았기 때문에 스캔들을 일으켜 체포되어 면직되었던 것이다. 더욱이 루소는 앞의 인용에 곧 이어 다음과 같이 쓰고 있다. '……이 사람의 불행은 깊이 나의 마음에 새겨져 《에밀》을 집필함에 있어 나는 그것을 상기했다. 그리고 게임 씨와 가티에 씨를 결부하여 이 두 존경할 사제를 저 사부아 보좌신부의 원형으로 했다. 모사(模寫)는 모델이 된 사람의 명예를 훼손하지는 않았다고 나는 기뻐하고 있다.'

물길 안내자 외에는 안내자를 대동하지 않고 심한 정념의 폭풍우에 시달리고 있는 슬픈 인간의 운명에 대해 생각하고 있었다. 나는 이렇게 생각하고 있었다.

'나는 진리를 사랑하고 있다. 그것을 구하고 있다. 그러나 그것을 인정할 수 없다. 아무한테서나 그것을 배우고 싶다. 그렇게 하며 나는 거기에 매달려 있겠다. 진리를 존중하고 열심히 그것을 구하고 있는 마음에 언제까지나 그것이 숨어 있을 수는 없을 것이다.'

나는 여러 차례 큰 괴로움을 맛본 일은 있으나 그 혼란과 불안 시대처럼 늘 견디기 힘든 생활을 보냈던 일은 두 번 다시 없다. 그때는 계속 의혹에서 의혹으로 헤매었고, 오랫동안 생각해도 나라는 존재의 원인과 내 의무의 규칙에 대해 불확실과 애매함과 모순을 느낄 뿐이었다.

어떻게 해서 사람은 진실되고 일관된 회의론자가 될 수 있을까. 그런 일은 나로서는 이해할 수 없다. 그런 철학자는 실제로는 존재할 수 없는 것이 아닌가. 존재한다면 인간 중에서 가장 불행한 인간이다. 아무래도 알아야 할 일에 대해 의혹을 느끼는 것은 인간의 정신에 있어서는 너무도 괴로운 상태다. 인간은 그 상태를 오랫동안 견딜 수 없는 것이다. 인간은 아무래도 무슨 방법으로라도 자기 생각을 결정해야 한다. 그리고 인간은 아무것도 믿지 않는 것보다는 오히려 잘못을 범하기를 좋아한다.

더욱 나를 난처하게 했던 것은, 모든 일에 결정을 내리고 의혹을 갖는 일을 일체 허용치 않는 교회에 속하는 자로 태어났던 나로서는 단 한 가지의 일을 부정해도 그 밖의 모든 일까지도 부정하게 된다는 일과, 여러 가지 부조리한 결정을 승인하는 일이 불가능했기 때문에 그렇지 않은 것에서도 내 마음이 떨어져 나간다는 일이었다. 모든 것을 믿는 것이라고 나에게 말함으로써 사람들은 나에게는 아무것도 믿지 못하게 하고 있었다. 그리고 나는 어디에 머물러 있어야 할지 알 수 없게 되었다.

나는 철학자에게 물어 보았다. 그들의 책을 펴보았다. 그들의 여러 가지 의견을 살펴보았다. 나는 그들이 모두 거만하고 단정적이고 독단적인 것을 알았다. 심지어 그들이 주창하는 회의론에서조차 그러했다. 무엇 하나 모르는 것은 없지만 증명할 수 있는 것도 없었다. 그들은 서로를 비웃고 있었는데, 모든 철학자에 공통된 이 점만이 그들의 올바른 점인 것처럼 나에게는 생각되었다. 그들은 공격할 때는 힘이 왕성하나 그들의 주장을 옹호할 때는 힘이 부족했다. 여러 가지로 이론을 조사해 보면 그들에게는 다만 파괴적인 이론이 있을 뿐이었다. 그들의 표를 헤아려 보면 그들은 다 한 표밖에 갖고 있지 않은 셈이었다. 그들이 일치하여 하는 일은 다만 논쟁하는 일뿐이었다. 그들이 하는 말에 귀를 기울이는 일이 내게는 나의 불확실한 상태에서 빠져 나가는 방법이 되지는 못했다.

나는 인간 정신의 무력이 사람들이 생각하는 그 놀라운 다양성에 대해 첫째 원인이라는 것, 그리고 거만이 제2의 원인이라는 것을 이해했다. 우리는 이거대한 기계(세계)를 측정하는 자를 갖고 있지 않다. 그 여러 가지 비율을 계산할 수 없다. 그 기본적인 법칙도 궁극의 원인도 모른다. 우리는 우리 자신을 모른다. 우리의 본성도 행동의 원리도 모른다. 인간은 단순한 존재인지 아니면 복합적인 존재인지, 그런 것도 잘 알지 못한다. 어디를 보나 우리 주위에는 알수 없는 신비가 있는 것이다. 이 신비는 감각의 영역을 넘어선 곳에 있다. 그것을 돌파하기 위해 우리는 지성을 지니고 있다고 믿지만 우리가 갖고 있는 것은 상상력뿐이다. 사람은 다 그 상상의 세계를 통해 올바르게 생각되는 길을 개척해 나간다. 자기 길이 목적으로 가는 것인지 아닌지는 아무도 모른다. 더구나 우리는 모든 것을 이해하고 모든 것을 알고자 한다. 우리가 알지 못하는 단 한 가지 사실은, 우리는 무엇을 알 수 없는가 하는 것이다. 우리는 누구든 존재하는 것을 알 수는 없다고 인정하기보다, 되는 대로 생각을 결정해서 존재하지 않는 것을 믿는다. 우리로서는 한계를 모르는 하나의 큰 전체, 이 전체를 만든 자는 거기에 대해 우리에게 어리석은 논의를 하게 만드는데, 그 일부분인 우리는 건방지게도 이 전체는 그 자체가 어떤 것인가를 결정하고, 그에 대해 우리는 어떤 것인가를 결정하려고 한다.

철학자들이 진리를 발견할 수 있는 상태에 있다 하더라도 그들 중 누가 진리 같은 데 흥미를 갖겠는가. 철학자는 다 자기 체계가 다른 자의 체계보다 더 근거가 없다는 것을 잘 알고 있다. 다만 그들은 자기 체계이기 때문에 그것을 지지하고 있는 것이다. 진실과 거짓을 알았다 해도 타인이 발견한 진리보다 자기가 발견한 허위를 취하지 않는 철학자는 한 사람도 없다. 자기 명성을 위해 조금도 인류를 속이지 않는 철학자가 어디에 있겠는가. 남보다 뛰어나길 바라지 않는 철학자가 어디에 있겠는가. 일반 사람들보다 높은 곳에 몸을 둘 수만 있다면, 경쟁자의 명성을 잃게 할 수만 있다면, 철학자는 그 이상 무엇을 구하겠는가. 중요한 일은 다른 자와는 다른 식으로 생각하는 일이다. 그들은 신을 믿는 사람들 사이에서는 무신론자가 되고, 무신론자 사이에서는 신을 믿는 자가 되는 것이다. 이런 고찰에서 내가 끌어 낸 첫 결과는 나의 탐구를 직접 나에게 이해 관계가 있는 것에 한할 것, 그 밖의 일에 대해서는 언제나 깊은 무지 상태로 편안히 있을 것, 그리고 가령 의심스러운 일이 있어도 내가 알 필요가 있는 일 이외에는 신경을 쓰지 않을 것 등을 배운 것이다.

또한 나는 철학자들이 나를 무익한 의혹에서 해방해주기는커녕 나를 괴롭히던 의혹만 짙게 할 뿐, 절대 해방해 주지 않는다는 것을 알았다. 그래서 나는 다른 지도자들을 구하기로 하고 이렇게 생각했다. 내면의 빛에 가르침을 구하기로 하자. 그것은 철학자들이 헤매게 할 정도로 나를 방황하게 만들지는 않을 것이다. 헤매게 만든다 해도 하여간 나의 잘못은 나 자신의 잘못이 되는 것이며, 나 자신의 환상을 쫓아가는 것이 철학자들에게 끌려다니는 것보다 타락하는 일도 적을 것이다.

그래서 내가 태어나면서부터 차례차례 나를 끌고 다니던 갖가지 견해를 마음속에 되새겨 보고, 나는 그것이 하나같이 직접적으로 확신을 얻게 할 만큼 명백한 일은 아니더라도 여러 가지 정도에 있어 진실한 것으로써, 내면의 승인은 여러 차례에 걸쳐 거기에 주어지거나 거부된다는 것을 알았다. 이 첫 관찰에 입각하여 그 여러 관념의 전부를 편견을 버리고 비교해 봄으로써, 나는 처음에 가장 흔히 알려진 관념이 가장 단순하고 가장 합리적이라는 것, 그리고 그것이 모든 사람의 동의를 얻기 위해선 마지막에 등장했더라면 좋았으리라는 것을 알았다.

고대나 근대에 있어 이 세상의 철학자는 힘, 우연, 숙명, 필연과 원자, 산, 세계, 생명이 있는 물질, 모든 종류의 유물론에 대해 온갖 기괴한 학설을 들춰내고 있었지만, 그러한 모든 것 뒤에 고명한 클라크가 나타나서 세상 사람들을 가르치고 존재자 속의 존재자인 만물을 나누어 주는 자를 마침내 알게 되었다고 상상해 봄이 좋을 것이다. 그 새로운 학설은 온 세상 사람의 감탄 소리를 듣고, 만인 일치 칭찬을 받으며 맞아들여지지 않았던가. 그것은 참으로 위대하고 위안에 찬 숭고한 학설이며, 영혼을 향상시켜 미덕에 근거를 주는 학설이다. 동시에 강하게 사람들의 마음에 호소하여 광명에 차고 간결하며, 더구나 많은 부조리가 발견되는 다른 어떤 학설에 비교해도 인간 정신에 불가해한 일을 그다지 포함하고 있지는 않다고 생각된다.

나는 이렇게 생각하고 있었다. 풀기 힘든 반론은 어떤 학설에나 따라다닌다. 인간의 정신은 대단히 한정된 것으로 그런 것을 해결할 수는 없기 때문이다. 그러므로 반론이 있다는 것은 어떤 학설에나 특별히 불리하게 되는 일은 아니다. 그러나 숱한 직접적인 증명 사이에는 어느 만큼의 차이를 볼 수 있을 것이다. 다른 것들보다 덜 난해할 경우, 모든 것을 설명할 수 있는 이론이야말로 취해야만 하는 것이 아닐까.

그래서 나는 진리에 대한 사랑만을 철학으로 하여 알기 쉬운 단순한 규칙, 헛되고 미묘한 논의 등을 하지 않아도 될 규칙만을 방법으로 가지게 되었다. 그리고 이 규칙에 입각하여 자기에게 관계 있는 지식을 거듭 검토했다. 그때 나는 열심히 생각하고 인정해야 할 모든 일을 명백하게 인정하고, 그것과 필연적인 관련을 가진 모든 일을 진실로 인정하기로 마음먹었다. 반면 그 밖의 것은 다 불확실한 채로 내버려 두고 그것을 부정하거나 긍정하지도 않으며, 실천면에서 아무런 유용한 것을 가져오지 않을 경우에는 애써 그것을 명백히 하지는 않겠다고 결심했다.

그렇다 한들 나는 무엇인가. 사물을 판단하는 어떤 권리를 나는 갖고 있단 말인가. 그리고 무엇이 나의 판단을 결정하는가. 만일 판단이 내가 받는 인상으로 인해 끌려다니고 강제되는 것이라면 이런 탐구에 아무리 애를 써도 헛일이며, 판단은 이루어지지 않든지 아니면 내가 지시하지 않더라도 저절로 이루어지게 된다. 그러므로 우선 자기 자신에 눈을 돌려 내가 사용하려는 도구를 알고, 어느 정도까지 신뢰하여 그것을 사용할 수 있는가를 알아야만 한다.

나는 존재한다. 그리고 감각을 지니며, 그것을 통해 인상을 받는다. 이것이 내가 느끼는 제1의 진실이며, 나는 그것을 승인하게 된다. 나는 나의 존재에 대해 어떤 고유한 의식을 갖고 있는 것일까. 아니면 나의 존재를 감각에 의해 느끼고 있을 뿐일까. 이것이 나의 첫째 의문인데, 현 상태에서 그것을 해결한다는 것은 나로서는 불가능하다. 왜냐하면 어떤 때는 직접, 어떤 때는 기억을 통해 계속 감각에서 인상을 받는 나는, '나'라는 의식이 그런 감각 이외의 어떤 감각에서 독립한 것인가를 어떻게 알 수 있겠는가.

나의 감각은 나의 내부에서 일어난다. 그것은 나의 존재를 느끼게 하는 것이다. 그러나 감각의 원인은 나의 외부에 있다. 그것은 싫든 좋든 나에게 인상을 주는 것으로, 나로서는 그것을 내놓을 수도, 이룰 수도 없는 것이다. 그러므로 나의 내부에 있는 감각과 나의 외부에 있는 그 원인, 즉 대상이란 같은 것이 아니라는 것을 나는 확실히 안다.

그러기에 다만 나만이 존재하는 것이 아니라 그 밖의 존재, 즉 나의 감각의 대상도 존재하게 된다. 그리고 그 대상은 관념에 불과하더라도 어쨌든 그 관념은 내가 아니라는 것만은 확실하다.

내가 나하고는 별도로 느끼는 것으로, 나의 감각에 작용하는 것 전부를 나는 물질이라고 부른다. 그리고 개별적인 존재로 통합되었다고 생각되는 물질의 부분 모두를 나는 물체라고 부른다. 그러므로 관념론자와 유물론자와의 논쟁은 일체 나에게는 아무런 뜻도 없는 것이 된다. 물체의 현상과 실재(實在)에 관한 그들의 구별은 환상인 것이다.

이것으로 나는 우주의 존재와, 자기 자신의 존재에 대해서 완전히 같은 확신을 갖게 된 셈이다. 이어서 나는 나의 감각의 대상에 대해 생각해 본다. 그리고 자기 속에 그런 것을 비교해 볼 능력을 발견하고 있는 나는 전에는 갖고 있는 줄 모르던 어떤 능동적인 힘을 받고 있음을 안다. 지각한다는 것은 느끼는 일이다. 비교하는 일은 판단하는 일이다. 판단하는 일과 느끼는 일은 같은 것이 아니다. 감각을 통해 대상은 자연 속에 있는 것처럼 따로따로 고립된 것으로 나에게 나타난다. 나는 비교함으로써 그 대상을 움직인다. 말하자면 어떤 것을 이동시켜 다른 것 위에 놓고 그것들의 차이점이나 유사점에 대해, 일반적으로 그 모든 관련에 대해 결정을 내린다.

능동적이고 지성을 갖는 존재의 사물을 구별하는 능력은 '있다'라는 말에 하나의 의미를 부여할 수 있는 능력이라고 나는 생각한다. 단순히 감각 능력만 지닌 존재 속에서 사물을 거듭하여 비교하고 결정을 내리는 지성의 힘을 찾아 보아도 그것은 헛일이다. 그러한 존재의 본성 속에서는 그 힘을 인정할 수 없을 것이다. 그러한 수동적인 존재는 그 하나하나를 따로따로 느낄 수도 있다. 또 두 개의 것으로 이루어진 전체임을 느끼는 수도 있을 것이다. 그러나 한 개의 것을 다른 것 위로 구부려 겹을 수 있는 힘을 지니지 않았으므로 결코 그것을 비교하거나 판단하거나 하지는 못할 것이다.

동시에 두 개의 것을 본다는 것은 그것들의 같은 점을 인정하는 것도 아니고 다른 점을 생각하는 것도 아니다. 몇 개의 것을 각기 다른 것으로 인정하는 일은 그것을 헤아리는 것이 될 수는 없다. 나는 같은 순간에 큰 막대와 작은 막대를 비교하는 일 없이, 한쪽이 다른 한쪽보다 작다고 판단하는 일 없이 두 막대에 대한 관념을 동시에 가질 수 있다. 그것은 마치 사람이 자기의 손 전체를 동시에 볼 수 있지만 손가락을 헤아리고 있는 것은 아닌 것과 마찬가지의 일이다.[20]

'보다 크다'든가 '보다 작다'고 하는 비교의 관념은 '하나' '둘' 등의 수의 관념과 마찬가지로 확실히 감각이 아닌 것이다. 특히 감각을 갖는 경우에만 나의 정신은 그런 관념을 자아내지만, 감각 능력을 갖는 존재는 여러 가지 감각 사이에 있는 다른 점에 의해 그 감각을 각기 구별한다고 한다. 이는 설명을 요한다. 감각이 다를 경우에는 감각 능력을 갖는 존재는 그것을 다른 점에 의해 구별한다. 같은 감각일 경우에는 각기 별개의 것으로 느끼기 때문에 구별된다. 그렇지 않으면 동시에 일어나는 하나의 감각에서 두 개의 같은 대상을 어떻게 구별할 수 있겠는가. 그것은 필연적으로 그 두 대상을 혼동하여 같은 것으로 생각할 것이다. 공간을 나타내는 감각은 확대력을 지니지 않는다고 주장하는 학설에선 특히 그러할 것이다.

비교할 수 있는 두 감각이 인정되는 경우에는 그런 인상이 이루어지며, 하나하나의 것이 느껴져 두 대상으로 인식된다. 그렇다고 해서 그 관련성이 느껴지는 것은 아니다. 이 관련성에 대한 판단이 하나의 감각에 불과하고 일방적으로 대상에서 내가 얻을 수 있는 것이라면, 나의 판단은 나를 속이는 일은 결코 없을 것이다. 내가 느끼고 있는 것을 느끼고 있다는 것은 절대로 거짓말이 아니기 때문이다.

그럼 그곳에 있는 두 막대의 비율에 대해, 특히 그 막대가 나란히 놓여 있지 않을 때는 내가 잘못 보는 것은 왜일까. 예컨대 작은 막대가 큰 막대의 4분의 1밖에 안 되는데 3분의 1이라고 할까. 왜 감각인 영상이 대상인 실물과 일치하지 않을까. 그것은 즉, 판단할 경우에는 나 자신이 능동적이 되기 때문이

---

[20] 라 콩다민 씨의 보고는 셋까지밖에 셀 수 없는 민족에 대해 이야기하고 있다. 그러나 그 민족을 구성하는 인간도 손은 있었으니까 다섯까지 계산할 줄은 모르더라도 그들의 다섯 손가락은 인정했던 것이다(원주). 라 콩다민(1701~1774)은 프랑스의 과학자. 남미에서 지구의 모양과 크기를 알아내는 관측을 행했다.

다. 그리고 비교하는 조작이 잘못되어 비율을 판단하는 나의 오성이, 다만 대상만을 나타내는 감각의 진실에 자기 오류를 범하기 때문이다.

또한 잘 생각해 보면 반드시 자네는 놀라게 될 것이다. 그것은 만일 우리가 감각을 사용함에 있어 순수하게 수동적이라면, 그 감각 사이에는 아무런 교류가 없게 될 것이다. 우리가 만지고 있는 물체와 보고 있는 물체가 같다는 것을 알 수 없게 된다. 우리는 우리 외부에 있는 것을 하나도 느끼지 못하게 되든가, 아니면 우리에게 있어서는 감각적인 다섯 개의 실체가 있어 그 동일성을 인정하는 수단은 전혀 없는 셈이 된다.

자기의 감각을 비교 대조하는 나의 정신력에 어떤 명칭을 붙여도 좋다. 주의·성찰·반성, 그 밖에 그것을 부르고 싶은 대로 불러도 좋다. 하여간 그런 힘은 나의 내부에 있는 것이지 사물에 있는 것은 아니며, 대상이 나에게 주는 인상을 기다렸다가 그것을 만들어 내는 데 불과하다 해도 나만이 그것을 만들어 낸다는 것은 진실이다. 느끼거나 느끼지 않는 일은 내 마음대로 할 수는 없으나, 내가 느끼고 있는 일을 잘 검토하고 안 하고는 내 마음대로이다.

그러므로 나는 단순히 감각 능력을 가질 만한 수동적인 존재는 아니고, 지성을 갖는 능동적인 존재이므로 철학이 뭐라든 나는 생각하는 명예를 갖기를 굳이 주장하고 싶다. 다만 나는 진리는 사물 속에 있는 것이지 그것을 판단하는 나의 정신에 있는 것은 아니라는 것, 그리고 내가 사물에 대해 내리는 판단에 자신의 것을 끌어들이는 일이 적으면 적을수록 보다 더 확실히 진리에 접근시킬 수 있다는 것을 알고 있다. 그러므로 이성보다 감정에 의뢰한다는 나의 규칙은 이성 그 자체에 의해 확인되게 마련이다.

말하자면 자기 자신을 확보한 나는 자기 외부에 있는 것에 눈을 던지게 되는 것이다. 그리하여 이 광대한 우주에서 길을 잃고 있는 스스로를 생각하고 헤아릴 수 없는 존재에 빠져들어, 그것이 각기 어떠한 것인가, 또 나에 대해선 어떠한 것인가를 전혀 모르고 있는 스스로를 생각하고 나는 일종의 전율에 사로잡힌다. 나는 그것을 연구하고 관찰한다. 그리고 그것을 비교하려는 내 앞에 나타나는 첫 대상은 나 자신인 것이다.

감각으로 내가 인정하는 것은 모두 물질이다. 그리고 나는 물질의 온갖 본질적인 특성을 나에게 물질을 인정케 하는 감각적인 성질, 물질과 떼어 놓을 수 없는 감각적인 성질에서 추론한다. 나는 물질이 있을 때는 운동 상태로, 어떤 때는 정지 상태로 있는 것을 본다.*²¹ 그러므로 정지도 운동도 물질에 본질적인 것은 아니라고 생각한다. 그러나 운동은 어떤 작용이므로 어떤 원인의 결과이고, 정지는 원인이 없다는 것이 된다. 그러기 때문에 아무 작용도 하지 않을 때는 물질은 움직이지 않는다. 그리고 물질은 정지와 운동 상태에 무관심하다는 점에서 당연히 그 자연 상태는 정지한 셈이 된다.

나는 물체에 두 종류의 운동을 인정한다. 즉, 다른 곳에서 전달되는 운동과, 자발적이거나 의지적인 운동이다. 전자에선 운동 원인이 움직여지는 물체의 외부에 있으나, 후자에선 물질 그 자체에 있다. 그렇다고 나는 시계의 운동은 자발적인 운동이라고 결론짓는 일은 하지 않는다. 태엽이란 다른 무엇이 작용하지 않으면 감기지도 않을 것이고 톱니바퀴를 움직이지도 않을 테니까 말이다. 같은 이유를 들어 유체나 유동성을 유발하는 불*²²에도 나는 자발성을 부여할 셈은 아니다.

"동물의 운동은 자발적인 것인가?" 자네가 묻는다면 그에 대해 나는 아무것도 모르나, 미루어 생각하면 해답은 긍정적이 된다고 말해 두겠다. 자네가 다그쳐서 "그럼 왜 나는 자발적인 운동이 존재한다는 것을 알고 있는가?" 묻는다면 나는 그것을 느끼고 있기 때문에 알고 있는 것이라고 대답해 둔다. 나는 팔을 움직이고자 해서 그것을 움직인다. 이 운동에는 나의 의지 외에는 직접적인 원인은 없다. 이러한 느낌을 나에게서 없애기 위해 논의하려 해도 헛일이다. 그것은 어떤 명백한 일보다도 확실한 일인 것이다. 그런 논의는 내가 존재하지 않는다는 것을 나에게 증명하려는 것과 같은 것이다.

인간의 행동과 지상에서 일어나는 일에 전혀 자발성이 없다면 그 때문에 모든 운동의 처음 원인을 생각함에 있어 더욱 난처해질 뿐이다. 나로서는 물질의 자연 상태는 정지하고 있는 것이라고 본다. 그리고 물질은 그 자체로 행동

---

*21 이 정지(靜止)는 상대적인 것에 지나지 않는다고 해도 무방하다. 그러나 우리는 운동에 대소를 보고 있으므로 두 가지 극한의 하나, 즉 정지는 매우 명확하게 이해되며 그것은 충분히 잘 이해되므로 우리는 상대적인 것에 불과한 정지를 절대적인 것으로 생각하고 싶어지기도 한다. 그런데 물질이 정지 상태에서 생각된다면 운동은 물질의 본질이라는 것은 옳지 않다(원주).

*22 화학자들은 연소(燃素), 다시 말해서 불의 원소는 그것이 일부를 이루고 있는 혼합물 속에 흩어져 움직이지 않고 멈추어 있는데, 외부적인 원인이 그것을 해방하고 집합시켜 운동 상태에 두면 불로 변화한다고 생각하고 있다(원주).

하는 어떤 힘도 갖고 있지 않다고 굳게 믿고 있으므로, 어떤 물체가 운동하는 것을 보면, 나는 곧 그 물체는 생명을 받거나, 아니면 그 운동은 그 물체로 인해 전달된 것이라고 생각하게 된다. 유기적이 아닌 물질이 저절로 움직이거나, 어떤 작용을 생기게 한다는 생각에 동의하는 일조차 나의 정신은 완강히 거부한다.

그러나 눈에 보이는 이 우주는 물질이다. 흩어진 죽은 물질*23이며, 그 전체에 있어 통일적이고 유기적인 것, 생명을 받은 한 물체의 부분이라는 공통된 의식 같은 것을 전혀 갖지 않는다. 확실히 부분인 우리는 전체 속에서 자기를 느끼는 일은 결코 없는 것이다. 그런데 이 우주는 운동하고 있다. 그리고 규칙적이고 한결같이 변하지 않는 법칙에 지배된 운동을 하고 있어, 인간이나 동물의 자발적인 운동에서 볼 수 있는 것 같은 자유는 전혀 지니지 않는다. 그러므로 세계는 스스로 몸을 움직이는 큰 동물과 같은 것은 아니다. 따라서 세계의 운동에는 뭔가 외부적인 원인이 있게 되는데, 나로서는 그것을 인정할 수 없다. 그렇지만 내면적인 확신은 그 원인을 충분히 명백히 밝혀 주므로, 나는 태양이 돌고 있는 것을 보면 그것을 추진하는 힘을 생각하지 않을 수 없으며, 지구가 돌고 있으면 그것을 회전시키는 자의 손은 느낄 수 있다고 생각한다.

물질과 본질적인 관련이 인정되지 않는 일반 법칙을 승인해야 한다면 어떤 일로 나는 전진한 것이 되겠는가. 그 법칙은 현실적인 존재나 실체에 속하는 것이 아니므로, 따라서 나에게는 알려지지 않은 뭔가 다른 근거를 갖게 되는 것이다. 실험과 관찰은 우리에게 운동의 법칙을 기르쳐 주었다. 이런 법칙은 결과를 결정하나 원인을 제시하지 않는다. 그것은 세계의 체계와 우주의 발걸음을 충분히 설명해 주지 않는다. 데카르트는 주사위로 하늘과 땅을 만들었다. 그러나 그는 회전 운동의 도움을 받지 않고는 그 주사위에 최초의 충동을 줄 수는 없었으며, 그의 원심력을 작용시킬 수도 없었다. 뉴턴은 인력의 법칙을 발견했다. 그러나 인력만으로는 우주는 머지않아 움직이지 않는 덩어리로 변해 버리므로, 이 법칙에 미는 힘을 덧붙여 천체에 곡선을 그리게 해야만 했

---

*23 산 분자라는 것을 생각하려고 나는 온갖 노력을 해보았으나 성공하지 못했다. 감지기관(感知器官)을 갖고 있지 않는데 느낄 수 있는 물질에 대한 관념은 이해할 수 없는 모순된 관념이라고 생각된다. 이 관념을 채용하거나 버린다 하더라도 우선 그것을 이해해야만 하겠는데 솔직하게 말하여 나는 그러한 행운을 얻지 못했다(원주).

다. 데카르트는 어떤 물리 법칙이 천체의 타원형 궤도를 그리게 했는지 말해야 한다. 뉴턴은 행성을, 그 궤도의 절선(切線) 위에 던진 손을 제시해야 할 것이다.

운동의 최초 원인은 물질에 있지 않다. 물질은 운동을 이어받아 그것을 전달하지만 운동을 만들어 내는 일은 없다. 서로 움직이고 있는 자연의 힘의 작용과 반작용을 관찰할수록, 점점 나는 어떤 결과에서 다른 결과로 거슬러 올라가는 어떤 의지를 최초 원인으로 삼아야 한다는 것을 알게 된다.

원인의 계열을 무한한 것으로 생각하는 것은 그것을 전혀 생각지 않는 일이다. 한 마디로 말해 다른 운동에 의해 생긴 것이 아닌 운동은 다 자발적이고 의지적인 행위에 의하지 않고는 일어날 수 없다. 생명이 없는 물체는 운동에 의해서만 움직일 수 있으며, 의지가 없는 곳에서는 정말 행동이라는 것은 존재하지 않는다. 이것이 나의 첫째 원리다. 그러므로 나는 어떤 의지가 우주를 움직이고 자연에 생명을 준다고 믿는다. 이것이 나의 첫째 교리, 즉 나의 첫째 신조이다.

어떻게 해서 의지가 물리적인 작용과 물체적인 작용을 생기게 하는가. 그것은 모르겠으나 나는 의지가 그것을 만들어 낸다는 것을 나의 속에서 느끼고 있다. 나는 행동하려고 한다. 그리고 행동한다. 내 몸을 움직이려고 한다. 그러면 내 몸은 움직인다. 그러나 정지하고 있는 생명이 없는 물체가 저절로 움직이거나 운동을 하게 된다는 것은 이해할 수 없는 일이며 예도 없는 일이다. 의지는 그 행위로 인해 나에게 알려져 있다. 그 본성에 의해서가 아니다. 나는 이 의지를 동인이라 인정한다. 그런데 운동을 배출시키는 물질이라는 생각은 뚜렷이 원인이 없는 결과를 생각하는 일이다.

그것은 절대로 아무것도 이해하고 있지 않은 것이다. 어떻게 하여 나의 의지가 내 몸을 움직이나를 이해하는 것은, 어떻게 하여 나의 감각이 나의 영혼에 인상을 주는가를 이해하는 것과 마찬가지로 나로서는 이해할 수 없는 일이다. 왜 이 두 개의 신비 중에서 한쪽이 다른 쪽보다도 설명하기 쉬운 것처럼 생각되었는지 그 일조차 나는 알 수 없다. 나로서는 내가 수동적이거나 능동적인 경우에 두 개의 실체를 결부시키는 방법은 정말 이해할 수 없는 것으로 생각된다. 사람은 그 이해할 수 없는 일 자체에서 출발하여 두 개의 실체를 혼동하는데, 이것은 사실상 기묘한 일이다. 대단히 다른 성질의 영위는 두 개를 놓고 생각하기보다 한 개만을 놓고 생각하는 쪽이 보다 더 잘 설명된다는 것인가.

내가 지금 확정한 교리는 확실히 애매하다. 그러나 어쨌든 그것은 어떤 뜻을 갖고 있으며, 이성에 위배되는 일이나 관찰과 일치하지 않은 일은 하나도 없다. 유물론에 대해서도 같은 말을 할 수 있을까. 운동은 물질에 있어 본질적인 것이라면 그것은 물질과 떼어 놓을 수 없는 것이 되며, 언제나 같은 정도로 물질에 있고 물질 하나하나의 부분에도 언제나 같은 상태로 있으며, 다른 것에 전달되지 않고 늘지도 않고 줄지도 않는데다 정지하고 있는 물질이란 생각조차 할 수 없다는 것은 명백한 일이 아닌가. 운동은 물질에 있어 본질적인 것이 아니라 필연적인 것이라고 말한들 이것은 말로 속이려는 것이므로, 그 말에 좀 더 뜻이 있다면 더 쉽게 반박할 것이다. 물질의 운동이 물질 그 자체에서 생기는 것이라면 운동은 물질에 있어 본질적인 것이다. 혹시 다른 원인에서 생기는 것이라면, 외부에서 힘이 물질에 작용될 때에만 운동은 물질에 있어 필연적인 것이다. 이 두 가지 중 어느 하나가 되는 것이며, 우리는 또 최초의 곤란으로 되돌아가는 것이다.

일반적이면서 추상적인 관념은 인간의 가장 큰 잘못의 근원이다. 형이상학의 농담은 단 하나도 진리를 발견케 하지 않았고, 그것은 철학을 부조리한 일로 가득 채우고 있으나 거기서 과장된 말을 제거해 보면 사람은 그 어리석음에 부끄러움을 느낀다. 하여간 말해 줘야 할 것이다. 자연 전체에 퍼져 있는 맹목적인 힘에 대해 사람들이 자네에게 말할 때, 그것은 뭔가 올바른 관념을 자네 정신에 가져오게 할 수 있을까? 사람들은 '보편적인 힘, 필연적인 운동'이라는 막연한 말로 뭔가를 말하지만, 그것은 실제 아무 말도 하지 않는 것과 마찬가지이다. 운동의 관념은 어떤 장소에서 다른 장소로 이동한다는 관념 이외의 아무것도 아니지만 거기에는 뭔가 방향이 없는 운동은 없다. 개별적인 존재는 동시에 온갖 방향으로 움직일 수는 없다.

그렇다면 물질은 어느 방향을 향해 필연적으로 움직이는가. 모든 물질이 일체가 되어 한결같은 운동을 하는가. 아니면 낱낱의 원자가 각기 고유한 운동을 하는 것일까. 앞서 생각한 바에 의하면 우주 전체는 분할할 수 없는 단단한 덩어리를 만들게 된다. 나중에 생각한 바에 의하면 흩어져 통일성이 없는 유체로서 형성하는 데 불과하고 두 개의 원자가 결합되는 일은 절대로 있을 수 없다. 물질 전체에 공통하다는 운동은 어느 방향을 향해 이루어지게 되는

가. 그것은 직선 운동인가. 원 운동인가. 상승 운동인가. 오른쪽으로 움직이는
가. 왼쪽으로 움직이는가. 물질의 분자 하나하나가 특수한 방향을 갖는다면
그 모든 방향의 원인, 그 모든 차이의 원인은 무엇일까. 물질의 원자나 분자의
하나하나가 자기 중심의 주위를 회전할 뿐이라면 그 장소에서 빠져나갈 것은
하나도 없게 되며, 운동의 전달은 없어지고 말 것이다. 그렇지만 그 회전 운동
은 어느 방향으로든 결정돼야 한다.

추상적으로 운동을 물질에 부여하는 것은 뜻이 없는 말을 하는 것이다. 또
한정된 운동을 물질에 부여하는 것은 그 운동을 결정하고 있는 원인을 가정
하는 일이다. 수많은 특수한 힘을 생각하게 되면 수많은 미지의 원인을 설명해
야만 하는데, 그것을 지배하는 공통된 원인을 발견할 수는 없게 되는 것이다.
나로서는 모든 원소의 우연적인 협력이라는 일에는 아무런 질서도 생각할 수
없을 뿐더러 그 원소의 투쟁이라는 일조차 생각할 수 없고, 우주의 혼돈이라
는 것을 우주의 조화라는 일 이상으로 이해할 수도 없다. 세계의 구조는 인간
의 정신으로는 이해할 수 없는 것인지도 모른다. 그러나 굳이 그것을 설명한다
면 그 사람은 인간에게 이해할 수 있는 일을 말해야 할 것이다.

움직이는 물질은 어떤 의지를 나에게 제시해 주지만, 일정한 법칙에 따라 움
직이는 물질은 어떤 예지를 나에게 제시해 준다. 이것이 나의 제2의 신조이다.
행동하고 비교하고 선택하는 일은 능동적이고, 물건을 생각하는 존재자가 행
하는 일이다. 그러므로 그런 존재자가 존재하는 것이다. '어디에 존재하는 것이
보이느냐?' 자네는 물을 것이다. 그것은 회전하는 천공에만 있는 것이 아니라
우리를 비쳐 주고 있는 태양에도 존재한다. 나 자신 안에만 있는 것이 아니라
풀을 뜯는 양, 하늘을 날으는 새, 구르는 돌, 바람에 날리는 나뭇잎에도 존재
하는 것이다.

나는 세계의 목적은 알 수 없지만, 세계의 질서라는 것은 생각해 볼 수 있
다. 그 질서를 생각하는 데에는 세계의 부분을 비교해 보고, 그런 협력과 관련
을 연구하고, 그곳의 조화를 인정하면 그것으로 충분하기 때문이다. 왜 우주
는 존재하는지 나는 모르지만, 그래도 어떻게 우주는 변화하고 있는지를 알
수는 있다. 우주를 구성하고 있는 존재가 그로 인해 서로 돕고 있는 숨은 대응
관계를 인정할 수 있다는 얘기이다. 나는 마치 처음으로 시계 내부를 보고, 그
기계의 사용법도 모르고 전에 문자판을 본 일이 없더라도 그렇게 만들어진

데 대해 감탄을 금치 못하는 사람과 같다. 그런 사람은 이런 말을 할 것이다.

"나는 이 전체가 어디에 쓰이는 것인지 모른다. 그러나 각 부분이 다른 부분을 위해 만들어졌다는 것은 안다. 이런 세밀한 일을 한 직인(職人)에게 나는 감탄한다. 그리고 나는 이 톱니바퀴가 다 이런 식으로 보조를 맞춰 움직이는 것은, 내가 이해할 수 없는 어떤 공통 목적을 위해서라는 것을 확실히 안다."

개개의 목적과 수단, 그리고 온갖 종류의 질서있는 관련을 비교해 보자. 그리고 내면의 감정에 귀를 기울이기로 하자. 건전한 정신이 어째서 이 감정의 증언을 거부할 수 있겠는가. 편견으로 흐려진 눈을 갖고 있지 않다면 확실히 느껴지는 우주의 질서는 지고(至高)의 영지를 제시하는 것이 아닌가. 그리고 온갖 존재의 조화와 부분이 다른 부분을 유지해 가는 훌륭한 협력을 무시하려면 얼마나 많은 궤변을 거듭해야 할 것인가. 짝을 맞춘다든가 우연이라든가 그런 말을 하고 싶으면 실컷 해도 무방하다. 내 입을 다물게 하고도 납득시킬 수 없다면 무슨 소용인가. 그리고 나의 의지에 관계없이 사람들이 하는 말을 계속 부정하는 무의지적인 감정을 어떻게 나에게서 제거할 수 있겠는가. 유기체가 그 변함 없는 형태를 취하기 이전에 우연히 여러 가지 형태로 짝이 맞아 이루어졌다면, 처음에는 입이 없이 위(胃)만이, 머리가 없이 발만이, 팔이 없이 손만이 이루어지는 등 이런 식으로 온갖 종류의 불완전한 기관이 형성된 것인데, 그것들이 자기를 보존하지 못하고 멸망해 버렸다면 그런 실패작이 어째서 현재는 하나도 우리 눈에 띄지 않는가. 왜 자연은 처음에는 따르지 않았던 법칙을 마침내 자기에게 과하게 되었는가. 어떤 일이 가능할 경우에는 그런 일이 생겨도 나는 놀라지 않을 것이고, 여간해서 생길 것 같지 않은 일이 무수한 결부의 덕으로 생긴다 해도 놀라지 않을 것이다. 그것은 인정하자. 그러나 누구나 있는 곳에 찾아와 인쇄소의 활자가 아무렇게나 팽개쳐져 '아이네이스'를 제대로 만들었다[24] 해도 나는 그 거짓말을 조사하러 가기 위해 한 걸음이라도 내딛는 일은 없을 것이다.

무수한 결부라는 것을 자네가 잊고 있다고 사람은 말할지도 모른다. 그러나

---

*24 몽테뉴《수상록》제2권 제11장에는 에피쿠로스파를 반박하는 사람의 말로서 다음과 같은 것이 씌어 있다. '만약 원자가 우연히 그렇게 많은 형을 만들어 냈다고 한다면…… 어째서 사람은 마찬가지로 무수한 그리스 문자를 한곳에 털어놓으면 일리아스의 명문도 만들어 낼 것이라고 믿지 않는가.'

그 짝맞춤을 정말인 것처럼 하기 위해서는 그러한 결부를 얼마만큼이나 많이 생각해 봐야 하는가. 단 하나의 결부밖에 인정치 않는 나로서는 거기서 생긴 것이 우연의 결과는 아니라고 단언하고 싶다. 또한 짝맞춤이라든가 우연이라든가 하는 것은 언제나 짝 지어지는 원소와 같은 성질의 것을 만들어 낼 뿐이라는 일, 유기체와 생명이 원자의 결부에서 생기는 일은 없다는 일, 합성물을 만드는 화학자는 도가니 속의 그 합성물에서 뭔가 느끼게 하거나 생각하게 하는 일은 없다는 것*25을 생각해 봐야 할 것이다.

나는 《니우엔테이트》*26를 읽고 놀랐다. 분개했다고 해도 좋을 것이다. 왜 이 사람은 자연을 만든 자의 지혜를 증명하는 온갖 불가사의한 일에 대해 한 권의 책을 쓸 마음이 생겼을까. 그의 책이 세계와 같은 정도의 크기로 되었다 하더라도 그 주제를 완전히 다룰 수는 없었을 것이다. 거기다 세밀한 일에 관계하면 가장 큰 불가사의는, 즉 만물의 조화와의 일치는 얻을 수 없게 된다. 살아 있는 유기적인 것의 생성이라는 것만으로도 인간의 정신으로 보아서는 추측할 수 없는 일이다. 갖가지 종류의 것이 서로 혼동되지 않도록 자연이 그 사이에 만든 넘을 수 없는 울타리는 그 자연의 의도를 더없이 확실히 나타내고 있다.*27 자연은 질서를 확립하는 것만으로는 만족치 않고 아무도 그것을 발견하지 못하게 하는 확실한 수단을 취한 것이다.

우주에는 어떤 점에서 보면 다른 모든 것에서 공통된 중심으로 볼 수 없는 것은 하나도 없다. 그것을 중심으로 하여 모든 것이 질서를 이루고, 모든 것이

---

*25 증거가 없으면 인간의 부조리가 그런 점에까지 추진된다고 믿어지겠는가. 아마투스 루시타누스는 줄리우스 카밀스가 새로운 프로메테우스처럼 연금술의 지식에 의해 만들어 낸 1인치 가량의 난쟁이를 분명히 시험관 속에서 보았다고 말하고 있다. 파라켈수스(르네상스기의 유명한 스위스의 학자 1493~1541)는 《사물의 본성에 대하여》의 가운데에서 그러한 난쟁이를 만들어 내는 방법을 가르치고 소인족(小人族), 목신(牧神), 반수신(半獸神) 그리고 님프 등은 화학에 의해 산출되었다고 주장하고 있다. 실제로 그러한 사실의 가능성을 확정하는 데는, 유기물질은 불의 열에 견디며 그 분자는 용광로 안에서도 살아 있을 수 있다고 주장하는 일 외에 아직도 해야 할 일이 남아 있다는 것이 나에게는 그다지 잘 알 수 없는 것이다(원주).

*26 니우엔테이트는 네덜란드의 수학자·의사(1654~1718), 목적론자로서 당시 크나큰 영향을 미친다. 그의 《자연의 경이로 증명되는 신의 존재》(1716년)는 1725년에 프랑스어로 번역되어, 루소는 청년 시대에 이것을 읽었다.

*27 루소는 당시의 많은 사람들과 마찬가지로 종(種)의 불변성을 믿고 있었다.

서로 목적이 되며 수단이 된다. 인간의 정신은 이 무한의 관련 속에서 망연히 자기를 놓치고 있지만, 그 관련은 하나같이 전체 속에서 사라지는 일도 없고, 상실되는 일도 없다. 우연히 움직이는 물질의 맹목적인 구조에서 이 완전한 조화를 끌어내기 위해서는 얼마나 많은 부조리한 가정을 해야 할 것인가. 이 커다란 전체의 모든 부분의 관련 속에 나타나 있는 통일적인 의도를 부정하는 사람들은 추상, 배열, 일반적인 원리, 상징적인 말로 그들의 농담을 덮어 주는 것은 헛일이다. 그들이 어떤 일을 하든, 이처럼 변함없는 질서를 유지하는 존재의 체계를, 거기에 질서를 부여하는 어떤 영지를 생각하지 않고 이해한다는 것은 나로서는 불가능하다. 수동적인 죽은 물질이 물체를 느끼는 산 존재를 만들었다는 일, 맹목적인 숙명이 지적인 존재를 만들었다는 일, 생각하지 않는 것이 생각하는 존재를 만들었다는 일, 그런 일은 내 능력으로는 믿을 수 없다.

그러므로 나는 '세계는 힘차고 현명한 의지에 지배되고 있다'고 믿는다. 나에게는 그것이 보인다.

보인다기보다 그것을 느끼게 된다. 그리고 나로서는 그 일을 알 필요가 있는 것이다. 그러나 이 세계는 영원한 것일까. 아니면 언젠가 만들어진 것일까. 만물에 단 하나의 근원이라는 것이 있는 것일까. 근원은 두 가지 또는 더 많이 있는 것일까. 그리고 사물의 본성은 무엇일까. 그런 일은 나로서는 전혀 알 수 없는 일이지만 그것은 상관 없다. 그런 지식이 나에게 흥미거리가 될수록 나는 그것을 얻기 위해 노력할 것이다. 그것을 얻기까지 나의 자존심을 불안하게 하는 일은 있어도 나의 행동이 필요 없는, 나의 이성을 넘어선 곳에 있는, 아무래도 상관없는 문제에는 관계하지 않기로 한다.

나는 스스로의 생각을 가르치지 않는다는 것을 계속 상기해 주기 바란다. 나는 그것을 말하고 있다. 물질이 영원히 있는 것이든 만들어진 것이든, 어떤 수동적인 원리가 있든 없든, 어쨌든 확실한 일은 '전체는 하나의 것으로 단 한 가지 영지를 나타낸다'는 일이다. 동일한 체계 속에 질서가 잡히지 않은 것은, 그리고 동일한 목적, 즉 확립된 질서 속에 모든 것을 유지해 가는 데 협력하지 않는 것은 하나도 나의 눈에 띄지 않기 때문이다. 탐내고 행하는 일이 가능한 존재자, 그 자신이 능동적인 존재자, 즉 그것이 어떠한 것이든 우주를 움직이고 만물에 질서를 부여하는 존재자, 이 존재자를 나는 신이라고 부른다.

나는 이 명칭에 영지와 힘과 의지의 관념을 한데 묶고 또한 그 필연적인 결과인 선의 관념을 결부시킨다. 그러나 그렇게 했다고 해서 이러한 명칭을 붙인 존재자를 나는 보다 잘 알게 되는 것은 아니다. 그것은 나의 감각과 오성에도 똑같이 숨겨져 있다. 그것을 생각할수록 나는 더욱 난처하다. 그것이 존재하는 일, 그리고 그 자신에 의해 존재하는 일을 나는 아주 확실히 알고 있다. 나의 존재는 그 존재에 종속하는 일, 그리고 내가 알고 있는 모든 것도 완전히 같은 종속 상태에 있는 일을 나는 알고 있다. 나는 곳곳에서 그 행위로 신을 인정한다. 나 자신 속에서 신을 느낀다. 어디를 보나 나의 주위에는 신이 보인다. 그러나 신을 그 자신 속에 두고 바라다 보려고 하면, 그것은 어디에 있는지, 그것은 어떠한 것인지, 그 실체는 무엇인지를 알아보려고 하면, 신은 나에게서 사라져 버려 나의 정신은 혼란해지고 그만 아무것도 인정할 수 없게 된다.

무력한 자신을 깊이 느끼는 나는 나와 신과의 관계 의식을 통해 신의 본성을 논하도록 강요 당하지 않는 한 신의 본성에 대해 논하는 일은 결코 하지 않을 작정이다. 그런 논의는 반드시 자기 분수도 모르는 것이 된다. 현명한 인간이라면 그 경우 두려움을 느끼지 않을 수 없으며, 자기는 이런 일을 깊이 연구할 수 있게 태어나지 않았다는 것을 알고 있을 것이다. 신에 대한 심한 모독은 신의 일을 생각지 않는 것이 아니라 신에 대해 잘못된 생각을 하는 일이다.

신의 속성 가운데 신의 존재를 이해하는 근거가 되는 것을 발견한 뒤에 나는 자기 자신으로 돌아와 신이 지배하고 있는 사물, 그리고 내가 살펴볼 수는 있는 사물 속에서 나 자신이 어떤 지위를 차지하는가를 생각해 본다. 나는 인간이라는 종족에 속하는 것으로 틀림없이 내 자아가 제1의 지위를 차지하고 있음을 발견한다. 왜냐하면 의지와 그 의지를 실행하기 위해 사용할 수 있는 도구를 지님으로써 '나'는 어떤 것이든 자기 주위에 있는 것이 물체적인 힘만으로 '나'의 뜻을 어기고 '나'에게 작용하는 경우에 비해, 보다 더 많은 힘으로써 자기 주위에 있는 모든 것에 작용할 수 있고, 그 작용을 마음 대로 받아들일 수도 있고 피할 수도 있기 때문이며, 또 지성을 가짐으로써 '나'는 모든 것을 살펴볼 수 있는 유일한 것이기 때문이다. 인간을 제외하고 이 세상에 있는 어떤 존재가 다른 모든 것을 관찰하고 그 운동과 작용을 측정하거나 계산하거나 예상할 수 있겠는가. 그리고 이를테면 일반적 존재의 의식을 자아의 개별적 존재의 의식에 결부시킬 수 있겠는가. 나는 '나'가 모든 것을 자아에게 결부시킬 수 있는 유일한 것이라고 생각하기 때문에, 모든 것이 나를 위해 만들어졌다고 생각하는 것이 그다지 가소로운 것은 아닐 것이다.

그러므로 인간은 그가 살고 있는 지상에서 왕자라고 할 수 있다. 그는 모든 동물을 정복하고만 있는 것이 아니다. 그 산업에 의해 원소를 지배하고만 있는 것이 아니다. 지상에서 인간만이 원소를 지배할 수 있고, 또 접근할 수 없는 천체까지도 관조에 의해 자기 것으로 하고 있는 것이다. 지상에 있는 다른 동물로 불의 사용법을 알고 태양을 감탄하여 바라볼 줄 아는 동물이 있다면 가르쳐 주기 바란다. 아아, 나는 여러 가지 존재와 그 관련을 관찰하고 인식할 수 있는 것이다. 질서, 미, 덕이란 어떠한 것일까. 그것은 느낄 수 있는 것이다. 우주를 관조하고 그것을 지배하고 있는 자에게까지 자기를 높일 수 있는 것이다. 선을 좋아하고 선을 행할 수 있는 것이다. 그런데도 자기를 짐승에 비교해도 좋단 말인가. 천시할 영혼이여, 너를 짐승과 같은 것으로 만드는 것은 너의 어두운 철학인 것이다. 아니, 아무리 네가 스스로를 깔보아도 안 되는 것이다. 너의 천성은 너의 원리를 부정하고 있다. 너의 인정 많은 마음은 자신의 학설을 배신하고 있다. 그리고 너의 능력을 악용하는 일 그 자체가 네가 뭐라든 자신의 뛰어난 능력을 증명하는 것이다.*28

지지해야 할 체계를 갖지 않은 나는 심한 당파심에 끌려다니거나, 한 파의 수령이 될 명예를 원하지 않고, 신이 앉혀 준 지위에 만족하는 단순하고 정직한 인간인 나는 신 외에 인간보다 뛰어난 존재를 전혀 인정하지 않는다. 그러므로 만일 존재물의 질서 속에 자기 장소를 택해야 한다면 인간을 제외하고 무엇을 택할 수 있겠는가.

이런 생각은 나에게 자만심을 갖게 하기보다 오히려 나를 감동케 한다. 이 상태는 내가 택한 상태는 아니며, 아직 존재하지 않았던 자의 공적에 의한 것도 아니었다. 자기가 그런 뛰어난 자임을 알 때, 나는 그 명예 있는 지위를 차지하게 되는 일에 기쁨을 느끼지 않을 수 있겠는가. 또 그곳에 나를 앉혀 준 자를 축복하지 않을 수 있겠는가. 자기 자신으로 돌아가 생각해 보면 곧 나의 마음에는 조물주에 대한 감사와 축복의 감정이 생기며 이 감정에서 비로소

---

*28 이것은 엘베시우스에 대한 야유라고 생각된다. 엘베시우스는 《정신론》에서 그의 인품을 부인하는 이론을 전개하고 있다.

자비로운 신에 대한 존경심이 생긴다.

나는 지극히 높은 힘을 찬양하고 그 자비로움에 감격한다. 나에게는 누가 이런 신앙을 가르쳐 줄 필요는 없다. 자연은 나에게 그 힘을 부여한다. 우리를 지켜 주는 자를 존경하고, 우리의 행복을 바라는 자를 사랑하는 것은 자기에 대한 사랑의 당연한 결과가 아니겠는가.

그러나 다음으로 인간 속에 내가 차지하는 개인적인 지위를 알려고 인간의 갖가지 신분을 생각하고 그곳에 있는 사람들의 일을 생각할 때 나는 어떻게 되겠는가. 어떤 광경일까. 내가 보고 있던 질서는 어디에 있는가. 자연의 광경은 조화와 균형을 나타낼 뿐이었으나, 인류의 광경은 혼란과 무질서를 나타낼 뿐이었다. 자연의 모든 요소 사이에는 협조가 지배하고 있다. 그러나 인간은 혼돈 속에 있다. 동물들은 행복한데, 그 왕자만이 비참한 것이다. 아아, 지혜여, 어디에 그대의 규칙이 있느냐, 오오 섭리여, 그대는 이렇게 세계를 지배하고 있는가. 자비로운 존재자여, 그대의 힘은 어떻게 된 것인가. 나는 지상에서 악을 보고 있다.

좋은 벗이여, 자네는 믿을 수 있겠는가. 이런 어두운 고찰과 명백한 모순에서 지금까지 나의 연구에서는 얻을 수 없었던 영혼에 대한 숭고한 관념이 나의 정신 속에 만들어지게 된 것이다. 인간의 본성에 대해 깊이 생각하고, 나는 그곳에 확실히 다른 두 개의 근원적인 것이 발견된다고 생각했다. 한쪽은 인간을 높이고, 영원의 진리를 연구케 하고, 정의와 도덕적인 미를 사랑하게 하여 그 관조가 현자의 최대의 기쁨이 되는 지적인 세계로 향하게 한다. 그런데 다른 한쪽은 인간을 낮은 곳으로 자기 자신 속으로 끌어들여 관능의 지배와 그 앞잡이인 정념에 굴복시켜, 한쪽의 근원에서 생기는 감정으로 인해 인간이 느끼게 되는 것을 전부 정념으로 방해 하고 있다.

이 두 개의 상반되는 충동에 의해 질질 이끌려 괴로움을 당하는 자기를 알고 나는 이렇게 중얼대고 있었다. "그렇다. 인간은 한쪽 면만 가진 게 아니다. 나는 어떤 일을 원하면서도 원하지 않는 것이다. 나는 노예인 동시에 자유롭다고도 느끼고 있다. 나는 좋은 일을 알고 있으며, 그것을 좋아하기도 한다. 그런데도 나는 나쁜 일을 하고 있다. 나는 이성에 귀를 기울이고 있을 때는 능동적이나, 정념에 끌려다니고 있을 때는 수동적이다. 그리고 내가 굴복할 때 무엇보다도 견딜 수 없는 괴로움에 자신은 저항할 수도 있었다고 느끼는 일이다."

젊은이여, 믿고 들어야 한다. 나는 끝까지 성실하게 말할 작정이다. 양심을 편견이 만들어 낸 것이라면 확실히 나는 잘못된 것이며, 도덕이라는 것을 모르게 된다. 그러나 무엇보다도 자기를 사랑하는 일이 인간의 자연 경향이며, 특히 기본적인 정의감이 인간의 마음에 선천적으로 갖추어졌다면 인간을 단일의 존재로 생각하고 있는 사람에게 이 모순을 제거해 주기를 원한다. 그렇게 되면 나는 단 하나의 실체를 인정하기로 할 것이다.

주의해 주기 바라는 일이지만 나는 이 실체라는 말을 일반적으로 말해 어떤 근원적인 성질을 갖춘 존재를 가리키는 것으로 해독하고, 모든 특수한, 즉 2차적인 변형을 도외시한다. 그러므로 우리에게 알려진 모든 근원적인 성질이 어떤 동일한 존재 속에 통합된다면, 단 하나의 실체만을 인정하게 된다. 그러나 서로 배척하는 성질이 있다면 그 배척을 생각할 수 있는 만큼 갖가지 실체가 있는 셈이 된다. 이런 일에 대해서는 나중에 잘 생각해 주기 바란다. 나로서는 로크가 어떤 말을 하거나 물질을 확대성이 있는 것, 분할할 수 있는 것으로 인정만 한다면 물질은 물건을 생각할 수 없다는 것은 확실하다고 생각한다. 그러므로 한 사람의 철학자가 내가 있는 곳에 찾아와 "나무는 물건을 느끼고, 바위는 물건을 생각한다"는 말을 해서*29 그 교묘한 논리로 나를 난처하게 하

*29 바위는 생각하기는커녕 근대 철학은 반대로 인간은 생각하지 않는다는 것을 발견한 것처럼 생각된다. 근대 철학은 자연 가운데서 감각하는 존재밖에 인정할 수 없게 되어 있다. 그리고 인간과 돌멩이 사이에 발견되는 단 하나의 차이는 인간은 감각 인상을 가진 감각하는 존재이나 돌멩이는 감각 인상을 갖지 않은 감각하는 존재라는 데에 있다. 그러나 모든 물질은 느낀다는 것이 사실이라면 감각하는 통일체, 다시 말해서 개별적인 자아를 어디에 생각할 수가 있겠는가. 물질 하나하나의 분자 혹은 집합체 안에서인가. 그러한 통일성을 액체, 고체, 혼합물, 원소에 똑같이 인정하게 되는가. 자연에는 개별적인 것밖에 없다고 사람들은 말한다. 그러나 그러한 개별적인 것이란 어떤 것인가. 이 돌멩이는 개별적인 것인가, 아니면 개별적인 것의 집합체인가. 그것은 하나의 감각하는 존재인가, 아니면 모래알처럼 많은 감각하는 존재를 함유하고 있는가. 기본적인 원자 하나하나가 감각하는 존재라면, 어떤 사람이 다른 사람 속에 자신을 느끼고 그 두 개의 자아가 하나로 합쳐지는 그 내면적인 교감이 어떻게 나에게 생각되는가. 인력은 우리가 그 비밀을 알지 못하는 하나의 자연법칙인지도 모른다. 그러나 우리는 적어도 인력은 질량에 따라 작용하며 공간 및 분할 가능성과 양립하지 않는 것을 아무것도 갖지 않는다고 이해하고 있다. 감정에 대해서도 그대들은 같은 것을 생각하고 있는가. 느낄 수 있는 부분에는 간격이 있다. 그러나 감각하는 존재는 분할할 수 없는 하나의 것이다. 그것은 전체든가 무(無)이다. 감각하는 존재는 그러므로 물체가 아니다. 유물론자가 그것을 어떻게 이해하고 있는지 나는 모르지만 그들에게 사유를 부정시키는 어려움과 마찬가지로 감정도 부정시켜야 한다고 생각된다. 그리고 첫걸

려 해도 그것은 헛일이다. 나는 그 철학자에게서 성의 없는 궤변자를 발견할 뿐이다. 그런 철학자는 인간에게 영혼을 주기보다 돌멩이에 감정을 주려고 하는 것이다.

한 사람의 귀머거리가 소리를 귀에 느낀 일이 없으므로 음의 존재를 부정한다고 하자. 나는 그의 눈 앞에 한 개의 현악기를 놓고 그의 눈에 보이지 않는 또 하나의 도구로 같은 음을 울린다. 귀머거리는 현의 진동을 본다. 나는 그에게 그것을 진동시킨 것은 '음'이라고 한다. 귀머거리는 대답한다. "그럴리 없다. 현이 진동하는 원인은 현 그 자체에 있다. 이렇게 진동하는 것은 모든 물체에 공통된 성질이다." 그러면 나는 이렇게 말한다. "그럼 다른 물체로 이런 진동을 보여 달라. 아니면 하여간 이 현으로 진동의 원인을 제시해 달라." 귀머거리는 또 대답한다. "그것은 안 된다. 그러나 이 현이 왜 진동하는지 모른다고 해서 내가 아무 관념도 갖지 않은, 소위 당신이 말하는 '음'이라는 것으로 그것을 설명할 필요가 어디 있는가. 그것은 까닭 모를 사실을 더욱 까닭 모를 원인으로 설명하는 일이다. 소위 당신이 말하는 '음'을 내가 느낄 수 있도록 해주기 바란다. 아니면 나는 그런 것은 존재하지 않는다고 말하겠다."

사고와 인간 정신의 본성에 대해 생각할수록 유물론자의 생각은 이 귀머거리와 흡사하다는 것을 나는 더 잘 알고 있다. 사실상 유물론자에겐 도저히 귀를 기울이지 않고는 못배길 그런 투로, 내면에서 이렇게 외치는 소리가 들리지 않는 것이다. '기계는 물건을 생각지 않는다. 반성을 자아 내는 운동과 형상은 없다. 너의 내부에 있는 그 무엇이 그것을 묶어 놓은 밧줄을 끊으려는 것이다. 공간은 너를 재는 자가 되지는 못한다. 우주 전체도 너에게는 그다지 큰 것이 아니다. 너의 감정, 너의 욕구, 너의 불안, 너의 거만함 그 자체마저 네가 연결되었다고 느끼는 그 답답한 육체와는 다른 근원을 갖는 것이다.'

물질적인 존재는 결코 저절로 행동하지 않지만 나는 스스로 행동한다. 사람이 아무리 부정하려 해도 나는 그렇게 느끼고 있고, 나에게 말을 붙이는 이 느낌은 거기 반대하는 논리보다 강하다. 나에게는 몸이 있어 그 몸에 다른 물체가 작용한다. 나의 몸도 그 물체에 작용한다. 이 상호작용은 의심할 수가 없

음을 내디뎠으면서 어째서 그들은 앞으로 나아가지 않는지 나로선 알 수 없다. 그렇게 했다 해도 더 괴롭게 되지는 않을 것이다. 그리고 그들 자신은 생각하고 있지 않다고 확신하고 있는데 어째서 느끼고 있는 것을 굳이 긍정하는가(원주).

다. 그러나 나의 의지는 나의 감각에서 독립했다. 나는 동의하거나 저항한다. 굴복하거나 극복한다. 그러나 나는 내가 하고자 한 일을 하고 있을 때도, 자기 정념에 굴복해서 뭔가를 하고 있는 데 불과할 때도 그것을 완전히 의식하고 있다. 나에게는 늘 뭔가 욕구하는 힘은 있으나, 그것을 실행하는 힘은 있다고 장담할 수 없다. 유혹에 질 경우, 나는 외부의 힘에 의해 움직이고 있다. 그런 약함을 스스로에게 나무랄 때는 자기 의지에만 귀를 기울이고 있다. 나는 나쁜 일을 하고 있을 때는 노예지만, 후회하고 있을 때는 자유로운 인간이다. 나는 자유롭다는 느낌이 나의 속에서 사라져 가는 것은 내가 타락할 때 육체의 규칙에 대해 영혼이 비난의 소리를 지르는 것을 끝내 다물게 해버렸을 때뿐이다.

내가 의지라는 것을 알고 있는 것은 자신의 의지를 느끼고 있기 때문이다. 게다가 오성이라는 것도 나에게 가장 잘 알려져 있는 셈은 아니다. "어떤 원인이 나의 의지를 결정하느냐?" 묻는다면 나는 이렇게 반문할 것이다. "어떤 원인이 나의 판단을 결정하는가?" 이 두 가지 원인이 결국 하나라는 것은 뻔한 일이다. 그리고 인간이 그 판단에 있어 능동적이라는 일, 인간의 오성이란 비교하거나 판단하는 힘에 불과하다는 것을 잘 이해하면 인간의 자유란 그와 똑같은 힘에 불과하다는 것, 아니면 거기서 파생되고 있음을 알게 될 것이다. 인간은 진실을 판단했을 때 좋은 일을 택하고, 판단을 잘못하면 선택을 잘못하게 된다. 그러면 인간의 의지를 결정하는 원인은 무엇인가? 그것은 그의 판단이다. 그럼 판단을 결정하는 원인은 무엇인가? 그것은 그의 능력이며, 판단하는 힘이다. 결정하는 원인은 인간의 지적 수준에 있다. 그 이상이 되면 나는 아무것도 모르게 된다.

확실히 나로서 좋은 일을 원하지 않는다는 것은 내 마음대로 되지 않는다. 그리고 나쁜 일을 원하는 일도 내 마음대로 되지 않는다. 그러나 나에게 적합한 일, 또는 그렇게 생각되는 일 외에는 원할 수 없다는 일, 나의 외부에 있는 어떤 것으로도 결정되는 일 없이 그렇게 하는 일, 바로 그런 곳에 나의 자유가 있는 것이다. 그렇다면 나는 나와는 다른 사람이 되는 일도 마음대로 할 수 없으므로 자신의 지배자가 아니라는 셈인가?

모든 행동의 근원은 자유로운 존재자의 의지에 있다. 거기서 앞으로 거슬러 올라갈 수는 없을 것이다. 전혀 뜻이 없는 것은 자유라는 말이 아니라 필연적인 말이다. 능동적인 근원에서 생기는 것이 아닌 어떤 행위, 어떤 결과를 가정하는 것은 원인이 없는 결과를 가정하는 데 불과하다. 그것은 악순환에 빠져드는 일이다. 최초의 충동은 존재하지 않거나 그에 앞선 어떤 원인도 갖지 않든가 둘 중 하나이며, 자유가 없으면 참된 의지는 없는 것이다. 인간은 그러므로 그 행동에 있어 자유로운 것이며, 자유로운 자로서 비물질적인 실체에 의해 생명을 받는 것이다. 이것이 나의 세 번째 신조이다.*30 일일이 손꼽아 보지 않더라도 자네는 지금까지 든 세 가지 기본적인 신조에서 그 밖의 나의 모든 신조를 쉽게 끌어낼 수 있을 것이다.

인간은 능동적이고 자유로우면 스스로 행동한다. 인간이 자유롭게 행하는 일은 모두 섭리에 의해 정해진 체계 속에는 들어가지 않으며, 섭리 탓으로 돌릴 수는 없는 것이다. 신은 인간이 부여받는 자유를 남용하여 나쁜 짓을 하는 것을 바라지 않는다. 그러나 신은 인간이 나쁜 짓을 하는 것을 막지는 않는다. 그것은 어쩌면 인간과 같은 무력한 존재가 하는 일이므로, 그 악을 신의 눈으로 보면 무의미한 것으로 보이기 때문인지도 모르며, 또는 그것을 막으면 인간의 자유를 구속하여 더 큰 악을 가져오며 인간의 본성을 더욱 타락시키게 된다고 보기 때문인지도 모른다. 신은 인간이 스스로 선택하여 나쁜 일이 아닌 좋은 일을 하도록 자유롭게 한 것이다. 신은 인간에게 여러 가지 능력을 주어 그것을 올바르게 사용함으로써 선택할 수 있는 상태에 인간을 놓아 두고 있다.

그러나 신은 인간의 힘을 극히 한정된 것으로 하기 때문에 자유를 악용하는 여지를 남겼다 하더라도 그것은 전체의 질서를 혼란시키지 않는다. 인간이 행하는 악은 인간에게로 되돌아오나 세계의 조직을 전혀 변화시키는 일은 없으며, 싫든 좋든 인류 그 자체의 존속을 막지는 않는다. 나쁜 일을 못하도록 막아 주지 않는다고 인간을 고귀하게 만드는 도덕성, 미덕에 대한 권리, 신이 인간에게 뛰어난 본성을 가지게 한 일에 대해 불평을 하는 것이다. 최고의 즐거움은 자기 자신에 만족하는 일에 있다. 우리가 지상에서 자유를 부여받는 것은, 정념에 유혹되면서도 양심에 사로 잡히는 것은 그런 만족감을 즐길 수

---

*30 이상 세 가지 신조를 요약하면 ① 그 어떤 의지를 갖는 존재(신)가 물질 세계를 움직이고 있다. ② 신의 영지(英知)는 세계의 운동에 일정한 질서를 주고 있다. ③ 인간에게는 행동의 자유가 있고 따라서 인간의 혼은 물질과는 다른 본질을 갖는다.

있는 자가 되기 위해서이다. 신의 힘으로써도 우리를 위해 그 이상의 것이 가능했을까. 우리 본성 안에 모순을 두면서도 나쁜 일을 하는 능력을 갖지 않은 자에게 좋은 일을 했다고 상을 줄 수 있을까. 도대체 인간이 사악한 자가 되지 않도록 하기 위해 인간에게 본능만을 주어 짐승으로 할 필요가 있었단 말인가. 아니 나의 영혼의 신이여, 당신과 마찬가지로 내가 자유롭고 선량하고 행복한 자가 될 수 있도록 나의 영혼을 당신 모습과 흡사하게 만든 일에 대해 나는 결코 당신을 나무라지는 않을 것이다.

우리가 비참한 자가 되고 나쁜 사람이 되는 것은 우리의 능력을 잘못 사용하기 때문이다. 우리의 슬픔, 근심, 괴로움은 우리 자신에게서 생겨난다. 정신적인 악은 두말할 것도 없이 우리가 만들어 내는 것이지만, 육체적인 악도 우리에게 그것을 괴롭게 느끼게 하는 우리의 부도덕이 없으면 전혀 고통이 될리도 없다. 자연이 우리에게 많은 필요를 느끼게 하는 것은 우리 몸을 지키기 위해서가 아니겠는가. 몸의 아픔은 몸의 상태가 정상적이 아닌 표시, 그 비정상적인 상태를 고치라는 경고가 아니겠는가. 죽음과 악인들은 그들 자신의 생활과 우리 생활을 해치는 것이 아니겠는가. 영원히 살고 싶다고 생각하는 자가 어디 있겠는가. 죽음이란 인간들이 스스로 만들어 낸 병을 고치는 약인 것이다. 자연은 인간들이 언제까지나 고통을 견뎌내기를 원하지 않았다. 그러나 원시적이고 단순한 생활을 하는 인간에게는 괴로움을 겪는 일이 얼마나 드문 일인지 모른다. 그런 인간은 거의 병을 앓는 일도 없고, 정념도 느끼지 않는 채 살고 있으며, 죽음을 예감하는 일도 없고 느끼는 일도 없다. 그것을 느낄 때에는 그의 비참한 상태가 죽음을 고마운 것으로 느끼게 한다. 그에게 죽음은 불행이 아니다. 있는 그대로를 만족하면, 우리는 자신의 운명을 한탄하는 일은 없을 것이다. 그런데 우리는 공상적인 행복을 구하여 갖가지 현실의 불행을 초래하고 있다. 순간의 괴로움도 참지 못하는 자는 많은 괴로움을 당할 일을 각오해야 한다. 인간은 불규칙적인 생활로 몸을 해치면 약으로 건강을 회복하려고 한다. 지금 느끼고 있는 괴로움에 앞일을 걱정하여 괴로움을 더하게 된다. 죽음의 예상은 죽음을 두려운 것으로 느끼게 하고 그것을 빨리 오게 한다. 죽음을 피하고자 할수록 더 몸 가까이 죽음을 느끼게 된다. 이리하여 인간은 일생 자연에 위배된 일을 하여 자신이 초래한 악을 자연 탓으로 돌리고, 불평하며, 두려움 때문에 죽어가는 것이다.

인간이여, 악을 가져오는 자를 더 찾을 필요는 없다. 악을 가져오는 자, 그것은 인간 자신인 것이다. 인간이 행하고 있는 악, 또는 인간이 괴로워하고 있는 악 외에는 악은 존재하지 않으며 그런 악은 모두 인간 자신으로부터 생겨나는 것이다. 전반적인 악은 무질서한 상태 속에만 있는 것이지만, 나는 세계의 체계로 변하지 않는 질서를 보고 있다. 개개의 악은 악에 괴로워하는 존재의 감정에만 있는 것이지만, 이 감정은 인간이 자연으로부터 물려받은 것이 아니라 인간이 스스로 자기에게 준 것이다. 그다지 욕망에 구애되지 않고, 추억도, 앞으로의 일도 갖지 않는 자에겐 고통도 거의 영향을 미치지 않는다. 우리의 불길한 진보를 그만두고, 우리의 방황과 부도덕을 새롭게 하고, 인간이 만든 것을 버리면 모든 것이 순조롭게 되는 것이다.

모든 것이 잘 되는 곳에는 부정한 일은 하나도 없다. 정의는 선과 떼어 놓을 수 없는 것이다. 그러므로 선은 어떤 무한의 힘과 자기를 의식하는 모든 존재에 본질적인 자기에 대한 사랑과의 필연적인 결과다. 모든 일을 할 수 있는 자는 이를테면 그 존재를 많은 것의 존재와 함께 확대한다. 생산하고 유지하는 일은 힘의 끊임없는 행위다. 그 힘이 없는 곳에는 작용하지 않는다. 신은 죽은 자에게는 신이 아니다. 신은 자기를 손상하는 일 없이는 파괴자가 되고 나쁜 자가 되지는 않는다. 모든 일을 할 수 있는 사람은 좋은 일밖에는 탐내지 않는다.*31 그러므로 더없이 힘 있는 자로서 더없이 선한 존재가 되기도 할 것이다. 그렇지 않으면 그는 모순에 빠져들게 된다. 질서를 낳게 하는 질서에 대한 사랑이 선이라 불리고, 질서를 유지해 가는 질서에 대한 사랑이 정의라고 불리는 것이다.

사람들은 말한다. "신은 자기가 만든 자에 대해 아무런 의무도 지지 않는다." 나는 '신은 그들에게 존재를 부여했을 때 약속한 모든 일에 대해 그들에 대한 의무를 지고 있는 것'이라 생각한다. 그런데 신은 선의 관념을 그들에게 주어 그 필요를 느끼게 하기 때문에 선을 약속하는 것이다. 자신의 내부를 살펴볼수록, 자기 마음에 물어볼수록 나에게는 나의 영혼에 표시되어 있는 '바르게

＊31 고대인은 지고(至高)한 신을 옵티무스 막시무스(최대의 선)라고 하는데 그들이 그렇게 말하는 것은 매우 옳다. 그러나 막시무스 옵티무스(선한 최대의 자)라고 했다면 더 정확하게 말한 것이 되었을 것이다. 신의 선성(善性)은 그 힘에서 생기는 것이므로 신은 위대하기 때문에 선한 자인 것이다(원주).

살아라, 그러면 너는 행복해진다'라는 말을 더욱 뚜렷이 알아차릴 수 있다. 그래도 현실 상태를 보면 그런 일은 전혀 없다. 악인은 번성하며, 올바른 사람은 늘 박해를 받고 있다. 그러기에 기대가 어긋났을 때 얼마나 격심한 분노가 우리 마음속에 불타오르는지 모른다. 양심은 자기를 만들어 준 자에게 반항하여 대들고 불평을 말한다. 양심은 신음 소리를 내면서 그 자를 향해 외친다. "당신은 나를 속였다!"

"내가 너를 속였다고! 분수도 모르는 자여, 누가 그렇게 말하는 것인가. 너의 영혼은 멸망한 것인가. 너는 존재하지 않게 된 것인가. 아아, 브루투스. 아아, 나의 자식이여, 너의 고귀한 생명을 끊음으로써 그것을 해쳐서는 안 된다. 너의 희망과 명예를 너의 육체와 함께 필립피의 들판에 버려서는 안 된다. 너는 왜 '미덕은 아무 뜻도 없는 것이다' 말하는가. 너는 앞으로 미덕의 보답을 받으려고 하고 있는데, 자기는 죽어 간다고 너는 생각하고 있다. 그런 일은 없다. 너는 영원히 살게 될 것이다. 그리고 나는 너에게 했던 모든 약속을 지킬 것이다."

인내심이 부족한 인간이 불평을 하는 것을 들으면, 신은 아직 공적도 없는 그들에게 상을 줘야 한다. 그들의 미덕에 대해 선불을 해야 한다는 형편에 처할 것 같다. 아아, 우선 선량한 인간이 되자. 그리고 행복해지자. 승리에 앞서 포상을 요구하거나, 일하기에 앞서 보수를 원하는 일은 하지 말자. 플루타르코스는 말한다. "우리의 신성한 경기에서 승리자가 영광을 얻게 되는 것은 경주로 안에서가 아니다. 경주로를 다 달리고 난 뒤이다."

영혼이 비물질적인 것이라면 그것은 육체가 멸망한 뒤에도 살아 남게 되며, 영혼이 육체가 멸망한 뒤에도 살아남는 것이라면 섭리의 올바름은 증명된다. 이 영혼의 비물질성이란 점에 대해서는 이 세상의 '악인의 승리'와 '올바른 사람의 박해'라는 일 외에 내가 증거를 지니지 않았다 한들, 그것만으로도 나는 의심을 가질 생각은 들지 않을 것이다. 우주의 조화에서 볼 수 있는 그런 화나는 부조화는 나에게 그 설명을 요구하게 할 것이다. 나는 이렇게 생각할 것이다. '우리에게는 모든 것이 현세와 함께 끝나는 것은 아니다. 죽음에 의해 모든 것은 재차 질서를 회복하는 것이다.'

솔직히 말해 '인간이 느끼는 모든 것이 상실되었을 때 인간은 어디에 있게 될 것인가?' 이런 생각에 나는 당황할 것이다. 그러나 이 문제도 두 가지 실체를 인정한 나로서는 어려운 일이 아니다. 나는 육체적인 생활을 하고 있는 동안 감관에 의하지 않고는 아무것도 인정되지 않으므로, 감관의 힘이 미치지 않는 것은 내가 얻지 못함이 당연한 노릇이다. 육체와 영혼의 결합이 깨어질 때 육체는 분해되고 영혼은 보존된다고 나는 생각한다. 육체의 파괴가 영혼의 파괴를 가져오는 일이 어떻게 있을 수 있겠는가. 그럴 수는 없다. 이 두 가지 것은 전혀 다른 성질의 것으로, 그 결합으로 인해 견딜 수 없는 상태에 있었던 것이다. 그러므로 그 결합이 깨어지면 두 가지가 다 자연의 상태로 돌아간다. 능동적으로 살아 있는 실체는 수동적으로 죽은 실체를 움직이는 데 사용하던 힘을 완전히 회복하는 것이다. 아! 슬프게도 나는 스스로의 부도덕으로 인해 충분히 느끼고 있다. 인간은 살아 있는 동안은 반밖에 살아 있지 않다는 일, 그리고 영혼의 생활은 육체의 죽음을 기다렸다 시작한다는 점을.

그러나 영혼의 생활이란 어떤 것인가. 또 영혼은 그 본성으로 보아 불멸의 것인가.[*32] 나의 한정된 오성은 한계가 없는 것을 전혀 생각할 수 없다. 무한이라 불리는 편은 모두 나에게는 잡히지 않는 것이다. 내가 무엇을 부정하고 긍정할 수 있겠는가. 나는 영혼은 육체 뒤에 살아 남음으로써 질서가 유지된다고 믿는다. 그러나 영혼이 언제까지나 살아 있는지 아닌지를 누가 알겠는가. 그래도 나는 어떻게 육체가 쓰이며, 어떻게 그 부분이 분해되어 파괴되어 가는가를 이해하고 있다. 그러나 나로서는 생각하는 존재에 대해서는 그와 같은 파괴 작용을 이해할 수는 없다. 그리고 그런 존재가 어떻게 죽어가는가를 생각할 수 없는 나는, 그것은 죽지 않는 것이라고 추측한다.

이 추측은 나를 위로해 주고 거기에는 아무런 부조리한 일도 없는데, 내가 그렇게 믿는 일에 두려워할 일이 무엇이겠는가.

나는 스스로의 영혼을 느끼고 있다. 감정과 사고로써 그것을 알고 있다. 나는 그것이 존재함을 알고 있으나 그 본질이 어떤 것인가는 모른다. 나는 내가 갖지 않은 관념에 대해 추론할 수는 없다. 내가 잘 알고 있는 일은 나의 동일성이 기억에 의해서만 유지된다는 일, 그리고 실제로 동일한 것이 되려면 나는 전에도 있었던 일을 생각해 낼 필요가 있다는 점이다. 그런데 내가 죽은 뒤, 살아 있었던 동안의 '나'는 어떠한 것이었나를 떠올린다면 내가 느낀 일, 따라

[*32] 이본—참조한 전집판에서는 다음에 '나로선 알 수가 없다'는 글이 들어간다.

서 또 내가 한 일도 생각하게 될 것이며, 나는 그런 추억이 언젠가는 선인의 기쁨과 악인의 괴로움이 될 것을 의심치 않는다. 이 세상에는 갖가지 심한 정념이 내면의 감정을 흡수하여 후회하는 마음을 현혹케 해버린다. 미덕의 실천이 초래하는 굴욕과 불행은 미덕의 모든 매력을 느끼는 일을 방해하고 있다. 그러나 육체와 관능이 우리에게 품게 하는 환상에서 해방되어 가장 높은 존재자와 그곳에서 흘러 나오는 영원한 진리를 바라보는 기쁨에 우리가 잠길 때, 질서의 아름다움이 우리들 영혼의 힘에 뚜렷이 느껴질 때, 전부터 했던 일과 하지 않으면 안 되었던 일을 비교해 보는 일만을 우리가 생각할 때, 그때야말로 양심의 목소리는 그 힘과 권위를 회복하게 된다.

그때야말로 자기에 대한 만족감에서 생기는 순수한 즐거움과 비천한 일을 했다는 쓸쓸한 후회심이라 할 수 없는 감정이 의해, 각자가 자기가 만들어 낸 운명을 구별하는 것이 된다. 아아, 좋은 벗이여, 그 밖에도 무엇이 행복과 괴로움의 원천이 되는지를 묻지 말기 바란다. 그것은 나로서는 알 수 없는 일이다. 그러나 내가 생각하는 일만으로 나는 충분히 이 인생에 위안을 발견하고 저세상의 생활에 기대를 걸 수 있다. 선인은 상을 받을 수 있으리라는 말도 나는 하지 않는다. 스스로의 본성에 따라 존재한다는 일 외에 어떤 행복의 뛰어난 존재를 기대할 수 있겠는가. 다만 나는 '선인은 행복해질 것이다'라는 말을 해 둔다. 그들을 만든 자와 모든 정의를 행한 자는 그들을 느끼기 잘 하는 자로 만들었지만 괴롭히기 위해 만든 것은 아니다. 그리고 그들은 지상에서 그들의 자유를 악용하는 일이 없으며, 잘못으로 그들의 사명을 배신하는 일은 하지 않았다. 더구나 그들은 이 세상에서 괴로워하고 있었다. 그러므로 저세상에서 보답을 받는 것이다. 이 생각은 인간의 가치에 입각해 있다기보다 오히려 신의 본질과 분리할 수 없는 것으로 생각되는 선성(善性)의 관념에 입각해 있다. 내가 여기서 가정하고 있는 것은 질서의 규칙이 지켜진다는 일, 그리고 신이 언제까지나 변함없는 존재라는 점, 다만 그것뿐이다.*33

악인이 받는 벌이 영구적인 것인지 아닌지*34도 묻지 말기 바란다. 그것도

---

*33 '우리를 위해서가 아니라, 우리를 위함이 아니라, 주여, 다만 주의 이름을 위하여, 다만 주 자신의 명예를 위하여, 아아, 신이여, 우리를 소생케 하소서.'(구약 《시편》 15)(원주).

*34 이본—마찬가지로 전집판에서는 이하 다음의 글이 들어간다. '또 그들을 언제까지나 괴로워하는 상태로 밀어 넣는 것은 그들을 만든 자의 선성(善性)과 일치하는가 어떤가……'

나로서는 모르는 일이며, 거기다 나는 무익한 문제를 확실히 해야겠다는 헛된 호기심도 갖지 않는다. 악인은 어떻게 되느냐 하는 일이 나에게 무슨 상관이 겠는가. 나는 그들의 운명에 대해서 거의 관심을 갖지 않는다. 그렇다 해도 그들이 끝없는 괴로움을 받게 된다는 일은 믿기 어려운 일이다. 지극히 높은 정의가 보복을 하려 했으면 이 세상에서 벌써 보복을 했을 것이다. "아아, 많은 나라의 백성들이여, 너희와 너희 과오는 그 일에 도움이 되고 있는 것이다. 지극히 높은 정의는 너희가 서로 행하고 있는 악을 사용해서 그 악을 초래한 죄를 벌하고 있는 것이다. 선망의 마음·탐욕·야심을 침식당한 지칠 줄 모르는 너희 마음속에서 거짓된 성공이 한참 무르익어 가는 곳에서까지도 복수심에 불타는 정념은 너희 악행에 벌을 주고 있는 것이다. 지옥을 찾아 저세상에 갈 필요가 있겠는가. 지옥은 이미 이 세상에서 악인의 마음속에 존재하는 것이다."

우리의 육체적인 필요를 느끼지 않게 되면, 우리의 무분별한 욕망을 느끼지 않게 되면 우리의 정념과 죄도 없어질 것이다. 순수한 정신에 어떤 부정을 행할 수 있겠는가. 아무것도 필요로 하지 않는 데 어떻게 사악해질 필요가 있겠는가. 우리의 조잡한 감각을 잃고 모든 행복을 존재의 관조 속에서 발견한다면 정신은 좋은 일만 요구할 수 없게 된다. 그리고 사악해지지 않은 자가 영원히 비참한 자일 수 있을까. 이것이 나의 믿음이지만 이런 일에 대해 나는 확실한 생각을 갖고 싶지 않다.

아아, 관대하고 자비로운 존재자여, 당신이 어떤 일을 명령하더라도 나는 그 앞에 무릎을 꿇는다. 당신이 악인을 영원히 벌한다면, 나는 당신의 정의 앞에 나의 무력한 논리를 버린다. 그러나 그러한 불행한 사람들의 회한이 시간과 함께 사라져 버린다면, 그들의 괴로움에는 끝이 있다면, 언젠가는 우리 모두에게 편안한 마음이 주어진다, 나는 당신을 찬양한다. 악인은 나의 형제가 아니겠는가. 나는 몇 번이나 그와 똑같은 자가 되려고 했는지 모른다. 원하건대 그가 비참함에서 해방되어 거기에 따르는 사악한 마음도 상실했으면 한다. 나와 마찬가지로 행복해지기 바란다. 그의 행복은 나에게 질투를 느끼게 하기는커녕 나의 행복을 크게 할 뿐이다.

이리하여 그 업적 속에 신을 바라보고, 내가 알 필요가 있었던 그 속성을 통해 신을 연상하고, 나는 이 무한한 존재에 대해 얻고 있던 관념, 처음에는 불완전한 한정된 관념을 차차로 넓히기에 이르렀다. 이 관념은 더욱 고귀하고 위대해 졌지만, 그만큼 인간의 이성에는 어울리지 않는 것이 되었다. 정신적으로 영원한 빛에 접근해 갈수록 나는 그 빛에 눈이 어두워 머리가 혼란해지고, 그것을 생각함에 있어 나를 도와 준 모든 지상적인 관념을 버려야만 했다.

신은 형태를 지니거나 감각적인 것이 아니다. 나의 정신을 높이고 괴롭혀서 그 본질*35을 이해하고자 해도 헛일인 것이다. 그 영지야말로 살아 있는 능동적인 실체와 생기를 부여받은 육체를 지배하는 것에 대해 생명과 활동력을 부여하는 것이라고 생각 할 때 나의 영혼은 영적인 것이지만, 누가 신은 하나의 영이라고 말한다면 나는 신의 본질에 대한 모독에 분개한다. 그렇다면 신과 나의 영혼은 같은 성질이 될 것이다. 그렇다면 신은 유일한 절대적인 존재, 참으로 능동적인 유일한 자이며, 그 자신의 힘에 의해 느끼고 생각하고 욕구하기도 한다. 그리고 우리는 거기서 생각, 감정, 활동력, 의지, 자유, 존재를 받고 있다고 할 수는 없지 않겠는가.

우리가 자유로운 것은 신이 그렇게 되기를 바라고 있기 때문이다. 설명할 수 없는 신의 실체와 우리 영혼과의 관계는 우리 영혼과 육체와의 관계와 똑같다. 신이 물질, 물체, 정신, 세계를 만들었다 해도 그에 대해서는 나는 아무것도 모른다. 창조라는 관념은 나를 난처하게 하고 나의 능력을 초월하고 있으므로, 나는 내가 이해할 수 있는 것까지만 그것을 믿고 있다. 그러나 나는 신이 우주와 존재하는 모든 것을 형성한 일과, 모든 것을 만들고 모든 것에 질서를 부여한 일을 알고 있다. 어김없이 신은 영원히 존재한다. 그러나 나의 정신에 영원이라는 관념이 포착되겠는가. 왜 관념을 수반하지 않은 말을 멋대로 쓰는가. 나에게 생각되는 일, 그것은 신이 만물에 앞서 존재한다는 일, 만물이 존속하는 한 신이 존재한다는 일, 그리고 모든 것이 언젠가 종말을 고하게 된 뒤로도 여전히 신이 존재할 것이라는 일이다. 나로서는 이해할 수 없는 어떤 존재자가 다른 것에 대해 존재를 부여한다는 일, 이것은 단지 애매하고 이해할 수 없는 일에 불과하다. 그러나 존재와 허무가 저절로 서로 교체된다는 일, 이것은 너무도 잘 아는 모순이다. 틀림없이 부조리한 일이다.

신은 총명하다. 그러나 어떻게 총명한가. 인간은 추론을 행할 때 지성을 사

---

*35 이본—전집판에서는 '이해하기 힘든 그 본질.'

용하나, 보다 높은 영지는 추론을 행할 필요가 없다. 거기에는 전제도, 귀결도 소용 없다. 명제도 필요치 않다. 그것은 순수하고 직관적으로 존재하는 모든 것과, 존재할 수 있는 모든 것을 똑같이 내다보는 것이다. 보다 높은 영지에 대해서는 모든 진리는 단지 하나의 관념에 지나지 않으며, 모든 장소도 한 점에 불과하고, 모든 때도 한 순간에 불과한 것이다. 인간의 능력은 수단을 기다렸다 발휘된다. 신의 힘은 그 자체로써 움직인다. 신은 하고자 하면 할 수 있다. 그 의지는 힘이 된다. 신은 선한 자이다. 이보다 더 명백한 일은 없다. 그러나 인간의 선이란 자기와 같은 인간에 대한 사랑인데, 신의 선이란 질서에 대한 사랑이다. 질서로 인해 신은 존재하는 것을 유지하고 개개의 부분을 전체에 결부시키고 있다. 신은 올바르다. 나는 그것을 확신한다. 그것은 신이 선한 자로서의 한 결과이다. 인간의 부정은 인간이 만들어 내는 것이지, 신이 만들어 내는 것은 아니다. 도덕적인 무질서는 철학자의 눈으로 보면 섭리의 반증이 되지만, 나의 눈으로 보면 섭리를 증명하고 있는 데 불과하다. 그러나 인간의 정의는 각자에 속하는 것을 각자에게 부여하는 데 있으나, 신의 정의는 신이 각자에게 부여하는 데 대해 각자의 책임을 묻는 것이 된다.

이리하여 내가 절대적인 관념을 전혀 갖지 않는 그 속성을 계속 발견해 가더라도, 그것은 필연적인 귀결에 의한 것이며 나의 이성을 유효하게 사용함으로써 이루어지는 것이다. 그러나 나는 그 속성을 긍정해도 이해하고 있지는 않으므로, 결국 이것은 아무것도 긍정하지 않는 것과 같다. 신은 이러한 것이다. 나는 그렇게 믿고 있다. 그것을 자신에게 증명한다고 한들 별 수 없는 일이다. 어째서 신은 그런 것인지 내가 보다 잘 이해하고 있는 셈은 못 된다.

하여간 신의 무한한 본질을 쳐다보려고 노력할수록 나는 점점 그것을 모르게 된다. 그러나 그것은 존재한다. 나는 그것으로 충분하다. 이해되지 않을수록 점점 나는 신을 존경한다. 나는 겸손하게 신을 향해 말한다. "높으신 존재자여, 당신의 일을 생각하는 것은 나의 원천에 나를 높이는 일이다. 나의 이성을 가장 적절하게 사용하는 법은, 당신 앞에 자기를 헛되이 하는 일이다. 거기에는 정신적인 황홀이 있다. 자기의 나약함, 당신의 위대함에 압도된 자기를 느낌으로써 생기는 매력이 있다."

이리하여 감각적인 사물의 인상과, 나의 타고난 이성의 빛에 의해 원인을 판단케 하는 내면의 감정으로부터 내가 알 필요가 있었던 주가 되는 진리를 끌어낸 뒤, 나는 거기서 자기 행동을 위해 어떤 격률을 끌어내야만 하는가. 또 나를 지상에 있게 한 자의 의도에 따라 이 세상에서 나의 사명을 이행하려면 어떤 규칙을 스스로에게 과해야 하는가를 탐구하는 일이 남아 있다. 여기서도 나의 방법에 따라 나는 그 규칙을 고상한 철학의 원리에서 끌어 내지 않고, 그 것이 자기 마음속에 지울 수 없는 글씨로 표시되어 있음을 발견한다. 나는 자 기가 하고 싶다고 생각하는 일에 대해 스스로의 마음에 묻기만 하면 된다. 내 가 좋다고 느끼는 일은 모두 좋은 일인 것이다. 나쁘다고 느끼고 있는 일은 모 두 나쁜 일인 것이다. 가장 뛰어난 결의론자는 양심인 것이다. 그리고 우리가 미묘한 추론에 도움을 요구하는 것은 양심을 속이려고 할 때뿐인 것이다.

무엇보다도 우선 마음을 사용해야 할 일은 자기 자신의 일이다. 그러나 타 인에게 해를 끼쳐 자기에게 유리한 일을 하고 있을 때, 우리는 나쁜 일을 하고 있는 것이라고 내면의 소리가 속삭이는 일이 얼마나 있는지 모른다. 우리는 자 연의 충동에 따르고 있다고 생각하고 있으나, 실은 자연에 거역하고 있는 것 이다. 자연이 우리의 관능에 속삭이는 말에 귀를 기울이고 우리의 마음에 속 삭여 오는 말을 무시하고 있는 것이다. 능동적인 존재가 복종하고, 수동적인 존재가 명령하는 것이다. 양심은 영혼의 목소리이다. 정념은 육체의 목소리이 다. 흔히 이 두 목소리가 반대의 말을 서로 한다 하더라도 그것은 놀라운 일이 못 될 것이다. 그럴 경우 어떤 소리에 귀를 기울여야 한단 말인가. 이성은 우리 를 속이는 일이 너무도 많다. 우리는 이성의 권유를 거부하는 권리를 충분히 얻게 된 셈이다. 그러나 양심은 결코 속이는 일은 하지 않는다. 양심이야말로 인간의 참된 안내자이다. 영혼에 대한 양심은 육체에 대한 본능과 같은 것이 다.*36 양심에 따르는 자는 자연에 따르고, 결코 길을 헤맬 걱정은 없다. 이것은

---

*36 근대 철학은 그것이 설명하는 것만을 인정하지만 지식을 획득하지 않더라도 동물을 어떤 목적으로 인도하는 것처럼 보이는, 본능이라고 일컫는 잘 알 수 없는 능력을 인정하지는 않는다. 현대의 가장 현명한 철학자의 한 사람으로 손꼽는 콩디야크에 의하면, 본능이란 가장 은밀한 반성의 습성, 그러나 반성함으로써 얻어지는 습성에 틀림이 없다. 그리고 그 발달을 어떻게 그가 설명하고 있는가를 보면 어린이는 어른보다도 반성하는 일이 많다고 결론지어야겠다. 이것은 상당히 기묘한 역설로 잘 검토할 가치가 있다. 여기서는 그 논의에 관계하지 않고 나의 개가 먹지도 않는 두더지를 잡아 죽이는 격렬함, 때로는 몇 시간 동안 이나 그것을 감시하는 끈질긴 인내성, 아무도 절대로 그러한 사냥을 가르친 것도 아닌데 또 거기에 두더지가 있음을 가르쳐 준 것도 아닌데 그것을 붙잡아 두더지가 머리를 내민 순간 그것을 땅위로 끌어내어 그것을 죽여 그곳에 놓아두는 교묘함, 그런 일에 어떠한 명

중요한 점이다. 내가 은인의 말을 막으려는 것을 보고, 그는 이렇게 말했다.

좀 더 이 점을 상세히 설명하는 것을 들어 주기 바란다.

"우리 행동의 도덕성은 모두 우리 자신이 그 행동에 대해 내리는 판단에 있다. 좋은 일이 정말 좋은 일이 된다면 우리 행위에서와 마찬가지로 우리 마음속에서도 좋은 일이어야 한다. 정의에 대한 가장 큰 보상은 정의를 행하고 있다고 느끼는 일인 것이다. 도덕적인 선이 우리 본성에 적합한 것이라면 인간은 선량한 한 건전한 정신을 가진 인간, 잘된 인간일 수 있을 것이다. 만일 그렇지가 못하고 인간은 태어나면서부터 사악한 자라면, 사악하지 않으면 반드시 타락하게 되며 선량한 인간이라는 것은 자연에 위배된 부도덕이 된다. 이리가 먹이의 목을 물어뜯듯 인간이 같은 인간에게 해를 끼치기 위해 태어났다면, 다정한 인간은 동정심 많은 이리만큼이나 타락한 동물이라 할 수 있다. 그리하여 그 미덕만으로도 우리에게 양심의 가책을 남길 것이다."

오오, 젊은 친구여, 우리 자신의 내부를 들여다 보자. 개인적인 이해는 일체 생각지 않고 우리의 경향이 어디로 우리를 데리고 가는지 살펴보자. 타인의 괴로움과 행복 중 어느 광경이 우리를 더욱 기쁘게 하겠는가. 친절한 행위나 짓궂은 행위 중 어느 쪽으로 그가 행하여야 기분 좋게 느껴지겠는가. 어느 쪽이 그런 일을 한 뒤에 즐거운 인상을 남기겠는가. 사람들은 연극을 볼 때 어떤 인물에 관심을 갖는가. 나쁜 일에 기쁨을 느끼는가.

나쁜 일을 한 자가 벌 받는 것을 보고 눈물을 흘리겠는가. 자기와 이해관계

칭을 주어야 할지 묻기로 한다. 그리고 이것은 좀더 중요한 일인데 그 개를 내가 처음으로 놀라게 했을 때 어째서 그 개는 땅바닥에 벌렁 누워 다리를 굽히고 탄원하는 듯한 태도, 나의 마음을 움직이게 하는 듯한 태도를 취했는가. 내가 노여움을 풀지 않고 그러한 상태에 있는 개를 때렸다고 하면 결코 그렇게 하고 있지 않았을 텐데 어째서 그러한 태도를 취했느냐고 물으리라. 도대체 나의 개는 아직도 아주 작은 개인데, 이제 겨우 갓 태어난 강아지인데 벌써 도덕적인 관념을 획득했던 것인가. 관대한 마음이란 어떤 것인지 알고 있었겠는가. 어떤 지식이 있었기 때문에 그런 식으로 나에게 몸을 맡기고 나의 마음을 풀 것을 기대했을 것이다. 어떤 개라도 같은 경우에 모두 같은 반응을 한다면 나는 여기서 누구라도 조사할 수 있는 것 이외에는 아무런 말도 하지 않을 것이다. 그렇게 경멸하는 투로 본능을 부인하는 철학자들에게 감각과 그것이 우리에게 주는 지식의 활동만으로 앞의 사실을 설명해 주었으면 한다. 양식 있는 인간에게 만족감을 주도록 설명해 주기를 바라는 것이다. 그것을 설명해 주면 나로선 이미 아무런 할 말도 없으며 본능에 대해서는 이제는 이야기하지 않을 생각이다(원주).

가 없는 것은 다 아무래도 좋다고 사람들은 말하고 있다. 그런데 전혀 반대로 따뜻한 우정이나 인간애의 표현은, 괴로워하는 우리의 마음을 위로해 준다. 또한 우리는 즐거운 일을 할 때도 함께 즐겨 주는 자가 없으면 완전히 고독하고 비참하게 된다. 인간의 마음에 도덕적인 것을 전혀 볼 수 없다면, 영웅적인 행동에 대한 그 열광적인 찬미, 위대한 영혼을 지닌 자에 대한 그 몰아적인 사랑은 도대체 어디서 생겨나는 것인가. 미덕에 대한 그러한 열광은 우리의 개인적인 이해와 어떤 관계가 있는가. 왜 나는 승리한 카이사르이기보다도 자기 배를 가른 카토이고자 하는가. 우리 마음에서 아름다움에 대한 그런 사랑을 없애면 인생의 모든 매력을 버리는 것이다. 좁은 마음속에서 비천한 정념 때문에 그런 감미로운 감정을 억압당한 자, 오로지 자기 안에 웅크리는 동안 자기 이외의 것에는 사랑을 느끼지 않게 된 자는, 이제 감격을 느끼는 일도 없으며, 얼어붙은 그의 마음은 환희에 떨 일도 없다. 기분좋은 감동에 눈을 적실 일도 없다. 그는 이제 아무것도 즐길 수 없다. 이런 비참한 인간은 이제 아무것도 느끼지 않으며 살아 있다고도 할 수 없다. 그는 이미 죽어 있는 것이다.

그러나 이 지상에 아무리 많은 악인이 있더라도 자기 이해관계만을 생각하여 올바른 일, 좋은 일에 전혀 무감각해진 죽은 영혼의 사람은 드물다. 사람이 올바르지 못한 일을 기뻐하는 것은 자기에게 이익이 될 경우에 한해서만이다. 그 밖의 경우에 늘 사람은 죄없는 자가 보호받기를 원한다. 거리나 길가에서 폭력 사태와 부정 행위를 보면 곧 분노의 감정이 끓어올라 괴로움을 당하는 자를 도와주고 싶은 생각이 든다. 다만 그 이상의 강한 의무감이 우리를 억제하고 법률이 죄없는 자를 보호하는 권리를 우리는 택하는 것이다. 그와는 반대로 뭔가 관대한 행위, 기품 있는 행위가 눈에 띨 때는 크게 칭찬해 주고 싶은 마음과 사랑스러운 마음을 우리에게 느끼게 해줄 것이다.

자기도 저랬으면 하는 생각을 하지 않는 자가 있겠는가. 2천 년 전의 인간이 나쁜 사람이든 올바른 사람이든 그것은 사실 우리와 관계없는 일이다.

고대사를 읽어도 그곳에 씌어 있는 일이 그대로 오늘날 이루어지고 있듯이 우리의 관심을 끈다. 카틸리나의 죄악이 나에게 어떤 영향을 준단 말인가. 그로 인해 희생될 우려라도 있다는 말인가. 왜 나는 그가 나의 동시대인인 것처럼 심한 두려움을 느끼는가. 우리가 악인을 미워하는 것은 그들이 우리에게 해를 끼치기 때문만은 아니다. 그들은 악인이기 때문이다. 우리는 행복해지고 싶다는 생각만 하는 것은 아니다. 다른 사람의 행복도 원하고 있다. 그리고 다른 사람의 행복이 결코 우리의 행복을 방해하지 않는다면 그것은 우리의 행복을 보다 더 크게 한다. 또한 사람은 불행한 사람들에게 동정심을 금치 못한다. 그들이 괴로워하는 것을 보면 안타까운 생각이 든다. 아무리 나쁜 자라도 그런 경향을 완전히 없앨 수는 없을 것이다. 때로 그것은 모순된 감정을 그들에게 불러일으키게도 한다. 나그네의 옷을 벗기는 산적도 헐벗은 가난한 자에게 옷을 입혀 주는 수가 있다. 아무리 잔인한 살인범이라도 정신을 잃고 쓰러지는 사람을 부축해 주는 수도 있다.

숨은 죄를 남몰래 벌하여, 누차 그것을 표면에 드러내놓는 회한의 외침이라 할 수 있다. 아아! 그 집요한 소리를 들어 본 일이 없는 자가 우리 중에 있겠는가. 사람들은 경험에 의해 말하고 있는 것이다. 그러기에 사람들은 우리에게 그렇게 많은 괴로움을 주는 그 거역하지 못할 감정을 묵살해 버리고 싶다고 생각하는 것이다. 자연에 따르기로 하자. 그렇게 하면 우리는, 자연이 어느 정도의 부드러움으로써 우리를 지배하고 있는가, 그리고 자연이 말하는 것을 들은 뒤로는 자기가 좋은 인간이라는 증거가 되는 일에 얼마나 큰 매력을 느끼고 있는지 잘 알게 될 것이다. 사악한 인간은 자기를 두려워하고, 자기를 피한다. 자기 외부로 마음을 내던지고 기뻐한다. 자기 주위에 불안한 눈초리를 던져 뭔가 재미있는 일을 발견하려 하고 있다. 신랄한 빈정거림, 사람을 모욕하는 조소 같은 것이 없으면 늘 음침한 얼굴을 하고 있다. 사람을 얕보는 웃음만이 그의 즐거움인 것이다. 그와는 반대로 올바른 사람의 명랑함은 내면적인 것이다. 그 웃음은 짓궂은 웃음이 아니라 기쁨의 웃음이다. 그리고 그 근원은 그 사람 자신 안에 있다. 그는 혼자 있을 때도, 사람들과 함께 있을 때도, 늘 쾌활하다. 그는 그에게 접근하는 사람들로부터 자기 만족감을 찾아내는 것이 아니라 자기 만족감을 그 사람들에게 전하고 있는 것이다.

세계의 모든 국민에게로 눈을 돌려야 할 것이다. 모든 역사를 통독해야 할 것이다. 여러 모로 잔인하거나 기묘한 제식(祭式)이 있고, 놀라울 정도의 갖가지 풍습과 특색을 볼 수 있다 하더라도, 정의와 절도에 대한 같은 관념과 선악에 대한 같은 관념이 곳곳에서 발견될 것이다. 고대의 이교는 나쁜 신들을 낳았다. 그런 신들은 이 세상의 인간으로 친다면 극악인으로서 벌을 받을 것이고, 그들이 최고의 행복도로 나타내고 있는 일은 나쁜 일을 하거나 정욕을 만족시키거나 하는 일 뿐이다. 그러나 부도덕이 신성한 권위의 갑옷을 입고 신들이 사는 곳에서 내려와 봐도 헛일이다. 도덕적인 본능은 인간의 마음에서 그런 부도덕을 쫓아낸다. 사람들은 방탕한 제우스를 받들면서도 조심성 많은 크세노크라테스를 칭찬한다. 정결한 루크레티아는 음란한 베누스를 숭배한다. 용감한 로마인은 공포에 희생을 바친다. 로마인은 자기 아버지의 팔다리를 잘라 죽게 하고 또 자식의 손에 불평 한 마디 못하고 죽어간 신에게 기도를 드린다. 더없이 경멸 당할 신들을 더없이 위대한 사람들이 받들어 주는 것이다. 신들의 목소리보다 더 강하게 말하는 자연의 신성한 목소리가 지상에선 귀를 기울이게 한다. 그리고 죄악을 죄인과 함께 하늘 위로 쫓아 버리고 있는 것처럼 보여 주는 것이다.

그러기에 인간의 마음속에는 정의와 미덕에 대한 타고난 원리가 있어, 우리 자신의 준칙이 어찌되었든 우리는 이 원리에 입각하여 자기 행동과 타인의 행동을 좋으니 나쁘니 판단하고 있는데, 나는 이 원리를 양심이라는 이름으로 부르고자 하는 바이다.

그러나 이 말을 꺼내면 자칭 현자들의 떠드는 소리가 곳곳에서 나의 귀를 따갑게 한다. "그것은 어린 시절의 잘못된 생각이다. 교육에서 받은 편견이다." 그들은 입을 모아 외친다. 인간의 정신에 있는 것은 모두 경험에 의해 얻은 것이며, 무슨 일에 대해서나 우리는 얻은 관념에 입각하여 판단하는 것이다. 그들은 더 나아가 모든 국민이 명료하게 보편적으로 일치시켜 인정하는 일을 부정하기도 한다. 그리고 사람들의 판단에서 빛나는 일관성에 반대하여 뭔가 애매한 예증, 그들에게만 알려진 예증을 어둠 속으로 찾으러 간다. 어떤 국민이 타락했기 때문에 자연의 경향은 모두 상실되었다는 말인가. 가끔 괴물이 나타나면 인류라는 것은 이제 존재할 수 없게 된다는 말인가.

그러나 회의가인 몽테뉴가 어딘가 세계의 한쪽 구석에서 정의의 관념에 위배되는 습관을 파내려고 애를 쓴들 그것이 무슨 소용이 있겠는가. 더없이 의심스러운 여행가들에게 권위를 주어 더없이 유명한 저자들의 권위를 부정한다 해도 그것이 무슨 소용이겠는가. 우리에게 알려지지 않은 지역적 실정에 기인한 몇 가지 애매하고 기괴한 습관이 다른 모든 것과는 대립되고 있으면서, 다만 그 한 가지 점에서는 일치하는 모든 국민의 일반적인 결론을 파기시킬 수 있을까. 아아, 몽테뉴여, 당신은 솔직히 진실을 자랑하고 있다. 철학자도 그런 일을 할 수 있다면 성실하고 정직해야 할 것이다. 그리고 나에게 대답해 주기 바란다. 이 지상에 성실하고, 관대하고, 친절하고, 고결한 일을 죄악으로 보는 나라가 어디에 있겠는가. 군자가 경멸당하고 비열한 인간이 존경받는 그런 나라가 어디에 있겠는가.

사람은 다 자기 이해관계를 위해 일반적인 이익에 협력한다고 한다. 그러나 올바른 사람이 자기에게 손해가 되어도 일반적인 이익에 협력하는 것은 도대체 어떻게 된 일인가. 자기 이익을 위해 죽어 간다는 것은 어떻게 된 일인가. 확실히 사람은 누구나가 다 자기에게 좋은 일에 한해서만 행동한다.

그러나 도덕적인 선이라는 것이 있어 그것을 고려에 넣어야 한다면 자기 이익이라는 것으로는 나쁜 인간의 행동이 설명될 뿐일 것이다. 사람은 그 이상의 것을 설명할 생각은 없는 것으로 보인다. 유덕한 행동에 당황하게 되는 철학, 그런 행동에도 비열한 의도와 덕성이 없는 동기를 날조하지 않으면 타개해 나갈 수 없는 그런 철학, 소크라테스를 멸시하거나 레굴루스를 중상해야 하는 그런 철학은 매우 나쁜 철학이다. 가령 그런 학설이 우리 사이에 움튼다 하더라도 자연과 이성은 곧 반대하는 소리를 질러, 그 학파 중 단 한 사람이라도 본심에서 그 학파의 사람으로서 변명할 여지를 절대로 주지 않을 것이다.

나는 여기서 형이상학적 논의에 관여할 생각은 없다. 그것은 나의 능력과 당신의 능력을 넘어선 일이며, 결국 그런 논의는 아무런 결과도 초래하지 않는 것이다. 앞서도 말했듯이 나는 자네와 철학을 논할 생각은 없다. 다만 자기 마음에 물어 봄으로써 자네를 돕고 싶은 것이다. 내가 잘못된 일을 모든 철학자에게 증명하더라도 내가 올바르다는 것을 자네가 느낀다면 그것으로 좋다. 나는 그 이상의 것을 원하지는 않는다.

그러기 위해서는 다만 우리가 얻은 관념과, 태어나면서부터 갖게 된 감정을 자네가 구별하기만 하면 된다. 우리는 알기 전에 느끼고 있는 것이다.[*37] 우리는 행복을 욕구하거나 불행을 피하는 일을 배우는 것이 아니라 그런 의지를 자연으로부터 물려받지만, 마찬가지로 좋은 일에 대한 사랑, 나쁜 일에 대한 미움은 자기에 대한 사랑과 마찬가지로 태어나면서부터 우리에게 있는 것이다. 양심의 표현은 판단이 아니라 감정이다. 우리 관념은 모두 외계에서 오는 것인

---

*37 이본-'……필연적으로 느끼고 있는 것이다.'

데, 그 관념을 평가하는 감정은 우리 자신 안에 있으며, 이 감정으로만 우리는 우리와, 구하든가 피해야 할 사물과의 사이에 존재하는 조화 또는 부조화를 아는 것이다.

우리에게 존재한다는 것은 느끼는 일이다. 우리의 감성은 어김없이 지성보다 먼저 존재하는 것으로, 우리는 관념보다 먼저 감정을 가지고 있다.*38 우리가 존재하는 원인이 무엇이든 그것은 우리 본성에 적합한 감정을 우리에게 줌으로써 우리 몸을 지키는 수단을 준다. 그리고 적어도 이런 감정이 타고난 것임을 부정할 수는 없을 것이다. 이 감정은 개인적인 것으로는 자기에 대한 사랑, 고통에 대한 두려움, 죽음에 대한 공포, 쾌적한 생활에 대한 욕구이다. 이것은 의심할 수 없는 일이지만, 인간은 그 본성으로 보아 사교적이다. 또는, 하여간 사교적이 되도록 만들어졌다면 인류에 관련되는 다른 생득적인 감정으로만 그렇게 될 수 있다.

육체적인 필요만을 생각하면 그것은 확실히 인간을 서로 접근시키지 않고 분산시킬 것이다. 그런데 자기 자신과, 자기와 같은 자에 대한 이 이중 관계에서 형성되는 윤리 체계에서 양심의 충동이 생기게 된다. 선을 아는 일은 선을 사랑하는 일이 아니다. 인간은 선에 대해 생득적인 지식을 갖고 있지는 않다. 그러나 이성이 그에게 선을 알리면 곧 양심은 그에 대한 사랑을 느끼게 한다. 이 감정이야말로 생득적인 것이다.

그러니까 벗이여, 나는 이성 그 자체로부터도 독립한 양심이라는 직접적인 원리를 우리 본성의 귀결에 의해 설명하는 것이 불가능하다고 생각지는 않는다. 거기다 그런 일은 불가능하다 하더라도, 하여간 그것은 꼭 필요한 일도 아닐 것이다. 온 인류에게 인정되고 받아들여지고 있는 이 원리를 부정하는 사람들은 이 원리가 존재하지 않음을 증명하지는 않으며, 다만 존재하지 않는다고 주장하기 때문이다. 이 원리가 존재한다고 주장할 때, 우리에게도 그들과

---

*38 어떤 점에서 말하면 관념은 감정이고 감정은 관념이다. 이 두 가지 명칭은 지각의 대상의 일이다. 그 대상에게 마음이 통해 있는 우리 자신의 일이나 우리에게 생각하게 하는 모든 지각에 들어맞는다. 그러한 마음의 움직임에 알맞은 명칭을 결정하는 것은 그 순서에 불과한 것이다. 우선 대상을 생각하고 반성하는 일에 의해서만 우리의 일을 생각하는 경우에 그것은 관념이지만, 반대로 받은 인상이 맨 처음에 우리의 주의를 환기시키는 경우, 그리고 반성에 의해서만 그 인상을 일으키는 대상을 생각하는 경우에는 그것은 감정이다 〔원주〕.

같은 정도의 근거는 있는 것이며, 게다가 우리에게는 내면적인 증거와 스스로를 위해 증언하는 양심의 소리가 있다.

판단력의 최초의 빛이 우리의 눈을 어둡게 하여 처음에는 대상을 확실히 인정하지 못하게 한다면, 우리의 약한 시력이 회복되어 확실히 보이게 될 때까지 기다려야 할 것이다. 곧 우리에게는 다시 그 대상이 이성의 빛을 받아, 처음에 자연이 우리에게 나타낼 것과 같은 모습으로 보이게 될 것이다. 아니 오히려 더 단순해질 것이다. 자부심을 버리자, 우리 자신 안에서 볼 수 있는 최초의 감정만으로 만족하기로 하자. 학문은 우리를 방황하게 하지 않으면 반드시 우리를 그곳으로 다시 데리고 간다.

양심! 양심! 신성한 본능, 멸망이 없는 천상의 소리, 무지무능하나 지성을 갖는 자유로운 존재의 확실한 안내자, 선악의 그릇됨이 없는 판정자, 인간을 신과 같은 자로 만들어 주는 당신이야말로 인간의 본성을 뛰어난 것으로 하고, 그 행동에 도덕성을 주고 있다. 당신이 없으면 나는 규칙을 갖지 않은 오성, 원칙을 갖지 않은 이성의 도움을 받아 잘못에서 잘못으로 방황하는 비참한 특권 외에, 짐승보다 높은 곳으로 나를 끌어올려 주는 것이라고는 내 속에서 아무것도 나의 속에서 느끼지 못한다.

고맙게도 이리하여 우리는 철학이라는 그 무서운 장비에서 해방되었다. 우리는 학자가 되지 않아도 인간으로 존재할 수 있는 것이다. 일생을 소비해 가며 윤리의 연구를 하지 않아도 된다. 우리에게는, 인간의 억견(臆見)이 차 있는 그 넓다란 미궁 속에 그다지 비용이 들지 않는, 좀더 확실한 안내자가 있다. 그러나 그런 안내자가 존재하는 것만으로는 부족하다. 그것을 분별하고 그 뒤를 따라 갈 수 있어야 한다. 그런데 그것이 모든 사람의 마음에 말을 걸어오면 그 말을 듣는 사람이 극히 적다는 것은 도대체 웬일일까. 아아, 그것은 즉, 그 말은 자연의 말인데, 모든 일이 우리에게 그것을 잊어버리게 했기 때문이다. 양심은 소극적인 성질이다. 양심은 세상에서 떨어진 곳과 조용한 생활을 좋아한다. 사교계와 그 소요는 양심을 위협한다. 양심은 거기서 생긴다고 사람들이 말하는 편견이야말로, 가장 잔인한 적인 것이다. 편견을 만나면, 양심은 도망치든가 입을 다물고 만다. 편견의 소란스러운 목소리는 양심의 목소리를 죽여 들리지 않게 해버린다. 광신(狂信)은 대담하게도 양심의 모습을 빌려, 그 이름으로 죄악을 명한다. 양심은 어딜 가나 상대를 해주지 않으므로 의기소침하여 우리에게 아무 말도 하지 않는다. 우리에게 대답하지 않는다. 오랫동안 양심을 무시하면, 쉽게 그것을 쫓아낼 수 없던 것처럼 쉽게 다시 불러들일 수도 없다.

　이런 것을 연구하면서도, 나는 자기 속에 아무런 열도 느끼지 않고 싫증이 났던 일이 얼마나 있었는지 모른다. 처음에 내가 생각에 잠기고 있을 동안에도 어쩔 수 없는 비참한 기분이 그곳에 독을 불어넣어 못 견디게 했던 일이 얼마나 많았는지 모른다. 나의 메마른 마음은 진리를 사랑하는 데 나약하고, 어중간한 열의밖에 표시하지 않았다. 나는 이렇게 중얼거리고 있었다. "왜 있지도 않은 것을 구하여 몸을 괴롭히는가? 도덕적인 선이란 환상에 불과하다. 관능의 즐거움 외에는 좋은 일이라고는 아무것도 없다." 아, 일단 마음의 즐거움에 대한 흥미를 잃으면 그것을 회복하기란 얼마나 힘든 일인지 모른다. 그런 흥미를 한 번도 가진 일이 없다면 그것을 갖게 되기란 더욱 어려운 일이다.

　그 추억이 자기 자신에게 만족을 주고, 살아 있음에 큰 기쁨을 느끼게 하는 일이 일생 동안 한 번도 없을 만큼 비참한 사람이 있다면, 그 사람은 자신을 결코 알 수 없을 것이다. 그리고 어떤 선이 자기 본성에 적합한가를 느낄 수 없으므로 반드시 언제까지나 사악한 인간일 것이며, 영원히 불행할 것이다.

　그러나 이 지상 전체에 단 한 사람이라도 좋은 일을 하는 일에 마음을 권유받은 일이 결코 없었을 정도로 타락한 인간이 있다고 생각할 수 있겠는가. 선에 대한 권유는 인간에게는 아주 자연스럽고, 기분좋은 일이므로 어느 경우에나 그것을 거절한다는 것은 불가능한 일이다. 거기다 한 번이라도 그것이 가져온 기쁨의 추억은 계속 그것을 생각하게 하는 데 충분한 것이다. 난처한 일이지만 처음에는 그것을 받아들이는 일이 괴롭다. 사람은 여러 이유로 자기 마음에 거역하려고 한다. 거짓 사려(思慮)는 인간 '자아'의 한계에 마음을 가둬 놓는다. 나아가 그 한계를 넘는다는 것은 대단히 용기를 필요로 한다. 기꺼이 좋은 일을 하는 것은 좋은 일을 한 상이지만, 그 상은 거기에 적합한 자가 되고 난 뒤에야 손에 넣을 수 있다. 미덕만큼 좋은 일은 없으나, 좋다고 느끼려면 그것을 자신의 것으로 해야 한다. 미덕은, 그것을 잡으려고 하면 전설에 있는 프로테우스처럼 처음에는 갖가지 무서운 모습을 빌려 나타나고, 마지막에 겨우 그것을 꽉 붙잡고 놓지 않는 사람들 앞에 그 본래의 모습을 나타낸다.

　"공동 이익을 위해 힘을 다하라" 말하는 자연의 감정과, 모든 것을 나 자신에게 결부시켜 생각하는 이성에 계속 공격을 받던 나는 새로운 빛이 나의 마음을 비추지 않았다면, 나의 생각을 굳게 한 진리가 다시 나의 행동을 확실히 하여 나를 나 자신과 일치시켜 주는 일이 없었다면, 일생 동안 계속 그 양자 택일 속에서 동요하여 나쁜 일을 하면서 좋은 일을 좋아하고 항상 자기 자신을 거역했을지 모를 일이다. 이성만으로 미덕을 확립하려 해도 안 된다. 어떤 굳센 기초를 그곳에 줄 수 있겠는가. "미덕이란 질서에 대한 사랑이다" 사람들은 말하고 있다. 그러나 그 사랑이 나의 마음속에서 쾌적한 생활에 대한 소원을 이겨 낼 수 있겠는가. 또 이겨내야 한단 말인가. 미덕을 택하는 확실하고 충분한 이유를 부여해 주기 바란다. 결국 사람들이 말하는 소위 원칙은 단순한 말의 유희에 불과하다. 질서를 다른 뜻으로 해석하면 부도덕은 질서에 대한 사랑이라고 나도 말할 수 있다. 감정과 지성이 있는 곳에는 반드시 어떤 도덕적 질서가 있다. 차이점은, 선인은 자기를 전체와 관련지어 질서를 잡게 하나, 악인은 모든 것을 자기와 결부시켜 질서를 잡게 한다는 것이다. 후자는 자기를 모든 것의 중심이라고 생각한다. 전자는 자기의 반지름을 재어 원주둘레 위에 머문다. 즉, 선인은 신이라는 공통된 중심과의 관련에 있어, 또 피조물이라는 모든 동심원과의 관련에 있어서 질서가 이루어지고 있다. 신이 존재하지 않으면 악인만이 올바른 추론을 하는 것이며, 선인은 어리석은 자에 불과하리라.

아아, 나의 아들이여! 인간의 의견이 헛됨을 알고 정념의 쓴맛을 맛 본 뒤, 마침내 지혜의 길과 이 세상 생활의 괴로움에 대한 가치와 단념하고 있던 행복의 원천을 발견할 때 사람은 얼마나 무거운 짐을 벗은 듯한 기분이 드는지 언젠가 자네도 느껴 주기를 바란다. 사람들의 부정 때문에 나의 마음에서 거의 사라져 버린 규칙에 입각한 모든 의무는 영원한 정의의 이름으로 다시 나의 마음에 기록된다. 영원한 정의는 나에게 그것을 명하고, 그것을 이행하는 나를 보고 있다. 나는 이제 자기 속에 위대한 존재자의 작품과 도구를 느낄 뿐이다. 선을 바라고, 선을 행하고, 그 의지에 나의 의지를 협력시킴과 아울러 나의 자유를 올바르게 유지시킴으로써 나의 행복을 가져오는 위대한 존재자, 나는 이 존재자가 세운 질서를 인정하고, 언젠가는 나 자신도 이 질서를 즐길 수 있게 되어 그곳에 나의 큰 행복을 발견할 수 있으리라 확신한다. 모든 것이 선(善)인 체계 속에 자기가 질서를 이루고 있다고 느끼는 일 이상으로 기분좋은 경지가 어디에 있다고 할 것인가.

괴로움에 못 견뎌하면서도 나는 그것을 꾹 참고, 이것은 일시적인 괴로움이고 나와는 별개의 육체에서 생기는 것이라고 생각하고 있다. 사람이 보지 않는 곳에서 좋은 행위를 해도 그것을 보고 있다는 것을 나는 알고 있으며, 나는 이 세상에서 나의 행동을 저세상을 위해 기록해 둔다. 뭔가 부정을 참고 있을 때 나는 중얼댄다. "모든 것을 지배하고 있는 올바른 존재자는 충분히 내게 보상을 해줄 것이다." 육체에 필요한 것의 부족과 가난은 나에게 죽음이라는 관념을 한층 더 견디기 쉽게 하고 있다. 모든 것을 버리게 되었을 때, 끊어야 할 인연이 그만큼 적어지는 셈이다.

왜 나의 영혼은 나의 관능에 묶여 있는가. 왜 나를 구속하고 있는 이 육체에 연결되어 있는가. 그에 대해서 나는 아무것도 모른다. 나는 신의 상담에 내맡긴 것은 아니다. 그렇지만 조심스러운 추측을 해도 지나친 일이 되지는 않을 것이다.

나는 이렇게 생각한다. 인간의 정신이 자유롭고 순수한 것으로 머물러 있었다면 인간이 정해진 것으로 발견하는 질서, 그것을 발견하는 일에 아무런 관심도 지니지 않는 질서에 따르는 일, 그것을 사랑함에 어떤 공적이 있단 말인가. 확실히 인간은 행복해질 것이다. 그러나 그 행복에는 최고 단계의 것, 빛나는 미덕과 자기가 좋은 것이라는 데 대한 증거가 결여되어 있다. 그런 경우에 인간은 천사와 같은 것에 불과하다. 그리고 사실 유덕한 인간은 천사 이상의 것이다. 정말 이해할 수 없고, 또 정말 강력한 인연으로 죽어야 할 육체에 결부되어 있기 때문에, 이 육체를 지켜 가꾸는 마음가짐이 영혼을 몰아세워 모든 것을 육체와 연관시켜 생각하고 일반적인 질서에 위배되는 이해관계를 영혼에 느끼게 하고 있으나, 더구나 영혼에는 그 일반적인 질서를 알고 그것을 사랑하는 능력이 있는 것이다. 그러므로 그 자유를 올바르게 사용하는 일은 공적이 되고 보상이 되는 것이므로, 영혼은 지상의 정념과 싸워 처음의 뜻을 지킴으로써 변함없는 행복의 길을 준비하는 것이다.

이 세상에 있는 동안, 우리가 처하는 낮은 상태에서조차도 우리 본래의 경향이 모두 정당하며, 우리의 부도덕은 모두 우리 자신으로부터 생기는 것이라면, 왜 우리는 그런 부도덕에 굴복당한다고 불평을 하는가. 우리가 만들어 내는 악을, 우리가 우리 자신을 향해 무기를 잡게 하는 적을 왜 만물을 만드는 자의 탓으로 삼는가. 아아, 인간을 해치는 일은 하지 말아야 한다. 인간은 애를 쓰지 않아도 언제나 선량하게 있을 수 있는 것이다. 후회하는 일 없이 늘 행복할 수 있다. 자기는 부득이 죄를 범했다고 중얼대고 있는 죄인은 악인일 뿐더러, 거짓말쟁이다. 그들이 탄식하고 있는 약함은 자기가 만들어 내는 것이라는 일, 그들의 최초의 타락은 그들의 의지에서 생긴다는 일, 계속 유혹에 지기를 원하고 있기 때문에 마침내 본의 아니게 유혹에 지고, 그것을 저항할 수 없는 것으로 하고 있는 일, 이런 일을 어째서 그들은 모르는 것일까. 확실히 악인이 되지 않는 일과, 악한 인간이 되지 않는 일은 이제 그들의 힘으로는 불가능한 것이다.

그러나 그런 자가 되지 않도록 하는 것은 그들의 힘으로 가능했던 일인 것이다. 아아, 우리는 이 세상에 있으니까 정말 편한 기분으로 자기와 자기 정념의 지배자가 될 수 있는 것이 아니겠는가. 그러기엔 우리의 습관이 아직 완성되기 전에 우리의 정신이 깨어날 때 모르는 일을 평가하기 위해 알아 둬야 할 일을 잘 공부시킬 수 있으면 되는 것이다. 사람들 앞에 빛나는 모습을 나타내기 위해서가 아니라, 우리 본성에 따라 선량하고 현명한 인간이 되기 위해, 우리 의무를 실천하고 행복해지기 위해 착실하게 지혜를 연마하려 들면 되는 것이다. 그런 공부는 우리들에게는 지루하고 힘든 일처럼 보인다. 왜냐하면 우리는 이미 부도덕에 해를 입어 정념에 사로잡힌 뒤에야 그런 공부를 계획하기 때문이다. 우리는 선악을 분별하기 전에 판단과 평가를 고정시키고 있다. 그렇게 해놓고 모든 것을 그 잘못된 자로 재기 때문에 어떤 것에나 올바른 가치를 주지 못한다.

아직 자유로우나, 불타오르며 침착성이 없고, 알지도 못하는 행복에 굶주린 마음이 호기심에 찬 불안한 기분으로 그 행복을 구하며 관능에 속아, 마침내 헛된 행복의 환영에 사로 잡혀, 있지도 않은 곳에 행복을 발견했다고 생각하는 그런 시기가 인생에는 있다. 나에게는 그런 환상이 너무도 오랫동안 계속되었다. 슬프게도 그것을 알게 되었을 때는 이미 때가 늦었다. 그리고 나는 완전히 그 환상을 없애 버릴 수가 없었다. 그 원인인, 이 죽어야 할 육체가 있는 한 그것은 언제까지나 계속될지 모른다. 적어도 아무리 그것이 나를 유혹한들 헛일이며, 나는 그 일에 속지는 않는다. 나는 그 정체를 알고 있다. 환상을 쫓으면서도, 나는 그것을 경멸하고 있다. 거기서 행복의 대상을 보지는 않고, 행복의 방해가 되는 것을 보고 있다. 나는 육체의 구속에서 해방되어 모순이 없고 분열이 없는 '내'가 될 때를, 행복하기 위해 자신 이외의 것을 필요로 하지 않을 때를 고대하고 있다. 하지만 나는 그때까지 이 세상에서도 행복하다. 이 세상의 모든 불행을 거의 개의치 않으며, 이 세상은 나의 존재에 대해서는 거의 인연이 없는 것으로 보고 있으며, 거기다 이 세상에서 얻을 수 있는 모든 참된 선은 나 자신에게 달렸기 때문이다.

가능한 한 미리 그 행복과 힘과 자유 상태로 내 자아를 높이기 위해 나는 숭고한 관조에 내 자신을 익숙하게 하고 있다. 나는 우주의 질서에 대해 명상한다. 헛된 체계로 그것을 설명하기 위해서가 아니라, 계속 그것을 찬미하고, 거기에 느껴지는 현명한 창조자를 숭배하기 위해서이다. 나는 그와 말하고 그 신성한 본질을 나의 모든 능력에 침투시킨다.

그의 자비심에 감격하고 그의 하사물을 받고 그것을 축복한다. 그러나 나는 그에게 아무것도 요구하지 않는다. 나는 무엇을 요구하면 될까. 나를 위해 사물의 흐름을 바꿔 주겠는가. 나에게 호의적인 기적을 행하여 주겠는가. 그의 지혜로 이루어지고, 섭리로 유지되는 질서를 무엇보다도 사랑해야 할 나는 나를 위해 이 질서가 발견되는 일을 원하는 것인가. 아니, 그런 무모한 소원은 전해지기보다 오히려 벌을 받아야 한다.

나는 또 좋은 일을 하기 위한 힘을 요구하지 않는다. 그가 나에게 준 것을 왜 또 요구하겠는가. 그는 나에게 좋은 일을 하도록 양심을, 그것을 알도록 이성을, 그것을 택하도록 자유를 주고 있다. 나는 나쁜 일을 했으면 변명하지 않는다. 나는 그것을 원하기 때문에 행하는 것이다. 나의 의지를 바꿔 주도록 그에게 부탁하는 일, 그것은 그가 나에게 요구하는 일을 도리어 그에게 요구하는 일이다. 그가 내가 할 일을 해주어, 내가 그 보수를 손에 넣을 수 있도록 원하는 일이다. 나의 상태에 만족지 않는 일, 그것은 인간이기를 이제 원하지 않는 일, 지금 있는 일과는 다른 일을 원하는 일이다. 무질서와 악을 원하는 일이다. 정의와 진리의 원천, 관대하고 자비로운 신이여, 당신을 신뢰하는 내 마음의 가장 큰 소원은 당신의 의지가 행해지는 일이다. 당신의 의지에 나의 의지를 결부시켜 나는 당신이 하는 일을 한다. 나는 당신의 선의를 인정한다. 그 보상인 높은 행복에 이미 벌써부터 맡겨놓은 것이라고 믿는다.

당연한 일이지만 자신이 없는 내가 신에게 요구하는, 요구한다기보다 신의 정의에 기대하는 단 한 가지 일은 내가 잘못을 했을 경우, 그리고 그 잘못이 나에게 위험할 경우에 나의 잘못을 올바르게 해주는 일이다. 성실하다고 해서 절대로 잘못을 저지르지 않는다고 나는 생각지 않는다. 나에게는 더없이 진실하다고 생각되는 견해도 다 허위일는지도 모른다. 자기 견해에 집착하지 않는 인간이 있겠는가. 또 모든 면에서 같은 의견을 갖고 있는 인간이 몇 사람이나 있겠는가. 나를 속이는 환상이 생긴다 해도 어쩔 수 없다. 신만이 나를 그곳에서 해방시킬 수 있다. 나는 진리에 도달하기 위해 할 수 있는 일을 다 했다. 그러나 진리의 원천은 너무도 높은 곳에 있다. 더 먼 곳으로 갈 힘이 나에게는 없다면 나에게 무슨 죄가 있게 되겠는가. 진리가 가까이 와 줘야 하지 않겠는가.

선량한 성직자는 강한 어조로 말했다. 그는 감동하고 있었다. 나도 마찬가지였다. 나는 신과 같은 오르페우스가 처음으로 신들을 찬양하는 노래를 불러 그 신앙을 사람들에게 가르치는 일을 듣는 것 같았다. 그래도 그에게 이의를 제기해야 할 일이 나에게는 많았으나 나는 아무 말도 하지 않았다. 그것은 나를 난처하게 했으나 그다지 근거 있는 일은 아니었고, 그가 하는 말이 옳다고 생각했기 때문이다. 그가 양심에 따라 말을 진행해 감에 나의 양심은 그가 한 말을 확인해 주는 것 같았다.

나는 그를 향해 말했다. "당신이 지금 말씀해 주신 견해들은, 당신이 믿고 있다고 말하는 것보다는 오히려 모른다고 인정하는 것에 의해 내게 더 새롭게 보였습니다. 그것은 다소 다른 점이 있기는 하나 유신론,*39 또는 자연 종교라고 생각합니다. 그리스도교도는 그것을 무신론이나 무종교와 혼동하여 생각하지만 그것은 전혀 반대되는 가르침입니다. 그러나 지금 나의 신앙으로는, 당신의 생각을 받아들이기 위해서는 더 낮은 곳으로 내려가지 않고 좀더 높은 곳으로 올라가야 하며, 당신만큼 현명한 사람이 되지 않고서는 당신이 있는 지점과 같은 곳에 정확하게 머무르기는 어렵다고 생각합니다. 나는 최소한도 당신만큼은 성실하게 되어 자기 마음에 물어 보고자 합니다. 내면의 감정이야말로 당신과 다름없이 나를 이끌어 줄 것입니다. 그러나 오랫동안 내면의 감정을 침묵 상태로 놓아 둔 뒤에는 그것을 곧 불러낼 수 없다는 것도 당신은 가

---

*39 18세기의 철학자는 유신론을 이신론(理神論)과 구별하고 이신론자는 신은 세계에 관심을 갖지 않고 영혼은 불멸이 아니라고 생각하며, 유신론자는 섭리라는 것이 있어 선인은 저세상에서 보상을 받는다고 생각한다는 식으로 해석했다.

르쳐 주었습니다. 나는 당신의 이야기를 마음속에 담아 두겠습니다. 나는 그것을 잘 생각해야만 합니다. 그리고 그 다음에 당신처럼 변치 않는 확신을 가질 수 있다면 당신은 내 앞에 나타난 마지막 사도가 될 것입니다. 그리고 나는 죽을 때까지 당신의 가르침을 지키게 될 것입니다. 그렇지만 더 자세한 일을 가르쳐 주십시오. 당신은 지금까지 내가 알아야 할 일을 반밖에 말씀해 주시지 않았습니다. 계시에 대해, 성서에 대해, 그 알 수 없는 교리에 대해 말씀해 주십시오. 어릴 때부터 나는, 아아, 교리를 이해하지도 못하고 믿지도 못하며, 긍정도 못하고 부정도 못하여 갈피를 못 잡고 있습니다." 그는 나를 포옹하면서 다시 말하기 시작했다.

나의 아들이여! 내가 생각하고 있는 것을 모두 자네에게 말해 주지. 나는 어중간하게 내 마음을 털어놓고 싶지는 않다. 그러나 자네에게 모든 것을 말해주려면, 자네가 그런 희망을 표명해 줄 필요가 있었던 것이다. 지금까지 나는 자네에게 도움이 될 것 같지 않은 일과, 내 마음속에서 확신하지 않은 일은 하나도 말하지 않았다. 이제부터 행해야 할 검토는 완전히 다른 일이다. 나는 거기서 난처한 일, 신비로운 일, 애매한 일을 볼 뿐이다. 초조함과 자신이 없음을 느낄 뿐이다. 결정을 내릴 때에는 몸이 떨림을 느끼지 않을 수 없으나, 나는 나의 의견이라기보다 오히려 나의 의문을 자네에게 말하는 것이다. 자네의 생각이 보다 더 안정된 상태에 있다면 나는 나의 생각을 말하기를 주저할 것이다. 그러나 자네가 현재 놓여 있는 상태에서는 나처럼 생각하는 것이 좋을 것이다.*40 그리고 나의 이야기에선 이성의 권위만을 인정해 주기 바란다. 나는 잘못된 것인지 아닌지 나 스스로도 알 수 없다. 뭔가를 논하고 있을 때 단정적인 말투로 말하지 않는다는 일은 어려운 일이다. 그러나 여기서는, 나의 단정은 모든 의문을 품는 이유에 불과하다는 것을 잊으면 안 된다. 진리는 자네 스스로가 함구하는 것이다. 나로서는 성실하게 말하리라는 것만을 약속한다.

자네는 내가 한 말에서 자연 종교를 보았을 뿐이다. 그러나 그 밖에도 종교가 필요하다는 것은 참으로 기묘한 일이다. 어째서 그 필요성을 인정할 수 있겠는가. 신이 나의 정신에 주는 빛에 의해 신을 섬기는 일이, 신이 나의 마음에

---

*40 이것은 이 좋은 보좌신부가 오늘날 사람들을 향해 말할 수 있는 일이라고 나는 생각한다 〔원주〕.

느끼게 하는 감정에 의해 신을 섬기는 일이 왜 나쁜가. 현실의 어떤 설교에서 나는 어떤 순수한 윤리, 인간에게 유익하고 인간을 만든 자에게 적합한 어떤 교리를 끌어낼 수 있겠는가. 그런 교설에 의하지 않고서도 나는 자기 능력을 올바르게 가짐으로써 그것을 끌어낼 수 있는 것이 아닌가. 신의 영광을 위해, 사회 복지를 위해, 또 나 자신의 이익을 위해 자연의 규칙에 입각하는 의무에 무엇을 첨부할 수 있는가. 그리고 나의 신앙에서는 끌어낼 수 없는 새로운 신앙으로 사람들은 어떤 미덕을 가져오게 되는가. 그것을 말해 주기 바란다.

신에 대한 가장 중요한 관념은 이성에 의해서만 우리에게 부여된다. 자연의 광경을 볼지어다. 내면의 소리에 귀를 기울일지어다. 신은 우리의 눈에, 양심에, 판단력에 모든 것을 말하고 있지 않은가. 사람들은 거기다 무엇을 우리에게 말할 작정인가. 그들의 계시는 신에게 인간적인 정념을 부여함으로써 신을 저급한 자로 삼고 있을 뿐이다. 내가 보는 바로는, 특수한 교리는 위대한 존재자에 대한 관념을 명백히 하기는커녕 그것을 혼란케 하고 있는 것이다. 그것을 고귀한 것으로 하기는커녕 비속한 것으로 하고 있다. 신을 둘러싸고 있는 이해할 수 없는 신비에 부조리한 모순을 첨부한다. 거만하고, 융통성이 없으며, 잔혹한 인간으로 만든다. 지상에 평화를 가져오지 않고 검(劍)과 불을 가져오는 것이다. 나는 그런 일이 다 무슨 소용이 되겠느냐고 자문해 놓고 어떻게 대답해야 할지 모른다. 나는 거기서 인간의 죄악과 인류의 비참을 볼 뿐이다.

사람들은 내게 말했다. "신은 어떻게 숭배되기를 원하고 있는지, 그것을 인간에게 가르쳐 주기 위해 어떤 계시가 필요했던 것이다." 그 증거로 인간이 만들어 낼 갖가지 기묘한 신앙이 제시되는데, 사람들은 많은 신앙 자체가 변덕스러운 계시에서 생겼다는 것을 모른다. 모든 민족이 신에게 말을 시키려고 생각한 뒤 모든 민족은 각기 자기 나름대로 신에게 말을 시키고, 자기가 바라는 일을 신에게 말하게 했다. 신이 인간의 마음에 말하는 일에만 귀를 기울인다면 지상에는 지금까지 단 하나의 종교밖에 없었을 것이다.

같은 형식의 신앙이 필요했던 것이다. 나도 마음속으로부터 그것을 원하고 있다. 그러나 이 점이 그것을 정하기 위해 신의 전지 전능을 필요로 할 만큼 중대했다는 말인가. 종교 의식과 종교 그 자체를 혼동하지 말자. 신이 요구하고 있는 신앙은 마음의 신앙이다. 그리고 이것은 성실한 것이며 반드시 같은 것이다. 사제의 의복이나, 그가 주장하는 문구나, 제단 앞에서 행하는 동작이나, 무릎을 꿇고 기도하는 일 등에 신이 큰 관심을 기울인다고 생각하는 것은 사실 어리석고 하찮은 일이다. 벗이여, 그곳에 그대로 버티고 서 있는 것이 좋을 것이다. 그래도 자네는 충분히 지면과 가까운 곳에 있는 것이다. 신은 정신적으로 진실을 다해 숭배되기를 원하고 있다. 그것이 모든 나라의, 모든 인간의, 모든 종교의 의무다. 외면적인 의식에 대해 말하면, 질서를 유지하기 위해 그것은 같은 형식을 취해야 한다 해도 그것은 단순한 치안의 문제다. 이런 일에 계시 같은 것은 필요치 않다.

　나는 이런 일을 다 처음부터 생각하고 있었던 것은 아니다. 교육에서 받은 편견과 계속 인간을 자기 영역보다 높은 곳에 두려는 위험한 자존심에 질질 끌리어 나는 스스로의 약한 이해력을 위대한 존재자가 있는 곳까지 높일 수는 없으므로, 그 존재자를 자기가 있는 곳까지 끌어내리려 하고 있었다. 신이 그 본성과 나의 본성 사이에 놓여 있는 무한한 거리를 접근시키려 하고 있었다. 좀더 직접적인 교섭을, 좀더 특별한 가르침을 원하고 있었다. 그리고 신을 인간과 같은 자로 하는 것만으로는 만족하지 않고 나 자신은 동료 중에서도 특히 선정된 자가 되기 위해 초자연의 빛을 요구하고 있었다. 나 자신에게만 허용되는 신앙을 요구하고 있었다. 다른 자에게는 말하지 않은 일, 즉 나처럼 다른 자도 듣지 않았을 일을 신이 나에게 말해 줬으면 하고 원하고 있었다.

　내가 당도한 지점을, 신앙을 가진 모든 사람이 그곳에서 출발하여 더 확실한 신앙에 도달하기 위한 공통 지점이라 생각하고, 나는 자연 종교의 교리 속에서 종교라는 것에 대한 기초를 발견하는 데 불과했다. 이 지상에서 볼 수 있는 갖가지 종파, 서로 "거짓말이다. 잘못이다." 욕을 퍼붓고 있는 종파에 대한 일을 나는 생각했다. "어떤 것이 올바른 종교인가?" 나는 물었다. 각 종파는 나에게 대답했다. "그것은 나의 종교다." 모든 사람이 이렇게 말하고 있었다. "나만이 그리고 나의 종파에 속한 자만이 올바른 생각을 한다. 다른 자는 모두 틀렸다." "그럼 당신은 당신의 종파가 올바르다는 것을 어떻게 알고 있는가?" "신이 그렇게 말하고 있기 때문이다."*41 "신이 그렇게 말하고 있다고 누가 당신

---

*41 선량하고 현명한 어느 사제는 이렇게 말하고 있다. 모든 사람은(이러한 알아들을 수 없는 말을 사용하여) 인간으로부터가 아니라, 어떠한 만들어진 것으로부터도 아니라 신으로부터 그것을 받아 그것을 믿고 있다고 말하고 있다. 그러나 구태여 듣기 좋은 말을 하거나 본심을 감추는 것이 아니라, 사실을 말하면 그런 것은 있을 수 없다. 그것들은 사람이 뭐

에게 말했는가?" "그는 그런 일을 잘 알고 있는 나의 목사이다. 나의 목사가 이렇게 믿으라고 말했다. 그러기 때문에 나는 그렇게 믿고 있다. 목사는 그와 다른 말을 하고 있는 자는 거짓말을 하고 있는 것이라고 보증했다. 그러므로 나는 그런 자에게는 귀를 기울이지 않는다." '무슨 소린가!' 나는 생각했다. 진리는 하나가 아닌가. 그리고 나에게 진실한 일도 다른 사람에게는 허위가 되는 것인가. 올바른 길을 가고 있는 사람의 방법과, 길을 헤매고 있는 사람의 방법이 같다면 한쪽 사람에겐 다른 쪽 사람에 비해 얼마나 많은 공적이 있으며, 얼마나 많은 과실이 있는가. 그들의 선택은 우연의 결과에 불과하다. 그것을 그들의 탓으로 삼는 것은 올바른 일이 아니다. 그것은 여러 나라에 태어난 일을 칭찬하거나 벌하거나 하는 일이다. 신이 그런 식으로 우리를 심판한다는 말에 동의하는 것은 신의 정의를 모욕하는 일이다.

모든 종교가 올바르고 신의 마음에 맞든가, 아니면 신이 인간에게 명하고 있는 한 가지 종교가 있어 그것을 무시할 때 신이 인간을 벌한다고 한다면, 신은 확실히 명백한 표시를 하여 그것을 구별하고, 그것만이 정말 종교라는 것을 잘 알 수 있도록 하고 있든가 어느 하나이다. 그런 표시는 모든 시대, 모든 장소에 공통된 것으로 모든 인간에게 귀족, 민중, 학자, 무지한 자, 유럽인, 인도인, 아프리카인, 미국 흑인에게도 확실히 알려진 일이다. 지상에는 어떤 한 가지 종교가 있어, 그것을 믿지 않으면 영원한 고통이 있을 뿐이라는데, 세계 어디서나 단 한 사람도 성실한 사람이 그 명백한 표시에 감동되지 않았다면 그런 종교의 신은 더없이 잔학무도한 폭군이었을 것이다.

라고 한대도 인간의 손으로 인간적인 수단에 의해 주어진 것이다. 그것은 우선 종교가 어떻게 세상에 받아들여졌는가, 그리고 지금도 매일같이 어떻게 개인에 의해 받아들여졌는가를 보면 알 수 있다. 민족·국토·장소가 종교를 주는 것이다. 사람은 그곳에서 태어나 자라난 장소에서 행해지고 있는 종교에 속하고 있는 것이다. 우리는 자신이 인간임을 알지 못하는 중에 할례도 받고 세례도 받아 유대교도, 이슬람교도, 그리스도교도가 되는 것이다. 종교는 우리가 좋아서 선택할 수 있는 것은 아니다. 다음에 그것은 생활과 풍속이 종교와 전혀 일치하지 않는 것을 보아도 알 수 있다. 인간적인, 더욱이 매우 하찮은 일로 사람이 그 종교의 가르침과 반대되는 것을 하게 되는 것을 보아도 알 수 있다.' 샤롱 《지혜에 대하여》 1601년 보르도판 제2권 제5장 257면.

콩돔의 유덕한 신학 교수의 진지한 신앙 고백은 《사부아 보좌신부의 신앙 고백》과 그다지 틀린 것은 아니었지 않은가. 그것은 있을 수 있는 일이다(원주). (피에르 샤롱은 프랑스의 모럴리스트 1541~1603).

성실하게 진리를 구하려면 타고난 권리라든가, 아버지나 목사의 권위 같은 것은 일체 인정하지 않고, 우리가 어렸을 때부터 그들이 가르쳐 준 모든 일을 생각하여 양심과 이성의 검토에 맡겨 두기로 하자. 그들이 나를 향해 "너의 이성을 복종시켜야 한다." 큰 소리를 질러 봐야 헛일이다. 나를 속이는 인간도 그런 말을 할지 모른다. 나의 이성을 복종시키려면 올바른 이유가 필요하다.

우주를 관찰하며 나의 능력을 올바르게 사용하여 내 스스로의 힘으로 얻을 수 있는 신학의 전부는, 내가 지금까지 자네에게 설명한 것이 전부이다. 그 이상을 알려면 다른 수단에 의뢰해야 한다. 그 수단은 인간의 권위로는 안 될 것이다. 어떤 인간도 나와 다른 종족에 속하는 것은 아니므로 어떤 인간이 자연히 알 수 있는 일은 나도 다 알 수 있는 일이며, 게다가 다른 인간도 나와 마찬가지로 틀리는 일이 있기 때문이다. 어떤 인간이 말하는 일을 내가 믿는 것은 그가 그렇게 말해서가 아니라, 그것을 증명하기 때문이다. 그러므로 인간의 증언은 결국 나의 이성, 그 자체의 증인에 불과하다. 그것은 진리를 알 수 있도록 신이 나에게 부여하는 자연의 방법에 아무것도 더하지 않는다.

그러므로 진리를 선전하는 자여, 도대체 당신은 내가 심판관이 아닌 그 문제에 대해 어떤 말을 내게 할 수 있는가. "신 스스로가 말한 것이다. 신의 계시에 귀를 기울이란 말이다." 그런 일이라면 별문제다. "신이 말했다!" 이것은 확실히 멋진 문구다. 그러나 신은 누구에게 말했는가. "인간에게 말한 것이다." 그럼 왜 나에게는 아무 말도 들리지 않았는가. "신은 그 말을 당신에게 전하라고 다른 사람들에게 의뢰한 것이다." 옳거니, 신이 한 말을 나에게 알려 주러 오는 것은 인간이란 말인가. 나는 오히려 직접 신의 말을 듣고 싶었다. 그 때문에 신이 쓸데없는 시간을 허비하지는 않았을 것이고, 나를 유혹에서 지켜 줄 수도 있었을 텐데. "신은 그 사자(使者)의 사명을 명백히 함으로써 당신을 유혹에서 지켜 주고 있는 것이다." 어떻게 명백히 하는가. "기적에 의해서다." 그럼 그 기적은 어디에서 볼 수 있는가. "책 속에서." 그럼 그 책은 누가 쓴 것인가. "인간이다." 그럼 누가 그 기적을 보았는가. "그것을 증언하고 있는 인간이다." 무슨 소린가. 어디까지 가더라도 인간의 증언이란 말인가? 결국 인간이 다른 인간이 전한 일을 나에게 전하는 것이다. 신과 나 사이에 얼마나 많은 인간이 있는지 모른다. 그렇지만 검토해 보자. 조사해 보자. 아아, 만일 신이 이런 성가신 일을 일체 피하게 해줬다면 나는 더 싫은 마음으로 신을 섬기게 되었단 말인가.

벗이여, 생각해 보란 말이다. 얼마나 무서운 논의에 내가 관여하게 되었는가를. 먼 옛날로 거슬러 올라가 예언, 계시, 사설이나, 세계의 모든 나라에서 제시되고 있는 신앙에 대한 온갖 저작을 검토하고 고증하고 대조하기 위해서나, 그것과 관계 있는 때나, 장소나, 저자나, 당시의 상황을 확인하기 위해 나는 얼마나 광대한 학식을 필요로 하는지 모른다. 진짜 자료를 가짜 자료와 구별하기 위해, 반론을 회답과, 번역을 원서와 비교해 보기 위해, 증인의 공정·양식·지식을 판단하기 위해, 삭제하거나 첨부하거나 바꿔놓거나 다시 쓰거나 개조하는 일은 절대로 하지 않았나를 알기 위해, 남아 있는 모순을 제거하기 위해, 반대자에 대해 주장된 사실에 대한 그 반대자의 침묵에는 어느 정도의 의의가 있는가, 그런 주장이 반대자에게 알려져 있었나, 그것은 대답해 줄 가치가 충분히 있는 일이라고 그들이 판단하고 있었나, 우리는 그들의 책을 우리 나라에서 읽게 할 정도로, 또 그들이 행한 가장 강력한 반론을 그대로 받아들일 만큼 성의를 갖고 있었나, 이런 일을 판단하기 위해서 나에게 어느 정도의 정확한 비판이 필요한 것일까.

그런 저작은 의심받지 않을 것으로 인정받았다고 하고, 다음으로 그 저자의 사명을 증명하는 일로 옮겨야 한다. 어떤 예언이 기적없이 실현되지 않았나를 판단하기 위해서는 우연의 법칙, 어떤 일이 일어날 수 있는 확률을 잘 알아야 한다. 원서의 국어로 된 예언으로 볼 수 있는 일과, 단순히 말의 멋진 표현에 불과한 일을 구별하기 위해 그 국어의 정신을 알아야만 한다. 교묘한 인간은 어느 정도까지 단순한 사람들의 눈을 속일 수 있는 것인가. 총명한 사람들까지 놀라게 할 수 있는 것인가. 그것을 말할 수 있게 되려면 어떤 사실이 자연의 질서에 포함되며, 어떤 사실이 포함되지 않는가를 알아야만 한다. 기적을 믿을 뿐만 아니라, 의심을 품으면 벌을 받는다고 믿게 하려면 기적이란 어떤 종류의 것이어야 하나, 어떤 진실성을 가져야 하나를 탐구해야만 한다. 진짜 기적과 거짓 기적의 증거를 비교하고 그것을 분별하는 확실한 규칙을 발견해야 한다. 그리고 또, 왜 신은 그 말의 진실을 나타내기 위해 그 자체가 많은 증언을 필요로 하는 수단을 택하여, 믿기 쉬운 인간을 놀리거나 인간을 납득시키는 올바른 수단을 일부러 피하는가를 설명해야만 한다.

신이 어떤 자신의 뜻을 전달하는 수단으로 인간을 삼았을 때 스스로 그 품위를 떨어뜨리는 일을 당했다 해도, 그 사람이 신에 선택된 자임을 인류에게 알리지 않고 그의 말에 전 인류가 따르기를 요구하는 것은 도리에 맞는 일이며 올바른 일인가. 그 사람에게 어디 있는 누군지 잘 모르는 소수의 인간 앞에 제시되는 몇 가지 특수한 표시 외에는 자격을 증명하는 것을 아무것도 주지 않고, 그에 대해 다른 인간은 다 모든 일을 전해 듣고서야 알게 된다고 한다면 공평한 일이라 할 수 있겠는가. 세계의 모든 나라를 통해 민중이나 단순한 사람들이 보았다는 기적이 모두 정말로 생각된다면 모든 종파는 올바른 것이 된다. 자연스러운 현상보다 기적이 많게 된다. 그리고 모든 기적 가운데 가장 큰 기적은 광신자가 박해당하고 있는 곳에서는 기적이 일어나지 않게 될 거라는 것이다. 자연을 지배하는 현명한 자의 존재를 무엇보다도 잘 나타내는 것은 자연의 변함없는 질서이다. 많은 예외가 생긴다면 나는 어떻게 생각해야 될지 모르게 될 것이다. 그러나 나로서는 마음으로부터 신을 믿고 있기 때문에, 신에게 너무나도 어울리지 않는 그렇게 많은 기적을 믿지는 않을 것이다.

한 인간이 찾아와 우리에게 이런 말을 했다고 하자. "인간들이여, 나는 높은 자의 의지를 전한다. 내가 하는 말을 듣고 나를 이 세상에 보낸 자를 인정할지어다. 나는 태양에 궤도를 바꾸라고 명령한다. 산이 평지가 되고, 바다가 산이 되고, 대지가 다른 모습이 되기를 명령한다." 그런 이상한 일을 보게 될 때 누구나 그 자리에서 자연의 지배자를 인정치 않고는 있을 수 없을 것이다. 자연은 산사의 명령에 따르지는 않는다. 그들의 기적은 네거리나, 사막 안이나, 방 안에서 이루어진다. 그런데 그들은 처음부터 무엇이나 믿으려는 몇몇 구경꾼을 속일 수 있는 것이다. 기적을 믿게 하려면 얼마만큼의 목격자가 필요한가 등의 말을 나에게 할 수 있는 자가 어디에 있는가. 그들의 교설을 증명하기 위해 행하여진 그들의 기적이 다시 증명될 필요가 있다면, 그 기적은 무슨 소용이 되겠는가. 그런 일은 하나마나 마찬가지였던 것이다.

다시 계시된 교설을 검토함에 있어 가장 중요한 일이 남아 있다. 신이 이 세상에서 기적을 행한다고 말하는 사람들은 악마도 때로는 그 흉내를 낸다고 주장하고 있는 판이니까, 더없이 명백한 기적이 행하여진들 우리는 지금에 비해 전진하지는 않는다. 그리고 파라오의 마술사들은 모세가 신의 특별한 명령을 받고 보여 준 표시와 같은 일을 당사자 모세 앞에서 해보였으므로, 모세가 없을 때 그 마술사들이 같은 자격으로 같은 권위를 주장하지 못할 이유가 어디 있겠는가. 그러기에 기적에 의해 교설을 설명한 뒤에, 교설에 의해 기적을 증명해야 한다.*42 그렇게 하지 않으면 신의 행위를 악마의 소행으로 잘못 생각할 우려가 있다. 이 악순환에 대해 자네는 어떻게 생각하는가. 그 교설은 신이 주는 것으로, 신으로부터 받은 신성한 성격을 지녀야 한다. 그것은 우리 정신에 이성이 나타내는 신에 대한 애매한 관념을 우리에게 명백하게 해줄 뿐만 아니라, 하나의 신앙을, 윤리를, 우리가 그로 인해서만 신의 본질을 이해하는 속성에 알맞은 준칙을 제시하는 것이어야만 한다. 그러므로 그것이 부조리하다는 것과 아무 근거도 없다는 것을 가르칠 뿐이라면, 우리와 같은 인간에 대한 혐오와 우리 자신에 대한 공포를 일으킬 뿐이라면, 노하기 잘하는 신, 질투심 많은 신, 복수를 좋아하는 신, 불공평한 신, 인간을 미워하고 있는 신을 묘사해 보일 뿐이라면, 전쟁과 투쟁의 신, 계속 파괴로 위협하려는 신, 계속 죄에 대해 말하고 죄없는 자까지 벌하는 일을 자랑하는 신을 묘사해 보일 뿐이라면 나의 마음은 그런 무서운 신에게는 이끌리지 않을 것이며, 나는 자연 종교를 버리고 그런 종교를 믿지도 않을 것이다. 자네도 잘 알고 있듯이 필연적으로 어느 한쪽을 취해야만 하기 때문이다.

---

*42 이것은 성서의 수많은 곳에 분명하게 나타나 있다. 특히 《신명기》 제13장에는 만약 어떤 예언자가 다른 나라의 신을 고하고 그 말을 기적에 의해 확증하고 그가 예언한 것이 일어났다 하더라도 그에 경의를 보이지 않고 오히려 그 예언자를 사형에 처해야 한다고 말하고 있다. 그러므로 이교도들이 다른 나라의 신을 고하고 그 사명을 예언과 기적으로 증명하는 사도를 사형에 처했다고 하더라도 그들이 곧 이쪽에 대하여 역용할 수 없을 만한 무언가 굳건한 일로 그들에게 반대할 수 있었다고 나는 생각할 수 없다.

그래서 이런 경우에는 어떻게 하면 좋은가. 길은 단 하나 논리로 되돌아가 기적을 인정하지 않는 일이다. 기적 따위에 의지하지 않는 편이 차라리 좋았던 것이다. 그것이 가장 단순한 양식인데 사람들은 아무튼 자질구레하고 번잡스러운 구별을 함으로써 그 양식을 흐리게 하고 있는 것이다. 그리스도교에 너저분한 의론! 그렇다면 예수 그리스도가 단순한 자에게 천국을 약속한 것은 잘못되었던 것이다. 그 가장 아름다운 가르침의 시작에서 마음이 가난한 자를 칭찬한 것은 잘못이었던 것이다. 그의 교설을 이해하고 그를 믿는 것을 배우기 위해서는 그토록 재기가 필요하므로 나는 순종해야만 할 일을 그대가 증명해 주었다면 모든 일은 참으로 잘 될 것이다. 그렇지만 그것을 나에게 증명하기 위해서는 나에게 알 만한 것을 말해 주기 바란다. 그대의 논리를 마음이 가난한 자의 능력에 맞추어 주기 바란다. 그렇지 않으면 나는 이미 그대를 그대의 스승의 참다운 제자로 인정하지 않는다. 그리고 그대가 나에게 알려 주고 있는 것은 그의 가르침은 아닌 것이다(원주).

나는 그 종파의 사람들에게 이렇게 말할 것이다. "당신들의 신은 우리의 신이 아니다. 처음에 민족을 단 하나만 택하고, 그 밖의 인류를 추방하는 그런 신은 인간 공통의 아버지는 아니다. 그의 피조물 대부분을 영원한 죄에 빠뜨리는 그런 신은, 나의 이성이 표시해 준 관대하고 자비로운 신은 아니다."

이성은 내게 말한다. "교리는 명료하고, 그 명증에 의해 마음에 호소해야 한다." 자연 종교가 불충분하다는 것은, 그것이 우리에게 가르치는 중대한 진리에 대해 애매한 점을 남기기 때문이다. 계시야말로 그 진리를 인간의 정신에 확실히 알 수 있는 방법으로 우리에게 가르치며, 그것을 인간의 힘으로 잡을 수 있는 곳에 두고, 인간에게 이해시켜 믿을 수 있도록 해주어야 할 것이다. 신앙은 오성에 의해 확고한 것이 된다. 모든 종교 속에서 가장 뛰어난 종교는 가장 명쾌한 종교임에는 틀림없다. 나에게 들려 주는 신앙에 함부로 신비나 모순을 지참하는 자는, 바로 그 일로 인해 나에게 경계하는 마음을 일게 하는 것이다. 내가 숭배하는 신은 암흑의 신은 아니다. 신은 오성을 금지하기 위해 나에게 오성을 준 것은 아니다. 나의 이성을 복종시키는 것은 이성을 만든 나를 모욕하는 일이다. 진리를 섬기는 자는 나의 이성에 압박을 가하지는 않는다. 이성을 이끌어 주는 것이다.

우리는 인간의 권위를 일체 제거했다. 그런데 이 권위를 무시하면, 어째서 어떤 인간이 부조리한 교설을 설파하여 다른 인간을 납득시키는 결과가 되는지 나로서는 이해할 수 없는 일이라고 생각한다.

이 두 인간을 잠시 대결시켜 본다. 두 당파가 충돌했을 경우에 늘 들을 수 있는 거친 말투로 그들이 무슨 말을 주고 받게 되는지 연구해 보기로 하자.

영감을 받은 사람 : 이성은 당신에게 전체는 그 부분보다 크다고 가르친다. 그러나 나는 신의 이름으로 부분 쪽이 전체보다 크다고 당신에게 가르친다.

이성을 따르는 사람 : 신은 모순된다고 일부러 나에게 말하는 당신은 도대체 누구인가. 그리고 나는 이성에 의해 나에게 영원한 진리를 가르치는 신과, 신의 이름으로 나에게 부조리한 일을 고하는 당신 중 어느 쪽을 믿으면 좋은가.

영감을 받은 사람 : 나를 믿어야 한다. 나의 가르침은 보다 더 실증적인 것이다. 그리고 나는 나를 보낸 것은 신이라는 것을 반박할 수 없도록 당신에게 증명할 참이다.

이성을 따르는 사람 : 무슨 소리를! 당신은 신과 반대되는 말을 하도록 하기 위해 신이 당신을 보냈다는 것을 증명할 작정인가. 그리고 당신은 어떤 종류의 증거를 들어, 신이 나에게 준 오성을 통해 말하는 것보다 당신의 입을 통해 나에게 말하는 편이 확실하다고 나에게 납득시킬 작정인가.

영감을 받은 사람 : 신이 당신에게 준 오성? 인색한 인간인 주제에 건방지게! 당신은 죄악으로 타락한 이성 때문에 헤매고 있는 최초의 불신자 같구나!

이성을 따르는 사람 : 신이 보낸 인간이여, 당신 역시 자기 사명을 증명하는 대신 거만한 태도로 밀고 나가는 최초의 교활한 자가 아닐지.

영감을 받은 사람 : 뭐야, 철학자라는 작자가 욕을 하다니.

이성을 따르는 사람 : 때로는 그러기도 하지. 성자가 그 본보기를 나타내어 보일 때는 말일세.

영감을 받은 사람 : 오오, 나는 그런 말을 할 권리가 있는 것이다. 나는 신의 이름으로 말하고 있는 것이다.

이성을 따르는 사람 : 당신의 특권을 휘두르기 전에 우선 당신의 자격을 증명하여야 할 것이다.

영감을 받은 사람 : 나의 자격은 확실한 것이다. 대지와 하늘은 나의 증인이 되어 줄 것이다. 자, 나의 추론을 잘 들어 보라구.

이성을 따르는 사람 : 당신의 추론! 당신은 아무 생각도 하지 않는다. 나의 이성이 나를 속이고 있다고 나에게 가르친다는 것은 나의 이성이 당신에게 유리하게 되도록 나에게 한 말을 반박하는 일이 아닌가? 이성의 권위를 부정할 생각이면 이성을 사용치 않고 상대를 납득시켜야 한다. 추론에 의해 당신이 나를 설득했다면 죄 때문에 타락한 나의 이성 외에, 무엇이 나에게 당신이 하는 말을 인정케 하는지 어떻게 내가 알 수 있겠는가. 게다가 당신의 증거나 증명이 쳐부수지 않으면 안 될 공리(公理)보다 더 명료한 어떤 증거나 증명을 당신은 사용할 수 있는가. 올바른 삼단 논법이 거짓말이라는 것은, 부분이 전체보다 크다는 것과 똑같이 믿어도 좋은 것이다.

영감을 받은 사람 : 대단한 착오다. 나의 증거는 반박을 허용치 않는다. 그것은 초자연적 질서에 속하는 것이다.

이성을 따르는 사람 : 초자연! 그 말은 무엇을 뜻하는지 나로서는 알 수 없다.

영감을 받은 사람 : 자연의 질서를 바꾸는 일, 기적, 온갖 종류의 불가사의한 일들이 바로 그것이다.

이성을 따르는 사람 : 불가사의한 일! 기적! 나는 그런 일을 아직 전혀 본 일이 없다.

영감을 받은 사람 : 다른 자가 당신 대신 그것을 본 것이다. 많은 증인…… 많은 국민의 증언…… 이성을 따르는 자 많은 국민의 증언은 초자연적인 일인가.

영감을 받은 사람 : 그렇지 않다. 그러나 만인이 인정하면 그것은 틀림없는 일이다.

이성을 따르는 사람 : 이성의 원칙 이상으로 의심할 일은 하나도 없으며, 인간의 증언에 입각하여 부조리한 일을 인정할 수는 없다. 다시 한번 말하지만 초자연적인 증거란 어떤 것인가? 인류 전체가 보았다 하더라도 초자연적인 일이 되지는 않을 테니까.

영감을 받은 사람 : 아아, 답답한 작자군! 은총은 당신에게 아무 말도 하지 않는다.

이성을 따르는 사람 : 그것은 나의 죄는 아니다. 당신의 말에 따른다면, 은총을 구하기 위해서는 이미 은총을 받고 있어야 한다고 하니 말일세. 그러므로 우선 은총을 대신해 나에게 말하는 것이 좋을 것이다.

영감을 받은 사람 : 아아, 바로 그것이야말로 내가 하고 있는 일이다. 그런데 당신은 귀를 기울여 주지 않는다. 하여간 당신은 예언이라는 것을 어떻게 생각하는가.

이성을 따르는 사람 : 나는 우선 이렇게 말한다. 나는 기적 같은 것을 볼 일은 없으나 그 이상으로 예언 같은 것도 들은 일이 없다. 다시 말해, 예언 같은 것은 나에게는 아무 권위도 될 수 없다.

영감을 받은 사람 : 이 악마 같은 작자야! 왜 예언이 당신에게는 권위가 될 수 없나?

이성을 따르는 사람 : 예언이 권위를 지니기 위해서는 세 가지가 필요한 데 그것이 다 갖추어지기는 불가능한 일이다. 그것은 내가 예언에 입회한 일, 예언된 사건에 입회한 일, 또 그 사건은 우연히 예언과 일치한 것이 아니라는 일이 증명되는 일, 이 세 가지이다. 가령 그 예언이 기하학의 공리보다 정확 명쾌

했다 하더라도, 엉터리 예언의 명쾌함도 그 실현을 불가능하게 하는 것은 아니다. 그러므로 예언이 실현되었다 하더라도 그것은 엄밀히 말해 예언자에게 유리한 일을 하나도 증명하고 있지 않은 것이다.

이른바 당신의 초자연적인 증거와 기적이나 예언은 이렇게 되어 버리는 것이다. 타인의 믿음에 근거하여 그 모든 것을 믿게 되며, 나의 이성에게 이야기하는 신의 권위를 인간의 권위에 따르게 하게 되는 것이다. 나의 정신이 생각하는 영원한 진리가 침해당한다면 나에게는 어떤 종류의 확실성도 없어지게 되며, 당신이 신의 이름으로 하고 있는 말이 믿어지기는커녕 신이 존재한다는 일조차 믿을 수 없게 될 것이다.

나의 아들이여, 이렇게 성가신 일들이 많이 있는데, 이것이 전부라는 것은 아니다. 서로 쫓아내고 배척하는 많은 갖가지 종교 가운데 올바른 종교가 하나 있다면 하나만이 올바른 것이다. 그것을 알려면 한 가지 종교를 검토하는 것만으로는 부족하다. 모든 종교를 검토해야만 한다. 그리고 어떤 일이건, 들어보지도 않고 비난하거나 해서는 안 된다.*43 갖가지 반론을 증명과 비교해 보아야 한다.

각 종교가 다른 종교에 대해 하고 있는 말과 대답하고 있는 말을 알아야만 한다. 어떤 생각이 충분히 증명되고 있는 것처럼 보인다면, 더구나 우리는 어떤 이유로 많은 사람들이 그것을 인정하지 않는지 연구해야 한다. 반대파의 이유를 알려면 자기편의 박사들이 하는 말을 듣고 있는 것으로 충분하다고 생각하는 그런 사람은, 참으로 단순한 사람이라고 말해야 할 것이다. 성의를 자랑으로 하는 신학자가 어디에 있는가. 모든 사람은 자기 진영 안에서야말로 빛나는 존재가 된다. 그러나 동료 사이에서 우쭐해져 증명을 떠들어 대고 있는 자도, 다른 당파 사람들 사이에서 그런 증명을 제시하면 완전히 어리석은 인물로 취급받는다.

---

*43 플루타르코스가 쓴 것인데 스토아 철학자는 여러 가지로 기묘한 역설을 서술하고 있는 속에서 판단이 모순되어 있는 경우 양쪽의 주장을 듣는다는 것은 무익하다고 주장하고 있다. 그들은 이렇게 말하고 있다. 제1의 사람은 그의 말을 증명했든가 증명하지 못했든가이다. 증명했다면 그것으로 처리되어 반대의 것은 부정되어야만 한다. 증명하지 않았다면 그는 잘못되어 있으므로 그의 주장은 각하되어야만 한다는 것이다. 배타적인 계시를 인정하는 모든 사람의 방법은 그러한 스토아 철학자의 방법에서는 모든 주장을 들어 보아야 한다. 그렇지 않으면 올바른 사람이라고 할 수 없다(원주).

책으로 배우고자 한다면 얼마나 많은 지식을 습득해야 하는가. 얼마나 많은 국어를 배우고, 얼마나 많은 도서를 조사하고, 얼마나 넓은 범위의 독서를 하여야 하는가. 그 선택에 있어 나를 이끌어 주는 것은 무엇인가. 어떤 한 나라에 있으면 반대파의 가장 뛰어난 책은 여간해서 찾아볼 수 없을 것이며, 모든 당파의 책은 더욱 찾아볼 수 없을 것이다. 그런 책은 있다 하더라도 곧 반박당할 것이다. 그 자리에 없는 자는 언제나 잘못된 것이 되며, 올바르지 않은 이유라도 확신을 갖고 말한다면 경멸하는 투로 소개되는 올바른 이유를 굴복시키고 만다. 거기다 또 대부분의 경우, 책만큼 사람을 속이는 것은 없으며, 그것을 쓴 사람의 생각을 충실히 전하지 않는 것도 없다. 자네가 보쉬에의 책으로 가톨릭 신앙을 판단하고자 했다면, 우리 사이에서 생활해 봐야 할 것이다. 그러면 당치도 않은 착오를 하고 있다는 것을 알게 될 것이다. 자네도 알고 있듯이 프로테스탄트에게 대답하기 위해 말하게 되는 교설은 민중에게 가르치는 것과 다르며, 보쉬에가 쓴 것과 일요일의 설교에서 배운 것과는 전혀 비슷하지도 않다. 어떤 종교를 충분히 판단하기 위해서는 그 종파의 사람이 쓴 책으로 연구하여야 한다. 그들이 있는 곳에 가서 배워야만 한다. 이것은 아주 다른 일이다. 각 종파에는 그 전통, 생각하는 법, 습관, 편견이 있고, 그것이 신앙의 진수가 되었으므로 그 종교를 알기 위해서는 그런 것을 고려에 넣어야만 한다.

책 같은 것은 인쇄하지 않고, 우리의 책을 읽지도 않는 대민족이 얼마나 많은가. 그들은 우리의 의견을 어떤 식으로 판단하는 것인가. 그들의 의견을 우리는 어떤 식으로 판단하는 것인가. 우리는 그들을 비웃고, 그들은 우리를 경멸하고 있다. 그리고 우리 나라의 여행가들을 웃음거리로 삼고 있으나, 그들도 우리가 있는 곳에 여행을 오게 되면 반드시 우리의 웃음거리가 될 것이다. 진리를 인정하기 위해 그것을 알려고 오로지 노력하고 있는 양식 있는 사람, 성의 있는 사람, 진리의 벗인 착실한 사람, 그런 사람들이 없는 나라가 어디에 있는가. 그런데 각 국민은 자기 신앙에서만 진리를 보고, 다른 국민의 신앙은 부조리한 일이라고 생각하고 있다. 그러므로 그런 외국의 신앙은 우리가 생각하는 것만큼 그렇게 옳은 길을 벗어난 일은 아닌 것이다. 그렇지 않다면 우리가 우리 종교에서 발견하는 근거는 아무것도 증명하지 못하는 것이 된다.

유럽에서는 세 가지 주된 종교를 볼 수 있다. 그 하나는 단 한 가지 계시를 인정한다. 또 하나는 두 가지 계시를 인정하고, 또 다른 하나는 세 가지 계시를 인정하고 있다. 그 하나하나는 모두가 다른 두 가지를 미워하고 저주하며, 맹목적이고 완고하고 답답하고 거짓말쟁이라는 등의 말로 욕하고 있다. 공평한 사람이라면 그 종교의 증명을 충분히 잘 생각하여 이유를 잘 들은 뒤가 아니면 그에 대해 판단을 내릴 수는 없을 것이다. 단 한 가지 계시를 인정하고 있는 종교는 가장 오래되고, 가장 확실한 것처럼 보인다. 세 가지 계시를 인정하고 있는 종교는 가장 새롭고, 가장 체계적인 것처럼 보인다. 두 가지 계시를 인정하고, 제3의 계시를 부인하고 있는 종교는 가장 뛰어난 것인지도 모른다. 이에 대해서는 확실히 모든 편견이 등장하게 되고, 그 모순은 한 번 보기만 해도 알 수 있다.

그 세 계시를 다루는 각 성서들은 그것을 따르고 있는 국민에게는 알려지지 않은 국어로 씌어 있다. 유대인은 이제 히브리어를 깨치지 못한다. 그리스도교인는 히브리어도, 그리스어도 알지 못한다. 터키인도, 페르시아인도 아라비아어를 알지 못한다. 그리고 현대에는 아라비아인 자신도 이제 마호메트 시대의 말을 쓰지는 않는다. 사람들이 모르는 언어로 가르치며 계속 말하는 것은 어리석은 일이 아닌가. '그 책들은 번역되어 있다'고 사람들은 말할지도 모른다.

그럴 듯한 대답이다. 그러나 그 책들이 충실하게 번역되어 있다는 것을, 아니 충실한 번역이 가능하다는 것을 누가 보증해 준단 말인가. 게다가 신이 인간에게 말하는 것 같은 일을 해준다면 왜 번역자를 필요로 하겠는가.

인간이 누구나 알아야만 할 일이 책 속에 내포되어 있다는 일은 나로서는 도저히 생각할 수 없는 일이며, 그런 책에도, 그것을 이해하고 있는 사람들에게도 접근할 수 없는 자가 반드시 무지하기 때문에 벌을 받는다고 생각할 수는 없을 것이다. 언제나 책이라니! 정말 광기어린 일이다. 유럽에는 책이 넘쳐나므로 유럽인은 그것을 빼놓을 수 없는 것으로 보지만, 지구상의 4분의 3이나 되는 나라에선 책 같은 것은 전혀 본 일도 없다는 것을 생각지 않는다. 책은 모두 인간에 의해 쓰인 것이 아닌가. 그러므로 인간은 자기 의무를 알기 위해서는 책이 필요하다는 말을 어떻게 할 수 있겠는가. 거기다 그런 책이 만들어지기 전에는 인간은 자기 의무를 아는 어떤 수단을 갖고 있었단 말인가. 인간은 스스로 그 의무를 알게 된다. 그렇지 않으면 몰라도 되는 것이다.

우리가 보고 있는 가톨릭은 교회의 권위라는 일로 크게 떠들고 있다. 그러나 다른 종파는 그 교설을 직접 확립하기 위해 여러 가지 과장된 증명을 끌어내고 있으니, 가톨릭에서는 교회의 권위를 확립하기 위해 그와 같은 일이 필요하다면 무엇을 얻게 되겠는가. 교회는 자기들에게 결정하는 권리가 있다고 주장한다. 훌륭하게 증명된 권위가 아닌가. 거기서 더 나가면 그네들의 행위는 재차 우리들의 모든 논의에 휩쓸려 들어가게 되는 것이다.

유대교가 그리스도교에 반대하여 주장하는 일을 면밀하게 검토하는 일을 한 그리스도교도를 그네들은 많이 알고 있는지. 몇 사람이 유대교에 대해 뭔가 조사한 일이 있다 하더라도 그것은 그리스도교도가 쓴 책 속에서 조사한 것이다. 반대자가 할 말을 아는 뛰어난 방법이다! 그러나 어쩔 수 없지 않은가. 누군가가 만일 공공연히 유대교에 호의를 갖는 책을 우리 사이에서 출판했다면 우리는 저자와 간행자와 서점을 틀림없이 처벌할 것이다.*44 이런 경찰 수단은 편리하고 확실한 방법이며 반드시 올바른 일이 된다. 입을 열지도 못하는 사람들을 논파하는 것은 유쾌한 일이다.

우리 가운데 유대인과 말을 할 수 있는 사람들이 있다 하더라도 그 사람들도 더 상세한 일을 알 수는 없을 것이다. 불행한 유대인은 우리에게 마음대로 취급당하리라는 것을 잘 알고 있다. 그들에게 가해지고 있는 압박은 그들을 겁쟁이로 만들고 있다. 그리스도의 자비심에는 부정한 행위나 잔인한 행위가 왜 걱정이 안 되는가를 그들은 잘 알고 있다. 그들이 감히 말하고자 하면 '곧 그것은 모독이다'라고 우리가 떠들어 대는 괴로운 경우를 당하지 않는가. 욕심이 우리에게 열의를 주고, 그들은 너무도 부자(富者)이므로 아무래도 나쁜 놈이라고 볼 수 밖에 없다. 가장 박식한 사람, 가장 총명한 사람은 반드시 가장 조심스러운 사람이라 할 수 있다. 그네들은 어딘가에 있는 비참한 남자를, 죽고 남자가 믿고 있는 종파의 욕을 하도록 돈으로 매수되는 인간을 개종시킬 것이다. 그리고 어딘가에 있는 비천한 헌옷 집에서 그네들에게 아첨하는 말을 하는 인간에게 말을 시킬 것이다. 그네들은 무지한 유대인, 비겁한 유대인에게

---

*44 잘 알려져 있는 수없는 사실 가운데서 주해를 필요로 하지 않는 다음과 같은 것이 있다. 16세기에 가톨릭의 신학자들은 유대인의 저서는 모조리 구별하지 않고 불에 던져 버려야 한다고 했으나 유명한 학자 로이힐린(독일의 인문학자 1455~1522)은 그에 대한 의견을 요구받고 끔찍한 사건을 초래하여 그 때문에 하마터면 죽임을 당할 뻔했다. 그것도 다만 그리스도교에 반대되는 것은 아무것도 씌어 있지 않은 저서, 또 종교와는 관계없는 문제를 다루고 있는 저서는 보존해 두어도 상관없다는 의견을 갖고 있었기 때문이다(원주).

는 이길 수 있겠지만, 유대교의 박사들은 그네들의 어리석음을 남몰래 비웃고 있을 것이다.

그러나 유대인이 몸의 안전을 느끼고 있는 곳에서도 그런 식으로 쉽사리 그들을 이겨 낼 수 있다고 그네들은 믿고 있는 것인가. 소르본 대학 신학부에선 구세주에 대한 예언은 예수 그리스도에게 결부되고 있다는 일이 명백해지고 있다. 암스테르담의 유대인 율법학자들이 있는 곳에서는 그것은 예수와는 아무런 관계도 없다는 일이 역시 마찬가지로 명백해지고 있다. 유대인이 아무 위험도 느끼지 않고 말하고 논의할 수 있는 자유로운 국가·학교·대학을 지니지 않으면 그들이 주장하는 말을 충분히, 들었다고는 결코 믿을 수 없을 것이다. 그런 데서야말로 우리는 그들이 하고 싶어하는 말을 알 수 있는 것이다.

콘스탄티노플에선 터키인은 올바르다고 생각되는 말을 으레 하지만 우리로서는 올바르다고 생각 되는 말을 할 용기가 없다. 거기서는 우리 쪽이 비굴한 흉내를 내게 된다. 우리는 유대인이 믿고 있지도 않은 예수 그리스도에 대한 존경을 그들에게 요구하고 있는데, 그와 마찬가지로 우리가 믿고 있지도 않은 마호메트에 대한 존경을 터키인이 우리에게 요구한다면 터키인은 잘못된 것인가. 우리는 올바른 것인가. 어떠한 공정한 원칙에 입각하여 우리는 이 문제를 풀 수 있는 것인가.

인류의 3분의 2는 유대교인이나, 마호메트인이 아니고, 그리스도교인도 아니며, 모세·예수·그리스도·마호메트란 말을 한 번도 들어본 적 없는 사람들이 몇 백 만이나 되는지 모른다. 사람들은 그것을 부정한다. '우리의 선교사는 곳곳에 가 있다'고 주장한다. 그런 말을 하기는 쉽다. 선교사들이 아프리카의 벽지까지 가 있단 말인가. 그곳은 아직 알려져 있지 않으며, 유럽인은 아무도 그곳에 간 일이 없다.

선교사들은 육지 한가운데 있는 타타르 사람의 나라에서 말을 타고 유목민 뒤를 쫓고 있단 말인가. 그곳에 외국인은 절대로 접근하지 않으며, 또 그런 사람들은 로마 교주의 이야기 등은 들을 일도 없을 뿐더러, 라마교의 교황에 대한 일도 겨우 알 뿐이다. 선교사들은 미국의 끝없이 넓은 대륙에 가 있단 말인가. 그곳에 살고 있는 민족 전체는 자기들 세계에 다른 세계의 국민이 들어온 일을 아직 모르고 있는 것이다. 선교사들은 일본에 가 있는 것인가. 그들의 선구자들은 새로운 세대에 위선적인 열의를 갖고 찾아와서, 무력을 사용하지 않고 나라를 빼앗으려 했던 교활한 침입자로 알려진 데 불과하다. 그들은 자신들의 책동 때문에 일본에서 영원히 추방되었다. 선교사들은 아시아 국왕들의 후궁이 있는 곳에 가서, 수천 명의 불쌍한 여자 노예들에게 복음을 전하고 있는 것인가. 어떤 선교사도 신앙에 대해 설교하지 못하게 하려고 그 여인들은 어떻게 했던가. 그녀들은 방 안에만 틀어박혀 있기 때문에 모두 지옥에 빠지게 된다는 것인가.

복음이 정말 온 세계에 전해져 있다 한들 얼마나 유리해지겠는가. 어떤 나라에 처음으로 선교사가 찾아온 전날 밤에도, 분명 그의 복음을 듣지 못하고 죽어간 사람이 있을 것이다. 이 경우 그 누군가를 어떻게 해야 되는지 가르쳐 주기 바란다. 예수 그리스도의 가르침을 전혀 들을 수 없었던 사람은 온 세계에 단 한 사람밖에 없었다 하더라도, 그 한 사람에 대해서도 인류의 4분의 1에 대하여서나 마찬가지로 강력한 이의가 제시될 것이다.

복음을 전하는 자가 먼 나라의 국민에게 그 가르침을 설명해서 들려 줬다 하더라도, 그는 그 말을 바탕으로 그 나라 사람들이 합리적으로 받아들일 수 있는 그 무엇을, 가능한 한 엄밀한 검증을 필요로 하지 않는 그 어떤 것을 이야기해줄 수 있었을까? 그는 2천 년 전에 세계의 구석 어딘가 내가 모르는 작은 거리에서 태어났다가 죽은 신에 대해 나에게 이야기하고, 그 신비를 믿지 않는 자는 다 지옥에 빠질 것이라고 말하고 있다. 이것은 참으로 기묘한 일이다. 모르는 사람이 하는 말을 듣기만 하고 그렇게 간단히 믿을 수는 없다. 그의 신은 내가 알아야만 할 사건을 왜 나하고 그렇게 멀리 떨어진 곳에서 일으켰는가. 지구 저쪽에서 행해지는 일을 모르고 있는 일이 죄가 된단 말인가. 다른 반구에 헤브라이 민족이 살고 예루살렘이란 도시가 있다는 사실을 내가 알 수 있겠는가. 그것은 달에서 일어나고 있는 일도 알아야 한다는 것과 똑같다.

그는 그것을 나에게 가르쳐 주러 온 것이라고 말한다. 그러나 왜 그는 우리 아버지에게 그것을 가르쳐 주지 않았던가. 즉, 왜 그는 그 선량한 노인에게 아무것도 알리지 않고 지옥에 빠뜨렸는가. 그렇게 선량하고, 인정 많고, 오로지 진리를 구하던 그 노인은 그의 태만 때문에 영원히 벌을 받아야 한단 말인가. 성의를 가져 주기 바란다. 그리고 내 입장이 되어 생각해 주기 바란다. 그 자신이 말하는 것과 같은 도저히 믿을 수 없는 일을 온통 그의 증언만으로 나는 믿어야 한단 말인가. 그리고 많은 부정된 일을 그 자신이 가르쳐 주는 정의의 신이 한 일이라고 생각해야 된단 말인가. 이 나라에선 들은 일도 없는 이상한 일이 여러 가지 행해진 그 먼 나라를 볼 수 있도록 제발 보내 줬으면 한다.[*45] 그 예루살렘인가 하는 도시의 사람들은 왜 신을 도둑놈 취급을 했는지 그 이유를 알고 싶다. "그들은 그 신을 신으로 인정하지 않았기 때문이다." 그는 말한다. 그렇다면 그 자신의 말을 통해서만 그 신에 대한 말을 들은 나는 어떻게 하면 좋단 말인가.

그는 다시 이런 말을 한다. "그 예루살렘의 주민은 벌을 받고, 곳곳으로 흩어지고, 박해당하고, 정복되어 지금은 한 사람도 그 도시에 접근할 수 없다." 확실히 그들은 그런 보복을 받을 만하다. 그러나 오늘날의 주민은 옛 주민이 신을 죽인 데 대해 어떻게 말하고 있는가. 그들은 그 사실을 부정하고, 역시 신을 신으로 인정하지 않는다. 그렇다면 전 주인의 자손을 그곳에 남겨 두면 좋았을 텐데.

무슨 소리인가. 신이 죽었다는 그 도시에선 옛 사람도 현재의 인간도 그 신을 인정하지 않는다. 그런데도 그는 그곳으로부터 8백 킬로나 떨어진 곳에서 2천 년 뒤에 태어난 나에게 그것을 인정하라고 하는 것이다. 그 자신은 왜 알지 못하는가. 그가 스스로 신성하다고 하는 책, 하지만 나는 전혀 뜻을 알 수 없는 그 책을 믿기 전에 나는 그네들과는 다른 사람의 입에서 그 책은 언제 누구의 손으로 쓰였으며 어떻게 보존되어 왔는가, 어떻게 그네들의 손에 들어갔는가를 알아야 한다. 또 그가 나에게 가르쳐 주고 있는 일을 무엇이나 다 그네들과 똑같이 잘 알고 있으면서 그 책을 부인하고 있는 사람들이, 모든 사람들로부터 올바르다고 생각되는 어떤 말을 듣고 있는지 알아야만 한다. 나는 아무래도 유럽과 아시아와 팔레스타인을 찾아가 모든 것을 스스로 조사해야겠다. 그러기 전에는 내가 실성하지 않는 이상 그의 말에 귀를 기울이지 못할 것이다. 그것은 그 자신도 잘 알고 있을 것이다.[*46]

이런 말은 나에게는 정당하다고 생각될 뿐 아니라, 분별있는 인간이라면 이

[*45] 루소는 처음에 다음과 같이 썼으나 그것을 말살하고 있다. '처녀가 아이를 낳고 신들이 인간과 마찬가지로 태어나고 먹고 괴로워 하다가 죽어가는 그러한 기막힌 나라를 부디 보러 가게 해주었으면 한다.'

[*46] 이러한 합리주의적인 논의는 볼테르 시대의 이신론자(理神論者)에 공통된 것이었다.

런 경우에는 이렇게 말해야 할 것이다. "그리고 증거를 조사하기도 전에 함부로 그 사람에게 가르쳐서 세례를 받게 하는 그런 선교사는 쫓아 버려야 할 것이다." 그런데 나는 이렇게 말하겠다. "그런 반론이 그리스도교에 반대하여 생기는 경우와 같은 힘을, 또는 그 이상의 힘을 갖는 것으로 나타나지 않는 그런 계시는 없는 것이다." 온 세계에서 종교가 단 하나밖에 없다면, 그것을 믿지 않는 모든 사람은 지옥에 빠질 것이다. 그럼 모든 종교를 공부하고, 연구하고, 비교하며, 그 종교가 이루어진 나라들을 찾아 돌아다니며 일생을 소비해야 할 것이다. 인간의 첫째 의무는 아무도 피할 수 없다. 아무에게나 타인의 판단에 의뢰하여 끝맺게 하는 권리는 없다. 자기 힘의 노동만으로 생활하고 있는 기술자라도, 글씨도 못 읽는 농부라도, 나약하고 소심한 소녀라도, 침대에서 내려오지도 못하는 병자라도 모든 사람이 예외없이 공부하고 고찰하고 논의하고 세계를 순회하며 돌아다녀야만 한다. 한 곳에 정착해 사는 사람들은 전혀 없게 된다. 지구 전체가 순례자들로 꽉 찬다. 그들은 많은 비용을 들여 긴 고난에 피곤을 무릅쓰고, 지구상에서 믿고 있는 갖가지 신앙을 자기 눈으로 조사하고, 비교하고, 검토하며 걸어다닌다. 그렇게 되면 직업도, 기예도, 인간적인 학문도, 시민의 모든 영위도 끝장이며, 종교에 대한 연구 외에는 아무 것도 할 수 없게 된다. 그리고 누구보다도 강건한 몸을 갖고, 누구보다도 때를 잘 이용하고, 누구보다도 이성을 잘 사용하고, 누구보다도 장수한 사람이 노년에 들어서야 겨우 무엇에 의지해야 좋은지를 알게 된다. 그리고 죽기 전에 어떤 신앙 속에 살아야 했는가를 배운다면 대단한 일이라 할 수 있을 것이다.

이런 방법을 완화하여 다만 조금이라도 인간의 권위에 힘을 주려고 한다면, 곧 다시 인간의 권위에 모든 것을 주게 된다. 그러기에 그리스도교인 아이들은 깊이 조사할 생각도 않고 자기 아버지의 종교에 따르는 것이 좋다고 한다면, 터키인 아들도 마찬가지로 자기 아버지의 종교에 따르는 일이 왜 나쁘다는 것인가.[47] 이런 일에 조금이나마 의식 있는 사람들을 만족시키는 대답을 할 수

---

*47 이본―이하 다음과 같이 된다. '로마에서는 매우 흡사하다고 생각한다. 모두 자기만이 옳다고 주장한다면 많은 주장 속에서 선택하기 위해 극히 충실한 가톨릭인 얼마나 많은 사람이 같은 이유로 메카에 태어났다면 극히 충실한 이슬람교도가 되었을 것이다. 그리고 반대로 아시아에서는 극히 선량한 터키인인 얼마나 많은 진실한 사람이 우리가 있는 곳에 있으면 극히 충실한 그리스도교도가 되었을 것이다.'

있겠는가. 나는 관용없는 모든 사람에게 그것을 묻고 싶다.

이런 이유에 쫓겨 어떤 사람들은 그들의 야만스러운 교리를 버리기보다 오히려 신을 부정한 자로 치고, 아버지의 죄를 이유로 죄 없는 사람에게 벌을 가하는 일을 좋아한다. 또 어떤 사람들은, 극복할 수 없는 무지한 상태에 있으면서 도덕적으로는 올바른 생활을 해온 사람에게는 친절하게도 천사를 보내어 가르침으로써, 곤란함을 극복하고 있다. 이 천사라는 것은 참으로 훌륭한 창작이다. 그들은 그들의 장난감에 우리를 의존시키고 있을 뿐 아니라, 신에게까지 그것을 사용하라고 강요한다.

나의 아들이여, 거만하고 관용 없는 태도가 어떤 부조리로 이끄는가를 알아야 할 것이다. 모두가 자기 가설을 고집하고 인류 이외의 사람들을 제쳐 놓고, 자기만이 올바르다고 생각하려 들면 이렇게 되고 만다. 나는 내가 숭배하고 당신에게 가르치는 평화의 신에게 나의 탐구는 모두 진지했다고 보증받는다. 그러나 그런 연구는 언제까지나 성공할 수 없음을 알고, 자기가 끝없는 바다로 떠내려감을 안 나는 뒤로 되돌아가 나의 신앙을 스스로의 소박한 관념 속에 머무르게 했다. 학자가 되지 않으면 지옥에 떨어진다고 신이 말하리라고는 도저히 믿지 않았다. 그러므로 나는 모든 책을 덮어 버렸다. 모든 사람의 눈 앞에 펼쳐진 책이 딱 한 권 있다. 그것은 자연이라는 책이다. 이 위대하고 숭고한 책을 읽음으로써 나는 그 신성한 저자를 숭배하는 일을 배우는 것이다. 누구든 그 책을 읽어야만 한다. 그 저자는 모든 정신에 이해되는 말로 모든 인간을 향해 말하고 있기 때문이다. 가령 내가 사람이 살지 않는 섬에 태어났다 하더라도, 나 이외는 어떤 인간과도 만난 일이 없다 하더라도, 옛날 세계의 한쪽 구석에서 있었던 일을 전혀 배우지 않았다 하더라도 나의 이성을 훈련하고 키워 간다면, 신이 나에게 주는 직접적인 능력을 충분히 잘 사용한다면, 나는 신을 알고, 신을 사랑하며, 그 행위를 사랑하고, 신이 원하는 선을 원하고 신의 뜻에 맞도록 이 지상에 있는 내 모든 의무를 스스로 배울 수 있을 것이다. 인간의 모든 지식이 그 이상 어떤 것을 나에게 가르쳐 준단 말인가.

계시에 대해서 내가 더 뛰어난 이론가라면, 또는 가르침을 더 잘 받았다면 아마 나도 그 진리를 알고 그것을 인정한 행복한 사람들에 대한 그 효용을 알 수 있게 될 것이다. 그러나 거기에는 나에 대해 공격할 수 있는 증거가 있다 하더라도 해결할 수 없는 반론도 있다. 찬성과 반대, 어디에나 강력한 이유가 많이 있어 어느 쪽에 생각을 결정해야 좋을지 모르는 나는 그것을 인정하거나 부인하지 않는다. 나는 다만 그것을 인정하는 의무를 부인한다. 이 거짓 의무는 신의 정의와 양립하지 않으며, 구제를 향한 길의 장해를 그것으로 제거하지는 않고, 오히려 장해를 크게 하여 인류의 대부분이 극복할 수 없게 되기 때문이다. 이런 일을 별도로 하면 나는 이 문제에 대해서는 존경심에 넘친 의혹 속에 머무르게 된다. 나는 자기 분수도 모르며, 잘못될 리 없다고 생각하지도 않는다. 나에게는 해결되지 않은 것처럼 보이는 일도 다른 사람은 해결할지도 모른다. 나는 자기를 위해 생각하는 것이지 그런 사람들을 위해 생각하는 것은 아니다. 나는 그들을 비난하지도 않고, 그들의 흉내도 내지 않는다.

그들의 판단은 나의 판단보다 뛰어날지도 모른다. 그러나 그것은 나의 판단이 아니더라도 나의 죄가 되지는 않는다.

나는 또 성서의 숭고함은 나를 감탄케 하고 복음의 거룩함은 나의 마음에 호소해 온다고 말해둔다.*48 과장된 일을 늘어놓은 철학자들의 책을 보면 될 것이다. 복음서와 비교해 볼 때 그것은 얼마나 인색한 것인지 모른다. 그렇게 숭고하고, 더구나 그렇게 소박한 책이 인간의 손으로 쓰였다고 할 수 있겠는가. 복음서가 전하고 있는 이야기의 주인공이 단순한 인간에 불과하다고 할 수 있겠는가. 여기서 느낄 수 있는 것은 한 사람의 열광적인 인간과 야심적인 종교가일까. 그 사람의 행위가 얼마나 부드럽고 맑은지 모른다. 그 가르침은 얼마나 감동적인 아름다움인지 모르며, 그 격률은 얼마나 높은지 모른다. 그 말에서 느껴지는 깊은 지혜, 그 대답에서 볼 수 있는 재기·섬세함·정확함, 자기 정념에 대한 큰 지배력! 약함도 훌륭한 외관도 나타내는 일 없이 행동하고 괴로워하며 죽어 가는 일을 알고 있는 사람은 어디에 있는가. 그런 현자는 어디에 있는가. 더러운 죄를 둘러썼지만 모든 미덕의 보상을 받기에 자격이 있는 정의로운 자로 플라톤이 상상하여 묘사해 보였을 때,*49 그는 예수 그리스도를 그대로 묘사한 것이다. 그 모습은 너무도 닮아서, 모든 사제가 그렇게 느꼈으며

---

*48 이 문장은 참조한 전집판에 의하면 다음과 같이 되어 있다. '나는 또한 성서의 숭고함은 나의 마음에 호소하는 논거가 된다는 것, 그에 대해 무언가 충분한 회답을 찾아낼 수 있다면 오히려 유감스럽게 생각할 정도라는 것도 말해 두리라.' 이하 2페이지, 지금까지 말해 온 것과는 어조가 달라 경건한 그리스도교도다운 루소의 일면을 엿보이게 한다.
*49 플라톤의 《국가》 제2권.

부인할 수 없었다.

소프로니코스의 아들(소크라테스)을 마리아의 자식과 비교하려면 어느 정도의 편견과 무지를 필요로 하겠는가. 이 두 사람 사이에는 어느 정도의 큰 거리가 있겠는가. 괴로워하지 않고 욕을 보는 일도 없이 죽어간 소크라테스는 아무런 곤란도 느끼지 않고 마지막까지 그 자신의 인물됨을 나타내었다. 더구나 그 편안한 죽음이 그의 생애를 장식하지 않았다면 소크라테스는 그 자신이 아무리 훌륭한 정신을 갖고 있었더라도 궤변가라는 의심을 받았을 것이다. 그는 윤리학을 창시했다고 한다. 그러나 그보다 앞서 다른 사람들이 그 윤리를 실천하고 있었다. 소크라테스는 그들이 행하였던 일을 말로 표현한 데 불과하다. 그들이 나타낸 본보기를 가르침의 형태로 옮긴 데 불과하다. 정의란 무엇이냐고 소크라테스가 말하기 전에 아리스티데스는 정의를 지닌 사람이었다. 소크라테스가 조국에 대한 사랑을 의무로 설명하기 전에 레오니다스는 조국을 위해 죽었다. 소크라테스가 절제를 찬미하기 전에 스파르타인은 절제를 지키고 있었다. 그가 덕에 대해 정의를 내리기 전에 그리스에는 덕있는 사람이 많이 있었다.

그러나 예수는 그가 혼자서 가르치고 본보기를 보인 그 높고 맑은 윤리를 민족의 누구에게서 배운 것인가.*50 더없이 심한 광신(狂信) 속에서 더없이 높은 지혜의 소리가 들려온 것이다. 그리고 가장 영웅적인 소박한 덕이 모든 국민 속에서 가장 비천한 국민의 명예가 된 것이다. 친구들과 조용히 철학을 논하면서 죽어간 소크라테스의 죽음은 더없이 바람직하고 온화한 죽음이다. 괴로움 속에서 민족 전체로부터 비방을 받고, 비웃음을 당하고, 저주를 받아가며 숨진 예수의 죽음은 우리가 아는 가장 무서운 죽음이다. 독약 사발을 받는 소크라테스는 사발을 그의 앞에 내밀고 눈물을 흘리는 자를 축복한다. 참혹한 처형을 받으면서도 예수는 증오에 불타는 처형인을 위해 기도한다. 그렇다. 소크라테스의 생애와 그 죽음은 현자의 생애와 죽음인데, 예수의 생애와 죽음은 신의 삶과 죽음이다. 그렇다면 복음서에 쓰여 있는 이야기는 마음대로 창작된 것이라고 할 수 있겠는가. 벗이여, 창작이란 그런 것이 아니다. 게다가 소크라테스의 행적은 누구 한 사람 의심하는 사람이 없으나 예수 그리스도의

---

*50 산상 수훈(《마태복음》 제5장 제21절 이하)에서 예수가 손수 행하고 있는 모세의 윤리와 그의 윤리와의 비교를 참조할 것(원주).

사적만큼 확인되어 있지는 않다. 결국 그것은 어려운 문제를 해결하지 않고 저쪽으로 밀어 놓는 일이다. 몇몇 사람이 공동으로 이 책을 만들었다는 것은 단한 사람이 그 주제를 제공했다는 일 이상으로는 생각할 수 없을 것이다. 유대의 저작자는 그런 격조나 그런 윤리를 발견하지는 않았을 것이다.

바로 거기다. 복음서에선 아주 뛰어나고 뚜렷한 진리의 표시, 누구도 흉내낼 수 없는 진리의 표시를 볼 수 있는 것이다. 그러므로 그것을 창작한 사람은 그곳에 나오는 사람보다 더 놀라운 사람이라 할 수 있다. 그런 일은 고사하고라도 그 복음서에는 또 믿을 수 없는 일, 도리에 맞지 않는 일, 어떤 사람이라도 양식 있는 사람에겐 생각할 수도 없고 인정할 수도 없는 일이 잔뜩 적혀 있다. 이런 온갖 모순 속에서 어떻게 하면 좋은가. 나의 아들이여, 언제나 차근차근 조심스럽게 하여야 한다. 부인할 수도 없고 이해할 수도 없는 일에는 아무 말도 않고 경의를 표해야 한다. 그리고 단 한 사람, 진리를 알고 있는 존재 앞에 머리를 숙여야 한다.

이런 회의 속에 나는 본의 아니게 주저하게 된다. 그러나 이 회의는 나에게 결코 괴로운 일은 아니다. 그것은 실천상의 본질적인 것에 미치는 일은 아니고, 나 스스로 온갖 의무의 원칙에 대해 충분히 결정적인 생각을 내가 지니고 있기 때문이다. 나는 고분고분한 마음으로 신을 섬기고 있다. 나 스스로 필요한 일 외에는 나는 아무것도 알고자 하지 않는다. 행동에나 도덕에도 영향을 미치지 않으며, 많은 사람을 괴롭히고 있는 교리에 대해 말하면 나는 그런 일로는 결코 마음을 괴롭히지 않는다.

나는, 각 종교는 모두 유익한 제도라고 생각한다. 그런 것은 각 나라에 있어, 공적인 의식에 의해 신을 받드는 같은 방식이며, 그런 것은 또 모든 풍토, 통치 형태, 국민성, 또는 때와 장소에 응하고 있는 형식을 다른 형식보다 바람직하게 하는 다른 국지적인 원인 속에 그 근거를 지니고 있다. 신에게 적합한 형식으로 신을 받든다면 그 종교들은 모두 좋은 것이라고 나는 믿는다. 신앙의 근본은 마음에 있다. 마음으로 신을 받들고 있다면 어떤 형식으로 경의를 표하든 신은 그것을 물리치지는 않는다. 교회에 대해 맹세한 형식을 따르게 되어 있는 나는 거기서 나에게 명한 일을 될 수 있는 한 정확하게 이행하고 있으며, 나의 양심은 어떤 점에 있어서나 의식적으로 그것을 게을리하는 일을 나에게 허용치 않을 것이다.

오랫동안 직무를 정지당한 뒤에 나는 자네도 알고 있듯이 멜라레드 씨의 도움으로 다시 직무에 종사하도록 허락을 받아 생계를 잇게 되었다. 예전에 나는 적당히 미사를 보았었다. 아무리 중대한 일이라도 너무 자주 하다 보면 마침내는 적당히 하게 되는 법이다. 새로운 원칙을 지니게 된 뒤로 나는 더 정중한 태도로 미사를 보고 있다. 나의 마음은 가장 높은 존재자의 위엄과 그 존재를, 자기를 만들어 준 자와 관련짓는 것을 거의 이해하지 않은 인간의 무력한 정신을 통절하게 느끼고 있다. 나 자신은 어떤 명령된 형식에 따라 민중의 소원을 신에게 말하고 있는 것이라 생각하고 있는 나는 모든 의식을 신중히 집행하고 있다. 주의 깊게 외고 사소한 말과 행위도 절대로 모른 척하지 않도록 정신차리고 있다. 봉헌할 때가 다가오면 나는 마음을 가라앉히고, 교회와 비적(秘跡)의 중대함이 구하는 모든 각오로써 그것을 집행하고 있다. 나는 보다 높은 영지(英知) 앞에 나의 이성을 버리고자 노력한다. 나는 중얼댄다. '무한한 힘을 재려는 너는 누구냐?' 나는 존경심으로 비적의 말을 주장하고, 그 공적을 나는 믿을 수 있는 데까지는 믿어 갔다. 그 이해하기 힘든 신비가 어떤 일이건 간에 나는 심판의 날에 마음속으로 그 신비를 손상시키는 일을 했기 때문에 벌 받을 걱정은 없다고 생각한 것이다.

이제 더없이 낮은 신분에 있다 해도 성직자의 일을 하는 나는 그 숭고한 의무를 이행하는 데 적합지 않은 일은 결코 행하지도 않으며, 말도 안 할 것이다. 나는 사람들을 향해 계속 덕을 설명하고 좋은 일을 하도록 권할 것이다. 그리고 될 수 있는 한은 스스로 그 본보기를 보일 것이다. 종교를 사람들에게 호감이 가도록 하는 일은 나의 힘으로는 불가능할 것이다. 정말로 유익한 교리, 누구나 믿어야 할 교리로써 사람들의 신앙을 확고히 하는 일은 나의 힘으로는 할 수 없는 일이다. 그러나 사람들에게 관용성 없이 잔혹한 교리를 설명하는 일은 나는 절대로 하고 싶지 않다. 이웃 사람을 미워하거나, 남에게 "너희는 지옥에 떨어진다."*51 이런 말을 하게 하고 싶지는 않다.*52 내가 좀더 남의 눈에

---

*51 이본—다음에 '교회 외에는 구원은 없다고 말하게 했다'라는 문구가 들어간다.

*52 자기 나라의 종교를 수호하고 사랑하는 의무는 바른 도덕에 반대되는 교리, 이를테면 관용없는 교리에까지 확장되는 것은 아니다. 그것은 사람들을 서로 타인에 대해 무장하게 하고 그들을 인류의 적으로 삼는 무서운 교리이다. 사회적인 관용과 신학적인 관용을 구별하는 것은 어린이 같은 무의미한 일이다. 이 두 가지 관용은 나누어질 수 없는 것으로 한편을 인정하지 않으면 다른 한편도 인정할 수는 없다. 신의 적으로 간주되는 사람과는 천

띄는 지위에 있다면 이런 소극적인 태도는 문제를 초래하게 될는지도 모른다. 그러나 나는 아주 낮은 지위에 있으므로 그다지 두려워할 것도 없고, 지금보다 더 낮은 신분으로 떨어질 리도 없을 것이다. 어떻게 되든 간에 나는 신의 정의를 모독하는 일은 하지 않을 것이다. 성령을 어겨가며 거짓말을 하지도 않을 것이다.

나는 오랫동안 사제의 지위를 원하고 있었다. 지금도 그것을 원하고 있으나 이제 희망을 갖지는 않는다. 좋은 벗이여, 나에게는 사제가 되는 일보다 훌륭한 일은 없다고 생각한다. 좋은 위정자는 정의를 섬기는 자이지만, 좋은 사제는 선을 섬기는 자이다. 사제는 결코 나쁜 일을 하면 안 된다. 언제나 자기 힘으로 좋은 일을 하지는 못한다 하더라도 좋은 일을 권하고 있으면 언제나 그 일을 하고 있는 셈이 되며, 사람들로부터 존경을 받게 되면 자주 선을 등장시킬 수 있다.

아아, 만일 내가 고향의 산속 어딘가에서 선량한 사람들이 사는 사제구(司祭區)*53의 관리를 맡고 있다면 얼마나 행복할까. 나는 교구의 사람들을 행복하게 해주리라고 생각된다. 사람들을 풍요롭게 해주지는 못하더라도 나는 그들과 가난함을 함께 할 것이다. 빈곤 그 자체보다도 견딜 수 없는 욕됨과 경멸을 없애줄 것이다. 자주 비참한 경우를 잊게 하고, 늘 그 일을 견디게 하는 융화와 평등을 좋아하게 할 것이다. 그들에 비해 내가 결코 좋은 생활을 하고 있는 것이 아니라 만족하고 살아간다는 것을 안다면, 그들도 또 자기 운명을 감수하고 나처럼 만족하고 살아가는 법을 배우게 될 것이다.

사람들에게 가르칠 때 나는 교회의 정신보다 오히려 복음서의 정신에 따라서 가르치기로 하겠다. 복음서에서는 단순한 교리와 숭고한 윤리를 볼 수 있고, 또 그곳에는 종교적인 행사에 대해서는 그다지 많이 적혀 있지 않으며 자비로운 행위에 대하여 많은 것이 적혀 있다. 무엇을 하여야 하는가를 사람들에게 가르쳐 주기 전에 나는 언제나 그것을 실행하여, 내가 말하는 것은 모두 내가 생각하고 있는 일이라는 것을 잘 알 수 있도록 해줄 것이다. 가까운 곳에 있는 고장이나 나의 교구에 프로테스탄트의 사람이 있다 하더라도, 나는 그리스도교적인 자비에 관계되는 면에서는 진짜 교구의 사람들과 구별하는 일은

사라 할지라도 평화롭게 살 수 없을 것이다(원주).
*53 이본—'사제구(司祭區)' 앞에 '가난한'이 들어 있다.

하지 않을 것이다. 모든 사람을 차별없이 사랑하고, 서로 형제라 생각하고, 모든 종교를 존중하며, 모두가 각 종교를 믿고 평화스럽게 살아갈 수 있도록 할 것이다. 누군가를 선동하여 태어났을 때부터 가졌던 종교를 버리게 하는 일은 나쁜 일을 권하는 일이며, 그 사람도 나쁜 일을 하는 것이라고 나는 생각한다. 더 큰 광명이 찾아오기까지는 공적인 질서를 지키기로 하겠다. 어느 나라에 있거나 법률을 존중하며, 법률이 명하고 있는 신앙을 혼란케 하는 일은 하지 않겠다. 시민에게 반항을 가르치지 않을 것이다. 자기 의견을 버리고 다른 의견을 따르는 일이 그들에게 좋은 일인지 아닌지는 나로서는 확실히 알 수 없는 일이지만, 법률을 어기는 일은 나쁘다는 것은 확실히 알고 있는 것이다.

젊은 벗이여, 나는 나의 마음속에서 이해되는 신의 모습 그대로 나의 신앙고백을 자네에게 말했다. 내가 남에게 그런 말을 하는 것은 자네가 처음이다. 아마 나는 자네 이외의 사람에게는 더 이상 신앙고백을 하지 않을 것이다. 사람들 사이에 조금이라도 올바른 신앙이 남아 있는 한 사람들의 평온한 마음을 혼란케 해서는 안 되며, 해결할 수 없는 어려운 문제, 사람을 불안하게 할 뿐 가르치게 되지 않는 문제를 끄집어 내어 소박한 사람들의 신앙을 위협해서는 안 된다. 그러나 일단 모든 것이 흔들리기 시작했을 때는 곁가지를 희생해서라도 본래 줄기를 살려야 할 것이다. 양심이 동요하고, 위태로워지고, 거의 사라져가고 있을 때, 자네의 양심이 놓여 있다고 생각되는 상태에 있을 때는 그것을 확고히 하고 일깨워 줄 필요가 있다. 그리고 영원한 진리의 기초 위에 양심을 재건하기 위해 그것이 아직도 의지하고 있는 흔들리는 기둥을 완전히 제거해야 한다.

자네는 지금 변화하는 시기에 있다. 정신은 변하지 않는 것을 구하고, 마음은 그 형태와 성격이 주어져, 좋든 싫든 이제부터 일생 동안 변치 않는 것이 결정될 시기에 있다. 좀더 시간이 흐르면 본질적인 것은 굳어지고 새로운 각인도 흔적을 남기지 않는다. 젊은이여, 자네는 아직도 부드러운 자네 마음속에서 진리의 길을 열 수 있는 것이다.

좀더 자신이 있다면 나는 나를 향해 독단적·단정적인 투로 말했을 것이다. 그러나 나는 인간이다. 무지하고 과오를 범하기 쉬운 인간이다. 내가 무엇을 할 수 있었는가. 나는 자네에게 마음을 다 털어 놓았다. 확실하다고 생각하는 일은 확실한 것으로 자네에게 말했다. 의심스러운 일은 의심스러운 대로 말했다. 나의 의견을 의견으로써 말했다. 내가 의심하는 이유와 믿는 이유를 말했다. 이제부터는 자네가 생각해야 한다. 자네는 시간의 여유를 갖고 생각해 보겠다고 말했다. 그런 신중한 태도는 현명한 일이다. 나는 자네의 그런 태도에 기대를 걸고 있다.

우선 자네의 양심을, 빛을 구하고자 원하는 상태에 두는 것이다. 자기 자신에 대해 진지해지는 것이다. 나의 생각 중에서 납득이 간 일은 받아들이고, 그 밖의 일은 버려야 한다. 자네는 아직 그다지 부도덕에 손상되지는 않았으므로 선택을 잘못할 우려는 없다. 나는 함께 말하고 싶지만 논쟁이 시작되면 사람은 곧 흥분한다. 허영심과 외고집이 혼합되어 성실한 마음이 상실된다. 벗이여, 절대로 사람과 논쟁을 해서는 안 된다. 논쟁으로는 자기 자신은 물론 다른 사람도 가르칠 수 없다.

나로 말하면 오랜 세월 동안 깊이 생각해 본 끝에 비로소 내 입장을 결정했다. 그리고 그 입장을 지키고 있다. 나의 양심은 편안하게 안정되어 있다. 나의 마음은 만족하고 있다. 설령 내 생각을 다시 검토해 볼 생각이 든다 해도 나는 진리에 대한 더 순수한 사랑으로써 그것을 행하지는 않을 것이다. 그리고 지금은 그다지 활발치 못한 나의 정신은 진리를 알 수 있는 힘이 그리 많지 않다. 나는 언제까지나 지금의 나로 있을 것이다.[*54] 왜냐하면 나도 모르는 사이에 명상에 대한 기호가 한가한 사람들의 재미가 되어 자기 의무를 행하는 열의를 냉각시키지 않을까 하는 우려가 있기 때문이다. 그리고 재차 최초의 회의에 빠져들더라도, 그곳에서 헤어날 수 있는 힘을 찾지 못하지나 않을까 하는 염려가 있기 때문이다.

나의 인생은 반 이상이나 지나왔다. 이제 나에게는 내가 앞으로의 인생을 유효하게 보내기 위해, 그리고 덕행으로 나의 잘못을 씻기 위해 필요한 세월만이 남아 있을 뿐이다. 가령 내가 잘못되었다 하더라도 그것은 나의 의지에 의한 것은 아니다. 나의 마음을 이해해 주는 자는 내가 좋아서 맹목적이 된 것이 아니라는 것을 잘 알고 있다. 자기 자신의 빛으로는 이 맹목적인 상태에서 헤어날 수 없는 나에게, 남아 있는 단 하나의 탈출 수단은 올바른 생활을 하는 일이다. 그리고 신은 돌맹이 같은 것으로도 아브라함의 자손을 만들 수 있

[*54] 이러한 고찰은 '고독한 산책자의 꿈' 제3의 산책에서 자세히 서술되어 있다.

듯이, 어떤 인간이라도 거기에 적합한 자가 된다면, 빛을 받게 되리라고 기대할 수 있다.

나의 고찰이 자네에게 영향을 준다면, 나의 생각이 자네의 생각이 되며, 우리가 같은 신앙 고백을 하게 된다면 나는 자네에게 이렇게 충고한다. 이제 앞으로는 자네 생활을 빈곤과 절망의 유혹에 내버려 두어서는 안 된다. 외국인에게 희롱당하고 몰염치한 생활을 보내는 그런 일은 해서는 안 된다. 그리고 천하게 베풀어 주는 빵은 먹지 말아야 한다. 자네 나라로 돌아가는 것이다. 자네의 아버지들이 믿고 있던 종교로 바꾸는 것이다. 성실하게 마음속으로부터 그 종교를 믿고 다시는 그것을 버리면 안 된다. 그것은 아주 단순하고 신성한 종교이다. 그것은 지상에서 볼 수 있는 온갖 종교 중에서 더없이 순수한 윤리를 포함하고 이성에 가장 잘 맞는 종교라고 나는 믿고 있다.

여비에 대해서는 걱정하지 않아도 된다. 어떻게 형편이 마련될 것이다. 고개를 못 들고 돌아가는 부끄러움은 걱정할 필요 없다. 잘못했을 때는 얼굴을 붉혀야 하지만 잘못을 뉘우칠 때는 그럴 필요가 없다. 자네는 아직 모든 것을 용서받을 나이에 있다. 그러나 죄를 지으면 벌을 받지 않고는 무사하지 못할 것이다. 자네가 양심의 소리를 들을 생각만 한다면 그 소리에 여러 하찮은 장해는 사라져 버릴 것이다. 자네는 우리가 처한 이런, 불확실한 상태에서는 태어났을 때부터의 종교와는 다른 종교를 갖는 일은 허용할 수 없는 오만이며, 자신의 종교를 성심껏 실천하지 않는 것은 기만 행위라는 것을 잘 알 것이다. 잘못된 길로 들어서면 보다 높은 심판자의 법정에서 변명을 할 유력한 근거를 상실하는 것이다. 신은 사람이 스스로 자진해서 설정한 잘못보다도 오히려 그가 거기서 자란 잘못을 용서해 주는 것은 아닐까.

나의 아들이여, 신이라는 것이 존재하기를 언제나 원하고 있는 상태에 자네의 마음을 잡아 두어야 한다. 그렇게 하면 신의 존재에 의심을 품는 일은 결코 없을 것이다. 그리고 또 자네가 어떤 입장을 취한다 하더라도 종교의 참된 의무는 인간이 만든 제도와는 관계가 없는 일, 올바른 사람의 마음이야말로 정말 신앙이라는 일, 어느 나라 어느 종파에 있어서나 무엇보다도 신을 사랑하고 자기 이웃을 자기처럼 사랑하는 일이 율법의 요약이라는 일, 도덕적인 의무를 피하게 하는 종교는 존재하지 않는다는 일, 그런 의무 외에는 정말 중요한 일은 없다는 일, 내면적인 신앙은 그런 의무에서 최초로 온다는 일, 신앙

없이는 참다운 덕은 존재하지 않는다는 일 등 모든 이런 일들을 염두에 두어야 할 것이다.

자연을 설명한다는 구실하에 사람들의 마음에 파괴적인 가르침의 씨를 뿌리는 사람들, 그들 반대자의 결정적인 논조보다 백 배나 단정적이고 독단적인 겉치레의 회의론을 주창하는 사람들을 멀리해야 한다. 그러한 사람들은 자기들만이 총명하고 올바르고 성의가 있다는 등의 거만한 말 따위로 그 일도양단적인 결정을 덮어놓고 우리에게 강요하고, 그들이 상상으로 이룩한 이해할 수 없는 체계를 만물의 참된 원리로써 우리에게 부여하려 하고 있다. 다시 사람들이 존경하고 있는 일체의 것을 뒤집어엎고 때려 부수고 짓밟고 괴로워하는 자로부터 그 불행의 마지막 위로가 되는 것을 빼앗고, 권력자와 부자로부터 그 정념의 단 하나의 제동장치를 제거한다. 그들은 사람들의 마음으로부터 죄악에서 생기는 고뇌와 미덕에서 생기는 희망을 뿌리째 뽑아 버리고 더구나 자기는 인류에 은혜를 주는 자라고 자랑한다. 결코 진리는 인간에게 해로운 것이 아니라고 그들은 말한다. 그들과 마찬가지로 나도 그렇게 생각한다. 그리고 나의 생각으로는 그것이야말로 그들이 가르치는 일은 진리가 아니라는 명백한 증거라 본다.*55

---

*55 두 개의 당파는 서로 갖가지 궤변으로 공격하고 있다. 그것들을 모두 지적하려면 대단한 일거리, 무모한 일거리가 될 것이다. 그러한 몇 가지 궤변에 당면했을 때 그것을 기록해 가는 것만으로도 이미 굉장한 일거리이다. 철학자 측에서 가장 잘 볼 수 있는 궤변 중의 하나는 좋은 철학자로 생각되는 국민을 나쁜 그리스도교도인 국민과 대립게 하는 일이다. 진정한 철학자인 국민은 진정한 그리스도교도인 국민보다도 쉽게 만들어진다고 생각하는 모양이다. 개인 사이에서는 그 한쪽이 다른 한쪽보다도 쉽게 발견될 수 있을지 어떨지 나는 모른다. 그러나 국민을 문제로 한다면 종교를 갖지 않고 철학을 악용하게 되는 국민을 예상해야만 한다. 그것은 우리가 보는 국민이 철학을 갖지 않고 종교를 악용하는 것과 마찬가지라는 것을 나는 잘 알고 있다. 그리고 이것은 문제의 소재를 현저하게 바꾸게 된다고 나는 생각한다.

프랑스의 철학자 벨 (1647~1706)은 광신은 무신론보다 더 해롭다는 것을 훌륭하게 증명했다. 그것은 이론이 없는 것이나 그가 말하려 하지 않은 것으로 역시 진실된 것이 있다. 광신은 피비린내 나는 잔혹한 것일지라도 크고 힘센 정열로 인간의 마음을 끓게 하고 죽음을 무시하게 하며 인간에게 기막힌 힘을 준다. 그리고 거기에서 더없이 숭고한 덕을 끌어내기 위해서는 좀더 그것을 잘 인도해 가기만 하면 되나, 무종교는 일반적으로 말해 이론을 좋아하는 철학적인 정신은 인생에 집착하고 영혼을 약하고 비열하게 하여 온갖 정념을 비열한 개인적 이해에, 불길한 인간의 자아에 집중시켜 온갖 사회의 진정한 기초를 그다지 큰 소리도 내지 않고 파서 허물어뜨려 가는 개인적 이해가 갖는 공동적인 것은 대수롭지 않으며 그에 대립하는 것을 결코 동요케 하지는 못한다는 것이다.

무신론은 인간의 피를 흘리게 하지 않더라도 평화에 대한 사랑보다도 오히려 선에 대한 무관심에서 나오는 것이다. 일체의 것이 어찌 되건 자칭 현자에게는 대단한 일은 아니다. 자신의 서재에서 차분히 있을 수 있으면 되는 것이다. 그의 원칙은 인간을 살해하게 하지는 않지만 인간을 늘려가는 좋은 풍속을 파괴함으로써, 인간을 동류로부터 떼어놓음으로써 인간의 모든 애정을 국민에게나 덕에 있어서나 좋지 않은, 남 모르는 에고이즘에 환원함으로써 인간이 태어나기를 방해하고 있다. 철학자의 무관심은 전제 정치하에 있는 국가의 평온무사함과 흡사하다. 그것은 죽음의 고요함이다. 그것은 전쟁보다도 훨씬 더 파괴적이다.

이리하여 광신은 그 직접 결과에서는 오늘날 철학정신이라고 일컫는 것에 비해 더 좋지 않은 것이라고는 하지만 그 귀결되는 바는 훨씬 해가 적다. 게다가 또 책 속에서 훌륭한 격언을 말하기는 쉽다. 그러나 문제는 그것이 충분히 교설과 결부되어 있는지, 그곳에서 필연적으로 나오는지 어떤지를 아는 일인데, 이것은 지금까지는 명확하게 제시되어 있지 않다. 그리고 또한 철학은 태연히 왕좌에 앉아 있지만 다만 이해의 염, 야심, 인간의 인색한 정념을 충분히 누르게 될지 어떨지 그리고 그것이 펜을 들고 우리에게 자랑하고 있는 진정으로 흡족한 인간애를 실천할지 어떨지 그것을 알 일이 남겨져 있다.

원칙으로 말하면 철학은 종교가 더욱 잘 행할 수 있는 선을 결코 행할 수 없으며 종교는 철학이 행할 수 없을 만한 선을 많이 행하고 있다. 실천면에서 말하면 문제는 다르다. 그러나 그래도 검토해 보아야만 한다. 어떤 종교를 믿고 있어도 모든 점에 있어 그에 따르고 있는 인간은 하나도 없다. 그것은 사실이다. 대부분의 인간은 거의 종교를 믿고 있지 않으며 또 믿고 있는 종교에 전혀 따르고 있지 않다. 이것도 또한 사실이다. 그러나 어떤 사람들은 어떤 종교를 믿으며 아무튼 부분적으로 그에 따르고 있다. 그리고 종교적인 동기가 종종 그들에게 나쁜 것을 하지 못하게 하고 그들로부터 덕행을 이끌어 내어 그러한 동기를 갖지 않으면 있을 수 없었던 찬양할 만한 행동을 이끌어 내고 있음은 의심할 수 없는 사실이다.

성직자가 사람들에게서 맡은 것을 맡지 않았다고 했다고 한다. 그것으로 어떻게 되는가. 어리석은 자가 그것을 그에게 맡겠다는 것뿐이 아닌가. 파스칼이 그렇게 했다면 그것은 파스칼이 위선자임을 증명하는 일은 될지라도 그 이상의 것은 아무것도 증명하지 못한다. 그러나 성직자!⋯⋯ 종교를 장사하는 사람들이 종교를 믿고 있는 사람들이겠는가. 다른 곳에서도 행해지고 있는 것처럼 성직자 계급에서도 행해지고 있는 모든 죄악은 종교가 쓸데없는 것임을 증명하지는 않는다. 다만 극소수의 사람만이 종교를 믿고 있음을 증명하는 것이다.

우리가 보고 있는 근대의 정부가 옛날보다도 강건한 권위를 가지고 있는 것은, 옛날만큼 자주 혁명에 위협당하지 않는 것은 의심할 것도 없이 그리스도교의 덕택이다. 그리스도교는 정부 그 자체도 옛날처럼 잔인하지 않은 것으로 만들었다. 이것은 근대의 정부와 고대의 정부를 비교해 봄으로써 사실에 의해 증명된다. 종교가 더 잘 알려지자 광신은 멀어지고 그리스도교도의 풍습은 더 온화해졌다. 이 변화는 문화가 가져다준 것은 아니다. 문화가 번영했던 곳에서 모두 그 때문에 인간애가 더 존중되었다고 할 수는 없었기 때문이다. 아테네인, 이집트인, 로마 황제들, 중국인 등의 잔혹함은 그것을 증명하고 있다. 복음은

젊은이들이여, 성실하고 진실되어라. 그러나 거만한 마음은 갖지 마라. 무지

얼마나 많은 자비로운 행위를 산출했는지 모른다. 고해라는 것은 가톨릭의 나라에서 얼마나 많은 명예 회복, 손해 배상을 하게 했는지 모른다. 우리 나라에서는 성체 배수의 때가 다가오면 굉장히 많은 화해가 이루어지고 많은 보시가 행해진다. 헤브라이인의 50년 절은 찬탈자들의 탐욕을 얼마나 누르고 있었을 것인가. 얼마나 많은 불행을 막았는지 모른다. 우애의 법도가 전 국민을 묶어 놓았던 헤브라이인의 나라에서는 한 사람의 걸인도 볼 수 없었다. 신앙 단체가 무수히 있는 터키인의 나라에서도 걸인은 볼 수 없다. 터키인은 종교의 원칙에 의하여 손님을 환대하고 그들의 신앙의 적일지라도 손님으로서 후한 대접을 하는 것이다.

샤르만은 말했다. "이슬람교인은 만인의 부활에 이어지는 심사 뒤에 모든 사람의 몸은 풀 세를로라고 일컬어지는 다리를 건너가게 된다고 말하고 있다. 그것은 영원의 불 위에 가설된 다리로 그들이 말하는 바에 의하면 제3의 최후의 심사, 진정한 최후의 심판이라고 불릴 수 있는 다리이다. 이것은 그곳에서야 선인을 구별하게 되기 때문이다.……"

샤르만은 계속해서 말하고 있다. "페르시아인은 이 다리에 관해서 매우 열중하고 있다. 그리고 누군가가 모욕을 당하고 어떠한 방법으로도 언제가 되어도 그 보복을 할 수가 없을 때에는 그 사람의 최후의 위로는 이렇게 말하는 일이었다. '괜찮아. 살아 있는 신께 맹세코 너는 최후의 날에 나에게 두 배의 보상을 하게 될 거다. 너는 그때까지 내가 만족할 만하게 해주지 않으면 풀 세를로를 지날 수 없을 것이다. 나는 너의 옷자락을 붙잡고 네 가랑이 사이에 들어가 주겠다.' 그 무서운 다리를 지날 때 그처럼 '잠깐만' 하고 외치는 사람이 있지나 않을까 염려하여 불평하는 자에게 용서해 달라고 부탁하고 있는 많은 훌륭한 사람, 온갖 종류의 직업을 가진 사람을 나는 만났던 일이 있다. 그런 것은 나 자신에게도 백 번이나 일어났던 것이다. 귀찮은 말을 하여 내가 바라는 것과는 다른 방법을 나에게 하게 한 지체 높은 사람들은 잠시 지나 나의 불쾌한 심정도 사라졌다고 생각되는 무렵 나에게 찾아와서 이렇게 말하는 것이었다. '자네에게 부탁한다. 하랄 베콘 안토키프라, 즉 예의 사건을 합법적인 것, 옳은 것으로 해주게'라고.

그리고 어떤 사람들은 내가 그 사람들을 용서하고 기꺼이 그렇게 하는 것이다 라고 언명하는 것처럼 나에게 선물도 하고 봉사도 한다. 그 까닭은 괴롭힌 사람들에게 지불을 끝내지 않으면 영혼의 다리를 건널 수 없다는 것을 믿고 있었기 때문이다."(12절판 제7권 50면)

많은 부정을 변상하는 이 다리의 관념도 부정을 방지하지는 않는다고 생각될 수 있을 것인가. 시달리는 사람들이 폭군들에게 죽은 뒤에 보복하는 풀 세를로도, 그와 비슷한 그 어느 것도 존재하지 않음을 납득시켜서 페르시아인에게 이러한 관념을 잃게 했다고 한다면 그것은 폭군들을 마음대로 행동하게 하여 불행한 사람들을 위로하려는 염려를 없게 될 것은 분명하지 않은가. 그러니까 그러한 교설이 해롭지 않다는 것은 거짓말이다. 그러니까 그것은 진리가 아니다.

철학자여, 그대의 도덕의 법도는 매우 훌륭하다. 그러나 부탁이다. 그 제재 규정을 제시해 주기 바란다. 헛소리를 하는 것은 잠시 그만두고 무엇을 풀 세를로 대신 가져올 것인지 분명하게 말해 주기 바란다(원주).

한 상태로 있어야 한다. 그러면 자네는, 자네 자신도 다른 사람도 속이는 일은 하지 않을 것이다. 가령 자네가 재능을 닦아 사람들에게 말할 만한 지위에 몸을 두게 된다 해도, 반드시 언제나 자네의 양심에 따라 말하고 사람들의 갈채나 비판에 신경을 써서는 안 된다. 학식을 잘못 활용하면 불신앙을 낳는다. 학자라는 것은 일반인의 생각을 경멸한다. 각기 독자적인 생각을 가지려고 한다. 맹목적인 신앙은 광신으로 이끄나, 거만한 철학은 반종교로 이끈다. 이런 극단을 피해야 한다. 진리를 향한 길, 또는 자네가 마음을 순수하게 생각할 때, 혹은 그렇게 생각되는 길에서 언제나 머물러야 한다. 허영심과 나약함 때문에 그 길에서 벗어나서는 절대로 안 된다. 철학자들이 있는 곳에서는 대담하게 신을 인정하고, 관용성이 없는 사람들에게는 대담하게 인간애를 설득하여야 한다. 아마 자네 편이 되는 자는 한 사람도 없을 것이다. 그러나 자네는 사람들의 도움을 구하지 않아도 될 수 있는 증언을 자네 자신 속에 지니게 된다. 사람들이 자네를 사랑하건 미워하건, 자네가 쓴 것을 읽든 경멸하든 그것은 아무래도 좋다. 사실을 말하고 좋은 일을 하는 것이다. 인간에게 중요한 일은 이 지상에서 자기 의무를 이행하는 일이다. 그리고 사람은 자기를 잊고 있을 때야말로 자기를 위해 일하고 있는 것이다. 나의 아들이여, 개개의 이해관계는 우리를 속인다. 올바른 사람의 희망만이 속이는 일을 하지 않는다.

나는 종교상으로 따라야 할 생각의 규칙으로서가 아니라, 내가 확립하려고 노력한 방법에서 멀어지지 않기 위해, 학생과 함께 이렇게 생각해 볼 수 있다는 실례로 위와 같은 원고를 옮겨 적어보았다. 인간의 권위도 태어난 나라의 편견도 일체 인정하지 않는 한, 이성의 빛만으로는 자연의 교육에 있어 우리가 자연 종교보다 더 먼 곳으로 이끌려 가는 일은 없을 것이다. 그러므로 그곳에 나는 에밀과 함께 머물고 있는 것이다. 만일 그가 그것과는 다른 종교를 가져야 한다면 이 점에 있어서는 나는 더 이상 그의 안내자가 될 권리가 없다. 그것을 택하는 것은 혼자서 할 일이다.

우리는 자연과 보조를 맞춰가며 일을 하고 있다. 그리고 자연이 육체적인 인간을 만들고 있을 때 우리는 윤리적인 인간을 만들 노력을 하고 있다. 그러나 우리의 성장 속도는 같지 않다. 몸은 이미 튼튼하고 기운이 세더라도 영혼은 아직 힘이 없고 약하다. 그리고 인간의 기술로 어떤 일을 할 수 있다 하더라도 육체는 언제나 이성의 첨단을 걷는다. 가능한 오래 인간이 언제나 단일한 것인 양 하기 위해 우리는 지금까지 한쪽을 잡아놓고, 다른 한쪽을 촉진시키는 데 온갖 신경을 써 왔다. 천성을 신장시킴으로써 우리는 나타나기 시작한 그의 감성을 속여 왔다. 이성을 길러줌으로써 그것을 규제해 왔다. 지적인 대상은 감각적인 대상의 인상을 약화시켰다. 사물의 근원으로 거슬러 올라감으로써 우리는 그를 관능의 지배에서 벗어나게 했다. 자연의 연구에서 그 창조자의 탐구로 높이는 일은 간단한 일이었다.

지금껏 우리는 학생에게 어느 정도의 크고 새로운 영향력을 주고 있는 것일까. 그의 마음에 말로 나타낼 수 있는 어느 정도의 풍부하고 새로운 수단을 갖고 있을까. 여기서 비로소 그는 선량한 일을 하고, 사람들이 보지 않는 곳에서나 규칙으로 강요되지 않아도 좋은 일을 하고, 남몰래 올바르게 하고, 가령 생명을 희생해서라도 자기 의무를 이행하고, 마음속에 덕을 지니는 일에 정말 관심을 보이게 된다. 그것은 모두가 언제나 자기에 대한 사랑을 그보다 앞세우는, 질서에 대한 사랑을 위해서뿐만 아니라 그의 존재를 만든 자에 대한 사랑, 자기에 대한 사랑 그 자체와 서로 융합되는 사랑을 위해서이기도 하고, 나아가서 평온한 양심과 그 높은 존재자의 관조가 그에게 약속하는 행복, 이 세상을 훌륭하게 지낸 다음에 저세상에서 받게 되는 영원한 행복을 즐기기 위해서이다. 그런 일이 없으면 나는 사람들 사이에서 부정·위선·거짓말만을 보게 될 것이다. 경쟁을 하면 반드시 모든 일에 이기는 개인적 이해관계는 모든 사람에게 미덕의 가면으로 부도덕을 가장하는 법을 가르친다. "다른 인간은 다 그 행복을 희생하여 나의 행복에 진력해 주기 바란다. 모든 일이 나 한 사람의 이익이 되어 주기 바란다. 내가 한때의 고통이나 굶주림을 모면하기 위해서는 필요하다면 온 인류가 괴로움과 결핍 속에 죽어가도 상관없다." 이것이 논리적으로 생각하는 불신자의 전체적인 내면의 소리이다. 그렇다. 나는 일생 동안 계속 이렇게 말할 것이다.

"마음속으로 신은 존재하지 않는다고 중얼대면서 그것과는 다른 말을 하는 자는 틀림없이 거짓말쟁이가 아니면 분별없는 사람이다."

독자여, 내가 무슨 일을 해도 소용이 없을 것이다. 나는 잘 알고 있다. 당신과 나는 나의 에밀을 같은 모습으로 볼 수는 절대 없을 것이다. 당신은 언제나 당신의 주위에 있는 청년과 같은 자로서 그의 모습을 상상하고 있다. 늘 경솔

하고, 소란스럽고, 뛰어다니고, 축제나 즐거운 일을 찾아 방황하며 절대로 무엇이든 침착하게 해낼 수 없는 청년을 상상하고 있다. 더없이 생명이 용솟음치는 시기의 혈기 왕성하고 싱싱한 청년, 흥분하기 쉽고 거친 청년을, 내가 명상가, 철학자, 참다운 신학자로 삼고 있는 것을 보고 당신은 웃을 것이다. 당신은 이렇게 말할 것이다. "이 몽상가는 항상 그의 환영을 쫓고 있다. 그 일류 학생을 우리에게 제시하면서 그것을 교육하고 있는 것만이 아니다. 그는 그것을 창작하고 있다. 그것을 그의 뇌수에서 끌어내고 있다. 그리고 늘 자연에 따르고 있는 줄 알면서 계속 거기서 멀어져 가는 것이다." 나로 말하면 나의 학생을, 당신들의 학생과 같이 놓고 비교해 봐도 두 사람의 공통점을 거의 발견하지 못한다. 그들은 완전히 다르게 키워졌으므로, 나의 학생이 어떤 점에서 당신들의 학생과 비슷한 점이 있다면 그것은 거의 기적이라고 할 수 있을 것이다. 나의 학생은 당신들의 학생이 청년 시대에 갖게 되는 완전한 자유 속에 어린 시절을 보냈으나, 청년 시대가 되면 이번에는 당신들의 학생이 어렸을 때 복종했던 규칙을 지키게 된다. 그런데 그 규칙은 당신들의 학생에게는 성가신 것이 되고 만다. 그들은 거기에 혐오를 느낀다. 그들은 거기에서 오랜 세월에 걸친 교사의 압제를 발견할 뿐이며, 모든 종류의 멍에를 떨쳐 버려야 비로소 아이들 상태에서 벗어났다고 생각한다.*56 사슬이 풀린 죄수가 손발을 뻗고 움직이고 굽혀 보고 하는 것처럼, 그들은 그들을 붙들고 있던 오랜 구속에 대한 보상을 받는다. 그 반대로 에밀은 어른이 되는 일을, 그리고 태어나는 이성의 멍에에 굴하는 일을 명예라고 생각한다.

이미 완성된 그의 몸은 전처럼 운동을 필요로 하지 않으며 혼자서 정지하게 되고, 한편으로는 반 이상이나 발달한 그의 정신 또한 멀리 높이 날기를 원하고 있다. 이처럼 이성의 시기는 당신들의 학생에게는 방종의 시기에 불과하며, 나의 학생에게 그것은 이성을 움직이게 하는 시기가 된다.

당신들의 학생과 나의 학생 중 어느 쪽이 이 점에 있어 보다 더 자연의 질서에 맞는가를 알고 싶다면, 자연의 질서에서 어느 정도 멀어진 자를 보고 이 차

---

*56 어린이의 상태를 겨우 빠져나온 사람만큼 어린이를 경멸하는 마음으로 보는 자는 없다. 그것은 마치 신분의 차이가 그다지 크지 않기 때문에 하급자와 혼동될 것을 모두가 끊임없이 근심하는 나라만큼 신분 제도가 의례적으로 지켜지는 나라는 없는 것과 마찬가지다(원주).

이를 생각해 봐야 한다. 즉 농촌의 청년들을 관찰해 봐야 할 것이다. 그리고 그들이 당신들의 청년과 마찬가지로 소란한가 어떤가를 보면 될 것이다. 르 보 경은 말하고 있다. "미개인은 아이들 때는 언제나 활동적이고 쉬지 않고 여러 가지 놀이를 하여 몸을 움직이는 것을 볼 수 있다. 그러나 청년기에 달하면 그들은 갑자기 침착해져 생각에 몰두한다. 그들은 진지하거나 모험적인 놀이에만 열중한다."[57] 에밀은 농촌 청년이나 젊은 미개인과 마찬가지로 완전한 자유 속에서 자라고 있으므로 그들과 마찬가지로 청년이 되면 변해서 분주히 움직이지 않게 된다. 다른 점은 다만 놀고 먹기 위해서만 행동하지 않고 그는 그 일에 있어서나 놀이에 있어서나 생각하는 일을 배웠다는 것이다. 그러므로 그런 길을 통해 이 시기에 도달한 그는 내가 이제부터 안내하는 길에 대해 완전히 준비가 되어 있다. 내가 제시해 주는 고찰의 재료는 그의 호기심을 자아낸다. 그런 것은 원래 아름다운 것이며 그에게는 완전히 새로운 것이고, 나아가 그는 그것들을 이해할 수 있는 상태에 있는 것이다. 반대로 당신들의 재미도 없는 수업, 오래 끄는 설교, 언제까지나 계속되는 교리 문답에 지루해져서 괴롭게 생각하고 있는 당신들의 청년은, 그들에겐 음침하게 여겨지는 정신적인 일을 계속 덮어씌우는 답답한 교훈을, 그들 즐거움의 적으로 삼고 있는 자, 그들의 존재를 만든 자에 대한 성찰을 어떻게 거절하겠는가. 그런 일 전반에 걸쳐 그들은 단지 혐오와 반감과 권태를 느끼고 있을 뿐이다. 구속이 그들에게 그런 일을 싫어하게 하는 것이다. 그들이 자기 마음대로 뭔가 하게 됐을 때 그 뒤로도 구속을 받아들이게 하려면 어떻게 하면 되는가. 그들을 기쁘게 하려면 새로운 것이 필요하다. 아이들이 말하는 것 같은 일은, 그들은 하나도 필요치 않은 것이다. 나의 학생도 그것은 마찬가지이다. 그가 어른이 되면 나는 어른에게 말하듯이 그에게 말하고, 새로운 일만 그에게 말한다. 그런 것은 다른 청년을 지루하게 하는 일이므로, 그는 자기 취미에 맞는 새로운 것을 발견하게 된다.

이리하여 나는 이성을 돕고, 자연의 발걸음을 늦추게 함으로써 그에게 이중으로 시간을 벌게 하고 있다. 그러나 나는 실제로 자연의 발걸음을 늦추었던가. 그렇지는 않다. 나는 다만 상상력이 그것을 빨리 촉구하기를 방해했을 뿐

---

[57] 《고등법원 변호사 C 르 보 씨의 모험》 제2권 70면(원주). 샤를 르 보는 프랑스의 역사가(1701 ~1778).

이다. 나는 다른 종류의 수업으로 청년이 다른 곳에서 받는 앞지른 수업과 균형을 유지케 한 것이다. 현 교육법의 분류가 그를 밀어내리려고 할 때, 다른 교육법으로 그를 반대 방향으로 끌어당기는 것은 그를 그 장소에서 분리시키는 것은 아니다. 그곳에 머물게 잡아 두는 것이다.

자연의 진짜 시기가 마침내 찾아온다. 그것은 아무래도 찾아와야 한다. 인간은 죽어야 하는 것이므로 자기를 번식시키고 인류를 영속시켜, 세계의 질서가 유지되도록 해야 한다.

내가 이미 말했던 것과 같은 변천 시기를 예감하게 되면, 그때는 곧 그에 대해 당신들이 지금까지 지녀왔던 것 같은 태도를 영원히 버려야만 한다. 아직 당신들의 제자들이 당신들의 가르침을 받으려 하지 않기 때문이다. 그는 이제 당신들의 친구이며 한 인간이다. 앞으로는 그렇게 그를 대해야 한다.

어찌된 일인가. 권위가 나에게 더없이 필요할 때, 나는 권위를 버려야 한단 말인가. 청년이 자기로서는 어떻게 해야 할지 전혀 모를 때, 당치도 않은 곳으로 가버릴 때, 그를 내버려둬야 하는가. 나의 권리를 사용하는 일이 가장 그에게 필요할 때, 그것을 버려야 한단 말인가. 당신들의 권리를! 누가 당신들에게 그것을 버리라고 하는가.

이제야말로 비로소 그것은 그에 대한 권리가 되는 것이다. 지금까지는 힘과 기교를 사용하지 않으면 당신들은 그에게 아무것도 시킬 수 없었다. 권위, 의무의 규칙은 그가 알 수 없는 일이었다. 당신들에게 복종시키려면 그를 구속하든가 속여야만 했다. 그러나 당신들은 얼마나 많은 새로운 사슬로 그의 마음을 둘러쌌는지 당신들은 알고 있다. 이성, 우정, 감사하는 마음, 갖가지 감정이 무시할 수 없는 말투로 그에게 말을 걸고 있다. 부도덕은 아직 그런 소리가 그의 귀에 들어가게 했다. 그는 자연의 정념만을 느끼고 있다. 모든 정념 속에서 가장 기본적인 것, 자기에 대한 사랑은 그를 당신들에게 맡기고 있다. 또한 습관이 그를 당신들의 손에 맡기고 있다. 일시적인 흥분이 당신들의 손에서 그를 빼앗아 간다 하더라도, 금방 후회하는 마음이 그를 돌려 준다. 그를 당신들에게 결부시키고 있는 감정만이 언제나 변하지 않는다. 다른 모든 감정은 지나가고 서로 지워버린다. 타락시키는 일이 없으면 그는 언제까지라도 순종하고 있을 것이다. 반항하기 시작했을 때는, 그는 이미 악으로 전락한 것이다.

특히 나타나기 시작한 욕망을 향해 정면으로 부딪혀, 어리석게도 그가 느끼기 시작한 새로운 욕구를 죄악시하는 일을 하면 당신들은 오랫동안 그에게 귀를 기울이지 못하게 할 것이다. 그래도 나의 방법을 버리게 되면 나는 당신들에 대해 아무런 책임도 지지 않는다. 당신들은 자연을 섬기는 자라는 것을 항상 염두에 두어야 한다. 결코 자연의 적이 되어서는 안 된다.

그러나 어떤 태도로 임하면 되는가. 이 경우 그의 경향을 도와주거나 아니면 억누르거나, 또는 그의 폭군이 되거나 비위를 맞추거나 양자 택일만을 생각하게 되는데, 그것은 어느 쪽이나 몹시 위험한 결과를 가져오게 되므로 선택에 있어 당황하게 될 뿐이다.

이 곤란을 해결하기 위해 우선 생각할 수 있는 방법은, 서둘러 그를 결혼시키는 일이다. 이것은 틀림없이 가장 확실하고 가장 자연스러운 방법이다. 그렇지만 그것이 가장 좋은 방법이고 가장 유익한 방법인지는 의심스럽다. 그 이유는 곧 말할 것이다. 젊은 사람을 사춘기에 결혼시킬 필요가 있다는 것은 일단 나도 인정한다. 그러나 이 시기는 아직 때가 되지도 않았는데 그들에게 찾아온다. 그것을 서두르고 있는 것은 우리인 것이다. 완전히 무르익을 때까지 그 시기를 연장하여야 한다.

경향을 허용하고 그 지시에 따르는 일만이라면, 일은 간단하다. 그러나 자연의 권리와 우리의 사회적인 규칙 사이에는 여러 가지 모순이 있으므로, 그것을 조화시키려면 계속 길을 돌아가거나 몸을 피해야만 한다. 사회적인 인간이 완전히 인공적인 인간이 되지 않게 하려면 많은 기술을 사용하여야만 한다.

앞서 말한 이유에 입각하여 내가 제시한 수단과 그 밖에도 같은 수단을 사용하면, 적어도 20세까지는 욕망에 대한 무지한 상태와 관능의 순수함을 지속시킬 수 있다고 나는 생각한다. 이것은 사실이므로, 게르만인의 나라에서는, 이 나이가 되기 전에 동정을 잃은 자는 명예를 손상시킨 자로 보고 있었다. 그리고 저작가들은 그 민족의 늠름함과 그들이 많은 아이를 낳는 사실을, 청년 시절을 통해 순결을 지키고 있었기 때문이라고 하는데 이것은 맞는 말이다.

이 시기는 훨씬 더 연장시킬 수 있다. 이삼 세기 전까지는 프랑스에서도 매우 흔한 일이었다. 잘 알려진 일을 예로 들면, 몽테뉴의 아버지는 골격이 튼튼하고 건장한데다가 신중하고 정직한 사람이었는데, 오랫동안 이탈리아 전쟁에 종군한 다음 33세에 동정인 채 결혼했다고 한다. 이 아버지가 66세를 넘어서도 얼마나 늠름하고 쾌활했는가는 아들이 쓴 책으로도 알 수 있다. 확실히 이와 반대되는 의견은 인류 일반에 대한 지식보다, 오히려 우리 풍습과 편견에 입각한 것이다.

그러므로 나는 우리 주위에 있는 청년은 문제시하지 않겠다. 그런 청년을 예로 드는 것은 그들과 똑같은 상황에서 자라지 않은 자에 대해선 아무런 증명도 안 된다. 이 점에선 빠르게 하거나 늦출 수 없는 정해진 기한은 자연에는 없는 것으로 생각하고, 내가 염려한 덕으로 에밀은 20세까지 소박한 순진성을 지니고 있었다 하더라도 나는 자연의 법칙에서 벗어나지는 않는다고 믿고 있으나, 바야흐로 그 행복한 시기도 끝나려 하고 있다. 계속 커가는 위험에 처해 있는 그는 내가 무슨 수를 써도 기회가 오면 곧 나의 손에서 벗어나려고 할 것이며, 그런 기회는 머지않아 찾아올 것이다. 그는 관능의 맹목적인 자극에 따르게 된다. 그가 몸을 망치게 되리라는 것은 확실하다고 말할 수 있다. 나는 인간의 기질에 대해서는 충분히 생각해 봤으므로 그 최초의 계기가, 그 뒤의 그의 생활에 미치는 극복하기 힘든 영향을 생각지 않을 수 없다. 내가 아무 것도 보지 않은 체하고 속이고 있으면 그는 나의 약점을 이용하게 된다. 나를 속일 수 있다고 생각하면서 나를 무시한다. 그렇게 되면 나는 그의 파멸에 손을 빌려 주게 되는 것이다. 그를 도로 데리고 오려 해도 때는 이미 늦다. 그는 이미 내가 하는 말을 듣지 않는다. 그에게 나는 성가신 인간, 미운 인간, 어쩔 수 없는 인간이 된다. 머지않아 그는 나를 쫓아내게 될 것이다. 거기서 내가 취해야 할 도리에 맞는 태도는 하나밖에 없다. 그것은 자기 행동에 책임을 지게 할 것, 적어도 이성을 잃는 일은 하지 않도록 주의를 줄 것, 그리고 그를 둘러싸고 있는 위험을 확실히 보여 줘야 할 것 등이다. 지금까지 나는 그가 무지한 탓으로 그를 잡아 둘 수 있었으나, 앞으로는 지식으로 그를 잡아 둬야 한다.

이 새로운 가르침은 중요한 일이다. 거기서 멀리 거슬러 올라가 사정을 명백히 해 두는 편이 좋다.

이를테면, 이제야말로 나의 보고서를 그에게 보여 줄 때다. 그의 시간과 나의 시간이 사용법을 그에게 가르쳐 줄 때다. 그는 누구이고 나는 누구인가. 나는 어떤 일을 하는가. 그는 어떤 일을 하는가. 우리는 서로 무엇을 상대방에게서 받고 있는가. 그의 모든 도덕적인 관계, 그가 약속한 모든 일, 그에게 약속된 모든 일, 능력 진보의 거리에 있어 어디까지 도달했는가. 앞으로 어떤 길을 가야 하는가. 거기서 발견되는 곤란, 그 곤란을 넘는 방법, 어떤 일로 아직 나는 그를 도와줄 수 있는가. 어떤 일이 앞으로 그 스스로를 도울 수 있는가. 마지막에 그는 지금 변화 시기에 있다는 일, 새로운 위험에 처해 있다는 일, 그리고 나타나기 시작한 욕망의 소리에 귀를 기울이기 전에 주의깊게 자기 자신을 경계할 마음이 들게 하는 모든 굳센 이유, 이런 일을 확실히 그에게 말해줄 때다.

성인을 이끌어 가려면, 아이들을 이끌어가기 위해 해온 모든 일과 반대되는 일을 해야 한다. 사실 오랫동안 주의깊게 숨겨온 그 위험한 비밀을 가르치는 일을 주저해서는 안 된다. 하여간 그는 그것을 알아야만 하므로, 그것을 타인이나 그 자신으로부터도 아닌 당신들 스스로가 배우도록 이끄는 일이 중요하다. 앞으로는 투쟁 없이는 그대로 넘어가지 못하게 되었으므로 불의의 습격을 받지 않도록 그는 적을 알아야 하는 것이다.

그런 일에 대해 어떻게 알게 되었는지는 모르나, 이미 잘 알고 있는 듯한 청년은 언제나 그로 인해 싫은 일을 겪어야 했다. 그런 부주의한 교육은 거기에 참된 목적이 있는 것은 아니므로 적어도 그것을 받는 자의 상상을 방해하고 그들의 마음을, 그것을 주는 자의 부덕으로 향하게 한다. 그뿐이 아니라 하인들은 그런 아이들의 마음에 들게 하여 그 신뢰를 얻고, 교사를 답답하고 성가신 인물로 생각하도록 만든다.

그러므로 그들이 비밀 이야기로 즐겨 화제로 삼는 일은 교사의 욕을 하는 일이다. 학생이 그렇게 되면 선생은 자리를 물러나야 할 것이다. 그에게는 이제 아무것도 유익한 말을 할 수는 없을 것이다.

그런데 아이들은 왜 이야기 상대를 고르게 되는가. 그것은 반드시 그를 지도하는 사람들의 압제 때문이다. 아이들은 자기를 지도하는 사람들로부터 숨을 필요에 쫓기지 않는다면 무엇 때문에 그런 사람들로부터 숨어버리는가. 그들에 대해 아무것도 불평할 일이 없다면 어째서 불평을 하는 것인가. 당연히 그들은 누구보다도 친밀한 아이들의 이야기 상대인 것이다. 아이들이 걸핏하면 찾아가 자기가 생각하는 일을 그들에게 말하는 모습을 보면, 아이들은 그들에게 말할 때까지는 그 일을 반밖에 생각하지 못하는 모양이다. 당신들이 설교하거나 나무라는 일이 없다면 아이들은 언제나 당신들에게 무엇이나 다 말할 것이고, 그가 당신들에게 말하지 않는 일이 없다는 것을 사람들이 확실히 알게 되면, 당신들에게 말하지 않아야 할 일은 아무도 그에게 털어 놓으려

하지 않을 것이라고 생각해도 될 것이다.

　나의 방법에 무엇보다도 기대를 갖게 할 것, 그것은 그 효과를 가능한 한 정확하게 더듬어 가면, 나의 학생의 생활에는 그에 대해 뭔가 유쾌한 이미지를 주지 않는 상황은 전혀 볼 수 없다는 것이 된다. 뜨거운 피가 그를 질질 끌고 갈 때도 그를 붙잡는 자에게 반항하여 몸을 허위적대고, 나의 손에서 빠져나려고 할 때, 그 동요와 흥분 속에서 나는 지금도 어렸을 때의 단순함을 발견한다. 육체와 마찬가지로 맑은 그의 마음은 부덕 이상으로 그것을 모른다. 힐책과 경멸이 그를 고집 없는 인간으로 만든 것은 아니다. 비겁한 두려움이 자기를 속이는 일을 그에게 가르쳐 준 일은 결코 없는 것이다. 그는 천진함에서 오는 완전히 무례한 태도를 보인다. 소박하고 아무런 사양도 하지 않는다. 사람을 속이는 일이 무슨 도움이 되는지 아직 모른다. 그의 영혼은 입이나 눈으로 표현하지 않는 움직임을 하나도 생각하지 않는다. 그리고 그가 느끼는 감정은 그 자신이 알기도 전에 내가 알게 되는 일도 흔히 있다.

　그런 식으로 그가 자진하여 나에게 가슴을 활짝 열고 자기가 느끼고 있는 일을 기꺼이 나에게 말하고 있는 동안은, 나로서는 아무 걱정도 할 필요가 없다. 위험은 아직 접근하지 않았다. 그러나 그가 좀더 겁쟁이가 되고 소심하게 되거나 이야기를 하고 있을 때 부끄러워 어쩔 줄 모르는 모습이 보이기 시작하면 이미 본능은 발달하고 있는 것이다. 이미 악의 관념이 그곳에 결부되도록 된 것이다. 한시도 지체할 수 없다. 서둘러 가르쳐 주지 않으면 머지 않아 그는 내가 무슨 수를 써도 알아 버리게 된다.

　많은 독자는 내 생각을 받아들이면서도, 되는 대로 적당히 대화를 나누면 되고 그 정도면 충분할 거라 생각할 것이다. 아아, 그런 일로 인간의 마음을 이끌어 갈 수 없다. 말할 때를 준비하고 말하지 않으면, 말에는 아무 뜻도 없게 된다. 씨를 뿌리기 전에 땅을 갈아야 한다. 덕(德)의 씨는 여간해서 싹트지 않는다. 거기다 뿌리를 내리게 하려면 오랜 준비가 필요하다. 설교를 더없이 무익한 것으로 하는 일은 분별과 선택도 하지 않고 아무에게나 설교하는 일이다. 갖가지 소질을 지니고 정신·기분·연령·성·신분·의견이 전혀 다른 다수의 청중에게 같은 설교가 적당하다고 어떻게 생각할 수 있는가. 모든 사람을 향해 하고 있는 말이 딱 들어맞는다고 생각하는 사람은 아마 두 사람도 없을 것이다. 또 우리 감정은 모두 언제까지나 변하지 않을 수는 없으므로, 같은 이야기가 같은 인상을 준다는 일은 각자의 생애에 아마 두 번도 없을 것이다.

타오르는 관능이 오성을 잃게 하고 의지를 억압하고 있을 때, 과연 무게있는 지혜의 교훈에 귀를 기울일 수 있는가를 생각해 봐야 할 것이다. 그러므로, 이성의 시기에 있어서도 우선 이성을 분간해 들을 수 있는 상태에 청년을 처하게 하지 않고서는 결코 그들에게 도리를 설명해서는 안 된다. 이야기를 해도 헛일이 되는 것은 대부분의 경우 제자가 나빠서가 아니라 오히려 선생이 나쁘기 때문이다. 현학자나 교사나 거의 비슷한 말을 한다. 다만 그것을 현학자는 모든 기회를 통해 말한다. 교사는 그 효과가 확실하다고 생각될 때만 말한다.

몽유병자는 자고 있는 동안에 헤매고 다니며, 절벽 위를 아슬아슬하게 걷기도 한다. 거기서 갑자기 잠이 깬다면 절벽 아래로 떨어지게 되는데, 그런 식으로 나의 에밀도 무지한 잠을 자는 동안에 인정할 수 없는 위험 쪽으로 뛰어나간다. 내가 갑자기 잠을 깨웠다면 그는 그것으로 마지막이다. 우선 그를 절벽에서 멀리 물러서도록 해주자. 그렇게 해놓고 그의 잠을 깨워, 멀리서 위험을 제시해 주기로 하자.

독서·고독·여가, 나아가 꼼짝도 않는 유약한 생활, 여성이나 젊은이들과의 교제, 이런 길을 분별해서 걸어간다는 것은 그의 나이로는 위험한 일이고, 그것은 그를 계속 위험한 곳에 두는 것이 된다. 나는 그런 일과는 무관한 감각인 일로 그의 관능을 속이는 것이다. 정기에 다른 흐름을 나타내어 줌으로써 그것이 취하려 했던 흐름에서 빗나가게 하는 것이다. 힘든 일로 그의 육체를 단련시킴으로써 그를 질질 끌고 가는 상상력의 활동을 억누르는 것이다. 팔이 한참 일을 하고 있으면 상상력은 쉬고 있다. 몸이 몹시 피곤하면 마음은 타오르지 않는다. 곧 할 수 있고 가장 쉬운 방법은 위험한 장소에서 그를 끌어내는 일이다. 나는 우선 그를 도회지에서 데리고 나와 그를 유혹할 우려가 있는 것에서 멀리하는 것이다. 그러나 그것만으로는 부족하다. 그는 어떤 광막한 고장으로 떠나, 인기척 없는 은신처로 가야만 마음에 붙어다니는 모습에서 벗어날수 있겠는가. 위험한 것을 멀리하는 것만으로는 별수 없다. 그 생각도 멀리해야만 한다. 모든 것에서 그를 분리시키는 기술이 발견되지 않는다면, 그 자신을 잊어버리게 할 수 없다면, 원래 있었던 곳에 그를 내버려 둬도 되었을 것이다.

에밀은 한 가지 직업을 알고 있다. 그러나 그 직업도 여기서는 우리의 도움이 안 된다. 그는 밭일을 좋아했고 그 일을 잘 알고 있다. 그러나 밭일로는 우리에게 충분치 못하다. 그가 잘 알고 있는 일은 기계적인 일이다. 그것은 하고 있어도 아무것도 하지 않는 것과 마찬가지다. 그는 전혀 다른 일을 생각하고 있다. 머리와 팔은 따로 움직이고 있는 것이다. 그에게는 새로운 일이 필요하다. 그 새로움으로 인해 흥미를 갖게 하고 그의 마음을 끌게 하고 기쁘게 하고 기분을 집중시켜 몸을 단련케 하는 새로운 일, 그가 정열을 느끼고 전념할 수 있는 일, 그런 일이 필요한 것이다. 그런데 그런 조건을 거의 구비하고 있다고 생각되는 일이 한 가지 있는데 그것은 사냥이다. 사냥이 죄없는 즐거움이 될 때도 있다면, 인간에게 적합할 때도 있다면, 이제야 말로 거기서 도움을 구해야 한다. 에밀은 그 일의 숙달에 필요한 모든 것을 갖추고 있다.

그는 튼튼하고 날쌔고 참을성이 있어 피로를 모른다. 그는 필시 이 운동에 취미를 갖게 될 것이다. 게다가 그의 나이에서 볼 수 있는 모든 열의를 쏟게 될 것이다. 하여간 그로 인해 잠시 동안은 유약한 생활에서 생기는 위험한 경향을 잃게 될 것이다. 사냥은 아울러 몸과 마음을 완강하게 한다. 그것은 피를 예사롭게 볼 수 있게 하고 잔인한 일에 익숙해 지게 한다. 디아나는 연애의 적이라고 하는데, 그 비유는 옳은 비유다. 사랑의 울적한 기분은 기분좋은 휴식에서 생긴다. 심한 운동은 부드러운 감정을 질식시켜 버린다. 숲속, 메마른 장소에서 애인과 사냥꾼은 완전히 다른 인상을 받아 같은 대상을 앞에 놓고도 전혀 다른 모습을 보고 있다. 상쾌한 나무 그늘, 나무숲, 애인의 기분좋은 은신처는, 사냥꾼에게는 짐승이 풀을 뜯는 곳, 짐승이 숨어있는 곳, 발을 멈출 수 있는 숲속의 빈터에 불과하다. 애인이 물피리 소리, 꾀꼬리 소리, 새 지저귀는 소리만을 듣고 있는 곳에서, 사냥꾼은 뿔피리 소리나 개짖는 소리를 들은 게 아닌가 한다.

애인은 숲의 요정과 물의 요정 같은 것만을 생각하고, 사냥꾼은 말을 타고 사냥개를 끌고 가는 자, 개떼와 말만을 생각한다. 이런 두 부류의 사람과 함께 산과 들을 돌아다녀보면 알 것이다. 대지는 그들에게 같은 광경을 보여주고 있지 않다는 일, 그리고 그들이 구하고 있는 즐거움이 각기 다른 것과 마찬가지로 머릿속에 떠오르는 생각도 다르다는 것을 그들이 말하는 차이로 금방 알게 될 것이다.

어떻게 해야 이 두 가지 취미가 결부되어 마침내는 양쪽에 다 시간을 할애할 수 있게 될까. 그것은 나도 알고 있다. 그러나 청년의 정열은 그런 식으로 나눌 수 없다. 청년이 좋아하는 한 가지 일만 시켜 봄이 좋을 것이다. 다른 일은 모든 것을 곧 잊어버리게 될 것이다. 갖가지 욕망은 여러 가지 지식으로부터 생긴다. 그리고 사람이 제일 먼저 알게 되는 즐거움은 오랫동안 그것만을 구하게 되는 즐거움이 된다. 나는 에밀의 청년시절이 야수를 죽이는 일만으로 소일되기를 원하지 않으며, 그런 피비린내 나는 놀이를 모든 점에서 정당화 할 생각은 없다. 다만 그것이 가장 위험한 정열을 억누르는 데 충분한 도움이 되고, 그 위험한 정열에 대해 내가 말할 때 냉정히 귀를 기울이게 되면 되는 것이다.

인생은 결코 잊지 못하는 시기가 있다. 에밀에게는 내가 지금 말하고 있는 교육의 시기가 바로 그렇다. 이 시기는 그 뒤의 그의 생애에 영향을 미치게 된다. 그러므로 그것이 사라지지 않도록 그의 기억에 새겨주도록 하자. 우리 시대의 잘못 중 하나는 마치 인간이 정신만으로 이루어진 것처럼, 너무도 생긴 그대로의 이성을 사용하는 일이다. 상상에 호소하는 표시에 의한 언어를 경시함으로써 사람은 더없이 힘찬 언어를 상실해 버렸다. 말이 주는 인상은 언제나 약하다. 그리고 귀를 통해서보다 눈을 통하는 편이 심정에 훨씬 잘 호소하게 된다.

논리에 모든 것을 부여하려고 우리는 교훈을 말만으로 그치게 해버렸다. 행동으로 나타내는 일은 하나도 없게 되었다. 이성만으로는 작용할 수 없다.

이성은 때로 잡아 두기는 하지만 여간해서 자극을 주지 않으며 위대한 일을 수행한 일은 한번도 없다.

계속 논리로 말하는 것은 인색한 정신이 즐겨 하는 일이다. 늠름한 영혼에는 완전히 다른 언어가 있다.

그런 언어에 의해서야말로 사람들을 납득시키고 행동케 하는 것이다.

내가 보는 바로는 근대에 있어서는 사람들은 이제 힘과 이해관계 이외에는 상대방에게 작용할 수단을 갖지 않는다. 그런데 고대의 사람들은 납득시키는 일로 영혼을 뒤흔들어 작용하는 경우가 훨씬 많았다. 그들은 표시에 의한 언어를 경시하지는 않았기 때문이다. 약속은 모두 엄숙한 분위기에서 주고 받게 되어 그것을 보다 더 파기할 수 없는 것으로 만들고 있었다. 권력이 확립되기 전에는 신들이 인류의 사법관이었다. 신들 앞에서 개인은 계약을 했고 결연 관계를 맺었고 약속의 말을 했었다. 대지의 표면은 그곳에 기록이 보존되는 책이었다. 그런 기록으로 신성시되었고 야만적인 인간의 눈에 존경해야 할 것으로 보였던 암석·수목·돌무덤은 모든 사람 앞에 늘 펼쳐 놓은 그 책의 페이지였다. 맹세의 우물, 살아 있는 자와 보고 있는 자의 우물, 마무레의 해묵은 떡갈나무, 증인의 돌무덤, 이런 것들이 계약의 신성을 말하는 비천한 그러나 거룩한 기념물이었다. 모독적인 손으로 감히 그런 기념물을 손상시키는 사람은 한 사람도 없었을 것이다. 그리고 사람들의 성의는 오늘날 모든 법률의 헛된 엄격함에 의해 보증되고 있는 것보다 확실하게 그런 무언의 증인의 보증에 의해 보증되고 있었다.

통치에서는 왕권을 상징하는 위엄 있는 치장이 백성을 위압하고 있었다. 왕의 위엄을 나타내는 표시, 즉 옥좌·왕장(王杖)·붉은 옷·왕관은 백성에게는 신성한 것이었다. 존경의 대상인 그런 표시는 백성에게 그것을 장식하고 눈앞에 나타나는 사람을 보면 존경심을 불러일으키게 했다. 병사가 없어도, 으름장을 놓지 않아도 그 사람이 말만 하면 사람들은 그 말을 따르고 있었다.

지금은 그런 표시는 폐지되고 있는 모양이지만*58 표시를 버리고 돌보지 않는다면 어떻게 되겠는가. 국왕의 위엄은 모든 사람들의 마음에서 사라져 버리고, 국왕은 군대의 힘만으로 그가 하는 말을 듣도록 하게 되고, 신하의 경의는 벌을 두려워하는 데서만 생기게 되는 것이다. 국왕은 왕관을 머리에 쓰려 들지 않았고 고관도 그 지위를 나타내는 표시를 몸에 지니려 들지 않았다. 그러나 그들의 명령을 실행시키려면 10만의 상비병이 있어야만 한다. 이것은 그들에게 보다 더 훌륭한 것으로 보일지도 모르나, 그런 것으로 교체한 일이 결국은 그들의 이익이 될 수 없다는 것은 쉽게 알 수 있다.

---

*58 로마의 성직자는 그것을 매우 교묘하게 보존했다. 그리고 그것을 배워 몇몇 공화국, 특히 베네치아공화국도 그러했다. 그러니까 베네치아 정부는 국가가 몰락했음에도 옛날의 위엄을 꾸며 지금까지도 완전히 민중의 애정과 존경을 받고 있다. 그리고 권력도 권위도 없지만 그 호화로운 꾸밈에 의해 신성한 자로 행세하며 총독 모자를 쓰고 부인의 머리 장식을 하고 있다. 베네치아 총독만큼 존경받는 자는 관을 쓴 교황을 제외하면 아마도 국왕이나 전제 군주에게나 온 세계 안의 어떠한 인간에도 없다. 저 부친토로의 의식은 어리석은 자에게는 그토록 조소를 받지만 틀림없이 베네치아 하층민에게 그들의 모든 피를 흘리더라도 그 압제적인 정부를 유지할 마음이 들게 할 것이다(원주). 부친토로란 돛대도 돛도 없는 갈레온 배와 상당히 많이 닮은 크고 훌륭한 배로 매년 승천제 날에 베네치아의 총독이 바다와의 상징적인 결혼식을 올릴 때에 타는 배였다. 이 의식은 1797년 캄포 포르미오의 조약에 의해 베네치아가 오스트리아의 권력하로 옮긴 시기에 폐지되었다.

고대인이 웅변으로 이행했다는 것은 그저 놀라울 뿐이다. 그러나 그 웅변은 다만 훌륭한 말을 잘 나열하는 데 있는 것이 아니라, 그것은 변론가가 하는 말이 가장 적었을 때 반드시 가장 큰 효과를 거두고 있었던 것이다. 가장 생기 있게 말했던 것은 말로 표현된 것이 아니라 표시로써 표현된 것이다. 그것을 말로 하지 않고 보여주었던 것이다. 눈앞에 제시되는 것은 상상력을 뒤흔들고 호기심을 일으켜 그는 무엇을 말하려는 것인가 하는 기대 속에 정신을 사로잡는다. 또한 누차 그 일만으로 모든 것을 말한 셈이 되는 것이다. 양귀비 머리를 자르는 트라스불로스와 타르쿠니우스, 마음에 드는 부하의 입에 도장을 찍는 알렉산드로스, 제논 앞을 걷는 디오게네스, 이런 일을 한 사람들은 긴 연설을 했을 경우보다 더 잘 말하지 않았던가. 어떤 장황한 이야기가 같은 생각을 똑같이 잘 표현할 수 있겠는가.

군대를 이끌고 스키타이에 침입한 다리우스는 스키타이인 왕으로부터 새 한 마리, 개구리 한 마리, 새앙쥐 한 마리, 그리고 다섯 개의 화살을 받는다. 사자(使者)는 왕의 선물을 전달하고 아무말 없이 돌아간다. 현대에 이런 일이 있었다면 그 사나이를 실성한 자로 보았을 것이다. 그 무서운 권고의 뜻은 이해되어, 다리우스는 될 수 있는 한 서둘러서 자기 나라로 되돌아 갈 일만 생각했다. 그런 표시 대신 편지를 주었다고 하자. 그것은 위협적이면 위협적일수록 상대를 더욱 위협하지 않게 될 것이다. 그것은 허세에 지나지 않는다고 다리우스는 비웃어버렸을 것이다.

로마인 사이에선 표시에 의한 언어에 얼마나 신경을 썼는지 모른다. 나이와 신분에 따라 다른 갖가지 의복, 성년 남자의 긴 겉옷, 병사의 짧은 망토, 신분 있는 청년이 입는 보랏빛 테를 두른 흰옷, 귀족의 자녀들이 머리에 장식하는 금구슬, 원로원 의원의 옷, 고관이 앉는 의자, 호위병, 장대, 도끼, 금관, 풀관(草冠), 나뭇잎관, 승리를 축하하는 환호성, 개선식. 로마인 사이에선 모두가 의상·표지·의식이었다. 그리고 모든 것이 시민의 마음에 깊은 인상을 주고 있었다. 국민이 어떤 장소에 모이는 것이 더 나은가, 카피토리움신전을 보는가 안 보는가, 원로원 쪽으로 향하는가 아닌가, 어느 날을 선정하여 협의하는가, 이런 일들은 국가로서 중요한 일이었다. 고발을 받은 자는 옷을 바꿨다. 전사들은 공로에 대한 말을 하지 않고 그들이 받은 상처를 내보였다. 카이사르가 죽었을 때 현대의 어떤 변론가였다면, 민중의 마음을 움직이려고 변론술의 온갖 상투적인 말을 나열하여 카이사르의 상처와 피, 유해의 비참한 묘사를 시도해 보겠지만, 안토니우스는 웅변가였음에도 불구하고 그런 말은 전혀 없었다. 그는 다만 유해를 운반해 오게 한다. 얼마나 큰 웅변이냐!

그런데 이 여담은 다른 많은 일과 마찬가지로 모르는 사이에 나의 주제에서 먼 곳으로 나를 끌고 간다. 거기다 나는 너무 자주 탈선하고 있으므로 이런 일을 장황하게 계속하여 독자를 괴롭힐 수는 없다. 그러므로 본제목으로 돌아간다.

청년에 대해서는 절대로 메마른 이론을 내세워서는 안 된다. 도리를 알게 하려면 거기에 육체를 제공해야 할 것이다. 정신적인 말을 마음으로부터 받아들이게 하여, 그것을 이해할 수 있도록 해야 한다. 되풀이 말하지만 냉정한 논의는 우리의 의견을 결정할지도 모르나, 우리의 행동을 결정치는 않는다. 우리에게 믿게는 하나 우리를 행동하게 하지는 않는다. 어떻게 생각해야 할 것인가는 가르치나, 무엇을 해야 하는지는 가르치지 않는다. 모든 어른들에게 이것이 진실이라고 한다면, 아직 감각에 휩싸여 상상만으로 사고하는 청년에게는 더군다나 그러하다.

그러므로 나는 이미 말할 준비를 한 뒤라도 갑자기 에밀 방으로 가서 그에게 가르치고자 하는 일에 대해 답답하고 긴 이야기는 하지 않을 것이다. 나는 우선 그의 상상력을 뒤흔들어 줄 것이다. 내가 주고자 하는 인상에 가장 유리한 때, 장소, 대상을 선정할 것이다. 이를테면 자연 전체를 우리 이야기의 증인으로 부를 테다. 자연을 만든 영원한 존재자에게 내 이야기의 진실성을 보증받겠다. 영원한 존재자를 나와 에밀의 심판자로 삼을 것이다.

우리가 있는 장소, 우리를 둘러싸고 있는 바위·숲·산들을 그의 약속과 나의 약속의 기념비로 지정할 것이다. 나는 나의 눈·말·몸짓에 그가 느껴 줬으면 하는 감격과 열의를 나타낼 테다. 나는 말하고, 그는 귀를 기울일 것이다. 나는 감동하고, 그도 마음이 움직일 것이다. 자기 의무의 신성함을 깊이 느끼고 있는 나는 그의 의무를 한층 더 존경해야 함을 느끼게 할 것이다. 나는 이미지와 비유로써 도리의 힘에 생명을 줄 것이다. 무미건조한 격률에 대해 산만한 긴 이야기를 하지 않고 풍부한 감정이 넘친 이야기를 할 것이다. 도리를 설명하여 들려주는 나의 말은 정중하고 간결하나, 나의 심정은 아무리 말해도 다 할 수 없을 것이다. 그때야말로 나는 그를 위해 해온 일을 전부 그에게 일러주며 그것을 나 자신을 위해 해온 일이라고 가르쳐 줄 작정인데, 그는 나의 부드러운 애정 속에서 내가 여러 가지로 배려한 이유를 보게 될 것이다. 나는 갑자기 투를 바꿈으로써 놀라움과 동요가 얼마나 큰 가를 그에게 느끼게 해 줄 것이다.

언제나 그의 이해관계에 대해 이야기함으로써 그의 마음을 편하게 해주지 않을 것이며, 나는 앞으로 나의 이해관계에 대해서만 말하겠지만 더욱 그의 마음을 깊이 움직이게 될 것이다. 우정, 품위있는 마음, 감사하는 마음의 모든 감정으로 나는 그의 젊은 마음을 불태우게 될 것이다. 그런 감정은 모두 내가 생겨나게 한 것이며, 그것을 키워 간다는 것은 참으로 유쾌한 일이다. 나는 감동의 눈물을 흘리며 그를 나의 가슴에 끌어안을 테다. 그리고 이렇게 말하겠다. "너는 나의 보배, 나의 아들, 나의 작품이다. 나는 너의 행복에서 나의 행복을 기대하고 있는 것이다. 네가 나의 희망을 배반한다면 너는 나에게서 20년 간의 생활을 훔치는 것이 되며 나의 노년기에 불행을 초래하는 것이 된다." 이런 식으로 청년에게 타이르고, 한 말을 상기하도록 그의 마음 속에 아로새겨 주는 것이다.

지금까지 나는 어려운 일을 교사는 제자에게 어떤 방법으로 가르쳐야 하나에 대해 실례를 들어 보았다. 이 경우에도 그렇게 하려고 했으나 몇번이고 시도해본 끝에 나는 그러기를 단념했다. 프랑스 말에는 너무도 수식이 많아, 어떤 사항에 있어서는 처음으로 그것을 가르칠 때의 소박한 투를 책 속에서 도저히 표현할 수 없다는 것을 알았기 때문이다.

프랑스어는 가장 정숙한 언어라고 말한다. 나는 반대로 가장 외설적인 언어라고 믿고 있다. 언어의 정숙함은 음란한 표현법을 주의하여 피하는 데 있는 것이 아니라, 그런 표현법을 지니지 않는 데 있다고 생각하기 때문이다. 사실 그것을 피하려면 그것을 생각해야만 하는 것이다. 거기다 프랑스어만큼, 여러 뜻으로 보아 순수하게 말하기가 어려운 말은 없는 것이다. 저자는 난잡한 뜻을 멀리하려 해도 늘 민감하게 그것을 느끼는 독자는 온갖 일에 눈살을 찌푸리고 분개한다. 더러워진 귀로 듣는데 어떻게 그 더러움에 물들지 않겠는가.

반대로 예의범절이 바른 국민은 모든 사물에 대해 정확한 말을 지니고 있다. 그리고 그 말은 반드시 품위 있는 말인 것이다. 그것은 늘 품위 있게 사용되고 있기 때문이다. 성서의 말보다 신중한 말을 떠올리기란 불가능한 일이다.

거기서는 모든 일이 소박하게 표현되었다. 같은 일을 신중함이 없게 하려면 그것을 프랑스 어로 번역하기만 하면 된다. 내가 에밀에게 해야 할 말은 모두가 그의 귀에 품위 있고 정숙하게 들릴 것이다. 그러나 읽고 그렇게 느끼려면 에밀과 똑같이 깨끗한 마음을 지니고 있어야 할 것이다.

말의 참된 깨끗함과 나쁜 습관에 의한 거짓의 섬세함에 대한 고찰은 지금 문제가 된 일이 우리를 이끌어가는 도덕의 이야기 속에서 유익한 부분을 차지하게 된다고 생각할 수도 있을 것이다. 품위있는 말투를 배우면서 그는 또 예절에 맞는 말투도 배워야 하는데, 왜 이 두가지 말투는 전혀 다른 것인가를 그는 아무래도 알 필요가 있기 때문이다.

아무튼 나는 이렇게 말하겠다. 아직 그럴 시기도 아닌데 너무 서둘러 젊은 이의 귀에 못이 박히도록 헛된 교훈을 되풀이하여, 정작 그것이 필요한 시기에 그가 그것을 업신여기지 않도록 하기 위해, 젊은이가 이쪽 말을 이해할 그때를 기다린다. 그때가 오면 자연의 법칙을 있는 그대로 설명해 준다. 그 법칙을 어기는 일이 어긴 자에게 주는 육체적, 정신적인 괴로움에 의해 그 제재 규정을 가르쳐 준다. 그 이해할 수 없는 생식의 신비에 대해 말하면서 자연을 만든 자가 그 행위에 주고 있는 매력의 관념에 그것을 감미로운 것으로 하고 있는 배타적인 애착의 관념, 그것을 둘러싸고 있고 그 목적을 이행함으로써 그 매력을 배로 만드는 정결한 의무의 관념을 결부시킨다. 결혼을 단순히 가장 유쾌한 사귐으로 묘사해 보일 뿐 아니라, 모든 계약 중에서도 가장 파기할 수 없는 것, 가장 신성한 것으로 묘사해 보이고 그런 신성한 결합을 모든 사람이 존경하고 있는 이유, 그리고 그 깨끗함을 감히 더럽히는 자는 증오와 저주를 받게 되는 이유를 전부 힘찬 말로 들려준다. 방탕한 두려움과 그 짐승 같은 어리석음의 난잡한 최초의 행위에서 모든 난잡한 행위로 이끌어다가 그런 일에 몸을 맡기는 자를 마침내는 파멸로 끌고 가는 눈에 띄지 않는 비탈길의 마음을 감동케 하는 거짓 없는 화면을 보여 준다. 그리고 또 건강·힘·용기·미덕·자기애 그리고 인간의 참된 보물은 모두 순결을 좋아하는데 관여된 일을 확실히 가르치고 있다. 이렇게 한다면 그 순결을 바람직한 것, 귀중한 것으로 그에게 생각게 하고, 그것을 유지하기 위해 제시되는 방법에 그의 정신을 순종케 한다고 나는 말하겠다. 순결을 잃지 않는 한 사람은 그것을 존중하는 것이며, 그것을 잃은 뒤에야 비로소 경멸하게 되는 것이다.

악으로 기우는 성향은 제어할 수 없다거나 악에 물들어보지 않고는 극복할 수 없다는 말은 사실이 아니다. 사랑에 열중한 몇몇 남자는 자기 목숨을 내놓고 기꺼이 클레오파트라와의 하룻밤을 샀다고 아우렐리우스 빅토르는 말하고 있지만, 정열에 도취한 자에게는 그런 희생도 불가능한 것은 아니다. 그러나 더 없이 광적인 사랑을 느끼고, 도저히 관능을 지배할 수 없는 남자가 처형대를 보고 15분 뒤에는 거기서 고통 속에 죽게 된다는 것을 확실히 알고 있다고 하자, 그 남자는 금방 유혹을 이겨 낼 수 있을 뿐 아니라, 유혹을 물리치는 데도 거의 힘 안 들이고 할 수 있을 것이다. 유혹에 따르는 무서운 이미지가 곧 그것을 잊게 할 것이다. 우리의 모든 약점의 근원이 되는 것은 다만 부족한 우리의 의지력이다. 그러므로 강하게 원하고 있는 일을 할 때는 사람은 언제나 강하다. "강한 의지는 어려움을 이겨낸다." 아아, 만일 삶을 사랑하는 것처럼 부도덕을 증오한다면 우리는 아무리 맛난 음식이라도 무서운 독에는 손을 대지 않는 것처럼, 아무리 기분좋은 일이라도 죄를 범하는 일이라면 쉽게 그만두게 될 것이다.

이 점에 대해 청년에게 주는 교훈이 전혀 아무런 효과도 초래하지 않는다 하더라도, 그것은 그의 나이로 보면 그런 교훈에는 아무 이유도 없기 때문이라는 것과 또 도리에 흐뭇한 모습을 부여하는 일이 나이에 관계 없이 모든 사람에게 필요하다는 것을, 어째서 사람들은 모르는 것일까. 필요할 때는 신중한 투로 말해야 할 것이다. 그러나 당신네들이 하는 말에는 언제나 뭔가 매력이 있어 귀를 기울이지 않고는 못배기게 하는 것이다. 무뚝뚝한 투로 청년의 욕망을 거슬려서는 안 된다. 그의 상상력을 억누르면 안 된다. 그것을 이끌어 줘야 한다. 그렇지 않으면 그것은 괴물을 자아낼 우려가 있다.

사랑에 대해, 여성에 대해, 쾌락에 대해, 말해줘야 한다. 그의 젊은 마음을 끌게 하는 매력을 당신들의 이야기에서 발견하도록 해야 한다. 그가 털어 놓는 이야기 상대가 되기 위해 갖은 짓을 다 해야 한다. 그런 이야기 상대가 됨으로써 당신들은 정말 그의 선생이 되는 것이다. 그렇게 되면 당신들의 이야기가 그를 지리하게 하지는 않을까 하는 걱정은 이제하지 않아도 될 것이다. 그는 당신들이 하려던 말보다 더 많은 것을 말하게 하려고 할 것이다.

나로서는 의심할 여지도 없는 일이지만 이런 격률에 입각하여 온갖 필요한 조심을 할 수 있다면, 그리고 세월의 흐름이 우리 에밀을 도달케 한 상태에 알맞은 일을 그에게 말할 수 있다면, 그는 내가 데리고 갔으면 하는 곳으로 자진해서 찾아와 기꺼이 나의 보호에 몸을 맡기고, 자기를 둘러싼 위험에 놀라 그 나이에서 볼 수 있는 온갖 열의를 다해 나에게 이렇게 말할 것이다. "아아, 나의 친구, 나의 보호자, 나의 선생, 당신의 권위를 그대로 두십시오. 당신은 그것을 버리려고 하나 이제야말로 그것이 당신 손에 있다는 것이 나에게 가장 필요한 때입니다. 지금까지 당신은 내가 약하기 때문에 그것을 갖고 있었지만 앞으로 당신은 의지로 그것을 갖게 되며, 그것은 나에게 더욱 신성한 것이 될 것입니다. 나를 둘러싸고 있는 모든 적으로부터 그리고 무엇보다도 내가 자신 속에 지니고 있는 적, 나를 배신하는 적으로부터 나를 지켜 주십시오. 당신께서 만들 것을 감시함으로써 그것이 언제까지나 당신에게 적합한 것이 되도록 해 주십시오. 나는 당신의 규칙을 따르고자 합니다. 언제까지나 그렇게 하려고 합니다. 그것은 나의 변할 줄 모르는 의지입니다. 가령 당신을 어기는 일이 있더라도 그것은 나의 의지에 위배된 일일 것입니다. 제발 나에게 폭력을 휘두를 나의 정념에 대해 나를 보호함으로써 나를 자유롭게 해 주십시오. 그리고 내가 스스로의 관능으로써가 아니라, 스스로의 이성에 따라 나 자신의 지배자가 되도록 강하게 제재해 주십시오." 당신들의 학생을 여기까지 데리고 왔다 (그가 따라오지 않는다면 당신들의 잘못이다) 하더라도 갑자기 그의 말을 진심으로 받아들여서는 안 된다. 당신들에게 지배당하는 일이 너무 힘들다고 생각하게 된다면, 그는 당신들이 속인 것이라고 비난하고 자기는 당신들의 지배를 거부할 권리가 있다고 생각할 우려가 있기 때문이다. 그런 때야말로 소극적인 태도와 신중한 태도가 적합한 때인 것이다. 그리고 당신들이 그런 투를 취하는 것을 거기서 처음 보게 되므로 그것은 보다 더 그에게 존경하는 마음을 갖게 할 것이다.

그러므로 당신들은 이렇게 말해야 할 것이다. "젊은이여, 당신은 힘든 일을 쉽게 약속하고 있다. 그런 일을 약속할 권리가 있는 사람은 그것을 잘 알고 있어야 할 것이다. 관능이 어떤 과격함으로 당신과 같은 사람을 쾌락의 매력 뒤에 숨겨진 악의 심연으로 끌고가는지 당신은 그것을 모르는 것이다. 당신은 비천한 영혼을 가져서는 안 된다. 나는 그것을 잘 알고 있다. 당신은 약속을 어기는 일은 없을 것이다. 그러나 당신은 약속한 일을 얼마나 후회할 것인가. 당신을 위협하고 있는, 불행을 피하기 위해 당신을 사랑하고 있는 자가 당신의 마음을 찢어 버리게 되었을 때 당신은 그를 얼마나 미워하겠는가. 세이렌의 노래에 마음이 움직인 오디세우스가 뱃사공들을 향해 망을 풀어 주라 외친 것처럼, 쾌락의 매력에 마음의 갈피를 잃은 당신은 당신을 붙들어 맨 고삐를 끊으려고 할 것이다. 당신은 불평을 하며 나를 난처하게 만들 것이다. 내가 더없이 부드러운 기분으로 당신 일을 걱정하고 있을 때, 당신은 나를 폭군이라고 비난할 것이다. 당신을 행복하게 해줄 일만 생각하고 있는데, 나는 당신의 미움을 사게 될 것이다. 아아, 나의 에밀, 내가 너에게 미운 사람이 된다는 괴로움은 나로서는 도저히 참을 수 없을 것이다. 그렇게 해서 얻은 너의 행복은 너무도 비싼 대가를 치른 것이기에 말이다. 선량한 젊은이여, 나에게 복종하는 의무를 짐으로써 당신은 나에게 당신을 이끌어주고 자신을 잊고 모든 것을 당신에게 바치고 당신의 우는 소리나 불평에도 귀를 기울이지 않고 계속 당신의 욕망과 나의 소원에 거역하는 의무를 지게 하는 것이다. 당신은 그것을 알지 못하는 것인가. 당신이 받는 속박보다 더 엄격한 속박을 당신은 나에게 주게 되는 것이다. 우리 둘 다 그런 속박을 받기 전에 우리 힘을 생각해 보기로 하자. 시간의 여유를 두고 생각해 봐야 할 것이다. 나에게도 생각할 시간을 주었으면 한다. 그리고 여유 있게 약속하는 자는 언제나 충실하게 약속을 지킨다는 것을 알아 줘야 할 것이다."

당신들도 또 알아 둬야 할 것이다. 당신들이 약속을 받아들이기를 주저할수록 약속의 실행은 더 쉽다는 것을. 청년이 자기는 중대한 일을 약속하고 있다, 그리고 당신들은 보다 더 중대한 일을 약속한다는 것을 느끼는 일이 중요한 것이다. 그때가 와서 그가 계약에 서명했을 때는 이번에는 태도를 바꾸어 당신들이 예고한 엄격한 태도와는 전혀 다른 부드러운 태도로, 그를 대함이 좋을 것이다. 그에게 이렇게 말해 줘야 할 것이다. "젊은 친구여, 당신은 경험이 부족하다. 그러나 나는 당신에게서 이성이 부족되는 일은 없도록 애써 왔다. 당신에게는 어떤 일이든 간에 나의 행동의 동기를 알 능력이 있다. 그러기 위해서는 당신이 냉정해지기를 기다리기만 하면 되는 것이다. 언제라도 우선 복종하는 것이다. 그리고 나의 명령의 설명을 요구하는 것이다. 내가 하는 말을 당신이 이해하게 된다면 나는 언제나 당신에게 그 이유를 말하게 되며, 나는 당신을 당신과 나의 심판자로 정하는 일을 결코 두려워하지는 않을 것이다. 당신은 순종하겠다고 약속했다. 그리고 나는 당신을 인간 중에서 가장 행복한 자로 하기 위해서만 그 순종을 이용하겠다고 약속한다. 나의 약속을 보증해 주는 것으로는 당신이 지금까지 즐겨온 경우가 있다. 당신 나이 또래에서 당신만큼 즐거운 생활을 해 온 자가 있다면 나는 당신과 약속 같은 것을 하지 않을 것이다."

나의 권위가 확립된 뒤에 내가 우선 조심하는 것은, 그 권위를 사용할 필요성을 멀리하는 일일 것이다. 나는 온갖 수단을 다해 나에 대한 그의 신뢰감을 더 깊게 하고 심중을 토로하는 그를 상대해 주는 자로서, 그의 쾌락의 판정자로서 나의 지위를 점점 더 확고히 해갈 것이다. 그의 나이 또래에서 볼 수 있는 경향을 거슬리지 않고, 나는 그런 경향을 고려하여 그것을 지배할 것이다. 그의 견해에 찬성해 놓고 그것을 지도해 갈 것이다. 현재를 희생하여 장래의 행복을 찾아주는, 그런 일은 하지 않을 것이다. 나는 그가 한 번만 행복해지기를 바라지 않는다. 가능하다면 언제나 행복할 수 있도록 해주고 싶다.

청년을 현명하게 이끌어 관능의 함정에서 보호해 주고 싶어하는 사람들은, 연애를 혐오하고, 사랑은 노인이 하는 것이라고 생각하는지, 젊었을 때 그런 일을 생각하는 것은 죄악이라고 말하고 싶은 모양이다. 마음이 부정하는 그런 거짓 가르침은 어느 누구도 납득할 수 없다. 좀더 확실한 본능에 이끌리는 청년은 그런 음울한 가르침에 동의하는 체하지만 마음속으로는 그것을 비웃고, 그 헛됨을 증명할 기회만을 오로지 기다리고 있다. 그런 일은 모두가 자연에 위배되는 일이다.

그와는 반대되는 길을 통해 나는 좀더 확실하게 같은 목표에 도달할 것이다. 그가 부드러운 감정에 굶주리고 있는 것을 인정했을 때 나는 거기 영합하는 일은 두려워하지 않는다. 나는 그것을 인생의 최고 행복으로서 묘사해 보일 것이다. 사실이 그러하니까 말이다. 그것을 묘사해 보일 때 나는 그가 거기 몸을 맡기기를 원하고 있다. 마음의 결부는 관능의 기쁨에 어떤 매력을 더하는가를 느끼게 함으로써 나는 난잡한 행위에 혐오감을 느끼게 할 것이다. 그리고 그를 사랑의 포로로 삼으며 현명한 인간으로 이끌어 줄 것이다. 나타나기 시작한 청년의 욕망에서 이성의 가르침에 대한 방해물만을 본다면, 얼마나 옹졸한 일인가. 반대로 나는 이성의 가르침에 대해 청년을 순종케 하는 거짓 없는 수단을 그곳에서 보고 있다. 정념을 지배하려면 정념을 갖고 하는 도리밖에 없다. 정념의 힘으로 정념의 압제와 투쟁해야만 하며, 언제나 자연 그 자체로부터 자연을 규제하는 적당한 도구를 끌어내야 한다.

에밀은 언제까지나 혼자있지 않는다. 그는 사회의 일원으로서 그의 의무를 이행해야만 한다. 사람들과 함께 살도록 태어난 그는 사람들을 알아야만 한다. 그는 인간 일반에 대해서는 알고 있다. 개인을 알아 보는 일이 그에게 남아있다. 그는 세상에서 사람들이 하고 있는 일을 알고 있다. 어떻게 살고 있는가를 보는 일만이 그에게 남아있다. 그는 이미 넓은 무대 뒤에 숨겨진 모든 장치를 알고 있지만 지금이야말로 그 무대의 외관을 그에게 보여줄 때이다. 그는 이제 얼빠진 청년의 어리석은 탄성을 지르고 그것을 바라다 보는 그런 일은 하지 않고 정확한 정신의 견식을 갖고 바라볼 것이다. 물론 그의 정념은 그를 잘못되게 할 수도 있을 것이다. 정념에 몸을 맡기고 있는 자를 정념이 잘못되게 하지 않는 일이 있던가. 하지만 적어도 그는 타인의 정념에 속지는 않을 것이다. 타인을 볼 때는 현자의 눈으로 보고, 타인이 제시하는 본보기에 질질 끌려가는 일도 없고, 타인의 편견에 마음의 갈피를 잃는 일도 없을 것이다.

학문 연구에 적합한 시기가 있는 것과 마찬가지로 세상의 관습을 충분히 잘 이해하는 데도 적당한 시기가 있다. 너무 젊었을 때 그런 관습을 배우는 자는, 일생 동안 그를 따르고 있어도 선택하는 일도 없고 반성하는 일도 없으며, 자신은 갖고 있어도 자기가 하고 있는 일을 충분히 하지도 못한다. 그러나 그것을 배우고 다시 그 이유를 아는 자는, 좀더 풍요한 견식으로써, 그러기에 또 적절하고 우아한 방법으로 그것에 따르게 된다. 전혀 아무것도 모르는 12세짜리 아이를 나에게 맡겨 보면 알 것이다. 15세 때 나는 그 아이를 당신들이 아주 어렸을 때 부터 가르쳐 온 아이들 이상으로 박식하게 만들어 돌려보낼 작정이다. 다른 점은 당신들 학생의 지식은 기억력 속에만 있지만 나의 학생의 지식은 판단력 속에 있을 것이다. 마찬가지로 20세의 청년을 세상에 내보내 보면 알 것이다. 잘 이끌어 나갈 수 있으면 그는 1년 뒤에는 어렸을 때부터 세상에 나가 자란 자보다 더 바람직하고 틀림없이 예의 바른 청년이 될 것이다. 전자는 세상의 관습이 되어 있는 나이, 신분, 성(性)에 맞는 온갖 예의범절의 이유를 이해할 수 있으므로, 그것을 원칙으로 돌이켜 뜻하지 않은 일을 만났을 경우에 대응할 수 있으나, 후자는 습관을 규칙으로 하고 있을 뿐이므로 습관에서 벗어난 일을 만나면 곧 당황해 버리기 때문이다.

프랑스의 젊은 아가씨들은 결혼할 때까지 수도원에서 교육을 받고 있다. 결혼한 뒤 그녀들이 새로운 예의범절을 익히는 데 힘들 일이 있겠는가. 파리의 여성이 어리둥절해서 당황하는 모습을 하고 있다고 해서, 또 어렸을 때부터 사교계에 데리고 가지 않았기 때문에 그 관습을 모른다고 비난당하는 그런 일이 있겠는가. 그런 편견은 사교계 사람들 자신으로부터 생기는 것이다. 그들은 그 하찮은 지식보다 중요한 일은 아무것도 모르므로, 그 지식을 얻기 위해서는 가능한 한 빨리 시작하는 편이 좋다고 잘못 생각하고 있는 것이다.

확신해 너무 늦게까지 기다려도 안 된다. 청년시절을 통해 화려한 사교계에서 멀리 떨어져 있던 자는 일생 동안, 그런 곳에 나가면 당황하는 어리둥절한 모습을 보이고 늘 그 자리에 적당치 않은 이야기를 하고, 답답하고 서투른 태도를 보여 계속 사교계에 얼굴을 내놓게 되더라도 이미 그것은 고칠 수도 없고, 그것을 없애려고 노력하면 더 우습게 될 뿐이다. 온갖 종류의 교육에는 알아 둬야 할 적당한 시기가 있고, 피해야 할 위험이 있다. 특히 지금 말하고 있는 일에는 위험이 집중되어 있다. 그러나 나는 위험에서 지켜주려고 주의를 하는 일도 없고 나의 학생을 위험에 처하게 하지도 않는다.

나의 방법이 어떤 한 가지 일로 인해 모든 목적을 달하게 된다면, 한 가지 형편 나쁜 일을 방지할 수 있다면 그것은 뛰어난 방법이며, 나는 올바른 길에 있다고 생각된다. 여기서 나의 방법이 시사하는 대책 속에 그런 일을 볼 수 있다고 나는 믿는다. 나의 제자에 대해 엄격하고 무뚝뚝하게 굴면 나는 그의 신뢰를 잃고 마침내 그는 나 몰래 뭔가를 하게 된다. 그의 마음에 들도록 무엇이나 금방 받아들이고 눈감아 주면 내가 보호한다는 일이 그에게 난잡한 생활을 허용하여 그의 양심의 짐을 가볍게 하고, 나의 양심을 괴롭게 할 뿐이다. 다만 세상일을 가르칠 작정으로 그를 세상에 내보낸다면, 그는 내가 가르치고자 하는 일보다 많은 일을 알 것이다. 언제까지나 세상에서 멀리 떼어 놓는다면 그는 나에게서 무엇을 배운 것이 되겠는가. 아마 모든 일을 한 인간과 시민으로서 가장 필요한 기술, 동료와 함께 생활하는 기술을 제외하고 말이다. 그런 배려를 해도 너무 먼 앞날의 효용을 생각한다면 그에게는 아무 효용도 없는 것이나 마찬가지이다. 그는 현재의 일만을 생각하고 있지 않은 것이다. 그를 즐겁게 해주는 것만으로 만족한다면 나는 그에게 어떤 좋은 일을 해주는 셈이 되겠는가. 그는 해이해져 아무것도 가르칠 수 없게 된다.

그런 일은 모두 안 된다. 나의 대책만이 모든 필요를 채워준다. 나는 청년에게 이렇게 말할 것이다. "너의 마음은 반려자를 구하고 있다. 너에게 합당한 사람을 찾으러 가자. 우리는 아마 그 사람을 쉽게 찾을 수는 없을 것이다. 정말 훌륭한 것은 으레 희귀하기 때문이다. 그러나 당황할 것은 없고, 낙심할 것도 없다. 확실히 그런 사람은 있을 것이고 우리는 언젠가 그 사람을 찾게 될 것이다." 이런 즐거운 계획으로써 나는 그를 세상으로 이끌어 나간다. 이 이상 무엇을 말할 필요가 있겠는가. 나는 온갖 일을 하고 있다는 것을 당신들은 알지 못한단 말인가.

나는 그에게 앞으로 있을 애인의 모습을 묘사해 들려줄 때 그 이야기에 귀를 기울이게 할 수 있을까. 그의 모든 감정이 구해야 할 것을 구하고 피해야 할 것을 피하도록 할 수 있을까. 그것은 상상에 맡기겠다. 상대방은 누군지 모르더라도 그가 처음부터 사랑을 느낄 수 없다면 나는 더없이 서툰 인간임에 틀림없다. 내가 묘사해 보이는 대상은 상상한 것이라도 상관없다. 그것이 그를 유혹할지도 모르는 것에 혐오를 느끼게만 한다면 그것으로 족한 것이다. 어디를 가나 눈에 띄는 현실의 대상보다 환영 쪽에 호감을 갖게 하는 그런 비교를 그가 할 수 있게 되면 되는 것이다. 거기다 참된 사랑이라고 한들 그것이 어떻다는 것인가. 그것은 환영, 거짓, 착각에 불과한 것이 아닌가. 사람은 자기가 만들어내는 이미지를 그것을 적용시키는 대상보다 훨씬 사랑하고 있다. 사랑하고 있는 사람을 정확하게 있는 그대로 보았다면 지상에서 사랑이라는 것은 없어질 것이다. 사랑을 느끼지 않게 되었을 때는, 사랑하고 있던 사람은 그 전이나 다름없어도 이미 같은 사람으로는 보이지 않는다. 환상의 베일이 벗겨지면 사랑은 자취를 감춘다. 그러므로 상상의 대상을 부여함으로써 나는 어떠한 비교라도 시킬 수 있으며, 현실의 대상에서 생기는 착각을 쉽게 막아 줄 수 있다.

그렇다고 해서 나는 이 세상에 있을 수 없는 그런 완벽한 전형을 묘사해서 청년을 속이기를 원하지 않는다. 다만 나는 그의 애인의 결점이 그에게 어울리도록, 그의 마음에 들도록, 그 자신의 결점을 고치는 데 도움이 되도록 택하기로 한다.

나는 또 묘사해 보일 대상의 존재를 허위로 긍정하여 그에게 거짓말을 하고 싶지도 않다. 그러나 묘사한 것이 마음에 들면, 결국 그는 그 실물을 갖고 싶어할 것이다. '갖고 싶다'에서 '있을지도 모른다'까지의 거리는 짧다. 좀더 뚜렷한 선으로 그 상상의 대상에 보다 많은 진실성을 첨가하는 어떤 교묘한 묘사를 하면 그것으로 되는 것이다. 나는 그 대상에 이름을 붙여 주는 일까지 하고 싶다. 나는 웃으면서 이렇게 말해 주고 싶다. "자네의 미래 애인을 소피라고 부르자. 소피는 길조가 있을 이름이다.*59 자네가 택하는 사람이 이런 이름을 갖고 있지 않아도 그 사람은 적어도 이런 이름을 가질 만한 사람일 것이다. 우리는 미리 경의를 표해도 좋을 것이다." 그런 세세한 이야기를 이것저것 한 다음, 그 존재를 긍정도 부정도 않고 뭔가 구실 삼아 이야기를 빗나가게 한다면 그의 추측은 확실히 변해간다. 그는 자기에게 오게 될 아내에 대한 일을 사람들이 비밀에 부치고 있다 생각하고 그 시기가 오면 그녀를 만나게 되리라고 생각한다. 일단 그렇게 되면, 그리고 그에게 가르쳐야 할 특징을 잘 생각해 두었다면 남은 일은 아무것도 어려울 것이 없다. 그를 세상에 내세웠다 해도 거의 아무런 위험도 없을 것이다. 다만 그의 관능에서 그를 보호해 줘야 할 것이다. 그러면 그의 마음은 안전할 것이다.

그러나 그에게 바람직한 것으로 생각되게 된 전형을 그가 인격화하거나 안 하거나, 그 전형이 잘만 되어 있다면, 현실의 대상이 있는 경우와 똑같이 그것과 비슷한 모든 것에 대해 그에게 애착을 느끼게 하고, 비슷하지 않은 모든 것에 대해 거리감을 느끼게 할 것이다. 이것은 그의 몸이 당하게 될 위험에서 그 마음을 지키기 위해, 상상으로써 관능을 억누르기 위해, 특히 비싼 수업료를 지불해가며 교육 받는 여성들과 온갖 좋은 품위를 상실케 함으로써만 청년에게 예절을 가르치는 여성들로부터 그를 떼어놓기 위해 얼마나 도움이 되겠는가. 소피는 아주 얌전하다. 그런 여성들이 하는 짓을 그는 어떤 눈으로 보게 되겠는가. 소피는 아주 단순하다. 그는 왜 그런 여성들의 모습이 좋아지겠는가. 그가 생각하고 있는 일과 보고 있는 일 사이의 거리는 너무도 멀다. 그러므로 보고 있는 일은 그에게 절대로 위험이 될 수 없다.

아이들의 지도에 대해 말하는 사람들은 다 같이 편견과 같은 준칙을 따르고 있다. 그들은 잘 관찰하지 않는 데다 특히 잘 생각하지 않기 때문이다. 청년의 잘못이 일어나는 것은 욕정 때문도 아니고 관능 때문도 아니다. 그것은 억견때문이다. 여기서 학교에서 교육받는 소년, 수도원에서 교육받는 소녀를

---

*59 '소피'는 철학의 세기(18세기)에 즐겨 쓰던 이름이었던 모양이다.

문제로 삼는다 해도 그들에 대해 그것은 올바르다는 것을 나는 증명할 수 있을 것이다. 그런 소년·소녀가 맨 처음 배우는 일, 그것만이 결실을 맺는 일은 부덕의 가르침이다. 그리고 그들을 타락시키는 것은 자연이 아니다. 그것은 타인이 나타내는 본보기인 것이다. 그러나 학교와 수도원의 기숙생은 나쁜 풍습에 물들게 내버려 두자. 그 일에는 결국 대책이 없을 것이다. 나는 가정 교육에 대해서만 말한다. 지방의 아버지 집에서 현명하게 자란 청년을 생각해 주기 바란다. 그리고 빠리로 찾아왔을 때의, 또는 세상에 나섰을 때의 그 청년을 조사해 주기 바란다. 당신들도 알고 있듯이 그는 품위 있는 것을 좋은 것으로 생각하고 이성처럼 건전한 의지도 갖고 있다. 당신들은 그가 부도덕을 경멸하고 방탕을 혐오하고 있음을 알 것이다. 창부라는 말을 듣기만 해도 순진한 마음에서 생기는 불쾌한 기분을 그의 눈에서 볼 수 있을 것이다. 만일 그런 불길한 여자들의 효용을 알았다 해도, 그 필요성을 느꼈다 해도 그녀들의 비참한 거처로 혼자 찾아갈 결심을 할 만한 청년은 한 사람도 없다고 나는 단언한다.

그로부터 반 년 뒤에 다시 한번 그 청년을 살펴 주기 바란다. 당신들은 아마 그 자가 같은 청년이라고는 생각지 않을 것이다. 난잡한 이야기, 건방진 행위, 단정치 못한 풍채는 그를 다른 인간이라고 생각하게 될 것이다. 단순했던 과거의 자기에 대한 농담, 그것이 생각났을 때의 부끄러운 듯한 모습이, 바로 그 청년이라는 것을, 그리고 그가 그 때문에 얼굴을 붉히고 있다는 것을 일러준다. 아아, 얼마 안 되는 동안에 참으로 훌륭하게 교육되지 않았는가. 그렇게 크고도 급격한 변화는 어디서 생긴 것인가. 몸이 발달했기 때문인가. 아버지 집에 있었다면 그렇게 몸이 발달하지는 않았을 것이라고 말하는 것인가. 사실 아버지 집에 있었다면 그런 투로 말하거나 그런 화제를 꺼내지도 않았을 것이다. 처음으로 관능의 즐거움을 맛보고 있기 때문일까. 정반대이다. 그런 일에 처음으로 몸을 맡겼을 때는 겁이 나고 불안하여 밝은 곳과 소란한 곳을 피하는 법이다. 처음으로 맛보는 육체의 기쁨은 반드시 신비로운 것이며, 부끄러움이 거기에 풍미를 더해 그것을 감추고 있다. 최초의 애인은 부끄러워하며 소심한 병이다. 그에게 다가온 완전히 새로운 상태에 온통 마음을 빼앗기고 있는 청년은 오로지 그것을 맛보려 하고, 그것을 잃지나 않나 계속 걱정하고 있다. 명랑하게 떠들고 있으면서도, 육체의 기쁨을 구하고 있는 것도 아니고 부드러운 감정에 사로잡혀 있는 것도 아니다. 으시대는 말을 하고 있을 동안은 아직 향락을 누리고 있지 않은 것이다.

전과는 다른 생각만이 그런 차이를 생기게 하는 것이다. 그의 심정은 아직도 그대로인데 그의 의견이 바뀐 것이다. 그의 감정은 그렇게 빨리는 변하지 않으나 그 의견 때문에 언젠가는 변하고 만다. 그리고 그렇게 되었을 때 비로소 그는 정말 타락하게 된다. 세상에 나갔는가 하면, 그는 거기서 최초의 교육과는 정반대되는 제2의 교육을 받아, 그로 인해 존경했던 것을 경멸하고 경멸했던 것을 존경하는 법을 배운다. 그는 부모와 선생의 가르침을 현학자의 농담으로 보고, 그들이 설명해 들려준 의무를 어른이 되면 경멸해야 하는 아이들의 윤리로 간주하는 법을 배우는 것이다. 행동을 바꾸지 않으면 자기 명예에 관계된다고 그는 생각한다. 욕망도 느끼지 않는데 여성을 유혹하거나 기분 나쁘게 야비한 행동을 하게 된다. 나쁜 행동에 대한 호감을 갖기도 전에 옳은 행동을 비웃고, 방탕자가 되지도 않았는데 방탕함을 자랑한다. 친위대의 어떤 젊은 사관은 동료가 야단스럽게 즐기는 데 대해 싫증을 느끼면서도, 그들의 조소를 두려워하여 거기 가담하기를 거절하지 못했으나, 그 사관이 한 말을 나는 결코 잊을 수 없다. 그는 이렇게 말했었다. "나는 그런 일에 스스로를 훈련시키고 있는 것입니다. 싫어하는 담배도 피우는 연습을 하는 것처럼, 좋아함은 습관에서 얻게 되는 것이 아닙니까. 언제까지나 어린 아이로 있을 수 있습니까."

이렇기 때문에 세상에 나간 청년은 육감에서가 아니라 오히려 허영심에서 지켜줘야 한다. 청년은 자기 경향보다도 타인의 경향에 굴복하는 일이 많으며, 자존심은 사랑보다도 많은 방탕자를 만들어 내는 것이다.

그런 일이 확실해졌다고 보고 나는 물어 보겠다. 그 행동·감정·원칙을 공격해 오는 모든 대상에 대해 나의 학생만큼 무장된 청년이 이 지상 전체를 뒤져 봐도 있겠는가. 줄기차게 밀리는 흐름에 잘 거슬러 올라갈 청년이 있겠는가 라고. 어떤 유혹에 대해 그가 보호받고 있지 않다고 감히 말할 수 있겠는가. 욕망이 그를 이성 쪽으로 끌어간다 해도 그는 그곳에서 자기가 구하고 있는 것을 발견할 수는 없으며, 이미 다른 것에 사로 잡혀 있는 마음은 그를 만류한다. 관능이 그를 뒤흔들고 억압한다 하더라도 그것을 만족케 하는 것을 그는 어디서 발견할 것인가. 간통과 방탕에 대한 혐오는 거리의 여자들이나 결혼한 여자들로부터 그를 멀리한다.

그런데 청년의 난잡한 생활이 시작되는 것은 반드시 이 두 부류의 여성 중 한 사람 때문인 것이다.

적령기에 있는 처녀는 교태를 보일지도 모른다. 그러나 그녀는 몰염치한 여자는 아닐 것이다. 그녀를 온순한 처녀라고 생각한다면 아내로 삼을지도 모르는 젊은 남자의 목에 갑자기 덤벼드는 일은 하지 않을 것이다. 거기다 그녀에겐 누군가 감시원이 따르고 있을 것이다. 에밀도 완전히 혼자이게 방치해 둘 수는 없을 것이다. 두 사람에게는 적어도 최초의 욕망에 반드시 따르고 있는 두려움과 부끄러움이라는 감시원이 있기 마련이다. 그들은 갑자기 친밀한 사이가 되지는 않을 것이다. 차차로 친밀해진다 해도 그동안에 훼방꾼이 없으리란 법도 없다. 다른 방법으로 행동하려면 그는 이미 동료로부터 배웠어야 할 것이다. 그들로부터 소극적인 태도를 비웃는 일과 그들의 흉내를 내어 뻔뻔스러운 인간이 되는 법을 배웠어야 할 것이다. 그러나 에밀처럼 남의 흉내를 내지 않는 사람이 이 세상에 어디 있겠는가. 편견을 지니지 않고 타인의 편견을 걱정할 줄도 모르는 자보다 장난치는 장단에 휘말려 들어가는 일이 적은 인간이 어디 있겠는가.

비웃는 자들에 대해 그를 무장시키기 위해 나는 20년 간 노력해 왔다. 그를 그런 자들의 오락물로 삼기란 하루 아침에 이루어질 수 있는 일이 아닐 것이다. 우스꽝스러운 놈이라는 것은 그의 눈으로 보면 머리 없는 자들의 이유가 될 뿐이며, 억견을 상대로 하지 않는다는 일 이상으로 사람을 비웃고 무관심하게 하는 일은 없는 것이다. 조롱이 아니라 그에게는 도리가 필요한 것이다. 그가 그런 상태에 있는 한 어리석은 청년들이 나의 손에서 그를 낚아채어가지나 않을까 하는 걱정은 하지 않아도 될 것이다. 나에게는 양심과 진리라는 한 패가 있다. 거기에 어쩔 수 없이 편견이 혼합된다더라도 20년 간의 인연이 또 뭔가 도움이 될 것이다. 나는 하찮은 수업으로 그를 지루하게 해왔다고 그에게 믿게 하는 그런 일은 누구에게도 할 수 없을 것이며, 곧바르고 느끼기 쉬운 마음속에서는 충실하고 거짓 없는 친구의 목소리가 20명의 유혹자의 외침 소리를 지워 버리는 일쯤이야 충분히 할 수 있을 것이다. 그럴 경우 문제는 다만 그들은 그를 속이고 있다는 것과 그를 어른 취급하는 체하면서 사실은 아이 취급을 하고 있다는 것을 그에게 가르쳐 주는 것이므로 나는 언제나 소박한 체하면서도 진지하고도 명쾌하게 계통이 선 이야기를 하고, 나야말로 그를 어른 취급하고 있다는 것을 잘 알 수 있게 해준다. 나는 이런 말을 할 작정이다.

"당신도 잘 알고 있듯이 당신의 이해 관계, 그것은 나의 이해 관계이므로 그것만이 나에게 말을 시키고 있다. 나는 다른 이해 관계를 생각할 수는 없다. 그런데 그 청년들은 왜 당신을 설득하려고 하는가. 그것은 당신을 유혹하려 하기 때문이다. 그들은 당신을 사랑하고 있지는 않다. 당신에게 아무런 관심도 갖지 않는다. 그들이 갖는 동기는 다만 자기들보다 당신이 뛰어나다는 것을 알고, 마음속으로 그것을 분하게 생각한다는 것이다. 그들은 당신을 자기들의 낮은 수준까지 끌어내릴 생각으로, 오로지 자기들 손으로 당신을 끌어가기 위해 당신이 다른 사람에게서 지도받는 일을 비난하는 것이다.

그런 지도자를 교대함으로써 뭔가 득이 될 수 있다고 당신은 생각할 수 있겠는가. 그들의 지혜가 그렇게 훌륭한 것인가. 또 그들의 하루살이 애착은 나의 애착보다 강하단 말인가. 그들의 비웃음을 어느 정도라도 무게 있게 생각하려면 그들의 권위가 무게 있게 생각되어야 할 것이다. 그러나 그들의 준칙을 우리의 준칙보다 높은 곳에 두는 그런 어떤 경험을 그들이 갖고 있단 말인가. 그들은 다만 다른 경솔한 자들의 흉내를 내고 있을 뿐이다. 그리고 이번에는 자기들을 보고 다른 사람이 흉내를 내줬으면 하는 것이다. 소위 그들의 아버지들이 갖는 편견을 극복하려고 그들은 동료들의 편견에 묶여 있는 것이다. 그런 일로 그들에게 무슨 득이 되는지 나로서는 알 수 없다. 다만 그들은 그런 일을 해서 부드럽고 진실되게 충고하는 아버지의 애정에서 받는 이익과, 잘 알고 있는 일에 대해 판단하게 되는 경험에서 받는 이익의 두 가지 큰 이익을 분명히 잃고 있다는 것만은 알고 있다. 아버지는 아이들의 과정을 겪어 왔으나 아이들은 아버지의 과정을 겪은 일이 없다.

그러나 적어도 그들은 그 턱없는 준칙을 진지하게 생각하고 있다고 당신은 믿는가. 에밀이여, 그런 일조차도 없는 것이다. 그들은 당신을 속이기 위해 자기를 속이고 있는 것이다. 그들은 자기 자신과 일치되고 있지 않다. 그들의 마음은 계속 그들에게 반대하고 있다. 그리고 누차 그들의 입도 그들을 반박하고 있다. 그들 중 어떤 자는 성실한 일을 무엇이나 웃음거리로 삼고 있으나, 그의 아내도 똑같이 생각하고 있다면 틀림없이 절망할 것이다. 또 어떤 자는 올바른 행동에 대한 그런 무관심을 추진시켜 미래의 아내의 품행에까지, 또는 더없이 불길한 일에 이미 맞이한 아내의 품행에까지 무관심하게 된다. 그러나 좀더 앞으로 끌고 나가 그의 어머니의 이야기를 해 보면 될 것이다. 그리고 그가 불의의 자식, 몸가짐이 좋지 않은 여자의 아들로 어떤 가족의 성을 허위로 자칭하고 나서 당연히 그 집을 이어받을 자로부터 아버지의 유산을 훔쳐냈다는 취급을 받고도 좋아하는지 알게 될 것이다. 또한 사생아 취급을 받고도 태연할 수 있는지 지켜보면 알 것이다.

그들 중 누가 자기가 남의 집 딸에게 씌운 오명을 남이 자기 딸에게 씌우기를 원하겠는가. 그들은 당신에게 부여하려는 모든 원칙을 당신이 그들에 대해 실행했다면 틀림없이 당신의 생명에까지 해를 끼치려고 할 것이며, 그렇지 않은 자는 그들 중에 한 사람도 없을 것이다. 그처럼 결국 그들은 언행의 불일치를 폭로하고 있다. 그들 중 한 사람도 자기가 하는 말을 믿고 있지 않다는 것을 알 수 있다. 에밀이여, 이것이 도리이다. 그들에게도 도리가 있다면, 그것을 잘 생각하여 이것과 비교해 봄이 좋을 것이다. 만일 내가 그들과 마찬가지로 경멸하거나 비웃을 마음이 든다면 그들도 아마 나 정도로, 아니 나 이상으로 웃음거리가 될 만한 헛점이 있다는 것을 알 것이다. 그러나 나는 진지한 검토를 두려워하지는 않는다. 비웃는 자의 승리는 오래 지속되지 않는다. 진실은 남고 그들의 어리석은 웃음은 사라져버리는 것이다."

어째서 20세의 에밀이 순종하는지 당신들은 생각할 수도 없을 것이다. 우리는 어느 정도 다른 생각을 하고 있는지 모른다. 나로서는 어째서 그가 10세 때 순종할 수 있었는지 알 수 없다. 그 나이의 그에게 나는 어떤 영향력을 가졌던가.

그 영향력을 갖기 위해 나는 15년의 배려가 필요했던 것이다. 그 무렵엔 나는 그를 교육한 것이 아니다. 교육을 받을 준비를 시켰던 것이다. 지금이야 충분히 교육되었으므로 순종하는 것이다. 우정의 목소리를 분별해 듣고 있으며, 도리를 따를 줄도 알고 있다. 나는 겉보기엔 그를 독립시키고 있으나, 그는 지금처럼 나에게 묶여 있었던 일은 아직까지 없었다. 그는 자진해서 묶여 있기 때문이다. 그의 의지를 지배할 수 없었을 때, 나는 그의 몸을 지배한 데 불과했다. 나는 한 발짝도 그의 곁을 떠나지 않았다. 지금은 가끔 그를 혼자 있게 한다. 나는 언제나 그를 지배하고 있기 때문이다. 그의 곁을 떠날 때 나는 그를 포옹하고 안심할 수 있다는 태도로 이렇게 말한다. "에밀, 나는 자네를 나의 친구에게 부탁하고 가네. 자네를 그의 성실한 마음에 맡기고 가는 걸세. 그 사람이 자네 일을 나에게 책임을 져 주겠지."

지금까지 절대로 나쁜 변화를 받은 일이 없는 건전한 애정을 손상시킨다는 일, 또 이성의 최초의 빛에서 직접 지도된 원칙을 지워버린다는 일은 잠깐 사이에 할 수 있는 일이 아니다. 가령 내가 없는 동안에 변화가 일어난다 해도 나는 그렇게 오랫동안 비웃는 일도 결코 없을 것이며, 그는 나를 피해 숨을 수도 없으므로 나쁜 일이 일어나기 전에 내가 위험을 알아차리지 못하는 일도 없을 것이고, 그 대책을 생각할 시기를 잃는 일도 없을 것이다. 사람은 단번에 타락하지도 않으며 남의 눈을 속이는 일도 바로 되는 일이 아니다. 특히 그런 기술에 서툰 인간이 있다면 그것은 에밀이다.

그는 지금까지 단 한 번도 그런 기술을 사용할 기회를 가진 적이 없었다. 나는 그가 그런 배려와 그 밖의 같은 일로 외부의 것과 비속한 격률에서 충분히 보호되고 있다고 믿고 있으므로, 그가 파리에서 가장 바람직하지 못한 사람들 사이에 있다 해도 혼자서 방 안이나 정원에서, 으레 그 나이에 볼 수 있듯이, 온갖 불안에 괴로워하는 것을 보기보다는 낫다고 생각할 것이다. 청년에게 닥쳐올 어쩔 수 없는 모든 적 중에서 가장 위험한 적, 그리고 멀리 할 수 없는 단 한 사람의 적, 그것은 그 자신이다. 하지만 이 적은 우리가 잘못을 함으로써 위험해진다. 내가 천번이나 말했듯이 관능이 눈을 뜨게 되는 것은 언제나 상상에 의해서이기 때문이다.

관능의 욕구는 정확히 말해 육체적인 욕구는 아니다. 그것을 진짜 욕구라고 하는 것은 올바르지 않다. 난잡한 대상이 우리 눈에 띄지 않았다면, 더러운 관념이 우리 정신에 파고 들지 않았다면, 틀림없이 이 거짓 욕구는 결코 우리에게 느껴지지 않았을 것이다. 우리는 유혹을 느끼는 일도 없고 노력할 필요도 없이 편하고 정숙하게 지낼 것이다. 어떤 상황, 어떤 광경이 뭔가 잘 알 수 없는 숨은 발효를 청년의 피 속에 불러 일으키나, 청년은 처음으로 느낀 그 불안, 쉽게 진정시킬 수 없는 불안, 진정시켜도 곧 또 생기는 불안의 원인을 스스로 알아 낼 수 없다. 나로서는 이런 중대한 위기와 가까이 있거나 먼 곳에 있는 그 원인에 대해 잘 생각해 보면 볼수록 더욱더 사람이 없는 곳에서 책을 갖지 않고, 지식을 받지 못하고 여자도 만나지 않고 자란 고독한 인간은 아무리 나이를 먹어도 동정(童貞)인 채로 죽어갈 것이라고 확신된다.

그러나 여기서는 그런 종류의 미개인은 문제가 되지 않는다. 같은 인간 사이에서 그리고 사회를 위해 한 인간을 교육할 경우에는, 언제까지나 그런 유익한 무지 상태 속에서 그를 키우는 것은 불가능하다. 다시 말해 그것은 적절한 일도 아니다. 또 지혜에 있어 가장 나쁜 일은 어중간한 박식자가 되는 것이다. 우리 눈에 띈 대상의 추억과 그 관념은 세상에서 멀리 떨어져도 우리 뒤를 쫓아와서 우리 뜻을 어기고, 대상 그 자체보다 더 마음을 쏟는 이미지로 은신처를 수두룩하게 만들어 사람이 없는 곳을, 늘 혼자 그곳에 있는 자에게는 유익한, 그만큼 그곳에 유혹적인 이미지를 만드는 자에게는 해로운 곳으로 한다.

그러므로 잘 주의하여 청년을 감시해야 한다. 그는 다른 모든 자로부터는 자기를 지킬 수 있을지도 모른다. 그러나 그를 그 자신으로부터 지켜주는 일은 당신들이 할 일이다. 낮이나 밤이나 혼자 있게 해서는 안 된다. 적어도 그와 같은 방에서 자는 것이 좋을 거다. 졸음을 참을 수 없을 때까지는 잠자리에 들지 못하게 해야 한다. 그리고 잠이 깨면 곧 잠자리를 떠나도록 해야 한다. 그런 일로만 그칠 수 없다면 본능을 경계할 것이다. 본능은 단독으로 움직이고 있을 때는 좋은 것이다. 인간이 만들어 낸 것에 교섭을 가지면 그것은 의심스러운 것이 된다. 본능을 잃게 해서는 안 되지만 그것을 규제해야 한다. 그리고 이것은 아마 그것을 잃게 하는 일보다 더 어려울 것이다. 그것이 당신들의 학생에게 관능을 속이는 일을 가르치고 관능을 만족하게 하는 기회를 대신하는 것을 가르친다면 몹시 위험한 일이 된다. 일단 그가 그런 위험한 벌충을 알게 된다면 그것으로 마지막이다. 그 뒤 그는 언제까지나 허약한 몸과 마음을 갖게 된다. 청년이 속박되는 그런 가장 해로운 습관의 비참한 결과를 무덤 속에 들어갈 때까지 지속하게 된다. 확실히 아직 그래도 낫다고 생각되는 것은…… 타오르는 격한 욕정이 극복할 수 없는 것이 된다면, 아아, 나의 소중한 에밀, 나는 너를 불쌍하다고 생각한다. 그러나 나는 한시라도 주저하지는 않겠다. 나는 자연의 목적이 방해되는 것을 잠자코 보고 있지는 않는다. 아무래도 한 사람의 폭군이 너를 굴복시키게 된다면 나의 힘으로 너를 그 속박에서 해방시킬 수 있는 폭군을 골라, 너를 넘겨 주겠다. 어떻게 되든 간에 나는 너를 너 자신으로부터 떼어 놓기 보다는 여성으로부터 더 쉽게 떼어 놓을 수 있을 것이다.

20세가 될 때까지는 몸은 성장하고 모든 물질을 필요로 한다. 그 무렵, 금욕은 자연의 질서에 들어 맞는 일로 그것을 지키지 않으면 대부분의 경우 체질을 손상케 한다. 20세를 넘어서면 금욕은 도덕적인 의무가 된다. 그것은 자기 자신을 지배하는 법을 배우고 언제나 자기 욕망을 억제하기 위해 필요한 것이다. 그러나 도덕적인 의무에는 여러 가지 변화와 예외, 규칙이 있다.

인간의 약함이 양자택일을 피할 수 없게 했을 때는 두 가지 악 중에서 작은 쪽을 취하기로 하자. 하여간 나쁜 버릇을 붙이기보다는 잘못을 저지르는 편이 낫다. 여기서 내가 말하고 있는 것은, 이제 나의 학생에 대한 일이 아니라 당신들의 학생에 대한 일이라는 것을 생각해 주기 바란다. 당신들이 발효하는 대로 방치해 둔 그의 정념이 당신들을 괴롭히고 있는 것이다. 차라리 투구를 벗고 그의 승리를 속이는, 그런 일은 하지 않는 편이 좋을 것이다. 있는 그대로 그것을 가르쳐 줄 수 있다면 그는 그것을 자랑스럽게 생각지 않고 오히려 부끄럽게 생각하고, 당신네들은 그가 잘못된 길에 있는 동안 그를 지도해 갈 권리를 손에 넣고, 적어도 전락은 피할 수 있게 된다. 가령 나쁜 일이라도 제자가 뭔가 할 때는, 반드시 선생은 그것을 알고 있고 용서도 해주고 있는 상태이어야 한다. 게다가 교사가 학생에게 속아, 아무것도 모르는 사이에 잘못이 일어나기보다는, 교사가 잘못된 일을 허가하여 잘못을 범하는 편이 훨씬 나은 것이다. 어떤 일에는 눈을 감아 주는 편이 좋다고 생각하는 자는 마침내는 온갖 일에 눈을 감아 주지 않으면 안 되게 된다. 한 번이라도 제멋대로 굴게 내버려두면 또 그런 일을 하게 되고, 그런 일이 계속되다 보면 반드시 모든 질서의 붕괴와 모든 규칙을 무시하는 결과를 초래한다.

앞서도 비난한 일이지만 인색한 정신에서는 절대로 사라질 수 없는 또 하나의 잘못, 계속 교사의 위엄을 보여 완벽한 인간다운 인상을 제자의 마음에 심어 주는 것이다. 이런 방법은 잘못된 것이다. 그들은 권위를 확고히 하려고 그것을 부수고 있는 일, 말에 귀를 기울이게 하려면 상대방의 지위에 자기를 놓아야 한다는 일, 그리고 인간의 마음에 말할 방법을 알려면 인간이 되어야 한다는 일, 이런 일을 어째서 모른단 말인가. 그런 완벽한 인간은 모두가 상대방의 마음을 움직이지도 않으며 납득시키지도 않는다. 자기가 느끼고 있지 않은 정념을 비난하는 것은 참으로 쉬운 일이라고 상대방은 언제나 마음 속으로 중얼대고 있다.

당신들 학생의 약점을 고치고 싶다면 당신들의 약점을 그에게 보여 주면 될 것이다. 그가 마음속에 느끼고 있는 투쟁과 같은 투쟁을 당신들 마음속에 보여주는 것이다. 당신을 본받아 스스로 극복하는 법을 배우게 하는 것이다. 그리고 다른 학생들처럼 이런 말을 하지 않도록 하라.

"이 노인들은 자기들이 젊지 않은 것이 분하여 젊은이들을 노인처럼 취급하려는 것이다. 그리고 자기들의 욕망은 완전히 사라져버렸으므로 우리의 욕망을 죄악이라고 생각하게 한다."

몽테뉴는 언젠가 랑제의 영주에게 독일과의 협상에서 국왕을 위해 몇 번이나 술에 취했었느냐고 물었다고 한다. 나는 어딘가에서 청년 교육에 종사하고 있는 사람에게 학생을 위해 몇 번이나 나쁜 곳에 발을 들여놓았었느냐고 물어보고 싶다. 몇 번? 나는 잘못 생각하고 있다. 한번 가 보고 그 방랑자가 또 그런 곳에 갈 생각을 영원히 버리지 않았다면, 거기서 후회하는 마음과 부끄러운 생각을 가질 수 없었다면, 당신들의 가슴에 뜨거운 눈물을 뿌리지 않았다면 곧 그를 돌보지 않은 것이다. 그는 잘못이 없는 괴물인 것이다. 그렇지 않다면 당신들은 정말 무능한 자들이다. 당신들은 그를 위해 아무런 도움도 될 수 없을 것이다. 그러나 비참하기도 하고 위험하기도 한 그런 극단적인 수단은 우리 교육과는 아무런 관계도 없는 일이니 그 이야기는 그만두기로 하자.

태생이 좋은 청년을 세상의 좋지 않은 풍습에 내놓기 전에 얼마나 조심해야 할 일인지 모른다. 그것은 힘든 일이지만 아무래도 필요한 일이다. 이 점을 태만히 하는 데서 모든 청년을 버리게 되는 것이다. 젊었을 때 난잡한 생활을 한 인간은 퇴화하여 오늘날 흔히 볼 수 있는 그런 인간이 되고 마는 것이다. 나쁜 일을 하고 있을 때도 비열하고 용맹 없는 그들에게선 인색한 영혼밖에 볼 수 없는 것이다. 줄어든 그들의 몸은 일찌감치 부패하고 있기 때문이다. 그곳에는 일하기 위해 필요한 생명력조차 거의 남아 있지 않다. 그들의 교활한 생각은 본성이 없는 정신을 나타내고 있다. 그들은 위대한 일과 고귀한 일은 아무것도 느낄 수 없다. 그들에게는 솔직한 점과 늠름한 점도 없다. 모든 점에서 침이라도 뱉어 주고 싶은 인간, 저속한 악인인 그들은 허세를 부리는데다 교활하고 거짓말쟁이이다. 그렇다고 대단한 악당이 될 만한 용기도 없다. 이처럼 경멸해야 할 인간은 청년시절의 방탕이 초래한다. 절제하고 몸가짐을 조심하는 법을 아는 인간, 사람들 사이에서 그들이 제시하는 본보기에 감염하는 일에서 그 마음·피·행동을 지킬 수 있는 인간이 한 사람이라도 있다면, 30세가 되었을 때 그는 모든 벌레 같은 자들을 짓밟아 버리고, 당장 그들의 지배자가 되겠지만, 항상 자기 지배자로 있게 하려면 괴로운 생각을 해야만 한다.

가문이나 재산이 에밀을 위해 불과 얼마 안 되는 일만을 해 주었다 하더라도 그는 그런 인간이 되려고만 한다면 될 수 있을 것이다. 그러나 그는 너무도 사람들에게 경멸을 느끼고 있으므로 그들을 복종시킬 마음은 들지 않을 것이다. 여기서 사람들 사이에 있는 그의 모습을 살펴보기로 하자. 세상에서 높은 지위를 차지하기 위해서가 아니라 세상을 알고, 거기서 자기에게 걸맞는 반려자를 찾아내기 위해 세상에 나간 그의 모습을 바라보기로 하자.

어떤 신분으로 태어났건, 어떤 사람들 사이에 있건, 사교계로 나선 그의 데뷔는 검소하여 남의 눈에 띄지 않을 것이다. 그는 사교계에서 광채를 발할 만한 가엾은 인간이 되기를 원하지 않는다. 첫눈에 알아 볼 수 있는 그런 미점(美點)은 미점이 아니다. 그런 것을 그는 지니고 있지도 않으며, 지니고 싶어하지도 않는다. 그는 사람들의 판단에 그다지 가치를 인정치 않으므로 그들의 편견 앞에 자기 미점을 자랑하지도 않을 것이며 사람이 그를 알기도 전에 평가해 주기를 바라지도 않는다.

사람들 앞에 나서는 그의 태도는 소극적이거나 용맹이 없지도 않으며 자연스럽고 솔직하다. 그는 형편이 좋지 않은 일이나 감정을 숨길 줄도 모르며, 사람들이 모여 있는 곳에 있을 때도 아무도 보지 않는 곳에 혼자 있을 때나 마찬가지이다. 그래서 그는 거칠고, 거만하고, 아무에게도 주의를 하지 않게 된단 말인가. 정반대이다. 혼자 있을 때는 다른 사람에 대한 일을 전혀 생각지 않는다고, 그들과 함께 있을 때도 전혀 생각지 않는다는 말인가.

그는 자기보다 다른 사람을 바람직하게 생각하는 듯한 태도를 보이지 않는다. 마음속으로 자기보다 그들을 바람직하게 생각지 않기 때문이다. 그러나 그들에게 무관심한 태도를 보이지도 않는다. 도저히 무관심에는 익숙해지지 않기 때문이다. 예의 범절의 공식을 몰라도 그에게는 인간애로부터 우러나오는 마음 가짐이 있다. 그는 누구이건 사람이 불쾌한 생각을 하고 있는 것을 보고 싶지 않다. 체면 때문에 자기 자리를 남에게 양보는 것이 아니다. 아무도 그 사람에게 관심을 갖지 않는 것을 보고 그로 인해 그 사람이 괴로워 하고 있다는 것을 알면 친절한 마음에서 기꺼이 자기 자리를 양보할 것이다. 이 청년은 남이 어쩔 수 없이 서 있는 것을 보기보다는 자기 의지로 자기가 서 있는 편이 훨씬 편한 것이다. 일반적으로 말해 에밀은 사람들을 높이 평가하지 않으나, 그들에 대해 경멸하는 마음을 표하는 일은 없을 것이다. 그들을 불쌍하게 생각하고 동정심을 느끼고 있기 때문이다. 실제로 좋은 일에 대한 흐뭇함을 그들에게 줄 수 없는 그는 그들이 그것으로 만족하고 있는 억견에 입각한 좋은 일을 그대로 방치해 둔다. 그것을 그들에게서 빼앗아 봐야 별수 없으며 그들을 전보다도 더 불행하게 하지는 않을까 하는 걱정이 되기 때문이다. 그러므로 그는 남과 논쟁을 하거나 거역하지 않는다. 상대방의 마음에 드는 말을 하거나 겉치레의 말을 하지도 않는다. 그는 누구의 생각에도 반대하지 않고 자기 생각을 피력한다. 그는 무엇보다도 자유를 좋아하며 솔직히 말하는 것은 자유 중에서도 가장 아름다운 하나의 권리이기 때문이다.

그는 그다지 많이 지껄이지 않는다. 남이 상대해 주기를 거의 바라지 않기 때문이다. 같은 이유로 그는 필요한 말밖에 하지 않는다. 필요치 않다면 무엇이 그를 지껄이게 하겠는가. 에밀은 너무도 많은 일을 배웠으므로 절대로 수다쟁이가 될 수는 없다. 성가신 수다는 나중에 이야기할 작정이지만 재능에 대해 자부심을 갖는 일이나 하찮은 일에 가치를 부여해서 어리석게도 남도 자기와 똑같이 그것을 중요시하고 있다고 생각하는 일 중 어느 하나로부터 필연적으로 생기게 된다. 사물을 충분히 잘 알고 모든 것에 참다운 가치를 부여할 수 있는 사람은 절대로 쓸데없는 말을 하지 않는다. 상대방이 그에게 나타내는 관심과 그의 이야기에 대해 가질 수 있는 흥미를 평가하는 법도 알고 있기 때문이다.

일반적으로 말해 조금밖에 모르는 사람은 말을 많이 하고, 많은 것을 알고 있는 사람은 말을 아낀다. 무지한 인간은 자기가 알고 있는 일을 무엇이나 중요한 일이라 생각하고 누구에게나 그것을 말한다. 이것은 누구나 다 알고 있는 일이다. 그러나 교양 있는 사람은 자기가 가진 것을 쉽게 공개하지 않는다. 그에게는 할 말이 너무 많고 자기가 할 수 있는 말 외에도 아직 많은 말을 할 수 있다는 것을 알고 있다. 그러므로 그는 입을 다물고 있다.

에밀은 남이 하는 방법에 도전하는 행동은 하지 않으며 될 수 있는 한 남과 보조를 맞추려 하고 있다. 관습을 잘 알고 있다는 듯이 과시하기 위해서도 아니며 세련된 인간다운 모습을 보이기 위해서도 아니다. 반대로 타인과 다른 인간으로 생각할까봐 두려워하고 있기 때문이며, 남의 눈에 띄기를 피하기 위해서이다. 그리고 사람들이 그에게 관심을 두지 않을 때만큼 그의 마음이 편할 때도 없다.

세상에 나가서도 그는 세상 물정을 전혀 모른다. 그렇다고 소심해지거나 겁쟁이가 되지도 않는다. 남의 눈을 피하는 일이 있어도 그것은 난처한 일이 있어서가 아니다. 잘 보기 위해서는 사람이 안 보는 곳에 있을 필요가 있는 것이다. 그는 사람들이 자기에 대해 어떻게 생각하나 하고 불안을 느끼는 일은 거의 없으며, 웃음거리가 되지 않을까 하고 걱정하는 일도 전혀 없는 것이다. 그러므로 언제나 냉정하고 침착하며 기분 나쁜 일에 허둥대거나 하지 않는다. 사람들이 보건 말건, 자기가 하는 일을 될 수 있는 한 잘 하고 남을 잘 관찰하는 일에 열중하면서 억견의 노예한테서는 볼 수 없는 여유있는 태도로 남이 하는 방법을 이해한다. 그는 세상의 관습을 그다지 중히 보고 있지 않으므로 보다 더 그것을 빨리 욀 수 있다고도 할 수 있다.

그렇지만 그의 침착한 태도에 대해 잘못 생각해서는 안 된다. 당신들의 애교 있는 청년의 태도에 비교하려 들면 안 된다. 그는 똑똑하기는 하나 거만하지는 않다. 그의 태도는 자유로우나 건방지지는 않다. 방자한 모습은 노예한테서만 볼 수 있는 것으로 남의 간섭 없이 독립된 사람은 젠체하거나 꾸며대는 일은 전혀 없다. 마음에 자랑을 갖고 있는 인간이 그것을 태도로 나타내는 것을 나는 지금까지 본 일이 없다. 그런 꾸밈은 그런 일에나 위엄을 나타내는, 그런 보잘 것 없고 하찮은 인간에게 훨씬 어울리는 일이다. 어떤 책에서 이런 이야기를 읽었다. 한 외국인이 어느 날 유명한 마르셀 댄스 교실을 찾아갔다. 마르셀 씨는 그 사람에게 어느 나라 사람이냐고 물었다. "나는 영국 사람입니다." 그 외국인은 대답했다. 그러자 댄스 선생이 말했다. "당신이 영국인! 당신이, 그 시민이 국정에 참여하여 주권의 일부를 이루고 있는*60 섬나라 분이라니, 아니! 그럴 리가 없습니다. 당신의 아래로 숙인 얼굴, 겁먹은 듯한 눈초리, 힘없는 걸음걸이, 그런 것을 보니 내가 보기에는 독일 선제후(選帝侯)의, 뭔가 직함을

---

*60 도시국가의 성원이 아니었던 시민, 그리고 도시국가의 성원으로 주권에 참여하지 않았던 시민이라도 있었다는 것인가. 그러나 프랑스인은 일찍이 갈리아의 도시의 성원에게 주어졌던 이 존경할 시민이라는 이름을 가로채는 것이 적당하다고 생각하여, 그 관념을 일그러뜨려 끝내는 그것이 어떤 것인가도 알 수 없게 되고 말았다.

　최근 《신 엘로이스》를 비난하여 어이없는 일을 많이 써서 보낸 어떤 사람은 그 서명을 '판부프(프랑스 서부의 작은 도시)의 시민'이라는 칭호로 장식하여 나에게 재치있는 농담을 말한 것으로 생각하고 있었다(원주).

가진 노예로밖에 보이지 않습니다."

이 판단은 어떤 사람의 성격과 올바른 관련에 대한 뛰어난 지식을 나타내고 있는 것인지 어떤지 나는 알 수 없다. 나는 댄스 선생이라는 명예는 지니지 않았지만, 나라면 정반대의 생각을 했을 것이다. 나는 이렇게 말했을 것이다. "그 영국 사람은 궁정인은 아니다. 궁정인이 고개를 숙이거나 힘없이 걷는다는 말은 나는 아직까지 들어본 적이 없다. 댄스 선생 앞에서 겁을 먹는 사람도 하원에선 겁을 먹지 않을 수 있을 것이다." 확실히 마르셀 씨는 자기 나라 사람(프랑스인)을 모두 로마인으로 착각하고 있는 것이다.

사랑하는 자는 사랑을 받고 싶다고 생각한다. 에밀은 사람들을 사랑하고 있다. 그러므로 그는 사람들의 마음에 들기를 원한다. 여성들에게는 더 마음에 들기를 원한다. 그의 나이, 품행, 의도, 모든 것이 일치되어 그의 그런 소원을 키우려 하고 있다. 나는 그의 품행이라고 말했다. 그것은 크게 관계되는 일인 것이다. 품행이 올바른 사람이야말로 정말 여성을 존경하고 있는 사람인 것이다. 그는 다른 사람들처럼 여성의 환심을 사기 위해 비웃는 듯한 은어를 사용하지 않는다. 마음에서 나오는 좀더 진실되고 부드러운 정중함이 있다. 나는 젊은 여성곁에 있는 10만명의 방탕자 사이에서 품행이 바르고 본성을 제어하는 남성을 골라낼 수 있다. 갓 눈뜬 육체를 지녔으면서도 거기 저항하는 풍부한 이성을 갖추고 있는 에밀은 어떻게 보일 것인가. 그것을 생각해 두기 바란다. 여성들의 곁에 있기 위해 그는 때로는 소심하게 되고 당황하는 일도 있으리라 생각된다. 그러나 확실히 그 당황은 여성들을 불쾌하게는 하지 않을 것이고, 거의 바람기 있는 여자와는 인연이 먼 여자들까지도 그것을 즐기고, 보다 더 그를 당황하게 하는 기술을 알고 있는 경우도 의외로 늘 있을 것이다. 그는 기혼 여성에 대해서는 더 조심성 있게 정중히 대하고, 앞으로 결혼할 여성에 대해서는 더 생기있고 부드럽게 대할 것이다. 그는 자기가 구하는 대상을 놓치지 않고 그것을 상기할 수 있는 사람에게는 언제나 큰 관심을 보이고 있다.

자연의 질서에 입각한 존경, 그리고 또 사회의 올바른 질서에 입각한 모든 존경에 부족함이 없도록 그보다 더 신경을 쓰는 사람은 없을 것이다. 그러나 자연의 질서는 사회의 질서보다 언제나 무게 있게 보일 것이다. 그러므로 그는 자기보다 연장자인 개인에 대해서는 자기와 같은 나이의 고관에 대해서보다 더 경의를 표할 것이다. 그러므로 대체적으로 그 자리에 있는 사람들 중에서 가장 젊은 사람에 속하는 그는 반드시 가장 얌전하게 구는 사람 중 한 사람일 것이다. 겸손한 인간으로 인정받고 싶은 허영심에서가 아니라 자연의 감정, 그리고 도리에 입각한 감정에서 그렇게 하는 것이다. 그곳에 있는 사람들을 재미있게 하기 위해 현명한 사람들보다 큰 소리로 떠들어, 노인의 이야기를 가로막는 아니꼬운 청년의 건방진 처세술을 그는 모를 것이다. 나이먹은 어느 귀족은 루이 14세로부터 그의 시대와 지금 시대 중 어느 쪽을 좋게 생각하느냐는 물음을 받고 "폐하, 저는 젊었을 무렵에는 노인을 존경했습니다만 나이를 먹고부터는 젊은이를 존경합니다" 대답했지만, 에밀로서는 그런 대답을 올바르다고는 인정하지 않을 것이다.

부드럽고 예민하게 느끼기 쉬운 영혼을 갖고 있지만, 무엇이나 다 세상의 입장에서 평가하지 않는 그는 타인의 마음에 들었으면 하는 생각은 할지언정 타인으로부터 존경을 받았으면 하는 생각은 거의 하지 않을 것이다. 그러므로 그는 정중한 것 이상으로 붙임성 있는 사람이 될 것이다. 일부러인 듯한 점도 없고 야단스럽게 장식하지도 않을 것이다. 그리고 칭찬을 받을 때보다 정다운 말을 들었을 때 더 감동할 것이다. 같은 이유에서 그는 태도나 몸가짐을 적당히 하는 일도 없을 것이다. 다소 옷차림에 배려하는 일은 있을지도 모른다. 취미가 좋은 인간이라는 것을 나타내기 위해서가 아니라, 자기 모습을 기분좋게 느끼게 하기 위해서이다. 그는 금테 액자에 의존하는 일은 하지 않을 것이고, 부(富)의 표적이 그의 몸가짐을 더럽게 하는 일은 결코 없을 것이다.

이런 일은 모두 나의 교훈을 열거할 필요성이 없는, 그가 어렸을 때 받은 교육의 결과에 불과하다는 것은 명백한 노릇이다. 우리는 세상의 관습을 대단히 신비로운 것으로 생각하고 있다. 그런 관습을 알 나이가 되어도 저절로 알게 되지는 않는다는 말인가. 또 그 기본적인 법칙을 구해야 하는 것은 성실한 마음속에서는 안 된다는 말인가. 진짜 예의란 사람들에게 호의를 표하는 데 있다. 호의는 그것을 갖고 있으면 문제없이 표시된다. 호의를 갖지 않은 자를 위해서라도 호의의 표시를 기술적으로 통합해 주어야 할 것이다.

"관용의 예의에서 가장 해로운 결과는 그것이 모방하는 미덕을 지니지 않은 채 끝내 버리는 방법을 가르쳐 주는 일이다. 교육으로써 인간애와 다정한 마음을 베풀어주면 우리는 예의를 알게 된다. 또는 우리는 그런 것을 필요치 않게 된다. 우아한 태도에 의해 표시되는 예의를 몰라도 우리는 성실한 인간이며 시민임을 나타내는 예의를 알게 된다. 우리는 거짓말에 의존할 필요는 없게 된다. 남에게 기분좋게 보이기 위해 기교를 부리는 일은 하지 않고 친절하기만 하면 그것으로 족할 것이다. 타인의 약점에 아첨하기 위해 거짓말을 하거나, 반대로 관대하기만 하면 그것으로 족할 것이다. 이런 식으로 한다면 상대방은 그 때문에 거만해 지지도 않고 타락하지도 않을 것이다. 오로지 거기에 대해 감사하고 그로 인해 더 좋은 인간이 될 것이다.”

여기 뒤크로 씨가 구하고 있는 그런 예의를 낳게 하는 교육이 있다면 그것은 지금까지 내가 그 계획을 표시해 왔던 교육이라고 생각된다.

그러나 남과 완전히 다른 준칙을 지니고 있는 에밀은 보통 사람과 같은 인간이 될 수 없다는 것은 명백한 일이며, 결코 그런 자가 되기를 원하지도 않는다. 그러나 남과는 다르더라도 그는 성가신 인간이나 우스꽝스러운 인간이 되지도 않을 것이다. 차이는 확실하더라도 눈에 거슬리지는 않을 것이다. 이렇게 말해도 좋다면, 에밀은 사랑스러운 이방인이 될 것이다. 처음에 사람들은 “인간은 언제고 어른이 될 것이다” 말하여 그의 기묘한 점을 뒤흔들 것이다. 그러다 보면 그의 방법에 인간은 완전히 숙달된다. 그리고 그가 조금도 변하지 않는 것을 보고 “그는 그런 인간이다” 말하고 또 그것을 뒤흔들 것이다.

그는 바람직한 남자로서 중요시되지는 못하나, 사람들은 웬일인지 모르는 사이에 그가 좋아지게 된다. 아무도 그의 재능을 칭찬하는 사람은 없으나 사람들은 그에게 호감을 갖고 그를 재인(才人)들의 심판자로 삼는다. 그의 정신은 명석하고 한정되어 있다. 그에게는 올바른 감각과 건전한 판단이 있는 것이다. 새로운 관념을 결코 듣지 않는 그는 재능을 자랑할 줄은 모를 것이다. 나는 그에게 알려줄 것이다. 유익한 관념, 인간에게 정말 도움이 되는 관념은 옛부터 알려져 있음을. 그것만이 어느 시대에 있어서나 사회의 진짜 인연이었음을. 인류에게 해롭고 나쁜 관념만이 재주가 탁월하고 뛰어난 사람들에게 남아 있다는 것을. 그러기에 남에게서 칭찬받는 일 따위는 그의 마음을 거의 움직이지 않는다. 자기 생활의 행복은 어디서 발견할 수 있는가. 어떤 일로 타인의 행복에 도움을 줄 수 있을까. 그런 일을 그는 알고 있는 것이다. 그의 지식 범위는 유익한 일 외에는 멀리 퍼져 있지 않다. 그가 가는 길은 좁고 뚜렷이 제시되어 있다. 그 길에서 벗어날 마음을 먹을 수 없는 그는 같은 길을 더듬는 사람들 속에 그대로 섞여 있다. 그는 길을 잃고 헤매는 일이나 빛나는 존재가 되기도 원하지 않는다. 에밀은 양식이 있는 사람이고 그것과는 별개의 사람이 되고자 하지도 않는다. 그런 인간인 그를 모욕하려 해도 허사일 것이다. 그는 언제까지나 그것을 명예로 생각하고 있을 것이다.

남의 마음에 들고 싶어 이제는 타인의 의견에 완전히 무관심하지는 않게 되었다 하더라도, 그는 그 의견 속에서도 직접 자기 몸에 관련된 것만을 취하여 유행이나 편견만으로 규칙을 이루는 적당한 평가는 마음에 두지 않을 것이다. 자랑스러운 마음에서 자기가 하는 일을 무엇이나 훌륭하게 이행하고 싶다고 생각할 것이고 다른 자보다 더 훌륭하게 이행하고 싶다고까지 생각할 것이다. 달리기에서는 가장 빨리 달리는 자, 힘겨루기에서는 가장 강한 자, 일을 함에 있어서는 가장 솜씨 있는 자, 뛰어난 재치를 필요로 하는 놀이에서는 가장 뛰어난 재치의 소유자가 되고 싶다고 생각할 것이다. 그러나 그것이 어떤 일인지 확실하지 않은 장점, 타인의 의견으로 확인될 필요성이 있는 일, 이를테면 다른 자보다 재기에 차 있다든지, 잘 지껄일 수 있다든지, 보다 박식하다든지, 그런 일은 그다지 구하지 않을 것이다. 자기 몸에 전혀 관련되지 않는 일, 말하자면 남보다 가문이 좋다든지, 재산가로 보다 신용이 있으며 존경받는다든지, 보다 호화로운 생활로 사람을 위압한다든지, 그런 일은 더군다나 생각지 않을 것이다.

자기와 같은 인간으로서 사람들을 사랑하는 그는 특히 자기와 가장 비슷한 사람들을 사랑할 것이다. 자기를 좋은 인간으로 느끼기 때문이다. 그리고 그는 그 비슷한 점을 도덕적인 사항에서 본 취미의 일치로 판단하고, 좋은 성격을 나타내는 모든 일로 사람에게서 인정받는 일을 대단히 기쁘게 생각할 것이다. 그는 사람이 인정해 주기 때문에 기쁘다고는 생각지 않을 것이다. 내가 좋은 일을 한 데 대해 인정해 주기 때문에 기쁘다. 나에게 명예를 부여해 주는 사람들은 자기들에게 명예를 부여하고 있으므로 기쁘다. 사람들이 언제나 이런 식으로 건전하게 사물을 생각한다면 그들의 존경을 받는 일은 좋은 일이라고 생각할 것이다.

앞서는 역사 속에서의 인간을 정념에 대해 연구했으나, 이번에는 세상의 풍습면에서 인간을 연구하는 그는, 자주 인간의 마음을 기쁘게 하거나 불쾌하게 하는 일에 대해 생각할 기회를 갖게 된다. 이리하여 그는 지금 취미의 원칙에 대해 철학을 갖고 있는데 이것은 이 시기에 맞는 적절한 연구이다.

취미의 정의를 멀리서 구할수록 점점 길을 알 수 없게 된다. 취미란 가장 많은 사람들을 기쁘게 하거나 불쾌하게 하는 것을 판단하는 능력에 불과한 것이다. 그것을 잊으면 취미란 뭔지 알 수 없게 된다. 그렇다고 해서 좋은 취미를 가진 사람이, 그렇지 않은 사람보다 많이 있다는 것은 아니다. 수많은 사람이 낱낱의 일에 대해 건전하게 판단한다 해도 그들이 모두 똑같이 판단하는 일은 적으며, 가장 일반적인 취미의 종합이 좋은 취미를 형성한다 해도 그것을 가진 사람은 적다. 이것은 가장 흔해빠진 선(線)의 집합이 미인을 만든다 해도 아름다운 사람은 적다는 사실과 같은 일이다. 여기서는 우리에게 도움이 되니까 좋다든지, 해를 주니까 싫다든지 하는 문제가 아니라는 것을 주의하여야 한다.

취미라는 것은 이해 관계가 없는 일이든지, 기껏해야 즐거움에 이해 관계가 있는 일에 대해 일하는 데 불과하며 우리의 필요성에 관계되는 일에 대해서는 일하지 않는다. 우리의 필요성에 관계되는 일을 판단하려면 취미는 필요치 않으며 욕망만으로도 충분하다. 이런 일이 취미의 순수한 결단을 대단히 어려운 것으로 만든다. 또 대단히 변덕스러운 것으로 보이게 한다. 취미를 결정하는 본능 외에는 그 결단 이유를 따로 찾아 볼 수는 없다. 또한 도덕적인 일에 있어 취미의 법칙을 구별해야 한다. 물체적인 일에 있어서는 취미의 원칙은 전혀 설명할 수 없는 것으로 생각된다.[61] 그러나 모방에 관계되는 일에는 모든 면에 있어 도덕적인 것이 들어 있다는 것을 주의할 필요가 있다.[62] 물체적인 것처럼 보이면서 사실은 그렇지 않은 아름다움은 이렇게 설명된다. 다시 말해 취미에는 상대적인 규칙이 있어, 취미는 풍토·풍습·통치·형태·제도 등에 의해 좌우된다. 또 연령·성(性)·성격에 관계되는 규칙도 있으며, 이런 뜻으로 취미를 비난해서는 안 된다고 말하고 있다.

취미는 모든 사람에게 자연스러운 것이지만 사람은 모두 같은 범위의 것을 지니고 있는 것은 아니다. 그것은 모든 사람에게 같은 정도로 발달하는 것은

---

[61] 이본—이하 다음의 문장이 들어간다. '이를테면 어째서 어떤 노래는 좋고 어떤 노래는 즐겁지 않은지, 누가 우리에게 말할 수 있겠는가. 색의 조합에 대한 원칙을 누가 우리에게 줄 수가 있겠는가. 잔디의 구획에서는 원보다도 타원인 편이 어째서 바람직한지, 분수가 있는 연못은 타원보다도 원 쪽이 어째서 바람직한지 누가 우리에게 가르쳐 줄 수 있을 것인가.'

[62] 이것은 '언어 기원론'에서 증명되고 있다. 이 논문은 나의 저작집에 게재될 것이다(원주).

아니다. 또 모든 사람에게 갖가지 원인으로 변화하기 쉬운 것이다. 사람이 가질 수 있는 취미의 넓이는 받고 있는 감수성에 의해 결정되며 그 육성과 형태는 생활해 온 환경에 의해 결정된다. 첫째로 수많은 사람과 접촉하여 많은 일을 비교해 보아야 한다. 둘째로 여가와 놀이를 통한 접촉이 필요하다. 일을 통한 접촉은 즐거움으로서가 아니라 이해 관계에 의해 규제되기 때문이다. 셋째로는 불평등이 너무 크지 않고 억견의 압제가 완화되어 허영심보다 쾌락이 지배적인 접촉이 필요하다. 그렇지 않을 경우에는 유행이 취미를 잃게 하여 사람을 기쁘게 하는 것이 아니라, 눈에 띄게 두드러진 것을 구하게 되기 때문이다.

이 마지막 경우에는 좋은 취미란 다수자의 취미라는 말은 진실이 못 된다. 왜 그렇게 될까. 목표가 바뀌기 때문이다. 그렇게 되면 대중에게는 그들 자신의 판단이라는 것은 없어지며, 자기들보다 그 일에 밝다고 생각되는 사람들의 생각에 의해서만 판단하게 된다. 좋은 일은 아니며 그 사람들이 좋다고 인정한 일을 인정하게 된다. 언제나 모든 사람에게 자기 자신의 생각을 갖게 함이 좋을 것이다. 그렇게 하면 그 자체가 가장 좋게 느껴지는 것이 반드시 많은 사람의 찬성을 얻을 수 있을 것이다. 인간은 아무리 애를 써도 모방에 의존하지 않으면 아름다운 것이라고는 하나도 만들어 낼 수 없다.

취미의 올바른 본보기는 모두 자연 속에 있다. 이 거장으로부터 떨어져 나오면 그만큼 우리 그림은 일그러진 것이 된다. 그렇게 되면 우리는 자기가 좋아하는 것에서 본보기를 찾아내게 되며 착상과 권위에 의해 결정되는 변덕스러운 아름다움은, 우리를 지도하는 사람들의 마음에 들뿐 아무짝에도 소용없게 되어버린다.

우리를 지도하는 사람들이란 예술가·귀족·부자를 말하는 것인데 그런 사람들 자신을 지도하고 있는 것은 그들의 이익이든가 허영심인 것이다. 허영심이 강한 사람들은 부(富)를 자랑하려고, 이익을 구하는 사람들은 그 은혜를 맡으려고 다투어 돈을 쓰고 쓰게 하는 새로운 방법을 찾고 있다. 그러므로 크나큰 사치가 지배권을 확립하고 손에 넣기 곤란한 값비싼 것을 좋아하게 된다. 그렇게 되면 이른바 아름다운 것은 자연을 모사하는 일이 아니라 자연을 등짐으로써만 아름답다고 인정한다. 이런 관계로 사치와 악취미는 반드시 결부되는 것이다. 취미에 돈이 들 경우에는 그것은 언제나 다른 취미인 것이다.

특히 남녀 교제에 있어서는 취미는 좋든 나쁘든 뚜렷한 형태를 취한다. 취미의 육성은 그런 접촉 목표에 필연적인 한 가지 결과인 것이다. 그러나 갖고 싶은 것을 쉽게 얻기 위해 상대방의 마음에 들고 싶어하는 욕구가 악화되면, 취미는 퇴화하게 된다. 그리고 이것은, 왜 좋은 취미는 좋은 풍속과 결부되어 있는가 하는 데 대한 더없이 명백한 또 하나의 이유가 된다고 생각된다.

물체적인 일, 그리고 감각의 판단에 관계되는 일로는 여성의 취미를, 도덕적인 일, 그리고 오성에 보다 더 관계되는 일로는 남성의 취미를 참고로 하는 것이 좋을 것이다. 여성들이 그들 본분을 다할 때는 자기 능력 안의 일만을 마음에 두기 때문에 반드시 올바른 판단을 내릴 것이다. 그런데 여성들은 문학의 판정자가 되고부터는 책에 대해 판단을 내리거나 어떻게든지 책을 써야겠다고 생각한 뒤부터 전혀 아무것도 모르게 되고 말았다. 자기 작품에 대해 여학자들의 의견을 묻는 작가는 늘 정해 놓고 좋지 않은 충고를 듣는다. 옷차림에 대해 그녀들의 의견을 묻기에 멋부리기 좋아하는 남자는 반드시 우스꽝스러운 모습을 하고 있다. 여성의 진짜 재능에 대해, 그것을 키우는 방법에 대해, 여성의 결정에 귀를 기울여야 할 일에 대해, 나는 머지않아 말할 기회를 갖게 된다.

나의 에밀이 놓여 있는 상황에 있어 또 그가 힘 쓰고 있는 탐구에 있어 결코 무관심하게만 있을 수 없는 문제에 대해 그와 함께 생각해 볼 때 내가 원칙으로 제시하는 기본적인 생각은 그러한 일이다. 에밀만이 아니라, 그 문제는 누구에게나 무관심으로 지나칠 수는 없는 것이다. 어떤 일이 사람들에게 기분좋게 생각되고 불쾌하게 생각되는가를 안다는 것은 사람들의 도움을 받아야 할 자에게만 필요할 뿐 아니라, 사람들의 도움이 되고자 하는 자에게도 필요한 일이다. 사람들의 도움이 되려면 사람들을 기쁘게 해주는 일도 중요하다. 게다가 무엇을 쓰는 기술도 그것을 사용하여 진실로 귀를 기울이게 할 경우에는 결코 소홀히 할 수 없는 연구 대상이 된다.

내 제자의 취미를 길러 주기 위해 이 취미의 육성이 앞으로 시작되려는 나라와 이미 그것이 쇠퇴한 다른 나라 중 어느 쪽을 택해야 한다면 나는 후자를 먼저 선택하겠다. 나는 우선 쇠퇴해 가는 나라에서 출발하여 발전하기 시작하는 나라에 다다르는 길을 취하기로 하겠다. 이 선택의 이유는 다음과 같다. 취미는 대중이 알아차릴 수 없는 일을 민감하게 느끼게 하는 극단적인 섬세함에 의해 퇴폐한다. 그런 섬세함은 논의를 즐기는 정신으로 이끈다. 대상은 미세하게 생각할수록 불어나며 그런 미세한 고찰은 사람들의 감각을 더 섬세하게 하고 지속성을 잃게 하기 때문이다. 그러므로 사람에 따라 각기 다른 취미가 생기게 된다. 어떤 것을 취하느냐 하는 일을 논의함으로써 철학과 지식은 확대되어 간다. 이렇게 하여 사람은 생각하는 일을 배우는 것이다. 자질구레한 사실은 대단히 광범위하게 접촉하는 사람들에게만 관찰된다고 해도 좋을 것이다. 그런 것들은 다른 모든 사실 뒤에야 알게 되는 일이며, 많은 사람들과의 접촉에 그다지 숙달되지 않은 사람들은 일반적인 일에 주의력을 다 써버리기 때문이다. 현재로 보아 지구상에 있는 도시 중에서 아마 파리 이상으로 취미가 좋은 곳은 없을 것이다. 특히 좋은 취미가 육성되는 것은 이 수도에서이고, 유럽에서 높이 평가되는 책의 저자는 거의 다 파리에서 교육을 받는 실정인 것 같다. 파리에서 나오는 책을 읽으면 충분하다고 생각하고 있는 사람들은 잘못이다. 저자가 쓴 책에서보다, 저자의 이야기를 들음으로써 훨씬 많은 것을 배울 수 있으며 저자라 불리는 사람도 그 사람으로부터 가장 많은 일을 배울 수 있는 사람은 아닌 것이다. 생각하는 두뇌를 발달케 하고, 시야를 가능한 한 멀리까지 확장시키는 것은 사교계의 정신인 것이다. 당신들에게 조금이라도 재능이 있다면 파리에 가서 1년쯤 살아봄이 좋을 것이다. 당신들은 곧 당신들이 될 만한 것으로 완전히 될 수 있을 것이다. 그렇게 하지 않으면, 당신들은 결코 아무것도 안 될 것이다.

사람은 나쁜 취미가 지배하고 있는 곳에서 생각하는 일을 배울 수 있다. 그렇다고 그 나쁜 취미를 갖고 있는 사람들과 같은 생각을 해서는 안 되며 그런 사람들과 너무 오랫동안 접촉하고 있으면, 그들과 같은 생각을 하지 못하게 한다는 것은 대단히 어렵다. 그들의 도움으로 판단하는 도구를 완전하게 해야 하지만 그들과 같은 일에 그것을 사용하는 일은 피해야 한다. 나는 에밀의 판단력을 연마하는 동안에 그것을 못쓰게 하지는 않을 것이다. 그가 충분히 예민한 감각으로써 사람들의 갖가지 취미를 해석하고 비교해 볼 수 있게 되면 가장 단순한 대상으로 그를 데리고 와 그곳에 그의 취미를 정착시키겠다.

또한 나는 더 일찍부터 에밀의 정신을 맑게 하여 순수하고 건전한 취미를 그에게 지속하게 할 참이다. 마음을 산란케 하는 어수선한 생활 속에서도 나는 그와 유익한 이야기를 할 시간을 가질 수 있을 것이다. 그리고 그가 기뻐하는 쪽으로 이야기를 계속 이끌어가면서 그것을 즐겁게도 하고 교훈적인 것이 될 수도 있도록 신경을 쓸 것이다. 이제야말로 독서와 즐거운 책의 시기이다. 이야기의 내용을 분석하는 일을 배우게 하고 웅변과 말, 표현에 있어 모든 아름다움을 느낄 수 있도록 해주는 시기이다. 어학 그 자체를 배우는 일은 시시한 일이다. 어학의 효용은 사람이 생각하고 있는 만큼 대단한 것은 아니다. 그러나, 어학 공부는 일반 문법의 연구로 이끌어 나간다. 프랑스어를 잘 알기 위해서는 라틴어를 배워야 한다. 말하는 기술의 규칙을 이해하기 위해서는 이 두 가지 국어를 연구하고 비교해 보아야 한다.

거기다 또 마음속에 호소하는 소박한 취미라는 것이 있는데, 이것은 고대인이 쓴 것에서만 찾아 볼 수 있다. 에밀은 역사에서도 발견한 것처럼 웅변과 시를 비롯한 모든 종류의 문학에서 풍부한 사실과 절제된 판단을 발견할 것이다. 근대의 저자는 반대로 약간의 말을 하고 많은 것을 판정하고 있다. 계속 그들의 판단을 우리에게 강요하는 것은 우리의 판단력을 기르는 방법이 될 수는 없다. 고대인과 근대인의 취미의 차이는 모든 유적과 묘비에서까지 느낄 수 있다. 근대인의 묘비에는 무턱대고 칭찬의 말이 적혀 있다. 고대인의 묘비에선 사실을 읽을 수 있다.

나그네여, 발을 멈추라.
그대는 한 사람의 영웅 위를 걷고 있는 것이다.

이 묘비명을 고대의 유적에서 발견했다 하더라도 나는 곧 이것은 근대의 것이라고 짐작할 것이다. 근대에는 영웅만큼 흔해 빠진 것도 없지만, 고대에는 영웅이 여간해서 없었던 것이다. 한 인간에 대해 영웅이었다고 묘사하는 대신, 고대인은 그 사람이 영웅이 되기 위해 한 일을 말했을 것이다. 지금 말한 영웅의 묘비명과 연약한 사르다나팔루스의 묘비명을 비교해 보자.

나는 타르수스와 안키알레스를 하루 만에 건설했다.
그러나 지금 나는 죽어 이곳에 있노라.

어느 쪽이 많은 것을 말하고 있는가. 당신들의 의견은? 과장한 근대의 묘비명은 소인의 마음을 부풀게 하는 데 도움이 될 뿐이다. 고대인은 인간을 있는 그대로 나타냈으며, 그 모습이 실제 모습이었던 것이다. 크세노폰은 '1만 명의 퇴각' 때 불의의 공격을 받아 죽은 몇몇 전사의 기억에 명예를 더해 이렇게 말했다. "그들은 전쟁과 우정에 있어서 비난받지 않고 죽었다." 그것뿐이다. 그러나 이 꾸밈없는 짧은 송사를 읽고 작자의 마음이 어느 만큼이나 감개무량했는가를 생각해 봐야 할 것이다. 이것을 훌륭하다고 느끼지 않는 사람은 사실상 불쌍한 사람이다. 테르모필라이에 있는 대리석 비에 다음과 같은 말이 새겨져 있는 것을 읽을 수 있었다.

나그네여, 스파르타에 가서 전해주오.
그 신성한 규칙에 따라서
우리가 여기서 죽었노라고.

이 문장을 만든 것은 비명과 문학 아카데미*63가 아니라는 것만은 확실히 알 수 있다.

말에 거의 가치를 인정치 않는 나의 학생이 오른쪽과 같은 잘못에 주의를 하지 않는다면, 그리고 이 차이가 그가 읽는 책의 선택에 영향을 미치지 않는다면 나는 잘못 생각하는 것이다. 데모스테네스의 힘찬 웅변에 이끌리어 그는 이렇게 말할 것이다. "그는 웅변가다." 그러나 키케로를 읽으면 이렇게 말할 것이다. "그는 대변인이다."

일반적으로 말해, 에밀은 근대인보다 고대인의 책에 더 많은 호기심을 갖게 될 것이다. 앞서 태어난 자로서 고대인은 보다 더 자연에 가깝고, 그들의 천재는 보다 더 자기에게 고유하다는 것만으로도 그렇게 된다. 라 모트나 테라송 신부가 어떤 말을 할 수 있을지 모르지만 인류에겐 진정한 이성의 진보라 할 수 있는 것은 없다. 한쪽에서 득이 되는 것은 거의 다 또 한쪽에선 손해가 되기 때문이다. 모든 정신은 항상 동일한 점에서 출발하기 때문이다. 또한 남이 생각한 일을 알기 위해 시간을 허비한다는 것은 그만큼 자기가 생각하는 일을 배울 시간을 잃는 것이 되므로 보다 많은 지식을 얻어도 전과 같은 정신력을 갖지 않게 되기 때문이다. 근대인의 정신은 그 팔과 마찬가지이다. 모든 것

─────────────

*63 비명(碑銘)과 문학(文學) 아카데미는 1663년 콜베르에 의해 창설되었다. 역사고고학의 연구 단체.

을 다 도구를 써야만 할 수 있도록 숙달되었으므로 스스로는 아무 일도 하지 못한다. 고대인과 근대인에 대한 그 논쟁은*64 결국 옛날 수목은 지금의 수목보다 컸는지 어떤지를 알려는 것과 같다고 퐁트넬은 말했다. 농경 방법이 변화했다면 그런 질문을 하는 것도 부당한 일이 되진 않을 것이다.

이렇게 순수한 문학의 원천으로 거슬러 올라가게 한 다음, 근대 편찬자들의 물통에 괸 물과 같은 문학·신문·번역·사전과 같은 종류의 것도 가르쳐 준다. 에밀은 그런 모든 것을 한번 쳐다본 다음은 다 잊어버려 두번 다시 그런 것은 돌아보지 않는다. 나는 그를 즐겁게 해주기 위해 여러 가지 아카데미의 수다를 들려준다. 그리고 그 아카데미를 구성하고 있는 사람들이 모두 혼자 있을 때가, 단체를 이루고 있을 때보다 반드시 뛰어나다는 것을 그가 알아차리도록 해 준다. 그러므로 그는 모든 그런 훌륭한 단체의 효용에 대해, 스스로 결론에 도달하게 된다.

나는 그를 극장으로 데리고 간다. 풍습이 아니라 취미를 살피기 위해서이다. 반성할 수 있는 자에게는, 취미는 특히 거기서 뚜렷이 나타나게 되기 때문이다. 나는 그에게 말할 것이다. "교훈이나 도덕은 잊어버려라. 그것을 배워야 하는 것은 여기서 할 일이 아니다." 연극은 진실을 가르치기 위해 만들어 놓은 것은 아니다. 사람들의 비위를 맞추고 사람들을 기쁘게 하기 위해 만들어진 것이다.

사람들을 기쁘게 하고 인간의 마음을 들뜨게 하는 기술을 이렇게 잘 배울 수 있는 학교는 없다. 연극의 연구는 시의 연구로 이끌어 간다. 이런 것들은 전적으로 같은 것을 목적으로 하고 있다. 조금이나마 시에 취미를 갖고 있다면, 그는 시인의 언어를, 그리스어·라틴어·이탈리아어 등을 기쁜 마음으로 배울 것이다. 이런 연구는 그에게 아무런 구속도 느끼지 않는 즐거움이 되며 더욱 도움이 될 것이다. 마음을 움직일 수 있게 된 모든 종류의 아름다움에 매력을 느끼는 나이와 상태에 있는 그로서는 그런 것들이 굉장히 유쾌한 것이 될 것이다. 한편으로는 나의 에밀이, 또 한편으로는 학원의 불량소년이 《아이네이스》 제4권이나 티불루스, 또는 플라톤의 《향연》을 읽고 있는 장면을 상상해

---

*64 17세기 말부터 18세기 초에 걸친 과도기에 프랑스에서는 고대인과 근대인 가운데 어느 쪽이 뛰어난가 하는 문학 논쟁이 있었다. 당시의 대작가 대부분은 고대파였다. 여기에 이름이 나와 있는 퐁트넬, 라 모트, 테라송 등은 근대파였다.

봄이 좋을 것이다. 큰 차이가 있을 것이다. 한쪽은 다른 한쪽 마음에 아무런 느낌도 주지 않는 일에까지 상당한 감동을 느끼게 될 것이다.

아아, 선량한 젊은이여. 좀 멈춰서 잠시 책을 놓으면 어떨까. 자네는 대단히 감동하고 있는 것 같군. 나는 사랑의 말이 자네를 기쁘게 해 주기를 바라기는 하나, 그것이 자네의 마음을 산란케 하는 것은 원하지 않는다. 느끼기 쉬운 인간이 되어라. 그러나 현명한 인간이 되어라. 단순히 이 둘 중 어느 한쪽이라면 자네는 아무 가치도 없는 인간인 것이다. 그렇지만 죽은 언어·문학·시 공부를 그가 잘했건 못했건 그런 것은 대수로운 일이 아니다. 그런 것을 전혀 모른다 해도 그는 여전히 가치 있는 인간이며, 그의 교육에서 중요한 것은 그런 분별 없는 일은 절대 아니다.

모든 종류의 아름다운 것을 느끼고 사랑하는 일을 배우게 함에 있어 나의 주된 목적은 그곳에 그의 애정과 취미를 정착시키는 일, 자연의 요구가 변질하는 것을 또, 가장 가까운 곳에서 발견하여야 할 행복의 수단을 언젠가 부(富)에서 구하게 되는 일을 막는 데 있다. 나는 다른 기회를 통해서, 취미란 사소한 일에서 자기를 아는 기술에 불과하다고 말했다. 이것은 어김없는 사실이다. 그러나 인생의 즐거움은 사소한 일에서 이루어지는 것이므로 그런 일에 마음을 두는 것은 결코 아무래도 좋다고 할 수는 없다. 그런 마음가짐으로만 우리는 우리 손이 닿을 수 있는 곳에 놓여 있는 좋은 것, 그것들이 우리에 대해 사용하는 모든 진실성에서 좋은 것으로 생활을 충실케 하는 일을 배우는 것이다. 나는 여기서 영혼의 좋은 경향에 입각해 있는 도덕적인 좋은 것이 아니라, 다만 관능의 기쁨, 편견이나 억견은 별도로 하고 현실적인 향락에 속하는 일을 말하고 있는 것이다.

나의 생각을 더 확실히 설명하기 위해, 이제 아무에게도 표준이 될 수 없는 에밀의 순수하고 건전한 마음은 여기서는 잠시 잊고, 나 자신이 잘 알 수 있고 독자의 일상 생활과 가장 가까운 예를 구하게 해 주기 바란다.

본성을 바꾸게 하고, 그곳에 어떤 인간을 더 낮게 하거나 더 나쁘게 개조하는 것 같은 상태가 있다. 나바르의 연대에 들어가면 겁쟁이도 용감해진다. 단체 정신을 몸에 익히게 하는 것은 군대에서 뿐이 아니며, 그 정신의 효과도 좋은 쪽으로 나타난다고만은 할 수 없다. 나는, 만일 불행히도 오늘날 어떤 나라에서 이런 역할을 하게 된다면 내일은 거의 불가피하게 압제자, 공금 횡령자,

백성을 파멸케 하는 자, 군주에게 해로운 자, 인류 전체의, 온갖 정의의, 온갖 종류인 미덕의 공공연한 적이 될 것이라고 생각하고 공포에 사로잡힌 일이 종종 있다.

마찬가지로, 만일 내가 부자라면 부자가 되기 위해 필요한 일은 무엇이나 다 했을 것이다. 그러므로 나는 거만하고 야비하며, 자기 일에만 민감하고 세심하며, 모든 사람에 대해서는 무자비하고 냉혹한 인간으로, 천민의 비참한 생활을 코웃음치며 바라보고 있었을 것이다. 나는 지난날에는 나도 그런 계급에 속했었다는 사실을 잊게 하기 위해 지금은 가난한 사람들을 천민이라고만 부르게 했을 것이다. 그리고 나는 자기 재산을 쾌락의 수단으로 하여 쾌락의 일만을 염두에 두고 있을 것이다. 여기까지는 나도 다른 모든 사람들과 같을 것이다.

하지만 내가 다른 사람들과 많이 다를 것으로 생각되는 점은, 나는 거만하고 으스대는 인간이 되기보다는 오히려 관능의 기쁨을 구하고 쾌락에 빠지는 인간이 되리라는 점, 그리고 남에게 과시하는 사치보다는 오히려 게으른 사치로 빠져들 것이라는 점이다. 나는 내 재산을 너무 자랑하는 것에 어떤 수치심까지 느낄 것이며, 나의 화려한 생활에 인상을 쓰는 질투쟁이가 "저 자를 봐. 저 사람은 자기가 나쁜 인간이라고 생각되지는 않을까 몹시 걱정하고 있어"라고 이웃사람에게 말하고 있는 것을 계속 보고 있는 것 같은 기분이 들 것이다.

대지를 덮고 있는 무한히 풍부한 보물 속에서 나는 나에게 무엇보다도 기분 좋은 것 그리고 가장 확실하게 나의 것으로 할 수 있는 것을 구할 것이다. 그러기에 여가와 자유를 사는 일에 내 재산을 처음 사용할 것이다. 거기다 돈으로 살 수 있는 것이라면 '건강도'라고 덧붙이고 싶다. 그러나 건강은 절제에 의해서만 얻어지는 것이며, 건강하지 않으면 인생의 참된 기쁨은 맛볼 수 없으므로 나는 관능적인 쾌락을 절제할 것이다.

나는 언제나 가능한 한 자연 가까이에서 자연으로부터 받고 있는 감각을 즐길 것이다. 자연이 들이는 노력이 많으면 많을수록 나는 보다 더 참된 즐거움을 맛볼 수 있다고 확신하기 때문이다. 모방의 대상을 택할 때에는 항상 자연을 본보기로 하자. 식욕을 느끼게 하는 것으로는 무엇보다도 자연의 것을 택하기로 하자. 미각에 대해서는 언제나 자연에게 물어보자. 요리로는 언제나 자연이 정성들여 준비해 준 것으로, 식탁에 늘어놓게 되기까지 가능한 한 남의 손을 빌리지 않아도 되는 것으로 구하자. 속임수로 섞은 것을 만들게 하지 않고, 스스로 즐거운 준비를 하기로 하자. 어리석고 거친 데다 식성 좋은 나는 요리사를 부유하게 만들어주지는 않을 것이다. 그는 독이 든 생선 요리를 비싼 값으로 나에게 팔아 넘기지 못할 것이다. 나의 식탁에는 훌륭한 오물이나 먼 나라에서 온 썩은 고기가 어수선하게 오를 리는 없을 것이다. 나는 스스로 부지런히 힘을 써서 관능을 만족시키기로 하겠다. 그렇게 하면 그 수고도 또 하나의 즐거움이 되고 거기서 기대되는 즐거움을 크게 하는 것이 되기도 한다.

이 세상 끝에 있는 진수성찬을 맛볼 생각이라면, 나는 그것을 가져오게 하기보다는 오히려 아피키우스처럼 그것을 구하러 이 세상 끝까지 가기로 하겠다. 아무리 맛있는 진수성찬이라도 그와 함께 가져올 수 없는 풍미, 어떤 요리사라도 맛을 낼 수 없는 풍미, 즉 그것을 산출한 지방의 공기가 반드시 빠져 있는 것이다.

같은 이유로 나는 자기가 사는 곳의 계절을 피해 다른 나라의 계절을 찾아 떠나는 사람들의 흉내는 내지 않을 것이다. 그런 사람들은 겨울에는 여름을 찾고 여름에는 겨울을 찾아, 이탈리아로 추운 생각을 하러 가고 북쪽으로 더운 생각을 하러 간다. 그들은 계절의 혹독함을 피하고 있다고 생각하지만, 그들이 찾아간 나라에서 자기들이 익숙하지 못한 새로운 혹독한 계절과 맞닥뜨린다는 것을 생각지 않는 것이다. 나는 아무 데도 가지 않고 그대로 가만히 있을 것이다. 또는 사람들과 완전히 반대되는 일을 하겠다. 어떤 계절에서 느낄 수 있는 온갖 유쾌한 것을 그 계절에서 찾아내고 싶으며, 어떤 풍토에 특유한 모든 것을 그 풍토에서 찾아내고 싶다. 나는 서로 비슷하지만, 양쪽이 다 자연에 적합한 갖가지 즐거움과 습관을 갖게 된다. 나는 여름은 나폴리에 가서 지내고 겨울은 페테르부르크에 가서 지내기로 하겠다. 어떤 때는 타렌토의 상쾌한 동굴에 몸을 비스듬히 눕히고 기분좋은 미풍을 호흡하며, 어떤 때는 번쩍이는 얼음 궁전에서 숨이 끊어질 때까지, 녹초가 될 때까지 춤을 추고 즐기는 것이다.

식사를 하거나 방을 장식하는 데에 있어서도, 나는 계절의 차이에 따라 아주 간소하게 하고 제철에 맞는 온갖 감미로운 것을 찾아 내기로 하고, 철이른 것을 미리 사용하는 일은 하고 싶지 않다. 그런 식으로 자연의 순서를 발견하는 것은, 즉 자연이 저주로 원망스럽게 내주는 본의 아닌 산물, 품질도 좋지 않으며 별 맛도 없는 것, 영양에 보탬도 안 되고 혀를 기쁘게 해주지도 않는 것을 자연으로부터 빼앗는다는 것은 어려운 일이며, 좋은 취미도 아니다. 제철이 아닌 농산물보다 더 맛없는 것은 없다. 파리의 어떤 부자는 보일러나 온실을 사용해 결국 맛없는 채소나 맛없는 과일을 일년 내내 식탁 위에 내놓는 일에 성공하고 있지만 그것은 많은 비용을 들여야 하는 일이다.

대지가 얼어붙었을 때 버찌가 손에 들어왔다 해도, 한겨울에 호박빛의 멜론이 있다 해도, 목을 적시는 일이나 식히는 일이 필요치도 않은데 어째서 기꺼이 그것을 맛볼 수 있겠는가. 더운 여름에 텁텁한 밤이 맛있게 느껴지겠는가. 난로가 필요 없게 되었을 때, 그렇게 애를 쓰지 않아도 나를 위해 지상에 놓여 있는 까치밥 열매나 딸기나 갈증을 해소해 주는 과일보다 밤이 먹고 싶다는 생각이 들겠는가. 아직 1월인데 벽난로 위에 촉성식물, 빛도 향기도 없는 꽃을 복잡하게 늘어놓는 것은 겨울을 장식하는 것이라기보다 오히려 봄의 장식을 빼앗는 것이다. 그것은 숲속으로 나가 제일 먼저 핀 제비꽃을 찾거나 제일 먼저 싹튼 나무싹을 발견하고 기쁨에 몸을 떨며 "인간들이여, 너희는 버림받지 않았다. 자연은 아직 살아 있다"라고 외치는 즐거움을 빼앗기는 일이다.

볼일을 충분히 보기 위해 대부분의 경우 나는 하인들을 두지 않기로 한다. 이는 앞서도 말한 일이지만 다시 한번 말해 두는 편이 좋을 것이다. 일반인은 단 한 사람의 하인으로부터, 공작이 그의 주위에 있는 10명의 신사로부터 받는 봉사보다 더 많은 정성이 담긴 봉사를 받고 있다. 내가 여러 차례 생각한 일이지만, 식탁에서 컵이 내 옆에 놓여 있으면 나는 마시고 싶을 때 곧 마실 수 있다. 그러나 큰 상을 받았을 때는 내가 갈증을 해소하기까지는 20명이나 되는 사람이 마시고 또 되풀이해야 하는 것이다. 무엇이나 남의 손을 빌려서 하는 일은 순탄히 되지 않는 법이다. 나는 남을 시켜 물건을 사러 보내지는 않을 것이다. 내가 직접 갈 것이다. 하인들이 나보다 먼저 상인과 거래하지 않도록 직접 가서 보다 더 확실한 것을 골라 더 싸게 사기로 하겠다. 직접 가면 상쾌한 운동이 되기도 하고, 집 밖에서 일어나는 일도 볼 수 있다. 그것은 기분 전환도 되고 때로는 많은 가르침을 주기도 한다. 나는 또 걷기 위해 나갈 것이다. 그것도 역시 좋은 일이다. 권태는 너무 집에만 있는 생활에서 생기기 마련이다. 자주 밖에 나가면 권태는 줄어들 것이다. 문지기나 하인은 좋지 않은 통역이다. 나는 언제나 그들을 세상의 다른 사람들과 나 사이에 두고 싶지 않으며, 마치 사람을 따라가기를 두려워하고 있는 것처럼 항상 마차에 흔들려 가고 싶지도 않다. 자기 다리를 쓰고 있는 사람의 마차는 언제나 준비되어 있다. 말이 지치거나 병들면 다른 사람보다 먼저 자기가 그것을 알 수 있다. 또 그런 구실 아래 마부가 유쾌하게 때를 보내고 싶다고 생각했을 때 반드시 집에 틀어박혀야 할 걱정도 없다. 길에서 여러 가지 장애물을 만나도 당황하는 일도 없으며, 달려가고 싶을 때 우두커니 멈출 수도 없다. 아무튼 우리 자신보다 우리 볼일을 잘 봐주는 자는 절대로 없으므로, 가령 알렉산드로스 이상으로 권력이 있고 크로이소스 이상으로 부유했다 하더라도 자기가 할 수 없는 일 외는 남에게 부탁하지 말아야 한다.

나는 궁전을 거처로 하지는 않겠다. 그런 궁전에 있어도 나는 한 개의 방에서만 살게 된다. 공동으로 쓰는 방은 모두 누구의 것도 아니며, 내 하인 개개인의 방은 이웃사람의 방과 마찬가지로 나에게는 남의 방인 것이다. 동양인은 대단히 쾌락를 즐기고 있음에도 불구하고 대부분 간소한 방에 살며, 간소한 가구를 놓고 산다. 그들은 인생을 나그네로 보고, 그들의 집을 숙소로 생각한다. 이런 도리도 영원히 살 작정으로 생활을 설계하는 우리 같은 부자에게는 그다지 감명을 주지 않는다. 그래도 나는 같은 결과를 가져오는 다른 이유를 발견할 것이다. 나에게는 한 군데 여러 가지 설비를 하고 산다는 것은 다른 모든 장소에서 자기를 추방하는 것, 이를테면 나의 궁전에 감금당하는 것이라고 생각할 것이다. 세계는 충분히 아름다운 궁전이다.

부자가 즐기려고 마음만 먹으면, 무엇이나 뜻대로 되지 않겠는가. '즐겁게 살 수 있는 곳이 곧 나의 나라', 이것이 그의 표어이다. 돈으로 무엇이나 할 수 있는 곳이 그의 거처, 금고를 가질 수 있는 곳은 어디나 그의 나라이다. 돈을 실은 노새가 들어갈 수 있는 모든 성시(城市)를 필리포스가 막은 것이나 마찬가지 일이다. 그런데 왜 성벽으로 둘러싸고 문을 닫고, 그곳에서 절대로 나가지 않는가. 전염병·전쟁·반란 때문에 어떤 장소에서 쫓겨난다면 나는 다른 곳으로 가면 되리라. 나는 그곳에서 다시 내 저택을 발견한다. 세계 어디를 가나 내가 묵을 집이 세워져 있는데, 왜 일부러 내가 그것을 만들겠는가. 오늘 겨우 발견할 수 있는 즐거움을 왜 서둘러 오래 전부터 준비하려 하는가. 계속 자기와 모순된 일을 하고 있으면 즐거운 삶을 누릴 수 없을 것이다. 그러므로 엠페도클레스도, 아그리겐툼 사람들이 마치 살 날이 하루밖에 남지 않은 것처럼 쾌락에 빠지하면서, 결코 죽지 않을 것처럼 무턱대고 집을 세우는 것을 비난했다.

거기다 또 그곳에 살게 할 사람은 얼마 없으며, 그곳에 들어갈 수 있는 것은 더군다나 없는데 그 넓은 거처가 나에게 무슨 쓸모가 있겠는가. 내 가구는 내 취향만큼이나 소박하다. 나는 화랑도 서재도 갖지 않을 것이다. 독서를 즐기고 있다면, 회화를 안다면 더욱 그러하다. 그렇다면 그런 종류의 수집은 결코 완벽한 것이 될 수 없으며, 뭔가 부족하다는 것은 아무것도 갖지 않는 것보다 더 괴로운 생각이 들게 한다는 것을 알고 있을 것이다. 그렇게 되면 풍부함이 빈곤을 느끼게 한다. 그것을 경험하지 못한 수집가는 한 사람도 없다. 수집에 대해 잘 알고 있는 사람은 수집 같은 것은 하지 않을 것이다. 자기를 위해 진열실을 이용할 줄 아는 사람은 타인에게 보일 진열실을 갖는 일은 거의 하지 않는다.

승부를 겨루는 일은 부자가 하는 놀이가 아니다. 그것은 아무것도 하는 일이 없는 인간의 위안거리이다. 그러나 나의 즐거움은 여러 가지 일을 나에게 시키게 될 것이므로 그런 쓸데없는 것을 하고 지내는 시간을 충분히 남겨두지는 않을 것이다. 나는 현재 고독하고 가난한 인간이므로 내기는 전혀 하지 않는다. 때로 장기를 두는 일은 있으나 그것도 쓸데없는 일이다. 만일 부자라면 나는 더욱 내기를 하지 않을 것이며, 한다 하더라도 아주 사소한 내기로 그칠 것이다. 불만스러운 사람의 얼굴을 보지 않는 것처럼 자기도 불만을 느끼지 않기 위해서이다. 부유한 사람의 경우에 내기에 대한 흥미는 동기가 없으므로 머리가 나쁜 사람은 결코 따로 광기어린 일을 하지 않는다. 부자가 내기로 벌게 되는 돈은 언제나 손해보는 돈보다 가볍게 느껴진다. 거기다 대부분의 경우 내기 노름의 이면은 결국 번 돈을 뱉어 내게 하는 것으로, 일반적으로 말해 그것은 벌기보다 손해를 보는 편이 많아지므로 잘 생각해 보면 모든 위험이 자기한테로 덮쳐 오는 놀이가 그렇게 좋아질 리는 없다. 운명의 혜택을 자랑하여 만족해하는 사람도 훨씬 자극적인 일에 그것을 구할 수 있으며, 사소한 내기라도 큰 내기에 있어서처럼 그런 혜택이 표시되지 말라는 법도 없는 것이다. 내기에 대한 취미는 탐욕과 지루함의 결과로, 공허한 정신과 공허한 마음에만 뿌리를 내린다. 나는 그런 보충을 필요로 하지 않을 정도의 감정과 지식을 갖고 있다고 생각한다. 사물을 생각하는 사람이 내기를 몹시 좋아한다는 것은 여간해서 보기 힘든 일이다. 그것은 생각하는 습관을 정지시키든가 어리석은 숫자 배합으로 향하게 한다. 그러기에 학문을 좋아함으로써 생기게 된 좋은 일 중 한 가지, 아마도 유일한 좋은 일은 이 품위 없는 도락을 어느 정도라도 그만 두게 하는 일이다. 사람들은 내기에 열중하기보다 그 효용의 증명을 시도하는 일을 좋아하게 될 것이다. 나는 내기를 좋아하는 사람들이 있는 곳에서 그것을 비난할 것이고, 그들의 돈을 거둬들이기보다 그들이 손해 보는 것을 보고 웃어주는 데 더 많은 기쁨을 느낄 것이다.

사생활에 있어서나 세상과의 접촉에 있어서나 나는 같을 것이다. 나는 재산이 풍족하므로 어디에서나 여유를 갖고 결코 신분의 차이를 느끼지 못할 것이다. 화려한 복장은 여러 가지 점에서 불편하다. 사람들 사이에서 가능한 한 자유롭게 있기 위해 나는 어떤 계급의 사람들 속에 있더라도 그들과 똑같이 보이도록, 또 어디에 있으나 차별되지 않도록 복장을 갖추고 싶다. 일부러 가장하지 않고 나 자신을 바꾸지 않더라도 술집에서는 민중이 되고 팔레 루아얄에서는 상류 인사가 될 수 있도록 하고 싶다. 그렇게 하면 더 자유로이 행동할 수 있어 여러 신분의 즐거움을 만끽할 수 있다. 소맷부리에 수를 놓아 입은 사람에게는 문을 닫고, 레이스를 단 사람만을 맞아들이는 여성이 있다고 한다. 그렇다면 나는 다른 곳에 가서 하루를 보내기로 하겠다. 다만 그들이 젊고 아름다운 여성이라면 때로는 레이스를 달고 밤만이라도 그런 여성이 있는 곳에서 보내게 될는지도 모른다.

나의 교우관계의 인연은 서로 간의 애정, 취미의 일치, 성격의 적응이라는 일뿐일 것이다. 나는 인간으로서 사람과 접촉하고 부자로서는 접촉하지 않을 것이다. 나는 교제의 매력이 이해 관계로 해독을 입게 된다면 도저히 견딜 수 없을 것이다. 부유한 인간이 되어도 나에게 어느 정도의 인간애가 남아 있다면 나는 먼 곳까지 도움의 손을 뻗쳐 선행을 베풀 것이다. 그러나 나는 나의 주위에 동료를 갖고 싶어하지만 궁궐을 갖고 싶어하지는 않을 것이다. 나는 나의 식탁에 줄짓는 사람들의 단골손님이 되지는 않을 것이다. 그 사람들을 접대하는 집주인이 되고 싶다. 독립과 평등은 나의 교제에 완전히 순수한 호의를 지속시킨다. 그리고 의무와 이해 관계를 전혀 생각할 수 없는 곳에서는 즐거움과 우정만이 지배하게 된다.

친구나 애인은 돈으로 살 수 있는 것은 아니다. 돈으로 여자를 손에 넣기란 쉬운 일이지만 이런 방법으로는 어떤 여자의 애인도 될 수 없을 것이다. 사랑은 파는 물건이 아니며 돈은 반드시 사랑을 잃게 한다. 누구보다 사랑스러운 남자였다 하더라도, 돈을 내는 남자는 돈을 냄으로써 오래 사랑을 받을 수 없게 된다. 그런 남자는 언젠가는 다른 사랑을 사기 위해 돈을 내게 된다. 더 정확히 말하면, 그 다른 사랑이 그에게 돈의 지불을 요구할 것이다. 그리고 이해관계와 색욕에 의해 맺어지고, 사랑도 정열도 없고, 참다운 쾌락도 없는 그런 삼각관계를 계속하고 있는 욕심많고 부실하고 비참한 여자는, 돈을 주는 어리석은 자를 그녀가 적당히 대하는 것과 마찬가지로 돈을 받는 비천한 남자로부터 적당한 취급을 받게 되므로, 결국 어떤 남자에게도 부담감을 느끼지 않는다. 사랑하는 자에게 아낌없이 바치는 것은 기분 좋은 일이지만 그것이 거래가 되어서는 안 된다. 사랑을 불순하게 하지 않고 애인에 대해 그런 기질을 만족시키는 방법을 나는 하나밖에 모른다. 그것은 애인에게 모든 것을 다 줘버리고 난 다음 그녀에게 부양받는 방법이다. 문제는 다만 그런 방법을 써도 불합리한 일이 되지 않는 그런 여성이 어디에 있는가 하는 것이다.

"나는 라이스와 즐겼으나 그녀는 나와 즐기지 않았다"고 말한 사람은 눈치 없는 말을 한 것이다. 상호적이 아닌 사랑의 즐거움에는 아무런 뜻도 없다. 그것은 기껏해야 성의 향락에 그칠 뿐이고 상대방을 자기 것으로 할 수는 없는 것이다. 그런데 사랑에 정신적인 것이 없다면 다른 것을 어떻게 그처럼 무게 있게 볼 수 있겠는가. 그것을 발견하기란 무엇보다 쉽다. 그렇다면 노새를 끄는 사람은 백만장자보다 더 행복에 다가서고 있는 것이다.

아아, 무분별한 부도덕을 멀리 추진해 갈 수 있게 된다면, 갖고 싶어하던 것이 입수될 때 당치도 않은 착오를 하고 있었다는 것을 알 수 있을 것이다. 순진무구한 자를 타락시키고 보호해 줘야 할 젊은 사람을 희생하여 그 첫발을 내디딜 때부터 죽음에 이르기까지 도저히 빠져나갈 수 없는 비참한 구렁텅이로 질질 끌고가는, 그런 야만적인 탐욕은 무엇 때문일까. 그것은 짐승과 같은 본능, 헛된 소망, 실없는 생각, 마음의 방황, 이런 것에 불과하다. 그 쾌락 자체도 자연에 입각한 쾌락은 아니다. 그것은 억견에 의한 쾌락, 더없이 천한 억견에 입각한 쾌락이다. 그것은 자기를 경멸하고 있는 일에 결부되어 있기 때문이다.

자기를 더없이 비참한 인간이라고 느끼고 있는 자는 누구이건 다른 인간과 비교되기를 두려워하고, 가장 좋은 인간으로 생각해 주기를 바라며, 그다지 싫은 인간은 아니라는 인식을 주려고 한다. 그런 가공적인 진미(珍味)에 누구보다 굶주리고 있는 자가 여성의 마음에 들 것 같은 바람직한 청년, 여러 가지 주문을 해도 무리가 가지 않는다고 생각될 만한 청년이었던 경험이 있는가 없는가를 생각해 봄이 좋을 것이다. 그런 일은 결코 없다. 남보다 뛰어난 용모·재능·감정을 갖고 있으면, 애인이 사랑의 경험이 있더라도 그다지 걱정하지 않는다. 정당한 자신을 갖고 이렇게 말해줄 수 있는 것이다. "너는 사랑의 즐거움을 알고 있다. 그게 어쨌다는 거냐. 나의 사랑은 네가 아직 맛보지 않은 즐거움을 너에게 약속하고 있다."

그런데 매력도 없고 동정심도 없고, 상대방을 생각하지도 않으며 겉모습이야 어찌 됐든 상관치 않는, 방탕에 몸을 함부로 굴린 늙은 호색한은 바람직한 사람이란 어떤 사람인가 잘 알고 있는 여성을 도저히 기쁘게 해줄 수 없고 그럴 자격도 없는데, 아직 아무것도 모르는 젊은 여성을 상대로 경험을 내세워 그녀의 관능에 최초의 자극을 주며, 그로 인해 자기에게 결여된 것을 모두 보충하려 한다. 그의 마지막 희망은 미지의 매력으로 상대방을 기쁘게 해주는 일이다. 이것이 분명히 그런 들뜬 마음의 숨은 동기다. 그러나 그는 잘못 생각하고 있는 것이다. 그가 주는 혐오감은 그가 자극하려는 욕망과 마찬가지로 자연의 것이다. 그는 또 그 어리석은 기대에 있어서도 잘못 생각하고 있는 것이다. 그같은 자연은 어디까지나 그 권리를 주장하려고 배려하고 있는 것이다. 즉 몸을 파는 여자는 이미 몸을 맡기고 있는 것이다. 더구나 좋아하는 남자에게 몸을 맡기고 있기 때문에 그녀는 그가 두려워하고 있는 비교를 하는 것이다. 그러므로 그는 가공적인 즐거움을 사고 있다. 게다가 상대방에게 혐오감을 주고 있는 것이다.

나는 어떤가 하면, 부자가 되어 인간이 변했다 하더라도 한 가지 점에서만은 절대로 변하지 않을 것이다. 좋은 습관이나 미덕을 모조리 잃었다 하더라도 하여간 뭔가의 취미·감각·섬세함이 나에게는 남아 있을 것이다. 그것이 나를 보호해 주어, 속임수에 당해 요령 없는 일을 쫓아다니다 재산을 탕진해 버리거나, 어린애 같은 자에게 배신당하고 조소를 받아가며 지갑을 털리거나, 수명이 줄어들게 하지 않을 것이다. 젊다면 나는 청춘의 쾌락을 구할 것이다. 그러나 관능의 기쁨을 완전히 즐기기를 원하면서도 부자로서 그것을 구하거나 하지는 않을 것이다. 현재의 나로서 머물고 있다면 일은 또 달라질 것이다. 나는 조심스럽게 내 나이에 맞는 쾌락만을 구하겠다. 내가 즐길 수 있는 것을 취미로 하여, 이제는 나를 괴롭게 할 취미는 없애 버리기로 하겠다. 희끗희끗한 수염을 젊은 여자의 볼에 가까이 대고, 경멸당하고 조소받는 일은 하지 않겠다.

　나의 애무가 그녀들을 구역질나게 하는 것을 보거나, 나의 욕을 하여 아주 우스운 이야기를 할 수 있는 재료를 그녀들에게 제공하거나, 늙어빠진 원숭이의 비천한 쾌락을 참은 분풀이로 그것을 남에게 들려주는 그녀들의 모습을 상상하는 일을 나는 도저히 참을 수 없다. 가령 습관을 억제할 수 없기 때문에 옛 욕망이 필요해졌다면, 나는 아마 그것을 만족시키지 않을 것이다. 그것을 부끄럽게 생각하고, 그런 나를 생각하여 얼굴을 붉힐 것이다. 나는 그 필요성에서 정열을 멀리하고 가능한 한 걸맞는 상대를 골라 그것으로 만족할 것이다. 나는 이미 자기의 약함에 사로잡혀 있지는 않을 것이고 특히 그 일에 대해서는 한 사람의 증인만 지녔으면 한다. 그런 즐거움이 없어져도 인생에는 다른 즐거움도 있다. 도망가는 것을 쫓아본들 헛일이며, 그런 짓을 하다보면 우리에게 아직 남아 있는 것마저 없어져 버린다. 나이와 함께 취미를 바꿔보기로 하자. 계절과 마찬가지로 나이도 어긋나지 않도록 하자. 언제나 있는 그대로의 자기로 있어야 한다. 그리고 자연을 거역하는 일을 해서는 안 된다. 그런 헛수고는 수명을 줄어들게 하고 우리가 인생을 값지게 보내는 데도 지장을 준다.

　민중은 거의 지루해하지 않고 그 생활은 활동적이다. 그들에게 오락거리는 다양하지 않으며, 그것을 자주 즐기지도 못한다. 장기간에 걸친 하루하루의 노고는 2, 3일간의 축제를 더없이 기쁜 것으로 느끼게 해준다. 긴 노동과 짧은 휴식의 교대는 민중의 즐거움에 풍미를 첨가하는 것이 된다. 부자에게 큰 재앙이 되는 것, 그것은 권태다. 비용을 들여 긁어모은 여러 가지 즐거운 일에 파묻히면서도, 다투어 그들의 비위를 맞추려고 하는 수많은 하인들에게 둘러싸여 있으면서도, 권태가 그들을 소모시키고 싫증나게 한다. 그들은 권태를 벗어나려고 하면서도 거기 얽매여 매일을 보내고 있다. 그들은 그 참기 힘든 무게에 억압되어 있는 것이다. 특히 부인들은, 지금은 일하는 법이나 노는 법도 모르므로 침울한 권태감에 골치를 앓고 있다. 권태는 부인들에게 때로는 이성을 잃고 마침내는 목숨을 잃게 하는 무서운 병으로 변한다. 나는 파리의 아름다운 부인의 경우보다 더 끔찍한 운명을 알지 못한다. 그런 부인 옆에 달라붙어 있는 젊고 싹싹한 남자의 운명을 제외한다면 그러하다. 그런 남자는 마찬가지로 하릴없는 여자처럼 변하여, 이중의 뜻으로 본래의 상태에서 멀어지고 운이 좋은 남자라는 하찮은 생각에 의존하여, 인간이라는 생물이 아직 보낸 적이 없는 더없이 비참한 나날의 괴로움을 견디고 있는 것이다.

사치와 겉보기가 좋은 데서 생기는 예법·유행·관습은 더없이 음산한 단조로움 속에 생활의 흐름을 가둬 버린다. 남에게 보이려는 즐거움은 공허한 것이다. 그것은 타인에게나 자기에게나 즐거움이 되지는 않는다.*65 억견이 무엇보다 두려워하고 있는 웃음거리는 언제나 억견 옆에 도사리고 있어 그것을 괴롭히거나 벌을 주거나 한다. 틀에 박힌 일을 하지 않으면 사람은 결코 웃음거리가 되지 않는다. 오늘 자기 상황이나 즐거움을 이리저리 바꿀 줄 아는 사람은 어제 인상을 지워버린다. 그런 사람은 사람들의 정신 속에는 존재하지 않는 것이나 마찬가지다. 그러나 그는 즐기고 있는 것이다. 언제나 온갖 일에 대해 자기의 전부를 투입하고 있기 때문이다. 언제까지나 변하지 않는 나의 단 하나의 모습은 그런 모습일 것이다. 각 상황에서 나는 다른 상황의 일은 전혀 생각하지 않을 것이다. 또 하루하루를 전날이나 다음날과 관계 없는 것으로 하고, 있는 그대로 받아들일 것이다. 민중에 섞여 있을 때는 한 사람의 민중이듯이, 나는 시골에 있으면 시골 사람이 되어 농업이야기를 해도 농민의 웃음거리가 되지는 않을 것이다. 나는 전원을 찾아가 자기 도시를 건설하거나, 지방의 벽촌으로 가 나의 방 앞에 튤립 정원을 만들지는 않을 것이다. 어딘가 산뜻한 나무 그늘이 있는 기분 좋은 언덕 중턱에 시골집 같은 작은 집을 구하기로 하자. 녹색 덧문이 달린 흰 벽의 집을. 그리고 짚으로 이은 지붕은 어떤 계절에나 가장 좋은 것이지만, 나는 오히려 호기롭게 음침한 슬레이트가 아닌 기와지붕으로 하고 싶다. 기와는 짚보다 보기에도 깨끗하고 밝은 느낌을 주며, 우리 나라(스위스)에서는 기와지붕 말고는 없으므로 그것은 나에게 청춘의 행복한 시

---

*65 사교계의 두 부인은 대단히 즐거운 체하기 위해 아침 5시가 되어야 자기로 했다. 몹시 추운 겨울 동안 그 하인들은 한길에서 주인을 기다리며 밤을 지새는 데 얼어붙어 버리지 않도록 하기 위해서는 어떻게 하면 좋을까 하고 난처해했다. 어느 날 밤, 옳게 말하면 어느 날 아침 하인은 매우 즐겁게 지내고 있는 그 두 부인이 시각에 마음을 쓰는 일도 없이 시간을 보내고 있을 방으로 들어간다. 하인은 그녀들이 정확히 단둘이서 각기 자기의 팔걸이 의자에 몸을 파묻고 잠들어 있는 것을 발견한다(원주).

절을 얼마쯤 생각나게 해주기 때문이기도 하다. 안뜰은 가축을 기르는 장소로 한다. 마구간이 아니라 외양간을 짓고 내가 가장 좋아하는 유제품을 만들기 위해 암소를 기른다. 정원은 채소밭으로 만들고 집 주위는 기분좋은 과수원, 나중에 말할 과수원과 똑같은 것으로 한다. 과일은 산책 오는 사람들이 마음대로 따먹을 수 있게 하고 수를 헤아리거나 거둬들이게 하지 않는다. 거기다 나의 인색한 호기로움은 만질 수도 없는 무시무시한 나무 기둥을 사람들 앞에 세우거나 하지는 않을 것이다. 그러나 이런 사소한 사치에는 그다지 돈이 들지도 않을 것이다. 나는 어딘가 먼 지방에, 돈은 그리 많지 않으나 물품은 많이 있고 풍부와 빈곤이 지배하고 있는 지방에 안주할 땅을 택하게 될 테니까 말이다.

그곳에 나는 많지 않더라도 선택한 친구들을 모여들게 한다. 친구들은 쾌락을 사랑하고 쾌락을 잘 알고 있는 사람들이며, 부인들은 소파에서 빠져나와 전원놀이에 가담하고, 때로는 베틀이나 종이 대신, 낚싯대나 끈끈이장대, 건초를 긁는 갈퀴, 포도를 따 넣는 바구니를 들 수 있는 그런 사람들이다. 도회지의 풍속은 다 잊고 시골 마을에 와서 마을 사람이 된 우리는 그곳에서 여러 가지 즐거운 일에 몸을 맡기고, 매일 밤 내일은 무엇을 할까 망설이게 될 뿐이다.

운동과 활동적인 생활로 우리는 새로운 위장과 미각을 갖게 된다. 우리의 식사는 거의 연회가 되고 섬세한 맛보다 풍부한 음식이 더 우리를 기쁘게 해준다. 유쾌한 기분, 시골 일, 천진난만한 놀이, 이것은 세상에서 가장 뛰어난 요리사이다. 그러므로 아무리 맛있는 요리도 해가 뜨면서부터 계속 움직이는 사람들에게는 아주 형편없는 것이다. 식탁에는 우아한 것은 볼 수 없고 식사를 하는데도 순서가 없다. 식당은 가는 곳마다 다 있다. 뜰이나 배 위도 좋고 나무 밑도 좋다. 때로는 먼 곳의 맑은 샘물가, 녹음이 짓든 산뜻한 풀밭 위, 우거진 오리나무 밑에 있다. 긴 열을 지어 즐거워보이는 회식자들은 노래를 부르며 연회에 필요한 것을 운반해 간다. 잔디가 식탁이나 의자가 된다. 샘물가는 식기대가 되고, 디저트는 나무에 매달려 있다. 요리는 순서에 개의치 않고 식탁에 놓인다. 식욕은 사양없이 왕성해진다. 모두가 예의도 없이 남보다 먼저 자기 것을 집고, 다른 자도 마찬가지로 남이야 어찌되었든 자기 것을 집어도 별로 언짢은 얼굴을 하지 않는다. 그러한 스스러움 없고 특히 절도 있는 친근감에서 거친 일이나 거짓됨이나 사양함을 수반하지 않는 명랑한 다툼이, 품위 있는 예절보다 훨씬 매력이 있고 보다 더 마음을 연결시키게 되는 다툼이 된다.

우리 이야기에 귀를 기울이거나 작은 소리로 우리 태도를 비판하거나, 욕심스런 눈초리로 우리가 입에 넣는 것을 헤아리거나, 우리에게 음료수를 기다리게 하여 재미있어 하거나, 식사가 늦게 끝난다고 투털대는 말썽많은 급사는 한 사람도 없다. 우리는 주인으로 있을 수 있도록 우리 자신의 심부름꾼이 되고 모두가 모두의 시중을 든다. 시간에 신경을 쓸 필요도 없으며, 시간은 흘러간다. 식사는 휴식이 되고 해가 기울 때까지 계속된다. 괭이를 메고 일터로 나가는 어느 농부가 우리 곁을 지나치면 나는 뭐라고 친절한 말을 하며 서너 잔의 맛있는 포도주로 그의 마음을 즐겁게 해준다. 그것은 그에게 가장 명랑한 기분으로 가난한 생활을 견디게 하는 힘을 주게 된다. 그리고 나도 얼마쯤 연민의 정에 마음이 동하는 자신을 느끼고 마음속으로 '나는 아직 인간적이야' 중얼대며 기분 좋아한다.

뭔가 시골다운 축제가 있어 그 고장 사람들이 모일 때는 나는 동료를 데리고 가장 먼저 찾아간다. 도시의 혼례식보다 더 많은 축복을 하늘에서 받는 누군가의 혼례식이 내가 있는 근처에서 이루어진다면, 내가 기쁜 일을 좋아한다는 것은 모두가 알고 있으므로 나는 그곳에 초대된다. 나는 그 선량한 사람들에게 그 사람들처럼 검소한 선물을 뭔가 가지고 가는데, 그것은 기쁨을 보다 더 크게 해준다. 그리고 나는 그 대신 헤아릴 수 없이 값어치가 있는 좋은 것, 나와 같은 자는 거의 알지 못하는 좋은 것, 하나가 된 마음과 진짜 즐거움을 발견한다. 나는 그 집 긴 식탁 끝에 앉아서 유쾌한 기분으로 저녁밥을 먹는다. 거기서 나는 낡은 옛 노래를 몇 차례 합창하고 그 집 헛간에서 오페라극장의 무도회에 나갔을 때보다 기쁜 마음으로 춤출 것이다.

사람들은 나에게 말할지도 모른다. "지금까지 한 말은 좋은 일뿐이다. 그러나 사냥은? 시골에서 사냥을 하지 않는다면 시골에 있다고 말할 수 있을까?" 과연 나는 농지에 대한 생각만 하고 있었다. 그것은 잘못이었다. 나는 스스로를 부호라고 가정하고 있다. 그러므로 나에게는 배타적인 즐거움, 파괴적인 즐거움이 필요한 것이다. 그러므로 이번에는 사정이 완전히 달라진다. 나에게는 넓은 토지, 숲, 감시인, 부과금, 영주의 명예, 그리고 무엇보다 향과 성수가 필요한 것이다.

좋은 이야기다. 그러나 그 토지 옆에서는 자기 권리만 소중히 하면서 타인의 권리를 침해하려는 자들이 있을 것이다. 관리인은 물론, 틀림없이 주인들도 서로 다투게 될 것이다. 그러므로 입씨름·싸움·증오가 소송 사건을 일으킨다. 이것만으로도 그다지 유쾌한 일은 아니다. 우리 영지 안의 주민은 그들의 보리밭이 나의 토끼에게 짓밟히고, 그들의 누에콩을 나의 산돼지가 짓이기는 것을 보고 기뻐하지는 않을 것이다. 사람들은 그들의 노동을 헛되게 하는 적을 죽일 수는 없으므로 하여간 밭에서 쫓아내려고 한다. 하루 종일 밭을 간 다음 그들은 밤새도록 밭을 지켜야만 한다. 그들은 개·북·나팔·방울을 사용할 것이다. 그런 소란으로 그들은 우리의 잠을 방해하게 된다. 나는 본의 아니게 그 불쌍한 사람들의 불행을 생각하게 되며, 스스로를 책망할 것이다. 영광스럽게도 내가 군주였다면, 그런 일은 모두 나의 마음을 움직이지 못할 것이다. 그러나 최근에서야 출세한 자, 부자가 된 지 얼마 안 되는 나는 아직 어느 정도 서민의 마음을 갖고 있을 것이다.

그뿐이 아니다. 풍부한 수확물은 사냥꾼에게 유혹을 느끼게 할 것이다. 마침내 나는 밀렵꾼을 벌해야 할 것이다. 감옥·간수·보초·도형장이 필요해진다. 그런 것은 모두 나에게는 아주 잔인하게 보인다. 그 불행한 사람들의 아내들이 찾아와 나의 집 문을 둘러싸고 울고 불며 나를 난처하게 할 것이다. 그녀들을 쫓아버리든가 혼을 내줘야 할 것이다. 밀렵을 하지 않은 사람들, 내가 사냥한 짐승 때문에 농산물을 망치게 된 불쌍한 사람들도 찾아와 한탄할 것이다. 어떤 자는 짐승을 죽였기 때문에 벌을 받고 다른 자는 짐승을 죽이지 않았기 때문에 파멸한다. 얼마나 힘든 선택이며, 어느 쪽을 보나 비참한 일만 보이고 한탄하는 소리만 들린다. 이래서야 많은 자고새나 토끼를 마음대로 발로 짓밟아 죽이는 즐거움도 아마 없어져 버릴 것이다.

즐거움을 그에 따르는 괴로움에서 해방시키고 싶으면, 그 즐거움을 혼자 차지하지 말아야 할 것이다. 즐거움은 사람들이 함께 즐길 수 있게 할수록 언제나 더 순수하게 즐기게 된다. 그러므로 나는 앞서 말한 것과 같은 일은 일체 하지 않을 작정이다. 그러나 취미는 바꾸지 않고 그다지 싫어하지 않으리라 생각되는 방법을 고르기로 한다.

나는 시골의 거처를 모든 사람에게 사냥이 허락된 지방, 따라서 나도 불편 없이 사냥을 즐길 수 있는 지방으로 정하기로 해야겠다. 짐승은 적을 것이다. 그러나 짐승을 찾을 때의 보다 뛰어난 기량, 그것을 죽였을 때의 보다 큰 기쁨을 얻게 된다. 우리 아버지가 처음 자고새가 나는 것을 보았을 때 느낀 심장의 고동, 하루 종일 찾아 헤매던 토끼를 발견했을 때의 기쁜 흥분을 나는 단언한다. 아버지가 혼자서 개를 데리고 총과 사냥 주머니와 화약 상자와 작은 짐승들을 잡아 가지고 저녁 무렵 가시에 찔려 지쳐 돌아오셨던 일을 기억한다. 하지만 아버지는, 스무 자루의 총을 장전하고 좋은 말 위에 타고서는 기술도 명예도 없이 사냥감을 향해 차례대로 발사하여 죽일 뿐인 일반 사냥꾼보다도 훨씬 더 그날 하루에 만족하고 있었다.

사냥하지 못하도록 지켜야 할 땅도 없고, 벌을 주어야 할 밀렵꾼도 없으며, 고통을 주어야 할 가난한 사람도 없다고 해서 즐거움이 덜한 것은 아니다. 오히려 불편한 일은 다 없어진다. 이것이 나의 선택에 대한 움직일 수 없는 한 가지 이유가 된다. 어떤 방법을 취하든 한 없이 사람을 괴롭히기만 한다면, 자기도 역시 뭔가 싫은 생각을 하지 않을 수 없으며 오랫동안 계속되는 백성의 저주는 언젠가는 수확물을 씁쓸한 것으로 하고 만다.

다시 한번 말하지만 배타적인 즐거움은 즐거움을 죽인다. 참된 즐거움은 민중과 함께 나누는 즐거움이다. 자기 혼자서 즐기고자 하는 것은 즐거움이 될 수 없다. 나의 정원 둘레를 담으로 쌓아올려 그곳을 꽉 막힌 음산한 장소로 만든다면 나는 많은 비용을 들여 산책의 즐거움을 스스로 빼앗아 버린 데 불과하다. 나는 산책 장소를 찾아 먼 곳까지 가야만 한다. 소유권이라는 악마는 그것이 접하는 일체의 것을 해롭게 한다. 부자는 곳곳에서 주인이 되고 싶다고 생각하면서 주인이 없는 곳에서만 좋은 기분으로 있을 수 있다. 그는 언제나 자기를 피해야만 한다. 나는 부자가 되어도 가난했을 때와 다름없이 할 것이다. 지금은 나의 힘만으로 된 재산가가 아니라 남의 재산에 의지해서 재산가가 된 나는 이웃에 있는 것 가운데 마음에 드는 것은 모두 내 것으로 만들 것이다. 나보다 더 철저한 정복자는 없을 것이다. 왕의 것이라도 빼앗아 버린다. 둘레를 막아 놓지 않으면 내 마음에 드는 땅은 어디가 되건 관여할 것 없이 다 손아귀에 넣어 버린다. 그 땅에 나는 이름을 붙인다. 어떤 곳은 나의 정원으로 하고 어떤 곳은 작은 동산으로 하여 그것을 내 것으로 해버린다. 그렇게 해 놓고 사람들로부터 책망을 듣는 일도 없이 그곳을 돌아다닌다. 자주 찾아와 소유권을 확보한다. 돌아다녀 마음껏 지면을 닳게 한다. 내가 내것으로 한 땅의 정식 소유자는 내가 그 땅에서 얻고 있는 효용보다 더 많은 효용을 그가 가져오는 돈에서 얻고 있다고 한들 나는 절대로 납득하지 않을 것이다. 담을 쌓고 울타리를 둘러 나쁜 인상을 주려 해도 나는 그다지 신경을 쓰지 않을 것이다. 나는 나의 정원을 어깨에 메고 어딘가 다른 곳으로 갖고 간다. 그 근처에 적당한 장소가 없는 것도 아니고 내가 편히 있을 수 있는 곳이 없어지기까지는 충분히 오랫동안 이웃사람들의 땅을 짓밟아 줄 수 있을 것이다.

이것으로 여가 시간을 즐겁게 지내려면 무엇을 하면 좋은가에 대해 참된 취미란 어떤 것인가를 어느 정도 나타냈다고 본다. 어떤 정신으로 즐겨야 할 것인가를 이제는 알았을 것이다. 다른 일은 모두 착각·환영·어리석은 허영심에 불과하다. 이런 규칙을 멀리하는 자는 아무리 부자라도 그 돈을 하찮은 일에 탕진하여 결코 인생의 가치를 알 수 없을 것이다.

아마 사람들은 나에게 항의하여 그런 즐거움은 모든 사람이 손에 넣을 수 있는 것이며 그런 즐거움을 맛보기 위해서 부자가 될 필요는 없다고 말할 것이다. 나는 바로 그 말을 하고 싶었다.

즐거움은 즐길 생각만 한다면 맛볼 수 있는 것이다. 억견만이 모든 것을 어렵게 하여, 행복을 앞으로 몰아세우고 있다. 그리고 행복해지는 것은 행복한 것처럼 과시하는 일보다 훨씬 쉬운 일이다. 취미가 있는 사람, 정말 쾌락을 사랑하는 사람에게는 재산 같은 것은 아무짝에도 쓸모가 없다. 자유롭고 자기를 지배할 수 있으면 그것으로 충분하다. 건강한 몸을 지니고 생활에 필요한 것에 부족함이 없는 사람이면, 자기 마음에서 억견에 묶인 행복을 제거해 버리면 충분히 풍요한 인간이 될 수 있다. 그것이 호라티우스의 '황금의 중용'이다. 금고를 갖고 있는 사람이여. 그러니 당신들의 부를 다른 곳에 쓰도록 배려하라. 즐거움에 부는 아무 소용도 없다. 에밀은 이런 모든 것을 나보다 잘 알게 되지는 못할 것이다. 그러나 나보다 순수하고 건강한 마음을 갖고 있는 그는 그 일을 훨씬 잘 느끼고 있을 것이고, 그가 세상에서 관찰하는 일은 모두 그것을 확인해 주기만 할 것이다.[66]

---

[66] 이본—이하 다음의 문장이 들어간다. '이런 방법으로 그의 취미를 기르는 것은 저서에 의하는 방법 대신으로는 충분하다. 호라티우스나 쉬에르도 그 이상의 것은 가르쳐 주지 않을 것이다. 다만 문제는 다시 한번 말해 두지만 이 경우 교훈이 막연히 무의미한 것인지 아니면 그에 대해 적절한 것인지 그것을 조사할 일이다.'—쉬에르(1639~1720)는 당시 높이 평가되었던 프랑스의 시인.

이렇게 시간을 보내면서 우리는 계속 소피를 찾고 있으나 소피는 눈에 띄지 않는다. 그렇게 눈에 띄지 못하게 할 필요성이 있었던 것이다. 그러므로 우리는 소피가 없다는 것을 확실히 알고 있는 곳에서 그녀를 찾고 있었던 것이다.*67

그러나 이제 때는 다가왔다. 이제야말로 진지하게 소피를 찾아야 할 때다. 아니면 에밀은, 소피 같은 자를 찾아내어 그것을 진짜 소피인 줄 알 것이며 잘못을 알아차렸을 때는 이미 때가 늦게 될 우려도 있다. 그럼 파리여, 잘 있으라. 이 고명한 도시, 소음의 도시, 덧없는 연기의 도시, 진흙투성이의 도시에선 여자의 정조라는 것을, 남자도 미덕이라는 것을 참되게 생각하지 않는다. 잘 있으라, 파리여. 우리는 사랑과 행복, 그리고 부정을 모르는 마음을 찾고 있다. 그러므로 너로부터 아무리 멀리 떨어져도 이것으로 되었다고는 할 수 없을 것이다.

---

*67 '누가 덕이 있는 아내를 찾아낼 것인가. 그는 먼 곳에 있다. 세계의 끝에서 오는 그 아내는 높이 평가될 것이다.'(구약 《잠언》 제31장 제10절)(원주).

제5부

에밀 소피와 결혼—20세에서 결혼까지

우리는 청춘 시대의 마지막 장면에 이르렀다. 그러나 아직 막을 내리는 단계에 이른 것은 아니다. 어른이 독신으로 있는 것은 좋지 않다. 에밀은 벌써 어른이다. 우리는 그에게 아내를 약속했다. 그가 아내를 맞게 해주어야 한다. 그의 아내는 소피이다. 소피는 어디에 살고 있을까. 어디에 가면 소피를 만날 수 있을까. 그녀를 찾아내기 위해서는 그녀를 알아야 한다. 그녀는 어떤 사람일까. 우선 그것을 알기로 하자. 그러면 그녀가 살고 있는 곳을 조금 더 잘 알 수 있을 것이다. 또한 그녀를 찾았다고 해서 그것으로 모든 것이 다 된 것은 아니다.

로크는 말하고 있다. "우리의 귀공자는 이제야말로 결혼하려고 한다. 그러니 우리는 그를 그의 애인 곁에 남겨 놓고 가는 게 좋겠다." 여기서 로크는 붓을 놓고 있다. 나는 어떤가 하면, 귀공자를 교육할 영광은 갖지 못했지만 그런 일에 있어서도 로크를 본받지는 않을 것이다.

소피—여성에 관하여

에밀이 남자이듯이 소피는 여자라야만 한다. 즉, 그 종(種)과 성(性)의 구조에 어울리는 모든 것을 가지고 있으며 자연과 도덕의 질서 안에 그 지위를 차지하고 있어야만 한다. 여기서 우선 여성과 남성의 일치점과 차이점을 알아 보기로 하자.

성과 관계없는 모든 점에 있어서 여자와 남자는 똑같다. 같은 기관, 같은 필요, 같은 능력을 가지고 있다. 기계는 같은 방식으로 조립되었고 부품도 같으며, 한쪽의 움직이는 방식이 또 한쪽의 움직이는 방식과 똑같고 모양도 같은 것이다. 그리고 다른 관련을 지어 생각해 보아도 여자와 남자 사이에는 약간의 차이가 있을 뿐이다.

성과 관계있는 모든 점에서 여자와 남자는 어디를 보나 관련이 있고 어디를 보나 차이가 있다. 둘을 비교할 때 어려운 점은 서로의 구조면에서 성에 속하는 것과 그렇지 않은 것을 결정짓기가 어렵다는 점이다. 비교 해부학에 의하면, 아니 단순한 관찰에 의하면 둘 사이에 성과 관계없는 것처럼 보이는 일반적인 차이점을 찾아 볼 수 있다. 실은 그것은 성과 관계가 있지만 그 관계를 우리는 인정하지 못하는 것이다. 그 관계가 어디까지 퍼져 있는지 우리로서는 알 수 없는 것이다. 우리가 확실히 알고 있는 단 한 가지 사실은 서로에게 공통적인 것은 모두 종에 속해 있다는 사실, 다른 것은 모두가 성에 속해 있다는 사실이다. 이 이중의 관점에서 우리는 둘 사이에 참으로 많은 유사와 대립을 찾아볼 수 있는데, 두 존재가 완전히 다른 방식으로 조립되었으면서도 매우 닮은 것으로 만들어질 수 있었다는 사실은 자연의 경이 중 하나라고 할 수 있다.

그러한 유사와 상위는 당연히 도덕적인 일에 영향을 끼친다. 이것은 명백한 사실이어서 경험과 일치하며, 남녀의 우열과 평등에 대한 논의의 헛됨을 증명하기도 한다. 각각의 성은 서로 다른 사명을 따라 자연의 목적을 향해 나가는데, 그렇다면 둘이 서로 더욱 닮았을 경우보다 완전하지 못하다는 것일까. 공통으로 가지고 있는 점으로 본다면 둘은 평등하다. 다른 점으로 생각해 보면 둘은 비교할 수가 없다. 완전한 여성과 완전한 남성과는 용모가 그렇듯이 정신도 닮아 있을 리 없고, 완전성에도 정도의 차이라는 것이 있을 수 없다.

성의 교류에 있어서는 어느 성이건 마찬가지로 공동의 목적에 협력하고 있지만 같은 방식에 의해서가 아니다. 서로 다른 방식으로부터 양성의 도덕적인 관계에서 최초의 뚜렷한 차이점이 생긴다. 한쪽은 능동적이고 강하며 다른 한쪽은 수동적이고 약해야만 한다. 필연적으로 한쪽을 원하고 힘을 가지고 있어야만 한다. 다른 한쪽은 그다지 완강하게 저항하지 않으면 그것으로 족하다.

이러한 원칙이 확인되었다면 여성은 특히 남성의 마음에 들기 위해 태어났다고 할 수 있다. 남성도 역시 여성의 마음에 들어야 한다 해도 이것은 그다지 직접적으로 필요한 것은 아니다. 남성의 값어치는 그 힘에 있다. 남성은 강하다는 것만으로 충분히 여성의 마음에 들게 되어 있다. 이것이 연애 법칙이 아니라는 사실을 나도 인정한다. 그러나 이것은 자연의 법칙이며 연애 그 자체조차도 앞지르는 것이다.

여성은 남성의 마음에 들기 위해, 또는 정복당하기 위해 태어난 것이라면 남성에게 도전하는 따위의 짓은 하지 말고 남성이 기분좋게 여기는 자가 되어야 한다. 여성의 힘은 그 매력에 있다. 그 매력에 의해서만 여성은 남성에게 작용하여 그 힘을 불러일으키고, 그것을 사용할 수 있게 된다. 남성의 힘을 불러일으키는 가장 확실한 기교는 저항함으로써 힘의 필요성을 느끼게 하는 일이다. 그렇게 되면 욕망에 자존심이 결부되어 남자는 여자가 거머쥐게 해주는 승리를 자랑한다. 그러한 것으로부터 공격과 방어, 남성의 대담성과 여성의 겁, 그리고 강자를 정복하도록 자연이 약자에게 부여한 무기인 조심성과 부끄러움이 생겨난다.

자연은 양성에게 모두 똑같이 상대방에게 구애하도록 만들었다. 그래서 먼저 욕망을 품은 자가 먼저 뚜렷하게 의사표시를 하도록 되어 있다고 누가 생각할 것인가. 그것은 얼마나 기묘하고도 타락한 생각인가. 그런 의도가 남녀에게 대단히 다른 결과를 가져다 주는 데도 남녀가 모두 대담하게 그런 일에 몸을 맡기는 것은 당연한 일일까. 공동행위의 담당분야에는 매우 차이가 있으므로 자연이 남성에게는 절제를, 여성에게는 조심성을 명령하지 않았다면 마침내 양성은 모두 몸을 망치는 결과가 되리라는 사실, 그리고 인류는 자기를 유지하기 위한 수단으로 인해 틀림없이 멸망하리라는 사실을 누구나 알 수 있다. 여성은 쉽사리 남성의 관능을 뒤흔들어 놓을 수가 있고 남성의 마음속 저 밑바닥에서 거의 꺼져 가는 욕정의 남은 불길을 다시 일게 할 수도 있으므로, 이 땅 위의 어느 불행한 나라에 철학이 그런 풍조를 가져다 준다면, 특히 남자보다 여자가 많이 태어나는 열대 나라에서는 남성은 여성에게 시달리어 결국 희생물이 되고 모두 죽음의 경지에 몰리면서도 어떻게도 저항할 수 없게 되고 말 것이다.

동물의 암컷에서 그런 수줍음을 볼 수 없다 해도 어떤 결과가 된단 말인가. 동물의 암컷도 인간의 여성과 마찬가지로 그런 부끄러움이 브레이크가 되는 한없는 욕망을 가지고 있는 것일까. 동물의 암컷에게 욕망은 필요에 의해 생길 뿐이다. 필요가 충족되면 욕망은 사라져서 '암컷이 수컷을 밀어제치는 시늉을 하는 것이 아니고[1] 진정으로 그러는 것이다. 동물의 암컷은 아우구스투스의

---

[1] 이미 주의한 바와 같이 겉으로 보이기 위한 것이나 도발시키기 위한 거절은 거의 모든 여성에게 공통적인 것이다. 동물 사이에서도 볼 수 있는 일로 기꺼이 몸을 맡기려고 할 때에도 볼 수 있는 일이다. 그 부정자는 틀림없이 여성이 하는 방법을 관찰한 일이 전혀 없을 것이다(원주).

딸이 한 것과는 전혀 반대의 짓을 하는 것이다. 배에 짐이 많으면 그땐 승객을 받아들이지 않는다. 아직 자리가 비어 있다 해도 기꺼이 받아들이는 시기는 무척 짧아서 곧 지나가 버린다. 본능이 암컷을 자극하고, 암컷을 억제한다. 인간의 여성에게서 부끄러움을 없애 버렸다면 그런 소극적인 본능을 대신할 만한 것이 어디 있겠는가. 여자가 남자에게 관심을 갖지 않을 시기를 기다린다는 것은 남자가 이미 아무 쓸모도 없어질 때를 기다린다는 뜻이다.

지고하신 존재자는 모든 점에서 인류에게 명예를 부여하길 원했다. 인간에게 한없는 즐거움을 부여하면서도 동시에 그것을 규제하는 율법을 주어 인간이 자유인 것처럼 또한 자기를 지배할 수 있도록 만들었다. 인간을 교만한 정념에 맡기면서도 그 정념에 이성을 결부시킴으로써 그것을 지도하도록 만들었다. 여성을 무한정한 욕망에 맡기면서도 그 욕망에 부끄러움을 결부시켜 그것을 억제하도록 만들었다. 그 위에 인간의 능력을 올바르게 쓸 경우 현실적인 보상을, 즉 성실한 행위를 규칙으로 삼을 때 성실한 일에 대해 가지는 취미를 결부시켜 주었다. 이런 일들은 동물의 본능보다 월등하다고 생각한다.

그러므로 여성은 남성과 같은 욕망을 느끼고 있건 없건, 또 남성의 욕망을 채워 주고 싶다고 생각하건 안 하건 반드시 남성을 밀어제치고 거절하게 되는데, 항상 같은 정도로 그렇게 하는 것이 아니며 따라서 늘 같은 결과로 끝난다고 할 수 없다. 공격하는 쪽이 승리를 얻기 위해서는 공격을 당하는 쪽이 그것을 허용하거나 명령해야 한다. 공격하는 자가 힘을 쓰지 않고서는 배기지 못하도록 하기 위해서 공격당하는 자가 얼마나 많은 기교를 부리는지, 모든 행위 속에서 더할 나위 없이 자유롭고 기분 좋은 그 행위는 진정한 폭력이라는 것을 허용하지 않는다. 자연과 도리는 그런 것에 대하여 반대하고 있다. 자연은 약자에게도 마음만 있으면 저항하기에 충분한 힘을 주고 있으며, 도리상으로 보아도 진정한 폭력은 모든 행위 속에서 가장 난폭한 행위일 뿐만 아니라 그 목적에 위배되는 것이다. 왜냐하면 그런 짓을 하면 남성은 자기의 반려가 되는 자에게도 전하는 결과가 되며, 상대방도 공격을 가해 오는 자의 생명을 희생시켜서라도 자기 몸과 자유를 지킬 권리를 갖게 되어, 여성만이 자기가 처해 있는 상태의 판정자이므로 모든 남자들이 아버지의 권리를 쟁취할 수 있다면 어린이에게는 아버지라는 존재가 없게 될 것이기 때문이다.

여기서 성의 구조에 기인하는 제3의 귀결을 끌어내게 된다. 그것은 강자가 겉으로 보기에는 지배자이지만 실제에 있어서 약자에게 의존하고 있다는 사실이다. 그리고 이런 일은 여성에게 은근한 사회의 실없는 관습에 의해서도 아니고, 보호자의 오만한 관대함에 의해서도 아니며, 변하지 않는 자연의 율법의 하나에 의해서이다. 자연이 여성에게는 욕망을 쉽게 자극하는 능력을 주었고, 남성에게는 그다지 쉽사리 욕망을 만족시키는 힘을 주지 않음으로써 남성은 부득이 여성의 기분에 의존해야 하고, 남성도 또한 여성의 마음에 들도록 함으로써 자기가 강자라는 것을 상대방이 승인하도록 노력하게 만들었다. 그 결과 승리를 얻었을 경우 남성에게 무엇보다도 기분좋게 느껴지는 것은 약자가 힘에 굴복했는지 아니면 자진하여 따랐는지 뚜렷이 구별하지 못하는 일이다. 그러므로 여성이 늘 쓰는 교묘한 수법은 자기와 상대방 사이에 그런 의문을 언제까지 남겨 두는 일이다. 이 점에 있어서 여성의 정신은 완전히 그 구조와 대응하고 있다. 자기의 약함을 부끄럽게 여기기는커녕 여성은 그것을 명예롭게 생각하는 것이다. 여성의 부드러운 근육에는 저항력이 없다. 여성은 아주 가벼운 짐조차도 들어올리지 못하는 체한다. 강한 인간으로 존재하는 것을 여성은 부끄럽게 여길 것이다. 어째서 그럴까. 그것은 가냘프게 보이기 위해서 뿐만 아니라 좀더 교묘한 마음씨를 가지고 있기 때문이다. 여성은 필요에 의해 약자가 되는 구실과 권리를 미리 획득하려는 것이다.

우리의 부도덕에 의해 획득된 지식의 진보에는 이 점에 관해 우리 사이에 있었던 낡은 견해를 완전히 바꾸어 버렸고, 폭력 행위 같은 것이 거의 필요없게 되면서부터, 또 남자들이 이미 그런 것을 신용하지 않게 되면서부터 난폭한 행위는 이미 거의 사람들 입에 오르내리지 않게 되어 버렸다.*2 그런데 먼 옛날의 그리스와 유대에서는 그런 일이 매우 흔히 있었다. 왜냐하면 그런 낡은 견해는 소박한 자연 상태에서 이루어지고 있었고 방종한 경험만이 그것을 전복할 수 있었기 때문이다. 오늘날 난폭한 행위에 관한 이야기를 듣는 일이 드물어졌다고 해서 이것은 반드시 남자들이 더욱 절도를 지키게 되었기 때문이 아니라 그들이 그다지 쉽사리 믿지 않게 되었기 때문이며, 또 옛날 같아서는 단순한 민중을 납득시킬 수 있었을지도 모를 불평도 오늘날에는 사랑을 희롱

---

*2 나이와 체력에 큰 차이가 있어 실제의 폭력 행위가 행해지는 경우는 있을지도 모른다. 그러나 여기서는 자연의 질서에 따라 남녀의 상대적인 상태를 논하는 것이므로 나는 그 상태를 구성하는 보통의 관련에서 고찰한다(원주).

하는 무리의 웃음거리가 될 뿐이기 때문이다. 잠자코 있는 것이 훨씬 나은 것이다.

《신명기》에 이런 율법이 있다. 일이 거리에서 벌어졌을 경우 욕을 본 처녀도 욕보인 자와 함께 처벌당한다. 그러나 일이 들판에서, 즉 인가에서 멀리 떨어진 곳에서 일어났을 경우 남자 쪽만 처벌당한다. '처녀는 소리쳤지만 아무도 그것을 들을 수 없었기 때문이다'라고 그 율법은 말하고 있다. 이 호의적인 해석은 사람의 왕래가 많은 곳에서 욕을 당하지 않도록 하라고 처녀들에게 가르치는 것이다.

이러한 의견의 차이가 습속에 미치는 작용은 현저하다. 근대사회의 여성에 대한 은근성은 여기에서 생겨났다. 남성은 자기의 쾌락이 지금까지 생각했던 것 이상으로 여성의 의사에 의존하고 있다는 사실을 알고는 여성의 환심을 삼으로써 그 의사를 사로잡았고, 여성은 남성의 아첨에 충분히 보답하게 된 것이다.

보다시피 이러한 육체적인 일이 어느덧 우리를 도덕적인 일로 이끌어갔고, 또한 두 성에는 거친 교류로부터 차츰 더할 나위 없이 부드러운 연애의 율법이 태어났다. 여성의 권리는 남성이 그것을 원했기 때문이 아니고 자연이 그렇게 되기를 원했기 때문에 비로소 여성에게 주어진 것이다. 그것은 여성이 쟁취한 것처럼 보이기 이전부터 부여되어 있었다. 테스피오스 왕이 오십명의 딸을 범했다고 생각한 저 헤라클레스도 옴파레의 집에서 실을 자아야 했고, 힘센 삼손도 델릴라만큼 강하지는 못했다. 그런 권력이 여성에게 있다. 그러나 그것을 여성에게서 빼앗을 수는 없다. 설혹 여성이 그것을 악용하는 일이 있어도 말이다. 그것을 상실해야 할 경우가 있었다면 오랜 옛날에 이미 그것을 상실했을 것이다.

성의 결과에 대하여 말한다면 남녀 사이에 전혀 유사점이 없다. 수컷은 어느 순간 동안 수컷에 지나지 않지만 암컷은 일생을 통하여, 혹은 특히 젊은 시절 동안 내내 암컷이다. 여러 가지 일이 끊임없이 여성에게 그 성을 상기시키며 그 임무를 충분히 완수하기 위해서 거기에 적합한 구조를 지니고 있어야만 한다. 임신 중엔 몸을 잘 돌봐야 한다. 출산할 때는 안정이 필요하다. 아기를 보육하려면 그다지 몸을 움직이지 말고 가만히 앉아 있는 생활이 필요하다. 자식을 기르려면 인내와 부드러운 마음씨와 어떤 일에도 실망하지 않는 열의와 애정이 필요하다. 여성은 자식과 그 아버지를 결합시키는 역할을 한다. 여성만이 아버지에게 자식에 대한 애정을 느끼게 하고 그 아이를 내 자식이라고 부를 확신을 준다. 온 가족의 화합을 유지하기 위해서 얼마나 많은 애정과 배려가 여성에게 필요한가. 게다가 그런 모든 것이 덕성이어서는 안 되고 사랑이어야만 한다. 이런 사랑이 없으면 인류는 얼마 안가서 멸망할 것이다.

남녀의 상호적인 의무의 엄격도는 같지도 않고, 또 같을 수가 없다. 이 점에 있어서 남성이 불공평한 차별을 하고 있다고 여성이 불평을 한다면 여성의 잘못이다. 이 차별은 인간이 만든 것은 아니다. 또한 편견이 만든 것도 아니고 이성이 만들어 낸 것이다. 양성 가운데 자연으로부터 어린이라는 보관품을 위탁받은 쪽은 다른 한쪽에 대하여 그 책임을 져야 한다. 물론 서약을 파기하는 일은 어느 쪽에도 허용될 수 없으며, 여성의 격심한 의무에 대해 단 하나의 보상도 아내에게 주지 않는 성실하지 못한 남편은 모두 옳지 못한 잔혹한 남자이다. 그러나 부정한 아내는 그 이상의 것을 한다. 그런 여자는 가족을 산산이 흩어놓고 자연의 유대를 모두 끊어 버린다. 남편의 아이가 아닌 아이를 남편에게 주어 모두를 속이고 부정을 행할 뿐만 아니라 나아가서는 배신 행위까지도 저지른다. 이런 죄악은 모든 혼란, 모든 죄악과 연결되어 있는 것이 아닐까. 세상에서 가장 무서운 상태가 있다면 자기 아내를 믿을 수 없으며 더할 나위 없이 다정한 마음이 들어도 한껏 표시할 수 없는 비참한 아버지, 내 자식을 끌어안으면서도 남의 자식을, 자기 불명예의 증거가 되는 자를, 자기 친자식의 재산을 빼앗는 자를 끌어안는 것이 아닌가 하는 의혹을 느끼는 불행한 아버지의 상태가 바로 그것이다. 그렇게 되면 가정은 어떻게 되겠는가. 죄많은 아내 때문에 서로 적대하면서도 사랑하고 있는 것처럼 꾸며야 하는, 남들이 모르는 적의 집단이 되어 버릴 것이 아닌가.

그러므로 아내는 충실해야 할 뿐만 아니라 남편과 주위 사람들로부터, 모든 사람들로부터 충실한 아내로 인정받을 필요가 있다. 조심성 있고 세심하고 남의 눈에 띄지 않게 할 필요가, 그리고 자기 양심과 마찬가지로 미덕을 표시할 필요가 있다. 어쨌든 아버지는 자식을 사랑할 필요가 있다면 자식의 어머니를 존경해야 한다. 그러므로 겉보기라는 것조차 여성의 의무 가운데 하나가 되며, 여성에게 명예와 평판 같은 것은 정절과 마찬가지로 없어서는 안 된다. 이러한 원칙 아래서 양성의 도덕적 차별과 함께 의무에 관한 새로운 동기가 생기며,

그것은 특히 여성에게 행동·태도·동작에 대하여 될 수 있는 대로 세심한 주의를 기울일 것을 요구한다. 남녀는 평등하고 그 의무도 같다는 등의 조잡한 주장을 하는 것은 헛된 대사를 늘어놓는거나 마찬가지이며, 위와 같은 일에 대답을 하지 못하는 한 그것은 아무 의미가 없는 것이다.

이런 굳건한 일반 법칙에 대한 반박으로 예외적인 사실을 제시하는 것은 참으로 믿음직스럽지 못한 논법이 아닐까. 여성은 반드시 아이를 낳는 것이 아니라고 당신들은 말할 것이다. 물론 그렇다. 그러나 여성 고유의 사명은 아이를 낳는 일이다. 세계의 백 개 가량의 대도시에서 여성들이 무질서한 생활을 하여 거의 아이를 낳지 않는다고 해서, 여성의 임무는 아이를 낳지 않는 데 있다고 주장하려는가. 도시에서 멀리 떨어진 시골 여성들은 가장 단순하고도 가장 정결한 생활을 하고 있는데, 그런 여성들이 도시에 사는 귀부인들의 불임증을 보상해주지 않는다면 당신들의 도시는 어떻게 될 것인가. 네 명이나 다섯 명밖에 아이를 낳지 않는 여자를 다산이라고 할 수 없는 지방이 얼마나 많은가.[3] 어떤 여성들이 많은 아이를 낳지 않는다고 해서 그것이 어쨌단 말인가. 여성의 임무는 어머니가 되는 것이 아니란 말인가. 그리고 일반적인 법칙에 의해서만 이 자연과 습속은 그런 임무를 수행하도록 만드는 것이 아닐까.

임신에서 임신 사이를 아무리 길게 가정한다 해도 여성이 위험없이 급격히 번갈아가며 생활 방법을 바꿀 수가 있을까. 오늘은 아이에게 젖을 주고, 내일은 전쟁터에 나갈 수 있을까. 그 체질과 취미를 카멜레온이 빛깔을 바꾸듯이 바꿀 수 있을까. 갑자기 집안일을 집어던지고 집 밖으로 나가 대기에 몸을 드러내 놓고 전쟁의 노고와 고난을 이겨 낼 수 있을까. 어느 때는 겁을 먹고,[4] 어느 때는 용감하게, 어느 때는 허약하게, 또 어느 때는 강건하게 될 수 있을까. 젊은이라 할지라도 파리에서 자란 사람은 군무를 이겨내기가 힘들다는데, 태양에 얼굴을 그을린 일도 없고 행군에 가담하는 일조차도 해낼 수 있을지 의심스러운 여성이 50년 동안이나 연약한 생활을 한 끝에 군무를 견디어 낼

---

[3] 그렇지 않으면 인류는 필연적으로 멸망하고 만다. 인류가 이어져 가기 위해서는 결국 여성은 각각 네 명 가량의 아이를 낳아야만 한다. 태어나는 아이의 반수 가까운 숫자는 다 자라기 전에 죽어 버리므로 아버지와 어머니가 되는 두 아이가 남아야 하기 때문이다. 도시가 그만한 인구를 공급해 주는가를 생각해 보라(원주).

[4] 여성이 겁을 먹는 것 또한 자연적인 본능의 하나로 임신 중에 당하는 이중의 위험을 막는 것이다(원주).

수 있을까. 남성조차도 그런 힘든 직업은 그만두어야 할 나이에 여성이 그 일에 종사할 수 있겠는가.

어떤 나라에서는 여성들이 거의 고통을 느끼지 않고 아기를 낳아, 보살핌다운 보살핌도 하지 않고 아기를 기른다. 분명히 그렇다. 그러나 그런 나라에서 남자들은 어느 계절이건 반나체로 지내며 맹수들과 사투를 벌이고, 배낭처럼 작은 배를 등에 짊어지고 2, 3백 킬로미터나 떨어진 곳으로 사냥을 하러 나간다. 또 거친 땅바닥에서 먹고 자고, 믿을 수 없을 정도로 힘든 일도 참아가며, 아무것도 먹지 않고 며칠이라도 지낸다. 여자가 굳건해지면 남자는 더욱 굳건해진다. 남자가 유약해지면 여자는 더욱 유약해진다. 두 개의 항(項)이 같을 정도로 변화하면 그 차이는 여전히 같다.

플라톤은 《국가론》에서 여자도 남자와 마찬가지로 훈련을 시키고 있다. 그것은 당연한 일이라고 생각한다. 그의 국가에서 하나하나의 가정은 폐지되어 있으므로 여자들에게 어떤 역할을 주어야 할지 알 수 없게 된 플라톤은 여자를 남자처럼 만들지 않을 수 없었던 것이다. 이 굉장한 천재는 온갖 일을 생각했고 모든 일을 예상했던 것이다. 그는 그 누구도 생각조차 하지 못한 이의 제기에 대하여서도 회답을 하려고 했다. 그러나 제시된 이의에 대한 그의 회답은 잘못되어 있었다. 나는 그가 말한 이른바 아내를 공유한다는 데 대하여는 말하지 않겠다. 많은 사람들이 되풀이하고 있는 비난은, 그런 사람들이 플라톤을 전혀 읽지 않았다는 것을 증명하고 있다. 나는 곳곳에서 차별없이 남녀에게 똑같은 직무, 똑같은 일을 시킴으로써 도저히 참을 수 없는 폐해를 낳고야 마는 사회적 혼란에 대하여 말하는 것이다. 더할 나위 없이 부드러운 자연의 감정에 대한 파괴 행위에 대하여 말하는 것이다. 자연의 감정에 의해서만 이 인위적 감정은 유지되는 법인데, 거기서는 자연의 감정이 인위적 감정 때문에 희생당하는 것이다.

계약에 의한 결합을 이룩하기 위해서 자연의 힘은 필요 없을까. 자기와 관계가 깊은 자에 대해 느끼는 애정은 국가에 대해 가져야 할 애정의 근원이 아닐까. 조그마한 조국, 그것은 가족인데, 이 조그마한 조국을 통해 사람의 마음은 커다란 조국과 연결되는 것이 아닐까. 좋은 아들, 좋은 남편, 좋은 아버지가 좋은 시민이 되는 것이 아닐까. 남자와 여자는 똑같은 성격과 체질로 만들어져 있지도 않거니와, 그래선 안 된다는 사실이 증명되면 남자와 여자는 같은 교육을 받아서는 안 된다는 이야기가 된다. 남자와 여자는 자연의 지시에 따라 협력하여 행동해야 하지만 같은 일을 해서는 안 된다. 일의 목표는 공통적이지만 일 자체는 다르다. 따라서, 또한 일을 방향 짓는 취향도 다르다. 자연의 남자를 길러내는 노력을 한 뒤, 우리의 일이 미완성으로 그치지 않도록 하기 위해 이번에는 자연의 남자에 어울리는 여성은 어떤 식으로 길러야 하는가를 보기로 하자.

항상 올바르게 인도되기를 원한다면 항상 자연의 지시에 따르면 된다. 여성의 특징을 이루는 것은 모두 자연에 의해 결정된 것으로서 존중되어야 한다. 당신들은 끊임없이 말한다. "여자에게는 우리 남자에게 없는 어떤 결점이 있다." 당신들은 오만한 마음에 속고 있는 것이다. 그런 일은 당신들에게 결점이지만 여성에게는 장점이다. 여성에게 그런 것이 없다면 무슨 일이건 그다지 잘되지 못할 것이다. 이른바 그런 결점이 변질되지 않도록 조심해야 한다. 그것을 없애려고 해서는 안 된다.

여성 쪽에서도, 우리 남성은 여성을 하찮게 여기고 교태를 함부로 부리는 존재로 만들고 있으며, 늘 시시한 말로 여성을 웃기고 그런 것으로써 보다 더 쉽게 주인의 지위에 머물러 있으려고 한다는 등 늘 불평을 늘어놓고 있다. 여성은 우리가 비난하는 결점을 우리 탓으로 돌린다. 참으로 어리석다. 대체 언제부터 남자가 처녀들의 교육에 몰두하게 되었단 말인가. 어머니가 저 좋을 대로 딸을 키우는데, 누가 방해한단 말인가. "딸들이 다녀야 할 학교가 없다니 참으로 불행한 일입니다." 이 무슨 말인가. 남자아이들이 다닐 학교도 없다면 얼마나 좋았을까. 그렇게 되면 그들은 도리에 맞는 좀더 어엿한 교육을 받을 수 있었을 터인데, 당신들의 딸들은 시시한 일로 시간을 낭비하도록 강요당하는 것일까. 당신들을 본받아 몸치장에 소비하도록 본의 아니게 강요당하는 것일까. 당신들 마음대로 딸들을 가르치는 일을 방해받는 것일까.

아가씨가 아름다우면 우리 남성의 마음에 든다. 살짝 교태를 부리는 우아한 모습이 우리의 마음을 떨리게 한다. 당신들로부터 배운 기교가 우리의 마음을 이끌고 즐겁게 해준다. 훌륭한 의상을 입은 아가씨를 보고 우리는 호감을 느낀다. 우리를 정복할 무기를 잘 갈아 낼 충분한 시간을 우리는 아가씨에게 준다. 이렇게 되는 것은 우리 남성이 나쁘기 때문일까. 그렇다면 딸들을 남자처럼 기르면 될 게 아닌가. 남성은 기꺼이 동의할 것이다. 여자가 남성과 같이 되려 하면 그만큼 남자를 지배할 수 없게 될 것이다. 그리고 그렇게 되었을 때 비로소 남자는 진정한 주인이 될 수 있다.

남녀에게 공통적으로 있는 능력도 서로에게 같은 정도로 주어진 것은 아니다. 그러나 전체적으로 보아 그 차이는 상쇄되어 있다. 여자는 여자로서 우수하지만 남자라고 생각하면 그렇지 못하다. 여자의 권리를 이용하면 여자는 항상 유리한 입장에 있다. 남자의 권리를 뺏으려고 하면 여자는 반드시 남자보다 낮은 곳에 있게 된다. 사람은 예외적인 것으로만 이 일반적인 진리를 반박할 수 있다. 이것은 여성 편을 드는 신사 여러분이 항상 들고 나오는 논리이다.

여성에게 남성의 장점을 배우게 하고 여성 고유의 것을 제쳐놓는 것은 분명히 여성을 불리하게 만드는 것이다. 교활한 여성은 충분히 그 점을 알아차리고 있으므로 그런 일에 속지 않는다. 우리의 유리한 입장을 손에 넣으려 하면서도 그런 여성은 자기의 것을 버리려 하지 않는다. 그러나 그런 짓을 하면 그 두 개의 것이 양립하지 않으므로, 어느 쪽도 완전히 손에 넣을 수 없게 되어 여성은 자기의 지위보다 낮은 곳에 머무르게 되며, 게다가 우리의 지위를 차지할 수도 없게 되기 때문에 자기 값어치의 절반을 잃는 결과가 된다. 사려 깊은 어머니여, 나의 말을 믿어 주기 바란다. 당신의 딸들을 훌륭한 남자로 만들려다가 자연을 부인하는 일이 있어서는 안 된다. 훌륭한 여자로 만들어야 한다. 그렇게 하면 딸들 자신에게도, 우리 남성에게도 틀림없이 훨씬 값어치 있는 결과가 되리라고 생각한다.

그렇다고 해서, 여성은 모든 일에 관하여 무지의 상태로 길러야 할까. 오직 가사일만 돌보도록 하면 된다고 할 수 있을까. 남성은 자기 아내를 하녀로 만들 것인가. 그는 아내 옆에 있으면서 사람과 사람과의 교제에서 생기는 가장 큰 매력을 느끼지 않을 것인가. 보다 더 자기에게 복종시키키 위해 아내가 뭔가 느끼고 배우는 일을 모두 방해하려는 것인가. 아내를 전적으로 자동 인형으로 만들려는가.

물론 그래서는 안 된다. 그렇게도 상쾌하고, 그렇게도 미묘한 재주를 여성에게 부여한 자연은 그런 일을 하라고 하지 않았다. 반대로 자연은 생각하는 일, 판단하는 일, 사랑하는 일, 아는 일, 얼굴과 마찬가지로 정신도 아름답게 하는 일, 그런 일을 여성에게 희망하고 있다. 그러한 일은 여성에게 결여되어 있는 힘 대신, 우리 남성의 힘을 인도하도록 자연이 부여한 무기이다. 여성은 많은 일을 배워야 한다. 그러나 여성에게 어울리는 지식만을 배워야 한다.

여성의 특별한 사명을 생각해 보아도, 여성의 경향을 관찰해 보아도, 그 의무를 고려해 보아도 모든 것은 일치하며 똑같은 여성에게 적합한 교육 형태를 나에게 지시해 준다. 여자와 남자는 서로 상대방을 위해서 태어나 있지만 서로간의 의존 상태는 같지 않다. 남자는 그 욕망에 의해 여자에게 의존하고 있다. 여자는 그 욕망과 필요에 의해 남자에게 의존하고 있다. 우리는 여자 없이도 살아 나갈 수 있을지 모르지만 여자가 우리 없이 살아가기는 더욱 어렵다. 여자가 필요한 것을 손에 넣으려면, 본래의 상태에 놓이려면 우리가 그것을 여자에게 주어야 한다. 그러나 그것은 먼저 주고 싶은 마음이 들 만큼 가치 있는 여자라고 인정하는 일이 필요하다. 여자는 우리의 감정과, 그 뛰어난 점에 대하여 우리가 인정하는 가치와, 그 매력이나 미덕에 대하여 우리가 표시하는 존경심에 의존하고 있다. 자연의 율법에 의해 여자는 자기의 이해도, 아이들의 이해도 남편의 판단에 의존한다. 여자는 존경을 받을 만한 가치가 있다는 것만으로는 부족하다. 존경을 받아야만 한다. 아름다운 것만으로는 충분하다고 할 수 없다. 기분좋은 느낌을 주어야 한다. 정숙하다는 것만으로는 부족하다. 정숙한 여자로 인정을 받아야 한다.

여자의 명예는 행위만으로 얻어지는 것이 아니고 평판으로 얻어지는 것이다. 뻔뻔스럽다는 말을 들어도 태연할 수 있는 자가 훌륭한 여자라고 인정받는 일은 아마 있을 수 없을 것이다. 남자는 좋은 일을 하는 경우 자기의 생각에만 의존하기 때문에 다른 사람들의 판단을 무시할 수 있다. 그러나 여자는 좋은 일을 하는 것만으로는 그 임무의 절반을 수행한 결과밖에 되지 않으므로, 다른 사람이 자기를 어떻게 생각하느냐 하는 문제도 실제로 자기가 어떤 사람인가에 못지않게 중요한 일이다. 따라서 여자의 교육법은 이런 점에서 남자와 반대로 되어야 한다. 사람들의 의견이란, 남성에 있어서는 미덕을 매장하는 무덤이 되지만 여자에 있어서는 미덕을 나타내는 영광의 자리가 되는 것이다.

모체의 건강은 우선 아이의 우수한 체질을 결정한다. 여자의 배려는 인간의 초기 교육을 결정한다. 또한 여성에 의해 남성의 품행·정념·취미·즐거움·행복까지도 좌우된다. 그러므로 여성의 교육은 모두 남성과 관련시켜서 생각해야만 한다. 남성의 마음에 들고, 쓸모가 있고, 남성의 사랑을 받고, 존경받고, 남편이 어릴 때는 길러 주고, 크면 뒷바라지를 하고, 조언을 해주고, 위로해 주고, 생활을 즐겁고 기분 좋은 것으로 만들어 주어야 한다. 이런 일들이 모든 시대를 통한 여성의 의무이며, 여성이 어릴 때부터 가르쳐야 할 일들이다. 이런 원칙으로 거슬러 올라가서 생각하지 않는 한, 사람들은 목적에서 멀어지게 되어 여성에게 주는 교훈은 여성 자신의 행복을 위해서도, 우리 남성들의 행복을 위해서도 아무 쓸모가 없게 된다.

하긴 어떤 여성이건 남성의 마음에 들기를 원하고 있으며 또 마땅히 그래야 하지만, 훌륭한 남성, 진정으로 호감이 가는 남성의 마음에 들려는 것과, 여성의 흉내를 내어 남성의 명예와 여성의 명예를 모두 더럽히는 쓸모없고 예쁘장한 남자의 마음에 들려는 것과는 커다란 차이가 있다. 자연도 이성도 남성에게서 여성적인 것을 찾아냈을 때 여성이 좋아하도록 만들지 않았고, 여성도 또한 남성 특유의 방법을 도입함으로써 남성의 호감을 사려고 해서는 안 된다.

그러므로 여성다운 조심성과 정숙한 태도를 버리고 그러한 경박한 남자의 태도를 흉내낸다면, 여성은 그 사명을 따르지 않고 있을 뿐만 아니라 사명을 버린 결과가 된다. 쟁취하고자 하는 권리를 스스로 내버리는 결과가 된다. 여성들은 이렇게 말한다. "이런 식으로 하지 않으면 우리는 남자의 마음에 들지 않을 것이다." 그런 여성은 거짓말을 하고 있다. 미치광이 남자를 사랑하는 여자는 미치광이라야 한다. 그런 남자의 마음을 끌려고 하는 욕구는 그런 일에 열중하는 여자의 취향을 뚜렷이 나타내고 있다. 시시한 남자가 이 세상에 없다면 그 여자는 서둘러 그런 남자를 만들어 낼 것임에 틀림이 없다. 그리고 여자의 어리석음을 남자가 만들어 내는 일보다 오히려 남자의 어리석음을 여자가 만들어 내는 일이 더 많다. 진정한 남성을 좋아하는 여성, 그런 남성적 마음에 들고자 하는 여성은 그 생각에 어울리는 방법을 고른다. 여자는 그 본래의 조건에 의해 교태를 보인다. 그러나 여자의 교태는 의도에 따라 형태와 수단을 바꾼다. 그 의도를 자연의 의도에 따라 규제하기로 하자. 그렇게 하면 여성은 여성에게 어울리는 교육을 받는 결과가 된다.

아주 어린 여자아이라도 몸단장하기를 좋아한다. 귀여운 아이라는 것만으로는 만족하지 못하고 귀여운 아이라고 생각해 주기를 바란다. 사소한 동작에서도 그런 기분이 이미 여자아이의 마음에 깃들어 있음을 알게 된다. 그리고 여자아이는 사람의 말을 조금이라도 이해하게 되면 곧 사람들이 "너는 이렇게 생각할 거야" 말함으로써 쉽게 지도할 수 있다. 남자아이에게 그런 이유를 내 놓는다는 것은 전혀 생각이 모자라는 방법이며, 남자아이에게는 도저히 여자 아이의 경우처럼 통하지 않는다. 속박당하지 않는 한, 또 뭔가 재미있는 일이 있으면 남자아이는 사람들이 어떻게 생각하건 전혀 마음에 두지 않는다. 다만 시간과 정성만이 남자아이를 같은 율법에 따르게 할 수가 있다.

그런 최초의 가르침이 어디에서건 여자아이에게 주어지면 그것은 유익한 가 르침이 된다. 육체는 이를테면 정신에 앞서 태어나기 때문에, 최초의 교양은 육체에 관한 교양이어야 한다. 이 순서는 남녀 공통이다. 그러나 그 교양의 목 적은 다르다. 한쪽에 있어서 그 목적은 체력을 발달시키는 데 있고 다른 한쪽 에 있어서는 매력을 길러주는 데 있다. 하긴 이 두 힘은 각각의 성에 배타적인 것이 아니고 다만 순위가 거꾸로 되어 있다. 여성은 무엇을 하건 우아하게 보 이도록 충분한 힘이 필요하다. 남성은 무엇을 하건 쉽게 할 수 있도록 충분한 재능이 필요하다.

여자가 몹시 유약한 생활을 하고 있으면 남자도 유약하게 된다. 여자는 남 자와 마찬가지로 튼튼해야 하는 것은 아니지만, 자기가 낳을 아이를 위해 튼 튼해야만 한다. 이 점에 있어서 수도원으로 들어가는 것이 오히려 집에 머물 러 있는 것보다 낫다. 수도원에서 기숙생들이 받는 교육은 조잡하지만 활발하 게 움직이고, 뛰고, 집 밖이나 정원에서 유희하는 일이 많다. 그 반면에 집에 있는 처녀는 여러 가지로 세심한 주의를 받으며 자라기 때문에 항상 어른의 기분을 좋게 하거나 반대로 꾸지람을 들으며, 꼭 닫힌 방 안에서 끊임없이 어 머니가 지켜보는 가운데 가만히 있어야 한다. 일어나는 일도, 걷는 일도, 이야 기하는 일도, 숨 쉬는 일도 제대로 못하고, 잠시도 자유가 없어 놀거나, 뛰어오 르거나, 달리거나, 소리치거나 하는 등, 이 나이 또래에 자연적인 쾌활성에 몸 을 내맡길 기회는 없다. 아무튼 항상 질서 없는 해로운 상태에 놓이거나 이치 에 맞지 않는 엄격함 속에 놓이므로, 어린이는 육체도 마음도 손상되고 만다.

스파르타의 소녀들은 소년들과 마찬가지로 전쟁놀이를 했지만 이것은 전쟁 에 나가기 위해서가 아니고, 장차 전쟁의 고통을 참아낼 만한 아이를 낳기 위 해서였다. 그러나 이런 일에 내가 찬성하는 것은 아니다. 국가에 군인을 바치 기 위해 어머니가 총포를 메거나, 프러시아식 훈련을 받을 필요는 없다. 그렇다고는 해도 전체적으로 보아 그리스의 교육은 이런 면에서는 대단히 이치에 맞는다고 생각한다. 소녀들은 가끔 사람들 앞에 모습을 보였다.

소년들과 섞이어서가 아니고 소녀들끼리 모여 있었다. 축제를 하거나, 희생물을 바치거나, 의식을 행할 때 거의 언제나 시민의 중심적인 집안의 딸들이 머리에 꽃을 꽂고 찬가를 부르며 무용을 하고, 바구니나 병이나 공물(供物)을 들고 나아가, 그리스 사람의 거칠어진 감각에다 그들의 저급한 체육의 나쁜 영향을 약화시키는 사랑스러운 광경을 펼쳐 보이는 것이었다. 그런 습관이 남성의 마음에 어떤 인상을 주었건 어쨌건 그것은 즐겁고 절도 있는 건강한 훈련에 의해 여성에게 어릴 때부터 훌륭한 체질을 주는 뛰어난 방법이었으며, 또한 나쁜 풍습에 물들지 않게 하면서도 사람을 즐겁게 해주고 싶은 끊임없는 욕구에 의해 여성의 취미를 자극하고 키우는 뛰어난 방법이었다.

그들 젊은 여성들은 일단 결혼하면 더 이상 사람들 앞에 모습을 드러내지 않는다. 집에 들어앉아 집안일과 가족을 돌보는 일에 전념했다. 이것이야말로 자연과 이성이 여성에게 명한 삶의 방식이었다. 그렇기 때문에 그런 어머니로부터 이 지상에서 가장 건전하고, 튼튼하고, 훌륭한 남자들이 태어났던 것이다. 그리고 몇 가지는 악평을 받았지만, 세계의 모든 민족 중에서 고대 그리스인 이상으로 여성들이 정숙하고 사랑스러우며, 아름답고 품행이 올바른 민족은 없었다. 로마 여자들도 그리스 여자들을 따라가지 못했다.

잘 알려져 있듯이 몸을 죄지 않는 넉넉한 의복은 그리스의 남자에게도 여자에게도 그 고대 조각에서 볼 수 있는 아름다운 조화를 이루고 있다. 그것은 지금도 예술의 표본이 되고 있다. 우리 사이에서 비뚤어진 자연은 그런 것을 예술에 제공하는 일을 그만두어 버리게 한 것이다. 우리의 손발을 함부로 죄고 있는 고딕풍의 모든 구속, 저 갖가지 구속, 그런 것들을 그리스 사람은 하나도 몸에 지니고 있지 않았다. 현대의 여성들이 몸매를 돋보이게 하기 위해서라기보다 오히려 속이기 위해서 쓰고 있는 코르셋을 그리스 여성들은 만들어 쓸 줄 몰랐다. 저 코르셋의 남용이 영국에서는 믿을 수 없을 만큼 퍼져 있는데, 마지막에는 인간을 퇴화시키는 것이 아닌가 생각할 정도이며, 그런 것으로 돋보이게 하려는 생각은 나쁜 취미라고까지 말하고 싶다. 마치 말벌처럼 몸이 두 개로 구분되어 있는 여자의 모습을 보고 좋다는 생각은 들지 않는다. 그것은 보기에도 불쾌하고, 이상한 것을 상상하게 만든다. 가냘픈 몸에도 다른 모든 것과 마찬가지로 균형이라는 것이 있고 그 한도가 있어서 그 한도를 넘으면 가냘픈 몸도 추하게 느껴질 것이다. 그 추함은 옷을 걸치지 않았을 때 똑똑히 눈에 비칠 것이다. 그런데 의복을 걸쳤을 경우 더 아름답게 보일 수 있겠는가.

여성들이 그런 갑옷으로 몸을 단장하려고 고집하는 이유를 따질 용기는 나에게 없다. 축 늘어진 유방, 뚱뚱한 배 등등, 이것은 분명히 20세의 여성이라면 대단히 보기 흉하다. 그러나 30세의 여성이라면 이미 불쾌하지 않다. 그리고 우리가 어떻게 생각하건 항상 자연이 바라고 있는 자가 되어야 하며, 그 점에 있어서 남성의 눈이 속아 넘어가지도 않을 테고, 한창 나이의 여성의 그런 추함은 40세의 여성이 소녀같이 보이려는 어리석은 짓만큼 혐오감을 주지는 않을 것이다.

자연을 구속하고 강제한다는 것은 모두 나쁜 취미에 속하는 일이다. 이것은 몸에 익히는 일에 대해서도, 정신을 장식하는 일에 대해서도 말할 수 있는 일이다. 생명·건강·도리, 쾌적한 생활 등이 모두 선행되어야 한다. 우아한 자세에는 평화로운 느낌이 들어야 한다. 섬세한 느낌이란 유약한 느낌이 아니다. 사람의 호감을 사려면 건강해야 한다. 괴로운 듯한 모습은 연민의 정을 불러일으킨다. 그러나 쾌락과 욕망은 건강한 신선함을 요구한다.

어린이는 남자이건 여자이건 여러 가지로 비슷한 놀이를 하는데, 그것은 당연하다. 그들은 커서도 비슷한 놀이를 하고 있지 않은가. 그들에게는 또한 그들을 구별할 수 있는 고유의 취미가 있다. 남자아이는 움직임과 소리를 원한다. 북, 팽이, 장난감 마차 등을 좋아한다. 여자아이는 차라리 눈을 즐겁게 해주는 것, 장식이 되는 것을 좋아한다. 거울, 보석, 목걸이, 특히 인형을 좋아한다. 인형놀이는 여성 특유의 놀이이다. 이것이야말로 분명히 여성의 사명에 입각하여 결정된 취향이다. 사람의 마음에 들기 위한 기술의 물리적인 면은 복장에 있다. 그리고 이것이 이 기술에 관하여 어린이가 배울 수 있는 모든 것이다.

조그마한 여자아이가 하루종일 인형을 상대하는 광경을 보라. 끊임없이 옷을 바꾸고 몇 번이고 옷을 입혔다 벗었다 하며, 잘 어울리든 아니든 상관없이 노상 새로운 배합으로 몸단장시키는 연구를 하고 있다. 손재주는 아직 없고 취미도 형성되어 있지 않지만, 취향은 벌써 뚜렷이 나타나고 있다. 그런 끝없는 일을 하고 있는 동안에 시간은 저도 모르는 사이에 지나간다. 몇 시간이 지났는지 어린이는 전혀 모른다. 먹을 것보다 몸을 장식하는 것에 굶주리고 있다. "그러나 그 아이는 인형에게 옷을 입히고 있는 것이지 자기의 몸치장을 하는 것은 아니지 않는가?" 하고 당신들은 말하겠지. 분명히 그렇다. 그 아이에게 인형은 보이지만 자기는 보이지 않고, 재능도 체력도 없다. 아직 아무것도 아니며, 모든 것은 인형 안에 있으므로 거기에다 모든 교태를 나타내는 것이다. 그 아이는 언제까지나 그런 일에 몰두하지는 않을 것이다. 언젠가는 자기 자신이 인형이 될 때가 온다.

즉, 이런 식으로 기본적인 취미가 뚜렷이 나타난다. 당신들은 다만 그것을 따라가고, 규제하기만 하면 된다. 분명히 여자아이는 인형에게 옷을 입히고 그 소맷부리의 매듭과 숄, 주름 장식, 레이스를 솜씨있게 만들 수 있게 되기를 진심으로 원한다. 그런 일을 우리 마음대로 시키려고 하면 어린이는 대단히 괴로울 것이다. 오히려 무엇이건 자기 스스로 연구하여 만드는 쪽이 더 마음 편하다고 여길 것이다. 그러므로 어린이가 받게 되는 최초의 수업의 이유를 알게 된다. 처음에 해야 할 것은 일하라고 명령하는 일이 아니다. 친절하게 지켜 보는 일이다. 그리고 사실 여자아이란 거의 모두가 읽기·쓰기를 배우라면 싫어하지만 바늘을 쥐라면 반드시 좋아서 배우려 한다. 여자아이는 어릴 때부터 자기가 컸을 때의 모습을 상상하고 그런 재능이 언젠가 자기의 몸을 치장하는 데 도움이 된다고 생각하며 기뻐하는 것이다.

일단 그런 길이 열리면 그것을 더듬어 가기는 쉽다. 재봉·자수·레이스뜨기는 저절로 뒤따른다. 몇 가지 색실로 무늬를 짜 넣는 띠감짜기는 소녀들은 그다지 좋아하지 않는다. 가구류는 소녀들과는 너무 거리가 멀다. 그것은 직접 자기 몸과 관계가 있는 것이 아니고 다른 여러 가지 의견에 좌우되는 것이다. 띠감짜기는 성인 여성들의 즐거움이다. 어린 소녀는 그런 것에 큰 즐거움을 느끼지는 못할 것이다.

이와 같이 의지에다 기초를 둔 진보는 쉽사리 데생의 영역까지 뻗어나갈 것이다. 이 기술은 취미가 고상한 옷을 입는 기술과 관계가 없는 것은 아니기 때문이다. 그러나 나는 여자아이가 풍경화를 그리는 일은 시키고 싶지 않다. 인물화는 더욱 그렇다. 나뭇잎·열매·꽃·옷의 주름, 복장에 우아한 윤곽을 주거나 적당한 도안이 눈에 띄지 않았을 때, 자기 스스로 자수의 도안을 만들거나 할 때 도움을 주는 정도면 여자아이에겐 그것으로 충분하다. 일반적으로 인간에게는 실용적인 지식만을 배우는 것이 중요하다면 그것은 여성에 있어서 더욱 중요하다. 여성의 생활은 그다지 힘이 드는 것이 아니라 할지라도 더욱 바지런하게 뒷바라지하는 데 있고, 또한 그래야만 하며, 게다가 여러 가지로 이것 저것 할 일이 많으므로 그 임무를 게을리하고 뭔가 다른 재능에 즐겨 몰입한다는 것은 허용되지 않기 때문이다.

익살맞은 사람이 뭐라 하든 양식(良識)은 남녀 어느 쪽에도 똑같이 있다. 여자아이는 일반적으로 남자아이보다 유순하지만 그래도 여자아이에게는 보다 더 커다란 권위를 가지고 대해야만 한다. 여기에 관하여는 곧 다시 설명하겠다. 그렇다고는 하지만 유익한 일이라도 어린이가 이해하지 못하는 것은 아무 것도 요구해서는 안 된다. 어머니의 기교는 무엇을 분부하건 그것이 유익하다는 점을 딸에게 이해시키는 데 있지만, 이것은 여자아이가 남자아이보다 빨리 지혜가 붙으므로 더욱 쉽게 할 수 있다.

이처럼 쓸모 있는 일에 도움을 주지 않는 공부, 게다가 다른 사람들이 그런 공부를 한 사람을 기분좋게 여기지 않는 공부뿐만 아니라, 쓸모가 있다 해도 그 나이에 어울리지 않는 공부는 남자아이에게도 마찬가지이지만 여자아이로부터 멀리해야 한다. 나는 남자아이에게 읽기를 일찍부터 가르치는 것을 원하지 않지만, 여자아이에게 읽기가 무엇에 소용이 있는지 잘 이해시키기도 전에 그것을 배우도록 강요하는 것은 더욱 원하지 않는다. 그런데 사람들은 읽기의 유용성을 어린이에게 가르치는 일반적인 방법에 있어서 어린이의 생각이 아니라 오히려 자기의 생각을 따르고 있다. 어느 쪽이건 여자아이가 읽고 쓰고 하는 일을 그다지 일찍 알 필요가 어디 있겠는가. 그렇게 일찍부터 가사의 책임을 지게 될 것인가. 이 혐오할 만한 지식을 이용하는 대신 악용하지 않는 처녀는 대단히 적다. 게다가 여자아이는 모두 호기심이 지나치게 강하므로 강요하지 않아도 시간과 기회만 있으면 반드시 그것을 배우게 된다. 여자아이는 무엇보다도 산수를 배워야 할 것이다. 셈보다 더 유용성이 큰 것은 없으며, 오랜 기간 연습을 필요로 하는데다가 좀처럼 틀리는 일이 없기 때문이다. 산수를 배우지 않을 때는 간식으로 버찌를 받지 못한다고 하면 여자아이는 곧 셈 하는 법을 알게 될 것이다. 이것은 보증해도 좋다.

읽기보다 먼저 쓰기를 배워, 펜으로 쓰기에 앞서 바늘로 쓰기 시작한 어린이를 나는 알고 있다. 그 어린이는 처음에 모든 글자 중에서 O자 외에는 쓰려고 하지 않았다. 끊임없이 커다란 O와 조그만 o를 여러 가지 굵기로 썼고, 커다란 O 속에 조그만 o를 만들었으며, 그리고 항상 거꾸로 쓰고 있었다. 어느 날 그 유익한 연습을 열심히 하고 있을 때, 난처하게도 그 어린이는 거울에 비친 자기 모습을 보고 자기의 그 어색한 자세가 마치 미네르바의 화신처럼 보기 흉한 꼴이라는 것을 알아차렸다. 펜을 집어던진 아이는 더는 O자를 쓰고 싶어하지 않았다. 그 어린이의 남동생도 누이와 마찬가지로 글쓰는 것을 좋아하지 않았다. 그러나 남동생이 글쓰기를 싫어한 이유는 가만히 앉아 있어야 했기 때문이지 보기 흉하게 보이기 때문은 아니었다. 그 어린이는 새로운 방법 덕분에 다시 글을 쓰게 되었다. 그 어린아이는 까다롭고 멋쟁이였으므로 자기 내의를 여동생들이 입는 것을 싫어했다. 그래서 그 어린이의 것에는 표를 해주곤 했는데, 얼마 뒤부터는 아무도 표를 해놓지 않았기 때문에 자기가 해놓아야만 했다. 이 뒤는 짐작할 수 있을 것이다.

소녀들에게 일을 시킬 때는 항상 올바른 이유를 설명하는 것이 좋다. 그러나 반드시 그것을 실행하도록 명령해야 한다. 아무것도 하지 않는 일과 말을 듣지 않는 일은 여자아이에게 가장 해로운 결점으로, 그런 버릇이 생기면 무엇보다도 고치기가 힘들어진다. 여자아이는 눈치가 빨라야 하고 부지런히 일을 해야만 한다. 그뿐만 아니다. 어릴 때부터 속박을 감수해야 한다. 여자아이에게 이것이 불행이라면, 그 불행은 여성에게 반드시 따라다니는 것으로 그것을 벗어나려면 필경 더 큰 불행으로 고통을 받아야 한다. 여성은 일생동안 결코 해방될 수 없는 더할 나위 없이 엄격한 속박을, 즉 예절이라는 속박을 받게 된다. 여자아이는 우선 구속당하는 일에 익숙하도록 만들어 그것이 결코 괴롭게 느껴지지 않도록 해주어야 한다. 모든 변덕을 누르고 그것을 다른 사람의 의사에 따르도록 해주어야 한다. 늘 일을 하고 싶어하면 때로는 아무것도 하지 못하도록 강요해야 할 것이다. 산만한 태도, 시시한 취미, 변덕, 이런 것들은 여성 최초의 무분별한 취미로부터 생겨나고, 그것을 방치해 두었을 때 쉽사리 생기는 결점이다. 그런 나쁜 습관에 물들지 않도록 특히 자제할 것을 가르쳐야겠다. 오늘날의 무분별한 제도 밑에서는 진지한 여성의 생활은 자기 자신에 대한 영원한 전쟁이다. 우리 남성의 불행의 원인이 된 여성이 그 불행과 함께 고통을 받는 것은 당연한 일이다.

소녀들이 일에 싫증을 내거나, 놀이에 열중하는 일이 없도록 조심해야 한다. 그런 일은 일반적인 교육에서 흔히 있을 수 있는 일인데, 페넬롱의 말처럼, 일은 권태만을 주고, 놀이는 재미만을 준다. 이 두 가지 불합리 가운데 전자는 앞에서 말한 규칙에 따르고 있으면 함께 있는 사람이 싫어지지 않는 한 있을 수 없을 것이다. 자기 어머니, 또는 하녀를 좋아하는 소녀는 하루종일 그 곁에서 일을 해도 결코 지루함을 느끼지 않을 것이다.

재잘거리는 것만으로도 괴롭다는 느낌은 모두 없어질 것이다. 그런데 감독하는 사람이 참을 수 없는 느낌을 주면 그 사람 앞에서 하는 일은 모두 똑같이 싫어진다. 이 세상의 그 누구와 함께 있는 것보다도 어머니와 함께 있는 것을 더 좋아하지 않는 소녀가 장차 훌륭한 여성이 되기는 매우 힘든 일이다. 그렇지만 여자아이의 거짓없는 감정을 알기 위해서는 그녀들을 잘 연구해야 하며, 그녀들이 말하는 것을 믿어서는 안 된다. 여자아이는 겉치레 말을 하고, 속이고, 일찍부터 가면쓰는 법을 알고 있기 때문이다. 어머니를 사랑하도록 명령해서도 안 된다. 애정은 의무에서 생기는 것이 아니며, 그런 일에는 강제가 통하지 않기 때문이다. 애착, 배려, 단순한 습관이 딸로 하여금 어머니를 따르게 한다. 그러나 혐오감을 주어서는 안 된다. 어머니가 주는 속박도 잘만 하면, 애착을 약화시키기는커녕 오히려 그것을 강하게 만들 것이다. 복종은 여성에 있어서 자연의 상태로써 꼭 여자아이에게는 자기가 복종하게끔 태어났다는 것을 스스로 느끼게 되기 때문이다.

여자아이는 그다지 자유가 없다는 것, 혹은 있어서는 안 된다는 것, 바로 그것 때문에 그 스스로 얻는 자유를 남용하게 된다. 여자아이는 모든 일에 있어서 극단으로 달리기 쉬우며 남자아이들보다 더욱 열광적으로 놀이에 열중한다. 이것이 앞에서 설명한 제2의 불합리이다. 그런 격한 감정은 억제되어야 한다. 그것은 여성 특유의 몇몇 부도덕의 원인이 되기 때문이다. 예를 들어 특히 변덕스러운 열광인데, 이것 때문에 여성은 오늘 어떤 것에 열중했는가 하면 내일은 돌아보지도 않는다.

변덕스러운 취향은 극단적인 취향과 마찬가지로 여성에게 해로운 것이지만 둘 다 같은 근원에서 생겨난다. 쾌활한 기분, 웃음, 소곤거림, 명랑한 유희를 금지해서는 안 된다. 그러나 어떤 일에 싫증낸다고 다른 일을 시작하게 해서는 안 된다. 하루의 한때라도 한도를 모르는 일을 여성에게 허용해서는 안 된다.

중간에 유희를 멈추게 하고 다른 일을 시켜도 불평을 말하지 않는 습관을 붙여 주는 것이 좋다. 이런 일도 단순한 습관에 의해 충분히 할 수 있는 일이다. 습관은 자연을 돕고 있는 데 지나지 않으니까.

그런 습관적인 강제성에서 일생을 통하여 여성에게 필요한 순종적인 성질이 형성된다. 여성에게는 한 남성에게, 또는 사람들의 판단에 복종하지 않고 지낼 수 있는 때가 없고 사람들의 판단에 초연해서는 안 되기 때문이다. 여성의 기본적이고 또한 가장 중요한 미점은 상냥하다는 점이다. 남성이라는 불완전한 존재, 때로는 많은 부도덕을 지니고 결점투성이의 존재에 복종하게끔 태어난 여성은 옳지 않은 일조차도 참아야 하며 남편이 나쁠 때에도 늘 불평을 하지 않고 참고 견디는 일을 일찍부터 배워야 한다. 여성은 남편을 위해서가 아니라 자기를 위해서 상냥해야 하는 것이다. 여성의 원한과 끈질김은 항상 자기의 괴로움을 크게 하며 남편의 질을 더욱 나쁘게 할 뿐이다. 남성은 여성이 자기를 정복하게 되는 것은 그런 무기에 의해서가 아니라는 것을 알고 있다.

하늘이 여성을, 사람의 비위를 잘 맞추고 설득력이 풍부한 자로 만든 것은 아우성치는 자로 만들기 위해서가 아니다. 약한 자로 만든 것은 명령시키기 위해서가 아니다. 부드러운 목소리를 부여한 것은 흉을 보게 하기 위해서가 아니다. 용모를 섬세하게 만든 것은 노여움으로 얼굴을 흉하게 보이기 위해서가 아니다. 화를 내면 여성은 제정신을 잃고 만다. 여성의 불평은 가끔 옳을 때가 있다. 그러나 아우성치는 것은 어떤 경우이건 옳지 못하다. 남자건 여자건 자기 분수에 어울리는 태도를 유지해야 한다. 지나치게 상냥한 남편은 아내를 건방진 여자로 만드는 수가 있다. 그러나 아무리 거친 남자라도 괴물이 아닌 이상, 아내의 상냥한 태도는 그를 달래고 언젠가는 그를 정복하게 된다.

딸은 항상 유순해야 하지만, 어머니는 항상 엄격한 어머니여서는 안 된다. 어린 딸을, 유순하게 만들기 위해 불행한 딸로 만들어서는 안 된다. 조심성 있는 여자로 만들기 위해 우둔한 여자로 만들어서는 안 된다. 반대로 때로는 분부를 지키지 않은 벌을 벗어나기 위해서가 아니라 복종하지 않기 위해 다소의 기교를 부리게 해도 상관 없다. 필요한 일은 그 의존 상태를 괴롭게 만드는 일이 아니라 그것을 알게 하면 되는 것이다. 교활함은 여성에게 자연히 구비된 재능이다. 그리고 자연의 모든 경향을 당연히 좋은 것이고 옳은 것으로 확신하는 나는, 그런 재능도 다른 재능과 마찬가지로 길러 주어야 한다고 생각하고 있다. 그 악용을 방지하는 것만이 필요하다.

이런 고찰의 옳은 점에 관하여는 모든 성실한 관찰자의 검토에 맡기자. 이런 점에 관하여는 어른이 된 여성을 살펴보지 않기 바란다. 오늘날의 답답한 제도는 여성에게 부득이 재기(才氣)를 둔화하게끔 만들었는지도 모른다. 소녀들, 이를테면 아주 나이 어린 소녀를 관찰해 주기 바란다. 그 소녀와 같은 또래의 소년과 비교해 보는 것이 좋다. 만일 소년이 소녀와 비교하여 느리고 멍청하고 어리석게 보이지 않는다면 분명히 우리는 그르다. 다음에 한 가지만 전적으로 어린이다운 소박한 예를 들 것을 허용해 주기 바란다.

식탁에서 어린이가 아무것도 원하지 않게 가르치는 것은 아주 보편적인 일이다. 사람들은 덮어 놓고 필요 없는 계율을 줌으로써 어린이의 교육을 가장 성공적으로 이룩한다고 믿고 있다. 그러나 무엇무엇을 원할 때 주든지 안 주든지 그것은 간단하게 끝날 일이 아닌가.*5 기대를 줌으로써 욕망을 자극하여, 가엾게도 어린이 마음을 끊임없이 애타게 만들지 않아도 되지 않는가. 잘 알려진 일이지만 어느 영리한 소년은 그런 규칙을 지키도록 되어 있었는데, 식사 시간에 자기 존재가 잊혀지자 소금을 달라고 해야겠다는 생각이 들었다는 이야기가 있다. "소금을 달라고 하긴 했지만 사실은 고기가 먹고 싶었던 게지?" 이렇게 소년을 놀려 댈 수도 있었다고 말하지 않겠다. 소년을 잊고 있었다는 것은 참으로 가혹한 일이었으며, 비록 공공연하게 규칙을 어기고 솔직히 "나는 배가 고파 죽겠습니다" 한들 꾸중을 듣지는 않았으리라.

그건 그렇고 내가 보는 앞에서 여섯 살 난 여자아이가 어떻게 행동했는가? 그 아이는 훨씬 더 곤란한 상황에 놓여 있었다. 왜냐하면 그 아이는 늘 직접적으로든 간접적으로든 뭔가 달라는 말을 하지 못하도록 단단히 금지되어 있었을 뿐만 아니라, 규칙을 지키지 않는다면 용서받을 수 없었기 때문이다. 그 아이는 가장 먹고 싶던 한 가지 음식을 제외하고는 모든 음식을 먹어보았다. 하지만 맛보지 못한 그 음식을 주는 사람은 아무도 없었다.

그래서 규칙을 어긴다는 꾸중을 듣지 않고도 자기가 잊혀지고 있다는 것을 알게 하기 위해, 그 아이는 손가락으로 거기 있는 요리를 하나하나 가리키며 큰 소리로 말했다. "나는 이것은 먹었어, 이것도 먹었어." 그리고 자기가 먹지

---

*5 집요하게 조르면 이득이 있으니까 아이는 끈질기게 조른다. 그러나 맨 처음 대답한 것을 절대로 취소하지 않으면 아이는 같은 일을 거듭 요구하는 짓은 하지 않을 것이다(원주).

않은 요리에 대하여는 똑똑히 알 수 있게 아무 말도 하지 않으려 하자, 누군가가 그것을 알아차리고 말했다. "이것은 먹었니?" "아니." 먹보 여자아이는 아무 티도 내지 않고 대답하며 눈을 내리깔았다. 뒤는 말하지 않겠다. 비교해 보라. 이런 수법이 여자아이의 교묘한 방법이다. 앞의 방법은 남자아이가 하는 방법이다.

현실의 모든 것은 좋은 것이며, 어떤 일반 법칙도 나쁜 것은 없다. 여성에게 주어진 그런 특별한 재주와 지각은 여성에게 부족한 힘을 전적으로 정당하게 보상하는 것이다. 그런 것이 없으면 여성은 남성의 반려가 아니라 노예가 되고 말 것이다. 그런 뛰어난 재능에 의해 비로소 여성은 남성과 동등한 지위를 차지하고, 복종하면서도 남성을 지배하고 있는 것이다. 여성에게는 온갖 불리한 일이 많다. 우리 남성의 결점, 여자의 겁많은 성질, 약함. 여성에게 유리한 점은 그 교묘함과 아름다움 뿐이다. 여성이 그것을 닦는 것은 당연한 일이 아닌가. 그러나 아름다움이 항상 있는 것은 아니다. 그것은 온갖 우연적인 일로 인해 파괴당하고 세월과 함께 사라진다. 습관은 그 효과를 잃게 한다. 재기만이 여성을 진정으로 구원하는 길이다. 그렇다고는 하지만 그것은 세상에서 높이 평가당하고 있는 저 하찮은 재기가 아니다. 그런 것은 행복한 생활을 위해 아무런 쓸모도 없다. 그러한 것이 아닌 여성의 상태에 어울리는 재기, 우리 남성의 상태에서 이익을 끌어내고 남성의 유리한 입장을 이용하는 기술, 이것이 여성에게 구원의 길이다. 그런 여성의 재기와 지각은 우리 남성에 있어서 얼마나 유익한 것인가. 남녀 교제상 얼마나 매력을 주는가. 어린이의 과격함을 누르는 데 얼마나 도움이 되는가. 난폭한 남편을 진정시키고, 평화스러운 가정생활을 유지하는 데 얼마나 도움을 주는가를 사람들은 모른다. 더욱이 그런 것이 없으면 불화를 일으키게 된다. 교활하고 질이 좋지 않은 여자는 그것을 악용하고 있다. 그것은 나도 잘 알고 있다. 그러나 부도덕이 악용하지 않는 것이 있을까. 나쁜 인간이 때로 해로운 일을 이용한다고 하지만 행복에 도움을 주는 도구를 파괴하는 일은 하지 않을 것이다.

의상은 사람의 눈을 끌 수는 있어도 사람은 그 사람 자신을 통해서만 다른 사람을 즐겁게 해준다. 우리가 입고 있는 것은 우리 자체는 아니다. 지나치게 옷에 몰두하면 오히려 보기 흉하게 된다는 것은 흔한 일이고, 입어서 사람을 가장 돋보이게 하는 옷은 가장 눈에 띄지 않는 복장일 경우가 흔히 있다. 여자 교육은 이 점에 있어서 완전히 잘못되어 있다. 사람들은 여자아이에게 상으로서 몸을 장식하는 것을 주기로 약속하고 정성들인 옷을 좋아하게끔 만들고 있다. 여자아이가 화려한 옷을 입으면 이렇게 말한다. "참으로 아름다워라!" 전혀 반대로, 몸을 장식하는 여러 가지의 것은 결점을 감추기 위해 있다는 것, 그리고 아름다운 사람의 진정한 승리는 그 사람 자신의 아름다움에 의해 빛나게 보여야 한다는 것을 그녀들에게 가르쳐 주어야 할 것이다. 유행을 좋아하는 것은 나쁜 취미이다. 얼굴은 유행과 함께 변하는 것이 아니고 형태는 항상 같으므로 무엇이든 잘 어울리는 사람은 늘 잘 어울린다.

젊은 여자가 몸을 요란스럽게 장식하고 공작같이 으스대는 것을 보면, 그런 식으로 모습을 바꾸는 일에 대하여, '사람들이 어떻게 생각할까?' 나는 불안해질 것이다. 나는 이렇게 말할 것이다. "저런 장식품은 저 사람을 지나치게 장식해 주고 있습니다. 가엾은 일입니다. 저 사람은 좀더 간단한 것으로 멋을 내는 게 좋지 않을까요? 저런 것을 장식하지 않아도 저 사람은 아름다울까요?" 그러면 아마도 그 사람은 자진해서 장식을 떼어 버린 자기를 보아 달라고 할 것이다. 그럴 때 칭찬해 줄 만한 여지가 있으면 칭찬해 주는 것이다. 그 사람이 더할 나위 없이 간소한 복장을 하고 있을 때가 아니면 나는 결코 그다지 칭찬하지는 않을 것이다. '장식은 신체의 아름다움을 보충하는 것에 지나지 않는다. 자기가 사람들의 마음에 들기 위해 뭔가의 도움을 필요로 하고 있다는 것을 무언에 인정하고 있다는 증거에 지나지 않는다' 생각한다면, 그 사람은 의상을 자랑하려고 하지 않고 오히려 그것을 부끄럽게 여길 것이다. 그리고 여느 때보다 화려하게 옷을 입고 있을 때 "참으로 아름다워라!" 사람들이 말하면 얼굴을 붉히며 분하게 생각할 것이다.

그리고 장식이 필요한 사람이 있긴 있지만 호화스러운 치장이 아무래도 필요한 사람은 없다. 돈이 드는 장식은 신분을 위해 필요한 허세이지 사람을 위해 필요한 것은 아니다. 그것은 편견에 따랐을 뿐이다. 눈에 띄는 멋도 때로는 환영을 받을 수도 있겠지만 절대로 야해서는 안 된다. 유노는 베누스보다 호화스러운 치장을 하고 있었던 것이다. 미녀 헬레네에게 더덕더덕 장식을 붙여서 그린 서툰 화가에게 아펠레우스는 말했다. "자네는 그녀를 아름답게 그릴 수 없으니까 호화스러운 모습으로 그렸군." 나는 또한 더할 나위 없이 화려한 장식은 대체적으로 추한 여자의 표시라는 것을 알았다. 그런 것 이상으로 시시한 허영심은 없을 것이다. 좋은 취미를 가지고 유행에 신경을 쓰지 않는 젊은 여자에게 리본과 엷은 헝겊과 모슬린과 꽃을 주면 참으로 좋을 것이다. 보석 목걸이나 다이아몬드나 레이스는 없어도*6 그녀가 몸에 붙이는 장식은 뒤샤프트 상점에 있는 대단히 멋있는 온갖 잡동사니보다 몇 배나 그녀를 매력적으로 보이게 할 것이다.

본디 좋은 것은 언제라도 좋은 것이고 될 수 있는 대로 항상 가장 좋은 것으로 해야 하기 때문에, 옷에 대하여 잘 알고 있는 여성은 좋은 것을 골라 항상 그것을 사용한다. 그리고 매일 바꾸는 따위의 짓은 하지 않으므로 어느 것으로 했으면 좋을지 모르는 여성처럼 옷에 대하여 신경을 쓸 필요가 없다. 옷차림에 대한 온전한 마음가짐을 가지고 있는 사람은 멋을 부릴 필요가 거의 없다. 어엿한 집안의 규수들은 좀처럼 유난스레 화장을 하지 않는다. 그들은 일과 공부로 하루를 보내고 있다. 그런데도 불구하고 일반적으로 그런 사람들은 연지 같은 것은 찍지 않지만 귀부인들과 같을 정도로 정성을 들여, 그리고 때로는 더욱 훌륭한 취미로 몸단장을 한다. 화장의 폐해는 사람들이 생각할 정도로 심한 것은 아니며, 그것은 허영심보다 오히려 지루하기 때문에 생기는 일이 많다. 화장하는 데 여섯 시간이나 걸리는 여성도 30분밖에 걸리지 않는 여성보다 아름다워지지 않는다는 사실을 알고있다. 다만 견디기 어려운 긴 시간을 그만큼 줄이게 되며, 모든 일에 싫증을 내고 있는 것보다 자기 자신을 즐기는 편이 낫기 때문이다. 몸치장이라는 것이 없다면 점심때부터 저녁때까지의 생활을 어떻게 하면 될 것인가. 자기 주위에 여자들을 모아 놓고, 그 여자들을 초조하게 만들고 재미있어한다는 것만으로도 대단한 것이다. 그 시간이 아니면 만날 수 없는 남편과 얼굴을 대하는 일도 피할 수 있다. 이것은 더욱 대단한 일이다.

그리고 장삿군이나 골동품상이 찾아온다. 시시한 여러 사람들이 찾아온다. 하찮은 작가들이 찾아온다. 시나 노래나 팸플릿을 가지고 온다. 몸치장이 없다면 그런 것들을 그렇게 많이 끌어들이는 일을 도저히 할 수 없을 것이다. 그것과 연결되어 있는 단 하나의 현실적인 이익은 단정히 옷을 입고 있을 때보다

---

*6 레이스가 없어도 될 만큼 살결이 흰 여성은 그런 것을 입지 않으면 다른 여성들을 약오르게 할 것이다. 유행을 만들어 내는 것은 대개 보기 싫은 여성들인데, 아름다운 여성들은 그 유행을 좇는 어리석은 짓을 한다(원주).

다소 마음놓고 지껄일 수 있는 구실이 되는 일이다. 그렇긴 하지만 그런 이익도 사람들이 생각하는 것만큼 대단한 것은 아닐 테고, 화장하는 방에 있는 여성도 어엿한 이야기를 하지 않는 한 아무런 이득도 없는 것이다. 여성 교육은 걱정말고 여성에게 맡기는 게 좋겠다. 여성에게 동성을 돌보는 일을 좋아하게 만들어야겠다. 조심성 깊은 마음을 갖게 해야겠다. 가사를 돌보고 집안일에 전념하도록 만들어야겠다. 시간이 걸리는 몸단장 같은 것은 자연히 하지 않게 될 것이다. 게다가 여성은 그 때문에 훨씬 더 좋은 취미로 몸치장을 하는 결과가 될 것이다.

나이 어린 여성이 차차 커가며 가장 먼저 알게 되는 것은 그러한 외부적인 매력만으로는 충분하지 못하다는 것, 자기 자신에 매력이 있어야 한다는 것이다. 결코 얼굴만이 자기에게 아름다움을 줄 수는 없고, 또 일찍부터 애교를 부릴 수 있게 되지도 않는다. 그러나 동작에 유쾌한 모습을, 목소리에 사람의 마음을 끄는 가락을 붙이고, 침착한 태도를 취하고, 경쾌한 걸음걸이, 우아한 자태를 보이고, 모든 일에 있어서 자기에게 유리한 일인가를 생각하는 등, 이러한 일들은 일찍부터 해볼 수 있다. 목소리는 낭랑하게 퍼지고 확실해지며 자기만의 음색을 갖게 된다. 팔은 튼튼해지고 걸음걸이는 단단해져 어떤 옷을 입고 있건 사람의 눈을 자기 쪽으로 돌리도록 할 자신이 있다는 것을 알아차리게 된다. 이렇게 되면 이미 바늘과 손끝으로 하는 일만이 문제가 되지 않는다. 지금까지 갖지 못했던 재능이 나타나며, 벌써부터 그 효용을 느끼게 되는 것이다.

엄격한 교사들이 소녀들에게 노래도, 춤도, 즐거운 예능에 관한 일도 배우지 못하도록 하려는 것을 나도 알고 있지만 이것은 이상한 일이라고 생각한다. 그런 일을 대체 누구에게 배우도록 하겠단 말인가. 남자아이에게? 어쨌든 그런 재능을 가져야 하는 것은 남자인가 여자인가. 어느 쪽도 아니라고 그 교사들은 대답하겠지. "세속적인 노래는 모두 죄가 된다. 춤은 악마가 생각해 낸 것이다. 소녀는 말과 기도만을 즐거움으로 삼아야 한다"고 하니, 열 살 난 어린이로서는 이상한 즐거움이 아닌가. 나로서는 어린 마음에 항상 신에게 기도드리도록 강요당한 어린 성녀들이 모두 청춘기가 되면 전혀 다른 일에 몰두하지 않을까, 그리고 결혼하면 헛되이 보냈다고 생각되는 처녀 시절을 되찾으려고 하지나 않을까 걱정스러워 견딜 수가 없다. 어떤 일이 여성에게 어울리는가 하는 문제와, 동시에 어떤 일이 그 나이에 어울리는가 하는 문제도 고려해야 한다. 어떤 소녀가 할머니 같은 생활을 해서는 안 된다. 싱싱하고, 쾌활하고, 하고 싶은 대로 놀고, 노래부르고, 춤추고, 그 나이에 어울리는 티없는 즐거움을 한껏 맛보아야 한다. 나는 그렇게 생각하고 있다. 침착해지고 좀더 진지한 태도를 취하게 되는 시기가 되면 언제 벌써 그런 시기가 되었나 하는 생각이 들 것이다.

그러나 그런 변화가 필요하게 된다는 것조차도 진실한 일일까. 그것 역시 우리 편견의 결과가 아닐까. 우리는 정숙한 여성에게 침울한 의무만을 강요함으로써 결혼생활이 남성에게 즐거운 것일 수 있는 모든 것을 멀리해 버렸다. 침묵이 감도는 분위기가 가정을 지배하고 있음을 느끼고, 남자가 집에서 나간다거나 혹은 그런 불쾌한 환경으로 들어가기를 그다지 좋아하지 않는다고 해서 놀랄 것은 없다. 온갖 의무를 극단으로 몰고 감으로써 그리스도교는 그것을 실행 불가능한 일, 헛된 일로 만들고 있다. 노래와 춤과 세상의 온갖 즐거움을 금함으로써 여성을 집안에서 애교가 없고 잔소리 많은, 참을 수 없는 존재로 만들고 있다. 결혼에 대하여 그토록 엄격한 의무를 과하고 있는 종교는 달리 없지만 결혼의 신성한 약속이 전적으로 무시당하고 있는 것을 허용하는 종교도 또한 없다. 그것은 아내가 사랑스러운 존재가 되는 것을 한사코 방해했기 때문에 남편을 무관심하게 만들어 버렸던 것이다. 그렇게 되어서는 안 된다. 그것은 나도 잘 알고 있다. 그러나 나는 이렇게 말할 것이다. "그렇게 되는 것은 당연했다. 결국 그리스도교도도 인간이므로."

나로서는, 알바니아의 젊은 여성이 이스파한의 후궁으로 들어가기 위해 사람들을 즐겁게 해줄 재능을 닦는 것과 같은 마음씨로, 영국의 젊은 여성도 언젠가 맞이하게 될 남편을 즐겁게 해주기 위해 그런 재능을 연마해 주기 바란다. 사람들은 말하겠지. "남편이란 그런 재능에 대하여 관심이 없다." 분명히 그렇다. 그 재능이 남편을 즐겁게 해주기 위해 쓰이지 않고, 남편의 체면을 손상시키는 염치없는 청년을 집으로 끌어들이는 미끼로써 쓸모가 있다면 그렇다. 그러나 그런 재능을 지니고 있는 정숙한 사랑스러운 아내가 그것을 남편의 즐거움을 위해 바치는 데도 남편의 행복한 생활을 방해하는 것은 무엇인가. 남편이 피곤에 지친 머리를 감싸쥐고 작업실에서 나와 쉬기 위해 밖으로 나가려는 것을 그만두게 할 수 없는 것인가. 그런 식으로 사이좋게 지내는 가정, 각 개인이 자기의 것을 공동의 즐거움으로 제공할 수 있는 행복한 가정을 모두 알 것이다. 그런 가정에서 반드시 볼 수 있는 신뢰와 친밀, 티없는 상쾌한 즐거움은 밖에서의 시끌벅적한 즐거움을 충분히 보상할 수 없는지 어떤지 듣고 싶다.

사람들을 기쁘게 하는 재능은 지나치게 기술적인 것으로 변해버렸다. 우리는 그것을 지나치게 일반화해 버렸고, 모든 것을 규칙투성이로만 만들어 어린이에게 보다 즐거운 명랑한 놀이에 지나지 않는 일도 몹시 따분한 것으로 만들어 버리고 있다. 나이 먹은 교사가, 또는 음악 교사가 무슨 일에 대해서건 웃음을 터뜨리고 싶어하는 어린아이에게 짐짓 점잔을 빼며 찾아와서, 하찮은 지식을 주기 위해 교리문답을 가르칠 때보다 더욱 현학적이며 거드름 피우는 어조로 이야기하는, 그런 광경보다 더 우스꽝스러운 것을 생각해 낼 수 없다. 예를 들어 노래를 부르려면 꼭 악보가 필요한 것일까. 음표 같은 것은 전혀 몰라도 음성을 부드럽게 하고 정확하게 하여 잘 부르고 또 반주하는 것까지도 배울 수 있지 않을까. 같은 종류의 노래를 어떤 목소리로도 노래할 수 있을까. 같은 방법이 어느 사람에게도 잘 맞을까. 같은 자세, 같은 보폭, 같은 동작, 같은 몸짓, 같은 춤이 통통하고 키 작은 갈색 머리 여자에게도, 꿈 꾸는 듯한 눈동자의 키큰 금발 미녀에게도 모두 다 어울린다고 사람들이 뭐라 한들 나는 도저히 믿을 수가 없다. 그래서 그런 두 사람에게 교사가 정확하게 같은 방법으로 가르친다면, 이 사람은 격식대로 하고 있지만 자기의 예술에 대하여는 그 자신도 모르고 있다고 나는 누구에게나 말할 것이다.

소녀들에게 남자 교사가 좋을까, 여자 교사가 좋을까 하고 사람들은 묻는다. 나도 모르겠다. 소녀들에겐 남자 교사도, 여자 교사도 필요하지 않은 것 같다. 진심으로 배우고 싶은 일을 마음대로 배웠으면 그것으로 좋겠다. 게다가 우리의 도시 주변에서 늘 서성거리는 야한 차림의 실없는 패들이 없어졌으면 좋겠다. 그런 패들과 교제하는 일이 어린 소녀들에게 그들의 수업이 유익한 것 이상으로 유해하지 않다고는 아무래도 생각할 수 없다. 그들 특유의 말, 말투, 태도가 하찮은 일에 대한 최초의 취미를 젊은 제자들에게 주게 되는 것이다. 그런 일을 그들은 매우 중요하게 생각하고 있는데, 그들을 본받아 제자들도 머지않아 그런 일에만 마음이 쏠리게 될 것이다.

즐거움만을 목적으로 하는 예능에 있어서는 아버지, 어머니, 형, 누나, 친구,

하녀, 거울, 그리고 무엇보다도 그 사람 자신의 취미 등 누구나 무엇이든지 어린이의 교사가 될 수 있다. 곁에서 가르쳐 주겠다는 식으로 해서는 안 된다. 당사자가 가르침을 받게끔 만들어야 한다. 기분 전환이 되는 일을 괴로운 것으로 만들어서는 안 된다. 특히 이런 종류의 공부에서 성공의 첫걸음은 숙달하고 싶다는 기분이 들어야 하는 데 있다. 게다가 정규 수업이 아무래도 필요한 경우 남자 교사가 좋을지 여자 교사가 좋을지는 나로서도 결정지을 수가 없다. 남자 무용 교사가 나이어린 여자 제자의 하얗고 날씬한 손을 잡아야 하는 것인지, 스커트를 들어올리고 치켜뜬 눈으로 팔을 벌려 할딱거리는 가슴을 내미는 등의 짓을 제자에게 가르쳐야 하는지 나는 모르겠다. 그러나 나는 그들이 처음부터 그런 직업을 가지려고 하지 않았다는 점은 잘 알고 있다. 취미는 재주와 재능에 의해 형성된다. 정신은 취미에 의해 무의식 상태의 모든 미적 관념을 각성시키고 마침내는 그것과 관련되는 도덕적 관념을 각성시킨다.

이것은 아마도 소양과 절도라는 데 대한 감정이 여자아이에게는 남자아이에게보다 일찍 느껴지게 되는 이유의 하나이다. 그런 조숙한 감정이 곁에서 시중 드는 여자들 때문이라고 생각하는 것은 그런 여자들의 가르치는 방법과 인간 정신의 진행 과정을 전혀 모르기 때문이라고 해야 할 것이다. 이야기하는 재능은 사람을 기쁘게 하는 기술 가운데서 첫째의 지위를 차지하고 있다. 그것은 습관에 의해 감각이 익숙해지는 일에 그만큼 새로운 매력을 더할 수 있게 되기 때문이다. 육체를 활기차게 할 뿐만 아니라 그러한 육체를 소생시키는 것은 정신이며, 정신이 용모에 생기를 주어 변화를 일으키는 것은 그 감정과 관념이 잇달아 일어나기 때문이다. 그리고 정신력으로 표현되는 말에 의해서만이 주의력은 빗나가지 않고 오랫동안 같은 대상에 같은 흥미를 계속 유지한다. 내가 생각하건대, 모두 이런 이유에 의해 소녀들은 일찍부터 기분좋은 가벼운 농담을 배우게 되며 아직 의미도 모를 나이인데도 이야기에 억양을 붙이므로, 남성은 일찍부터 저쪽이 이쪽의 말을 아직 이해하지 못할 무렵부터 소녀들의 하는 말에 귀를 기울이며 즐기는 것이다.*7 남성은 소녀들의 지혜가 나

---

*7 이본—이하 다음과 같이 된다. '남성은 그러한 어린 여성들에게 분별력이 생겨나는 시기를 소위 지켜보다가 때가 되면 그녀들을 사랑할 수가 있겠는가를 알려고 한다. 아무래도 우리는 우리를 기쁘게 하는 자를 기쁘게 해주고 싶다고 생각하는 것이며, 희망이 없어지면 그 상대는 오래 우리를 기쁘게 해주게 되지는 않는 것이다.'

타나는 데 주의를 기울였다가 감정의 출현을 꿰뚫어보려고 하는 것이다.

여성의 말은 부드럽다. 여성은 남성보다 훨씬 일찍부터 이야기하며 더욱 쉽게 기분좋은 말솜씨를 부린다. 지나치게 말이 많다고 비난을 받기도 한다. 그러나 여성이 말이 많은 것은 당연한 일이며, 나는 그런 비난을 주는 동시에 찬사를 주어도 좋다고 생각한다. 여성의 입과 눈은 똑같이 잘 움직이는데 그것은 같은 이유이다. 남성은 알고 있는 일에 관하여 말하지만 여성은 사람을 즐겁게 하는 말을 한다. 남성은 이야기하기 위해서 지식이 필요하고 여성은 취미를 필요로 한다. 한쪽은 쓸모가 있는 일을, 다른 한쪽은 즐겁게 해주는 것을 주된 목적으로 해야 한다. 그들의 이야기는 진실성이라는 것 이외에 공통의 형식을 가져서는 안 된다.

그러므로 남자아이의 경우와는 달리 여자아이의 지껄임에 대해선 "그것이 무엇에 쓸모가 있나?" 엄하게 문책할 것이 아니라 "그것이 남에게 어떤 느낌을 줄까?"라는 대답하기 어려운 다른 질문을 해야 한다. 어린 시절에는 아직 좋은 일, 나쁜 일을 구별할 수 없고, 누구의 심판자도 아니므로 소녀들은 상대를 즐겁게 해주는 일 외에는 절대로 아무것도 이야기하지 않는다는 것을 규칙으로 삼고 지켜야 한다. 그런데 이 규칙의 실행을 더 어렵게 만들고 있는 것은 언제나 절대로 거짓말을 해서는 안 된다는 기본적인 규칙에 묶여 있다는 사실이다.

여기에는 그 밖에도 어려운 일이 있으리라고 생각되지만 그러나 그것은 좀 더 나이가 든 다음의 일이다. 소녀들이 지금으로서는 진실을 이야기한다는 문제에 있어서 진실 가운데 고상하지 못한 일은 말하지 않아야 한다는 것 이외에 문제는 있을 수 없다. 그러나 그런 고상하지 못한 일은 본래부터 여자아이들이 싫어하므로 교육에 의해 그런 말은 하지 못하도록 가르치기는 쉽다. 내가 인정하는 바에 의하면, 일반적으로 세상의 교제면에서 남성의 예의는 친절해야 하는 데 있고, 여성의 예의는 호의를 표시하는 데 있다. 이 차이는 가르침을 받아서가 아니라 자연히 그렇게 되어 있는 것이다.

남성은 당신에게 더 필요한 사람이 되려는 것 같고 여성은 당신을 기쁘게 해주려는 것 같다. 여기서 여성의 성격이 어떻건 여성의 예의는 남성의 예의보다 더 진실하다. 그것은 여성에게 본래부터 있는 본능을 확장했을 뿐이다. 그런데 어떤 남자가 자기의 이익보다도 나의 이익을 중요시하는 체할 때 아무리 과장된 방법으로 꾸민다 해도 그 남자가 거짓말을 한다는 것은 확실히 알 수 있다. 그러므로 여성에게 예의를 지키는 일은 그리 어려운 일이 아니다. 또한 소녀들을 예의 바른 여성으로 가르치는 수업은 그리 괴로운 일은 아니다. 최초의 가르침은 자연으로부터 받았으므로 기술상 남겨진 문제는 다만 그 가르침을 따라가고, 우리의 규칙을 지켜, 어떤 형식으로 그것을 밖으로 표현해야 하느냐 하는 것을 결정짓는 것뿐이다. 여성끼리의 예의에 관하여는 문제가 전적으로 달라진다. 이 경우 여성들은 몹시 어색한 모습과 냉정한 태도를 보이며, 서로 견제하고 참을 수 없는 기분을 애써 감추려 하지 않고 겉으로 꾸미는 일은 거의 없으며, 진지하게 거짓말을 한다. 그렇지만 어린 사람들은 서로 기탄없는 우정을 진심으로 느낄 때도 가끔 있다. 그 나이에는 쾌활한 기분이 뛰어난 천성을 대신하는 수가 있다. 그리고 자기에게 만족하고 있는 소녀들은 모든 사람에게 만족을 느끼고 있다. 그녀들은 남자들이 보고 있는 앞에서 더욱 기쁜 듯이 서로 입을 맞추고, 더욱 다정하게 서로 애무하여 남자들이 부러워할 만한 사랑의 표시를 함으로써, 벌을 받을 우려도 없이 그들의 욕망을 자극하고는 자랑스러운 기분에 잠기는 일을 흔히 볼 수 있다.

소년에게 버릇없는 질문을 금지시켜야 한다면 소녀에게는 더더욱 그런 질문을 금지해야 한다. 여자아이의 경우 호기심을 만족시켜 주거나 멀리해 주지 않으면 참으로 어쩔 수 없는 중대한 결과를 초래하게 된다. 여자아이에게는 사람들이 감추고 있는 비밀을 알아차리는 능력과, 그것을 발견하는 재능이 있기 때문이다. 소녀들로부터 질문을 받기 전에 먼저 여러 질문을 하는 것이 좋다. 자유롭게 말하도록 신경을 써주는 것이 좋다. 편히 이야기하는 연습을 시키기 위해, 곧 대답할 수 있게 하기 위해, 머리와 혀가 잘 움직이게 하기 위해서 놀려 주어도 별로 위험한 일이 생기지 않을 무렵부터 소녀들을 놀려 주는 것이 좋겠다. 항상 쾌활하게 떠들썩하면서도 알맞는 상태로 잘 이끌어가는 이야기는 그 나이 또래의 매력있는 놀이가 되어 어린 사람들의 순진한 마음에 최초로, 그리고 아마도 그 생애에 받는 가장 유익하고도 도덕적인 가르침을 이룩하게 될 것이다. 그것은 마음이 끌리는 즐거움과 실없는 일로 보이면서도 어떤 아름다운 점에 남성이 진정으로 경의를 표하는지, 또 훌륭한 여성의 명예와 행복이 어떤 곳에 있는가를 소녀들에게 가르치는 결과가 될 것이다.

남자아이라 할지라도 종교에 관하여 올바른 관념을 만들어 내는 능력을 갖지 못한다면 그런 관념은 여자아이로서는 더욱 이해하기 곤란한 문제라는 것을 잘 알 수 있다. 그러므로 나는 여자아이에게 좀 더 일찍부터 종교 이야기를 해주고 싶다. 그런 심원한 문제를 체계적으로 논하기를 기다려야 한다면 그들이 그것을 이야기할 기회가 전혀 없을지도 모르기 때문이다. 여자의 이성은 실천적인 이성이어서, 그것은 이미 아는 것의 목적을 달성하는 수단을 찾아내는 일에는 지극히 유능하지만 목적 그 자체를 찾아내지는 못한다. 남녀의 상호 관계는 놀라울 만하다. 그 관계로부터 하나의 도덕적 인격이 생겨날 때 여성은 그 눈이 되고, 남성은 그 팔이 되는데, 서로 상호적인 의존 상태에 놓여서 여성은 남성으로부터 무엇을 보아야 하는지 배우고, 남성은 여성으로부터 해야 할 일을 배운다. 만일 여성도 남성도 같은 정도의 근원으로 거슬러 올라갈 수 있고, 같은 정도로 자질구레한 일에 신경이 미친다면 남녀는 항상 서로 독립하여 끊임없는 불화 속에 살 것이며, 상호관계는 잘 되어 나가지 못할 것이다. 그런데 서로를 지배하는 조화에 의해 모든 것은 공동의 목적을 향해 나아간다. 어느 쪽이 더 많이 자기 것을 사용하고 있는지 모른다. 각기 상대방의 충동에 따르게 된다. 각기 복종하면서 서로의 주인이 되기 때문이다.

여성의 행동이 대중에 묶여 있다는 사실, 바로 그것 때문에 여성의 신앙은 권위에도 묶여 있다. 딸은 어머니의 종교를 믿어야 하고, 아내는 남편의 종교를 믿어야만 한다. 그 종교가 잘못되어 있을 경우에도 어머니와 가족을 자연의 질서에 따르게 하는 다소곳함이 잘못을 저지른 죄를 신 앞에서 씻어 준다. 여성은 스스로 판정자가 되는 상태에 놓여 있지 않기 때문에 아버지와 남편의 결정을 교회의 결정과 마찬가지로 받아들여야 하는 것이다.

여성은 자기 혼자 힘으로 신앙의 규칙을 끌어낼 수 없으므로 명증과 이성의 한계를 신앙의 한계로 가질 수는 없다. 다만 외부의 충동에 이끌려 항상 진실의 바로 앞이나 저쪽에 있게 된다. 항상 극단으로 달리고 완전한 무신앙자나 신심으로 엉겨 굳어 버린 여자자 된다. 지혜와 신앙을 모두 함께 가질 수 있는 여성은 눈에 띄지 않는다. 악의 원천은 여성의 극단적인 성격에 있을 뿐만 아니라, 우리 남성들의 야무지지 못한 권위에도 있다. 무례한 행동은 권위를 경멸시키고 무서운 후회의 정은 그것을 가혹한 것이라는 생각이 들게 만든다. 이리하여 남성은 항상 권위를 지나치게 가지거나 거의 갖지 못하거나 하게 된다.

권위가 여성의 종교를 결정해야 하므로 여성에게는 믿는 이유를 설명해 주는 것보다 오히려 우리가 믿고 있는 것을 명확하게 이야기해 주어야 할 필요가 있다. 애매한 관념에 주어지는 신앙은 광신의 근원이며, 부조리한 일에 대하여 얻어지는 신앙은 광기나 불신으로 인도하기 때문이다. 우리의 교리문답이 무신앙자 또는 광신자 중 어느 쪽을 더 많이 만들어 내게 되는지 나는 모른다. 그러나 필연적으로 어느 쪽이건 만들어 낸다는 것은 잘 알고 있다.

　첫째로, 소녀들에게 종교를 가르치는 데 있어서 절대로 그것이 소녀들에게 슬픈 일, 괴로운 일이어서는 안 된다. 절대로 학습과정이나 숙제처럼 만들어서는 안 된다. 따라서 거기에 관계되는 것은 무엇이건, 기도까지도 절대로 암기하도록 만들어서는 안 된다. 소녀들 앞에서 당신들이 규칙적으로 기도하는 것만으로 해야 한다. 그렇다고 소녀들에게 그 자리에 있도록 강요하지 말아야 한다. 예수 그리스도의 가르침에 따라 기도는 간단하게 하는 게 좋다. 기도할 때는 항상 거기에 어울리게 마음을 가라앉히고 공손한 태도를 지녀야 한다. 긍휼히 여기어 우리의 기도를 들어 주십사고 지고의 존재자에게 기원할 때에는 우리가 하고자 하는 말에 열심히 정신을 기울일 가치가 충분히 있다는 사실을 생각해야 한다.

　소녀들이 일찍부터 종교를 알아야 하는 일이 그다지 중요하지는 않다. 오히려 깊이 알고, 특히 종교를 좋아해야 하는 일이 중요한 것이다. 당신들이 종교를 그녀들에게 무거운 짐으로 짊어지게 한다면, 신을 항상 그녀들에게 노하고 있는 존재로 그려 보인다면, 신의 이름으로 여러 가지 힘든 의무를 부과시키면서 당신들 자신은 그런 의무를 전혀 이행하고 있지 않다는 사실을 그녀들이 알았다면 그녀들은 어떻게 생각할 것인가. 교리문답을 외고 신에게 기도하는 일은 어린 여자아이나 하는 일이라고 생각하며 당신들과 마찬가지로 그런 귀찮은 일을 일체 피하기 위해 빨리 커야겠다고 생각할 뿐이 아니겠는가. 실례! 실례! 실례를 제시하지 않고는 절대로 아무 일도 성공하지 못한다.

　소녀들에게 신앙의 조목을 낱낱이 설명하려면 직접적인 교수 형식에 의해야 하며 문답 형식에 의해서는 안 된다. 소녀들은 언제나 자기가 정말로 생각하는 것만 대답해야 하며 말로 가르침을 받은 것을 대답해서는 안 된다. 그런데 교리문답의 대답은 모두가 거꾸로 되어 있어 학생이 선생에게 가르쳐 주게되어 있다. 그것은 학생이 입에 담았을 때 거짓이 된다고 할 수도 있는 것이다.

학생은 이해하지도 않은 일을 설명하고, 믿을 능력도 없는 일을 긍정하기 때문이다. 더할 나위 없이 총명한 사람들 가운데조차 교리문답을 하며 거짓말을 하지 않는 사람이 있던가? 만일 있다면 가르쳐 주기 바란다.

우리 교리문답의 첫째 물음은 이런 것이다. "누가 당신을 만들어 세상에 내놓았는가?" 여기에 대하여 소녀는 '어머니' 라고 알고 있으면서도 주저없이 "하느님입니다" 말한다. 이 경우 그녀가 알고 있는 단 하나의 사실은 거의 이해할 수 없는 질문에 대하여 자기가 전혀 이해하고 있지 않은 대답을 한다는 것이다.

어린이 정신의 진행상을 잘 알고 있는 사람이 어린이를 위해 교리문답을 만들었더라면 무척 좋았을 것이라고 나는 생각한다. 그렇게 되면 아마도 여지껏 쓰인 책 중에서 가장 유익한 책이 될 것이고, 내 생각으로는 아마도, 그 책에 적지 않은 명예를 주는 결과가 될 것이다. 어느 쪽이건 확실한 것은, 만일 그것이 쓸모가 있는 책이라면 거기에는 우리의 교리문답과 닮은 데는 거의 없으리라는 사실이다.

그런 교리문답은 질문을 받았을 때 아무것도 배운 것이 없어도 곧 어린이가 스스로 대답을 할 수 있지 않으면 쓸모가 없는 것이다. 때로는 어린이 쪽에서 질문하는 수도 있는 것은 두말할 나위도 없다. 내가 하고 싶은 말을 이해시키기 위해서는 모델 같은 것이 필요하겠지만, 나에게는 그것을 제시할 만한 능력이 없다는 것을 나는 잘 알고 있다. 그래도 막연하나마 그 관념을 주기 위한 시도를 해보겠다.

여기서 나는 우리의 교리문답의 첫 물음에 이르기 위해서는, 교리문답이 대략 이런 식으로 시작해야 한다고 생각한다.

유모 아가씨는 어머니의 어릴 때 일을 기억하고 있습니까?

소녀 아니오, 유모.

유모 어째서지요? 아가씨는 아주 기억력이 좋은데요?

소녀 그 무렵 나는 태어나 있지 않았으니까요.

유모 그럼 아가씨는 오래 전부터 살아 온 건 아니군요?

소녀 그렇지요.

유모 아가씨는 영원히 살 건가요?

소녀 네.

유모 아가씨는 젊습니까. 아니면 늙었습니까?

소녀 나는 젊어요.

유모 그럼 당신 할머니는 젊습니까, 늙었습니까?

소녀 할머니는 늙으셨어요.

유모 할머니는 전에는 젊었습니까?

소녀 네.

유모 어째서 할머니는 이젠 젊지 않습니까?

소녀 나이를 잡수셨으니까요.

유모 할머니처럼 아가씨도 늙게 될까요?

소녀 모르겠어요.*8

유모 작년에 아가씨가 입고 있던 옷은 어떻게 했지요?

소녀 그것은 벗어 버렸어요.

유모 어째서 벗어 버렸지요?

소녀 나에게 너무 작아졌기 때문입니다.

유모 어째서 아가씨에게 너무 작아졌나요?

소녀 내가 컸기 때문이에요.

유모 이제부터도 아가씨는 클까요?

소녀 물론이지요.

유모 그럼, 여자아이가 크면 무엇이 됩니까?

소녀 처녀가 되지요.

유모 그리고 처녀는 무엇이 됩니까?

소녀 어머니가 되지요.

유모 그리고 어머니는 무엇이 됩니까?

소녀 할머니가 되지요.

유모 그럼 아가씨는 할머니가 되겠군요?

소녀 어머니가 되고 나서지요.

유모 그리고 늙으면 무엇이 됩니까?

소녀 모르겠어요.

---

*8 "모르겠습니다" 해도 소녀가 틀린 대답을 한다면 결코 그 대답을 믿지 말고 조심해서 그것을 잘 설명하게 할 필요가 있다(원주).

유모 당신 할아버지는 어떻게 되셨습니까?

소녀 돌아가셨어요.*9

유모 어째서 돌아가셨습니까?

소녀 늙으셨으니까요.

유모 그럼 늙은 사람은 어떻게 됩니까?

소녀 죽습니다.

유모 그럼 아가씨는 늙으면 어떻게…….

소녀 (유모의 말을 가로막으며) 아아, 유모, 나는 죽고 싶지 않아요.

유모 아가씨, 아무도 죽고 싶다고 생각하는 사람은 없습니다. 하지만 모두 죽는답니다.

소녀 어머나! 어머니도 돌아가실까요?

유모 다른 사람들과 마찬가지지요. 여자도 남자도 똑같이 노인이 되며, 노인이 되면 죽게 되어 있답니다.

소녀 좀처럼 늙지 않으려면 어떻게 하면 되지요?

유모 젊었을 때 현명하게 살아야 합니다.

소녀 유모, 나 항상 현명하게 살게요.

유모 그것은 매우 좋은 일입니다. 그러나 아가씨는 언제까지나 살 수 있다고 생각합니까?

소녀 아주 나이를 먹으면, 나이를 먹으면…….

유모 어떻게 됩니까?

소녀 아주 나이를 먹으면 아무래도 죽어야 한다는 거지요?

유모 그럼 아가씨도 언젠가는 죽겠군요?

---

*9 소녀가 그렇게 말하는 것은 사람들이 그렇게 말하는 것을 들은 일이 있기 때문이다. 그러나 그녀가 죽음에 대하여 조금이라도 정확한 관념을 갖고 있는지를 조사해 볼 필요가 있다. 죽음의 관념은 사람이 생각하는 것만큼 단순하지도 않거니와 아이들에게는 알기 쉬운 일이 아니다. 《아베르》라는 소시편(小詩篇 당시 평판이 좋았던 스위스의 목가시인 게스너의 작품)에서 어떻게 죽음의 관념을 아이들에게 주면 좋은가 하는 하나의 예를 볼 수 있다. 이 매력 있는 작품에는 감미로운 소박함이 느껴지는데, 아이들과 이야기만 하기 위해서는 될 수 있는 대로 그러한 소박함을 몸에 익혀야만 한다(원주). 페넬롱은 《여자 교육론》 제7장에서 아이들에게 종교에 관한 지식을 주기 위하여 죽음이라는 것으로부터 문답을 시작하고 있다.

소녀 네, 네.

유모 아가씨보다 먼저 누가 살았지요?

소녀 아버지와 어머니예요.

유모 두 분보다 먼저는 누가 살았지요?

소녀 아버지와 어머니의 아버지와 어머니였어요.

유모 아가씨 뒤에는 누가 살게 될까요?

소녀 나의 아이들이지요.

유모 그 뒤에는 누가 살게 될까요?

소녀 나의 아이들의 아이들이지요……

이런 줄거리를 밟아 나가면 인류에게는 명백한 귀납에 의해 모든 것과 마찬가지로 처음과 끝이 있다는 것을 알 수 있다. 즉, 아버지도 어머니도 없었던 아버지와 어머니를, 그리고 아이를 갖지 않는 아이를 발견하게 된다.[*10]

위와 같은 긴 질문을 계속한 뒤 비로소 교리문답의 제1문이 충분히 준비되게 된다. 그런데 여기서부터 제2의 대답, 그것은 이른바 신의 본질의 정의인데, 이 제2의 대답에 이르기까지 참으로 커다란 비약이 있는 것이다. 이 간격은 언제 메워지게 될 것인가. 신은 성령이라고 하는데, 성령이란 무엇인가. 어른이라도 좀처럼 빠져나가기 힘든 형이상학의 어둠 속으로 어린이의 마음을 끌어들이려 하는 것일까. 조그마한 여자아이로서는 그런 질문에 대답할 수 없다. 기껏해야 그런 질문을 할 수 있을 뿐이다. 내가 그런 질문을 받으면 나는 다만 이렇게 대답할 것이다. "너는 신이란 무엇이냐고 묻는다. 그것은 간단하게 말할 수 없다. 신은 듣고 보고 만지지도 못한다. 우리는 신을 그 업적에 의해서만 알 수 있을 뿐이니까. 네가 신이 어떤 것인지 알려면 신이 만든 것을 알게 될 때까지 기다려야겠다."

나의 교리는 모두 진리이지만, 그것이 모두 똑같은 가치가 있는 것은 아니다. 신의 영광을 위해 그것이 모든 일에 있어서 우리에게 알려진다는 것은 전적으로 아무래도 좋은 것이다. 그러나 신의 율법이 모든 인간에게 부과한 이웃과 자기에 대한 의무를 알고 수행하는 것은 인간 사회와 그 성원 전체에게 중요한 일이다. 그런 일이야말로 우리가 서로 끊임없이 가르쳐야 하고, 아버지와 어

---

*10 영원의 관념을 인간의 세대에 적응하려 해도 정신의 승인을 얻을 수는 없을 것이다. 수적 계기(繼起)의 현실은 이 관념과 양립하지 않는다(원주).

머니가 아이에게 특히 가르칠 의무가 있는 것이다. 한 처녀가 그 창조자의 어머니라든가, 그녀가 신을 낳았다든가 혹은 단순한 인간에게 신이 깃들었다든가, 아버지와 아들의 실체는 동일하다든가 혹은 비슷한 것에 지나지 않는다든가, 성령은 동일한 그 두 존재 중 한쪽에서 나왔다든가 또는 두 존재에게서 동시에 나왔다든가 하는 문제의 해결은 실상 중요한 것 같지만 내가 보건대 인류에게는 그다지 중요한 일이라고 생각되지 않는다. 그것은 언제 부활제를 행할 것인가, 기도를 해야 할지 어떨지, 단식이나 고기를 먹지 말아야 할지, 교회에서 라틴어를 사용해야 할지 아니면 프랑스어를 사용해야 할지, 벽에다 성화를 장식해야 할지 어떨지, 미사곡을 부르거나 들어야 할지, 정식으로 아내를 맞이해야 할지 등의 일을 알아야 하는 것과 마찬가지로 대단한 것은 아니라고 생각한다.

그런 일에 관해서는 각자가 마음대로 생각해도 좋다. 그런 일이 어떻게 다른 사람의 관심을 끄는지 나는 모르겠다. 나로서는 그런 일에는 전혀 흥미를 느끼지 않는다. 내가 관심을 가지는 것은, 그리고 나와 마찬가지의 모든 인간이 관심을 가지는 것은, 인간의 운명을 지배하는 자가 존재한다는 것, 우리는 모두 그 자식이라는 것, 그는 우리 모두에게 올바른 사람이 되라고, 서로 사랑하라고, 선행을 즐기고 자비로우라고, 모든 사람에게 우리의 적이나 그의 적에 대해서까지도 약속을 지키라고 명하고 있다는 사실, 이 세상의 표면적인 행복은 무의미하다는 것, 이 세상의 생활이 끝나면 다른 생활이 있어 거기서 더할 수 없이 높으신 존재자는 착한 자에게 보답해 주고 악한 자를 심판한다는 것, 이런 일을 모든 사람이 알아야 하는 것이다.

이런 교리와 이것과 비슷한 교리가 어린이에게 가르칠 필요가 있는 교리, 모든 시민에게 납득시킬 필요가 있는 교리이다. 이것을 공격하는 자는 틀림없이 벌을 받을 뿐이다. 그런 자는 질서를 문란하게 하는 자, 사회의 적이다. 이것을 넘어서 특수한 견해에 우리를 복종시키려는 자는 반대의 길에서 같은 지점으로 다가온다. 그는 자기 식으로 질서를 세우기 위해 평화를 어지럽히고, 자기 분수를 모르는 우쭐한 기분에서 신의 뜻의 해설자가 되어 신의 이름으로 사람들의 순종과 존경을 요구하며, 감히 신을 대신하여 신이 되는 것이다. 그런 인간은 관용할 수 없는 인간으로서 벌을 받지 않는다 해도 신을 모독하는 인간으로서 벌을 받아야 한다.

그러므로 우리로서는 관념을 수반하지 않는 말에 지나지 않는 신비한 교리는 모두 무시하는 것이다. 그 공허한 연구에 종사하는 사람에게 미덕의 대신이 될 만한 것을 주어 그들을 선량한 인간으로 만들지 않고, 오히려 미치광이를 만드는 데 도움이 되는 설교는 모두 무시하는 것이다. 당신들의 어린이를 항상 도덕과 관련되는 교리의 좁은 범위에 머무르게 하는 것이다. 선을 행하도록 가르치는 것 외에 알아서 도움이 되는 것은 아무것도 없다는 사실을 어린이에게도 잘 이해시키다. 당신들의 딸들을 신학자나 이론가로 만들어서는 안 된다.

천상에 관해서는 인간에게 도움이 되는 것 이외에 가르쳐서는 안 된다. 자기는 항상 신이 지켜보고 있다고 느끼도록, 신이 자기의 행동·생각·덕성·즐거움의 증인이 되도록, 신은 좋은 일을 좋아하므로 사람이 보지 않아도 좋은 일을 하도록, 괴로움은 언젠가는 신이 보상해 주므로 불평하지 말고 참고 견디도록, 또한 생애의 어느 날이건 마침내 신이 앞에 나타났을 때 돌이켜보아 만족할 만한 자로서 살도록 소녀들에게 가르쳐야 한다. 이것이야말로 참된 종교이다. 과오·불경건·광신으로 빠져 들지 않는 단 하나의 종교이다. 가장 숭고한 종교를 설명하고 싶은 사람은 얼마든지 설명해도 좋다. 나로서는 이상 설명한 것 이외에는 종교를 인정하지 않는다.

그리고 이성이 눈을 뜰 때가 오기까지는, 나타나기 시작한 감정이 양심에 타이를 때가 오기까지는 나이 어린 여성에게 좋은 일, 나쁜 일은 주위에 있는 사람들이 그렇게 결정한 것이라는 사실에 주의해 주기 바란다. 하라고 명령받는 일은 좋은 일, 하지 말라고 금지당하는 일은 나쁜 일로써 그녀들이 그 이상의 일을 알아서는 안 된다. 따라서 그녀들 주위에 있게 될 사람들, 그녀들에게 뭔가의 권위를 가지게 될 사람들을 선택하는 문제는 매우 중대하다는 것, 남자아이에 비해 훨씬 중대하다는 것을 알 수 있다. 그러나 마침내 그녀들이 자기 스스로 사물을 판단하기 시작할 때가 온다. 그렇게 되면 교육 계획을 바꾸어야 한다.

그 일에 관하여는 지금까지 아마도 충분히 진술했다. 일반적인 편견 이외에 규칙을 정해 주지 않는다면 우리는 여성을 어떤 상태에 빠뜨리게 될까. 우리를 지배하는 여성, 천한 사람으로 만들지 않는 한 우리에게 명예를 주는 여성을 그렇게 낮은 곳으로 끌어내리지는 않는다. 온 인류에게는 사람들의 의견에 앞서는 하나의 규칙이 존재한다. 이 규칙의 확고한 방침에 모든 다른 규칙은 따라야만 한다.

그것은 선입견에 대해서도 판단을 내린다. 그러므로 사람들의 평가도 그것과 일치하는 한에 있어서만 우리에 대하여 권위를 갖게 되는 것이다.

그 규칙이란 내면의 감정이다. 나는 앞에서 설명한 것을 되풀이하지 않겠다. 다만 이 두 가지 규칙(내면의 감정과 사람들의 의견)이 협력하지 않는 한 여성 교육에 반드시 결함이 생긴다는 사실에 주의하면 그만이라고 생각한다. 의견을 고려하지 않는 감정은 훌륭한 품행을 세속적인 명예로 장식하는 저 섬세한 마음을 여성에게 주게 되지는 않을 것이며, 감정을 모르는 의견은 언제나 미덕 대신에 겉보기만 내세우는 거짓말을 잘 하고 파렴치해지는 여성을 만들 뿐이다.

그러므로 여성에게는 두 종류의 안내자를 조정하는 임무를 담당하는 능력, 양심을 흐리게 하는 일 없이 편견의 잘못을 바로잡는 능력을 기르는 것이 중요하다. 이 능력은 이성이다. 그런데 이 이성이라는 말을 듣고 얼마나 많은 사람들이 질문을 던져 오는가. 여성은 확고한 추론의 능력을 가질 수 있을까. 여성은 그런 것을 길러야 할 필요가 있을까. 순조롭게 자랄 수 있을까. 이성을 기른다는 것은 여성에게 부과된 직분에 도움을 줄까. 그것은 여성에게 어울리는 단순성과 양립할 수 있을까.

이런 문제를 검토하고 해결하는 입장의 차이에서 어떤 사람은 상반된 극단으로 빠져 버려 여성을 가정에 가두어놓고, 하인들을 상대로 바느질이나 실 잣는 일만을 시킴으로써 아내를 집주인의 시중을 드는 하인의 우두머리에 지나지 않는 존재로 만들고 있으며, 또 다른 사람들은 여성의 권리를 보증하는 것만으로는 만족하지 못하고, 나아가서는 여성에게 우리 남성의 권리를 빼앗는 일을 시키고 있다. 여성을 그 본래의 성질에 있어서는 월등히 우리보다 뛰어난 것으로 해놓고는, 다른 모든 일에 있어서 우리 남성과 동등한 것으로 만든다는 것은 자연이 남편에게 주는 우위성을 아내에게 옮기는 데 불과하지 않는가.

남성을 인도하여 그 책무를 알게 하는 이성은 그다지 복잡한 것이 아니다. 여성을 인도하여 그 의무를 알게 하는 이성은 더욱더 단순한 것이다. 남편에게 복종하고 충실해야 한다는 것, 아이들에게는 부드럽게 신경을 써주어야 한다는 것, 이것은 여성의 조건에서 생기는 전적으로 자연적이고도 뚜렷한 결과이며, 여성은 악의가 없으면 그녀를 인도하는 내면의 감정에 동의할 것을 거절하지 못할 뿐만 아니라, 아직 변질하지 않은 경향 속에 느껴지는 그 의무를 무시할 수도 없다.

나는 여성이 여성에게 적합한 일만을 하게 되고 그 밖의 모든 일에 관하여는 깊은 무지의 상태에 놓이는 것을 무조건 나쁘다고 하지는 않았다. 그러나 그러기 위해서는 일반 풍속이 매우 소박하고 건전해야 하거나, 아니면 세속에서 완전히 동떨어진 생각을 해야 한다. 대도시에서, 그리고 타락한 인간 틈에서 그런 여성은 당장 유혹에 빠져 버릴 것임에 틀림이 없다. 그 덕성은 때로 우연이 준 선물에 지나지 않을 때가 있다. 이 철학의 세기에 시련을 이겨내는 덕성이 여성에게 필요한 것이다. 여성은 사람들이 자기는 뭐라고 말할지, 그리고 그것을 어떻게 생각해야 하는가를 미리 알고 있어야만 한다.

한편 여성은 남성의 판단에 묶여 있으므로 남성의 존경을 받을 만한 값어치를 꼭 지녀야 한다. 특히 남편의 존경을 받아야 한다. 남편이 자기를 사랑하도록 만들 뿐만 아니라, 자기 행위의 올바름을 인정시켜야만 한다. 세상에다 남편이 행한 선택의 올바름을 증명하고, 그녀 자신에게 주어지는 명예에 의해 남편이 존경을 받도록 해야 한다. 그런데 여성이 현대의 제도에 대하여 무지하다면, 법도와 예절에 대해 아무것도 모른다면, 사람들의 판단의 원천도 그것을 결정하는 정념도 꿰뚫어보지 못한다면 어떻게 그것을 위해 적절히 처신할 수 있겠는가. 여성은 자기 양심을 따라야 하는 동시에 다른 사람의 의견에 묶여 있기도 하므로, 이 두 가지 규칙을 비교하여 일치시키는 방법을, 그리고 이들이 대립하여 있을 때만 전자를 택하는 방법을 배워야 한다. 여성은 자기를 판정하는 자의 판정자가 되어 어떤 경우 그들의 판정에 따라야 하는지, 또 어떤 경우 그것을 거부해야 하는지를 결정해야 한다. 그들의 편견을 거부하거나 승인하기 전에 그 무게를 달아 보아야 한다. 편견의 근원으로 거슬러 올라가 생각한 다음 거기에 대비하거나 또는 자기에게 유리한 것으로 만드는 방법을 배워야 한다. 다른 사람에게 비난당하지 않는 것이 자기 의무에 위배되지 않는 한 결코 비난을 초래하는 일이 없도록 조심해야 한다. 이런 일들은 하나같이 재기와 이성으로 육성하지 않으면 충분히 실행할 수 없다.

나는 끊임없이 원칙으로 되돌아간다. 그것은 나의 모든 곤란에 대한 해답을 준다. 나는 현실에 있는 일을 연구하고 그 원인을 탐구하고는 결국 현실에 있는 것은 좋은 일이라는 사실을 알게 된다. 그래서 나는 무관한 집을 방문한다. 그 집 주인과 안주인은 함께 나를 안내한다. 두 사람은 비슷한 교육을 받아 똑같이 정중하고, 비슷한 정도로 취미와 재기를 지니고 있으며, 두 사람 모두 기분좋게 손님을 맞이하여 사람들이 만족하고 돌아가길 원하는 마음으로 가득 차 있다. 주인은 온갖 일에 주의를 기울여 정성을 다할 것을 잊지 않는다. 여기저기 돌아다니며 여러 가지로 애쓴다. 온통 주위를 눈에다 집중시켜서 신경을 쓰고 있다. 부인은 자기 자리에 머물러 있다. 몇몇 사람들이 그 주위에 둘러서서 다른 사람들을 보이지 않게 하고 있는 것 같다. 그래도 집에서 일어나는 일을 그녀가 모르는 일은 하나도 없으며, 그녀가 말을 건네기 전에 밖으로 나가는 사람은 아무도 없다. 모든 사람의 관심을 끄는 일을 그녀는 하나도 잊지 않고 있다. 불쾌하게 느낄 말은 아무에게도 하지 않는다. 그리고 질서가 흐트러질 만한 일은 아무것도 하지 않지만, 그 자리에 있는 가장 신분이 낮은 사람도 가장 신분이 높은 사람이나 마찬가지로 잊혀지고 있지 않다.

식사 준비가 되어 모두 식탁에 앉는다. 주인은 서로 뜻이 맞는 사람들을 알고 있으므로 그대로 손님의 자리를 정한다. 부인은 아무것도 모르지만 그런 일로 실수를 하지는 않는다. 그녀가 이미 사람들의 눈길에서 태도에서 모든 취향을 알아차리고 있어 손님들도 각기 자기가 앉고 싶은 자리에 앉게 되는 것이다. 두말 할 것도 없이 음식을 권할 때 한 사람도 잊혀지는 사람이 없다. 집 주인은 돌아보기 때문에 누구 한 사람도 빼놓지 않지만, 부인도 손님이 먹음 직스럽다고 바라보는 것을 곧 알아차리고 그것을 손님에게 권한다. 옆 사람과 이야기하면서도 그녀의 눈은 식탁의 끝까지 미치고 있다. 배가 고프지 않아 먹지 않는 사람과, 마음이 내키지 않거나 혹은 소심하여 스스로 집어 간다든가 달라고 말한다든가 할 수 없어 먹지 않고 있는 사람을 그녀는 곧 분간한다. 식탁에서 일어설 때 사람들은 그녀가 자기만을 생각해 주었다고 여긴다. 그녀는 한 입도 맛볼 틈이 없었으리라고 모두들 생각한다. 그런데 사실 그녀는 누구보다도 많이 먹었던 것이다.

손님들이 모두 돌아가자 주인과 그 부인은 그날 일에 대해 이야기를 주고 받는다. 남자는 누군가가 자기에게 한 말, 함께 이야기를 주고 받은 사람들이 한 말을 알려 준다. 그런 일에 관해 부인은 꼭 정확하게 알고 있진 않지만 그 대신 그녀는 식탁 저쪽 끝에 앉은 사람이 소곤거린 말은 알고 있다. 어느 사람이 무엇을 생각하고 있었는지, 어떤 말과 어떤 몸짓이 어떤 일과 관계 있었는지를 알고 있다. 밖으로 나타나는 움직임치고 그녀가 즉석에서, 그리고 거의 어김없이 진실에 맞는 해석을 내리지 못한 것은 하나도 없다고 해도 좋을 정도이다.

사교계 여성이 손님을 대접하는 기교를 돋보이게 하는 것과 같은 두뇌의 움직임은 남자를 매혹시키려는 여자가 자기를 연모하는 몇몇 남자를 손아귀에 넣는 기교도 돋보이게 만든다. 남자의 마음을 끄는 재주는 예의 범절보다 더 미묘한 방법으로 분간해야 할 필요가 있다. 상냥한 여성은 모두에게 상냥히 대하면 항상 그것으로 충분하지만, 남자를 매혹시키려는 여자가 그런 일률적인 방법을 쓰면 당장에 지배력을 잃고 말 것임에 틀림이 없다.

모든 연인에게 친절하게 하려면 모든 연인을 실망시키고 말 것이다. 사교계에서는 모든 사람에 대해 취하는 태도가 모두를 기쁘게 만든다. 친절한 대접을 받기만 하면 아무도 특별한 호의가 없다고 문제 삼지는 않는다. 그러나 사랑에 있어서 독점적이 아닌 호의는 모욕을 느끼게 한다. 감수성이 예민한 남자라면 자기 혼자만이 심한 대우를 받는 것이 다른 모든 사람들과 마찬가지로 달콤한 소리를 듣는 것보다 훨씬 낫다고 생각할 것이며, 그에게 있어 일어날 수 있는 최악의 경우는 다른 남자들과 구별되지 않는 일이다. 그래서 몇 명의 연인을 매혹시키고 싶은 여자는 그들 한 사람 한 사람에게 자기가 그를 누구보다도 사랑하고 있다고 납득시켜야 한다. 게다가 다른 모든 사람 앞에서 그것을 납득시키고, 다른 모든 사람에게도 그 남자 앞에서 역시 마찬가지로 납득시켜야 한다.

당황하여 어쩔 줄 모르는 사람의 모습을 보려거든 한 남자가 은밀한 관계를 맺고 있는 두 여자 사이에서 얼마나 어리석은 표정을 짓는가를 관찰해 보는 것이 좋겠다. 비슷한 조건으로 한 여자를 두 남자 사이에 놓아 보면 또한 알 수 있다. 분명히 이런 예도 드문 일은 아닐 것이다. 그녀가 얼마나 교묘하게 두 남자를 모두 속이는지, 그리고 어느 쪽 남자건 상대방 남자를 비웃게 될 때까지 어떻게 몰고 가는지를 보고 당신들은 틀림없이 눈이 휘둥그레질 것이다. 그런데 만일 이 여자가 두 남자에게 똑같이 신뢰감을 보이고, 똑같이 다정한 태도를 취한다면 어떻게 그들이 잠시 동안이나마 여자에게 속겠는가. 그들을 동등하게 취급함으로써 여자는 그들이 자기에게 똑같은 권리를 가지고 있다는 것을 명백히 했다는 결과가 되지 않겠는가. 아니 여자는 그런 것은 하지 않고 좀더 훨씬 잘 해낼 것이다. 그것은 두 남자를 똑같이 취급하지 않고 그들을 차별하는 체하는 일이다. 여자가 비위를 맞추어 준 남자는 그것이 애정의 표시라고 생각하고, 쌀쌀한 대우를 받은 남자는 그것을 원망스러운 기분의 표시라고 생각하게끔 잘 이끌어 나가는 것이다. 여기서 남자들은 각각 자기가 받은 대우에 만족하여 여자가 항상 자기를 생각하고 있다고 여기지만, 실은 그녀는 그녀 자신의 일만을 생각하는 것이다.

마음에 들고 싶다는 일반적인 욕구에 불을 붙여 남자를 매혹시키려는 기분은 그런 수단을 생각해 내게 만든다. 변덕은 잘 조절하지 않으면 상대를 실망시킬 뿐이다. 그것을 교묘하게 안배함으로써만 이러한 남자들을 매혹시키려는 여자는, 그 노예가 되려는 자를 잡아 두는 더할 나위 없이 든든한 사슬을 만들어 내는 것이다.

> 온갖 기교를 부려서 여자는
> 그 그물로 새로운 연인을 낚으려 한다.
> 모든 남자에게 또한
> 항상 같은 표정을 보이는 일은 없으며
> 여자는 때에 따라 태도와 모습을 바꾼다.

이런 기교는 모두 무엇에 기인하고 있는가. 여성의 날카롭고 끊임없는 관찰에 기인한다고밖에 생각할 수 없다. 그것은 남성의 마음속에 일어나는 일을 한순간마다 꿰뚫어보고, 그녀가 알아 낸 모든 숨은 감정에 필요한 힘을 가하여 그것을 진정시키기도 하고 강하게 만들기도 한다. 그런데 이런 기교를 배워서 얻을 수 있을까. 아니, 그것은 여성과 더불어 태어나는 것이다. 여성은 모두 이런 기교를 갖추고 있으며, 남성은 그와 같은 것을 가져본 일이 절대로 없다. 그것은 여성의 특징 가운데 하나이다. 재치, 통찰력, 예리한 관찰력이 여성의 지혜이다. 그것을 교묘하게 이용하는 것이 여성 특유의 재능이다.

이것이 있는 그대로이다. 어째서 그래야만 하는지도 여러분은 이미 보았다. 여성은 거짓말쟁이라고 사람들은 말한다. 여성은 그렇게 되는 것이다. 여성 고유의 천분은 재주가 있다는 데 있는 것이지, 거짓말 잘하는 데 있는 것이 아니다. 여성의 진정한 경향으로 말하면 거짓말을 하고 있을 때도 거짓말쟁이는 아닌 것이다. 어째서 당신들은 여성의 입에서 그녀의 생각을 들으려고 하는가. 입이 말하는 것이 아닌 데도 눈, 안색, 숨결, 겁먹은 태도, 약하디약한 저항, 이런 것에서 여성의 생각을 알아내려 하는 것이다. 그러나 자연이 여성에게 부여한 그런 언어에 의해 여성은 당신들에게 대답할 뿐이다. 입으로는 언제나 '아니오'라고 말하는데, 그렇게 말하는 것이 당연하다. 그러나 여성이 그 대답에 붙이는 억양은 항상 같지 않으며, 이 억양은 속일 수가 없다.

여성에게는 남성과 같은 욕구를 갖고 있으면서도 남성처럼 그것을 밖으로 표시하는 권리는 없지 않은가. 정당한 욕망을 느끼고 있을 때조차도 사용할 수 없는 언어와, 그 뜻을 전달하는 언어를 갖지 못한다면 여성의 운명은 너무나 가혹하다고 할 수 있다. 수치심이 여성을 불행하게 만들어야 할 것인가. 그렇다고 똑똑히 말하지 않고 자기 마음의 소원을 전달하는 기술이 여성에게는 필요한 것이 아닐까. 남자 같은 것은 생각하지도 않는다는 표정이면서 남자의 마음을 이기는 법을 배우는데, 이것은 여성에게 얼마나 중요한 일인가. 갈라테아의 사과와 그녀의 어설픈 도주는 참으로 매력혹적인 이야기가 아닌가. 거기에 무엇을 덧붙일 필요가 있겠는가. 버드나무 그늘을 지나 뒤쫓아 오는 양치기에게 "나는 당신을 유인하기 위해 도망치고 있을 뿐이랍니다" 말할 것인가. 그런 말을 했다면 그녀는 거짓말을 한 셈이 된다. 그렇게 되면 이미 양치기를 꾀어 들이지 못하기 때문이다. 여성은 조심성이 있을수록 자기 남편에 대하여조차 한층 더 기교를 부리게 된다. 그렇다. 남자를 매혹시키려는 기분도 그 한계를 넘지 않는 한 조심성 있는 성실함이 되며, 절도에 맞는 율법으로 만들 수 있다고 나는 말하고 싶다.

나의 논적 가운데 한 사람은 대단히 올바른 말을 했다. "덕은 하나이다. 그러므로 어떤 부분은 취하고 어떤 부분은 거부하기 위해 그것을 분해하지 못한다." 덕을 사랑하는 사람은 완벽한 형태로 그것을 사랑한다. 그리고 생각해서는 안 될 일에는 될 수 있으면 마음과 입을 닫는다. 도덕적인 진실은 있는 그대로의 일이 아니고 좋은 일을 말하는 것이다. 나쁜 일은 해선 안 되지만 저질렀다면 절대로 남에게 털어놓아서는 안 된다. 특히 그것을 털어 놓음으로써 털어 놓지 않았더라면 생기지 않았을 결과를 초래하는 경우 그렇다. 내가 훔치고 싶은 마음이 생겼고, 그리고 다른 사람에게 그것을 말하여 같이 훔치자고 권한다면, 내가 느낀 유혹을 그에게 고하는 것은 그 유혹에 굴한다는 이야기가 아닌가. 수치심은 여성을 거짓말쟁이로 만든다고 당신들은 말하는가. 그렇다면 수치심 같은 것을 잃어버린 여성은 다른 일에 있어서도 다른 여성들보다 정직할까. 천만의 말씀이다. 그런 여자는 천 배나 더 거짓말쟁이이다. 몸에 밴 온갖 부도덕, 항상 음모와 거짓말로 지배되는 부도덕에 의해서만 사람은 그런 심한 타락의 길을 더듬어 올라가게 될 것이다.*¹¹ 반대로 아직 부끄러움을 알고 잘못을 자랑하는 일은 하지 않고, 욕망을 느끼게 하는 남성에 대해서조차 그 욕망을 감추어야 한다는 것을 알고 있는 여성, 남성이 본심을 털어놓게 하는 데 지극히 힘이 드는 여성은 다른 일에도 매우 정직하며, 진지하고 모든 약속을 굳게 지키는 사람이다. 그리고 일반적으로 말하여 그 충실성은 그 무엇보다도 신뢰할 수 있는 사람임을 대변한다.

위와 같은 고찰에 대해 잘 알려진 예외로서 그 이름을 댈 수 있는 사람을 나는 랑클로 양*¹² 한 사람밖에 모른다. 그러므로 랑클로 양은 기적적인 존재로 통했다. 그녀는 여성의 미덕을 경멸하면서, 우리 남성의 미덕을 가지고 있었다는 것이다. 사람들은 그녀의 솔직함, 공정한 기질, 절대로 잘못을 저지르지 않는 교제, 충실한 우정을 칭찬하고 있다. 또한 그 명예를 완벽하게 하려는 뜻에서 그녀는 남장을 했다고 한다. 그러나 아무리 높은 명성을 얻었다 해도 나는 그런 남장을 한 여인을 애인으로서는 물론, 친구로서도 갖고 싶은 생각은 없었으리라.

이런 모든 일은 생각만큼 장소에 어울리지 않는 일은 아니다. 여성의 수치심과, 그 소위 거짓을 웃음거리로 하는 근대 철학의 규률은 무엇을 지향하고 있

---

*11 어느 점에 대하여 공공연히 그 태도를 표명하는 여성들이, 그 솔직한 것으로 자신을 훌륭한 사람으로 보이게 할 행동을 별도로 하면, 자기들에게는 존경할 만한 것은 아무것도 없다고 단언하고 있음을 나는 알고 있다. 여성에게 있어 가장 강한 브레이크가 되는 것을 잃었다면 그녀들을 제지할 무엇이 남게 되는가. 그리고 여성에게 고유한 명예감을 내버린 다음에는 그녀들은 어떤 명예를 존중하게 되는가. 한번 여성의 정념을 좋을 대로 하게 했다면 그녀들은 이제는 그에 저항하는 아무런 관심도 갖지 않는다. "여자는 부끄러움을 버렸을 때 이미 아무것도 거절할 것을 갖지 않는다."(투키디데스 《편년사》 제4권 제3장). 이렇게 말하는 저자 이상으로 남녀 모든 인간의 마음을 잘 알고 있던 자가 있었겠는가(원주).

*12 니농 드 랑클로(1620~1705)는 그 재기와 미모로 유명했던 여성. 그 집에는 당시 문학자나 사교계 사람들이 많이 찾아왔었다.

는지 나는 알고 있다. 이 철학의 가장 확실한 효과는 현대 여성이 아직 가지고 있는 조금의 정조 관념마저 잃게 하는 일이라는 것도 알고 있다.

이런 생각에 의거하여 일반적으로 어떤 종류의 교양이 여성 정신에 어울리는지, 또는 젊었을 때부터 여성의 고찰이 어떤 대상을 지향해야 하는지를 결정지을 수 있다고 생각한다.

이미 설명한 바와 같이 여성의 의무를 알기는 쉬우나 그것을 실천하기는 대단히 힘들다. 여성이 첫째로 배워야 할 것은 자기 이익을 생각하고 그 의무를 좋아해야 한다는 것이다. 이것이 실천을 쉽게 할 수 있는 단 하나의 방법이다. 각자의 상태, 각자의 나이에는 거기에 해당하는 의무가 있다. 자기 의무를 좋아하면 그것을 곧 인정할 수 있다. 여성의 상태에 놓인 것을 명예롭게 생각해야 한다. 그럼으로써만 어떤 계급에 태어났건 당신들은 올바른 여성이 될 것이다. 중요한 것은 자연이 우리를 만들어 놓은 그대로 있는 것이다. 여자들은 너무도 남자들이 바라는 상태로 되어버리기 때문이다.

추상적이고 이론적인 진리 탐구, 여러 과학 원리, 공리 탐구 관념을 일반화하는 것은 모두 여성 영역에는 없다. 여성의 공부는 모두 실용성과 연결되어 있어야만 한다. 남성이 발견한 원리를 적용하는 것이 여성의 일이며, 또한 남성을 원리의 확립으로 인도하는 관찰을 행하는 것이 여성의 일이다. 자기 의무와 직접 관계없는 일에 있어서의 여성의 고찰은 모두 남성에 관한 연구, 아니면 취미만을 목적으로 하는 즐거운 지식을 지향해야 한다. 천재를 필요로 하는 일은 여성 능력을 넘은 것이기 때문이다. 여성은 또한 충분한 정확성과 주의력이 없으므로 정밀과학에는 성공하지 못한다. 그리고 자연 인식에 관하여만 말하자면, 그것은 남녀 중 더욱 활동적이고 밖으로 나가는 일이 많아 많은 것을 볼 수 있는 자가 해야 할 일이다. 더욱 힘이 있어 힘 쓰는 기회가 많은 자야말로 감각에 저촉되는 관련 분야에 관하여, 그리고 자연법칙에 관하여 생각해야 할 것이다. 힘이 약하고 집 밖의 일을 전혀 모르는 여성은 자기 연약함을 채우기 위해 작용할 수 있는 힘을 평가하고 판단하는데, 이 힘이란 남성의 열정이다. 여성이 지닌 기교는 남성의 그것보다 훨씬 효과적이어서 그 지혜는 남자의 마음을 움직이게 한다.

여성은 자신의 힘으로 할 수 없는 일, 자기에게 필요한 일, 혹은 즐겁다고 생각되는 모든 일을 모두 우리 남성에게 시킬 수 있는 기술을 알고 있어야 한다. 그러므로 여성은 남성의 정신을 철저하게 연구할 필요가 있다. 추상적인 남성의 일반 정신에 대해서가 아니고, 자기 주위에 있는 남성의 마음을, 법률에 의해서건 여론에 의해서건 자기가 종속되어 있는 남성의 마음을 연구해야만 한다. 그들의 말, 행동, 눈길, 몸짓을 비롯하여 그들의 감정을 통찰하는 방법을 배워야 한다. 자기의 말, 행동, 눈길, 몸짓에 의해 그런 것을 생각하고 있는 눈치를 보이지 말고 자기에게 이로운 감정을 그들이 일으킬 수 있게 만들어야 한다. 남성은 여성보다 인간의 마음을 더 잘 철학적으로 고찰한다. 그러나 여성은 그들보다 사람의 마음을 더 잘 알아 낸다. 말하자면 윤리의 실험을 하는 것이 여성의 일이고, 그것을 체계적으로 정리하는 것이 우리 남성의 일이다. 여성에게는 더욱 많은 재기가 있고, 남성에게는 더욱 많은 천재가 있다. 여성은 관찰하고, 남성은 추론한다. 이러한 협력에 의해 인간 정신이 자기의 힘으로 획득할 수 있는 명석한 지식과 완벽한 학문, 한마디로 말하여 인간이 도달할 수 있는 자기와 다른 사람에 대한 가장 확실한 인식이 이루어진다. 그리고 이런 식으로 함으로써 자연으로부터 부여받은 도구를 기술에 의해서 완전한 것으로 만들어 가는 것이다.

세상이라는 것은 여성이 읽는 책과 같다. 잘 읽지 못한다면 그것은 여성이 나쁜 것이다. 아니면 뭔가의 정념에 눈이 흐려져 있는 것이다. 하지만 한 집안의 어머니로서 자격이 있는 사람은 사교계 여성이 되는 것이 아니라 수도원에 있는 수녀와 거의 다를 바 없을 정도로 집 안에 들어앉아 있게 된다. 그러므로 수도원에 들어가는 여성을 위해 해주는 일, 또는 해주는 것이 당연한 일을 이제부터 결혼할 젊은 여성에게도 해주어야 한다. 즉, 쾌락을 단념시키기 전에 저버리게 될 그 쾌락을 보여 주는 것이다. 그렇게 하지 않으면 그녀들이 모르는 쾌락의 거짓됨이 언젠가는 마음을 어지럽힘으로써 그 속에 들어앉은 생활의 행복을 흩어지게 할 우려가 있다.

프랑스에서 처녀들은 수도원에서 살고, 결혼한 여자들은 사교계 생활을 즐기고 있다. 고대인들은 이와 반대였다. 처녀들은 여러 가지 놀이와 공개적인 축제에 참가했다. 부인들은 집 안에 들어앉아 살았다. 그런 법도는 더욱 도리에 맞는 것이었고, 더욱 좋은 양속을 유지시켜 주었다. 결혼할 처녀들에게는 어떤 종류의 교태도 허용되어 있었다. 놀며 즐기는 일은 처녀들의 커다란 관심사였다. 부인들에게는 달리 마음을 쏟아야 할 일이 집 안에 있었고, 더는 남편감을 찾아야 할 필요도 없었던 것이다. 그러나 부인들은 그런 개혁을 받아들이지 않았던 것이고, 게다가 곤란하게도 그녀들은 설치는 데 모범이 되어 있었다.

그렇다면 어머니들이여! 하다못해 당신들의 딸들을 당신들 무리에 넣어 주는 게 좋지 않았을까. 딸들에게 올바른 감각과 성실한 정신을 넣어 주고 난 뒤에 티없는 눈으로 바라볼 수 있는 것은 무엇이건 감추지 말아야 한다. 무도회·연회·도박·연극까지도 숨기지 말며, 잘 보지 않으면 사려가 얕은 젊은이에게는 매력으로 느껴질 모든 것이 건전한 눈에는 아무리 펼쳐 보여도 위험하지 않다. 그런 떠들썩한 즐거움은 잘 볼수록 더욱 빨리 싫증이 날 것이기 때문이다.

나의 말에 반대하는 떠들썩한 소리가 들려온다. "그런 위험한 본보기를 보고 그것을 본받지 않고 견딜 처녀가 어디 있겠는가. 잠깐이라도 사교계를 들여다보면 처녀들은 멍해진다. 사교계를 저버리겠다고 생각하는 처녀는 한 사람도 없을 것이다." 그럴는지도 모르겠다. 그러나 처녀를 속이는 그런 광경을 보이기 전에 당신들은 그것을 보고도 마음이 움직이지 않도록 처녀들을 충분히 가르쳤는가. 그것이 제시하는 것에 관하여 충분히 알려 주었던가. 그런 것들을 있는 그대로 그려 보였던가. 하찮은 것이 낳는 착각에 대하여 충분히 경계해 놓았는가. 그런 야단법석 속에서 도무지 찾을 수 없는 진정한 즐거움에 대하여 젊은 사람들의 마음속에 심어 주었던가. 마음을 현혹시키는 거짓 취미로부터 처녀들을 지켜 주기 위해 당신들은 어떤 주의를 베풀었으며, 어떤 방책을 강구해 놓았는가. 일반적인 변명의 영향에 대항할 수 있는 것을, 뭔가 처녀들 마음에 심어 주기는커녕 당신들은 그 편견을 길러 주고 말았다. 언젠가 알게 될 온갖 시시한 즐거움을 처녀들이 보기도 전에 벌써 좋아하게끔 만들어 버렸다. 자기가 더욱 그런 일에 열중하여 처녀들이 그것을 좋아하도록 만들고 있다. 사교계에 발을 들여놓는 젊은 처녀 곁에 따라가는 사람은 어머니밖에 없는데, 그 어머니는 대체적으로 딸들보다 머리가 더욱 미쳐 있으므로 자기의 견해와 다른 견해로 딸들이 보도록 하지 못한다. 이성 그 자체보다 더욱 강하게 작용하는 어머니의 모범은 딸들 자신에 대하여 딸들을 변호하고, 어머니의 권위는 딸에게 반박의 여지를 주지 않는 편견이 된다. 어머니가 딸을 사교계에 안내하는 것을 나는 원하고 있지만, 그것은 사교계를 있는 그대로 보여준다는 가정을 한 뒤의 일이다.

악은 더욱 일찍부터 시작된다. 수도원은 거짓없는 교태를 가르치는 학교이다. 내가 이야기한 바 있는 정숙한 교태가 아니라, 여성의 온갖 나쁜 버릇을 가져다 주고 전적으로 품위에 벗어나 같잖은 여자를 만들어 내는 교태를 가르치는 곳이다. 여기를 나와 갑자기 떠들썩한 사교계에 발을 들여 놓은 젊은 여성들은 곧 자기가 처음부터 있어야 할 자리에 있는 느낌을 갖는다. 그녀들은 그런 곳에서 생활하도록 자랐던 것이다. 그곳에서 만족한다고 해서 놀랄 필요가 있을까. 내가 말하려고 하는 바가 관찰보다 편견에 기반을 두고 있다면 나는 더 이상 이야기를 진전시키지 않을 것이다. 일반적으로 말하여 가톨릭 국가에 비해 프로테스탄트 국가에서는 보다 더 가정에 애착이 감돌고, 보다 더 존경할 만한 아내, 상냥한 마음을 가진 어머니를 찾아 볼 수 있는 것 같다. 만일 그것이 정말이라면 이 차이는 부분적으로 틀림없이 수도원의 교육에 기인한다고 여겨진다.

평화로운 가정생활을 사랑하기 위해서 그런 생활을 알고 있어야만 한다. 어린 시절부터 그 기분 좋은 분위기를 느끼고 있어야만 한다. 생가에 있음으로 자기 집에 대해 호감을 가질 수 있게 되며, 어머니로부터 자라지 않은 여성은 한결같이 자기 아이를 기르는 것 역시 좋아하지 않는다. 불행하게도 대도시에서는 이미 가정교육은 행해지지 않고 있다. 대도시에서 교제 행위는 대단히 일반화되어 사람들이 섞여 숨어 있으려 해도 숨을 집이 없고, 자기 집에 있어도 군중에 둘러싸이게 되었다. 아무하고나 사귀는 동안에 가정은 없어지고 말았다. 자기 부모조차도 거의 알지 못하고 남처럼 그들을 바라본다. 그리고 가정생활의 소박한 풍습은 그 매력이었던 상냥한 친밀감과 함께 사라져 가고 있다. 이리하여 사람들은 현대의 쾌락과, 현대를 지배하고 있는 원칙에 사로 잡혀 있다.

처녀들의 모습만을 보고 결혼하는 호인 무리들을 찾아내기 위해 처녀들에게는 표면적인 구속이 가해지고 있다. 그러나 잠깐 그런 젊은 여성을 연구해 보자. 얌전하고 귀여운 모습을 하고 있으면서도 그녀들은 마음속에 불타고 있는 난잡한 욕망을 감추지 못하고, 그 눈에는 어머니가 하고 있는 것과 같은 것을 하고 싶다는 강한 소망을 역력히 내보인다. 그녀들이 원하는 것은 남편이 아니고, 방자한 결혼 생활인 것이다. 남편 없이도 해 나갈 수 있는 수단이 얼마든지 있는데, 남편이 무슨 필요가 있겠는가. 다만 그런 수단을 감추어 두기 위해 남편이 필요한 것이다.*[13] 얼굴 표정에는 다소곳함이 있지만 마음 깊숙이는 음탕한 생각이 있어, 거짓된 다소곳함 자체가 그것을 말해주는 것이다. 그런 것은 될 수 있는 대로 빠른 기회에 걷어치워 버리기 위한 꾸밈에 지나지 않는다. 파리나 런던의 여성들이여, 부디 나를 용서해 주기 바란다. 어느 나라이건 기적이 존재하지 않는 것은 아니겠지. 그러나 나는 그런 것을 모른다. 만일 당신들 중에 단 한 사람이라도 진정으로 성실한 마음을 가지고 있다면 나는 당신들의 교육에 대하여 아무것도 이해하지 못하고 있는 것이다.

그러한 여러 가지 교육은 모두 한결같이 젊은 사람들을 세상의 즐거움에 대한 취미에게, 나아가서는 그 취미로부터 생기는 정념에게 인도하는 결과가 된다. 큰 도시에서 타락은 생겨남과 동시에 시작되고, 작은 도시에서는 이성의 시기와 함께 시작된다. 시골의 젊은 처녀들은 풍족하게 이어받은 소박한 풍속을 경멸하는 법을 배워서, 서둘러 파리로 나와 우리의 퇴폐한 습속을 몸에 익힌다. 재능이라는 아름다운 명칭으로 장식된 부도덕이 그러한 처녀들의 여행에 유일한 목표인 것이다. 그리고 파리로 나오자 그곳 여성들의 고상한 방종함과 몹시 동떨어져 있는 자신을 발견하고는 부끄럽게 여기며, 그녀들도 곧 파리의 여성에 어울리는 여자가 된다. 어디서 악은 시작되는가. 좋지 못한 계획을 세우는 곳에서인가, 계획을 실행하는 곳에서인가? 딸을 시골에서 파리로 데리고 나와 시골 처녀들에게 대단히 해로운 광경을 보이는 일을 나는 분별있는 어머니들에게 권하고 싶지 않다. 그러나 그렇게 되었다 해도 제대로 된 교육을 받았다면, 그런 광경이 그 딸에게 그다지 위험하지는 않을 것이라고 나는 말하겠다. 취미와 감각과 진지한 일에 대한 취향이 있는 사람이라면 그 광경은 그것에 유혹당하는 사람들이 생각하듯이 매력적으로 보이지는 않는다.

지각없는 여성이 시골에서 파리로 나와 당장에 파리식 여자가 되어 반년만에 인기를 끈다 해도 나중에는 일생을 망치는 일을 흔히 볼 수 있다. 그러나 그 온갖 떠들썩함에 싫증이 나서 다른 사람이 부럽게 생각하는 경우와 자

---

*13 젊었을 적 남자의 길은 현자(솔로몬)에게도 이해될 수 없었던 네 가지 일 중의 한 가지였다. 다섯 번째 일은 음란한 여자의 수치를 모르는 일이었다. "음녀의 자취도 그러하니라. 그가 먹고 그 입을 씻음같이 말하기를 내가 악을 행치 아니하였다 하느니라."(〈잠언〉제30장 제20절)(원주)

기 경우를 비교한 뒤 자신에게 만족을 느끼고 다시 지방으로 돌아가는 여성도 있다는 사실을 누가 알고 있을까. 남편에게 이끌려 파리로 나온 젊은 아내가 자기를 즐겁게 해주기 위해 얼마든지 파리에 정착할 수 있는 남편의 생각을 오히려 돌이키게 하고, 나올 때보다 즐거운 마음으로 돌아갈 채비를 하며, 출발하기 전날 밤에 "여보, 우리 시골집으로 돌아갑시다. 파리에서 사는 것보다 시골에서 사는 것이 훨씬 행복해요" 이렇게 감동어린 말로 속삭이는 그런 광경을 나는 얼마나 보았을까. 우상 앞에 무릎을 꿇지 않고 그 어리석은 신앙을 경멸하는 착한 사람들이 아직 얼마나 있는지 사람들은 모르고 있다. 인기에 이끌리는 여자는 어리석은 여자뿐이다. 현명한 여성은 사건을 일으키는 따위의 일은 하지 않는다.

일반적인 퇴폐풍조와 편견에도 불구하고 많은 사람들이 아직 확고한 판단력을 계속 가지고 있다면, 그 판단력이 적당한 교육에 의해 키워졌을 경우 어떻게 될까. 혹은 좀더 정확하게 말하여 그것이 나쁜 교육에 의해 변질당하지 않았을 경우 어떻게 될까. 문제는 항상 자연의 감정을 유지시키거나 혹은 회복시키는 데 있다. 그렇기 때문에 당신들의 긴 설교로 젊은 처녀들을 지루하게 만들어서는 안 되고, 메마른 교훈을 거듭 반복해서 들려주어서도 안 된다. 그것은 남녀 어느 쪽에 대해서도 좋은 교육의 죽음을 가져다 준다. 침울한 교훈은 교훈을 주는 사람과 그 사람이 하는 말 일체를 싫어하게 만드는 데 도움이 될 뿐이다. 젊은 여성에게 이야기하는 경우 그녀들의 의무에 대하여 두려움을 느끼게 한다거나, 자연이 그녀들에게 부여하고 있는 멍에를 더욱 무겁게 하는 말은 하지 말아야 한다. 그런 의무에 관하여 설명할 경우 간단명료하고도 알기 쉽게 설명해야 한다. 의무를 완수한다는 것을 괴로운 것으로 여기게 해서는 안 된다. 까다로운 얼굴을 하거나 잘난 체해서는 안 된다. 마음에서 우러난 것이라야 고스란히 그들의 마음으로 전달할 수 있다.

도덕의 교리문답도 종교의 교리문답과 마찬가지로 간단명료해야 하지만, 마찬가지로 무거운 어조여서는 안 된다. 여성의 의무, 그 자체에 기쁨의 원천과 여성 권리의 근거가 있음을 가르쳐 주어야 한다. 사랑을 받기 위하여 사랑할 것, 행복한 자가 되기 위해 사랑스러운 자가 될 것, 복종시키기 위해 존경할 수 있는 자가 될 것, 자신을 명예롭게 하기 위해 자기를 존중할 것, 이런 것들이 그리 힘이 드는 일일까. 이런 것들이야말로 얼마나 굉장한 권리인가. 여성이 그것을 이용할 줄 안다면 남성의 마음에 얼마나 귀한 것이 되겠는가. 그것을 즐기기 위해 세월을 기다릴 필요는 없다. 노년이 될 필요도 없다. 여성의 권위는 그 미덕과 함께 확립된다. 그 매력이 나타나기 시작하면 여성은 곧 그 상냥한 성격에 의해 군림하고, 그 조심성 있는 태도를 위엄에 가득찬 것으로 만든다. 사랑스럽고 다소곳한 열여섯 살의 처녀, 말수가 적고 남이 하는 말에 귀를 기울이고 동작에 몸가짐의 깊이가 나타나며 하는 말에서 진지한 생각을 엿보이게 하는 처녀. 아름다움도 자기의 성(性)과 젊음을 잊게 하지는 않으며 겁먹은 듯한 태도 자체가 사람의 마음을 끌게 하고 모든 사람에게 경의를 표함으로써 자기가 존경받는다는 것을 알고 있는 그런 처녀 옆에 있을 때, 아무리 감수성이 둔하고 거친 남자라 할지라도 난폭한 태도를 누그러뜨리고 좀더 은근한 거동을 취하게 되는 것이 아닐까.

이런 결과는 외면적인 것이긴 해도 하찮은 일이 아니다. 그것은 단순히 감각이 느끼는 매력에만 기인하지 않는다. 그것은 누구나 느끼고 있듯이, 여성은 태어나면서부터 남성의 가치의 판정자라는 내면의 감정에서 출발하고 있다. 여성에게 경멸당하고 싶은 자가 있을까. 세상에 한 사람도 없을 것이다. 이젠 여성을 사랑하고 싶지 않다고 생각하는 남자조차도 그런 생각은 하지 않는다. 나는 여성에게 매우 잔혹한 진실을 이야기하고 있지만, 나라고 한들 여성의 판단에 무관심할 수 있다고 당신은 생각하는가. 그렇지 않다.

독자여, 때로는 여성보다도 더욱 여성적인 당신들(남성)의 지지를 받는 것보다, 여성의 지지를 받는 것이 나는 훨씬 더 기쁘다. 여성의 습성을 경멸하면서도 나는 아직 여성의 공정성에 경의를 표하고 싶다. 나는 여성에게 미움을 받아도 좋다. 나를 존경해 준다면 그것으로 만족이다.

여성이 그런 힘을 이용할 줄 안다면 참으로 많은 위대한 일을 할 수 있을 것이다. 여성이 그 영향력을 잃은 시대, 여성의 판정이 남성에게 아무런 영향도 줄 수 없는 시대는 불행할 것이다. 그것은 타락의 마지막 단계이다. 좋은 풍속을 유지하고 있던 민족은 모두 여성을 존경했었다. 스파르타를, 게르만 민족을, 로마를 보라. 지난날 이 지상에 명예와 미덕이 살던 도시가 있었다면 바로 로마이다. 그곳에서 여성들은 위대한 장군들의 전공을 찬양하고, 조국의 아버지가 된 사람들을 위해 공중 앞에서 눈물을 흘리고, 여성들의 기쁨이나 슬픔은 국가적인 것에 대한 가장 엄숙한 판정으로써 경의를 받고 있었다. 그곳에서 커다란 변혁은 모두 여성으로부터 일어나고 있었다. 한 여성으로 인해 로마는 자유를 획득했다. 한 여성으로 인해 평민은 집정관이 되는 자격을 얻었다. 한 여성으로 인해 10인 위원회의 압제는 종말을 고했다. 조국에서 쫓겨났던 자들의 손에 포위당했던 로마는 여성들 덕분에 구조되었다.[14]

세련된 프랑스 남자들이여, 놀리기 좋아하는 당신들 눈 앞에 그런 우스꽝스러운 로마 여성의 행렬이 지나간다면 당신들은 무엇이라고 말하겠는가. 놀려대며 뒤를 따라갔음에 틀림이 없다. 당신들과 나는 똑같은 일을 전혀 다른 눈으로 바라보고 있는 것이다. 어쩌면 양쪽 모두 옳을지도 모를 것이다. 프랑스의 아름다운 귀부인들로 그 행렬을 만들어 보면 어떨까. 그것보다 더 칠칠치 못한 행렬을 나는 모른다. 그런데 그 행렬을 로마 여성들로 구성해 보면 어떨까. 당신들은 모두 볼스키 사람의 눈과 코리올라누스의 마음을 가지게 될 것이다.

나는 그 이상의 말을 하련다. 그리고 미덕은 연애에 있어서도 다른 모든 자연의 권리와 마찬가지로 유리하다는 것, 그것에 의해 애인의 권위도, 아내나 어머니의 권위도 모두 같이 커진다는 것을 주장하고 싶다. 감격이 없으면 진정한 연애는 없고, 현실의 것이건 상상의 것이건, 모두 상상 속에 존재하는 완벽한 대상이 없으면 감격은 없다. 그 완벽한 것에 대하여 아무런 의미도 느끼지 못하고 사랑하는 사람을 오로지 관능적 쾌락의 대상으로만 바라보고 있는 연인들은 무엇에 대하여 정열을 느끼게 될 것인가. 아니 그런 일로 마음은 타오르지 않는다. 연인들의 광란과 그들의 정념의 매력을 낳는 저 강렬한 흥분에

---

*14 여기에 든 네 가지 예는 다음과 같다.
　　・기원전 6세기 정녀(貞女) 루크레티아의 자살은 타르키니우스 집안을 왕위로부터 쫓아낸 혁명의 실마리가 되었다.
　　・기원전 4세기의 호민관 리키니우스는 평민의 사회적 조건의 개선에 노력하여 집정관의 한 사람으로 평민이 취임할 수 있도록 했는데, 그것은 역사가 티투스 리비우스에 의하면 리키니우스 아내의 생각을 채택한 결과라고 한다.
　　・기원전 5세기의 10대관 중의 한 사람 아피우스 클라우디우스는 평민의 딸 비르기니아를 강제로 애인으로 만들려 했으나, 비르기니아의 아버지가 딸을 살해하고 민중에게 호소하여 10대관을 추방했다. 클라우디우스는 뇌옥에 갇혀 자살했다.
　　・거의 전설적인 인물 코리올라누스는 로마에서 추방되어 볼스키족에게 피해 있다가 그 군대를 이끌고 로마를 공격했으나, 로마에 있던 어머니와 아내의 탄원으로 고국 정복을 단념했다. 셰익스피어의 비극, 베토벤의 서곡으로 유명하다.

사로잡히지도 않는다. 사랑은 착각에 지나지 않는다. 분명히 그렇다. 다만 진정 아름다운 것에 대하여 우리를 흥분하도록 만드는 감정은 착각이 아니다. 그 아름다운 것은 사랑하는 대상 안에는 없다. 그것은 우리 마음의 방황에서 태어날 뿐이다. 그러나 그것이 어쨌단 말인가. 그래도 역시 사람은 상상에서 생겨나는 그 완벽한 것을 위해 온갖 천한 감정을 버리게 되지 않는가. 사랑하는 사람이 가지고 있다고 생각되는 미덕에 감동을 받게 되는 것이 아닌가. 인간은 자아의 비열함에서 이탈하게 되지 않는가. 사랑하는 여자를 위해 자기 몸을 희생하려고 하지 않는 진정한 연인이 어디 있겠는가. 그리고 죽음을 구하는 사나이의 어디에 거친 관능적인 정념이 있는가. 우리가 이야기에 나오는 기사들을 비웃고 있다면, 그것은 그 기사들은 사랑을 알고 있지만 우리는 그저 방탕밖에 모르기 때문이다. 그런 이야기 식의 규율이 우스꽝스러운 일로 여겨지기 시작하면 이러한 변화는 이성이 만들어 낸 것이라기보다 오히려 꺼림칙한 풍습이 만들어 낸 것일 것이다.

어떤 시대에도 자연의 관계는 변하지 않으며 그 관계에서 생기는 좋은 일, 좋지 못한 일은 항상 같으므로 이성의 이름을 위장하는 편견은 그 외관을 바꿀 뿐이다. 자기를 지배하는 일은 항상 위대하고 훌륭한 일로 여길 것이다. 변덕스러운 의견에 따르기 위해서라도 그것은 마찬가지이다. 그리고 진정한 명예가 되는 동기는 자기 상태 안에 인생의 행복을 구하는 방법을 아는, 사물을 생각하는 모든 여성의 마음에 항상 말을 걸 것이다. 뭔가 고귀한 것을 마음속에 가지고 있는 아름다운 여성에게 특히 정결이라는 것은 감미로운 덕일 것이다. 지상의 온갖 것이 여성의 발 밑에 무릎을 꿇고 있는 것을 보면 그녀는 모든 것을, 그리고 그녀 자신을 정복하는 것이다. 그녀에게는 모든 것이 와서 경의를 바치는 왕좌를 자기 마음속에 쌓아올리게 된다. 양성의 상냥함이나 시기하는 감정, 항상 존경하는 마음으로 가득차 있는 감정, 만인의 높은 평가와 여성 자신의 평가, 그것이 곧 끝날 싸움을 항상 명예로운 공물로 보상해 준다. 채워지지 않는 생각은 곧 사라지지만 그 대가는 항상 남는다. 아름다움과 연결되어 있는 자랑스러운 덕은 고귀한 영혼의 진정한 즐거움이 아니겠는가. 기사 이야기의 여주인공을 현실에 재현시켜 보면 어떨까. 그녀는 라이스나 클레오파트라보다 더 감미로운 쾌락을 즐기게 될 것이다. 그 아름다움을 잃은 뒤에도 그 영광과 기쁨은 여전히 남게 될 것이다. 따라서 그런 여자만이 과거를 즐

길 수 있을 것이다.*15

　의무가 대단히 위대한 노고를 필요로 하는 일이라면 그 근거가 되는 도리도 보다 더 뚜렷한 일, 견고한 일이라야 한다. 더할 나위 없이 중대한 문제에 관하여 젊은 여성들에게 귀에 못이 박히도록 들려 주어도 이해시키지 못하게 되는, 가장 신심이 깊은 체하는 어떤 종류의 말이 있다. 젊은 여성들은 자신이 생각하는 것과 전혀 어울리지 않는 그런 말을 듣고 마음속으로 그것을 업신여기게 되면 곧 자기 취향에 굴복해 버리는 습관이 생긴다. 저항하는 이유가 사물 자체에서 발견되지 못했기 때문이다. 현명하게, 경건하게 자라난 여성은 분명히 유혹을 이겨내는 강력한 무기를 가지고 있다. 그러나 마음에, 아니 귀에 신심이 깊은 체하는 어리석은 소리만 불어 넣어진 처녀는 일단 교묘한 남자가 나타나 유혹하면 반드시 그 밥이 되어 버린다.

　젊고 아름다운 여성은 자기 몸을 경멸하는 짓은 결코 하지 않는다. 자기의 아름다움이 범하게 하는 무서운 죄를 진심으로 슬퍼 해야 하는 일은 결코 하지 않는다. 자기가 욕망의 대상이 되어 있는 것을 진심으로 신 앞에서 한탄해야 하는 일은 결코 하지 않는다. 마음에 느끼는 더할 나위 없는 상쾌한 감정이 악마가 만들어 낸 것이라곤 자기로서는 도저히 믿을 수 없다. 사물에 맞는, 그리고 그녀 자신이 납득이 갈 만한 다른 이유를 들려 주어야 한다. 왜냐하면 이해 못할 허황된 중언부언은 여성의 마음을 움직일 수 없을 터이기 때문이다. 사람들 거의가 그렇게 하고 있는 것처럼, 여성의 육체와 매력이 죄를 저지르게 하는 것으로서 멸시하고 창피를 준 다음, 이번에는 그렇게 멸시당하게 만들어 놓은 그 육체를 예수 그리스도의 성전처럼 존중하도록 하는, 그런 여성의 관념을 모순시키는 일은 훨씬 더 좋지 못할 것이다. 지나치게 숭고한 관념과 지나치게 천한 관념은 똑같이 불충분한 것이며 서로 결합하지 못한다. 거기에는 여성에게 적합하고도 그 연령에 어울리는 이유가 필요하다. 의무에 대한 고찰은, 우리에게 의무를 완수하게 만드는 동기에 대하여 언급하지 않으면 효과가 없다.

　금지되어 있기 때문에 과오를 범하지 않는 여자는 잘못을 저지르고 있는

---

*15 이본─이하 다음의 문장이 들어간다. '만약 내가 제시한 길이 받아들여진다면 좋은 일이다. 그것은 보다 더 확실한 길, 자연에 맞는 길이 되며, 그대들은 이 길을 통해서만 목표에 도달하게 된다.'

것이다.

이런 심한 판단을 내리고 있는 사람이 오비디우스라고는 생각하지 못할 것이다.

따라서 젊은 여성에게 좋은 행위를 좋아하게 하려면 끊임없이 현명한 여자가 되라고 말로만 하지 말고, 현명하게 됨으로써 이익을 얻는다는 사실을 느끼게 해야 한다. 지혜의 값어치를 완전히 이해시켜야 한다. 그러면 그 지혜를 좋아하게 될 것이다. 그 이익도 먼 앞날에 얻는 것이라면 불충분하다. 현실적인 것으로서 그 나이의 여러 가지 관계 속에 마음이 쏠리는 남성의 성격 속에서 그것을 제시해 주어야 한다. 진지한 남성, 뛰어난 남성을 그려 보여야 한다. 그런 남성을 가려내고, 사랑하는 일과 자기를 위하여 사랑한다는 것을 가르쳐야 한다. 그런 남성만이 여성을 친구로서도, 아내 또는 애인으로서도 행복하게 할 수 있다는 것을 증명해 주어야 한다.

이성을 통해 미덕을 가르쳐야 한다. 여성의 권력과 모든 이익은 단순히 자기의 올바른 행동, 좋은 행동에 의해 얻어지는 것이 아니고 남성의 소행과 행동에도 의존하고 있다는 사실, 여성은 천하고 저열한 사람들에 대해 거의 힘을 미치지 못한다는 사실, 남성은 미덕을 섬길 수 있어야만 애인을 섬길 수 있다는 사실 등을 가르쳐 주어야 한다. 그러고 난 뒤 현대의 풍속을 그려 보였을 때 진정으로 혐오감을 느끼게 할 수 있다고 확신해도 좋은 것이다. 세상에서 지금 한창 인기를 끌고 있는 무리를 보이면 그런 무리를 경멸할 것이다. 그들의 규율에는 혐오를, 그들의 감정에는 반감을, 그들의 시시한 아첨에는 경멸을 느낄 것이며, 가장 고귀한 야심, 위대하고도 힘찬 영혼을 지배하고 싶은 야심, 스파르타 여성들의 야심을 낳게 할 것이다. 스파르타 여성의 야심은 남성을 명령하는 일이었다.

대담하고 부끄러움을 모르고 음모를 좋아하는 여성, 단지 교태를 부림으로써 연인을 매혹시킬 수 있고, 단지 호의를 표시함으로써 그들을 끌 수 있는 여성은, 천하고 흔한 일에 있어서 연인들을 하인처럼 복종시킬 수 있지만 중대한 일에 있어서 그들은 그리 대단한 권위를 갖지 못한다. 그런데 절도도 있고 호감도 가고 현명하기도 한 여성, 마음이 쏠리는 남성들이 존경을 느끼지 않을 수 없는 여성, 매우 조심성 있고 남의 눈에 띄지 않게 행동하는 여성, 한마디로 말하여 사랑을 경의로 지탱하는 여성은 살짝 신호만 함으로써 남성들을 세계의 끝으로, 전쟁터로, 영광의 마당으로, 죽음으로, 어디건 그녀가 원하는 곳으로 보낼 수 있다.[*16] 이런 권력은 굉장한 것이며, 괴롭더라도 쟁취할 만한 값어치가 충분히 있다고 나는 생각한다.

어떤 방침으로 소피가 교육되었는가는 지금까지 설명한 대로이다. 그녀는 그다지 사람들을 힘들게 하지 않고 충분한 보살핌을 받으며 타고난 취향을 방해당하는 일 없이 오히려 그것을 키워 왔다. 이어서 나는 에밀에게 그려 보인 초상에 의해, 또 에밀 자신이 자기를 정복하게 해줄 아내를 상상한 대로 소피의 인품에 관하여 간단하게 이야기하기로 한다.

내가 보편적이 아닌 것은 취급하지 않겠다는 말을 아무리 되풀이해도 쓸데없는 일은 아닐 것이다. 에밀은 비범한 사람이 아니다. 소피 또한 마찬가지이다. 에밀은 남자, 소피는 여자다. 이것이 그들의 명예의 전부이다. 우리 사이를 지배하고 있는 성의 혼동을 생각하면 자기 성에 어울리는 자라는 것은 희귀한 존재라고 할 수도 있겠다.

소피는 출신이 좋은 착한 천성을 가진 여성이다. 대단히 예민한 마음의 소유자이며, 보통 이상으로 강한 감수성 때문에 때로는 여러 가지 상상을 하여 그것을 좀처럼 억누르지 못할 때도 있다. 한결같지 못한 데가 있기도 한 용모와 자태는 호감을 느끼게 하며, 얼굴 생김새는 견실한 인간을 예고하는 거짓 없는 표정이 엿보인다. 사람들은 그녀와 가까워질 때 무관심했을지 모르나, 그

[*16] 브랑톰은 이런 말을 하고 있다. 프랑수아 1세 시대 어떤 젊은 여성에게 말 많은 연인이 있었는데, 그녀는 그 연인에게 완전한, 그리고 무기한의 침묵을 명했다. 그 사나이는 2년간 실로 충실히 그 명령에 따르고 있었으므로 그는 병을 앓아 말을 못하게 되었다고 사람들은 생각하고 있었다. 어느 때 사람이 많이 모여 있는 곳에서 줄곧 사랑이 비밀로 되어 있었기 때문에 그 사나이의 애인임이 알려져 있지 않았던 그 여성은, 자신이 즉석에서 그의 병을 고쳐 보이겠노라고 자랑하여 단 한 마디 '말하세요'라고 말하여 그 말대로 했다. 그러한 사랑에는 위대하고 비장한 무엇인가가 있지 않은가. 피타고라스의 철학이 아무리 과장된 말을 했더라도 그 이상의 어떤 일을 할 수 있었겠는가. 신과 같은 자가 단 한 마디로 인간에게 발성 기관을 부여하는 모습이 상상되지 않는가. 단 하루라도 그러한 침묵을 기대할 수 있는 여성이 오늘날 어디에 있을 것인가. 여성이 줄 수 있는 어떤 포상으로 그에 보답하게 되더라도 그러하다(원주). 이본―'단 하루라도……' 이하가 다음과 같이 된다. '아무리 아름답더라도 덕성을 지니지 않은 여성에게 일찍이 그러한 기적적인 일을 할 수 있었으리라곤 남들이 뭐라고 하건 나로선 믿어지지 않는다. 오늘날 파리의 모든 미녀가 온갖 기교를 부렸다고 하더라도 그런 일을 하는 데는 매우 힘이 들 것이다.'

녀에게서 멀어질 때는 감동을 느끼지 않을 수 없다. 그녀에게 없는 뛰어난 성질을 가진 여성들이 있다. 그녀가 가지고 있는 것보다 더욱 풍부하게 갖추고 있는 여성들도 있다. 그러나 그녀처럼 여러 가지 성질이 잘 섞이어 풍부한 성격을 만들어 낸 여성은 없다. 그녀는 결점이 되는 것조차도 잘 이용할 줄 안다. 그녀가 이보다 완벽한 여성이었다면 사람의 마음을 끌게 하는 일이 훨씬 적었을 것이다.

소피는 미인이 아니다. 그러나 그녀 곁에 있으면 남성은 아름다운 여성들을 잊어버리고, 아름다운 여성들은 자신들에 대해 불만을 품게 된다. 다른 많은 여성들이 잃는 곳에서 그녀는 획득한다. 그리고 획득한 것은 결코 잃지 않는다. 더 아름다운 눈, 더 아름다운 입, 더 사람의 눈에 띄는 모습을 가진 사람이 있을지도 모른다. 그러나 더 균형잡힌 몸, 더 아름다운 안색, 흰 손, 귀여운 발, 다정한 눈길, 인상적인 용모의 사람은 없을 것이다. 그녀는 사람을 현혹시키지는 않지만 사람의 관심을 불러일으킨다. 그녀는 사람을 매혹시킨다. 그러나 사람들은 그것이 어째서인지 말할 수 없을 것이다.

소피는 몸을 꾸미는 일을 좋아하며 그것에 관하여 잘 알고 있기도 하다. 소피의 어머니는 하녀를 두지 않는다. 소피는 풍부한 취미를 가지고 있어 솜씨좋게 몸단장을 한다. 그러나 사치스러운 옷은 좋아하지 않는다. 그녀의 옷에서는 항상 검소한 것과 연결된 우아함을 엿볼 수 있다. 그녀는 화려한 것을 좋아하지 않고 잘 어울리는 것을 좋아한다. 유행하는 색이 어떤 것인지 몰라도 자기를 돋보이게 하는 색은 참으로 잘 알고 있다. 그녀처럼 수수하게 몸단장을 한 것같이 보이면서도 공들여 옷을 입은 젊은 여성은 한 사람도 없다. 그 복장의 어느 부분도 허술하게 고른 것은 없다. 그런데도 어느 부분에서도 기교는 보이지 않는다. 그녀는 얼핏 보기에 매우 검소한 옷차림을 하고 있지만 사실은 대단히 멋쟁이인 것이다. 그녀는 자기의 매력을 펼쳐 보이지 않는다. 그것을 감추고 있지만 감추면서도 그것을 사람들이 상상하도록 만들고 있다. 그녀를 보고 사람들은 말한다. '조심성 있고 얌전한 처녀'라고. 그러나 그녀 옆에 있는 한 사람들은 그들의 눈과 마음이 그녀의 온 몸에 쏠려 거기에서 떠날 수 없으며, 지극히 간단한 그 옷의 모든 부분은 하나씩 상상에 의해 제거되게끔 거기에 놓여진 것이 아닌가 하는 생각이 들게 된다.

소피에게는 선천적인 재능이 몇 가지 있다. 그녀는 그것을 인식하고 있으며,

그것을 내버려 두고 있지 않다. 그러나 그녀에게는 그 재능을 키우는 편의가 주어져 있지 않았기 때문에 아름다운 그 목소리로 정확하게 잘 노래부르는 일, 귀여운 그 발로 가볍고 쉽고 우아하게 걸어가는 일, 어떤 경우에도 편안한 자세로 당황하지 않고 인사하는 일, 그런 일을 연습하는 것뿐으로 그쳤었다. 게다가 그녀에게는 아버지 이외에 노래를 가르쳐 주는 선생은 없었고, 어머니 이외에 춤을 가르쳐 주는 선생은 없었다. 그리고 근처에 살던 오르간 선생이 쳄발로로 반주하는 법을 약간 가르쳐 준 일이 있었는데, 그 뒤 그녀는 그것을 혼자 계속해 왔었다. 처음에는 그 검은 건반 위에서 손을 잘 놀리는 일만 생각했으나, 마침내 그녀는 쳄발로의 마르고 날카로운 소리가 자신의 음성을 더 듣기 좋게 만든다는 것을 알게 되었다. 그녀는 조금씩 화성에 대하여 민감해졌다. 차차 커감에 따라 표현의 아름다움을 알게 되었고, 음악 그 자체를 좋아하게 되었다. 그러나 그것은 재능이라기보다 오히려 취미에 의한 것이다. 왜냐하면 그녀는 악보를 볼 줄 모르기 때문이다.

소피가 가장 잘 알고 있는 일, 무엇보다도 정성들인 가르침을 받고 있는 것은 여성의 일이다. 사람들은 생각할 수 없는 일, 예를 들어 의복을 마르고 바느질하는 일까지도 배우고 있다. 바늘을 써서 하는 일로 그녀가 못하는 것은 하나도 없고, 즐겨하지 않는 일도 없다. 그러나 그녀가 다른 어떤 일보다도 좋아하는 일은 레이스 뜨기이다. 그것 이상으로 보기에 기분좋은 자세를 취하게 하는 일, 또 그 이상으로 우아하게 그리고 경쾌하게 손가락 끝을 훈련시키는 일은 달리 하나도 없기 때문이다.

그녀는 또한 사소한 집 안의 온갖 일도 공부하고 있다. 그녀는 요리나 상차리기도 알고 있다. 물건값도 알고 있다. 품질에 대하여도 조예가 깊다. 가계부를 꼬박꼬박 기입할 줄 알며, 그녀는 어머니의 주방장 역할도 맡고 있다. 자기도 언젠가는 한 집안의 어머니가 되게끔 태어난 그녀는 아버지의 집을 관리하는 법을 배우고 있다. 그녀는 하녀들이 하는 일을 대신할 수 있으며, 언제나 기꺼이 그렇게 한다. 사람이란 자기가 할 수 있는 일이 아니면 결코 남을 잘 부리지 못한다. 이런 이유에서 어머니는 그녀에게 그런 일을 시키는 것이지만 소피는 거기까지는 모르고 있다. 그녀의 첫째 의무는 딸로서의 의무이며, 현재로서 그녀는 그 의무만을 완수하려고 노력하고 있다. 그녀가 염두에 두고 있는 단 하나의 일은 어머니에게 도움을 주는 일, 어머니의 짐을 얼마쯤이라도 가볍게 해주는 일이다. 그렇다고는 하지만 솔직하게 말하여 그녀는 모든 일을 똑같이 기꺼이 하고 있는 것은 아니다. 예를 들어 그녀는 음식을 좋아하지만 요리하는 일은 좋아하지 않는다. 그 자질구레한 일은 어쩐지 그녀를 싫증나게 만든다. 그 일에서는 아무래도 완전한 청결함을 맛볼 수 없기 때문이다. 청결이라는 데 대하여 그녀는 너무나 민감해서, 그 도를 넘은 민감성이 그녀의 결점 가운데 하나이기도 하다. 그녀는 채소밭을 돌아보는 일을 항상 좋아하지 않는다. 그녀에게 흙은 불결하게 보인다. 퇴비를 보면 곧 불결한 냄새가 감도는 기분이 든다.

그녀의 그런 결점은 어머니의 가르침이 원인이다. 그녀 어머니의 생각으로는, 여성의 의무 가운데 중요한 일 중의 하나가 청결이다. 불결한 여자처럼 징그러운 것은 이 세상에 없고, 그런 여자에게 정이 떨어진다는 것은 남편으로서 당연하다는 것이다. 어머니는 딸에게 어릴 때부터 꽤 까다롭게 그 의무를 가르쳤고, 몸을 청결히 하도록, 옷·방·일·몸간수에 관하여 그 점을 시끄럽도록 타일렀으므로 거기에 대하여 항상 주의를 기울이는 것이 습관이 되어 있다. 그녀는 그 때문에 상당히 많은 시간을 빼앗기며 다른 시간에도 그 일에만 신경을 쓰고 있다. 따라서 무슨 일을 하건, 그녀로서는 잘해야 한다는 것은 이차적인 문제이고 청결이라는 점을 항상 우선적으로 생각하게 되는 것이다.

그렇다고 해서 그런 일이 그녀에게 헛된 거드름을 피우게 하거나 연약한 생활 태도 속으로 빠지게 하지는 않았다. 그것은 세련된 사치와는 전혀 다른 것이다. 그녀 집에는 깨끗한 물만 들어온다. 그녀는 꽃향기 이외에 다른 향기를 모르므로 앞으로 그녀의 남편은 그녀의 숨결보다 상쾌한 것을 들이마시는 일은 없을 것이다. 또 그녀가 외면적인 일에 갖는 관심도 그녀의 생활과 한가한 시간이 더욱 고귀한 일의 선물이라는 것을 잊게 하지는 않는다. 영혼을 더럽히게 될 정도로 극단적으로 몸을 청결하게 하는 일도 그녀는 모르거나 혹은 경멸하고 있다. 소피는 청결한 여성 이상이다. 그녀는 청순한 여성이다.

나는 소피가 먹는 것을 좋아한다고 말한 적이 있다. 그녀는 천성이 그러하다. 그러나 습관에 의해 절제하게 되었고, 지금은 덕성에 의해 그렇게 하고 있다. 남자아이에게는 어느 정도까지 먹보 근성을 이용하여 지도할 수 있지만 여자아이에게는 그렇게 할 수 없다. 여성에 있어서 이런 경향은 중대한 결과를 가져온다. 그 점을 내버려 둔다면 너무나 위험한 일이다. 귀여운 소피는 어릴 때 혼자 집 안 다락에 들어가면 언제나 빈 손으로 나오지 않았다. 사탕이나 과자를 얻기 위해 어떤 시련에도 굴복하지 않았다. 어머니는 그것들을 빼앗은 뒤 그녀를 붙잡아 꾸짖고 벌을 주고 굶기기까지 했다. 마침내 어머니는 과자가 이를 상하게 한다는 것, 또 너무 많이 먹으면 살이 찐다는 것을 그녀에게 납득시킬 수 있었다. 그리고 소피는 나쁜 버릇을 고쳤다. 성장함에 따라 다른 취미를 갖게 되어 그런 천한 즐거움을 잊게 되었던 것이다.

여자도 남자와 마찬가지로 각성하고 나면 먹보의 나쁜 버릇이 조금씩 없어진다. 소피는 여성에게 어울리는 취향을 계속 가지게 되었다. 그녀는 유제품이나 단것을 좋아한다. 케이크나 앙트르메를 좋아하며, 고기는 그다지 좋아하지 않는다. 포도주도 강한 알코올도 결코 맛이 있다고 생각한 일은 없다. 그리고 그녀는 무엇이건 조금씩 먹는다. 여성은 남성만큼 힘을 쓰지 않으므로 그다지 많지 않은 소모를 회복시킬 필요가 없다. 무엇보다도 그녀는 맛이 있는 것을 좋아하며, 그 미각을 즐길 줄도 안다. 그녀는 또한 맛이 없는 것에도 적응할 줄 알며, 맛이 없다고 하여 괴로움을 느끼지도 않는다.

소피에게는 빛나지 않지만 상쾌한 정신, 심원한 것은 아니지만 확고한 정신이 있다. 사람의 화제에 오르는 일이 없는 정신, 왜냐하면 그녀에게서 사람들은 자기보다 뛰어난 정신도 뒤떨어진 정신도 찾아내지 못하기 때문이다. 그녀에게는 그녀에게 말을 거는 사람들을 항상 즐겁게 해주는 정신이 있다. 그러나 그것은 여성의 정신 교양에 관하여 우리가 품고 있는 관념으로 말할 것 같으면 그다지 눈부신 것은 아니다. 그녀의 정신은 독서에 의해 이루어진 것이 아니고, 부모와의 대화에 의해, 그녀 자신의 반성에 의해, 나아가서는 그녀가 만난 몇몇 사람들을 관찰함으로써 형성되어 있기 때문이다.

소피는 선천적으로 쾌활하며 어린 시절에는 장난꾸러기이기도 했다. 그러나 어머니는 소피의 들뜬 태도를 조금씩 가라앉히도록 마음을 썼다. 언젠가 너무나 급격한 변화로 인해 그런 조심성이 필요하다는 것을 가르치게 되어서는 안 되기 때문이다. 그래서 그녀는 조심스럽게 삼가야 할 시기가 아직 오지 않았을 때부터 그렇게 되었다. 그리고 그 시기에 도달한 지금 몸에 밴 태도를 유지하고 있는 그녀는 그 변화의 이유를 제시하는 일 없이 그런 태도를 취해야 하는 경우보다 편안한 기분으로 있을 수 있는 것이다. 그녀가 때로 어릴 적 습관대로 쾌활한 태도를 취하다가 곧 자신을 돌이켜보고는 침묵하고, 눈을 내리뜨며 얼굴을 붉히는 모습을 보는 것은 참으로 재미있는 일이다. 두 시기의 중간기는 아무래도 두 시기를 모두 조금씩 닮게 된다.

소피는 매우 감수성이 강하여 완전히 한결같은 기분을 유지하지는 못한다. 그러나 그녀는 대단히 상냥하므로 그 감수성이 다른 사람에게 그다지 참을 수 없는 기분을 주지 않는다. 그것은 그녀 자신에게만 괴로움을 준다. 사람들이 그녀의 마음을 상하게 하는 말을 한 마디라도 하면 그녀는 화를 내지는 않지만, 가슴이 꽉 메어서 저쪽으로 가서 울기 위해 그 자리에서 벗어나려고 한다. 눈물을 흘리고 있을 때 아버지나 어머니가 그녀를 불러 뭐라고 한 마디 하면 곧 눈을 잘 닦고 흐느낌을 참으며 놀거나 웃거나 한다.

그녀에게 변덕스러운 데가 전혀 없는 것은 아니다. 약간 흥분하면 그것이 반항으로 변하여 자기 자신을 잃는 일도 있다. 그러나 자신으로 돌아갈 여유를 주면 자기의 잘못을 보상하는 그녀의 태도는 그 잘못을 하나의 공로로 여기게조차 만든다. 벌을 받으면 순순히 그것을 참아내고, 그녀가 부끄럽게 여기는 것은 벌을 받는 것이 아니고 좋지 못한 것을 했기 때문이라는 것을 알고 있다. 아무 말도 듣지 않았다 해도 그녀는 스스로 잘못을 보상하는 일을 결코 잊지 않는다. 게다가 참으로 솔직하게 조금도 싫은 얼굴을 짓지 않기 때문에, 사람들은 그녀를 언제까지 책망할 수 없다. 가장 신분이 낮은 하인 앞에서 머리를 땅에 조아려야 한다 해도 그런 비굴한 태도를 취하는 것이 그녀에게는 조금도 고통으로 느껴지지 않는다. 그리고 용서를 받고 난 뒤 그녀가 표시하는 기쁨과 상냥한 태도는 그 착한 마음이 얼마나 무거운 짐에서 해방되었는가를 가르쳐 준다. 한 마디로 말해서 그녀는 참을성 있게 다른 사람의 잘못을 견디어 내고 기꺼이 자기의 잘못에 보상을 하는 것이다. 우리가 망쳐 놓기 전 여성의 바람직한 천성은 바로 이런 것이다. 여성은 남성에게 순종하듯이 남성의 부정조차도 참고 견디도록 태어났다. 소년에게 그런 일을 시킬 수는 도저히 없다. 내면의 감정이 들고 일어나 부정에 대하여 그들이 반항하게끔 한다. 자연은 부정을 참을 수 있도록 그들을 만들어 놓지 않았다.

꺾일 줄 모르는,
펠레우스 아들의 무시무시한 분노.

소피는 종교를 믿지만, 그것은 도리에 맞는 단순한 종교로, 교리 같은 것은 거의 알지 못하며, 믿음이 깊은 체하지도 않는다. 그보다는 오히려, 도덕 이외에 실천할 만한 본질적인 것을 알지 못하는 그녀는, 좋은 일을 행함으로써 생활의 모든 것을 바쳐 신을 섬기고 있다. 부모는 이 점에 관하여 가르칠 때 그녀가 항상 존경심에 가득찬 복종의 습관을 붙이도록 만들고, 늘 이렇게 말한다. "이런 지식은 네 나이로서는 잘 알 수 없는 일이다. 적당한 때가 오면 너의 남편이 그것을 가르쳐 줄 것이다." 그리고 부모는 또한 신앙 이야기를 장황하게 늘어놓지 않고, 자기들이 보이는 본보기에 의해 가르칠 뿐이었는데, 그 본보기는 그녀의 마음에 깊이 새겨진다.

소피는 미덕을 사랑하고 있다. 그 사랑은 그녀의 무엇보다도 가장 강한 정열로 되어 있다. 미덕보다 더욱 아름다운 것은 아무것도 없으므로 그녀는 그것을 사랑하고 있는 것이다. 미덕은 여성에게 명예를 가져다 주므로, 그리고 미덕이 있는 여성은 거의 천사와 같아 보이므로, 그녀는 그것을 사랑하고 있는 것이다. 미덕은 여성을 행복으로 이끄는 단 하나의 길로 여기고 있으며, 부끄러움을 모르는 여자의 생활에는 비참·고독·불행·오욕만이 있다는 것을 알고 있기 때문에 그녀는 미덕을 사랑하는 것이다. 그리고 또한 존경할 만한 아버지, 상냥하고 뛰어난 어머니를 다정한 존재로 여기고 사랑하는 것이다. 부모는 자기들의 미덕에 의해 행복해지는 것만으로는 만족하지 않고 그녀의 미덕에 의해서도 행복하게 되기를 바라고 있으며, 그녀 자신의 첫째가는 행복도 부모에게 행복을 가져다 줄 수 있다는 희망에 있는 것이다. 그러한 감정 모두가 그녀에게 어떤 감격을 주어 그녀의 영혼을 높은 곳으로 끌어올리고, 그녀의 여러 가지 조그마한 취미를 모두 고귀한 정열에 복종시키고 있다. 소피는 생애 마지막 순간까지 정결하고 올바르게 살아갈 것이다. 그녀는 마음속으로부터 그것을 맹세하고 있으며, 그러한 서약을 끝까지 지키는 일이 얼마나 힘든 것인가를 이미 알게 되었을 때 그것을 맹세한 것이다. 관능이 그녀를 지배하게 되어 있었다면 그런 약속을 취소했음에 틀림이 없을 때 그것을 맹세한 것이다.

소피는 성격이 냉정하면서도 허세를 부리고, 사람을 즐겁게 해주는 일보다 사람의 눈에 띄는 것을 원하며, 쾌락을 구하며, 기쁨을 찾지 않는 교태스러운 그런 프랑스 여성이 되는 행운을 얻지 못하고 있다. 사랑하고 싶다는 욕구만 그녀를 괴롭히고, 떠들썩한 축제가 벌어졌을 때도 그것이 그녀를 멍하게 만들며 마음을 가라앉히지 못한다. 그녀는 이전과 같은 쾌활성을 잃고 말았다. 놀며 즐기는 일은 이미 그녀가 할 일이 아니다. 그녀는 고독의 괴로움을 두려워하기는커녕 그것을 원하고 있다. 인기척 없는 곳을 즐거운 곳으로 만들어 주는 남자를 혼자서 생각하고 있다. 그녀는 자신과 관련 없는 사람은 모두 귀찮은 존재로 느껴진다. 그녀에게는 애지중지해 주는 많은 사람이 아니라 사랑해 주는 한 사람이 필요하다. 그녀는 단 한 사람의 마음에 언제까지나 드는 편이, 유행을 좇는 그 사람들에게 그녀를 찬양하는 감탄의 소리를 지르게 하는 편보다 훨씬 좋다고 생각하고 있다. 그러한 감탄의 소리는 하루 동안 계속될 뿐, 다음날에는 비웃는 소리로 변하고 마는 것이다.

여자는 남자보다 일찍 판단력이 생겨난다. 아주 어릴 때부터 몸을 지켜야만 하며 계속 유지해 가기 힘든 것을 지니도록 맡겨진 여성은, 좋은 일 나쁜 일은 필연적으로 더 일찍 알게 되어 있다. 소피는 그녀의 기질이 무슨 일에 있어서도 조숙하게 만들어 같은 나이 또래의 다른 처녀에 비해 일찍 판단력이 형성되어 있다. 그것은 별로 비정상적인 것이 아니다. 성숙이란 항상 같은 시기에 똑같이 이루어지는 것은 아니기 때문이다.

소피는 여성과 남성의 의무와 권리에 대해 배웠다. 남성의 결점과 여성의 부도덕을 알고 있다. 반대로 미와 도덕도 알고 있으며, 그것을 모두 마음속 깊이 새기고 있다. 품행이 올바른 여자에 관하여 그녀가 품고 있는 관념보다 높은 관념을 사람들은 가질 수 없을 것이며, 그 관념도 그녀에게 겁을 주지는 않는다. 그러나 그녀는 품행이 올바른 남성, 뛰어난 남성에 대하여 생각하고는 더 기쁜 마음을 갖게 된다. 자기는 그런 사람을 위해 태어났으며 그런 사람에게 어울리는 여자라는 것, 자기는 그 사람으로부터 받는 행복에 보답할 수 있다는 것, 그런 것을 그녀는 느끼고 있다. 자기는 그 사람을 틀림없이 알아 볼 수 있다고 느낀다. 문제는 다만 그 사람을 만나는 일이다.

남성이 여성의 가치를 심판하듯이, 여성은 남성의 가치를 심판한다. 이것은 서로의 상호적인 권리이다. 그리고 서로 어느 쪽도 그 사실을 모르고 있는 것은 아니다. 소피는 그 권리를 알고 그것을 사용하고 있다. 하지만 그녀의 젊음, 경험의 결핍, 그녀의 경우에 어울리는 조심성을 가지고 그것을 사용하고 있다. 그녀는 자기의 능력으로 알 수 있는 일에 대해서만 판단을 내리며, 그것이 뭔가 유익한 가르침을 제시하여 주는 경우에만 판단을 내린다. 그녀는 그 자리에 없는 사람에 대하여는 언제나 될 수 있는 대로 신중한 태도로 이야기한다. 그것이 여성인 경우 특히 그러하다. 여성에게 험담을 시키고 비꼬는 말을 시키는 것은 동성에 관하여 이야기할 때 뿐이라고 그녀는 생각하고 있다. 남성에 관하여 이야기하는 한 여성은 항상 공정한 것이다. 그러므로 소피는 남성에 관하여만 이야기한다. 여성에 관하여는 자기가 알고 있는 좋은 일을 알릴 때가 아니면 절대로 이야기하지 않는다. 동성에 대하여는 그런 경의를 표하여야만 한다고 그녀는 알고 있다. 그러므로 어떤 말로써 칭찬하여야 할지 모를 여성에 관하여는 전혀 아무 말도 하지 않는다. 당연한 일이리라.

소피는 사교계의 법도를 거의 모른다. 그러나 그녀는 친절하고 눈치가 빠르며 무엇을 하건 다소곳하다. 풍부한 천성이 여러 가지 기교보다도 더 그녀에게 도움을 주고 있다. 그녀는 어떤 종류의 독특한 예의를 터득하고 있다. 그것은 형식에 구애받지 않고 유행을 좇지 않으며, 유행과 함께 변하는 일도 없고 무슨 일이건 관례에 의하지 않으며, 사람들에게 기쁨을 주려는 진지한 소원에서 생긴 사람들이 기뻐하는 예의이다. 그녀는 빤히 들여다보이는 빈말을 모르며, 또한 빈틈없는 빈말을 생각해 내는 일도 하지 않는다. '황송합니다.' '대단히 영광으로 생각합니다.' '그런 일은 하지 마세요.' 이런 말을 그녀는 하지 않는다. 말을 돌려서 하려고 좀더 생각하지 않는다. 사람들의 친절, 판에 박힌 예의에 대하여 그녀는 아주 공손히 하거나 간단하게 "고맙습니다" 하고 말한다. 그러나 이 간단한 말도 그녀의 입을 통하여 나오면 전혀 다른 느낌을 준다. 진정한 마음에 대하여 그녀는 그 마음을 열어 놓지만 그녀의 마음이 찾아내는 것은 인사말이 아니다. 그녀는 프랑스의 관습이 겉보기 예절의 멍에로 그녀를 속박하는 데 대하여 도저히 참을 수 없었다. 예를 들어 어떤 방에서 다른 방으로 갈 때, 오히려 이쪽에서 부축해 주고 싶을 정도의 60세 노인의 팔에 손을 맡겨야 하는 일 같은 것에는 참을 수 없다. 여자의 환심을 사려는 남자가 그런 쓸데없는 시중을 들려고 하면, 그 쓸데없는 참견을 하는 남자의 팔을 계단에서 뿌리치고, "나는 절름발이가 아니에요" 하면서 방으로 획 들어가 버린다. 그녀는 키가 크지는 않지만 절대로 하이힐을 신으려 하지 않았다. 발이 충분히 작은 그녀는 하이힐 같은 것을 신을 필요가 없는 것이다.

그녀는 부인들에 대해서 뿐만 아니라 기혼 남성, 또는 그녀보다 훨씬 연상의 남성에 대하여서도 말수를 적게 하고 존경에 가득찬 태도를 취하고 있다.

남이 권하므로 아무래도 그렇게 하지 않고는 안 될 경우 이외에 그녀는 결코 그런 사람들보다 윗자리를 차지하려고 하지 않을 것이며, 가능한 한 곧 그런 사람들의 아래쪽에 있는 자기 자리로 돌아갈 것이다. 그녀는 연장자에게는 그 무엇보다도 존경하여야 할 만한 지혜가 있다고 생각했고, 연장자의 권리는 여성의 권리보다 우선적이라는 것을 알고 있기 때문이다.

자기와 비슷한 또래의 청년에 대하여는 이야기가 달라진다. 그들에게 존경을 받으려면 다른 태도를 취할 필요가 있는데, 소피는 그녀에게 어울리는 조심스러운 태도를 버리지 않으면서도 다른 태도를 취할 줄 안다. 그들 역시 조심성 있는 예절바른 청년이라면 그녀도 그들에게 대하여 기꺼이 젊은 나이에 어울리는 친밀감을 유지할 수 있을 것이다. 티없는 그들과의 대화는 명랑하면서도 또한 조심성을 잃지 않을 것이다. 진지한 이야기로 들어가면 그녀는 그것이 유익한 것이 되기를 바란다. 시시한 이야기로 들어가면 그녀는 곧 이야기를 그치게 할 것이다. 그녀의 환심을 사기 위한 실없는 말은 여성에 대한 심한 모욕으로 알고, 그녀는 특히 경멸하기 때문이다. 자기가 원하는 남성은 그런 실없는 소리를 하지 않는다는 것을 그녀는 잘 알고 있으며, 자기 마음속 깊이 새겨 놓은 성격을 가진 남성에 어울리지 않는 말을 다른 남성으로부터 듣는 일도 결코 기분좋게 생각하지 않는다.

여성의 권리에 대하여 그녀가 품고 있는 고귀한 견해, 순수한 감정이 그녀에게 부여하는 자랑스러운 영혼, 그녀가 자기 안에 느끼고 있으며 그녀 자신의 눈으로도 존경할 만한 것으로써 느끼게 하는 그녀의 강력한 미덕이, 달콤한 말로 그녀의 관심을 돋우어 보려는 사람들의 말을 들을 때 그녀에게 격심한 노여움을 일으키게 된다. 그런 말을 들을 때 그녀는 노여움을 겉으로 나타내지는 않지만, 비꼬는 듯한 기쁨을 보여 상대방을 당황하게 만들거나 뜻밖의 냉랭한 태도로 대한다. 아름다운 페비우스가 그녀를 향해 여러 가지 재치있는 말을 하여 그녀를 극구 찬양하고, 그녀의 재기, 아름다움, 다소곳함, 그녀의 마음을 사로잡는 자의 커다란 행복 등에 관하여 이야기한다면 그녀는 그것을 가로막고 정중하게 이런 말을 거침없이 할 수 있는 처녀이다. "나는 그런 일에 관하여 당신보다 더 잘 알고 있을 것 같군요. 그것보다 좀더 재미있는 이야기가 없다면 여기서 그만 끝내는 게 좋겠는데요." 이렇게 말하며 공손히 머리를 숙였다고 생각했는데, 어느새 눈 깜짝할 사이에 그 청년으로부터 20보 떨어진 곳에 그녀는 있을 수도 있는 것이다. 이렇게 다루기 쉽지 않은 성질의 처녀를 상대로 오랫동안 이야기를 계속하는 것이 쉬운 일인지 아닌지는 여성들을 유혹하는 남자에게 물어보는 것이 좋겠다.

그러나 그것이 진지한 이야기라면, 그 사람이 그녀를 좋게 말하고 있는 사실이 진정한 그 사람의 생각이라고 그녀가 느꼈을 때, 그녀도 남의 칭찬을 받는 것을 좋아하지 않을 리 없다. 그녀의 뛰어난 점에 감동했다는 것을 보이기 위해서는 우선 그 뛰어난 점을 제시해 주어야만 한다. 평가에 의거하여 표시하는 경우 그녀의 자랑스러운 마음을 기쁘게 해주지만, 은근을 가장한 아첨은 언제나 불쾌하게 한다. 소피는 익살쟁이의 깜찍한 재능을 훈련시키기 위해 태어나 있는 것은 아니다.

대단히 성숙한 판단력을 가지고 있으며 모든 점에서 스무 살 정도의 처녀만큼 되어 있는 열다섯 살의 소피는 부모로부터 어린이 취급을 당하지는 않을 것이다. 부모는 그녀에게서 청춘의 번민이 나타나면 곧 그 번민이 커지기 전에 서둘러 그 대책을 의논할 것이다. 부모는 상냥하고도 분별있는 이야기를 들려줄 것이다. 상냥하고 분별있는 이야기란 그녀의 나이와 성격에 어울리는 이야기이다. 그 성격이 우리가 상상하는 그런 것이라면 아버지는 그녀에게 대충 이런 식으로 이야기하지 않겠는가.

"소피, 너는 이젠 다 큰 처녀이다. 처녀가 크는 것은 언제까지나 처녀로 있기 위해서가 아니란다. 우리는 네가 행복해지기를 원하고 있다. 그것은 우리를 위한 길이기도 하단다. 우리의 행복이 너의 행복에 달려 있기 때문이야. 품행이 올바른 처녀의 행복은 품행이 올바른 남자에게 행복을 가져다 준다. 그래서 결혼이라는 것을 생각해야 하는 거야. 일찍부터 그것을 생각해야 한다. 결혼에 의해서만이 사람의 운명은 정해지며 그것을 생각할 여유는 결코 충분히 없기 때문이야.

좋은 남편을 고르는 것만큼 어려운 일은 없다. 하긴 좋은 아내를 고르는 일은 더 어려울지도 모른다. 소피야. 너는 그 쉽게 찾기 힘든 아내가 되어야 한다. 우리 생애의 명예가 되고, 우리 노년의 행복이 되어야 한다. 그러나 네가 아무리 뛰어난 것을 가지고 있다 해도 이 세상에는 너보다 더 뛰어난 것을 가지고 있는 남자가 없는 것도 아니다. 너를 차지하는 일을 명예롭게 여기지 않는 사람은 한 사람도 없겠지만 너를 더욱 명예로운 사람으로 만들어 줄 사람도 많이 있다. 그 많은 사람 중에서 너에게 어울리는 한 사람을 찾아내는 일, 그 사람을 알고 그 사람이 너를 알아 주는 일이 문제란다. 더할 나위 없이 행복한 결혼은 참으로 많은 일치점에 달려 있으므로 그 모든 것을 긁어모으려 한다면 어리석은 일이야.

우선 가장 중요한 점을 확인해야 한다. 다른 점에서도 어울린다면 대단히 다행이지만, 그렇지 않다 해도 걱정할 것은 없어. 완전한 행복은 이 세상에서 찾을 수 없단다. 불행 중 가장 큰 불행이지만 언제나 피할 수도 있는 불행은, 자기 잘못에 의해 불행하게 되는 일이다. 자연의 일치라는 것이 있고, 제도에 의한 일치가 있으며, 사람들의 의견만으로 기인하는 일치라는 것이 있다. 부모는 뒤의 두 종류 일치의 판정자이지만, 첫째 종류에 대한 일치의 판정자는 본인이란다. 아버지의 권위에 의해 맺어지는 결혼은 제도에 의한 일치와 의견에 기인하는 일치만을 따라 결정되는 것이다. 결혼하게 되는 것은 사람이 아니라 신분과 재산이다. 그러나 그런 것은 모두 변할는지도 모르지. 그러나 사람만은 언제나 그대로여서 어디를 가건 함께 있다. 운명이 어떻건 인격적인 관계에 의해서만이 결혼은 행복해지기도 하고 불행해지기도 한다.

너의 어머니는 신분이 높은 집안에 태어났지. 나는 부자였어. 그런 점만을 생각하고 우리의 부모는 우리를 맺어 주셨어. 나는 재산을 잃고 말았지. 어머니는 가문을 잃고 말았고. 가문의 사람들에게 잊혀진 지금, 고귀한 집안에 태어났다는 것이 어머니에게 무슨 소용이 있겠니. 재난을 당했을 때 우리 마음의 결합이 모든 일에 있어서 우리를 위로해 주었어. 우리 취향의 일치가 우리에게 이 은신처를 고르게 했다. 우리는 여기서 가난하긴 해도 행복하게 살고 있지. 우리는 서로가 모든 것을 대신하는 존재가 되어 있어. 소피는 우리 두 사람의 보배야. 우리에게 이런 보배를 주고 다른 모든 것을 빼앗아 버린 하늘에 축복을 바치고 있단다. 신의 섭리가 우리를 어떤 곳으로 인도했는지 좀 보아라. 우리를 결혼시켜 준 여러 가지 일치는 사라지고 말았어.

우리는 전혀 생각지도 않았던 일치 덕분에 행복하게 지내고 있단다. 부부가 될 당사자들이야말로 상대가 적당한 사람인지 아닌지를 생각해야 한다. 서로의 취향이 부부를 맺어 주는 첫째가는 유대라야 해. 두 사람의 눈이, 마음이, 최초의 안내자가 되어야 해. 결합되었을 때 부부의 첫째 의무는 서로 사랑해야 하는 것이므로, 사랑하고 안 하고는 우리 의지로 좌우되는 것이 아니므로 그 의무는 필연적으로 또 하나의 의무, 결합되기 전에 먼저 서로 사랑해야 한다는 의무를 수반하고 있는 거야. 이것은 자연의 권리여서 그 무엇도 이것을 파기할 수는 없어. 여러 가지 사회적인 관례로 그 권리에 제한을 가한 사람들은 결혼의 행복과 시민의 의식보다도 표면적인 질서를 중요시한 거야.

소피야, 너도 알겠지만 우리는 너에게 어려운 윤리를 설득하는 것이 아니야. 네 일은 네 자유에 맡기자, 네 남편은 네가 선택하도록 하자는 데 지나지 않아. 너에게 완전한 자유를 주는 우리의 이유를 설명한 뒤 그 자유를 네가 현명하게 사용해야 하는 이유가 무엇인지도 이야기하는 것이 당연하겠지. 너는 착하고 도리를 가릴 줄 아는 처녀야. 너에게는 정직한 마음, 유순한 성질이 있다. 품행이 올바른 여성에게 어울리는 재능이 있다. 매력도 없지는 않다. 너는 가난하지만 가장 높이 평가되어야 할 재산을 가지고 있다. 물론 일반 사람들이 가장 높이 평가하는 재산은 가지고 있지 않지만 말이다. 그래서 네가 손에 넣을 수 있는 것보다 많은 것을 갖기를 원해서는 안 되며, 너의 야심을 너의 판단이나 우리의 판단에 의해서가 아니라 남편 집안 사람들의 의견에 맞춰라. 가치의 평등이라는 것만이 문제라면 너의 희망을 어디에 머무르게 하면 좋을지 나는 모른다. 그러나 너의 처지보다 높은 곳에 희망을 걸어서는 안 되고, 그 처지가 가장 낮은 곳에 있다는 것을 잊어서도 안 된다. 너에게 어울리는 남성은 그런 불평등을 장애로 생각하지 않는다 해도, 그럴 때 너는 그 사람이 생각하지 않는 점을 생각해야 한다.

소피야, 너는 어머니를 본받아 너를 맞이하는 것을 명예롭게 여기는 집안의 사람이 되어야 해. 너는 잘 살던 때의 우리를 모른다. 너는 우리가 가난해진 다음에 태어났어. 너는 우리의 가난한 생활을 즐겁게 해주고 있으며, 아무런 고통도 느끼지 않으며, 그 생활을 함께 해 주고 있어. 소피야, 내가 하는 말을 믿어야 한다. 재산을 원해서는 안 된다. 우리는 그런 것으로부터 우리를 해방시켜 준 하늘에 축복을 보내고 있단다. 우리는 재산을 잃은 뒤에 비로소 행복을 맛보았거든. 너는 좋은 처녀이므로 반드시 사람의 마음에 들 것이다. 지금 넌 가난하지만 착실한 남자가 당황할 만큼은 아니야. 많은 사람들이 탐낼 것이므로 우리에게 어울리지 않는 사람들이 너를 원할는지도 모르겠다. 그런 사람들이 있는 그대로의 자신을 나타내면 너는 그들이 어느 정도의 가치가 있는 사람인지 평가할 수 있게 된다. 그들의 화려한 겉모습도 오랫동안 너를 속이지는 못할 것이다. 그러나 네가 건전한 판단력을 가지고 있어 사람들의 가치라는 것을 잘 알고 있다 해도, 경험이 없기 때문에 인간이라는 것이 어디까지 가면을 쓸 수 있는지 너는 모른다.

교묘한 사기꾼은 너의 취미를 알아내어 너를 유혹하고, 너에게 자기가 갖고 있지도 않은 미덕을 가장할는지도 모르겠다. 그런 남자는 말이다, 소피야, 네가 알지 못하는 사이에 너를 파멸시킬 것이다. 그리고 자기 잘못을 알았을 때 이미 너는 울 수밖에 없는 지경에 이르게 된다. 모든 함정 가운데 가장 위험한 것, 이성도 피할 수 없는 단 하나의 함정은 관능이 파 놓은 함정이다. 만일 불행하게도 그 함정에 빠지게 되면 너에게는 환상과 가공의 것밖에 보이지 않게 된다.

너의 눈은 무언가에 이끌리어 판단은 혼란해지고 의지는 약화되어 마음의 방황 자체가 중요한 것이 되고 만다. 그 방황 상태에 놓인 것을 깨달았을 때에도 각성하려고 하지 않는다. 내 딸아, 나는 너를 네 자신의 이성에 맡기겠다. 너를 네 마음의 흐름에다 맡기는 것이 아니다. 너는 냉정할 수 있을 동안은 네 자신을 판단하는 자가 되거라. 그러나 사랑을 느끼게 되면 너의 뒷일을 또 어머니에게 부탁해야겠다. 나는 너에게 하나의 약속을 제의하겠다. 그것은 너에 대한 우리의 존경을 표시하는 동시에 우리 사이에 새삼스럽게 자연의 질서를 확립하는 약속이다. 부모가 딸의 남편을 고르고 딸에게 형식적으로 상의하는 것이 보통의 관례이다. 우리는 서로 그것과는 전혀 반대로 해보자. 네가 선택하고 우리에게 상의하기로 하자.

소피야, 너의 권리를 활용하거라. 자유롭고 현명하게 활용하거라. 너에게 어울리는 남편은 네가 고른 사람이어야만 한다. 우리가 고른 사람이어서는 안 된다. 그러나 네가 잘 어울리지도 않는 사람을 어울린다고 생각하지 않을까, 자신도 모르는 사이에 마음으로 원하는 일과는 다른 일을 하고 있지 않을까, 그것을 판단하는 것은 우리의 일이다.

출생·재산·신분·사람들의 의견 등은 전혀 우리에게 이유가 되지 않을 것이다. 어엿한 사람으로서 네 마음에 드는 사람, 그 성격이 너에게 적합한 사람을 선택하여라. 다른 점이 어떻건 우리는 그 사람을 사위로 맞이할 것이다. 그 사람에게 능력이 있고, 품행이 바르고, 자기의 가족을 사랑하는 사람이라면 그 사람의 재산은 반드시 손색없는 재산일 것이다. 그 사람의 신분은, 미덕이 그것을 고귀하게 만들어 주는 사람이라면 틀림없이 충분히 빛나는 신분이라고 할 수 있다. 온 세상 사람들이 우리를 비난한다 해도 대단치 않다. 우리는 세상에서 찬성을 얻으려는 게 아니다. 우리는 너의 행복만으로 충분한 것이다."

독자여, 당신들 식으로 키워진 처녀들에게 이런 이야기가 어떤 효과를 줄 것인지 나는 모른다. 소피는 여기에 대하여 말로는 대답할 수 없을 것이다. 부끄러움과 감동이 자기의 생각을 쉽사리 표현할 여유를 주지 않을 것이다. 그러나 나는 확신하고 있다. 이 이야기는 그 뒤 일생 동안 그녀의 마음속에 새겨질 것이다. 그리고 인간이 무언가 결심하는 마당에 있어서 그 대상으로 될 수 있는 것이 있다면 이 이야기가 그녀에게 시키는 결심, 부모의 존경을 받을 만한 사람이 되려고 하는 결심이다.

사태를 최악으로 생각하고 오랫동안 기다리는 일을 괴롭게 느끼는 뜨거운 피가 그녀 안에서 끓는다 해도, 그녀의 판단력·지식·취미·섬세함, 그리고 특히 어릴 적에 그녀의 마음을 키워 온 감정은 격심한 관능과 대항하게 해줄 것이고, 그것이 관능을 누르게 하거나 또는 오랫동안 대항할 수 있게 만들 것이라고 나는 생각한다. 부모를 슬프게 만들고, 값어치 없는 남자를 남편으로 삼고, 어울리지 않는 결혼으로 불행하게 몸을 망치는 것보다는 오히려 그녀는 독신의 슬픈 순교자가 되어 죽어 버릴 것이다. 부여받은 자유도 새로운 영혼을 북돋아 남편의 선택을 더 까다롭게 할 뿐이리라. 이탈리아 여성의 피와 영국 여성의 감정을 함께 지닌 그녀는, 그 심정과 관능을 누르는 방법으로 연인을 구하면서도 자기에게 어울리는 연인을 그다지 서둘러 찾지 않는 스페인 여성의 긍지를 가지고 있다.

절도있는 일에 대한 사랑은 어느 정도의 생기를 영혼에 주게 될 것인가, 또는 유덕한 사람이 되기를 진심으로 원하고 있는 사람에게서 어느 정도의 힘을 발견할 수 있는가 하는 것을 알아내는 일은 아무에게나 할 수 있는 일은 아니다. 위대한 일은 모두가 공상적으로 보이는 사람, 그 비속한 이성에 의지하고 있기 때문에 미친 듯한 미덕조차도 인간의 정념에 대하여 얼마나 커다란 힘을 갖게 되는지 결코 모르는 사람도 있다. 그런 사람에게 이야기하려면 아무래도 실제적인 예를 들어야 한다. 그래도 그들이 완고하게 그것을 부정한다면 참으로 유감이다.

소피는 가공의 존재가 아니며 그 이름만 내가 창작한 것이며 그 교육·품행·

성격·모습까지도 현실에 존재했으며 그 기억은 지금까지도 어느 훌륭한 집안 사람들의 눈물을 자아낸다고 내가 말한들 그들은 물론 그것을 일체 믿지 않을 것이다. 그렇지만 소피와 똑같은 한 처녀의 이야기를 있는 그대로 처음부터 끝까지 했다고 해서 나는 얼마나 손해를 볼 것인가. 이 이야기는 소피의 이야기일지도 모르며, 그렇다고 그리 놀랄 것도 없지 않은가. 그것이 진짜 이야기라고 사람들이 믿건 안 믿건 대단한 것은 아니다. 나는 사람들이 그렇게 여기고 싶으면 만들어 낸 이야기가 돼도 무방한데, 어쨌든 나의 방법을 설명한 셈이 되고 나의 목표를 향해 나아가는 점이 된다.

한 젊은 여성은 내가 소피에게 부여된 것과 꼭 같은 체질을 가지고 있었는데, 그 밖에도 모든 점에서 소피와 비슷하여 소피라는 이름으로 불러도 무방할 정도였으므로, 나는 지금까지와 마찬가지로 그녀를 소피라고 부르겠다. 아무튼 그녀의 아버지와 어머니는 자기들이 살고 있는 마을에서는 결혼 상대가 나타나지 않을 것으로 생각하고, 그녀를 도시에 있는 숙모의 집으로 보내서 한겨울을 지내게 했으며, 그 숙모에게는 은밀히 딸의 여행 목적을 알려 주었다. 자존심이 강한 소피는 자기 자신을 이겨내는 고귀한 자부심을 마음속 깊이 간직하고 있었고, 아무리 남편감이 필요하다 해도 그것을 찾으러 나가야 할 정도라면 오히려 처녀인 채 죽는 편이 낫다고 생각했을 것이기 때문이다.

그녀 부모의 계획에 협력하기 위해 숙모는 여러 집안에 그녀를 소개하였고, 모임이나 축제에 데리고 나아가 그녀에게 세상을 보여 주었다기보다도 그녀를 세상 사람들에게 보여 주었다. 소피는 그런 소란스러운 일에 그다지 관심을 갖지 않았던 것이다. 그렇긴 해도 소양도 있고 조심성도 있는 것같이 보이는, 호감이 가는 청년들을 그녀가 피하지 않는다는 것을 알았다. 사람의 눈에 잘 띄지 않게 하고 있어도 그녀는 무언가 청년들을 매혹시키는 기교를 몸에 지니고 있었다. 그것은 아양을 부리는 듯 했다. 그러나 두세 번 청년들과 이야기를 주고 받은 뒤 그녀는 실망하고 말았다. 마침내 그녀는 경의를 받아들이려는[*17] 무게있는 태도는 그만두고, 오히려 좀더 겸손한 태도와 좀더 쌀쌀한 정중함을 보이게 되었다. 항상 자기 일은 자기가 신경을 쓰므로 아주 조그마한 일에도 정성을 보이려는 청년들에게 기회를 주지 않았다. 즉, 그녀는 그들의 연인이 되

---

*17 이본─여기에 다음과 같은 문구가 들어간다. '그리고 여성의 사랑의 첫 표시인'.

고 싶은 생각이 없었던 것이다.

감수성이 민간한 사람들이 떠들썩한 즐거움을 좋아하는 예는 없다. 아무것도 느끼지 않는 사람들, 생명을 무감각하게 만드는 것이 생명을 즐기는 일이라고 생각하는 사람들의 공허한 행복을 구해본 일은 없다. 소피는 원하는 것을 찾아내지 못했으며, 이런 곳에서 그것을 찾아낼 수 없다는 것을 알고 절망한 나머지 도시가 싫어지고 말았다. 그녀는 진심으로 부모를 사랑하고 있었다. 부모와 바꿀 만한 것은 아무것도 없었다. 부모를 잊게 할 만한 것은 아무것도 없었다. 돌아가기로 되어 있던 날보다 훨씬 앞서서 그녀는 부모 곁으로 돌아갔다.

아버지의 집에서 또다시 자기가 할 일을 하기 시작한 지 얼마 뒤에 전처럼 행동을 하면서도 그녀의 기분이 달라져 있다는 것을 부모는 알았다. 멍한듯 하기도 하고 초조해하기도 한다. 쓸쓸해 하기도 하고 몽상에 잠겨 있기도 한다. 몰래 숨어서 울기도 한다. 처음에는 그녀가 사랑을 하고 있기 때문에 부끄러워서 그러는 줄 알았다. 부모가 그녀의 속마음을 물어 보았으나 그녀는 그것을 부정했다. 자기 마음을 감동시키는 사람을 만나지 못했다고 단언한 소피가 거짓말을 한 것은 아니었다.

하지만 그녀의 고민은 차츰 커갔으며 건강도 나빠지기 시작했다. 어머니는 이런 변화에 불안을 느끼게 되어 무슨 일이 있어도 그 원인을 알아내야겠다고 결심했다. 어머니는 그녀를 아무도 없는 곳으로 데리고 가서 다정한 어머니의 애정만이 쓰는 방법을 아는, 마음에 스며드는 듯한 말과 저항할 수 없는 손길로 그녀를 달래 보았다. "아가야, 너는 내 뱃속에서 자란 일도 있단다. 그리고 나는 언제나 마음속으로 네 일을 생각하고 있단다. 자아, 네 마음속 비밀을 이 어미에게 털어놓으렴. 내가 모르는 그 비밀은 대체 무엇이냐. 너의 아버지와 나밖에 또 누가 너의 괴로운 마음을 가엾다고 생각하겠니. 누가 그 괴로움을 함께 나누어 가지겠니. 누가 그 괴로움을 가볍게 해주겠니. 아아, 아가야. 너의 괴로움이 어떤 것인지도 모르고 내가 죽어도 좋다고 생각하니?"

괴로운 기분을 어머니에게 감추기는커녕 젊은 처녀로서는 어머니가 자기를 위로해 주고 마음속에 숨기고 있는 이야기를 들어 준다고 하니 더 바랄 것 없는 다행한 일이었다. 그러나 부끄러움이 마음을 털지 못하게 막고 있었고, 그녀의 조심스러운 마음은 그녀에게 전혀 어울리지 않는 상태를 그려 보일 만한 뚜렷한 말을 찾아내지 못했으며, 관능을 뒤흔들어 놓는 감동만이 불가피하게 일어날 뿐이었다. 결국 그녀의 부끄러워하는 모습 그 자체가 어머니에게 어떤 실마리를 주게 되어 그녀가 그 참을 수 없는 느낌을 털어놓게끔 만들었다. 어머니는 부당하게 꾸짖는 말로 딸을 슬프게 하지 않았으며 그녀를 위로하고, 가엾게 여기고, 그녀를 위해 눈물을 흘렸다. 어머니는 현명하였으므로 딸의 미덕이 몹시 괴로움을 느끼게 하는 불행을 죄악시하지는 않았다.

그러나 어째서 필요도 없는데 괴로운 일을 참고 있느냐. 그 괴로움을 고치는 약은 곧 찾을 수 있으며 독이 되는 것도 아니란다. 주어진 자유를 어째서 사용하려 하지 않니. 어째서 남편감을 정하지 않니. 어째서 고르지 않니. 너의 운명은 너 혼자 의사로 정할 수 있고, 너는 어떤 사람을 선택하든 훌륭하게 선택할 것이므로 틀림없이 우리의 동의를 받으리라는 것을 잘 알고 있지 않니? 너는 도시에 갔었지만 거기에 머물러 있으려 하지 않았어, 혼담도 몇 번 들어왔지만 모두 거절해 버렸지. 대체 무엇을 기다리고 있느냐. 무엇을 원하고 있느냐. 참으로 알 수 없구나!

대답은 간단하였다. 청춘의 고민에 대한 해결을 찾기 위해서라면 선택은 간단히 할 수 있다. 그러나 일생 동안의 남편이 될 사람을 찾는 것은 그리 쉬운 일이 아니다. 게다가 그 두 가지 선택을 나누어 할 수는 없는 것이므로 아무래도 기다려야만 한다. 생애를 함께 지녀야 할 남성을 찾아내려다 청춘을 잃어버리는 수도 때로는 있다. 이것이 소피의 경우였다. 그녀에게는 연인이 필요했지만 그 연인은 남편이 될 사람이어야 했다. 그리고 그녀의 마음이 찾고 있는 사람은 연인이라 할지라도 남편과 거의 마찬가지로 좀처럼 찾아낼 수가 없었다. 그 빛나는 청년들은 모두 그녀와 나이가 어울린다는 것뿐이었다. 그 밖의 점에서는 모든 것이 부적당했다. 그들의 얄팍한 정신, 허영심, 시시한 이야기, 깔끔하지 못한 행동, 쓸데없는 모방에 그녀는 혐오감을 느끼고 있었다. 그녀는 한 남자를 찾고 있었지만, 원숭이 같은 인간밖에 찾을 수 없었다. 그녀는 한 영혼을 찾고 있었는데, 전혀 찾을 수 없었다.

"저는 참으로 불행한 여자예요." 그녀는 어머니에게 말하는 것이었다. "저는 사랑할 필요를 느끼고 있지만 제 마음을 즐겁게 해주는 것은 아무것도 없어요. 제 마음은 나의 관능이 유혹하는 사람들을 모두 퉁겨 버립니다. 저의 욕망을 자극하는 사람도, 욕망을 잃게 하는 사람도 싫어요. 존경이 뒤따르지 않는 호의는 오래가지 않아요. 아아, 어머니의 소피가 구하는 것은 그런 남성이 아닙니다. 매우 바람직한 이상형의 남성이 너무나도 뚜렷이 제 마음에 새겨져 있습니다. 저는 그런 사람만을 사랑할 수 있습니다. 그런 사람만을 행복하게 해 줄 수 있습니다. 그런 사람과 함께 살지 않으면 아무래도 행복해질 수 있습니다. 자기가 사랑하지도 않는 남성, 불행하게 만드는 남성과 함께 삶으로써 절망하느니보다 저는 끊임없이 고민하고 싸우는 편이 나으며, 불행할지언정 아무에게도 속박당하지 않는 여자로서 죽는 편이 나아요. 괴로워하기 위해서 살고 있을 뿐이라면 살지 않는 편이 더 좋아요."

이런 뜻밖의 말을 듣고 놀란 어머니는 그것이 너무나도 기묘한 일이어서 거기에는 무언가 틀림없이 비밀이 있다고 생각했다. 소피는 재주있는 체하는 여자도 아니었고 웃음거리가 될 여자도 아니었다. 그런 극단적인 까다로운 취향이 어떻게 그녀다운 취향이라고 할 수 있겠는가. 함께 살아야 할 사람들에게 만족해야 하는 일, 그리고 필연을 덕으로 삼는 일을 소피는 어릴 적부터 무엇보다도 가장 착실히 배우지 않았던가. 소피가 그렇게도 강하게 이끌리는, 그리고 그녀의 이야기 가운데 늘 자주 나타나는 바람직한 남성의 이상형, 이것이 어머니에게 그 변덕 속에 무언가 자기가 아직 모르고 있는 별개의 근거가 있으며, 소피가 아직 아무것도 이야기한 것이 아니라는 생각이 들게 했다. 남모를 고통에 허덕이고 있던 가엾은 처녀는 오로지 마음을 털어놓기를 원하고 있었다. 어머니는 딸을 재촉한다. 딸은 머뭇거린다.

마침내 그녀는 항복한다. 그리고 아무 말 없이 방을 뛰어나가더니 곧 돌아온다. 손에 한 권의 책을 들고 있다. "어머니의 이 딸을 불쌍히 여겨 주세요. 이 슬픔을 달래 주는 것은 아무것도 없습니다. 눈물은 언제까지나 마르지 않을 거예요. 어머니는 그 원인을 알고 싶어하십니다. 자, 이것이 원인이에요." 소피는 그렇게 말하며 어머니에게 그 책을 펼쳐 보인다. 그것은 《텔레마코스 모험》이었다. 어머니는 처음엔 그 수수께끼를 전혀 알 수 없었다. 여러 가지로 물어 보고 뚜렷하지 않은 대답을 듣고 있는 동안에 간신히 딸이 유카리스의 연적이 되어 있다는 것을 알았다. 어머니의 놀라움이 어떠했는지 쉽게 짐작할 수 있을 것이다.

소피는 텔레마코스를 사랑하고 있었던 것이다. 게다가 그 무엇도 진정시킬 수 없는 정열을 가지고 사랑하고 있었던 것이다. 아버지와 어머니는 딸의 정열을 알자 웃음이 나왔으며, 도리의 힘으로 딸을 제 정신으로 돌아가게 할 수 있으리라고 생각했다. 그러나 그들은 잘못 생각했던 것이다. 도리는 완전히 그들 편이 되어 주지는 못했다. 소피에게도 도리는 있었고, 그녀는 그것을 주장할 줄 알고 있었다. 그녀는 부모의 주장을 오히려 불리하게 제시함으로써, 자신의 모든 불행은 현대의 남성에게 어울리도록 부모가 자신을 교육하지 않았기 때문이라고 했다. 자신은 그 남편의 사고 방식을 받아들이든지 남편에게 자기와 같은 생각을 갖게 하든지 반드시 어느 한 쪽으로 결정해야 하는데, 부모가 이 딸을 기르는 데 있어서 취한 방법은 첫째의 길을 불가능하게 만들었으며, 또 하나의 길이 바로 그녀가 구하고 있는 길이라고 주장함으로써 몇 번인가 부모에게 부득이 침묵을 지키게 했던 것이다. 그녀는 이렇게 말하는 것이었다.

"저의 규율에 따라 사는 남성, 아니면 제가 그것에 따라가게끔 만들 수 있는 남성을 찾아 주신다면 저는 그 사람과 결혼하겠습니다. 그러나 그때까지 저를 꾸짖을 이유가 없을 것입니다. 저를 가엾게 여겨 주세요. 저는 불행한 여자이지 미치광이는 아닙니다. 마음은 의지의 힘으로 어떻게도 할 수 없습니다. 아버지 자신이 그렇게 말씀하시지 않았습니까. 존재하지도 않는 것을 사랑한다고 해서 그것이 저의 잘못일까요? 저는 환상을 그리고 있는 것이 아닙니다. 왕자님을 원하고 있는 것도 아닙니다. 텔레마코스를 찾고 있는 것도 아닙니다. 그가 가공의 인물에 지나지 않는다는 것은 저도 알고 있습니다. 저는 다만 텔레마코스와 비슷한 사람을 원하고 있는 겁니다. 그리고 그 사람이 존재하지 않는다고 어떻게 말할 수 있겠어요. 텔레마코스의 마음과 매우 비슷한 마음을 마음속에 느끼고 있는 제가 존재하고 있는데…… 아닙니다. 그런 식으로 인류의 명예를 손상시키는 짓은 하지 않겠어요. 바람직한 유덕한 남성은 환상에 지나지 않는다고 생각하지는 않겠습니다. 그런 분은 존재하고 있어요. 살아 있어요. 그분은 아마도 저를 찾고 있을 것입니다. 자신을 사랑할 수 있는 영혼을 찾고 있는 것입니다. 그러나 그는 어떤 분일까요. 어디 있을까요. 저는 모르겠습니다. 다만 제가 만난 사람들 가운데 그분은 없었던 것입니다. 아마도 이제부터 제가 만날 사람들 속에도 없을 거예요. 아아, 어머니, 어째서 어머니는 제가 미덕을 그렇게도 바람직한 것으로 여기게끔 하셨습니까. 제가 미덕만을 좋아하는 데 대한 잘못은 저보다 어머니에게 있습니다."

이 슬픈 이야기를 파국에 이르기까지 계속할 것인가. 그 파국에 앞서 일어나는 긴 갈등을 이야기할 것인가? 끝내 참을 수 없게 된 어머니가 처음 무렵의 상냥한 태도를 버리고 엄격한 태도를 취하는 장면을 묘사할 것인가. 화가 난 아버지가 처음의 약속을 잊고 어느 누구보다도 덕이 있는 딸을 미치광이 취급하는 모습을 그려야 할 것인가? 또한 참고 견디어야 할 박해 때문에 그 환영에 더욱 집착하는 불행한 처녀가 서서히 죽음의 길을 더듬어, 부모는 혼례의 자리에 데려가려 하는데 무덤 속으로 내려가는 그 모습을 그려야 할 것인가? 아니, 그런 꺼림칙한 광경은 멀리 하자. 그렇게 자세한 이야기를 하지 않아도 사람의 마음을 움직이고도 남을 하나의 실제적 예에 의해, 현대의 풍속에서 생겨나는 편견에도 불구하고 진지한 것이나 아름다운 것에 대한 감격은 여성에게나 남성에게나 마찬가지로 인연이 없는 것은 아니라는 것, 그리고 자연의 지도 밑에서는 남성과 마찬가지로 여성에게서도 얻어지지 않는 것이 아무것도 없다는 사실을 증명할 수 있다.

여기서 사람들은 나를 가로막고, "도를 넘은 욕망을 누르기 위해 그렇게 괴로움을 당하도록 자연은 명령했느냐?" 묻는다. 나는 대답한다. "그렇지는 않다. 자연은 그런 도를 넘은 욕망을 우리에게 부여하지는 않았다." 그런데 자연적이 아닌 것은 모두 자연에 반대되는 일이다. 나는 그것을 여러 번 증명했다.

우리 에밀에게 그의 소피를 주기로 하자. 그 사랑스러운 처녀를 소생시켜 그다지 강하지 않는 상상력과 더욱 복된 운명을 주기로 하자. 나는 보통의 여성을 그려보려고 했다. 그런데 그녀의 영혼을 높은 곳으로 이끌어가는 동안 그녀의 이성을 혼란시키고 말았다. 나 자신이 길을 잃고 말았다. 뒤로 돌아가기로 하자. 소피는 다른 사람들과 마찬가지로 영혼 속에 좋은 천성을 가지고 있을 뿐이다. 다른 여성보다 그녀가 더 가지고 있는 것은 모두가 그 교육의 결과인 것이다.

나는 행할 수 있는 모든 일에 대하여 이 책에서 진술했고, 내가 말한 좋은 일 가운데 각자의 힘으로 할 수 있는 일의 선택은 독자에게 맡기려고 생각했다. 처음에는 에밀의 아내를 일찍부터 교육시켜야겠다고 나는 생각했고, 한쪽을 다른 한쪽에 어울리도록 그리고 둘을 함께 교육시키려고 생각했다. 그러나 잘 생각해 보니, 지나치게 앞지른 그런 사전 준비는 모두가 이치에 맞지 않는 방법이고 그 결혼이 자연의 질서에 맞는 것인지 어떤지, 결혼시키기에 적당한 관계를 둘이 서로 가지고 있는지 어떤지도 모르면서 이들을 결혼시킨다는 것은 부조리한 일이라고 깨달았다. 미개 상태에서의 자연적인 일과 사회 상태에서의 자연적인 일을 혼동해서는 안 된다. 미개 상태에서 모든 여성은 모든 남성에게 적합하다. 둘 다 아직 원시적인 공통 형태를 가지고 있는 데 지나지 않기 때문이다. 사회 상태에서 각자의 성격은 사회 제도 때문에 발달하며, 각자의 정신은 교육으로부터가 아니라 자연과 교육의 올바른 질서 또는 협력으로부터 고유의 일정한 형태를 이어받았기 때문에, 여기서는 남녀가 모든 점에 있어서 서로 어울리는지 어떤지 알기 위해, 또는 적어도 그런 어울리는 점이 가장 많이 나타난 선택을 하기 위해 그들을 서로 대면시킨 뒤가 아니고는 결합시키지 못하도록 되어 있다.

불행하게도 사회 상태는 사람들의 성격을 발달시키는 동시에 신분을 구분하고, 이 두 질서는 서로 같은 것이 아니므로 신분이 구별될수록 더더욱 성격은 혼동된다. 그 결과 적합하지 않은 결혼이 이루어지고 거기에서 파생하는 온갖 혼란을 볼 수 있다. 그러므로 뚜렷한 결과로서 평등에서 멀어질수록 더욱더 자연의 감정을 변질시킨다는 것을 알 수 있다. 고귀한 사람과 미천한 사람의 간격이 커질수록 부부의 유대는 더욱더 풀어지며, 부자와 가난한 사람이 늘수록 아버지와 남편은 적어진다. 주인에게도 노예에게도 가정은 없어지고 있다. 서로 자기 신분만을 보고 있기 때문이다.

폐해를 방지하고 행복한 결혼을 시키려면 편견을 없애야 하고, 인간 제도를 잊어야 하고, 그리고 자연에게 의논해야 한다. 부여받은 어떤 조건 밑에서만 서로 어울리는 두 사람, 그 조건이 변하면 서로 어울린다고 할 수 없는 이 두 사람을 결합시켜서는 안 된다. 어떤 상황에 놓이건, 어떤 나라에 살게 되건, 어떤 계급으로 떨어지게 되건, 언제까지나 서로 어울리는 두 사람을 결합시켜야 한다. 일반적으로 고려되어지는 관계가 결혼에 있어서 아무래도 좋은 것이라고 나는 말하지 않는다. 다만 자연 관계의 영향은 그런 관계의 영향보다 훨씬 중대하여 그것만이 인생에서 운명을 결정짓게 된다. 군주이건 제왕이건 그가 현명한 아버지라면, 이를 모두 갖추고 있는 처녀가 불명예스러운 집안에서 태어났거나 사형 집행인의 딸이라도, 자신의 아들을 줄 만한 값어치가 있다고 말할 수 있는 것이다. 그렇다, 나는 이렇게 주장하고 싶다. 굳게 맺어진 부부는 온갖 생각해 낼 수 있는 불행이 몰아친다 해도, 마음의 불화에 시달리며 지상의 온갖 행운을 차지하고 있는 경우보다 함께 눈물을 흘리며 훨씬 진실한 행복을 누리게 되는 것이다.

그래서 나의 에밀에게는 어릴 때부터 아내를 정해 두는 일은 하지 않고, 그가 자기에게 어울리는 사람을 알게 될 때까지 나는 기다렸다. 에밀의 아내를 정하는 것은 내가 아니라 자연이다. 내가 할 일은 자연이 행한 선택을 찾아내는 일이다. 내가 하는 일, 나는 내가 하는 일이라고 말했지 아버지가 하는 일이라고 말하지 않았다. 나에게 아들을 맡김으로써 아버지는 나에게 그 지위를 양도했기 때문이다. 아버지는 그 권리를 나의 권리로 바꾸고 있는 것이다.

나야말로 에밀의 진짜 아버지인 것이다. 나야말로 그를 어른으로 만든 것이다. 그의 선택에 의해, 즉 나의 선택에 의해 그를 결혼시키는 일이 나의 자유로 되지 않는다면 나는 그를 길러 주는 일을 거절했을지도 모른다. 행복한 상태에 있게 해 주기 위해 소비한 대가를 지불해 줄 수 있는 그런 행복한 인간을 만들어 내는 일만이 즐거움이 되는 것이다.

그러나 에밀의 아내를 찾아내기 위해 나는 아무 일도 하지 않고 그에게 찾아 내도록 했다고 생각해서는 안 된다. 그 거짓 탐구는 그에게 적합한 여성의 가치를 알게 하기 위해, 여성이라는 것을 알게 하기 위한 구실에 지나지 않는다. 훨씬 이전부터 소피는 그 모습이 드러나 있었다. 그렇다면 아마도 에밀은 그녀를 만났을 것이다. 그러나 때가 오지 않으면 그는 소피를 모를 것이다.

신분의 평등이라는 것이 결혼에 꼭 필요한 것은 아니지만, 그 평등이 다른 점에서의 여러 가지 일치에 더해진다면 그것들에게 새로운 가치를 부여하게 된다. 그것은 어느 점의 일치와도 저울질할 수 있는 것은 아니지만, 다른 점에서의 이해관계가 같을 경우 저울을 한쪽으로 기울게 만드는 결과가 된다.

사람은 제왕이 아닌 이상 모든 신분에서 아내를 맞이해 올 수는 없다. 그에게는 편견이 없다 해도 다른 사람들에게 그것이 있기 때문이다. '저 여자는 나에게 어울리는 처녀다' 생각해도, 그렇다고 해서 그 처녀를 손에 넣을 수는 없는 것이다. 여기서 분별있는 아버지의 며느리찾기에 제한이 가해지게 되는, 사려에 의거한 원칙이라는 것이 있게 된다. 그는 자기가 기른 아들에게 자기의 지위보다도 높은 곳에서 아내를 맞이하려고 희망해서는 안 된다. 그런 일은 그의 의사로 할 수 있는 일이 아니므로 설혹 할 수 있다 해도 그런 일을 원해서는 안 될 것이다. 청년에게 지위 같은 것이 무슨 의미가 있으며, 또 어쨌든 내 아이에게 무슨 의미가 있겠는가. 높은 지위에 오른다면 그는 온갖 현실적인 불행에 시달리고 그 때문에 일생 동안 괴로워하게 될 뿐이다. 그렇다고 성질이 다른 재산, 예를 들어 귀족의 신분과 금전을 어울리게 하려고 해서도 안된다고 나는 그에게 말해 주어야 할 것이다. 그 두 개의 것은 각각 상대방에게 값어치를 더하기보다는 그 때문에 값어치를 잃는 결과가 되기 때문이다. 게다가 서로의 평가는 결코 일치하는 일이 없기 때문이다. 또한 각자 자기 출신에 대한 우월감은 두 가족 간에, 때로는 부부 사이에 불화를 가져다 주는 결과가 되기 때문이다.

또한 남자가 자기보다 높은 신분의 여자와 결합하느냐 낮은 신분의 여자와 결합하느냐는 결혼의 올바른 질서라는 면에서 생각할 때 대단히 다른 일이다. 전자의 경우는 완전히 도리에 어긋나 있다. 후자는 그와 달리 도리에 맞는 일이다. 가족이 사회와 교섭을 갖는 것은 가장을 통해서이므로 가족 전체의 신분을 결정하는 것은 가장의 신분이다. 자기보다 낮은 지위의 여자와 결합했을 경우 그의 신분은 내려가지 않으며, 아내의 신분은 올라간다. 반대로 자기보다 높은 신분의 아내를 맞이하면 그의 지위가 올라가는 것이 아니라 아내의 지위가 낮아지는 것이다. 따라서 전자의 경우 나쁜 것은 없고, 후자의 경우 좋을 것이 없다.

또한 아내는 남편을 따르는 것이 자연의 질서이다. 그러므로 아내를 낮은 신분에서 맞아오면 자연의 질서와 사회의 질서는 일치하여 모든 것이 잘된다. 자기보다 높은 신분의 여성과 결합하면 남자가 자기 권리를 손상당하거나, 감사하는 마음이 손상되거나, 아니면 은혜를 모르는 자가 되거나, 멸시당하거나, 어느 쪽인가를 선택해야 할 경우에 놓였을 때 반대가 된다. 그럴 경우 아내는 권위를 휘두르려고 자기 남편의 폭군이 된다. 그리고 남편은 노예가 되어 인간 속에서도 더할 나위 없는 우스꽝스럽고도 비참한 자가 된다. 아시아의 국왕들이 결혼시키면서 명예를 주는 동시에 괴로움을 주고 있는 비참한 부마들이, 바로 그런 자들이다. 그들은 아내와 함께 자기 위해 발치로부터 침대에 기어들어가지 않으면 잘 수 없는 것이다.

많은 독자들이, 남성을 지배하는 자연의 재능을 내가 여성에게 부여한 일을 떠올리고, 그것이 모순이 아닌가 하고 비난할 것을 나는 예상한다. 그러나 그런 독자는 잘못 생각하는 것이다. 명령하는 권리를 빼앗는 일과 명령하는 자를 지배하는 일에는 대단히 차이가 있다. 여성의 지배는 상냥함, 기교, 그리고 사람을 기쁘게 하려는 마음가짐에 의한 지배이다. 그 명령은 애무이고, 그 위협은 눈물이다. 여성은 국가를 지배하는 장관처럼 집안을 지배해야 한다. 자기가 하고 싶은 일을 남편으로 하여금 명령시키는 것이다. 이런 뜻에서 가장 좋은 가정은 반드시 아내 쪽이 권위를 갖고 있는 가정이라는 이야기가 된다. 그러나 아내가 가장의 말을 무시하거나 그의 권리를 빼앗고 자기가 명령하면 이러한 무질서는 항상 비참과 추문과 불명예를 낳을 뿐이다.

이제 같은 신분의 여성이나 낮은 신분의 여성을 선택하는 문제가 남아 있는데, 나는 후자에게도 다소의 제한을 가해야 한다고 생각하고 있다. 어엿한 남성을 행복하게 해줄 수 있는 아내를 민중의 최하층에서 찾아내기는 힘들기 때문이다. 최하층 사람들은 최상층 사람들보다 질이 나쁘다는 이야기는 아니다. 다만 그런 사람들은 아름다운 것, 고상한 것에 대한 관념이 결핍되어 있기 때문이며, 다른 계급 사람들의 부정이 그 계급 사람들에게 그들의 부덕조차도 올바른 것이라고 생각하게끔 만들기 때문이다.

본디 인간은 거의 생각하지 않는다. 생각한다는 것은 다른 모든 기술과 마찬가지로 인간이 배워서 몸에 익히는 기술이며, 게다가 가장 힘이 드는 공부이다. 나는 남녀 양쪽 모두 정말로 구별해야 할 계급은 두 개밖에 없다고 생각한다. 하나는 생각하는 사람들의 계급이며 또 하나는 생각하지 않는 사람들의 계급인데, 이런 차이는 오로지 교육에 의해 생긴다고 할 수 있다. 이 두 개의 계급 중 첫째의 것에 속하는 남성은 둘째의 계급에 속하는 여성과 혼인해서는 안 된다. 아내를 거느리면서 자기 혼자 생각해야만 한다면, 사람과 사람과의 교제의 가장 큰 매력이 그 사람에게는 결핍되어 있다는 결과가 되기 때문이다.

글자 그대로, 살기 위하여 일하는 것으로써 일생을 보내는 사람들은 그들의 노동, 그들의 이해 관계에 관한 관념 외에는 다른 아무런 관념도 가지고 있지 않으며, 그들의 온 정신은 마치 그들 팔의 말단에 있는 것같이 보인다. 이러한 무지가 정직한 성질이나 올바른 소행을 그르치는 것은 아니다. 때로는 도움을 주는 일조차 있다. 사람들은 자기의 의무를 곰곰이 생각하는 동안에 어쩌다가 그것과 타협하게 되고, 마침내 실행하는 대신 실없는 소리를 늘어놓게 된다. 양심은 가장 현명한 철학자이다. 군자가 되기 위하여 키케로의 《의무에 관하여》를 알 필요는 없다. 그리고 세계에서 가장 품행이 올바른 여자는 올바른 품행의 정의가 어떤 것인지 모르는 여자일 수도 있다. 그렇지만 역시 교양이 있는 정신만이 교제를 기분좋게 만드는 것은 진실이다. 가정에서 자기 자신 안에 틀어박히고, 가정에서 아무도 자신을 이해해 주는 사람이 없다는 것은, 가정에 있기를 좋아하는 한 집안의 아버지로서는 매우 슬픈 일이다.

또한 깊이 생각하는 습관이 전혀 없는 여자가 어떻게 아이를 기를 수 있겠는가. 아이에게 무엇이 적당한지 어떻게 알 수 있겠는가. 자기가 모르는 미덕에 대하여, 아무런 관념도 없는 뛰어난 가치에 대하여, 어떻게 아이들의 마음이 향하게 하겠는가. 그런 여자는 아이들의 비위를 맞추어 주거나, 아이들을 위협하거나, 또는 건방지게 만들거나, 겁쟁이로 만들 뿐이다. 아이들을 거드름 피우는 원숭이와 시끄러운 불량 소년으로 만들 뿐이며, 결코 건전한 정신을 가진 사랑스러운 아이로 만들지 못할 것이다.

그러므로 교육을 받은 남자가 교육을 받지 않은 여자, 따라서 교육을 받을 수 없는 신분의 여자를 아내로 삼는 것은 적당하지 않다. 그러나 나는 단순하고 거칠게 자라난 처녀 쪽이, 아는 것이 많고 재능을 자랑하는 처녀, 내 집에 찾아와서 문예 비평회를 열고 그 의장이 되려는 그런 처녀보다는 훨씬 낫다고 생각한다. 재능을 자랑하는 아내는 남편, 아이들, 친구들, 하인들, 모든 사람들의 재난의 근원이 된다. 그런 여자는 자신의 뛰어난 재능으로 인해, 높은 곳에서 아내로서의 임무를 일체 멸시하고, 필경 랑클로 양과 같이 남자로 보이게 하는 일부터 한다. 집 밖에서 그녀는 틀림없이 웃음거리가 되고 비판을 받는데, 그것은 매우 정당하다. 왜냐하면 여자가 자기의 본래 상태에서 떨어져 나오면 당장에 웃음거리가 되고 비난을 받지 않을 수 없기 때문이다.

그런 훌륭한 재능을 가진 여자들은 모두 항상 어리석은 자의 존경을 받을 뿐이다. 그런 여자가 일을 할 때 어떤 예술가, 또는 친구가 펜을 들거나 그림붓을 들어 주는지 사람들은 반드시 알고 있다. 그녀들이 내리는 신탁을 남몰래 입으로 전해 주는 신중한 문학가가 누구인지 사람들은 알고 있다. 그런 속임수는 어엿한 여성에게는 어울리지 않는 일이다. 그녀에게 참된 재능이 있다 해도 그녀의 자만은 그 재능을 멸시할 것이다. 여자의 품위는 사람들에게 알려지지 않은 데 있다. 여자의 영광은 남편에게 존경을 받게 한다. 여자의 쾌락은 가정의 행복에 있다.

독자여, 나는 당신들 자신의 결정에 맡기겠다. 정직하게 말해 주기 바란다. 부인이 여성의 일과 가사를 돌보며 어린이들의 옷으로 둘러싸여 있는 것과 화장대를 책상 삼아 시를 쓰며 온갖 종류의 책과, 온갖 색채로 물들여진 종잇조각으로 둘러싸여 있는 것 중 어느 쪽이 그 사람의 방에 들어갔을 때 호감을 불러일으킬 수 있겠는가. 어느 쪽이 더 깊은 존경심을 가지고 그 사람에게 다가가게 만들겠는가. 이 세상에 양식 있는 남자만이 살게 된다면 학식이 많은 처녀는 모두 일생 동안 독신으로 지내야 할 것이다.

갈르라, 당신은 묻는다, 어째서 내가 당신을 아내로 삼으려 하지 않는지. 당신은 까다롭기 때문이다.

이와 같은 점을 고려한 뒤에는 얼굴 생김새가 문제가 된다. 이것은 맨 처음 사람 눈에 띄는 것이지만 마지막으로 생각해야 하는 문제이다. 그렇지만 그것을 아무래도 좋다고 생각해서는 안 된다. 결혼을 생각할 경우 굉장한 미인을 구하려 하지 말고 오히려 피해야 한다고 나는 생각한다. 미인은 소유함으로써 곧 색이 바래고 만다. 6주일 뒤에는 미인도 그 소유자에게 아무런 의미도 주지 못하게 된다. 게다가 그녀를 뒤따라다니는 위험은, 그녀가 아름다울 동안 언제까지나 사라지지 않는다. 아름다운 아내가 천사가 아닌 이상 그 남편은 남자 중에서 가장 불행한 남자이다. 또 비록 천사 같은 아내라 할지라도 어떻게 남편을 항상 적으로 둘러싸이지 않게 해줄 수 있겠는가. 굉장한 추녀도 혐오감만 느끼게 하지 않는다면 나는 오히려 굉장한 미인보다 낫다고 생각한다. 얼마 동안만 지나면 남편으로서는 어느 쪽이건 모두 아무렇지 않게 되며, 아름다움은 곤란한 것, 추함은 고마운 것으로 여기게 되기 때문이다. 그러나 혐오감을 느끼게 하는 추함은 대단히 커다란 불행이다. 그 느낌은 사라지기는커녕 끊임없이 확대되어 증오로 변한다. 그런 결혼은 지옥의 고통이다. 그런 결혼을 할 바에는 죽는 편이 낫다.

모든 일에서 중용은 바람직한 일이다. 아름다움조차도 그 예외는 아니다. 인상이 좋고 호감이 가는 모습, 사랑을 느끼게 하지는 않아도 호의를 갖게 해주는 모습, 그런 모습을 지닌 사람을 골라야 한다. 그것은 남편에게 손해를 주지 않을 것이며, 좋은 점은 서로의 이익이 된다. 다소곳함은 아름다움처럼 색이 바래는 일이 없다. 그것은 생명을 지니고 있어 끊임없이 새로움을 거듭하여 결혼하고 30년이 지나도 다소곳하고, 품행이 바른 아내는 결혼식 날과 똑같이 남편의 마음을 즐겁게 해준다.

소피를 선택할 때 나의 생각을 결정짓게 한 고찰은 위와 같다. 에밀과 마찬가지로 자연의 제자인 그녀는 다른 어떤 여성보다도 그에게 어울리도록 만들어져 있다. 그녀는 남자의 아내가 될 것이다. 그녀는 태생으로 보아도 인품으로 보아도 그와 동등한 여성이며, 재산으로 보면 그 보다 뒤떨어진다. 그녀는 얼핏 보아선 사람을 매혹시키지 않지만 하루하루 지나갈수록 더욱 사람을 기쁘게 만든다. 그녀의 가장 큰 매력은 조금씩 서서히 효력이 나타난다. 그것은 친밀하게 교제함으로써 비로소 알게 된다. 그리고 그녀의 남편은 다른 어느 누구보다도 그것을 잘 느끼게 될 것이다. 그녀의 교육은 빛나는 것은 아니지만 소홀히 다루어진 것도 아니다. 그녀에게는 학문은 없지만 취미가 있고, 예술은 모르지만 재능이 있으며, 지식은 없지만 판단력이 있다. 그녀의 정신은 아무것도 모르지만 무엇이건 배울 수 있게 준비되어 있다. 그것은 수확을 거두기 위해 씨앗이 뿌려지기를 기다리고 있는 잘 다듬어진 땅이다. 그녀는 바렘*18의 책과 우연히 손에 들어온 《텔레마코스》 외에는 아무것도 읽은 적이 없다. 그러나 텔레마코스에게 열중할 수 있는 처녀가 감정이 없는 마음, 섬세함이 없는 정신을 가질 수 있겠는가.

오오, 사랑하는 무지여, 그녀를 가르치게 될 사람은 얼마나 행복할 것인가. 그녀는 남편의 선생이 아니라 제자가 될 것이다. 남편을 자기의 취미에 따르게 하지 않고 남편의 취미를 자기 취미로 삼을 것이다. 그녀는 박식한 여성보다도 남편에게 더 나은 아내가 될 것이다. 남편은 그녀에게 온갖 것을 가르치는 즐거움을 맛보게 될 것이다. 바야흐로 두 사람이 얼굴을 대해야 할 때이다. 두 사람을 가까이 해주기로 하자.

우리는 암담한 기분으로 생각에 잠기며 파리에서 떠난다. 저 말 많은 고장은 우리가 마음을 가라앉힐 수 있는 곳이 아니다. 에밀은 경멸의 눈길을 그 대도시로 보내며 원망스러운 듯이 이렇게 말한다. "헛된 탐구를 위해 얼마나 많

---

*18 베르트랑 프랑수아 바렘(1640~1703)은 프랑스의 수학자. 그의 수학 책은 당시 널리 쓰여졌다.

은 세월을 낭비했는지 모르겠군요. 아아, 제 마음이 찾고 있는 아내가 있는 곳은 저기가 아닙니다. 선생님, 선생님은 그것을 잘 알고 계실 터인데, 제가 잃은 세월 같은 것은 선생님에게 아무런 손해도 되지 않고 저의 불행은 조금도 선생님을 괴롭히는 것이 아니군요." 나는 그를 찬찬히 바라보며 흥분하지도 않고 이렇게 말해 준다. "에밀, 너는 네가 하고 있는 말이 진심에서 나온 것이라고 생각하느냐?" 에밀은 곧 부끄러워하며 아무 말 없이 나의 목을 껴안는다. 그가 잘못했을 경우 항상 이렇게 하는 것이 그의 대답이다.

바야흐로 우리는 세상을 두루 돌아다니는 기사처럼 산과 들을 지나간다. 모험을 찾아나선 기사와는 달리 우리는 반대로 파리를 떠나는 것과 동시에 모험으로부터 멀어져 가고 있다. 그렇긴 해도 그들의 변덕스러운 방랑을 흉내 내어 어떤 때는 빠른 걸음으로, 어떤 때는 느린 걸음으로 걸어가고 있다. 우리가 하고 있는 방법을 보는 동안 아마 독자들도 그 방침을 알게 되었을 것이다. 그러므로 우리 두 사람이 창문을 꼭 닫은 훌륭한 역마차 속에서 낮잠만 자며 아무것도 보지 못하고 관찰하지 못한 채 여행함으로써, 출발에서 도착까지의 시간을 우리에게 무의미한 것으로 만들고 우리의 빠른 걸음에 의해 시간을 절약했다고 생각하지만, 실제로는 낭비한 것으로 여길 만큼 아직 세상의 관습에 구애받는 독자는 없으리라고 생각한다. '인생은 짧다'고 사람들은 말하지만 내가 보기에 사람들은 인생을 '짧게' 하려고 노력하고 있다. 인생을 이용할 줄 모르는 그들은, 시간이 너무 빠르게 지나간다고 한탄한다. 그러나 시간은 그들의 생각과는 달리 너무나도 천천히 지나가고 있다. 지향하는 목적만 생각하는 그들은 자기들과 그 목적 사이에 놓여 있는 간격을 원망스럽게 생각하고 있다. 어떤 사람은 내일이 되었으면 좋겠다고 생각하고 어떤 사람은 한 달이 지났으면 좋겠다고 생각하며, 또 어떤사람은 지금부터 10년 뒤라면 좋겠다고 생각한다. 누구 한 사람도 오늘을 살려고 하지 않는다.

누구 한 사람도 현재에 만족하지 않고 모두 현재가 지나가는 것이 몹시 느리다고 느끼고 있다. 시간은 너무나 빨리 흐르고 있다고 한탄할 때 그들은 거짓말을 하고 있는 것이다. 그들은 시간의 흐름을 빨리 하는 힘을 기꺼이 사고 싶은 것이다. 그들의 일생을 헛되이 하는 일에 기꺼이 그들의 재산을 쓰고 싶은 것이다. 그리고 지루하기 짝이 없었던 시간, 몹시 기다려지던 순간까지의 시간을 마음대로 버릴 수 있었다면, 자기에게 주어진 세월을 아주 짧은 시간으로 줄이지 않을 사람은 아마 한 사람도 없을 것이다. 파리에서 베르사이유로, 베르사이유에서 파리로, 도시에서 시골로, 시골에서 도시로, 어느 거리에서 다른 거리로 가는 일로 일생의 절반을 보내고 있는 사람은, 만일 그런 식으로 시간을 낭비하는 비결을 몰랐다면 그야말로 시간을 주체할 수 없을 것이며, 일부러 자기 일을 그만두고 다른 일을 찾아 나감으로써 그 때문에 소비하는 많은 시간, 그렇게라도 하지 않으면 어떻게 해야 할지 모를 시간을 이용했다고 생각한다. 아니면 반대로 단순히 뛰어다니기 위해 뛰어다니고, 또 역마차를 타고 돌아가는 것 이외에 다른 아무런 목적도 없이 역마차를 타고 온다.

인간들이여, 인생은 짧다고 한탄하는가. 당신들의 취향으로 보아 인생은 아직 충분히 짧지 않은데, 당신들 가운데 단 한 사람이라도 욕망에 한계를 두는 방법을 알아 시간이 흘러가는 것을 결코 원하지 않는 사람이 있다면, 그 사람은 인생을 그다지 짧다고 생각하지는 않을 것이다. 그 사람에게 산다는 것과 즐긴다는 것은 똑같은 의미를 지닐 것이다. 그리고 젊어서 죽게 된다 해도 틀림없이 그 생애에 만족하고 죽어갈 것이다.

나의 여행 방법에 그러한 이익이 있을 뿐이라 해도 그것만으로도 다른 어떤 방법보다 나의 방법을 바람직한 것으로 여겨야 할 것이다. 나는 나의 에밀을 항상 뭔가 원하고 있는 사람, 기다리고 있는 사람이 아니고 즐기는 사람으로 기른 것이다. 그리고 그는 그 욕망을 현재의 저쪽에 놓는 경우에도 시간의 흐름이 느리다고 초조해할 만큼 격한 열정에 사로잡히지는 않는다. 그는 욕망하는 즐거움을 맛보고 있을 뿐만 아니라 구하고 있는 대상에 다가가는 즐거움도 맛보고 있을 것이다. 게다가 그의 정념은 참으로 온화한 정념이므로 그는 언제까지나 미래보다도 현재에 있는 것이다.

그러므로 우리는 파발꾼이 아니라 여행자로서 여행을 하고 있다. 우리는 여행의 시작과 끝만을 생각하는 것이 아니라 그 사이의 일도 생각하고 있다. 여행 그 자체도 우리에게는 즐거움인 것이다. 우리는 꼭 닫힌 조그마한 우리 속에 갇힌 죄수들처럼 어두운 표정으로 앉아서 여행을 하는 것이 아니다. 시원스런 바깥 공기와 우리 주위에 있는 경치에 마음이 내킬 때, 우리는 실컷 그것들을 관조하는 편의를 즐길 수 있다. 에밀은 지금까지 역마차를 타본 경험이 없어 서둘러야 할 때가 아니면 역마를 달리게 하는 일도 그다지 하지 않는다. 그리고 에밀에게 그렇게 서둘러야 할 일이 무엇이 있겠는가. 단 하나의 일,

인생을 즐기는 일이다. 여기에 덧붙여 그가 할 수 있을 때라면 좋은 일을 하는 일 정도라고나 할 수 있을까. 그럴 필요는 없다. 그런 일도 또한 인생을 즐기는 일인 것이다.

나에게는 말을 타고 가는 것보다 더욱 유쾌한 여행 방법은 하나밖에 없다. 그것은 걸어서 가는 일이다. 우리는 적당할 때 출발하고, 쉬고 싶을 땐 쉰다. 많이 걷고 싶으면 많이 걷고, 그다지 걷고 싶지 않으면 조금밖에 걷지 않는다. 우리는 그 고장의 모든 것을 관찰한다. 오른쪽으로 구부러지기도 하고 왼쪽으로 구부러지기도 한다. 우리의 마음을 끄는 모든 것을 조사해 본다. 전망이 좋은 곳이면 어디서나 발을 멈춘다. 강이 나타나면 우리는 그 물가를 따라 걸어간다. 우거진 나무 숲이 있으면 그 그늘로 간다. 동굴이 있으면 들어가 본다. 채석장이 있으면 광물을 조사해 본다. 마음이 내키면 어디서건 머문다. 지루하게 느껴지면 곧 떠난다.

나는 말과 마부의 사정에 구애받지 않는다. 정상적인 큰길, 편한 길을 고를 필요는 없다. 한 사람이 지날 수 있는 길이라면 어디건 지나간다. 사람이 볼 수 있는 것은 무엇이건 본다. 그리고 자기 의지만으로 움직일 수 있는 나는 인간이 가질 수 있는 자유를 완전히 가지고 있다. 날씨가 나빠 떠날 수 없어 따분하기 짝이 없으면, 그때는 말을 고용하자. 지치면…… 아니, 에밀은 거의 지칠 줄 모른다. 그는 강하다. 어째서 그가 지치겠는가. 그는 서두르는 것이 아니다. 머물러 있다 해도 어째서 그가 지루하게 느끼겠는가. 어디를 가건 기분을 달랠 만한 것을 가지고 있는 것이다. 그는 기술자 우두머리 집으로 들어간다. 그는 일을 한다. 팔을 사용하며 다리를 쉬게 한다.

걸어서 여행하는 일, 그것은 탈레스·플라톤·피타고라스처럼 여행하는 일이다. 철학자가 어떻게 다른 방법으로 여행할 마음이 생기겠는가. 그가 발로 밟고 가는 보물, 대지가 아낌없이 그의 눈 앞에 전개시켜 주는 보물을 어째서 알아보지 못하는지 나는 이해하기 힘들다. 조금이라도 농사일을 좋아한다면 그가 지나가는 지방 풍토의 특산물이나 그 재배법을 알고 싶지 않을까. 박물학에 조금이라도 취미를 가지고 있다면 토양을 조사해 보지 않고 토지를 그냥 지나칠 이 누가 있으며, 바위를 깎아 보지 않고 암산을 지나칠 이 누가 있으며, 식물채집을 해보지 않고 산속을 지나칠 이 누가 있으며, 화석을 찾아보지 않고 돌무덤을 지나칠이 누가 있겠는가. 당신들의 거드름피우는 철학자들은 진열실 속에서 박물학 연구를 하고 있다. 그들이 가지고 있는 것은 시시한 것들이다. 그들은 명칭은 알고 있지만 본질에 대하여 아무 관념도 없다. 그런데 에밀의 진열실에는 풍부한 표본이 있다. 그 진열실은 지구 전체이다. 모든 것이 그 장소에 놓여 있다. 그것을 관리하고 있는 박물학자는 모든 것을 대단히 아름답게 정리하고 있는 것이다. 도방통*¹⁹도 그 이상의 일은 할 수 없을 것이다.

이런 즐거운 여행 방법에 의해 얼마나 많은 갖가지 즐거움을 모을 수 있을까. 건강이 좋아지고 기분이 상쾌해지는 것은 두말 할 것도 없다. 나는 항상 보아 왔지만 아주 좋은 훌륭한 마차 속에 도사리고 앉아 여행을 하는 사람들은 항상 생각에 잠겨 어두운 표정으로 불평을 말하거나 고통스러워 했다. 걸어가는 사람은 항상 쾌활하고, 발걸음도 가볍고, 모든 일에 만족하고 있다. 머무를 곳에 가까워졌을 때 얼마나 마음이 즐거워지겠는가. 변변치 않은 식사도 얼마나 맛있게 보이겠는가. 식사하며 쉬고 있을 때 얼마나 커다란 즐거움을 느끼겠는가. 딱딱한 침대에서도 얼마나 편안한 잠을 자겠는가. 목적지에 닿는 것만이 소원이라면 역마차로 서두르는 게 좋을 것이다. 그러나 여행을 하고 싶다면 걸어서 해야 한다.

내가 생각하는 그런 여행 방법으로 200킬로도 못 가서 소피의 일을 잊게 되지 않는다면 나는 그다지 유능한 인간이라고 할 수 없을 것이다. 아니면 에밀은 거의 호기심이 없는 사람일 것이다. 여러 가지로 기본적인 지식을 가지고 있는 그가 더욱 많은 지식을 얻고 싶다는 기분을 불러일으키지 않고는 배기지 못한다. 사람은 자신의 지식에 비례하여 호기심을 갖는다. 그는 배우고 싶은 마음이 생기기에 꼭 알맞을 정도로 지식을 가지고 있다.

풍경은 변하고 우리는 끊임없이 전진해 간다. 나는 우리의 여정을 멀리 떨어진 곳에 두었다. 그 구실은 쉽게 알 수 있다. 파리를 떠나 먼 곳으로 에밀의 아내를 찾아가야 하는 것이다.

며칠이 지난 어느 날, 길이 전혀 보이지 않는 골짜기와 산속으로 여느 때보다 깊이 헤매어 들어가 버린 우리는 나갈 길을 찾지 못하게 되었다. 대단한 일은 아니다. 어떤 길이건 상관 없다. 도달하기만 하면 그만이다. 그러나 배가 고

---

*19 루이 도방통(1716~1800)은 프랑스의 박물학자로 뷔퐁의 〈박물지〉 협력자.

프니 어쨌든 어디건 찾아가야겠다. 다행히 한 농부를 만난다. 그 농부는 우리를 그의 집으로 데리고 간다. 우리는 그가 대접하는 변변치 않은 점심을 왕성한 식욕으로 먹는다. 몹시 지치고 허기진 우리를 보고, 농부는 말한다.

"친절한 하느님이 만일 당신들을 언덕 너머 저쪽으로 보내 주셨다면 당신들은 좀더 좋은 대우를 받았을 터인데…… 평화롭게 살고 있는 집…… 대단히 인정이 많은 사람들…… 대단히 친절한 사람들을 만났을 터인데…… 그 사람들은 나보다 더욱 친절한 마음을 가지고 있는 것은 아니지만 나보다 부자랍니다. 옛날에는 지금보다 더 부자였다고 합니다…… 그 사람들은 지금도 부족한 생활은 하고 있지 않습니다. 다행스런 일이지만, 이 부근 사람들은 모두 그 사람들의 혜택을 받고 있습니다."

친절한 사람들이라는 말을 듣고 마음씨 착한 에밀은 기뻐한다. "선생님, 그 집으로 가봅시다. 부근에 사는 사람들에게 혜택을 주고 있다는 그 집으로. 그 사람들을 만나면 저는 대단히 기쁠 것입니다. 그 사람들도 우리가 찾아온 것을 기뻐할지도 모르지요. 틀림없이 우리를 환영해 줄 것입니다. 그 사람들이 우리를 친구로 대하면 우리도 그 사람들의 친구가 되어 줍시다." 에밀은 나를 쳐다보며 이렇게 말한다.

우리는 그 집으로 가는 길을 잘 알아낸 뒤 출발했지만, 숲속을 헤맨다. 도중에 갑자기 큰비를 만난다. 비는 우리의 걸음을 늦추었지만 멈추게 하지는 않는다. 간신히 길을 찾아내어 저녁 무렵 우리는 그 집에 도착한다. 그 집을 둘러싼 마을에서 비록 간소하지만 그 집만이 사람의 눈을 끄는 데가 있다. 우리는 자기 소개를 마치고 하룻밤 묵게 해줄 것을 청한다. 하인들은 우리를 주인에게 안내하였고, 주인은 우리에게 친절한 어조로 이것저것 묻는다. 우리는 여행의 목적은 말하지 않고 길을 잘못 든 연유를 이야기한다. 주인은 옛날 풍족하게 살았기에, 상대의 태도를 보고 곧 그 신분을 알아내는 눈을 지금도 가지고 있다. 상류 사회에서 생활해 온 사람이라면 누구나 그 점에 관하여 좀처럼 잘못을 저지르지 않는다. 그 덕분에 우리는 묵고 가도 좋다는 허락을 받는다.

대단히 좁은 방이었으나 깨끗하고 기분좋은 방으로 안내된다. 불이 지펴지고, 내의와 겉옷, 우리에게 필요한 모든 것이 놓여 있다. 에밀은 무척 놀라며 말한다. "참 신기하군요. 마치 우리를 기다리고 있었던 것 같군요. 참으로 그 농부가 말한 대로예요. 뭐라고 말할 수 없이 친절한 마음씨, 준비, 하물며 모르는 사람을 위해서 말이에요. 저는 호메로스 시대에 살고 있는 것 같은 기분이 들어요."

나는 이렇게 말해 준다. "이런 일에 감탄하는 것은 좋아. 그러나 놀랄 것은 없어. 다른 고장 사람이 좀처럼 오지 않는 곳에서는 누구나 환영을 받는 법이야. 자주 손님을 대접할 필요가 없다는 것이 무엇보다도 손님을 잘 대접하게 하는 이유가 되지. 손님이 밀려오게 되면 손님 대접이 나빠지는 것이야. 호메로스 시대에는 여행하는 사람이 거의 없었거든. 그래서 여행자는 가는 곳마다 좋은 대접을 받았지. 우리는 아마 올해 여기에 찾아온 첫 여행자일거야." 에밀은 말한다. "손님은 오지 않아도 상관없다, 그러나 오면 언제나 환대한다는 그런 생각은 어쨌든 칭찬할 만한 일이지요."

옷을 말려 다시 입고 우리는 집주인 있는 곳으로 간다. 주인은 그 아내에게 우리를 소개한다. 그녀는 단순한 예의가 아닌 호의를 품고 우리에게 인사 한다. 영광스럽게도 그녀의 눈길은 가끔 에밀에게 쏠린다.

그녀가 현재 처해 있는 상황을 본다면, 그 어머니는 에밀 또래 나이의 남자가 자기집에 온 것을 보고 불안을 느끼거나 결코 호기심을 갖지 않을 수 없을 것이다. 우리를 위해 급히 저녁 식사가 준비된다. 식당에는 다섯 사람 분의 식사준비가 되어 있다. 우리는 자리에 앉는다. 자리 하나가 아직 비어 있다. 한 젊은 처녀가 들어와 정중하게 머리를 숙이고 아무 말 없이 다소곳이 자리에 앉는다. 지금 받은 질문에 대한 대답을 생각하고 있는 에밀은 그 처녀에게 인사를 한다. 배가 고팠다는 것을 이야기하고 먹는다. 그는 자기가 아직 목적지에서 멀리 떨어져 있는 것으로 생각하고 있지만 그 여행의 중요한 목적도 지금 그가 생각하고 있는 것과는 멀리 떨어져 있는 것이다. 화제는 주로 길을 잃은 여행자에 관한 것이다.

집주인은 에밀에게 말한다. "젊은이를 바람직하고 현명한 청년 같군요. 그래서 나에게는 당신의 선생님과 당신이 마치 칼립소 섬에 찾아온 텔레마코스와 멘토르처럼, 지치고 흠뻑 젖어 여기 찾아온 것같이 느껴집니다." 에밀은 대답한다. "정말 우리는 여기서 칼립소의 대접을 받는 것 같습니다." 그의 멘토르는 덧붙여 말한다. "유카리스의 매력도 있습니다." 그러나 에밀은 《오디세이아》는 알고 있어도 《텔레마코스》는 읽지 못했다. 유카리스가 무엇인지 그는 모른다.

나는 옆에 있는 젊은 처녀의 붉어진 눈시울을 보았다. 그녀는 고개를 떨어뜨리고 접시를 바라보며 숨도 쉬지 못하고 있다. 어머니는 딸의 당황한 모습을 보고 아버지에게 눈짓한다. 그래서 아버지는 화제를 바꾸어 자신의 쓸쓸한 집에 대한 이야기를 한다. 거기에 그가 틀어박혀 있게 된 사건에 관하여 자기도 모르는 사이에 말하기 시작한다. 그의 생애에 일어난 불행, 아내의 정절, 그들이 그 굳건한 결합 속에서 발견한 위안, 이 숨은 집에서 보내고 있는 온화하고 평화로운 생활, 그러나 거기에 있는 젊은 딸에 대하여는 한 마디도 언급하지 않는다. 아버지의 그런 이야기는 모두 흥미롭고 사람의 마음을 감동시키는 즐거운 이야기였다. 에밀은 감동하여 먹는 것을 그만두고 귀를 기울이고 있다. 마침내 더할 나위 없이 성실한 남편이 더할 나위 없이 존경할 만한 아내의 정절에 관하여 보다 더 커다란 기쁨을 가지고 이야기하게 되자, 젊은 여행자는 저도 모르는 사이에 그 남편의 손을 꼭 쥐고 또 다른 손으로 그 아내의 손을 쥐고, 그 위에 몸을 굽히며 감동어린 눈물을 흘린다. 청년의 소박하고도 생생한 감정의 표현은 모든 사람의 마음을 감동시킨다. 그러나 그의 선량한 마음의 표시에 대하여 누구보다도 깊은 감명을 받은 처녀는, 마치 필로크테테스의 불행에 감동한 텔레마코스를 보고 있는 것같이 느낀다.

그녀는 청년 쪽으로 살짝 눈을 돌려 그 모습을 좀더 찬찬히 보려고 한다. 거기에는 텔레마코스와 비교해 어긋나는 것이 아무것도 없다. 청년의 침착한 태도에는 무례함이 아닌 자유로움이 있다. 활달한 동작에는 경솔한 데가 없다. 풍부한 감수성이 그 눈동자에 다정함을 더욱 돋우어 주고 있으며, 그 모습이 더욱 매력적으로 보이게 한다. 젊은 여성은 청년이 눈물을 흘리는 것을 보고 자기도 함께 울고 싶은 기분에 빠져든다. 그것에는 충분한 구실이 있지만 비밀스러운 부끄러움을 느낀 그녀는 눈물을 참는다. 자기 가족을 위해 눈물을 흘리는 것이 나쁜 일인 것처럼, 눈에서 흘러 떨어지려는 눈물을 그녀는 스스로 책망한다.

식사가 시작될 때부터 줄곧 딸을 주시하던 어머니는 딸의 난처한 모습을 보고 무언가 심부름을 시켜 그곳에서 해방시킨다. 얼마 뒤 젊은 처녀는 돌아왔지만 아직 충분히 마음을 가라앉히지 못했기 때문에 그 당황한 모습은 누구의 눈에도 뚜렷이 비친다. 어머니는 상냥한 어조로 말을 건다.

"소피야, 앉거라. 너는 언제나 우리의 불행을 슬프게 생각하는구나. 너는 우리를 늘 위로해 주고 있지 않느냐. 우리보다 더 슬프게 생각하지 마라."

소피라는 이름에 에밀이 움칠한 것을 당신들도 알았을 것이다. 그 그리운 이름을 듣고, 그는 갑자기 눈을 크게 뜨고 감히 그런 이름을 가지고 있는 사람을 찬찬히 쳐다본다. '소피, 아아, 소피, 나의 마음이 구하는 것은 당신이 아닌가. 나의 마음이 사랑하고 있는 것은 당신이 아닌가.' 그는 그녀를 바라본다. 일종의 두려움과 믿지 못하겠다는 마음을 가지고 그녀를 바라본다. 그에게는 마음속으로 그리고 있던 모습 그대로의 것으로 보이지는 않는다. 지금 보고 있는 것이 더 값어치 있는 사람인지, 그렇지 않은 사람인지 그로서는 알 수 없다.

그는 하나하나의 선을 생각해 본다. 하나하나의 움직임, 하나하나의 몸짓에 주의를 기울인다. 그는 모든 점에 대하여 갖가지로 혼란된 해석을 내린다. 그는 자기 생애의 절반을 바쳐도 좋으니 그녀가 뭔가 한마디만 이야기해 줬으면 좋겠다고 생각한다. 그는 불안하고도 혼란스러운 표정으로 나의 얼굴을 바라본다. 그의 눈은 나를 향해 단번에 많은 질문, 많은 비난을 퍼붓고 있다. 하나하나의 눈길이 이렇게 말하고 있는 것 같다. '아직 여유가 있으니 저를 인도해 주십시오. 나의 마음을 털어놓았다가 실수라도 하는 날이면 저는 평생 동안 올바른 길로 돌아갈 수 없을 것입니다.'

에밀은 세상의 그 누구보다도 감정을 속일 줄 모르는 인간이다. 그의 온 생애에서 가장 커다란 흥분을 느끼고 있는 이때 어떻게 남의 눈을 속일 수 있겠는가. 주위에 있는 네 사람의 관찰자가 그를 지켜보고 있다. 그 속에서도 얼핏 보아 가장 무관심한 것같이 보이는 사람이, 실은 가장 주의깊게 자신을 지켜보고 있는 것이다. 그의 혼란스런 기분은 소피의 날카로운 눈을 피할 수 없다. 에밀의 눈은 또한 소피가 그 대상이 되어 있다는 것을 그녀에게 가르치고 있다. 그녀는 에밀의 불안한 기분이 아직 사랑이 아니라는 것을 알고 있다. 그러나 어쨌든 그는 그녀에게 마음을 빼앗기고 있다. 그것만으로 충분한 것이다. 그녀의 일을 생각하면서 그가 아무것도 느끼지 않는다면 그녀는 틀림없이 비참한 여자라는 이야기가 된다.

어머니란, 자기 딸과 같은 안목을 가지고 있으면서 그 위에 더 많은 경험을 쌓고 있다. 소피의 어머니는 우리 계획의 결과를 보고 미소 짓고 있다. 그녀는 젊은 두 남녀의 마음을 짐작하고 있다. 그녀는 지금이야말로 새로운 텔레마코스의 마음을 사로잡을 때라고 판단한다. 그녀는 딸에게 말을 건다. 딸은 타고

난 다정함을 보이면서도 더듬거리는 어조로 대답하지만 그것은 효과를 더욱 크게 할 뿐이다. 그 최초의 목소리를 듣는 것만으로 에밀은 굴복하고 만다. '소피다.' 그는 이미 그것을 의심하지 않는다. 소피가 아니라 할지라도 이미 늦었다. 그것을 부정할 수는 이미 없을 것이다.

이리하여 그 마술쟁이 처녀의 주문은 세찬 물결처럼 그를 덮치고, 마음을 취하게 하는 독한 술을 가득 부어 그녀가 내놓는 술잔을 그는 다 마셔버리게 된다. 그는 이젠 아무 말도 하지 않고 아무 대답도 하지 않는다. 소피 이외에 아무것도 눈에 보이지 않는다. 소피의 말 이외에 아무것도 들리지 않는다. 그녀가 한마디 하면 그는 입을 연다. 그녀가 눈을 내리뜨면 그도 눈을 내리뜬다. 그녀가 한숨지으면 그도 한숨짓는다. 마치 소피의 영혼이 그를 움직이고 있는 것같이 보인다. 잠시 동안에 그의 영혼은 얼마나 큰 변화를 일으키고 말았는가. 이젠 소피가 아니고 에밀이 떨고 있는 것이다. 자유, 소박함, 솔직함은 사라진다. 혼란하고 당황하고 겁쟁이가 되어 그는 이미 자기 주위에 눈을 돌려볼 용기도 없다. 모두가 자기를 쳐다보고 있는 것을 깨닫게 될까 봐 두려운 것이다. 마음이 드러나 보일까 봐 부끄러워서, 그는 모두의 눈 앞에서 사라져 아무도 보지 않는 곳에서 마음놓고 그녀를 바라볼 수 있다면 하고 생각한다. 소피쪽은 반대로 겁쟁이가 된 에밀을 보고 안심한다. 그녀는 자기가 이긴 것을 알고 그 승리를 기쁘게 생각한다.

    그녀는 마음속으로 기뻐하고 있으나
    그런 눈치는 나타내지 않는다.

그녀는 태도를 바꾸지는 않는다. 그러나 다소곳한 자태를 취하면서도, 눈을 내리뜨고 있으면서도 감수성이 강한 그녀의 마음은 기쁨으로 떨고 있다. 텔레마코스를 찾아냈다고 자신에게 속삭인다.

지금부터 나는 두 사람의 순진한 사랑, 너무나 소박하고 너무나 단순한 이야기를 시작하게 되는데, 아마도 독자는 그 자질구레한 이야기를 유치하다고 생각할 것이다. 그러나 그것은 잘못이다. 한 남성과 한 여성과의 첫 결합이 두 사람 생활의 흐름에 가지게 될 영향을 사람들은 충분히 잘 생각하지 않는다. 첫인상이란 연애 혹은 그것과 비슷한 경향인 경우에는 대단히 강하게 오래도록 효과를 가진다는 것을 사람들은 모른다. 사람들은 오랜 세월에 걸치는 그 효과의 지속을 인정하지 않지만 그것은 죽음에 이르기까지 끊임없이 작용하는 것이다. 우리는 교육론에서 어린이의 공상적인 의무에 관하여 쓸모없고도 현학적인 장황한 이야기를 듣게 된다. 그러나 교육 전체에서 가장 중요하고도 가장 곤란한 부분에 관하여는, 즉 어린이의 상태에서 어른의 상태로 들어가는 이행기가 되는 위기에 관하여는 한마디도 배우지 못했다. 내가 이 시론(試論)을 어디선가 유익한 것으로 할 수 있다면, 그것은 특히 다른 모든 사람이 잊고 있는 이 중요한 부분을 기다랗게 취급하고 있다는 것, 그리고 그것을 시도하는 데 있어서 잘못된 섬세한 취미 때문에 용기를 잃거나 말의 사용법의 어려움에 두려움을 느끼거나 하는 일은 하지 않았을 것이다. 실행해야 할 일을 이야기했다면 나는 필요한 말을 한 셈이 된다. 소설을 쓴 결과가 된다 해도 나는 그리 마음에 걸리지 않는다. 인간의 본성을 그린 소설은 충분히 아름다운 소설이다. 그것이 이 책에서만 찾을 수 있다 한들 내 잘못일까. 이것은 내가 속하는 종(種)의 역사로 삼아야 할 것이다. 인간을 타락시키고 있는 당신들이야말로 나의 책을 소설로 만들고 있는 것이다.

이러한 사고방식을 도와 주는 또 하나의 사실은, 어릴 때부터 항상 겁을 먹거나 남의 것을 갖고 싶어하거나 다른 사람을 부러워하거나 으스대거나 하던 청년, 여느 교육의 수단으로 사용되고 있는 온갖 정념에 괴로움을 받고 있던 청년에 관한 것이 아니라는 것이다. 여기서 문제가 되고 있는 청년은, 지금 처음으로 사랑을 느끼고 있을 뿐만 아니라 처음으로 모든 종류의 정념에 사로잡혀 있다. 이 정념, 아마도 그가 일생 동안 생생하게 느끼게 될 유익한 정념에 의해서만이 그의 성격이 취하게 될 최종적인 형태가 결정될 것이라는 사실이다. 그의 사고방식, 감정, 취미는 영속적인 정념에 의해 정착되고, 그것들이 변질하는 것을 결코 허용하지 않는 완고한 것을 얻으려고 하는 것이다.

그러니 에밀과 내가 위와 같은 저녁 한때를 그저 잠자는 일로만 넘길 수 없다는 것을 잘 알 수 있을 것이다. 무슨 일이 이렇게 되고 말았을까. 이름이 같다는 것만으로 그 사람이 현명한 한 남자에게 그렇게도 커다란 힘을 갖게 되어도 좋을까. 세상에 소피라는 여성은 한 사람뿐인가. 소피라는 여성은 모두 이름과 마찬가지로 마음도 같을까. 에밀이 우연히 만나는 소피라는 여성은 모두 에밀의 것일까. 한 번도 이야기해 본 일이 없는 모르는 여성에게 그렇게도 열중하고 있는 에밀은 미친 사람이 아닐까.

젊은이여, 자, 조금 더 기다려야 한다. 알아보는 거다. 관찰하는 거다. 자네는 지금 어떤 사람의 집에 있는지 그것조차도 아직 모른다. 그런데 자네의 말을 듣고 있노라면 자네는 벌써 자기집에 있는 기분으로 있다.

지금은 교훈을 줄 때가 아니며, 게다가 교훈이라는 것은 절대로 귀를 기울이게 하지는 않는다. 그것은 청년에게 자기의 취향을 정당한 것으로 삼고 싶게 함으로써 소피에 대하여 새로운 관심을 갖게 할 뿐이다. 그러한 이름의 일치, 우연의 만남, 나의 소극적인 태도 자체도 그의 격정을 불러일으킬 뿐이다. 그에게는 이미 소피가 존경할 만한 여성으로 느껴지기 때문에 나에게도 그녀를 좋아하게 만들 수 있다고 그는 확신하고 있다.

아침이 되자, 나는 에밀이 변변치 않은 여행복이긴 해도 여느 때보다 정성들여 손질하지 않았을까 생각했다. 그는 역시 그렇게 했다. 그가 그 집에서 준 옷을 서둘러 정리하는 것을 보고 나는 미소짓게 된다. 나는 그의 뜻을 잘 안다. 그는 옷을 깨끗하게 해서 돌려 주거나, 혹은 새것과 교환하여 그 집으로 보내 주거나, 또 다시 찾아올 것을 허용해 줄 어떤 종류의 관계를 맺고자 하는 것을 나는 기분 좋게 읽을 수 있었다.

소피도 조금은 멋을 부리고 나오리라고 나는 기대하고 있었다. 나는 잘못 생각하고 있었다. 그런 흔해 빠진 애교는 단순히 기쁘게 해주고 싶은 상대에게는 적당한 일이나, 진정한 사랑의 애교는 좀더 정성이 들어 있는 것이다. 그것은 더 많은 다른 일을 원하고 있다. 소피는 지난 밤보다 더 간소하게, 그리고 더 수수하게 차리고 있다. 그러나 그 세심한 깨끗함에는 변함이 없다. 내가 그 수수한 모습에서 애교를 인정하는 것은 다만 어딘지 일부러인 듯한 데가 느껴지기 때문이다. 더욱 정성들인 몸단장은 마음을 털어놓는 결과가 된다는 것을 소피는 잘 알고 있다. 그러나 그녀는 보다 더 수수한 몸단장도 다른 형식으로 마음을 털어놓는 결과가 된다는 것을 모른다. 그것은 옷차림으로 사람의 마음에 드는 것만으로는 만족하지 않고, 오로지 자신에 의해 상대의 마음에 들고 싶다는 소망을 밝히고 있는 것이다. 그러나 연모하고 있는 남자로서는 상대가 어떤 옷차림을 하건 그런 일은 아무래도 좋다. 상대도 그를 생각하고 있다는 것을 알면 그만이다. 이미 자기 힘을 확신하고 있는 소피는 그 매력으로 에밀의 눈을 황홀하게 만드는 것만으로는 만족하지 않는다. 그의 마음도 그것을 원하게 되어야만 한다. 그가 소피의 매력을 보는 것만으로 그녀는 충분하지 않다. 그가 그것을 생각해 보기를 그녀는 원하고 있다. 그는 이미 충분히 그 매력을 보고 있지 않는가. 그러니 그 밖의 것을 추측해 보아야 하지 않겠는가.

지난밤 우리가 서로 이야기하는 동안 소피와 어머니도 잠자코 있었다고는 여겨지지 않는다. 딸은 숨김없이 이야기하고, 어머니는 가르쳤을 것이다. 다음 날 아침 모두 충분히 준비를 갖추고 얼굴을 마주 대한다. 젊은 두 사람이 처음으로 대면한 지 아직 12시간밖에 지나지 않았다. 두 사람은 아직 한 마디의 말도 주고받지 않았지만 서로 이해하고 있다는 것을 잘 안다. 두 사람은 다정한 모습을 보이지 않는다. 그는 당황하고 불안해한다. 두 사람은 서로 아무 말도 하지 않는다. 눈을 내리깔고 서로를 피하는 것같이 보이지만, 그것도 역시 서로 이해하고 있다는 증거이다. 두 사람은 서로 피하고 있지만 같은 기분으로 그렇게 하고 있는 것이다. 두 사람은 어떤 말을 주고 받기 전부터 벌써 남에게 알리지 말아야 할 필요를 느끼고 있는 것이다. 출발할 때 우리는 우리가 가지고 가는 것을 다시 돌려 주기 위해 다시 찾아와도 좋으냐고 묻는다. 에밀의 입은 그 허가를 아버지와 어머니에게 구하고 있지만, 처녀 쪽을 향하고 있는 그의 불안한 눈은 훨씬 더 절실하게 그것을 구하고 있다. 소피는 아무 말도 하지 않는다. 아무런 표시도 하지 않는다. 아무것도 보지 않고, 아무것도 듣지 않고 있는 것 같다. 다만 얼굴을 붉히고 있는데, 그 붉힌 얼굴이 부모의 대답보다 더 뚜렷한 대답인 것이다.

그들은 다시 찾아오라고 말했지만 좀더 오래 머무르라고 권하지는 않는다. 이것은 적절한 처사다. 머무를 곳이 없어 곤란을 겪고 있는 여행자는 대접해 주어야 하지만 사랑을 느끼고 있는 남자가 그녀의 집에 머무른다는 것은 고상한 일이 아니다.

우리가 그리운 그 집 밖으로 나오자 에밀은 그 부근에 자리를 잡을 것을 생각한다. 가장 가까운 농가도 그에게는 너무 먼 곳에 있는 것처럼 느껴진다. 될 수만 있다면 그는 저택의 해자(垓子)에서라도 자고 싶을 것이다. "생각 없는 젊은이여!" 하고 나는 동정하는 어조로 말해 준다. "벌써 정념이 자네를 장님으로 만들었군. 자네에게는 이미 소양도 도리도 없어지고 말았어. 딱한 일이군. 자네는 사랑한다는 이유로 애인의 명예를 더럽히려 하고 있는 거야. 그녀의 집에서 나온 젊은 남자가 그 부근에서 자고 있다는 것이 알려지면 그녀는 어떻게 되겠나. 그녀를 사랑한다고 말하는 자네가 그녀의 평판을 나쁘게 해도 좋은가. 그런 것이 그녀의 부모가 자네를 대접해 준 데 대한 답례인가. 자네를 행복하게 해줄 여성에게 오명을 입히게 되는 일을 자네는 하려고 하는가."

그는 격한 어조로 대답한다. "그러한 사람들의 시시한 소문이나 부당한 의심이 어떻단 말입니까. 선생님 스스로 그런 일에는 신경을 쓰지 말라고 가르쳐 주지 않으셨습니까. 제가 얼마나 소피를 존경하고 있는지, 그녀에게 얼마나 경의를 표하고 싶은지 그 누가 저보다 그것을 더 잘 알겠습니까. 저의 애정이 그녀를 창피하게 만들지 않을 것입니다. 그녀의 명예가 될 것이고, 그녀에게 어울리는 것이 될 것입니다. 저의 마음, 저의 정성이 항상 그녀에게 걸맞는 경의를 바친다면 어째서 제가 그녀를 모욕하는 것이 되겠습니까." 나는 그를 끌어안아 주고 또 말해 준다. "에밀, 자네는 자네로서는 올바르게 생각하고 있네. 그런데 그녀를 위해 올바르게 생각해야 하는 거야. 남성에게 명예로운 일이 여성에게도 명예롭다고 생각해서는 안 돼. 둘에게는 전혀 다른 원칙이 있단 말이야. 어느 쪽도 똑같이 자연에 의거하고 있단 말일세. 그리고 같은 미덕이라 해도 자네에게는 사람들의 멸시가 돌아오는 일도 자네 애인에게는 경의가 표해지는 결과가 될 수 있는 거야. 자네의 명예는 자네 한 사람 안에 있지만 그녀의 명예는 다른 사람에 의해 좌우되고 있어. 그것을 무시한다는 것은 자네 자신의 명예를 손상시키는 결과가 될 뿐만 아니라 자네를 위해 그녀가 받아야 할 것을 받지 못하게 되면, 자네는 해야 할 일을 하지 않는 결과가 되는 거야."

이렇게 말하고 나는 그러한 차이가 생기는 이유를 설명하여 그것을 전혀 고려하지 않는 일이 얼마나 옳지 않은가를 깨닫게 한다. "자네가 소피의 남편이 된다고 누가 말하던가. 자네는 그녀의 생각을 모르고 있으며 소피의 마음에는, 아니면 그녀의 부모의 마음에는 이미 정해진 사람이 있을는지도 모르지 않는가. 자네는 아직 소피를 잘 모르고 있으며, 자네와 그녀의 행복한 결혼을 이루게 할 어울리는 점이 하나도 없을지도 모르지 않는가. 어쨌든 나쁜 소문이 돌면 처녀로서는 씻을 수 없는 오점이 되네. 그 소문의 원인이 되는 남자와 결혼한다 해도 그것은 지워지는 게 아니야. 그런 것을 자네는 모르는가. 그래 애정이 깊은 남자가 사랑하는 여성에게 명예를 잃는 일을 해도 좋단 말인가. 품행이 올바른 남자가 한 불행한 여성에게, 그의 마음을 매혹시킨 불운을 일생 동안 슬프게 느끼도록 할 생각이 들겠는가."

청년은 어떤 결과가 일어나느냐 하는 점을 충분히 깨닫자 겁을 먹고 여전히 극단적인 생각으로 치우쳐, 이번에는 아무리 멀리 간다 해도 소피가 있는 곳에서 충분히 멀리 갔다고 할 수 없을 것으로 생각한다. 그는 더 빨리 그곳에서 떠나려고 발길을 재촉한다. 우리 이야기를 듣는 사람이 없는지 주위를 둘러본다. 그는 사랑하는 사람의 명예를 위해서라면 자기의 행복 같은 것은 얼마든지 희생할 수 있다고 생각한다. 그녀에게 조금이라도 슬픔을 줄 바에는 앞으로 두번 다시 그녀를 만나지 못해도 좋다고까지 생각한다. 이것은 사랑할 줄 아는 마음을 그에게 주기 위해 그의 어린 시절부터 내가 기울여 온 정성의 첫 성과이다.

그래서 멀리 떨어졌지만 언제라도 쉽게 갈 수 있는 곳에 숙소를 정하기로 한다. 우리는 찾아본다. 사람들에게 물어본다. 그리하여 8킬로는 떨어진 곳에 도시가 있음을 알아낸다. 우리는 좀더 가까이에 있는 마을보다 그 거리에 가서 숙소를 찾기로 한다. 가까운 마을에 머물게 되면 사람들에게 의심을 받기 때문이다. 처음으로 사랑을 느낀 젊은이는 사랑과 희망과 기쁨에 넘치고 무엇보다도 건전한 생각으로 가득차 그 거리에 도착한다. 나는 이런 식으로 타오르기 시작한 그의 정열을 올바르고 절도 있는 길로 인도하여, 그 자신도 모르는 사이에 그의 경향이 모두 같은 방향을 취하도록 한다.

나의 일도 끝에 가까워지고 있다. 나에게는 벌써 멀리서 그것이 보인다. 커다란 곤란은 모두 극복되었다. 커다란 장애는 모두 넘어섰다. 이젠 나에게 힘겨운 일은 남아 있지 않다. 다만 서둘러 일을 완성시키려다 만들어 놓은 것을 헛되게 하지 말아야 한다. 인생은 무상하다는 것을 생각하고, 특히 현재를 미래의 희생물로 삼는 잘못된 생각은 하지 말아야 한다. 그것은 때로 현재 있는 것을 장래 있을 수 없는 것을 위해 희생하는 결과가 되는 것이다. 모든 시기에 인간은 행복해야 하지 않겠는가. 여러 가지로 주의를 기울여 주었는데도 행복하게 되지 못하고 죽어 버리는 결과가 되어서는 안 될 것이다. 그런데 생활을 즐기기 위해 특별히 적당한 시기는, 청춘기가 끝나려는 무렵이다. 이 시기에 육체와 영혼의 힘은 더할 나위 없이 왕성한 생기를 얻고 있으며, 인간은 인생의 길 가운데에서 인생이 짧다는 것을 느끼게 하는 두 개의 경계점을 가장 먼 곳에서 바라보고 있다. 사려가 얕은 청년이 잘못을 저지르는 것은 즐거움을 구하기 때문이 아니고 즐거움이 없는 곳에서 그것을 구하기 때문이며, 비참한 미래를 준비함으로써 현재의 순간을 이용하는 것조차 모르기 때문이다.

나의 에밀을 보아주기 바란다. 스무 살이 넘은 에밀은 정신도 육체도 나무랄 데 없이 성장하고 있다. 굳세고, 건강하고, 활발하고, 재주가 있고, 튼튼하고, 감각·이성·선량함·인간애에 넘치고, 올바른 품행·고상한 취미·아름다움을 좋아하고, 좋은 일을 행하고, 잔혹한 정념의 지배에 사로잡히지 않고, 여론의 속박에 사로잡히지 않고, 지혜의 율법을 지키고, 우정의 소리에 따르고, 모든 유익한 재능과 사람을 즐겁게 해주는 재능을 많이 가지고 있으며, 재물에는 거의 관심을 갖지 않고, 자기 팔 끝에 생활수단을 지니고 있으므로 무슨 일이 있어도 밥먹을 걱정을 할 필요가 없다. 이러한 그는 지금 갓 생겨난 정열에 불타고 있으며, 마음은 첫 사랑의 정열에 사로잡혀 있다. 그 기분 좋은 환상은 그의 앞에 환희와 향락으로 가득한 미지의 세계를 그려 주고 있다. 그는 한 사랑스러운 여성을, 그 육체보다 마음가짐에 의해 더욱 사랑할 가치가 있는 여성을 사랑하고 있다. 그는 자기에게 당연이 돌아오리라고 생각하는 사랑의 보답을 희망하고 기대한다.

마음의 유사점, 성실한 감정의 일치에서 두 사람의 최초의 호감이 탄생했다. 그 호감은 영원히 계속될 것이다. 그는 자신감과 이성을 가지고, 더할 나위 없는 매력적인 흥분에 몸을 내맡기고, 아무런 두려움도 회한도 느끼지 않는다. 행복감에 반드시 뒤따르는 불안 이외에는 아무런 불안도 느끼지 않는다. 그의 행복에 무엇이 부족하다고 할 것인가. 또한 그에게 필요한 것, 그가 갖고 있는 것에다 더해야 할 것이 무엇인지 보고, 찾고, 생각해보자. 그는 인간이 동시에 손에 넣을 수 있는 좋은 것은 모두 갖고 있다. 그 위에 무언가 덧붙이려 하면 그 밖의 것을 손상시킬 뿐이다. 그는 인간이 행복해질 수 있는 한에 있어서 행복한 것이다. 이런 때 그 기분좋은 상태가 곧 그치도록 해주어도 좋을 것인가. 순수한 기쁨을 방해해도 좋을 것인가. 아아, 인생의 모든 가치는 그가 지금 맛보고 있는 행복에 있다. 그에게 빼앗을 수 있는 것과 똑같은 값어치로 무엇을 그에게 줄 수 있겠는가. 그의 행복을 완전한 것으로 해준다는 것조차 그 최대의 매력을 잃게 하는 결과가 된다. 이 최고 행복은 손에 넣었을 때보다 기대하고 있을 때가 훨씬 더 기분좋은 것이다.

아아, 선량한 에밀, 사랑하는 거다, 그리고 사랑을 받는 거다. 자기 것으로 만들기 전에 오랫동안 즐기는 거다. 사랑과 순진한 마음을 동시에 즐기는 거다.

저 세상의 낙원을 기대하면서 자네의 지상 낙원을 만들어 내는 것이다. 나는 자네 인생의 이 행복한 시기를 짧게 하지는 않겠다. 자네를 위해 마법의 실을 자아주기로 하자. 될 수 있는 대로 길게 늘려 주기로 하자. 하지만 슬프게도 그것은 반드시 끝나게 되어 있다. 곧 끝나게 되어 있는 것이다. 나는 적으나마 자네의 기억에 영원히 남도록, 그것을 맛보았다는 데 대하여 자네가 절대로 후회하지 않도록 해줄 작정이다.

우리가 옷을 돌려 주어야 한다는 것을 에밀은 잊지 않고 있다. 그 준비가 되자 우리는 곧 말을 빌려 매우 빨리 달려간다. 그는 출발하자마자 곧 도착하고 싶다고 생각한다. 마음이란 정열을 느끼기 시작하면 생의 권태를 느끼기 시작한다. 그러나 내가 시간을 낭비하지 않았다면 그의 일생이 그런 식으로 지내게 되지는 않았을 것이다.

난처하게도 길은 여기저기 끊기어 있고, 그 지방의 도로 사정은 나쁘다. 우리는 길을 잃고 헤맨다. 그는 처음에 그것을 알았으나 초조해하지도 않고 불평도 늘어놓지 않고, 될 수 있는 대로 주의를 기울여 자기가 가야 할 길을 찾으려고 한다. 그 길을 찾아낼 때까지 오랫동안 헤매었으나 끝까지 냉정한 태도를 잃지 않는다. 당신들은 이런 일을 아무렇지도 않게 느끼겠지만, 그의 격한 성질을 알고 있는 나로서는 대단한 것으로 여겨진다. 어릴 적부터 그에게 다가올 필연의 타격을 이겨내게끔 하기 위해 내가 기울인 정성의 결과를 나는 여기서 보고 있는 것이다.

겨우 우리는 도착한다. 우리를 맞이하는 그 집 사람들의 태도는 처음보다 훨씬 솔직하고 호의에 차 있다. 우리는 이미 오래 전부터 아는 사이인 듯한 느낌이 든다. 에밀과 소피는 약간 어색한 태도로 인사를 나누고 여전히 서로 말을 하지 않는다. 우리 앞에서 두 사람이 무슨 말을 할 수 있겠는가. 두 사람이 해야 할 이야기는 그 자리에 사람들이 있을 때는 안 되는 것이다. 우리는 뜰을 산책한다. 그 뜰에는 꽃밭 대신 아주 잘 꾸며진 채소밭이 있고, 바깥마당에는 온갖 종류 커다란 아름다운 과일나무가 심어진 과수원이 있다. 그곳에는 여기저기 아름답게 물이 흐르고 꽃이 만발한 꽃밭이 있다. 호메로스를 잘 기억하고 있는 에밀, 끊임없이 감격하는 에밀은 소리친다.

"참으로 아름답군요! 알키노오스의 정원을 보고 있는 것 같아요." 처녀는 알키노오스가 무엇인지 알고 싶은 모양이다. 어머니가 그것을 묻는다. 우리는 두 사람에게 가르쳐 준다. "알키노오스는 코르키라섬의 왕인데, 호메로스는 그 정원을 너무나 간소하게 그리고 너무나 꾸밈새 없이 그렸기 때문에 취미가 고상한 사람들의 비난을 받고 있답니다.*20 이 알키노오스에게는 사랑스러운 딸이 있었는데, 그 딸은 한 이방인이 아버지의 손님으로 오기 전날 밤 자기에게 남편이 생긴다는 꿈을 꾸었다는 것입니다." 소피는 당황하여 얼굴을 붉히며, 아래를 내려다보고 입술을 깨문다. 그 당황하는 모습은 상상도 할 수 없을 정도이다.

아버지는 재미있다는 듯이 딸을 좀더 난처하게 만들려고 "젊은 공주는 개울로 빨래를 하러 갔단다" 가르쳐 주고는 이어서 이런 말을 한다. "공주는 더러운 냅킨은 냄새가 고약하다고 만지지도 않으려 했다고 너는 생각하니?" 그것은 소피에 대한 빈정대는 말이었기 때문에, 그녀는 천성이 얌전했지만 기세를 올려가며 변명한다. 소피가 하고 싶은 대로 내버려 두었다면*21 그녀는 아마도 혼자서 자질구레한 것을 모두 빨았을 것이며, 분부만 내리면 더욱 기꺼이 그렇게 했음이 틀림없을 것을 아버지는 잘 알고 있다. 그런 변명을 하면서도 그녀는 살짝 내 쪽을 보았는데, 그 불안한 표정에서 나는 그녀가 무엇을 걱정하고 그런 말을 했는지, 그 순진한 마음속을 들여다보고 웃지 않을 수 없다.

---

*20 '궁전을 나오면 4에이커의 넓은 정원을 볼 수 있다. 주위를 완전히 울타리로 둘러치고 꽃이 만발한 커다란 나무, 배, 석류, 그 밖에 훌륭한 열매를 맺는 커다란 나무, 달콤한 열매가 열리는 무화과나무, 질푸른 올리브나무가 심어져 있다. 1년 내내 그러한 아름다운 나무가 열매를 맺지 않는 때는 없다. 겨울이나 여름이나 서풍의 상쾌한 숨결이 어느 나무의 열매는 맺게 하고 어느 나무의 열매는 무르익게 한다. 배와 사과 열매는 그 나무의 가지에, 무화과 열매는 무화과나무에, 포도송이는 나무 그루터기 위에 무르익고 건조되는 것이 보인다. 무진장한 포도밭은 끊임없이 그곳에 새로운 열매를 맺는다. 한편에서는 태양의 열로 삶아져서 잼이 된다. 다른 한편에서는 한창 수확을 하고, 그리고 포도나무에는 아직 꽃의 상태로 있는 것, 파랗게 설익은 것, 검어지기 시작한 것이 남아 있다. 한쪽 끝에는 손질이 잘 되어 있는 두 가지 형의 채소밭이 있어 1년 내내 푸르르다. 그것은 두 개의 샘으로 장식되어 그 샘의 한쪽 물은 정원에 공급되고, 다른 한쪽 물은 궁전 내를 지나 거리의 높은 건물로 끌려 올라가 시민의 음료수가 되고 있다.'

이것이 《오디세이아》 제7권에 있는 알키노오스 왕의 정원에 대한 서술이다. 이 정원에는 저 늙은 몽상가 호메로스나 그때의 왕들에게는 창피하게도 나무로 짠 울타리, 조각상, 폭포수, 잔디밭도 보이지 않는다(원주).

*21 솔직하게 말해서 나는 소피의 어머니가 딸에게 비누를 사용하게 하여 그런 매끄러운 소피의 손, 에밀이 끊임없이 키스하게 되는 손을 더럽히게 하는 일을 하지 않는 데에 얼마쯤 만족을 느끼고 있다(원주).

아버지는 잔인하게도 그런 경솔한 태도를 나무라며 비웃는 듯한 어조로 물었다. "너는 지금 무엇 때문에 자기 이야기를 하고 있느냐. 너는 알키노오스의 딸과 무슨 공통점이 있느냐?" 부끄러움에 몸을 떨며 그녀는 이젠 숨도 쉴 수 없고 아무도 볼 수도 없다. 귀여운 처녀! 속이려 해도 이젠 늦었다. 그녀는 저도 모르는 사이에 모든 것을 이야기해 버린 것이다.

얼마 안 가서 그 짤막한 희극도 잊혀졌다. 또는 잊혀진 것처럼 보인다. 소피에게 대단히 다행스럽게도, 에밀만은 그것이 어떤 것인지 전혀 알지 못했다. 산책을 계속하는 동안 젊은 두 사람은 처음에는 우리 곁에 있었는데, 우리의 느린 걸음걸이에 발을 맞추어 가는 것이 참을 수 없게 된다. 어느덧 두 사람은 우리보다 앞장서서 걸어가고 있다. 서로 가까워지더니 나중에는 바싹 붙어서 훨씬 앞쪽을 걸어가는 것이 보인다. 소피는 침착하고 주의깊게 귀를 기울이는 것 같다. 에밀은 뭔가 이야기하며 열심히 몸짓을 하고 있다. 두 사람은 이야기에 지루함을 느끼고 있는 것 같지 않다. 충분히 한 시간은 지난 뒤 우리는 돌아가기로 한다. 우리는 두 사람을 부른다. 두 사람은 되돌아온다. 그러나 이번에는 두 사람 쪽이 천천히 걸어온다. 그리고 두 사람은 그 짧은 시간도 이용하고 있다는 것을 알 수 있다. 마침내 그 말소리가 우리에게 들릴 만한 곳까지 와서, 갑자기 두 사람은 말을 딱 그치고 발걸음을 빨리하여 우리 있는 곳으로 온다.

에밀은 쾌활하고 상냥한 태도로 우리에게 다가온다. 그의 눈은 기쁨으로 반짝이고 있다. 그러나 약간 불안한 듯 소피의 어머니 쪽으로 눈을 돌려 어머니가 어떤 태도로 자기를 맞이하는지를 보고 있다. 소피에게서는 도저히 그런 여유를 찾아볼 수 없다. 이쪽으로 오면서 그녀는 젊은 남성과 단둘이 있다는 데 대하여 완전히 당황하는 것 같다. 지금까지 몇 번이나 다른 많은 남성들과 그렇게 했을 때도 곤란하게 느낀 적은 없었고, 결코 그 점에 대하여 꾸지람을 받은 일도 없었건만 그녀는 약간 숨을 할딱거리며 재빨리 어머니 곁으로 달려와서 아까부터 주욱 거기에 있었던 것처럼 뭔가 대단한 뜻도 없는 말을 한다.

이 사랑스러운 젊은이들의 표정에 나타나 있는 밝은 기분을 보고 두 사람이 주고받은 이야기가, 그들의 젊은 마음에서 커다란 무거운 짐을 없앴다는 것을 알았다. 두 사람은 서로가 지금까지보다 스스럼 없는 사이가 된 것은 아니지만, 그 조심성에는 전처럼 당황하는 기색은 보이지 않는다. 지금까지는 그것이 다만 에밀의 존경심, 소피의 조심스러운 성격, 그리고 두 사람의 좋은 소양에서 우러나오는 신중함이었다. 에밀은 그녀에게 뭔가 이야기를 걸기까지 한다. 때로 그녀는 대답을 하는 일도 있지만 그 때문에 입을 열 때는 반드시 어머니의 눈치를 살피고 있다.

그녀에게서 느낄 수 있는 가장 뚜렷한 변화는 나에 대한 태도이다. 그녀는 나에게 보다 더 적극적인 주의를 기울여 관심을 보이고, 다정하게 이야기를 걸며, 나를 즐겁게 하려 애쓰고 있다. 그녀가 존경하는 마음으로 나를 보고 있다는 사실, 그녀로서 나의 존경을 받는 일이 중요하게 되었다는 사실을 나는 안다. 에밀이 나의 일을 그녀에게 이야기했다는 것을 나는 알 수 있다. 두 사람은 벌써 공모하여 나의 호감을 사려 한다고 사람들은 말할는지도 모른다. 그러나 그런 것은 아니다. 소피가 그렇게 간단히 설득되는 여인이 아니기 때문이다. 아마도 에밀은 나로 인해 그녀의 도움이 필요한 것 이상으로 그녀 때문에 나의 도움이 필요할 것이다.

귀여운 두 사람이여…… 나의 젊은 친구의 다감한 마음이 애인과 처음으로 이야기를 주고받을 때 나에 관하여 여러 가지로 화제에 올렸다는 것을 생각하고, 나는 나의 노고가 보답을 받고 있다는 사실에 대하여 기쁨을 느낀다. 그의 우정은 완전히 나에게 보답하고 있는 것이다.

방문은 여러 번 되풀이된다. 젊은 두 사람이 이야기할 기회는 점점 많아진다. 사랑에 취한 에밀은 이미 행복의 손을 잡고 있다고 생각한다. 그러나 그는 소피의 뚜렷한 의사 표시를 얻은 것은 아니다. 그녀는 에밀의 말에 귀를 기울이고 있지만 자기 쪽에서 무어라 말하지 않는다. 에밀은 그녀의 조심스러운 성격을 잘 알고 있다. 그런 사양하는 듯한 태도도 그에게는 그다지 의외로 느껴지지 않는다. 그는 소피가 자기를 좋지 않게 느낀다고는 생각하지 않는다. 그는 자식의 결혼을 결정하는 것은 아버지라는 것도 알고 있다. 소피가 부모의 의향이 뚜렷이 나타나기를 기다리고 있다고 그는 생각하고, 그것을 확인할 수 있는 허락을 소피에게 구한다. 소피는 반대하지 않는다. 에밀은 나에게 그 이야기를 한다. 나는 에밀 앞에서 그를 대신하여 소피의 아버지에게 이야기를 꺼낸다. 소피의 아버지는, 소피는 자기 의사대로 얼마든지 할 수 있으며, 에밀을 행복하게 해주고 싶다는 마음이 있다면 소피는 그렇게 할 것이라고 말했다. 그 말이 그로서는 얼마나 놀라웠겠는가! 그는 소피의 거동이 전혀 이해가 가지 않는다. 그는 자신을 잃는다. 그는 불안해진다. 생각했던 것만큼 일이 잘 진행되지 않는다는 것을 안다. 그래서 그녀의 마음이 쏠리도록 하기 위해 더할 나위 없이 부드러운 사랑이, 더할 나위 없이 강하게 상대방의 마음을 두드리도록 말을 하게 된다.

에밀은 자신에게 불리하게 되는 일이 무엇인지 추측해낼 수 있는 젊은이가 아니다. 남이 말해 주지 않으면 일생 동안 그것을 알지 못할 것이고, 자존심이 강한 소피도 그에게 그것을 이야기하지는 않을 것이다. 그녀를 주저하게 만드는 장해는 다른 여성을 즐겁게 해준다. 소피는 부모의 훈계를 잊고 있지는 않았다. 그녀는 가난하다. 에밀은 부자다. 그녀는 그것을 알고 있다. 그는 자기의 가치를 그녀에게 인정받을 필요가 얼마나 많은지 모른다! 그러한 불평등을 잊게 하기 위해 얼마나 많이 뛰어난 것을 그는 필요로 하고 있는지 모른다. 그러나 그러한 장애를 그가 어떻게 짐작할 수 있겠는가. 에밀은 자기가 부자라는 것을 알고 있을까. 그러한 것을 알려고 하는 마음이라도 있을까. 고맙게도 그는 부자여야 할 필요 같은 것은 전혀 없다. 그런 것이 없어도 그는 친절한 행위를 할 수 있는 것이다. 그는 마음에서 우러나와 좋은 행위를 하고 있는 것이다. 돈주머니에서 끄집어 낸 것이 아니다. 그는 불행한 사람들에게 자기의 시간과 정성과 애정과 자기의 몸을 주고 있다. 그리고 자기의 선행에 대하여 생각할 경우, 그는 가난한 사람들에게 주고 있는 돈을 조금이라도 계산에 넣을 마음은 전혀 없다.

사랑이 이루어지지 않는 이유가 무엇인지 알 수 없는 그는 그것을 자기의 잘못 때문이라고 생각한다. 자기가 열렬히 사랑하는 사람을 변덕쟁이라고 비난할 사람은 없을 것이기 때문이다. 상처 입은 자존심은 허울 좋은 대우를 받고 있는 사랑의 원한을 더 괴롭게 느끼게 한다. 그는 이젠 자기가 소피 마음에 어울린다고 느끼고 있던 사랑스러운 자신감을 가지고 그녀에게 접근해 갈 수가 없다. 그녀 앞에 나가면 그는 겁쟁이가 되고 몸이 떨린다. 그는 이젠 상냥한 태도를 취함으로써 그녀의 마음을 움직일 수 있다고 생각하지 않는다. 동정심을 느끼게 하여 그녀의 마음을 끌려고 생각한다. 때로는 도저히 참을 수 없는 억울함이 인내심을 누르려고 한다. 그가 차츰 흥분하고 있다는 것을 알아차렸는지 소피는 그를 바라본다. 그 눈길을 보는 것만으로도 에밀은 용기를 잃고 겁쟁이가 된다. 그는 전보다 더 얌전해지고 만다.

그러한 완강한 저항과 견디기 어려운 침묵에 불안해진 그는 그 고통을 나에게 털어놓는다. 그는 슬픔으로 산산조각이 난 마음의 괴로움을 호소하며 나에게 도움과 충고를 구한다. "참으로 풀기 어려운 비밀입니다. 그 사람은 저에게 관심을 갖고 있습니다. 그것은 의심할 여지가 없습니다. 저를 피하는 일은 없고 저와 함께 있는 것을 즐거워합니다. 제가 찾아가면 기쁜 표정을 보이고 돌아올 때는 아쉬운 듯한 표정을 보이거든요. 저의 친절을 기분좋게 받아들입니다. 뭔가 해주면 기뻐하는 것 같아요. 저에게 충고해 주기도 하고 때로는 명령하는 일조차 있습니다. 그런데 그녀는 저의 소원도 부탁도 들어 주지 않아요. 제가 결혼 이야기를 꺼내면 그녀는 강압적으로 침묵을 명령합니다. 그리고 제가 한 마디라도 더하면 갑자기 저쪽으로 가 버립니다. 무슨 기묘한 이유가 있기에 그 사람은 제가 곁에 있기를 원하면서도 왜 제 것이 되는 이야기를 들으려 하지 않을까요. 그녀는 선생님을 존경하고 경애하고 있습니다. 선생님의 입을 다물게 하지는 못할 것입니다. 그러니 말 좀 해주십시오. 그 사람에게 물어봐 주십시오. 선생님의 제자를 도와 주십시오. 선생님의 일을 완성시키십시오. 선생님의 정성이 제자에게 꺼림칙한 것이 되지 않도록 해주십시오. 아아, 제자의 행복을 완전한 것으로 해주지 않는다면 제가 선생님에게서 받고 있는 것은 저에게 불행을 가져다 주는 것이 될 것입니다."

나는 소피에게 말해본다. 그리고 그리 힘들이지 않고 그녀가 마음의 비밀을 털어놓게 한다. 그것은 그녀가 털어놓을 필요조차도 없는, 내가 알고 있는 사실이었다. 그것을 에밀에게 말해야겠다는 허락을 받는 데 매우 힘이 든다. 간신히 허락을 받아 에밀에게 말한다. 그 이야기가 에밀에게 커다란 놀라움을 주어 그는 언제까지나 멍하니 앉아 있다. 그에게는 그런 미묘한 걱정이 전혀 이해가 가지 않는다. 재산의 많고 적음이 사람의 성격이나 가치에 어째서 영향을 주는 것인지 그는 이해할 수 없는 것이다. 재산이 사람들의 편견에 어떤 영향력을 미치는지 설명해 주자 그는 웃고, 기뻐서 어쩔 줄 몰라하며 곧 가서 모든 것을 찢어버리고, 모든 것을 내던지고, 모든 것을 저버리고, 소피와 마찬가지로 가난한 자의 명예를 손에 넣어 소피의 남편으로서 어울리는 자가 되어 돌아올 작정이라 한다.

이 무슨 짓인가! 나는 그를 가로막고 이번에는 그의 과격한 방법에 내가 웃으며 이렇게 말해 준다. "그런 설익은 생각을 하고 있으니 자네 머리는 언제 성숙해지겠나. 자네는 일생 동안 철학을 공부해도 올바른 생각을 배우지 못하게 되는 게 아닐까. 자네의 분별없는 계획을 그대로 실행하면 사태는 더욱 나빠지고 소피를 다루기가 더 어려워진다는 것을 어째서 모르는가. 그녀보다 어느 정도 재산이 더 있다는 것은 아주 조그마한 우월성에 지나지 않는데, 그것을 모두 그녀를 위해 희생한다는 것은 대단히 큰 우월성을 표시하는 결과가 되는 거야. 자존심이 강한 그녀는 지금까지 느끼고 있는 열등감 때문에 마음을 정하지 못하고 있는데, 어떻게 앞으로 느낄 열등감으로 마음을 정할 수 있겠나. 그녀는 '남편이 너를 부자로 만들어 주었다' 하고 비난을 받는 것조차 참을 수 없는데, '너 때문에 나는 가난해졌다' 하고 비난을 받는다면 어떻게 참을 수 있겠나. 딱한 사람이군! 자네가 그런 생각을 가졌다는 것을 그녀가 눈치채지 못하도록 주의해야 하네. 그런 일은 하지 말고 그녀를 위해 절약하고 낭비하지 않도록 조심하는 거야. 그렇지 않으면 그녀는, '당신은 교묘한 수단으로 나의 마음을 정복하려고 한다. 아무렇게나 내던져 버려 잃게 될 것을 나를 위해 기꺼이 희생하고 있다'하며 비난할는지도 모르지."

"정말로 많은 재산이 그녀의 걱정거리이며, 그녀가 받아들일 수 없는 것은 그 재산 때문이라고 선생님은 믿고 있습니까."

"아니, 에밀, 그렇지 않아. 좀더 확고하고 중대한 이유는 재산이 부자의 마음 속에 생기게 하는 결과에 있는 거야. 행운이 가져다 준 재산을, 그것을 가지고 있는 사람들은 항상 무엇보다도 값어치 있는 것으로 생각한다는 사실을 그녀는 알고 있는 거야. 부자들은 모두 사람의 값어치보다 황금을 중요시하거든. 돈과 봉사를 내걸었을 때 그들은 항상 봉사가 돈에 대한 빚을 다 갚지 못한다고 생각하며, 우리가 일생 동안 그들에게 봉사를 한다 해도 그들의 빵을 먹고 있는 이상 우리가 아직 그들에게 빚이 있다고 생각하는 거야. 그럼 에밀, 그녀의 걱정을 안심시켜 주려면 어떻게 해야 할까. 자네가 어떤 사람인지 그녀에게 잘 알려 주어야 해. 그것은 하루 아침에 이루어지는 게 아니야. 자네의 고귀한 정신이 가지고 있는 보배 속에서 불행하게도 자네에게 주어진 재산의 보상이 될 만한 것을 그녀에게 제시해야 해. 변함없는 마음과 시간의 힘으로 그녀의 저항을 극복하는 거야. 위대하고 고결한 감정으로 자네의 부유함을 잊게 해주는 거야. 그녀를 사랑하고 그녀를 위해 힘을 다하며, 그녀의 존경할 만한 부모를 위해 힘을 다하는 거야. 그러한 성의가, 미친 듯한 일시적인 정열의 결과가 아니고 자네의 마음속 깊이 새겨져 있는 지울 수 없는 원칙의 결과라는 것을 증명해 보이는 거야. 행운에게 버림받은 뛰어난 자에 대해 충분한 경의를 표하는 거야. 그런 것과 행운의 혜택을 받은 것을 화해시키는 단 하나의 방법은 바로 그것이란 말이야."

이런 말들이 청년에게 얼마나 기쁜 감격을 주었는지, 얼마나 강한 자신과 희망을 되찾게 해주었는지, 설혹 소피가 존재하지 않는다 해도, 또는 소피에게 사랑을 느끼고 있지 않다 해도 그가 자진해서 할 것임에 틀림이 없는 모든 일을, 소피를 기쁘게 해주기 위해 해야 한다는 것을 알고 그의 성실한 마음은 얼마나 자기를 축복할 것인지 잘 알 수 있을 것이다. 그의 성격을 조금이라도 알고 있다면 이런 처지에 처한 그의 행동을 상상하지 못하는 사람은 없을 것이다.

이리하여 나는 선량한 두 사람의 비밀 이야기를 들어 주는 상대가 되었고 그들 사이에서 사랑의 중개자가 되었다. 교사로서는 굉장한 임무이다! 나는 내 인생에서 그만큼 나 자신을 고귀한 자로 생각해본 적이 없으며, 그만큼 만족스럽게 생각해본 적도 없다. 게다가 그런 임무는 자체만으로도 즐거움이 있다. 나는 소피의 집에 가도 귀찮은 존재로 대우 받지 않는다. 그곳에서는 두 연인이 규칙을 지키도록 배려하는 임무가 나에게 맡겨진다. 자기를 싫어하지 않을까 노상 겁먹고 있는 에밀은 지금까지 그런 적이 한 번도 없을 정도로 유순하다. 귀여운 여인은 여러 가지로 나에게 우정을 보이지만 나는 거기에 속지 않는다. 그리고 나에게 주어지는 것만 내것으로서 받아들인다. 이리하여 그녀는 에밀에게 갖는 존경을 간접적으로 보여주고 있는 것이다. 갖가지 다정한 마음씨와, 에밀에게 직접 표시하느니 차라리 죽어 버리는 게 낫다고 생각하는 일들을 그녀는 나를 통해 에밀에게 표시하고 있는 것이다. 그리고 내가 자신에게 이득이 되지 않는 일은 하지 않을 것으로 알고 있는 그는, 내가 그녀와 사이좋게 지내는 것을 기뻐하고 있다. 산책할 때 소피가 그의 팔을 거절하고 그 대신 나의 팔을 끼어도 그는 마음을 스스로 위로한다. 불평도 늘어놓지 않고 떠나며, 그는 내 손을 꼭 쥐고 '나 대신 이야기해 주세요' 하는 뜻을 입으로 눈으로 살짝 말한다. 그는 강한 관심을 품은 눈으로 우리의 뒤를 쫓는다. 우리 표정에서 우리 감정을 읽으려 한다. 우리 몸짓에서 우리 이야기의 내용을 추측하려고 한다. 우리가 주고받는 이야기 중에서 그에게 아무래도 좋은 것은 하나도 없다는 것을 알고 있는 것이다.

선량한 소피여, 텔레마코스에게는 들리지 않는 곳에서 멘토르와 이야기할 수 있을 때 그녀의 정직한 마음은 얼마나 만족하겠는가. 그녀는 얼마나 사랑스러운 솔직함으로 다정한 마음속에 느끼고 있는 모든 것을 상대에게 알리고 있는가. 얼마나 커다란 즐거움을 가지고 나의 제자에 대한 자기의 평가를 모두 알리고 있는가. 참지 못하고 자기의 말에 참견하려는 귀찮은 사나이를 거짓 노여움을 보여 쫓아 버리는 그녀가 아닌가. 그녀가 그 사나이를 칭찬할 때, 그 사나이의 칭찬을 내가 하는 것을 그녀가 듣고 있을 때, 그리고 나의 대답에서 그를 사랑할 새로운 이유를 뭔가 끌어 내고 있을 때 그가 방해하려 오면, 그녀는 그 얼마나 귀엽고 원망스러운 표정으로 그의 조심성 없는 거동을 나무라는가.

이리하여 자기의 연정을 뚜렷이 밝힌 사나이로서 괴로움을 당하게 된 에밀은 그 모든 권리를 행사하게 된다. 그는 이야기하고 조르고 애원하고 귀찮게 따라다닌다. 심한 소리를 들어도 좋고 거친 대우를 받아도 좋다. 다만 자기의 말을 들어 주기만 하면 되는 것이다. 마침내 그는 어렵사리 애인으로서의 권위를 인정한다는 소피의 동의를 얻어냈다. 또한 무엇을 해야 할지 가르쳐 줄 것, 부탁하지 말고 명령할 것, 거절하지 말고 받아들일 것, 방문할 수 있는 회수와 날짜를 정해 줄 것, 어느 날은 오지 말고 어느 시각이 지나면 안 된다고 말해 줄 것 등등을 그녀에게 얻어낸다. 그것은 모두 농담이 아니고 아주 진지하게 결정되었으며, 소피는 그런 권리를 겨우 받아들였지만 그 권리를 사용하는 태도는 대단히 엄격하여, 가엾게도 에밀은 그런 권리를 그녀에게 부여한 데 대하여 가끔 원망스러운 생각이 들기도 한다. 그러나 그녀가 어떤 일을 명령해도 그는 말대답을 하지 않는다. 그리고 가끔 명령에 따라 돌아가면서 그는 '보세요, 저 사람은 저를 자기 것으로 해주었지요' 하는 뜻을 표시하는 기쁨에 넘친 눈으로 나를 바라본다. 그럴 때 자랑스러운 여자는 살짝 그를 바라보고 마음속으로 그녀의 노예가 자랑스러워 하고 있음을 흐뭇하게 생각하는 것이다.

알바니여, 라파엘로여, 쾌락을 그리는 그림붓을 빌려주기 바란다. 숭고한 밀턴이여, 나의 서툰 글솜씨에 사랑과 순진한 마음의 기쁨을 그리는 기술을 가르쳐 주기 바란다. 다감한 마음, 성실한 영혼, 그것만 있으면 그만이다. 그리고 당신들의 상상의 날개를 두 젊은 연인들의 꿈같은 기쁨 위에 마음껏 펴보기 바란다. 그들은 부모와 지도자가 지켜보는 가운데, 그들의 마음을 기쁘게 하는 즐거운 환상에 아무런 불안도 느끼지 않고 몸을 맡기고, 욕망에 흠뻑 젖어 조금씩 최후의 목적을 향해 나아가며, 무덤에 이르기까지 그들을 맺어주게 될 행복의 유대를 꽃과 장식의 그물로 짜고 있다. 갖가지 멋이 있는 이미지에 나 자신도 취하여 순서도 줄거리도 없이 그것을 긁어모아 본다. 그것이 불러일으키는 격심한 흥분 때문에 나는 그것을 연결시킬 수가 없다. 아버지, 어머니, 딸, 교사, 학생의 각각 다른 상황에서 이루어지는 감미로운 화면, 사랑과 미덕이 행복을 가져다 줄 더할 나위 없이 사랑스러운 두 사람의 결혼에 모두가 서로 협력하고 있는 감미로운 화면을 다감한 마음을 가진 사람이라면 누구나 스스로 그려볼 수 있지 않을까.

상대의 마음에 들기를 진심으로 원하고 있는 에밀은 그가 습득해온 재능의 값어치를 이제야 느끼기 시작한다. 소피는 노래부르기를 좋아한다. 그는 소피와 함께 노래부른다. 나아가서는 그녀에게 음악을 가르친다. 소피는 경쾌하게 뛰는 것을 좋아한다. 그는 소피와 함께 춤춘다. 그는 깡충깡충 뛰는 소피에게 스텝을 밟게 하여 정식으로 춤을 가르쳐 준다. 그것은 즐거운 수업이다. 들뜨고 쾌활한 기분이 수업에 활기를 주어 그것이 사랑의 겁먹은 스스로의 마음을 덜어준다. 사랑을 하고 있는 사나이에게 배길 수 없을 정도로 즐거운 수업의 기회가 내려진 것이다. 애인의 선생이 될 수 있는 허가가 내려진 것이다.

소피의 집에는 완전히 음정이 맞지 않는 낡은 쳄발로가 있다. 에밀은 그것을 수리하고 조율한다. 그는 목수만큼 쳄발로와 현악기를 잘 수리하고 제작할 수 있다. 자기가 할 수 있는 일은 무엇이건 다른 사람의 손을 빌리지 않고 해야 하는 것이 항상 그의 격률이었다. 집은 그림으로 그리고 싶은 지점에 위치하고 있다. 그는 그것을 여러 관점에서 그린다. 가끔 소피도 도와 주었고, 그것을 아버지의 서재에 걸어 놓는다. 액자는 금빛으로 번쩍이는 것이 아니며 그래야 할 필요도 없다. 그녀는 에밀이 데생하는 것을 보고 그것을 본떠 그 기술을 완전히 익힌다. 그녀는 모든 예술을 익힌다. 그리고 그녀의 매력은 그러한 모든 것에 아름다움을 더한다. 아버지와 어머니는 주위에 미술품이 반짝이는 것을 보고 그런 것에 대해서만은 그리움을 느끼고 있던 옛날의 풍부한 생활을 회상한다. 사랑이 그들의 집을 온통 장식해 준 셈이다. 그들은 지난날 돈과 노고 덕분에 즐거움을 긁어모으고 있었지만, 사랑은 그 힘만으로 비용도 고생도 없이 그런 즐거움을 집 안에 퍼뜨린 것이다.

우상을 숭배하는 자는 자기가 높이 평가하는 보배로 예배하는 대상을 풍부히 하고 숭배하는 신을 제단 위에 놓아 장식하는 것처럼, 사랑을 하는 사나이도 사랑하는 여성이 아무리 완벽하게 보여도 만족하지 않고 그 완벽한 것을 끊임없이 새로운 것으로 장식하려고 한다. 그런 것이 없어도 그녀는 그를 즐겁게 해주지만 그 쪽에서 그녀를 장식할 필요가 있는 것이다. 그것은 그녀에게 바치려는 새로운 존경의 표시가 된다. 그녀를 바라보는 기쁨에다 새로운 흥미를 더하게 되는 것이다. 그에게는 아무리 아름다운 것이라 해도 숭고한 아름다움을 장식하는 것이 되지 않으면 제자리에 놓여 있다고 여기지 않는다. 보아하니 에밀은 소피에게 가르치려고 하는 것이 그녀의 취미에 맞는지 어떤지, 그녀에게 적합한 것인지 어떤지도 생각하지 않고 자기가 알고 있는 것은 무엇이든지 가르치려 열중하고 있다. 감동을 느끼기도 하지만 웃음이 터져나오는 광경이기도 하다. 어린애 같은 열성으로 그는 온갖 것에 관하여 이야기해 주고 설명해 준다. 가르쳐 주기만 하면 상대는 곧 이해하는 것으로 믿고 있다. 그녀와 함께 생각하며 철학을 논하는 즐거움을 미리 마음속으로 그려본다. 그녀 앞에 펼쳐 보일 수 없는 지식은 모두 쓸데없는 것으로 생각하고 있다. 그녀가 모르는 것을 알고 있는 것은 부끄러운 일이라고까지 생각하고 있다.

이런 식으로 그는 철학·물리·수학·역사, 한마디로 모든 것에 관하여 그녀에게 강의해 준다. 소피는 그의 열성에 기꺼이 따라가며 거기에서 이익을 얻으려고 노력한다. 그녀 앞에 무릎을 꿇고 강의할 수 있는 허락을 맡을 때 에밀은 얼마나 즐거워 했던지. 그는 천국이 눈 앞에 펼쳐지는 것을 보는 듯한 기분이 든다. 그러나 그런 자세는 선생에게보다 학생으로서 어색한 것이며, 수업을 하는 데 있어서 가장 좋은 자세라고 할 수 없다. 그럴 때 학생은 자기 눈을 좇아오는 눈을 피하려 해도 눈 둘 곳을 모르며, 두 사람의 눈이 마주치면 아무래도 수업은 잘 진행되지 않는다.

생각하는 기술은 여성에게 아무래도 좋은 것은 아니지만 여성은 이론적인 학문을 초보적인 것으로 그치는 편이 바람직하다. 소피는 무엇이건 잘 이해하지만 대단한 것을 외지는 않는다. 그녀의 가장 뚜렷한 진보는 윤리와 취미에 속하는 일에서 찾을 수 있다. 물리에서는 일반 법칙과 우주론에 대하여 어떤 관념을 얻을 뿐이다. 때로 둘이 산책하다가 자연의 멋진 광경을 바라보며 그들의 순진한 마음은 자연을 만든 자에게까지 높여지는 일조차 있다. 두 사람은 그 존재에 두려움을 느끼지 않고 그 앞에서 함께 그들의 신앙을 고백한다.

참으로 이 무슨 일인가. 한창 젊은 나이의 두 연인이 단둘이 있으면서 종교 이야기를 하다니! 교리 문답으로 시간을 보내다니! 엄숙한 일을 모독하여 무슨 소용이 있겠는가. 그렇다, 분명히 두 사람은 황홀한 환상에 젖어 교리문답을 하고 있다. 그들은 자기들을 완전한 것으로 생각하고, 서로 사랑하고, 미덕에 보상을 주는 자에 대하여 감격하며 이야기를 주고받는 것이다. 미덕을 바치는 그들의 희생은 미덕이 그들에게 더 중요한 것으로 느끼게 한다. 억제해야 할 흥분에 사로잡히며 그들은 함께 하늘에서 내려오는 이슬보다 더 깨끗한 눈물을 흘리는 일도 있다. 그 감미로운 눈물은 그들 생활의 커다란 매력이 된다. 그들은 인간의 영혼이 경험할 수 있는 가장 매력적인 흥분 속에 있다. 채워지지 않는 느낌조차도 그들의 행복을 크게 하며, 희생을 바치고 있는 자기들을 존경할 만한 자라고 스스로 여긴다. 오로지 관능의 기쁨만을 구하는 사람들이여, 영혼없는 육체여, 그들도 언젠가는 그들 자신의 쾌락을 알 날이 있겠지만 그것을 자기들에게 거부한 행복한 시대를 일생 동안 아쉽게 생각할 것이다.

이렇게 다정하게 지내면서도 때로는 사이가 벌어지고 다툼까지도 일어나곤 한다. 그녀에게 변덕이 없는 것도 아니고, 그도 이성을 잃을 때가 있다. 그러나 그런 조그마한 풍파는 곧 잔잔해지고, 그로 인해 두 사람의 유대는 더욱 강해질 뿐이다. 그러한 경험은 그다지 걱정할 필요가 없음을 에밀에게 가르쳐 준다. 사이가 벌어지는 것이 그에게 불리한 이상으로 화해는 항상 그에게 유리하다. 첫 다툼에서 생긴 결과는 다른 다툼에서도 같은 결과를 가져올 것이라고 기대하게 만든다. 하지만 그는 잘못 생각했다. 그러나 어쨌든 그가 언제나 그렇게 뚜렷한 이익을 얻지 못한다 해도, 소피가 그의 마음에 대하여 진지한 관심을 기울이고 있다는 것을 확인하는 결과가 되는 것만큼은 언제나 이득을 보고 있다. 그런데 그 뚜렷한 이익이란 무엇인가 하는 것을 알고 싶다는 사람이 있다. 그렇다. 이 예는 매우 유익한 격률을 설명할 수 있고, 매우 해로운 격률을 반박하는 기회를 줄 것이기 때문에 더욱 기꺼이 가르쳐 주기로 한다.

에밀은 사랑을 하고 있다. 그러므로 무례한 짓을 하지 않는다. 그리고 자존심이 강한 소피가 버릇 없는 것을 허용할 처녀가 아니라는 것도 잘 알 수 있을 것이다. 총명하게 거동하려면 무슨 일이건 한도가 있는 법인데, 소피는 지나치게 관대하다기보다는 오히려 지나치게 엄격하다고 틀림없이 비난을 받을 것이다. 그래서 그녀의 아버지조차도 때로는 '딸의 극단적으로 강한 자존심이 거만으로 바뀌지 않았으면 좋겠는데' 걱정한다. 단둘이 있을 때에도 에밀은 아주 조그마한 사랑의 표시를 구하는 일도, 그런 일을 바라고 있는 눈치조차도 감히 하지 않을 것이다. 그래서 산책할 때 소피가 그 팔을 자기에게 맡기면—그녀는 그런 은혜를 그의 권리로 바꿔 주지는 않는다—그런 때는 한숨을 쉬며 그녀의 팔을 자기 가슴에 끌어당기는 정도가 고작이다. 그러나 오랫동안 참고 견디다가 그는 살짝 그녀의 드레스에 입을 맞춰 본다. 그리고 몇 번 정도는 그녀가 그것을 모르는 체해 준다. 어느날 좀더 드러내놓고 같은 일을 하려고 하자, 그녀는 언뜻 이것은 대단히 좋지 못한 일이라고 생각한다. 그는 단념하지 않는다. 그녀는 화를 낸다. 화가 나서 심한 말을 한다. 에밀도 잠자코 듣고 있지만 않는다. 그날은 화가 나서 두 사람은 서로 큰 불만을 품은 채 헤어진다.

소피는 마음을 가라앉히지 못한다. 어머니에게 그녀의 마음을 털어놓는다. 어머니에게 어떻게 슬픈 기분을 감추어 둘 수 있겠는가. 그것은 첫 다툼이고, 그 한 시간의 티격태격은 참으로 큰 사건이다. 그녀는 자기의 잘못을 후회한다. 어머니는 그 보상을 하는 일을 허락한다. 아버지는 그것을 명령한다.

다음날 침착하게 지낼 수 없는 에밀은 여느 때보다 조금 빨리 찾아온다. 소피는 어머니가 화장하는 방에 있다. 아버지도 같은 방에 있다. 에밀은 공손한 태도로, 그러나 침울한 표정으로 거기에 들어온다. 어머니와 아버지가 인사를 마치자, 곧 소피는 돌아보며 그에게 손을 내밀고 상냥한 어조로 인사한다. "안녕하세요!" 그 귀여운 손이 그를 향해 내밀어진 것은 물론 입맞추어 달라는 뜻이 뚜렷한 데도, 그는 그 손을 잡긴 했지만 입은 맞추지 않았다. 소피는 조금 무안하여 될 수 있는 대로 어색하지 않게 손을 뺀다. 에밀은 여성들같이 타고나지 않았고, 변덕이 무슨 소용이 있는지도 몰랐으며, 곧 그것을 잊을 수 없었고, 그렇게 빨리 마음을 가라앉힐 수도 없었다.

소피의 아버지는 딸이 당황하는 것을 보고 놀려 주었기 때문에 그녀는 완전히 당황하고 만다. 가엾게도 처녀는 혼란을 일으키고, 부끄러워져서 자기도 모르게 모든 것을 잊고 울고 싶어진다. 참고 있으면 있을 수록 가슴은 더욱 꽉 멘다. 드디어 참지 못하고 눈물이 한 방울 떨어진다. 그것을 보고 에밀은 당황하여 그녀 앞에 무릎을 꿇고, 그 손을 잡고, 감동에 넘쳐 몇 번이나 입을 맞춘다. "참으로 자네는 사람이 좋군." 아버지는 크게 웃으며 말한다. "나 같으면 이런 변덕스러운 여자에게 그렇게 관대하지 않고 나를 모욕한 그 입을 벌 주겠네." 그런 말을 듣고 대담해진 에밀은 애원하는 듯한 눈길을 어머니에게 보내는데, 승낙을 얻었다고 생각하자 몸을 떨며 소피의 얼굴로 다가간다. 소피는 얼굴을 돌리고 입술이 닿지 않도록 하기 위해 장미빛 뺨을 내민다. 사양하는 것을 잊은 젊은이는 그것으로 만족하지 않는다. 상대도 굳이 저항하지 않는다. 어쩌면 이런 입맞춤이 다 있담. 이것이 어머니가 보고 있는 앞이 아니었다면! 엄격한 소피여, 조심할지어다. 이제부터 그는 자주 그녀의 드레스에 입을 맞추겠다고 할 것이다. 때로는 그녀가 거절하여야 하는 것이다. 그런 본보기를 보인 뒤에 아버지는 뭔가 일이 있어 외출한다. 어머니는 뭔가 구실을 붙여 소피를 물러나게 한다. 그리고 에밀에게 진지한 어조로 이렇게 말한다.

"나는 자네처럼 출신이 좋고 교육도 잘 받았을 뿐만 아니라 올바른 생각과 품행을 가진 젊은이가 한 집안이 표시하는 우정을 그 집안에 불명예가 되는 일로 보답하지는 않을 것이라 믿습니다. 나는 교제를 싫어하는 여자도 아니고 정숙한 체하는 여자도 아닙니다. 쾌활한 젊은이들이 하는 일을 인정할 줄도 알고 있습니다. 지금 내가 앞에서 한 일을 묵인한 것은 그것을 충분히 증명하고 있습니다. 당신이 해야 할 일을 당신의 선생님에게 물어보십시오. 선생님은 아버지와 어머니가 있는 곳에서라면 허용할 수 있는 장난과, 부모의 믿음을 기회로 그들이 없는 곳에서 제멋대로 함으로써 부모들 앞에서라면 천진스러운 일에 지나지 않는 사랑의 표시가 올가미로 바꾸어지는 것과는 얼마나 커다란 차이가 있는가를 가르쳐 주실 겁니다. 내 딸은 당신에 대하여 허용해서는 안 될 일이 무엇인지 처음에 몰랐다는 것 이외에 아무런 잘못이 없었음을 선생님은 가르쳐 주실 겁니다. 사랑의 표시란 모두가 그렇게 해야 하는 법이라고 하며, 젊은 처녀가 아무것도 모르는 것을 다행으로 여기고 사람들이 있는 곳에서라면 용납할 수 있는 자유로운 행동일지라도 사람들이 없는 곳에서 제 마음대로 한다는 것은, 명예를 존중하는 사람에게는 어울리는 일이 아니라는 것을 선생님은 가르쳐 주실 겁니다. 사람들 앞에서 행실을 조심하는 것은 알 수 있지만 사람들이 모르는 숨은 곳에서 자기가 하고 싶은 일을 혼자 판단하는 사람은 예의에 맞는 행동이 어떤 것인지 모르기 때문입니다."

나의 학생에게라기보다 나에게 그런 직언을 한 뒤 현명한 어머니는 물러나

갔다. 나는 자기 앞에서 딸에게 입을 맞추는 것은 그다지 대수롭게 생각지 않지만, 아무도 없는 곳에서 딸의 드레스에 입맞추는 일은 걱정이 된다는 어머니의 보기 드문 깊은 사려에 언제까지나 감탄하며 서 있었다. 항상 겉치레에 치중해 진정한 절도라는 것을 희생시키고 있는 우리 격률의 어리석음을 반성해 보고, 나는 왜 마음이 타락한만큼 말씨가 더 정숙한지, 왜 정직하지 않을수록 더 철저히 예의를 지키는지 이유를 알게 되었다.

이 기회에 좀더 일찍 가르쳐 주어야 했을 의무를 에밀의 마음에 심어주며 나는 또 한 가지 지금까지 깨닫지 못했던 사실이 머리에 떠올랐다. 그것은 아마도 소피에게 더할 나위 없는 명예가 되는 일이겠지만 나는 그것을 그녀의 연인에게 알리는 일을 삼가기로 했다. 그것은, 소피가 비난을 받는 그 거만한 자존심은 틀림없이 그녀가 자기 자신으로부터 자기를 지키기 위한 매우 현명한 조심성에 지나지 않는다는 사실이다. 불행하게도 불타오르기 쉬운 체질을 갖고 있다는 것을 자각하는 그녀는 최초의 불꽃을 두려워한 나머지 온 힘을 다하여 그것을 멀리하는 것이다. 그녀가 엄격한 것은 거만하기 때문이 아니고 자기를 낮추고 있기 때문이다. 그녀는 자신에 대하여는 갖지 못할지도 모른다고 걱정하는 권력을 에밀에 대하여 장악하는 것이다. 에밀을 이용하여 자신과 싸우고 있는 것이다. 그녀에게 더 자신이 있으면 연인에 대하여도 훨씬 더 부드럽게 할 것임에 틀림이 없다. 그 점만 빼놓는다면 저렇게도 상냥하고 다정한 처녀가 이 세상 어디에 또 있겠는가. 자기 마음에 상처를 입고도 저토록 참을 수 있는 사람이 어디 있겠는가. 다른 사람의 마음을 상하게 할까 봐 그토록 두려워하는 사람이 어디 있겠는가. 미덕을 빼놓고는 무슨 일에건 그렇게까지 자부심을 갖지 않는 사람이 어디 있겠는가. 게다가 그녀는 자기의 미덕을 자랑스럽게 여기는 것이 아니다. 미덕을 계속 지니기 위해 자존심을 가지고 있을 뿐이다. 그러므로 아무런 위험도 없이 자기 마음의 이끌림에 몸을 맡길 수 있을 때 그녀는 연인에게조차도 상냥하게 대한다. 그러나 신중한 어머니는 이런 자질구레한 일을 아버지에게 모두 말하지 않는다. 남자가 무엇이건 일아야 할 필요는 없기 때문이다.

그리고 소피는 에밀의 마음을 정복한 것을 자랑스럽게 생각하는 눈치도 없으며, 모든 사람에게 더 상냥하게 대했고 까다로운 소리는 더욱 하지 않게 되었다. 아마도 그런 변화를 가져다 준 한 사람에 대해서만은 별도이다. 그녀의 고귀한 마음은 이미 아무에게도 속박당하고 있지 않다고 자랑스럽게 생각하지 않는다. 자유와 맞바꾸어 얻은 승리를 그녀는 겸허한 기분으로 기뻐하고 있다. 태도는 이전처럼 자유스럽지 못하고, 연인이라는 말을 들으면 얼굴을 붉히지 않을 수 없게 된 뒤로는 말씨에도 더욱 주의를 기울인다. 그건 그렇고, 당황하는 모습에도 만족한 듯한 마음을 엿볼 수 있고 그 부끄러워하는 기분조차도 불쾌한 감정은 아니다. 특히 젊은 남자 방문객을 상대로 하는 경우 지금까지와 다른 그녀의 거동이 가장 눈에 띈다. 그런 사람들을 두려워할 일도 없게 된 뒤부터 그들에 대해 극단적으로 삼가던 그녀의 태도도 훨씬 부드러워졌다. 좋아하는 사람을 결정한 그녀는 관심이 없는 사람들에게 스스럼없이 상냥하게 대한다. 그들의 인품에 아무런 흥미도 느끼지 않게 되자 전보다 덜 까다로워진 그녀는 자기에게 영원히 아무 의미도 지니지 않는, 언제나 대단히 호감이 가는 사람들이라고 생각한다.

진정한 사랑도 교태를 보이는 수가 있다면 연인이 있는 앞에서 젊은 방문객을 대하는 소피의 태도에도 다소 그런 기색이 나타나리라 나는 생각한다. 조심스러운 태도와 상냥한 태도의 감미로운 혼합이 연인의 열정을 들끓게 하는 것만으로는 만족하지 못하고 그녀는 또한 그 정열을 다소 불안하게 만들어 주는 것도 나쁘지 않다고 생각하는 것 같다. 일부러 젊은 방문객을 기쁘게 하는 일을 하여 에밀에게는 도저히 표시하지 못하는 명랑한 매력으로 그의 마음을 괴롭히는 것 같다.

그러나 소피는 눈치가 빠르고 착하고 분별이 있어서 정말로 그의 마음을 괴롭히는 일은 하지 않는다. 그런 위험한 자극적인 효과를 부드럽게 하기 위해 사랑과 절도가 그녀의 조심성을 대신한다. 그녀는 그에게 걱정을 끼치는 동시에 꼭 필요한 시기에 그를 안심시킬 줄도 알고 있다. 그러므로 때로 불안을 느끼게 하는 일은 있지만 결코 어두운 기분에 잠기게 하지는 않는다. 사랑하는 사람의 마음을 아프게 한다 해도 그녀를 용서해 주기로 하자. 그녀는 언제까지나 연인의 마음을 단단히 매어 놓을 수 없게 될까 봐 걱정하고 있으니까. 그렇지만 이런 잔재주가 에밀에게 어떻게 작용할 것인가. 그는 질투할 것인가. 그것을 알아볼 필요가 있다. 이러한 여담도 또한 이 책의 목적에 포함되어 있으므로 나의 주제에서 그다지 벗어나는 것은 아니다.

오로지 억견에 의거한다면 이 정념이 어떤 식으로 인간의 마음에 파고 들어가는지 앞에서 밝혔다. 그러나 연애의 경우, 그것과는 달라진다. 이 경우 질투심은 자연과 밀접한 관계가 있으므로 자연에서 생겨나는 것이 아니라고 생각하기 어렵다. 게다가 몇몇 종류의 동물은 맹렬한 질투를 표시하는 일조차 있으므로 동물의 예 자체가 이론의 여지 없이 연애에서 질투는 자연에서 생긴다는 생각이 옳은 것 같다. 수탉들에게 상대방을 산산조각 내게 하는 것과 황소들에게 죽을 때까지 싸우는 법을 가르치는 것이 인간의 억견에서 나온 것일까.

우리의 즐거움을 휘젓고 방해하는 모든 것에 대한 반감은 자연스러운 감정이다. 이것은 이론의 여지가 없다. 우리의 마음에 드는 것을 독점하고 싶다는 욕구에 대해서도 어느 정도 같은 말을 할 수 있다. 그러나 욕구가 정념이 되고 미칠 듯한 기분으로 변한다면, 즉 질투라고 부르는 의심 많고 초조한 기분으로 변한다면 그럴 경우는 사정이 달라진다. 이 정념은 자연적인 것일 때도 있고 그렇지 않을 때도 있다. 따라서 구별하여 생각해야 한다.

동물에게서 찾아볼 수 있는 예는, 전에 《불평등론》 속에서 검토되었다. 지금 다시 그것을 잘 생각해 보았는데 그 검토가 충분히 견실한 것으로 여겨 지므로 독자에게 그것을 보여 드려야겠다. 다만 그 저서에서 구별해 놓은 것에다 다음과 같은 것을 덧붙여 놓고 싶다. 자연에서 생겨나는 질투는 성(性)의 능력과 깊은 관계가 있으며 이 능력에 한도가 없을 경우, 혹은 한도가 없는 것같이 보일 경우 그 질투는 극한에 달한다. 다시 말하여 이럴 경우 수컷은 그 필요에 의해 권리를 주장하므로 다른 수컷을 항상 귀찮은 경쟁자로밖에 볼 수 없기 때문이다. 이런 종류의 동물에서 암컷은 항상 최초에 찾아온 수컷을 따르며 정복의 권리에 의해서만이 수컷의 것이 되므로 수컷 사이에 영원한 싸움이 일어난다.

반대로 한 마리의 수컷과 한 마리의 암컷이 맺어지고 그 결합이 일종의 도덕적 유대, 일종의 결혼을 이루는 종류에 있어서 암컷은 자기의 취향에 따라 선택한 수컷의 것이 되고 일반적으로 다른 수컷을 가까이하지 않는다. 그리고 수컷은 암컷의 충실성을 보증하는 표시로서 애정을 받고 있으므로 다른 수컷을 보아도 불안을 느끼는 일이 적고 평화롭게 그들과 함께 살아가는 일이 흔하다. 이런 종류에 있어서 수컷은 암컷과 함께 새끼들을 돌본다. 그리고 그것을 관찰할 때 감동할 수밖에 없는 자연의 율법의 하나에 의해 아버지가 아이들에 대해 가지는 애착을 수컷은 아버지에게 보답하는 것 같다.

그래서 인간을 그 소박한 원시 상태에 놓고 생각해 볼 때, 남성의 한정된 능력과 그 욕망에 절도가 있는 것으로 보아 그는 한 여성에게 만족하도록 자연에 의해 정해져 있다는 것을 쉽게 알 수 있다. 이것은—적어도 우리나라에서는— 두 성의 수가 같다는 사실에 의해 확인된다.

대단히 강한 한 마리의 수컷이 몇 마리의 암컷을 자기 것으로 하고 있는 종류의 동물에서는 암수의 수가 좀처럼 같지 않다. 그리고 남성은 비둘기처럼 알을 품지 않는다 해도, 젖을 먹일 유방이 없기 때문에 네 발 짐승과 같은 부류에 들어간다 해도 아이는 오랫동안 기어다닐 힘마저도 없으므로, 어머니와 아이는 아버지의 애착과 그 결과라 할 수 있는 정성을 받지 않고는 살아가기 힘들다.

그러므로 몇몇 종류의 동물의 수컷에서 볼 수 있는 격심한 질투가 남성에 대해 전혀 아무런 결론도 가져다 주지 않는다는 것은 모든 사실이 일치하여 증명하고 있다. 그리고 일부 다처제가 확립된 남방의 풍토에서 볼 수 있는 예외 자체도 더욱 원칙을 확인하고 있을 뿐이다. 아내가 여러 명 있기 때문에 남편들의 압제적 경계심이 생겨나는 것이고 자기의 무력감이 남성에게 자연의 율법에 위배하는 강제 수단을 쓰게 하는 것이다.

우리 사이에서 이 자연의 율법은 그런 일로 깨지는 일은 적지만 그것과는 반대인 더 꺼림칙한 일로 깨져서, 질투심은 그 동기가 원시적인 본능보다도 오히려 사회적인 정념 속에 있다. 은밀한 남녀 관계에서는, 대체적으로 사랑하고 있는 남자는 상대 여성을 사랑한다기보다 오히려 연적을 증오하고 있는 것이다. 자기의 말만 통하는 것이 아니라는 사실을 그가 걱정하는 것은, 이미 그 기원을 명백히 해놓은 자존심의 결과이므로 그의 사랑보다도 오히려 그의 허영심이 고통을 받는 것이다. 또한 우리의 서툰 교육은 끊임없이 감정을 기만하는 것을 여성에게 가르치고 있으며,[22] 그 욕망에 강한 자극을 주고 있기도 하므로 아무리 뚜렷이 표시되어 있는 그 애착도 거의 믿을 수 없으며, 여성은 연

---

*22 여기서 내가 말하는 것 같은 거짓말은 여성에게 어울리는 거짓, 여성이 자연으로부터 배우고 있는 것과는 반대되는 일이다. 한편은 그녀들이 느끼고 있는 감정을 감추는 일인데, 다른 한편은 느끼지도 않은 감정을 꾸미는 것이다. 사교계의 두 감수성이라고 일컫는 이러한 것을 자랑하며 일생을 보내는 여성은 자기 자신 외에는 아무것도 사랑하고 있지 않다(원주).

적을 꺼려하는 연인을 안심시켜 줄 특별한 감정의 표시도 나타낼 수 없게 되어 있다. 진정한 사랑에서는 사정이 달라진다. 나는 앞에서 제시한 저서에서 이 감정은 사람들이 생각하는 것만큼 자연의 것이 아니라고 밝혔다. 또 남성이 아내에게 애착을 느끼게 하는 평온한 습관과, 있는 그대로 볼 수 없게 되어 있는 대상의 환상적인 매력으로 남성을 취하게 하는 격렬한 정열 사이에는 커다란 차이가 있다.

연애라는 감정은 오직 독점과 특별한 애정을 구하고 있으며, 자아도취와 다른 점은 다만 자아도취는 모든 것을 원하고 아무것도 주지 않으므로 어떤 경우이건 옳지 않지만 연애는 원하는 것만큼 주므로 당연히 전적으로 공정한 감정이 된다. 또한 사랑은 많은 것을 원하면 그만큼 믿을 수 있게도 된다. 사랑을 느끼게 하는 환상은 그것을 쉽사리 납득시키는 결과도 된다. 사랑은 침착성이 결여되어 있지만 존경에는 신뢰가 있다. 존경심이 없는 사랑은 결코 성실한 마음에는 존재하지 않는다. 누구나 모두 사랑하는 사람 안에 자기가 존중하고 있는 아름다운 점을 사랑하고 있으니까.

이러한 점이 충분히 밝혀졌다면 에밀이 어떤 종류의 질투를 느끼는지 정확하게 말할 수 있다. 이 정념은 인간의 마음에 그 싹이 거의 트지 않으므로 그 형태는 주로 교육에 의해 결정된다. 사랑하기 때문에 질투를 느껴도, 에밀은 노하거나 어두운 표정을 짓거나 의심하지 않고, 섬세하고 민감해지며, 겁쟁이가 될 뿐이리라. 초조해하지 않고 불안을 느낄 뿐이리라. 경쟁자를 위협하지 않고 오히려 애인의 마음을 정복하려고 노력할 것이다. 경쟁자를 적으로서 증오하지 않고 일개 방해물로 여기고, 될 수 있으면 멀리하려고 생각할 것이다. 미워한다 할지라도 그것은 그가 원하고 있는 마음을 대담하게도 그와 경쟁하고 있기 때문이 아니고 그 마음을 잃을지도 모르는 위험성을 그가 느끼기 때문이다. 그는 다른 사람이 자기와 경쟁할 마음이 있다 해서 부당하고 오만한 마음을 품고 화를 내는 따위의 어리석은 짓은 하지 않을 것이다. 특별한 사랑을 얻을 수 있는 권리는 오로지 인품에 달려 있다는 것, 또 명예는 결과에 의해 주어진다는 것을 알고 있는 그는 지금보다 훨씬 호감을 얻을 수 있는 인간이 되려고 노력할 것이며, 아마도 성공할 것이다. 관대한 소피는 다소 걱정을 시킴으로써 에밀의 사랑을 초조하게 만들면서도 그 걱정이 커지지 않도록 하는 일과, 그 보상을 하는 일도 알고 있을 것이다. 그리고 소피는 에밀을 시험해 보기 위해 경쟁자들을 허락했으므로 언젠가는 그들을 멀리 할 것이다.

그건 그렇다치고 나는 나도 모르는 사이에 어디까지 끌려왔는가. 아아, 에밀, 자네는 어떻게 되었단 말인가. 나는 자네가 내 학생이라는 것을 인정할 수 있을까? 자네는 어쩌면 그렇게도 낮은 곳으로 떨어지고 말았는가. 그만큼 엄격하게 단련을 받아 온 그 청년은 어디 있는가. 혹독한 계절도 아랑곳없이 대단히 고된 노동으로 몸을 단련하고 지혜의 율법에만 마음을 맡기고 있던 청년, 편견과 정념을 가까이하지 않고 진실만을 사랑하고 도리에만 굴복하고 자기가 아닌 것 이외에는 속박을 받지 않던, 그 청년은 어디 있는가. 아무 할 일 없이 지냄으로써 유약해진 그는 여성들에게 지배당하고 있다. 여성들을 재미있게 해 주는 것이 그의 일로 되고 말았다. 여성들의 의사가 그의 율법이 되어 버렸다. 한 젊은 처녀가 그의 운명을 결정하는 자로 되어 있다. 그는 그 처녀 앞에서 꼼작도 못하고 있다. 어엿한 에밀이 어린 아이의 장난감이 되었다!

그것이 인생의 변천이라는 것이다. 각 시기에는 그것을 움직이는 힘이 있다. 그러나 인간은 항상 그 인간이다. 그는 열 살 때는 과자에게, 스무 살 때는 애인에게, 서른 살 때는 쾌락에게, 마흔 살 때는 야심에게, 쉰 살 때는 이욕에게 끌려다닌다. 인간이 오로지 지혜만을 구하는 것은 언제인가? 저도 모르는 사이에 지혜에게 이끌려가는 자는 행복하여라. 어떤 안내자를 써도 상관 없다. 목적지에 데려다 주기만 하면 되는 것이 아닌가. 영웅들, 현자들까지도 인간적인 연약함에는 그런 세금을 지불했고, 물레질을 하다 서투른 손가락으로 방추를 꺾은 자라고 해서 그 때문에 위대한 인간이 되지 못하는 것은 아니다.

훌륭한 교육의 효과가 일생 동안 계속되길 원한다면 어릴 적의 좋은 습관을 청년기에도 내내 갖게 해주어야 한다. 그리고 당신들의 학생이 마땅히 그러해야 할 사람이라면 그 뒤의 모든 시기에도 똑같은 사람으로 있게 해야 한다. 당신들이 지금부터 해야 할 마무리는 그런 일들이다. 무엇보다도 바로 그것 때문에 청년에게 교사가 남아 있어야 할 필요가 있는 것이다. 그런 일이 없다면, 교사가 없어서 연애도 못한다고 걱정할 필요는 없다. 교사들, 특히 아버지들이 잘못 생각하는 점은, 한 생활 방식은 다른 생활 방식을 배제하므로, 어른이 되면 어릴 때 하던 일은 모두 그만두어야 한다고 생각하는 일이다. 그렇다면 어린이의 뒤를 돌봐 줄 필요가 어디 있겠는가. 어린 시절을 잘 보냈건 잘못 보냈건 그 시절이 끝나는 것과 동시에 의미가 없어질 것이고, 그 사람은 전혀 다른 생활을 하게 될 것이며 필연적으로 다른 사고 방식을 갖게 되기 때문이다.

기억을 잃게 만드는 것은 중한 병뿐인데, 습관을 잃게 만드는 것은 과격한 정념뿐이라고 할 수 있다. 우리의 취미나 경향이 매우 급격하게 변화할 수도 있지만 습관에 의해 약화된다. 우리의 취향이 변하는 경우에도 기술적으로 색채를 띠게 하는 경우와 마찬가지로 뛰어난 기술자는 변화가 눈에 띄지 않도록 하고 갖가지 색채를 융합시키고 혼합시켜서 특별히 돋보이는 것이 없도록 몇 가지 색채를 작품 전체에다 펴나가야만 한다. 이 규칙은 경험에 의해 확인되었다. 절도 없는 무리들은 매일같이 애정과 취미와 생각을 바꾸어, 일정한 것이라면 무엇이든지 바꾸는 습관을 가지고 있을 따름이다. 그러나 균형이 잡힌 사람은 끊임없이 이전의 습관으로 되돌아가 노년이 되었을 때조차도 어릴 때 즐기던 놀이에 대한 취미를 잃지 않는다.

당신은 청년이 새로운 시기로 옮겨 갔을 때 그 앞의 시기를 무시하지 않도록 해야 한다. 새로운 습관을 익히면서도 그 전의 습관을 버리지 않도록 해야 한다. 언제부터 시작하든 좋은 일이라면 언제든지 기꺼이 하도록 해야 한다. 그렇게 함으로써 비로소 당신들의 일은 헛되이 되지 않았다고 할 수 있으며 그들의 일은 그 생애가 끝날 때까지 안심할 수 있는 것이다. 가장 염려스러운 변화는 지금 당신들이 주의를 기울이고 있는 시기에 일어나는 변화이다. 이것은 언제까지나 추억에 남는 시기이므로 이 시기에 가지고 있던 취향은 뒤에 가서도 좀처럼 없어지지 않는다. 그러나 여기서 중단되면 일생 동안 돌이킬 수 없게 된다.

당신들이 어린이와 청년에게 붙여 주었다고 생각하는 습관은 대체적으로 참된 습관이 아니다. 그들은 강요당하여 그런 습관을 지킬 뿐, 마음에도 없이 복종하는 그들은 거기에서 해방되는 기회를 기다리고 있다. 오랫동안 감옥살이를 했다 하여 교도소를 좋아하게 되는 것은 아니다. 그런 경우 습관은 혐오감을 약하게 만들기는커녕 오히려 강하게 만든다. 에밀에게는 그런 일은 없다. 그는 어릴 때부터 무슨 일을 하건 항상 자기 의사로 기꺼이 해 왔으므로 어른이 되어서도 여전히 같은 방법으로 행동하기 때문에 항상 유쾌한 자유를 느끼며 습관의 힘을 붙이고 있는 것이다. 활동적인 생활, 기술이 필요한 일, 훈련, 운동은 그에게 꼭 필요한 것이 되어서 그것을 하지 않으면 고통을 느끼게 된다. 꼼짝하지 않는 유약한 생활을 갑자기 그에게 강요한다면 그것은 그를 감금하고, 속박하고, 참을 수 없는 답답한 상태에 몰아넣는 결과가 된다. 그 때문에 그의 기분도 건강도 모두 틀림없이 손상되고 말 것이다. 꼭 닫혀진 방에서 그는 차분히 앉아 숨도 쉴 수 없을 것이다. 그에게는 바깥 공기가, 운동이, 노동이 필요한 것이다. 소피 곁에 있을 때조차도 가끔 곁눈으로 들과 산을 바라보지 않고는 못 견딘다. 그녀와 함께 들과 산을 달리고 싶다고 생각하지 않을 수 없다. 그래도 가만히 있어야 할 때에는 가만히 있는다. 하지만 침착하지 못하고 안절부절 못한다. 마음속으로 몸부림치는 것 같다. 그는 사슬에 묶여 있기 때문에 거기에 머물러 있는 것이다. 그렇다면, "당신이 그를 억지로 그렇게 하도록 만들고 있으며 그를 속박하였다." 이렇게 당신들은 말할 것이다. 그 말은 확실히 맞는 말이다. 나는 그를 인간이라는 신분의 상태에 묶어 놓고 있는 것이다.

에밀은 소피를 사랑하고 있다. 그런데 그를 사로잡은 최초의 매력이 무엇인가. 감수성과 미덕과 절도가 있는 일에 대한 사랑이다. 애인이 지니고 있는 그런 사랑을 사랑함으로써 그는 자기의 그런 사랑을 상실한 결과가 될까. 소피 쪽에서도 역시 무엇을 교환 조건으로 하여 자기를 주려고 했는가. 그녀는 연인의 마음에 선천적으로 지니고 있는 모든 감정, 진정으로 좋은 것을 존중하는 기분, 검소한 생활, 꾸밈없는 성질, 고결한 무욕심, 부유함과 오만함에 대한 경멸, 그러한 것과의 교환 조건을 원했다. 에밀은 이전부터 그런 미덕을 지니고 있었으므로 사랑 때문에 그것을 강요당한 것은 아니다. 그렇다면 에밀은 실제로 어떤 점이 변했다고 할 수 있을까. 그는 지금 그대로의 자기로 있을 수 있는 새로운 원천을 얻었다. 그것만이 지난날의 그와 다른 점이다.

조금이라도 주의를 기울여 이 책을 읽어 준다면 에밀이 처하게 되는 모든 상황이 전적으로 우연히 그의 주위에 모여서 그렇게 된 것이라고 생각하는 사람은 없을 것이다. 도시에 호감이 가는 처녀가 많이 있는데, 그의 마음에 드는 처녀는 멀리 떨어진 마을에서만 발견할 수 있다는 것은 우연일까. 그가 그 처녀를 만났다는 것은 우연일까. 두 사람의 마음이 꼭 맞는 것도 우연일까. 두 사람이 같은 곳에 살 수 없는 것도 우연일까. 그녀에게서 그렇게도 멀리 떨어진 곳에 그가 숙소를 정해야 하는 것도 우연일까. 그가 그녀를 자주 만날 수 없고 어쩌다가 그녀를 만나는 즐거움을 얻기 위해 대단히 애를 써야 하는 것도 우연일까. 그가 유약해졌다고 당신들은 말한다. 반대로 그는 더더욱 튼튼해지고 있는 것이다. 소피가 그에게 부과하는 노고를 이겨내려면 내가 단련시켜 준 튼튼한 신체가 아니고서는 당해내지 못하는 것이다.

그는 그녀에게서 족히 8킬로는 떨어진 곳에 숙소를 정했다. 이 거리는 대장간의 풀무 역할을 한다. 그것으로 우리는 사랑의 화살촉을 든든하게 만들고 있는 것이다. 두 사람이 서로 마주 볼 수 있는 집에 살고 있다면, 혹은 그가 폭신한 쿠션 좋은 마차를 타고 그녀를 만나러 갈 수 있다면 그는 태평스럽게 그녀를 사랑하게 될 것이다. 파리식으로 사랑하게 될 것이다. 바다가 레안드로스와 헤로를 가로막고 있지 않았다면 레안드로스는 헤로를 위해 죽어도 좋다고 생각했을까. 독자여, 쓸데없는 말을 하지 않기 바란다. 당신이 나를 이해할 수 있는 사람이라면 사소한 점에서도 충분히 나의 규칙을 인정해 줄 것이다.

처음 얼마 동안은 소피를 방문할 때 될 수 있는 대로 빨리 가기 위해 우리는 말을 세내었다. 우리는 그것이 편리하다고 생각하고 계속 말을 타고 다닌다. 다섯 번째 방문했을 때 우리는 그들의 마중을 받았다. 집에서 2킬로 이상 떨어진 곳에서 우리는 길가에 그들이 있는 것을 보았다. 에밀은 꼼짝하지 않고 그쪽을 바라본다. 가슴이 두근거린다. 다가가면서 소피가 있는 것을 알자 그는 말에서 뛰어내려 달려가서 어느새 사랑하는 그 가족들 곁으로 갔다. 에밀은 훌륭한 말을 좋아한다. 그의 말은 기운이 왕성하기 때문에 자유를 얻자 들판을 가로질러 저쪽으로 달려간다. 나는 뒤따라가 간신히 말을 잡아가지고 돌아온다. 난처하게도 소피는 말을 무서워하고 있다. 나는 그녀 옆으로 갈 수가 없다. 에밀은 그런 것을 전혀 알아차리지 못하고 있는데, 소피가 살짝 그에게 가르쳐 준다. "당신은 선생님에게 수고를 끼치고 있어요" 에밀은 황급히 달려와 두 마리의 말 고삐를 잡고 뒤로 물러선다. 무엇이건 순서대로 하는 것이 당연하다. 그는 말을 타고 일행보다 먼저 가서 말의 뒤처리를 하게 된다. 소피를 뒤에 남겨놓고 가야 했기 때문에 그는 말이라는 것이 그다지 편리한 것이라고 여기지 않게 된다. 그는 숨을 헐떡거리며 다시 돌아와 도중에서 우리와 다시 만나게 된다.

다음에 찾아갈 때 에밀은 절대로 말을 타고 가려 하지 않는다. 나는 묻는다. "왜 그러니? 하인을 한 사람 데려가서 돌보게 하면 되지 않을까." 그는 대답한다. "아닙니다. 그렇게 하면 존경할 만한 그 집 사람들에게 필요 없는 부담을 끼치게 됩니다. 선생님도 아시다시피 그 집에서는 손님에게도, 말에게도, 누구에게나 식사 대접을 하려고 합니다." 나는 말한다. "참으로 그 사람들은 손님을 후하게 대접하려는 가난한 사람의 고귀한 마음을 가지고 있단 말이야. 부자들은 호사스러운 생활을 하면서도 인색하여 친구만 재워 줄 뿐이야. 그런데 가난한 사람들은 친구의 말도 재워 주거든." "걸어서 가요. 선생님, 그럴 기력이 없으신가요. 전에는 지치도록 나의 놀이 상대를 해주셨지요." "좋아, 그렇게 하지. 사랑은 그렇게 떠들썩하게 행해지는 게 아닌 것 같구나."

가까이 가자 우리는 먼젓번보다 더욱 멀리 떨어진 곳에서 어머니와 딸을 딴난다. 우리는 화살같이 날아왔던 것이다. 에밀은 땀에 흠뻑 젖어 있다. 사랑하는 사람이 손수건으로 땀을 닦아 준다. 이 세상에 말이 아무리 많다 해도 우리는 앞으로 말을 탈 생각은 하지 않을 것이다.

그렇긴 해도 밤 시간을 함께 보낼 수 없다는 것은 매우 괴로운 일이다. 여름은 다 지나가고 해는 짧아졌다. 우리는 아무래도 밤까지 있다가 돌아가라는 허락을 받지는 못한다. 그러므로 오전 중에 가지 않으면 그 집에 도착하자마자 곧 돌아와야만 한다. 어머니는 우리의 일을 자꾸만 딱하게 생각하고 걱정하지만 역시 세상 사람들에 대한 체면상 자기 집에 머무르게 하지는 못하고 가끔 자고 갈 수 있는 숙소를 마을에 마련해 줄 수 있다고 생각하게 된다. 그것을 듣고 에밀은 손뼉을 치고 가슴을 두근거리며 기뻐했다. 소피도 그날 그런 방법을 생각해 낸 어머니에게 왠지 모르게 여느 때보다 자주 입을 맞춘다.

우리 사이에 차츰 온화한 우정, 순수한 다정함이 생겨났고 두터워졌다. 소피나 어머니가 오라고 하는 날 대개 나는 에밀과 함께 갔지만 때로 그를 혼자 가게 하는 수도 있다. 믿음은 영혼을 향상시키고, 이젠 어른을 어린이 취급해서는 안 된다. 게다가 나의 학생이 나의 존경을 받을 만한 가치가 없다면 나는 지금까지 얼마나 전진했다고 할 수 있을 것인가. 그를 두고 나 혼자 가는 수도 있다. 그럴 때 그는 비판하지만 불평을 말하지 않는다. 불평을 한들 아무 소용도 없는 것이다. 그리고 내가 그에게 이롭지 않은 일을 하러 가는 것이 아니라는 사실을 그는 잘 알고 있는 것이다. 또한 뻔한 일이지만 우리는 함께 가건 따로 가건, 날씨가 어떻건 주저하지 않는다. 가엾게 여길 만한 상태로 저쪽에 도착하는 걸 더 자랑스럽게 생각하는 것이다. 하지만 곤란하게도 소피는 그런 명예를 우리에게 부여하지 않고 날씨가 나쁠 때 찾아오는 것을 금지한다. 이것은 내가 살짝 가르쳐 준 규칙에 대해 그녀가 거역하고 있는 유일한 경우이다.

어느 날 그는 혼자 떠났다. 그리고 다음날이라야 돌아올 줄 알았는데, 그날 밤 돌아온 것을 보고, 나는 그를 껴안고 말했다. "아아, 에밀, 자네는 친구 곁으로 돌아와 주었군 그래." 그러나 그는 나의 다정한 말에 어울리는 대답은 하지 않고 약간 무뚝뚝한 태도로 이렇게 말한다. "저는 제 의사로 이렇게 일찍 돌아온 것은 아닙니다. 저는 별수 없이 돌아왔습니다. 그녀가 돌아가라고 했거든요. 저는 그녀 때문에 돌아온 것이지 선생님 때문에 돌아온 것은 아닙니다." 이 솔직한 말에 감동한 나는 다시 한 번 그를 껴안으며 이렇게 말했다. "솔직한 영혼이여, 정직한 친구여. 거기엔 내 몫도 있으니 나에게 숨겨서는 안 되네. 자네는 그녀 덕분에 돌아왔지만, 내 덕분에 그렇게 말하고 있다네. 자네가 돌아오게끔 시킨 것은 그녀지만, 자네의 솔직한 태도는 내가 만들어 낸 것일세. 그리고 그런 고귀한 솔직함을 언제까지나 마음에 간직해 주게. 아무래도 좋을 사람에게는 멋대로 생각하도록 내버려 두게. 그러나 우리가 친구를 위해 한 것이 아닌데도 그 친구가 아름다운 행위로 간주하게끔 내버려 두는 것은 죄악이야."

나는 그의 고백을 듣고 나에 대한 아량 이상으로 소피에 대한 애정을 발견하고는, 그가 돌아온 것은 소피의 뛰어난 인품 덕분이 아니라 그 자신의 인품 때문이었다고 말해 주면서 그로 하여금 그 고백의 가치를 가볍게 떨어뜨리지 않으려고 조심했다. 그러나 그가 저도 모르는 사이에 그 마음을 나에게 보였다는 것은 이런 사실로 알 수 있다. 즉, 만일 그가 자기의 사랑에 대하여 생각하며 느린 걸음으로 어슬렁어슬렁 돌아왔다면 에밀은 단지 소피의 연인에 지나지 않는다. 다소 투덜거리더라도 급하게 땀을 흘리며 돌아왔다면 에밀은 그의 선생의 친구인 것이다.

이런 자신과의 타협을 보면 나의 청년이 소피 곁에서 매일 지낸다거나, 언제든지 원할 때마다 그녀를 만날 수는 없다는 것을 알 것이다. 그에게는 일주일에 한 번이나 두 번 정도 방문하는 것밖에 허락되지 않았으며, 그 방문도 대개는 반나절 정도였고, 다음날까지 미치는 일은 매우 드물었다. 그는 실제로 그녀를 만나는 일보다 만날 것을 기대하거나 만났던 것을 기뻐하는 데 더 많은 시간을 보내고 있다. 방문에 걸리는 시간 중 그녀에게 오고 가는 데 걸리는 시간보다 그녀 곁에서 보내는 시간이 짧은 것이다. 진실하고, 순수하고, 감미로운 즐거움, 그러나 현실보다 오히려 상상의 소산일 때가 많은 그의 즐거움은 그의 사랑을 북돋우어 주었지 마음을 유약하게 만들지는 않는다.

그녀를 만나지 않는 날에는 그가 아무 일도 하지 않고 가만히 있는 것은 아니다. 그런 날이야말로 본래의 에밀이다. 그는 전혀 달라져 있지 않다. 대부분의 경우 그는 부근의 산과 들을 뛰어다닌다. 박물학 공부를 계속한다. 토지를, 그 산물을, 경작법을 관찰하고 조사한다. 그곳에서 볼 수 있는 일의 방식과 자기가 알고 있는 일을 비교해 본다. 그는 그 차이의 이유를 알아본다. 그 지방의 방식보다 다른 방식이 뛰어나 있다고 판단했을 때는 그것을 농부들에게 가르쳐 준다. 가장 사용하기 쉬운 모양의 가래를 권할 때는 자기가 그린 도면에 의해 그것을 만들게 한다. 비옥한 땅을 발견하면 그 지방에서는 아직 알려지지 않은 그 효용에 대하여 가르쳐 준다.

그는 가끔 자기 스스로 일을 해보인다. 그는 농부들보다 더 능숙하게 농구를 다루었고, 그들보다 더 깊고 곧은 도랑을 팠고, 더 고르게 씨앗을 뿌렸고, 더 보기 좋게 이랑을 만들었다. 그것을 보고 농부들은 깜짝 놀라고 말았다. 그들은 에밀을 입으로만 능숙한 농학자라고 깔보지 않는다. 그가 실제로 농업을 알고 있는 것을 확인하기 때문이다. 한마디로 말하여 그는 기본적이고도 일반적인 효용을 지닌 모든 일에 그 열의와 성의를 기울이고 있다. 또한 그것만으로 그치는 것이 아니다. 그는 농부들의 집을 찾아가 그들의 상태, 가족, 어린이 수, 땅의 넓이, 생산물의 종류, 판로, 그들의 자산, 부담, 부채 등에 관하여 물어본다. 그는 돈으로 거의 도와주지 않는다. 대부분의 경우 돈은 옳지 못한 일에 사용된다는 것을 알고 있기 때문이다. 돈을 줄 경우 그 용도를 가르쳐, 그들의 뜻에 어긋나더라도 그것이 그들에게 도움이 되도록 해준다. 그는 농민들에게 노동자를 제공하고, 또 가끔 그들에게 필요한 공사를 그들 자신이 하도록 하고 그 일당을 지불해 준다. 어떤 사람에게는 반쯤 기울어진 집을 수리시키고 지붕을 잇게 하며, 어떤 사람에게는 도구가 없어 그대로 내버려 두고 있는 땅을 개간하게 했고, 또 어떤 사람에게는 잃어버린 가축 대신 소나 말이나 온갖 종류의 가축을 제공해 준다.

두 이웃끼리 소송을 일으키려 하면 두 사람을 타일러 화해시켜 준다. 어떤 농부가 병에 걸리면 돌봐 주도록 하고 자기도 돌봐 준다.*23 어떤 사람이 이웃

---

*23 앓는 농부를 치료한다는 것은 설사약을 쓰거나 약을 먹이거나 외과 의사를 불러오는 일이 아니다. 병이 들었을 때 저 가난한 사람들에게 필요한 것은 그런 것이 아니다. 필요한 것은 좀더 영양 있는, 좀더 많은 음식물인 것이다. 당신들은 열이 나면 절식하면 된다. 그러

에 사는 유력자에게 괴로움을 당하고 있으면 보호해 주고 힘을 써 준다. 가난한 두 남녀가 서로 사랑하고 있으면 결혼할 수 있도록 도와 준다. 나이 먹은 여자가 사랑하는 아이를 잃었을 때 그녀를 찾아가 한동안 위로해 주고 돌아온다. 그는 가난한 사람을 멸시하지 않는다. 불행한 사람들 곁을 서둘러 떠나려 하지 않는다. 때로는 도와 주고 있는 농부의 집에서 식사하는 일도 있다. 그의 도움을 받을 필요가 없는 사람들 집에서도 식사 대접을 받는 일이 있다. 어떤 사람에게는 은인이 되고, 어떤 사람에게는 친구가 되어 그는 항상 그들과 동등하게 행동한다. 요컨대 그는 항상 자기 돈을 써서 좋은 일을 하는 동시에 자신의 사람 됨됨이로도 좋은 일을 하는 것이다.

때로는 그 축복받은 마을 쪽으로 가보기도 한다. 그는 소피의 모습을 몰래 보기도 하고 소피에게 들키지 않고 산책하는 그녀를 볼 수 있을지도 모르기 때문이다. 그러나 에밀은 언제나 솔직히 행동한다. 무슨 일이건 속일 줄 모르고 속이려 하지도 않는다. 그에게는 올바른 신념에서 생기는 자존심을 기뻐하며 길러 나가는 바람직한 섬세함이 있다. 그는 금지되어 있는 일을 굳게 삼가고, 소피에게서 받고 싶은 것을 우연히 받을 수 있는 곳에는 절대로 가까이 가지 않는다. 그러나 그는 즐겨 그 주변을 헤매고, 애인이 왔던 장소에 멈추어 서서 그녀가 일부러 왔었다는 것, 그를 마중하기 위해 그곳까지 왔었다는 사실에 감동한다.

그녀를 찾아가기로 되어 있는 전날은 그 부근의 농가에 가서 다음날의 간식을 부탁해 둔다. 그는 그런 티를 내지 않고 산책하는 장소를 그 농가 쪽으로 잡는다. 우연히 방문하는 것처럼 일행은 그 농가로 들어가 과일과 과자와 크림을 대접받는다. 금방 식욕이 동한 소피는 그런 배려에 무관심하지 않다. 그리고 우리가 마련해 놓은 것을 진심으로 기뻐해 준다. 왜 우리라고 하느냐 하면, 내가 그녀에게 인사를 받을 만한 일을 전혀 하지 않았는데 꼭 나에게 인사하기 때문이다. 그것은 그다지 어색하지 않게 인사하려는 젊은 처녀의 완곡한 표현인 것이다. 아버지와 나는 과자를 먹고 포도주를 마신다. 그러나 에밀은 부인네들이 좋아하는 쪽을 택하여 소피의 숟가락이 드나드는 접시의 크림을

나 당신들의 농부가 열이 나면 고기와 포도주를 주는 게 좋다. 그들의 병은 대부분 가난과 피로에서 일어나는 것이다. 그들의 가장 좋은 탕약은 당신들의 광 속에 있고, 그들의 유일한 약제사는 당신들의 고깃간에 있을 것이다(원주).

살짝 먹으려고 계속 노리고 있다.

과자를 먹으며 나는 에밀에게 그가 옛날 자주 하던 경주에 대해 이야기한다. 모두 그 경주가 어떤 것이었는지 알고 싶어한다. 나는 그것을 설명한다. 모두가 웃으며 "지금도 달릴 수 있어요?" 그에게 묻는다. 그는 대답한다. "옛날보다 더 빨리 달릴 수 있지요. 달리는 것을 잊어버렸다면 나는 참으로 유감이었을 겁니다." 그 자리에 있던 한 사람은 그가 달리는 것을 꼭 보고 싶다고 생각하지만 입 밖으로 내지는 못한다. 다른 누군가가 그 말을 대신한다. 그는 승낙한다. 부근의 젊은이 두세 명을 불러온다. 상품이 정해지고, 될 수 있는 대로 옛날 하던 놀이와 꼭같이 재현하기 위해 결승점에 과자가 놓여진다. 모두 달릴 준비를 하자 아버지가 손뼉을 쳐서 신호한다. 에밀은 독수리처럼 바람을 헤치고 달려 세 명의 느림보 젊은이들이 아직 얼마 나아가지도 못한 사이에 결승점에 도달하고 만다. 에밀은 소피의 손에서 상을 받지만 아이네아스 못지않게 인심 좋은 그는 진 사람들에게 모두 나누어준다.

모두가 한창 갈채를 보내고 있을 때 소피는 자진하여 승리자에게 도전하며 자기도 그만큼 달릴 수 있다고 자랑한다. 그는 그녀와 승부 겨루기를 사양하지 않는다. 그리고 그녀가 달리기 위한 준비로써 드레스 양쪽 끝을 걷어올렸다. 그녀는 그 경주에서 에밀에게 이기는 것보다 날씬한 다리를 그에게 보이는 일에 흥미를 느꼈기 때문에 속치마가 충분히 짧게 올려졌는지 아닌지를 바라보고 있었다. 그때 에밀은 어머니에게 뭔가 귀엣말로 속삭인다. 어머니는 미소지으며 알았다고 끄덕인다. 그리고 그는 경주할 상대자와 나란히 서서 신호를 기다린다. 마침내 신호가 내리자 그녀는 작은 새처럼 휙 날아간다.

여성은 빨리 달릴 수 있게 되어 있지 않다. 여성이 도망가는 것은 붙잡히기 위해서이다. 여성이 못 하는 것이 달리는 일만은 아니지만 여성이 달릴 때만은 참으로 보기 흉하다. 팔꿈치를 몸에 당겨 바싹 대기 때문에 이상한 자세가 되어 버리고, 뒤축이 높은 신발을 신고 있으므로 마치 뛰어오르지 않고 달려가려고 하는 메뚜기같이 보인다.

소피가 다른 여성보다 더 빨리 달릴 수 있다고 생각하지 않은 에밀은 뛰기 시작하려고 하지도 않고 얕보는 듯한 미소를 지으며 그녀가 달려가는 것을 바라보고 있다. 그런데 소피는 몸이 가볍고 뒤축이 낮은 신발을 신고 있다. 그녀는 발을 작게 보이기 위해 잔꾀를 부릴 필요가 없는 것이다. 그녀는 대단히 빨리 달려갔으므로, 훨씬 앞쪽에서 달려가고 있는 새로운 아탈란타를 따라잡기 위해서는, 에밀에게 빠듯한 여유밖에 없다. 그래서 마치 먹이에 달려드는 매처럼 그도 달려간다. 그는 숨을 헐떡거리며 그녀를 뒤쫓아 바싹 다가가, 왼팔로 살짝 그녀의 몸을 감아 깃털처럼 가볍게 안아올리자, 그 보드라운 몸을 자기 가슴에 대고 그대로 계속 달려가서 먼저 그녀를 결승점에 내려놓고, "소피가 이겼다!" 외치며, 그녀 앞에 한쪽 무릎을 꿇고 자기가 졌다는 것을 인정한다.

이러한 갖가지 일 이외에 또한 우리에게는 배운 기술이 있다. 적어도 일주일에 하루는, 그리고 날씨가 좋지 않아 밖으로 나돌아다닐 수 없는 날에는 항상 우리 둘, 즉 에밀과 나는 어떤 공장으로 일하러 간다. 그곳에서 우리는 기술자보다 높은 신분이라 하여 일하는 흉내를 내는 것이 아니라, 진지하게 실제 기술자로서 일한다. 그곳으로 찾아온 소피의 아버지는 우리가 정말 일을 하고 있는 것을 보고 진심으로 감동하여 아내와 딸에게 자기가 보고 온 것을 이야기하지 않을 수 없다. "가서 보렴, 그 청년은 작업장에서 일하고 있더군. 그가 가난한 사람을 멸시하고 있는지 어떤지 알 수 있을 것이야." 이런 말을 듣고 소피가 얼마나 기뻐했는지는 쉽사리 상상할 수 있을 것이다. 이야기가 되풀이되었고, 어머니와 딸은 아무 통지도 없이 가서 일하는 에밀을 보고 싶다는 생각이 들어, 그런 내색은 하지 않고 나에게 언제 일하러 가는지를 확인하고는 그날 마차를 타고 온다.

작업장에 들어가자 소피는 저쪽 구석에 한 청년이 있는 것을 본다. 그 청년은 짧은 웃옷을 입고, 머리를 아무렇게나 묶고, 열심히 일을 하고 있으므로 소피 쪽은 돌아보지도 않는다. 소피는 발을 멈추고 어머니에게 눈짓한다. 에밀은 한쪽 손에 대패를 들고, 또 한쪽 손에는 망치를 들고 장붓구멍을 뚫고 있다. 그리고 한 장의 판자를 톱으로 잘라 그것을 깎는다. 그런 것을 보고도 소피는 웃지 않는다. 소피는 감동한다. 그것은 머리가 수그려지는 광경이다.

여성이여, 당신의 주인을 존경할지어다. 그는 당신을 위해 일하고 있다. 당신의 빵을 벌고 있다. 당신을 부양하는 것이다. 이것이 남자이다.

어머니와 딸이, 에밀이 하고 있는 모습을 열심히 보고 있을 때 나는 눈치있게 그의 소매를 잡아당긴다. 그는 뒤돌아 두 사람을 보고, 연장을 놓고, 환성을 지르며 달려간다. 잠시 동안은 기뻐서 어쩔 줄 몰라했으나 마침내 그는 두 사람을 거기에 앉혀 놓고 또다시 일을 시작한다. 그러나 소피는 가만히 앉아 있을 수 없다. 그녀는 횡하니 일어나 작업장을 구경하고, 연장을 조사하고, 깎아 놓은 판자를 만져 보고, 마루 위에 널려 있는 나뭇조각을 주워올리고, 우리 손을 바라보며 말한다. "이 작업은 깨끗하기 때문에 좋아요." 또한 쾌활한 처녀는 에밀의 흉내를 낸다. 새하얗고 부드러운 손으로 대패를 판자 위에 놓고 밀어 본다. 대패는 미끄러져서 판자에 먹어들어가지 않는다. 사랑의 신이 웃으며 하늘에서 날개를 펄럭이고 있는 것이 보이는 것 같은 기분이 든다. 사랑의 신이 기쁨의 소리를 지르며 "헤라클레스에게 앙갚음을 했다." 소리치는 것 같은 기분이 든다.

그러는 동안 어머니는 책임자에게 이렇게 묻고 있다. "당신은 저 기술자들에게 얼마나 지불하고 있습니까?"

"마님, 저는 저 두 분에게 하루에 20수(sou)씩 지불하고 있으며 식사도 제공하고 있습니다만, 저 젊은 분은 마음만 먹으면 좀더 많이 벌 수도 있습니다. 이 부근에서는 가장 기술이 좋은 사람이니까요."

"하루에 20수라고요. 게다가 식사까지 제공한다고요!"

어머니는 그렇게 말하며 감격하여 우리 쪽을 바라본다. "그렇습니다, 마님." 책임자는 대답한다. 그 말을 듣고 어머니는 에밀에게 달려와 그를 자기 가슴에 끌어안고 눈물을 흘리며 다른 말은 하지 못하고 다만 "내 아들! 아아, 내 아들!" 몇 번이나 되풀이해서 말한다.

우리의 일을 방해하지 않으려고 잠시 동안 함께 이야기한 뒤 어머니는 딸에게 말한다. "자아, 돌아가자. 꽤 늦었고 집에서 걱정하면 안 되니까." 그리고 에밀에게 다가가서 그의 뺨을 가볍게 만지며 말한다. "훌륭한 기술자님, 함께 가지 않으시겠어요?" 그는 대단히 슬픈 듯이 대답한다. "나는 고용되어 있는 몸이니까 책임자에게 물어 보아 주세요." 그녀는 우리가 없어도 지장이 없느냐고 책임자에게 물어 보았더니 그것은 곤란하다고 대답한다. "지금 서둘러야 할 일이 있습니다. 모레까지 납품해야 할 물건입니다. 저는 저 두 사람을 믿고 다른 기술자를 거절했습니다. 저 두 사람이 없으면 다른 기술자를 찾을 수도 없거니와 약속한 기일 내에 물건을 납품할 수도 없게 될 것입니다." 어머니는 아무 말도 하지 않고 에밀이 입을 열기를 기다리고 있다. 에밀은 아래를 내려다보며 가만히 있다. 그 침묵에 대하여 약간 의외라는 표정으로 어머니는 에밀에게 말한다. "그래, 자네는 무슨 할 말이 없는 건가?" 에밀은 다정한 눈으로 소피를 바라보며 이렇게 대답할 뿐이다. "잘 아시다시피 저는 여기 있어야 합니다." 그들은 우리를 남겨놓고 돌아가게 된다. 에밀은 문까지 두 사람을 바래다 주고 상당히 오랫동안 그들의 뒷모습을 바라보고 섰다가, 한숨을 쉬고 제자리로 돌아와 아무 말 없이 다시 일을 시작한다.

돌아오면서 마음이 언짢아진 어머니는 에밀의 묘한 처사에 관하여 딸에게 이야기한다. "어쩌면 그럴 수 있을까? 더 일을 하지 않더라도 얼마든지 책임자를 곤란하지 않게 할 수 있을 텐데. 그 청년은 그렇게도 인심이 좋아 필요 없는데도 돈을 잘 쓰면서, 적당한 기회에 돈을 쓰지 않다니."

"아아, 어머니" 소피는 대답한다. "에밀이 돈의 힘을 믿고 그 돈을 써서 개인적인 계약을 위반하거나 아무렇지도 않은 듯이 약속을 어기거나, 남에게도 약속을 어기게 하는 일을 해서는 안 돼요. 그분이 자리를 비움으로써 책임자가 입는 손해 정도는 그분은 얼마든지 변상할 수 있다는 것을 어머니도 잘 아시잖아요. 하지만 그렇게 되면 그분은 자기의 마음을 재산의 노예로 만드는 결과가 되고, 의무를 다하는 대신 재산을 제공하거나 돈만 지불하면 무슨 일이든 피할 수 있다고 생각하는 습관을 붙이게 될 거예요. 에밀은 그와는 다른 생각을 하고 있어요. 나도 그분이 나 때문에 자기 생각을 바꾸지 않기를 원하고 있어요. 어머니는 그분이 남아 있는 것을 아무렇지도 않게 여기고 있다고 생각하세요? 어머니, 잘못 생각하셔서는 안 돼요. 그분은 저 때문에 남아 있는 거예요. 조금 전 그분의 눈을 보고 전 그것을 똑똑히 알았어요."

그러나 소피가 사랑의 진정한 성의에 대해서도 관대한 것은 아니다. 오히려 그녀는 엄격하고 까다롭다. 미적지근한 사랑을 받는 것이라면 사랑을 받지 않아도 좋은 것이다. 그녀에게는 자기를 의식하고 높이 평가하는 뛰어난 자로서의, 자기가 자기를 존경하는 것만큼 존경받기를 원하고 있는 뛰어난 자로서의 고귀한 자부심이 있다. 그녀의 가치는 완전히 인정해 주지 않는 상대, 그녀의 매력과 같은, 아니 그 이상으로 그녀의 미덕을 위해 그녀를 사랑해 주지 않는 상대는 원하지 않는다. 그녀보다도 자기 자신의 의무를 중하게 여기는 상대도, 그녀보다는 다른 것들을 좋아하는 상대도 받아들이지 않을 것이다. 그녀는 자신의 법도만을 아는 남성을 연인으로 삼고 싶다고 생각하지 않는다. 그녀는 자신 때문에 마음이 비뚤어지지 않은 남성의 마음을 지배하길 원한다. 오디세우스의 부하를 천한 짐승으로 만들어 버린 키르케가 그들을 멸시했지만 그녀가 바꾸어 버릴 수 없었던 오직 한 사람 오디세우스에게 몸을 맡기게 되는데, 바로 그것과 똑같은 것이다.

그러나 범할 수 없는 신성한 권리를 제쳐 놓는다면, 소피는 자기의 모든 권리에 대하여 극도로 민감하다. 그것을 에밀이 얼마나 세심하게 존중하고 있는지, 얼마나 열성을 가지고 그녀의 의사에 따르고 있는지, 얼마나 능숙하게 그녀의 의사를 꿰뚫어보고 있는지, 얼마나 성의를 기울여 약속한 시간에 찾아오는지에 대하여 주의를 기울이고 있다. 늦게 오는 것도 일찍 오는 것도 바람직한 것은 못 되며 정확하게 오는 것만을 그녀는 원하고 있다. 일찍 온다는 것은 그녀보다도 자기를 더 생각하고 있기 때문이다. 늦게 온다는 것은 그녀를 가볍게 보고 있기 때문이다. 소피를 가볍게 본다! 그런 일이 두 번 다시 되풀이되지는 않을 것이다. 그녀가 품은 부당한 의심이 하마터면 모든 것을 망쳐 버릴 뻔한 일이 있었다. 그러나 소피는 바르게 판단하였고 자기의 잘못을 충분히 보상할 줄 알았다.

어느 날 저녁 소피는 우리를 기다리고 있었다. 에밀이 초대를 받았기 때문이다. 그들은 우리를 마중하러 왔었다. 하지만 우리는 끝내 나타나지 않는다. '웬일일까. 뭔가 좋지 못한 일이 생긴 것일까. 웬일로 그분에게서 아무런 통지도 오지 않는 것일까.' 우리를 기다리는 동안에 날은 저문다. 가엾게도 소피는 우리가 죽어 버렸다고 생각한다. 그녀는 비탄에 빠지고 고민에 잠겨 울며 하룻밤을 지새운다. 밤에 사람을 보내어 우리의 동태를 알아본 다음 아침까지는 돌아오도록 분부한다. 그 심부름꾼은 우리가 보낸 심부름꾼과 함께 돌아간 우리의 사과를 전하고, 무사하다는 것을 알려 준다. 조금 뒤 우리도 그곳에 나타난다.

장면은 급전한다. 소피는 눈물을 닦는다. 아직 눈물을 흘리고 있다면 그것은 노여움의 눈물이다. 그녀의 강한 자존심은 우리가 살아 있음에 안심했지만 그것을 확인하는 것만으로 만족하지 못한다. 에밀은 살아 있다. 그런데도 그녀를 기다리게 만들었던 것이다.

우리가 찾아갔을 때, 그녀는 자기 방에 틀어박히려고 생각한다. 하지만 부모로부터 거기 있으라는 명령을 받았기 때문에 그녀는 그 자리에 있어야 했다. 그러나 곧 마음을 정하고 아무것도 모르는 사람이라면 속아넘어갈 만한 침착하고도 만족스러운 표정을 짓는다. 아버지는 우리를 마중하며 이렇게 말한다. "당신들은 친구에게 걱정을 끼쳤군요. 아마 여기에는 당신들을 그리 쉽게 용서해 주지 않을 사람이 있을 겁니다."

"아버지, 그건 대체 누군가요?" 소피는 될 수 있는 대로 부자연스럽지 않은 표정을 지으며 말한다.

"아무라도 상관없지 않니, 너를 두고 하는 말은 아니니까" 아버지는 대답한다. 소피는 아무 말도 하지 않은 채 하던 일에 눈을 보낸다. 어머니는 새침하고 냉랭한 태도로 우리를 맞이한다. 에밀은 당황하여 소피 곁으로 다가갈 용기도 없다. 그녀가 먼저 입을 열어 "안녕하세요" 그에게 묻고 앉으라고 권하며 아무렇지도 않은 태도를 보이자, 격렬한 정념의 말을 아직 전혀 이해하지 못하는 딱한 젊은이는 그런 냉정한 태도에 속아 오히려 제 편에서 기분이 언짢아지려고 한다.

잘못 알고 있다는 것을 그에게 알리기 위해 나는 소피의 손을 잡고 가끔 그렇게 했듯이 그 손에 내 입술을 대려고 한다. 그녀는 갑자기 손을 잡아 빼며 생경한 어조로 "선생님!" 짧게 외치고 만다. 그런 무의식적인 언동이 그녀의 기분을 에밀에게 뚜렷이 알려 주게 되었다.

소피 자신도 자기의 기분을 알리게 되었다는 것을 깨닫자 다소 자제심을 잃고 만다. 그녀의 냉정함은 비꼬는 기분이 가득 찬 경멸로 변한다. 무슨 말을 해도 그녀는 천천히 그리고 뚜렷하지 않은 어조로 짤막하게 대답할 뿐이다. 화난 어조를 지나치게 표현하는 것을 두려워하는 것 같다. 에밀은 공포에 질려 반쯤 죽은 사람같이 되어 비통한 표정으로 그녀를 바라본다. 그녀의 진정한 감정을 알아내기 위해 자기 쪽으로 그녀의 시선이 향하도록 하려고 애쓴다. 소피는 그의 자신있는 태도에 더욱 화가 나서 두 번 다시 안심하지 못하게 하려는 듯한 눈길을 그에게 보낸다. 에밀은 당황하고 겁이 나서 이젠 그녀에게 말도 걸지 못하고 그녀를 바라보지도 못한다. 그것은 그에게 대단히 다행한 일이다. 왜냐하면 비록 그에게 죄가 없었다 하더라도, 만일 그녀의 노여움에 대하여 그가 태연했다면 그녀는 결코 그를 용서하지 않을 것임에 틀림없기 때문이다.

그때야말로 내가 나설 차례였다. 나는 사정을 설명하기 위해 소피에게로 다가간다. 나는 또다시 소피의 손을 잡는다. 그녀도 이번에는 손을 잡아빼지 않는다. 그녀는 기분이 나아져 있는 것이다.

나는 다정한 어조로 그녀에게 말한다. "소피, 우리는 괴로워하고 있답니다.

그러나 당신은 도리를 가릴 줄 아는 공평한 사람입니다. 우리의 말을 듣지 않고 우리를 벌 주지는 않겠죠? 내 말을 들어 주세요." 그녀는 아무 대답도 하지 않았지만 나는 계속해서 말한다.

"우리는 어제 4시에 출발했습니다. 7시까지 여기에 오도록 되어 있었기 때문에 우리는 이 근처까지 와서 쉬기 위해 항상 필요 이상의 시간을 잡고 있답니다. 우리는 거의 4분의 3 정도의 거리를 걸어왔었는데, 그때 애처로운 고함소리가 우리 귀에 들려왔습니다. 그것은 우리가 있는 곳에서 조금 떨어진 언덕의 골짜기에서 들려왔던 것입니다. 소리치는 쪽으로 달려가 보았더니 거기에 한 가엾은 농부가 있었습니다. 그 농부는 술을 약간 마시고 말을 타고 거리에서 돌아오다가 말에서 떨어져 심한 상처를 입고 게다가 다리까지 부러져 있었습니다. 우리는 큰 소리를 질러 도와 줄 것을 청했으나 아무도 오지 않았습니다. 그 부상당한 남자를 말에 태우려 했지만 아무래도 그렇게 할 수 없었습니다. 가엾게도 조금만 움직여도 심한 고통을 느끼는 것입니다. 우리는 조금 떨어진 나무에 말을 매놓기로 했습니다. 그리고 우리의 팔을 들것처럼 만들어 상처 입은 남자를 태우고 될 수 있는 대로 조심스레 움직여 그의 집으로 향하는 길을 그의 지시에 따라 갔습니다. 먼 거리였습니다. 몇 번이나 쉬어야 했습니다. 우리는 몹시 지친 상태로 그의 집에 도착했습니다. 우리는 그가 누구인지 알고 놀라움과 슬픔을 참을 길이 없었습니다. 우리가 정성껏 날라다 준 그 가엾은 남자는 우리가 처음 이 고장에 왔던 날 대단히 친절히 우리를 대접해 준 남자였습니다.

우리 세 사람은 너무나 당황했기 때문에 그때까지 서로 누구인지 모르고 있었던 것입니다. 그 사람에게는 어린아이가 둘 있었습니다. 아내는 셋째 아이를 배고 있었는데, 돌아온 남편의 모습을 보고 깜짝 놀라는 바람에 심한 진통을 느끼고는 곧 아기를 낳았습니다. 어느 누구의 도움도 기대할 수 없는, 마을에서 멀리 떨어진 외딴 집에서 이런 일이 생겼으니 어떻게 할 수 있었을까요? 에밀은 숲에 매어 두고 온 말을 타고 부랴부랴 마을로 의사를 데리러 달려가기로 했습니다. 그리고 에밀은 말을 의사에게 넘겨 주고, 당장 간호사를 찾을 수가 없어서 서둘러 이리로 사람을 보내 놓고는 하인을 한 사람 데리고 걸어서 돌아왔습니다. 이제 충분히 아셨듯이, 그동안 나는 집에서 다리가 부러진 남편과 출산의 괴로움에 신음하는 아내를 돌보느라고 무척 난감해 있었습니다. 아무튼 그 두 사람을 돕기 위해서 필요하다고 생각되는 온갖 일을 준비하고 있었습니다. 그 뒤의 상세한 이야기는 하지 않기로 하지요. 그런 것은 문제가 되지 않을 테니까요. 새벽 2시가 될 때까지, 우리 두 사람은 잠시도 쉬지 못했습니다. 간신히 먼동이 트기 전 우리는 이곳 가까운 여관으로 돌아왔으며 거기서 여러분이 일어나실 시간을 기다렸다가, 우리에게 일어난 일을 알려 드릴 작정으로 있었던 것입니다."

그 뒤는 아무 말도 하지 않고 나는 잠자코 있다. 그러나 누가 무슨 말을 꺼내기 전에 에밀은 애인에게 다가가서, 내가 기대한 것보다 훨씬 확고한 태도로 말을 건넨다. "소피, 당신은 나의 운명을 정하는 사람이오. 당신은 그것을 잘 알고 있소. 당신은 나를 괴로움으로 죽게 할 수도 있소. 하지만, 나로 하여금 인간애에 대한 권리를 잊어버리게 할 수 있다고 생각해서는 안 되오. 그것은 나에게는 당신의 권리보다 더 신성한 권리인 것이오. 내가 당신 때문에 그것을 포기하는 일은 결코 없을 것이오."

이 말을 듣고 소피는 아무 대답도 없이 일어서더니, 두 팔을 그의 목에 둘러 그의 볼에 입을 맞춘다. 그리고 비할 나위 없이 상냥하게 그 앞에 손을 내밀면서 그녀는 말한다. "에밀, 이 손을 잡으세요. 이것은 당신 거예요. 당신이 좋으실 때, 제 남편, 제 주인이 되어 주세요. 저는 그 영광에 알맞는 사람이 되도록 노력하겠어요."

그녀가 에밀을 껴안는 것을 보자, 아버지는 그만 좋아서 손뼉을 치며 "다시 한번, 다시 한번" 소리친다. 소피는 더 무슨 말을 들을 것도 없이 얼른 에밀의 다른 쪽 볼에 두 번 입을 맞춘다. 그러나 그와 거의 동시에 방금 자기가 한 일에 겁이 덜컥 나서, 어머니의 팔 안에 몸을 던지고는 수줍음에 새빨개진 얼굴을 어머니의 가슴에 묻는다.

모두 얼마나 기뻐했는지 새삼 말할 것도 없다. 그것은 누구나 알 수 있는 일이다. 점심을 먹은 뒤 소피는 물었다. "괴로워하고 있는 가엾은 사람들을 찾아가 보고 싶어요. 그곳은 그렇게 먼 곳인가요?" 소피는 찾아가 보고 싶어했으며, 그것은 좋은 일이다. 우리는 함께 출발했다. 두 사람은 따로 따로 침대에 누워 있다. 에밀이 침대를 하나 갖고 오게 한 것이다. 곁에는 에밀이 데리고 온 시중드는 사람들이 있어서 뒷바라지를 해주고 있다. 그러나 두 침대에 뒷바라지가 철저하지 않아 두 사람은 그 몸 때문만이 아니라 누운 자리가 편치 못해서 괴로워하고 있다. 소피는 부인의 앞치마를 빌려 두르고 그녀를 잘 뉘어 준다. 다음에 남자도 그렇게 해준다. 소피의 부드럽고 가벼운 손은, 두 사람에게 아픔을 느끼게 하는 모든 것에 고루 닿아, 그들의 아픈 몸을 더 폭신하게 뉘어 주는 요령을 알고 있다. 그 손이 가까이 오기만 해도 그들의 몸은 편해진 듯한 기분이 든다. 마치 그녀는 무엇이 괴로움을 주는지 처음부터 다 알고 있는 것 같다. 그렇게 섬세한 기호를 가진 이 처녀는 더러운 것이나 추한 냄새를 외면하지 않고, 누구의 손도 빌리지 않은 채 병자가 괴로워하지 않도록 더러운 것, 추한 냄새를 없애 버릴 줄 알고 있다. 언제나 그렇게 얌전하고 때로는 몹시 고고한 태도를 보이는 그녀, 남자의 침대에 결코 손이 닿은 적이 없을 그녀는 아무런 거리낌없이 다친 남자를 돌려뉘어 오랜 시간 가만히 있을 수 있도록 더 편한 상태로 만들어 준다.

다정함에 대한 열의는 얌전한 태도보다 낫다. 그녀는 무엇을 하든 매우 부드럽고, 더욱이 매우 손재주가 있어서 병자는 그녀의 손이 몸에 닿은 것을 깨닫기도 전에 벌써 편해진 듯한 느낌이 든다. 아내와 남편은 자기들의 뒷바라지를 해주는 처녀, 자기들을 가엾이 여기고 위로해 주는 귀여운 처녀에게 입을 모아 축복을 빈다. "이 처녀는 신의 분부로 하늘에서 자기들을 찾아온 천사예요." "이 처녀는 천사 같은 모습을 하고 있어요." "이 처녀에게는 천사 같은 아름다움과 상냥함과 친절한 마음씨가 있습니다." 이렇게 입을 모아 칭찬한다. 에밀은 감동하여 말없이 그녀를 지켜보고 있다.

남성이여, 그대의 반려자를 사랑하라. 그대의 노고를 달래기 위해서, 그대의 괴로움을 풀기 위해서, 신은 그대에게 반려자를 주고 있다. 그것이 여자다.

우리는 태어난 아기에게 세례를 받게 한다. 두 연인은 아이를 안고 세례를 받게 하면서, 속으로 머지않아 다른 사람에게도 같은 일을 부탁하고 싶은 뜨거운 염원을 느낀다. 두 사람은 소원이 이루어질 때를 고대하고 있다. 그때가 이제 곧 오리라고 믿고 있다.

소피는 이제 아무것도 마음에 걸리는 일이 없었다. 그런데 내게는 꺼림칙한 일이 생기고 있다. 두 사람은 아직 그들이 바라는 때에 이르지 않았다. 누구에게나 그의 때가 있게 마련이다.

어느 날 아침, 이틀 동안 두 사람이 서로 얼굴을 보지 못한 뒤에 나는 한 통의 편지를 들고 에밀의 방으로 들어간다. 그리고 가만히 그의 얼굴을 바라보고 말한다. "소피가 죽었다는 소식을 듣는다면 자네는 어떻게 하겠나?"

그는 날카로운 소리를 지르면서 주먹을 치고 일어선다. 그리고 한마디도 하지 않고 멍한 눈길로 나를 바라본다.

나는 침착하게 계속한다. "자, 뭐라고 말해야지." 그러자 나의 냉정한 태도에 화가 난 그는 노여움에 눈빛을 번들거리며 내게 다가온다. 그리고 우뚝 서더니 거의 위협하는 태도로 말한다.

"제가 어떻게 하겠느냐구요?…… 저는 모릅니다. 하지만 알고 있는 것은, 그런 소식을 알려 온 자와 앞으로 한평생 얼굴을 맞대지 않을 작정이라는 것뿐입니다."

"안심해라." 나는 웃으며 말한다. "소피는 살아 있다. 몸 건강히 자네만을 생각하고 있다. 오늘밤에 오라는 전갈을 받았다. 그러니 한 바퀴 산책이나 하고 오자. 산책을 하면서 이야기하기로 하자."

그의 마음을 완전히 사로잡고 있는 정념은 전처럼 순수하게 순리적으로 이야기를 하지 못하게 만들고 있다. 다름아닌 그 정념을 이용하여 내가 들려 주는 말에 강한 관심을 갖게 할 필요가 있다. 위와 같은 무서운 서두는 그 때문이었다. 그래서 나는 그가 내 말에 귀를 기울일 것이 틀림없다고 믿고 있다.

"에밀, 행복해져야 한다. 이것은 모든 감각을 가진 존재의 목적이다. 이것은 자연이 우리로 하여금 느끼게 하는 기본적인 욕구이며 결코 우리에게서 없어지지 않는 오직 하나의 욕구이기도 하다. 그러나 그 행복은 어디에 있는가? 누가 그것을 알고 있는가? 모두 그것을 찾고 있지만, 아무에게도 발견되지 않는다. 사람들은 평생을 소비해서 행복을 쫓아다니지만, 그것을 붙잡지 못하고 죽어 간다. 젊은 친구여, 갓 태어난 자네를 내 팔에 받아들였을 때, 그리고 가장 높은 존재자를 내가 감히 약속의 보증인으로 삼고 자네 생애의 행복에 내 생애를 바쳤을 때, 나는 내가 어떤 약속을 해야 하는지 알고 있었을까? 아니, 나는 다만 자네를 행복하게 만듦으로써 나도 확실히 행복해진다는 것을 알고 있었을 뿐이다. 자네를 위해서 그 유익한 탐구를 하고 있던 나는, 그것을 우리 두 사람의 공동 작업으로 삼았다.

우리가 해야 할 일이 무엇인지 모르는 동안에는, 아무것도 하지 않고 있는 것이 현명한 방법이다. 이것이 모든 격률 중에서 인간에게 가장 필요한 격률이며, 더욱이 인간이 가장 지킬 수 없는 격률이다. 행복이 어디에 있는지도 모르고 행복을 찾는다는 것은, 행복에서 멀어질 위험에 빠지기 쉽다. 그릇된 길은 많으므로 그 길만큼 반대의 일이 생길 위험을 저지르는 것이다. 그러나, 행동하지 않고 있을 수 있다는 것은 누구나 할 수 있는 일이 아니다. 쾌적한 생활을 찾는 강한 소원이 우리를 사로잡고 있는 불안한 상태에서, 우리는 그러한 생활을 구하기 위해 아무것도 하지 않고 있는 것보다 그것을 쫓아다니며 길을 찾고 있는 편이 좋다고 생각하고 있다. 그리하여 행복을 알 수 있는 장소에서 한번 떠나 버리면, 그곳으로 되돌아갈 수 없게 된다.

똑같이 행복이 어디에 있는지 몰랐지만, 나는 같은 과오를 피하려고 했다. 자네를 돌보면서, 나는 한 발짝도 헛된 걸음을 내딛지 말자, 자네에게도 그렇게 시키지 말자고 결심했다. 나는 자연의 길에 머무르면서, 자연이 행복의 길을 가르쳐 주기를 기다리기로 했다. 그런데 그 길이 바로 자연의 길이라는 것, 그리고 나는 그런 줄도 모르고 이미 행복의 길을 걷고 있었다.

내 증인이 되어 다오. 내 심판자가 되어 다오. 나는 자네의 판정을 결코 부인하지 않을 작정이다. 자네의 어린 시절은, 그 이후의 시대를 위해서 희생되지는 않았다. 자네는 자연이 자네에게 주고 있던 모든 좋은 것을 즐겼다. 자연이 자네에게 강요하던 괴로운 일, 그러나 내가 그것으로부터 자네를 지켜 줄 수 있었던 괴로운 일로는, 자네를 다른 괴로운 일에 견딜 수 있게 해주는 것 이외에 아무것도 느끼지 않았다. 자네가 괴로워한 것은 언제나 더 큰 괴로움을 피하기 위해서였다. 자네는 미움도 속박도 알지 못했다. 자유롭고 만족해 있었으며, 언제나 올바르고 착했다. 비참한 상태와 부도덕은 반드시 서로 따라다니는 것이므로, 인간은 불행할 때 이외에는 사악해지는 일이 결코 없다. 자네의 어린 시절에 대한 추억이 노년이 될 때까지 계속되어 주었으면 좋겠다. 자네의 선량한 마음은 어린 시절을 추억할 때마다 반드시 그 시대를 이끌어 준 자에게 얼마간의 축복을 줄 것이다. 나는 그것을 의심하지 않는다.

자네가 이성의 시기에 이르고부터 나는 자네를 사람들의 편견에서 지켜 주었다. 자네가 감수성이 강해지고부터 나는 자네를 정념의 지배에서 벗어나게 해주었다. 만일 그와 같은 마음의 평정을 자네 인생의 마지막까지 지속시킬 수만 있다면, 나는 만들어 낸 것을 안전한 곳에 둘 수 있었을 것이고, 자네는 언제까지나 인간이 행복할 수 있는 한 가장 행복한 인간으로 있을 수 있었을 것이다. 그러나 에밀, 아무리 자네의 영혼을 스틱스의 강물에 담가 봐야 헛일이었다. 모든 점에서 자네를 상처입지 않는 인간으로 만들 수는 없었다. 자네가 아직 극복하는 방법을 배우지 않은 새로운 적이, 내가 그 손에서 자네를 구해 주지 못한 적이 일어났던 것이다. 그 적이란, 자네 자신이다. 자연과 운명은 자네를 자유롭게 해놓았다. 자네는 빈곤에 견딜 수 있었다. 육체의 고통에 견딜 수 있었다. 마음의 괴로움은 아직 자네에게 알려져 있지 않았다. 자네는 인간의 조건 이외에도 아무것에도 묶여 있지 않았다. 그런데 이제 자네는 자기 스스로 자기에게 주고 있는 모든 굴레에 묶여 있다. 욕망을 느낌으로써 욕망의 노예가 되어 버렸다. 자네 자신은 전혀 변하지 않더라도, 아무것도 자네에게 상처를 입히지 않더라도, 아무것도 자네의 존재에 방해되지 않더라도, 얼마나 많은 괴로움이 자네의 영혼을 공격해 댈 것인가! 자네는 앓지도 않았는데, 얼마나 많은 고뇌를 느낄 것인가! 죽지도 않았는데, 얼마나 많은 죽음에 괴로워할 것인가! 사소한 거짓말도, 잘못도, 그리고 의심도 자네를 절망시킬 수 있는 것이다.

자네는 연극에서 주인공들이 몹시도 괴로워하면서 미친 듯한 고함소리로 무대를 울리거나, 마치 여자처럼 괴로워하고, 아이처럼 울부짖으면서 관객의 갈채를 받고 있는 것을 보았다. 언제나 변하지 않는 단호한 태도만이 기대되어야 할, 그러한 인간의 한탄이나 부르짖음이나 연민을 애걸하는 소리가 자네로 하여금 느끼게 한 그 분노를 회상해 보라. 자네는 매우 분개해서 이런 말을 하고 있었다. '뭐야! 이것이 우리더러 본받으라는 모범인가? 그 흉내를 내라는 본보기인가? 인간은 아직 그토록 하찮은 것, 비참한 것, 약한 것이라고는 할 수 없다. 게다가 그 약함에 미덕의 가면을 씌워서 그것을 찬미할 필요가 있다고 생각하는가.' 젊은 친구여, 앞으로는 연극에 대해서 더 관대해야 한다. 자네도 이제는 연극의 주인공들 가운데 한 사람이 되어 있다.

자네는 참고 견딜 줄을, 죽는다는 것을 알고 있다. 육체의 병을 앓을 때는 필연의 법칙에 따른다는 것을 알고 있다. 그러나 자네는 아직 마음의 욕망에는 법칙을 마련해 주고 있지 않다. 그런데 우리의 생활에 고뇌가 생기는 것은, 대개의 경우 우리의 결핍 때문이 아니라 오히려 우리의 애착에서 생기는 것이다. 우리 욕망의 범위는 넓고 우리의 힘은 거의 무(無)에 가깝다. 인간은 그 소망 때문에 무수한 것에 집착하지만, 인간 그 자체는 그 무엇에도 자기의 생명에까지 단단히 결부되어 있지는 않다. 더 많은 애착을 가지면 더 많은 괴로움을 부르게 된다. 모든 것은 지상을 지나갈 뿐이다. 우리가 사랑하는 모든 것도 조만간에 우리에게서 멀어져 간다. 그럼에도 우리는 모든 것이 영원히 계속되기나 하듯이 그것에 집착한다. 소피는 죽지 않았을까 하는 생각만으로 벌써 그와 같은 공포에 사로잡히고 만다. 자네는 그 사람이 언제까지나 살 것으로 생각하고 있었던가? 그 사람의 나이로 죽는 사람이 없는가? 그 사람도 죽는다. 내 아들아, 더욱이 자네보다 먼저 죽을지도 모른다. 이런 말을 하고 있는 지금도 그 사람이 살아 있는지 어떤지 누가 알겠는가? 자연은 자네에게 한 번만 죽을 것을 명령하고 있는데, 자네는 제2의 죽음을 스스로에게 주고 있다. 그러므로 자네는 두 번 죽게 되는 것이다.

그와 같이 복잡한 정념에 억눌려 있는 자네는 앞으로 얼마나 비참한 상태에 머물러 있게 될 것인가. 언제나 없는 것, 잃어버린 것, 불안한 것뿐이다. 자네는 자네에게 남아 있는 것조차 즐길 수 없게 된다. 모든 것들에 대하여 잃어버리지나 않을까 하는 걱정은, 무엇 하나 자기 것으로 만들지 못하게 한다. 자기의 정념에만 따라가려고 하기 때문에 언제까지나 자네는 그 정념을 만족시킬 수 없다. 자네는 끊임없이 휴식을 구하겠지만, 그것은 끊임없이 자네에게서 달아날 것이다. 자네는 비참한 인간이 되고, 사악한 인간이 될 것이다. 자기의 끝없는 욕망만을 법칙으로 삼는 자네가 어찌 그런 인간이 되지 않겠는가? 본의 아니게 잃는 것을 견디지 못한다면 어찌 자기 스스로 버릴 수 있겠는가. 의무를 위해서 자기 기호를 희생하고, 자기 심정에 거역하더라도 자네가 이성에 어찌 귀를 기울일 수 있겠는가? 자네 애인의 죽음을 알려 주는 사람의 얼굴은 보고 싶지 않다고 말하는 자네가 살아 있는 그녀를 자네에게서 떼내려는 자네에게 '그녀는 이미 죽은 것이나 다름없다. 미덕은 그녀를 너에게서 떼어 놓는다' 말하는 자와 어떻게 얼굴을 맞댈 수 있겠는가? 무슨 일이 있더라도 그녀와 결합해야 한다면, 소피가 결혼했거나 안 했거나, 자네가 자유거나 아니거나, 그녀가 자네를 사랑하거나 미워하거나, 저쪽에서 자네에게 그녀를 주거나 거절하거나, 그런 것은 아무래도 좋다. 네가 그녀를 갖고 싶다면, 어떤 희생을 치르더라도 그녀를 너의 것으로 만들어야 한다는 말이 된다. 그래, 내게 가르쳐 다오. 자기 마음의 소원만을 법칙으로 삼는 자, 자기가 갖고 싶은 것은 무엇이고 저항하지 못하는 자가 결국 얼마나 무서운 죄에 빠질 것인지.

내 아들아, 용기가 없으면 행복은 얻을 수 없고, 자신과의 투쟁 없이는 미덕이 있을 수 없다. '덕(德)'이라는 말은 '힘'에서 오고 있다. 힘은 모든 미덕의 기본이 된다. 미덕은 그 본성으로 보면 약하지만, 그 의지에 의해서 강한 존재에만 주어지고 있다. 올바른 사람의 가치는 다만 그런 데에 있는 것이다. 그러므로 우리는 신을 선한 자라고는 부르고 있지만 덕 있는 자라고 부르지 않는다. 신은 선을 행하기 위해서 노력할 필요가 없기 때문이다. 남용되고 있는 미덕이라는 말을 자네에게 설명하기 위해서, 나는 자네가 내 말을 이해할 수 있기를 기다리고 있었다. 미덕을 실천하는 데 아무런 힘도 들지 않는 동안은, 그것이 어떤 것인가 알 필요는 거의 없다. 이 필요는 정념이 눈떴을 때 생긴다. 자네에게도 벌써 이미 그때가 와 있는 것이다.

아주 소박한 자연에서 자네를 기름으로써, 나는 자네에게 쓰라린 의무에 대해 설득하지 않고, 그런 의무를 쓰라리게 느끼는 부도덕으로부터 자네를 지켜 주었다. 거짓말을 역겨운 것으로 자네에게 가르치는 것보다 무용한 것으로 만들어 주었다. 각자의 권리를 인정하는 것보다 오히려 자네 자신의 것에만 관심을 갖도록 가르쳤다. 나는 자네를 덕 있는 인간으로 만드는 것보다 오히려 착한 인간으로 만들었다. 그러나 단순히 착한 인간에 지나지 않는 자는, 착한 인간이라는 것이 그로서는 기쁠 때에만 착한 인간이 될 뿐이다. 착한 마음은 인간적인 정념의 충격으로 조각나고 사라진다. 단순히 착한 데 지나지 않는 인간은 그 사람 자신에게 착할 뿐이다.

덕 있는 사람이란 어떤 사람인가? 자기의 애정을 극복할 수 있는 사람이다. 그때 그 사람은 자기의 이성과 양심에 따르기 때문이다. 그는 자기 의무를 다하며, 올바른 질서에 머물러 있어서 아무도 그를 거기서 벗어나게 할 수 없다. 여태까지 자네는 겉보기만 자유였을 뿐이다. 아직 아무 명령도 받지 않은 노예처럼 자네는 임시의 자유가 있었을 뿐이다. 이제야말로 정말 자유다. 자네 자신의 지배자가 되기를 배워라. 자네의 심정에 명령하는 것이다. 오오, 에밀, 그러면 자네는 덕 있는 사람이 될 수 있다.

그러기에 여기서 새로운 수업을 해야만 하는데, 이 수업은 지금까지의 수업보다 훨씬 힘이 든다. 자연은 우리에게 주고 있는 괴로움에서 우리를 해방시켜 주거나, 아니면 그것을 견디어 내는 방법을 가르쳐 준다. 그러나 자연은 우리 자신에게서 생기는 괴로움에 대해서는 아무것도 가르쳐 주지 않는다. 우리 자신이 하는 대로 내버려 두면서 우리가 정념의 희생이 되어 어떤 고뇌에 굴복하고, 나아가서는 수치로 알아야 할, 눈물을 흘리며 그것을 명예로 알고 있는 것을 잠자코 보고 있는 것이다. 지금 자네는 처음으로 정념을 느끼고 있다. 그것은 아마도 자네에게 알맞는 단 하나의 정념일 것이다. 만일 자네가 인간답게 그것을 지배할 수 있다면, 그것은 또한 마지막 정념도 될 것이다. 자네는 다른 모든 정념을 정복하고, 미덕에 대한 정념만을 따르게 될 것이다. 그 정념은 죄가 되지 않는다. 나는 그것을 알고 있다. 그것을 느끼고 있는 두 영혼과 마찬가지로 순수한 정념이다. 그것은 절도에서 생기고, 순수한 마음으로 길러졌다.

복받은 연인들이여! 미덕의 매력은 자네들의 사랑에 매력을 더해 줄 것이다. 그리고 자네들을 기다리고 있는 흔쾌한 결합은 자네들의 애정의 결과인 동시에 지혜의 결과이기도 하다.

그러나 정직한 인간이여, 내게 말해다오. 그토록 순수한 정념도 역시 자네를 억누르고 있지 않은가. 역시 자네는 그 노예가 아닌가. 그리고 만일 그 사람이 내일이라도 순결을 잃는다면 자네도 내일 즉각 그 정념을 억눌러 버릴 수 있겠는가? 지금이야말로 자네의 힘을 시험해볼 때다. 정작 힘을 사용해야 될 때가 되면 이미 늦다. 그와 같은 위험한 시도는 위험에서 멀리 떨어져서 해보아야 한다. 적을 앞에 놓고 싸우는 훈련을 해서는 안 된다. 전쟁이 시작되기 전에 그에 대비해야 한다. 완전히 준비를 갖춘 다음에 싸우러 나가야 하는 것이다.

허용된 정념과 금지된 정념을 가려서, 전자에는 몸을 맡기고 후자에는 거부하려 한다는 것은 잘못이다. 그것을 지배할 수만 있다면 모든 정념은 좋은 정념이다. 그것에 굴복해 버린다면 모든 정념은 나쁜 정념이다. 자연이 우리에게 금지하는 것은 우리의 애착을 우리 힘보다 먼 곳에 확대하는 일이다. 이것이 우리에게 금하는 것은, 우리가 얻을 수 없는 것을 바라는 일이다. 양심이 우리에게 금하는 것은, 유혹당하는 것이 아니라 유혹에 지는 것이다. 정념을 갖고 안 갖고는 우리 마음대로 되지 않는다. 그러나 정념을 지배하는 것은 우리의 힘으로 할 수 있다. 우리가 억누르고 있는 감정은 모두 옳은 감정이다. 우리를 억누르고 있는 감정은 모두 죄가 된다. 어떤 사람이 남의 아내를 사랑하더라도 그 불행한 정념을 의무의 법칙에 따르게만 해 준다면 죄가 되지 않는다. 자기 아내라도 사랑을 위해서 모든 것을 희생하는 것은 죄가 된다.

도덕에 대한 장황한 교훈을 나한테서 들을 생각은 마라. 나는 자네에게 줄 교훈을 하나밖에 갖고 있지 않다. 그 교훈에는 다른 모든 교훈이 포함되어 있다. 인간이 되라. 자네의 마음을 자네에게 주어진 조건의 한계 안에다 두는 것이다. 그 한계를 연구하고 알아차려라. 그것이 아무리 좁더라도 그곳에 들어 있는 한 사람은 불행해지지 않는다. 그 한계를 넘으려고 할 때, 비로소 불행해진다. 무분별한 욕망을 일으켜서 불가능한 것을 가능하다고 생각할 때 불행해진다. 자기의 인간 상태를 잊어버리고 공상적인 상태를 만들어 낼 때 불행해진다. 그런 것을 해보아야 언제나 사람은 다시 자기의 상태에 빠져 버린다. 그것을 안 가지면 쓰라리게 여겨지는 재산은 자기가 그에 대한 권리를 가졌다고 믿고 있는 재산뿐이다. 그것을 손에 넣기가 분명히 불가능할 경우, 마음은 떠나간다. 희망없는 소원은 마음을 괴롭히지 않는다. 거지는 국왕이 되고 싶다는 희망에 괴로워하지 않는다. 국왕도 자신이 인간이라고 생각한다면, 신이 되고 싶어하지는 않는다.

오만함에서 생기는 착각은 우리의 가장 큰 악의 원천이다. 한편 인간의 비참함을 깊이 생각하는 것은 현명한 사람에게 언제나 겸손한 태도를 갖게 한다. 그는 자기 자리에 머물러 있다. 거기서 빠져나오려고 몸부림치지 않는다. 자신이 가질 수 없는 것을 잡으려고 헛되이 힘을 쓰지 않는다. 자기 손에 있는 것을 완전히 자기 것으로 만들기 위해 온 힘을 사용한다. 그는 모든 점에서 우리처럼 많은 것을 바라지 않기 때문에 현실적으로 우리보다 더 힘이 있고 부유하다. 죽어야 할 존재, 멸망해 없어질 존재인 나는, 모든 것이 변해 가고 사라져 가는 이 지상에서, 나도 언제 사라져 버릴지 모르는 이 지상에서, 영원한 기반을 만들 생각을 해야 할 것인가? 아아, 에밀. 아아, 내 아들아. 자네를 잃으면 내게 무엇이 남겠는가? 그래도 나는 자네를 잃는 것을 각오해야 한다. 자네를 언제 내 손에서 빼앗길 것인지 누가 알겠는가?

행복하고 현명하게 살고자 한다면, 자네의 마음을 영원한 아름다움에만 두어라. 자네에게 주어진 조건을 욕망의 한계로 삼고, 자네의 의무를 욕망에 선행시키는 것이다. 필연의 법칙을 도덕적인 것에까지 넓혀, 자네 손에서 빼앗길 만한 것을 잃는 법을 배워라. 미덕이 명령할 때 모든 것을 버리는 법, 우연을 초월하는 법, 그런 것에서 미련없이 떠나는 법, 결코 비참해지지 않도록 역경에서 용기를 잃지 않는 법, 결코 죄를 저지르지 않도록 자네의 의무를 굳게 지키는 법을 배워라. 그러면 자네의 운명은 행복해질 것이고, 정념을 느끼고 있어도 현명해진다. 자네는 덧없는 행복을 즐기고 있을 때조차 어떤 것에도 방해

받지 않는 쾌락을 발견할 수 있다. 행복에 사로잡히는 일 없이 행복을 사로잡을 수 있게 되고, 어느 것도 붙들어 둘 수 없는 인간은 덧없는 인생을 즐길 수 있을 뿐임을 깨닫게 된다.

자네는 확실히 가공의 즐거움이라는 환상을 갖게 되지는 않고, 그 결과인 고뇌를 느끼는 일도 없을 것이다. 그와 같은 교환으로 자네는 커다란 덕을 보게 된다. 그와 같은 고뇌는 현실에서 빈번이 느껴지지만, 그와 같은 즐거움은 이따금밖에 맛볼 수 없고, 더욱이 헛된 즐거움이기 때문이다. 사람을 속이는 여러 가지 억견을 극복한 자네는, 다시 이 세상에 커다란 가치를 주고 있는 억견을 극복하게 된다. 자네는 편안히 인생을 보내고, 두려움없이 인생을 마치게 된다. 무슨 일에도 집착하지 않듯이, 인생에도 집착하지 않게 된다. 다른 사람들이 공포에 사로잡혀 이 세상을 떠남으로써 존재하지 않게 된다고 생각할 때, 이 세상의 덧없음을 알고 있는 자네는 지금부터 살기 시작한다고 생각할 것이다. 죽음은 악인에게는 생의 마지막이지만, 올바른 사람에게는 생의 시작인 것이다.”

에밀은 불안을 느끼면서도 주의깊게 내 말에 귀를 기울이고 있다. 이런 전제에서 무언가 불길한 결론이 나오지나 않을까 걱정하고 있다. 정신력을 훈련할 필요를 역설하고 있는 내가 그런 쓰라린 훈련을 자기에게 명령하려 하고 있다고 예감한다. 외과 의사를 보고 떠는 환자처럼, 벌써 그 상처에 심한 아픔을 주는 손, 그러나 상처가 썩는 것을 막아 주는 구원의 손을 느낄 수 있는 것처럼 보인다.

불안한 기분으로, 내가 결국 무슨 말을 하려 하고 있는가 빨리 알고 싶은 그는, 아무 대답도 없이 두려움을 느끼며 내게 묻는다. “저는 어떻게 해야 합니까?” 거의 떨면서 눈도 들지 못하고 그는 말한다.

나는 단호한 어조로 말한다. “해야 할 일, 그것은 소피와 헤어져야 한다는 것이다!”

“무슨 말씀을 하십니까!” 그는 정신없이 소리친다. “소피와 헤어져요! 그 사람과 헤어져요! 그 사람을 속여요! 배신자, 사기꾼, 거짓말쟁이가 돼요!……”

나는 그의 말을 가로막고 말한다. “천만에, 자네는 나한테서 그런 인간이 되라는 가르침을 받게 될까 두려워하는가?”

그는 심한 흥분을 보이면서 계속한다. “아닙니다. 선생님뿐만 아니라 그 밖에 누구한테서도 그런 것은 배우지 않았습니다. 선생님이 어떻게 생각하시거나, 저는 선생님이 만들어 주신 것을 언제까지나 소중히 할 수 있습니다. 그렇게 불릴 만한 자가 되지 않도록 할 수 있습니다."

나는 이와 같은 최초의 광란을 예측하고 있었다. 나는 침착하게 그것이 가라앉기를 기다린다. 그에게 자제를 권하면서 내 자신의 감정도 다스리지 못한다면, 그런 것을 타이르는 나는 어지간히도 싱거운 인간일 것이다. 에밀은 나라는 사람을 매우 잘 알고 있으므로, 내가 무언가 좋지 않은 것을 자기에게 요구할 까닭이 없다고 믿고 있다. 하지만 소피와 헤어진다는 것 자체는 좋지 않은 일임을 잘 알고 있다. 그러므로 곧 내 설명을 기다리게 된다.

그래서 나는 이야기를 계속한다.

"이봐, 에밀, 자네가 석 달 전부터 느끼고 있는 행복보다 더 큰 행복을 느낄 수 있다고 생각하는가? 만일 그렇게 생각한다면, 그 그릇된 생각은 버려라. 인생의 즐거움을 맛보기 전에, 자네는 인생의 행복을 다 마셔 버린 것이다. 자네가 느낀 것 이상의 행복은 아무것도 없다. 관능의 기쁨은 일시적인 것에 지나지 않는다. 거기서는 평상의 마음 상태가 언제나 손상된다. 자네는 현실에서 결코 즐길 수 없는 많은 것을 기대함으로써 즐겨 왔다. 사람이 찾고 있는 것이 아름답게 보이는 상상, 그것을 손에 넣었을 때 사라진다. 그 자신에 의해서 존재하는 유일한 존재자는 별도로 치고, 존재하지 않는 것 이외는 아름다운 것이 아무것도 없다. 그 상태가 언제까지나 계속되었다면, 자네는 최고의 행복을 발견한 것이 될 것이다. 그러나 인간의 모든 것에는 쇠퇴가 있다. 인생 모든 것에 끝이 있고, 모든 것이 변천한다. 설령 우리를 행복하게 만들어 주는 상태가 끊임없이 계속된다 치더라도, 그것을 즐기는 습관이 그 맛을 잃게 한다. 겉으로는 아무것도 변하지 않더라도 마음은 변한다. 행복이 우리를 버리거나, 우리가 행복을 버린다.

자네가 넋을 잃은 동안에, 생각지도 않던 시간이 흘러갔다. 여름은 끝나고 겨울이 다가온다. 추운 계절이 되어도, 우리는 여전히 떠나갈 수 있어도 상대가 그런 것을 견디지 못할 수도 있지. 우리의 마음이 어떻든 생활 방법을 바꾸어야 한다. 언제까지나 현재처럼 계속해 나갈 수 없다. 애타게 기다리는 자네의 눈을 보면 자네에게는 그와 같은 문제가 그리 곤란한 게 아니라는 것을 알 수 있다. 소피의 승낙과 자네 자신의 희망은 눈(雪)을 피할 수 있는 쉬운 방법,

즉 그 사람을 만나기 위해서 찾아가는 일은 이제 고민하지 않아도 되는 방법을 자네에게 가르쳐 주었다. 그것은 확실히 편리한 방법이다. 그러나 봄이 되면 눈은 녹고, 결혼 약속은 여전히 남아있다. 언젠가 모든 계절을 함께 보내기 위해 지금은 그 점을 생각해 보아야 한다. 자네는 소피와 결혼하고 싶어하지만, 자네가 그 사람을 안 지는 아직 다섯 달도 되지 않았다. 자네는 그 사람과의 결혼을 바라고 있다. 그 사람이 자네에게 적당하기 때문이 아니라 자네의 마음에 들었기 때문이다. 이 사람이 적당한가 아닌가를 결코 잘못 보는 일이 없고, 처음에 서로 사랑하던 자가 나중에는 서로 미워하게 되는 일은 결코 없을 것처럼 말이다.

소피에게는 덕성이 있다. 나는 그것을 알고 있다. 그러나 그것으로 충분한 것인가? 훌륭한 사람이라는 것만으로 적당한 사람이 될 수 있을까? 그 사람의 덕성에 대해서가 아니라 성격에 대해서 나는 의문을 느끼고 있는 것이다. 여자의 성격을 하루아침에 뚜렷이 알 수 있을까? 여자의 기질을 완전히 알기 위해서는 그 사람을 여러 상황에서 볼 필요가 있다는 것을 자네는 알고 있겠지? 4개월의 교제가 한평생을 자네에게 보장해 주겠는가? 두 달만 만나지 않으면 그녀는 자네를 잊을지도 모른다. 자네만 없어진다면 소피의 마음에서 자네를 쫓아 버릴 수 있다고 기다리는 다른 남자가 있을지도 모른다. 현재까지 자네에게 그토록 관심을 갖고 있는 사람도, 돌아와 보면 아주 냉담해져 있을지도 모른다. 감정은 원칙에 의해서 움직이는 것이 아니다. 그 사람은 언제까지나 매우 진지하더라도 자네를 사랑하지 않게 되는 수도 있다. '그 사람은 마음이 변하지 않고 충실히 기다리고 있을 것이다.' 나는 그렇게 생각하고 싶다. 그러나 자네들이 시련을 받아 보지 않으면, 어찌 자네가 그 사람의 책임을 지고 그 사람이 자네의 책임을 질 수 있겠는가? 자네들은 아예 헤어져 버려 그 시련을 받는 것이 자네들에게 아무 소용 없어질 때까지 기다릴 참인가? 서로 상대편을 잘 알기 위해서 이제 헤어질 수 없게 되기를 기다릴 참인가?

소피는 아직 열여덟 살도 되지 않았다. 자네는 겨우 스물두 살이 되었을 뿐이다. 그런 나이는 연애의 시기이지 결혼의 시기는 아니다. 그렇게도 젊은 아버지와 어머니가 어떻게 어린아이를 기를 수 있겠나! 하다못해 자기가 이제 어린아이가 아닐 때까지라도 기다리는 것이 좋다. 그 나이가 되기도 전에 참고 견딘 임신의 무거운 짐은, 얼마나 많은 젊은 여성의 체질을 약하게 만들고 건강을 해치고 있는지, 자네는 아는가? 아직도 충분히 완성되지 않은 몸 안에서 제대로 영양을 얻지 못해 얼마나 많은 아기들이 평생 허약한 아이로 있는지 아는가? 어머니와 아이가 동시에 성장해 갈 경우, 어머니와 아이 양쪽의 성장에 필요한 물질이 두 사람에게 나누어질 경우, 자연이 성장을 위해서 준비한 것을 양쪽 다 제대로 얻지 못하게 된다. 그래도 두 사람이 다 튼튼해질 수 있겠는가? 내가 자네를 완전히 잘못 보고 있지 않다면, 자네는 아내와 아이의 생명과 건강을 희생시켜서까지 자기의 애타는 기분을 만족시키지 않고, 좀더 나중에 아내를 맞이하여 더 튼튼한 아이를 갖고 싶어할 것이다.

이제 너에 대해 이야기를 하자. 남편이 되고 아버지가 되기를 바라고 있는 자네는, 그 의무를 충분히 생각해 본 적이 있는가? 한 가정의 주인이 됨으로써 자네는 국가를 구성하는 자가 되려 하고 있다. 그런데 국가를 구성하는 자란 어떤 자인가? 자네는 그것을 알고 있는가? 자네는 인간으로서의 의무를 연구해 왔다. 그러나 시민의 의무가 무엇인지 자네는 알고 있는가? 정부·법률·조국(국가)이란 어떤 것인지 알고 있는가? 어떤 대가를 지불하고 살아가는 것이 허용되는지, 또 누구를 위해서 죽어야 하는 것인지 알고 있는가? 자네는 모든 것을 배운 줄 알고 있지만 실은 아직 아무것도 모르고 있는 것이다. 시민의 세계 속에 하나의 자리를 선택하기 전에, 그 자리를 아는 법을, 그곳에서 어떤 지위가 자네에게 알맞는가 잘 아는 법을 배워야 한다.

에밀, 소피와 헤어져야 한다. 그 사람을 버리라고 말하는 것은 아니다. 자네가 그렇게 할 수 있다면 소피는 자네의 아내가 되지 않는 편이 훨씬 행복할 것이다. 그녀에게 적합한 자가 되어 돌아오기 위해서 헤어져야 하는 것이다. '이미 나는 그 사람에게 적합하다' 생각하는 건방진 인간이어서는 안 된다. 아아, 자네에게는 아직도 할 일이 얼마나 많은가! 자, 그 고귀한 의무를 다 해라. 이별에도 견딜 수 있게 되어야 한다. 충실한 마음이 보답할 수 있는 것을 손에 넣어라. 돌아왔을 때 그 사람에게 무언가를 자랑할 수 있도록, 그리고 은혜로써가 아니라 상으로써 그 사람의 손을 달랠 수 있도록 되어야 한다."

아직 자기 자신과 싸운 경험이 없고, 어떤 것을 바라면서 다른 것도 바라는 데 익숙하지 않은 청년은 좀처럼 행복하지 않다. 그는 저항하고 다툰다.

"자기를 기다리고 있는 행복을 어떻게 거부할 수 있습니까? 저에게 들어온 청혼을 머뭇거리는 것은, 그 청혼을 경멸하는 것이 아닙니까? 알아야만 하는 것을 배우기 위해 그 사람을 떠나갈 필요가 어디 있습니까. 게다가 그렇게 할 필요가 있더라도, 서로의 관계를 풀리지 않게 묶음으로써 돌아올 확실한 보장을 그녀에게 남기고 가는 것은 나쁘지 않습니다. 그 사람의 남편이 되면 언제라도 선생님을 따라가겠습니다. 결혼하면 안심하고 그 사람을 떠나겠습니다.……"

"결혼하고 나서 그녀를 떠나다니, 아아, 에밀. 어쩌면 그렇게 어이없는 말을! 사랑하고 있는 남자가 그리운 연인과 헤어져서 살아갈 수 있는 것은 훌륭한 일이지만 남편은 부득이한 일 외에 결코 아내 곁을 떠나서는 안 된다. 자네의 걱정을 없애 주려면, 자네는 본의 아니게 결혼을 늦출 필요가 있을 것 같다. 자네는 소피에게 어쩔 수 없이 헤어진다고 말할 수 있어야 한다. 자네가 이성을 따르려고 하지 않으니 그것과는 다른 주인을 인정해라. 자네는 내게 약속한 것을 잊지 않았겠지? 에밀, 소피와 헤어져야 한다. 그렇게 하거라."

이 말을 듣자 그는 얼굴을 숙이고 입을 다문 채 잠시 생각에 잠기더니, 곧 자신에 찬 태도로 나를 쳐다보며 "언제 떠나실 건가요?" 묻는다. "일 주일 뒤에." 소피가 이별에 견딜 수 있게 해줄 필요가 있다. 여자는 약하다. 그것을 적당히 참작해 주어야 한다. 게다가 자네와는 달리 그 사람에게는 이 이별이 의무가 아니니까, 그것을 견디어 낼 용기가 그리 없더라도 어쩔 수 없는 일이다."

젊은 두 사람이 작별을 고할 때까지, 두 사람의 사랑의 기록을 계속하고 싶은 기분을 나는 충분히 알고 있다. 그러나 꽤 오래 전부터 나는 독자의 관용에 너무 기대고 있다. 간단히 처리해야겠다. 에밀은 방금 친구에게 보인 그러한 자신을 연인 앞에서도 지속할 수 있을까? 나는 할 수 있다고 생각한다. 그의 사랑의 진실함 그 자체에서, 그는 그와 같은 자신을 얻게 되는 것이다. 그녀와 헤어지는 것이 그리 쓰라리게 여겨지지 않는다면, 그녀 앞에서 그는 더 쩔쩔 맬 것이다. 그러면 그는 자기를 죄 많은 인간으로 느끼면서 그녀와 헤어질 것이고, 그와 같은 역할은 성실한 마음을 가진 자에게는 반드시 난처함을 느끼게 한다. 그러나 헤어짐의 희생이 쓰라린 일이니만큼, 그것을 쓰라리게 만드는 사람의 눈에 그는 더 자랑스러워 보일 것이다. 자신이 떠나는 동기에 대해서 그녀가 착각을 하지나 않을까 하는 걱정은 하지 않는다. 그녀를 쳐다볼 때마다 그는 이렇게 말하고 있는 것 같다.

"아아, 소피. 내 마음속을 읽어 주시오. 그리고 변하지 않는 마음을 갖고 있어 주시오. 당신의 연인은 정조 없는 인간이 아닙니다."

자존심이 강한 소피도 생각지 않던 마음의 타격에 당황하는 일 없이 견디려 한다. 그 일에 동하지 않는 체해 보이려고 한다. 그러나 그녀는 에밀과 달라서 명예로운 싸움과 승리를 경험하지 않았으므로 그와 같은 씩씩한 태도를 지탱하지 못한다. 그녀는 자기를 억누르지 못하고, 눈물을 흘리며 한숨을 쉰다. 게다가 잊혀지지나 않을까 하는 두려움이 이별의 슬픔을 깊게 만든다. 그녀가 눈물을 흘리는 것은 연인 앞에서가 아니다. 그 두려움을 보이는 것은 연인에 대해서가 아니다. 연인이 있는 곳에서 한숨을 쉬느니 그녀는 차라리 숨을 막아 버릴 것이다. 그녀의 한탄을 듣거나 그녀의 눈물을 보는 것은 나다. 그녀는 나에게 마음을 털어놓고 싶어한다. 여성이란 교묘해서 본심을 감출 줄 안다. 그녀는 나의 엄한 방법을 속으로 무척 원망하고 있으므로 더더욱 내 비위를 맞추려고 신경을 쓴다. 그녀는 자기의 운명이 내 손에 쥐어져 있다는 것을 느끼고 있는 것이다.

나는 그녀를 위로하고 안심시키면서 그녀의 연인이라기보다는 오히려 그녀의 남편에 대해서 책임을 져 준다. 그가 그녀에게 충실하듯이 그녀도 그에게 충실한 마음을 지속한다면, 2년 뒤에는 그가 그녀의 남편이 될 것이라고 나는 단언한다. 그녀는 나를 충분히 믿고 있으므로, 내가 자기를 속이려 하고 있다고는 생각하지 않는다. 나는 두 사람에게 각각 서로를 보장해 준다. 그들의 마음, 적성, 나의 성의, 그들 부모의 신뢰, 모두가 두 사람을 안심시킨다. 그러기는 하나 인간의 약함에 대해서 이성이 무슨 소용있겠는가? 두 사람은 다시 만날 수 없게 될 것처럼 작별을 고한다.

그때 소피는 유카리스의 원망을 생각하고, 자기가 정말로 유카리스와 같은 처지가 된 것처럼 생각한다. 헤어져 있는 동안 그 환상적인 사랑이 눈뜨지 않도록 해주자. 한번은 이렇게 말해 준다. "소피, 에밀과 서로 책을 바꾸어 보도록 하시오. 텔레마코스와 같은 사람이 되기를 배우게 하기 위해서, 에밀에게 당신의 〈텔레마코스〉를 주시오. 그리고 에밀은 당신이 기쁘게 읽을 〈스펙테이터〉*24를 당신에게 주도록 합시다. 그것을 읽고 정숙한 아내의 의무를 배우시오. 그리고 2년 뒤에는 그것이 당신의 의무가 된다는 것을 생각하시오." 이 교환은 두

─────────

*24 〈스펙테이터〉는 애디슨(1672~1719)과 스틸(1672~1729)이 런던에서 1711년부터 1714년에 걸쳐 발행한 신문으로 재치있는 풍속 비평을 실었다.

사람을 기쁘게 만들고, 두 사람에게 자신을 준다. 이윽고 슬픈 날이 온다. 이젠 헤어져야만 한다.

소피의 존경할 만한 아버지는—나는 만사를 그와 의논해 두었지만—나의 작별 인사를 받고 나를 껴안더니, 이어 나만 혼자 따로 불러 장중한 태도에 약간 흥분된 어조로 말한다. "나는 모든 것을 당신 생각대로 했소. 명예를 존중하는 분과 약속한다는 것을 알고 있었기 때문이었소. 이제 한마디만 말씀드리고 싶소. 당신의 제자는 내 딸의 입술에 결혼의 계약을 했다는 것을 잊지 말아 주시오."

두 연인의 태도에는 커다란 차이가 있었다. 에밀은 심한 흥분에 사로잡혀서 몸을 움직이고, 정신없이 소리를 지르며, 아버지·어머니·처녀의 손에 뜨거운 눈물을 뿌리고, 흐느껴 울면서 하인들까지 껴안는 등 다른 때라면 사람들을 웃길 경망한 태도로 몇 번이나 같은 말을 되풀이하고 있다. 소피는 음울하고 창백한 얼굴, 텅 빈 눈, 어두운 눈동자로 꼼짝도 않고 서서 말도 없이, 울지도 않고, 아무도, 심지어 에밀도 바라보지 않는다. 에밀이 손을 잡아도, 꼭 껴안아도 아무런 반응을 보이지 않는다. 그녀는 몸도 움직이지 않고, 에밀의 눈물에도, 애무에도, 그가 무엇을 하든 아무것도 느끼지 못한다. 그녀에게 에밀은 이미 가버린 것이다. 그 모습은 그녀의 연인의 시끄러운 한탄이나 소란스러운 슬픔보다 얼마나 사람의 마음을 쳤던가! 그는 그것을 보고, 그것을 느끼고, 가슴 아파한다. 나는 간신히 그를 데리고 떠난다. 한순간만 더 그대로 두었다가는 아예 출발하려고도 하지 않을지 모른다. 그와 같은 소피의 슬픈 모습을 가슴에 새기고 떠나게 된 것을 나는 기뻐했다. 소피에 대한 의무를 잊어버리게 할 만한 일이 그의 마음에 생기면 헤어지며 본 소피의 모습을 회상시킬 것이다. 그럼에도 그를 다시 그녀에게로 마음을 되돌릴 수 없다면, 그는 완전히 제 정신을 잃은 인간이 되었을 것이다.

여행에 대해서

사람들은 젊은이들이 여행을 하는 것은 좋은 일이냐고 묻는다. 그리고 그것에 대해서 온갖 말들을 주고받는다. 질문을 다른 식으로, 즉 인간은 여행을 하는 것이 좋으냐고 묻는다면, 아마 사람들은 그렇게 입씨름을 벌이지는 않을 것이다.

책의 남용은 오히려 학문을 죽인다. 사람들은 읽은 것을 알고 있는 줄 알고, 자기는 이제 그것을 배울 필요가 없다고 생각한다. 너무 많이 읽는 것은 건방진 무식자를 만드는 데 도움이 될 뿐이다. 문학이 번창한 모든 시대 가운데 현대만큼 책이 읽힌 시대는 없고, 현대만큼 사람들이 사물을 알지 못한 시대도 없다. 유럽의 모든 나라 중에서, 프랑스만큼 많은 역사나 여행기가 출판되고 있는 나라는 없고, 프랑스만큼 사람들이 다른 국민의 정신과 풍속을 모르는 나라도 없다. 많은 책은 우리로 하여금 세계에 관한 책을 소홀하게 만든다. 그렇지 않고 설령 그 책을 읽고 있더라도, 우리는 모두 자신에 대한 페이지만 들여다보고 있다. '페르시아인이라는 것이 있었나?'라는 문구를 몰랐더라도, 그 문구만 들으면 그것은 국민적 편견이 제일 득세하고 있는 나라의, 그 편견을 더더욱 넓히고 있는 여성의 말이라는 것을 알게 될 것이다.

파리 사람들은 '인간'에 대해 잘 안다고 생각하지만 그들은 프랑스인을 알고 있을 뿐이다. 언제나 외국인이 우글거리는 파리에 있으면서, 파리 사람들은 외국인의 한 사람 한 사람을 이상한 현상으로 보고, 세계의 다른 곳에서는 그와 같은 것을 전혀 볼 수 없다고 생각한다. 이 대도시에 사는 사람들을 가까이에서 본 적이 없다면, 그들 사이에서 살아 본 적이 없다면, 그렇게 재기에 찬 인간이 그렇게 어리석을 것이라고 도저히 믿어지지 않을 것이다. 기묘하게도 그들은 모두 어떤 나라에 대한 책을 열 번 이상 읽었으면서도, 그 나라의 주민 한 사람을 보면 그만 놀라 눈이 휘둥그레진다.

진실에 도달하기 위해서 저술가들의 편견과 우리의 편견이 이중의 벽을 뚫지 않으면 안 된다는 것은 못견딜 일이다. 나는 여행기를 읽으면서 평생을 살아왔지만 한 국민에 대해서 같은 관념을 갖게 하는 두 여행기를 본 적이 없다. 내가 직접 관찰할 수 있었던 조그마한 일에 관해서 읽은 것과 비교해 보고, 나는 마침내 여행기를 읽는 것을 포기하고 말았다. 그리고 그런 것을 읽고 무언가 배우려고 시간을 소비한 것을 후회했다. 관찰해야 할 사실은 어떤 종류의 것이거나 읽어서는 안 되고 직접 보아야 한다고 절실히 깨달았기 때문이다. 여행가들이 직접 본 것이나 믿을 일만을 이야기하고, 그들의 눈에 속아 진실을 왜곡하지 않을 때도, 위의 것은 마찬가지일 것이다. 하물며 여행가의 거짓과 불성실에서 진실을 찾아 내야 한다면, 어떻게 되겠는가?

그러므로 이름난 책에 의지하는 것은, 책을 읽는 것만으로 만족하는 사람들에게 맡겨 두자. 그것은 라이문두스 룰루스*25의 기술과 마찬가지로, 알지도 못하는 일에 대해서 지껄이는 수법을 배우는 데 도움이 된다. 열다섯 살의 플라톤들에게 클럽에서 철학을 논하고, 폴 뤼카라든가 타베르니에*26의 말을 바탕으로 이집트나 인도의 풍습을 가르치는 데 도움이 되는 것이다.

한 국민밖에 못 본 자는 인간에 대해 아는 게 아니라 함께 살아 온 국민들밖에 알지 못한다는 것은 이론의 여지가 없다. 그러므로, 여행에 대한 문제를 제기하는 또 하나의 방식이 있다. '훌륭하게 교육받은 인간이 자기의 국민밖에 몰라도 되는가. 혹은 인류 전체를 알 필요가 있는가?'라는 것이다. 이렇게 말하면 논쟁도 의문도 없어진다. 이와 같이 어려운 문제의 해결은 문제 제기의 방식에 달려 있는 수가 흔하다.

그러나 인간을 연구하기 위해서 지상을 구석구석 돌아다닐 필요가 있을까? 유럽인을 관찰하러 일본에 갈 필요가 있을까? 그렇지는 않다. 어떤 사람들은 서로 매우 많이 닮아서, 따로 연구할 것은 없다. 열 사람의 프랑스인을 본 사람은 모든 프랑스인을 본 것이다. 영국인과 그 밖에 몇몇 국민에 대해서는 이런 말이 좀 지나칠지 모르지만, 몇 사람에 대한 관찰에서 귀납적으로 끌어낼 수 있는 고유의 특수한 성격이 있다는 것은 확실하다. 열 사람의 프랑스인을 비교해 본 사람은 프랑스인만이라는 것을 알고 있는 것이 되지만, 동시에 열 나라의 국민을 조사해 본 사람은 인간이라는 것을 알게 되는 셈이 된다.

지식을 얻으려면 여러 나라를 돌아다니는 것만으로는 충분하지 않다. 여행의 방법을 터득하고 있어야 한다. 관찰을 하려면 보는 눈을 갖고 있어야만 하고, 알고 싶어하는 대상으로 그 눈을 돌려야만 한다. 책보다 여행에서 더 적게 배우는 사람들도 많다. 그들은 생각하는 기술을 모르기 때문이다. 책을 읽을 때 그들의 정신은 적어도 저자에 의해서 인도되지만, 여행을 할 때 그들은 전혀 스스로 볼 수 없기 때문이다. 또 어떤 사람은 의욕이 없기 때문에 알게 되지 않는다. 그런 사람의 목적은 전혀 다른 데 있으므로 안다는 데에 거의

＊25 라이문두스 룰루스(1235~1316)는 스페인 태생의 학자. 파리 및 몽펠리에 대학에서 가르쳤다. 삼각형이나 원을 사용해 개념을 조합하여 진리를 이끌어 내는 이론적 방법 '룰루스의 술(術)'을 고안했다. 종교 철학에 관한 저작 외에 시와 소설도 썼다.

＊26 폴 뤼카(1664~1737)는 루앙 태생의 프랑스 여행가. 이집트·시리아·페르시아·아르메니아 등을 여행하여 그 견문기를 썼다. 장 바티스트 타베르니에(1605~1689)는 파리 태생의 프랑스 여행가. 터키·페르시아·인도를 여행하고 그 여행기를 썼다.

관심을 갖지 않는 것이다. 관찰하려는 마음이 없는데 정확히 보이는 일은 좀처럼 없다.

온 세계 모든 국민 가운데서 프랑스인은 가장 여행을 많이 하는 국민이다. 그러나 자기 나라의 관습이 머리에 가득 차 있어서 그와 비슷하지 않은 일은 모든 것은 거절해 버린다. 세계 구석구석에 프랑스인들은 있다. 프랑스처럼 사람들이 여행을 많이 하는 나라도 없다. 이처럼 유럽의 모든 국민 중에서 가장 많이 보고 있는 국민임에도, 여러 국민들에 대해 아는 것이 가장 적다.

영국인 역시 여행을 하지만 여행하는 방법이 다르다. 이 두 국민은 아마 모든 점에서 반대일 것이다. 영국의 귀족은 여행을 하지만, 프랑스의 귀족은 여행을 하지 않는다. 프랑스의 국민은 여행을 하지만 영국의 국민은 여행을 하지 않는다. 이 차이는 영국의 명예가 되는 것 같다. 프랑스인은 여행할 때 대개 무언가 이익을 추구한다. 그런데 영국인은 통상을 목적으로 무언가 가득 가지고 가지만, 그저 행운을 찾아서 외국에 가는 일이 없다. 그들이 여행을 하는 것은 돈을 쓰기 위해서이며, 그럭저럭 살기 위해서가 아니다. 그들은 큰 긍지를 갖고 있으므로 외국에 가서 굽신거리지 않는다. 그러기에 그들은 완전히 다른 것을 염두에 두고 있는 프랑스인에 비해 외국에서 더 잘 배우게 된다. 하기야 영국인도 그 국민적 편견을 갖고 있다. 어느 국민보다도 많은 편견을 가졌다고까지 할 수 있다. 그러나 그 편견은 무지보다 오히려 정념에 입각해 있다. 영국인에게는 오만에서 생기는 편견이 있고, 프랑스인에게는 허영심에서 생기는 편견이 있다.

가장 덜 개화된 국민이 일반적으로 가장 선한 국민인 것처럼, 마찬가지로 가장 여행을 적게 하는 사람들은 가장 훌륭하게 여행을 한다. 우리가 하고 있는 이런 부질없는 연구에 있어서는, 우리만큼 진보해 있지도 않고, 헛된 호기심의 대상에 마음이 사로잡히는 일이 적어서, 그들은 정말로 유익한 일에만 주의를 기울이기 때문이다. 스페인 국민 이외에 그런 식으로 여행하는 사람을 나는 거의 알지 못한다. 프랑스인은 그 나라의 예술가들에게 달려가고, 영국인은 무슨 옛 미술품의 데생을 본 뜨며, 독일인은 사인북(signbook)을 들고 모든 학자를 찾아다닌다. 그들이 그런 일을 하고 있는 동안에 스페인 사람들은 묵묵히 통치 제도·습속·치안 상태 등을 연구하고 있으며, 이 네 나라 국민들 중에서 스페인 사람들만이 고국에 돌아갈 때 그들이 본 것 중에서 자기 나라에 유익한 어떤 고찰을 갖고 돌아간다.

고대인은 여행을 하거나, 책을 읽거나, 글을 쓰는 일이 적었다. 그런데도 우리에게 남아 있는 그들의 책을 보면, 우리가 동시대인을 관찰하는 것보다 서로를 더 잘 관찰하고 있었던 것을 알 수 있다. 그가 묘사하는 나라들로 우리를 데려다 주는 유일한 시인인 호메로스의 책까지 거슬러 올라가지 않더라도, 헤로도토스가 역사를 고찰이라기보다 이야기로 그려내긴 했지만, 그 역사 속에서 현대의 모든 역사가들이 그들의 책에 초상과 성격을 담음으로써 묘사하는 것보다 훨씬 잘 그 풍속을 그리고 있다는 명예를 주지 않을 수 없다. 타키투스는 오늘날 독일인에 대해서 설명하는 어느 작가보다 더 적확하게 당시의 게르마니아인에 대해서 기술하고 있다. 고대사에 정통한 사람들은, 오늘날의 어느 국민이 그 이웃 나라 국민을 알고 있는 것보다도 더 적확하게 그리스인·카르타고인·로마인·갈리아인·페르시아인을 더 잘 알고 있다는 것은 의심할 여지가 없다.

여러 국민의 독자적인 성격은 나날이 사라지고, 따라서 각 민족의 특성을 파악하기가 더욱 어려워져 간다는 것도 인정해야 한다. 인종이 서로 혼합되고 민족이 서로 융합됨에 따라서 전에는 일목 요연했던 국민적인 차이들이 차츰 사라져간다. 옛날에는 국민이 저마다 자기 나라 안에 틀어박혀 있었다. 여러 민족 사이에는 교류도, 여행도, 공통적인 이해도, 상반되는 이해도, 정치적 사회적인 교섭도 그다지 없었다. 협상이라고 부르는 궁중의 귀찮은 일들도, 주재 대사나 상임 공사 같은 것도 없었다. 원양 항해는 좀처럼 실시되지 않았으며, 먼 나라와의 무역은 별로 없었고, 다소 있었다 하더라도 그것은 군주가 직접 외국인을 고용해서 하거나, 아니면 아무에게도 모범이 되지 않는 경멸받는 인간들, 또는 여러 국민을 서로 접근시키지 못하는 인간들이 하는 일이었다. 지금은 유럽과 아시아 사이에, 일찍이 갈리아와 스페인 사이에 있었던 것보다 훨씬 많은 교섭이 있다. 전에는 유럽만도 오늘날의 지상 전체보다 더 따로 분리된 상태였다.

게다가 대개 자기들을 토착 민족, 즉 원래부터 그 국토에서 태어난 민족으로 간주했던 고대 민족은 그들의 조상이 그곳에 정주한 아득한 옛 시대의 기록을 잃어버릴 만큼 오래 살았으며, 지역적인 기후 조건이 그들에게 지울 수 없는 영향을 끼쳤을 만큼 오래 살았다. 로마인의 침입 후 주변 여러 민족의 유럽 유입은 모든 것을 혼합하고 융합시켰다. 오늘날의 프랑스인은 이미 지난날처럼 금발머리와 후리후리한 키와 허여멀건한 몸을 갖고 있지 않다. 그리스인은 이제 미술의 모델이 될 만한 아름다운 사람들이 아니다. 로마인의 얼굴조차도 그 천성과 마찬가지로 특징이 변해 버렸다. 타타르 지방에서 나온 페르시아인은 카프카스인과의 혼혈로 그들 본래의 추함을 나날이 잃어가고 있다. 유럽인은 이제 갈리아인·게르만인·이베리아인·알로브로게스인이 아니다. 그들의 얼굴을 보면 모두 여러 가지로 변질된 스키타이족일 뿐이다. 풍속을 보면 더더욱 그렇다.

이런 까닭으로 고대 인종의 차이, 대기와 토지의 성질이 전에는 각 민족의 기질·용모·습속·성격을 잘 특징짓고 있었는데, 오늘날 그런 것은 그리 두드러진 특징을 띨 수가 없다. 침착하지 못한 유럽인들은 어떤 자연의 원인에도 그 표지를 새길 시간을 주지 않는다. 그리하여 숲은 베어지고, 늪은 간척되고, 대지는 옛날처럼 잘 경작되어 있지는 않지만 다 똑같은 방식으로 경작되어서, 자연의 것조차 전처럼 토지와 토지, 나라와 나라 사이의 차이를 갖지 못하게 되었다.

그런 것을 생각해 보면 우리는 이제 더 이상 볼 수 없는 독자적인 용모와 두드러진 차이로 여러 나라 주민들을 표시한다고 해서, 헤로도투스나 크테시아스나 플리니우스를 그리 성급하게 웃음거리로 삼을 수 없다. 옛날 사람과 같은 얼굴을 보기 위해서는 옛날 사람과 같은 사람을 발견해야 한다. 인간은 언제나 같았다고 생각하기 위해서는 인간을 바꾼 요소가 아무것도 없어야 한다. 만일 여태까지 존재한 모든 인간을 동시에 볼 수 있다면, 오늘날 서로 다른 국민 사이에 볼 수 있는 인간의 차이보다도, 서로 다른 시대 사이에 볼 수 있는 인간의 차이가 오히려 더 클 것이 틀림없다. 이에 의심을 가질 수 있겠는가?

관찰이 더 어려워지면, 그것은 더욱 아무렇게나 불완전하게 행해진다. 이것은 인류의 박물지에 관한 우리의 연구가 별로 성공하지 못한 또 하나의 이유다. 여행으로부터는 그 여행을 기획한 목적에 따라서 지식을 얻을 수 있다. 그목적이 하나의 철학 체계를 확립하는 데 있다면, 여행가는 보고 싶은 것 이외는 결코 보지 않는다. 그 목적이 돈벌이에 있다면, 그것이 사람들의 주의를 완전히 흡수하여 그들은 돈벌이만을 생각한다. 여러 국민을 혼합하고 융합시키는 통상과 기술도 상대편 국민을 연구시키지는 않는다. 서로 어떤 이익을 얻을 수 있는가를 알면, 그 밖에 무엇을 알 필요가 있겠는가?

가장 쾌적하게 살 수 있는 장소를 선택하기 위해서 우리가 살 수 있는 모든 장소를 안다는 것은 인간에게 유익한 일이다. 만일 각자가 자급자족하는 것으로 충족시킬 수 있다면, 필요한 것은 다만 인간을 부양할 수 있는 토지의 넓이를 아는 일이다.

아무도 필요로 하지 않고, 남의 것을 아무것도 갖고 싶어하지 않는 미개인은 자기 토지 이외는 어느 토지도 모르고 또 알려고도 하지 않는다. 살아가기 위해서 더 넓은 땅을 찾아야 하더라도, 사람이 살고 있는 장소는 피한다. 그는 짐승을 찾을 뿐이지, 몸을 부양하기 위해서 그 밖의 것을 필요로 하지 않는다. 그러나 우리는 문화 생활을 필요로 하고 다른 인간을 해치며 살아갈 수밖에 없는 우리는, 살기에 가장 좋다고 여기는 곳으로 가는 것이 이익이 된다. 그런 까닭으로 모두 로마, 파리, 런던에 몰려든다. 인간의 피를 싼 값으로 파는 곳은 반드시 그 대도시들이다. 그런 까닭으로 사람들은 대도시의 시민밖에 모르며 대도시의 시민은 모두 비슷비슷한 것이다.

우리 나라에는 지식을 얻기 위해서 여행하는 학자가 있다고 사람들은 말하지만 그렇지 않다. 학자도 다른 인간들과 마찬가지로 이익을 얻기 위해서 여행을 하는 것이다. 플라톤이나 피타고라스 같은 사람은 이제 볼 수 없다. 설령 그런 사람이 있다 하더라도, 우리한테서 아득히 먼 곳에 있다. 우리의 학자는 임금의 명령을 받고 여행하는 데 지나지 않는다. 그들은 파견되고, 여비를 얻고, 돈을 얻어서 이런저런 것을 보러 가지만, 절대로 도덕적인 목적은 아니다. 그들은 어떤 한 가지 일에 모든 시간을 소비해야 한다. 그들은 매우 정직한 인간들이므로 주어진 돈을 그냥 받아먹지는 않는다. 설령 어느 나라거나 호기심이 많은 사람이 있어서 자기 비용으로 여행을 하더라도, 그것은 결코 사람들을 연구하기 위해서가 아니라 사람들에게 가르치기 위해서이다. 그들에게 필요한 것은 학문이 아니라 과시하는 일이다. 여행함으로써 편견의 굴레를 뿌리치는 일을 어찌 그들이 배울 수 있겠는가. 그들은 편견 속에서 여행하는 데 지나지 않는다.

나라를 보기 위해서 여행하는 것과 국민을 보기 위해서 여행하는 것 사이에는 커다란 차이가 있다. 제1의 목적은 언제나 호기심 많은 인간의 목적이다. 그들에게 제2의 목적은 언제나 부차적인 것에 지나지 않는다. 철학하고자 하는 사람에게는 완전히 반대가 되어야 한다. 어린아이는 인간을 관찰할 수 있게 되기 전에 사물을 관찰한다. 어른은 먼저 자기와 같은 인간을 관찰해야 하며 다음에 여가가 있으면 사물을 관찰한다.

그러므로 우리가 서툴게 여행을 하고 있다고 해서 여행은 무용하다고 결론을 내린다는 것은 올바른 추론이 아니다. 그러나 여행의 유익함이 인정되었다 하더라도, 그것이 모든 사람에게 적합한 것이 되겠는가? 천만에, 그것은 반대로 아주 적은 사람에게만 적합한 일이다. 확고해서 그릇된 일을 배우더라도 마음이 흔들리지 않고 부도덕의 견본을 보아도 끌려가지 않는 사람에게만 적합한 일이다. 여행은 천성의 발달을 촉진시키기 때문에, 인간을 완전히 좋게도 만들고 나쁘게도 만든다. 세계를 돌아보고 오는 사람은, 돌아온 후의 모습으로 평생 동안 변하지 않는 사람이 된다. 잘 되어 돌아오는 사람보다 나쁘게 되어 돌아오는 사람이 많다. 떠날 때 선(善)에 대한 경향을 가진 사람보다 악에 대한 경향을 가진 사람이 많기 때문이다. 서툴게 길러진 청년, 올바르게 지도받지 못한 청년은 여행하는 동안에 그들이 찾아가는 국민의 모든 부도덕을 몸에 지니고, 그 부도덕에 섞여 있는 미덕은 하나도 몸에 지니지 않는다. 그런데 좋은 소질을 타고난 청년, 좋은 천성을 잘 교육받은 청년, 그리고 정말로 지식을 넓히고 싶은 의도를 가진 청년은 모두 떠날 때보다도 더 뛰어난 자, 더 현명한 사람이 되어서 돌아온다. 나의 에밀은 그와 같이 여행할 것이다. 더 좋은 시대에 태어났어야 했을 그 청년, 유럽이 눈이 휘둥그레져서 그 사람됨을 찬양한 그 청년도 그렇게 여행을 했던 것이다. 그 사람은 한창 젊은 나이에 나라를 위해서 죽어갔지만, 더 오래 살 만한 사람이었다. 그의 미덕으로만 장식되어 있는 그 무덤은, 한 외국인이 그곳에 꽃을 뿌린 뒤부터 그에 알맞는 명예를 누리게 되었다.

이성에 의해서 이루어지는 일은 모두 규칙을 갖고 있어야 한다. 교육의 일부라고 생각되는 여행에도 그 규칙이 있어야 한다. 여행을 위해서 여행하는 것, 그것은 헤매어 다니는 일, 방랑하는 일이다. 지식을 얻기 위해서 여행한다는 것도 아직 너무나 모호하다. 일정한 목표를 갖지 않은 지식의 획득은 무의미한 일이다. 나는 어떤 뚜렷한 필요를 청년에게 준 다음 지식을 구하게 하고 싶은데, 올바로 선택된 그 필요가 지식의 성질을 결정하게 될 것이다. 이것 역시 내가 실천하려고 노력해 온 방법의 연속이다.

그런데 다른 존재와의 물리적인 관련에 있어서, 다른 인간과의 도덕적인 관련에 있어서, 자기를 고찰한 뒤에 그에게 남아 있는 것 같은 시민들과의 사회적인 관련에 있어서 자기를 고찰하는 일이다. 그러기 위해서 그는 먼저 통치기구(정부) 일반의 본질, 여러 통치 형태를 연구하고, 다시 그가 태어난 나라의 통치기구를 연구하여, 이 통치기구 아래서 생활하는 것이 자기에게 적당한가를 알아야만 한다. 그 무엇에 의해서나 폐기될 수 없는 하나의 권리에 의해서 각자가 성년에 이르러 자기의 지배자가 되면, 그를 공동체에 가입시키는 계약을 파기하여 그 공동체가 성립하는 나라를 떠나는 것도 또한 자유로이 할 수 있게 되기 때문이다. 그는 이성의 시기 뒤에도 그 나라에 머무름으로써만 그의 조상들이 맺은 약속을 암묵 속에 확인하고 있는 것으로 간주된다. 그는 상속권을 포기할 수 있는 것과 마찬가지로 조국을 버리는 권리를 얻는다. 게다가 출생의 장소는 자연적인 선물의 하나이므로 자기의 출생지를 버릴 경우 자신의 일부를 포기하는 것이 된다. 엄밀한 권리에 의하면 개인은 어디서 태어나든지 자기의 책임 아래 언제나 자유로울 수 있지만, 자신의 의사로 법률에 복종하면 위험으로부터 보호받는 권리를 얻는다.

그래서 나는, 이를테면 이런 말을 그에게 말해 줄 것이다.

"여태까지 자네는 내 지도 아래서 생활해 왔다. 자네에게는 자기를 지배할 힘이 없었기 때문이다. 그러나, 자네는 이제 법률이 자네 재산의 처리를 허용하고, 자네를 자신의 주인으로 만드는 나이에 가까웠다. 자네는 모든 것에, 자네의 자산에까지 묶이면서 사회에 혼자 있는 자기를 발견하게 될 것이다. 자네는 가정을 가질 생각을 하고 있다. 그것은 훌륭한 생각이다. 그것은 인간의 의무 가운데 하나이다. 그러나 결혼하기 전에 자네는 다음을 알아야 한다. 자네는 어떤 인간이고 싶은가? 무엇을 하여 평생을 보낼 작정인가? 자신과 가족의 빵을 확보하기 위해서 어떤 방법을 쓸 생각인가? 비록 생계비를 버는 일을 주된 일로 삼아서는 안 될지라도, 한 번은 그런 것에 대해 생각해야만 하기 때문이다. 자네는 경멸하는 사람들에게 자네의 몸을 의지하고 싶은가? 끊임없이 남에게 끌려다니는 상태에 자네를 두고, 악인한테서 달아나기 위해 자신이 먼저 악인이 되어야 하는 사회에 자네의 재산을 확보하고 자네의 신분을 고정시키고 싶은가?"

그 다음 나는, 상업에 종사하거나, 관직에 앉거나, 이자를 이용하거나, 그의 재산을 유리하게 사용하는 가능한 모든 방법을 보여 준다. 그리고 그에게 위험한 꼴을 보이지 않는 것, 그를 불안정한 의존 상태에 빠뜨리지 않는 것, 남의 본보기와 편견으로 그의 습관·감정·행동을 정하도록 강제하지 않는 것은 하나도 없다는 것을 가르쳐 줄 것이다.

나는 이렇게 말해 준다.

"자기의 시간과 몸을 사용하는 방법에는 또 한 가지가 있다. 그것은 군대에 들어가는 것, 다시 말해서 아주 비싼 급료로 고용되어 우리에게 해도 안 끼친 사람들을 죽이러 가는 일이다. 이 직업은 사람들 사이에 매우 높게 평가되고 있고, 사람들은 그런 일에만 유능한 인간들을 비정상적으로 존경하고 있다. 게다가 그것은 너를 다른 수단에 의존하지 않도록 해주기는커녕 다른 수단을 더욱 필요한 것으로 만들 뿐이다. 왜냐하면 이 직업에 헌신하는 사람들을 파산시키는 것도 이 직업의 명예가 되어 있기 때문이다. 하기야 그네들이 다 파산하는 것은 아니다. 다른 직업의 경우와 마찬가지로, 이 직업에 종사해도 부자가 되는 풍조가 어느새 생기고 있다. 그러나 성공한 인간들이 그 때문에 어떻게 행동하는가를 자네에게 설명한다면, 그런 흉내를 내보고 싶은 호기심을 일으키리라고는 생각하지 않는다.

자네는 다시 이런 것을 알게 될 것이다. 이 직업에서조차 지금은 배짱도 용기도 문제가 되지 않는다. 하기야 여성에 대한 배짱과 용기는 아마 별도겠지만, 반대로 굽신거리는 인간, 야비한 인간, 비굴한 인간이 언제나 더없이 존경받고 있다. 성실하게 직무를 완수할 생각이라도 갖는 날이면, 자네는 멸시되고, 미움받고, 아마 쫓겨나고 말 것이다. 적어도 월권이라고 욕설을 들을 것이다. 자네의 동료는 멋진 옷차림을 하고 편하게 근무하는 동안, 자네는 참호에서 성실히 네 임무를 하고 있었다는 이유 때문에 말이다."

이런 모든 일은 에밀의 취미에는 별로 맞지 않을 것임을 충분히 짐작할 수 있다. 그는 나에게 이렇게 말할 것이다.

"무슨 말씀을! 제가 어린 시절의 유희를 잊었겠습니까? 제 팔을 잃기라도 했습니까요? 제 힘을 다 써 버리기라도 했나요? 제가 더 이상 일을 할 수가 없나요? 선생님이 말씀하신 모든 훌륭한 일과, 인간의 온갖 어처구니 없는 의견이 제게 무슨 상관이 있을까요? 저는 친절하고 올바른 인간이 되는 것 이외에 영광을 모릅니다. 사랑하는 자와 함께 독립하여 살고, 노동으로 날마다 새로운 식욕과 건강을 획득하는 일 이외에 명예를 모릅니다. 선생님이 말씀하신 그런 거추장스러운 일은, 아무리 생각해 보아도 저는 별로 마음이 끌리지 않습니다. 어느 세계의 한 구석에 있는 조그만 밭, 그것이 제가 찾는 재산의 전부입니다. 저는 그것을 유리하게 쓰는 데 제 욕심의 전부를 기울여서 침착하게 살아가렵니다. 소피가 있고 나의 밭이 있다면 그것으로 저는 부자가 될 겁니다."

"그렇다, 친구여. 아내와 자기 것이 되어 있는 밭, 현자의 행복에는 그것으로 족하다. 그러나 이 두 가지 보물은 조촐함에도 불구하고 자네가 생각하는 것만큼 그리 흔한 것은 아니다. 그 둘 중 눈에 띄는 보배 하나가 자네에 의해서 발견되었다. 이제 남은 또 하나의 보배에 대해서 이야기하기로 하자.

자네의 것이 되어 있는 밭, 이것 봐, 에밀. 자네는 그것을 어떤 곳에서 선택할 참인가? 대지의 어느 한 구석에서 자네는 이렇게 말할 수 있을 것이다. '여기서 나는 나의 주인이고, 또한 내 것이 되어 있는 토지의 주인이다.' 우리는 어떤 곳에 가면 쉽게 부자가 될 수 있는지 잘 알고 있지만, 어떤 곳에 가면 부자가 되지 않아도 되는지 누가 알고 있는가? 어디에 가면 독립하여 자유로이 살 수 있는지, 누구에게 해를 끼칠 필요도 없고 피해를 받을 걱정도 없이 살 수 있는지 누가 알고 있는가? 언제나 성실한 사람으로 있을 수 있는 나라가 그리 쉽게 발견된다고 자네는 생각하는가? 모략도 하지 않고, 다투지도 않고, 속박도 받지 않고 살아갈 수 있는 정당하고 확실한 방법이 있다면 그것은 분명히 자기 땅을 갈고, 자기 손으로 일을 하며 사는 일이다. 그러나 '내가 밟고 있는 토지는 내 것이다'라고 말할 수 있는 나라가 어디에 있는가? 그런 복받은 땅을 선택하기 전에, 자네가 찾는 편안한 생활을 그곳에서 발견할 수 있는지 충분히 확인해야 한다. 난폭한 정부나, 박해를 가하는 종교나, 부도덕한 습관이 자네를 불안에 빠뜨리지 않도록 조심해야 한다. 자네가 고생한 결과를 게걸스레 삼키는 가혹한 세금, 자네의 자산을 갉아먹는 한없는 소송을 피해야 한다. 올바로 살아가면서도 절대로 관리들에게, 그들의 대리인들에게, 재판관, 승려 가까이에 있는 권력자, 모든 종류의 악인, 무시하면 언제나 자네를 괴롭히려는 악당에게 아첨을 할 필요가 없도록 해야 한다.

특히 귀족이나 부자에게 고통을 받는 일이 없도록 해야 한다. 그들의 토지는 어디서나 나봇의 포도원 옆에 있게 된다고 생각하는 것이 좋다. 자네에게 불행한 일은, 높은 지위에 있는 자가 자네의 조그만 집 가까이에 집을 사거나 세운다면, 그놈은 무언가 구실을 만들어서 자네 토지에 침입하여 그것을 자기 것으로 만드는 방법을 생각해 내리라. 아니면, 아마도 어느 날엔가 자네는 생활 수단의 전부를 넓은 길에 빼앗겨 버리는 봉변을 당하게 될 수도 있다. 자네도 세력이 있어서 그런 난처한 사태를 모두 막을 수 있다면 자네는 부를 갖는 편이 좋다. 그것을 갖는 데 더 힘이 드는 것도 아니다. 부와 세력은 서로 지지한다. 한쪽이 없어지면 나머지 한쪽도 반드시 충분히 유지되지 못한다.

사랑하는 에밀, 나는 자네보다 많은 경험을 쌓았기에 자네의 계획이 곤란하다는 것을 더 잘 알고 있다. 그렇지만, 그것은 정직하고 훌륭한 계획이다. 그것은 자네를 정말로 행복하게 만들어 줄 것이다. 그러므로 그것을 실천하도록 노력하자. 나는 자네에게 이렇게 제안하고 싶다. 우리가 정한, 자네가 돌아올 때까지의 2년 동안을 내가 방금 말한 것처럼 모든 위험을 벗어나서 자네가 가족과 더불어 행복하게 살 수 있는 안주의 땅을 유럽의 어느 곳에서 찾는 일에 몰두하기로 하자. 우리가 성공한다면, 자네는 다른 많은 사람들이 찾지 못한 참된 행복을 발견한 것이 되고, 그런 일에 시간을 보낸 것을 후회하지 않아도 된다. 만일 성공하지 못하면, 자네는 꿈에서 깨는 것이 된다. 피치 못할 불행에 대해서 위안을 받고, 필연의 법칙에 복종하게 될 것이다.

이와 같이 제안 된 탐구가 우리를 어디까지 이끌어갈 것인지, 내 독자가 다 알아 줄지 어떨지 나는 모른다. 그러나 나는 이와 같은 목적으로 시작되고 계속되는 여행에서 돌아올 때, 에밀이 통치의 문제, 통치자의 행동, 그들의 여러 가지 격률을 모두 정통하게 알게 되어 돌아오지 않는다면, 그에게는 지성이, 내게는 판단력이 없었기 때문임을 잘 알고 있다.

국제법학(國際法學─국가기본법학)은 아직도 생겨나지 않았다. 그것은 결코 생기지 않을 것이다. 이 부문에서 오늘날의 모든 학자의 선생인 그로티우스*27는 어린애에 지나지 않으며, 더욱이 더 곤란한 것은, 정직하지 못한 어린애라는 점이다. 그로티우스를 구름 위에 올려 놓고, 홉스에게 저주의 소리를 퍼붓는 것을 들으면, 이 두 사람의 저서를 읽은, 혹은 이해하는 양식있는 사람이 얼마나 있는지 나는 알게 된다. 사실 그들의 원리는 완전히 같은 것이다. 다만 표현

＊27 휴고 그로티우스(1583~1645)는 네덜란드의 법학자이며 정치가인데, 그의 유명한 저서《전쟁과 평화의 법》(1625)은 국제법을 합리주의적 자연법에 의해 기초가 된 것으로 광범위하게 영향을 미쳤다.

이 다를 뿐이다. 그들은 또 방법도 잘못 택하고 있다. 홉스는 궤변에, 그로티우스는 시인의 지지를 받고 있다. 그 밖에는 모든 것이 두 사람에 공통되고 있다.

중대하지만 무용한 학문을 만들어 내는 능력이 있었던 오직 한 사람의 근대인은 저 고명한 몽테스키외였을 것이다. 그러나 그는 국제법(國際法)의 원리를 논하려고 하지 않았다. 그는 기존 통치기구의 실정법을 논하는 것만으로 만족했다. 그런데 이 두 가지 연구 이상으로 서로 다른 것은 세상에 아무것도 없다.

그렇지만, 존재하는 정부에 대해서 건전한 판단을 내리려고 하는 사람은, 이두 가지 연구를 아울러 해야 한다. 존재하는 것을 충분히 잘 판단하기 위해서는 존재해야 하는 것을 알아야 한다. 이런 주요한 문제를 해명하려고 할 때 느끼는 가장 큰 곤란은 개인으로 하여금 그것을 검토하는 흥미를 일으키게 하여 '내게 무슨 상관이 있는가?', '그래서 내가 어떻게 할 수 있는가?' 이 두 가지 의문에 대답하는 일이다. 우리는 에밀을 그 어느 쪽 의문에도 대답할 수 있도록 만들어 주었다.

두 번째 곤란은, 어린 시절의 편견과 그것에 따라 사람들이 양육되어 온 격률에서, 특히 자기가 거의 관심을 갖지 않은 진리에 대해 끊임없이 운운하며 입 밖에 내지 않는, 자기의 이해 관계만 생각하는 저술가의 불공평에서 생긴다. 실제로 국민은 교수직도, 연금도, 아카데미 회원의 자리도 주지 않는다. 그런데도 국민의 권리가 어째서 그런 인간들에 의해 확립되는지 생각해 보라! 나는 이 곤란도 또한 에밀에게는 전혀 존재하지 않도록 해 왔다. 그는 정부란 어떤 것인가 거의 알지 못한다. 그에게 필요한 오직 하나의 것은 최선의 정부를 발견하는 일이다. 그의 목적은 책을 쓰는 것이 아니며, 언젠가 책을 쓰더라도 그것은 권력자에 아첨하기 위해서가 아니라 인류의 권리를 확립하기 위해서일 것이다.

세 번째의 곤란, 그리 근거도 없으면서 그럴 듯한 곤란이 남아 있는데, 나는 그것을 제기하거나 해결하고 싶지도 않다. 그것이 나의 열의를 막지 않는다면 그것으로 충분하다. 이런 종류의 연구에서 정의에 대해 진심인 사람과 진리에 대한 참된 존경에 비하면, 뛰어난 재능 따위는 그리 필요치 않다는 것을 충분히 확신하기 때문이다. 그래서 통치에 대한 문제가 공정하게 논해진다면, 내 생각으로는 지금이야말로 다시 없는 기회인 것이다.

관찰하기 전에 관찰의 기준이 되는 것을 만들어야 한다. 하나의 '자'를 만들어서 측정할 것을 그것과 비교해 보아야 한다. 우리의 국제법 원리가 그 자이다. 우리가 측정하는 것은 각국의 국제법이다.

우리의 기초적인 지식은 명쾌하고 단순하며, 우리는 그것을 사물의 본성에서 직접 얻는다. 그것은 우리가 문제를 논의함으로써 만들어지고, 문제가 충분히 해결되었을 경우에 비로소 우리는 그것을 원리로 전화(轉化)하게 된다.

이를테면, 먼저 자연 상태로 거슬러 올라가서 우리는 이런 것을 조사해 보자. 인간은 노예로서 태어나는 것인가, 아니면 자유로운 자로서 태어나는 것인가. 사회의 일원으로서 태어나는 것인가, 아니면 완전히 독립된 인간으로서 태어나는 것인가, 인간은 자기 의사에 따라서 결집하는 것인가. 아니면 힘에 강제되어 결집하는 것인가? 인간을 결집시킨 힘은 하나의 항구적인 권리가 되고, 이 권리에 의해서 그 최초의 힘은 다른 힘에 졌을 경우에도 사람에게 의무를 부과하게 되는가? 따라서 태고의 여러 민족을 정복했다는 니므롯 왕의 힘이 나타난 뒤에는, 그것을 타도한 다른 모든 힘은 모두 부정한 힘, 찬탈자의 힘으로 간주되었다. 오직 니므롯 왕의 자손, 즉 그의 권리 계승자만이 정통 왕자인가? 아니면, 그 최초의 힘이 없어지면 대체된 힘이 우리에게 의무를 부과하여 그 전 힘에 입각한 의무를 폐기하고, 따라서 사람은 복종이 부득이한 것으로써 강제되는 동안만 복종의 의무가 있으며, 그것에 저항할 수 있으면 당장 복종을 면하게 되는가? 이와 같은 권리는 힘과 다르지 않으며 단순한 언어의 유희에 지나지 않는다.

이런 것을 조사해 보자. 질병은 모두 신에게서 오는 것이다. 그러나 그렇다고 의사를 부르는 것이 죄가 된다고 할 수 있겠는가?

다시 이런 것을 조사해 보자. 사람은 길거리에서 지갑을 요구하는 강도에게 지갑을 감추어 둘 수 있는 경우에도 어쨌거나 강도가 들고 있는 권총도 권력이라고 생각하여 양심적으로 지갑을 넘겨 줄 의무가 있는가?

이 경우 권력이라는 말은 정당한 권력, 따라서 그 존재의 근거가 되는 법에 의거한 권력과는 별개의 것을 의미하는가?

위와 같은 힘의 권리를 부인하고 자연에 입각하는 권리, 즉 부친의 권위를 사회의 원리로 인정하기로 한다면, 이런 것을 연구하자. 그 권위가 미치는 범위는 어느 정도인가? 그것은 어떻게 자연 속에 기초를 갖고 있는가? 거기에는 자식들의 권리, 자식들의 무력함, 아버지가 자식에게 갖는 자연의 애정, 이런 것 이외에 다른 근거가 있는 것일까? 그러므로 자식이 무력하지 않게 되면, 그리고 그의 이성이 성숙하면, 그는 자기 보존을 위해서 적당한 것의 유일한 자연의 판정자, 따라서 자기의 지배자가 되는 것이 아닌가? 그리고 모든 다른 인간으로부터, 자기의 아버지로부터도 독립하는 것이 아닌가? 아버지가 아들을 사랑하는 것이 확실한 이상으로, 아들이 자기를 사랑하는 것은 확실하기 때문이다.

아버지가 죽으면 자식들은 장남 혹은 누군가 다른 사람에게, 아버지만큼 자식들에 대해서 자연의 애착을 갖지 않은 자에게 복종해야만 하는 것인가? 그리고 자손 대대로 어느 세상에나 단 한 사람의 가장이 있고, 가족은 모두 이 가장에게 복종해야 하는가? 이 경우에는 어째서 권위가 분할되는가? 그리고 어떤 권리에 입각해서 지상 전체에는 인류를 통치하는 군주가 한 사람 이상 있게 되는가? 이것을 연구해야 할 것이다.

여러 나라의 국민은 선택을 통해 형성되었다고 가정한다면, 이 경우 우리는 권리를 사실과 구별하게 된다. 우리는 이렇게 물어 보자. "그들은 부득이 그렇게 되어서가 아니라, 그들이 스스로 원했기 때문에 형, 숙부, 혹은 친척에게 복종한 것이니, 그 같은 사회는 반드시 자유로운 의사에 의한 결사에 귀속하는 것이 아닌가?"

다음에는 노예제도로 옮겨 가서 이런 것을 조사해 보자. 인간이 아무런 제한도 유보도 없고 어떤 종류의 조건도 없이, 다른 인간에게 자기를 양도하는 것은 정당한 일인가? 다시 말해서 인간은 자기에게 자기 보존의 책임을 직접 지우고 있는 자연의 의사에 반해서 또 무엇을 해야 하는가. 무엇을 해서는 안 되는가를 자기에게 명령하는 양심과 이성을 어기고, 인격·생명·이성(자아)·행동의 모든 도덕성을 포기하게 되는 것을, 한 마디로 말해서 자연적인 죽음이 오기 전에 생존을 그만둘 수 있는가?

가령 노예제도에 그 어떤 유보나 제한이 있다면 이런 것을 검토해 보자. 이 경우 그 제한은 바로 하나의 계약이며, 이 계약에서 두 계약 당사자는 그 자격으로 보아 공통의 상위자가 없으므로,*28 계약의 조건에 대해서는 어느 쪽이나 끝까지 자기의 이해 판정자이고, 따라서 계약을 할 때 양쪽이 다 자유인이

---

*28 양자 위에 서는 자가 있다면 양자에게 공통적인 윗사람은 주권자일 것이다. 그리고 그 경우 노예 제도는 주권에 기본을 두고 일어나는 것으로 주권의 원리가 될 수는 없다(원주).

다. 따라서 권리가 침해되었다면 즉각 자유로이 그 계약을 파기할 수 있다.

이처럼 노예라도 아무런 유보없이 주인에게 자기를 양도할 수 없는데, 어째서 국민이 아무런 유보도 하지 않고 자기를 군주에게 양도할 수 있는가? 또 노예는 여전히 주인이 계약을 이행하는지 판정하는 자인데, 어째서 국민은 군주가 계약을 이행하는지 아닌지 판정할 수 없는가?

이렇게 원점으로 되돌아간 우리는, 국민이라는 집합명사의 뜻을 생각하고, 국민을 만들기 위해서는 우리가 가정하고 있는 계약에 앞서서 암묵의 계약이라도 하나의 계약이 필요하지 않는가 하는 것을 연구하게 된다.

왕을 고르기 전에 국민은 이미 국민인데, 사회계약 이외에 무엇이 국민을 국민으로 만들었는가? 그래서 사회계약은 모든 시민 사회의 기초가 되어 있는 것이다. 그러니 이 계약의 본질에서야말로 그것이 만들어 내는 사회의 본질을 탐구해야 한다.

우리는 그 계약의 내용이 어떤 것인가를 대강 다음과 같은 공식으로 표현할 수 있지 않는가 연구해 보기로 한다. '우리는 모두 공동으로 자기의 재산·인격·생명, 그리고 자기 힘의 일체를, 일반 의지의 최고 지위에 맡긴다. 그리고 모두 함께 전체의 분할할 수 없는 일부로서 각자의 부분을 받는다.'

이런 것을 가정한 다음, 우리에게 필요한 용어를 정의하기 위해서, 계약자의 각 개별적 인격 대신 이 결사 행위는 집회에서의 투표수와 같은 수의 부분으로 구성되는 도덕적 집합적 일체를 낳는 데에 주의하자. 이 공공적 인격은 일반적으로 '정치체'라는 명칭을 띠며, 이것을 수동적일 때는 구성원이 '국가'라고 부르고, 능동적일 때는 '주권자'라고 부르며, 이것을 동류의 것과 비교할 때는 '나라'라고 부른다. 구성원 자체에 대해서 말하면, 그들은 집합적으로는 '국민'의 이름을 띠며 '도시'(국가)의 성원, 즉 주권에 참여하는 자로서는 개별적으로 '시민'이라 불리고, 주권에 복종하는 자로서는 '신민(臣民)'이라 불린다.

우리는 이 결사 행위가 공공과 개인과의 하나의 상호적인 약속을 포함하고 있다는 것, 그리고 각 개인은 말하자면 자기 자신과 계약하고 있으나 이중 관계에 있어서, 즉 개인에 대한 주권자의 일원으로서, 또 주권자에 대한 국가의 일원으로서 약속하고 있는 데에 주의한다.

다시 우리는 이런 것에 주의하자. 아무도 자신과의 계약에만 구속되지는 않으므로, 신민의 누구에 대해서나 생각할 수 있는 두 가지 관계 때문에 모든 신민에게 주권자에 대한 의무를 지울 수 있는 공공의 의결도 국가에, 국가 자체에 대한 의무를 지울 수는 없다. 그래서 알 수 있는 것은, 단 하나의 사회계약 이외에 정확히 말해서 기본적인 법은 존재하지 않으며, 존재할 수 없다는 것이다. 이것은 정치체가 어떤 점에서 다른 자와 약속을 맺을 수 없다는 뜻은 아니다. 외국과의 관계에 있어서 그것은 하나의 단순한 존재, 하나의 개체가 되기 때문이다.

두 계약 당사자, 즉 각 개인과 공공은 양자의 분쟁을 판정할 수 있는 공통의 상위자를 전혀 가지고 있지 않기 때문에, 양자는 자유로이 계약을 취소할 수 있는지, 즉 권리가 침해되었다고 생각하면 당장 일방적으로 계약을 파기할 수 있는지 조사해 보자.

이 문제를 해명하기 위해서 이런 것을 생각해 보자. 사회계약에 따르면, 주권자는 공동적이고 일반적인 의지에 의하지 않고는 행동할 수 없으므로, 그 행위에는 마찬가지로 일반적이고 공통적이 아닌 목적을 가질 까닭이 없다. 그러므로 개인이 주권자에 의해서 직접 권리가 침해되려면 반드시 모든 개인의 권리가 침해되어야만 하는데, 그런 것은 있을 수 없다. 그것은 자기 자신에 해를 끼치려고 하는 일이 되기 때문이다. 그래서 사회계약은, 공공의 힘 이외에 아무런 보장도 필요 없다. 권리의 침해는 반드시 개인 쪽에서 생기게 되기 때문이다. 그리고 그 경우 개인은 약속을 지키지 않아도 되는 것은 아니며, 약속을 어긴 데 대해서 벌을 받는다. 이와 비슷한 문제를 모두 해결하기 위해서 끊임없이 염두에 두도록 조심해야 하는 것은, 사회계약은 특별한 성질의 계약이며 그것에만 적합하다는 것이다. 왜냐하면 국민은 자기 자신과만 계약하고 있기 때문이다. 즉, 주권자로서의 국민 전체가 신민으로서의 개인과 계약하고 있는 것이다. 이 조건이 정치적 기구 일체의 구조와 움직임을 이룬다. 이 조건이 없으면 부조리하고 압도적이며 무서운 남용에 빠질 우려가 있으며, 이 조건만이 약속을 정당하고 합리적이며 아무런 위험도 따르지 않는 것으로 만들고 있는 것이다.

개인은 주권자에게만 복종해야 하며 주권은 바로 일반 의지이다. 그러므로 각자는 주권자에게 복종함으로써 자기 자신에게 복종하는 것이 될 것이며, 어떻게 사회계약에 의해서가 자연 상태에 있을 때보다 더 자유로워진다는 것인지 알게 될 것이다.

인간의 자연적 자유와 사회적 자유를 비교해 보았으니 이제 재산의 소유권과 영토권을, 개인의 소유지와 주권지의 영토를 비교해 보자. 소유권 위에 주권이 구축되어 있다고 본다면, 소유권은 주권이 무엇보다도 존중해야 하는 권리이다. 그것은 개별적·개인적 권리인 한 주권에게는 신성불가침의 권리이다. 모든 시민의 공통된 권리로 간주될 경우에는, 곧 그것은 일반 의지에 지배되며, 이 의지는 그것을 폐지할 수 있다. 그러므로 주권자는 어떤 개인의 재산에도, 몇 사람의 개인의 재산에도 손을 댈 권리가 없지만 모든 사람의 재산을 정당히 몰수할 수는 있다. 이런 것은 이를테면 스파르타에서 리쿠르고스 시대에 실시되었다. 그러나 솔론에 의한 부채의 면제는 비합법적인 정령(政令)이었다.

일반 의지 이외에는 아무것도 신민에게 의무를 지울 수 없는데, 일반 의지는 어떻게 표명되는가. 어떤 표시로 그것이 틀림없는 일반 의지로서 인정되는가. 법이란 무엇인가, 법의 참된 성격은 어떤 것인가. 이런 것을 연구하기로 하자. 이것은 아주 새로운 주제이며, 법의 정의는 여기서 내려져야 한다.

국민이 그 구성원의 한 사람 혹은 일부를 특별히 취급하면, 국민은 금방 분열한다. 전체와 부분 사이에 그들을 별개의 존재로 만드는 하나의 관계가 만들어져서, 그 둘은 서로 나뉘게 된다. 그러나 일부를 제외한 전체는 전체가 아니다. 그러므로 그와 같은 관계가 계속되고 있는 한 전체는 없어지고, 서로 같지 않은 두 부분이 있게 된다.

반대로 온 국민이 전체의 일을 규정할 경우, 국민은 전체만 생각한다. 그러므로 어떤 관계가 만들어지더라도 그것은 한 관점에서 본 전체적인 것과 다른 관점에서 본 전체적인 것의 관계이며, 전체의 분열은 일어나지 않는다. 이 경우에 규정되는 것은 일반적인 것이며, 규정하는 의지도 일반적인 의지이다. 무언가 그것과는 다른 종류의 행위로써, 법의 이름을 가질 수 있는 행위가 있는가 조사해 보자.

주권자는 법에 의해서만 말할 수 있다면, 그리고 법은 국가의 모든 구성원에 똑같이 관계있는 일반적인 대상밖에 가질 수 없다면, 주권자는 개별적인 대상에 대해서 무언가를 규정할 권리는 결코 갖지 않은 것이 된다. 그러나 국가를 유지해 나가려면 개별적인 것도 결정될 필요가 있으므로, 그런 것이 어떻게 이루어지는가 연구하기로 하자.

주권자의 행위는 일단 의지의 행위인 법률에 지나지 않는다. 그래서 다음에

는 그 법률을 실시하기 위해서 결정적인 행위, 힘의 행위, 즉 통치 행위가 필요
해진다. 그리고 이 통치 행위는 주권자의 행위와는 반대로 개별적인 대상밖에
갖지 못한다. 이를테면, 군주를 선출하는 것을 주권자가 규정하는 행위는 하
나의 법률이지만, 이 법률을 실시하여 그 주장을 선출하는 행위는 하나의 통
치 행위에 지나지 않는 것이다.

그러므로 제3의 관계에서 집합된 국민을 생각할 수 있다. 즉, 국민이 주권자
로서 만든 법률의 집행자, 위정자로서의 국민을 생각할 수 있다.*29

이런 것을 조사해 보자. 국민이 그 주권을 버리고 그것을 어떠한 사람에게,
혹은 몇 사람에게 줄 수 있는 것인가? 선거 행위는 법률이 아니고, 선거를 할
때 국민은 주권자 그 자체가 아니기 때문에, 어째서 국민이 그때 갖고 있지 않
은 권리를 이전할 수 있는지 알 수 없다.

주권의 본질은 일반 의지에 있고, 어떤 개별의지는 언제나 일반 의지와 일치
하게 된다고 하더라도 그것이 어떻게 확인되는가 하는 것을 알지 못한다. 오히
려 개별 의지는 흔히 일반 의지와 반대가 된다고 추측해야 한다. 사적인 관심
은 언제나 특권을 향하고, 공공의 관심은 평등을 지향하기 때문이다. 그리고
그 일치는 가능하다 하더라도, 그것은 필연적이고 깨질 수 없는 일치가 아니
라는 것만으로도 거기서 주권은 생길 수 없다.

이런 것을 연구해 보자. 사회계약은 침해하지 않고 국민의 관리로써 어떤 명
목으로 선출되었다 하더라도 국민으로부터 법률의 실시를 명령받는 국민의 관
리와 별개의 것일 수 있을까? 그 관리는 행정에 대해서 국민에게 보고할 의무
가 있지 않은가? 그리고 법률을 지키게 하는 것을 위임받은 그들도 또한 법률
에 따라야 하는 것이 아닌가?

국민은 그 주권을 양도할 수는 없더라도, 그것을 잠시 위임할 수는 있는가?
주인을 가질 수는 없더라도, 대표자를 가질 수는 있는가? 그것은 주요한 문제
이며, 검토할 만한 값어치가 있다.

---

*29 이러한 문제와 명제는 대부분 《사회계약론》에서 발췌된 것이며, 《사회계약론》 그 자체도 좀
더 큰 저작의 발췌로 그 저작은 우리의 힘을 생각하지 않고 계획된 것인데, 훨씬 전에 없
애 버렸다. 그곳에서 뽑아낸 작은 저서의 그 개요를 여기에 제시한 저서는 따로 출판되기
로 되어 있다(원주). 예정과 달리 《서한사회계약론》은 《에밀》보다 한 달 가량 먼저 출판되
었다.

국민은 주권자도 대표자도 가질 수 없다고 치고, 이런 것을 조사해 보자. 어째서 국민은 자기 손으로 법률을 만들 수 있는가? 국민은 많은 법률을 가져야 하는가? 자주 법률을 바꾸어야 하는가? 대국민이 자국의 입법자가 되는 것은 쉬운 일인가?

로마 국민은 대국민이 아니었던가?

대국민이 있다는 것은 좋은 일인가?

앞의 고찰에서 국가에는 신민과 주권자 사이에 중간단체가 있는 것이 된다. 그리고 한 사람 또는 일부의 구성원으로 만들어지는 이 중간단체는 국가의 행정 법률의 실시, 사회적 정치적 자유의 유지를 위탁받고 있다.

이 단체의 구성원은 '위정자' 혹은 '왕'이라고 불린다. 말하자면 지배자이다. 단체를 구성하는 인간의 면에서 볼 때 그것은 '통치자'라고 불리고, 그 활동의 면에서 생각하면 '정부'라 불린다.

자기에게 끼치는 정치체 전체의 작용을 생각하면, 즉 전체의 전체에 대한 관계, 주권자의 국가에 대한 관계를 생각하면, 이 관계는 연비례의 외항의 관계에 비교할 수 있고, 정부는 그 중항(中項)이 된다. 위정자는 주권자의 명령을 받고 그것을 국민에게 전한다. 그래서 모든 우연적인 것을 상쇄한다면 위정자의 제곱은 연비례의 한쪽 외항인 신민들을 다른 한쪽 외항인 주권자에게 곱한 것과 같다. 이 세 항의 어느 것을 변질시켜도 반드시 곧 균형은 깨진다. 주권자가 통치하려고 하거나 통치자가 법률을 주려고 하거나, 혹은 신민이 복종을 거부하면 그 규율 대신에 혼란을 볼 수 있고, 국가는 해체되어 전제 정치나 무정부 상태에 빠진다.

국가가 1만 명의 시민으로 구성되어 있다고 가정하자. 주권자는 집합적으로 국체를 이루는 것으로서만 생각되지만, 각 개인은 신민으로서 개인적인 독립된 존재를 갖는다. 그래서 주권자 대 신민은 1만 대 1이 된다. 즉, 국가의 구성원 한 사람은 주권에 완전히 지배되어 있고, 주권의 1만분의 1의 몫밖에 갖지 못한다. 국민이 10만의 인간으로 구성되어 있다면, 신민의 상태는 변하지 않고 각자는 역시 법률의 완전한 지배를 받는데, 한편 그의 투표는 10만분의 1로 힘이 저하하고 법률의 작성에 대한 영향력은 10만분의 1이 된다. 이렇게 신민은 언제나 하나이므로, 주권자의 비율은 시민의 수에 따라서 증대한다. 그래서 국가가 확대되면 확대될수록 자유는 감소한다.

그런데 개별 의지의 일반 의지에 대한 관계, 즉 관습과 법률에 대한 관계가 엷어지면 그만큼 억압하는 힘은 커져야 한다. 한편 국가가 커지면 공공의 권력을 위탁받는 자는 그 권력을 남용할 수 있는 더 많은 유혹과 수단이 주어지므로, 정부가 인권을 억압하는 힘을 더 많이 갖게 될 때는 주권자 측에서도 정부를 억제하는 힘을 더 많이 가져야 한다.

이 이중의 관계에서 주권자·통치자·국민의 연비례는 아무래도 좋은 관념이 아니라 국가 본질의 한 귀결이다. 다시 또 두 외항의 하나인 국민(신민)은 고정된 것이므로, 복비(複比)가 증대하거나 감소하면 언제라도 단비(單比)도 증대하거나 감소하게 된다. 이것은 그때마다 중항(中項)이 바뀌지 않으면 일어날 수 없다. 그래서 정부는 단 하나만의 절대적 구성 방식이 있는 것이 아니라 크기가 다른 국가가 있는 것과 마찬가지로 성격이 다른 정부가 있어야 한다는 결론을 끌어 낼 수 있다.

국민의 수가 많을수록 습관과 법률의 관계가 엷어진다면, 충분히 명쾌한 유추에 의해서, 위정자의 수가 많을수록 정부는 약해진다고 말할 수 있지 않는가. 그것을 조사해 보자.

이 격률을 설명하기 위해서, 위정자 한 사람 한 사람 속에 본질적으로 다른 세 가지 의지를 구별하자.

첫째는, 개인의 고유한 의지이며, 이것은 자기의 개인적 이익만을 지향한다. 둘째는, 위정자의 공통 의지이며, 이것은 오로지 통치자의 이익과 결부된다. 단체 의지라고 부를 수 있는 이 의지는 정부에서는 일반적이지만 정부가 그 일부를 이루는 국가로 봐서는 개별적인 의지다. 셋째는, 국민의 의지, 즉 주권자의 의지, 이것은 전체적으로 생각되는 국가로 봐서나 전체의 일부로 생각되는 정부로 봐서나 일반적인 의지이다.

완전한 입법에 있어서는, 개별적이고 개인적인 의지는 거의 없어지게 되며, 정부 고유의 단체 의지는 기껏해야 부차적인 것이 되고, 따라서 일반 의지, 주권자의 의지가 다른 일체의 의지를 규제하는 것이 된다. 반대로 자연의 질서에 따르면, 그와 같이 시야가 좁아짐에 따라 서로 다른 의지가 보다 더 활발해진다. 일반 의지는 언제나 가장 약하고, 단체 의지는 두 번째이며, 개별 의지가 무엇보다도 앞선다. 그래서 위정자는 각각 첫 번째가 자기 자신이고, 다음이 위정자이며, 다음이 시민이다. 이것은 사회 질서가 요구하는 질서와는 정반대의 순서이다.

위와 같은 것을 확정한 다음, 정부가 단 한 사람의 인간의 손에 있다고 가정하자. 여기서는 개별 의지와 단체 의지가 완전히 결부되며, 따라서 단체 의지는 그것이 가질 수 있는 가장 강한 힘이 된다. 그런데 이 강함의 정도에 따라 힘의 행사가 좌우되는 것이고, 또 정부의 절대적인 힘은 언제나 국민의 절대적인 힘이라서 변함이 없으므로, 가장 행동력 있는 정부는 단 한 사람이 통치하는 정부가 되는 셈이다.

반대로 정부와 최고 권력(주권)을 하나로 하고, 주권자를 통치자로, 시민을 모두 위정자로 만들어 보자. 그러면 단체 의지는 완전히 일반 의지와 융합되어 일반 의지 이상의 행동력을 갖지 않으면, 개별 의지에 완전한 힘을 주게 된다. 그래서 정부에는 절대적으로는 같은 힘이 있으면서도, 최소의 행동력밖에 없는 것이 된다.

이와 같은 규칙은 반론의 여지가 없는 것이며, 그 밖의 고찰도 이것을 확인해 준다. 이를테면, 위정자들은 그들의 단체에 속하는 자로서 시민이 그의 단체(국민—주권자)에 속하는 자로서보다 훨씬 적극적이라는 것, 따라서 또 개별 의지도 거기서는 훨씬 많은 영향력을 갖고 있다는 것을 안다. 위정자 한 사람 한 사람은 대개 정부의 무언가 특수한 직무를 맡고 있으나, 시민 쪽은, 한 사람 한 사람을 따로따로 생각하면 주권에 속하는 아무런 직무도 갖고 있지 않기 때문이다. 게다가 또 국가가 커질수록, 그 현실적인 힘은 영토의 크기에 비례해서 점점 증대하지만, 국가가 같은 상태로 있다면 아무리 위정자의 수가 늘어나도 그것으로 정부는 더 큰 현실적인 힘을 획득하지는 않는다. 정부에는 우리가 전과 같은 것으로 가정하고 있는 국가의 힘이 위탁되어 있기 때문이다. 그래서 위정자가 많으면 정부의 활동은 약해지는 것이며, 그 힘이 증대할 수는 없다.

위정자의 수가 늘어남에 따라서 정부는 약체가 된다는 것, 또 국민의 수가 많을수록 정부의 억압력은 증대하지 않으면 안 된다는 것을 안 다음, 정부에 대한 위정자의 비(比)는 주권자에 대한 시민의 비와 반대가 되어야 한다. 즉 국가가 커지면 커질수록 정부는 작아지고, 위정자의 수는 국민의 증가에 따라 감소해야 한다는 결론을 내리기로 한다.

이어 그와 같은 형태의 차이를 더 정확한 명칭 아래 확정하기 위해서, 첫째, 주권자는 온 국민에, 혹은 국민의 대다수에 통치를 위탁할 수도 있다는 것을 인정하자. 후자의 경우에는 단순한 개인인 시민보다 위정자인 시민이 더 많게 된다. 이 통치 형태에는 '민주 정치'라는 이름이 주어진다. 아니면 주권자는 정부를 소수자의 손에 맡길 수도 있다. 이 경우에는 위정자보다도 단순한 시민이 더 많게 되며, 이 형태는 '귀족 정치'라는 이름을 갖는다.

마지막으로 주권자는 모든 통치를 단 한 사람의 위정자의 손에 집중시킬 수도 있다. 이 제3의 형태는 가장 보통의 형태이며, '군주 정치' 혹은 왕정이라고 불린다.

이러한 형태는 모두, 적어도 최초의 둘은 수의 증감을 허용한다는 것, 더욱이 그 간격이 상당히 커진다는 데에 주의하자. 민주 정치는 온 국민을 포용할 수 있고, 절반까지 축소할 수도 있다. 귀족 정치도 국민의 절반에서 불확정한 최소의 수에까지 축소할 수 있다. 왕정까지도 때로는 분할을 인정하고 있다. 이를테면, 아버지와 아들에게, 혹은 두 사람의 형제에게, 또는 다른 방식으로 분할된다. 스파르타에는 언제나 두 사람의 왕이 있었고, 로마 제국에는 동시에 여덟 사람이나 황제가 있었지만, 제국이 분열했다고는 할 수 없었다. 각 통치 형태는 다른 통치의 형태와 구별될 수 없는 점이 있다. 그리고 세 가지 특수한 명칭 아래 정부는 실제로 국가에 포함되는 시민과 같은 수의 형태를 갖는 것도 가능하다.

또한 이런 것도 있다. 그런 정부의 하나하나는 어떤 면에서는 온갖 부분으로 나뉘고, 어떤 부분은 어떤 방식으로, 다른 부분은 다른 방식으로 관리된다. 그러므로 그 세 가지 형태를 섞어서 많은 혼합 형태가 생기고, 그 하나하나에는 모든 단순 형태를 곱할 수가 있다.

최선의 통치 형태에 대해서는 어느 시대에나 열심히 논의되었지만, 각 형태가 경우에 따라 최선의 것이 되고 최악의 것도 된다는 것은 고려되지 않았다. 만일 여러 국가에서, 위정자*30의 수는 시민의 수와 반대가 되어야 한다면, 우리는 일반적으로 민주 정치는 조그마한 나라에, 귀족 정치는 중간치 정도의 나라에, 그리고 군주 정치는 큰 나라에 적당하다고 결론 지을 수 있다.

이와 같은 연구를 계속해야만 시민의 의무와 권리는 무엇인가, 의무와 권리는 나눌 수 있는가, 조국(국가)이란 무엇인가, 그것은 정확히 말해서 무엇으로

---

*30 여기서 나는 최고 위정자, 즉 국민의 우두머리에 대해서만 이야기하려고 하는 것을 염두에 두기 바란다. 그 이외의 위정자는 여러 부문의 최고 위정자의 대리에 불과하다(원주).

성립되고 있는가, 또 무엇으로 각자는 자기에게 조국이 있다는 것을, 아니면 조국 같은 것은 없다는 것을 알 수 있는가, 이런 것을 알게 될 것이다.

이렇게 하여 시민 사회 그 자체의 종류를 하나하나 생각해 본 다음, 그것들을 비교하여 그것들 사이의 여러 가지 관계를 관찰해 보자. 어떤 것은 크고, 어떤 것은 작다. 어떤 것은 강하고, 어떤 것은 약하다. 그것들은 서로 공격하고, 모욕하고, 멸망시키고 있으며, 그 끊임없는 작용과 반작용 속에서 모든 인간이 최초의 자유를 지키고 있었을 경우에 비하여 더 많은 비참한 인간을 만들어 내고, 더 많은 인간의 생명을 희생시키고 있다.

우리는 이런 것을 조사해 보자. 사회 제도 아래서 지나치게 많은 자유가 있는지 아니면 지나치게 적은지, 모든 사회는 서로 자연의 독립을 지속하고 있는데, 법률과 인간에 지배당하는 개인은 언제나 두 가지 상태(자연과 사회)에서 이익을 얻지 못하고 그 폐해에 괴로워하고 있는 것은 아닌지, 많은 시민 사회가 있기 보다 오히려 없는 편이 차라리 낫지 않은지. 이런 혼합 상태야말로, 두 가지 상태의 성격을 가지면서도 그 어느 상태도 확실하지 않고, '전시의 준비와 평화시의 안전도 허용하지 않는다'는 것이 아닐까? 이와 같은 부분적이고 불완전한 결합이야말로 압제와 전쟁을 낳는 것이 아닌가? 그리고 압제와 전쟁이야말로 인류의 가장 큰 재앙이 아닌가?

다시 그와 같은 불합리에 대해서 생각된 일종의 대책, 각 국가를 국내에서는 자주권을 가진 나라로 만들어 두고, 국외의 모든 부정한 공격자에 대해서는 강력히 대항시키는 동맹과 연합에 의한 대책을 살펴보자. 어떻게 하면 건전한 연합 사회를 확립할 수 있는가, 무엇이 그것을 영속적인 것으로 만들 수 있는가, 또 주권이 손상되지 않고 어느 점까지 연합의 권리를 확장할 수 있는가, 이런 것을 연구해 보자.

생 피에르 신부는 국가 사이에 영구 평화를 유지하기 위해서 유럽의 모든 국가의 결합을 제안했다. 그와 같은 결합은 실행 가능했을까? 또 그것이 확립되었다고 가정하고, 영속하는 것으로 생각할 수 있을까?*31 이와 같은 연구는

---

*31 이것을 쓴 뒤로 좋다고 하는 이유는 그 계획의 발췌에서 이야기했다. 부(否)라는 이유, 아무튼 나에게 견고한 것으로 생각된 이유는 나의 저작에 있는 그 발췌에서 찾아볼 수 있을 것이다(원주). 루소의 《생 피에르 신부의 영원 평화론 발췌》는 1761년에 발표되었다. 그 비판은 루소가 죽은 뒤 1782년에 발표되었다.

직접 국제법의 모든 문제에 우리를 인도해 가며, 그것이 국제법 문제의 해명을 완성하게 된다.

마지막으로 우리는 전쟁법의 참된 원리를 확정하고 어째서 그로티우스나 그 밖의 인간들은 그릇된 원리밖에 주지 않았는가 조사해 보자.

우리가 고찰을 진행시키고 있는 동안에도, 양식을 가진 나의 청년이 내 말을 가로막고, 이런 말을 하더라도 나는 놀라지 않을 것이다.

"우리는 인간으로서가 아니라 재목으로 우리의 건물을 짓고 있는 것 같습니다. 부분 하나하나를 이렇게 어김없이 규칙대로 늘어놓고 있으니까요."

"자네의 말대로다. 그러나 법이라는 것은 인간의 정념에 의해서는 굽혀지지 않는다는 것, 그리고 우리가 문제로 삼는 것은 국제법의 올바른 원리를 확립하는 일이었다는 것을 생각해야 한다. 그런데 우리의 기초는 확립되었으니, 이번에는 그 위에 인간이 세운 것을 조사해 보자. 자네는 거기서 훌륭한 것을 보게 될 것이다."

그래서 나는 그에게 《텔레마코스》를 읽게 하고 여행을 계속시킨다. 우리는 복받은 살렌툼 시를, 그리고 온 불행을 겪은 끝에 현명해진 선량한 이도메네우스를 찾아 나선다. 도중에서 우리는 많은 프로테실라오스를 만나지만, 필로클레스는 만나지 못한다. 아르고스의 왕 아드라스토스도 눈에 띄지 않는 것은 아니다. 그러나 우리의 여행에 관한 것은 독자의 상상에 맡기기로 하자. 아니면, 우리 대신 독자에게 《텔레마코스》를 가지고 여행을 해달라고 부탁하기로 하자. 그리고 저자(페넬롱) 자신이 피하고 있는, 혹은 본의 아니게 암시하고 있는 슬픈 현실을 언급하는 것은 그만두기로 하자.

게다가 에밀은 국왕이 아니고 나도 신이 아니므로, 우리는 텔레마코스와 멘토르가 사람들에게 은혜를 베푼 것을 본뜨지 못한다고 해서 마음 아파하지는 않는다. 우리보다 더 자기 자리에 머물러 있을 줄 아는 자를 나는 알지 못하며, 거기서 빠져 나오기를 우리보다 덜 원하는 자 또한 알지 못한다. 같은 의무가 모든 사람에게 주어져 있으며, 마음속으로 선을 좋아하고 자기 힘으로 할 수 있는 선행을 하는 사람이라면 누구나 그 의무를 다하고 있는 것으로 우리는 생각한다. 텔레마코스나 멘토르가 가공의 인물이라는 것을 우리는 안다. 에밀은 할일없이 빈들빈들 여행하는 것이 아니며, 왕공(王公)이었을 경우보다 좋은 일을 더 많이 하고 있다. 우리는 왕이 되면 좋은 일을 할 수 없게 된다.

왕으로서 좋은 일을 하면, 겉으로 좋은 일을 한 가지 하는 동안, 자기도 모르게 현실적으로는 나쁜 짓을 천 가지나 하게 된다. 우리가 왕이고 현명한 인간이라면, 우리 자신과 남을 위해서 하고 싶은 좋은 일은, 먼저 왕위에서 물러나 본래의 우리로 돌아가는 일일 것이다.

우리는 무엇이 여행을 모든 사람에게 무익한 일이 되게 하는지 이야기했다. 청년에게 여행이 더 무익해지도록 만드는 것은 여행을 시키는 방법의 탓이다. 교사들은 청년의 교육보다 자기의 오락에 마음을 뺏기고 있어서, 청년을 도시에서 도시로, 궁전에서 궁전으로, 클럽에서 클럽으로 끌고 다닌다. 또, 교사가 학자이고 문학자라면, 여기저기의 도서관을 찾아다니고, 골동품 가게에 드나들고, 옛 유적을 발굴하고, 옛 비문을 베끼는 데 시간을 보내게 한다. 어느 나라에 가든지 그들은 다른 시대의 일에 몰두한다. 그것은 다른 나라의 일에 관심을 갖는거나 다름 없다. 그러므로 그들은 많은 비용을 들여 부질없는 일에 열중하면서, 혹은 따분해하면서 유럽을 돌아다닌 끝에, 자기들에게 관계가 있을 법한 것은 아무것도 보지 않고, 자기들에게 도움이 될 만한 것은 무엇 하나 배우지 못하고 돌아온다.

각국의 수도는 모두 비슷비슷하다. 거기에는 모든 민족이 뒤섞여 있고, 모든 풍속이 융합되어 있다. 그런 곳에 가서 여러 국민을 연구하려고 해야 헛일이다. 내가 보기에 파리와 런던은 같은 도시에 지나지 않는다. 그곳에 살고 있는 사람은 두세 가지 다른 편견도 갖고 있으며, 어느 쪽의 편견에 치우친다고도 할 수 없고, 그들의 실천적 격률은 모두 같다.

궁정에는 어떤 종류의 인간이 모이는가 잘 알고 있다. 인구의 밀집과 재산의 불평등이 어떤 습속을 낳게 되는가 잘 알고 있다. 인구 20만의 도시라고 들으면, 그곳 사람들이 어떻게 살고 있는가 나는 금방 안다. 그와 같은 장소에 관한 일로써 알 수 있을지도 모르는 가장 상세한 것은 일부러 조사하러 갈 만한 값어치도 없다.

그리 유동도 없고 상업도 성하지 않은 곳, 별로 외국인이 찾아오지 않는 곳, 주민의 이동이 적고 재산이나 신분의 변동이 적은 곳, 진정 그런 궁벽한 지방으로 그 국민의 정신과 풍속을 연구하러 가야 한다. 수도는 지나가면서 구경하면 된다. 그리고 멀리 가서 그 나라를 관찰하는 것이 좋다. 프랑스인은 파리에는 없다. 투렌에 있다. 런던에 있는 사람보다 머시아에 있는 사람이 훨씬 영국인다운 영국인이고, 마드리드에 있는 사람보다 갈리시아에 있는 사람이 훨씬 스페인 사람답다.

그런 먼 곳이야말로 국민은 나라의 특성을 갖고 있으며, 다른 특성이 섞이지 않은 모습을 보여 준다. 그런 곳이야말로 통치의 좋은 결과와 나쁜 결과가 더 뚜렷이 나타난다. 반경을 크게 하면 호(弧)의 비율을 더 정확히 알 수 있는 것과 같다.

습속과 통치의 필연적인 관계는 《법의 정신》이라는 책에 충분히 설명되어 있으므로 그 관계를 연구하려면 이 책을 참고로 하는 것이 가장 좋다. 그러나 일반적으로 말해서, 통치가 상대적으로 어디가 좋은가 판정하려면 단순하고 알기 쉬운 두 가지 규칙이 있다. 그 하나는 인구다. 인구가 감소하는 나라는 어디서나 몰락을 향하고 있다. 반대로 다른 어느 나라보다도 인구가 증가하는 나라는, 비록 다른 어느 나라보다도 가난한 나라라도 반드시 가장 잘 통치되고 있는 나라이다.*32

그러나 그렇게 하려면, 인구 증가는 통치와 습속의 자연스런 결과여야 한다. 그것이 식민이나 그 밖의 우발적, 일시적인 방법에 의해서 이루어진 것이라면, 이 경우 그런 방법은 약이 필요한 병의 존재를 증명하는 것이 된다. 아우구스투스가 독신을 금지하는 법률을 공포했을 때, 그 법률은 이미 로마 제국의 쇠퇴를 밝히고 있었던 것이다. 좋은 통치가 시민을 결혼할 수 있도록 해주어야 하는 것이며, 법률이 시민에게 결혼을 강제해서는 안 된다. 강제 위에서 이루어지는 일은 조사할 필요가 없다. 기본적인 법칙에 어긋나는 법률은 지켜지지 않고 사라진다.

그런 것이 아니라 풍속의 영향과 통치의 자연스러운 경향에 의해서 이루어지는 것을 조사해야 한다. 풍속과 통치, 그것만이 항구적인 효과를 가진 수단이다. 끊임없이 개개의 병에 대한 하찮은 약을 찾고, 공통의 병원(病源)으로 거슬러 올라가려 하지 않았으며, 그것들은 모두 동시에 고치지 않으면 고치지 못하는 병임을 간파하려 하지 않았던 것이 훌륭할 생 피에르 신부의 정책이었다. 병자의 몸에 생기는 궤양 하나하나를 따로따로 치료하는 것이 아니라, 그런 궤양이 생기게 하는 온 몸의 피를 깨끗이 하는 것이 문제인 것이다. 영국에

---

*32 나는 이 통칙의 예외로는 하나밖에 모른다고 해도 좋다. 그것은 중국이다(원주). 1801년판에 처음으로 나타난 원고에 의한 주.

는 농사짓는 사람에게 주는 여러 가지의 상(賞)이 있다고 한다. 그 이상 아무 것도 들을 필요가 없다. 그것은 영국에서 농업이 앞으로 오래 번영하지 못할 것을 증명한다.

통치와 법률이 상대적으로 어디가 좋은가 하는 제2의 증거도 인구에서 꺼낼 수 있는데, 다른 방식으로 즉, 인구의 양이 아니라 그 분포에서 꺼낼 수 있다. 국토의 넓이와 인구가 똑같은 두 나라도 국력에서는 매우 다를 수 있다. 그리고 두 나라 중에서 더 강력한 쪽은 반드시 주민이 보다 균등하게 국토에 분포되어 있는 나라이다. 대도시를 갖지 않은 나라, 따라서 화려해 보이지 않는 나라가 반드시 나머지 쪽을 이기게 된다. 국가를 망하게 만드는 약점은 대도시인 것이다.

대도시가 낳는 부(富)는 표면적이고 환상적이다. 돈은 많이 있어도 물건이 없다. 프랑스 왕에게는 파리 시가 하나의 주와 맞먹는 값어치가 있다고 말한다. 하지만 나는, 파리는 몇 개의 주와 맞먹는 희생을 프랑스 왕에게 강요하고 있고, 여러 점에서 파리는 지방에 의해 부양되고 있으며, 지방 수입의 태반은 파리로 흘러들어와서 그곳에 머물고 있을 뿐 국민의 손에도 국왕의 손에도 돌아가지 않는다고 생각하고 있다.

계산에 밝은 인간들이 지배하는 이 시대에 파리가 없어지면 프랑스는 훨씬 강대해진다는 것을 간파할 줄 아는 자가 한 사람도 없다는 것은 이해할 수 없는 일이다. 국민이 균등하게 분포되어 있지 않다는 것은 국가에 유리하지 않을뿐더러 그것은 인구 감소 그 자체보다 파멸적이다. 인구 감소는 생산을 제로로 만들 뿐이지만, 이치에 맞지 않는 소비는 마이너스의 결과를 가져오기 때문이다. 프랑스인과 영국인이 저마다 수도가 크다고 자랑하고, 파리와 런던 어느 쪽이 인구가 많은가 다투는 것을 보면 이 두 국민 중 어느 쪽이 영광스럽게도 더 서툴게 통치되는지에 대해 두 사람이 입씨름을 벌이는 것처럼 여겨진다.

도시에서 떨어진 곳에서 국민을 연구하는 것이 좋다. 그렇게 하지 않으면 여러분도 그 국민을 알지 못한다. 어떤 정부의 표면적인 형태, 엄격한 행정 조직과 관리의 관용어로 화려하게 장식된 형태만 보아서는 아무 소용도 없다. 게다가 정치가 국민 위에, 그리고 시정(施政)의 모든 단계에서 낳는 효과를 보고 그 정부의 본질을 연구해야 한다. 형식과 실질의 차이는 시정의 모든 단계에 나뉘어 있으므로, 그 전체를 생각하지 않으면 그 차이를 인식할 수 없다. 어떤 나라에서는 하급 관리의 수법을 보면 정치의 방침을 알 수 있다. 어떤 나라에서는 국민이 정말로 자유로운지 아닌지를 판정하기 위해서, 국회의원이 어떻게 선출되는가를 알아야만 한다. 어떤 나라거나 그 도시만 보고 있는 자가 통치 상태를 안다는 것은 불가능한 일이다. 그 방침은 도시나 농촌에 대해서나 결코 같을 수가 없기 때문이다. 그런데 나라를 형성하는 것은 농촌이다. 그리고 국민을 형성하는 것은 농민이다. 이와 같이 여러 국민을, 궁벽한 지방에 있고 소박한 본래의 정신을 가진 사람들 속에서 연구해 보면, 나의 글이 옳다는 것을 충분히 보여 주고 사람의 마음을 충분히 위로해 주는 일반적인 사실을 볼 수 있으리라. 모든 국민은 그와 같이 관찰할 때 훨씬 잘 보이기 때문이다.

자연에 가까워질수록 국민의 성격은 선해진다. 도시에 틀어박혀 문화로 인해 변질되기 때문에 국민은 타락하게 되고, 무무하지만 해가 없는 몇 가지 결점을 기분좋게 여겨도 해로운 부도덕으로 바꾸게 되는 것이다.

이와 같은 관찰에서 내가 제안하는 여행의 방법에 또 하나의 이익이 있다는 것을 알게 된다. 그것은 무서운 타락이 지배하는 대도시에 청년이 그리 오래 머물지 않으므로 타락에 감염될 위험이 적다는 것, 많은 사람들과 사귈 필요가 없는 소박한 사람들 사이에서 견실한 판단력, 건강한 취미, 올바른 품행을 잃지 않을 수 있다. 그런데 타락에 감염될 위험은, 나의 에밀에 관한 한 두려워할 것이 거의 없다. 그는 그런 것으로부터 몸을 지키는 데 필요한 것을 모두 갖추고 있다. 그것을 위해 내가 취한 예방 조치 중에서 내가 높이 평가하고 있는 것은, 그가 마음속에 품고 있는 애착이다.

사람들은 참된 연애가 청년의 기분에 얼마나 큰 영향을 미치는지 모른다. 청년을 지도하는 사람들도 청년 이상으로 참된 사랑을 못해서 그것을 잊어버리게 하기 때문이다. 그러나 청년은 사랑을 하지 않으면 아무래도 방탕해지기 마련이다. 표면적인 일로 속이는 것은 쉽다. 사랑 같은 것을 하지 않고 매우 결벽하게 생활하는 많은 청년들을 사람들은 나에게 일러 줄 것이다. 그러나 그렇게 청년 시대를 보냈노라고 거짓없이 말하는 진정한 남자가 있다면 나에게 직접 나서보게 하라. 미덕이나 의무를 문제삼을 때, 언제나 사람은 체면만을 생각한다. 나는 현실적인 것을 찾고 있으나, 만일 그것에 도달하는 데 내가 제시하는 방법과 다른 방법이 있다면 나는 착각을 하고 있는 것인지도 모르겠다.

에밀에게 여행을 시키기 전에 사랑하도록 만들겠다는 생각은 내가 착안한 것이 아니다. 다음과 같은 일화가 그것을 나에게 알려 준 것이다.

베네치아에 있을 때[33] 나는 어떤 영국 청년의 가정 교사를 찾아갔었다. 그곳은 겨울이었으며, 우리는 난로 곁에 앉아 있었다. 가정 교사는 우편물을 받았다. 그는 편지 몇 통을 읽었다. 그리고 그중 한 통을 소리내어 청년에게 읽어 주었다. 그것은 영어로 되어 있어서 나는 무슨 말인지 전혀 알아들 수 없었다. 그러나 교사가 읽고 있는 동안, 청년은 아무도 눈치채지 않게 살며시 자기의 소매에 달려 있는 수놓아진 아름다운 소매 장식을 뜯어서는 불에 넣고 있었다. 나는 그런 변덕에 놀라 청년의 얼굴을 바라보았는데, 거기에는 감동의 빛을 볼 수 있었다.

그런데 정념이 드러나는 표시는 어떤 사람의 경우나 대개 비슷하지만, 국민성에 의한 차이가 있어서 착각하기가 쉽다. 모든 국민은 입으로 말할 때와 마찬가지로 얼굴로 말할 때도 저마다 다른 언어를 사용한다. 나는 교사가 다 읽기를 기다렸다가, 되도록 잘 숨기려 했었지만 훤히 드러난 청년의 손목을 교사에게 가리키면서 말했다.

"저것이 무슨 뜻인지 가르쳐 주실 수 있습니까?"

교사는 청년의 행동을 깨닫고 웃음을 터뜨리며 만족한 모습으로 청년을 껴안았다. 그런 다음 청년의 승낙을 얻어서 내 질문에 설명해 주었다.

그는 이런 것을 가르쳐 주었다.

"지금 존 군이 찢은 소매 장식은 이 도시에 사는 어떤 여성이 얼마전 선물한 것입니다. 그런데 존 군은 영국에 약혼한 아가씨가 있습니다. 그는 그녀를 깊이 사랑하고 있으며, 그녀는 훨씬 더 사랑해 드려도 좋을 아가씨입니다. 이 편지는 그 약혼녀의 어머니한테서 온 것입니다. 선생이 보신 것처럼 소매 장식을 뜯어내도록 한 부분을 옮겨 보지요. 이런 것입니다.

—루시는 존 씨에게 보낼 소매 장식을 잠시도 놓지 않습니다. 어제 베티 롤덤 양이 와서 오후 내내 루시와 함께 있었습니다. 그녀는 굳이 그 일을 도와 준다고 했습니다. 나는 오늘 루시가 여느 때보다 빨리 일어난 것을 깨닫고 무엇을 하고 있는지 보러 갔지요. 그 애는 어제 베티가 도와 준 부분을 다 풀고

*33 루소는 1743년에서 1744년에 걸쳐 베네치아 주재 프랑스 대사의 비서로 있었다.

있었습니다. 그 애는 자기의 선물에 한 군데라도 다른 사람의 손이 닿는 것을 싫어한답니다…….”

그 바로 뒤에 존 군이 자리를 떠서 다른 소매 장식을 가지러 갔을 때, 나는 가정교사에게 말했다.

“선생은 좋은 성품의 제자를 두셨군요. 그런데 혹시 그 루시 양의 어머니 편지는 조작한 것이 아닙니까? 소매 장식을 준 여성에게 대항하기 위해서 선생이 착안한 일이 아닙니까?”

“그렇지는 않습니다.” 그는 말했다.

“이것은 진짜입니다. 나는 그런 기교를 부리면서 저 사람을 돌보고 있지는 않습니다. 나는 솔직한 태도와 열의로써 하고 있지요. 그리고 하느님은 내 일을 축복해 주셨습니다.”

그 청년의 모습은 내 기억에서 사라지지 않았다. 이런 것이 나 같은 몽상가의 머릿속에 아무것도 낳지 않을 까닭이 없다.

이제 끝을 내야겠다. 존 군은 루시 양에게, 에밀은 소피에게 데려다 주기로 하자. 그는 여행을 떠나기 전과 못지않은 정다운 감정에 가득찬 마음을 가지고, 그때보다 더 총명한 정신을 가지고 그녀에게로 돌아간다. 또 여러 나라의 온갖 부도덕과, 여러 국민의 온갖 미덕을 알게 되었다는 효과를 거두고 자기 나라로 돌아간다. 나는 또 그가 모든 나라에서 누군가 뛰어난 사람과 사귀어 고대인처럼 서로 흔쾌하게 손님으로 맞이할 약속을 하게 해주었는데, 편지의 교환으로 그런 교우 관계를 깊이 해 가기를 바란다.

멀리 떨어진 나라의 사람들과 편지를 주고받는 것은 도움이 될 수 있으며, 그것은 언제나 즐거운 일이다. 뿐만 아니라, 평생 동안에 우리를 공격하여 언젠가는 우리에게 다소나마 영향을 끼칠 국민적 편견의 지배와 싸우는 훌륭한 수단이기도 하다. 우리가 존경하는 양식 있는 사람들과의 교제보다 그 국민적 편견을 없애는 데 더 큰 도움을 주는 건 없을 것이다. 그들은 우리에게 편견을 갖지 않고 있으며, 그들의 편견으로 그것을 비난하고 끊임없이 어떤 편견에 다른 편견을 대립시키는 수단을 우리에게 주는데, 그럼으로써 결과적으로는 모든 편견으로부터 우리를 지켜 주는 것이다.

우리가 우리 나라에 있는 외국인과 이야기를 나누는 것과 그 나라에 있는 외국인과 이야기를 나누는 것은 같지 않다. 전자의 경우에는, 언제나 그들은 현재 생활하는 나라에 대해서 적당히 판단하여 그 나라에 대한 생각을 숨기거나, 아니면 그곳에 있는 한 호의적인 생각을 갖게 된다. 그러나 자기 나라에 돌아가면 평가를 새로이 하는데, 그때서야 그들은 정당하게 평가할 것이다. 나는 외국인에게 무언가 의견을 물을 때, 그 사람이 내 나라에 와 봤다면 아주 기쁠 것이다. 하지만 그가 자기 나라로 돌아갔을 때가 아니면 내 나라에 대한 그의 의견을 물을 생각은 없다.

벌써 2년 가까이를 유럽의 몇몇 큰 나라와 많은 조그만 나라를 돌아다니는 데 소비하고, 몇 개의 주요한 외국어를 배우고, 외국의 자연·정치·예술·인물에서 발견되는 정말로 신기한 것을 보고 초조해하고 있는 에밀은 우리가 정한 기한이 다가오는 것을 나에게 귀띔한다. 그래서 나는 이렇게 말해 준다.

"그러면 친구여, 자네는 우리 여행의 주요한 목적을 잊어버리지는 않았겠지. 자네는 보고 관찰해 왔다. 결국 자네의 관찰 결과는 무엇인가? 앞으로 어떻게 할 작정인가?"

나의 방법에 잘못이 없다면, 그는 이렇게 대답하리라.

"제가 지금부터 어떻게 할 참이냐고요? 저는 선생님이 키워 주신 인간으로서 살아가렵니다. 그리고 자연과 법이 제게 주는 속박에 자진해서 다른 속박을 덧붙이지는 않으렵니다. 인간의 제도 중에서 인간이 만들어 낸 것을 검토할수록 인간은 속박을 벗어나려다가 오히려 노예가 되고 있다는 것, 그리고 인간에게 주어진 자유를 확실한 것으로 만들려고 헛된 노력을 함으로써 그 자유마저 손상시키고 있다는 것을 잘 알게 됩니다. 사물의 흐름에 떠내려가지 않으려고, 인간은 별의별 것에 자기를 결부시킵니다. 그리고 늘 걸어가려고 하지만 한 걸음도 움직이지 못하고, 모든 것에 묶여 있는 것을 깨닫고 깜짝 놀랍니다. 자유가 되기 위해서는 아무것도 할 것이 없다고 저는 생각합니다.

자유를 포기하지 않으면 그것으로 족합니다. 아아, 선생님, 선생님이야말로 필연에 따르도록 가르침으로써 저를 자유롭게 만들어 주셨습니다. 필연이 언제 찾아와도 좋습니다. 저는 아무런 구속도 느끼지 않고 그것에 끌려가렵니다. 그리고 저는 필연과 싸울 생각이 없으니까, 저를 붙들어 두려고 무언가에 매달리지는 않으렵니다. 우리가 여행하는 동안 저는 제 자신이 완전히 제 것이 되어 있을 수 있는 곳이, 지상의 어느 한 구석에서 발견될 수 있을까 하고 찾아보았습니다. 하지만 인간과 섞여 있어도 그들의 정념에 묶이지 않고 견딜 수 있는 곳이 어디 있겠습니까? 모든 것을 잘 생각해 보니, 제 소원 그 자체가 모순되어 있다는 것을 깨달았습니다. 다른 것에는 전혀 묶이지 않게 되더라도, 적어도 제가 자리잡은 토지에는 묶이게 됩니다. 나무의 정령이 그 나무에 결부되어 있듯이 제 생활은 그 토지에 결부됩니다. 지배와 자유라는 두 단어는 양립할 수 없기에, 아무리 초라한 집이라도 그 집 주인이 되면 반드시 자기 주인은 안 된다는 것을 알았습니다.

내가 찾고 있는 것, 그것은 그리 넓지 않은 한 조각의 땅

나의 행복이 우리 탐구의 이유였다는 것을 저는 기억하고 있습니다. 선생님은 제가 부와 자유를 함께 지속할 수 없다는 것을 뚜렷이 증명해 주셨습니다. 하지만 제가 자유인 동시에 아무런 부족도 느끼지 않게 되기를 원하시는 선생님은, 양립하지 않는 두 가지 것을 바라고 계셨던 것입니다. 인간의 구속에서 벗어나려고 하면 아무래도 자연의 속박을 받지 않을 수 없습니다.

저는 부모님이 남겨 주신 재산을 대체 어떻게 하면 좋겠습니까? 저는 먼저 그것을 기대하지 않기로 하겠습니다. 저를 거기에 결부시키는 모든 기반을 풀기로 하겠습니다. 제 손에 남아 있다면 그것은 제 것이 되어 있겠습니다만, 제 손에서 가져가더라도 저는 그것과 함께 끌려가지는 않으렵니다. 그것을 제 손에 머물러 있게 하려고 발버둥치지 않고 저는 제 자리에 머물러 있겠습니다. 부자가 되거나 가난해지거나 저는 언제라도 자유롭습니다. 다만 그 나라, 혹은 이 나라에서 자유롭다는 것이 아니라, 지상의 모든 곳에서 자유로이 있을 것입니다. 제게는 모든 편견의 쇠사슬이 끊어졌습니다. 제가 인정하는 것은 필연의 속박뿐입니다. 저는 그것에 견디는 것을 태어날 때부터 배워 왔고, 죽을 때까지 견딜 참입니다. 저는 인간이니까요. 노예가 되면 필연의 사슬 외에도 노예의 사슬을 감당해야 할 텐데, 하물며 자유로운 인간인 제가 그 필연의 사슬 정도야 감당할 수 없겠습니까?

지상에서의 조건 따위는 저에게 아무런 의미도 없습니다. 어디에 있느냐 하는 것은 저에게는 아무런 의미도 없습니다. 인간이 있는 곳이라면 언제나 저는 형제의 집에 있는 것입니다. 인간이 없는 곳이라면 언제나 저는 제 집에 있는 것입니다. 자유롭고 부자로 있을 수 있는 동안은, 저는 살아갈 수 있는 재산을 가지고 살아갑니다. 재산이 저를 지배하게 되면 저는 곧 그것을 버리렵니다. 저에게는 팔이 있습니다. 그것으로 일하며 살아가렵니다. 일할 팔이 없어질 경우, 누군가 부양해 주면 살아갈 것이고, 모두에게 버림받으면 죽게 될 것입니다. 버림받지 않더라도 저는 역시 죽게 됩니다. 죽음은 가난의 결과가 아니라 자연의 법칙이니까요. 언제 죽음이 찾아와도 저는 두려워하지 않습니다. 사는 준비를 한 저에게 갑작스레 죽음이 덮치는 일은 결코 없습니다. 죽음은 결코 제가 살아왔던 것에 대해서는 어떻게 만들지 못합니다.

아버지여, 저는 그렇게 할 참입니다. 제가 사랑을 하고 있지 않다면, 인간의 상태에 있으면서도 신처럼 그 무엇에도 의존하지 않을 것입니다. 실제로 존재하는 것만을 바라는 저는, 운명과 싸울 필요가 없으니까요. 아무튼 저를 속박하는 것은 하나도 없습니다. 최소한 저에게는 하나의 속박만이 있을 뿐입니다. 저는 그 속박만을 언제라도 받을 참이고, 그것을 제 명예로 생각할 수도 있습니다. 그러므로 이제 저에게 소피를 주십시오. 그러면 저는 자유가 됩니다."

"에밀, 자네 입에서 나오는 인간다운 말을 듣고, 또 자네 마음에 인간다운 감정이 있다는 것을 알게 되니 나는 무척 기쁘다. 그런 극단적인 무욕(無慾)도 자네 나이로는 나를 기쁘게 한다. 아이를 가지면 그런 기분도 희박해지고, 그땐 자네는 한 집안의 좋은 아버지, 현명한 인간이 가지는 그런 사람이 될 것이다. 자네가 여행을 떠나기 전부터, 여행이 어떤 결과를 가져다 줄 것인가 나는 알고 있었다. 우리 사회의 제도를 잘 봄으로써, 나는 네가 거기에 알맞지 않은 신뢰를 갖게 될 일은 결코 없으리라고 생각하고 있었다. 법률의 보호 아래 자유를 찾아도 헛일이다. 법률! 어디에 법률이 있는가? 또 어디서 법률이 존중되고 있는가? 곳곳에서 자네는, 법률의 이름 아래 개인의 이해와 인간의 정념이 지배하고 있을 뿐임을 알았다. 그러나 자연과 질서의 영원한 법칙이 존재한다. 슬기로운 자에게는 그것이 법률을 대신하는 것이 된다. 그것은 양심과 이성으로 마음 밑바닥에 새겨져 있다. 슬기로운 자는 자유롭게 되기 위해서 그 법칙을 따라야 한다. 그리고 나쁜 짓을 하는 자만이 노예인 것이다. 그런 인간은 언제라도 자기 의지를 어기고 나쁜 짓을 한다. 자유는 어떤 통치 형태 속에도 없다. 그것은 자유로운 인간의 마음속에 있다. 자유로운 인간은 어디서나 자유를 갖고 있다. 야비한 인간은 어디서나 예속되어 있다. 야비한 인간은 제네바(공화국)에 있어도 노예이고, 자유로운 인간은 파리(전제 군주국의 수도)에 있어도 자유이다.

내가 시민의 의무에 대해서 말한다면, 자네는 아마 어디에 조국이 있느냐고 물을 것이다. 그리고 나를 당황하게 만들었다고 생각할지 모른다. 그러나 에밀, 자네는 틀렸다. 조국을 안 가진 자도 자기가 살고 있는 나라는 있기 때문이다. 역시 정부가 있고, 겉보기라도 법률이 있어서, 인간은 그 아래서 평온하게 살아 왔다. 사회 계약이 지켜진 적은 없다고 치더라도, 일반 의지처럼 개별적인 이해가 그 사람을 보호해 왔다면, 공공의 폭력이 개인의 폭력으로부터 그를 지켜 왔다면, 그가 눈 앞에 본 악행이 그로 하여금 선한 것을 좋아하게 만들었다면, 우리의 제도 그 자체가 그로 하여금 부당함을 인식시키고 증오하게 만들었다면, 사회 계약이 지켜지지 않는다 해도 그만이 아닌가?

아, 에밀, 자기 나라에 아무런 빚을 지지 않는 인간이 어디 있을까? 그것이 어떤 나라거나 인간에게 무엇보다도 중요한 것, 즉 그 행동의 도덕성과 미덕에 대한 사랑을 그는 그 나라로부터 받고 있는 것이다. 어느 깊은 숲속에 태어났다면, 그는 더 행복하고 더 자유롭게 살 수 있었을지도 모른다. 그러나 그 무엇과도 싸울 필요를 느끼지 않고 자기의 경향에만 따를 수 있는 그는, 좋은 사람일지는 모르나 아무런 공적도 남기지 않게 될 것이며, 유덕한 인간은 되지 못했을 것이다. 그런데 지금 그는 자기의 정념을 극복하고 유덕한 인간이 될 수 있다. 질서의 외관이라도 그에게 그 질서를 인식시키고 좋아하게 만든다. 공공의 복지는 다른 모든 자에게는 구실로써 도움이 될 뿐이지만, 그에게는 현실의 동기가 된다. 그는 자기와 싸우고, 자기를 정복하고, 자기의 이익과 공동의 이익을 위해서 희생하는 것을 배운다. 그가 법률에서 아무런 이익도 얻지 않는다는 것은 옳은 말이 아니다. 법률은 나쁜 인간들 속에서까지 올바른 인간으로서 행동하는 용기를 그에게 주고 있다. 법률은 그를 자유롭게는 만들어 주지 않았다는 것은 옳지 않다. 법률은 그에게 자기를 지배하는 것을 가르쳐 준 것이다.

그러므로 '어디에 있는가 하는 것은 나에게 아무런 의미도 없다' 이렇게 말해서는 안 된다. 자네는 자네의 모든 의무를 다할 수 있는 곳에 있을 필요가 있고, 그 의무의 하나는 자네가 태어난 토지에 대한 애착이다. 자네가 어릴 때 고향 사람들은 자네를 보호해 주었다. 어른이 되면 그 사람들을 사랑해 주어야 한다. 자네는 그 사람들 사이에서 살아야 한다. 혹은 아무튼 어디에 있거나 자네의 힘으로 할 수 있는 한 그들의 도움이 될 수 있는 곳, 그들이 자네를 필요로 할 때 자네가 어디 있는지 그들이 금방 알 수 있는 곳에 살아야만 한다. 어떤 사람은 조국에 있는 것보다 밖에 있는 편이 동향 사람들에게 더 도움이 될 수 있는 경우가 있다. 그런 경우 그 사람은 오로지 자기의 열의에 귀를 기울이고, 군소리 없이 타향 생활을 견뎌야 한다. 타향 생활 그 자체가 그 사람의 의무 가운데 하나인 것이다.

그러나 착한 에밀, 그런 안타까운 희생을 자네는 전혀 강요받고 있지 않다. 사람들에게 진실을 풀이할 슬픈 역할을 맡고 있지도 않다.*34 그러므로 자네는 그들이 있는 곳에 가서 살아야 한다. 기분 좋게 사귀고, 그들과 우정을 맺어야 한다. 그들에게 은혜를 베풀고 그들의 본보기가 되어야 한다. 자네가 보여 주는 모범은 우리의 모든 책보다 그들을 위해서 도움이 될 것이고, 자네가 좋은 일을 하는 것을 본다는 것은 우리의 헛된 설교보다 그들의 마음에 감동을 줄 것이다.

그렇지만 나는 대도시에 가서 살기를 권하지는 않는다. 반대로 좋은 인간이 다른 인간에게 실례로 보여 주어야 할 일의 하나는, 전원의 소박한 생활, 인간의 최초의 생활, 가장 평화롭고 자연스러운 생활, 부패한 마음을 가지지 않은 사람의 유쾌한 생활이다. 젊은 친구여, 사람이 없는 곳으로 평화를 찾아갈 필요가 없는 나라는 그 얼마나 복된 나라이겠는가! 그러나 그 나라가 어디에 있는가? 인정 많은 사람도 도시의 중심에 있어서는 그 마음의 경향을 언제나 만족시키지 못한다. 도시에서는 그의 열의를 보여 주어도 대개의 경우 무언가 꿍꿍이를 가진 인간이나 나쁜 자에게 도움이 될 뿐이다. 행운을 찾아 떠난 게으른 자에게 주어지는 도시인의 후의는, 지방을 결정적으로 황폐시킬 뿐이다. 오히려 도시의 희생으로 지방의 인구를 늘려야 할 텐데 말이다.

화려한 사교계에서 물러나는 사람은 모두 그렇게 하는 것만으로도 유익한 일을 하는 것이 된다. 사교계의 부도덕은 모두 너무나 많은 사람들이 그곳에 몰리는 데서 생기기 때문이다. 생기가 없어진 곳에 다시 농경과 인류의 최초

---

*34 '게다가 솔직하게 말해서 외국인으로서 프랑스에서 생활하는 나는 자신의 경우가 대담하게 진실을 이야기하는 데 매우 유리하다고 보고 있었다……《에밀》에서도 말한 바와 같이 책모의 해(害)는 별도로 하고 조국의 진정한 복지를 위해 저서를 쓰려고 한다면, 조국에 있으면서 그것을 써서는 안 된다고 나는 느끼고 있었다.'(《참회록》 제9권).

상태를 자랑할 수 있는 사람은 더 유익한 일을 하는 것이다. 세상을 떠나 간소한 생활을 하면서 자네와 소피는 주위 사람들에게 많은 은혜를 베풀게 될 것이다. 전원에 활기를 불어 넣고 불운한 농부의 사라진 열의를 되살리게 될 것이다. 그렇게 생각하니 마음이 뜨거워진다. 인구는 늘어나고 토지는 풍요해지며, 대지는 새로운 단장을 하고, 많은 사람들과 풍족한 산물은 노동을 축제로 바꾸고, 소박한 놀이가 그것을 부활시킨 사랑스러운 부부를 중심으로 전개된다. 환희와 축복의 함성이 인다. 나는 그와 같은 광경을 보고 있는 듯한 기분이 든다.

사람들은 황금 시대를 환상이라 생각한다. 부도덕한 마음과 취향을 가진 자에게 그것은 언제까지나 하나의 환상에 지나지 않을 것이다. 사람은 그것을 그리워하고 있다지만 사실이 아니다. 왜냐하면 그리워 하지만 결코 어떻게 할 작정도 없으니 말이다. 황금 시대를 재현시키려면 대체 무엇을 해야 하는가? 단한 가지가 있다. 그러나 불가능한 일이다. 그것은 그런 시대를 사랑하는 것이다.

황금 시대는 벌써 소피의 집을 에워싸며 재현되는 듯이 보인다. 자네들은 둘이서 그 사람의 존경할 만한 부모가 시작한 것을 완성하기만 하면 된다. 그러나 에밀, 그런 유쾌한 생활을 위해서 힘이 드는 의무가 언젠가 자네에게 부과되었을 때 그것을 싫어해서는 안 된다. 로마에서는 쟁기를 쥐고 있던 자가 집정관이 되었다는 것을 상기하여라! 통치자 또는 국가가 조국에 대한 봉사를 자네에게 요청한다면, 모든 것을 버리고 주어진 지위에 앉아 시민의 명예로운 의무를 다하여라. 그 의무가 자네에게 성가신 일이 되면, 그것을 면하는 정당하고 확실한 방법이 있다. 그것은 의무를 되도록 공정하게 완수하고 그 일이 오래도록 자네에게 맡겨지지 않도록 하는 것이다. 하기야 그런 성가신 일을 부탁받게 될 것을 그리 걱정하지 않아도 된다. 오늘날 같은 인간이 있는 동안은, 자네에게 국가를 위해서 일해 달라고 부탁하러 오는 자는 없을 것이다.”

에밀이 소피에게로 돌아왔을 때 그것이 두 사람의 연애의 종말이라기보다, 두 사람을 결합시키는 부부의 사랑의 시작을 묘사하도록 허락해 주길 바란다. 그 사랑은 살아 있는 한 계속되는 존경과 아름다움이 사라져도 없어지지 않는 덕성, 부부의 대화를 기쁜 것으로 만들고, 첫 맺음의 매력을 노년에 이르도록 지속시키는 천성의 일치, 그런 것의 바탕에 있다. 그러나 그런 세세한 일들이 사람을 기쁘게 만들지만 그리 유익함은 없을지도 모른다. 지금까지 나는 자질구레한 즐거움도 유익하다고 생각된 것만 다루어 왔다. 내 작업의 마지막에 와서 그 규칙을 포기해도 좋겠는가? 그렇지 않다. 게다가 나의 펜도 이제 지친 듯이 느껴진다. 기력이 없어서 이런 지루한 일에 적합하지 않은 나는, 그리 진척되지 않았다면 이 일도 그만 내동댕이치고 싶은 지경이다. 그러나 미완성으로 남겨 두지 않기 위해 여기서 결말을 지어야겠다.

이윽고 나는 에밀의 인생에서 가장 매력 있는 어느 날이, 내 생애의 가장 행복한 날이 찾아오는 것을 본다. 내 일이 완성되는 것을 보고, 그 성과를 즐기게 된다. 훌륭한 두 사람은 풀 수 없는 기반으로 결합된다. 두 사람의 입은 결코 헛되지 않는 맹세를 하고 두 사람의 마음은 그것을 확인한다. 두 사람은 부부가 된 것이다. 교회에서 돌아오자 두 사람은 어디론가 인도된다. 그들은 자기들이 어디에 있는지, 어디로 가는지, 옆에서 사람들이 무엇을 하고 있는지 알지 못한다. 두 사람은 아무것도 듣고 있지 않다. 모호한 말로 대답할 뿐이다. 혼란된 두 사람의 눈에는 이제 아무것도 보이지 않는다. 아아, 미칠 듯한 기쁨이여! 아아, 인간의 약함이여! 행복감은 인간을 압도한다. 인간은 그것에 견딜 만큼 굳세지 못하다.

결혼하는 날 신혼 부부에 대해서 적절히 행동할 줄 아는 사람은 매우 드물다. 어떤 사람은 무겁게 점잔을 빼고, 어떤 사람은 경박한 말을 하는데, 이것은 둘 다 그 자리에 걸맞지 않는다고 생각한다. 나는 오히려 젊은 두 사람을 가만히 두는 편이 좋다고 본다. 조용히 자기들의 일을 생각게 하고, 아주 매력적인 마음의 동요를 느끼게 해두는 편이 좋다. 잔인하게도 그런 것에서 두 사람의 마음을 빼앗고 겉치레만의 예절로 불쾌하게 만들거나, 좋지 않은 농담으로 난처하게 만들어서는 안 된다고 생각한다. 그와 같은 농담은 다른 기회에는 언제나 두 사람을 기쁘게 만드는 것이라도 이런 날에는 반드시 반갑잖게 느껴지는 법이다.

나는 젊은 두 사람이 마음을 혼란시키는 흐뭇하고 나른한 기분을 느끼면서, 사람들이 하는 말은 하나도 듣고 있지 않다는 것을 알 수 있다. 사람이 인생의 모든 나날을 즐겨 주기를 바라는 내가, 두 사람이 이러한 귀중한 날을 헛되이 보내도록 내버려 두겠는가. 그렇게는 하지 않는다. 나는 두 사람이 이 날을 만끽하고 즐길 것을 바라며, 이 날이 두 사람에게 기쁨을 주게 되기를 바라고 있다. 나는 두 사람을 괴롭히는 조심성 없는 사람들의 무리로부터 그들을 끌고 나와 멀리 떨어진 곳으로 산책하도록 유도한다. 그리하여 그들 자신에 관한 이야기를 해주고, 그들로 하여금 자기들의 일을 떠올리도록 한다. 나는 단지 그들의 귀에만 아니라, 그들의 마음에 이야기하고 싶다. 그리고 나는 오늘 그들이 생각할 수 있는 오직 하나만의 것이 무엇인지 알고 있다. 나는 두 사람의 손을 잡고 이렇게 말해 준다.

"내 아들아, 3년 전에 나는 자네들에게 오늘의 행복을 가져다 준, 강하고 깨끗한 사랑이 싹트는 것을 보았다. 그것은 끊임없이 격렬해질 뿐이었다. 자네들의 눈을 보면, 그것이 지금 더없이 격렬한 상태에 있다는 것을 알 수 있다. 이제 앞으로 그것은 약해질 뿐일 것이다."

독자여, 당신들도 에밀이 흥분하고 격앙되어, 그런 일은 없다고 단언하는 모습이, 경멸하는 표정으로 내 손을 뿌리치는 소피의 모습이, 그리고 끝까지 서로 사랑할 것을 두 사람의 눈이 정답게 맹세하는 모습이 보이지 않을까? 나는 두 사람이 마음대로 하도록 내버려 두었다가 다시 이야기를 꺼낸다.

"나는 자주 생각했지만, 결혼한 뒤에도 오래도록 사랑의 행복을 지속할 수 있다면 우리는 지상의 낙원을 손에 넣은 것이 될 것이다. 그런 것은 지금까지 한 번도 보지 못했다. 그러나 그것이 전혀 불가능한 일이 아니라면, 자네들이야말로 아무도 보여 주지 않았던, 소수의 사람들만이 본받을 수 있는 범례를 보여 주는 데 적합한 사람들이다. 그것을 위해서 내가 생각해 낸 방법, 그것만이 유효하다고 생각되는 방법을 자네들에게 가르쳐줄 테니 들어 보지 않겠는가."

두 사람은 미소를 띠고 서로 얼굴을 쳐다보면서, 나의 단순한 말투에 웃는다. 에밀은 소피가 더 효과 있는 처방을 알고 있기에 자기는 그것만으로도 충분할 것이라고 말하며 나의 처방을 정중히 거절한다. 소피도 이에 동의한다. 그녀 역시 완전한 자신을 갖고 있는 모양이다. 그러나 그녀의 비웃는 듯한 얼굴에는 얼마쯤 호기심이 엿보이는 듯하다. 나는 에밀의 눈을 관찰한다. 그의 눈은 매력에 넘치는 아내를 탐스러운 듯이 바라보고 있다. 그것만이 그의 마음을 끄는 대상이다. 내가 무슨 말을 해봐야 그는 거의 관심이 없다. 그래서 나도 웃으며 속으로 중얼거린다. '자네는 곧 내 말에 다시 귀를 기울이게 될 거야.'

두 사람의 마음의 움직임에서 볼 수 있는 거의 눈에 띄지 않을 만한 차이는, 남녀의 매우 특징적이고 일반적인 편견과는 전혀 반대되는 차이를 보여 주고 있다. 그것은 일반적으로 남자는 여자에 비해서 변하지 않는 마음을 지속하는 일이 적고, 여자보다 더 빨리 사랑의 행복에 실망한다는 것이다. 여성은 일찌감 치 남성의 변심을 예감하고, 그것에 불안을 느낀다.*³⁵ 그것이 또한 여성을 더 욱 질투심이 많게 만든다. 남성의 마음이 식으면 여성은 그를 붙잡아 두기 위 해서, 전에는 그가 그녀의 비위를 맞추려고 기울인 배려를 그에게 되돌려 주며 눈물을 흘리고 이번에는 자기가 아첨하는 태도를 갖게 되는데, 남성과 마찬가 지로 성공을 거두는 일은 좀처럼 없다. 애착과 배려는 사람의 마음을 사로잡지 만, 멀어진 마음을 되찾는 일은 거의 없다. 그래서 결혼 생활에서 사랑의 냉각 을 막는 나의 처방에 대해서 이야기해야겠다. 나는 두 사람에게 말해 준다.

"그것은 간단하고 쉬운 일이다. 부부가 된 뒤에도 연인으로 남아 있는 게 그 것이야." 이 비결을 듣고 에밀은 웃으며 말한다. "그렇군요. 그런 것이라면 우리 도 그리 힘드는 일이 아니겠습니다." "그럴 거라고 말하지만, 아마 자네가 생각 하는 것 이상으로 힘드는 일일 게다. 아무튼 잠시 내 설명을 들어다오.

끈을 너무 단단하게 매려고 하면 끊어진다. 결혼의 기반(羈絆)에도 그에 알 맞는 힘보다 큰 힘을 주려고 하면 같은 결과가 일어난다. 결혼이 부부에게 명 령하는 충실성은 모든 권리 중에서 가장 신성한 것이다. 그러나 결혼이 두 사 람 모두에게 부여하는 권력은 쓸모 없는 것이다. 강제와 사랑은 양립하지 않고, 육체적 쾌락은 강요되는 것이 아니다. 아아, 소피, 얼굴을 붉힐 필요는 없다. 달 아나려고 해서는 안 된다. 나는 얌전한 너의 마음에다 상처를 입히고 싶지는 않다. 그러나 결혼 후 앞날에 관한 문제야. 그렇게 중대한 문제이니까, 남편과 아버지 앞에서, 다른 곳이라면 참을 수 없는 이야기도 들어 주기 바란다.

즐거움 아닌 강요가 지긋지긋한 생각을 갖게 한다. 그러므로 남자는 아내보 다도 애인에게 훨씬 오랫동안 애착을 갖는다. 더없이 정다운 애무를 의무로 만 드는 일이, 또 사랑의 다시 없는 흐뭇한 증거를 권리로 삼는 일이 어째서 가능 했던가? 권리를 주는 것은 서로의 욕망이다. 자연은 그 밖의 권리를 인정하지

---

*35 프랑스에서는 아내가 먼저 떠나가는데, 이것은 당연한 일이다. 그다지 욕정을 느끼지 않고 비위를 맞추어 주는 것만을 생각하는 아내는, 남편이 비위를 맞추어 주지 않게 되면 남편 의 육체에는 그다지 관심을 갖지 않기 때문이다. 다른 나라에서는 반대로 남편이 먼저 떠 나간다. 이것도 또한 당연한 일이다. 아내는 충실하지만 조심성이 없고 그 욕망으로 남편 을 괴롭게 하여 싫어지게 하기 때문이다. 이 일반적인 사실에는 많은 예외가 인정될 것이 다. 그러나 나는 지금으로는 이것은 일반적인 진실이라고 믿고 있다(원주). 1801년판에 처 음으로 나타난 원고에 의한 주.

않는다. 법도 그 권리를 제한할 수는 있어도 그것을 확장하지는 못할 것이다. 관능의 기쁨은 그 자체가 매우 기분 좋은 것이다. 그것은 고유한 매력에서 끌어낼 수 없었던 힘을 쓰라린 강제 덕분에 얻게 되는 것일까? 그렇지는 않다. 결혼으로 마음은 결합되더라도, 육체는 묶이지 않는다. 자네들은 서로 충실해야 하지만 비위를 맞출 필요는 없다. 두 사람 다 다른 자에게 몸을 허락할 수는 없지만, 모두 다 자기 마음이 내킬 때가 아니면 서로에게 몸을 허락하지 말일이다.

그러므로 에밀, 자네가 정말로 아내의 연인으로 있을 생각이라면, 또 자신의 주인이기를 바란다면, 예의를 지키는 행복한 연인이 되거라. 모든 것을 사랑으로 손에 넣어야 한다. 의무의 이름 아래 무엇을 요구해서는 안 된다. 그리고 자네에게 주어지는 아주 사소한 사랑의 증거도 결코 권리가 되어서는 안 된다.

은혜를 베풀어야 한다. 수줍음은 노골적으로 의사를 전하는 것을 피하고, 정복되기를 바란다는 것을 나도 알고 있다. 그러나 섬세한 마음과 참된 애정을 갖고 있다면, 연인이 상대의 은밀한 소원을 착각하는 수가 있겠는가? 입은 거절하고 있어도 마음과 눈이 허락하고 있을 때, 그것을 모르고 있겠는가? 두 사람 다 언제까지나 자기의 몸과 애정의 지배자가 되어 있고, 반드시 자기 의사로 그것을 서로에게 줄 권리를 갖도록 해야 한다. 결혼했더라도 육체적 쾌락은 서로 욕망을 느끼고 있을 때만 허락된다는 것을 결코 잊어서는 안 된다. 그런 법칙이 자네들을 서로 멀어지게 만들 것이라고 걱정할 필요는 없다. 반대로 그것은 자네들 두 사람으로 하여금 더욱 마음을 써서 서로를 기쁘게 해주고 싶다는 기분을 일으키게 할 것이다. 그리고 권태를 느끼지 않게 해줄 것이다. 서로 상대에게 만족될 때, 자연히 사랑은 자네들을 충분히 접근시키게 된다."

이런 이야기와 그 밖의 비슷한 이야기에 에밀은 화를 내고 항의한다. 소피는 수줍은 듯이 부채로 얼굴을 가리고 아무 말도 하지 않는다. 두 사람 중에서 더 불만을 느끼고 있는 것은, 아마 더 불만을 내세우는 쪽이 아닐 것이다. 나는 사정없이 이야기를 계속하여 신중하지 못한 에밀의 얼굴을 붉히게 만들고, 소피가 나의 그 조건을 받아들일 것을 보장해 준다. 나는 소피를 부추겨 무언가 말을 시키려고 한다. 내 말을 부인할 용기가 그녀에게 없다는 것은 독자도 잘 안다. 에밀은 불안한 듯이 아내의 눈을 바라본다. 난처함 속에 육감적인 고뇌가 깃든 그녀의 눈에 그는 신뢰를 느끼고 마음을 놓는다. 그는 아내의 발 아래 몸을 던지고, 그녀가 내미는 손에 열렬히 입을 맞추며 약속된 충실한 마음 이외는 그녀에 대한 권리를 모두 포기하겠다고 맹세한다. 그는 그녀에게 말한다.

"아내여, 당신은 내 일생과 내 운명을 지배하는 사람이지만, 내 쾌락을 지배하는 사람도 되어 주기 바라오. 당신의 엄격함이 내 생명에 관한 것이 되더라도, 나는 무엇보다도 귀중한 권리를 당신에게 바치겠소. 나의 비위를 맞추기 위한 당신의 친절은 결코 원치 않소. 모든 것을 당신의 진심에서 받고 싶을 따름이오."

선량한 에밀, 안심하라. 소피는 무척 관대한 여성이다. 자네는 자네의 관대한 마음의 희생이 되어 죽지는 않는다.

그날 밤 두 사람과 헤어질 때 나는 되도록 진지한 어조로 말해 준다. "자네들은 자유롭다는 걸 명심하라. 단, 부부의 의무는 별개의 문제임을 잊지 마라. 내 말을 믿어야 한다. 체면 같은 것은 아무 필요 없다. 에밀, 나와 함께 가지 않겠는가? 소피는 그것을 용서해 줄 것이다." 에밀은 화가 나서 나를 때려 주고 싶어진다. "그래 소피, 너는 뭐라고 말을 하겠는가? 내가 에밀을 데리고 가도 될까?" 진실을 말하지 못하는 그녀는 얼굴을 붉히면서, "그렇게 하세요" 대답했다. 매력적인 유쾌한 거짓말, 그것은 진실보다 귀중한 거짓말이다.

이튿날 아침…… 행복의 이미지도 이제 사람들의 마음을 기쁘게 하지 않는다. 부도덕의 파괴 작용은 사람들의 마음과 마찬가지로 취미도 부패시켜 버렸다. 사람들은 마음에 닿는 것을 느끼지도, 사랑스러운 것을 보지도 못하게 되었다. 당신들은 관능의 기쁨을 그려 보일 때 언제나 다만 환락의 파도에 빠져 있는 연인들을 생각할 뿐이지만, 당신들의 그림은 아직도 완전한 것이라고는 할 수 없다. 당신들은 서투른 일면을 그리고 있을 뿐이다. 관능의 기쁨의 가장 유쾌한 매력은 그곳에 그려져 있지 않다. 아아, 복된 운명으로 결합된 젊은 두 사람이, 혼례의 밤이 샌 이튿날 아침 침실에서 나올 때, 나른하지만 청순한 눈매에 처음으로 맛본 쾌락의 도취감과 순결에 대한 사랑스러운 안도감, 앞으로 한평생을 둘이서 보낸다는, 그토록 매력적인 확신이 동시에 깃들어 있음을, 일찍이 본 적 없는 사람이 당신들 가운데 있겠는가? 그것이야말로 인간의 마음에 나타나는 가장 아름다운 대상이다. 그것이야말로 관능의 기쁨을 그린 참된 그림이다. 당신들은 그 그림을 백 번이나 보고 있으면서 그것을 분간하지 못한다. 당신들의 메마른 마음은 그런 것을 사랑할 수 없게 되어 있는 것이다.

소피는 행복하고 편안하게, 정다운 어머니 가슴에 안겨서 그날 낮을 보낸다. 남편 팔에 안겨서 하룻밤을 보낸 뒤 정말로 흐뭇한 휴식인 것이다.

그 다음날에 나는 벌써 얼마간 양상이 달라져 있는 변화를 깨닫는다. 에밀은 조금 불만스러운 모습을 보이려 하고 있다. 그러나 짐짓 그러는 듯한 그 모습에도 정다운 배려가, 아주 온순한 태도마저 엿보여서 그리 걱정할 것은 없을 듯한 기분이 든다. 소피는 전날보다 더 쾌활해져서, 그 눈에는 흡족해하는 모습이 빛나고 있다. 에밀과 함께 있는 그녀는 참으로 즐거워 보인다. 그녀는 에밀을 놀리기까지 한다. 그러나 에밀은 이제 화를 내지 않는다.

그 변화가 뚜렷이 나타난 것은 아니지만 나는 그것을 놓치지 않는다. 나는 걱정이 되어 에밀을 따로 불러서 물어 본다. 에밀이 간밤에 소피에게 간청을 했지만 매우 유감스럽게도 소피와 침대를 따로 썼다는 것이다. 엄격한 소피는 벌써 그 권리를 행사한 것이다. 그 일로 두 사람에게 이야기를 시켜 본다. 에밀은 원망스러운 듯이 말한다. 소피는 가볍게 대꾸하다가, 이윽고 그가 정말로 화를 내려는 것을 보자 정다움과 사랑에 넘치는 눈길을 그에게 쏟으면서 나의 손을 잡고 단 한 마디, 그러나 참으로 애절한 듯이 "모르는 분이에요" 말한다. 에밀은 눈치가 빠르지 못해 뜻을 전혀 알지 못한다. 나는 금방 알 수 있다. 나는 에밀을 저쪽으로 보내고, 이번에는 소피와 단둘이 남는다. 나는 그녀에게 말한다.

"나는 그런 변덕의 이유를 알고 있다. 너 이상으로 섬세한 기분을 가진 사람은 없을 것이다. 하지만 그것을 너처럼 적당하지 않은 때에 표시하려고 하는 사람도 없을 것이다. 소피, 안심하여라. 내가 너에게 준 것은 한 남성이다. 그러니 그를 남자로 대하는 것을 두려워하지 마라. 너는 그의 청춘을 선물 받은 것이다. 그는 청춘을 아무에게도 주지 않았고, 너를 위해서 그것을 오래오래 지속할 것이다.

내 딸이여, 이틀 전에 우리가 함께 이야기를 나누었을 때, 내가 무엇을 생각하고 있었는지 그것을 너에게 설명하여야겠다. 너는 아마도 그 이야기에서 너의 즐거움을 지속시키기 위해 쾌락을 조정하는 하나의 기술을 본 데 지나지 않는다. 아아, 소피 거기에는 내 배려에 가장 알맞는 또 하나의 목적이 있었던 것이다. 에밀은 너의 남편이 됨으로써 너의 주인이 되었다. 그러므로 네 쪽에서 복종해야 하는 것이다. 그렇게 하기를 자연은 요구하고 있다. 그러나 소피, 너

같은 여성이라면 남성이 여성에 의해서 인도되는 것도 훌륭한 일이다. 이것 또한 자연의 법칙이다. 그러니 그가 남성으로서 네 몸에 대해 갖고 있는 권력과 마찬가지의 권력을 네 자신이 그의 마음에 대해서 갖게 되도록 나는 너를 그의 즐거움의 지배자로 만든 것이다. 그것은 너에 의해서 채워지지 않는 소망의 고통을 느끼게 하는 거다. 그러나 자기를 지배할 수 있으면 너는 그를 지배할 수 있게 되는 거다. 게다가 지난 일들은 그런 어려운 기술로 너의 힘에 넘치는 일이 아니라는 것을 나에게 증명하고 있다. 너의 사랑의 증거를 신기한 것, 귀중한 것으로 만든다면, 그것을 값비싼 것으로 만들 수 있다면, 너는 오랫동안 사랑으로써 그를 지배하게 될 것이다.

남편이 끊임없이 네 앞에 무릎 꿇는 것을 보고 싶다면 언제나 그를 너의 몸에서 얼마쯤 떨어진 곳에 머물러 있게 해야 한다. 그러나 엄격함 속에도 조심성을 보이도록 해야 한다. 변덕스러운 짓을 해서는 안 된다. 언제나 얌전한 태도를 보이는 것이 좋다. 그러나 엉뚱한 여자라고 여기게 해서는 안 된다. 그의 사랑을 억누르면서도 너의 애정에 의심을 품지 않도록 신경을 써야 할 것이다. 사랑의 증거를 줌으로써 네 자신을 열애시키고, 거절함으로써 너에게 경의를 바치게 하는 것이다. 남편이 아내의 정결에 존경을 느끼면서도 그 차가운 태도에 불만을 느끼는 일이 없도록 해야 한다.

내 딸이여, 그렇게 해야만 그 사람은 너를 신뢰하고, 너의 충고에 귀를 기울이고, 일에 관해서도 너의 의견을 묻고, 너와 의논하지 않고는 아무것도 결정하지 않게 될 것이다. 그렇게 해야만 네 자신은 그릇된 일을 하려고 하는 그 사람을 지혜의 길로 다시 불러세우고, 정다운 말로 데려올 수 있을 것이다. 사랑스러운 사람이 됨으로 해서 도움이 되는 인간이 되고, 미덕에 봉사하기 위해서 아름다운 자태를 보이며, 이성에 이익이 되는 일에 사랑을 사용할 수 있는 것이다.

하지만 그와 같은 기술까지도 언제까지나 너에게 도움이 된다고 생각해서는 안 된다. 아무리 신중히 해봐야 즐기는 것은 즐거움을, 그리고 다른 무엇보다도 빨리 사랑의 즐거움을 잃게 만드는 것이다. 그러나 사랑이 오래 계속된 뒤에는 안온한 습관이 상실된 사랑에 대체되고, 신뢰의 매력이 정념의 격렬함과 바뀌게 된다. 아이들은 그들에게 존재를 준 사람을 사랑 그 자체와 마찬가지로 흐뭇하게, 흔히 더 강한 기반으로 결부시켜 준다. 에밀의 애인이 아니게 되었을 때에도, 너는 그의 아내, 그의 벗이다. 그 사람의 어린아이들의 어머니가 될 수 있는 것이다. 그렇게 되면 처음의 소극적인 태도를 버려서 부부 사이에 더없이 친밀한 관계를 이룩하게 된다. 이제 침대를 따로이 해서는 안 된다. 거부해서는 안 된다. 변덕스러운 짓을 해서는 안 된다. 완전히 그의 반신이 되어 그 사람은 이제 아내 없이는 있을 수 없고 아내 곁에 없으면 자기 자신으로부터 멀어진 듯한 기분이 들게끔 만들어야 한다. 아버지의 집을 가정적인 매력에 찬 집으로 만든 너는, 너의 집에도 마찬가지로 매력을 주어야 한다. 자기 집에서 즐겁게 있을 수 있는 남편은 모두 아내를 사랑하고 있다. 소피의 남편도 자기 집에서 행복하다면 너도 행복한 아내가 된다는 것을 잊지 말아야 한다.

우선은 너의 연인에게 너무 엄하게 대해서는 안 된다. 더 순순히 그의 말을 들어 주어도 좋을 것이다. 쓸데없는 걱정을 하는 것은 그의 마음에 상처를 입히게 된다. 너무 심하게 그의 건강을 염려하여 그의 행복을 막는 일은 하지 말고, 소피도 행복을 즐기도록 해야 한다. 싫어지는 것을 기다리는 것은 좋지 않지만, 욕망을 떨쳐 내는 것도 좋지 않다. 거부하기 위해서 거부해서는 안 된다. 주는 것의 값어치를 크게 하기 위해서 거부해야 하는 것이다."

그리고 이번에는 두 사람을 함께 놓고, 나는 소피 앞에서 젊은 남편에게 말해 준다. "아무튼, 자기가 자기에게 지운 멍에는 견뎌야 한다. 그것을 더 가볍게 만들도록 노력해야 한다. 특히 될 수 있는 대로 상냥하게 노력하는 것이다. 뾰로통해지면 더 사랑할 줄 알아야 한다."

화해하는 것은 어려운 일이 아니며, 그 조건은 둘 다 금방 머리에 떠오른다. 평화 조약은 입맞춤으로 이루어진다. 그 뒤에 나는 내 제자에게 말한다.

"에밀, 인간은 한평생 조언과 지도가 필요하다. 나는 지금까지 자네에게 그런 의무를 다하기 위해서 할 수 있는 일을 해 왔다. 이것으로 나의 긴 작업은 끝나고, 다른 사람의 작업이 시작된다. 나는 오늘 자네가 내게 주고 있던 권위를 버리련다. 여기에 지금부터의 자네 지도자가 있다."

조금씩 처음 한때의 흥분은 가라앉고, 두 사람은 새로운 환경의 매력을 착실히 즐기게 된다. 행복한 연인들, 존경할 만한 부부의 미덕을 찬양하고 그 행복을 묘사하려면, 두 사람의 생애 이야기를 써야 할 것이다. 몇 번이나 나는 그들 속에서 일궈낸 내 작품을 바라보며, 황홀감에 가슴 설레고 있는 내 자신을 느꼈던가! 몇 번이나 나는 두 사람의 손을 내 손에 쥐고, 하느님께 축복을 드리며 뜨거운 한숨을 쉬었던가! 몇 번이나 나는 서로 꼭 쥔 두 사람의 손에 입을 맞추었던가! 몇 번이나 두 사람은 그 손 위에 내가 뿌리는 눈물을 느꼈던가!

그들 또한 나와 마찬가지로 흥분하고 감동한다. 두 사람의 존경할 만한 부모는, 자식들의 청춘 속에서 다시 한 번 자기들의 청춘을 즐길 수 있었다. 말하자면 자식들 속에서 다시 살기 시작한다. 즉, 비로소 인생의 가치를 깨달은 것이다. 자식들의 그 나이에 이런 근사한 운명을 즐기지 못하게 했던 옛날의 부(富)를 그들은 저주스럽게 생각한다. 만일 지상에 행복이라는 것이 있다면 우리가 살고 있는 가정에서 찾아야 하리라.

몇 달인가 지났다. 어느 날 아침, 에밀은 내 방에 들어와서 나를 껴안고 말한다.

"선생님, 선생님의 아들을 축복해 주십시오. 선생님의 자식은 곧 아버지가 되려 하고 있습니다. 아아, 우리는 열의를 다하여 중대한 일을 해야 합니다. 우리에게는 얼마나 선생님이 필요한지 모릅니다. 아버지를 기르신 선생님에게 자식마저 길러 주십사고 부탁드리고 싶지는 않습니다. 설령 저를 위해서 선택된 분을 제가 아이를 위해서 선택할 수 있을지라도, 그 같이 신성하고 유쾌한 의무가 저 이외의 다른 사람에 의해서 수행되는 걸 저는 바라지 않습니다. 그러나 젊은 교사들의 선생님이 되어 주십시오. 저희에게 조언을 주십시오. 저희를 지도해 주십시오. 저희는 순순히 선생님의 말씀에 따를 것입니다. 살아 있는 한 저는 선생님을 필요로 할 것입니다. 어른으로서의 제 역할이 시작되는 지금, 저는 과거의 그 어느 때보다도 선생님을 필요로 하고 있습니다. 선생님은 선생님의 역할을 다하셨습니다. 선생님을 본받게 하여 주십시오. 쉬기도 하시고요. 이제 그러실 때가 되었습니다."

인간적 교육 나직한 울림

루소의 생애

장 자크 루소는 1712년 6월 28일 스위스 제네바에서 태어나 1778년 7월 2일 프랑스 에름농빌에서 숨을 거두었다. 프랑스의 위대한 철학자·교육학자·음악가·음악평론가이다.

그는 이성의 시대를 끝맺고 낭만주의를 탄생시킨 사상을 전개했다. 그의 개혁사상은 음악을 비롯한 여러 예술에 혁신을 가져왔고 사람들의 생활방식에 큰 영향을 끼쳤으며 자녀에 대한 부모의 교육방식에도 변화를 일으켰다. 우정과 사랑에서 예의바른 절도보다는 자유로운 감정표현을 중시했다. 종교를 버린 이들에게는 종교적 감성을 숭배하도록 인도했으며, 누구나 자연의 아름다움에 눈뜨고 자유를 가장 보편적 동경의 대상으로 여길 것을 역설했다.

어머니는 루소를 낳자마자 죽었다. 가난한 시계장인이었던 아버지와 고모가 그를 길렀다. 아버지는 칼을 휘두른 일 때문에 니옹으로 떠나고 루소는 6년 동안 외가에서 가난하게 살다가 열여섯 살 때 모험가의 삶을 꿈꾸며 제네바를 떠났다. 그러다가 사부아 지방에서 후원자인 바랑 남작부인을 만나 집사로 일하면서 철학자·문인·음악가가 되기 위한 공부를 할 기회를 얻었다.

서른 살 때 파리에 도착하여, 문필가로서 야망을 지닌 디드로를 운좋게 만났다. 두 사람은 곧 디드로가 편집자로 임명되었던 프랑스 백과전서(L'Encyclopédie)를 중심으로 모인 지식인 집단인 '철학자들'에서 중심역할을 했다. 급진적·반(反)교권적 견해를 발표하는 주요수단이었던 〈백과전서〉 기고자들은 대개 철학자이자 개혁가·구습타파주의자였다. 이 가운데 루소는 가장 독창적이고 강렬하면서도 유려한 글솜씨를 지녔다. 뿐만 아니라 오페라 〈마을의 점쟁이 Le Devin du village〉(1752)를 작곡하여 왕과 왕실로부터 인정받기도 했다. 그러나 그는 칼뱅주의적 기질 때문에 이러한 세속의 영화를 거부했다.

서른일곱 살 때 반종교
적 성향의 글로 구속된 디
드로를 만나기 위해 뱅센
으로 가는 도중, 뒷날《참
회록=참회록 *Confessions*》
에서 밝혔듯이 '빛'을 보았
으며, 그 빛은 당시의 진보
가 인간을 개선하기는 커
녕 타락시키고 있다는 '무
서운 섬광'으로 다가왔다.
이러한 통찰은 뒤이어 쓴
디종 아카데미 현상 논문
《학문예술론 *Discours sur
les sciences et les arts*》(1750)의
골격을 이루고 있다. 이 논
문은 '인간은 본래 선하지
만 사회와 문명 때문에 타

루소(1712~1788)

락했다'는 그의 사상의 중심 주제를 잘 보여 주고 있다. 많은 로마 가톨릭 작
가들도 유럽 문화가 중세 이래 타락했다고 지적했지만, 루소는 인간이 본래
선하다고 본 점에서 독특했다.

라모와의 논쟁

첫 논문이 출판된 뒤 루소는 몇 년간 음악을 전문분야로 삼아 〈백과전서〉
기고가로 활발하게 활동했다. 1752년 당시 파리에서 페르골레시, 스카를라티,
빈치, 레오 등의 이탈리아 오페라가 상연되기 시작하자 사람들은 이탈리아 오
페라 지지자와 프랑스 전통 오페라 지지자로 나뉘었는데, '백과전서파'인 달랑
베르·디드로·올바크·루소 등은 이탈리아 오페라를 지지했다. 루소는 당시 유
명한 작곡가 라모와 이 문제를 두고 논쟁을 벌였다. 이 논쟁은 음악적일 뿐 아
니라 철학적 성격을 띤 것이었다. 라모는 화음을 중시하여 합리적·지성적 규
칙을 지키는 것이 예술의 필수조건이라고 주장한 반면, 루소는 멜로디가 화음

에 우선해야 한다는 원칙을 내세우면서 이탈리아 오페라가 프랑스 전통 오페라보다 우월하다고 주장했다. 그는 예술에서 창조정신을 자유롭게 표현하는 것이 형식적 규칙과 전통적 절차를 지키는 일보다 중요하다고 봄으로써 낭만주의 사상의 기반을 닦았다. 루소는 음악에서 자유를 옹호한 해방자였다.

주요 정치철학 저작

루소는 가톨릭교에서 프로테스탄트교로 개종하기 위해 칼뱅주의 도시인 제네바로 돌아가면서 당시 사귀었던 여관 하녀 테레즈 르 바쇠르를 동행해 사람들을 놀라게 했으며 구설수도 있었으나 그는 별탈 없이 칼뱅주의파 교회에 재가입했고 문필가로서의 명성 덕분에 큰 환영을 받았다.

루소는 디종 아카데미의 질문에 답하는 두 번째 논문 〈인간불평등기원론 *Discours sur l'origine de l'inegalité parmi les hommes*〉(1755)을 완성했다. 그 질문은 "인간들 사이의 불평등의 기원은 무엇이며, 그것은 자연법에 의해 정당화될 수 있는가"였다. 이 물음에 대해 그는 자연상태의 인간은 선했지만 이후 타락했다는 주장을 발전시킴으로써 첫 논문인 《학문예술론》의 맥을 잇고 있다. 《인간불평등기원론》은 이 주장을 더 가다듬어 자연적 불평등과 인위적 불평등을 구별했다. 자연적 불평등은 건강·지성 등의 차이에 따른 불평등이고, 인위적 불평등은 사회를 지배하는 규율에 의해 생긴 불평등이다. 그가 문제삼은 것은 인위적 불평등이다. 그는 인간 불평등의 기원을 탐구하는 나름대로의 '과학적' 방법으로 인류생활의 초기단계를 재구성했다. 그는 최초의 인간은 사회적 존재가 아니라 고독한 존재였다고 보는 점에서 홉스의 자연상태에 관한 설명에 동조했다. 그러나 자연상태의 인간생활이 '가난하고 불결하고 거칠고 부족한' 것이라고 본 영국 비관론자와 달리 최초의 인간이 건강하고 행복하고 착하고 자유롭다고 주장했다. 악은 인간이 사회를 형성한 때부터 시작되었다.

루소는 악의 출현과 관련해서 자연은 책임이 없으며 사회에 문제가 있다고 주장했다. 사회는 인간이 남녀 공동생활을 용이하게 하기 위해 처음으로 거주지를 만들면서 형성되었다. 가족이 형성되고 이웃과 교제하는 생활방식이 생겨났다. 이러한 '초기(미숙한) 사회'는 실로 인간의 '황금 시기'로서 그것이 지속되는 동안은 좋았다. 그러나 그 시기는 오래 갈 수 없었다. 사랑의 감정과 함께 질투의 파괴적 감정이 일어나고, 사람들은 자신의 능력과 성취물을 다

루소의 어린 시절
루소가 태어나자마자 어머니가 죽고, 고모가 키우는 등 그의 초기 가정환경은 불행의 연속이었다. 설상가상 1722년 아버지마저 집을 나갔을 때부터 어린 루소의 방랑은 시작되었다. 어린 시절 아버지가 글을 가르쳐주었을 뿐 학교라는 문턱에도 가보지 못했다. 순전히 자기노력, 독학으로 세계적인 교육철학자가 된 것이다.

른 이와 비교하기 시작했다. 이것이 '불평등을 향한 첫걸음이자 악을 향한 첫걸음'이었다. 인간 각자가 다른 이보다 더 나은 사람이 되기를 열망하면서부터 때묻지 않은 자기사랑은 자만심으로 바뀌어 갔다.

　재산의 출현으로 재산을 보호하기 위해 법과 정부를 만드는 일이 필요해짐에 따라 불평등은 더욱 심해졌다. 루소는 토지가 누구에게도 속하지 않은 상태를 벗어난 데서 비롯된 '끔찍한 사태'를 묘사하면서 재산이라는 '치명적인' 것이 생겨난 상태를 한탄했다. 그러나 과거는 어떤 방식으로든 보존될 수 없고 황금 시기로 돌아갈 수도 없다.

　시민사회는 두 가지 목적, 즉 모든 사람에게 평화를 제공하는 한편 재산에 대한 권리를 보장하기 위해 등장한다. 시민사회는 모든 사람에게 이익을 주지만 주로 부자에게 이익을 준다. 왜냐하면 기존의 소유권을 적법한 것으로 정착시킴으로써 가난한 자를 계속 무소유상태로 만들기 때문이다. 정부를 세우는 일은 가난한 자가 부자보다 얻는 것이 적은 한 어떤 의미에서는 정당하지 못한 사회계약이다. 그렇지만 사회 속의 인간은 결코 만족을 모르기 때문에 가난한 자 못지 않게 부자도 행복하지는 않다. 사회 속에서 사람은 각자의 이해관계 때문에 끊임없이 갈등하며, 친절이라는 가면 뒤에 적개심을 숨긴 채 서로 미워한다. 루소는 인간 불평등을 별개의 독자적 문제로 보지 않고 인간이 자연과 순진무구함으로부터 소외되어 온 오랜 역사과정의 부산물로 보았다.

《인간불평등기원론》을 제네바 공화국에 바치기 위해 쓴 헌정사에서 루소는 이 도시국가가 '자연이 인간들 사이에 설정한 평등과 인간이 그들 사이에서 제도화한 불평등' 간의 이상적 균형을 이루었다고 찬사를 보냈다. 그가 제네바에서 눈여겨본 것은 최선의 사람이 시민에 의해 선출되고 최고의 지위까지 올라갈 수 있는 점이었다. 플라톤과 마찬가지로 그는 모든 사람이 자신에게 알맞는 자리에 있는 것이 공정한 사회라고 보았다. 인간이 어떻게 자유를 잃어버렸는가를 설명하기 위해 《인간불평등기원론》을 쓴 루소는 인간이 앞으로 어떻게 자유를 되찾을 수 있는가를 문제로 《사회계약론 Du Contrat social ou principes du droit politique》(1762)을 썼다. 이 글의 모델도 제네바였다.

《사회계약론》은 '인간은 자유롭게 태어났으나 모든 곳에서 사슬에 매여 있다'는 유명한 문장으로 시작해서 인간이 사슬에 묶여 있을 필요가 없다는 주장으로 나아간다. 《인간불평등기원론》에서 묘사된 부정한 사회계약과 반대로 시민사회나 국가가 참된 사회계약에 바탕을 두고 있다면, 인간은 자연상태의 독립을 희생한 대가로 더 나은 자유, 즉 참된 정치적 자유를 얻을 수 있다. 그러한 자유는 스스로 부과한 법에 복종함으로써 찾을 수 있다.

루소가 정의한 정치적 자유에는 문제가 있다. 개인은 단일한 의지를 지닌 존재이기 때문에 스스로 정한 규칙에 복종함으로써 자유로울 수 있다. 그에 반해서 사회는 서로 다른 의지를 가진 개인들의 집합이기 때문에 개별의지들 사이에는 갈등이 있다. 이 문제에 대해 루소는 시민사회를 일반의지에 의해 통합된 인위적 존재라고 답한다. 루소가 말하는 공화국은 비록 개인적 이익 때문에 가끔 갈등을 일으키기도 하지만 일반의지의 창조물이다. 일반의지는 결코 각 구성원의 의지로 흩어지지 않으며, 공적·국가적 이익을 지향하는 의지이다.

시민사회 구성원이 되겠다는 협약 아래 모든 사람은 자신과 자신의 모든 권리를 남김없이 공동체에 양도해야 한다고 본 점에서 루소는 토머스 홉스와 비슷하다. 그러나 루소는 이러한 양도를 시민권을 갖기 위해 자연권을 포기하는 일종의 권리교환으로 이해한다. 이 거래는 다음과 같은 이유에서 유리하다. 즉 포기하는 권리는 전

식물채집하는 루소
식물채집은 루소에게 취미 활동의 대상이 아니라 살아가기 위한 수단이었다.

적으로 개인 자신의 힘으로 실현되기 때문에 불분명한 가치를 지닌 데 반해, 대가로 얻은 권리는 공동체의 집합적 힘에 의해 강화되는 합법적 권리이기 때문이다.

루소는 참된 법과 실정법을 근본적으로 구별한다. 《인간불평등기원론》에서 묘사되듯이 실정법은 단순히 현상태를 보호하는 것에 지나지 않는다. 그러나 《사회계약론》에서 서술하는 참된 법은 정당한 주권자인 민중의 집합적 능력에 의해 만들어졌을 뿐 아니라 다같은 시민인 민중이 복종하기 때문에 정당한 법이다. 루소는 어떤 민중도 자신에게 부당한 법을 만든다고는 볼 수 없으므로 그 법은 부당할 수 없다고 확신했다.

그런데 루소는 민중이 반드시 가장 지성적인 시민을 대표로 선출하지는 않

는다는 사실 때문에 고민했다. 실제로 그는 플라톤과 마찬가지로 대부분의 민중이 어리석다는 점을 인정했다. 일반의지는 도덕적으로 항상 건전하지만 때로는 잘못을 범할 수 있다. 그래서 루소는 민중에게는 솔론, 리쿠르고스, 칼뱅과 같이 헌법이나 법률체계를 구상하는 훌륭한 정신을 소유한 입법자가 필요하다고 제안했다.

이 제안은 마키아벨리도 비슷하게 제시한 적이 있다. 루소는 마키아벨리를 매우 칭송했으며, 마키아벨리가 공화국 정부를 옹호한 점에 공감했다. 마키아벨리의 영향은 시민종교에 관한 서술에서 더 두드러지게 나타난다. 루소에 따르면 그리스도교는 보이지 않는 세계를 지향하기 때문에 시민에게 국가에 봉사하는 데 필요한 용기·남성다움·애국심 등의 덕목을 가르치지 않으므로 공화국 종교로서는 쓸모가 없다. 마키아벨리처럼 이교적 제례의식의 부활까지 주장하지는 않았지만 루소는 군사적 덕목의 계발을 강화하기 위해 최소한의 신학적 내용을 가진 시민종교를 제창했다.

은둔·유배의 시기

루소는 1754년 시민권을 회복한 뒤 다시 파리로 돌아왔다. 이전처럼 백과전서파와 어울렸지만 점차 이러한 세속적 생활에 짜증이 났고 동료 철학자들과 다투기 시작했다. 루소는 다시 파리를 떠나 자연에 파묻혀 생활하기 위해 몽모랑시 근처에 있는 친구 에피네 부인의 시골 영지에서 머물다가 얼마 뒤 뤽상부르의 보호 아래 몽모랑시의 '몽루이' 별장에 은둔했다. 그러나 높은 지위에 있는 이 친구도 1762년 교육에 관한 저서 《에밀 Émile》이 출판되어 프랑스 의회의 독실한 얀센주의자들의 분노를 샀을 때에는 더 이상 루소를 도와 줄 수 없었다. 얀센주의자들은 이 책을 불태워 버렸고 저자를 체포하도록 했다. 루소는 피난처를 이리저리 옮겨 다니면서 여생을 보내야 했다.

몽모랑시에서 지낸 몇 년 동안은 가장 창조적으로 저술활동을 한 시기였다. 《사회계약론》과 《에밀》에 이어 《신 엘로이즈(Julie : ou, la nouvelle Héloïse)》(1761)가 1년 안에 나왔는데, 이 세 작품은 모두 독창적이다. 《신 엘로이즈》는 소설로 《사회계약론》이나 《에밀》과 달리 검열을 받지 않았다. 이 소설은 널리 읽혔고 루소의 생애 동안 가장 많은 사람들에게 칭찬받았으며, 음악에 관한 글들과 마찬가지로 다른 어떤 문학작품보다 더 낭만주의를 발전시켰다. 또한 《사회

루소의 최후 '자연이란 얼마나 위대한가!' 루소는 창문을 열어 한 번만 초목을 보여 달라고 했다.

계약론》과 《에밀》이 치안판사와 목사를 적으로 만든 반면에, 특히 교양 있는 여성들을 중심으로 많은 독자를 친구로 만들었다. 그래서 루소가 박해받을 때면 볼테르나 디드로와는 달리 많은 여성들이 그를 위기에서 구해 주었다.

《신 엘로이즈》는 《사회계약론》과 상당히 대조적으로 국가나 공적 생활이 아닌 가정생활에서 행복을 찾는 사람들에 관한 소설이다. 이 소설에서 주인공인 중류계급의 교사 생 프뢰와 상류계급의 학생 쥘리가 신분법상 금지된 사랑에 빠지는 이야기는 루소 자신의 경험을 반영한다. 이 책은 그러한 사회질서를 승인하지만 자유로운 감정표현과 극단적인 감수성을 나타낸 점에서 혁명적이었으며 문학발전에 큰 영향을 미쳤다.

《에밀》은 소설과 교육학 논문의 중간형태로서, 《사회계약론》의 공화주의 윤리와 《신 엘로이즈》의 귀족 윤리를 번갈아 내세운다. 이 작품은 한 가정교사가 어떤 부자의 아들을 가르치는 이야기이다. 루소는 여기서 악과 오류는 어린이의 본성이 아니라 외적 영향에 의해서 일어나므로 가정교사는 이러한 악영향을 막고 어린이가 자연(본성)에 따르도록 가르쳐야 한다고 주장했다.

《사회계약론》이 자유실현에 관한 것이라면 《에밀》은 행복과 지혜에 관한 것이다. 루소는 《에밀》에서 시민종교 대신 개인종교를 제시하는데, 그것은 계시나 교리를 갖지 않는 단순화한 그리스도교의 일종이다. 그는 《사부아 지방 보좌신부의 신앙고백 La Profession de foi du vicaire savoyard》(1765)에서 신의 존재와 영혼의 불멸성을 의심하는 데 그치지 않고, 신을 경배하는 강한 감정적 충동을 자연, 특히 인간의 손이 닿지 않는 산이나 숲의 자연에서 느낀다. '인간 안에 있는 신성한 목소리'인 양심을 강조하면서 냉철한 합리주의적 윤리범주나 성서의 권위를 모두 반대한다.

이러한 최소화한 신앙 때문에 루소는 교회 정통파나 파리의 공공연한 무신론자와 어울릴 수 없었다. 자신의 작품 특히 《신 엘로이즈》가 열렬한 찬사를 받았음에도 불구하고 그는 점차 고독하고 고통받고 박해받고 있다고 느꼈다. 루소는 프랑스에서 추방된 후 스위스의 여러 주로 쫓겨다녔다. 그는 제네바에서 《사회계약론》을 탄압하는 데 대해 《산에서 쓴 편지 Lettres écrites de la montagne》(1764)라는 소책자에서 도시국가 체제를 고발함으로써 반격하고 있다. 그는 제네바가 25명의 독재자에 의해 통치되는 곳이라고 비난했다.

루소는 베른 주에서 추방된 뒤 영국으로 망명했다. 데이비드 흄이 그를 도와 조지 3세에게서 연금을 받도록 해주었으나, 이로인해 루소는 영국 지식인들이 자신을 조롱하고 있고 흄도 마찬가지라고 의심했다. 그는 여러 가지 정신분열증 징후를 보였으며 마침내 이름을 숨긴 채 다시 프랑스로 돌아갔다. 1768년(58세) 루소는 샹베리에 들러 바랑 부인 묘소를 둘러본 다음 도피네의 보르그앙에서 테레즈만이 의지할 수 있는 유일한 사람이라고 확신하고 그녀와 결혼식을 올렸다.

말년

마지막 10년 동안 루소는 주로 적들의 비난에 대해 자신을 정당화하는 자전적 글을 썼는데, 가장 중요한 책은 《참회록》이다. 또 적들이 씌운 혐의에 답하기 위해 《대화-루소, 장 자크를 심판하다 Rousseau juge de Jean-Jacques》(1780)를 썼다.

가장 감동적인 책 가운데 하나인 《고독한 산책자의 몽상 Les Rêveries du promeneur solitaire》(1782)에서는 초기의 강렬한 열정이 온화한 서정성과 진지함

으로 나타난다. 그는 말년
에 정신적 평온을 얻었고
프랑스 대귀족 콩티 공과
지라르댕 후작의 영지로
피신했다가 죽었다.

루소 흉상

《에밀》

장 자크 루소는 《에밀
Emile ou de l'education》(1762)을
통해 그의 근본 관념이자
모든 사색의 출발점인 본
연의 인간을, 또 《인간불평
등기원론》에서는 처음으로
분명히 밝혀진 '자연인'을
전면적으로 실현시키는 방
법을 연구했다. 즉 새로운 인간의 이념 구축, 새로운 인간 형성의 이론적 탐구
가 그것이다. 따라서 《에밀 또는 교육에 대하여》라는 제목이 말해 주듯이, 이
것은 이야기식으로 씌어진 교육 개혁론이기보다는 인간론이며, 넓은 뜻으로는
문명 비평이기도 하다. 타고난 시인 루소는 그 이론을 전개함에 있어 언제나 격
한 감정과 상상의 불꽃을 수반한 문학적인 내용을 필요로 한다.

이 책은 《인간불평등기원론》과 함께 그러한 이론과 가정(假定)이 교묘히 조
화된 루소의 독자적인 표현 형식의 걸작일뿐더러, 일종의 사상 문학으로서도
오늘날까지 세계적으로 널리 읽히고 있다. 게다가 이 작품은 다른 작품에서처
럼 유토피아적 성격을 짙게 풍기고 있으며, 루소 자신이 독자에게 이 책의 비
실천적이고 이론적 성격에 대해 '독자는 교육론을 읽고 있다기보다 한 공상가
의 교육에 대한 몽상을 읽고 있는 것 같은 기분이 들 것이다'(서문)라고 미리
양해를 구한 바 있다.

《에밀》의 구상

《사회계약론》과 거의 같은 때인 1758년 끝무렵부터 쓰기 시작한 이 책은, 루소가 《참회록》의 제8권에서 '《에밀》이 완성되기까지는 20년 간의 사색과 3년 간의 세월이 필요했다'고 회상하듯이, 그의 교육에 대한 오랜 관심을 집약하고 있다. 《에밀》의 전신은, 그가 스물여덟 살 때 리옹의 마블리 집안에서 가정교사를 할 때 남자아이를 위해 쓴 《생트 마리의 교육을 위한 기획안》으로 전해진다. 그것은 나중에 가필되고 정정되기도 했으나, 《에밀》과는 귀공자를 키운다는 근본 방침부터 다르며, 무엇보다도 내용의 폭과 충실면에서도 전혀 비교가 되지 않는다. 그의 교육 사상은 그의 사상 대계 및 인간과 사회에 대한 사색의 중대한 부분을 차지하므로, 《에밀》의 구상은 역시 《학문·예술론》 이후의 대작과 함께 이루어졌다고 해도 무방할 것이다.

루소와 교육론과의 연관은 보기에 따라서 극히 특이하고 역설적이기도 하다. 첫째로 그는 교육을 받은 적이 없다. 루소는 학교를 '그 콜레주라 불리는 우스꽝스러운 시설'이라고 조소하고 있지만, 부유한 상류 부르주아인 볼테르가 받은 완벽한 고전 교육은 물론이고, 원래 그와 같은 중산계급 출신자인 디드로가 받은 우수한 교육과도 인연이 없었다. 대체로 독학, 자습으로 교양을 쌓은 어린 루소에게 공상적인 연애 소설을 읽어준 기이한 아버지의 감성 교육은, 가정교육이라고 부를 가치도 없는 변칙적이고 부당한 것이었으며, 열 살 남짓한 이 소년에게 《플루타르코스》의 독서는 너무 이른 도덕 교육이라고 하지 않을 수 없다. 또 청년 시절 바랑 부인을 비롯한 몇 사람의 좋은 지도자나 조언자가 있긴 했으나 그것은 그 자신의 인격 도야에 도움을 주었을 뿐, 가정교사로서의 경험은 완전한 실패였고, 교육의 실천자로서도 비참한 실격자임을 드러냈다. 그러나 이 교육의 결여야말로 도리어 그에게 교육을 연구하고자 하는 절실한 소망을 품게 하여, 자기가 아이들에게 주지 않았고 스스로도 받을 수 없었던, 이상적인 교육과 교육 사상을 《에밀》을 통해 그려낸 것이다.

이 밖에 의식적이든 무의식적이든 간에 루소에게 교육론을 쓰게 한 또 한 가지 동기가 되었다고 생각되는 점은, 그 유명한 기아(棄兒 : 길러야 할 의무가 있는 사람이 남잖해 아이를 내다 버림) 사건이다. 《에밀》 가운데 저자의 속죄 의식이 포함되어 있는지의 여부는 어찌 되었든, 1746년부터 5, 6년 동안 루소는 당시 잠정적인 반려자였던 테레즈 르바쇠르(1721~1801)와의 사이에서 얻은 다섯 아이를 낳자마자, 차례차례로 고

아원으로 보낸 것이다. 이렇게 한 이유는 무지하고 탐욕스러운 테레즈의 가족에게까지 신세를 지고 괴로워했던 가정사정 외에도, 그의 저작가로서의 불타는 야망 때문이기도 했다. 어느 연구가가 매도했듯이 '천재의 포학한 에고이즘'이라고밖에 표현할 수 없다. 게다가 당시 가난한 민중 사이에서의 기아는, 귀족이 자식을 중학이나 수도원에 보내는 것과 마찬가지로, 편의적인 다반사의 일로 여길 수 있으나, 《에밀》 발표 후 얼마 안 되어 볼테르가 익명의 소책자 《시민의 견해》(1764)에서 이를 폭로하여 사교계 특유의 스캔들을 야기함에 따라 이후 루소는 심각한 양심의 괴로움에 빠져 그 해결책으로서 《참회록》을 집필하게 된다. 루소는 《에밀》(제1부)에

《에밀》(1762) 속표지

서, 그의 회한이라고 볼 수 있는 다음과 같은 의미 심장한 말을 피력하고 있다.

'아버지의 의무를 다할 수 없는 자는 아버지가 될 권리가 없다. 빈곤도, 일도, 세상에 대한 생각도, 자기 아이들을 자기 손으로 키워야 할 의무에서 모면할 수 있는 이유가 될 수 없다. ……누구이건, 아이를 두고 이처럼 신성한 의무를 게을리하는 자에게 예고해 둔다. 그 사람은 언제까지나 자기 과실에 대해 후회의 눈물을 흘릴망정 절대로 위로받을 수 없을 것이다.'

이 회한과 속죄의 의도가 무시당해서는 안된다. 《에밀》 속에 나타나는 독자들의 가슴에 이상하리만큼 감동적으로 울리는 아이들에 대한 찬가, 아이들의 행복에 대한 기원에는 이런 저자의 생각도 포함되어 있을 테니까.

새로운 인간의 창조

《에밀》은 《사회계약론》과 함께 집필되었지만 서로 다른 차원에 놓여 있으므로 직접 연결되지 않되 궁극적인 목적은 '사회계약'에 의한 이상(理想)의 사회, 조국이 요구하는 조건을 만족시키는 시민이 될 기초를 구축하는 일이었다. 다시 말해 사회의 개혁을 가능케 하는 전제를 만들기 위해서였다. 그래서 루소는 《에밀》이 공적인 교육을 지향하는 것이 아니라, 일종의 가정적인 사적 교육을 통해 보편적인 인간 형성을 추구하는 일을 통렬한 말로 알려주고 있다.

'공민 교육은 이미 존재하지 않는다. 그리고 이미 존재할 수도 없다. 왜냐하면 조국이 없는 곳에 시민은 이미 존재하지 않기 때문이다. '조국'과 '시민'이란 두 말은 근대어에서 말살되어야만 한다.'

이리하여 루소는 보편적인 인간교육의 의의를 강조한다. 참된 국가, '조국'이 없는 곳, 즉 나쁜 사회 상태에서는 자연을 지키기 위해 이 사적인 교육 내지는 보편적인 인간교육, 아이들을 자연인으로 키워내는 교육이 허용되고 필요시 된다. 왜냐하면 나쁜 사회의 인간은 자기가 자연성을 잃은 기형적인 존재가 된 것을 알아차리지 못하고 기형이나 괴물을 좋아하며 인간의 자연성을 박탈하는 일을 교육으로 알기 때문이다. 인간 속의 자연을 못쓰게 만드는 것은 '사회'를 구성하는 모든 요소·편견·권위·필요·관례·습속·제도인데, 그 중에서도 학문·예술·사치는 자유와 평등의 상실이라는 인간의 불행한 원인을 덮어주는 작용밖에 하지 않는다. 이른바 교육은 그러한 허위와 부정, 즉 사회적 불평등의 상태에 적응하도록 아이를 길러내는 역할을 하고 있다. 그러기에 사회에 의한 인간의 자연성 박탈이 한층 더 쉬워지는 셈이다.

'나는 훌륭한 교육의 중요성에 대해서는 거의 언급하지 않을 것이며, 현재 통용되고 있는 교육의 좋지 못한 점을 증명하는 일 역시 하지 않겠다. 많은 사람이 이미 그 같은 시도들을 했기 때문에, 나마저 모두가 아는 내용들로 내 책을 채우고 싶은 마음은 없다. 단지 아주 오래 전부터 어느 누구도 더 나은 교육 방법에 대해서는 제안할 생각을 하지 않으면서 기존의 방법을 비판하는 외침만 있어 왔다는 점을 지적하고자 한다.

식물은 재배를 통해 가꾸어지며, 인간은 교육을 통해 만들어진다. 우리는 약하게 태어났으므로 힘을 기를 필요가 있고, 우둔한 상태로 태어나므로 판단력을 키워야 한다. 어른이 되면 갖추겠지만 태어나면서 가지지 못한 모든 것이 교육을 통해 우리에게 주어진다. 그 교육은 자연이나 사물 또는 인간의 소산이다.

우리의 능력과 기관들의 내적인 성장은 자연의 교육으로 이루어진다. 반면, 그 성장을 이용하도록 우리를 가르치는 것은 인간교육이다. 그리고 우리와 접촉하는 대상들에 대한 경험 획득은 사물의 교육이다. 이 세 선생의 가르침이 일치하고 같은 목표로 향할 때에만 학생은 자기의 목적지를 향해 나아가면서 시종 일관되게 살 수 있다. 그리고 그 사람만이 올바른 교육을 받은 사람이다.'

좋은 교육이란, 이른바 나쁜 감화를 주는 교육과 다시 나쁜 영향을 미치는 사회에서 유래되는 일체의 것을 물리치고, 인간 중 가장 순수하게 자연성을 내포하고 있는 아이에게 그 본연의 자유를 자연에 귀의하게끔 해줘야 한다. 그것이 루소가 제창하는 부정적 또는 소극적 교육의 뜻이다. 이처럼 소극적 교육의 첫째 목적은, 아이를 기존 사회의 나쁜 영향으로부터 보호해 주는 일로서, 그 사회란 말할 것도 없이 루소가 눈앞에 보고 있는 프랑스의 절대주의 사회이다. 그러므로 루소는 사교계라는, 극도로 인위적인 환경 속에 있으며 사회의 악습에 둘러싸여 있는 귀족의 자제로서, 고아 에밀을 학생으로 선정하여 그 학생과 완전한 신뢰 관계에 있는 이상적 교사—실은 루소의 분신—를 이곳에 배치해서 사회의 나쁜 영향이 미치지 않는 청순한 자연, 즉 전원 속에서 '교육'하게 만든 것이다. 루소에게 이 교육론을 의뢰한 것은 귀족인 슈농소 부인이긴 하지만, 루소는 그들 귀족의 자제에게야말로 이 소극(부정)적 교육이 가장 필요하다고 보고 경고한 것으로 볼 수 있다. 루소는 자연 상태에 가까운 환경에 사는 농민은 이런 종류의 교육을 필요로 하지 않는다는 말까지 하고 있다.

자연교육과 정념(情念)교육

에밀의 자연교육이란 아이들의 자연성의 순조로운 발전을 보호함으로써 인위적으로 간섭하지 않는 일이며, 거기에는 근본적인 인간의 자연성과 그 자연의 생장력, 그가 말하는 자연의 발걸음에 대한 깊은 신뢰가 있다. 이 경우에는 그 신뢰를 부모 형제나 친구도 주지 않고 다만 수도 안내자와 같은 교사,

지식을 가르치는 사람이 아닌 단순한 선도자인 가정교사에게 일임한다는 극단적인 형태로 나타내고 있다. 그리고 자연교육을 시작함에 있어 루소는 아이들이란 무엇이냐는 일, 즉 아이들의 본성을 알아야 함을 강조한다.

루소가 '아이들의 발견자'라는 말을 듣게 된 것은, 첫째로 고전주의적인 인간관, 이성 존중주의에서 비롯된 불완전한 인간으로서의 아이들의 인격, 인간성을 경시한 낡은 교육관에 대한 이들의 인격, 자유를 존중하는 방침을 취한 일이며, 아이들의 심신 발달에 응하여 각 시기에 적응한 교육을 행해야 할 일을 명백히 한 데 있다. 즉 아이들의 독자적 존재를 인정하고 아이를 아이로 취급하는 방법을 주장한 것이다.

'어른 속에서 어른을, 아이들 속에서 아이들을 바라보아야 한다. ……자연은 아이들이 어른이 되기 전엔 아이들이기를 원한다. 만일 우리가 이 순서를 뒤바꾸려고 한다면, 성숙미가 느껴지지 않는, 곧 썩어 버리는 조숙된 과일을 배출할 뿐이다.'

《에밀》 속에는 이러한 잠언풍의 말들이 수없이 발견되는바, 그 말의 뜻은 당시의 귀족들이 가정교사나 댄스교사, 또는 음악가 등을 고용하여 아이들을 사교계의 경박한 잔재주꾼이나 난 체하는 멋쟁이 귀부인들의 되바라진 미세화상(微細畫像)으로 만들어 내는 데 열중했던 일을 생각하면 한층 더 뚜렷해진다.

루소에 의하면 교육에는 ① 자연교육 ② 사물교육 ③ 인간교육의 세 종류가 있으며, ① 은 인간 속에 자연히 구비된 발달 능력, 인간의 능력과 기관(器官)의 내부적 발달로서, 이것은 인간의 힘으로 좌우할 수 없으며, ② 는 인간의 외부에 있는 사물에 감각을 자극받아 인간이 경험으로 획득하는 것, '말보다도 실물'이라는 경험 교육으로서, 인간이 다소 인위적으로 간섭할 여지가 있고, 감각 교육, 감각의 훈련과 관련되며, ③ 은 완전히 인간이 뜻대로 할 수 있는 것이니만큼 지금까지 가장 많은 폐해를 초래한 것으로, 이른바 지육(知育)·도덕교육이 이에 포함된다. 인간의 교육이 올바른 효력을 발휘하려면, 교사는 당연히 아이 주위에 있는 사람의 말이나 행동까지 완전히 통제할 수 있어야 하는데, 그것은 거의 불가능하다. 완전한 교육이란 이 세 가지가 모순되지 않고 '일치하여 같은 목적을 지향하고 있을' 때다. 그러므로 에밀의 교육에선 ① 의 자연교육을 기본으로 하여 흔히 ② 의 사물교육에 의해 ③ 의 인간

교육은 극도로 통제되어 제한을 받으며 사용된다.

어린이의 발견

앞서 말했던 아이와 어른의 본질적인 차이와 함께 아이들의 심신 발달 과정에 몇 개의 단계와 시기를 구별한 일도 루소의 아이들에 관한 '발견'의 하나이다. 루소는 어린아이로부터 청년까지 5단계로 구분짓고, 각 단계를 위해 《에밀》의 5부를 배당하고 있다. 아

《에밀》 삽화

이들의 생활을 대별하여 쾌고(快苦)만을 구별하는 순수한 감각적인 생활, 다음으로 루소가 말하는 감각적 이성(理性)에 의해 생활에 대한 적부(適否)를 판단하는 시기, 최후로 어른의 지적 이성이 발달하게 되어, 행·불행, 선과 악을 식별하는 시기의 셋으로 나눈다. 이것이 다시 이상의 5단계로 구분되어 논술되고 있다. 이 5부 중 루소가 주창하는 소극교육·감각교육·사물교육·육체훈련이 가장 상세히 설명된 것은 제2부의 3세에서 12세까지의 시기로서, '인간도 동물도 아닌 바로 아이이다'라는 전형적인 아이들의 상(像)이 아이들 특유의 보는 법, 느끼는 법, 생각하는 법과 함께 훌륭히 부각되어 있다. 거기에는 신선하고 예민한 감각을 지니는 문학가, 아이들(자연인)의 심리에 깊은 관찰을 하는 섬세한 심리학자의 장점이 잘 나타나 있다.

15세에서 20세까지의 '제2의 탄생'에 해당되는 청년기를 취급한 제4부에도 에밀의 배우자가 되는 소피아와 그의 가족, 두 사람의 결혼을 취급한 제5부에도 교육론보다는 루소의 자연 관념을 중심으로 한 인간관·도덕론·종교론이

청년의 영혼 형성을 통해 상세히 전개되고 있는데, 이 2부에서 루소가 아이들과 함께 청년의 이상상(理想像)을 새긴 것이라고도 해석할 수 있다. 더구나 제5부에선 작자가 자연인 에밀의 행복을 완성하는 열의에 불탄 나머지 특유의 로마네스크한 상상력에 끌려 이 교육론의 최종편을 한 편의 연애 소설로 만들어 버렸다는 점이다.

요컨대 《에밀》은 교양 소설풍의 교육론이라 하겠으니, 이 교육론은 르네상스의 몽테뉴, 라블레에서 17세기의 로크·페넬롱, 거기에 동시대의 콩디야크 등의 근대 인간관의 계보에 연결되어 특히 몽테뉴와 로크에게 깊은 혈연관계를 맺어 주고 있다. 그것은 루소가 지육 편중을 피하고 전체적인 인간교육, 체육, 품성의 도야를 포함하는 폭넓은 교육을 생각한데도 나타나고 있다. 게다가 그의 경우 모럴리스트의 성격에서 오는 특징도 잘 나타나고 있다. 이를테면 그의 소크라테스적 무지 예찬은 제1논문 이후인데, 그것은 장식적인 지식의 축적을 경멸하고, 무엇보다도 건전한 판단력과 사변적이기보다 실천적인 도덕을 존중하여 《에밀》 속에서도 그 사상이 일관되고 있다.

또 정념교육이 중요시되고 있는 것도 루소 교육론 특징의 하나이다. 자기애와 이기심, 자존심을 준별(峻別)하여 유아에 나타나는 건전한 자연 감정인 자기애가 욕구의 증대에 따라 또한 그것을 만족시키는 능력의 발달에 따라 차차로 타락한 사회적 감정인 이기심으로 변질해 감을 방지하도록 권하는 것도 독자적인 도덕 교육론일 것이다. 루소는 인간의 욕망, 욕구의 무한한 확대를 두려워하여 정념의 평형, 정념의 침묵에 의해 악을 모면하는 길을 설명한다. 제4부·제5부에서 청년의 정념에 대한 깊은 성찰에는 몇 차례 정념의 폭풍우에 시달린 감수성 예리한 루소의 내성(內省)이 잘 나타나 있다.

《에밀》이 다른 작품, 특히 《사회계약론》과 대응하여 중요한 점은 자연인의 이념을 중핵으로 하고 있는 점이지만 《에밀》이 다루지 않았던 공적인 교육(공민교육), 또는 시민을 양성하는 교육을 하나의 현실 국가에 대한 적용의 형태로 《폴란드통치론》 속에서 논술되었다. 루소는 공적인 교육은 완전히 조화된 국가의 정치적 질서(法)와 시민의 풍속에 의해 행해진다고 말했다. 그런 뜻에서 공적인 교육의 원칙은 《사회계약론》 속에서 구할 수 있을 것이다. 그러나 《에밀》은 스스로 정치적·사회적 의의를 띠고 있다. 즉 낡은 봉건적인 사회의 가치관을 백지로 돌리고 새로운 인간관을 세운 곳에, 바꿔 말하면 민주주의

사회를 위한 기본적인 인간상을 부각시킨 점에 《에밀》이 지니는 최대의 역사적 의의가 있을 것이다.

루소의 사상적 작품은 지금까지 알아본 것 외에도 이 대작들이 나오기 전인 1758년 연극론 형태로 쓴 그 나름의 도덕적 문화 비평 《달랑베르에게 보내는 연극에 관한 편지》가 있다. 이것은 어떤 뜻으로는 제1논문 이후의 학문·예술에 대한 비평의 되풀이로서, 이 문제 배후에 볼테르, 디드로 들이 있어, 문명과 진보를 내세우고 몽매주의와 싸우는 '철학자'들과의 감정적인 간격이 멀어졌을 뿐이었다.

장 자크 루소 연보

1712년   6월 28일 스위스 제네바(공화국)에서 아버지 이작 루소와 어머니 수잔 베르나르의 둘째 아들로 태어나다. 7월 4일 프로테스탄트 교회에서 세례를 받다. 7월 7일 어머니가 죽자(당시 39세), 고모 수잔 루소의 손에서 자라다.

1722년(10세)   10월 11일 퇴역 군인과의 싸움이 원인이 되어 아버지가 제네바를 떠나 니옹으로 이주하다. 10월 21일 외사촌 아브람 베르나르와 함께 프로테스탄트 목사 랑베르세에게 보내져 보세에서 지내다.

1724년(12세)   겨울 제네바로 돌아와 외삼촌 가브리엘 베르나르 밑에서 살다.

1725년(13세)   법원 서기 마스롱의 조수가 되다. 4월 26일 시계 조각사 아벨 뒤코망 집에 5년 계약으로 수습공으로 들어가다.

1726년(14세)   3월 5일 아버지가 니옹에서 재혼하다.

1728년(16세)   3월 14일 뒤코망의 집에서 도망가기로 결심하고 고향 제네바를 떠나다. 3월 21일 퐁베르 신부의 소개로 안시의 바랑 부인을 찾아가다. 4월 12일 부인의 주선으로 토리노 구호원에 들어가다. 4월 21일 그곳에서 가톨릭으로 개종하다. 가을에 그곳을 나와 점원 및 하인으로 전전하다가 구봉 백작 댁에 들어가 백작의 아들 구봉 신부의 비서가 되다.

1729년(17세)   6월경 구봉 백작 댁에서 해고당하고 친구 바클과 함께 안시로 돌아와 바랑 부인 집에 기숙하다. 여름부터 가을까지 신학교에 다니고 안시의 교회 성가대 학교에서 성가대장 메트르로부터 음악을 배우다. 바랑 부인과 모자지간 같은 사이로 발전하다.

1730년(18세)   4월 메트르와 함께 리옹에 가다. 메트르가 간질병 발작을 일으키자 안시로 돌아오다. 7월 프리부르까지 바랑 부인의 하녀를

데려다주는 길에 니옹에 들러 아버지를 만나다. 그해 겨울 뇌샤
텔에 도착, 그곳에서 음악을 가르치다.

1731년(19세) 5월 바랑 부인을 찾아 뇌샤텔에서 파리로 가다. 9월 이윽고 샹
베리에서 바랑 부인을 만나다. 10월 샹베리에서 사부아 왕국의
지적과(地籍課)에 근무하다.

1732년(20세) 6월 지적과를 그만두고 음악 교사가 되다.

1733년(21세) 바랑 부인의 제안으로 한 사람의 남자가 되는 의식을 치르고
'근친상간의 죄를 저지르는 듯한 기분'을 맛보다.

1735년(23세) 샤르메트에 집을 구해 바랑 부인과 함께 체류하다.

1737년(25세) 6월 화학 실험 중 폭발로 일시적 실명, 유언을 작성하다. 7월 어
머니와 형의 유산을 받기 위해 몰래 제네바로 가다. 9월 샹베리
에서 치료차 몽펠리에로 가다.

1739년(27세) 혼자 샤르메트에서 독학하다. 이해 런던 자콥 톰슨사에서 루소
의 처녀 시집 《바랑 남작부인의 과수원》이 간행되다.

1740년(28세) 4월 샹베리를 떠나 리옹에서 리옹법원장인 마블리 집안 두 아
들의 가정교사가 되다. 18세기 감각론 철학의 대표자 콩디야크
와 알게 되다. 11~12월 《생트 마리의 교육을 위한 기획》을 쓰다.

1741년(29세) 마블리 집안 가정교사를 그만두고 샹베리로 돌아오다.

1742년(30세) 새로운 생활을 개척하려고 바랑 부인 곁을 떠나 파리로 가다. 8
월 과학 아카데미에서 《새로운 악보와 표기법 초안》을 발표하다.
9월 《표기법 초안》에 대한 심사 뒤 아카데미는 루소에게 음악
자격증 수여하다. 이 무렵 디드로와 알게 되어 귀족들의 살롱에
출입하게 되다.

1743년(31세) 1월 음악에 대한 이론이 담긴 《현대음악론》 간행. 7월 프랑스 대
사 몽테귀 백작의 비서로서 베네치아공화국으로 가다. 베네치아
에서 《사회계약론》의 밑거름 《정치경제론》의 구상을 얻다.

1744년(32세) 몽테귀 대사와 의견 충돌로 사직하고 파리로 돌아오다.

1745년(33세) 3월 여관집 하녀 테레즈 르 바쇠르와 결혼하지 않는다는 조건
으로 정을 맺다(그녀는 결국 평생의 반려자가 됨). 7월 오페라 〈사
랑의 뮤즈들〉을 완성하고 리슐리외 공작 앞에서 상연하다. 볼테

르와 라모의 합작 오페라 〈나바르 여왕〉을 〈라미르의 향연〉으로 개작하는 작업을 의뢰받아 볼테르와도 편지를 왕래하다.

1746년(34세)　겨울 첫아이가 태어나자 고아원으로 보내다. 그 뒤 차례차례 다섯째 아이까지 같은 방법으로 고아원으로 보내 자식들은 영원히 행방불명이 되다.

1747년(35세)　5월 9일 아버지 죽다.

1748년(36세)　디드로와 함께 정기 간행지 〈조소자(嘲笑者)〉를 기획했으나, 제1집만 내고 중단하다.

1749년(37세)　1월 디드로의 권유로 《백과전서》의 음악 항목을 집필하다. 8월 그림과 알게 되다. 10월 〈메르퀴르 드 프랑스〉 기사에서 디종 아카데미의 현상 논문의 제목 〈학문과 예술의 진보는 풍속을 퇴폐시켰는가 순화시켰는가〉을 읽고 충동적인 영감을 느껴 현상 응모하기로 결심하다.

1750년(38세)　7월 디종 아카데미 현상에 당선되다. 이로써 이름이 세상에 널리 알려지다. 그의 당선 논문에 《학문예술론》으로 연말에 제네바 바리요 서점에서 간행되다.

1752년(40세)　10월 오페라 〈마을의 점쟁이〉가 퐁텐블로 궁전의 국왕 앞에서 상연되어 대성공하다. 이튿날 루이 15세의 알현을 거부하고 퐁텐블로를 떠나다. 12월 테아트르 프랑세즈에서 옛날 작품 〈나르시스〉가 상연되다.

1753년(41세)　3월 〈마을의 점쟁이〉 오페라 극장에 초연되다. 11월 〈메르퀴르 드 프랑스〉지에 디종 아카데미 현상 논문 공모 주제 〈인간불평등의 기원은 무엇인가. 그 불평등은 허락될 수 있는가〉가 실렸다. 이 주제에 대한 구상을 위해 생제르맹에서 일주일 간 지내다. 《프랑스 음악에 관한 편지》 간행되다.

1754년(42세)　4월 현상 논문 《인간불평등기원론》을 완성하다. 여름 4개월 간 제네바에서 지내면서 가톨릭에서 다시 프로테스탄트로 개종하다. 또한 제네바 시민권을 다시 얻다.

1755년(43세)　《인간불평등기원론》이 암스테르담 레이 서점에서 간행되다.

1756년(44세)　4월 에르미타주로 옮기다. 볼테르로부터 신의 섭리를 의심하는 편지를 받고 그에게 〈섭리에 관한 편지〉를 쓰다. 이때부터 그와의 사상적 대립이 시작되다.

1757년(45세) 3월 디드로의 《사생아》 한 부분을 비판하다. 12월 디드로, 에르미타주를 방문하다. 테레즈와 함께 몽모랑시에 거주하다.

1758년(46세) 3월 《달랑베르에게 보내는 연극에 관한 편지》 완성, 10월에 레이 서점에서 간행되다.

1759년(47세) 뤽상부르 원수의 방문을 받고 5월에 그의 호의로 몽모랑시의 작은 성으로 옮겨 지내다. 여기서 《에밀》의 제5부를 완성하다.

1760년(48세) 9월 콩티 대공의 방문을 받다. 10월 《에밀》을 완성하다. 12월 《사회계약론》 초고를 완성하다.

1761년(49세) 1월 《신 엘로이즈》를 파리에서 발매하여 대단히 호평을 받다. 3월 《생 피에르 원수의 영구평화론 발췌》를 간행하다. 6월 중병에 걸리다. 죽음이 가까웠다고 느끼고 테레즈를 뤽상부르 부인에게 부탁하다. 테레즈는 과거에 고아원에 보낸 맏아들을 찾으려 했으나 찾지 못하다. 10월 파리 뒤셴 서점에서 《에밀》 인쇄 시작하다.

1762년(50세) 4월 《사회계약론》이 암스테르담의 레이 서점에서 간행되다. 5월 《에밀》 암암리에 발매되다. 6월 3일 《에밀》 당국에 압수되다. 6월 7일 소르본 대학 신학부에 의해 고발되다. 6월 9일 고등법원에서 유죄선고를 받다. 루소 체포령 내리다. 그날 오후 도망치다. 6월 11일 《에밀》 파리에서 불태워지다. 6월 14일 체포를 피해 스위스 베른공화국 소속 이베르동으로 피신해 친구 로건의 신세를 지다. 6월 19일 제네바에서 루소 체포령이 내려지고 《에밀》《사회계약론》 불태워지다. 7월 10일 이베르동을 떠나 프러시아 영역인 뇌샤텔 소속 모티에로 들어가 총독인 조지 키스의 보호를 받다. 바랑 부인이 샹베리에서 죽다. 8월 파리 대주교 크리스토프 드 보몽이 《에밀》을 단죄하는 교서를 발표하다.

1763년(51세) 3월 《에밀》을 변호하는 〈크리스토프 드 보몽에게 보내는 편지〉 발표하다. 4월 뇌샤텔 국적을 획득하다. 5월 제네바 시민권을 버리다.

1764년(52세) 이 무렵부터 식물채집에 취미를 붙이기 시작하다. 8월 코르시카의 투사 뷔타퓌오코로부터 〈코르시카 헌법 초안〉을 의뢰받다. 9~10월 크르시에의 뒤 페루 집에서 지내다. 12월 볼테르가 익명의 소책자 《시민의 견해》를 써서 평생의 약점인 기아(棄兒) 사실을 폭로하다. 《참회록》을 쓸 결심을 하고 서문을 쓰다.

1765년(53세) 9월 6일 모티에 부락 사람들이 집에 돌을 던지다. 9월 12일 비엔 호의 생피에르 섬으로 옮기다. 10월 스위스의 베른공화국으로부터 퇴거명령을 받다. 11월 베를린으로 가기 위해 스트라스부르에 도착하다. 영국 철학자 흄의 권유로 영국 망명을 결심하다. 12월 파리에 도착, 《참회록》 집필에 필요한 자료를 보내 달라고 스위스의 친구 뒤 페루에게 부탁하다.

1766년(54세) 1월 흄과 함께 파리를 떠나 런던에 도착. 3월 다시 치즈윅을 거쳐 더비셔의 우턴으로 가다. 다벤포드의 집에서 《참회록》을 쓰기 시작하다. 흄과 논쟁으로 사이가 나빠지다. 이 무렵부터 피해망상에 사로잡히다.

1767년(55세) 4월 영국 국왕 조지 3세가 루소에게 매년 100파운드의 연금을 하사하기로 하다. 5월 영국까지 자기에 대한 음모에 가담했다는 망상에 빠져, 《참회록》 원고의 첫 부분을 친구 뒤 페루에게 부탁하고 테레즈와 함께 영국을 떠나기 위해 도버에 도착하다. 6월 프랑스의 아미앵에 열흘 정도 머무른 다음 미라보 후작 집에 잠시 거주하다. 트리의 콩티 대공의 저택으로 옮기다. 11월 《음악사전》 파리에서 시판되다.

1768년(56세) 봄 《참회록》을 포함한 모든 원고를 퐁텐 수도원 나타이야크 부인에게 맡기고 트리를 떠나다. 6~8월 그르노블을 거쳐 샹베리에서 바랑 부인 묘소를 둘러보고 도피네 지방의 보르그앙에 정착하다. 8월 30일 보르그앙 마을 사무소에 테레즈와 함께 출두하여 정식 결혼수속을 밟다.

1769년(57세) 1월 몽캥으로 옮기다.

1770년(58세) 4월 몽캥을 떠나 리옹으로 가다. 6월 파리로 돌아와 플라트리에르 거리에 주거를 정하다. 이 거리는 루소의 사후 1791년부터

'장 자크 루소 거리'라 명명되다. 12월 《참회록》을 완성하다.

1771년(59세) 2월 스웨덴 왕자 앞에서 《참회록》 낭독하다. 5월 에피네 부인, 《참회록》 낭독을 금지시킬 것을 경찰에 요청하다.

1772년(60세) 4월 《폴란드 통치론》을 완성하다. 피해망상에 괴로워하면서 자기탐구의 책 《대화―루소, 장 자크를 심판하다》를 쓰기 시작하다.

1775년(63세) 연말 《대화―루소, 장자크를 심판하다》를 완성하다.

1776년(64세) 4월 거리에 나가 〈정의와 진리를 사랑하는 모든 프랑스 국민에게〉라는 제목의 의견서를 돌리다. 가을 《고독한 산책자의 몽상》을 쓰기 시작하다.

1778년(66세) 4월 12일 《고독한 산책자의 몽상》 '열 번째 산책'까지 쓰고는 중단하다. 5월 2일 《대화》의 원고와 《참회록》의 원고를 포함한 각종 원고를 제네바의 옛 친구 포르 무르투에게 맡기기 위해 그의 아들 피에르 무르투에게 넘기다. 5월 20일 지라르댕 후작의 호의로 그의 영지 에름농빌 성관의 작은 집에 묵다. 5월 30일 루소 평생의 라이벌 볼테르 죽다. 7월 2일 아침 산책 후 지라르댕 후작의 딸에게 음악을 가르치러 나가던 중 쓰러지다. 테레즈가 발견했을 때 그는 신음하고 있었다. 그리고 심한 두통을 호소하며 오전 11시 운명하다. 에름농빌 성관 호수에 위치한 포플러 섬에 매장되다.

1794년 프랑스 정부는 그의 유해를 나라에 공헌한 위인들을 모시는 팡테옹으로 옮겨 볼테르 옆에 묻다.

정병희(鄭秉熙)

성균관대학교 불문학과를 거쳐 서울대학교 대학원 불문학과를 졸업하였다. 파리대학교 문학부(소르본대)에서 프랑스희곡을 전공해 박사학위를 받았다. 이화여자대학교 문리대 불문학과 교수를 지냈다. 지은책에《한국가면극 연구(프랑스어 출판)》《프랑스 중세 종교극 연구》등이 있고, 옮긴책에《까뮈 희곡선집》,《몰리에르 희곡선집》, 필립《뷔뷔 드 몽빠르나스》, 프레보《마농레스꼬》등이 있다.

World Book 19
Jean—Jacques Rousseau
ÉMILE OU DE L'ÉDUCATION
에밀
J.J. 루소 지음/정병희 옮김
1판 1쇄 발행/1978. 6. 10
2판 1쇄 발행/2007. 11. 1
2판 5쇄 발행/2021. 9. 1
발행인 고정일
발행처 동서문화사
창업 1956. 12. 12. 등록 16-3799
서울 중구 마른내로 144(쌍림동)
☎ 546-0331~6 Fax. 545-0331
www.dongsuhbook.com
잘못 만들어진 책은 바꾸어 드립니다.